I0043808

DICTIONNAIRE

DE

PROCÉDURE CIVILE

ET COMMERCIALE.

TOME IV.

L.—R.

Chaque volume de cette édition sera numéroté, revêtu du cachet de l'administration, et signé par l'auteur, comme il suit.

N° 128 *Cachet de l'administration, Signature de l'auteur.*

On ne reconnaîtra pour non contrefaits que les volumes ainsi numérotés, timbrés et signés.

DICTIONNAIRE
DE PROCÉDURE
CIVILE ET COMMERCIALE;

CONTENANT LA JURISPRUDENCE, L'OPINION DES AUTEURS, LES USAGES DU PALAIS, LE TIMBRE ET L'ENREGISTREMENT DES ACTES, LEUR TARIF, LEURS FORMULES; ET TERMINÉ PAR UN RECUEIL DE TOUTES LES LOIS SPÉCIALES QUI COMPLÈTENT OU MODIFIENT LE CODE DE PROCÉDURE, ET PAR UNE TABLE DE CONCORDANCE DU DICTIONNAIRE AVEC LES ARTICLES DE CE CODE ET LES LOIS SPÉCIALES;

PAR M. BIOCHE,
Docteur en droit, Avocat à la Cour royale de Paris;

M. GOUJET, Avocat à la Cour royale de Paris,

ET PLUSIEURS MAGISTRATS ET JURISCONSULTES.

DEUXIÈME ÉDITION, revue, corrigée et augmentée.

TOME QUATRIÈME.

PARIS.
VIDECOQ, LIBRAIRE-ÉDITEUR,
PLACE DU PANTHÉON, N° 6.

1840.

CET OUVRAGE SE TROUVE AUSSI

A Bordeaux. . Chez	Teycheney, Lawalle.
Strasbourg. . .	Desrivaux, Lagier.
Marseille. . . .	Mossy.
Dijon.	Lamarche, Decailly, Benoist.
Toulouse. . . .	Lebon, Dagalier.
Rennes.	Molliex, Mad. Duchêne.
Aix.	Aubin.
Nantes.	Forest.
Rouen.	Edet, Legrand.
Grenoble. . . .	Prud'homme.
Le Mans. . . .	Belon.
Besançon. . . .	Bintot.
Caen.	Clerisse, Huet-Cabourg.
Poitiers. . . .	Bourcés, Fradet.
Colmar.	Reiffenger.
Bruxelles. . . .	Berthot.

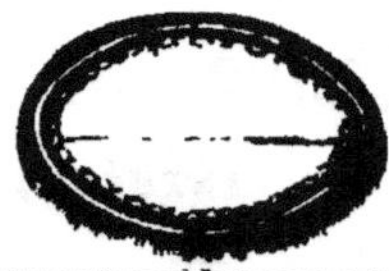

IMPRIMERIE DE J.-B. GROS, SUCCESSEUR DE J. GRATIOT,
Rue du Foin-Saint-Jacques, 18, Maison de la Reine Blanche.

DICTIONNAIRE

DE

PROCÉDURE CIVILE

ET COMMERCIALE.

L.

LACUNE. — V. *Blanc*, *Interligne*.

LANGUE ÉTRANGÈRE. — V. *Exploit*, n° 13, *Interprète*, *Traduction*.

LANGUE FRANÇAISE.

1. Tous les actes de procédure doivent, à peine de nullité, être rédigés en langue française dans toute l'étendue du royaume. — V. *Ajournement*, n° 88, *Exploit*, n° 13.

2. Tous les actes publics passés sur le territoire doivent être rédigés en français, sauf à les émarger en idiome du pays (arrêté du gouvernement du 24 prair. an 11), — à peine de nullité. Cette nullité existait dans l'ancien droit et ne paraît pas avoir été abrogée. Toullier, 8, n° 101.

Toutefois, il a été décidé que les receveurs ne sont point juges de la validité des actes présentés à la formalité; que ce droit n'appartient qu'aux trib., sur la poursuite des parties intéressées; et qu'en conséquence un receveur n'a pu refuser l'enregistrement d'un acte public passé dans les départemens au-delà des Alpes en idiome italien, même après les délais fixés par le décret du 20 juin 1806. Décis. min. just., 28 mars 1807.

3. Les actes sous seings privés peuvent être écrits en idiome du pays, à la charge par les parties qui présentent ces actes à la formalité de l'enregistrement, d'y joindre, à leurs frais, une traduction française certifiée par un interprète juré. Arrêté du 24 prair. an 11.

LÉGALISATION. Déclaration par laquelle un fonctionnaire public d'un ordre supérieur atteste la vérité des signatures apposées sur un acte, et les qualités de ceux qui l'ont fait ou reçu.

1. La légalisation des actes authentiques ne constitue pas l'authenticité; elle n'en est que la preuve : en conséquence, elle n'est pas exigée à peine de nullité. Cass. 22 oct. 1812, P.

10, 755; Poitiers, 19 mars 1822, S. 24, 53. — V. *Exécution*, n° 47.

2. Elle eut long-temps lieu en France, en vertu des usages reçus, et sans qu'aucune disposition légale l'eût ordonnée. Merlin, *Rép.*, v° *Légalisation*, n° 1.

3. Doivent être légalisés pour faire foi en justice :

1° *Les actes notariés*, lorsqu'ils sont produits hors du ressort de la C. roy., à la résidence de laquelle est attaché le notaire qui les a reçus, ou hors du ressort du département, si le notaire signataire n'exerce que dans un chef-lieu d'arrondissement ou de canton; — par le président du trib. de 1re inst. de la résidence du notaire, ou du lieu où est délivré l'acte ou l'expédition. L. 25 vent. an 11, art. 28. — V. *Notaire*.

4. Les actes notariés passés en France et destinés à être produits dans les possessions françaises du nord de l'Afrique doivent être légalisés non seulement par le président du trib. civ. de l'arrondissement, mais encore par le ministre de la justice, et visés par le ministre de la guerre. — Le visa du ministre de la marine, exigé pour les autres colonies, est remplacé par celui du ministre de la guerre, de l'administration duquel dépendent les possessions françaises du nord de l'Afrique, et la nomination des fonctionnaires qui y sont en exercice. Lettre du garde des sceaux du 16 mars 1837 (Art. 763 J. Pr.).

5. 2° *Les extraits d'actes de l'état civil*; — par le président du trib. de 1re inst., soit que l'acte ait été délivré par le maire ou par le greffier du tribunal. — V. *Actes de l'état civil*, n° 6.

6. Les expéditions des jugemens et arrêts doivent-elles être légalisées? — Suivant M. Armand Dalloz, v° *Légalisation*, n° 7, cette formalité n'est pas nécessaire pour les jugemens, mais bien pour les actes émanés d'un magistrat seul, quand il ne prononce pas comme juge. — Dans l'usage, on fait légaliser les expéditions des jugemens comme celles des actes notariés, lorsqu'elles sont envoyées dans les départemens.

7. 4° Les certificats des imprimeurs, constatant les insertions d'annonces de ventes dans les journaux, — par les maires. C. pr. 683. — V. *Insertion*, n° 2, *Saisies*, *Ventes*.

8. Les maires peuvent encore légaliser :

1° Tous les actes d'administration, d'ordre, ou d'intérêt général, délivrés par des agens ou personnes publics, tels que commissaires de police, médecins, chirurgiens, membres des bureaux de charité, instituteurs et maîtres de pensions, receveurs, percepteurs, et employés des contributions indirectes, des loteries, etc.

2° Les actes sous seing privé à produire dans les bureaux de l'administration publique. Avis Cons. d'Ét., 29 nov. 1819.

Mais cette légalisation ne saurait donner aucune authenticité à ces actes qui conservent toujours, quoique légalisés, leur caractère d'actes privés. Décis. min. fin., 30 oct. 1822.

9. Aucun texte de loi ne confère aux maires le pouvoir de légaliser les signatures apposées par des habitans de leurs communes sur des actes sous seing privé, étrangers à l'administration publique, par exemple, sur des procurations. Malgré cette légalisation, si la signature était contestée, les trib. ne pourraient y avoir aucun égard; il faudrait nécessairement recourir à une *vérification d'écriture* (—V. ce mot). Lettre grand-juge, 26 déc. 1807; circ. préfet de la Seine, 13 fév. 1808, 15 nov. 1816; *Journal des notaires*, art. 8092.

Toutefois, le préfet de la Seine, en exécution d'une lettre du ministre du commerce, du 8 fév. 1832, a adressé le 16 une circulaire aux maires du département, par laquelle « il leur a fait connaître que, toutes les fois qu'il s'agit d'un acte sous seing privé, de la délivrance d'un certificat de vie ou de toute autre pièce ayant un caractère légal d'utilité, les maires ne peuvent refuser de légaliser les signatures des habitans de leurs communes, en prenant toutefois les précautions nécessaires pour s'assurer de leur authenticité. »

10. En matière d'élections, la signature du percepteur qui délivre un extrait du rôle des contributions est visée par le maire, et la signature de ce dernier est légalisée par le sous-préfet de l'arrondissement.

11. Doivent encore être légalisés : 1° les *actes reçus en pays étranger*, — par les ambassadeurs, chargés d'affaires, envoyés ou consuls français dans ces pays. — V. *Exécution*, n° 53. — Toutefois, les consuls n'ont qualité que pour légaliser les actes délivrés par les autorités ou fonctionnaires publics de leur arrondissement. Ordonn. 25 oct., 12 nov. 1833, art. 6. — Dans ce cas, ils ont soin de mentionner la qualité du fonctionnaire ou de l'autorité dont l'acte est émané, et d'attester qu'il est à leur connaissance que ce fonctionnaire a actuellement, ou avait, lorsque l'acte a été passé, la qualité qu'il prend. *Ib.* art. 7.

Quant aux actes passés dans les lieux où il n'existe pas actuellement d'ambassadeur ou d'agent français, la légalisation peut être faite à Paris par les ambassadeurs ou chargés d'affaires de chaque puissance respective.

Dans tous les cas, les signatures des ambassadeurs, chargés d'affaires, envoyés ou consuls français, et, s'il n'y en a pas, celles des ambassadeurs ou chargés d'affaires étrangères, sont légalisées par le ministre des affaires étrangères, ou le fonctionnaire par lui délégué à cet effet. Ordonn. de la marine, tit. *Des consuls*, art. 23; ordonn. 20 mai 1818, 26 juill. 1821, 25 oct., 12 nov. 1833.

12. 2° Les *actes reçus en France, mais devant servir en pays* *étranger*, — à Paris, par le ministre de la justice, et ensuite par le ministre des affaires étrangères, ou par les fonctionnaires par lui désignés à cet effet. Ordonn. 25 oct. 1833, art. 10.

Antérieurement, une lettre du garde des sceaux, du 9 déc. 1828, avait permis, en cas d'urgence, que la formalité de la légalisation fût remplie par l'agent du ministère des affaires étrangères sur les lieux.

13. Il est dû un droit de greffe de 25 c. pour chaque légalisation judiciaire. — V. *Greffe (droit de)*, n° 144.

14. *Enregistrement.* Les légalisations d'actes authentiques sont dispensées de la formalité de l'enregistrement. L. 22 frim. an 7, art. 70, § 3, n° 11.

Il en est de même des légalisations d'actes sous seing privé. Décis. min. fin. 30 oct. 1822.

Formule.

Nous président (ou *juge au tribunal de première instance de pour M. le président empêché*) du tribunal de première instance de l'arrondissement de , certifions que la signature apposée au bas de l'acte ci-dessus est celle de M , et que foi doit y être ajoutée tant en jugement que hors.

Au Palais-de-Justice, ce (*Signature.*)

LEGS. Don fait par testament.

1. Les legs sont universels, ou à titre universel, ou à titre particulier. C. civ. 1003, 1010, 1014.

2. Les légataires à titre universel, et ceux à titre particulier sont tenus de demander la délivrance de leurs legs aux héritiers réservataires, ou à leur défaut, aux légataires universels, et à défaut de ceux-ci aux héritiers du sang. C. civ. 1011, 1014.

Cette demande est intentée par assignation devant le trib. de 1re instance, en la forme ordinaire.

3. Les légataires universels sont également tenus de demander, de la même manière, la délivrance de leurs legs, lorsqu'il existe des héritiers à réserve. C. civ. 1004.

Mais lorsqu'il n'existe pas d'héritiers de cette sorte, ils sont saisis de plein droit par la mort du testateur, sans être obligés de demander la délivrance (*Ib.* 1006); — ils doivent seulement dans ce cas, demander l'envoi en possession des biens de la succession, si le testament qui les institue est olographe ou mystique. *Ib.* 1007, 1008. — V. *Possession (envoi en)*.

4. Lorsqu'il n'y a ni héritier connu, ni légataire universel, le légataire universel provoque la nomination d'un curateur à la succession vacante, et demande contre lui la délivrance de son legs. Arg. C. civ. 812, 813; C. pr. 998.

5. Si un successeur irrégulier s'est fait envoyer en possession des biens de la succession, c'est contre lui qu'il faut diriger la demande en délivrance. Duranton, 7, n° 60 (Art. 154. J. Pr.). — V. d'ailleurs *Action*, n° 73; *Bénéfice d'inventaire*, n° 1; *Ex-*

ception, n° 65; *Exécution*, n°s 10, 18, 19; *Inventaire*, n°s 1, 19, 50, 59, etc.; *Testament*.

LETTRE. En général les actes doivent être écrits en toutes lettres, sans abréviations, et sans chiffres. —V. toutefois *Abréviation*, n°s 2 et 3; *Date*, n° 14; *Exploit* n° 16 et 24.

LETTRE DE CHANGE. — V. *Effet de commerce*.

LETTRE DE VOITURE OU CONNAISSEMENT. Déclaration contenant un état des marchandises chargées sur une voiture ou un navire, le nom de ceux à qui elles appartiennent, l'indication des lieux où on les porte et le prix du transport, tous les connaissemens sont signés par le capitaine et par le chargeur. — V. *Faillite*, n° 551.

LETTRES DE JUSSION. On appelait ainsi autrefois des lettres par lesquelles le roi enjoignait aux parlemens ou à des juges supérieurs d'enregistrer des édits, ordonnances ou déclarations après un refus de leur part.

LETTRES DE RATIFICATION. On appelait ainsi autrefois les formalités prescrites pour la *purge* des hypothèques. V. ce mot.

LETTRES DE RÉHABILITATION. — V. *Faillite*, sect. XIV.

LETTRE DE RÉPIT. On nommait ainsi autrefois, des lettres par lesquelles le roi accordait à un débiteur condamné par jugement, un délai plus ou moins long pour se libérer. — L'usage de ces lettres a été aboli en 1791. — V. *Délai*, § 4.

LEVÉE DE *scellés*. — V. ce mot.

LEVER UN JUGEMENT. C'est en demander l'expédition. — V. *Jugement* n°s 274 et 275.

LIBELLÉ. Ce qui est motivé. On dit un *exploit libellé* : le *libellé d'un exploit*. —V. *Ajournement*, n° 76; *Appel*, n° 192; *Jugement*, n° 110 et suiv.

LICENCIÉ (*en droit*). Titre accordé à celui qui a été promu à la licence, après avoir suivi les cours et soutenu les examens exigés par les lois et réglemens. — V. *Avocat*, n° 9; *Avoué*, n°s 18 et 19; *Docteur en droit*; *Faculté de droit*; *Greffier* n° 17; *Organisation judiciaire*.

Jugé que les dix ans de domicile exigés par l'art. 382, § 4, C. Ins. cr. pour qu'un licencié ait acquis le droit d'être porté sur la liste du jury (—V. *Avocat*, n° 86.), peuvent être antérieurs à l'obtention de la licence. Bastia 21 nov. 1836 (Art. 821 J. Pr.).

LICITATION (1). Adjudication faite au plus offrant et dernier enchérisseur, des biens indivis entre plusieurs personnes.

DIVISION.

§ 1. — *Cas dans lesquels il y a lieu à licitation.*

---

(1) Cet article est de M. Valton, avocat à la Cour royale de Paris.

§ 1. — *Cas dans lesquels il y a lieu à licitation.*

1. Il y a lieu à licitation toutes les fois que le partage d'une chose commune ne peut se faire commodément et sans perte, de manière à remplir en nature chaque copropriétaire de ses droits, ou lorsque, dans un partage fait de gré à gré de biens communs, il s'en trouve quelques-uns qu'aucun des copropriétaires ne puisse ou ne veuille prendre. C. civ. 1686. — Nul, en effet n'est tenu de demeurer dans l'indivision (C. civ. 815), et la licitation n'est qu'une espèce de partage ayant pour effet de diviser entre les différens copropriétaires le prix de la chose commune.

2. Mais ce mode de partage est vu par le législateur avec moins de faveur que celui en nature. Il ne doit donc être ordonné malgré l'un des copropriétaires, que lorsque ce dernier n'est pas possible. — V. *inf.* n° 3 à 12, et *Partage.*

3. La question de savoir si une chose est partageable ou non, est laissée à l'arbitrage du juge : il faut en général qu'il y ait une incommodité considérable dans le partage, ou que la division dégrade ou déprécie la chose même, ou qu'elle occasionne un préjudice commun ; sans quoi le partage en nature doit être préféré. Troplong, *Vente*, n° 860, 861.

4. Par ces mots de l'art. 824 du C. civ. *si l'objet peut commodément se partager*, il faut entendre une division facile qui permette d'opérer les prélèvemens, et de former ensuite des lots égaux pour chacun des cohéritiers. Ainsi, la licitation doit être ordonnée dans les cas suivants : — 1° lorsque les immeubles d'une succession dévolue à trois héritiers ; à l'un pour moitié, en ce qu'il est légataire de la quotité disponible, aux deux autres pour chacun un quart, ne sont reconnus susceptibles de division qu'en deux lots seulement. Les juges ne peuvent, sans avoir égard à la demande en licitation, formée par l'une des parties, ordonner le partage en deux lots, dont l'un serait attribué au cohéritier avantagé, l'autre aux deux cohéritiers non avantagés, sauf ensuite à le liciter entre eux. Cass. 10 mai 1826, S. 26, 414.

5. Lorsque dans une succession collatérale, le partage en

deux portions pour les lignes paternelle et maternelle, étant d'ailleurs possible, la subdivision de l'un des deux lots ne peut s'opérer ensuite entre les représentans de l'une des deux lignes. Bordeaux, 30 juill. 1838 (Art. 1570 J. Pr.).— *Contrà*, Bordeaux, 13 déc. 1838 (Art. 1570 J. Pr.).

6. Il ne faut pas conclure de là qu'il y ait lieu à licitation toutes les fois qu'on ne peut faire des lots parfaitement égaux; le partage peut être effectué au moyen de soultes. C. civ. 833.

7. Néanmoins, si la soulte était trop onéreuse, celui qui en serait chargé pourrait exiger la vente d'une partie du lot supérieur, afin que le prix fût employé à faire disparaître l'inégalité des lots. Carré, n° 3197; — ou bien il faudrait ordonner la licitation. Bordeaux, 17 janv. 1831, S. 31, 186.

8. Toutefois l'établissement d'une servitude sur le lot d'un copartageant ne serait pas une raison suffisante pour faire ordonner la licitation. Ainsi, un trib. peut, en refusant la licitation, ordonner que les parties useront en commun d'un vestibule et d'une cour servant pour l'usage des bâtimens partagés. Cass. 21 août 1832, S. 32, 775.

Mais il ne faudrait pas que la servitude fût trop onéreuse. Chabot, art. 827, n° 2.

9. Lorsque la situation des immeubles a exigé plusieurs expertises distinctes, et que chaque immeuble séparément a été déclaré impartageable, il n'y a cependant pas lieu à licitation, s'il résulte du rapprochement des rapports que la totalité des immeubles peut se partager commodément. C. pr. 974.

10. Mais il en est autrement si les experts rapportent que l'héritage ne peut se partager qu'au moyen de travaux indispensables, comme en coupant les appartemens d'une maison par l'élévation de cloisons dispendieuses, et en changeant les distributions. Troplong, *Vente*, n° 862.

11. Au contraire, il y a des cas où l'immeuble, quoique partageable en lui-même, doit être licité; c'est lorsque les différentes parties sont dans une dépendance telle l'une de l'autre, que leur séparation diminuerait la valeur totale au préjudice des copropriétaires, par exemple, des terres et des bâtimens d'exploitation. Troplong, *ib.* n° 863.

12. Du reste, lorsqu'il est reconnu que les immeubles ne peuvent commodément se partager, il y a nécessité d'ordonner la licitation, si elle est demandée; le pouvoir des juges à cet égard n'est pas discrétionnaire. Cass. 10 mai 1826, S. 26, 414.

13. La licitation a lieu entre tous communistes, à quelque titre que ce soit, qu'ils possèdent comme cohéritiers, colégataires, ou coassociés (C. civ. 1872); en un mot, dans tous les cas où il y a propriété indivise, et volonté ou nécessité de sortir d'indivision. — V. *Partage*.

14. On a même ordonné la vente simultanée de deux propriétés *non communes*, mais disposées par le fait de l'un des propriétaires, sans opposition de l'autre, de telle manière que la division eût nui à leurs intérêts respectifs. — Ainsi décidé à l'égard d'une construction élevée par l'usufruitier d'un immeuble sur un terrain contigu, identifiée à cet immeuble du consentement du nu-propriétaire. Cass. 23 mars 1825, S. 25, 414.

15. On peut liciter toute espèce de choses, les meubles (C. civ. 575), comme les immeubles, même un simple droit de bail ou d'usufruit commun entre plusieurs ayant droit : la loi ne fait aucune distinction. C. civ. 1686; Troplong, *ib.* n° 875; Duranton, 16, n° 471.

16. Toutefois une servitude ne peut donner lieu à licitation. —Conclusions de M. l'avocat général à la C. de cass. à l'égard d'un droit de cantonnement. S. 38, 1, 120.

17. La licitation est valablement réclamée par le propriétaire de la partie la plus minime, aussi bien que par celui qui possède la plus considérable. Troplong, n° 864; — à moins toutefois qu'il ne s'agisse de la propriété d'un navire, ou d'une mine. — V. *Mine* et *Partage*.

§ 2. — *Formes de la licitation.*

18. Les formes de la licitation varient suivant qu'elle est faite à l'amiable ou en justice. — V. *inf.*, art. 1 et 2.

Art. 1. — *Licitation amiable.*

19. La licitation peut avoir lieu à l'amiable, lorsque les biens possédés par indivis appartiennent à des héritiers majeurs, présens ou dûment représentés, et maîtres de disposer de leurs droits. C. pr. 953, 985.

20. Dans ce cas, s'il y a accord entre eux, aucune forme particulière ne leur est prescrite; ils peuvent vendre, quoique l'immeuble soit partageable, ou au contraire ne pas liciter, lors même qu'il serait reconnu que le partage ne peut se faire commodément et sans perte : ils sont libres, même après avoir pris d'abord les formes judiciaires, de les abandonner en tout état de cause. C. pr. 984, 985.

21. Ils ont encore le droit de vendre à l'amiable, soit à l'un d'eux, soit à des étrangers, ou bien de faire procéder à la licitation devant un notaire, sur le choix duquel ils s'accordent. C. civ. 827. — Dans cette circonstance, les étrangers, c'est-à-dire, toutes personnes autres que les copropriétaires, ne sont pas nécessairement appelés; mais chacun des copropriétaires est le maître d'exiger leur présence. C. civ. 1687.

22. Si les copropriétaires licitent entre eux, la publicité

n'est pas nécessaire ; mais elle le devient lorsque la présence des étrangers est requise : il serait illusoire de les appeler sans les avertir par cette publicité.

23. Si les colicitans sont convenus de vendre devant notaire, au jour indiqué, les enchères s'ouvrent sur le cahier des charges dressé, soit par un avoué, soit par le notaire, soit par tout autre mandataire du choix des parties, soit par l'une des parties elles-mêmes. Ce cahier des charges est déposé en minute dans l'étude du notaire.

24. Les enchères sont reçues de la part de toute personne, à moins qu'une clause contraire n'ait été insérée dans le cahier des charges. — V. *Vente judiciaire.*

25. Une vente faite dans cette forme ne peut être considérée que comme un simple acte notarié, et ne participe en rien des actes émanés de l'autorité judiciaire : dès lors, les actes de cette nature doivent, pour être valables, être revêtus de toutes les formalités prescrites par la loi du 25 vent. an 11. Metz, 24 fév. 1831, S. 31, 199 ; Favard, v° *Vente d'imm.*, § 1.

Ainsi l'acte d'adjudication est nul si l'adjudicataire a refusé de le signer. Cass. 24 janv. 1814, P. 12, 50.

26. Le refus ou l'incapacité d'une seule partie suffit pour nécessiter la licitation en justice. C. pr. 953, 985.

Art. 2. — *Licitation judiciaire.*

27. La licitation ne peut être faite qu'en justice : 1° lorsque tous les copropriétaires ne sont pas majeurs, présens ou dûment représentés, et maîtres de disposer de leurs droits.

2° Lorsqu'ils sont majeurs, présens et capables, mais qu'ils ne sont pas d'accord. C. civ. 823, 838, 839.

Les étrangers doivent toujours être admis à enchérir, s'il y a des mineurs ; s'il n'y a que des majeurs, ils peuvent renoncer à la présence des étrangers. — V. *sup.* n° 18.

28. *Capacité.* La capacité requise pour provoquer le partage est aussi nécessaire pour demander la licitation. Ainsi, ne peuvent agir :

1° Les mineurs et l'interdit s'ils ne sont représentés par leur tuteur, lequel doit être spécialement autorisé par le *conseil de famille.* C. civ. 817, 465. — V. ce mot, n° 40.

L'autorisation n'est nécessaire que pour intenter la demande, et non pour y défendre; elle n'a pas besoin d'être homologuée.

29. 2° Le notaire représentant l'absent. — V. *Partage.*

30. 3° Les femmes mariées, sans l'autorisation du mari. — V. *ib.*

L'autorisation peut résulter du jugement même qui ordonne la licitation d'un immeuble indivis entre le mari et la femme.

— Cette autorisation renferme celle de poursuivre la revente sur folle-enchère. Cass. 20 juill. 1835 (Art. 99 J. Pr.).

31. 4° Les mineurs émancipés, sans l'assistance de leur curateur. — V. *ib*.

32. 5° Les personnes pourvues d'un conseil judiciaire, sans la présence de leur conseil. — V. *ib*.

La vente par licitation d'un immeuble appartenant par indivis à un majeur et à un mineur doit être faite en présence du subrogé-tuteur. C. civ. 359 (Art. 29 J. Pr.). — V. *inf.* n° 36, et *Vente d'immeubles*.

L'avoué chargé de faire les procédures nécessaires pour parvenir à la vente par licitation d'un tel bien, est responsable de la nullité de ces procédures, résultant du défaut de mise en cause du subrogé-tuteur des mineurs. Aix, 8 fév. 1838 (Art. 1152 J. Pr.).

Le tuteur qui se trouve être le copropriétaire du mineur doit diriger son action en partage contre le subrogé tuteur, et dans le cas où l'immeuble est reconnu impartageable, poursuivre la licitation contre le subrogé-tuteur et en présence d'un subrogé-tuteur *ad hoc* (Art. 29 J. Pr.).

S'il n'y a pas opposition d'intérêts entre le mineur et son tuteur, le subrogé tuteur doit-il se borner à un rôle purement passif? — Non, il peut et doit critiquer ce qui lui paraîtrait contraire à l'intérêt du mineur. Paris, 13 fév. 1836 (Art. 399 J. Pr.). — V. *Inf.* n° 58.

33. *Compétence.* S'il s'agit de biens possédés autrement qu'à titre de succession, on suit les règles ordinaires : ainsi, la compétence du trib. varie suivant que la demande est réelle, personnelle ou mixte. — V. *Tribunaux*.

34. S'il s'agit des biens d'une succession, c'est devant le trib. du lieu de l'ouverture qu'il est procédé aux licitations. C. civ. 822.

C'est ce trib. qui décide s'il est ou non convenable d'autoriser la vente en justice ou devant notaire d'immeubles situés hors de son ressort; il ne peut commettre pour cette appréciation le trib. de la situation. Orléans, 7 juin 1837 (Art. 875 J. Pr.).

35. S'il s'agit d'un bien resté indivis après *partage* (— V. ce mot.). Les règles ordinaires sont applicables; ainsi le créancier qui exerçant les droits de son débiteur, demanderait la licitation pour arriver à une expropriation, peut assigner à son choix ou devant le trib. de la situation, ou devant celui du domicile du défendeur. Paris, 22 nov. 1838 (Art. 1283 J. Pr.).

36. *Procédure.* La demande en licitation se forme en même temps et par le même exploit que la demande en partage; elle en est la conséquence éventuelle : on doit donc, dès l'abord, conclure à fin de licitation, en cas d'impossibilité de partage. Une demande tardive ne serait pas nulle; mais elle exposerait à perdre les avantages de la poursuite. — V. *Partage*.

37. Elle se fait par exploit ordinaire.

Pourrait-elle être formée par une requête collective au nom de tous les héritiers majeurs ou mineurs, afin de nomination d'experts pour estimer les biens et déclarer s'ils sont ou non partageables? — Une pareille marche ne saurait être autorisée, il faut se conformer aux règles tracées par le législateur qui prescrit une demande formée contradictoirement en justice. Arg. C. pr. 966, 967. C. civ. 838, 840. — Lors même que les cohéritiers sont d'accord dans le principe, la contradiction peut survenir entre eux, et un même avoué ne peut les représenter tous. Les discussions et les jugemens doivent avoir lieu contradictoirement. — V. toutefois Art. 1466 J. Pr., p. 354.

38. Le *préliminaire de conciliation* doit avoir lieu si la cause ne se trouve, par sa nature, dans un cas d'exception. — V. ce mot. — Il est rare qu'il n'y ait pas plus de deux défendeurs.

39. Entre deux ou plusieurs demandeurs, la poursuite appartient à celui qui a le premier fait viser l'original de son exploit par le greffier du tribunal.

Ce visa doit être daté du jour et de l'heure. — V. *Partage*.

Les juges ne pourraient, appréciant la position des parties, accorder à l'une d'elles la poursuite du partage, sans avoir égard à la priorité du visa. Paris, 9 mai 1837 (Art. 766 J. Pr.). — A moins que l'un des deux exploits ne fût entaché de nullité, ou que la demande ne fût incomplète.

L'exécuteur testamentaire n'a pas le droit de poursuivre la licitation de préférence aux héritiers, mais il doit y être appelé, et a qualité pour intervenir si les valeurs mobilières sont insuffisantes pour acquitter les legs. Arg. C. civ. 1026 et 1027.

40. Le trib. saisi de la demande ordonne, avant faire droit, une expertise. C. pr. 969 et 971. — A moins que toutes les parties ne soient majeures et que la nécessité de la licitation ne soit évidente. Troplong, *Vente*, n° 871; Pigeau, 2, 730.

41. La visite des immeubles a lieu par un seul expert, si toutes les parties sont majeures et y consentent. C. pr. 971. — Et par trois experts, lorsqu'il y a des incapables. — A peine de nullité; Colmar, 18 août 1834, S. 35, 271. — V. *Expertise*, n° 14 à 17 et toutefois le rapport de M. Parant (Art. 1466 J. Pr., p. 356.).

42. Par le même jugement qui nomme les experts (— V. *sup.* n° 40), le trib. commet un des juges, au rapport duquel il décide ensuite les contestations qui peuvent s'élever. C. pr. 969.

43. Les experts, après avoir prêté serment, visitent les immeubles, en rapportent l'état, la valeur, la consistance, présentent les bases de leur estimation, et s'expliquent sur la possibilité ou l'impossibilité du *partage*. C. pr. 969; C. civ. 824. — V. ce mot.

La formation de leur opinion à cet égard peut être retardée (— V. *Expert*, n° 56) : 1° s'il y a plusieurs expertises dans divers lieux; — 2° si les parties ont des rapports à faire, des prélevemens à exercer, et si l'expertise n'a pas été précédée d'une liquidation des droits mobiliers. Thomine, n° 1149.

44. Le rapport des experts, une fois rédigé, et déposé en minute au greffe, — ou remis en expédition en l'étude, si la licitation doit avoir lieu devant notaire (Carré, n° 3193), — est levé et signifié par l'avoué poursuivant aux avoués des autres parties en cause, — avec demande en entérinement formée par requête de simples conclusions. C. pr. 972.

45. Les parties intéressées à contredire le rapport peuvent répondre en la même forme. Tar. 75; Carré, n° 3194. — Dans l'usage, on alloue quelques rôles de conclusions motivées.

46. Le trib., après avoir entendu les parties, homologue, s'il y a lieu, le rapport des experts, et ordonne soit le partage, soit la vente par licitation.

Les héritiers qui laissent un adjudicataire se mettre en possession des biens licités ne peuvent appeler du jugement qui ordonne la licitation. — D'ailleurs, dans l'espèce, il y avait eu transaction. Cass. 21 mars 1821, S. 22, 181.

47. Suivant l'art. 970 C. pr., le trib. ordonne par *le même jugement* (celui qui nomme les experts — V. *sup.* n° 40) le partage, s'il peut avoir lieu, ou la vente par licitation, qui est faite, soit devant un membre du trib., soit devant un notaire. — Mais, dans l'usage, comme c'est seulement, après l'expertise, que le trib. peut connaître s'il y a ou non possibilité de partage, la vente ou le partage ne sont ordonnés que par le jugement qui entérine le rapport d'experts.

48. La question de savoir si la vente aura lieu devant un membre du trib. ou devant un notaire doit être résolue d'après le désir et l'intérêt des parties. — V. *Vente*.

La présence d'un mineur dans l'instance n'empêche pas le trib. de commettre un notaire, s'il le croit plus utile. Merlin, *Rép.*, v° *Licitation*, § 2; Chabot, art. 880; Carré, n° 3191.

Mais, s'il croit cette mesure désavantageuse, il peut, nonobstant le vœu contraire exprimé par toutes les parties, réserver la vente à sa barre. Bordeaux, 3 août 1838 (Art. 1334 J. Pr.). — *Contrà*, Caen, 6 janv. 1836 (Art. 339 J. Pr.). Rennes 22 juill. 1839 (Art. 1560 J. Pr.).

49. Les jugemens contradictoires, portant nomination d'experts, ou ordonnant une licitation, *du consentement des parties*, n'ont pas besoin d'être signifiés à partie avant leur exécution;

ils ne prononcent aucune condamnation ; les frais d'une telle signification ne passeraient pas en taxe. Cass. 25 fév. 1834, S. 34, 196. — Il peut se faire cependant qu'on ait intérêt à interjeter appel, par exemple, si l'on a des récusations à proposer.

50. Quatre formalités principales doivent être accomplies pour la vente, savoir : — 1° la rédaction et le dépôt d'un cahier des charges ; — 2° l'apposition de placards annonçant la vente et l'insertion de leur copie dans les journaux ; — 3° une adjudication préparatoire ; — 4° enfin une adjudication définitive.

51. *Rédaction et dépôt du cahier des charges.* — Cette rédaction doit-elle être toujours faite par l'avoué, même dans le cas où la vente a été renvoyée devant notaire ? — V. *Avoué*, n° 76, et surtout *Vente judiciaire*.

52. On fait sommation aux parties d'être présentes au dépôt. Le greffier ou le notaire en dresse acte.

Le dépôt n'est pas suffisamment constaté par un acte énonçant que le cahier des charges a été produit au greffe. Corse, 16 nov. 1822, S. 23, 41.

53. Ce cahier doit contenir les mentions suivantes (C. pr. 958, 972) :

1° L'énonciation du titre de propriété des biens à vendre ;
2° La désignation sommaire des biens et leur nature ;
3° Le prix de leur estimation par les experts ;
4° Les conditions de la vente ;
5° Les nom, demeure, et profession du poursuivant ;
6° Les nom et demeure de son avoué ;
7° Les noms, demeures et professions des colicitans ;
8° Le jour auquel la première publication aura lieu.

54. Il est défendu d'y stipuler des droits plus forts que ceux fixés par la loi. Tar. 129.

55. Il est grossoyé (Tar. 109) ; mais on ne peut en faire qu'une seule grosse. Arg. Tar. 110.

56. Dans la huitaine du dépôt, la copie doit être signifiée aux avoués colicitans par un simple acte. C. pr. 972.

Si les colicitans n'ont pas d'avoué, la signification doit être faite à domicile. Pigeau, 2, 732.

En notifiant copie du cahier d'enchère, on a soin de faire sommation à l'avoué de se trouver et faire trouver ses parties à la première publication, et aux adjudications préparatoire et définitive dont l'époque sera ultérieurement fixée.

La même sommation est faite à domicile, si quelques-unes des parties n'ont pas constitué avoué.

Si la vente a lieu devant le tribunal, l'avoué poursuivant requiert par un dire et verbalement, à l'audience, l'adjudication ; les avoués colicitans déclarent, dans la même forme, ne point s'y opposer.

Mais *quid*, si la vente a été renvoyée devant un notaire ? — L'avoué poursuivant, lui-même, n'est plus le mandataire légal de son client ; il doit être muni d'un pouvoir ou il doit faire comparaître son client en personne pour requérir l'adjudication et signer cette réquisition, ainsi que l'adjudication faite en sa présence. — A l'égard des colicitans, la sommation faite d'être présent à la première publication et aux adjudications préparatoire et définitive est-elle suffisante ?

Une nouvelle sommation doit-elle être renouvelée par acte extrajudiciaire avant chacune de ces adjudications ?

Rigoureusement, cette formalité n'est pas nécessaire. Jugé que ce n'est point une cause de nullité contre la vente. Cass. 24 mars 1830, S. 30, 133. — Dans l'espèce, la partie qui attaquait l'adjudication avait poursuivi la licitation ; son avoué avait déposé le cahier d'enchère chez le notaire ; elle était domiciliée dans le lieu même où les affiches avaient été déposées.

Il est plus prudent, toutefois, de renouveler la sommation de se trouver à chacune des adjudications, si on suppose que les colicitans n'y comparaîtront pas volontairement, afin de donner défaut contre eux plus régulièrement.

57. L'acte de signification est taxé comme un acte ordinaire et la copie du cahier des charges comme celle des requêtes d'avoué à avoué. Tar. 70, 129 ; Pigeau, 2, 732.

58. S'il s'élève des difficultés sur le cahier des charges, elles sont vidées à l'audience, sans aucune requête et sur un simple acte d'avoué à avoué. C. pr. 973.

Il convient d'énoncer dans cet avenir l'objet de la difficulté ; autrement la partie assignée ne pourrait savoir sur quoi elle aurait à plaider. Carré, n° 3196.

Les clauses du cahier des charges sont laissées à l'appréciation du trib., qui se décide d'après les circonstances de la cause et l'intérêt des parties. — Ainsi, — au cas de licitation d'immeubles grevés d'une rente viagère, les juges ont pu, sur la demande de l'un des colicitans et malgré l'opposition des autres, quoique mineurs ou faillis, ordonner que le prix ou partie du prix restera aux mains de l'acquéreur, sous la condition par lui de servir la rente jusqu'au décès des créanciers, et qu'à cette époque cette rente sera amortie au profit de l'acquéreur lui-même qui demeurera ainsi libéré de tout ou partie de son prix. Cass. 28 juin 1836 (Art. 1571 J. Pr.).

59. Si la vente a lieu en justice, lecture du cahier des charges est faite à l'audience. Lors de cette lecture, le jour de l'adjudication préparatoire est annoncé ; il est éloigné de six semaines au moins. C. pr. 959.

60. La lecture n'a pas lieu lorsque la licitation est renvoyée devant notaire ; mais l'intervalle de six semaines entre le dépôt et la vente est toujours obligé. Carré, n° 3169.

61. *Apposition de placards et insertions dans les journaux.* Ces formalités sont prescrites pour donner de la publicité à la vente et attirer les enchérisseurs. — V. *Ventes.*

62. Les placards ou affiches doivent contenir : 1° la désignation sommaire des biens. C. pr. 960 ;

2° Les nom, demeure et profession du poursuivant, ainsi que les nom et demeure de son avoué. C. pr. 972 ;

3° Les noms, demeures et professions de tous les colicitans ;

4° Si les colicitans sont mineurs, les noms, professions et demeures de leurs tuteurs. C. pr. 960. — S'ils sont émancipés, on indique les leurs et ceux de leur curateur ;

5° La demeure du notaire devant lequel la vente est renvoyée, ou l'indication du tribunal.

Il n'est passé en taxe qu'une seule impression de placards, tant pour l'adjudication préparatoire que pour l'adjudication définitive. Tarif, 106 ; Cass. 25 fév. 1834, S. 34, 196.

63. Les affiches sont placardées, et les insertions faites de la manière prescrite par les art. 961,962,963 C. pr. — V. *Ib.*

64. L'apposition des placards doit être constatée par un procès-verbal d'huissier et non autrement. La preuve testimoniale ne pourrait être admise pour établir que l'apposition a eu lieu. Cass. 10 déc. 1810, S. 11, 82.

N'équivaudrait pas non plus au procès-verbal l'acte par lequel un notaire constaterait la remise à lui faite des placards revêtus du visa du maire. Cass. 27 nov. 1834 (Art. 70 J. Pr.).

65. *Adjudications préparatoire et définitive.* Aux jours indiqués, et après l'accomplissement de toutes les formalités exigées, on procède aux adjudications préparatoire et définitive dans la forme prescrite pour la vente judiciaire des immeubles. — V. *Ventes.*

66. Doit-on signifier à l'avoué le jugement d'adjudication sur licitation ? — Suffit-il que la signification de cette adjudication ait eu lieu à la partie ? — L'adjudicataire sera ou ne sera pas valablement saisi ; les frais de signification seront admis à la taxe ou en seront rejetés, selon la solution.

Pour l'affirmative on dit : — Toute décision qualifiée jugement doit être signifiée à avoué avant de l'être à la partie, quelle que soit la nature de cette décision. — C'est une mesure d'ordre public. Boncenne, 2, 459 ; Trib. Seine, 25 janv. 1838, 2e ch. (Art. 1135 J. Pr.). — Dans l'espèce, on voulait faire rejeter de la taxe, comme frais frustratoires, le coût des significations à avoué d'un jugement d'adjudication.

Mais on répond avec raison : — Un jugement d'adjudication

n'a pas besoin d'être signifié, surtout à avoué. — L'art. 147 C. pr. a trait à l'exécution des jugemens *portant condamnation*. — L'acte judiciaire dont s'agit est plutôt un procès-verbal qu'un jugement. — Le jugement qui ordonne la licitation emporte consentement à la vente; ce consentement forme le contrat judiciaire. Les autres formalités ont pour but la dépossession des copropriétaires. — Le juge-commissaire ne fait que constater ces formalités. Arg. Cass. 25 fév. 1834, S. 34, 196; Trib. Seine, 15 avr. 1816 (Art. 1135 J. Pr., note 1).

67. Lorsque, à l'adjudication définitive, il ne se trouve pas d'enchérisseur au prix de l'estimation, le juge tenant l'audience, ou le notaire commis, remet l'adjudication au premier jour, et renvoie les parties devant le trib. qui, sur les conclusions du ministère public et après un nouvel avis de parens (si la licitation a lieu entre mineurs, ou si, ayant lieu entre majeur et mineur, elle est provoquée par ce dernier, Art. 1290 J. Pr.), ordonne que la mise à prix sera fixée à une somme moindre que l'estimation; souvent même il permet au besoin la vente à tout prix. L'adjudication ne peut être remise à un délai moindre de quinzaine. Dans ce cas, de nouvelles affiches sont apposées, et des insertions faites huit jours au moins avant cette adjudication. C. pr. 964.

68. Mais, si la licitation entre majeurs et mineurs est provoquée par un majeur, est-il nécessaire de recourir au trib. pour une nouvelle mise à prix? — ou la fixation en sera-t-elle faite par le poursuivant seul?

Dans ce dernier système, fondé sur la combinaison des art. 954, 2e alinéa, 964 C. pr., et 815 C. civ., on dit : L'avis de parens n'étant pas nécessaire en ce cas, sur quoi porterait le jugement du trib., qui n'est autre chose que l'homologation de cet avis; — d'autre part, le majeur ayant toujours le droit de sortir d'indivision, le trib. ne serait pas libre de refuser la baisse de mise à prix demandée, puisque, par un refus, il maintiendrait les parties dans l'indivision contrairement à l'art. 815 C. civ., homologation forcée, aussi contraire à la raison qu'aux termes de l'art. 954 C. pr. Paris, 3e ch., 29 nov. 1834 (Art. 28 J. Pr.); Cass. 6 juin 1821, S. 21, 274; Trib. Seine, 21 déc. 1838 (Art. 1290 J. Pr.); Carré, n° 3175; Thomine, n° 1143.

Dans le système contraire, celui d'intervention du tribunal, on répond : — Il ne faut pas confondre l'accomplissement des conditions qui donnent le droit d'aliéner avec les formalités de la vente. — En matière de licitation de biens appartenant exclusivement à des mineurs, certaines formalités sont prescrites par la loi, les unes pour s'assurer de la nécessité ou de l'utilité de l'aliénation, les autres comme garantie que l'immeuble sera vendu à sa juste valeur. — Le concours des majeurs doit, on le conçoit, apporter ici certaines modifications. — Ainsi, le droit pour les majeurs de sortir d'indivision rend inutiles les formalités prescrites dans le premier but, par exemple : l'avis préalable du conseil de famille. C. pr. 954. — Mais les autres formalités, et notamment l'expertise et l'intervention du trib., conservent, malgré la présence des majeurs, toute leur efficacité. — Aussi, l'art. 839 exige-t-il, pour ce cas, que la vente soit faite en justice avec les formalités prescrites pour l'aliénation des biens des mineurs. — L'expertise, l'une de ces formalités, a pour but de déterminer la véritable valeur du bien; aussi l'estimation des experts est elle un document utile pour fixer la mise à prix. — Des circonstances accidentelles peuvent déprécier l'immeuble, ou tenir les enchérisseurs éloignés; c'est aux tribunaux qu'il appartient de les apprécier et d'ordonner, soit un sursis, soit l'abaissement de la mise à prix. Motifs d'un arrêt C. Paris, 1 ch., 22 avr. 1839 (Art. 1439 J. Pr.). — Si le poursuivant et son avoué étaient obligés de fixer eux-mêmes la baisse de la mise à prix, ils seraient exposés à des reproches (et peut-être à un recours) de la part des mineurs, pour avoir déprécié l'immeuble; et, en cas d'absence d'enchérisseurs, pour avoir fixé une mise à prix trop élevée, qui nécessiterait une troisième tentative de vente et entraînerait des frais et des lenteurs.

Quant à nous, l'usage de faire intervenir une seconde fois le trib. nous paraît se concilier avec les dispositions des art. 815 et 839 C. civ.; 954, 964 C. pr. Il se justifie par l'intérêt des mineurs, sans blesser celui des majeurs; il remédie à de graves et de nombreux inconvéniens; il met à couvert la responsabilité des officiers ministériels.

69. Jugé que le renvoi de l'adjudication peut être ordonné en matière de vente volontaire de biens de mineurs, même après enchères au-delà de l'estimation, et après l'extinction des feux, si le juge a la conviction que les biens, quoique vendus au-dessus de l'estimation, le seraient néanmoins au-dessous de leur valeur : aucun contrat n'est formé tant que le juge n'a pas prononcé; ainsi, nulle lésion des droits d'autrui, et l'intérêt des mineurs est d'autant mieux conservé que le tuteur qui aurait provoqué le renvoi reste garant, en cas d'insuffisance des enchères ultérieures. Lyon, 21 juill. 1838 (Art. 1381 J. Pr.).

70. Le notaire commis pour la licitation tient la place du juge que le trib. aurait pu désigner; mais il n'en conserve pas moins son caractère de notaire. En conséquence, les actes qu'il rédige doivent contenir les formalités exigées par la loi sur le notariat. Ainsi, il ne pourrait, comme dans un partage, procéder seul et sans l'assistance d'un second notaire ou de témoins. Favard, *Rep.*, vo *Notaire*, sect. 7, no 3. — V. *Ventes*.

71. On se conforme, du reste, pour la vente, aux formalités prescrites par le C. de pr., au titre *de la vente des biens immeubles*, sauf quelques additions dans le cahier des charges (— V. *sup.* no 53); C. pr. 972. — V. *Vente judiciaire*.

§ 5. — *Intervention des créanciers.*

72. Les créanciers personnels des colicitans peuvent intervenir dans l'instance en licitation pour assurer la conservation de leurs créances; mais les frais de l'intervention doivent demeurer à leur charge.

Leurs droits sont les mêmes que ceux des créanciers des copartageans. C. civ. 882-2205. — V. *Partage*.

Leur intervention peut avoir pour but : 1° d'empêcher qu'un immeuble partageable en nature, soit licité sans nécessité. Proudhon, *Usufruit*, n° 2388.

2° Dans le cas où la licitation est inévitable, de saisir arrêter la portion du prix revenant à leur débiteur. Proudhon, *ib.*

3° De demander l'admission des étrangers à l'adjudication, et d'enchérir eux-mêmes, s'ils le jugent convenable. Arg. C. civ. 1166, 1687.

73. Si la licitation n'est pas demandée par les co-propriétaires, ils sont également recevables à la provoquer du chef de leur débiteur. C. civ. 2205.

74. Ils sont même, dans certaines circonstances, forcés de la réclamer avant de pouvoir faire vendre la portion indivise de leur débiteur. *Ib.*

75. Il faut, à cet égard, distinguer si l'indivision a lieu entre cohéritiers ou entre copropriétaires ordinaires.

76. *Entre cohéritiers.* La part indivise d'un cohéritier dans les immeubles d'une succession, ne peut être mise en vente par ses créanciers personnels avant le partage ou la licitation. C. civ. 2205. — Le motif en est que chaque cohéritier étant réputé avoir succédé seul et immédiatement à tous les effets compris dans son lot ou à lui échus sur licitation (C. civ. 883), il serait possible que les biens vendus sur la poursuite des créanciers d'un des cohéritiers fussent censés, après le partage, ne lui avoir jamais appartenu.

77. La saisie pratiquée sur un héritier de biens indivis est-elle nulle de plein droit? — Les trib. peuvent-ils se borner, suivant les circonstances, à prononcer un sursis aux poursuites d'expropriation jusqu'à ce qu'il ait été procédé au partage? — V. *Saisie-immobilière*.

78. Au surplus, dès l'instant qu'il est formé opposition à la

vente, à raison de l'indivision, il doit être sursis à toute poursuite. Cass. 22 juill. 1822, S. 22, 436.

S'il était passé outre, la nullité de l'expropriation pourrait être invoquée, non seulement par le cohéritier qui ne devait rien, mais encore par le cohéritier débiteur. Besançon, 21 juin 1810, S. 12, 8; Nîmes, 10 fév. 1823, S. 25, 100.

79. Ces dispositions ne sont pas applicables aux créanciers de la succession qui ont pour gage tous les biens qui en dépendent, et qui, par conséquent, peuvent, sans aucun doute, en poursuivre la vente avant tout partage. Arg. C. civ. 2204, 2205; Bruxelles, 5 mars 1810, P. 8, 156.

80. Mais ces créanciers ont-ils le droit de provoquer eux-mêmes la licitation? — Le doute vient de l'art. 1166, C. civ.? Mais la poursuite de licitation n'a été accordée qu'aux créanciers d'un colicitant. Arg. C. civ. 2205. — Et cette procédure serait inutile et frustratoire pour des créanciers qui peuvent saisir les biens de la succession. Poitiers, 21 juill. 1824, S. 25, 380.

81. *Entre co-propriétaires ordinaires.* — Les questions soulevées *suprà* n° 77, sur l'interprétation de l'art. 2205, C. civ., sont-elles susceptibles de se représenter pour les créanciers d'un co-propriétaire? — V. *Saisie-immobilière.*

82. En tout cas, le partage ou la licitation *préalable* ne saurait être requis que par le copropriétaire non débiteur. Paris, 23 août 1816, S. 17, 320.

83. Le créancier qui a formé opposition à ce qu'il fût procédé à la licitation hors de sa présence a le droit d'attaquer la vente à laquelle il n'a pas été appelé, encore bien qu'elle ait eu lieu en justice, pourvu toutefois que l'adjudication ait été faite à l'un des cohéritiers, parce que c'est alors un véritable partage; mais il en est autrement si l'adjudication a été faite au profit d'un étranger, car alors elle constitue une vente, et d'ailleurs le créancier conserve tous ses droits sur le prix. Paris, 2 mars 1812, S. 12, 432; Chabot, art. 882, n° 5. — V. *inf.* n° 85 et suiv.

84. Quant à celui qui a négligé d'user des droits conférés par les art. 882 et 2205 C. civ., peut-il ensuite attaquer la licitation consommée? — V. *Partage.*

§ 4. — *Effets de la licitation.*

85. Les effets de la licitation varient selon que l'adjudication est faite au profit de l'un des coproptiétaires, ou au profit d'un étranger.

86. *Au profit d'un des copropriétaires.* Dans ce cas, elle constitue un véritable partage, et en produit tous les effets. C. civ. 883; Pothier, v° *Vente*, n° 638; Troplong, *ib.* n° 876.

C'est-à-dire que l'adjudicataire est censé avoir succédé seul et immédiatement aux biens licités. — V. *Partage.*

Mais si plusieurs des co-héritiers ne s'étaient rendus adjudicataires, que dans le but de faire cesser l'indivision à l'égard de quelques uns d'entre eux, seulement, la fiction de l'art. 883 serait inapplicable ; ils seraient considérés comme des acquéreurs ordinaires et soumis aux mêmes voies d'exécution. Cass. 27 mai 1835. (Art. 77, j. pr.).

87. De là résultent plusieurs conséquences :

1° L'hypothèque consentie par l'un des copropriétaires avant le partage se restreint à la portion qui lui écheoit : les autres en sont affranchies ;

2° Si l'immeuble hypothéqué lui écheoit, l'hypothèque subsiste sur la totalité, ou, s'il n'avait hypothéqué que sa part indivise, sur cette part seulement. Cass. 6 déc. 1826, S. 27, 171. Cass. 9 mai 1832, S. 32, 367; et 14 mai 1833, S. 33, 381.

3° S'il échoit à un autre héritier, l'hypothèque s'évanouit. Le créancier ne serait pas fondé à demander à son débiteur, soit de nouvelles suretés, soit le remboursement (Caën 25 fév. 1837, (art. 1572 J. Pr.) et l'hypothèque ne revivrait pas lors même que ce dernier deviendrait ensuite acquéreur de l'immeuble primitivement hypothéqué, Bordeaux, 16 juill. (art. 1573 J. Pr.).

4° Les colicitans vendeurs ne sont tenus envers le cohéritier acquéreur que de la garantie du partage, et non de celle de la vente.

5° A défaut de paiement du prix par le colicitant adjudicataire, la revente par *folle-enchère* peut-elle être poursuivie ? — V. ce mot, n° 3 et 4 et nos observations (art. 1333, j. pr.).

6° Enfin la licitation peut être rescindée pour lésion de plus du quart. — V. *inf.* n° 91.

88. Ces principes sont applicables, non-seulement aux cohéritiers, mais aux communistes à tout autre titre. Cass. 24 mars 1823, 14 juill. 1824, S. 23, 200, 24, 342.

Néanmoins, si l'immeuble licité était indivis avec une femme mariée sous le régime dotal qui se fût constituée en dot tous ses biens présens et à venir, l'adjudicataire colicitant pourrait exiger qu'il fût fait remploi du prix représentant la part afférente à la femme ; la fiction de l'art. 883 ne saurait altérer le principe de l'inaliénabilité de la dot consacré par l'art. 1558 C. civ. Rouen, 4 avr. 1828, S. 28, 190.

Jugé également que la fiction de l'art. 883, cesse d'avoir effet lorsqu'il s'agit de déterminer de quelle nature est l'apport de ces objets dans une communauté conjugale. Nanci, 3 mars 1837, (Art. 1574 J. Pr.). Toullier, 12, n° 118 ; Duranton, 14, n° 118.

89. *Au profit d'un étranger.* La licitation n'est alors qu'une vente ordinaire : l'acquéreur reçoit la chose avec les charges que chaque colicitant y avait établies pendant l'indivision. Paris, 2 mars 1812, S. 12, 432. — V. *Folle enchère*, n° 2-5°. — Et les colicitans ont contre lui le privilége de vendeurs, avec toutes ses conséquences.

90. L'avoué chargé de poursuivre une licitation peut-il, après le jugement d'adjudication, et sans nouveau pouvoir, poursuivre la folle enchère? — S'expose-t-il à une action en désaveu pour avoir agi sans mandat, ou seulement à une action en responsabilité pour usage inopportun de ce mandat?

Dans le sens de la nécessité du mandat on dit : la folle enchère n'est pas un acte ordinaire de la poursuite de licitation; elle ne précède pas le jugement définitif. Il ne s'agit plus pour l'avoué de parcourir la filière des actes de la procédure, ni même de faire exécuter le jugement d'adjudication, mais bien de faire résoudre ce jugement. — V. d'ailleurs *avoué*, n° 134 et 144; et Cass. 23 juin 1835 (Art. 95, j. pr.).

Dans le second système on répond : la folle enchère est un incident qui se rattache au jugement d'adjudication : le défaut de paiement détruit le caractère définitif de ce jugement, et nécessite la folle enchère, procédure purement complémentaire; le certificat du greffier suffit en effet pour que l'avoué la poursuive; il n'est pas besoin de nouveau jugement qui prononce la résolution du premier : les licitans ont-ils entendu vendre et n'être pas payés? Qui veut la fin, veut les moyens. — V. d'ailleurs *femme mariée*, n. 58. — Et C. pr. 1038. — Arg. Bordeaux, 25 juill. 1838, 31 mai 1839 (art. 1541 J. Pr.).

Quant à nous, quelque puissantes que soient ces raisons, le premier système nous paraît préférable, à moins que l'avoué n'ait été autorisé à poursuivre la licitation *jusqu'au paiement*. — Dans tous les cas il est plus prudent d'obtenir un nouveau mandat pour suivre la folle-enchère. (Art. 1544 J. Pr.).

Mais l'avoué aurait incontestablement le droit de poursuivre la folle enchère en son nom personnel à défaut de paiement de ses frais, si la clause en avait été insérée dans le cahier des charges.

§ 5. — *Nullité et rescision de la licitation.*

91. La licitation peut, comme le partage, être rescindée pour cause de violence ou de dol, et de lésion de plus du quart. C. civ. 887. — V. *Partage*. — Et même pour cause d'erreur : par exemple, si un colicitant s'est présenté comme successible seulement, et a négligé de faire valoir sa qualité de donataire. Toulouse, 19 janv. 1824, S. 24, 115.

92. La compétence du trib. devant lequel doit être portée

la demande en rescision varie suivant qu'il s'agit d'une licitation judiciaire ou d'une licitation extrajudiciaire.

Dans le premier cas, c'est le trib. du lieu de l'ouverture de la succession qui doit statuer. C. civ. 822.

Dans le second, c'est celui du domicile du défendeur. C. pr. 59; Duranton, 7, n°s 135, 136. — V. *trib.* de 1re *instance.*

93. Les moyens de nullité contre le jugement d'adjudication régulièrement signifié ne peuvent être proposés par voie d'action principale. — Ce jugement doit être attaqué par voie d'appel dans le délai de trois mois, à peine de déchéance. Cass. 6 fév. 1822, S. 22, 228.

94. *Quid* s'il n'a pas été signifié? — V. *Suprà*, n° 66.

95. La surenchère du quart, autorisée par l'art. 700 C. pr. est-elle permise, indépendamment de celle du 10e ouverte aux créanciers inscrits en vertu de l'art. 2185? — V. *Surenchère.*

§ 6. — *Enregistrement.*

96. Lorsque l'adjudication sur licitation a lieu au profit d'un étranger, elle est passible des mêmes droits d'enregistrement que les ventes ordinaires : c'est-à-dire, 2 fr. pour 100 fr. s'il s'agit de meubles, et 5 fr. 50 c. pour 100 fr. s'il s'agit d'immeubles. LL. 22 frim. an 7 art. 69, 28 av. 1816, art. 52, 54.

97. Mais si l'adjudication est faite au profit d'un cohéritier, elle n'est soumise qu'au droit proportionnel de 4 fr. pour 100 fr. Cass. 27 juil. 1819, P. 15, 435; — Déc. min. 8 oct. 1819; Inst. rég. 28 déc. 1819, n° 903.

98. Il en est de même si l'adjudication a eu lieu au profit d'un codonataire par avancement d'hoirie. Cass. 27 nov. 1821, S. 22, 211. — Ou bien au profit du cessionnaire de l'un des copropriétaires. Cass. 22 fév. 1827, 6 nov. 1827, S. 28, 145; — Inst. rég. 22 mars 1828, n° 1236.

99. Il n'est également dû que 4 pour 100 : 1° sur la vente faite à un père par ses enfans de la moitié d'un immeuble dépendant de la communauté ayant existé entre lui et sa femme. Délib. rég. 8 août 1821.

2° Sur celle consentie au profit d'un individu, par son père et ses frères, de la part indivise à eux appartenant dans un immeuble dépendant de la communauté qui a existé entre le père et sa femme. Délib. rég. 14 août 1821.

3° Sur l'acquisition faite conjointement par deux époux communs en biens, sur licitation, des portions d'immeubles possédées par indivis à titre héréditaire entre l'un des époux et ses cohéritiers. Délib. rég. 22 fév. 1825.

En un mot, sur tous les actes qui font cesser l'indivision, ou, en d'autres termes, qui réunissent dans les mêmes mains une propriété qui, avant ces actes, était indivise.

100. Mais il y a lieu de percevoir le droit de 5 et demi pour 100 toutes les fois que l'indivision ne cesse pas : par exemple, lorsqu'un des quatre propriétaires d'un immeuble cède sa part à l'un de ses copropriétaires. Cass. 16 janv. 1827, 24 août 1829, 27 déc. 1830, S. 31, 27; — Déc. rég. 26 sept. 1828; Ins. rég. 29 déc. 1829, n° 1303, et 27 mars 1830, n° 1307.

101. Dans tous les cas, le droit proportionnel, soit de 4 pour 100, soit de 5 et demi pour 100, n'est dû que sur la valeur des objets transmis (L. 22 frim. an 7, art. 4) : il ne saurait donc être perçu sur la part appartenant au copropriétaire qui, par licitation ou autre acte, acquiert les portions de ses copropriétaires. L. 22 frim. an 7, art. 69, § 7; Délib. rég. 6 août 1830.

§ 7. — *Formules.*

FORMULE I.

Demande en licitation.

(C. pr. 966. — Tarif, 29. — Coût, 2 fr. orig.; 50 c. copie.)

Cette demande est rédigée dans la même forme que celle en *partage*. — V. ce mot, *formules* et *sup*, n° 36.

FORMULE II.

Conclusions motivées à fin d'entérinement du rapport des experts.

(C. p. 972. — Tarif, 75. — Coût, 2 fr. par rôle, dont le nombre n'est pas fixé; le quart pour la copie.)

A MM. les président et juges composant la chambre du tribunal de

Pour le sieur , demeurant à , héritier pour un tiers de défunt son père, demandeur au principal, et encore aux fins des présentes, ayant pour avoué Me

Contre, 1° la dame , veuve du sieur , en son nom, à cause de la communauté de biens qui a subsisté entre elle et son défunt mari, demeurant à , défenderesse au principal et encore aux fins des présentes, ayant pour avoué Me

2° Le sieur, , au nom et comme tuteur de , fils de lui et de dame , décédée son épouse; ledit mineur héritier pour un tiers, par représentation de sa mère, du défunt , son grand père; ledit sieur père, demeurant à , défendeur au principal, et encore aux fins des présentes, ayant pour avoué Me

3° Et le sieur, , au nom et comme subrogé-tuteur dudit mineur défendeur également au principal et aux fins des présentes, ayant pour avoué Me

Plaise au tribunal;

Attendu que, par jugement du , il a été ordonné, avant faire droit, que les maison et dépendances sises à , seraient préalablement vues et visitées par MM. , architectes experts, lesquels, après avoir prêté serment, constateraient la valeur de ladite maison, et si elle pouvait ou non être commodément partagée en nature, suivant les droits des parties, pour être du tout par eux dressé procès-verbal;

Attendu qu'après avoir prêté serment devant M , juge commis à cet effet, ainsi qu'il résulte d'un procès-verbal dressé par devant lui, le dûment enregistré; MM, les experts ont procédé aux opérations qui leur étaient confiées par le jugement sus-énoncé, et en ont dressé un procès-verbal, en date au commencement du , dûment enregistré; duquel procès-verbal il appert que ladite maison, sise à , a été estimée, et qu'elle est impartageable en nature, suivant les droits des parties;

Attendu que ce procès-verbal de rapport a été déposé au greffe du tribunal de , par acte du , signifié, avec l'acte de dépôt, aux avoués des parties, le

Attendu enfin que ce procès-verbal est régulier en la forme, que les formes voulues par la loi ont été religieusement observées;

Entériner, pour être exécuté selon sa forme et teneur, le procès-verbal de MM. , experts, en date au commencement du , enregistré et déposé, contenant le rapport des visite et estimation d'une maison sise à

En conséquence, dire et ordonner qu'aux requête, poursuite et diligence dudit sieur , il sera, par-devant celui de MM. les juges tenant l'audience des criées (*ou bien* par-devant Me , notaire à , qu'il plaira au tribunal commettre à cet effet), procédé à la vente par licitation de ladite maison sise à , et ce, au plus offrant et dernier enchérisseur, sur le cahier des charges et conditions de la vente, déposé au greffe des criées (*ou* en l'étude dudit Me , notaire.—V. *sup.* no 48), à cet effet, affiches indicatives de ladite vente préalablement mises et apposées dans tous les lieux désignés par la loi; et, en cas de contestation, condamner les contestans aux dépens, que le demandeur sera autorisé à employer par privilége en frais de poursuite de licitation, et dont la distraction sera faite à Me , avoué, qui la requiert comme les ayant frayés et avancés de ses deniers, ainsi qu'il offre de l'affirmer; et vous ferez justice. (*Signature de l'avoué.*)

FORMULE III.

Cahier des charges.

(C. pr. 972.—Tarif, 109, 128.—Coût, 2 fr. par rôle.)

Cahier des charges, clauses et conditions, auxquelles aura lieu, la vente par licitation, en l'audience des criées du tribunal civil de première instance séant à

D'une maison sise à , rue , dépendant de la succession du sieur , ci-après nommé

En vertu 1° d'un jugement rendu par le tribunal civil séant à , en date du

Entre M. , ayant Me pour avoué, et M. , ayant Me pour avoué, etc.

Lequel a ordonné... (*Copier le dispositif.*)

Ledit jugement dûment signifié à avoué par acte du , et à domicile par exploit de , etc.

2° En conséquence d'un rapport dressé par MM , experts nommés par ledit jugement en date du déposé au greffe du tribunal par acte du dûment signifié par acte d'avoué du

Duquel rapport il résulte que la maison sus-désignée est impartageable et qu'elle a été estimée par lesdits experts à la somme de

3o Et encore, en vertu d'un autre jugement rendu par le même tribunal de en date du

Lequel a ordonné... (*Copier le dispositif.*)

Ledit jugement dûment signifié, etc.

En conséquence, il sera procédé à la vente et adjudication au plus offrant et dernier enchérisseur du fonds, tréfonds, propriété et jouissance de la maison ci-après désignée. (*Copier la désignation.*)

Etablissement de propriété (*l'indiquer*).

Ladite vente aura lieu aux clauses et conditions suivantes, etc.

V. *Vente.*

FORMULE IV.

Signification de l'enchère.

(C. pr. 972.—Tar. 70.—Coût, 1 fr. orig.; 25 c. copie.)

A la requête du sieur , poursuivant la vente par licitation de la maison ci-après indiquée,

Soit signifié et avec celle des présentes donné copie,

1o A Me , avoué de dame , veuve du sieur

2° A Me , avoué du sieur , tuteur de son fils mineur;

3o Et à Me , avoué du sieur , subrogé-tuteur du mineur,

Du cahier des charges, dûment enregistré, dressé par ledit , pour parvenir à la vente, à l'audience des criées du tribunal de première instance du département de , de la maison sise à , dont la licitation est poursuivie entre les parties;

Faisant sommation aux susnommés de se trouver, et faire trouver leurs parties, si bon leur semble, à l'audience des criées du tribunal, le pour être présent à la première lecture et publication dudit cahier d'enchères, et à l'indication qui sera faite ultérieurement de l'adjudication préparatoire et définitive desdits biens;

Leur déclarant que faute de comparaître, il sera procédé tant en leur absence qu'en leur présence.

A ce qu'ils n'en ignorent, dont acte. (*Signature de l'avoué.*)

FORMULE V.

Sommation par acte extra-judiciaire au colicitant qui n'a pas constitué un avoué.

(C. pr. 972.—Tar. 29 par anal.—Coût, 2 fr. orig.; 50 c. copie.)

L'an , le , à la requête du sieur , demeurant à , héritier pour de M. j'ai (*immatricule de l'huissier*) soussigné, signifié et fait sommation au sieur , héritier pour , de , demeurant à , en son domicile où étant et parlant à

De comparaître et se trouver, etc.—(*La suite comme à la formule IV.*)

FORMULE VI.

Affiche pour parvenir à la vente.

(C. pr. 972. — Tar. 128. — Coût 6 fr.)

Vente sur licitation entre majeurs et mineurs,

En l'audience des criées du tribunal de première instance, séant au Palais-de-Justice,

D'une maison et dépendances sise à , rue .

La première lecture et publication du cahier d'enchères aura lieu le heure de midi.

L'adjudication préparatoire aura lieu le

L'adjudication définitive aura lieu le

On fait savoir à tous qu'il appartiendra, qu'en vertu de deux jugemens rendus en la chambre du tribunal de les , dûment enregistrés et signifiés;

Et aux requête, poursuite et diligence du sieur , demeurant à héritier pour , du sieur , ayant Me pour avoué;

En présence de 1° dame , veuve du sieur , en son nom, à cause de la communauté de biens qui a subsisté entre elle et son défunt mari, demeurant à , ayant Me pour avoué;

2° Le sieur , demeurant à , au nom et comme tuteur de M. , ayant ledit sieur Me pour avoué,

3° Et le sieur , au nom et comme subrogé tuteur du mineur demeurant à , ayant Me pour avoué;

Il sera procédé à la vente et adjudication de la maison ci-après désignée:

DÉSIGNATION.

(*Copier celle qui est dans le cahier des charges.—V. Vente.*)

ESTIMATION.

Ladite maison a été estimée, par le rapport des experts, à la somme de ci...

S'adresser dans la maison pour la voir à , concierge,

Et pour les renseignemens et prendre communication du cahier des charges, au greffe des criées du tribunal de

A Me rue avoué poursuivant.
Et à Me rue }
Me rue } avoués colicitans.
Me rue }

(*Signature de l'avoué.*)

Enregistré à , le . Reçu 1 fr. 10 c. dixième compris.

(*Signature du receveur.*)

FORMULE VII.

Sommation au subrogé-tuteur d'être présent à la vente de biens indivis avec un mineur.

(C. civ. 429.—Tarif 29 par anal.—2 fr. orig.; 50 c. copie.)

L'an , à la requête du sieur , au nom et comme poursuivant la vente par licitation des biens ci-après, pour lequel domicile est élu en l'étude de Me

J'ai (*immatricule*) soussigné fait sommation au sieur , demeurant à , au nom et comme subrogé tuteur du mineur , étant en son domicile, etc.

De comparaître et se trouver à l'audience des criées du tribunal de , le , heure de , pour être présent, si bon lui semble, à l'adjudication préparatoire (*ou définitive*) d'une maison sise à , appartenant par indivis au mineur , et dont la vente par licitation a été ordonnée par jugement dudit tribunal en date du , dûment enregistré,

Lui déclarant qu'il sera procédé à ladite vente et adjudication tant en sa présence qu'en son absence.

A ce qu'il n'en ignore, je lui ai laissé copie du présent exploit, dont le coût est de (*Signature de l'huissier.*)

FORMULE VIII.

Acte pour venir plaider sur les difficultés élevées sur l'enchère.

(C. pr. 973.—Tar. 70 par anal.—Coût, 1 fr.; orig.; 25 c. copie.)

A la requête de

Soient sommés, 1. Me , avoué du sieur , poursuivant la vente sur licitation, d'une maison et dépendances sises à

2. Me , avoué du sieur , au nom et comme tuteur légal de , mineur, colicitant;

3. et Me , avoué du sieur , subrogé-tuteur dudit mineur;

De comparaître (*jour*) prochain (*quantième*), heure de , à l'audience de la chambre du tribunal de

Pour, attendu que dans le cahier des charges déposé au greffe dudit tribunal, par ledit sieur , à l'effet de parvenir à la vente par licitation, de la maison dont s'agit, on n'a pas imposé à l'adjudicataire la charge de souffrir, par la cour de sa maison, l'écoulement des eaux pluviales et ménagères de la maison voisine, numérotée , et appartenant au sieur ; attendu cependant que cette servitude est imposée à la maison dont ledit sieur poursuit la licitation, et qu'il est indispensable d'en prévenir et d'en charger l'adjudicataire :

Voir dire et ordonner qu'il sera ajouté audit cahier des charges la clause suivante :

« L'adjudicataire de la maison, dont la vente est poursuivie, jouira des servi-
» tudes actives, et sera tenu de celles passives, apparentes ou occultes, continues
» ou discontinues, et notamment de celle de souffrir sur la cour de la maison à
» vendre, l'écoulement des eaux pluviales et ménagères de la maison voisine, nu-
» mérotée . »

Et en cas de contestation, condamner ledit sieur aux dépens de l'incident, que M pourra, en tous cas, employer en frais de colicitant; à ce que lesdits n'en ignorent, leur déclarant que, faute par eux de comparaître, M prendra avantage; à ce que pareillement ils n'en ignorent. Dont acte. (*Signature de l'avoué.*)

— *V.* d'ailleurs *Expertise*, *Partage*, *Vente*.

LIEU. Les actes, en général, doivent indiquer le lieu où ils sont faits.—V. *Date*.

—V. d'ailleurs *Audience*, nº 1 et 2; *Emprisonnement*, 160 à 170; *Exploit*, sect. III, § 3; *Jugement*, nº 104.

LIEUX (*Expulsion de*). Voie de contrainte employée soit contre un locataire, soit contre le détenteur d'un immeuble.

1. On peut expulser ou mettre dehors d'une habitation la personne, ou le mobilier, d'un possesseur ou d'un locataire.

2. L'expulsion doit toujours être ordonnée en justice par jugement ou par ordonnance de référé.

3. *Expulsion des lieux par jugement.* L'expulsion peut être ordonnée par *jugement* : 1° contre le possesseur qui détient injustement le bien d'autrui; 2° contre l'acquéreur en cas de ré-

solution de vente ; 3° contre la partie saisie en cas de *saisie immobilière* (V. ce mot); 4° contre le locataire à l'égard duquel on a fait valider un congé ou dont le bail a été résilié (V. d'ailleurs *Inf.*, n° 9).

4. Il suffit de notifier le jugement qui ordonne cette expulsion, avec commandement et sommation de quitter les lieux, à moins qu'il ne survienne des incidens sur l'exécution qui nécessitent un référé.

5. Le juge de paix est compétent pour prononcer *l'expulsion* s'il s'agit d'un loyer de 400 fr. à Paris, 200 fr. partout ailleurs, L. 6 juin 1838, art. 3. (Art. 1166, J. Pr.) — Au delà de cette somme il faut s'adresser aux tribunaux. — V. d'ailleurs *juge de paix*, n° 56 à 60.

6. Si le loyer est payable en denrées, il est évalué d'après les mercuriales et autres moyens déterminés par l'art. 3 L. 6 juin 1838. — V. *Congé*, n. 21.

7. *Expulsion par ordonnance de référé.* — La compétence du juge des référés est fort étendue en matière d'expulsion.

8. L'expulsion sans congé préalable peut être prononcée : 1° contre le locataire dont le bail *écrit* est expiré, Arg. C. Civ., 1737. — Toutefois il est prudent de lui faire notifier sommation de quitter les lieux avant l'expiration du bail pour empêcher qu'il n'oppose la tacite reconduction.

9. 2° A défaut par le locataire de payer les loyers échus sans avoir besoin de faire prononcer la résiliation du bail, *s'il est authentique.* Mais le juge des référés est incompétent pour connaître de la demande en expulsion du locataire *d'un héritage rural* (d'un moulin à vent), motivée sur le défaut de paiement des termes échus et sur l'insuffisance des meubles ; il faut alors se pourvoir par action principale en résiliation du bail. Arg. C. civ. 1766. Paris 8 juillet 1832, D. 32, 222.

10. 3° Dans le cas de déménagement furtif.

11. 4° Après vente judiciaire des meubles du locataire.

12. Mais au cas de bail verbal, en général, on exige l'existence d'une saisie-gagerie ou d'un congé, excepté pour les petites locations, notamment à l'égard des marchands dont la profession ne comporte pas un mobilier offrant des garanties suffisantes pour les loyers. — L'expulsion peut alors être prononcée, en accordant au locataire un délai suffisant pour effectuer son déménagement.

13. L'expulsion des meubles du locataire peut être ordonnée *après décès* s'il a été donné préalablement congé, sans avoir besoin d'attendre que la vente du mobilier ait été effectuée par les héritiers.

La forme de la demande afin d'expulsion diffère suivant qu'il y a eu ou non apposition de scellés.

En cas d'apposition de scellés, il suffit de provoquer le renvoi devant le juge des référés par un dire sur le procès verbal du juge de paix. — Si le scellé n'a point été apposé, la demande a lieu par une assignation en référé donnée aux héritiers.

14. On suit la même marche, à défaut de congé antérieurement au décès, pour obtenir l'expulsion contre les héritiers, lorsque les loyers ne sont pas payés ou que les lieux ne sont pas garnis de meubles suffisans.

La constatation de la valeur du mobilier du locataire peut être faite par un commissaire de police, ou un commissaire-priseur, délégué à cet effet par le président du tribunal.

15. Si les héritiers ne sont pas connus, si la succession est vacante, on provoquera la nomination d'un curateur et l'on agira contre lui.

16. *Expulsion en cas de faillite.* — La faillite de même que le décès n'arrête pas l'effet du congé qui a été donné précédemment. — L'expulsion peut être ordonnée, en accordant toutefois un délai suffisant aux syndics, pour faire procéder à la levée de scellés et vider les lieux, à leur défaut, le propriétaire peut être autorisé à faire procéder à cette levée de scellés, et à faire mettre les meuble sur le carreau, ou dans un lieu déterminé par le président en référé.

17. D'ailleurs, en cas d'insuffisance de l'actif, si la clôture des opérations de la faillite est prononcée, le propriétaire a le droit de continuer ses poursuites contre le failli. Arg. C. comm. 527. — V. *Faillite* n° 408 et suiv.

18. On peut aussi, faire ordonner l'expulsion, sans congé préalable, faute par le locataire failli d'avoir payé les loyers, ou d'avoir garni les lieux de meubles suffisans

19. *mode et forme du procès-verbal d'expulsion.* — Il rappelle le jugement, ou l'ordonnance qui a autorisé l'expulsion, il réitère la sommation de vider les lieux, ensuite il se borne à constater l'éjection de fait des meubles et de la personne expulsés. — Dans certains cas, l'huissier constate le détail des objets et le lieu où il les a mis en sequestre.

20. Jugé, sous l'empire de l'ordonn. de 1667, que le procès-verbal d'expulsion n'a pas besoin de contenir les formalités prescrites par l'art. 584. C. pr. Colmar, 7 juill. 1809, P. 7. 671. — La même décision devrait avoir lieu aujourd'hui; le C. de pr. comme l'ordonn. de 1667, a gardé le silence sur les formalités du procès-verbal d'éjection.

21. Au reste, l'officier ministériel doit, en procédant à l'expulsion, observer les égards dus à la position du débiteur (— V. *Exécution*, n° 99.)

— A peine de nullité, de poursuites, ou tout au moins, de

dommages et intérêts contre l'huissier, *en cas de violence.* — V. *Huissier*, n° 185.

Formules.

FORMULE I.

Ordonnance d'expulsion sur congé non contesté.

Par devant nous, etc. (— V. *référé*).

Sur quoi, nous président du tribunal, etc.

Attendu que le congé est régulier, et donné en temps utile.

Au principal, renvoyons les parties à se pourvoir, et par provision.

Disons que sur la significication de notre ordonnance, *ou* dans le jour, ou dans le délai de jours, à compter de l'ordonnance (*si elle est rendue par défaut*), le sieur quittera et videra les lieux, justifiera de l'acquit des charges locatives, et remettera les clés; sinon autorisons le sieur à l'expulser des lieux; à faire procéder, s'il y a lieu à l'ouverture des portes avec l'assistance du commissaire de police du quartier, et au besoin de la force armée; (*s'il n'est rien dû, ou si les objets sont sans valeur*), à mettre les meubles sur le carreau, ou (*si des loyers sont dus, ou si les objets ont de la valeur*), à sequestrer les effets mobiliers qui en sont susceptibles, pour sûreté des loyers dus et des charges locatives; (*on peut ajouter*) à faire constater et estimer les réparations locatives par le commissaire de police ou par experts que nous nommons et dispensons d'office du serment à cause de l'urgence, y procéder sous la surveillance de l'expert qui réglera les mémoires des ouvriers, et notre ordonnance sera exécutée sur la minute par provision nonobstant appel, et avant l'enregistrement, attendu l'urgence à la charge de la faire enregistrer dans les trois jours.

Les jour, mois et an que dessus, et nous avons signé, etc.

(*Signatures du président et du greffier*).

FORMULE II.

Ordonnance sur congé constesté,

Nous etc., (*comme à l'ordonnance ci-dessus*). Attendu qu'il n'est pas justifié d'un congé (*ou* qu'il n'a pas été donné en temps utile, *ou* qu'il n'est pas régulier; *ou* qu'il est contesté parce que : (*énoncer la cause de la contestation*).

Qu'une demande en validité d'un congé est principale ;

Disons qu'il n'y a lieu à référé, et néanmoins, disons que le sieur (*locataire*) formera dans les vingt quatre heures de ce jour sa demande en nullité de congé, nous autorisons le sieur (*propriétaire*) à le faire expulser, etc,, et (*comme à la première ordonnance*).

FORMULE III.

Ordonnance en cas de décès.

Nous, etc. — Attendu que le congé est régulier et donné en temps utile, que le décès du locataire et l'apposition des scellés ne peuvent faire obstacle à l'exécution du congé et suspendre l'exercice des droits du propriétaire, qu'il est urgent de mettre le nouveau locataire en possession des lieux au principal, etc.

Disons que dans les jours à compter de ce jour (*si l'ordonnance est contradictoire*), de la signification de notre ordonnance (*si elle est par défaut*) le sieur (*héritier*) fera procéder à la levée des scellés, videra les lieux, remettra les clés et justifiera de l'acquit des loyers et autres charges locatives, sinon, autorisons le sieur (*propriétaire ou principal locataire*) à faire procéder, en présence des intéressés ou eux dûment appelés, par huissier audiencier en présence de Me notaire que nous nommons d'office pour représenter les héritiers absens, à la levée des scellés sans description, à mettre les meubles sur le carreau ou à les transporter dans tel lieu qu'il jugera convenable *ou* dans le lieu (*par exemple la salle des commissaires priseurs*) que nous indiquons aux risques de qui il appartiendra, et faute de payer les loyers et de justifier de l'acquit des charges, et de faire les réparations locatives, s'il y a lieu, à les saisir-gager ou sequester dans tel lieu qu'il jugera convenable, *ou* dans (*le lieu*) que nous indiquons aux risques de qui qu'il appartiendra ;

Disons que les papiers seront remis aux parties intéressées (*ou* sous état sommaire dressé sur le procès-verbal de scellés) à Me notaire (ou déposés sous scellé, au greffe de la justice de paix), après avoir pris s'il y a lieu les renseignemens nécessaires pour connaître les ayant droit.

Si la succession est abandonnée par ce que l'actif suffit à peine au paiement des frais privilégiés de justice des loyers, on ajoute : autorisons le sieur (*propriétaire ou principal locataire*) à faire procéder à la description des objets mobiliers sur le procès-verbal d'apposition de scellés et à leur vente par commissaire priseur que nous nommons d'office en observant les formalités prescrites en présence des intéressés, ou eux dûement appelés par huissier audiencier, autorisons le dit Me notaire, à arrêter le compte du commissaire priseur, à en recevoir le reliquat, et à en donner quittance et décharge déduction faite des frais de vente seulement après leur taxe judiciaire, à payer les frais de levée de scellés après taxe et les loyers privilégiés et accessoires dus au propriétaire, et disons que le surplus, s'il y a lieu, sera déposé sans délai à la caisse des consignations à la conservation des droits de qui il appartiendra.

Et notre ordonnance sera exécutée, etc.

FORMULE IV.

Ordonnance d'expulsion pour abandon et déménagement furtif.

Nous, etc. — Attendu qu'il est nécessaire de vérifier si le locataire a abandonné les lieux loués, et s'ils sont fermés, s'ils sont garnis de meubles ou marchandises de valeur suffisante, pour garantir le paiement des loyers.

Au principal, etc., et par provision.

Disons, que par le commissaire de police du quartier, (ou par huissier audiencier ou par commissaire priseur), les lieux seront visités à l'effet de constater si le locataire a abandonné les lieux, s'ils sont fermés, s'ils sont garnis de meubles ou marchandises de valeur suffisantes pour répondre du paiement des loyers, et le procès-verbal rapporté, être requis et statué ce que de droit, continuant le référé au

Et notre ordonnance, etc.

FORMULE V.

Ordonnance en cas de faillite.

Nous, etc. — Attendu qu'il y a congé régulier et donné en temps utile pour le prochain que la faillite du locataire et l'apposition des scellés ne peuvent suspendre l'exercice de droits privilégiés du propriétaire et faire obstacle à l'exécution du congé; qu'il est urgent de mettre le nouveau locataire en possession des lieux.

Au principal, etc.

Disons que dans les jours, de ce jour (*si l'ordonnance est contradictoire*) ou de la signification de l'ordonnance, (*si elle est par défaut*) le sieur (*le failli*), et ses syndics, feront procéder à la levée des scellés, videront les lieux, remettront les clés et justifieront de l'acquit des loyers et autres charges locatives, sinon autorisons les sieur (*propriétaire ou principal locataire*), à faire procéder en présence du sieur ou de ses agens ou syndics ou eux dument appelés par huissier audiencier, à la levée des scellés sans description, à mettre les meubles sur le carreau ou à les transporter dans tel lieu, etc.

Disons que les papiers seront remis aux syndics, sinon déposés sous scellés, au greffe de la justice de paix.

Si la faillite est abandonnée parceque l'actif suffit à peine au paiement des frais et des loyers, on ajoute, autorisons le sieur (*propriétaire ou principal locataire*) à faire procéder à la description des objets mobiliers sur le procès-verbal d'apposition de scellés et à leur vente par commissaire priseur que nous nommons d'office en observant les formalités prescrites, en présence du sieur (*le failli*), et des syndics, ou eux dument appelés, par huissier audiencier, etc.

FORMULE VI.

Procès-verbal d'expulsion d'un locataire.

(Tarif, 31 par anal. — Coût, 8 fr. 1re vacation de 3 heures, y compris 1 fr. 50 c. pour chaque témoin; 5 fr. les autres.)

L'an , en vertu d'une ordonnance rendue sur référé par

M. le président du tribunal de le enregistrée et signifiée, et à la requête de , etc.

J'ai fait de nouveau sommation au sieur

De présentement payer au requérant, ou à moi, huissier, pour lui, porteur de pièces, la somme de , pour le terme de loyer échu le et de me justifier du paiement de ses impositions; comme aussi, et (après avoir satisfait à la présente sommation), d'évacuer les lieux à lui loués, mettre ses meubles dehors, faire place nette, remettre les clés et satisfaire aux obligations du locataire sortant; sinon, et faute de ce faire, je lui ai déclaré qu'en exécution de l'ordonnance sur référé sus-énoncée, il serait expulsé, et ses meubles et effets mis sur le carreau, et ensuite sequestrés pour sûreté, conservation, et avoir paiement de ladite somme de et encore de la justification du paiement des impositions et des réparations locatives.

Pour quoi le sieur ayant refusé de satisfaire à tout ce que dessus, je lui ai déclaré que nous allions procéder auxdites expulsion et sequestre; et pour y parvenir, nous avons, en présence des témoins ci-après nommés, décrit tout ce qui s'est trouvé dans les lieux loués audit sieur et qui consiste savoir : dans la première pièce en entrant, etc. (*désigner tous les objets trouvés*), qui sont tous les meubles et effets qui se sont trouvés dans les lieux occupés par , et ensuite nous avons fait appeler des hommes de peine, à l'aide desquels lesdits meubles et effets ont été descendus dans la cour de ladite maison en présence desdits témoins et de , et nous avons pareillement expulsé ledit des lieux dont il s'agit, dans lesquels nous avons constaté qu'il y avait (*énoncer les réparations locatives à faire*); et ensuite tous lesdits meubles et effets sont restés comme sequestrés pour sûreté des créances et répétitions ci-dessus énoncées, dans une pièce au rez-de-chaussée de la maison à la garde de M. qui s'est chargé d'eux, pour en faire la représentation quand et à qui il appartiendra; et le sieur nous a remis les clés au nombre de des lieux qu'il occupait : et il a été vaqué à tout ce que dessus depuis l'heure de jusqu'à celle de , en présence de tous deux témoins qui ont signé avec M gardien, tant le présent procès-verbal que les copies d'icelles remises à l'instant, l'une à , et l'autre à M , gardien.

Le coût est de

NOTA. *Dans le cas de refus d'ouverture des portes, on se pourvoit comme en matière de* SAISIE-EXÉCUTION. — *V. Formule.*

V. d'ailleurs *Congé*, *Référé*, *Saisie-gagerie*.

LIGNE. — 1. Le nombre des lignes à la page dans les expéditions et dans les copies de pièces est déterminé, à peine d'amende. — V. *Copie de Pièces*, n° 5, 8 et 9; *grosse*, n° 23; *huissier*, nos 152 et 153.

2. Dans les actes où il n'est pas interdit d'énoncer les sommes et les dates en chiffres, pourvu que l'expédition ne contienne que le nombre de lignes voulues à la page, compensation faite des unes avec les autres, on peut insérer dans chaque ligne autant de chiffres qu'elle peut en comporter, indépendamment du nombre de syllabes fixé par la loi. Instruct. *enregistrement*, 20 juill. 1820, n° 942. — V. d'ailleurs *abréviation*, n° 3.

LIQUIDATION. Opération par laquelle on établit les faits, les circonstances et les calculs propres à amener le réglement des droits et intérêts des parties.

1. La liquidation diffère du compte en ce qu'elle se rapporte plus particulièrement à des droits indivis, tandis que celui-ci n'est qu'un état des recettes et dépenses faites par un individu pour un autre. — V. *Reddition de compte*.

2. Les notaires sont ordinairement chargés de procéder aux liquidations ordonnées par jugemens. — V. *Exécution*, n° 91.

Quelquefois cependant la liquidation est faite par le jugement lui-même ou par l'un des membres du trib. qui l'a rendu. — V. d'ailleurs *Dépens*, n° 129 ; *Taxe*.

3. L'aveu fait devant le notaire commis par le trib. pour procéder à une liquidation, peut-il être assimilé à un aveu judiciaire? — L'affirmative ne saurait être admise qu'autant que cet aveu se rattacherait directement à la mission dont le notaire liquidateur est chargé.

—V. d'ailleurs *Fruits*, n° 15; *Séparation de biens*.

LIQUIDE (CRÉANCE).—V. *Exécution*, n° 23 à 27; *Saisies*.

LISIBLE. — Les exploits et copies de pièces doivent être écrits lisiblement, à peine de rejet de la taxe. —V. *Copie de pièces*, n° 4; *Exploit*, n° 14; *huissier*, n° 151 et 154.

LISTE CIVILE. Etat de la dotation et du revenu de la couronne.

1. la Liste civile comprend le domaine de la couronne et le domaine privé.

2. Les demandes relatives aux biens composant la liste civile doivent être formées contre ou par l'administrateur de la dotation de la couronne, ou celui du domaine privé, selon qu'elles se rapportent à l'un ou à l'autre de ces domaines.—L. 2 mars 1832, art. 27.

3. L'art. 14 L. 8 nov. 1814, sur l'administration des biens de la couronne, chargeait les procureurs-généraux et procureurs du roi de plaider et défendre les causes du souverain dans les C. et trib. En disposant que les actions concernant la dotation de la couronne ou intéressant le domaine privé seront dirigées *par et contre* l'administrateur de ce domaine, l'art. 27 L. 2 mars 1832, sur la liste civile, ôte aux membres du ministère public le rôle d'avocats directs du monarque : ils interviennent uniquement comme parties jointes.—V. *Exploit*, n° 216.

4. L'employé chargé de recevoir les copies doit viser l'original ; à son refus on s'adresse soit au juge de paix, soit au procureur du roi. Arg. C. pr. 69.

5. Les actes signifiés au Roi, en son nom, seraient nuls. —V. *Exploit*, n° 34.

LITIGE. Procès, contestation en justice.—V. *litigieux*.

LITIGIEUX. (*Droits*) (1). Droits contestés ou sujets à contestation. Nouveau Denisart, v° *Droits litigieux*, n° 1; Pothier, *Vente*, n° 583.

1. Les cessions de droits litigieux ont été toujours vues défavorablement par le législateur.

2. Les lois romaines frappaient d'une nullité absolue les cessions faites depuis le procès commencé, *lite pendente*.

(1) Cet article est de M. Ed. Thureau, avocat à la Cour royale de Paris.

LL. 1 et 2 D. *de litigiosis*.—Elles soumettaient à l'action ou plutôt à l'exception de retrait, les cessions de droits litigieux non encore portés devant le préteur, *actiones antequam motæ sint*. LL. *per diversas* et *ab Anastasio*, 22 et 23 D. *Mandati*—Enfin, elles défendaient à tous ceux qui exerçaient des fonctions publiques dans les provinces, et même à leurs domestiques, d'y acquérir au-delà des choses nécessaires à la vie. LL. 46 et 62, D. *de contrah. empt.*; 46 § 2. D. *de jure fisci*. Nouv. Denisart, *ib.*, n° 3.

3. Cette excessive rigueur n'a point été adoptée par notre ancienne jurisprudence.—En principe, la vente et l'achat des droits litigieux n'étaient pas prohibés, ce qui faisait dire : *Vice de litige n'a lieu en France*. Loisel, liv. 5, tit. 2, art. 7.; Domat, Pand., liv. 44, tit. 6, *de litig.*; Nouv. Denisart, *ib.* n° 3. Merlin, Rép. *eod. verbo*, n° 1.—V. Cependant l'ordonn. de St. Louis, de 1254;

Mais, 1° l'acquisition de créances et droits litigieux était soumise à l'exercice du retrait, de la part du débiteur, par application des lois *per diversas* et *ab Anastasio*, qui n'ont été abolies en France que par le Cod. civ. Arrêts de 1586, du 7 sept. 1627, et du 27 août 1662; Cass. 28 janv. 1828, D. 28, 109; Merlin, *Qu. dr.* v° *Dr. succ.*, n° 1. Duvergier, *Vente*, t. 2, n° 354.

2° Cette acquisition était interdite aux juges, avocats et procureurs, à peine de nullité, de perte des droits pour le cédant, d'amende, frais et dépens et quelquefois même de pun tion exemplaire contre le cessionnaire. Ordonn. de Philippe-le-Bel, 1320; de Charles V, 1356; de Charles VI, 1388, de François Ier, 1535, art. 23; d'Orléans, 1560, art. 54; de Louis XIII, janv. 1629, art. 94. Arrêts des 12 mars 1701, 14 août 1740, 13 juin 1761. Cass. 14 niv. an V., D. 12, 927; Merlin, et Nouveau Denisart, *ib.* n° 3.

4. Sous l'empire du C. civ., la vente et l'acquisition de droits litigieux sont permises, par cela seul qu'elles ne sont pas défendues.

Mais, 1° l'art. 1699 C. civ., autorise celui contre lequel un droit litigieux a été cédé à exercer le retrait de ce droit, c'est-à-dire à s'en faire tenir quitte par le cessionnaire en lui remboursant le prix réel de la cession avec les frais et loyaux coûts, et avec les intérêts à compter du jour où le cessionnaire a payé le prix de la cession à lui faite.

2° L'art. 1597 C. civ. dispose que les juges, leurs suppléans, les magistrats remplissant le ministère public, les greffiers, huissiers, avoués, défenseurs officieux et notaires, ne peuvent devenir cessionnaires des procès, droits et actions litigieux qui sont de la compétence du trib. dans le ressort duquel ils exercent leurs fonctions, à peine de nullité, et des dépens, dommages et intérêts.

5. *Personnes auxquelles s'étend la prohibition.* —Sont incapables d'acquérir *certains* droits litigieux, les juges, leurs suppléans, les magistrats remplissant le ministère public, les greffiers, huissiers, avoués, défenseurs officieux et notaires.

6. Cette disposition a été dictée par un sentiment de haute moralité. La loi devait au public de placer ses fonctionnaires dans l'impossibilité d'abuser de leur autorité ou de leur expérience; elle devait à ses fonctionnaires de les mettre à l'abri de tout soupçon de cupidité et de prévarication. Portalis, *Exposé des motifs*.

7. *Juges :* c'est-à-dire tous les fonctionnaires de l'ordre judiciaire, les conseillers de C. royales, comme les juges de 1re inst. et de commerce, et les juges de paix; — Et même les conseillers de préfecture et les conseillers d'état, juges du contentieux administratif. Duvergier, *Vente*, t. 1, n° 196.

8. *Défenseurs officieux :* c'est-à-dire tous ceux qui font profession de plaider devant les trib., et par conséquent : 1° les avocats, dont l'ordre n'a été rétabli que par la loi du 22 vent. an 12, postérieurement à la rédaction définitive du titre de la Vente. Trib. de Châtillon. D. 32, 1, 85. — 2° Les agréés près les trib. de commerce. Duvergier, *ib.* 1, n° 197; Troplong, *Vente*, 1, n° 195; Carré, *Compét.*, 1, 166; Rolland de Villargues, v° *Dr. litig.*, n° 16; Dalloz, v° *Vente*, 12, 928.

9. *Notaires :* ces officiers auraient pu facilement abuser des secrets de famille qui leur sont confiés. Duranton, 16, n° 129.

10. Mais la loi n'interdit aux juges, avocats et officiers ministériels que l'acquisition des droits litigieux *qui sont de la compétence du trib. dans le ressort duquel ils exercent leurs fonctions.*

11. La C. de cass. ayant juridiction sur la France entière, les magistrats, avocats, greffiers et même huissiers près cette cour ne peuvent se rendre cessionnaires d'aucune contestation judiciaire. Duranton, 16, n° 144.—Mais ils peuvent acquérir une contestation purement administrative, à moins que, comme les avocats et huissiers, ils n'exercent tout à la fois auprès des deux juridictions.

12. Les magistrats, avocats, notaires, avoués, greffiers et huissiers près une C. roy. sont incapables dans le ressort de cette cour. Ils ne peuvent donc pas acheter des droits litigieux de la compétence d'un des trib. du ressort. Troplong, 1, n° 198; Duranton, 16, n° 144.—A moins, suivant M. Duvergier, *ib.*, 1, n° 198, que le litige ne comporte pas, par sa nature, le second degré de juridiction.

13. Un juge, un avocat ou un officier ministériel près un trib. de 1re inst. peut acquérir des droits de la compétence d'un autre trib. de 1re inst., quoique ce trib. soit placé dans le ressort de la même C. royale. — On oppose, il est vrai, que les

fonctionnaires établis près des trib. relevant d'une même C. roy., exercent leurs fonctions dans le ressort de cette cour. Amiens, 11 prair. an 13, D. 12, 928. — Mais le motif de la loi, qui est d'obvier à l'influence du cessionnaire, n'existe plus devant la juridiction supérieure auprès de laquelle il n'exerce aucune fonction. Le tribunat avait proposé de dire : qui sont de la compétence *du trib. d'appel dans le ressort duquel ils exercent*... Et cette proposition n'a pas eu de suite. Colmar, 11 mars 1807, D. 12, 928; Trèves, 24 juin 1807, S. 9, 253. Duvergier, *ib.* 1, nº 198; Troplong, *ib.* 1, nº 199; Duranton, 16, nº 144; Delvincourt, 3, 357; Carré, *Compét.* 1, 168; Locré, 127, nº 10.

14. L'incapacité d'acquérir un droit litigieux cesse-t-elle, comme cesse la faculté d'en exercer le retrait, dans les cas prévus par l'art. 1701 C. civ., c'est-à-dire lorsque la cession est faite 1º à un co-héritier ou co-propriétaire du droit cédé; 2º à un créancier en paiement de ce qui lui est dû; 3º à un possesseur de l'héritage sujet au droit litigieux?—Non, suivant M. Duranton, 16, nºˢ 142 et 538, parce que, même dans ces cas, l'influence des cessionnaires est à craindre, et que le texte de l'art. 1597 semble repousser toute exception.—Mais on peut répondre : il ne faut pas étendre les incapacités; l'esprit de l'art. 1701 est plus général que son texte et il s'oppose à la nullité de la cession, tout aussi bien qu'à l'exercice du retrait. On ne doit pas, par une crainte exagérée, enlever aux magistrats et aux officiers ministériels le moyen de défendre leurs propres intérêts. Si la cession qui leur est faite a une juste cause, pourquoi n'y voir qu'une spéculation criminelle? Si cette cession est pour eux le seul moyen de rentrer dans ce qui leur est dû, d'éviter un procès, de conserver la possession paisible d'un héritage, comment la leur interdire et en prononcer la nullité? Grenier, *Rapport* au corps législ.; Locré, 14, p. 255 et 256; Duvergier, *ib.* 1, nº 200.

15. La cession peut-elle être faite, à l'aide de personnes interposées? — On a dit pour l'affirmative que les nullités devaient être restreintes, et que dans ce cas, le véritable cessionnaire n'étant pas connu, ne pourrait pas exercer directement une coupable influence. — Mais cette influence, pour être secrète, n'en serait pas moins dangereuse. Rien n'indique que le C. civ. ait voulu déroger sur ce point à l'ancienne jurisprudence. Il existe identité de motifs entre l'art. 1597 et l'art. 1596, et la loi fût-elle muette sur ce genre de fraude, il y aurait encore pour les trib. droit et devoir de le déjouer. Rousseau Lacombe, vº *Transport*; Nouveau Denisart, *ib.* nº 3. Arrêt du grand-conseil, 12 mars 1701, aff. de Coriolis; Duvergier, *ib.*, 1, nº 202; Troplong, *Vente*, 1, nº 202; Duranton, 16 n 14 0

16. C'est à celui qui allègue l'interposition de personnes à la prouver : il pourra faire cette preuve par témoins, s'il n'a pas été partie à l'acte de cession. C. civ. 1348.

17. Si la cession a été faite à deux personnes, dont l'une est incapable, elle n'en sera pas moins valable à l'égard de l'autre, si la division du droit cédé est possible. Rolland de Villargues *hoc verbo*, n° 21 ; Dalloz, v° *Vente*, 12, 925 ; Poitiers, 10 août 1810, D. 12, 927. — Dans ce cas cependant, l'interposition de personnes sera plus facilement présumée, surtout s'il y a solidarité entre les deux cessionnaires.

18. *Objets compris dans la prohibition.* — Sous l'ancienne jurisprudence, on considérait comme litigieux tout droit contesté ou susceptible de l'être, soit que le procès fût commencé, soit qu'il y eût lieu seulement de l'appréhender. Pothier, *Vente*, n° 583 ; Nouveau Denisart, *ib.*, n° 1. V. cependant Arrêtés de Lamoignon, 1, 142, n° 24. — Les trib. jugeaient le caractère du droit cédé, d'après les circonstances de la cause, les termes et le prix de la cession et les stipulations qui s'y trouvaient insérées. Cass. 19 août 1806, D. 12, 926 ; Merlin, R. *hoc. verb.*, n° 1.

19. Aujourd'hui, l'art. 1700 C. civ. n'autorise le retrait, et ne répute le droit litigieux que lorsqu'il y a procès et contestation sur le fond du droit. Cass. 5 juill. 1819, D. 12, 926 ; 24 janv. 1827, D. 27, 123 ; Bourges, 19 janv. 1830, D. 30, 65.

20. En est-il de même, dans le cas de l'art. 1597 C. civ. ? — On a dit pour l'affirmative : la définition de l'art. 1700 est générale et caractéristique de tout droit litigieux ; il faut y recourir plutôt que de s'abandonner à l'arbitraire et de retomber dans les incertitudes de l'ancien droit ; la chose cédée ne peut pas être litigieuse à l'égard d'un fonctionnaire public, sans l'être aussi à l'égard de toute autre personne ; ainsi la cession à lui faite ne doit être annulée que s'il y a procès et contestation sur le fond du droit. Rapp. de M. Faure au tribunat. Augan, C. du notariat, 293 ; Rouen, 27 juill. 1808, D. 12, 927 ; motifs, Bordeaux, 29 août 1829, D. 31, 175.

Mais le texte et l'esprit de la loi repoussent cette interprétation ; l'art. 1597 a voulu désigner par le mot *procès* les contestations déjà nées, et par les mots *droits et actions litigieux*, les contestations à naître ; il défend, aux juges et aux officiers publics, l'acquisition, non-seulement des droits *pendant* devant leur trib., mais aussi des droits *qui sont de sa compétence* ; d'ailleurs l'influence du cessionnaire est tout aussi redoutable pour le débiteur, quoique la contestation ne soit pas encore engagée ; le plus souvent même, ce sera la cession qui lui donnera naissance, et la loi a voulu non-seulement étouffer les procès, mais aussi les prévenir. Portalis, exposé des motifs. Besançon, 12 mai 1808, P. 6, 681; Poitiers, 18 août 1810, D. 12, 927; Rennes; 14 déc. 1816, D. 13, 737; Duvergier, *ib.*, 1, n° 199; Troplong, 1, n° 200; Duranton, 16, n°s 141 et 533; Delvincourt, 3, 128; Carré, 1, 165; Dalloz, v° *Vente*, 12, 927.

21. Si donc, au moment de la cession, il y a procès commencé et contestation sur le fond du droit, le droit cédé est évidemment litigieux.

Ainsi, aujourd'hui comme autrefois, un homme de loi ne peut, lorsque son client plaide pour se faire reconnaître héritier, acquérir de lui un immeuble dépendant de la succession en litige. Cass. 14 niv. an 5, D. 12, 927.

Ainsi un notaire ne peut se rendre cessionnaire de droits successifs, par cela seul que les héritiers sont en contestation avec la veuve du défunt, relativement à des soustractions dont elle est accusée, et des reprises qu'elle prétend exercer contre la succession. Poitiers, 18 août 1810, D. 12, 927.

22. S'il n'y a pas procès commencé, la plus grande latitude est laissée aux trib. pour apprécier la nature de l'acte de cession et celle des droits cédés. Ils ont à examiner quels sont les termes, les conditions, le prix et même l'époque de la cession; si elle est consentie avec ou sans garantie; si elle porte sur des titres certains ou sur des prétentions évidemment douteuses, et surtout si elle a été faite ou non en vue d'une contestation future. Duvergier, *ib.*, 2, n° 370; Merlin, R. *ib.*, n° 1.

23. Mais il faut, dans tous les cas, prendre garde de mettre le cessionnaire à la disposition du débiteur, qui pourrait toujours, à l'aide de quelque chicane, rendre la créance cédée litigieuse et demander ensuite la nullité de la cession.

Ainsi, il a été jugé sous l'ancien droit : — 1° qu'une créance certaine, mais dont le recouvrement était incertain par suite de l'insolvabilité du débiteur, n'était pas un droit litigieux qui ne pût être cédé à un avocat. Arr. grand'chambre 13 juin 1761. — 2° Qu'une créance liquidée par une sentence arbitrale pouvait être cédée à un procureur au parlement, lorsqu'il n'y avait de difficultés que relativement aux biens sur lesquels on pourrait se faire payer. Arr. 10 fév. 1767; Nouveau Denisart, *ib.* n° 1.

24. Ainsi sous le Code on a déclaré insuffisans pour donner un caractère litigieux au droit, dont la légitimité n'était pas attaquée : — L'opposition du débiteur à une décision passée en force de chose jugée, Paris, 7 juin 1821; Cass. 4 mars 1823, S. 23, 204; Bordeaux, 29 août 1829, D. 31, 175; — Le refus d'un copropriétaire ou d'un co-héritier de consentir à une demande en partage. Cass. 19 août 1806, D. 12, 926; Lyon, 24 juill.

1828, D. 29, 11;—La demande en nullité d'une saisie immobilière faite en exécution du titre cédé. Cass. 9 juin 1825, D. 25, 338;—Et même une contestation sur le rang et la priorité de la créancé cédée. Bruxelles, 30 janv. 1808, D. 10, 150.—*Contrà*, Troplong, *ib*. 1, n° 200.

25. Il a encore été jugé qu'il n'y a pas lieu au retrait, lorsque la contestation porte sur le réglement. Riom, 20 janv. 1819, —sur la quotité. Cass. 5 juill. 1819 P. 15, 375;—et même sur la mise à exécution. Duvergier, *Vente*, 2, n° 369;—et non sur l'existence de la créance cédée.

26. On a même considéré comme ayant le caractère, non de cession de droits litigieux, mais d'avancement d'hoirie et de démission de biens, l'acte par lequel une mère cède à ses enfans à la charge d'une rente viagère, toutes ses reprises matrimoniales, bien qu'elle soit déjà en procès avec un tiers à l'occasion de ces reprises. Cass. 16 mars 1826.

27. La prohibition s'applique non-seulement à la cession des créances proprement dites, mais aussi à celle de toute espèce de droits mobiliers et immobiliers.—Elle s'étend aussi à la vente de corps certains et déterminés, tels que des immeubles dont la propriété serait litigieuse. Cass. 14 niv. an 5, D. 12, 927, anal. Cass. 28 janv. 1836, (art. 457 J. Pr.). Duvergier, *ib*. 2, n° 379; Troplong, 2, n° 1001; Merlin, *ib*. n° 3.— *Contrà*, Delvincourt, 3, 171; Rolland de Villargues, v. *Dr. litig*., n° 6; Cass. 24 nov. 1818, D. 3, 75.

28. Mais il faut que le droit litigieux soit l'objet principal ou l'un des objets principaux de la cession, et non pas un simple accessoire de la chose cédée, *Non in consequentiam alterius rei venditæ*. Pothier, *Vente*, n° 595; Duvergier, *ib*. n° 397.

29. Il importe peu que le transport des droits litigieux soit le résultat d'un échange : les motifs de la prohibition subsistent encore dans ce cas; et toutes les règles prescrites pour le contrat de vente s'appliquent d'ailleurs à l'échange. C. civ. 1707. Duvergier, *ib*. n° 387.

30. Il en serait de même si la vente ou l'échange étaient déguisés sous la forme d'une donation. Duranton, 16, n° 537.

31. Mais il nous paraît difficile d'appliquer l'art. 1597 soit à une donation proprement dite.—*Contrà*, L. 1 et 2. D. *de litig*; —soit aux conventions connues sous le nom de pactes *de quotâ litis*.—Autrefois, il est vrai, ces pactes étaient interdits aux juges, aux avocats et aux procureurs. Merlin, *R*. v° *Pacte de quotâ litis*;—et aujourd'hui les règles de la discipline intérieure les prohibent de la manière la plus sévère; mais aucun texte de loi n'en prononce la nullité. Duvergier, *ib*., n° 201.

32. *Effets de la prohibition*.—Moins rigoureux que les lois romaines et que nos anciennes ordonnances (—V. *sup*. n°s 2 et 3),

le C. civ. ne frappe d'aucune peine le cédant et le cessionnaire d'un droit litigieux. Il prononce seulement la nullité de la cession, avec dépens et dommages-intérêts, s'il y a lieu.—Les choses doivent donc être remises en l'état où elles étaient avant la cession. Le droit peut être ultérieurement exercé contre le débiteur par le cédant lui-même ou par tout autre à qui il aura valablement transféré. Duranton, 16, n° 145.

33. Quelle est la nature de cette nullité? par qui et à quelle époque peut-elle être opposée?—L'art. 1597 C. civ. est évidemment fondé sur des considérations d'ordre public. La nullité qu'il prononce est donc absolue :

Ainsi,—1° elle peut être opposée non-seulement par le débiteur au cessionnaire, mais encore par le cessionnaire au cédant et même par le cédant au cessionnaire; elle peut être proposée par le ministère public et même suppléée d'office par le juge. Amiens, 11 prair. an 13. Duvergier, *ib.*, 1, n° 200; Dalloz, *Vente*, 12, 928.

2° Elle peut être opposée en tout état de cause, après les conclusions au fond, et même pour la première fois en appel. Cass. 28 janv. 1836 (Art. 457 J. Pr.); Duvergier, *ib.* 2, n° 376; elle pourrait également être invoquée après la fin du litige, surtout si le cessionnaire avait tenu la cession secrète, pour la soustraire à l'exception de nullité.

Ces solutions sont cependant controversées. — M. Duranton, 16, n° 145, dit que cette nullité ne peut être prononcée qu'au profit du débiteur qui redoute l'influence du cessionnaire; que le cessionnaire ne peut pas l'invoquer contre le cédant, parce qu'il a été partie au contrat, et que *nemo ex delicto suo actionem consequi debet*; que le cédant n'a aucun intérêt, et par conséquent aucun droit à l'invoquer contre le cessionnaire, et que d'ailleurs il est en faute d'avoir agi contre la loi. — MM. Troplong, 1, n° 196, et Rolland de Villargues, v° *Droit litigieux*, n° 20, reconnaissent au débiteur et au cédant le droit d'opposer la nullité, mais ils le refusent au cessionnaire. — Enfin il a été jugé que le ministère public n'avait pas voie d'action directe pour faire annuler une cession de droits litigieux faite à un avocat. Cass. 29 fév. 1832, D. 32, 85.

34. Le cessionnaire, déclaré non recevable dans ses poursuites, doit en outre être condamné aux dépens et même à des dommages intérêts s'il y a lieu.

35. La loi actuelle ne défendant aux magistrats et autres que l'*achat* de droits litigieux, il faut considérer comme abolie une déclaration des 27 mai, 10 juin 1705 qui défendait à tous ceux qui avaient des procès pendant devant un trib. de prendre cession sur les juges qui en faisaient partie.

Ce serait aujourd'hui un cas de *récusation*. C. pr. 378. — V. ce mot.

— V. d'ailleurs *Exploit* ; n° 264 ; *Jugement*, n° 305. *Réception de caution*.

LITISPENDANCE. — V. *Exception*, n°s 63 à 70.

LITHOGRAPHIE.

1. Les actes de procédure et les copies de pièces peuvent être écrits à la main, imprimés ou *lithographiés* ; jamais ce droit n'a été contesté, ni aux avoués, ni aux huissiers.

2. Mais *quid*, à l'égard des actes notariés ? — V. *Notaire*.

LIVRES DE COMMERCE. Les commerçans sont obligés de tenir des livres qui présentent le résultat de leurs opérations et l'état de leur situation. C. comm. 8, 9.

1. Ces livres doivent être cotés, paraphés et visés par un des juges du trib. de commerce, ou par le maire ou l'adjoint, dans la forme ordinaire et sans frais. *Ib.* 11.

2. La production de ces livres peut être ordonnée en justice dans certains cas.

3. Lorsqu'ils sont régulièrement tenus, ils peuvent être admis par le juge pour faire preuve, entre commerçans, pour faits de commerce. *Ib.* 12. — V. *Exception*, sect. 4, § 4 ; *Faillite* ; *Tribunal de commerce*.

4. *Timbre*. Au moyen de l'addition de trois centimes sur le principal de la contribution des patentes, les livres de commerce ont été affranchis de la formalité du timbre, à dater du 1er janv. 1838, art. 4 L. 20 juill. 1837 (Art. 949 J. Pr.).

LOI. Déclaration solennelle donnée par le pouvoir législatif sur un objet d'intérêt général.

1. Les formes de la confection des lois ont varié avec les divers gouvernemens qui ont régi la France.

2. Aujourd'hui la puissance législative s'exerce collectivement par le Roi, la Chambre des Pairs et celle des Députés. Charte, art. 14.

3. La proposition de la loi appartient au Roi et à chacune des deux Chambres ; néanmoins, toute loi d'impôt doit être d'abord votée par la Chambre des Députés. *Ib.* 15.

4. Toute loi doit être discutée et votée librement par la majorité de chacune des deux Chambres. *Ib.* 16.

5. Le Roi seul sanctionne et promulgue les lois. *Ib.* 18.

6. Elles ne sont exécutoires qu'après cette promulgation. C. civ. — V. *Exécution*, n°s 37 et 38.

LOT. Portion d'un tout. — V. *Partage*.

LOTISSEMENT. Action de diviser en parts les immeubles d'une communauté, d'une succession, etc. — V. *Partage*.

LOUAGE. — V. *Congé* ; *Juge de paix*, n° 56 à 86 ; 95 à 105 ; *Lieux* (*Expulsion de*).

LOYAUX-COUTS. On désigne par ces mots tout ce que l'acquéreur d'un immeuble a pu et dû raisonnablement payer pour la rédaction du contrat, la transcription et les autres formalités de la purge.

Les loyaux-coûts doivent être remboursés à l'acquéreur qui est évincé soit par une action hypothécaire ou en revendication (C. civ. 1630), soit par une surenchère. *Ib.* 2188. — V. *Purge*, *Surenchère*.

M.

MAGISTRAT. Personne revêtue de l'autorité publique. Se dit surtout des membres de l'ordre judiciaire. — V. *Juge*, *Ministère public*, *Organisation judiciaire*.

MAIN-FORTE. Secours que l'on prête à la justice, afin que force lui demeure, et que ses ordres soient exécutés. C. inst. crim. 16, 617. — V. *Exécution*, n° 96.

MAIN DE JUSTICE. Se dit de l'autorité de la justice et de la puissance qu'elle a de faire exécuter ses ordres, en contraignant les personnes et en procédant sur les biens.

MAIN-LEVÉE. Acte qui détruit ou restreint une inscription hypothécaire, une opposition, une saisie, etc.

Ainsi l'on dit *donner main-levée* d'un écrou (—V. *Emprisonnement*, n° 300) d'une *inscription hypothécaire* (—V. ce mot, § 4), de l'*interdiction* (—V. ce mot, § 1, art. 4), d'une opposition à *mariage* (— V. ce mot), d'une saisie. — V. *Saisie-arrêt*, *Saisie-brandon*, etc.

MAIN MILITAIRE (*Manu militari*). Expression empruntée aux lois romaines, qui désigne l'exécution par la force publique armée. L. 68, D. *De rei vind.* — V. *Exécution*, *Saisie*.

MAIN-MISE. Action de *mettre la main* sur une personne ou sur une chose pour l'arrêter ou la saisir. — V. *Emprisonnement*, *Saisie*.

MAINTENUE. Confirmation par autorité de justice dans la possession d'un bien ou d'un droit litigieux.—V. *Action possessoire*, n° 13 et suiv.

MAIRE (ET ADJOINT). Fonctionnaire civil, chef du corps municipal, ayant le double caractère de magistrat ou mandataire de la commune, et d'agent du pouvoir exécutif.

1. L'intervention du maire est nécessaire dans plusieurs actes de procédure.

Ainsi, il cote, paraphe et vise les livres des commerçans et ceux des capitaines de navires. C. comm. 11,224; — Il reçoit les copies d'exploits notifiés à des personnes non trouvées dans leur domicile. C. pr. 4, 68, 601, 573. — V. *Exploit*, n. 226. — il assiste aux ouvertures de portes dans le cas de *saisie exécution*, *ib.*, 587, — V. ce mot; — il reçoit copie des *saisies-*

brandons et des *saisies immobilières. Ib.* 628, 676, 681. — V. ces mots ; — il vise les procès-verbaux d'apposition de placards, en cas d'expropriation forcée, *ib.* 687. — V. *Saisie immobilière* ; — il vise et certifie les placards apposés pour la vente des biens immeubles des mineurs ou des successions. C. civ. 459 ; C. pr. 961. — V. *Vente* ; — il informe le juge de paix de la nécessité d'apposer les scellés dans les cas prévus par l'art. 911 C. pr. — V. *Scellés* ; — il délivre des certificats de vie et des *légalisations* de signatures. — V. ce mot, n°s 6 à 8.

2. L'adjoint remplace le maire, en cas d'absence ou d'empêchement. Si l'adjoint est lui-même absent ou empêché, le maire est remplacé par le conseiller municipal le premier dans l'ordre du tableau. — V. *Exploit*, n° 228. — Le conseil ne peut lui substituer un autre de ses membres. — L. 21 mars 1831, art. 5. Ord. Cons. d'état approuvé le 22 nov. 1836. (Art. 575 J. Pr.).

3. *Remise des exploits*. Les communes (Paris excepté) sont assignées en la personne ou au domicile de leur maire qui vise l'original. C. pr. 69-5°.

4. En cas d'absence ou de refus du Maire, la copie d'un exploit peut être remise, soit à l'adjoint, soit au procureur du roi. — V. *Exploit*, n°s 218, 228 ; — ou même au conseiller municipal le premier sur la liste. — V. *ib.*, n° 218.

5. *Procédure devant les tribunaux*. Les maires représentent leur *commune* en justice. — V. ce mot, n° 35, et *Exploit*, n° 218 à 220.

6. Mais l'instance doit être poursuivie par un des membres de la commission syndicale, désigné à cet effet, lorsqu'une *section de commune* plaide contre une autre *section de la même commune*, *ib.* art. 56, 57. — V. *Commune*, n°s 17 et 18.

7. *Quid*, si le procès est intenté contre *un particulier*, par une section de commune ? — Le maire a-t-il, dans ce cas, qualité pour représenter la commune, — ou doit-elle être représentée par un syndic ? — Avant la loi de 1837, le premier système avait été admis. Orléans 10 avr. 1835 ; Cass. 6 avr. 1836 ; (Art. 190 554 J. Pr.) — *Contrà*, Cass. 15 mars 1831, S. 31, 101.

Toutefois, la C. de Bourges 19 avr. 1837, (Art. 817 J. Pr.) a déclaré régulière la procédure poursuivie à la requête d'un syndic, nommé dans la forme prescrite par le décret du 24 germ. an 11, qui statue seulement pour le cas d'un procès entre deux sections de communes. — Cette Cour a décidé que les tribunaux étaient incompétens, pour examiner le défaut de qualité reproché au syndic, dont la nomination avait été autorisée par le conseil de préfecture.

La loi nouvelle, ainsi que les lois anciennes, n'exige la nomination d'un syndic que lorsque le procès existe entre deux sections de la même commune.

8. *Autorisation.* — Le maire doit obtenir, préalablement, l'autorisation de procéder en justice. — V. *Commune*, n° 1 et suiv.

9. L'autorisation ne saurait être étendue au-delà de ses limites :

Ainsi 1° le maire d'une commune, autorisé par elle à revendiquer une propriété communale, ne peut plaider au nom de la commune sur une voie de fait qu'il a commise personnellement contre la propriété, et pour laquelle on l'a condamné des dommages-intérêts. Cass. 21 août 1809, P. 7,789.

10. 2° L'autorisation à fin de défendre sur une question de propriété exclusive, ne suffit pas pour provoquer le partage de cette propriété. Colmar, 10 fév. 1824. D. a. 3, 28.

11. 3° Celle tendante à la revendication d'un terrain vendu, ne permet pas à la commune de réclamer la reconstruction, ou le prix d'un bâtiment élevé sur ce terrain depuis la vente, et démoli depuis l'autorisation. Liége, 31 janv. 1811, P. 9, 70.

12. Quant à l'étendue de l'autorisation, — V. d'ailleurs *Commune*, n°s 23 à 26.

13. *Pourvoi contre les décisions judiciaires.* — Le maire a-t-il seul qualité pour attaquer (avec nouvelle autorisation — V. *Commune*, n° 24) les décisions rendues contre les communes? Avant la loi nouvelle il a été jugé que l'habitant d'une commune est non recevable à se pourvoir individuellement en cassation, contre un arrêt rendu sur une revendication d'un droit communal, contesté, Cass. 31 mars 1835 (Art. 282 J. Pr.). — Aujourd'hui l'art. 49 L. 18 juill. 1837, autorise l'habitant d'une commune à intenter à ses frais et risques toute action dans l'intérêt de la commune, d'où l'on a prétendu qu'il a également le droit, s'il le croit utile dans l'intérêt de la commune, d'attaquer les décisions rendues. — Mais cette conséquence ne nous paraît pas rationnelle : — L'art. 49 a eu pour but d'autoriser un habitant vigilant à agir pour réclamer des droits qu'il soutient appartenir à la commune, et que le maire, ou d'autres administrateurs de la commune auraient négligé ou ne jugeraient pas à propos de faire valoir. Mais lorsque la commune a exercé et poursuivi directement un procès dans lequel elle a succombé, et qu'elle n'a pas jugé convenable de se pourvoir contre la décision de la justice, il nous paraît difficile qu'un seul habitant puisse obtenir l'autorisation de prolonger de nouveau la contestation contre le vœu de la commune.

14. En général, un maire ne peut être condamné personnellement aux *dépens*. — V. ce *mot*, n°s 89 et 90. — à moins qu'il

n'ait plaidé sans autorisation et bien que le procès intéressât la commune; arr. Cons. 2 mars 1832.

MAISON. — V. *Emprisonnement*, n° 162 et suiv.

MAISON CONJUGALE. — V. *Domicile*, *Femme mariée*, *Séparation de corps*.

MAISON DE SANTÉ. — V. *Emprisonnement*, n° 331; *Interdiction*, n° 80 et suiv.

MAISONS RELIGIEUSES. — Ce nom est souvent donné aux communautés ou couvens.

1. Les maisons religieuses, autorisées par ordonn. du Roi, ont seules une existence légale, le droit de recevoir des dons ou legs, et d'agir, soit en demandant, soit en défendant sous le nom de la communauté.

2. L'administration des établissemens publics religieux ou ecclésiastiques est confiée à des supérieurs élus par la communauté, ou choisis par l'évêque. — Ces administrateurs peuvent agir, soit en demandant, soit en défendant devant les tribunaux. Rolland de Villargues, n° 22.

3. A défaut d'autorisation du gouvernement, n'est pas valable l'exploit donné au prieur d'un établissement qualifié communauté religieuse. Pénitens noirs d'Arles, Aix, 27 janv. 1825, D. 26, 131.

MAISONS ROYALES. Palais et maisons qui font partie de la dotation de la couronne.

1. Le mode de signification ou d'exécution à l'égard des personnes qui ont leur résidence habituelle dans ces maisons et leurs dépendances, est réglé par l'ordon. 24 août 1817.

2. Les significations doivent être faites en parlant aux suisses ou concierges; ils ne peuvent en refuser les copies, et il leur est enjoint de les remettre de suite à ceux qu'elles concernent. Art. 1.

3. Pour les scellés, inventaires et tous autres actes judiciaires, pour l'exécution des mandats de justice ou des jugemens, les officiers de justice se présentent au gouverneur ou à son remplaçant, qui doit lever tous les obstacles, prêter secours au besoin, prendre toutes les précautions pour la garde et la police du palais. Art. 2.

MAITRE. — 1. La copie d'un exploit signifié à un domestique peut-elle être laissée au maître chez lequel il habite? — Nous le pensons. Si l'art. 68 C. pr. n'a pas expressément conféré au maître capacité pour recevoir cet exploit, c'est que le plus souvent les significations sont dirigées contre le maître. Mais la confiance que la loi a dans le serviteur pour remettre la copie au maître, doit exister à plus forte raison dans le maître pour remettre la copie destinée au serviteur. Ils peuvent être considérés l'un et l'autre comme étant *ex eâdem familiâ*.

La jurisprudence et les auteurs ont d'ailleurs admis des équipollens. — V. *Exploit*, nos 176, 178 et suiv. — Autrement la signification *à domicile* contre un serviteur serait plus difficile. La copie ne pourrait être laissée qu'au voisin qui signerait l'original, ou au maire, etc. (Art. 1465 J. Pr.).

— V. d'ailleurs *Domestique ; Enquête*, n° 202 ; *Exploit*, n° 178 et suiv. ; *Gages ; Juge de Paix*, n° 95 et suiv. ; *Ouvrier ; Prudhomme*.

MAJEUR. Individu de l'un ou de l'autre sexe, âgé de 21 ans accomplis. — V. *Mineur*.

MAJORAT. — V. *Inventaire*, n° 201 ; *Saisie ; Scellés*.

MANDAT. Contrat par lequel une personne (le *mandant*) confie la gestion d'une ou plusieurs affaires à une autre (au *mandataire*) qui l'accepte.

1. Le mandat est ou *général* et pour toutes les affaires du mandant, ou *spécial* et restreint à une affaire déterminée.

2. On distingue aussi le mandat ordinaire et le mandat *ad litem* ou judiciaire, par lequel une partie charge un tiers de la représenter dans une instance.

3. Dans aucun cas, nul ne peut agir au nom d'autrui sans mandat. Mais il existe une différence importante entre le mandat extrajudiciaire et le mandat judiciaire. En effet, le premier ne se présume pas, et tout ce qui a été fait par un tiers au nom d'une personne dont il n'a pas reçu de pouvoir, est nul de plein droit; ceux qui ont contracté avec lui doivent s'imputer de n'avoir pas exigé la représentation de sa procuration. — Au contraire, les officiers ministériels sont présumés avoir reçu mandat de la partie au nom de laquelle ils agissent et l'obligent jusqu'à *désaveu*. — V. ce mot, n° 1 et suiv.

— V. d'ailleurs *Jugement par défaut*, n° 61.

4. En général, toute personne peut se faire représenter par un mandataire qui agit en son nom, et l'oblige comme si elle avait agi elle-même.

Mais pour les actes très-importans, la loi exige le plus souvent que le mandat soit spécial et donné en termes exprès. — V. *inf.* n° 7 et suiv.

Dans certains cas, elle veut même que la partie agisse en personne, et elle lui défend de se faire représenter par qui que ce soit. — V. *inf.* nos 12 et 13 ; et d'ailleurs *Adoption*, n° 7 ; *Mineur*, n° 45.

5. Un mandat général est suffisant pour faire tous les actes pour lesquels la loi n'en a pas exigé un spécial.

6. Ce mandat peut, selon les circonstances, être ou exprès ou tacite, pourvu que la volonté du mandant soit évidente. — V. *Avoué*, nos 139 et suiv. ; *Huissier*, nos 124 et suiv.

7. Le mandat doit être spécial : 1° Toutes les fois que la

présence d'une partie ou sa signature est nécessaire à un acte de procédure, à une instruction, etc. — V. *Désaveu*, nos 49, 50; *Désistement*, nos 53 et suiv.; *Expertise*, 42; *Faux*, n° 72; *Interrogatoire sur faits et articles*, n° 52; *Juge de paix*, n° 223; *Prise à partie*, *Récusation*, *Renvoi*, *Saisie-arrêt*, *Tribunal de commerce*.

8. 2° Lorsque le mandat a pour objet des offres, aveux ou consentement à faire, donner ou accepter au nom du mandant. — V. *Désaveu*, n° 5.

9. 3° Quand il s'agit de procéder à sa requête, à un emprisonnement ou à une saisie immobilière. — V. *Emprisonnement*, n° 151; *Saisie immobilière*.

En est-il de même lorsqu'il ne s'agit que de consigner des alimens? — Pour l'affirmative, on dit : chaque consignation d'alimens est un véritable emprisonnement : par conséquent, il est indispensable que la volonté du créancier, de maintenir son débiteur sous les verroux, soit clairement exprimée; autrement un tiers pourrait, par animosité contre le détenu, consigner des alimens au nom d'un créancier qui l'ignorerait, et prolonger ainsi, malgré lui, la captivité du débiteur; — mais on répond que les dispositions exceptionnelles de la loi ne sauraient être étendues d'un cas à un autre; la consignation d'alimens et l'emprisonnement sont deux choses différentes. Le créancier qui a fait incarcérer son débiteur doit être facilement présumé avoir l'intention de le retenir en prison pendant tout le temps que la loi le lui permet; et du moment qu'une consignation d'alimens a été faite en son nom, elle doit être réputée avoir été faite par lui, à moins que le débiteur ne prouve qu'il y a été étranger, auquel cas il aura, sans aucun doute, une action en dommages-intérêts contre le prétendu mandataire qui aura prolongé sa détention. Trib. Seine, 24, 26 sept. 1834. — V. d'ailleurs *Emprisonnement*, n° 305.

10. Le mandat spécial doit en général être exprès. Cependant il peut quelquefois s'induire d'un fait ou d'un acte quelconque, lorsque ce fait ou cet acte manifeste d'une manière positive, l'intention évidente du mandant.

11. Quand un transport est consenti, non par le créancier lui-même, mais par une personne qui se présente comme son fondé de pouvoirs, le cessionnaire, s'il veut mettre à exécution ce transport, doit, en le faisant signifier, joindre la copie de la procuration. Caen, 27 mars 1837 (Art. 720 J. Pr.).

12. Les parties ne peuvent jamais se faire représenter par des mandataires même spéciaux : 1° en matière d'interrogatoire sur faits et articles; elles doivent comparaître en personne pour répondre aux questions qui leur sont adressées. — V. *Interrogatoire*, n° 51 et toutefois *ib.* n° 53.

2° Dans le cas d'*enquête*. — V. ce mot, n° 246.

3° Dans celui où un serment doit être prêté par elles. — V. *Serment.*

4° Dans celui de séparation de corps; elles sont tenues de comparaître devant le président du tribunal qui essaie de les concilier si cela est possible. — V. *Séparation de corps.*

5° Dans celui de cession de biens. Le débiteur doit réitérer en personne la cession à laquelle il a été admis, soit à l'audience du tribunal de commerce, soit, s'il n'y en a pas, à la maison commune, un jour de séance. — V. *Cession de biens*, n° 23.

13. Il leur est également interdit de se faire représenter dans tous les actes de l'instance, devant quelque juridiction que ce soit, en ce sens que ces actes doivent nécessairement être faits en leur nom; *nul en France ne plaide par procureur, si ce n'est le roi.* — V. *Exploit*, n° 52; et d'ailleurs, *ib*, n°s 34 à 40; 48 à 51.

MANDEMENT. Ordre par écrit, émané d'une autorité ayant juridiction, et rendu public.

MANDEMENT DE COLLOCATION. — V. *Distribution par contribution*, n°s 121 et suiv.; *Ordre.*

MANDEMENT D'EXÉCUTION. Formule qui termine les grosses des jugemens et des actes, et les rend exécutoires. — V. *Exécution*, n° 37.

MARCHANDISES. — V. *Acte de commerce*, n° 32 et suiv.; — V. *Vente de marchandises neuves.*

MARCHÉ. Lieu public, où se vendent les denrées et autres objets nécessaires ou utiles à l'existence. — Lorsque les marchés sont dans un emplacement couvert ils prennent le nom de *Halles.*

1. Un marché diffère d'une foire, en ce qu'il a pour objet principal les consommations d'une localité, qu'il se tient à des intervalles très-rapprochés, et qu'il ne s'y vend d'ordinaire que des denrées ou des bestiaux. — Dans une foire au contraire on vend des marchandises de toutes sortes.

2. L'établissement, la suppression et le changement des foires et marchés ne peuvent avoir lieu que par une ordonnance royale, sous les peines portées à l'art. 291 C. pén., ordon. 26 nov. 1814.

3. Les autorités locales déterminent les emplacemens des marchés ou foires, et font les règlemens d'ordre et de police à ce sujet.

4. Certains placards et annonces doivent être affichés ou publiés, sur les places des marchés. — Dans certains cas les ventes publiques doivent y être faites. — V. *Affiches*, *Placards*, *Saisies*, *Ventes.*

MARI. — V. *Femme mariée, Mariage.*

1. MARIAGE. Il ne peut être passé outre au mariage avant d'avoir fait prononcer la main-levée des oppositions qui auraient pu y être formées. — V. d'ailleurs *Acte respectueux, Actes de l'état civil, Mariage (Opposition à).*

2. Le mariage doit être célébré devant l'officier de l'état civil du domicile de l'un des époux. C. civ. 165. — Ce domicile s'établit par six mois d'habitation continue dans la même commune. C. civ. 74, 167.

3. Le mariage produit différens effets. — V. *Alimens, Alliance, Parenté, Femme mariée, Faillite,* sect. VIII, § 4.

4. *Publicité à donner aux contrats de mariage des commerçans.* Le notaire qui reçoit le contrat de mariage d'un commerçant, est tenu d'en remettre un extrait dans le mois de sa date, aux greffes des trib. de 1re inst. et de commerce, aux chambres des avoués et des notaires. C. pr. 872; C. comm. 67 et 68.

Cet extrait énonce si les époux sont séparés de biens, ou s'ils ont contracté sous le régime dotal, il reste exposé au tableau à ce destiné, *ib.* 67.

5. Le notaire qui contrevient à l'obligation ci-dessus est passible d'une amende et même de destitution et de responsabilité envers les créanciers, s'il est prouvé que l'omission soit la suite d'une collusion. C. comm. 67 et 68.

6. Lorsque les époux dissimulent leur qualité de commerçant, le notaire peut, néanmoins, être condamné à l'amende s'il y a eu de sa part connivence ou négligence coupable.

7. L'amende a été réduite de cent francs (C. comm. 68) à vingt francs par la loi du 16 juin 1824, art. 10 et 14 combinés. Cass. 27 août 1828, D. 28, 405; Colmar, 4 mai 1829, S. 30, 83; Régie, 21 oct. 1828.

8. Le jugement qui la prononce est susceptible d'appel, et ne peut être attaqué directement en cassation. L. 25 vent. an 11, art. 53; Cass. 16 mai 1825, D. 25, 327.

9. L'époux séparé de biens, ou marié sous le régime dotal, qui embrasse la profession de commerçant postérieurement à son mariage, est tenu de faire pareille remise (— V. *sup.* n° 4.) dans le mois du jour où il a ouvert son commerce. Art. 69 C. comm. 1838 (Art. 1160 J. Pr. p., 263). — A peine, en cas de faillite d'être poursuivi comme banqueroutier simple. — D'après l'art. 69 C. comm. de 1808, il y aurait eu banqueroute frauduleuse.

10. Les simples artisans ne peuvent être réputés commerçans.

11. Les demandes en nullité de mariage sont jugées en audience solennelle. — V. ce mot, n° 1.

V. d'ailleurs *Ministère public*, *Séparation de biens*, *Séparation de corps*.

MARIAGE. (*Opposition à*).

1. *Droit de former opposition à la célébration du mariage.* Ce droit appartient : 1° A la personne engagée par mariage avec l'une des deux parties contractantes.—C. civ. 172. Cette disposition ne s'applique pas au porteur d'une simple promesse de mariage. Malleville, 1, 187.

L'opposition à un mariage ne peut être formée par celui qui se prétend l'époux de l'une des parties contractantes, qu'autant qu'il représente un acte de célébration; la simple possession d'état ne suffit pas, encore que le mariage soit supposé avoir été contracté avant le code civil. Cass. 16 oct. 1809, P. , 845.

2. 2° Au père, et à défaut du père, à la mère, à défaut de père et mère, aux aïeuls et aïeules. *Ib.* 173.—Par ces mots *à défaut du père, la mère* la loi n'entend parler que du cas où le père est dans l'impossibilité de manifester sa volonté; la mère qui n'a pas été consultée peut former opposition au mariage quoique le père y consente.—V. *Acte respectueux*, n° 30 à 31.

3. 3° A défaut d'aucun ascendant, au frère ou à la sœur, à l'oncle ou à la tante, au cousin ou à la cousine germains majeurs;—pourvu que le consentement du conseil de famille requis par l'art. 160, n'ait pas été obtenu, ou que l'opposition soit fondée sur l'état de démence du futur époux (—V. *inf.* n° 28 et suiv.). C. civ. 174.

4. 4° Au tuteur ou au curateur, pendant la durée de la tutelle ou curatelle, dans les deux cas prévus au numéro précédent, avec l'autorisation du conseil de famille. C. civ. 175.

5. 5° Au ministère public, dans les cas où il pourrait demander la nullité du mariage, s'il était contracté.

6. L'officier ministériel qui signerait un acte d'opposition à la requête de *proches parens*, mais qui ne seraient pas du nombre de ceux désignés dans l'art. 174 C. civ. s'exposerait à se voir interdire. Bruxelles, 13 therm. an 11, D. v° *Mariage*, 65; Merlin, *R.* v° *Opposition*, p. 779, 5° édit.

7. Du reste les parens auxquels la loi ne permet pas de s'opposer à un mariage, et même toutes personnes peuvent remettre à l'officier de l'état civil la preuve de l'existence d'un empêchement légal, afin qu'il refuse de procéder à la célébration. D. *ib.* 67.

8. *Acte d'opposition.* Cet acte doit contenir :

1° La qualité qui donne à l'opposant le droit de le former; — 2° élection de domicile dans le lieu où le mariage devra être célébré; — 3° les motifs de l'opposition, à moins qu'elle ne soit faite à la requête d'un ascendant.

Le tout à peine de nullité, et de l'interdiction de l'officier ministériel qui aurait signé l'acte d'opposition. C. civ. 176. — V. d'ailleurs *inf*. n° 11.

9. *La qualité*. Il s'agit ici non de la qualité réelle de l'opposant, mais de celle en vertu de laquelle il se prétend en droit de former opposition. Duranton, 7, n° 207.

10. Lorsque l'opposant agit comme parent, on doit désigner la ligne et le degré de sa parenté avec le futur époux. Bruxelles, 13 therm. an 2; Merlin, *Rép.*, *ib.* n° 4.

11. *Election de domicile dans le lieu où le mariage devra être célébré*. Bien qu'il puisse l'être dans plusieurs endroits (C. civ. 74), il n'est pas nécessaire que l'élection soit faite dans le domicile de chacune des parties; la loi ne l'a pas exigé: cette formalité n'est prescrite que pour empêcher celui au mariage duquel on s'oppose d'être distrait de son ressort; il suffit donc que l'opposant élise domicile dans ce ressort. C. civ. 176; Arg. C. civ. 69; Dalloz, *ib.* 67; Duranton, 2, n° 208.

12. *Les motifs de l'opposition*. Lorsque l'opposition d'un non-ascendant est fondée sur l'état de démence du futur époux, elle n'est jamais reçue qu'à la charge, par l'opposant, de provoquer l'interdiction, et d'y faire statuer dans le délai qui est fixé par le tribunal. C. civ. 174-2°.

13. De ce que les ascendans sont dispensés d'énoncer les motifs de leur opposition (— V. *sup*. n° 8), il ne s'ensuit pas qu'elle doive être maintenue indéfiniment; ils sont donc, tôt ou tard, obligés de la motiver, faute de quoi il en est nécessairement prononcé main-levée. Cass. 7 nov. 1814. P. 12, 441; Montpellier, 12 août 1839. (Art. 1531, J. Pr.); Duranton, 2, n° 192. — *Contrà*, Bourges, 30 mars 1813, S. 13, 169. Delvincourt, 1, 121, n° 7.

14. Il n'est pas nécessaire de désigner la personne avec laquelle le mariage auquel on s'oppose doit être contracté, à moins que les motifs d'opposition ne soient personnels à cette personne. Pigeau, 2, 500, note 2.

15. *Officier ministériel*. L'acte d'opposition au mariage peut être notifié, non-seulement par un huissier, mais encore par un notaire. Cette opinion, conforme à l'usage, est d'ailleurs en harmonie avec la disposition qui charge les notaires de faire les actes respectueux.

En cas d'absence de l'officier ministériel, le père peut-il lui-même en personne et au moment de la célébration du mariage déclarer opposition à l'officier de l'état civil? — Non; l'art. 176, suppose qu'il y a un officier ministériel, puisqu'il lui prescrit de faire signer l'acte à la partie à peine de nullité et d'interdiction. Son intervention est nécessaire pour constater l'identité de l'opposant.

Mais il a été jugé que si le maire a reçu l'opposition en présence de toutes les parties intéressées, qui en ont reconnu l'existence, et en ont demandé la main-levée, il y a lieu pour les trib. d'examiner au fond le mérite de cette opposition. Montpellier, 12 août 1839. (Art. 1531 J. Pr).

16. L'acte d'opposition est signé sur l'original et sur la copie par les opposans ou par leur fondé de procuration spéciale et authentique, il est signifié, avec la copie de la procuration, à la personne ou au domicile des parties, et à l'officier de l'état civil qui met son *visa* sur l'original. C. civ. 66.

Le seul défaut de signature suffit pour annuler l'acte, elle est le seul mode de constater la volonté de l'opposant : il s'agit d'une forme substantielle de l'acte. Liége, 24 oct. 1812, P. 10, 761 ; — Merlin, *R.*, v° *Opposition*, 11, 780, 3e édit.; Dalloz, *ib*. 68.

Suivant Vazeille, *Mariage*, 1, 171, la loi ne prononçant pas de nullité, les juges restent libres, suivant les circonstances, de recevoir ou de repousser l'opposition non conforme à l'art. 66.— Rief, *Actes de l'état civil*, 455, conseille dans tous les cas, à l'officier de l'état civil de surseoir à la célébration jusqu'à ce que l'opposition soit jugée.

17. Il faut et il suffit que la notification soit faite à l'officier de l'état civil de l'un des domiciles où les publications doivent être faites.

On ne peut procéder à la célébration que sur le vu d'un certificat de publications faites dans les divers domiciles, et non suivies d'opposition. Arg. C. civ. 69, 76-6° et 7°; Duranton, 2, n° 210.

18. L'effet de l'opposition signifiée à l'officier de l'état civil est de l'empêcher de célébrer le mariage avant qu'on lui en ait remis la main-levée, sous peine de 300 fr. d'amende et de tous dommages-intérêts. C. civ. 67, 68.

Toutefois le mariage célébré nonobstant l'opposition ne serait nul qu'autant que le motif serait suffisant pour le faire annuler. Delvincourt, 1, 299.

La nullité de forme peut être réparée par un nouvel acte, tant que le mariage n'est pas encore célébré; — seulement les frais de l'acte irrégulier restent à la charge de son auteur, quand même l'opposition serait en définitive déclarée valable. Delvincourt, 1, 122; Duranton, 2, n° 206.—V. d'ailleurs *inf*. n° 39.

19. L'officier public n'est point le juge du mérite de l'opposition, ni pour la forme ni pour le fond. Main-levée ne peut en être donnée que par les trib. Malleville, *Analyse*, 1, 191.—V. pourtant Merlin, *Rép.*, *ib*. 780. 5e édit.; — ou par l'opposant : — Il peut en effet arriver qu'un acte d'opposition soit déclaré nul pour n'être pas revêtu des formalités requises, et que les juges doivent néanmoins, par des motifs d'ordre public, défendre à l'officier de l'état civil de passer outre à la célébration du mariage.

20. Le futur époux, sur lequel l'opposition n'a pas été formée, ne peut pas en demander la main-levée lorsque l'autre garde le silence; c'est une preuve que ce dernier renonce au mariage. Si l'opposition est signifiée aux deux parties, c'est afin que celle sur qui elle n'est pas formée sache à quoi s'en tenir sur son futur mariage, et même ne le contracte pas, s'il arrivait que l'officier de l'état civil consentît à le célébrer. Delvincourt, 1, 123.

21. *Tribunal compétent.* La demande en main-levée de l'opposition est soumise au trib. du lieu où le mariage doit être célébré; l'opposant est assigné au domicile par lui élu dans son acte d'opposition : c'est ce qui résulte de l'obligation que l'art. 176 prescrit à l'opposant d'élire domicile dans le lieu où le mariage doit être célébré, présupposant par-là nécessairement qu'il n'y a que le trib. de ce lieu qui soit compétent pour statuer sur le mérite de l'opposition. Paris, 19 oct. 1809; Bruxelles, 6 déc. 1830. D. 33, 213; Locré, 2, 173, Merlin, R., v° *Opposition*, p. 779; Duranton, 2, 212; Vazeille, 1, 174.

Jugé que l'opposition du père au mariage de son fils, ne constitue pas le père demandeur, et par suite que la demande en main-levée de l'opposition doit être portée devant le trib. du lieu du domicile du père, et non devant le trib. du lieu où le père a formé son opposition et élu domicile, encore bien que le mariage eût dû se célébrer dans ce dernier lieu. Paris, 23 mars 1829. D. 29, 212.—Cette décision ne peut faire jurisprudence, mais, comme c'est uniquement dans l'intérêt du futur époux que l'opposant doit élire domicile dans le ressort du trib. où le mariage doit être célébré, la demande en main-levée peut être portée devant les juges du domicile réel de l'opposant. Proudhon, 1, 242; Merlin, *Rép.*, *ib.* n° 4.

22. *Forme de la demande en main-levée.*

Cette demande n'est pas soumise au préliminaire de conciliation : elle requiert célérité. Arg. C. pr. 49. Angers, 21 prair. an 11, S. 6, 398; Douai, 22 avril 1819; Bruxelles, 29 mars 1820, P. 15, 231, 899; Merlin, R, *ib.*; Delvincourt, 1, 123; Toullier, 1, 533; Proudhon, 1, 242; Duranton, 2, 211; Vazeille, 1, 173. —*Contrà*, Amiens, 30 vent. an 12, D. 10, 69.

23. Il y a mêmes motifs pour admettre que l'on peut obtenir permission d'assigner à bref délai.—Dans le système contraire, on argumente du silence du législateur qui seulement a enjoint aux magistrats de prononcer dans les dix jours de la demande (C. civ. 177).

24. La demande formée par un enfant contre ses père et mère, tous deux opposans, doit être notifiée à chacun d'eux par copies séparées. Arg. C. civ. 148 ; Cass. 23 janv. 1816, S. 16, 1,371.

25. L'instruction se fait sommairement; la matière requiert célérité. C. pr. 404.

26. Le trib., avant de statuer sur l'opposition formée par une mère au mariage de sa fille, n'a pas le droit d'ordonner leur comparution dans une audience à huis-clos, pour les entendre sur la proposition de l'acte respectueux de l'une et sur les conseils de l'autre; surtout lorsque, par cet avant-faire droit, le jugement du fond se trouve reculé au-delà du délai de dix jours.

Le jugement qui, dans ce cas, ordonne la comparution des parties, est susceptible d'appel avant le jugement définitif, parce qu'il est plutôt interlocutoire que préparatoire.

27. *Jugement.* Le trib. doit prononcer sur la demande en main-levée dans les dix jours, à compter de celui où il a été saisi de la demande (C. civ. 177); — ou du moins statuer préparatoirement sur la demande dans ce délai : des incidens peuvent, en effet, retarder le jugement définitif; tel est, par exemple, le cas où il y a lieu à interdiction. Proudhon, 1, 243; Dalloz, *ib.* 69.

28. Mais les juges qui ne trouvent ni pertinens ni concluans des faits de démence allégués par un demandeur à l'interdiction, ne sont pas tenus de demander un plus ample informé, ni la convocation du conseil de famille, si la demande est formée au soutien d'une opposition à mariage (—V. *sup.* n° 3.). Cass. 6 janv. 1829, D. 29, 94.

29. Le jugement qui ordonne un sursis, n'est pas préparatoire; il est donc soumis à l'appel avant le jugement définitif. Bruxelles, 13 therm. an 11, P. 3,390.

30. Pour l'instruction de la demande en *interdiction.* — V. ce mot.

La présence d'un des collatéraux qui ont formé opposition pour cause de démence, vicie la délibération du conseil de famille, quoique l'interdiction soit poursuivie par les autres opposans. *Même arrêt.*

31. Si l'opposion a été formée sans motifs suffisans, on en prononce la main-levée pure et simple (C. civ. 174-2°), avec ou sans dommages et intérêts, selon les circonstances. Toullier. 1, 493.

32. S'il y a plusieurs opposans, et que le même fait d'injure ou de préjudice leur soit commun, ils y sont condamnés solidairement. Bruxelles, 13 therm. an 11. P. 3,390.

Si l'opposant est un ascendant, doit-il être condamné aux *dépens?* — V. ce mot, n° 60.

33. Le jugement de main-levée n'est pas exécutoire par provision; ce cas n'est pas du nombre de ceux désignés par l'art. 135, C. pr. Boncenne, 3, 150.

34. Peut-on former opposition au jugement par défaut qui donne main-levée de l'opposition? — Le doute naît de la brièveté du délai dans lequel doit être prononcé le jugement sur l'opposition. — En l'absence d'une disposition exceptionnelle, le droit général d'opposition subsiste. Amiens, 10 mai 1821, D. 10, 35; Boncenne, 3, 152.

35. Comment exécuter le jugement par défaut contre partie qui donne main-levée de l'opposition formée par un père au mariage de son fils, sans prononcer de dommages-intérêts et en compensant les dépens? — A défaut de titre pour une exécution directe, la signification du jugement, faite à la personne ou au domicile réel du père, avec indication du jour où le mariage doit être célébré, suffit pour couvrir la péremption du jugement. — V. *Jugement par défaut*, n° 233 et suiv., et *Inscription hypoth.* n° 84 à 86.

L'officier de l'état civil doit passer outre à la célébration du mariage sur la représentation de cette signification et du certificat de non opposition ni appel.

Mais il est nécessaire d'attendre l'expiration des délais d'opposition, ou d'appel, — autrement, l'officier de l'état civil s'exposerait aux peines prononcées par l'art. 193 C. pén. Thomine, n° 603. — Une telle rigueur ne saurait être critiquée, le délai d'appel étant réduit à dix jours en cette matière. C. civ. 178. — V. d'ailleurs, *Jugement par défaut*, n° 264.

36. Le jugement rendu sur l'opposition au mariage est sujet à l'appel; mais s'il y a appel, il doit être statué dans les dix jours de la citation. C. civ. 178.

Ce délai n'est qu'en faveur de ceux qui provoquent le mariage; il n'emporte pas péremption de l'instance. Cass. 4 nov. 1807, P. 6, 335; Merlin, *ib.*; Vazeille, 1, 175; Toullier, 1, n° 589.

37. Le jugement ou l'arrêt qui statue sur l'opposition est signifié à l'officier de l'état civil. Arg. C. civ. 68.

38. Le pourvoi en cassation contre l'arrêt de main-levée n'est pas suspensif: tel est le principe en matière civile, et l'exception de l'art. 263 C. civ. pour le cas de divorce ne peut être étendue par analogie (— V. *Cassation*, n° 208.). Paris, 19 sept. 1816, P. 13, 68; Lyon, 13 fév. 1828, D. 28, 234; Merlin, v° *Opposition à mariage*, R. 781, n° 3 — *Contrà*, Delvincourt, 1, 123.

39. Une opposition annulée pour vice de forme, peut-elle

être renouvelée, comme tout autre exploit? — Pour l'affirmative on invoque les principes généraux. Delvincourt, 1, 122 note. Duranton, 2, 206; Vazeille, 1, 177;—Pour la négative, on dit : il y a exception à la règle générale, les dispositions des art. 177, 178 seraient superflues, si, après la main levée d'une opposition on pouvait en former une autre, car, en admettant ce système, les oppositions se succéderaient, et l'on parviendrait à empêcher à volonté la célébration des mariages, ou il ne faudrait jamais attaquer l'opposition pour vices de formes, ce qui rendrait sans effet la peine de nullité prononcée par l'art. 179. —Bruxelles, 26 déc. 1812, P. 10, 923; Merlin, *Rep.*, *ib.*

Enfin, un troisième système est proposé, il consiste à admettre que l'opposition peut être renouvelée, mais seulement si elle est fondée sur un motif d'ordre public, ou sur le défaut de consentement. Dalloz, 10, 69.

40. *Enregistrement.* Les oppositions par acte notarié ne sont sujettes qu'au droit fixe de 1 fr. Les notaires ne sont tenus de les faire enregistrer que dans les délais qui leur sont accordés pour l'enregistrement des autres actes. L. 22 frim. an 7, art. 20.— V. *Enregistrement,* n° 21-5° et 6°.

Celles faites par huissier sont passibles du droit de 2 fr. comme les exploits ordinaires, et doivent être enregistrées dans les quatre jours.—V. *ib.* n° 21-1°.

41. La main-levée de l'opposition est, comme consentement, sujette au droit fixe de 2 fr. L. 28 avr. 1816, art. 43, n° 7.

Formules.

FORMULE I.

Acte d'opposition au mariage.

(C. civ. 176. — Tarif, 29. — Coût, 2 fr. orig.; le quart pour la copie.)

L'an , etc., à la requête du sieur , demeurant à pour lequel domicile est élu chez , j'ai , etc., soussigné, signifié et déclaré 1° au sieur , fils du requérant, demeurant à , en son domicile, où étant et parlant à

2° A mademoiselle , demeurant à ; en son domicile où étant et parlant à

3° A M. le maire de , en son domicile sis ; (ou en la maison commune), parlant à , et requérant visa à moi octroyé, que ledit sieur est opposant à ce qu'il soit procédé au mariage du sieur , son fils, demeurant à , avec demoiselle , fille majeure (ou mineure) demeurant à

Et j'ai, à chacun des susnommés étant et parlant comme ci-dessus, laissé séparément copie du présent, dont le coût est de

(*Signatures de l'huissier et de l'opposant.*)

(— V. *sup.* nos 8 et 16).

FORMULE II.

Demande en main-levée.

(C. civ. 177. — Tarif, 29. — Coût, 2 fr. orig.; le quart pour la copie.)

L'an , etc., à la requête du sieur , pour lequel domicile est élu en l'étude de Me , avoué, lequel occupera pour ledit sieur sur la présente demande, j'ai (*immatricule*) soussigné, donné assignation au sieur demeurant à , en son domicile, où étant et parlant à à comparaître d'hui à huitaine franche, délai de la loi, en l'audience et pardevant MM. les président et juges composant le tribunal de sis à première chambre, heure de , pour, attendu....., voir donner main-levée pure et simple au demandeur de l'opposition formée par exploit de à la requête dudit sieur , au mariage dudit sieur , ès-mains de M. le maire de lequel, sera tenu, sur la signification qui lui sera faite du jugement à intervenir, de faire mention dudit jugement sur le registre des publications de mariage en marge de l'inscription de ladite opposition, à quoi faire contraint, même par corps; quoi faisant, déchargé; comme aussi de procéder au mariage du demandeur, les conditions et formalités en tel cas requises étant remplies et observées; et attendu que ladite opposition a préjudicié au demandeur, s'entendre ledit sieur condamner, envers le requérant, en de dommages et intérêts, et en outre aux dépens ; à ce qu'il n'en ignore, etc.

(*Signature de l'huissier.*)

MARQUE.—V. *Brevet d'invention, Dessin de fabrique, Prud'homme.*

Marque ou croix.—V. *Signature.*

MASSE active, passive. Ensemble des créances ou des dettes.—V. *Liquidation, Partage.*

MASSE des créanciers.—V. *Faillite.*

MATIÈRE. Désigne ce qui fait le sujet d'un procès. C'est en ce sens que l'on dit matières *personnelles*, matières *Réelles, Mixtes, Immobilières, Mobilières* (—V. *Action*); *Judiciaires, Extrajudiciaires* (—V. *Acte Judiciaire*); *Ordinaires, Sommaires.* — V. ce mot.

MATRICE du rôle.—V. *Saisie immobilière.*

MÉDECIN. — V. *Enquête*, n° 181; — *Exploit*, n° 62 et *Patente*; — *Interdiction* n° 83 à 103.

MÉMOIRE. Ce mot a plusieurs acceptions. — *Mémoire* est quelquefois pris dans un sens analogue à celui de requête. — V. *Cassation*, 263 et suiv.; *Enregistrement*, n° 141; *Instruction par écrit*, n° 44; *Signification.* — *Mémoire de frais* se dit de l'état sommaire des frais déboursés, vacations et honoraires dus à un officier ministériel. — V. *Taxe.* — *Mémoire de marchand* est synonyme de *facture.*

MENTION.—V. *Ajournement, Appel, Enregistrement, Exploit, Jugement, Patente.*

MERCURIALE. — V. *Fruits*, n°s 11 et suiv. — *Ministère public.*

MÈRE. — V. *Acte respectueux, Mariage.*

MESSAGERIES. — 1° Elles ont de l'analogie avec un établissement public, lorsqu'elles sont dirigées par plusieurs administrateurs ; 2° le lieu où sont les Bureaux, peut être considéré comme le siége de l'administration, ou de la maison sociale. — Par suite elles peuvent y être assignées. Motifs, Cass. 22 nov. 1808, P. 10, 215. — V. — d'ailleurs *Exploit*, n° 230 ; 3° spécialement l'assignation donnée à une société de commerce, en nom collectif, en ces termes : — « aux entrepreneurs des messageries générales, rue du Bouloy, ancien établissement Saint-Simon, en leur dit domicile, parlant à un commis trouvé dans le bureau, lequel n'a voulu dire son nom de ce interpelé. » — a été déclarée valable, — attendu que la désignation des entrepreneurs ou des sociétaires n'était point exigée par les art. 61 et 69 C. pr., soit que l'on envisageât l'entreprise des défendeurs comme un établissement public, ayant un siége d'administration, soit qu'on la considérât comme une société de commerce ayant une maison sociale, *même arrêt.*

MESURE. — V. *Poids et Mesures, Saisie immobilière.*

MESURES CONSERVATOIRES. — V. *Actes conservatoires.*

MÈTRE. — V. *Poids et Mesures.*

MEUBLES, IMMEUBLES. Ces mots désignent les deux branches d'une division générale des biens.

1. Les *meubles* sont les objets qui peuvent se transporter d'un lieu dans un autre sans détérioration (C. civ. 527 et suiv.); les immeubles, ceux qui ne sont susceptibles ni de se mouvoir ni d'être déplacés, *Ib.* 517 et suiv. — V. Chavot, *Traité de la propriété mobilière.*

2. La distinction des biens en meubles et immeubles est importante sous plusieurs rapports, et notamment pour reconnaître l'espèce de saisie que l'on peut pratiquer sur tel ou tel bien (V. *Saisie*); pour apprécier le pouvoir du tuteur, la capacité du mineur émancipé, celle de la femme mariée, et des administrateurs. — V. *Acquiescement*, n°s 28 et suiv. *Femme mariée, Mineur.*

La compétence varie suivant qu'il s'agit de meubles, ou d'immeubles, C. pr. 2, 3, 59; — ainsi que les règles sur les partages, sur les ventes, et sur les droits d'enregistrement. — V. *Action*, n°s 57 et suiv.; *Action possessoire*, § 2; *Enregistrement, Partage, Tribunaux, Vente.*

MILITAIRE. Citoyen faisant partie de l'armée permanente.

1. Les militaires jouissent de plusieurs avantages.

2. Leur traitement ne peut être saisi-arrêté que jusqu'à concurrence d'un cinquième. C. pr. 580; L. 19 pluv. an 3. — Pour la *saisie-arrêt* de leurs pensions. — V. ce mot.

3. La saisie-exécution ne doit pas comprendre leur équippement suivant l'ordonnance et le grade. C. pr. 592-5°. — V. *Saisie exécution.*

4. La *contrainte par corps* peut-elle être exercée contre les militaires en activité de service? — V. *Emprisonnement*, n° 184. — V. d'ailleurs *Absence*, § 6; *Cassation*, n°s 151 et suiv.; *Enregistrement*, n° 99; *Inventaire*, n° 92; *Juge de paix*, n° 144-6°.

MINEUR. Individu de l'un et de l'autre sexe qui n'a pas atteint l'âge de 21 ans accomplis.

DIVISION.

§ 1. — *Des mineurs en général.*

1. Le mineur est exclu des emplois publics et des fonctions judiciaires ; — il ne peut être ni témoin dans les actes de l'état civil (C. civ. 37), ou dans les actes publics (L. 25 vent. an 11, art. 9), — ni exécuteur testamentaire. C. civ. 1030. — V. d'ailleurs *Adoption*, n°s 2 et 3.

2. Est-il valablement nommé *arbitre?* — V. *Arbitrage*, n° 179. *Expert*; — V. ce mot, n° 31.

Selon M. Thomine, n° 336, la déposition d'un enfant âgé de moins de quinze ans, est plutôt une simple déposition qu'un témoignage proprement dit ; cette déposition ne doit pas être précédée d'un serment. — V. toutefois *Enquête*, 211.

L'assignation à comparaître est remise à son père ou à son tuteur; ce dernier est condamné à l'amende ou aux dommages-intérêts, s'il n'amène pas l'enfant pour faire la déposition. Thomine, *ib*.

— V. d'ailleurs *Avocat*, n° 17.

3. Les successions échues à des mineurs doivent être acceptées sous *bénéfice d'inventaire*. — V. ce mot, n° 3.

4. Les causes qui les concernent sont sujettes à communication au *ministère public*. C. pr. 83. — V. ce mot,

5. Les longues prescriptions ne courent pas contre eux (C. civ. 2252) ; — il en est autrement des courtes prescriptions. *Ib*. 2271 à 2278.

6. La *péremption* leur est opposable. — V. ce mot, et d'ailleurs *Garantie*, n° 18 ; *Surenchère*.

7. Ils sont recevables à se pourvoir par *requête civile* (— V. ce mot), s'ils n'ont été défendus, ou s'ils ne l'ont pas été valablement. C. pr. 481.

8. Ils sont affranchis de la *contrainte par corps* en matière civile. C. civ. 2064, 2070. — V. *Emprisonnement*, n 59, et toutefois *inf.*, n° 48.

9. Leurs immeubles ne peuvent être mis en vente par leurs

créanciers avant la *discussion* de leur mobilier. — V. ce mot, nos 21 à 25.

10. Ils ne peuvent être vendus volontairement qu'après l'accomplissement de certaines formalités. — V. *Vente d'immeubles*.

11. Les juges ne doivent pas, par des considérations d'équité, et pour épargner des frais aux mineurs, dispenser de l'observation des formalités prescrites pour la vente de leurs biens, et pour les partages dans lesquels ils sont intéressés; mais le ministère public ne pourrait appeler d'un jugement qui prononcerait de pareilles dispenses. — V. *Ministère public*.

12. Lorsque les formalités requises à l'égard des mineurs, pour aliénation d'immeubles, ou partage de successions, ont été accomplies, ils sont considérés relativement à ces actes, comme les ayant faits en majorité. C. civ. 1314.

— V. d'ailleurs *Licitation*, *Partage*.

13. La surenchère du quart, autorisée par l'art. 710 C pr., a-t-elle lieu contre le mineur exproprié? — A-t-elle lieu contre lui en cas de vente volontaire? - Ou en cas de licitation provoquée contre lui? — V. *Surenchère*.

14. L'action en nullité pour cause de minorité, nous paraît pouvoir être exercée non-seulement par le mineur, mais encore par ses créanciers. — V. *Femme mariée*, n° 169; et d'ailleurs *Interdiction*, n° 3.

§ 2. — *Du mineur non émancipé.*

15. Le mineur non émancipé est placé pendant le mariage sous l'administration légale du père; après la dissolution du mariage, il est en tutelle. C. civ. 389, 390.

16. Son tuteur le représente dans tous les actes de la vie civile. C. civ. 450. — V. toutefois *ib.* 75, 76, 160, 175, 1309, 1398, 904.

17. Il n'a pas d'autre domicile que celui de ses père et mère, ou de son tuteur. C. civ. 108. — V. *Domicile*, nos 42 à 45, et toutefois *Conseil de famille*, n° 22.

18. Le mineur qui donne de graves sujets de mécontentement à ses père et mère, peut être placé dans une maison de correction. — V. *Emprisonnement*, n° 3; *Puissance paternelle*.

Le tuteur a-t-il le droit d'employer les mêmes mesures à l'égard du mineur? — L'affirmative est enseignée par M. Coin-Delisle, *Contrainte par corps*, p. 31, n° 2. — Cet auteur exige l'autorisation du conseil de famille. Arg. C. civ. 46. — Cette autorisation et celle de la justice ne doivent être accordées qu'avec réserve.

Arrêt qui permet à un tuteur d'employer tous les moyens propres à faire cesser les obstacles qui s'opposeraient à la remise en ses mains d'une mineure, y compris celui autorisé par le droit commun de l'intervention de la force publique, si les autres sont inefficaces. Corse, 31 août 1826, S. 28, 56; Coin-Delisle, *Contrainte par corps*, p. 31.

19. Il est des actes que le tuteur peut faire seul : tels sont les *actes conservatoires* et d'administration. — V. ce mot, n° 6; *Appel*, n°s 58 à 60.

Il en est d'autres pour lesquels l'autorisation du *conseil de famille* est nécessaire.—V. ce mot, n° 40.

Quelquefois même cette autorisation doit être homologuée par le tribunal.—V. *ib.* n° 54.

20. Les actions actives et passives du mineur sont exercées par et contre le tuteur en cette qualité, à peine de nullité. — V. *Action*, n° 111; *Cassation*, n° 47; *Exploit*, n° 35.

Toutes les significations doivent être faites à la personne ou au domicile du tuteur, et quelquefois en outre au subrogé-tuteur. — V. *Appel*, n° 129 et suiv.

Quelques auteurs pensent que la demande formée par le mineur au-dessus de l'âge de puberté n'est pas nulle, mais que le défendeur pourrait seulement proposer une exception dilatoire jusqu'à ce que le mineur eût été pourvu d'un tuteur. Merlin, *Rép.* v° *Mineur*, § 8.

Jugé qu'une demande en dommages et intérêts peut être dirigée par la partie civile, contre un mineur, traduit en police correctionnelle, sans avoir besoin de mettre en cause son tuteur. Grenoble, 4 mars 1835 (Art. 115 J. Pr.).

21. Le tuteur ne peut compromettre. — V. *Arbitrage*, n° 42.

22. Les causes qui intéressent les mineurs sont exemptées du *préliminaire de conciliation*. C. pr. 49. —V. ce mot.

Mais un majeur qui actionne conjointement avec un mineur, n'en est pas dispensé.

La dispense de conciliation ne s'applique pas à l'action en reddition de compte intentée par le tuteur contre un tiers auquel il aurait donné mandat de toucher une somme due au mineur. Poitiers, 13 mai 1829, S. 29, 276.

23. Peut on faire interroger un mineur sur faits et articles? —V. *Interrogatoire*, n°s 20 et 21.

24. Dans quels cas et avec quelles formalités les tuteurs ont-ils le droit de se désister ? — V. *Désistement*, n°s 25, 33.

25. Ils ne peuvent acquiescer à une demande immobilière. —V. *Acquiescement*, n° 31.

26. *Quid* en matière mobilière? — Si l'acquiescement du tuteur a pour effet de produire hypothèque, il doit être précédé d'un avis de famille, soumis à l'homologation du trib. — Au contraire, s'il s'agit de l'abandon pur et simple d'un objet mobilier, ces formalités sont inutiles, le législateur ne lui ayant interdit d'introduire en justice aucune demande ou d'y acquiescer sans autorisation du conseil de famille, qu'autant qu'il s'agit d'objets immobiliers. Arg. C. civ., 464, Pigeau, 1, 549. —V. d'ailleurs *Distribution par contribution*, n° 22.

L'acquiescement fait en minorité, et ratifié à la majorité, est valable. Arg. C. civ. 1338; Montpellier, 3 janv. 1811. P. 9, 9.

27. L'exécution des jugemens et actes rendus ou passés en faveur du pupille, est poursuivie par le tuteur.

Il peut opérer une saisie en vertu de ces jugemens sans autorisation du conseil de famille. Pigeau, *Com.* 2, 273.

28. L'apposition des scellés sur une succession doit-elle avoir lieu, même quand le mineur intéressé à la succession est pourvu d'un tuteur? —V. *Scellé*. —La levée peut-elle être faite avant la nomination de ce tuteur? —V. *ib.* et *Inventaire*, n° 54.

Pendant le mariage, le père, comme administrateur légal des biens de ses enfans a le droit de requérir la levée de scellés ou l'inventaire. Arg. C. civ. 389.

Mais ce droit n'appartient pas au père ou à la mère naturels : Il n'y a ni administration ni tutelle légale à l'égard des enfans naturels. Arg. Pau, 13 fév. 1822, S. 23, 89.

29. Le mineur a une *hypothèque* légale sur tous les immeubles de son tuteur. C. civ. 2121, 2135. — V. ce mot, n° 3.

30. Néanmoins, les parens, en conseil de famille, peuvent, lors de la nomination du tuteur, convenir qu'il ne sera pris inscription que sur certains immeubles (C. civ. 2140, 2141); —auquel cas le tuteur et le subrogé-tuteur ne sont tenus de requérir inscription que sur les immeubles indiqués. *Ib.* 2142. —V. *ib.*

Lorsque l'hypothèque n'a pas été restreinte par l'acte de nomination du tuteur, celui-ci a le droit, dans le cas où l'hypothèque générale excède notoirement les sûretés suffisantes pour sa gestion, de demander que cette hypothèque soit restreinte aux immeubles suffisans pour opérer une pleine garantie en faveur du mineur. C. civ. 2143. — La demande est formée contre le subrogé-tuteur, et doit être précédée d'un avis de famille. *Ib.*

Il ne peut être convenu qu'il ne sera pris aucune inscription. C. civ. 2140, 2141.

31. Le mineur devenu majeur ne peut traiter avec son tuteur avant la reddition du compte de tutelle et la remise des pièces justificatives, constatée par un récépissé de l'oyant compte, dix jours au moins avant le traité (C. civ. 472); — à moins que ce traité n'intervienne sur un objet particulier, sans avoir pour effet d'affranchir le tuteur de l'obligation de rendre son compte. Duranton, t. 3, n° 638.

32. Le pupille est recevable à attaquer personnellement le jugement rendu contre lui, si depuis ce changement il a atteint sa majorité.—V. *Appel*, n° 53.

§ 3. — *Du mineur émancipé.*

33. L'émancipation est l'acte par lequel le mineur est affranchi de la puissance paternelle, ou de la tutelle, et qui lui confère le droit d'administrer ses biens, et d'aliéner ses meubles.

Art. 1. — *Différentes espèces d'émancipations.*

34. L'émancipation est tacite ou expresse.—*Tacite*, elle résulte de plein droit du mariage; elle est irrévocable. C. civ. 476. —*Expresse*, elle résulte de la déclaration de la volonté d'émanciper, faite par ceux auxquels la loi donne ce droit. — V. *inf.* n° 3.—Elle est révocable dans certains cas.

Il y a en outre une émancipation particulière pour *fait de commerce*.—V. *inf.* n° 56.

35. *Peuvent être émancipés :* 1° le mineur, à l'âge de quinze ans accomplis, par son père, ou à défaut de père, par sa mère (C. civ. 477.) — 2° le mineur, resté sans père ni mère, mais seulement à l'âge de dix-huit ans accomplis, si le conseil de famille l'en juge capable (*Ib.* 478.)—3° l'enfant admis dans un hospice, à l'âge de quinze ans révolus, par le membre de la commission désigné pour son tuteur, qui peut comparaître seul devant le juge de paix. L. 15 pluv. an 8, art. 4.

Art. 2. — *Personnes qui peuvent émanciper le mineur.*

36. *Peuvent émanciper :* 1° le père même divorcé : le concours de la mère n'est pas nécessaire. Paris, 1er mai 1813, S. 13, 230.

2° Le père, exclu ou destitué de la tutelle : il conserve les droits de puissance paternelle (Duranton, 3, n° 656. — *Contrà*, Delvincourt, 1, 312). — Et, à plus forte raison, s'il est simplement dispensé de la tutelle, ou excusé. Duranton, Delvincourt. *Ib.*

3° La mère, en cas d'interdiction ou d'absence du père. — Pourvu que le mineur ait atteint l'âge de dix-huit ans; autrement l'émancipation pourrait être faite par la mère dans le but de priver le père de l'usufruit légal des biens de ses enfans. C. comm. 2; Duranton, t. 3, n° 655. — Vainement on argumenterait de l'art. 477 C. civ., qui accorde le droit d'émanciper à la mère, *à défaut du père*, et des art 149 et 173 C. civ. qui donnent à la mère le droit de consentir au mariage, lorsque le père est dans l'impossibilité de manifester sa volonté ou de former opposition au mariage *à défaut du père*.

On répond : Le mariage est un acte qui intéresse bien plus la société que l'émancipation d'un enfant; la loi a dû l'environner d'une plus grande faveur. — Il est moins à craindre qu'une mère accorde avec légèreté son consentement à un mariage, d'où dépend l'avenir de son enfant, qu'à une émancipation dont elle n'apprécierait pas toutes les conséquences. Augier, v° *Émancipation*, 40.

4° La mère remariée, lors même que la tutelle lui a été retirée. Colmar, 17 juin 1807, P. 6, 152; Liége, 6 mai 1808, P. 6, 671; Duranton, 3, n° 656; Toullier, 2, n° 1287; Proudhon, 2, 252. — *Contrà*, Delvincourt, 1, 312. — La mère, dans ce cas, n'a pas besoin de l'autorisation de son mari. L'émancipation est un acte de la puissance paternelle pour lequel la mère a une capacité pleine et entière. D'ailleurs, l'exercice de ce droit est tellement personnel à la femme, que l'on ne concevrait pas qu'il fût soumis au contrôle d'un tiers. Arg. C. civ. 373.

5° Les père et mère naturels. Limoges, 2 janv. 1821, S. 21, 322; Toullier, 2, n° 1287; Duranton, 3, n° 657; Favard, *Rép.*, v° *Emancipation*, § 1, n° 1.

37. Les enfans n'ont, dans aucun cas, le droit de contraindre leur père ou mère à les émanciper. Merlin, *Rép.*, v° *Émancipation*, § 1, n° 4; Favard, *ib.* § 1, n° 3; Toullier, 2, n° 1290.

38. Si le tuteur ne fait aucune diligence pour l'émancipation du mineur, et qu'un ou plusieurs parens ou alliés de ce mineur, au degré de cousin-germain, ou à des degrés plus proches, le jugent capable d'être émancipé, ils peuvent requérir le juge de paix de convoquer le conseil de famille pour délibérer à ce sujet. C. civ. 479.

39. Le juge de paix doit déférer à cette réquisition. C. civ. 479.

40. Il n'a pas le droit de convoquer d'office le conseil de famille (Duranton, 3, n° 661. — *Contrà*, Favard, v° *Émancipation*, § 1, n° 3); non plus que le ministère public (Duranton, t. 3, n° 661. — *Contrà*, Favard, *ib.*); — ni le mineur lui-même : l'art. 479 n'accorde ce droit qu'à certains parens, et *lorsqu'ils le jugent capable d'être émancipé;* l'exercice de ce droit doit donc être essentiellement restreint à ceux auxquels il a été nommément accordé. Duranton, 3, n° 662; Delvincourt, 1, 313. — *Contrà*, Toullier, 2, n° 1290.

41. La déclaration de la mère (même naturelle), reçue par le juge de paix, entraîne nécessairement l'émancipation du mineur, quelles que soient les énonciations et protestations que le juge de paix ait mises à la suite de cette déclaration. Ce magistrat ne peut que recevoir la déclaration et en dresser acte; il n'a pas le droit d'examiner si l'émancipation est ou non susceptible d'être critiquée. Trib. Seine, 2 août 1836 (Art. 512 J. Pr.).

Art. 3. — *Forme de l'émancipation.*

42. L'émancipation expresse s'opère soit par la seule déclaration du père ou de la mère, reçue par le juge de paix assisté de son greffier (C. civ. 477); soit par la délibération du conseil de famille, sous la présidence du juge de paix qui prononce que le mineur est émancipé. *Ib.* 478.

L'émancipation faite par le membre de la commission d'un hospice, résulte de la déclaration de ce membre reçue par le juge de paix assisté de son greffier.— V. *sup.* n° 35.

43. Ces formalités sont exigées à peine de nullité, comme dans tous les actes solennels : ainsi est nulle la déclaration d'émancipation faite par un père dans un testament, même par acte authentique. Malleville, art. 477.

44. Si le conseil de famille a été irrégulièrement composé, le tuteur peut demander que l'émancipation soit annulée. — Son défaut de réclamation contre la composition du conseil de famille, dont il a fait lui-même partie, n'est pas une fin de non-recevoir contre cette demande. Liége, 4 janv. 1811, S. 11, 333.

45. La déclaration de la volonté d'émanciper peut-elle être faite par mandataire, avec procuration spéciale et authentique? — Le doute naît de l'importance de l'émancipation et des termes de l'art. 477, qui exige la *déclaration* du père ou de la mère. — Mais il faut se décider pour l'affirmative : en général on peut se faire représenter par mandataire, et il n'y a point ici d'exception : tel est d'ailleurs l'usage. Merlin, *Rép.*, v° *Puissance paternelle*, sect. 6, § 1, n° 2. — *Contrà*, Malleville, *ib.*— V. *Adoption*, n° 7.

46. L'émancipation ne peut avoir lieu pour un ou plusieurs actes, à temps, ou sous condition : la position et la capacité des individus doivent être fixes et invariables. Si les droits résultant pour le mineur de l'émancipation, peuvent inspirer des craintes quant à l'administration de sa personne et de ses biens, l'émancipation ne doit pas avoir lieu, même à temps ou sous condition. On doit donc proscrire cette émancipation restreinte. Malleville, art. 477 C. civ. — *Contrà*, Toullier, 2, n° 1300.

47. Jugé que des présomptions graves précises et concordantes, sont admises pour établir le fait de l'émancipation, lorsque les registres de la justice de paix qui contenaient l'acte ont disparu ou ont été anéantis. Cass. 27 janv. 1819, S. 19, 436.

Art. 4. — *Suites et effets de l'émancipation.*

48. Il est nommé au mineur émancipé un curateur par le conseil de famille. C. civ. 480. — V. *Curateur* ; — et non par le père émancipateur. Caen, 27 juin 1812, S. 14, 394.

49. L'émancipation produit plusieurs effets. C. civ. 372, 481.

Elle donne notamment au mineur le droit d'exiger la *reddition de compte du tuteur* (— V. ce mot), et de se choisir un domicile séparé. — V. *Domicile*, n° 46.

50. Il peut *seul* faire, en général, les actes conservatoires et d'administration (C. civ. 481, 482). — Par exemple, prendre des inscriptions, former des oppositions. Duranton, 3, n° 668, Toullier, 2, n° 1296; — requérir l'apposition de scellés. C. pr. 909, 910; Berriat, 690, note 8; — assister à leur levée et à l'inventaire. — V. *Scellés;* — poursuivre la réparation du délit commis envers lui. Bourguignon, *Man. Inst. crim.* art. 63, n° 5; — compromettre ou transiger sur tous les objets qui ne sortent pas des bornes de son administration, intenter toute action y relative et y défendre.

Et il n'est restituable contre ces actes que dans les cas où un majeur le serait. C. civ. 481; Duranton, 3, n°s 661, 668. — V. *Arbitrage*, n° 39.

51. Les causes qui le concernent sont-elles dispensées du *préliminaire de conciliation*? — V. ce mot.

52. Les obligations qu'il contracte par voie d'achat ou autrement, sont réductibles en cas d'excès: les trib. prennent, à ce sujet, en considération, sa fortune, la bonne ou mauvaise foi des personnes qui ont contracté avec lui, l'utilité ou l'inutilité des dépenses. C. civ. 484. — Dans ce cas il peut être privé du bénéfice de l'*émancipation*. — V. *inf.* n° 66.

53. *Avec l'assistance du curateur*, il peut : 1° recevoir le compte de tutelle. C. civ. 480. — V. *Reddition de compte*.

2° Intenter toutes actions mobilières (—*Contrà*, Delvincourt, 1, 315, note 5), et y défendre (C. comm. 482; Duranton, *ib.* n° 690). — Mais il ne pourrait y acquiescer sans une délibération du conseil de famille; car ce serait peut-être aliéner un droit immobilier. Arg. C. civ. 464, 484; Duranton, *ib.* — V. *Curateur*, n°s 6 et 8.

3° Poursuivre le remboursement de ses rentes constituées, et recevoir ce remboursement. Arg. C. civ. 482.

4° Transférer au cours de la place, légalement constaté, les inscriptions de rente sur l'état n'excédant pas 50 fr. de revenu (L. 24 mars 1806, art. 2); — ou une action de la banque de France ou des parties d'actions n'excédant pas une action (Décr. 25 sept. 1813); ou enfin des rentes sur particuliers. Duranton, n° 688.

5° Provoquer la division d'une succession, ou défendre à une demande en partage. C. civ. 840. — V. *Licitation*, *Partage*.

54. Le mineur émancipé, à la différence du mineur non-émancipé (— V. *sup.* n° 16), est seulement assisté de son curateur. Il est partie principale, soit en demandant, soit en défendant; d'où il suit qu'il doit être assigné en personne : s'il l'était dans la personne de son curateur, il y aurait nullité. Cass. 24 et 26 juin 1809 (S. 10, 40); Duranton, *ib.* n° 682.

Chaque exploit est notifié par deux copies séparées, l'une pour le mineur, l'autre pour le curateur.

55. *L'autorisation du conseil de famille* lui est nécessaire dans certains cas (—V. *Conseil de famille*, n° 40); quelquefois même cette autorisation doit être homologuée par le tribunal.—V. *ib.* n° 54.

56. *Actes de commerce.* Le mineur *émancipé*, de l'un et l'autre sexe, peut faire le commerce et être réputé majeur, quant aux engagemens par lui contractés pour faits de commerce, avec le concours des conditions suivantes : —1° s'il a atteint l'âge de dix-huit ans accomplis.

2° S'il a obtenu l'autorisation préalable de son père ou de sa mère ; —ou en cas de décès, interdiction ou absence du père, ou, à défaut du père ou de la mère, celle du conseil de famille, homologuée par le trib. civil.

3° Si l'acte d'autorisation a été enregistré, et affiché au tribunal de commerce du lieu où le mineur veut établir son domicile. C. com. 2.

57. L'autorisation de faire le commerce peut être consignée dans l'acte d'émancipation, ou par acte séparé passé devant notaire.

58. Le consentement du mari ne suffit pas pour autoriser la femme mineure à faire le commerce; il lui faut celui de ses parens. Arg. C. comm. 2, 7; Toulouse, 26 mai 1821, S. 22, 36; Pardessus, n° 63; Duranton, 2, n° 476. — *Contrà*, Grenoble, 17 fév. 1826, S. 26, 250. Magnin, *des Minorités*, 1, n° 812.

Dans tous les cas, l'autorisation n'a pas besoin de spécifier le genre de commerce. Caen, 11 août 1828, S. 30, 323.

59. Les mineurs non-commerçans doivent être autorisés de la même manière, pour tous les faits déclarés faits de commerce. C. comm. 3, 632, 633.

60. Mais le mineur artisan n'a pas besoin d'être émancipé pour l'exercice de son industrie, qui n'est pas un fait de commerce : en effet, d'une part l'émancipation fait cesser l'usufruit légal (C. civ. 384); et d'autre part, l'art. 387 C. civ. refuse aux père et mère la jouissance des biens que leurs enfans non-émancipés ont acquis par un travail et une industrie séparés. L'art. 1308, notamment, dispose que le mineur artisan doit exécuter les engagemens pris à raison de son art. Duranton, 3, n° 664.

61. Les actes de commerce faits par les mineurs sans auto-

risation ne sont considérés, à leur égard, que comme des actes civils. — Conséquemment, ils ne peuvent être poursuivis comme banqueroutiers, si les formalités ci-dessus n'ont pas été remplies. Cass. 2 déc. 1826, S. 27, 206. — V. *Acte de commerce*, n° 4.

62. Si elles l'ont été, le mineur émancipé est réputé majeur pour tous les faits relatifs à son commerce. C. civ. 487. — Il peut, en conséquence, vendre, acheter des marchandises, souscrire, pour ce qui concerne son commerce, des billets à ordre, lettres de change, engager et hypothéquer ses immeubles. C. comm. 6.

Mais il ne peut les aliéner qu'après l'accomplissement des formalités prescrites aux art. 457 et suiv. C. civ.; c'est-à-dire avec l'autorisation du conseil de famille, homologuée par le tribunal. — Il en est de même de la femme mariée, mineure et commerçante, l'autorisation maritale ne lui suffirait pas. Duranton, *ib*. 700.

63. Le mineur commerçant peut acquérir des biens sans l'autorisation du conseil de famille; et la lésion qui se rencontre dans une telle acquisition donne lieu en sa faveur, non à la rescision du contrat, mais seulement à la réduction du prix. Colmar, 31 janv. 1826, S. 26, 312.

64. Il est contraignable par corps pour les actes de ce commerce, comme le serait un majeur. — V. *Emprisonnement*, n° 59.

65. La révocation n'a lieu que pour l'émancipation expresse. Cass. 2 fév. 1821, S. 21, 188; Duranton, 3, n° 675; Proudhon, *Droit civil*, 2, 264; Toullier, 2, n° 1303.

66. Le mineur émancipé, dont les engagemens ont été réduits en vertu de l'art. 484 C. civ. (—V. *sup*. n° 52.), peut être privé du bénéfice de l'émancipation, qui lui est retirée, en suivant les mêmes formes que celles qui ont lieu pour la lui conférer. C. civ. 485. — V. *sup*. n° 42.

67. Il n'en faut pas conclure que l'émancipation ne puisse être révoquée que par la personne qui l'a consentie; par exemple, que le mineur émancipé par son père ne puisse être privé du bénéfice de l'émancipation que par celui-ci; mais seulement que l'on doit, pour la révocation de l'émancipation, remplir les mêmes formalités que pour sa constitution. Par conséquent, ceux qui auraient pu émanciper peuvent anéantir l'émancipation existante. Duranton, 3, n° 675.

68. Dès le jour où l'émancipation est révoquée, le mineur rentre en tutelle, et y reste jusqu'à sa majorité. C. civ. 486.

Il ne peut être émancipé une seconde fois. Proudhon, 2, 265.

69. La révocation de l'émancipation, bien qu'elle replace le mineur en tutelle, ou sous la puissance paternelle, ne fait pas revivre ce qui a été anéanti. — Ainsi, le tuteur institué par testament ou par le conseil de famille, ne reprend pas ses fonctions de plein droit ; le conseil de famille doit en nommer un nouveau. Toullier, 2, n° 1303 ; Proudhon, *Droit civil*, 2, 266 ; Duranton, 3, n° 676. — Il en est de même du subrogé-tuteur.

Toutefois, le tuteur légal recouvre tous les droits qu'il avait avant l'émancipation. Duranton, *ib.*

70. Les créanciers du père ou de la mère ne sont pas en général recevables à demander la révocation de l'émancipation, sous prétexte qu'elle a eu lieu en fraude de leurs droits : on ne doit pas présumer que telle ait été l'intention du père et de la mère en émancipant. Toullier, 6, n° 368 ; Proudhon, *de l'Usufruit*, n° 2399. — *Contrà*, Merlin, *Quest.*, v° *Usufruit paternel*, § 1.

Cependant, si par les circonstances il apparaissait évidemment que l'émancipation n'a eu d'autre but que de soustraire à l'action des créanciers des valeurs sur lesquelles ils auraient pu exercer utilement leurs droits, les juges pourraient admettre à prouver la fraude, et par suite prononcer la révocation de l'émancipation.

§. 4. — *Enregistrement.*

71. L'acte d'émancipation est assujetti au droit fixe de 5 fr. — Si plusieurs individus sont émancipés par le même acte, il est perçu un droit pour chacun d'eux. L. 22 frim. an 7, art. 68.

72. La nomination du curateur n'est assujettie à aucun droit. Elle n'est qu'une dépendance nécessaire de l'émancipation.

73. L'acte de révocation de l'émancipation est passible du droit fixe de 2 fr. L. 28 avr. 1816, art. 43, n° 2.

74. L'acte par lequel un mineur émancipé est autorisé à faire le commerce, est également soumis au droit fixe de 2 fr. *Ib.* n° 5.

§ 5. — *Formules.*

FORMULE I.

Déclaration d'émancipation par le père ou la mère.

L'an le , par-devant nous (*nom, prénoms*), juge de paix de assisté du sieur (*nom, prénoms*), greffier de notre justice de paix,

Est comparu (*nom, prénoms, profession et domicile du père ou de la mère*) lequel a déclaré que le sieur (*nom, prénoms*) son fils, ayant quinze ans accomplis, ce qui résulte d'un extrait des registres de l'état civil de la ville de , et que reconnaissant en lui une capacité suffisante pour administrer sa personne et ses biens, il entendait profiter du droit que la loi lui donne de l'émanciper.

En conséquence, il a déclaré qu'il l'émancipait, et nous a requis de dresser le présent acte; et a signé avec nous et le greffier, après lecture faite.

(*Signatures du père ou de la mère, du juge de paix et du greffier.*)

FORMULE II.

Acte d'émancipation par le conseil de famille.

L'an le , en l'hôtel de la justice de paix, sis à devant nous (— V. *formule* I.)

Est comparu le sieur (*nom, prénoms, qualité et domicile*), lequel, en sa qualité de tuteur du sieur (*nom prénoms*), a exposé que les père et mère dudit sieur sont décédés;

Que celui-ci est âgé de dix huit ans accomplis, ainsi qu'il résulte d'un extrait (— V. *formule* I.);

Que par sa conduite antérieure, il offre toute espèce de garantie pour la bonne administration de sa personne et de ses biens; que par conséquent il mérite qu'on lui confère le bénéfice de l'émancipation;

Que dans ces circonstances, et par suite de notre indication verbale à ce jour, il a convoqué par-devant nous les parens les plus proches en degré dudit mineur dans les lignes paternelle et maternelle, en nombre suffisant pour compléter le nombre de six, etc. (— V. *Conseil de famille, formule* II.)

Le conseil a été unanimement d'avis qu'il y a lieu d'émanciper le sieur (*nom, prénoms de l'émancipé*), et nous a autorisé en conséquence à prononcer émancipation; et à l'instant même nous avons déclaré ledit sieur émancipé.

En ce qui touche la nomination d'un curateur,

Le conseil est d'avis, également à l'unanimité, que cette fonction soit déférée au sieur (*nom, prénoms, qualité et domicile*), lequel l'a accepté, et a promis de la remplir fidèlement.

Et de tout ce que dessus, nous avons fait et rédigé le présent procès-verbal, que les membres du conseil de famille ont signé avec nous et le greffier, après lecture faite.

(*Signatures des membres du conseil de famille, du juge de paix et du greffier.*

FORMULE III.

Autorisation donnée au mineur pour faire le commerce.

L'an le , par-devant nous juge de paix du canton de , est comparu à l'hôtel de la justice de paix sis à M. (*noms, profession, domicile*);

Lequel a déclaré autoriser spécialement M. son fils, âgé de dix-huit ans, ainsi qu'il résulte de son acte de naissance en date du , émancipé, suivant déclaration faite par lui devant nous , ainsi qu'il résulte d'un procès-verbal en date du , à faire le commerce. (*Enoncer si l'autorisation embrasse le commerce en général, ou si elle est restreinte à certains actes de commerce.* —V. *sup.* no 59.)

Lesquels actes de naissance et procès-verbal d'émancipation nous avons lus et à l'instant rendus.

Pour faire publier ces présentes partout où besoin sera, tout pouvoir est donné au porteur de leur expédition.

Et de tout ce que dessus, nous avons fait et rédigé le présent procès-verbal que le sieur a signé avec nous après lecture faite.

Fait et passé à le etc.

(*Signatures du père, du juge de paix et du greffier.*)

MINES. — 1. L'indemnité à payer par les propriétaires de mines, à raison des recherches ou travaux antérieurs à l'acte de concession, est réglée par le conseil de préfecture. L. 21 av. 1810, art. 46. — Cette loi a abrogé la compétence, attribuée au juge de paix, en cette matière, par la loi du 12 juill. 1791.

2. Mais le juge de paix est compétent pour connaître de la réparation des dommages causés par le *concessionnaire*. L. 12, 28 juill, 1791, tit. 1er, art. 27.

3. Ce magistrat peut-il connaître de l'action possessoire re-

lative à une mine? — Il faut distinguer : si le possesseur a obtenu une concession régulière sa possession étant légale, il peut exercer l'action en complainte, s'il est troublé dans la possession des immeubles où la mine est assise. Carré, *Justices de paix*, t. 3, p. 83. Victor Augier, v° *Mine*, n° 3.

La maintenue en possession qu'obtient le demandeur est la conséquence et l'exécution de l'acte qui lui a concédé un droit dans l'exercice duquel il est troublé.

4. Mais si la contestation donne lieu de prononcer sur l'existence de la concession, sur sa validité, ou d'interpréter l'acte qui la contient, ces questions doivent être renvoyées aux trib. administratifs. Arg. L. 21 av. 1810, art. 46; Décr. 13 janv. 1806. — En effet, 1° l'exploitation d'une mine non autorisée, ne peut constituer une possession à titre de propriétaire, qui puisse servir de base à l'action possessoire. — 2° Le juge de paix en maintenant le demandeur dans cette possession, créerait de fait une concession qui ne peut être accordée que par l'autorité administrative, et sortirait ainsi des limites de son pouvoir. Augier, *ib.*

5. En général, les contraventions de nature judiciaire, les questions de propriété et les interprétations des titres sont du ressort des tribunaux. Cormenin, v° *Mines*, n° 4.

6. Les questions relatives à l'exécution et à la délimitation des travaux, ou aux contraventions administratives, sont de la compétence ou des préfets ou des conseils de préfecture. Cormenin, *ib.* n°s 2 et 3.

7. L'exploitation des mines n'est point considérée comme un commerce et n'est pas sujette à patente. L. 21 av. 1810, art. 32.

8. La société formée pour l'exploitation d'une mine, est-elle civile, — ou commerciale?

Dans ce dernier sens on dit : la qualification de société civile, privilége créé par la loi de 1810 ne peut être invoquée, qu'autant que la concession a été faite directement à la société; mais l'acte d'association consenti par le concessionnaire, postérieurement à la concession, la société formée par *une Réunion d'actionnaires*, pour l'exploitation d'une mine est une société commerciale, et par suite, les difficultés relatives à cette société, sont exclusivement de la compétence des trib. de comm. Paris, 30 av. 1828, S. 28, 418; Bordeaux, 22 juin 1833, S. 33, 547.

Toutefois on répond dans l'opinion contraire : puisque le concessionnaire n'est point réputé commerçant, l'association formée avec d'autres personnes pour ce genre d'exploitation, doit participer comme accessoire aux mêmes avantages; d'ailleurs, la concession peut être faite directement à une société. Arg. art. 13 et 14, *même loi*. Cass. 7 fév. 1826; 24 juin 1829, D. 26, 157;

29, 280; Rennes, 13 juin 1833, S. 34, 124; Cass. 15 av. 1834, D. 34, 195.

9. La concession d'une mine confère la propriété à perpétuité, le concessionnaire peut en disposer et la transmettre comme tous autres biens. L. 20 av. 1810, art. 7.

10. L'expropriation d'une mine est soumise aux formes prescrites pour celles des autres biens. *Même loi*, art. 7. — V. *Saisie immobilière*.

11. La vente amiable ou judiciaire ne peut avoir lieu *en plusieurs lots*, qu'après autorisation préalable du gouvernement. *Même loi*. — Même en cas de licitation.

Les mêmes formalités sont exigées pour un partage amiable ou judiciaire. *Même loi* — V. *Partage*.

Mais rien ne paraît s'opposer à ce que la demande en partage ou licitation, soit formée. Avant l'autorisation, le résultat de l'expertise indiquera si cette autorisation est ou non nécessaire.

12. Jugé que la concession d'une mine faite à divers sociétaires, met obstacle à ce que l'un d'eux puisse demander la dissolution de l'association, et la vente par licitation même en masse de la concession, surtout en présence d'une clause exclusive du droit de dissolution volontaire. Cass. 7 juin 1830, S. 30, 205.

MINISTÈRE PUBLIC (1). On comprend sous cette dénomination des magistrats d'un ordre particulier établis auprès des Cours et trib. pour requérir et maintenir au nom du Roi, l'exécution des lois et décisions judiciaires, provoquer l'action de la justice dans des cas déterminés, et veiller à tout ce qui intéresse l'ordre général, le domaine de l'État, les droits du souverain et ceux des personnes incapables de se défendre par elles-mêmes. — Autrefois, ces fonctionnaires se nommaient *les gens* du Roi; leur réunion forme aujourd'hui le *Parquet*.

DIVISION.

§ 1. — *Historique.*

1. L'institution du ministère public est toute moderne.

---

(1) Cet article est de M. Dionis du Séjour, procureur du roi à Auxerre.

Montesquieu, *Espr. des lois*, liv. 6, ch. 8 ; Heurion de Pansey, *Autorité judiciaire*, ch. 14 ; — Mangin, *Action publique*, 1, 6, n° 6. Son origine paraît néanmoins ancienne dans la législation française, et son histoire est pleine de grands souvenirs ; Portalis, *Éloge de l'av. gén. Séguier;* Garat. *Rép. de jur.* v° *Minist. publ.*, Boitard, 1, 62.

Malgré l'obscurité qui environne cette origine, il semble évident qu'aux temps de St.-Louis, cette magistrature n'était pas encore créée. *Espr. des lois*. Boncenne, *introduction*, p. 569.

2. Les lois palatines de Jacques II, roi de Majorque, sont l'un des premiers monumens historiques où l'on trouve l'établissement d'une magistrature qui se rapproche beaucoup du ministère public, tel que nous le concevons. Recueil intitulé : *Acta sanctorum Junii*, 3, 25 et 26. — Dans ce code, qui avait pour objet de régler les attributions des officiers de son palais, Jacques II crée un magistrat revêtu du titre de *procureur fiscal*, dont les fonctions consistent à rechercher les délits, et à en demander la répression. — En Angleterre, l'organisation du ministère public est fort incomplète ; ses membres sont : l'*attorney général*, *le sollicitor général* et *l'attorney* près la cour du banc du Roi, ou *maître d'office de la Couronne* ; les deux premiers n'ont pas de traitement fixe et peuvent être employés par des particuliers dans les causes qui n'intéressent pas le gouvernement. Boncenne, 574.

3. La naissance du ministère public en France remonte à l'époque où le parlement fut fixé dans la capitale comme cour de justice, et où la magistrature sédentaire commença à former un ordre dans l'État. Boncenne, p. 571.

La première ordonnance dans laquelle il soit fait mention de cette magistrature, est celle rendue le 23 mars 1302, par Philippe IV, dit *le Bel*, pour la réforme du royaume. Elle enjoint au procureur-général de prêter, dans toutes les instances introduites par lui au nom du roi, le serment de *calumnia*, met à sa charge les gages de ses substituts, dans le cas où il se ferait remplacer, et lui défend de former aucune demande pour des personnes autres que ses parens. Ordon. § 20, t. 1er. Ordonnances des rois de la troisième race, 360.

Cette défense fut renouvelée par François 1er dans son ordonnance d'octobre 1535. Boncenne, 574.

4. Institués pour la conservation du domaine du souverain et des prérogatives de la couronne, les procureurs-généraux se montrèrent fidèles à l'esprit de leur institution. Ils défendaient le domaine du roi contre le roi lui-même, et se faisaient donner acte par le parlement de leurs protestations. Lettres données par Charles V en juill. 1367, au profit de l'église de Chartres. tit. 3 des Ordonnances.

Ils ne pouvaient, sans le mandement exprès du roi ou de son sénéchal, intervenir dans d'autres causes que celles de la couronne, ainsi que le prouvent des exceptions faites en faveur de différentes corporations religieuses. Ordon. Charles V, mai 1370, portant confirmation des priviléges accordés au couvent de la Fontaine-N.-D. en Valois.

Les rois prenaient leur avis sur les ordonnances et réglemens. Ordon. du Louvre, t. 3, table des matières, p. 130.

5. Avec le temps, les prérogatives des procureurs-généraux s'agrandirent. Chargés spécialement du maintien de la discipline et des lois, c'était par leur intermédiaire que les ordonnances et réglemens étaient communiqués aux corps judiciaires.

Tous les procureurs du roi de leur ressort, tous les officiers ministériels étaient placés sous leur surveillance.

Ils *promouvaient* les *mercuriales* (ce sont les propres termes des ordonnances) contre les magistrats qui apportaient quelque tiédeur dans l'accomplissement de leurs devoirs. Ordon. de Blois, art. 144.

Toutes les causes qui intéressaient les communes, l'Eglise, les femmes mariées, les mineurs, les interdits, devaient leur être communiquées, et le défaut de communication était un moyen de requête civile. — V. *inf.* n° 45.

§ 2. — *Des magistrats qui exercent les fonctions du ministère public.*

6. *Organisation et hiérarchie.* Un ministère public a été établi près des trib. de 1re inst., des C. d'appel, de la C. de cassation ; —du Cons. d'Etat pour le jugement des affaires contentieuses. Ordon. 12 mars 1831, art. 2; 18 sept. 1839, art. 28 (art. 1521 J. Pr.); — et de la C. des comptes.

7. Il n'en existe pas près des conseils de préfectures, des conseils de prud'hommes, des justices de paix en matière civile et des trib. de commerce.

8. Une décision rendue par le juge de paix, en matière civile, en présence du maire, remplissant les fonctions de ministère public, est nulle, comme émanant d'un trib. illégalement composé : En vain dirait-on que le maire s'est borné à s'en rapporter à la justice. Cass. ch. civ. 1er juin 1836 (Art. 444 J. Pr.).

9. Les esprits sont partagés sur l'utilité de l'institution d'un ministère public auprès des trib. consulaires. Boitard, 1, 64; —V. *inf.* n° 89.

Toutefois, le ministère public ne reste pas complètement étranger aux matières commerciales.—V. *faillite,* n. 48, 125, 145, 223, 672.

Mais il n'a aucune action civile dans la faillite et ne peut s'opposer au concordat que par une poursuite en banqueroute frauduleuse. Locré, 4, 369; Pardessus, 4, 505; Ortolan 1, 353.

10. A la Cour de *cassation* les fonctions du ministère public sont remplies par un procureur général et six avocats généraux. L. 27 vent, an 8, Sénat. consult. 28 flor. an 12. — V. ce mot, n° 18; — dans chacune des C. royales, par des magistrats portant le même titre, et dans les trib. de 1ere inst., par des substituts des procureurs généraux portant le titre de procureur du roi. L. 20 avr. 1810, art. 6.

11. Le procureur général près la C. de cassation *surveille* tous les procureurs généraux. Art. 84, Sénat. cons. 16 termid. an 10.

Cette surveillance dont le mode et l'étendue n'ont été limités par aucun règlement, se borne à des avis et à des observations; mais il doit faire connaître au ministre de la justice les abus qu'il a remarqués. Mangin, 1, 209, n° 103. — Les procureurs généraux surveillent en ce qui les concerne tout le ministère public de leur ressort. L. 20 avr. 1810, art. 60. — V. *Discipline*, n° 66 et suiv. et *inf.*, n° 56.

12. A la C. royale les fonctions du ministère public sont spécialement conférées aux procureurs généraux; les avocats généraux et les substituts n'y participent que sous leur direction. Décr. 6 juil. 1810, art. 42. — V. *Cour royale*, n° 10.

Il y a dans chaque C. autant d'avocats généraux que de chambres civiles, et un avocat général pour la chambre des appels de police correctionnelle. — Le plus ancien des avocats généraux prend le titre de *premier avocat général*. — Les substituts, spécialement institués pour le service du parquet, sont au nombre de onze à Paris (Ord. 1er avr. 1821); de trois à Rennes; de deux dans les autres cours, excepté celle d'Ajaccio, où il n'y en a qu'un. Décr. 6 juill. 1810, art. 46 et 47.

13. Le procureur général porte la parole aux assemblées de chambres, aux audiences solennelles, et même aux audiences ordinaires, s'il le juge convenable. Il est en correspondance avec les procureurs du roi, qui sont tenus, aussitôt que des délits parviennent à leur connaissance, de lui en donner avis, d'exécuter ses ordres relativement à tous actes de police judiciaire, et de lui transmettre les décisions relatives à la discipline. C. inst. crim. 27; L. 20 avr. 1810, art. 51; Décr. 30 mars 1808, art. 104.

Lorsqu'il est absent ou empêché, le plus ancien des avocats généraux le remplace; à défaut de ceux-ci, le plus ancien des substituts du parquet. L. 20 avr. 1810, art. 47; Décr. 6 juill. 1810, art. 50, 51. — Enfin, à défaut de substituts, le ministère public est rempli par le dernier nommé des conseillers. L. 27 vent. an 8, art. 6.

14. Les avocats généraux sont spécialement chargés de porter la parole au nom du procureur général ; ils sont attachés par le procureur général aux chambres civiles ou criminelles de la C. Décr. 30 mars 1808, art. 44.

15. Dans les affaires importantes et ardues, ils communiquent au procureur général les conclusions qu'il se proposent de prendre. En cas de dissentiment, l'affaire est rapportée à l'assemblée générale du parquet, et les conclusions sont prises à l'audience, suivant ce qui a été arrêté à la majorité des voix.

En cas de partage, l'avis du procureur général prévaut, et ce magistrat a la faculté, lors même que son avis n'a pas prévalu au parquet, de déléguer un autre avocat général, ou de porter lui-même la parole à l'audience, et de conclure d'après son opinion personnelle. Décr. 6 juil. 1810, art. 48 et 49 ; Ord. 1826, art. 49.

16. Les substituts de service au parquet sont chargés, sous la direction immédiate du procureur général, de l'examen et des rapports sur les mises en accusation ; ils rédigent les actes d'accusation, et assistent le procureur général dans toutes les parties du service intérieur du parquet. Ils sont suppléés par les avocats généraux ou des conseillers auditeurs. *Ib.* art. 45.

Le procureur général peut changer la destination des avocats généraux et des substituts même pour des affaires particulières. *Ib.* art. 6 ; Décr. 29 avr. 1811, art. 3.

17. Dans les trib. de 1re inst., les fonctions du ministère public sont exercées par les procureurs du roi : ces magistrats ont des substituts. Décr. 18 août 1810, art. 17.

18. Les procureurs du roi sont toujours les maîtres de changer la destination donnée à chacun d'eux ; ils peuvent même, s'ils le jugent convenable, remplir personnellement les fonctions qu'ils leur avaient déléguées. *Ib.* art. 19.

19. Les procureurs généraux et les procureurs du roi distribuent le service des chambres entre eux et leurs substituts. Décr. 30 mars 1808, art. 82 ; — mais ils doivent assister en personne à l'ouverture de la chambre des vacations. Art. 40, 77.

Lorsqu'ils portent la parole, on leur donne le nom d'avocats généraux, à la C. roy. ; d'avocats du roi, en 1re instance. L. 20 avr. 1810, art. 6.

20. Les procureurs du roi, en cas d'absence ou d'empêchement, sont remplacés par leur substitut ; s'ils en ont plusieurs, par le plus ancien de ceux qui ne sont pas chargés spécialement de la police judiciaire, et en cas d'empêchement des substituts eux-mêmes, par un juge ou par un suppléant désigné par le tribunal. Art. 84, C. pr. ; 26 C. inst. crim. ; Décr. 18 août 1810, art. 20, 21, 23. — Les juges suppléans peuvent être appelés aux fonctions du ministère public, si les besoins du service l'exigent. A Paris le quart des juges suppléans est attaché au service du ministère public, sous les ordres du procureur du roi. L. 10 déc. 1830, art. 3; *Mangin, ib.*, 1, 197, n° 97.

21. — En cas d'absence ou d'empêchement, les procureurs du roi et leurs substituts peuvent être remplacés, à l'audience, par un avocat, ou à défaut d'avocat, par un avoué. L. 27 vent. an 8, art. 275; Décr. 14 déc. 1810, art. 35; Paris 4 août 1807; Montpellier 2 mars 1807, D. 11, 26 et 14 janv. 1833, D. 34, 87; Besançon 1er juin 1809, D. 11, 26; Nîmes 11 fév. 1822, 16 juin 1830, D. 31, 35; Nouveau Denisart, *V° Avocat*, art. 6; Pigeau, *comm.*, 1, 293; Carré 1, n° 415, Ortolan 1, 16; Boitard 1, 361. — *Contrà*, Metz, 10 avr. 1811, D. 9, 741; Demiau, art. 84 — V. *Avocat*, n° 70.

Mais il faut qu'il y ait impossibilité de suppléer les officiers du ministère public par un membre du trib. Ainsi dans un trib. de 1re inst., si parmi les juges titulaires et les suppléans il ne se trouve que trois juges non empêchés, l'un deux devra remplir les fonctions du ministère public et le trib. sera complété par un avocat ou un avoué, Commaille, 1, 153; *Praticien, Franç* 1, 337, note, Carré, art. 84.

Lorsqu'un avocat est appelé à remplir ces fonctions, il y a présomption que c'est en l'absence des juges et des suppléans. Besançon, 1er juin 1809, D. 11, 26. — Il n'est pas nécessaire de constater cette absence; — L'avocat momentanément appelé au siége du parquet doit être le plus ancien; mais il serait inutile d'énoncer au jugement que l'ordre du tableau a été suivi, si l'ancienneté de cet avocat, sa présence et sa participation au jugement étaient constantes en fait. Nîmes, 16 juin 1830, D. 31, 35.

22. Dans aucun cas, l'officier du ministère public ne peut remplacer un juge, ni participer à une délibération. Carré, 1, 285. — V. *Jugement*, n° 88.

23. *Nomination.* Les officiers du ministère public sont agens de la puissance exécutive près les tribunaux et conséquemment nommés par le Roi. — Decr. 8 mai 1790 et L. 24 août 1790; tit. 8, art. 7.

24. Autrefois les procureurs et avocats généraux étaient propriétaires de leurs charges, il est vrai que leurs provisions contenaient cette clause : *pour exercer tant qu'il nous plaira*; mais les Parlemens n'enregistraient jamais de pareilles lettres sans protestation, et dans les luttes de la magistrature contre la Cour, l'indépendance du ministère public fut toujours respectée. Carré. 223 et 228, notes, Boncenne, *Intr.* p. 577. — Aujourd'hui ils sont tous amovibles; néanmoins quelques auteurs réclament pour eux le privilège de l'inamovibilité. Ortolan, *introd.* — *Contrà*, Mangin, 1, 247, n° 121.

25. Ils doivent résider dans la ville où siège le trib. de leur ressort; mais cette résidence n'emporte pas de plein droit fixation de leur domicile civil, à cause de la révocabilité de leurs fonctions.

26. Les conditions de capacité sont :

1° Pour tous les membres du Parquet, d'être licenciés en droit.

2° D'avoir atteint l'âge déterminé par la loi du 20 avr. 1810, art. 64 et 65, savoir : — 30 ans, pour le procureur général. — 27 ans, pour les avocats généraux, — 25 ans, pour les substituts. — Les procureurs du Roi près les trib. doivent avoir 25 ans accomplis, *même loi*, art. 64; — et les substituts 22 ans. Arg. *même loi* art. 64. — On exige de ces derniers un stage de deux ans, comme avocat;

27. Les officiers du ministère public ne peuvent être pris parmi les parens ou alliés des membres de la C. ou du trib. jusqu'au degré d'oncle et de neveu (L. 20 avr. 1810, art. 63); — à moins qu'ils ne fassent le service d'une autre chambre que celle à laquelle leur parent appartient.

La même prohibition ne s'applique pas aux différens officiers du ministère public dans leurs rapports entre eux; mais il est convenable de l'observer. — Mangin pense que la prohibition est absolue. *Ibid.* 1, 196, n° 96. — En cas d'alliance survenue depuis la nomination, celui qui l'a contractée ne peut, sans dispense, continuer ses fonctions. L. 20 avr. 1810, art. 63.

28. Les procureurs généraux prêtent serment entre les mains du Roi, s'ils sont à Paris, sinon entre les mains d'un fonctionnaire délégué à cet effet. Ordon. 3 mars 1815, art. 3 et 18 sept. 1815, art. 4. — Les avocats généraux et les substituts du parquet prêtent serment devant la C. royale du ressort, toutes les chambres assemblées; les procureurs du Roi et leurs substituts le prêtent devant la chambre ou siège le premier président. L. 24 août 1790, tit. 7, art. 5; décr. 30 mars 1808, art. 26, et 24 mess. an 12, art. 3.

Lorsqu'un officier du ministère public est nommé aux mêmes fonctions dans un autre siége, ou à des fonctions différentes dans le même siége, il doit prêter un nouveau serment. Ortolan, 1, 66. Instr. minist. 27 oct. 1829.

29. Avant la prestation de serment, l'officier du ministère public ne peut se livrer à l'exercice de ses fonctions d'une manière valable et régulière « Le serment, dit Loyseau, *Offices*, lib. 1er, ch. 4, n° 71, attribue et accomplit en l'officier l'ordre, le grade, et s'il faut parler ainsi, le caractère de son office et lui défère la puissance publique. » *Mangin*, 1, 195, n° 96.

Merlin, *R. V° Serment*; Toullier, 10, n° 355; Carré, 1er, 135.

30. La réception du procureur général se fait devant la C. royale, chambres réunies. Décr. 30 mars 1808, art. 26. — Par induction, la réception du procureur du roi se fait devant le trib. de 1re instance tout entier. Mais au moment de la réception, ces magistrats ont prêté serment : ce n'est donc qu'une installation, une reconnaissance d'identité; ils sont fonctionnaires publics, quand ils marchent à cette solennité. Mangin, *ibid.* 1, 196, n° 96.

31. *Incompatibilités.* Les fonctions du ministère public sont incompatibles :

1° Avec d'autres fonctions judiciaires. L. 24 vendém. an 3, tit. 3. Cass. 13 sept. 1827, D. 27, 494.

2° Avec celles d'officier ministériel. *Même loi*, tit. 1er. art. 1er 27 mars 1791, art. 1 et 27. L. 23 vend. an 3, tit. 1, art. 2.

3° Avec celles de conseiller d'État, préfet, sous-préfet, conseiller de préfecture, maire, adjoint, sécrétaire. L. 24 août 1790, tit. 8, art 27, 27 mars 1792, art. 1, 27; 24 vendém. an 3, tit. 1, art. 1, 2; Ortolan, 1, 35. — Mais non pas avec celles de pair ou de député.

32. Les officiers du ministère public peuvent faire partie des assemblées dans lesquelles on ne leur demande que des avis gratuits, sans leur confier aucune action administrative, par exemple, des conseils municipaux, d'arrondissement ou de département, et même du conseil des ministres, mais sans portefeuille. Ortolan, *ibid.* — Suivant le même auteur, ils ne peuvent être appelés à l'enseignement du droit, parce que l'importance de leurs fontions ne permettrait pas un pareil cumul.

33. Il leur est défendu 1° de se charger de la défense des parties, soit verbale, soit par écrit, même à titre de consultation, même dans les trib. autres que ceux près desquels ils exercent leurs fonctions (C. pr. 86); — mais ils peuvent plaider dans tous les trib. leurs causes personnelles et celles de leurs femmes, parens ou alliés en ligne directe, et de leurs pupilles. *Ib.*

2° De se rendre cessionnaires de droits *litigieux* dans le ressort de leurs trib. — V. ce mot.

3° De se rendre adjudicataires des biens vendus judiciairement devant le trib. auquel ils appartiennent. C. pr. 713, 965, 972, 988.

Cette prohibition ne devrait concerner que les procureurs du Roi et leurs substituts et ne pas s'appliquer aux procureurs généraux et aux autres membres du parquet des Cours royales.

Suivant M. Carré, 2, 626, c'est par inadvertance que l'art. 713 C. pr. s'exprime dans des termes absolus; les ventes immobilières ne se poursuivent que devant le trib. de 1re inst.

4° De prendre part aux ventes de bois de l'État faites sur adjudication publique, ni par eux-mêmes, ni par personnes interposées directement ou indirectement, soit comme partie principales, soit comme associés ou cautions, à peine de nullité de l'adjudication et de tous dommages-intérêts, s'il y a lieu. C. forest., art. 21.

5° De faire le commerce. Arg. Ordon. Orléans 1560. — V. d'ailleurs *Récusation*. — Mais non de placer des capitaux dans des sociétés en commandite ou anonymes. Schenck, 1, 129.

34. Les membres du parquet ne peuvent assister aux délibérations des juges, hors les cas où il s'agit 1° de la surveillance et du service des officiers ministériels, spécialement d'une réduction projetée dans le nombre des *huissiers*. — V. ce mot, n° 17. 2° De l'ordre ou du service intérieur des cours et tribun., par exemple, de la tenue des audiences, du roulement, des dépenses intérieures. Décr. 30 mars 1808, art. 88. — Toutefois leur présence n'entraînerait pas la nullité de la délibération. Carré, n° 129.

35. *Devoirs*. Les magistrats qui remplissent les fonctions du ministère public sont, à raison de l'importance de leurs fonctions, soumis à une rigoureuse observation de leurs devoirs. — V. *Discipline*, nos 66, 67, 68.

Néanmoins ils ne peuvent être recherchés que pour *prévarications*. Ils ne sont point responsables de leurs erreurs, à moins qu'elles n'aient un caractère de légèreté, inexcusable dans des hommes chargés de fonctions aussi importantes. Cass. 17 sept. 1825, D. 26, 35; Merlin, *R. v° Ministère publ.*, § 2, n° 3; Mangin. 1, 236, n° 118.

36. Ils peuvent, comme les juges, être pris à partie dans le cas de l'art. 505 C. pr. Mangin, 1, 245, n° 120; Carré, 253; Ortolan 1, 310. — V. *Prise à partie*.

37. Les règles relatives aux absences et aux congés des juges leur sont applicables — V. *Discipline* nos 58, 65, 69. Décr, 6 juill. 1810, art. 24, 26; 18 août 1810, art. 30; ord. du 6 nov. 1822; Circul. du garde des sceaux; ord. 15 janv. 1826, art. 51 à 62; Mangin, 1, 196, n° 96.

§ 3. — *Fonctions du ministère public.*

38. Long-temps en France le droit de requérir et celui de juger demeurèrent confondus; mais lorsque l'on se fut formé des idées plus saines sur l'autorité judiciaire, lorsque l'expérience eut démontré combien il était injuste que le même magistrat pût rendre la justice après en avoir provoqué l'action, ces deux pouvoirs demeurèrent séparés. Des juges institués par le souverain rendirent la justice en son nom; le soin d'intenter les actions, qui intéressent l'ordre public, fut confié à une classe particulière de magistrats.

39. Une ordonnance de Philippe-de-Valois, de juin 1338, interdit aux procureurs du roi de prendre part aux jugemens. Désormais ils n'eurent plus d'autres droits que celui de les faire exécuter et de provoquer l'action de la justice. Ordon. juin 1338, art. 12; Ordon. du Louvre, t. 2, p. 124. — Telle est encore aujourd'hui la nature de leurs fonctions. Berriat, 22.

40. Avant 1789, la magistrature assise essayait souvent d'entreprendre sur l'indépendance des *gens du roi*, mais les chanceliers et le conseil d'état condamnaient sévèrement ces attaques. D'Aguesseau, lettre du 21 juin 1731; Nouv. Denisart, 9, 289 et 290.

Aujourd'hui, les membres des trib. et ceux du parquet sont placés dans une mutuelle indépendance; ce principe est essentiel dans notre organisation judiciaire. L. 20 avril 1810, art. 60 et 61.

Il en résulte que : — 1° Les juges ne sont point liés par les conclusions du ministère public, mais ne peuvent non plus se plaindre de l'insuffisance ou de l'irrégularité de ces conclusions. Carré, 1, 134.

2° Toute censure directe du ministère public est interdite aux magistrats, qui doivent s'abstenir à cet égard de toute espèce d'improbation dans leurs jugemens et autres actes. Cass. ch. réun. 6 oct. 1791; 8 mars 1821, D. 12, 594; Mangin, 1, n° 115.—V. *Discipline*, n° 68.

Ils peuvent seulement instruire l'autorité supérieure, toutes les fois que les officiers du ministère public s'écartent de leurs devoirs; mais ceux-ci ne doivent compte de leur conduite qu'au gouvernement. L. 20 avril 1810, art. 61. Nouv. Denisart, 9, 288; Boncenne, 581; Mangin, 1, 225, n° 114.—A cet égard les décisions des trib. sont des actes de discipline intérieure dont ils ne doivent pas donner publiquement lecture, même du consentement des officiers inculpés. Cass. 24 sept. 1824. D. A. 11, 50; et 20 oct. 1835. D. 35, 449.

Souvent en effet le ministère public n'agit qu'en vertu des ordres du gouvernement. Le soumettre à la discipline des trib., serait l'exposer à divulguer les ordres qu'il a reçus. Mangin, *ib.*, n° 114.

M. Mangin, *ib.*, n° 116, blame l'usage où sont certains procureurs-généraux de signaler dans leurs discours de rentrée ceux de leurs substituts qui se sont distingués dans l'accomplissement de leurs devoirs et de solliciter pour eux des mentions honorables de la cour. La faculté de dispenser l'éloge impliquerait le droit de blâme; or, si les C. peuvent dresser une liste des juges que recommande leur exactitude (L. de 1810, art. 9), la loi ne les a pas appelés à exprimer leur opinion sur les officiers du parquet.

3° Les juges ne peuvent, hors des exceptions spécialement prévues, leur enjoindre d'exercer l'action civile ou publique ou de prendre telles ou telles mesures, *spécialement* des renseignemens 1° sur l'existence, la forme et la destination d'un registre tenant lieu du registre d'inscriptions hypothécaires.—2° Sur la quantité et la situation précises de biens litigieux.—La chambre des requêtes, sur la dénonciation du procureur général, peut annuler de semblables décisions. Cass. 17 avril 1832. D. 33, 333 et 334.—Les trib. ne peuvent pas non plus leur enjoindre de transmettre au procureur du roi de tel siége, les ordres nécessaires pour l'exécution de leur arrêt dans les vingt-quatre heures de la signification. Cass. 17 avril 1832, Intér. de la loi; D. 33, 334.

41. Le ministère public s'exerce de deux manières : par voie d'action ou par voie de réquisition.

Par voie d'action, lorsque le magistrat qui l'exerce se porte partie principale au procès, c'est-à-dire qu'il est demandeur; *par voie de réquisition*, lorsque, sans être demandeur, il intervient dans les causes où les parties sont valablement représentées. Décr. 24 août 1790, tit. 8, art. 1 et 2.

42. Au premier cas, il est tenu de toutes les obligations auxquelles la loi assujettit le demandeur; il doit prouver ce qu'il avance; faute de faire cette preuve, il est déclaré non recevable ou mal fondé en sa demande.

Les trib. sont obligés de statuer sur chacun des chefs de ses conclusions.

Il n'est point récusable. C. pr. 381.

Il parle le premier, les parties ont sur lui la réplique.

Il occupe sa place ordinaire et par le couvert même en concluant et en lisant les pièces; il reste assis lorsqu'on prononce le jugement. — Il assiste à tous les actes d'instruction, tels qu'expertises, visites de lieux, etc., etc.

Les exploits se donnent par huissier en son nom ou à sa personne au parquet.

Il a le droit d'appeler, mais en se conformant à l'art. 456 C. pr.;—d'attaquer les jugemens par les voies extraordinaires; Carré, n° 119.

S'il se pourvoit par tierce opposition, il ne peut encourir l'amende et les dommages-intérêts prononcés par l'art. 479 C. pr.

Il peut recourir même contre les jugemens conformes à ses conclusions; spécialement, après avoir obtenu en appel un arrêt infirmatif, il peut, s'il reconnaît une erreur, en demander la cassation. Arg. Cass. 20 nov. 1811, D. 10, 437. Carré, 1, 278; Ortolan, 1, 92.

Enfin il ne peut être condamné aux *Dépens*. — V. ce mot, n° 61.

43. Au second cas, il intervient uniquement pour veiller à ce que la loi soit observée dans les procès dont les juges sont saisis. Il émet un simple avis qu'ils ne sont pas tenus de suivre; aucune fin de non-recevoir ne peut lui être opposée.

Les causes de *récusation* relatives aux juges lui sont applicables. C. pr. 381. — V. ce mot. — La demande de récusation doit être communiquée à un autre membre du parquet, sinon, au magistrat qui serait désigné conformément à l'art. 84 C. pr. Ortolan, 1, 310. — S'il croit devoir s'abstenir, il ne doit au trib. aucun compte de sa détermination et surtout il n'est pas obligé de lui demander son approbation. Cass. Intérêt de la loi, 28 janv. 1830, D. 30, 98.

Les parties n'ont point sur lui la réplique; après qu'il a été entendu, elles ne peuvent plus prendre de conclusions nouvelles. Pau, 5 mars 1833, D. 33, 208; — spécialement lorsqu'après l'audition du ministère public, l'audience a été indiquée pour la prononciation de l'arrêt. Paris, 25 juin 1825, D. 33, 170.

L'intimé peut-il encore interjeter appel incident? — V. *Appel*, n° 421; *Conclusions*, n° 15; *Délibéré*, n° 23.

La loi ne permet que la remise aux magistrats de simples notes *énonciatives*, et pour rectifier des faits, alors même que le ministère public a signalé d'office des nullités non proposées dans les conclusions des parties. Cass. civ. Intérêt de la loi. 22 avril 1835 (Art. 167 J. Pr.); C. pr. 111, Décr. 30 mars 1808, art. 87. L. 27 vent. an 8, art. 88; Décr. 6 juill. 1810, art. 53. — V. *inf.* nos 46 et 135.

En conséquence, les mémoires signifiés après l'audition du ministère public, la mise en délibéré et l'indication d'une audience pour le prononcé d'un arrêt, doivent être considérés comme non avenus, rejetés de la délibération et de la taxe et laissés à la charge personnelle de l'avoué signataire. Bordeaux; ch. réun., 28 juin 1837 (Art. 947 J. Pr.).

Néanmoins il y a de graves inconvénients à autoriser la remise de notes secrètes et non communiquées, non soumises au contrôle et à la discussion de l'adversaire; aussi cette disposition a-t-elle été l'objet des plus vives critiques, et rejetée du Code de procédure de Genève, qui d'ailleurs, est calqué sur le Code français. A Genève, on accorde la parole après le ministère public, pour rectifier un fait ou répondre à un moyen nouveau. Boitard, 1, 362.

Enfin il ne peut appeler. Cass. 26 août 1807, S. 7, 43; — même lorsqu'il défend les droits de l'état ou du prince; c'est à l'agent du gouvernement ou du souverain qu'appartient, dans ce cas, le droit d'appel. Carré, 1, n° 119. — V. toutefois *Absence*, n° 79, et *inf.* n° 81.

Il n'a pas qualité non plus pour interjeter un appel uniquement destiné à faire prononcer au profit d'une partie civile la contrainte par corps pour des dommages-intérêts à elle alloués en première instance. Paris, 5 mai 1837 (Art. 769 J. Pr.)

44. En matière criminelle, le ministère public est nécessairement *partie principale;* il représente et défend les intérêts sociaux. Dans les affaires de cette nature et surtout dans celles du grand criminel, il est demandeur, bien qu'une partie civile puisse également y figurer.

Dans les affaires civiles au contraire, il exerce plus rarement le droit d'action, parce que les intérêts privés sont défendus par les parties elles-mêmes et en cas d'incapacité, par leurs représentans.

Il intervient alors comme *partie jointe;* et tantôt son intervention est purement facultative, tantôt il est obligé de donner ses conclusions en raison, soit de la qualité des parties, soit de la nature de la contestation. C. pr. 83. L. 24 août 1790, tit. 8, art. 2; L. 20 avril 1810, art. 46.

45. En exigeant l'intervention du ministère public dans les causes où les parties sont valablement représentées, l'intention du législateur a été d'empêcher que par des manœuvres coupables les intérêts de ces parties ne fussent sacrifiés, et plus encore d'assurer l'observation des lois dans les jugemens. De là l'art. 480 C. pr. qui fait du défaut de communication un moyen de requête civile : la loi suppose alors que les parties n'ont pas été valablement défendues. De là l'art. 83 qui autorise les procureurs du roi à prendre communication de toutes les causes dans lesquelles ils croient leur ministère utile ; voilà pourquoi l'art. 249 défend d'exécuter aucune transaction sur une poursuite de faux incident civil, si elle n'a été homologuée en justice sur leurs conclusions. — V. *Faux*, n° 192.

46. Le motif qui défend au ministère public de se porter demandeur dans les causes qui intéressent les personnes pourvues de représentans, s'oppose à ce qu'il puisse prendre des conclusions différentes de celles des parties. Autrement, il pourrait changer la face du procès ; de partie jointe, il lui serait loisible de se porter en tout état de cause partie principale. Mais il peut, s'il y a eu erreur de droit dans les conclusions des parties, relever cette erreur, suppléer aux omissions qu'elles ont faites, et rappeler les dispositions de la loi qu'elles ont oubliées. *C. ut quæ desunt advocatis partium, judex suppleat.*

47. Le ministère public, *au civil*, ne peut agir *d'office* à moins d'une disposition expresse de la loi. Si l'art. 46 L. 1810, porte qu'il *poursuit d'office l'exécution des lois qui intéressent l'ordre public*, cette mission ne s'entend que du *droit de poursuite* *à lui spécialement attribué par une loi.* Cass. 1er août 1810, D. 10, 110.

48. Conséquemment : — 1° Il ne peut prendre *d'office* des conclusions pour les parties, spécialement, demander de son chef qu'une consignation ne dispense pas des héritiers d'un rapport en nature. Cass. 18 prair. an 7. Armand Dalloz, v° *Minist. publ.*, n° 94 ; — qu'il soit fait défense à une partie de porter un nom auquel elle se prétend un droit exclusif. Cass. 3 avr. 1826, D. 26, 238 ; — qu'en matière de redressement de compte, un nouveau compte soit ordonné, même dans les affaires qui doivent lui être communiquées. 26 avr. 1831, D. 32, 279 ; Cass. 26 avr. 1839 ;

2° Il ne peut poursuivre par voie principale la nullité d'une cession de droits litigieux, faite à un avoué ou à un avocat en exercice dans le ressort du trib. ou de la C. saisis du litige. Cass. 29 fév. 1832, D. 32, 85. — V. *Inf.*, n° 60 ;

3° Un jugement est nul pour avoir donné à l'officier du ministère public le rôle de partie principale, si, en adoptant les conclusions de ce magistrat, les juges déclarent qu'il est inutile dès lors de statuer sur les conclusions des parties, *même arrêt.*

49. Mais plusieurs exceptions ont été apportées.

Ainsi, en premier lieu, dans tout ce qui concerne la police des audiences, le ministère public n'est pas obligé de requérir, il peut agir directement. Cass. 3 nov. 1806, D., 11, 53.

50. *Mariage.* Le procureur du roi peut faire annuler les mariages contractés en contravention à la loi. C. civ. 184, 190, 191 ; — mais non appeler d'un jugement qui a annulé un mariage. Cass. 1er août 1820 et 5 mars 1821, D. 10, 110 et 111. Ortolan, 1, 165. — *Contrà*, Bruxelles, 1er août 1808 ; Pau, 28 janv. 1809, S. 9, 241.

Pendant le mariage, il donne ses conclusions sur les demandes en autorisation formées par la *femme*. — V. ce mot, n° 133.

51. *Séparation de corps.* Le ministère public est également partie jointe dans les demandes en séparation de corps. — V. d'ailleurs C. civ. 267, 302, 308 ; C. pén. 336.

52. *Interdiction.* Il doit provoquer l'*interdiction* dans certains cas. — V. ce mot, n° 8. — Et toutefois *conseil judiciaire*, n° 3.

En cas de rejet de ses conclusions, l'appel lui est ouvert.

Aucun jugement même non définitif ne peut intervenir, en ces matières, qu'après ses réquisitions. — V. *Interdiction*, n° 13, 16, 34, 43, 45 et 73.

Suivant nous, il a qualité pour provoquer la convocation du conseil de famille. — V. *Inf.*, n° 81. — *Contrà*, Ortolan, 1, 214.

53. *Substitution.* Lorsque le grevé d'une substitution a négligé de faire nommer un tuteur chargé de l'exécution des dispositions, le procureur du roi du lieu où la succession est ouverte peut d'office se pourvoir devant le trib., pour faire dé-

clarer la déchéance des droits du grevé et l'ouverture des droits des appelés. C. civ. 1057. — Si ce grévé est mineur, il doit requérir seulement la nomination d'un tuteur. Ortolan, 245.

54. *Compétence, Conflit.* Le droit d'action lui est pareillement ouvert dans les questions de compétence, à raison de la matière. — V. *Exception*, n° 39; et d'ailleurs *Conflit*, n° 6.

55. S'il est partie principale dans les questions de compétence à raison de la matière, le droit d'appel lui est ouvert d'office. —V. *inf.* n° 82.—*Contrà*, Metz, 21 janv. 1812, D, 4, 702.—Jugé également qu'il est non recevable à appeler sous prétexte qu'une affaire portée au civil est de la compétence des trib. correctionnels. Poitiers, 5 août 1819, D, 11, 36.—Suivant M. Ortolan, 1, 285, il ne peut, dans tous ces cas, que conclure si les parties gardent le silence.

Il en est autrement dans les déclinatoires *ratione personæ*. — V. toutefois *Interdiction*, n° 12.

Il est toujours recevable à former tierce-opposition pour cause d'incompétence *ratione materiæ* aux jugemens qui ont violé les règles de la juridiction, lors même qu'ils ont été rendus conformément à son réquisitoire. Paris, 22 juill. 1815, D. 11, 28. —*Contrà*, Carré, n° 128 at Dalloz, 11, 38.

56. Le procureur-général près la C. de cass. n'est entendu que comme *partie jointe;* il *estime*, il *conclut*, mais ne *requiert* pas, excepté lorsque la Cour est saisie : 1° d'une dénonciation qui inculpe d'un fait qualifié crime et commis dans l'exercice de leurs fonctions, un trib. de 1re inst. ou de comm. ou correct., soit un ou plusieurs membres de C. royales. C. inst. cr. 485 et suiv.,—2° d'un renvoi pour cause de suspicion légitime ou de sûreté publique. *Ib.*, 542.

La faculté de se pourvoir en cassation, dans l'intérêt de la loi, contre les jugemens illégalement ou irrégulièrement rendus, lui appartient exclusivement; elle ne peut être exercée par les autres membres du ministère public, sauf à eux à dénoncer au ministre de la justice les actes judiciaires qui leur paraissent contraires à la loi.—V. *Cassation*, n°s 52 à 54.

Il est dispensé de l'amende. Ortolan, 1, 314.

Ses fonctions consistent encore à,—1° instruire le Roi des vacances qui surviennent dans cette cour. L. 27 vent. an 8, art. 59;—2° dénoncer, sur l'ordre du gouvernement les actes par lesquels les juges excèdent leurs pouvoirs ou les délits qu'ils ont commis;—3° faire inscrire au bulletin les arrêts qui ont été rendus. —4° porter la parole, lorsqu'il le juge convenable dans les affaires soumises à la Cour. L. 27 vent. aux, art. 80, 85, 88, 89.

57. Quoique partie jointe, le ministère public est autorisé, dans certain cas, par le C. de pr., à requérir directement une amende contre l'une des parties : telle est l'amende pour dé-

faut de comparution au bureau de conciliation.—V. *Préliminaire de conciliation*; — telle est encore celle que l'art. 213 prononce contre la personne qui dénie à tort ses écritures et signatures.—V. *Vérification d'écriture.*

Mais son droit se borne à requérir cette amende; les conclusions prises par les parties restent les mêmes : il ne peut ni les changer ni les modifier.

—V. d'ailleurs C. pr. 246, 247, 263, 264, 413, 432, 374, 390, 471, 479, 494, 500, 512, 513, 516, 1025, 1033 et 1039.

Il a qualité pour agir *directement* contre l'huissier qui signifie des copies ou actes illisibles.—V. *Huissier*, nº 151.

58. Quelles que soient les causes dans lesquelles il intervient, le ministère public est, suivant l'ancien adage, *indivisible*.— Retranchée du projet de loi sur l'organisation judiciaire (Art. 16), cette maxime ne se trouve pas dans les art. 45 et 47 L. 1810, qui correspondent à ce projet. Elle ne signifie pas que ce qui est fait par un officier du ministère public est censé fait par l'autre, puisque chacun d'eux ne peut agir que dans l'étendue de son ressort. Elle ne signifie pas que tous les membres du parquet d'un même ressort ont le même caractère et une même compétence, puisque les procureurs du Roi par exemple; ne peuvent procéder aux actes réservés aux procureurs-généraux, etc., etc. Elle ne signifie même pas que les actes d'un officier du ministère public sont obligatoires pour les autres membres du même parquet; tous les jours les chefs de parquet attaquent les décisions intervenues sur les conclusions de leurs substituts dont les opinions ne les engagent que s'ils les ont autorisées expressément ou tacitement. Cass. 18 avr. 1806, D. 7, 552; Schenck, 1, 132; Carré, 1, 227.— Elle ne peut avoir qu'un sens, c'est qu'en vertu d'une solidarité fondée sans doute sur l'unité de la pensée royale dont il est l'organe, le ministère public est valablement représenté par un de ses membres; c'est que les conclusions peuvent être données par un magistrat autre que celui qui était présent aux plaidoiries et aux débats. L. 20 avr. 1810, art. 7; Cass. 15 déc. 1815, 29 mars 1822, D. 11, 25; 29 janv. 1826, D. 26, 161; 18 avr. 1836 (Art. 373, J. Pr.); — c'est qu'enfin il y a *unité* dans le ministère public établi pour le ressort de chaque C. roy., et que, sous le rapport administratif, chaque officier représente dans ses fonctions la personne morale du ministère public, comme si tous avaient agi collectivement. — Aussi le rapporteur de la loi de 1810 disait-il: « Les substituts exercent les mêmes pouvoirs que le procureur-général, mais sous sa direction spéciale; car *l'unité* de ce « ministère en fait la force et le principe; et son action, pour être « bienfaisante et salutaire, doit être constamment la même. » « Mangin, 1, 210, nº 105; Carré, 131; Schenck, 1, 131.

Le ministère public étant indivisible, l'appel d'un jugement de simple police est valablement signifié au parquet du procureur du roi près le trib. d'appel. Trib. d'Évreux, 9 janv. 1835 (Art. 261, J. Pr.).

Mais les opinions sont personnelles aux magistrats qui l'exercent dans les différens ordres de juridiction. Ainsi, le procureur du roi près le trib. supérieur peut conclure au rejet de l'appel interjeté par le procureur du roi près le trib. de 1re inst.; il peut également laisser prescrire l'action publique malgré les ordres formels du procureur-général.

Il est loisible au ministère public de revenir sur ses conclusions et de se pourvoir contre les jugemens qui les ont adoptés. Ortolan, 1, 26.

59. Les attributions des procureurs du roi sont aussi variées que la législation qui les leur confère.

60. *Absence.* — V. ce mot, nos 7, 28, 33, 37, 42, 45, 58, 70, 79 et *inf.* n° 94.

61. *Actes de l'état civil.* — V. ce mot, nos 3, 37 à 41.

62. *Adoption.* — V. ce mot, nos 15, 18 et 30.

63. *Discipline.* La poursuite des peines de discipline appartient aux membres du ministère public contre ceux des magistrats qui compromettent la dignité de leur caractère, et contre les officiers de police judiciaire et les officiers ministériels qui sont en contravention aux lois et réglemens. L. 20 avr. 1810, art. 45 à 47. — V. *Discipline*, nos 28 et suiv. et 144.

Ils requièrent, en conséquence, l'amende contre les officiers ministériels qui ont fait un acte irrégulier dont la loi ne prononce pas la nullité. C. pr. 1030; — et contre les officiers publics qui ont refusé de viser un exploit qu'ils étaient chargés de recevoir, C. pr. 1039.

Ils poursuivent disciplinairement les huissiers qui, sans excuse valable, refusent de signifier un acte qui ne blesse en rien les lois en vigueur. Décr. 4 juin 1813, art. 41; — et ceux qui signifient à des fonctionnaires publics des actes irrespectueux. — V. *Discipline*, n° 158.

64. *Dispenses.* Le procureur du Roi donne son avis sur les demandes en dispense d'âge ou de parenté pour contracter mariage; ces demandes doivent lui être adressées et sont par lui transmises, avec son avis motivé, au ministère de la justice. Il délivre, sauf à en rendre compte au Garde des sceaux, les dispenses de la seconde publication. C. civ. 169; Arrêté gouvern. 20 prair. an 11, art. 2, 3; Ordonn. 25 juin 1817; 22 oct. 1820; Inst. min. 10 mai 1824.

65. *Enregistrement.* Dans les instances relatives aux affaires qui intéressent la régie de l'enregistrement, les jugemens sont ren-

dus sur les conclusions données à l'audience par le procureur du Roi. — V. ce mot, n° 152.

66. Il conclut, dans la même forme, dans toutes les contestations sur le fond des droits établis en matière de contributions indirectes. L. 5 vent. an 12, art. 88.

67. Sur les procès-verbaux dressés par les agens de l'administration de l'enregistrement, il poursuit les notaires pour les contraventions aux lois sur le notariat. L. 25 vent. an 11, art. 53.

68. *Exploit.* Les individus qui habitent le territoire français hors du continent, et ceux qui sont établis chez l'étranger, sont assignés au domicile du procureur du Roi près le trib. où la demande est portée. C. pr. 69. — V. *Exploit,* 233 à 243.

69. En cas de refus par les personnes publiques préposées pour recevoir des significations, ces actes sont visés par le procureur du Roi du trib. du lieu de leur domicile, qui peut requérir contre elles une amende de 5 francs au moins. C. pr. 69, et 1039. — V. *Exploit,* n°s 228 et 229.

70. *Expropriation.* Dans les instances en expropriation pour cause d'*utilité publique* (— V. ce mot), c'est sur la réquisition du procureur du Roi dans le ressort duquel les biens sont situés que le trib. prononce l'expropriation des bâtimens ou terrains indiqués dans les arrêtés du préfet. L. 9 juill. 1833, art. 6, 13, 14, 15 et 25.

71. *Fabrique.* Lorsque le trésorier d'une fabrique est en retard de présenter son compte aux époques fixées et d'en payer le reliquat, le procureur du Roi, soit d'office, soit sur l'avis qui lui en est donné par l'un des membres du bureau de fabrique, est tenu de poursuivre ce comptable devant le trib. et de le faire condamner à payer le reliquat. — V. *Fabrique,* n° 25.

72. *Garde particulier.* C'est au ministère public qu'appartient le droit de présenter au serment les gardes particuliers. — V. *Avoué,* n° 86.

73. *Hypothèques.* A défaut par les maris, les tuteurs et subrogés-tuteurs, de faire inscrire les hypothèques accordées par la loi aux femmes mariées et aux mineurs pour la conservation de leurs droits, ces inscriptions sont requises par le procureur du Roi au trib. de 1re inst. du domicile des maris et tuteurs, ou du lieu de la situation des biens. C. civ. 2138. — Ce magistrat doit user de cette faculté avec la plus grande réserve, et seulement en cas de négligence ou de mauvaise foi des parties intéressées. Circ. min. just., 15 sept. 1806.

74. Les demandes en réduction d'hypothèque sont jugées sur les conclusions du ministère public, et *contradictoirement avec lui.* C. civ. 2145.

Il doit en être de même des demandes en supplément d'hypothèques. Arg. C. civ. 2131 ; Ortolan, 1, 247 et suiv.

75. Lorsqu'il s'agit de purger des hypothèques légales existant sur des immeubles, les significations prescrites par la loi pour cet objet sont faites au procureur du Roi de la situation des immeubles, en même temps qu'à la femme et au subrogé-tuteur. C. civ. 2194. — V. *Purge*.

76. Les cautionnemens présentés par les conservateurs des hypothèques sont reçus contradictoirement avec eux par le procureur du Roi des trib. de la situation des biens. L. 21 vent. an 12, art. 5 ; Circ. min. just., 1er mai 1822.

77. *Liste civile*. — V. ce mot et *Exploit*, n° 216.

78. *Majorats*. L'intervention du ministère public est obligée dans toutes les contestations relatives aux majorats, sans distinction de ceux formés par l'Etat ou par des particuliers. Décr. 4 mai 1809, 22 déc. 1812.

79. *Minutes*. Les procureurs du Roi se font représenter tous les mois les minutes des jugemens, vérifient si les formalités exigées par la loi ont été accomplies, et adressent leur procès-verbal au procureur général. C. pr. 140; Ordonn. 5 nov. 1823.

80. *Puissance paternelle*. Le procureur du Roi est consulté sur les demandes en détention formées par les pères ou mères des enfans âgés de seize ans commencés, C. civ. 377, 380, 381, 468. — Il reçoit les réclamations de ces enfans. C. civ. 382. — Mais son intervention est purement officieuse, et il ne peut interjeter appel d'une décision rendue par le président du trib., et qui a donné, contre son avis, un ordre d'arrestation. Ortolan, 1, 204.

81. *Statistique*. Le procureur général de chaque C. roy. est tenu d'envoyer au ministère de la justice, en janv. et juill. de chaque année, un état contenant : 1° le nombre des causes portées sur le rôle dans le semestre précédent ; — 2° le nombre des instances d'ordre entre les créanciers ; — 3° celui des rapports d'affaires instruites par écrit ; — 4° le nombre des affaires qui ont été jugées contradictoirement, et celui des affaires jugées par défaut ; — 5° le nombre des affaires restant à juger ; — 6° la cause du retard du jugement des affaires arriérées. Règlem. 30 mars 1808, art. 80, 81 ; Circ. min. just., 8 fév. 1834.

82. Les procureurs du Roi des arrondissemens du ressort de chaque C. sont tenus d'adresser, dans les trois premiers jours du même mois, un semblable état au procureur général, qui le transmet au ministre de la justice avec ses observations.

83. *Successions*. Le procureur du Roi est chargé de requérir l'apposition des scellés, si, au nombre des héritiers, se trouve un incapable ou un *non présent*. 819 C. civ. ; 911 C. pr., — ou si l'hérédité est grevée de substitution. C. civ. 1061.

84. Il provoque, lorsqu'il y a lieu, la nomination des curateurs aux successions vacantes. Circ. des 8 juill. 1806, 15 nov. 1823, 21 avr. 1818. — V. *Curatelle*, n° 12.

85. *Tutelle*. Ici ses fonctions consistent à — 1° dénoncer au juge de paix le fait qui nécessite la tutelle, C. civ. 406; — 2° donner ses conclusions lorsque l'homologation de la délibération de famille est demandée, C. civ. 458, 483; C. pr. 885, et toutes les fois que les intérêts des mineurs sont en jeu; — 3° désigner les jurisconsultes qui doivent émettre leur avis sur les transactions de mineurs, C. civ. 487; — 4° requérir la convocation d'un conseil de famille pour délibérer sur la nomination d'un nouveau tuteur. — *Contrà*, Carré, n° 118.

Mais il n'est que partie jointe dans les causes qui intéressent les mineurs. Carré, n° 117.

Il ne peut donc ni provoquer d'office la nullité d'une délibération de famille qui a nommé un tuteur. Cass. 11 août 1818, P. 14, 975; Merlin, *Rép.*, v° *Tutelle*, sect. 5, § 1; Orléans, 23 fév. 1837, 8 mars 1814 et 11 août 1818 (Art. 944 J. Pr.), — ni faire homologuer d'office une délibération relative à une tutelle. Cass. 27 frim. an 13, D. 11, 38, n° 3; — ni appeler d'un jugement qui a homologué cette délibération. Cass. intérêt de la loi, 26 août 1807, D. *Ibid.* 8 mars et 11 août 1818.

86. Diverses prérogatives sont accordées aux procureurs du Roi à raison de leur qualité. Ils donnent leur avis sur les demandes en grâce (Ordonn. 6 fév. 1818). Ils font partie de la commission des prisons de l'arrondissement. Ordonn. 9 avr. 1819, art. 15.

Ils sont de droit membres de tous les comités de l'arrondissement pour l'instruction primaire. L. 28 juin 1833, art. 19.

Ils ne peuvent être requis pour aucun service public. L. 27 vent. an 8, art. 5; — notamment pour celui de la garde nationale. L. 22 mars 1831, art. 11.

Le procureur général et les avocats généraux près la C. de cass. sont dispensés d'être tuteurs : les autres officiers du ministère public jouissent de la même dispense lorsqu'ils exercent leurs fonctions dans un département autre que celui où la tutelle s'établit. C. civ. 427.

87. Lorsque des parties, s'appuyant réciproquement de titres parés, s'adressent au ministère public pour obtenir que force reste à la loi, s'il y a doute sur le point de savoir lequel doit être exécuté, le ministère public doit rendre une ordonnance constatant son refus d'en faire exécuter aucun, et renvoyer les parties à se pourvoir, mais non en référer lui-même au trib. Angers, 29 août 1811, P. 9, 609.

§ 4. — *Communication au ministère public.*

Art. 1. — *Causes soumises à la communication.*

88. Les affaires sommaires sont-elles sujettes à communication comme les affaires ordinaires ? Le doute vient de ce que le mode d'instruction particulier aux affaires sommaires est établi par le titre 24 C. pr., sans qu'il y soit question de la communication au ministère public. — Mais cette communication doit se régler, non pas sur le mode d'instruction des affaires, mais sur leur nature : elle a lieu pour les affaires sommaires dans les mêmes cas que pour les affaires ordinaires. Il s'agit d'appeler le ministère public à surveiller tout ce qui est d'ordre public, et les intérêts des personnes à qui leur faiblesse ne permet pas de se défendre elles-mêmes. Pigeau, 1, 219 ; Carré, n° 409.

89. Lorsqu'un trib. civil est appelé à juger les affaires commerciales, la communication au ministère public n'est pas nécessaire : suivant l'art. 13 du tit. 12 L. 24 août 1790, le trib. doit alors juger *dans la même forme que les juges de commerce* (— V. *sup.* n° 7) ; Carré, n° 410 ; Rennes, 23 déc. 1816 ; Liége, 23 déc. 1817, P. 14, 542.

Quid, s'il s'élève un incident de la compétence du trib. civil ? — V. *Tribunal de commerce*.

90. Toutefois, il est libre au ministère public de conclure sur appel dans les affaires commerciales : ces affaires sont, dans ce cas, soumises à un ordre de juridiction qui leur est commun avec les autres affaires. Cass. 15 janv. 1812, P. 10, 37.

Si la compétence des juges était contestée sur appel, l'intervention du ministère public serait forcée.

91. Toutes les affaires susceptibles de communication au ministère public ne peuvent être l'objet d'un compromis valable. — V. *Arbitrage*, n°s 24 et suiv., et toutefois C. pr. 1010.

92. Aux termes de l'art. 83 C. pr., doivent être communiquées au procureur du Roi les causes suivantes :

93. *Celles qui concernent l'ordre public.* Telles sont les demandes en nullité de mariage. C. civ. 190 ; — celles en main-levée d'opposition à mariage. — V. d'ailleurs *Actes de l'état civil*, n° 38 ; *Adoption*, n°s 15, 18, 20 ; *Indigent*, *Interdiction*, n°s 8 et 10 ; et *sup.* n° 52.

Mais l'audition du ministère public n'est pas exigée : — 1° dans une demande en restitution d'intérêts usuraires, lorsque cette demande prend sa source dans un fait d'usure, et que l'habitude d'usure constitutive du délit n'est pas établie. Cass. civ. 9 fév. 1836 (Art. 381 J. Pr.) ; — 2° dans une demande tendant à obtenir par la voie civile la réparation d'un délit ou quasi délit : elle n'est pas nécessairement communicable, puisque les parties agissent dans un intérêt privé. Cass. req. 8 août 1837 (Art. 1021 J. Pr.).

94. *Celles qui concernent l'État, le domaine, les communes, les établissemens publics, les dons et legs au profit des pauvres*, C. pr. 83. — La loi ne distingue point, comme l'ancienne jurisprudence, entre la propriété ou le fond du droit, et les revenus ou intérêts produits par l'objet en litige. Pigeau, 1, 224.

Mais, dans les causes concernant les pauvres, la communication n'est exigée qu'autant que ceux-ci sont parties directes. Schenck, p. 348, 349; Carré, 255; Ortolan, 1, 283. — Conséquemment, n'est pas sujette à communication une contestation entre un héritier et un légataire au sujet d'un legs particulier fait aux pauvres. Cass. 28 brum. an 14, D. 11, 41.

Le défaut de communication dans une instance concernant un *hospice* n'est pas proposable, pour la première fois, devant la C. de cassation. — V. ce mot, n° 10.

95. *Les causes concernant l'état des personnes*. Telles sont les actions en contestation d'état d'un enfant, les actions en validité de mariage. C. pr. 83. — V. *sup.* n° 50.

96. *Les causes qui ont rapport aux tutelles*. Ces causes comprennent toutes les contestations qui peuvent s'élever relativement à l'élection d'un tuteur, aux excuses qu'il présente, à la destitution contre lui provoquée. C. pr. *ib.* — V. *sup.* n° 85.

97. *Les déclinatoires sur incompétence*. Ces expressions s'appliquent-elles à l'incompétence personnelle comme à l'incompétence réelle, en un mot, à tous les déclinatoires? — V. *Exception*, n°s 21 et suiv.? — Pour l'affirmative on dit : la loi ne distingue pas, et ses motifs sont les mêmes pour tous les cas d'incompétence; il s'agit toujours, en effet, de dessaisir un trib. L'intervention du ministère public est donc toujours nécessaire, même lorsque le déclinatoire est fondé sur la connexité ou la listipendance, ces deux causes de renvoi aboutissant à l'incompétence. On fait observer que le projet de code, qui n'exigeait la communication que dans les déclinatoires *ratione materiæ*, a été généralisé sur l'observation du Tribunat. Rennes, 12 mai 1813; Carré, *Lois*, n° 401; Ortolan, 1, 285; Boitard, 1, 349.

Toutefois, pour la négative on répond: — L'incompétence *ratione personæ*, etc., etc., ne pouvant être proposée que par la personne qu'elle intéresse, on ne voit pas pourquoi le ministère public éleverait une question que la partie ne croit pas devoir soulever. En supposant que le ministère public exerçât ce droit, ce serait presque toujours d'une manière illusoire puisque le trib., malgré les conclusions tendant au renvoi devant d'autres juges, retiendrait la cause en vertu de l'art. 169, par suite de la volonté expresse ou tacite des parties. Pigeau, 1, 224; *Praticien franç.*, 1, 344.

98. *Les* RÈGLEMENS DE JUGES. C. pr. 83. — V. ce mot.

99. *Les* RÉCUSATIONS, lors même que le ministère public en est l'objet. C. pr. 83, 381. — V. ce mot.

100 *Les* RENVOIS *pour parenté et alliance.* — V. *Renvoi.*

101. *Les* PRISES A PARTIE. — V. ce mot.

102. *Les causes des femmes non autorisées par leurs maris, ou même autorisées, lorsqu'il s'agit de leur dot, et qu'elles sont mariées sous le régime dotal.* De ce nombre est la demande de la femme qui veut se faire autoriser à la poursuite de ses droits, lors même qu'il ne s'agit pas de sa dot, dans le cas d'absence présumée ou déclarée, ou d'interdiction du mari. — V. *Femme mariée*, nos 129 et 133.

La loi du 24 août 1790, tit. 8, art. 3, exigeait que le ministère public portât la parole toutes les fois que paraîtraît en justice une femme mariée, autorisée ou non. C'était aller trop loin ; la femme mariée, autorisée de son mari, a la même capacité qu'une partie majeure; mais lorsque les époux sont mariés sous le régime dotal, il importe d'empêcher l'aliénation indirecte de la dot. C. civ. 1554 et 1559; — de là l'intervention du ministère public. Boitard, 1, 351 et 352.

Il y a lieu à communication, même en cas de séparation de biens. Cass. 18 prair. an 2, D. 11, 41, n° 3; — sous peine de nullité, qui peut être prononcée en appel sur la demande du ministère public, quoique la femme soit autorisée de justice au refus de son mari. Rennes, 15 avr. 1811, D. 11, 42.

103. Les causes des femmes procédant sous l'autorisation de leurs maris ne sont communicables qu'autant qu'il s'agit de leur dot : la communication est exigée moins dans l'intérêt de la femme que par un motif d'ordre public. Elle ne serait pas nécessaire si l'aliénabilité de l'immeuble avait été stipulée dans le contrat de mariage, comme le permet l'art. 1557 du Code civil. Pigeau, 1, 225. — *Contrà*, Carré, n° 404, note; Ortolan, 1, 287.

Il en serait de même s'il s'agissait d'un immeuble paraphernal; l'art. 1556 C. civ. assurant à la femme la libre disposition de cet immeuble. Carré, *ib.*; Pigeau, *Comm.* 1, 237; Delaporte, 1, 97; Boitard, 1, 353.

104. Si la femme estait en jugement sous l'autorisation de justice à cause du refus de son mari, il semble que le procureur du roi devrait intervenir, encore bien que le jugement portât en lui-même la preuve que l'autorisation a été conférée en connaissance de cause.

105. La demande en *séparation de biens* (— V. ce mot) est communicable.

106. *Les causes des mineurs.* Par ces mots, il faut entendre toutes les causes, de quelque nature qu'elles soient, mobilières, immobilières, relatives à la personne des mineurs. Pigeau, p. 224, *ib.*, Carré, 258, *ib.*; — ou à l'administration de leur fortune.

L'intervention du ministère public est nécessaire dans les jugemens rendus sur une poursuite en expropriation forcée dirigée contre un mineur. Cass. 30 oct. 1811, S. 12, 98.

Le mineur non émancipé et le mineur émancipé lui-même ne pouvant, en général, aliéner, il importait d'empêcher que le dol ou la négligence rendissent superflues les précautions de la loi. Boitard, 1, 354.

Néanmoins à l'égard du mineur émancipé, les contestations relatives à des actes de pure administration ne sont pas nécessairement communicables; — Sous ce rapport, en effet, il est considéré comme majeur, et l'assistance de son curateur ne lui est pas nécessaire. C. civ. 482. — Aussi peut-il, selon nous, valablement compromettre sur ces contestations. — V. *Arbitrage*, n° 39.

107. Doivent être pareillement communiquées les causes qui concernent les interdits. Arg. C. civ. 509.

108. *Toutes les causes où l'une des parties est défendue par un curateur.* Telles sont celles qui intéressent : 1° un enfant conçu dans le cas de l'art. 393 C. civ.; — 2° l'enfant soumis à une action en désaveu dirigée contre un tuteur *ad hoc* (C. civ. 318); — 3° un individu condamné à une peine afflictive et infamante (C. pén. 29); — 4° un individu mort civilement (C. civ. 25); — 5° une *succession vacante*. — V. ce mot.

Celles concernant les successions bénéficiaires ne sont pas nécessairement sujettes à communication au ministère public. Orléans, 16 août 1809; D. 11, 42; Ortolan, 1, 238. — Néanmoins il semble qu'il doit en être autrement lorsque l'héritier bénéficiaire demande à vendre les meubles de la succession. C. civ. 806; C. pr. 986, 987.

109. *Quid* à l'égard des causes qui concernent le prodigue? — Bien que le conseil judiciaire ait de l'analogie avec un curateur, il est difficile, dans ce cas, d'admettre une nullité par induction pour défaut de communication au ministère public. En effet, le prodigue assisté de son conseil peut faire toute espèce d'actes, aliéner, hypothéquer. Boitard, 355; Pigeau, *Comm.*, 1, 237; *Pratic. franç.*, 1, 336; Carré, 1, 215. — *Contrà*, Ortolan, 1, 215. — Dans le doute, il convient que le ministère public use de la faculté que lui accorde la dernière disposition de l'art. 83. Carré, n° 405. — V. *inf.* n° 117.

110. *Les causes intéressant les personnes présumées absentes.* C. civ. 114. — V. *Absence*, n° 7.

Mais la communication n'est plus nécessaire lorsque l'absence a été déclarée et l'envoi en possession provisoire consommé. Du jour où l'absence est déclarée, la présomption d'existence cesse : il n'y a plus de débats possibles qu'entre le détenteur des biens et les tiers-intéressés. D'ailleurs, la loi n'exige pas rigoureusement l'intervention du ministère public à cause de l'intérêt personnel des envoyés en possession à conserver les biens de l'absent ; le soupçon de négligence, et surtout de collusion, est plus difficile. Boitard, 1, 358. — Mais, si de pareils soupçons se manifestaient, le procureur du roi aurait le droit d'intervenir, et d'exiger que communication lui fût faite.

111. Les causes qui intéressent les militaires *majeurs absens* ne sont point sujettes à communication. La loi du 6 brum. an 5 ne l'exigeait pas ; elle assujettissait simplement le ministère public à veiller à l'accomplissement des mesures conservatoires établies dans l'intérêt des militaires, telles qu'était la nomination par le trib. de trois citoyens probes et éclairés, qui composaient le conseil officieux de ces militaires. Néanmoins, si l'absence était prolongée, le ministère public devrait agir conformément à l'art. 14 C. civ. Carré, 262.

112. Dans le cas d'absence, la communication n'est nécessaire que lorsque le ministère public est partie jointe. — En effet, on lui reconnaît généralement le droit d'action en ce qui touche les intérêts des absens, et notamment celui de prendre des mesures conservatoires ; il agit, dans ce cas, comme partie principale. Boitard, 1, 356 ; Toullier, 1, 183 ; Carré, 1, 237 ; Ortolan, 1, 135 ; Schenck, 1, 173.

113. *Sont également sujettes à communication les causes dont le détail suit :*

Les demandes en *vérification d'écriture*. — V. ce mot.

Les demandes en inscription de *faux* civil incident. — V. ce mot.

Les demandes en désaveu. C. civ. 359 ; — en récusations. C. pr. 47, 311, 385, 394, 470.

Les *requêtes civiles*. — V. ce mot.

Les contestations sur les *distributions par contribution* et sur les *ordres*. — V. ces mots. C pr. 666, 668, 762.

Les demandes dans lesquelles on réclame la contrainte par corps.

Les demandes de sauf-conduit, celles en nullité d'emprisonnement et à fin d'élargissement. — V. *Emprisonnement*, nos 269, 308, et toutefois n° 106.

Les demandes *en cession de biens*. C. pr. 900. — V. ce mot, n° 18.

114. La communication au ministère public n'est pas nécessaire pour faire déclarer exécutoire une sentence arbitrale. Av. du min. just. 19 germ. an 11 ; Arg. C. pr. 1004.

L'opposition formée à une ordonnance d'*exequatur* d'une sentence arbitrale n'est pas non plus communicable, une pareille sentence ne pouvant intervenir qu'entre personnes maîtresses de leurs droits.—V. *Arbitrage*, n° 507.

115. *Droit de communication dans les affaires disciplinaires.* — V. *Huissier*, n° 230.

116. Le droit de surveillance que le ministère public exerce sur les actes des notaires, comme sur ceux de tous les autres officiers ministériels, comprend nécessairement le droit de requérir communication de tous les registres où les actes sont inscrits, et notamment des registres renfermant les délibérations des chambres de ces officiers ministériels. En cas de refus, le ministère public est recevable à agir par voie d'action pour obtenir cette communication. Caen, 11 déc. 1826, S. 28, 239; Amiens, 23 août 1828, S. 28, 312; Bourges, 8 déc. 1828, 13 janv. 1831, S. 29, 61; 31, 311; Cass. 25 août 1829, S. 30, 158.

117. *Le procureur du roi peut en outre prendre communication de toutes les autres causes dans lesquelles il croit son ministère nécessaire.* C. pr. 83.

118. *Le tribunal a même la faculté de l'ordonner d'office. Ib.*

Le ministère public ne peut alors refuser de conclure, sauf le cas, unique peut-être, où le trib. persisterait à juger une affaire dans laquelle il y aurait conflit avant l'expiration des deux mois, au bout desquels il pourrait procéder au jugement de l'affaire, s'il n'avait pas reçu notification de l'ordonn. roy. rendue sur le conflit. Ord. 12 mars 1831, art. 7. Ortolan, 1, 290; Carré, n° 412.

Art. 2. — *Quand et comment doit se faire la communication.*

119. Elle doit être faite avant l'audience; et même, dans les causes contradictoires, trois jours avant celui indiqué pour la plaidoirie; autrement elle ne passerait pas en taxe. — Elle a lieu au parquet, dans la demi-heure qui précède ou qui suit l'audience. Décr. 30 mars 1808, art. 83.

Dans les procès dont l'instruction se fait par écrit, le juge-rapporteur veille à ce que la communication au ministère public soit faite assez à temps pour que le jugement ne subisse pas de retard. *Ib.* art. 85.

— V. d'ailleurs *Instruction par écrit*, n° 51.

Le plus souvent, c'est après les plaidoiries que le ministère public se fait remettre les dossiers pour donner ensuite ses conclusions.

120. Mais, lorsque la cause n'est pas communicable d'après les dispositions de la loi, le ministère public ou le trib., sous prétexte d'exercer la faculté qu'ils ont d'exiger ou d'ordonner la communication en toute affaire, ne devraient pas différer les plaidoieries; après les plaidoiries seulement, le procureur du roi peut exiger que les pièces lui soient remises, ou le trib. demander l'avis et les conclusions de ce magistrat, qui plaide de suite, ou demande le renvoi à une autre audience, ou déclare s'en remettre à la prudence du tribunal. Demiau, 82; Carré, n° 413.

121. Lorsque l'une des parties néglige de communiquer au ministère public dans les délais fixés, il n'est pas nécessaire que l'adversaire fasse sommation de remplir cette formalité. Carré, 1, 411.—*Contrà*, Merlin, *Qu. dr.*, p. 124. —Le procureur du roi requiert en ce cas, soit d'office, soit sur la demande de l'adversaire que la communication lui soit faite dans un certain délai. Le jugement préparatoire qui intervient emporte sommation, et cette communication tardive ne passe pas en taxe.

Si la partie conteste que la cause soit communicable, le jugement qui intervient sur l'incident produit les mêmes effets que lorsque la communication est ordonnée. Carré, n° 411.

Le ministère public doit, *à peine de nullité*, lire ses conclusions; il ne peut se borner à les déposer écrites. Cass. 13 therm. an 2, 29 mess. an 2; 26 niv. an 3, D. 11, 40. — Mais s'il était énoncé *que les conclusions ont été lues*, on devrait présumer qu'elles l'ont été par le ministère public et à l'audience. Carré, 1, 251; Schenck, 337; Pigeau, *Comm.* 1, 263.

Art. 3. — *Des conséquences de la communication.*

122. Dans toutes les causes communicables, il faut :

1° Que la communication ait lieu;

2° Que le ministère public soit entendu;

3° Que le jugement constate non-seulement sa présence aux plaidoieries et à la prononciation du jugement, mais encore son audition.

Le tout à peine de nullité du *jugement* (—V. ce mot, n°s 421 et 215). — V. *inf.* n° 132 et *requête civile.*

123. Ces constatations doivent être faites dans tous les jugemens préparatoires, interlocutoires, définitifs, et ne peuvent être suppléées par aucune preuve extérieure. Cass. 29 fruct. an 3, D. 11, 39; — Spécialement par la mention de la présence du ministère public. Cass. 19 vend. an 7; 13 flor. an 10; 16 juil. 1806; Turin, 7 vent. an 11, D. 11, 39 et 40.

On ne peut être admis à prouver l'accomplissement de ces conditions par des actes extra-judiciaires. — V. *Jugement*, n° 189.

Le silence du jugement ou de l'arrêt fait suffisamment présumer que la communication n'a pas eu lieu. Cass. 25 avr. 1833, D. 33, 280.

124. Mais lorsque le ministère public a été entendu, la loi n'exige pas, à peine de nullité, qu'il assiste au prononcé du jugement, surtout si l'affaire n'était pas communicable de sa nature. Cass. req. 29 déc. 1834, D. 35, 80. — V. *Jugement*, n° 101.

125. Aucune forme n'est prescrite pour les conclusions du ministère public; il peut même déclarer qu'il s'en rapporte purement et simplement à la prudence du tribunal. Cass. 5 mai 1808, D. 11, 40, n° 4; Schenck, 1, 339; Carré, 1, 252; — La simple mention que le procureur du roi a été entendu, sans désignation de son nom personnel, est suffisante. Lyon, 24 janv. 1834, D. 34, 126. — V. *Jugement*, n° 214.

126. La circonstance que le procureur du roi n'est pas présent à l'audience n'autorise pas à juger sans l'avoir entendu. — On doit remettre la cause à un autre jour, ou pourvoir à son remplacement, s'il y a urgence.

127. La nullité résultant du défaut de communication était absolue sous l'ordonn. de 1667, titre 35, art. 34; — Aujourd'hui elle est purement relative, c'est-à-dire qu'elle peut être invoquée sur appel, mais seulement par la partie dans l'intérêt de laquelle l'audition du ministère public était exigée. Paris, 25 flor. an 10; Cass. 29 mars 1815, P. 12, 653; 25 avr. 1833, D. 33, 280; Boitard, 1, 360.

Si la cause était communicable du chef des deux parties, chacune d'elles pourrait se prévaloir du défaut de communication. Carré, 1, 150; Schenck, 1, 336.

128. Lorsque la communication n'était exigée que dans l'intérêt de l'ordre public, comme dans les questions de compétence, etc., quelques auteurs, M. Dalloz, notamment, 1, 606, n° 18, s'emparent des dernières expressions du n° 8 de l'art. 480 C. pr., pour prétendre que le défaut de communication n'autoriserait pas la requête civile. — D'autres soutiennent avec Carré que ce moyen n'est même pas nécessaire, le jugement étant radicalement nul. — Suivant nous, le jugement est vicieux et peut être attaqué par requête civile, parce qu'une communication prescrite dans l'intérêt social, l'est aussi dans l'intérêt des parties; mais il n'y a pas nullité de plein droit. Ortolan, 1, 293.

129. Cette nullité est du nombre de celles qui sont connues en droit sous le nom de péremptoires en la forme : elle doit être opposée devant les juges d'appel *in limine litis*. Si la partie l'a couverte par une défense au fond, elle ne peut être admise ultérieurement à la proposer.

Elle serait couverte si, avant qu'elle eût été proposée, le ministère public concluait devant la juridiction d'appel. Limoges,

31 juill. 1811, D. 11, 40, n° 5; Schenck, 338; Carré, p. 251 et 252.

130. Mais, dans le silence des parties, le ministère public pourrait-il la proposer sur appel? — Nous inclinons pour la négative : en effet, le ministère public, lorsqu'il est partie jointe, ne peut présenter d'autres moyens que ceux présentés par les parties elles-mêmes; aucune voie ne lui est ouverte contre les jugemens, soit en premier, soit en dernier ressort, qui ont violé les lois, sauf le cas où il y a eu violation des règles de la juridiction. — V. *sup.* n° 43.

Ainsi, lorsqu'une femme mariée ou un mineur ont obtenu gain de cause, sans que le ministère public ait été entendu, nul n'est recevable à se plaindre de la contravention à la loi. Cass. 29 mars 1815, S. 15, 269. — *Contrà*, Rennes, 15 avr. 1811, P. 36, 502; Bordeaux, 20 mai 1829, S. 29, 309.

131. Les jugemens en dernier ressort et les arrêts rendus sans la formalité de la communication, lorsqu'ils ne sont pas susceptibles d'opposition, ou que le délai pour former opposition est expiré, peuvent être attaqués par la voie de la *requête civile*, par la partie dans l'intérêt de laquelle la communication était prescrite. C. civ. 480. — V. ce mot et *sup.* n° 78.

132. Le jugement rendu sans l'audition du ministère public peut-il être attaqué, soit par la voie de la *requête civile*, soit par celle de cassation? — V. ce mot.

§ 5. — *Conclusions du ministère public.*

133. Les conclusions sont un avis motivé donné par le ministère public sur l'affaire qui, d'après les termes de la loi, doit lui être soumise.

134. Elles diffèrent suivant le mode de procéder que la loi prescrit.

Si l'affaire est du nombre de celles qui se jugent sur requêtes, soit à l'audience, soit en chambre du conseil, le procureur du roi, sur la communication qui lui est faite de la requête par le président du trib., met au bas de la requête ses conclusions, qui généralement sont motivées.

Lorsque l'affaire est de nature à être jugée sur plaidoieries, le procureur du roi développe son avis à l'audience publique, après les plaidoieries respectives des avocats ou des avoués.

135. Le ministère public une fois entendu, les parties ne peuvent plus l'être, à moins qu'il n'agisse comme partie principale, — ou qu'il n'ait fait une imputation imprévue aux parties ou à leurs officiers ministériels. Cass. 7 août 1822, S. 23, 65; Berriat, 754. — V. *sup.* n° 43.

V. d'ailleurs *Cassation*, n° 220.

136. Dans toutes les délibérations qui regardent l'ordre et le service intérieur, le ministère public est appelé. Il a le droit de faire inscrire sur les registres de la C. ou du trib. les requisitions qu'il juge utile de faire sur cette matière, sans que cependant il puisse opiner. Décr. 30 mars 1808, art. 86; Circ. du procureur-général de Paris, 1er juin 1823.

137. Lorsqu'il y a lieu de provoquer des mesures de discipline, pour des faits qui ne se sont point passés à l'audience, contre les officiers ministériels en contravention aux lois et réglemens, citation leur est donnée à la requête du ministère public, devant le trib. réuni en la chambre du conseil. Le ministère public expose les faits et prend ses conclusions; l'officier ministériel est entendu, et le trib. prononce. Décr. 30 mars 1808, art. 103.

— V. *Audience, Discipline, Jugement, Prise à partie, Récusation.*

MINISTRE. Fonctionnaire chargé de l'une des grandes divisions de l'administration publique.

1. La plupart des ministres sont chargés de certaines attributions sous le rapport de la procédure.

2. *Ministre de la justice.* —V. Ce mot.

3. *Ministre des affaires étrangères.*—V. *Exploit,* n° 235; *Légalisation,* n°s 11 et 12.

4. *Ministre de la guerre.* —V. *Absence,* n° 75.

5. *Ministre de la marine et des colonies.* —V. *Absence,* n° 73; *Exploit,* n° 235; *Tribunaux des colonies.*

6. *Ministre de l'agriculture et du commerce.*—V. *Agent de change, Courtier, Prud'hommes, Tribunal de commerce.*

7. *Ministre des travaux publics.*—V. *Utilité publique.*

8. *Ministre des finances.* —Il a la présentation aux emplois d'agens de change près la Bourse de Paris et de membres de la Cour des comptes; l'administration de l'*enregistrement* et des domaines; celle des *douanes;* celle des *contributions.* —V. ces mots; *Greffier,* n° 7.

9. Les lois de la procédure, quant à l'exercice actif et passif des actions, et aux moyens de preuves, sont applicables aux ministres.

10. Mais ils ne peuvent être entendus comme témoins que par suite d'une ordonnance royale autorisant leur audition, rendue sur la demande des parties intéressées, et sur le rapport du ministre de la justice. — L'ordonnance portant cette autorisation règle en même temps la manière dont les ministres doivent être entendus. Décr. 4 mai 1812, art. 1, 2.

11. Lorsque les préfets sont assignés comme témoins, ils peuvent se dispenser de comparaître, en alléguant pour excuse la nécessité de leur service : dans ce cas, il n'est pas donné suite à la citation; mais les officiers chargés de l'instruction, après s'être entendus avec eux sur le jour et l'heure, viennent dans leur demeure pour recevoir leurs dépositions. *Ib.* art. 4.

Si leur éloignement ne permet pas aux magistrats instructeurs de se transporter près d'eux, commission rogatoire est donnée à un juge du lieu de leur domicile pour remplir cette formalité. Arg. *ib.* art. 4.

12. Il en est de même du président du Conseil-d'Etat, des ministres d'état et conseillers-d'état lorsqu'ils sont chargés d'une administration publique, des généraux en service, des ambassadeurs et autres agens diplomatiques près les cours étrangères. *Ib.* art. 6.

—V. *Circulaire, Décision ministérielle, Instruction ministérielle.*

1. MINISTRE DE LA JUSTICE. Ses attributions comprennent : l'organisation et la surveillance de l'ordre judiciaire; les ordres et les instructions à transmettre aux trib. pour l'exécution des lois et réglemens (C instr. cr. 274); la correspondance avec tous les officiers du ministère public; les rapports au roi sur les conflits entre les autorités administratives et judiciaires; l'examen des états semestriels des travaux des cours et trib.; l'examen annuel des procès-verbaux de vérification des registres de l'état civil; les changemens ou additions de noms (—V. *Actes de l'état civil*, nos 3, 11); la publication des jugemens en déclaration d'*absence* (—V. ce mot, n° 35); les dispenses d'âge et de parenté pour mariage; l'admission des étrangers au domicile; les demandes de naturalisation et de lettres de déclaration de naturalité; les dépenses de l'ordre judiciaire; l'envoi du bulletin des lois, etc.—V. *Office, Pension, Tribunal de commerce.*

2. Le ministre de la justice approuve ou rejette la suspension des magistrats, et les mesures de discipline arrêtées par les Cours et tribunaux contre les officiers ministériels.—V. *Discipline*, nos 41 et suiv., 117 et suiv.

3. C'est au secrétariat particulier que doivent être adressées les demandes d'audience.

MINISTRE PUBLIC. Terme générique, qui désigne toute personne envoyée par un souverain pour le représenter près d'une nation étrangère. Il comprend les *ambassadeurs*, les *chargés d'affaires*, *envoyés*, *consuls*, etc.

1. D'après le droit des gens, le ministre public, à raison de son caractère, est indépendant du souverain qui le reçoit, et reste soumis au souverain qui l'envoie. Son hôtel est réputé faire partie du territoire étranger : de là plusieurs conséquences.

2. Il n'est pas justiciable des trib. du lieu de sa résidence pour les obligations par lui contractées pendant sa mission. —V. Décr. 13 vent., an 11; arrêté du Cons. d'Et., 17 déc. 1822. —A la

suite de l'art. 3 C. civ., il avait été inséré un art. additionnel ainsi conçu : « Les étrangers revêtus d'un caractère représentatif de leur nation en qualité d'ambassadeurs, ministres, etc., ne seront point traduits ni en matière civile, ni en matière correctionnelle devant les trib. de France. Il en sera de même des étrangers qui composent leur famille ou qui seront de leur suite. » Séance du 6 therm. an 9. — Cet article fut retranché sur le fondement que ce qui concernait les ambassadeurs appartenant au droit des gens, on n'avait point à s'en occuper dans le Code civil.

3. Ces principes, qui reposent sur de hautes considérations politiques (Grotius, *Droit de la guerre et de la paix*, 2, 26), doivent être appliqués même au cas où il s'agirait d'une obligation contractée par un agent diplomatique comme homme privé, pour violation de dépôt, par exemple. Paris, 5 avr. 1813, S. 14, 306.

4. Les secrétaires d'ambassade jouissent des immunités attachées aux ambassadeurs eux-mêmes : ils ne peuvent donc être poursuivis devant les trib. français pour le paiement des dettes par eux contractées pendant l'exercice de leurs fonctions. Trib. Seine, 14 janv. 1836. (Art. 323 J. Pr.). — Surtout si elles ont pour cause des fournitures faites, non pas dans leur intérêt particulier, mais dans celui de l'ambassadeur. Paris, 29 juin 1811, P. 9, 431.

5. Les mêmes principes s'appliquent aux consuls étrangers : toutefois, un arrêt de Bordeaux du 20 mai 1829, S. 29, 309, tout en jugeant que les trib. français sont incompétens pour statuer sur les contestations qui peuvent s'élever entre un consul (étranger) et un vice-consul (français), à raison de la répartition à faire entre eux des droits provenant du consulat, énonce qu'ils ont en principe juridiction pour connaître des obligations que les consuls contractent en France et envers des Français.

6. Jugé aussi qu'à la différence des ambassadeurs, les consuls sont justiciables des trib. français pour les délits qu'ils commettent en France, attendu qu'ils sont plutôt les mandataires de leurs compatriotes que ceux du souverain. Aix, 14 août 1829, S. 30, 190.

7. Mais il est évident qu'ils ne pourraient être poursuivis devant les juges de France, à raison des actes qu'ils font en France par ordre de leur gouvernement et avec l'approbation des autorités françaises. Cass. 13 therm. an 9, P. 2, 5.

8. Les ambassadeurs ou consuls sont justiciables du trib. français, à raison des immeubles qu'ils peuvent posséder en France. C. civ. 3. Merlin, *Rép.* v° *Ministre public*, sect. 5, § 4, art. 8; Delvincourt, t. 1, p. 200, notes (—V. *ib.*, n° 33);

— ou des marchandises relatives au commerce qu'ils feraient en France. Vatel, n° 11 ; Merlin *ib.*

Ainsi, les trib. français seraient compétens pour connaître d'une demande en partage d'un immeuble situé en France, appartenant par indivis à un Français et à un ministre étranger.

9. Des motifs de haute politique ont fait aussi rejeter, comme non-recevables, les demandes intentées par des Français contre les chefs de gouvernemens étrangers. C'est ce qui a eu lieu, notamment dans l'affaire Balguerie, et dans celle de Mᵉ Blanchet contre le président Boyer.

10. Au contraire la qualité de souverain étranger, n'est pas un obstacle à ce que celui qui en est revêtu, assigne un Français devant les tribunaux de France.

Jugé en conséquence, que lorsqu'une escroquerie a été commise en France, envers un souverain étranger, par un français et sur des biens situés en France, les trib. français peuvent statuer sur la réparation de ce dommage, et annulèr, même quant à leur force exécutoire en France et sans porter atteinte à la souveraineté de l'autre nation, les actes considérés comme complément de cette escroquerie, qui ont été passés en pays étranger. Cass. 18 avr. 1806. P. 5, 286.

11. Dans les cas où les ambassadeurs et consuls sont justiciables des trib. français, comment doivent-ils être assignés ?

Faut-il se conformer à l'art. 69 et signifier les exploits qui les concernent au parquet du procureur du roi, ou peut-on les remettre à leur hôtel ?

Selon Pigeau (t. 1, p. 185, note) aucun exploit ne peut leur être notifié que *parlant à leur personne* hors de leur hôtel, ou bien au parquet du procureur du roi : cet auteur se fonde sur ce que l'hôtel d'un ambassadeur étant réputé faire partie du territoire de l'état qu'il représente, un huissier français est incompétent pour y instrumenter :

D'autres auteurs n'admettent que le mode de signification au parquet du procureur du roi, à cause du caractère permanent et inviolable de l'ambassadeur. Legat, *Des Étrangers*, p. 10.

Quant à nous, nous concevons parfaitement que tout acte d'exécution soit interdit dans l'hôtel d'un ministre public : ce serait porter atteinte à la considération qu'il mérite. En saisissant, par exemple, ses effets personnels, on pourrait s'emparer de titres relatifs à ses fonctions, et le mettre dans l'impossibilité de les exercer. — Mais nous ne saurions regarder comme nulle l'assignation qui lui serait donnée, soit à sa personne, hors de son hôtel, soit à son hôtel en parlant au suisse. Aucune loi ne défend ce mode de procéder, et il nous paraît justifié par les raisons suivantes : — la fiction qui fait considérer l'hôtel des ambassadeurs comme une fraction d'un territoire étranger, est purement politique. Pigeau ne donne aucun développement au principe qu'il pose ; s'il était juste, il faudrait dire que les Français employés chez un ambassadeur doivent également être assignés au parquet, et même qu'ils doivent jouir des délais, à raison de la distance entre le lieu où siégerait le tribunal, et l'État représenté par l'ambassadeur. Ainsi l'ambassadeur ou ses employés, assignés devant la porte de l'hôtel, devraient comparaître à huit jours ; assignés au parquet, ils auraient un délai de deux, quatre, ou six mois, et même d'un an (— V. *Ajournement*, n° 51) ; Cela nous paraît impossible. La fiction doit cesser devant la réalité. La disposition de l'art. 69 est fondée sur un fait matériel, l'impossibilité pour l'huissier de se transporter hors de France pour signifier un ajournement. Lorsque cette impossibilité n'existe plus, l'article devient inapplicable.

Cependant un jugement du trib. de la *Seine*, du 2 juill. 1834, a décidé que l'huissier qui remettait la copie d'une citation à l'hôtel d'un ambassadeur, était passible des peines diciplinaires, comme s'étant rendu coupable d'atteinte à la considération due aux représentans des souverains étrangers. — V. Parlem. Paris, 20 juin 1729. — Mais il faudrait établir en quoi la simple remise d'un exploit porterait atteinte à l'inviolabilité et à l'indépendance de la personne du ministre étranger. — Si la fiction de l'extranéité du territoire de l'hôtel doit s'appliquer au cas où l'huissier se présente pour remettre un exploit au suisse, il faut aller jusqu'à refuser à l'enfant né de parens étrangers dans l'hôtel de l'ambassadeur, le bénéfice de l'art. 9 du C. civ. — D'ailleurs, le mode d'assigner au parquet du procureur du roi est moins sûr, moins prompt, et par conséquent moins dans l'intérêt du ministre public lui-même que l'assignation à personne ou à domicile.

12. La personne du ministre est inviolable, il est affranchi de la contrainte par corps—V. d'ailleurs *Enquête*, n° 184, *Ministre*, n° 12.

13. Ses meubles, à l'exception des marchandises relatives à son commerce, ne peuvent être saisis même en dehors de son hôtel.

Il en est autrement de ses immeubles. — V. *sup*. n° 8.

L'inviolabilité de la personne du ministre s'étend aux gens de sa suite, parens ou domestiques qui forment sa maison : le projet du code le déclarait formellement.

14. Le ministre peut, entre autres fonctions, recevoir les actes de l'état civil des personnes de sa nation, — donner des certificats de vie, — et des *légalisations*. — V. ce *mot*, n° 9.

15. Les *consuls* ont juridiction entre nationaux pour les affaires civiles ou commerciales. Leurs pouvoirs à cet égard sont déterminés par les traités politiques.

MINUTE. Original d'un acte. — V. *Grosse*.

1. *Justices de paix*. Il doit être gardé minute de tous les actes de la justice paix (C. pr. 18, 30, 1040); — à l'exception de ceux que le juge délivre sans le concours du greffier, — et des actes de notoriété qui peuvent être délivrés en brevet. Arg. L. 25 vent. an 11, art. 20.

2. Les minutes peuvent être écrites sur des registres ou sur des feuilles isolées; — pourvu que l'on se conforme à la loi du 13 brum. an 7, art. 13, qui défend de porter deux actes à la suite l'un de l'autre sur la même feuille. — Les jugemens ne sont pas soumis à cette dernière règle. — V. *Jugement*, n° 190.

3. Le greffier est spécialement chargé de garder les minutes des actes auxquels il a concouru, et celles qui existaient au greffe au moment où il en a pris possession. — V. *Greffier*, n° 24. — Il convient qu'elles soient rangées par années ou exercices, et par dates.

4. Les juges de paix sont obligés de faire, dans les cinq premiers jours de chaque mois, le récolement des minutes sur les *répertoires* (— V. ce mot), et de constater par un procès-verbal l'état matériel et de situation des feuilles d'audience et de toutes autres minutes d'actes reçus et passés au greffe, en matière civile, dans le mois précédent. Ce procès-verbal doit être, dans les cinq jours suivans, transmis au procureur du roi, qui peut en outre, quand il le juge nécessaire, procéder à cette vérification par lui-même, ou par l'un de ses substituts. Ord. 5 nov. 1823, art. 3.

5. Le greffier ne peut se dessaisir d'aucune minute, si ce n'est en vertu d'une disposition de la loi ou d'un jugement. En ce cas, il doit, avant de s'en dessaisir, en faire certifier une copie par le juge de paix, et la substituer à la minute, jusqu'à sa réintégration (Arg. L. 25 vent. an 11, art. 22). Mais cette copie n'est nécessaire que dans dans le cas où l'acte intéresse des tiers : autrement la minute peut être remise purement et simplement, moyennant décharge.

Lorsque la loi a imposé au greffier l'obligation de remettre ou communiquer avec déplacement un acte du greffe, sans énoncer si cette remise devra être faite en minute ou en expédition, comme dans le cas de l'art. 455 C. comm. (—V. *Faillite*, n° 138), c'est une expédition qu'il doit délivrer. Arg. C. pr. 810.

— V. au contraire *Enquête*, n° 158; *Scellés*.

6. Si la partie intéressée dans un acte demande à voir la minute, le greffier ne peut lui en refuser la communication. — V. d'ailleurs *Greffier*, n° 38.

Mais il doit demeurer présent à cette communication, et s'opposer à ce que l'acte soit porté hors du greffe : une minute ne peut être déplacée que dans les circonstances où la loi l'ordonne expressément. Décr. 18 juin 1811, art. 70.

7. En cas de perte ou de destruction de la minute d'un jugement peut-elle être remplacée? — V. *Jugement*, n° 217.

8. Le greffier qui, par défaut de soins, aurait laissé perdre une minute, est passible de dommages-intérêts au profit de la partie qui en éprouve un préjudice (Arg. C. pr. 1031); — surtout s'il y a faute grave ou collusion de sa part. — Son cautionnement est soumis à cette responsabilité.

L'art. 173 C. pén. prononce des peines pour le détournement ou la soustraction frauduleuse d'un semblable dépôt.

Il peut même être contraint par corps pour la représentation de ses minutes. — V. *suprà*, n° 2, et *Emprisonnement*, n° 11.

Il en est de même de tous les officiers publics, tels que notaires, greffiers, archivistes, conservateurs des hypothèques.

9. En cas de mutation de greffier, il doit être dressé sans frais, par le juge de paix, un bref état des registres et papiers du greffe (Décr. 18 juin 1811, art. 130; Cass. 7 mai 1823, D. 23, 145). Cet état est signé par celui qui prend possession du greffe, lequel donne en même temps sa décharge au prédécesseur ou à ses héritiers.

10. *Tribunaux civils*. On doit leur appliquer les règles posées aux nos 2, 3, 6, 7, 8, 9.

11. En cas d'urgence, les juges peuvent ordonner que l'exécution de leurs jugemens et ordonnances aura lieu sur la minute. — V. *Exécution*, nos 41, 42; *Jugement*, n° 153.

12. *Notaires*. En général, les notaires sont tenus de garder la minute de tous les actes qu'ils reçoivent. L. 25 vent. an 11, art. 20.

13. Certains actes, cependant, peuvent être passés en *brevet*, tels sont les procurations, les obligations de peu d'importance, des actes d'un intérêt passager.

14. En cas d'incertitude, il est prudent de conserver minute des actes : les notaires sont responsables de leur nullité.

15. On appelle acte en *brevet*, celui qu'on délivre, en original, aux parties. — *Brevet* vient de brief, ce qui désigne un acte écrit en petit caractère avec quelques abréviations, par opposition aux expéditions qui sont grossoyées et sans aucunes abréviations.

16. Les notaires sont responsables non-seulement de la conservation des minutes de leur exercice, mais aussi de celles de leurs prédécesseurs, ou de celles dont le dépôt leur a été confié.

17. Ainsi, *en cas de cession d'un office*, on dresse *un état sommaire* des minutes existantes, en indiquant celles en déficit (— V. *Formule* 11). — Le successeur est responsable de toutes

les minutes qu'il a reçues, d'après l'état signé double entre les parties.

18. *En cas de suppression ou destitution*, le dépôt des minutes peut être fait volontairement par les héritiers, à l'un des notaires de la même commune ou du même canton. Art. 54, L. 25 vent. an 11.

Cette remise doit être faite dans le délai de deux mois, à peine d'amende. Art. 56.

Après l'expiration de ce délai, le procureur du roi commet un notaire pour recevoir le dépôt des minutes et répertoires. Art. 57.

19. Toutefois, si le dépôt n'a pas été fait dans le mois de la prestation de serment du nouveau titulaire, la remise des minutes est faite à ce dernier. *Même loi*, art. 55.

20. *En cas de décès*, — le président du trib. ordonne le dépôt des minutes entre les mains du notaire qu'il juge à propos de désigner. *Ib.*, art. 61.

Mais immédiatement après le décès, les minutes et répertoires doivent être mis sous scellés par le juge de paix.— Cette apposition de scellés peut avoir lieu d'office. — V. *Scellés*.

Dans tous les cas, on dresse un état des minutes, dans la forme indiquée *sup*. n° 16.

21. Les minutes des notaires doivent-elles être écrites par eux-mêmes, ou par leurs clercs; pourraient-elles être imprimées ou lithographiées? — V. *Notaire*, n° 62.

22. *Timbre.* Les minutes des actes et jugemens doivent être écrites sur papier timbré. — V. *sup*. n° 2.

23. *Enregistrement.* Le droit d'enregistrement des jugemens se perçoit sur la minute. — V. *Enregistrement*, n° 12.

Quant aux droits de greffe. — V. *Greffe (droits de)*, n°s 3, 117, 176, 182.

Formules.

FORMULE I.

Vérification des actes et minutes de la justice de paix de   pour le mois de   an   .

Vingt jugemens portés sur huit feuilles d'audience (*indiquer leur état, s'ils contiennent des ratures, s'ils sont signés et rappeler de même toutes les espèces d'actes.*)

Certifié par nous   , juge de paix à   le

FORMULE II.

État des minutes d'un notaire démissionnaire, ou en cas de décès.

(L. 25 vent. an 11, art. 58.)

État sommaire des minutes d'actes remises à M   , successeur par suite du récolement fait sur les répertoires (1).

---

(1) En cas de décès *on met :* ladite remise faite à Me   commis à cet effet, en vertu de l'art. 61 de la loi du 25 ventôse an 11, par ordonnance de M. le président du tribunal en date du   enregistré.

NOMS ET PRÉNOMS des anciens notaires.	DATE DU COMMENCEMENT et de la fin de chaque exercice.	OBSERVATIONS.
Me Lenoir.	Du 1er janvier 1700. au 1er juillet 1750.	Toutes les minutes comprises au répertoire de Me Lenoir, sont en nature.
Me Dupont.	Du 1er juillet 1750. au 1er juin 1785.	De toutes les minutes comprises au répertoire de Me Dupont, il n'y a en déficit que celles portées sous les nos 2, 350, 410 du répertoire de l'année 1760 et celles nos 5 à 15, de l'année 1784.
Me Delatour.	Du 1er juin 1785, au 15 décembre 1839, époque de la réception de M.	Toutes les minutes sont en nature.

Les soussignés Me , ancien notaire à (*en cas de décès, on met :* — Les sieurs (*noms, etc.*), au nom et comme héritiers de M.). D'UNE PART;

Et Me , notaire successeur dudit Me D'AUTRE PART;

Ont fait et reconnu ce qui suit, — 1o L'état et recolement des minutes ci-dessus dressé, après avoir été revu et vérifié par les soussignés, est reconnu par eux exact et véritable; 2o Me se charge de toutes les minutes constatées être en nature par ledit état, et, en outre, des divers répertoires qui existaient dans l'étude de Me , au nombre de vol. (*désigner la date du commencement et de la fin de chaque répertoire*), tous sans lacune, jusques et y compris l'époque de réception de Me

Fait double à (*Signature.*)

MISE EN CAUSE. Action d'appeler une personne dans un procès.

1. Elle a lieu de deux manières : — par jugement, ou sans jugement.

2. *Sans jugement.* — Elle peut avoir lieu 1° en matière de *garantie.* —V. ce mot, n° 8 et suiv.

2° Lorsque le demandeur appelle un tiers dans un procès, afin de déclaration de *jugement commun.* — V. ce mot, n° 2 et suiv.

3. *Par jugement.* La mise en cause est ordonnée par jugement, lorsque le droit d'appeler un tiers en garantie est contesté. Arg. C. pr. 180.—V. *Garantie,* n° 24.

4. Le jugement qui ordonnerait *d'office* la mise en cause d'un tiers dans le but de faire prononcer des condamnations contre lui serait évidemment irrégulier et susceptible d'être attaqué par voie de *tierce opposition,* ou de *requête civile.*—V. ces mots.

5. Mais, quel serait l'effet du jugement qui aurait ordonné d'office la comparution d'un tiers, pour donner des éclaircissemens au tribunal?

Ce tiers ne pourrait être puni pour n'avoir pas obéi à ce mandat de la justice.

En effet, le droit des trib. d'ordonner la *comparution des par-*

ties (—V. ce mot, n° 3), ne s'applique pas aux tiers, et l'on ne saurait argumenter de ce qui a lieu en matière d'enquête contre les témoins défaillans.

Dans l'usage, toutefois, le trib. ordonne quelquefois la comparution d'un tiers, dont le témoignage est invoqué par les parties, sans conclure formellement à sa mise en cause; — le consentement donné par les parties au jugement qui ordonne cette voie d'instruction dans le but d'éclairer la religion du trib., rend inattaquable un tel avant faire droit.

La partie la plus diligente se charge ordinairement de faire comparaître le tiers indiqué que l'on sait disposé à se présenter. — Mais faute de comparution de la part de ce dernier, aucune condamnation de dommages et intérêts ou d'amende ne peut être prononcée contre lui, le trib. n'est point lié par cet avant faire droit, il peut rester sans exécution ni résultat, et une décision définitive peut intervenir sur la cause dans l'état où elle se trouve.

MISE EN DÉLIBÉRÉ.—V. *Délibéré*, *Jugement*, n° 85.

MISE EN DEMEURE. Interpellation faite au débiteur, et constatation de son refus ou défaut de satisfaire à son obligation.

1. La mise en demeure s'opère dans l'obligation de donner ou de faire, soit par une sommation ou par un autre acte équivalent (C. civ. 1139), — soit par l'effet de la convention, lorsqu'elle porte que sans qu'il soit besoin d'acte, et par la seule échéance du terme, le débiteur sera en demeure (*ib.*), — soit par la seule expiration du temps, lorsque la chose ne pouvait être donnée ou faite que dans cet intervalle (*ib.* 1146); — soit enfin par la disposition même de la loi *mora ex lege*. C. civ. 1652, 1657, 1662, 1912.

Dans l'obligation de ne pas faire, elle s'opère par le seul fait de la contravention, C. civ. 1145.

2. *Par la seule expiration du temps.* Ainsi, l'avoué chargé de notifier une surenchère, est exposé à une condamnation de dommages et intérêts pour n'avoir pas notifié cette surenchère en temps utile, sans avoir besoin d'être constitué en demeure. Toullier, 6, n° 251.

3. *Par la seule échéance du terme.*—Les trib. excèderaient évidemment leurs pouvoirs, si, sous prétexte d'équité, ils se permettaient de modifier la convention par laquelle il a été stipulé que le débiteur sera en demeure par la seule échéan du terme. Toullier, 6, 247.

4. S'il s'agit d'une créance *quérable*, le créancier doit se présenter aux lieu et jour fixés par la convention.

5. Le débiteur d'une rente quérable n'est pas suffisamment mis en demeure de payer les arrérages par un commandement,

si l'huissier n'est pas porteur des pièces en vertu desquelles il agit, s'il ne mentionne pas dans l'exploit qu'il ait une procuration spéciale des requérans, et s'il n'indique pour recevoir le paiement qu'une tierce personne demeurant dans un domicile autre que celui du débiteur. Aix, 14 déc. 1836 (Art. 694 J. Pr.).

6. *Par une sommation ou par un autre acte équivalent.* Telle serait une demande en justice (C. civ. 1153).

7. Une simple citation en conciliation n'est pas un acte équivalent à une sommation; ce n'est point une mise en demeure, quand bien même cette citation serait suivie d'une demande en justice; la mise en demeure ne date que de cette demande. Cass. 14 juin 1814, P. 12, 261.

8. Mais si la citation en conciliation contenait en même temps sommation de payer ou de faire une chose quelconque, elle suffirait pour constater la mise en demeure. — Nous le décidons ainsi quand même elle ne serait pas suivie dans le mois d'une demande en justice, et ne ferait pas courir des intérêts, etc. — *Contrà*, Toullier, n° 259.

9. Toute renonciation expresse ou tacite au droit réclamé par la sommation anéantit l'effet de la mise en demeure.

10. Mais le silence pendant un long temps peut-il être considéré comme une renonciation tacite?

Il est difficile d'admettre que dans l'intention du législateur, l'effet d'une sommation doive durer 30 ans, ou au moins le même espace de temps que l'action à laquelle elle peut s'appliquer.

Il paraît plus rationnel de décider que l'inaction plus ou moins longue du demandeur doit être appréciée par les magistrats, qui peuvent décider d'après les circonstances si le demandeur doit être considéré comme ayant tacitement renoncé à son droit. Toullier, *ib.*, n° 259.

11. Au reste, l'effet de la mise en demeure résultant d'une assignation est anéanti par la *péremption de l'instance* (Arg. C. pr., art. 401), si elle a été demandée. —V. ce mot.

12. Mais cet effet n'est point anéanti par la péremption du *jugement par défaut* qui l'aurait suivie. — V. ce mot, n° 231.

13. Une interpellation verbale serait sans effet, bien qu'on offrît d'en administrer la preuve par témoins.

14. L'effet de la mise en demeure est d'empêcher le débiteur de se soustraire, soit à la peine convenue (C. civ. 1230), — soit aux *dommages et intérêts* encourus (— V. ce mot, n° 14), — soit à la résolution du contrat (C. civ. 1184), — même en offrant d'exécuter l'obligation, si l'adversaire n'y consent pas.

La mise en demeure laisse aux risques et périls du vendeur

la chose vendue qu'il n'a point livrée au terme convenu. C. civ. 1138.

V. d'ailleurs *Commandement*, 1 et suiv., *Exécution*, n° 82. *Offres réelles*.

MISE AUX ENCHÈRES. — V. *Vente*.

MISE D'EXÉCUTION (FRAIS ET). — V. *Dépens*, n°s 30 à 32.

MISE EN LIBERTÉ. — V. *Emprisonnement*, n° 278 et suiv.

MISE EN POSSESSION. — V. *Possession (envoi en)*.

MISE A PRIX. — V. *Saisie*, *Vente*.

MISE AU RÔLE. — V. *Audience*, n° 20; *Greffe (droits de)*, n° 15; *Rôle*.

MIXTE (ACTION). — V. *Action*, n° 29.

MOBILIÈRE (ACTION). — V. *Action*, n° 57 et suiv.

MOBILIÈRE (SAISIE). — V. *Saisie*.

MODÉRATION DES DROITS ET AMENDES. — V. *Enregistrement*, n°s 83, 84, 91.

MONNAIE. — 1. L'unité monétaire porte le nom de franc. L. 28 therm. an 3, art. 1.

Le franc est divisé en dix décimes; le décime en dix centimes. *Même loi*, art. 2.

Le titre et le poids des monnaies sont indiqués par les divisions décimales. *Ib.*, art. 3.

2. D'après l'art. 2, L. 17 flor. an 7, depuis le 1er vendémiaire an 8, toutes transactions, tous contrats entre particuliers doivent exprimer les sommes en francs, décimes et centimes; elles sont censées évaluées de cette manière, quand même elles seraient énoncées en livres, sous et deniers.

3. L'acquittement des obligations antérieures à l'époque ci-dessus désignée entre particuliers, soit pour le service public, doit être fait en valeur de l'ancienne livre tournois, quand même l'expression de francs se trouverait écrite au lieu de celle de livres, sauf les cas où la valeur des nouveaux francs aurait été formellement stipulée. *Même loi*, art. 3.

En conséquence de cette disposition et d'un arrêté du Directoire exécutif, du 28 vend. an 8, deux tableaux ont été publiés pour fixer la comparaison des livres tournois réduites en francs, et *vice versâ*.

C'est donc en se conformant à ces tableaux que tout paiement doit être fait.

Pour réduire des livres en francs, il faut ajouter 1/30e. — Ainsi, 81 livres donnent 80 francs.

4. D'après l'art. 17 L. 25 vent. an 11, le notaire qui contrevient aux lois et arrêtés du gouvernement, concernant la numération décimale, est passible d'une amende de 20 fr. (ci-devant 100 fr., L. 16 juin 1824, art. 10), qui est double en cas de récidive.

5. Toutefois, les dispositions de l'art. 3 L. du 4 juill. 1837, sur les *poids et mesures* (—V. ce mot), ne seront appliquées aux monnaies en circulation qu'en vertu d'une loi spéciale. Loi du 10 août 1839, portant fixation du budget des recettes pour 1840, tit. 1, art. 14.

6. A dater du 1er oct. 1834, les espèces duodécimales, connues sous la dénomination d'écus de six livres, trois livres, pièces de vingt-quatre, douze et six sous tournois, les pièces d'or de quarante-huit livres, vingt-quatre livres et douze livres, ont cessé d'avoir cours forcé. L. 30 mars et 1er avr. 1834, art. 1;—jusqu'au 30 nov. 1834 inclusivement, elles ont été reçues pour leur valeur nominale dans les caisses publiques, en paiement des contributions de toute nature et dans les changes des hôtels des monnaies, jusqu'au 31 déc. 1834.

Depuis le 1er janv. 1835, les espèces duodécimales d'or et d'argent ne sont plus reçues aux changes des hôtels des monnaies que pour le poids qu'elles ont conservé. *Même loi*, art. 2.

Il en est de même des pièces rognées. *Même loi*, art. 2.

7. Les pièces dites de 30 sous et de 15 sous circulent pour 1 fr. 50 cent. et 75 cent; — mais elles ne peuvent entrer dans les paiemens que pour les appoints au-dessous de 5 fr. Décret 12 sept. 1810; Rapport du ministre des finances, S. 10, 2, 371.

8. La pièce de 10 cent., fabriquée en vertu de la loi du 15 sept. 1807, ne doit être donnée et reçue qu'à découvert et seulement pour les appoints de 1 fr. et au-dessous. Décr. 21 fév. 1808; Circ. du 11 mars.

9. La monnaie de cuivre et de billon de fabrication française ne peut être employée dans les paiemens, si ce n'est de gré à gré, que pour l'appoint de la pièce de 5 fr. Décr. 18 août 1810, Circ. du 14 sept.

10. Sont passibles d'amendes, depuis 6 fr. jusqu'à 10 fr. inclusivement, ceux qui refusent de recevoir les espèces et monnaies nationales non fausses ni altérées, selon la valeur pour laquelle elles ont cours. C. pén. 475-11°.

11. Les pièces d'or et d'argent du ci-devant royaume d'Italie continuent d'avoir cours légal en France, lorsqu'elles ont le titre et le poids prescrits par le décret du 21 mars 1806. Cass. 10 août 1826, S. 28, 54.

12. A l'égard des *offres réelles* (—V. ce mot), le procès-verbal doit contenir l'énumération et la qualité des espèces. — Mais il faut en réduire la valeur en francs ou centimes.

13. Avant la loi du 11 avr. 1838, les trib. pouvaient-ils connaître en dernier ressort d'une demande de *mille francs* ? — V. *Ressort*.

14. Les matières d'or ou d'argent sont soumises au contrôle

de l'administration des monnaies. — On perçoit un droit proportionnel pour cette vérification. L. 19 brum. an 6, art 21.

15. Les trib. correctionnels peuvent prononcer une amende et la confiscation des objets saisis, en cas de contravention. *Même loi*, art. 80, 107, 109.

16. La décision de l'administration des monnaies n'est pas exclusive de tout autre mode de preuve du délit reproché.

Les trib., juges de l'existence et de la répression des délits et contraventions en matière de garantie d'or et d'argent, ont nécessairement le droit de soumettre à la vérification des experts les faits contestés dont l'appréciation peut dépendre des règles de l'art. — Aucune disposition légale ne les oblige de ne soumettre cette vérification qu'à l'administration des monnaies. — Le droit de surveillance attribué à l'administration ne lui confère pas le pouvoir de prononcer exclusivement et souverainement sur les faits de cette nature, et d'astreindre les trib. à se conformer à son avis contrairement au principe établi dans l'art. 323 C. pr. Cass. 13 mars 1834, S. 24, 136.

17. Le droit proportionnel d'enregistrement des actes dont le prix est stipulé payable en monnaie étrangère, doit être liquidé et perçu sur le pied du change au jour de la passation des actes. Décis. min. fin., 21 mai 1793.

MORATOIRES (INTÉRÊTS). — V. *Intérêts.*

MORT CIVILEMENT.

Les droits actifs et passifs du mort civilement sont exercés par son curateur. — V. *Arbitre* n° 177 ; *Curateur*, n° 22 ; *Enquête*, n° 210 ; *Expert*, n° 31 ; *Exploit*, n° 110.

MOTIFS. — V. *Cassation*, n° 106 ; *Jugement*, n°s 110 et suiv. ; *Loi.*

MOTIVEES (CONCLUSIONS). V. — *Conclusions*, n° 6.

MOTS RAYÉS. — V. *Rature.*

MOYENS. — V. *Ajournement*, *Appel*, *Cassation*, *Citation*, *Jugement.*

MOYEN NOUVEAU. — 1. La défense de présenter en *appel* des demandes nouvelles, ne s'applique pas aux moyens nouveaux. — V. ce mot, n. 295 à 303 et *Demande nouvelle.*

2. En général, il est interdit de proposer devant la C. de Cass., un moyen dont il n'a été parlé, ni en 1re inst., ni en appel. — V. *Cassation*, n. 135.

Cette règle reçoit exception dans deux cas principaux : — 1° lorsque le moyen a été apprécié d'office par les premiers juges ; — 2° lorsqu'il intéresse l'ordre public. — V. *Cassation*, n° 138.

3. Ne sont pas susceptibles d'être proposés en Cass. les moyens résultant : — 1° de l'omission relative à une peine prononcée par la loi, par exemple, de ce qu'à défaut d'inventaire des meubles ne pouvaient pas être propres à l'un des époux, mais tombaient dans la communauté. Cass., 9. mars 1837, D. 37, 273.

4. 2° De l'autorité d'un aveu judiciaire, dont il n'a point été demandé acte devant les juges du fait, et cela alors même que cet aveu aurait été un des motifs de la décision des premiers juges infirmée sur appel. Cass. 13 juin 1837, D. 37, 440.

5. 3° Du rejet d'une exception d'incompétence, qui n'aurait pas été proposée avant toute défense au fond. Cass. 31 janv. 1838, ch. civ., D. 38, 93.

6. 4° De ce que la prescription admise par les premiers juges aurait été interrompue ou suspendue pour cause de minorité, ou de ce que l'Etat aurait été illégalement représenté. Cass. 21 fév. 1827, S. 27, 451.

7. 5° De la contestation, de la qualité dans laquelle une partie a agi devant les juges du fond. Cass. 20 fév. 1828, S. 28, 303.

8. 6° D'une exception d'incompétence, rejetée par un jugement de 1re inst., qui n'a pas été attaqué en appel dans le délai de la loi. — Ainsi jugé en matière correctionnelle. Cass. 22 fév. 1828, S. 28, 270.

9. Mais l'exception d'incompétence résultant de ce que l'autorité judiciaire aurait empiété sur les attributions de l'autorité administrative, peut-être proposée pour la 1re fois devant la C. de cass. Cass. 15 juin 1837, D. 37, 395. — Par exemple, s'il s'agit de questions relatives au dégrèvement des contributions. Cass. 10 janv. 1838, D. 38, 82. — Dans ce cas, il appartient à la C. de cass. de décider en fait que les actes administratifs d'où l'on induit l'incompétence, ne sont pas applicables à l'espèce du procès, et que par suite l'exception n'est pas fondée. *Même arrêt.* — V. D'ailleurs, *Audience solennelle*, n° 5; *Nullité*, 18 et suiv.

10. Il en est autrement du moyen tiré de l'incompétence des premiers juges, lorsque la C. roy. qui aurait été compétente, pour prononcer sur ce moyen en infirmant le jugement, ne l'a cependant pas fait. — Dans l'espèce, la contestation aurait dû être déférée non au trib., mais à des arbitres forcés. Cass. 5 juill. 1837 (Art. 937 J. Pr.).

11. Toutefois la C. de Cass., a suppléé d'office le moyen tiré de ce que le jugement de 1re inst. n'avait pas été signifié avant sa mise à exécution, bien qu'il n'eût pas été plaidé devant la C. royale. Cass. 4 mars 1829, S. 29, 92.

MUET. — V. *Arbitre*, n. 184; *Enquête*, n. 218; *Interprète*.

MUR. — V. *Action possessoire*.

MUTATION. — V. *Enregistrement*, n° 51; *Succession*.

MYRIAMÈTRE. Terme de distance équivalent à environ deux lieues anciennes.

— V. *Ajournement*, n° 47; *Citation*, n°s 13 à 15; *Délai*, § 3; *Purge*, *Tarif*, *Surenchère*.

MYSTIQUE (TESTAMENT). — V. *Possession* (*envoi en*).

N.

NAISSANCE. — V. *Acte de l'état civil.*

NANTISSEMENT. Contrat par lequel un débiteur remet une chose à son créancier pour sûreté de la dette. C. civ. 2071.

1. Le nantissement selon qu'il a pour objet des choses mobilières ou immobilières, s'appelle *Gage* ou *Antichrèse*. C. civ. 2072.

2. *Gage*. Il confère un privilége. C. civ. 2073. — V. *Distribution par contribution*, nos 65 et 66.

3. Mais il doit être constaté par écrit enregistré en matière excédant la valeur de 150 fr. C. civ. 2074. — V. toutefois *Distribution*, nos 67 à 74 et *Saisie-gagerie*. — Et s'il a pour objet des créances, il doit en outre être signifié au débiteur de la créance donnée en gage. C. civ. 2075. — V. *Transport-cession.*

4. Le créancier ne peut, à défaut de paiement, disposer du gage, sauf à lui à faire ordonner en justice que ce gage lui demeurera en paiement et jusqu'à due concurrence, d'après une estimation faite par experts ou qu'il sera vendu aux enchères. C. civ. 2078.

5. Toute clause qui autoriserait le créancier à s'approprier le gage ou à en disposer sans les formalités ci-dessus, est nulle. *Même article.*

6. L'exécution de la clause d'un acte sous seing-privé qui autorise le créancier, à défaut de paiement à l'échéance, à faire vendre le gage ne peut-être ordonnée en *référé*, surtout lorsqu'il n'y a pas urgence. — V. ce mot.

7. *Antichrèse*. Le créancier ne devient point propriétaire de l'immeuble par le seul défaut de paiement au terme convenu ; toute clause contraire est nulle : en ce cas, il peut poursuivre l'expropriation de son débiteur par les voies légales. C. civ. 2088. — V. *Saisie-immobilière.*

—V. d'ailleurs, *Hypothèque*, *Réception de caution.*

NATURALISATION. — V. *Etranger, Ministre de la justice.*

NAVIRE. — V. *Saisie*, *Vente.*

NÉGATOIRE (ACTION). Action par laquelle on veut faire déclarer que son adversaire n'a pas tel ou tel droit réel. — V. *Confessoire.*

NEGOCIANT. — V. *Tribunal et Acte de commerce.*

NEGOCIATION DES EFFETS PUBLICS. — V. *Agent de change.*

NEGOTIORUM GESTOR. C'est celui qui gère, sans mandat, les affaires d'autrui. — V. *Responsabilité.*

NEVEU. — V. *Parenté.*

NOMS. (*Changemens, Additions et Rectifications de*)—V. *Actes de l'état civil*, nos 11, 32.

NOMS ET PRÉNOMS.

— V. *Ajournement*, n° 8; *Appel*, n°s 165, 169, 170, 176; *Arbitrage*, n° 123; *Enquête*, n° 248; *Exploit*, n°s 11 et suiv.; *Jugement*, n°s 185, 190, 207, 234 à 240.

NOMINATION. — V. *Arbitre*, *Avocat à la Cour de cassation*, *Avoué*, *Expert*, *Greffier*, *Huissier*, *Installation*, *Office*, *Organisation judiciaire*, *Serment*.

NON BIS IN IDEM. — V. *Discipline*, n° 4; *Jugement*, n°s 298 et suiv.

NON-JOUISSANCE. Pour les actions que le fermier ou le locataire peut exercer contre le propriétaire pour non-jouissance. — V. *Fermier*, n° 2; *Juge de paix*, n°s 56 et suiv.

NON-PRÉSENT. — V. *Absence*.

NON-RECEVABLE. — V. *Exception*, *Fin de non-recevoir*.

NOTABLE. — V. *Jugement*, n° 69 et *Trib. de commerce*.

NOTAIRE. Fonctionnaire public établi pour recevoir tous les actes et contrats auxquels les parties *doivent* ou *veulent* faire donner le caractère d'authenticité attaché aux actes de l'autorité publique, et pour en assurer la date, en conserver le dépôt, en délivrer des grosses et expéditions. L. 25 vent. an 11, art. 1.

1. Le nom d'*officiers ministériels* ne peut être donné aux notaires. — V. ce mot et *Discipline*, n° 207.

2. Le titre de fonctionnaire ou officier public, ne doit pas les faire considérer comme dépositaires ou agens de l'autorité publique, dans le sens de la loi. Art. 19 L. 26 mai 1819.

Conséquemment, le délit de diffamation commis contre des *notaires* (ou leur chambre), ayant agi dans les limites de leurs fonctions, doit être réputé commis envers des particuliers, et les prévenus sont justiciables des trib. correctionnels. Cass. ch. cr. 9 sept. 1836 (Art. 500 J. Pr.). — V. aussi *Avoué*, n° 13.

— V. d'ailleurs *Intervention*, n°s 26 et 27.

3. Le gouvernement a le droit de déterminer le nombre des notaires. L. 25 vent. an 11, art. 31; — les suppressions ou réductions de places ne s'effectuent que par mort, démission ou destitution. *Ib*. art. 32.

4. Les notaires sont institués à vie. *Ib*. art. 2.

Ils sont nommés par le roi, et ont le droit de présenter leur successeur à son agrément, excepté dans le cas de destitution. — V. *Office*.

5. On distingue les notaires en trois classes, suivant qu'ils sont établis auprès d'une C. roy., d'un trib. de 1re instance, ou d'un trib. de paix. *Ib*. art. 3.

6. *Conditions d'admission*. Pour être admis aux fonctions de notaire, il faut :

1° Jouir de l'exercice des droits de citoyen. — V. *Avoué*, n° 15.

7. 2° Avoir satisfait aux lois sur le recrutement. — V. *ib.* n° 16.

8. 3° Etre âgé de vingt-cinq ans accomplis. — V. *ib.* n° 17.

En cas de non-existence des registres de l'état civil, il n'est pas indispensable de recourir aux formalités prescrites par l'art. 46 C. civ. (— V. *Actes de l'état civil*, n° 12 et suiv.); un acte de notoriété peut remplacer l'acte de naissance (— V. *Avoué*, n° 17). — *Contrà*, Déc. minist. 12 oct. 1829.

9. 4° Justifier du temps de travail prescrit. L. 25 vent. an 11, art. 35. — V. *Stage*.

Le temps de stage, réclamé par un aspirant au notariat, à une époque où il devait être présumé incapable de discernement, à raison de son jeune âge, ne peut être pris en considération. Déc. min. just. avril 1836 (Art. 483 J. Pr.).

10. Le notaire déjà reçu, et exerçant depuis un an dans une classe inférieure, est dispensé de toute justification de stage pour être admis à une place de notaire dans une classe immédiatement supérieure. *Ib.* art. 38.

11. Un greffier de justice de paix peut obtenir des dispenses de *stage* pour être notaire. Déc. min. just. 31 janv. 1836 (Art. 383 J. Pr.). — Mais, l'exercice des fonctions d'avoué pendant près de vingt ans, et de conseiller municipal, ne dispense pas de la justification du temps d'étude d'aspirant au notariat. Déc. min. just. avril 1836 (Art. 483 J. Pr.).

12. 5° Rapporter un certificat de moralité et de capacité délivré par la chambre des notaires du ressort dans lequel on veut instrumenter. L. 25 vent. an 11, art. 43; — ce certificat doit être timbré et légalisé. — Cette obligation existe même pour le notaire qui veut passer dans une autre résidence, quoiqu'elle soit de classe inférieure.

13. Une seule délibération suffit pour la délivrance des certificats de moralité et de capacité, quand cette délibération a exprimé un avis favorable, et qu'aucune observation contraire n'a été faite par le procureur du roi. Déc. min. just. 8 mai 1837 (Art. 920 J. Pr.).

14. 6° Etre présenté par un titulaire, sa veuve ou ses ayant-cause (L. 28 avr. 1816, art. 91); — à moins qu'il n'y ait une vacance.

15. 7° Etre nommé par ordonnance du roi. L. 25 vent. an 11, art. 45.

La commission énonce le lieu fixe de la résidence. *Ib.*; — Elle est, dans son intitulé, adressée au trib. de 1re inst. dans le ressort duquel le pourvu a sa résidence. *Ib.* art. 46.

16. 8° Justifier du versement d'un *cautionnement* (— V. ce

mot, n° 5), — et de l'acquit des droits d'enregistrement fixés au dixième du cautionnement. Ce droit est perçu sur la première expédition de l'ordonnance, dans le mois de sa délivrance. L. 21 avr. 1832, art. 34.

En cas de délivrance d'une seconde ou de subséquentes expéditions, la relation de l'enregistrement y est mentionnée sans frais par le receveur du bureau où la formalité a été donnée, et les droits acquittés. *Ib.*

17. 9° Prêter serment devant le trib. dans les deux mois de la nomination, à peine de déchéance. L. 25 vent. an 11, art. 47; 2 sept. 1830. — V. d'ailleurs *Avoué*, n° 25.

18. La prestation de serment est constitutive de l'installation du notaire; il peut dès lors exercer ses fonctions. L. 25 vent. an 11, art. 48.

19. Les notaires doivent encore, avant d'entrer en fonctions, déposer au greffe de chaque trib. de 1re inst. de leur département, et au secrétariat de la mairie de leur résidence, leurs signature et paraphe. Les notaires à la résidence des C. roy. font en outre ce dépôt aux greffes des autres trib. de 1re inst. de leur ressort. L. 25 vent. an 11, art. 49. — Les notaires ne sont pas tenus de faire légaliser leurs signature et paraphe par le président du trib. de l'arrondissement de leur résidence, avant d'en effectuer le dépôt aux greffes des tribunaux. Déc. min. just. 16 sept. 1828. — V. *Légalisation*.

20. L'*ancienneté* de rang procure certains avantages. — V. ce mot, *Préséance*, et *inf.* n° 21 et suiv.

Le rang d'ancienneté se détermine par l'époque de la prestation de serment, et d'après la dernière nomination du notaire, sans égard aux fonctions de même nature qu'il aurait remplies en vertu d'une précédente nomination. Douai, 31 mars 1832; Cass. 16 avr. 1834, D. 34, 167.

21. L'ancienneté fait accorder souvent la préférence, soit pour dresser un acte, soit pour en conserver la minute.

Ainsi, en cas de concours de plusieurs notaires pour dresser un *inventaire*, le plus ancien en réception a la préférence, et a le droit d'en conserver la minute, d'après les anciens usages, notamment un statut. Not. de Paris, 13 mai 1681.

22. Jugé que la minute doit rester au plus ancien, encore que l'autre notaire eût été choisi par la veuve commune en biens, et usufruitière universelle. Nanci, 24 août 1835. (Art. 1508 J. Pr.).

23. Mais la préférence n'est pas due, pour dresser l'inventaire, au notaire rédacteur du testament du défunt. *Ordonnances du président*, p. 238.

24. L'usage actuellement à Paris est d'accorder la préférence au notaire, — 1° de l'époux survivant; — 2° de l'héritier à réserve ; — 3° des héritiers saisis de plein droit de la succession ; — 4° de l'exécuteur testamentaire ; — 5° des légataires ; — 6° des créanciers. Paris, 20 oct. 1808, S. 9, 38 ; *Ordonnances du président*, p. 238, note.

25. Toutefois il a été jugé 1° que le conjoint survivant, commun en biens, n'a pas, de préférence aux héritiers, le droit de choisir le notaire. Colmar, 11 nov. 1831, S. 31, 355 ; Carré, n° 3130 ; Biret, 2, 44.

2° Que l'exécuteur testamentaire n'est pas en droit d'imposer aux héritiers légitimes et aux légataires universels le notaire de son choix ; s'il y a dissidence entre les parties, le choix doit être fixé, non par les divers motifs de préférence qu'on peut invoquer, mais par une nomination faite d'office par le président du trib. Bordeaux, 15 avr. 1835, D. 35, 112.

26. Si quatre notaires sont proposés, l'un par l'époux survivant, le second par l'héritier, le troisième par l'exécuteur testamentaire, le quatrième par les légataires ou donataires universels ou à titre universel, le président doit nommer celui proposé par le survivant, et le second parmi les trois autres. — On préfère celui des héritiers à réserve à celui des donataires, ce dernier à celui de l'exécuteur testamentaire, celui de l'exécuteur à celui des légataires. Pigeau, 2, 619. — V. aussi *Inventaire*, n°s 121 à 126.

27. Au reste, le notaire commis pour procéder à la liquidation des reprises de la femme (après séparation), doit avoir la préférence pour faire l'inventaire, bien que celui de l'autre partie soit le plus ancien. Paris, 3 oct. 1839. (Art. 1527 J. Pr.).

28. Le titre de notaire honoraire est ordinairement accordé dans les assemblées générales, ou par les chambres de discipline à ceux qui, après un certain temps d'exercice, se retirent honorablement de leurs fonctions.

29. *Attributions des notaires.* Les attributions des notaires consistent non seulement à rédiger les conventions des parties, mais encore à dresser acte de tout fait quelconque qu'un individu peut avoir intérêt de faire constater, par exemple, la prise de possession d'un immeuble, un état de lieux,

— V. d'ailleurs *Licitation*, *Prisée*, *Vente*. — *Huissier*, n° 40 et 41.

Le droit de délivrer les certificats de vie nécessaires pour le paiement des rentes viagères et pensions sur l'état, — d'abord restreint à certains notaires nommés par le ministre des finances. Décr. 21 août 1806, — puis accordé à tous les notaires de de Paris indistinctement. Ordonn. du roi, 30 juin 1814, — appartient maintenant à tous les notaires du royaume. Ordonn. 6 juin 1839. (Art. 1535 J. Pr.).

30. Il est des actes où le ministère des notaires est nécessaire : — Tels sont les actes de consentement à *mariage*. C. civ. 73, 76 ; — les *actes respectueux*. C. civ. 334.—V. ces mots ;— les actes de donation entre vifs, et procurations pour les accepter. C. civ. 931 et 933 ; — les testamens mystiques. C. civ. 976 ; — les contrats de mariage. C. civ. 1394, 1396, 1397 ;— les constitutions d'hypothèques, les consentémens à radiation, et actes de subrogation. — V. *Hypothèque*, n° 6 ; *Inscription*, n° 69.

31. Le ministère des notaires est encore obligé ; — 1° pour les procurations, afin de transférer et vendre les rentes sur l'état ; — 2° pour la garde des testamens olographes ;—3° pour les *inventaires*. — V. ce mot, n° 107 ; — 4° pour la vente aux enchères des meubles incorporels et des récoltes.—V. *Huissier*, n°s 43 et 44.

32. Doivent aussi être passés devant notaires les actes où figure une partie qui ne sait signer. Arg. C. civ. 1341.

33. Du droit exclusif accordé aux notaires de passer tous *les contrats et actes volontaires*, il résulte que les greffiers et les juges eux-mêmes ne pourraient recevoir des actes de cette espèce. Loiseau, *Office*, liv. 2, ch. 5, n° 49.

La même interdiction s'applique aux juges de paix, qui ne peuvent dresser procès-verbal des conventions des parties, qu'autant que l'affaire qui leur est soumise est de nature contentieuse : les seules transactions sur procès sont de leur ressort. Circ. min. just. 29 brum. an 5 ;— ni statuer sur les différends des parties, par suite de leur comparution volontaire autorisée par l'art. 7 C. pr., si ce n'est dans les limites de leur compétence. — V. *Juge de paix*, n°s 34 et 166 ; *Prorogation de juridiction*.

34. En général, les huissiers sont seuls chargés de notifier les exploits, ce droit n'appartient pas aux notaires.—V. *Exploit*.

Toutefois, certains procès-verbaux ayant de l'analogie avec les exploits, peuvent être faits par le ministère d'un notaire, tels sont les *actes respectueux*.—V. ce mot, et *Mariage*, n° 15 ; les *Protêts*.—V. *Effet de commerce*, n° 92.

35. Un billet à ordre peut être passé devant notaires en brevet.

Les notaires peuvent-ils faire des *procès-verbaux de carence ?*— V. ce mot.

36. Les notaires peuvent recevoir le dépôt volontaire, ou ordonné par justice, de tous actes ou écrits authentiques ou sous seing privé, expéditions ou copies, pourvu qu'ils ne contiennent rien de contraire aux mœurs, ni à l'ordre public.

37. Les fonctions d'*expert* sont valablement remplies par un notaire —V. ce mot, n°s 29 et 89.

38. Les actes notariés font foi en justice ; ils sont exécutoires dans tout le royaume, quand ils sont intitulés au nom du chef de l'état, de même que les jugemens. L.25 vent. an 11, art. 19, 25; C. pr. 545. — V. *Exécution*, n°s 29 et suiv.; *Préliminaire de conciliation*; et toutefois *Légalisation*.

39. Les actes notariés ont date certaine, à compter du jour où ils sont passés, avant et nonobstant le défaut d'enregistrement.

Ainsi jugé pour un acte de reconnaissance d'enfant naturel, où la relation de l'enregistrement avait été bâtonnée par le receveur à raison du non paiement du droit. Cass. 16 déc. 1811, P. 9, 776.

— V. d'ailleurs *Absence*, n°s 15 et suiv.; *Courtier*, n° 9; *Effet de commerce*, n° 92; *Faux*, n°s 73, 155; *Juge de paix*, n° 224; *Licitation*, n° 70; *Liquidation*, n° 2; *Offres réelles*.

40. *Incompatibilités*. Les fonctions de notaire sont incompatibles avec celles de juges, procureurs-généraux, procureurs du roi près les trib., et leurs substituts, avec celles de greffiers, avoués, huissiers, préposés à la recette des contributions directes et indirectes, juges, greffiers et huissiers des justices de paix, commissaires de police et commissaires-priseurs. L. 25 vent. an 11, art. 7; Ordonn. 31 juill. 1822.—V. d'ailleurs *Avocat*, n° 88.

L'incompatibilité a été étendue aux fonctions de sous-préfet (Arr. gouv. 3 brum. an 12); — de membre de conseil de préfecture (Av. Cons.-d'Ét. 10 vend. an 13); — enfin de contrôleur des contributions. Déc. min. fin. 8 prair. an 13.

Il n'y a pas incompatibilité entre les fonctions de notaire et celles de suppléant de *juge de paix* (—V. ce mot, n° 24) et celles de maire ou adjoint. Lettre du garde-des-sceaux 22 janv. 1827.

Mais le même individu ne peut faire un inventaire comme notaire, et lever les scellés comme suppléant du juge de paix.

41. Un notaire peut, en qualité de juge suppléant (— V. *Juge*, n° 33), — remplacer un juge, concourir à un jugement. Douai, 8 janv. 1816, P. 13, 208; — vider un partage d'opinions.— V. *Jugement*, n° 56.

42. Jugé qu'un notaire, *licencié en droit*, avait pu être appelé pour compléter un tribunal. Cass. 3 janv. 1822, S. 22, 289. — Mais ce dernier arrêt ne saurait faire jurisprudence; car un notaire ne conserve pas le titre d'*avocat*. — V. ce mot, n° 88.

43. *Délégation judiciaire*. Lorsque le notaire, commis par le trib. pour des liquidations et *partages*, ou des *ventes* de *biens immeubles* (— V. ces mots), — vient à cesser ses fonctions, la délégation de la justice n'est pas transmise de plein droit à son successeur; ce dernier a besoin d'être commis par une nouvelle décision.

La confiance est personnelle; le mandat ne passe point aux successeurs; il faut procéder comme au cas de décès ou d'empêchement d'un juge ou d'un expert, et faire remplacer le notaire démissionnaire.

44. *Obligations*. Les notaires doivent : 1° prêter leur ministère lorsqu'ils en sont requis (L. 25 vent. an 11, art. 3), à moins d'empêchement légitime. L. 29 sept., 6 oct. 1791, tit. 1, sect. 2, art. 6. — V. *Responsabilité*.

Il y a empêchement légitime si les parties refusent d'avancer les droits d'*enregistrement* (— V. ce mot, nos 42 et suiv.); — si l'une d'elles est inconnue du notaire, jusqu'à ce que son individualité lui ait été certifiée ; — si elle est incapable ; — si un commerçant ne représente pas sa *patente* (— V. ce mot) ; — si l'acte est contraire aux lois.

Jugé que l'acte de société, ayant pour but de poursuivre la restitution des sommes indûment perçues par les avoués, huissiers, notaires, n'est point un acte contraire à la loi, et que le notaire auquel on s'adresse ne peut en refuser le dépôt. Aff. Fournier-Verneuil.

45. Les notaires sont empêchés de recevoir aucuns actes dans lesquels sont parties leurs parens ou alliés en ligne directe à l'infini et jusqu'au degré d'oncle ou neveu inclusivement, — ou qui contiennent quelques dispositions en leur faveur. L. 25 vent. an 11, art. 8. — Mais ils peuvent instrumenter pour un grand-oncle, ou pour des cousins germains.

46. Le décès sans enfans ou descendans de l'époux qui a produit l'affinité fait-il cesser l'*alliance?* — V. ce mot, n° 4 ; et d'ailleurs *Huissier*, n° 140.

47. 2° Résider dans le lieu qui leur a été fixé. L. 25 vent. an 11, art. 4.

48. Il ne faut pas confondre la simple infraction à l'obligation de conserver la résidence fixée avec l'envahissement habituel ou temporaire de la résidence d'autrui.

Dans le premier cas, la contravention étant toute d'ordre et d'intérêt publics, la connaissance et la répression de l'infraction appartiennent exclusivement au ministre de la justice. — V. *Discipline*, nos 193 à 195.

Dans le second cas, l'infraction se complique d'une atteinte à l'intérêt privé, puisque la présence illicite, et plus ou moins prolongée d'un confrère, est de nature à appeler et à détourner la confiance publique, et par suite, la clientelle attachée à la résidence : l'action en dommages et intérêts peut être portée directement par le notaire lésé devant les trib. civils.

Mais cette action n'est-elle ouverte que lorsque le gouvernement a préalablement statué sur la question de résidence? — Pour l'affirmative, on invoque la nécessité de constater l'infraction reprochée. Metz, 21 juill. 1818, S. 19, 49 ; Arg. Paris, 14 mai 1832, S. 32, 405.

Dans le système contraire, on argumente du droit d'obtenir la réparation de tout préjudice causé par le fait d'autrui (C. civ. 1382). Riom, 18 mai 1833, S. 33, 582; Rouen, 26 juin 1837, S. 37, 473; Lyon, 30 août 1838 (Art. 1550 et 1583 J. Pr.); Gagneraux, 1, 54.

Il suffit qu'il y ait résidence fréquente, quoique non continue, dans un autre endroit que celui de la résidence légale, pour donner lieu à une action en dommages et intérêts. Trib. Brignolles, 10 août 1836 (Art. 840 J. Pr.).

49. 3° Ne pas instrumenter hors de leur ressort. *Ib.* art. 6.

50. Les actes notariés peuvent être passés, soit en l'étude du notaire (qui est le lieu où sont les minutes et les clercs du notaire), soit au domicile des parties, ou d'un tiers.

51. 4° Conserver avec soin les minutes des actes et en tenir répertoire.

52. 5° Garder le secret aux parties sur les faits qu'elles ont pu leur confier. — V. *Compulsoire*, n° 1.

53. Un notaire n'est pas tenu de déposer des faits qui se sont passés dans son étude, et qui lui ont été révélés en sa qualité de notaire. Bordeaux, 16 juin 1835 (Art. 155 J. Pr.). — V. *Enquête*, n° 181.

54. Les clercs de notaire peuvent-ils être reprochés dans une enquête, lorsqu'ils sont cités comme témoins par le notaire chez lequel ils travaillent? — Pour l'affirmative on dit : Le patron exerce sur eux une grande influence, surtout s'ils sont logés et nourris par lui. — V. *Enquête*, n° 204. — Mais on répond avec fondement que, si le clerc d'un notaire peut être soupçonné d'avoir quelques raisons de ne pas contredire celui en la bienveillance duquel il espère, ce ne peut être un motif suffisant de le reprocher et de donner à l'art. 283 une extension qu'il n'autorise pas.

Aussi les clercs d'un notaire ont-ils été entendus, comme témoins, dans une enquête ayant pour objet de reconnaître le défaut de consentement des parties qui avaient comparu dans l'acte, bien qu'ils eussent écrit sous la dictée du notaire. Bourges, 6 juin 1825, S. 26, 154.

55. 6° Ne délivrer aucunes expéditions ou grosses, sans qu'elles soient revêtues de leur cachet. L. 25 vent. an 11, art. 7. — V. toutefois *Exécution*, n° 36.

56. Les notaires sont tenus de faire mention sur leurs minutes de la délivrance des premières grosses ou expéditions. L. 25 vent. an 11, art. 26. — V. *Grosse*, n° 21.

Il ne suffit pas que la mention soit faite par les initiales, F. G. (*fait grosse*); — la mention de la délivrance doit être faite en toutes lettres, et paraphée par le notaire. Trib. Orléans, 24 juin 1839 (Art. 1553 J. Pr.).

57. Les notaires sont, dans certains cas, soumis à la *contrainte par corps*. — V. *Emprisonnement*, nos 44 à 46.

58. Ils sont obligés de se conformer aux règles prescrites en matière d'*enregistrement*. — V. ce mot, nos 63 et suiv.; — soit pour la rédaction, soit pour la délivrance de leurs actes.

59. Ils sont tenus — de déposer dans les lieux prescrits par la loi l'extrait des contrats de mariage des commerçans; — V. *Mariage*, nos 4 à 9; — de placer dans leurs études un tableau du nom des personnes interdites. — V. *Interdiction*, no 59.

60. Les chambres des notaires sont obligées d'afficher, dans le lieu de leurs séances, le dépôt des extraits des demandes relatives aux *séparations de biens* et aux *séparations de corps*. C. pr. 867, 872, 880. — V. ces mots.

61. *Amendes*. Diverses amendes sont prononcées contre les notaires, notamment, — 1° pour contravention dans la rédaction de leurs actes; ils doivent être écrits *lisiblement*, sans *blanc*, *lacune*, ni *intervalle* (— V. ces mots). L. 25 vent. an 11; 16 mai 1824, art. 13; — 2° pour contravention à la loi du 22 frim. an 7, sur l'enregistrement; — 3° pour contravention à la loi du 13 brum. an 7 sur le *timbre*. — V. ce mot.

62. Les minutes n'ont pas besoin, en général, d'être absolument écrites par le notaire : la loi du 25 vent. an 11 n'a rien prescrit à cet égard, et, d'après le C. civ., il n'y a que les testamens par acte public, ou l'acte de suscription d'un testament mystique, qui doivent être écrits par le notaire. — Cette formalité n'est pas exigée pour un inventaire. — V. ce mot, no 132.

Mais les notaires ne doivent jamais recevoir, soit en minute, soit en brevet, des actes imprimés, lithographiés, ou autographiés : un tel usage, s'il s'introduisait, porterait un préjudice grave aux intérêts du public : il tendrait à détruire les garanties qu'il a droit d'attendre d'une rédaction particulière, de la discussion qui la prépare, du travail qui l'a produit. Il tendrait à altérer la dignité du notariat, en réduirait l'importance, et en compromettrait l'avenir. Délib. ch. not. Paris, 21 mars 1839 (Art. 1532 J. Pr.).

A l'égard des expéditions, grosses, ou extraits, les mêmes motifs ne peuvent être appliqués; toutefois, le secret imposé aux notaires, la défense qui leur est faite d'en délivrer copie à d'autres personnes qu'aux parties intéressées, ne permettent pas d'employer cette voie sans nécessité et sans l'autorisation des parties. *Même délibération*.

63. *Honoraires*. — V. *Tarif*, *Taxe*.

Les notaires peuvent réclamer leurs honoraires pendant trente ans : la prescription de l'art. 2273 C. civ. ne saurait leur être appliquée par analogie. Troplong, n. 984.

64. Les notaires n'ont droit à l'intérêt des sommes par eux

avancées pour droit d'enregistrement, que du jour de la demande. — V. *Intérêts*, n° 11.

65. Jugé toutefois que le notaire qui a payé de ses deniers les intérêts d'une somme prêtée dans son étude peut répéter contre le créancier les avances dont il n'est pas remboursé par le débiteur. Paris, 28 mars 1837 (Art. 718 J. Pr.).

66. *Timbre.* Les expéditions des ordonnances de nomination sont assujetties au timbre.

67. *Enregistrement.* — Un notaire, ou un autre officier public, peut-il présenter à la formalité de l'enregistrement l'un de ses actes, après l'heure fixée pour la fermeture du bureau ?

Pour l'affirmative on a dit : — L'art. 11, tit. 2, L. 18 et 27 mai 1791, n'a pu avoir pour but de réduire la durée de chacun des jours destinés à l'enregistrement, aux huit heures de séance pendant lesquelles les receveurs sont obligés d'être assidus à leurs bureaux ; — purement réglementaire, elle ne concerne que les employés de l'administration, dont elle règle les devoirs ; — ce serait donner aux dispositions de l'art. 11 une extension qu'elles ne comportent pas, que de les prendre pour règle du délai accordé aux officiers publics, pour l'enregistrement de leurs actes. — Il est de règle générale, en matière d'enregistrement, que celui à qui un délai est accordé pour faire une chose, doit en jouir dans toute son intégrité, et qu'il ne peut être considéré en demeure, ni être poursuivi, tant que ce délai n'est pas expiré. Motifs d'un jugement du trib. de Parthenay, du 8 fév. 1837 (Art. 1106 J. Pr.); conformes trib. d'Apt, 21 mars 1823, Avesne, 17 oct. 1835. — On argumente encore, de l'art. 1037 C. pr., qui devrait, dit-on, servir de règle pour déterminer, suivant les saisons, l'heure jusqu'à laquelle on peut présenter les actes à la formalité de l'enregistrement.

Mais on a répondu avec plus de raison dans l'opinion contraire : — Le temps pendant lequel les bureaux doivent être ouverts, l'heure à laquelle ils peuvent être fermés, ont été fixés non par de simples décisions ministérielles et réglementaires, mais par l'art. 11 L. 27 mai 1791 ; — après l'expiration du temps indiqué par une affiche, le préposé peut et doit arrêter ses registres, et refuser tout enregistrement. L'observation de cette règle intéresse les tiers, auxquels l'enregistrement pourrait porter préjudice ; — l'art. 1037 n'est relatif qu'aux significations faites par les huissiers, mais ne déroge pas à la loi du 27 mai 1791, en ce qui regarde la présentation des actes à l'enregistrement ; — les officiers ministériels sont d'ailleurs soumis aux prescriptions particulières de ces lois ; — or, la loi du 22 frim. an 7, en fixant le délai dans lequel la présentation doit avoir lieu, a nécessairement entendu que le délai serait appliqué, en se conformant à la disposition qui fixe la partie du jour destiné à l'enregistrement, et n'a pas dérogé à celle de 1791. Cass. 28 fév. 1838 (Art. 1501 J. Pr.).

La régie, par une circulaire récente, a enjoint à ses préposés de se conformer à ces principes. — V. dans le même sens (décisions 8 janv. 1821 et 15 janv. 1834). — Deux décisions, l'une du 7 août 1832, l'autre du 2 août 1833, D. 33, 3, 86, ont, il est vrai, accordé des remises à des individus qui avaient présenté une déclaration de command après l'heure de la fermeture du bureau, — mais la régie avait agi sous l'influence de faits très favorables, en reconnaissant, en droit, la légalité du refus du receveur.

NOTES A REMETTRE AU PRÉSIDENT. — V. *Délibéré*, n°s 28 et 29. *Instruction par écrit*, n° 52 ; *Ministère public.*

NOTIFICATION. — V. *Signification.*

NOTIFICATION AUX CRÉANCIERS INSCRITS. — V. *Purge.*

NOTORIÉTÉ. — V. *Actes de notoriété.*

NOURRICE. — V. *Juge de paix*, n° 106.

NOURRITURE. — V. *Alimens.*

Le créancier ne peut saisir les farines et autres menues denrées nécessaires à la consommation du saisi et de sa famille pendant un mois. C. pr. 592. — V. *Saisie-exécution.*

NOUVEL *œuvre* (*dénonciation de*). — V. *Action possessoire*, n°s 28 et suiv.

NOUVELLETÉ. Vieux mot, désignant l'entreprise qui tend à troubler le propriétaire d'un héritage, et donne lieu à la complainte. — V. *Action possessoire.*

NOVATION. — V. *Cassation*, n°s 90, 102 et 105 ; *Office*, § 4.

NUIT. Espace de temps qui s'écoule entre le coucher et le lever du soleil. — V. *Exécution*, n° 102 ; *Emprisonnement*, n°s 154 et 155.

NULLITÉ. Vice qui empêche un acte de produire son effet.

1. *Différentes espèces de nullités.* Les nullités sont absolues ou relatives, intrinsèques ou extrinsèques : elles portent sur les actes de procédure ou sur le fond du droit.

Absolues ou *relatives*. Selon qu'elles sont établies dans un intérêt public ou privé (— V. *Exception*, n°s 88, 89), et qu'elles peuvent être invoquées par toutes les parties indistinctement, ou par l'une d'elles seulement. — V. *ib.* n°s 93, 94, et *inf.*, n° 17.

Intrinsèques ou *extrinsèques*. — V. *Exception*, n°s 90, 91 ; *Exploit*, n° 11.

Nullités d'actes de procédure ou *du fond*. — V. *Exploit*, Section v.

2. *Droit d'établir les nullités.* C'est à la loi, et à la loi seule,

qu'il appartient d'établir des nullités ; — les trib. ne sauraient ni suppléer à son silence ni se dispenser de les prononcer lorsqu'elles sont prescrites. — V. *Comminatoire*, n° 1.

3. L'art. 1030 C. pr. est ainsi conçu : — « *Aucun exploit ou acte de procédure* ne pourra être déclaré nul, si la nullité n'en est pas *formellement* prononcée par la loi. — Dans les cas où la loi n'aurait pas prononcé la nullité, l'officier ministériel pourra, soit pour omission, soit pour contravention, être condamné à une amende qui ne sera pas moindre de 5 fr., et n'excédera pas 100 fr. »

Ainsi, les nullités d'actes faits par les avoués, huissiers et autres officiers ministériels, doivent être écrites dans la loi.

Spécialement, en matière de contributions indirectes, l'art. 28 L. 1er germ. an 13 s'étant borné à disposer que l'assignation à fin de condamnation doit être donnée dans la huitaine au plus tard de la date du procès-verbal de la contravention, sans ajouter la peine de nullité, en cas d'inobservation, l'assignation qui n'a pas été donnée dans ce délai n'est pas nulle. Cass. 31 janv. 1834, D. 34, 117.

— V. *Exploit*, n° 143; *Fête*, n° 8; *Préliminaire de conciliation.*

4. Mais la défense faite au juge, par l'art. 1030 C. pr., de déclarer une nullité que la loi n'a pas formellement prononcée, ne concerne que les exploits et les actes de la procédure. C'est un point constant en jurisprudence.

Ainsi cette défense n'est pas applicable :

1° Aux *jugemens*. — V. ce mot, nos 110 et suiv.

2° En matière d'incompétence ou d'excès de pouvoir. — V. *Arbitrage*, nos 294 et suiv.; *Cassation*, n° 109 et suiv.; *Compétence; Exception*, n° 73.

3° Aux règles d'attribution. — V. *Huissier*, § 3.

4° En cas de défaut de *mandat*. — V. ce mot.

5° Aux actes prescrits par la loi pour l'établissement et la conservation des droits des citoyens. — Spécialement à l'irrégularité d'une *inscription hypothécaire*. (— V. ce mot, n° 30.) Cass. 6 juin 1810, P. 8, 355; Berriat, 139, note 5, n° 3.

5. Elle souffre même quelques modifications à l'égard des actes de procédure proprement dits. Biret, *Nullités*, 2, 6.

Ainsi la jurisprudence a reconnu qu'il était impossible de maintenir un acte qui manquerait des conditions essentielles à son existence, bien que la loi n'en prononçât pas expressément la nullité. Ainsi jugé relativement à la notification irrégulière de la liste des jurés. Cass. 26 déc. 1823, S. 24, 185.

Telle est l'origine de la distinction des formalités substantielles et des formalités accidentelles ou secondaires.

Cette distinction, rationnelle en théorie, présente de graves difficultés dans l'application. La C. de Cass. a souvent varié sur ce qu'il faut entendre par formalités substantielles : les trib. ne doivent les admettre qu'avec la plus grande réserve. Merlin, *Rép.*, v° *Vente*, § 1, art. 1.

6. Sont en général réputées *substantielles*, les nullités résultant : — 1° de ce que l'acte manque des formalités essentielles à son espèce, qui lui donnent l'existence ou qui le caractérisent. — Par exemple, de celles prescrites par une loi spéciale, à moins qu'elle n'ait elle-même restreint l'application du principe de nullité, en déterminant les cas où cette nullité doit être prononcée. Par exemple le défaut d'accomplissement des formalités prescrites pour un procès-verbal constatant une contravention en matière de garantie d'or et d'argent. — (V. *Monnaie*, n° 14.) Cass. 2 déc. 1824, S. 25, 229.

2° De l'omission des formalités généralement indispensables; telles que celles dont l'accomplissement est nécessaire à l'exercice du droit de défense. Cass. 7 déc. 1822, S. 23, 5; 17 janv. 1823, S. 23, 155: 7 août 1822, S. 23, 65; Favard, *Rép.*, v° *Nullité*, § 1, n° 9.

Ainsi, il y a nullité si, lors de l'arrestation, le débiteur n'a pas été conduit, sur sa demande, devant le président du tribunal. — V. *Emprisonnement*, n° 195 ;

Lorsqu'en matière de contributions indirectes le contrevenant présent à la rédaction du procès-verbal de saisie n'en a pas reçu copie immédiatement après la clôture. — V. *Douane*, n° 16;

Si la consignation est faite sans y avoir appelé ceux qui ont droit sur les choses consignées. Cass. 1er fruct. an 11, S. 4, 2, 28. — V. *Offres-réelles*.

3° Du défaut de pouvoir, ou d'attribution, ou de mandat, de la part de la personne qui a fait l'acte. — V. *Femme mariée*, n° 22; et *sup*. n° 4.

4° Du défaut de volonté ou de capacité dans la personne par qui ou à la requête de qui un acte a été fait.

5° Du défaut de cause, ou de l'existence d'une cause illicite.

7. Au reste, les mots *à peine de nullité* ne sont pas sacramentels; la nullité doit s'induire lorsque la loi dit qu'un acte n'est pas valable. C. civ. 948, 1050, 1325, 1338; — ou qu'il n'y a point d'acte. C. civ. 1587, 1592; — ou qu'il ne peut produire aucun effet; qu'il est sans effet. C. civ. 1131, 1430, 1974; — ou qu'il est réputé non avenu. C. pr. 156, 438.

8. Mais on ne saurait admettre, en matière d'actes de procédure proprement dits, qu'il y ait lieu de suppléer la nullité, par cela seul que la disposition de la loi est prohibitive.

Il en est de même à plus forte raison, si la disposition de la loi est seulement impérative. Carré, n° 3392. — *Contrà*, Delaporte, art. 1030.

9. Certains auteurs distinguent entre les lois impératives et prohibitives, et décident que ces dernières n'entraînent pas la nullité, lorsqu'elles ont attaché une peine à la violation de leurs dispositions. Dans ce cas, le législateur n'a voulu, selon eux, que prononcer la peine; mais, s'il est des circonstances, notamment au titre du mariage, dans lesquelles il n'y ait pas lieu à la nullité de l'acte, et seulement à la peine établie par la loi, il en est d'autres où la loi prononce cumulativement la nullité et la peine. C. civ. 1597, 2063; L. 25 vent. an 11, art. 6, 15, 68.

Jugé qu'un acte de mariage ne peut être déclaré nul, faute d'avoir été signé par le père de l'un des époux, dont la présence et le consentement ont été constatés par l'officier de l'état civil, mais qu'il y a lieu seulement à la condamnation à l'amende prononcée par l'art. 50 C. civ. Grenoble, 5 avril 1824, S. 25, 150.

10. Mais cette règle reçoit exception, lorsque l'omission constitue un vice radical.

Ainsi jugé pour défaut de signature sur un procès-verbal des séances d'une Cour d'assises. Cass. 5 juin 1822, S. 23, 362.

11. *Comment la nullité peut être demandée et déclarée.* En général, les nullités n'ont point lieu de plein droit, suivant la maxime : *Voies de nullité n'ont pas lieu en France.* Un acte est donc réputé valable, tant qu'il n'a pas été annulé. C. civ. 1117.

12. Toutefois, il est des nullités qui sont prononcées immédiatement par la loi elle-même, et qui ont lieu de plein droit. C. pr. 366, 692. — V. *Règlement de juges*, *Saisie immobilière.*

13. Le droit de déclarer l'annulation d'un acte n'appartient qu'aux tribunaux. Cass. 27 août 1818, P. 14, 1,013.

Ainsi, les préposés de l'enregistrement n'étant pas juges de la validité des actes, les actes notariés, assimilés aux actes sous seing-privé, n'en sont pas moins considérés, quant à l'enregistrement, comme des actes notariés.

14. La compétence du trib. qui doit connaître de l'action en nullité, varie suivant la nature de l'acte qu'il s'agit de faire annuler. — V. *Compétence*, *Tribunaux.*

15. *Par qui et comment les nullités peuvent être proposées.* La nullité ne peut être proposée que par celui qui y a un intérêt né et actuel. C. civ. 187. — V. *Intérêt (défaut d')*, n° 1 et suiv.

16. On n'est pas en général recevable à se faire un moyen des nullités qu'on a commises soi-même. Berriat, 142.

17. Néanmoins, les nullités *d'ordre public* peuvent être proposées par toute personne, en tout état de cause, même d'office par les tribunaux ; — il en est autrement des nullités relatives. — V. *Exception*, nos 93, 94, 96 et suiv.; *Ministère public*.

Ainsi, les nullités fondées sur l'incapacité de certaines personnes ne peuvent pas être invoquées, par toutes les parties qui ont figuré dans l'acte, mais seulement par les incapables. C. civ. 1125. — V. d'ailleurs *Commune*, n° 29 à 32 ; *Femme mariée*, n° 166 et suiv.; *Personnels (droits)*.

18. *En tout état de cause*, et même pour la première fois devant la Cour de *cassation*. — V. Ce mot, n° 138 ; et *Moyen nouveau*, n° 3.

19. Mais on ne peut proposer pour la première fois, en cassation, — 1° La nullité d'un exploit d'ajournement. Cass. 2 mars 1837, D. 37, 280.

20. 2° La nullité d'une expertise, pour inobservation des formalités prescrites par les art. 303, 317. C. pr., lorsque cette nullité n'a pas été précisée devant les premiers juges. Cass. 26 mai 1835, D. 35, 263.

21. 3° La nullité relative au défaut de mise en demeure préalable du fol-enchérisseur. Cass. 27 mai 1835 (Art. 77 J. pr.).

22. 4° La nullité tirée de ce qu'un juge suppléant a concouru au jugement de première instance, sans qu'il ait été fait mention de l'empêchement du juge titulaire. Cass. 12 avr. 1834 (Art 68 J. pr.).

23. 5° Le moyen pris de ce que l'instance intentée avant le C. de Pr. a été instruite d'après ce Code. Cass. 22 nov. 1837 ; D. 38, 168.

24. 6° L'omission de l'un des deux degrés de juridiction, attendu que la règle des deux degrés n'est d'ordre public qu'en ce que nul n'en peut être privé malgré lui. Cass. 22 nov. 1837, D. 38, 168.

25. 7° Le moyen tiré de la violation des deux degrés de juridiction, lorsqu'il a été plaidé et conclu au fond sans réserves ni protestations devant un trib. d'appel sur une cause qui n'avait pas reçu de décision en 1re inst. Cass. 4 fév. 1829, D. 29, 135.

26. *Délai de l'action en nullité*. L'action en nullité des conventions dure en général dix ans. C. civ. 1304.

27. Toutefois, certaines nullités, et notamment les nullités de procédure, doivent être proposées dans des délais plus courts. — V. *Saisie immobilière*.

Les jugemens ne peuvent en général être attaqués que dans

les trois mois de leur signification à personne ou domicile. — V. *Appel*, *Cassation*, *Requête civile.*

Quant aux actes qui couvrent les nullités. — V. *Exception*, nos 96 et suiv.

28. *Effets des nullités.* Ce qui est nul ne peut produire d'effet.

29. Une procédure nulle n'interrompt ni la péremption, ni la prescription, et ne constitue point le débiteur en demeure. C. civ. 2247.

30. Les nullités de procédure ne frappent que sur les actes viciés et sur les actes qui en sont la suite nécessaire, sans faire proscrire l'action, le droit, ou la faculté qui a été irrégulièrement exercée.

31. La C. de cass. ne doit annuler qu'une partie de l'arrêt qui lui est déféré, lorsque la nullité ne vicie qu'une ou quelques-unes de ses dispositions. Arg. C. inst. cr. 434. — V. *Cassation*, n° 289 et suiv.; *Jugement par défaut*, n° 166.

32. Les nullités d'actes de procédure donnent lieu à l'application de peines disciplinaires contre les officiers ministériels qui les ont rédigés, et à des condamnations aux dommages-intérêts, suivant les circonstances. — V. *Discipline*, *Responsabilité.*

33. *Enregistrement.* Lorsqu'un acte a été soumis à la formalité, les droits ne sont pas restituables, bien que par la suite l'acte vienne à être déclaré nul. Cass. 24 mars 1813, P. 11, 229.

34. Les actes refaits pour cause de nullité, sans aucun changement qui ajoute aux objets des conventions ou à leur valeur, ne sont sujets qu'au droit fixe. L. 22 frim. an 7, art. 68, § 1, n° 7; — ce droit fixe est de 2 fr. L. 28 avr. 1816, art. 45, n° 3.

35. La résolution d'un contrat de vente, prononcée par jugement pour cause de nullité radicale, n'est passible que du droit fixe. L. 22 frim. an 7, art. 68, § 3, n° 7; — mais la rétrocession volontaire donne ouverture au droit proportionnel. *Dictionnaire d'enregist.*, v° *Nullité*, n. 26. Cass. 21 mars 1820, P. 15, 870.

Si la résolution est prononcée pour défaut de paiement de prix au profit du vendeur, le droit est réduit à 4 p. 0/0. L. 22 frim. an 7, art. 69, § 7, n. 1.

Si la résolution n'a lieu qu'au profit d'un cessionnaire, le jugement n'est point exempt du droit proportionnel de transcription. Cass. 26 août 1839. (Art. 1548, J. Pr.)

— V. *Ajournement*, *Appel*, *Arbitrage*, *Cassation*, *Citation*, *Consignation*, *Contrainte par corps*, *Dépens*, *Désaveu*, *Distribution par contribution*, *Enquête*, *Enregistrement*, *Exception*, *Exécution*, *Expertise*, *Exploit*, *Faillite*, *Juge de paix*, *Jugement*, *Ordre*, *Préliminaire de conciliation*, *Saisie immobilière*, *Vente.*

NUMÉRAIRE. — V. *Monnaie* et *Saisie-exécution*.

NUMERO. — V. *Exploit*, n°s 68 et 69.

O.

OBLIGATION. Lien de droit.

— V. *Action*, n°s 27 et suiv.; *Dommages-intérêts*, n°s 2 et suiv. *Mise en demeure*.

Quant aux obligations spéciales aux *avocats*, *avoués*, *greffiers*, *huissiers*, etc. — V. ces mots.

OBSERVATIONS. Exposé des faits et circonstances qui doivent être appréciés pour parvenir au réglement ou à la liquidation des droits et intérêts des parties. — V. *Reddition de compte*. — Le mot *observations* est quelquefois synonyme de précis et de mémoires.

Dans le langage du palais, on dit qu'une affaire vient à l'audience pour être plaidée par *observations*, lorsqu'il ne s'agit que de statuer sur un incident de nature à n'entraîner que peu de développemens. — Les causes *retenues par observations*, sont plaidées avant toutes les autres. — V. *Audience*, n° 21.

OBTENTION. Terme usité au palais pour désigner l'action d'obtenir un jugement, un arrêt.

OCCUPER POUR QUELQU'UN. — V. *Constitution*.

OCTROI. Taxe établie au profit d'une commune sur les objets de consommation qui y sont introduits.

1. Les contraventions sont constatées par un procès-verbal. Ordonn. du Roi des 9 et 27 déc. 1814, art. 75.

2. Il peut être rédigé par un seul préposé et fait foi en justice. *ib*.

3. Le procès-verbal renferme des énonciations (— V. même ordonnance; art. 75 à 77), analogues à celles indiquées, v° *Douane*, n°s 10, 11 et 13. — V. d'ailleurs ce mot, n°s 17 à 19.

4. L'action résultant des procès-verbaux en matière d'octroi, et les questions qui peuvent naître de la défense du prévenu, sont de la compétence exclusive, soit du trib. de simple police, soit du trib. correctionnel, suivant la quotité de l'amende encourue. *Ordonnances*, art. 78. — V. *Juge de paix*, n. 37.

5. Le juge compétent est celui du lieu de la rédaction du procès-verbal. *Même article*.

6. Mais les contestations civiles en matière de droits réunis sont de la compétence des trib. de 1re instance. Rouen, 3 janv. 1819, S. 19, 200.

— V. D'ailleurs *Douane*, n°s 47 à 50.

7. L'action civile en matière d'octroi n'est pas recevable, si la partie qui l'exerce n'a consigné d'avance le droit qu'elle conteste. L. 27 frim. an 8, art. 11.

8. Les maires sont autorisés, sauf l'approbation des préfets à faire remise, par voie de transaction, de la totalité ou de partie des condamnations encourues, même après le jugement rendu. *Même ordonnance*, art. 183.

9 Ce droit appartient exclusivement à la régie des impositions indirectes, et d'après les règles qui lui sont propres, toutes les fois que la saisie a été opérée dans l'intérêt commun des droits d'octroi et des droits imposés au profit du trésor. *ib.*

—V. D'ailleurs *Contributions publiques*, *Douane*, *Huissier*, n° 45; *Impôts*.

OEUVRE (*nouvel*).—V. *Action possessoire*, *Nouvel œuvre*.

OFFENSE. —V. *Audience*, n°s 35 et suiv.; *Discipline*.

OFFICE (*chose ou nomination faite d'*)

—V. *Arbitrage*, n° 94; *Comparution de parties*, n° 2; *Délibéré*; *Descente sur les lieux*, n° 2; *Enquête*, n°s 25, 27, 328; *Exception*, n°s 10, 35, 39, 40, 55, 93, 94; *Expertise*, n°s 2, 11; *Faillite*, n° 27; *Faux*, n° 99; *Instruction par écrit*, n° 3; *Interdiction*, n° 8; *Interrogatoire sur faits et articles*, n° 10; *Juge de paix*; *Jugement*, 33; *Jugement par défaut*, *Ministère public*, *Récusation*, *Scellés*, *Vérification d'écriture*.

OFFICE. Titre qui donne le droit d'exercer certaines fonctions publiques.

Autrefois, cette dénomination s'appliquait à toutes les charges de judicature, de finance, de notaire, greffier, procureur; — aujourd'hui elle est restreinte à celles des *avocats à la Cour de cassation*, *notaires*, *avoués*, *greffiers*, *huissiers*, *agens de change*, *courtiers et commissaires-priseurs*. — V. ces mots.

DIVISION.

§ 1. — *Historique.*
§ 2. — *De la nature des offices depuis la loi de 1816.*
§ 3. — *De la présentation des successeurs.*
§ 4. — *Des traités pour cession d'office, et de leurs effets.*
§ 5. — *Enregistrement.*
§ 6. — *Formules.*

§ 1. — *Historique.*

1. L'inamovibilité et la vénalité des offices, établies dès le commencement du quatorzième siècle, puis proscrites par divers édits et ordonnances, furent proclamées par Louis XVI.

2. Les offices constituèrent dès lors, au profit des titulaires, une véritable propriété transmissible à leurs héritiers, aliénable, susceptible d'être saisie et vendue aux enchères par leurs créanciers.

Ils étaient réputés immeubles.

3. Cependant on distinguait deux choses dans l'office; savoir: la finance et le titre.

La finance, représentant les deniers qui avaient été originairement versés dans le trésor public par le premier acquéreur de la charge, était assimilée à une propriété ordinaire.

Mais il en était autrement du titre, ou droit d'exercer les fonctions publiques qui y étaient attachées. Le roi ne le conférait jamais qu'à vie, et le décès ou la démission du titulaire le faisait nécessairement rentrer dans les mains du prince : il était hors du commerce. Merlin, *Rép.* v° *Office*, n° 2.

4. Pour acquérir un office, il fallait donc, 1° être propriétaire de la finance; — 2° être nommé par le roi. Merlin, *ib.*

En conséquence, deux actes étaient nécessaires : — l'un, pour le titre, qu'on appelait procuration *ad resignandum*, et par lequel le pourvu donnait pouvoir de résigner son office, c'est-à-dire, de le remettre entre les mains du roi et du chancelier, ou du garde des sceaux, pour en disposer en faveur de la personne qui y était désignée; — l'autre, pour la finance, qu'on nommait *vente* ou *traité*.

5. Aucun office ne pouvait être vendu au-delà du prix fixé par les rôles ou l'état général établi à la chancellerie. Toute convention contraire était nulle. Edits, oct. 1781, janv. 1782.

6. Mais la lésion, même d'outre moitié, n'était d'aucune considération : le droit venait de la provision; le prix était réputé incertain. Bourjon, *Droit commun de la France*, p. 371; Loiseau, *Des Offices*, liv. 8, chap. 2, n° 28.

7. Le vendeur avait, pour le prix ou le restant du prix de la vente, un privilége sur l'office. Bourjon, 371.

8. Il était tenu de garantir la vente. Néanmoins, tant que l'acquéreur n'avait pas reçu la commission, il avait le droit de faire résilier la vente en signifiant son *regrès*, sauf les dommages-intérêts dus à l'acquéreur. Bourjon, 372, 373.

On appelait *regrès* la révocation de la procuration *ad resignandum*. Merlin, *Rép.* v° *Office*, n° 10.

9. Plus tard, les lois des 4 août-3 sept. 1789 et 15-28 mars 1790, abolirent l'hérédité et la vénalité des offices.

Le mot *office* cessa même d'être en usage pour désigner les charges d'officiers ministériels, jusqu'à la loi du 28 avr. 1816.

10. Toutefois, dans cet intervalle, l'usage de traiter des offices se rétablit peu à peu, et fut sinon autorisé, du moins toléré par le gouvernement.

Mais les traités de cette nature n'avaient aucune force obligatoire devant les trib., encore bien que les parties eussent déclaré dans les actes de cession n'avoir compris dans leurs conventions que les clientelles, et non le titre. Bordeaux, 27 janv. 1816, S. 16, 59; Paris, 12 oct. 1815, S. 16, 39.

§ 2. — *De la nature des offices depuis la loi de* 1816.

11. L'art. 91 de la loi sur les finances, du 28 avr. 1816, est ainsi conçu : — « Les avocats à la C. de cassation, notaires, avoués, greffiers, huissiers, agens de change, courtiers, commissaires-priseurs, pourront présenter à l'agrément de sa majesté des successeurs, pourvu qu'ils réunissent les qualités exigées par les lois. Cette faculté n'aura pas lieu pour les titulaires destitués. — Il sera statué par une loi particulière sur l'exécution de cette disposition, et sur les moyens d'en faire jouir les héritiers ou ayant cause desdits officiers. — Cette faculté de présenter des successeurs ne déroge point, au surplus, au droit de sa majesté de réduire le nombre desdits fonctionnaires, notamment celui des notaires, dans les cas prévus par la loi du 25 vent. an 11 sur le notariat.»

12. La loi promise par cet art. n'a pas encore été rendue ; mais la nature et les caractères des droits qu'elle était destinée à régler ont été déterminés tant par la jurisprudence des C. roy. et de la C. suprême, que par les discussions élevées dans les chambres législatives à l'occasion de diverses pétitions relatives à l'interprétation de la disposition précitée (1).

13. Quoi qu'il en soit, la loi de 1816 n'a point rétabli la vénalité des charges.

Seulement, pour prix de l'augmentation du cautionnement qu'elle exigeait de certains fonctionnaires, elle a rendu ces charges héréditaires, réservant toutefois à l'autorité royale le droit d'examiner, dans l'intérêt public, si les successeurs présentés par les titulaires ou leurs ayant-cause offraient des garanties suffisantes de capacité et de moralité.

14. Elle a en outre, toujours dans l'intérêt général, conservé au Roi le droit, 1° de destituer les officiers ministériels qui se trouvent dans les cas prévus par les lois et réglemens disciplinaires (— V. *Discipline*, n°s 136, 169 et suiv.) ; — 2° de réduire (ou d'augmenter), selon les besoins du service, le nombre des divers offices dans chaque localité. — V. *Inf.* n° 17.

15. *Droit de destitution.* La démission d'un officier ministériel ne suffit pas pour arrêter les poursuites en destitution. Nîmes, 19 juill. 1836 (Art. 695, J. Pr.) ; Cass. 12 av. 1837 (Art. 757, J. Pr.). Décis. garde des sceaux, 20 nov. 1837 (Art. 5, J. Pr.). Mais le pourvoi du ministère public devient sans objet si le ministère a accepté la démission et remplacé ce titulaire. — V. *Discipline*, n° 212.

16. Quant à la peine de la suspension, elle ne prive pas,

---

(1) Quant aux travaux de la commission nommée par M. Teste, garde des sceaux, en 1839. — V. le *Journal de procédure*, tome 5, art. 1500.

même pendant sa durée, l'officier ministériel contre qui elle a été prononcée, du droit de présenter un successeur. Déc. min. just. 2 mai 1829, 5 av. 1834, 11 sept. 1837 (Art. 1085, J. Pr.).

17. *Droit de réduction.* Le droit de *fixer*, et par conséquent de réduire ou d'augmenter le nombre des officiers ministériels, a été conféré au gouvernement par les lois et décrets du 27 vent. an 8, art. 92 et 96; 6 juill. 1810, art. 114 et 120; 14 juin 1813, art. 8. — V. *Avoué*, n° 7; *Huissier*, n° 13.

18. Le nombre des *avoués* près la C. roy. de Paris a été fixé à 60 (Ord. 16 juill. 1823); celui des *avoués* près le trib. de 1re inst. de la Seine à 150 (Décr. 19 mars 1801); celui des *huissiers* de Paris à 150. Ord. 12 fév. 1817 et 18 août 1819.

Deux ordonnances du 19 janv. 1820 ont fixé le nombre des avoués et des huissiers près les autres trib. de 1re inst. du ressort, et d'autres ordonnances, rendues la même année, ont successivement complété cette mesure pour toutes les autres Cours, celle de Bastia exceptée. Depuis, cette fixation générale a subi quelques modifications partielles.

19. L'art. 32 L. 25 vent. an 11 porte, relativement aux notaires : « Les suppressions ou réductions de places ne seront effectuées que par mort, démission ou destitution. » On suit par analogie le même principe pour les officiers ministériels.

Ainsi, lorsque leur nombre est supérieur à celui qui a été fixé, l'on n'opère pas la réduction de suite; on n'enlève même pas entièrement le droit de présenter un successeur jusqu'à ce qu'elle ait eu lieu. Seulement, il faut dans ce cas être porteur de deux démissions ou présentations pour être nommé. Ord. préc., art. 2.

Quand un officier ministériel a été ainsi nommé, celui qui devient ensuite acquéreur de son titre n'est plus soumis à la même obligation; ce titre lui suffit (Art. 1282, J. Pr.).

20. Si une ordonn. royale réduit le nombre des officiers ministériels existant dans un arrondissement, il n'y a aucune distinction à faire entre les divers titulaires en exercice au moment de la promulgation de cette ordonnance, encore bien que les titres de quelques-uns d'entre eux n'aient été créés que postérieurement aux autres. — Par exemple, si le nombre des avoués près un trib., n'avait été pendant plusieurs années que de sept, que plus tard il se fût élevé à onze, et qu'enfin une ordonnance royale le fixât à sept, les propriétaires des sept titres originaires seraient non-recevables à prétendre que la réduction ordonnée doit porter exclusivement sur leurs quatre confrères, nommés en dernier lieu. En effet, s'il en était ainsi, l'ordonnance de réduction ne recevrait jamais une exécution complète, puisque l'obligation de réunir deux titres n'étant imposée qu'aux successeurs des quatre titulaires nommés depuis les sept anciens, il n'y aurait en réalité extinction que de deux titres au lieu de quatre; d'ailleurs la priorité d'existence de quelques uns des titulaires ne saurait leur conférer aucun droit contre l'ordonnance de réduction, du moment qu'il appartient au gouvernement d'augmenter ou de restreindre, à quelque époque que ce soit, le nombre des officiers ministériels d'une localité, d'après les besoins du service (Art. 1282, J. Pr.).

21. Dans le cas où la suppression d'un seul titre a été prescrite, si l'un des officiers ministériels en exercice vient à décéder, ses confrères doivent payer à ses héritiers une indemnité qui est réglée à l'amiable, ou faute par ces parties de s'entendre, fixée administrativement sur l'avis de la chambre de discipline et du tribunal.

Cette indemnité est supportée par les propriétaires des titres conservés dans la proportion des bénéfices qu'ils retirent de la suppression du titre annulé.

Elle doit être acquittée immédiatement, aucune mutation dans les offices maintenus n'est autorisée, tant qu'il n'est pas justifié de son paiement. Décis. garde des sceaux, 8 fév. 1839 (Art. 1420 J. Pr.).

22. Lorsque la réduction de plusieurs titres a été prescrite, l'indemnité due aux représentans de l'officier ministériel décédé est supportée, dans la proportion qui vient d'être indiquée, par les détenteurs des titres non consolidés, c'est-à-dire par tous les officiers ministériels qui n'ont pas réuni deux titres entre leurs mains, soit par eux-mêmes, soit par leurs prédécesseurs. Décis. garde des sceaux, 17 oct. 1837 (Art. 1010 J. Pr.).

23. L'officier ministériel qui consent à donner sa démission sans présenter de successeur jouit des mêmes droits que les représentans de l'officier ministériel décédé dans l'exercice de ses fonctions.—V. *ib*.

24. Relativement aux *notaires*, lorsqu'il y a une réduction à faire dans un canton, on admet la présentation sur un seul titre pour une résidence conservée, si aucun notaire d'une résidence qui doit être supprimée ne veut, sur l'invitation de l'administration, être substitué au cessionnaire. Cette règle est applicable aux *commissaires-priseurs;* elle ne l'est ni aux *avoués* qui résident tous dans la même ville, ni aux *huissiers* qui exercent concurremment dans l'arrondissement auquel ils appartiennent, et dont la résidence est fixée par le trib. de 1re inst., selon le besoin des localités. — V. *Avoué*, n° 88; *Huissier*, n° 13 et suiv.

25. Dans le cas où il faut produire deux titres, quand la personne qui en a acquis un ne peut d'abord en trouver un second, son traité n'est pas pour cela résilié de *plein droit*, comme si, en cas ordinaire, le gouvernement refusait de l'admettre (V. *inf.* n° 32); elle doit, à moins de convention expresse, attendre que l'occasion se présente.

26. D'un autre côté, lorsqu'un premier titre ayant déjà été cédé, un second titre est acquis par une autre personne, de deux choses l'une : ou il y a lieu à la suppression de *plusieurs offices*, alors on attend pour nommer que l'un ou l'autre des ayant-droit produise deux titres, soit par arrangement entre eux, soit en traitant avec un tiers, ou il n'y a lieu qu'à la suppression *d'un seul office;* alors les deux cessionnaires sont invités à s'entendre dans un délai déterminé, faute de quoi on nomme sur la présentation du tribunal.

27. De même, lorsqu'un premier office devenu vacant n'a pas trouvé d'acquéreur avant qu'un autre titre ait été acquis, si le porteur de ce second titre ne peut parvenir à traiter pour le premier, il faut distinguer comme ci-dessus. Dans la première hypothèse, on attend; dans la seconde, on enjoint à celui qui a droit de présentation pour le premier office d'user de ce droit dans un certain délai, sinon le trib. estime le titre, et la personne qui en a déjà acquis un est nommée en payant la valeur arbitrée. Si elle n'y consent pas, on nomme sur la présentation du tribunal. — V. *inf.* n° 38.

Du reste, ces règles pourraient se trouver modifiées par des circonstances particulières.

28. Les officiers ministériels destitués ou qui encourent la déchéance pour défaut de versement du cautionnement ou du supplément de cautionnement (— V. *inf.* n°s 44 et 105.), ne sont pas remplacés dans le cas où il y a lieu à réduction. Ord. préc. 1820, art. 3.

29. On ne peut pas s'autoriser d'une suppression de cette nature pour s'exempter de représenter deux titres, lorsque cela est encore nécessaire.

30. Quelquefois, une communauté d'officiers ministériels acquiert elle-même les titres de quelques-uns de ses membres pour arriver à la réduction ordonnée par le Gouvernement.

31. Aujourd'hui, les offices sont devenus, entre les mains des titulaires ou de leurs successeurs, une véritable propriété (Rapport Ch. Dép. 29 oct. 1831), susceptible de transmission comme les autres biens. Rennes, 14 nov. 1832. S. 33, 5; Besançon, 25 mars 1828. S. 28, 273; Lyon, 9 fév. 1830. S. 30, 227. — V. d'ailleurs *inf.* n°s 32 et 33.

32. Toutefois, ce genre de propriété n'est transmissible qu'aux successeurs agréés par le roi, et réunissant les qualités requises; il reste en outre soumis à toutes les modifications qui dérivent de sa nature, et que réclame l'intérêt public.

Ainsi, un office ne saurait être saisi ni vendu aux enchères à la requête des créanciers du titulaire : l'ordre public est en effet intéressé à ce que le droit de succéder, sauf l'agrément du souverain, à une portion de la puissance publique, ne devienne pas l'objet d'une concurrence où la dignité des fonctions serait trop souvent sacrifiée à des considérations d'intérêt pécuniaire. Limoges, 10 nov. 1830, S. 31, 216 ; Caen, 12 juill. 1827, S. 28, 240.

Les créanciers n'ont que le droit d'exercer leur action sur le prix dû par le successeur. *Mêmes arrêts.*

La vente aux enchères ne pourrait avoir lieu, même dans le cas où des mineurs se trouveraient propriétaires par indivis d'un office dont le titulaire serait décédé; les garanties ordinaires sont remplacées dans cette matière par la surveillance de l'administration. Joye, *Ann. jud.*, v° *Notaire*, n° 151.

La forme des enchères loin d'être favorable au véritable prix de l'étude, écarterait, par l'incertitude de leur nomination, des candidats sur lesquels on appellerait la publicité.

Des héritiers d'un officier ministériel ayant laissé écouler un long délai sans user du droit de présenter un successeur, les créanciers du titulaire ont été cependant admis à se faire subroger aux droits des héritiers, à faire procéder à la vente de l'office vacant suivant les clauses réglées par la chambre de l'arrondissement, avec la publicité et les formalités prescrites en matière de succession bénéficiaire. Colmar, 29 mars 1835 (Art. 48 J. Pr.). — Mais cette décision est repoussée par la jurisprudence constante du ministère de la justice.

Toutefois, l'opposition formée par un créancier du notaire entre les mains du syndic de la chambre, à l'effet d'empêcher son débiteur de faire agréer son successeur, avant de s'être acquitté, doit être déclarée valable, non pas en ce sens qu'elle empêche le notaire de vendre, mais comme avertissement donné à la chambre des notaires, pour imposer, par mesure de discipline, au successeur, l'obligation d'employer le prix de la vente au paiement de la créance, et pour lui refuser jusque là un certificat d'admission. Bourges, 31 mai 1826, D. 27, 50.

33. Les offices sont soumis d'ailleurs aux mêmes règles que les propriétés ordinaires.

Ils doivent être réputés meubles. Arg. C. civ. 516-529.

Ils tombent dans la communauté. Discuss. Ch. Dép. 18 sept. 1830, S. 30, 2, 307 ; Moniteur, 20 sept. 1830, p. 1127; Agen, 2 déc. 1836 (Art. 872 J. Pr.) ;—quand bien même les époux auraient stipulé que tout ce qui leur adviendrait par succession, donation ou autrement leur serait propre. La collation d'un office par le Gouvernement ne saurait être considérée comme une donation, mais comme une obvention, un bénéfice de communauté. Douai, 15 nov. 1833, S. 34, 189. Arg. Cass. 7 nov. 1827, S. 28, 186. — *Contrà*, Metz, 24 déc. 1835 (Art. 558 J. Pr.).

Il en serait autrement si l'office au lieu d'avoir été conféré par le Gouvernement, avait été donné ou légué par un titulaire en exercice, car il y aurait évidemment dans ce cas donation de la somme que le titulaire ou ses héritiers auraient pu exiger du successeur par eux présenté à l'agrément du roi.

Dans tous les cas où l'estimation d'un office doit être faite, elle a lieu pour la valeur qu'il avait à l'époque de la dissolution de la communauté et non à celle à laquelle il aurait été vendu plus tard. Douai, 15 nov. 1833, D. 34, 2, 128.

Cependant il a été jugé que dans le cas où la vente en aurait été faite avant la dissolution d'une seconde communauté, le prix de cette vente devait être pris pour taux de l'estimation; mais cette décision a été rendue plutôt d'après les circonstances de la cause qu'en s'appuyant sur les principes. Paris, 22 mars 1834, D. 34, 128.

Les offices sont le gage commun des créanciers du titulaire. — V. cependant *sup.* n° 32, et *inf.* n° 38.

Ils font partie de sa succession, et leur valeur doit être comprise dans le compte rendu par l'héritier bénéficiaire. Duranton, 7, n° 415.

La cession d'un office de notaire emporte cession de tous les accessoires, et obligation de délivrer les minutes et brevets, les expéditions, les actes imparfaits et jusqu'aux simples notes relatives aux intérêts des clients de l'étude. Bourges, 20 fév. 1837 (Art. 735 J. Pr.).

34. Lorsqu'il s'agit de fixer la valeur d'un office, dans le cas où le rapport doit en être fait dans une succession, les juges peuvent prendre l'avis de la chambre de discipline; mais ils n'ont pas le droit de faire dépendre la fixation de cette valeur uniquement de l'appréciation de cette chambre, et de lui déférer ainsi une espèce d'arbitrage. Nanci, 9 mars 1832, S. 33, 154.

35. Les offices peuvent-ils être l'objet d'une société?

Pour l'affirmative on dit : toutes les choses dans le commerce et productives de fruits, sont valablement mises en société; or, les offices sont l'objet de contrats à titre onéreux autorisés par la loi, et ils produisent d'importans bénéfices; d'ailleurs l'art. 842 C. civ. suppose qu'une société peut avoir pour unique objet l'exercice d'une profession (Arg., Paris, 30 mai 1829, S. 31, 1, 349). Des associations de cette nature sont, sans doute, peu en harmonie avec l'esprit des lois sur l'organisation des diverses corporations d'officiers ministériels; les titulaires qui les forment s'exposent peut être à l'application des peines disciplinaires; mais il y a loin de là à une contravention directe, à une prohibition virtuelle ; d'ailleurs l'association devient en quelque sorte nécessaire pour des charges, et notamment pour celles d'agent de change près la bourse de Paris, qui se sont élevées à des prix considérables. Mollot, *Des bourses de commerce*, n° 284 ; Dard, *Code des officiers ministériels*, n°s 328 et suiv. ; Fremery, *Journal le Droit* des 2 et 7 févr. 1838.

Dans l'opinion contraire on répond : les offices, bien qu'ils constituent une véritable propriété entre les mains des titulaires, ne sont pas, rigoureusement parlant, dans le commerce ; ils ne peuvent en effet être saisis par les créanciers ni vendus aux enchères (— V. *sup.* n° 32.) ; ils ne peuvent même pas être cédés à des tiers qui ne réuniraient pas les conditions exigées pour l'exercice de la charge ; la cession du droit de présentation faite par un titulaire à un simple particulier serait effectivement nulle. — V. *inf.* n° 39. — L'ordre public s'oppose, en outre, à de semblables traités, qui nuiraient à la considération des titulaires et à l'indépendance dont ils doivent jouir ; ils feraient de leurs fonctions une espèce d'entreprise commerciale contrairement aux lois qui défendent les actes de commerce à tous les officiers ministériels ; le titulaire qui se serait donné des associés, apporterait-il la même délicatesse dans ses rapports avec ses clients ? Ne recevant plus qu'une part restreinte dans les bénéfices, ne possédant qu'une faible portion de son étude, serait-il retenu d'une manière aussi efficace par la crainte d'une destitution ? Enfin ne serait-il pas sous l'influence de spéculateurs, qui, affranchis de toutes conditions de capacité et de moralité, du lien du serment et de la surveillance disciplinaire, n'offriraient aucune garantie au public ? Aussi les spéculations de cette nature ont-elles toujours été condamnées par l'ancienne jurisprudence, par le ministre de la justice et les chambres de discipline. Vainement, à défaut de la légalité, essaie-t-on de s'appuyer sur l'utilité, et invoque-t-on le taux élevé de la plupart des charges ; cette considération peut en effet être rétorquée avec force contre ceux qui la présentent ; la trop grande élévation du prix des offices est un véritable mal pour le public, et le ministre des finances le reconnaissait lui-même en termes énergiques, lorsqu'il disait à la chambre des députés, le 1er juill. 1837 : « De tous les sacrifices que les malheurs du temps ont forcé de faire en 1816, il n'en est pas de plus onéreux, de plus funeste que celui qui, pour un très petit avantage pour le trésor, a créé la vénalité des charges et amené les conséquences que tout le monde déplore, et le gouvernement plus que qui que ce soit. » Paris, 2 janv. 1838 (Art. 1009 J. Pr.) ; Trib. Nantes, 9 mai 1839 (Art. 1481 J. Pr.) ; Rolland de Villargues, *Jurisprudence du Notariat*, 2e cah. 1838 ; Devilleneuve, S. 38, 2, 83 ; Conférence des avocats de Paris, 5 mars 1833 (Art. 1109 J. pr.).

La solution nous paraît dépendre de la qualité des parties entre lesquels l'association est formée, et de la nature des conventions intervenues entre les contractans.

Qualités des parties. Ainsi toute société entre plusieurs titulaires doit être évidemment prohibée comme violant les dispositions législatives qui accordent au gouvernement le droit de fixer le nombre des officiers ministériels dans chaque localité (Art. 340 J. Pr.). — Mais si l'association est contractée par un officier ministériel avec un étranger, ou bien avec un de ses collaborateurs, à qui il donne un intérêt dans sa charge pour lui tenir lieu de traitement, les mêmes raisons de décider n'existent plus, et il reste seulement à examiner si la nature spéciale des offices permet d'en faire l'objet d'une société.

Nature des conventions. Si les parties déclaraient mettre en commun l'exercice des fonctions confiées au titulaire, ou même le droit de présenter un successeur, ces conventions ne sauraient recevoir leur exécution, car les principes anciens s'accordent avec les nouveaux pour interdire à un officier ministériel de partager ses fonctions et de transmettre une partie des pouvoirs qui lui ont été confiés par le gouvernement ; il ne peut également se dépouiller du droit de présenter son successeur, puisque ce droit lui est tout personnel, et que dans aucune circonstance il ne saurait être contraint à en faire usage. Il faudrait encore repousser le traité par lequel le bailleur de fonds se serait réservé un droit d'immixtion, ou de surveillance sur les affaires de l'étude, et aurait ainsi dérogé aux règles de la profession du titulaire, qui lui recommande le secret sur les affaires qui lui sont confiées. Toulouse, 14 nov. 1835 (Art. 340 J. Pr.). — Mais rien ne s'oppose, selon nous, à ce qu'un officier ministériel s'engage valablement envers un tiers à partager avec lui dans des proportions déterminées, soit les bénéfices qui naîtront de l'exploitation de sa charge, soit le prix que produira la transmission du titre. Toulouse, 14 nov. 1835 (Art. 340 J. Pr.) ; — sauf néanmoins l'application contre le titulaire de peines disciplinaires : le gouvernement s'oppose à toute espèce d'association, même de la part du prédécesseur avec son successeur, et pour les bénéfices faits pendant un nombre d'années déterminé seulement. Décis. garde des sceaux, 3 fév. 1837 (Art. 927 J. Pr.).

Il faut toutefois remarquer qu'un semblable traité ne produira pas tous les effets d'une société ordinaire, il en différera, au contraire, dans des points de la plus haute importance.

Ainsi, comme le dit fort bien M. Duvergier (*Traité de la société*, n° 59.), il y a des sociétés dans lesquelles l'un des associés agit seul, fait tous les actes, exerce tous les droits, est seul responsable envers les tiers ; mais les autres ont toujours un droit de surveillance et de contrôle ; ils pourraient, si la gestion était contraire à la convention, ou nuisible à l'intérêt commun, obliger le gérant à se conformer à la loi du contrat, et même provoquer la dissolution de la société ; l'officier public n'est et ne doit être responsable qu'envers l'autorité, ou envers le pouvoir disciplinaire organisé dans la corporation à laquelle il appartient ; d'ailleurs les associés qui croiraient avoir à se plaindre du titulaire de l'office seraient impuissans pour lui faire abandonner ses fonctions, et malgré eux il resterait saisi de la chose commune.

Ainsi, alors même qu'un office a été acheté avec les deniers d'un tiers, que le titulaire l'a reconnu, et qu'une stipulation expresse porte que le titre est la propriété commune, ce tiers n'a pas, comme un commanditaire ordinaire, un droit d'investigation et de contrôle sur les actes de la gestion. En second lieu, l'associé est propriétaire de sa part dans les bénéfices et dans le fond social ; par conséquent s'il se trouve en concours avec des créanciers personnels du gérant il n'est point primé par eux ; ceux-ci ne viennent pas même à contribution avec lui sur les valeurs composant l'actif social ; il prend sa portion dans la chose commune, délaisse à son associé les siennes, et c'est sur celle-ci seulement que les créanciers de ce dernier peuvent exercer leurs droits ; au contraire celui à qui a été accordé une part dans les bénéfices et dans le prix d'un office, n'a qu'une action personnelle contre le titulaire pour se faire délivrer ce qui lui a été promis, et il vient à contribution sur les biens de son débiteur avec les autres créanciers.

A plus forte raison un officier ministériel peut-il donner valablement à son collaborateur une part dans les bénéfices de l'étude pour lui tenir lieu d'appointement ; mais une pareille stipulation fréquemment usitée n'a aucun des caractères de la société ; la position du commis vis-à-vis de son patron, l'obéissance qu'il lui doit. ne permettent pas de voir en lui un associé, il n'est qu'un commis intéressé. Rouen, 6 avr. 1811, S. 12, 33 ; 28 fév. 1818, S. 18, 132 ; Cass. 31 mai 1831 (Art. 365 J. Pr.) ; Paris, 7 mars 1835, S. 35, 235 ; Pardessus, 4, n° 969 ; Duvergier, *Des sociétés*, n°s 53, 60. — V. *Arbitrage*, n° 69.

— V. encore *Agent de change*, n° 8 et l'art. 521 J. Pr.

§ 3. — *De la présentation des successeurs.*

36. Le droit de présenter des successeurs à l'agrément du roi, appartient aux veuves, héritiers ou ayant-cause du titulaire, comme au titulaire lui même. Ce point a été reconnu à la Chambre des députés, le 18 sept. 1830, S. 30, 2, 307 ; *Monit.* 20 sept. 1830, p. 1127 ; — et consacré par la jurisprudence admi-

nistrative et judiciaire. Besançon, 25 mars 1828, S. 28, 273. — V. *sup.* n. 31.

37. Par *ayant-cause*, il faut entendre les donataires ou légataires, soit universels, soit à titre universel, qui représentent le titulaire décédé.

Mais cette expression ne comprend pas le curateur à la succession vacante. Joye, p. 151.

Lorsqu'il en existe un, le gouvernement nomme directement, en imposant au nouveau titulaire, l'obligation de consigner le prix de l'office pour être remis à qui de droit. *Ib.* — V. *inf.* n° 49.

38. Lorsque les héritiers du titulaire ont laissé s'écouler un long délai, sans présenter à l'agrément du roi un successeur aux fonctions de leur auteur, les créanciers de ce dernier, peuvent-ils se faire autoriser par les trib. à exercer eux-mêmes le droit de présentation?

L'affirmative a été décidée. Paris, 17 nov. 1838 ; Colmar, 29 mai 1835 (Art. 1311 et 48, J. Pr.). — Ce dernier arrêt a même jugé que dans ce cas, les créanciers devaient faire procéder à la vente de l'office, aux enchères publiques et sur un cahier de charges rédigé d'après l'avis de la chambre de discipline de l'arrondissement. — Il se fonde notamment sur ce que le traité autorisé, entre le titulaire et son successeur présomptif, par la loi de 1816, n'est autre chose que la fixation d'une somme d'argent moyennant laquelle la présentation a lieu ; or, ajoute-t-il, cette somme fait partie de la succession du titulaire qu'on remplace, comme telle, elle est le gage de tous les créanciers de cette succession (— V. *sup.* n° 31); on ne saurait prétendre que le droit de présentation est purement personnel aux héritiers et que les créanciers ne peuvent pas les contraindre à l'exercer puisque la loi désigne en même temps les ayant-cause, elle les met sur la même ligne que les héritiers et elle n'a pu désigner sous cette qualification, que les créanciers qui, devant percevoir le prix de l'office, sont les premiers intéressés à ce que la vente ait lieu au prix le plus convenable; dès lors, la demande formée par un des créanciers à l'effet de se faire subroger aux lieux et places des héritiers qui négligent de vendre la charge de leur auteur est justifiée par l'art. 1166 du C. civ., elle a pour but unique l'obtention et le recouvrement d'une valeur mobilière qui appartient à la succession.

Toutefois, nous ne saurions adopter cette opinion : Il ne faut pas en effet oublier, que le droit de présentation d'un successeur accordé aux officiers ministériels est soumis à toutes les modifications qui dérivent de sa nature spéciale (— V. *sup.* n° 32.) et qu'il ne saurait être régi par les principes ordinaires en matière de subrogation. L'autorité administrative ne serait dans aucun cas enchaînée par la décision que rendraient les tribunaux ; le ministère de la justice resterait toujours libre de refuser le candidat qui lui serait présenté, et l'intérêt général s'oppose à ce que le droit d'exercer des fonctions publiques puisse s'acquérir aux enchères comme un meuble meublant. Les créanciers du titulaire décédé sont suffisamment protégés par la surveillance de l'administration à laquelle ils peuvent toujours s'adresser, soit pour la conservation de leurs droits, soit pour faire ordonner, que dans un délai déterminé, les héritiers du défunt seront tenus de présenter un successeur, ou qu'il sera pourvu directement à son remplacement, après estimation de l'office.

Telle est du reste la seule marche suivie par le ministère de la justice. *Décision*, garde des sceaux, 1er mars 1832, (Art. 197, J. Pr.). — V. *sup.* n° 32.

39. Par les mêmes motifs est nul le traité intervenu entre le créancier d'un huissier et un tiers, et qui a pour objet de faire jouir ce tiers du droit de présentation que l'huissier débiteur a consenti au profit de son créancier. Douai, 20 janv. 1838 (Art. 1275 J. Pr.).

40. Aucun délai n'est fixé aux ayant-droit pour présenter un successeur à leur auteur : on s'en rapporte en général à leur intérêt pour faire cette présentation dans un délai rapproché. Rapp. ch. dép. 18 sept. 1830, S. 30, 2, 307 ; *Monit.* 20 sept. 1830, p. 1127.

Toutefois si l'intérêt public exige que l'on remplace de suite le titulaire, par exemple, lorsqu'il s'agit d'un greffier, l'administration enjoint aux ayant-droit de présenter un successeur dans un délai déterminé, passé lequel on nomme d'office sans présentation, mais en imposant à l'impétrant l'obligation de payer une indemnité représentative de la valeur de la charge aux ayant cause de son prédécesseur.

Il en est de même dans le cas où les héritiers négligent, malgré les sollicitations des créanciers de leur auteur, d'exercer le droit de présentation qui leur appartient. — V. *sup.* n° 32.

41. Cette indemnité est réglée par le trib. de 1re inst., sur l'avis préalable de la chambre de discipline. Joye, 150.

42. L'indemnité qui doit être payée aux héritiers du notaire, dont le titre était à supprimer, par le candidat qui présente un autre titre, à défaut d'arrangement amiable, est encore réglée administrativement, sur l'avis préalable de la chambre de discipline et du trib. de 1re inst. Ordonn. roy. 28 juill. 1837 (Art. 1027 J. Pr.). — V. *sup.* n° 21.

43. La renonciation à la faculté de présenter un successeur ne se présume pas.

En conséquence, l'officier ministériel qui accepte des fonctions incompatibles avec celles qu'il exerce n'est pas déchu de ce droit.

Il en est de même de celui qui est déclaré démissionnaire, soit pour défaut de résidence, soit pour n'avoir pas prêté le serment prescrit par la loi du 31 août 1830.

Lorsqu'il n'use pas de ses droits, l'administration procède ainsi qu'il est dit *sup.* nos 40 et 41 ; Joye, p. 150.

Par suite, il a été procédé au remplacement d'office d'un avoué qui, réputé démissionnaire pour refus de serment, avait laissé passer, sans présenter de successeur, le délai qui lui avait été fixé par le gouvernement. Agen, 23 mai 1836 (Art. 1220 J. Pr.).

44. Tout notaire qui ne rétablit pas, dans le délai de six mois, son cautionnement entamé par des condamnations pour faits de charge, est réputé démissionnaire. L. 25 vent. an 11, art. 33.

Il doit en être de même des autres officiers ministériels. Ils ne peuvent, en effet, exercer leurs fonctions qu'à la condition d'avoir préalablement déposé un cautionnement destiné à répondre des condamnations qu'ils encourraient ; du moment que ce cautionnement n'existe plus dans son intégrité, ils doivent être suspendus de leurs fonctions, et l'intérêt général s'opposant à ce que cette suspension se prolonge indéfiniment, il est juste de les considérer au bout d'un certain temps comme démissionnaires, et de les contraindre à présenter un successeur. — V. *Cautionnement*, nos 13 et suiv. — Ils encourent d'ailleurs nécessairement, dans ce cas, une peine disciplinaire comme ne remplissant pas les obligations qui leur sont imposées par la loi, et, par suite, le garde des sceaux aurait même la faculté de proposer au Roi leur destitution. — V. *Discipline*, n° 170.

45. Si l'administration négligeait d'imposer au nouveau titulaire l'obligation d'indemniser son prédécesseur ou ses ayant-cause, celui-ci n'en serait pas moins tenu de leur payer la valeur de l'office : c'est en effet une propriété dont personne ne peut les dépouiller. Rennes, 23 fév. 1833, S. 34, 110.

46. Ainsi, le notaire, nommé sans avoir été présenté par les héritiers de son prédécesseur, est néanmoins tenu de payer le prix de l'office à la succession, surtout, lorsqu'il est, du chef de sa femme, l'un des cohéritiers, et qu'il a formé sa demande à ce titre. Grenoble, 4 fév. 1837 (Art. 846 J. Pr.), — Ce prix est alors fixé de la manière indiquée *sup.* n° 21.

47. Mais celui qui se présente pour occuper une place d'avoué jusque-là resté vacante, et qui, dans l'ordonnance de nomination, se trouve désigné comme remplaçant un avoué déclaré démissionnaire, n'est pas pour cela seul tenu de payer à cet avoué le prix de sa charge. Agen, 23 mai 1836 (Art. 1220 J. Pr.).

48. Dans le cas de destitution, le ministre est dans l'usage d'adoucir la rigueur de la loi, et d'astreindre le successeur à payer une indemnité représentative de la valeur de l'office, et réglée selon le mode établi *sup*. n° 21.

Cette indemnité est attribuée, sinon au titulaire, du moins à ses créanciers ou héritiers, qui ne sauraient équitablement être punis d'une faute à laquelle ils sont étrangers. Joye, p. 152.

49. Lorsque l'ordonnance de nomination du nouveau titulaire détermine expressément à qui l'indemnité payée par celui-ci sera remise, elle doit être rigoureusement exécutée. Mais si elle se borne à imposer l'obligation de verser une somme de... entre les mains de *qui de droit*, cette somme doit-elle être partagée comme l'aurait été le prix stipulé par l'ancien titulaire, dans le cas où il aurait lui-même présenté son successeur, est-elle affectée aux mêmes priviléges, notamment à celui du prédécesseur non payé ?

Pour la négative on dit : en admettant que le privilége établi par l'art. 2102, § 4, au profit du vendeur d'objets mobiliers non payés, soit applicable au vendeur d'un office et qu'il puisse être exercé après que la charge est sortie des mains du successeur (— V. *inf*. n° 84.), du moins est-il certain qu'il ne peut frapper que le prix de la charge : or, la somme payée par le nouveau titulaire aux créanciers de son prédécesseur destitué n'est pas un prix ; c'est une indemnité dont le gouvernement lui impose le paiement comme condition de sa nomination ; c'est une pure libéralité. On revendique un privilége, une subrogation ; mais le privilége, la subrogation sont des créations de la loi, qui n'existent qu'en vertu d'un texte formel, et doivent être écrits dans la loi. L'indemnité n'est pas subrogée à la charge ; elle n'en est pas la conséquence nécessaire, puisque le gouvernement pouvait transmettre l'office gratuitement, et que le droit de présentation a été éteint par la destitution. Si une indemnité est payée, c'est que l'État a voulu venir au secours des créanciers du destitué ; mais ce bienfait doit être partagé entre tous les créanciers également, du moment que l'État, véritable donateur, n'a établi aucune différence entre eux. *Conférence des avocats de Paris*, 10 janv. 1835 (Art. 105 J. Pr.).

Toutefois, le contraire a été jugé. En effet, la somme versée par le nouveau titulaire n'est, en réalité, pour tous les ayant-droit que le prix de l'office (l'ordonnance de nomination avait fixé cette somme précisément à la valeur donnée à l'office par la chambre de discipline et le tribunal) ; dès lors, cette indemnité, représentative du prix de la charge, doit être distribuée de la même manière entre les divers ayant-droit. Paris, 11 déc. 1834 (Art. 51 J. Pr.).

50. Mais, si l'administration n'a pas astreint le nouveau titulaire à payer une indemnité, son prédécesseur ou ses ayant-cause sont non recevables à en exiger une, puisque la destitution fait perdre à l'officier ministériel le droit de présenter un successeur, et conséquemment celui d'exiger un prix pour la cession de sa charge. — V. *sup.* n° 28.

51. Lorsqu'une communauté d'officiers ministériels a acheté la démission de l'un de ses membres, celui que le Roi nomme à la place du cédant, à la charge de payer le prix déterminé par le trib., ne peut exercer qu'en remboursant à la communauté le prix *réel* et *actuel* de l'office; il ne peut forcer ses confrères à recevoir seulement le montant de la somme par eux déboursée. Rennes, 14 nov. 1832, S. 33, 5.

52. De même, l'acquéreur d'un office, nommé à la condition de payer une indemnité aux héritiers du titulaire d'un autre office supprimé, est non recevable à exiger que ses confrères contribuent au paiement de cette indemnité. *Décision garde des sceaux*, 12 nov. 1835 (Art. 354 J. Pr.).

53. Mais le traité par lequel les notaires d'un canton non encore réduits au nombre légal, conviennent d'indemniser, de gré à gré, celui d'entre eux qui donnera volontairement sa démission en faveur de la compagnie, *peut,* lorsque cette démission a eu lieu, être déclaré obligatoire encore bien que la démission ait été donnée pour faciliter la transmission d'un autre titre : — L'arrêt qui le décide ainsi par interprétation de l'intention des parties échappe à la censure de la C. de cass. Cass. 4 juin 1835 (Art. 97 J. Pr.)

54. La désignation d'un successeur n'est assujettie à aucune forme spéciale : il suffit que le titulaire déclare se démettre de ses fonctions, et propose *telle personne* pour le remplacer, ou que ses héritiers déclarent présenter *tel candidat* pour succéder à leur auteur.

55. La présentation faite par le titulaire, au moyen d'une simple lettre, empêche que ses héritiers ne puissent disposer ultérieurement de son office.

A cet égard, il ne faut ni vente, ni donation, dans les formes usitées pour la transmission des propriétés ordinaires. Cass. 8 fév. 1826, S. 26, 358.

56. Dans l'usage la démission du titulaire, contenant indication du successeur présenté, est accompagnée d'une copie du traité intervenu entre lui et son successeur proposé.

57. Cette démission est remise par le postulant au procureur du roi, avec toutes les pièces exigées pour l'admission aux fonctions qu'il sollicite.—V. *Avoué,* n° 21.

Ce magistrat adresse le tout avec son avis au procureur-général, qui transmet ensuite les pièces avec son opinion personnelle au ministre de la justice.

58. Les chambres de discipline et les procureurs du roi doivent s'assurer, autant que possible, de la sincérité des clauses du traité; mais leur investigation ne peut pas aller jusqu'à faire jurer aux parties contractantes qu'il n'existe entre elles aucune autre convention. Joye, p. 152. Toutefois la jurisprudence contraire tend à s'établir au ministère. — V. D'ailleurs *inf.* n° 71 à 73.

59. Les traités simulés, non-seulement sont repoussés par l'administration, mais des poursuites disciplinaires peuvent être dirigées contre le titulaire qui y a participé. Joye, *ib.*

60. Si le successeur présenté n'est pas nommé, la démission est réputée non-avenue, et le titulaire a le droit de proposer un autre successeur.

Mais l'aspirant refusé ne peut lui-même présenter un autre candidat; cette faculté n'appartient qu'au titulaire ou à ses héritiers et ayant-cause.—V. *sup.* n° 31.

61. Il en est de même du cessionnaire d'un office de notaire qui ne s'est point fait installer dans les deux mois de la nomination et a par suite encouru la déchéance; le droit de présenter un successeur, appartient à l'ancien titulaire. *Décis.* Garde des sceaux 8 juill. 1835 (Art. 394 J. Pr.).

62. L'ancienne jurisprudence, qui admettait le démissionnaire à signifier des regrès (— V. *sup.* n° 8), n'a pas été rétablie par la loi du 28 av. 1816. Cass. 13 nov. 1823.

Toutefois, tant que la démission n'est pas acceptée, le titulaire peut la retirer, sauf à payer des dommages intérêts à celui en faveur de qui il avait déclaré se démettre de ses fonctions. L'administration a en effet besoin de son consentement pour pouvoir le remplacer.

63. Le successeur désigné ne peut pas demander pour le cas où son cédant ne voudrait pas réaliser la démission par lui promise, que le jugement à intervenir en tienne lieu : — Vainement on oppose que depuis la loi de 1816 les offices sont dans le commerce, qu'ils peuvent être vendus et que dès lors il faut leur appliquer les règles de la vente; qu'il ne s'agit point de faire nommer un officier ministériel par les trib., mais uniquement de faire exécuter la convention intervenue entre les parties et qu'un jugement déclarant qu'une démission a été promise peut tenir lieu de cette démission.—Le titulaire qui a vendu son office, c'est-à-dire qui a promis à un tiers de le présenter pour son successeur, est sans doute lié par son engagement, mais il n'est obligé qu'à un fait personnel, et s'il refuse de l'exécuter, on doit appliquer les principes d'après lesquels toute obligation de faire se résout en dommages-intérêts. Montpellier,

20 juill. 1832; Agen, 6 janv. 1836 (Art. 46 et 321 J. Pr.). Duvergier, *Vente*, n° 208. — *Contrà*, Bordeaux, 7 mai 1834 (Art. 47 J. Pr.).

64. Peu importe même que la démission ait été remise au successeur présomptif, si le titulaire la révoque avant qu'elle ait été acceptée par le ministre : une offre non acceptée est en général révocable, et le ministre ne pouvant remplacer l'officier ministériel que sur sa demande, ne saurait avoir égard à une démission qui est réputée ne pas exister du moment qu'elle est retirée. Arg. *Décis*. Garde des Sceaux 5 mai 1834 (Art. 226 J. Pr.).—*Contrà*, Duvergier, *Vente*, n° 208.

Ce droit accordé au titulaire, diffère du reste du *regrès*, en ce qu'il ne peut plus être exercé après l'acceptation de la démission par le ministre, encore bien que le successeur désigné ne soit pas encore installé.

65. Mais à quelle époque la démission doit-elle être considérée comme acceptée ? — C'est uniquement, selon M. Devilleneuve, S. 37, 1, 447, lorsque le successeur est nommé. — Mais l'acceptation du ministre nous paraît résulter de tout acte par lequel il a manifesté son intention de pourvoir au remplacement du titulaire, de toute déclaration par lui faite qu'il accueillait la démission offerte.

Ainsi, dans une espèce où un notaire avait donné sa démission, et obtenu un délai d'un mois pour présenter son successeur, il a été décidé que la révocation de la démission ne pouvait plus avoir lieu *parce qu'elle avait été antérieurement acceptée. Décis.* Garde des Sceaux, 9 janv. 1837. (Art. 774 J. Pr.).

66. Il résulte de ce principe que la démission donnée par le titulaire ne produit d'effet que du jour où elle est dûment acceptée. Il doit donc continuer d'exercer ses fonctions jusqu'à la notification de cette acceptation. Ce n'est que du jour de l'installation de son successeur qu'il perd son caractère d'officier public. Arg. L. 25 vent. an 11, art. 52. — Ainsi jugé à l'égard d'un notaire. Rennes, 24 janv. 1821, P. 16, 332.

67. Lorsqu'un officier ministériel s'est engagé à se démettre de ses fonctions en faveur de son gendre, et a constitué en dot à sa fille la somme de 20,000 fr. à laquelle il évaluait le prix de sa démission, les trib. ne peuvent pas, en cas de refus de démission, ordonner que leur sentence tiendra lieu de la démission promise (V. *sup.*, n° 63.) ;—mais ils doivent le condamner à payer la totalité de cette somme, et non arbitrer à leur gré les dommages-intérêts dus pour le refus. Cass. 4 janv. 1837 (Art. 688, J. pr.).

68. Le successeur désigné par un titulaire peut-il intervenir dans l'instance en destitution dirigée contre celui-ci par le ministère public ? — Le doute naît de ce que ce successeur a évidemment intérêt à l'affaire, puisque la destitution du titulaire aurait pour effet d'annuler le traité qui lui donnait des droits à la charge, et qu'en outre il peut être fondé à réclamer des dommages-intérêts contre le titulaire, à raison de sa destitution. — Toutefois la négative a été jugée par la C. de Toulouse, le 22 mai 1826 : — Attendu, quant à la demande en intervention de fils, qu'il ne suffit pas d'avoir un intérêt indirect dans une cause, pour être reçu partie intervenante; que le sieur fils ne pourrait pas être admis à former tierce-opposition contre un arrêt qui prononcerait contre son père, soit des peines de discipline, soit des peines de toute autre espèce; qu'il reste donc étranger à la cause actuelle, bien que la destitution du sieur père le prive de l'avantage de présenter son successeur, et rende ainsi illusoire l'obligation qu'il avait prise dans le contrat de mariage de son fils, laquelle obligation ne pouvait être que conditionnelle.

§ 4. — *Des traités pour cession d'offices, et de leurs effets.*

69. La faculté accordée par la loi du 28 avr. 1816, aux officiers ministériels, de présenter leurs successeurs à l'agrément du roi, emporte en leur faveur le droit de stipuler un prix pour la cession de leurs offices. Rapp. Ch. Dép. 18 sept. 1830; S. 30, 2, 307; Cass. 20 juin 1820, P. 15, 1054; 28 fév. 1828; 16 fév. 1831, S. 31, 74.

70. L'exercice de cette faculté est régi par les règles du droit commun. — En conséquence, les parties peuvent convenir du prix qui leur semble équitable, sans être obligées de se conformer à celui déterminé par des circulaires administratives. Ce point, reconnu solennellement dans le rapport fait à la Chambre des députés, le 18 sept. 1830, et dans un autre du 1er oct. 1831, avait été déjà formellement consacré par un arrêt de la C. de cass. du 20 juin 1820, S. 21, 43, ainsi motivé :

Attendu que l'art. 91, L. 28 avr. 1816, attribue aux greffiers des trib. et aux autres officiers ministériels la faculté de présenter des successeurs à l'agrément du roi, comme dédommagement du supplément de cautionnement exigé d'eux ; que, par une conséquence naturelle, cette disposition autorise les arrangemens ou conventions nécessaires pour l'exercice de cette faculté; qu'ainsi le sieur G , pourvu du titre de greffier près le trib. de 1re inst. de Meaux, a pu traiter valablement avec le sieur L , pour le présenter comme son successeur à l'agrément de sa majesté; — Attendu que le sieur L a traité en parfaite connaissance de cause, pour le prix de 30,000 fr., qu'il a été nommé par le roi aux fonctions de greffier près le trib. de Meaux; qu'il les a exercées et les exerce encore ; qu'il a exécuté son engagement envers son prédécesseur par le paiement de la moitié du prix convenu ; que la circulaire de M. le garde des sceaux, du 21 fév. 1817, instructive et non prohibitive, ne pouvait autoriser la résiliation d'un traité fait de bonne foi et exécuté en partie de part et d'autre ; que d'ailleurs la circulaire citée ne saurait être obligatoire pour les tribunaux ; — Attendu qu'il a été reconnu en 1re inst. et en appel qu'il n'y avait eu de la part du sieur G. ni dol, ni fraude.... Rejette.

71. Toutefois si le prix stipulé par les parties paraît exagéré au ministre, il a incontestablement le droit de refuser de présenter au roi le successeur désigné par le titulaire. — C'est même dans cette intention et pour empêcher les officiers ministériels de se soumettre à des conditions trop onéreuses, que l'on exige la communication des traités intervenus entre le titulaire et son successeur présomptif, tant aux chambres de discipline qu'aux tribunaux et au ministre de la justice.

72. Mais si les parties convenaient, dans un acte séparé, d'un prix supérieur à celui indiqué dans le traité communiqué à l'autorité, cette convention serait-elle obligatoire ; ou bien ne devrait-elle pas plutôt être déclarée nulle comme contraire à l'ordre public ? — Cette dernière opinion a été consacrée par la C. de Paris, 1re ch., 11 nov. 1839 (Art. 1523 J. Pr.).

73. Lorsque le ministre a refusé de recevoir un traité renfermant tout à la fois présentation d'un successeur et délégation de prix à certains créanciers, les parties ne peuvent pas remplacer ce traité par deux actes, l'un contenant présentation pure et simple et soumis au ministère, l'autre contenant la délégation et non connu de l'autorité. — Cette délégation doit être considérée comme une contre-lettre non opposable aux tiers. — En reconnaissant dans le droit de présentation accordé aux titulaire d'offices une propriété, la jurisprudence n'en a point fait un droit complet, absolu, mais une propriété d'une nature toute particulière (— V. *sup.* n° 31), dont les mutations restent invariablement soumises à l'agrément de l'autorité ; le gouvernement étant toujours maître d'accepter ou de rejeter les présentations qui lui sont faites est libre de dire : Je ne conférerai le titre résigné qu'autant que les charges imposées par le titulaire me seront entièrement connues et me sembleront pouvoir être sanctionnées. C'est en fait le langage qu'il tient, et dont il est de son devoir de ne pas se départir ; car l'ordre public exige impérieusement que la conclusion des traités relatifs aux offices soit soumise à un examen sévère et protecteur des intérêts des tiers ; autrement, les parties pouvant assujettir le prix stipulé à telles affectations qu'elles voudraient, des droits importans et sacrés seraient trop facile-

ment compromis et même anéantis par des combinaisons frauduleuses. La collation d'un office étant subordonnée par le gouvernement à la ratification du traité, si les parties ont recours à la ruse pour déguiser leurs conventions véritables, si des contre-lettres les modifient, les conventions qui sont en dehors du traité, ou qui tendent à en dénaturer la substance, doivent être déclarées non avenues vis-à-vis des tiers comme vis-à-vis des parties elles-mêmes. De tels subterfuges portent en effet atteinte à l'exercice de la prérogative royale; ils en faussent l'action; ils la détournent de son but.

En conférant ce titre, le gouvernement n'a entendu le conférer que sur la vue du traité qu'on lui a produit, sous la condition que ces engagemens qu'il aurait pu faire modifier seraient remplis : or, comment admettre qu'après la ratification du traité et l'obtention de l'ordonnance rendue sur ce traité, les parties pourront tout-à-coup substituer ou accoler au traité public un traité occulte qui, souscrit en même temps que le premier, en altérera ou détruira l'économie? Que sera-ce si l'acte tenu secret est un acte dirigé contre les droits des créanciers et destiné à leur enlever le gage de leurs créances? N'est-il pas évident que sanctionner de pareils arrangemens ce serait violer le vœu de la loi, rendre la surveillance de l'autorité impuissante, paralyser l'action qu'elle doit exercer dans les mutations d'office, ouvrir enfin la porte à de nombreuses surprises. Un officier ministériel, forcé de faire retraite à cause du désordre de ses affaires, aurait recours à des délégations furtives, soit pour sauver quelques créanciers aux dépens des autres, soit pour se ménager quelques ressources à l'aide d'arrangemens clandestins avec les créanciers favorisés. Ce serait une source d'abus intolérables qui ne pourraient qu'altérer de plus en plus la confiance dont les fonctionnaires publics doivent être entourés. — Toute clause non insérée dans le traité communiqué à l'autorité doit donc être déclarée nulle (Art. 1442 J. Pr.).

74. L'acquéreur d'un office n'est pas fondé à demander une diminution du prix convenu, sous prétexte qu'il a été induit en erreur sur le produit vénal de cet office; alors, d'ailleurs, qu'aucun des renseignemens qu'il pouvait consulter pour déterminer la valeur réelle de la charge ne lui a été célé par le vendeur. L'erreur commise dans ce cas par l'acheteur ne vicie pas son consentement; elle ne tombe pas en effet sur la substance même de la chose, objet du contrat. Paris, 14 déc. 1832, S. 33, 426; Cass. 17 mai 1832; S. 32, 849.

75. Mais il peut être considéré comme déchargé de ses engagemens par la survenance de la faillite, la disparition et la destitution du titulaire, avant que la cession ait été exécutée

par sa nomination et sa mise en possession de l'office. Paris, 26 déc. 1832, S. 33, 183.

L'exécution du traité résultant de ce que le cessionnaire a sollicité et obtenu sa nomination depuis la disparition du cédant ne forme pas une fin de non recevoir contre la demande en réduction du prix de l'office. Trib. Caen, 31 août 1835 (Art. 485 J. Pr.); Caen, 22 juill. 1837 (Art. 1171 J. Pr.)

76. Le titulaire qui, après avoir traité de sa démission refuse de la donner en faveur de celui à qui il a cédé son office, est passible envers lui de dommages-intérêts : mais il ne peut être contraint à se démettre de sa charge. — V. *sup*. n° 62.

77. Réciproquement le candidat nommé à un office par ordonn. roy. peut refuser d'accepter sauf l'action en dommages-intérêts du titulaire avec qui il avait traité. — Il est recevable à postuler un autre office s'il justifie son refus précédent. *Décis*. Garde des sceaux, 18 juil. 1836 (Art. 537 J. Pr.)

78. Le traité intervenu entre un titulaire ou ses héritiers, et un tiers qui n'a pas l'âge requis, est obligatoire. La convention ne peut être considérée comme ayant pour objet une chose impossible; les parties doivent attendre que le tiers ait accompli l'âge exigé par la loi pour le présenter à l'agrément du roi. Besançon, 25 mars 1828, S. 28, 273.

Il a même été jugé que le cédant pouvait valablement imposer à son cessionnaire l'obligation de donner sa démission à une époque fixée, au profit d'une tierce personne indiquée dans le contrat. L'inexécution de cette condition donnerait lieu, contre le cessionnaire, à des dommages-intérêts en faveur de celui qu'il se serait engagé à présenter pour successeur. Colmar, 3 janv. 1826, Dalloz, v° *Office*, 91.

79. En général, l'aspirant qui n'est pas admis par le Gouvernement ne peut être passible d'aucuns dommages-intérêts envers le titulaire qui l'a présenté : le traité intervenu entre eux se trouve résilié par suite d'une force majeure. Douai, 26 janv. 1837 (Art. 968 J. Pr.)

Il en est de même dans le cas où le candidat vient à décéder avant sa nomination : il s'agit d'une convention personnelle à celui qui a traité de l'office, et conséquemment les obligations qu'il a contractées ne sauraient passer à ses héritiers. C. civ. 1122.

80. Le tiers porteur de billets à ordre causés valeur en vente d'office ne peut en conséquence poursuivre le souscripteur si celui-ci n'est pas nommé : les billets deviennent en effet sans cause. Paris, 13 fév. 1837 (Art. 827 J. Pr.)

81. Mais, si c'est par sa faute que le cessionnaire n'est pas agréé par le Gouvernement, il ne peut se prétendre délié du traité, sous prétexte qu'il a été convenu que, dans le cas de non-admission pour quelque cause que ce fût, l'acte serait résilié sans indemnité; autrement les stipulations intervenues entre lui et le titulaire seraient illusoires et sans lien de droit, puisqu'il dépendrait de sa seule volonté de donner ouverture à l'action résolutoire. Rennes, 1er fév. 1834, S. 34, 379.

82. L'officier ministériel démissionnaire, qui n'est pas payé de la totalité du prix de sa charge, a-t il un privilége sur le prix de la revente faite par son cessionnaire?

Pour la négative, on dit : la loi du 28 av. 1816 n'a pas rétabli la vénalité des offices telle qu'elle existait autrefois (—V. *sup.* n° 13). Il n'y a pas aujourd'hui de finance versée originairement par le premier titulaire dans les coffres de l'Etat, et transmissible à perpétuité à ses successeurs. Le titulaire peut bien stipuler un prix pour sa démission; mais le traité intervenu entre lui et son successeur ne constitue qu'un contrat innommé par lequel l'une des parties s'oblige à donner une somme pour que l'autre fasse une chose, *do ut facias*; et non pas une vente. En outre, en supposant qu'il en soit autrement, le vendeur ne pourrait se prévaloir que de la disposition de l'art. 2102. C. civ., qui accorde un privilége au vendeur d'objets mobiliers non payés; mais, pour que ce privilége soit exercé, il faut que l'objet vendu se trouve encore en la possession de l'acquéreur; or, c'est ce qui ne peut jamais se rencontrer dans l'hypothèse d'une cession d'office : ce genre de propriété est insaisissable dans les mains du titulaire, et dès qu'un second acquéreur a été mis en possession de l'office, c'est-à-dire, dès l'instant où le premier vendeur peut agir, la condition exigée pour l'exercice du privilége a cessé d'exister.

Toutefois, le système contraire, fondé sur l'équité, qui ne saurait permettre que le vendeur d'un office soit placé dans une position plus défavorable que le vendeur de tout autre objet immobilier, ou mobilier, a été consacré par une jurisprudence constante. Paris, 11 déc. 1834; 12 mai 1835; Limoges, 4 fév. 1835 (Art. 50, 51 et 52 J. Pr.). Et notamment par un arrêt de C. cass. du 16 fév. 1831, S. 31, 74, ainsi conçu :

Attendu que le 21 déc. 1821, Vosdey vendit au sieur Auger son étude de notaire à la résidence de Blois, et la clientelle qui y était attachée, moyennant la somme de 63,000 fr. payables dans les termes énoncés au contrat; — Attendu que le sieur Auger tomba en déconfiture avant de s'être libéré envers le sieur Vosdey, et lui rétrocéda l'office et la charge de notaire, moyennant le prix qui serait arbitré par la chambre des notaires, sans rien préjuger sur le privilége; — Attendu que s'il est vrai qu'un notaire n'ait pas la pleine propriété de son titre, et que ce soit une fonction qui ne puisse être exercée qu'avec le consentement du prince, il est vrai aussi que le concours des deux volontés, légalement autorisé par la loi du 28 avr. 1816, a été depuis cette loi constamment reconnu, et que le droit de désigner un successeur au titulaire décédé est même reconnu à son héritier : peu importe donc le concours des deux volontés; c'est toujours un contrat de vente où se trouvent les trois choses essentielles à ce contrat, *res, pretium, con-*

sensus, d'où il résulte que la chose vendue étant certaine, reconnue, et encore en la possession de l'acquéreur; le vendeur qui n'en a pas reçu le prix peut facilement exercer le privilége naturel et juste du vendeur sur la chose vendue, si d'ailleurs la loi l'y autorise; — Attendu que l'art. 2102 C. civ. déclare § 4, créance privilégiée le prix d'effets mobiliers non payés, s'ils sont encore en la possession du débiteur, et qu'il se réfère nécessairement aux art. 529 et 535, d'après lesquels les droits incorporels sont réputés meubles, sous la dénomination d'effets mobiliers, puisque la même expression est littéralement employée par le législateur dans les art. 535 et 2102. § 4; ce qui n'est au surplus que la conséquence de l'art. 516, qui porte que tous les biens sont meubles ou immeubles; — Attendu qu'une étude de notaire qui n'est évidemment pas un immeuble se trouve nécessairement classée dans la loi sous l'expression d'effets mobiliers, et que dès-lors, loin de violer la loi en accordant un privilége au sieur Vosdey, la C. roy d'Orléans en a, au contraire, fait une juste application; — Rejette.

83. Toutefois, le vendeur d'un office n'a privilége sur le prix de la revente que pour le paiement du prix de l'office et de la clientelle, et non pour le prix des recouvremens.

L'imputation du paiement fait au vendeur doit avoir lieu sur la dette privilégiée. Paris, 8 juin 1836 (Art. 420 J. Pr.).

84. Le privilége du vendeur peut s'exercer au préjudice des tiers auxquels l'acquéreur a transporté le prix de l'office par lui revendu, lorsque le vendeur originaire a formé opposition à la transmission de l'office avant la signification du transport consenti par le second vendeur. Paris, 12 mai 1835 (Art. 50 J. Pr.).

85. Ce privilége se trouve-t-il éteint lorsque le vendeur a reçu des billets à ordre en paiement du prix de son office? — Peut-on dire dans ce cas qu'il y ait novation?

La solution de cette question dépend des termes des billets et des circonstances dans lesquelles ils ont été souscrits.

Ainsi lorsque les parties énoncent dans le traité que le prix de la charge est soldé en billets, mais qu'à défaut de paiement de ces billets à leur échéance, le créancier rentrera dans tous ses droits, nul doute que le cas arrivant, le vendeur puisse exercer son privilége: en effet, la novation ne se présume pas (Art. 1273 C. civ.); il faut que la volonté de l'opérer résulte clairement de l'acte, et dans l'espèce proposée, non-seulement cette volonté n'est pas manifestée, mais une intention tout opposée résulte des termes mêmes de l'acte.

Il est évident que les parties n'ont créé les effets que pour opérer éventuellement la libération de la dette provenant de la vente, pour faciliter le paiement, et non pour éteindre la première obligation et la remplacer par une autre. Cass. 28 juill. 1823, S. 23, 414; 16 août 1820, S. 21, 103; Bordeaux, 4 juil. 1832, S. 33, 55; Duranton, 12, n° 287.

Il en est encore de même quand les parties se sont bornées à déclarer dans le traité que le prix était payé en billets, et lorsque ces billets ont été causés valeur en quittance du prix d'un office, bien qu'on n'ait pas ajouté qu'à défaut de paiement des billets, le vendeur rentrerait dans tous ses droits. L'énonciation de la cause des billets suffit pour repousser toute intention des parties d'opérer une novation. Nancy, 4 janv. 1827, S. 27, 259; Paris, 20 juil. 1831, S. 32, 29; Rouen, 4 janv. 1825, S. 25, 179; Aix, 24 avril 1827, S. 29, 43; Limoges, 4 fév. 1835 (Art. 52 J. Pr.).

Mais la solution doit changer si le vendeur a donné quittance pure et simple du prix par le traité, et accepté en paiement des effets causés : *valeur reçue comptant.* Dans ce cas en effet l'intention des parties d'éteindre l'action née du contrat de vente devient bien évidente. D'ailleurs autoriser le vendeur à exercer son privilége, ce serait donner à l'acquéreur le moyen d'abuser de la confiance des tiers qui, en voyant la quittance pure et simple du prix, ont dû croire qu'il était complètement libéré. Bourges, 21 déc. 1825, S. 26, 221; Cass. 16 janv. 1828, S. 28, 294.

86. Si le titulaire qui n'a pas payé le prix de son office était destitué, l'ordonn. roy. qui permettrait à lui ou à ses ayant cause de présenter un successeur, pourrait décider que le prix de la cession serait affecté de la même manière que le cautionnement à la garantie des opérations de l'officier destitué. Dans ce cas, le droit de présentation n'existe plus; la charge a pour ainsi dire péri dans les mains du titulaire, et l'autorité est libre d'imposer les conditions qu'elle juge convenables à sa libéralité. Cass. 30 mars 1831, S. 31, 423.—V. *sup.* n° 49.

87. Le privilége de second ordre, accordé aux bailleurs de fonds de *cautionnement* (— V. ce mot, n° 22), est restreint à ce cautionnement; et s'il se trouve absorbé par les créanciers pour fait de charge, le bailleur des fonds ne peut réclamer aucune préférence sur le prix de la charge. C'est ce qui a été formellement décidé par l'arrêt du 30 mars 1831 (— V. *sup.* n° 86.) : attendu que, d'après la loi du 25 niv. an 13, le cautionnement des agens de change est affecté aux créanciers pour faits de charge, et que les fonds du cautionnement étant épuisés, le prêteur de ces fonds n'a point de privilége sur le produit de la charge, d'après le décret de 1810.

88. *Compétence.* Les difficultés qui peuvent s'élever entre les parties à l'occasion de traités relatifs à la cession d'offices, sont de la compétence exclusive des trib. ordinaires.

L'administration ne saurait en connaître sous aucun prétexte.

Le traité (porte un arrêt de la C. de cass. du 13 nov. 1823) qui fixe les conditions de la démission, appartient au droit civil : sous ce rapport, la connaissance des difficultés auxquelles il peut donner lieu est donc du ressort des trib. civils. — « Attendu (dit un autre arrêt de la même Cour du 28 fév. 1828) que les conventions particulières sur les intérêts privés des parties sont exclusivement de la compétence des trib.; qu'en vertu de l'art. 91 L. 28 avril 1816, les notaires pouvant présenter à l'agrément de sa majesté leurs successeurs, pourvu qu'ils réunissent les qualités exigées par les lois, peuvent, par cela même, stipuler de ces derniers le prix de la démission qu'ils donnent en leur faveur, stipulation qui rentre essentiellement dans la classe des conventions particulières, dans l'intérêt privé des parties. »

§ 5.—*Enregistrement.*

89. Les actes contenant cessions d'offices étaient autrefois passibles du droit d'enregistrement proportionnel, comme tous ceux renfermant des transmissions de propriétés mobilières.

90. Mais depuis 1832, il *n'est plus dû que le droit fixe de 1 fr.* Le droit de dix pour cent du cautionnement établi sur l'ordonnance de nomination tient lieu de toute autre perception.

La quittance du prix ou l'obligation de le payer, insérée dans l'acte ne donne même ouverture à aucun droit particulier. Instr. Rég. 27 juin 1836, n° 1514 (Art. 490 J. Pr.); Cass. 24 août 1835; 26 avril 1836 (Art. 171 et 511 J. Pr.).

91. Toutefois, le droit de un et de deux pour cent est dû sur la portion du prix applicable à la vente d'objets mobiliers que renferme la cession de l'office. Cass. 26 avril 1836 (Art. 406 J. Pr.)—Et sur ceux applicables à la cession de recouvremens abandonnés au nouveau titulaire par le même acte que l'office. Instr. rég. 27 juin 1836 (Art. 490 J. Pr.).

92. Dans le cas où l'ordonnance de nomination a imposé à l'officier ministériel l'obligation de déposer une certaine somme à la caisse des consignations à la charge de qui de droit, aucun droit proportionnel n'est exigible sur cette somme; il n'est dû que le droit de dix pour cent sur le montant du cautionnement. Déc. Rég., 18 sept. 1835 (Art. 353 J. Pr.).

93. Si le traité contient un cautionnement ou une affectation hypothécaire fournie par un tiers pour sûreté du paiement du prix de l'office, y a-t-il lieu de percevoir un droit particulier de cinquante cent. par cent francs? — Une instruction de la régie, du 27 juin 1836 décide l'affirmative avec cette seule réserve que le droit proportionnel ne saurait, dans aucun cas, s'élever au dessus de celui de dix pour cent du cautionnement, ce dernier droit devant être considéré comme celui dû sur la disposition principale du traité, et le droit de cautionnement ne pouvant d'après l'art. 69, § 2, n° 8, L. 22 frim. an 7, excéder le droit exigible sur la disposition générale. — Mais cette opinion nous paraît inadmissible : la disposition principale du traité est en effet la cession de l'office, et cette cession n'étant soumise qu'au droit fixe de 1 franc, il en résulte qu'aucun droit proportionnel n'est exigible sur le cautionnement ou la garantie donnée par un tiers (Art. 490 J. Pr.)

94. Lorsque, par contrat de mariage, un officier ministériel constitue en dot à sa fille, son office avec stipulation que cet office tombera en communauté et que dans le cas de prédécès de la femme, le mari aura le droit de conserver l'étude pour le prix qui sera fixé par la chambre de sa corporation, est-il dû le droit proportionnel de donation sur la valeur actuelle de l'office indépendamment du droit de 10 pour cent du cautionnement sur l'ordonnance de nomination du futur? — Pour la négative on peut dire : c'est l'office qui est donné, et non pas la somme à laquelle on l'estime ; l'évaluation faite a lieu uniquement pour déterminer le rapport à faire ultérieurement par la future à la succession du donataire, et la transmission de l'office opérée par la donation ne saurait être passible d'un autre droit que celui de dix pour cent sur le cautionnement. Rolland de Villargues, *Juris. du not.*, art. 3782. — Néanmoins la Régie soutient le contraire en se fondant sur ce qu'un pareil acte contient non seulement transmission de l'office du beau-père au gendre, mais encore donation du père à la fille de la valeur de l'office. nstruct. gén. Régie, 7 juin 1837. (Art. 919, J. Pr.).

95. Lorsque la cession d'un office n'a point reçu d'exécution, il y a lieu à restitution des droits perçus, quel que soit le motif qui ait empêché la réalisation des conventions : — Peu importe que le traité ait été annulé par la commune volonté des parties. — *Contrà*, Délib. Rég. 26 mai 1832 ; — ou que le vendeur ait été obligé de faire résilier le traité par un jugement. — *Contrà*, Délib. Rég. 8 juill. 1830, 1831, 11 fév. 1832, S. 33, 2, 224; Délib. Rég. 13 déc. 1833, S. 34, 206. — V. aussi Délib. Rég. 24 aout 1832, S. 33, 2, 224; 31 janv. 1832, S. 33, 2, 108.

96. Toutefois il a été jugé que lorsque l'adjudicataire d'un office n'a pas été agréé, il est non recevable à demander la restitution du droit d'enregistrement perçu par le procès-verbal d'adjudication, s'il a été stipulé dans cet acte que la revente aurait lieu à la folle-enchère de l'adjudicataire qui ne parviendrait point à se faire nommer par le Roi. Trib. Beauvais, 15 mars 1836 (Art. 946 J. Pr.). — Mais cette décision est évidemment erronée : en effet l'art. 34 L. 21 av. 1832 a remplacé toute autre perception sur le prix des offices par le droit de 10 pour cent du cautionnement ; lequel droit est perçu sur l'expédition de l'ordonnance de nomination. Or, lorsqu'il n'y a pas eu de nomination, aucun droit proportionnel ne saurait être exigé.

Il faut en outre remarquer qu'un office ne saurait dans aucun cas être vendu aux enchères publiques. (—V. *sup.* n° 32) et que si le successeur présenté par le titulaire n'a pas été agréé, l'office ne peut être revendu en son nom. Le traité est considéré comme non avenu, et dès-lors il n'y a eu aucune mutation pouvant donner ouverture à une perception fiscale (Art. 946 J. Pr.).— V. *sup.* n. 39.

97. Avant la loi de 1832, il avait été reconnu que l'acte de cession d'un office portant que dans le cas où le cessionnaire ne serait point nommé, la cession serait comme non avenue, n'est point sujet au droit proportionnel d'enregistrement, et que si ce droit a été perçu, il doit être restitué quelle que soit la cause qui ait empêché la nomination. Cass. 24 fév. 1835 (Art. 22 J. Pr.).

98. La restitution des droits peut être demandée pendant deux ans, à partir du jour où il est certain que le traité ne recevra pas d'exécution. Il est indifférent que plus de deux ans se soient écoulés depuis la perception. Déc. Rég. appr. 6 fév. 1832 S. 32, 2, 426.

99. Néanmoins, le titulaire qui laisse prononcer contre lui la déchéance faute de prêter serment dans les délais fixés par la loi ne peut pas réclamer la restitution du droit de dix pour cent perçu sur le montant de son cautionnement. Dans ce cas, en effet, le traité a reçu son exécution et une nouvelle ordonnance royale est nécessaire pour réintégrer le vendeur dans ses fonctions. Trib. Paris, 16 mai 1839 (Art. 1480 J. Pr.).

100. Le traité sous seing-privé, passé entre le titulaire d'un office et celui qu'il présente pour lui succéder, n'a pas besoin d'être enregistré pour être joint à la demande tendante à obtenir l'agrément du roi. Avis des comités du contentieux de l'intérieur et des finances réunis du 10 mai 1828, approuvé le 2 juin suiv. par le Garde-des-sceaux.

101. Les droits de mutation par décès sur les charges des officiers ministériels, doivent être perçus uniquement d'après la déclaration estimative de la valeur de ces charges, faite par les héritiers.—La régie n'est pas fondée à réclamer un supplément de droit sur le motif que le prix de la vente de l'office, consentie ultérieurement par les héritiers, est supérieur à l'estimation portée dans la déclaration de succession. Déc. min. fin. 1832, aff. Haquin, S. 32, 2, 466.

102. Les ordonnances portant nomination à des offices sont assujetties à un droit d'enregistrement de 10 fr. par 100., sur le montant du *cautionnement* attaché à la fonction ou à l'emploi. (—V. ce mot). L. 21 avr. 32, art. 34.

Ce droit est perçu sur la première expédition de l'ordonnance, dans le mois de la délivrance, sous peine d'un double droit. *Ib.*

Les nouveaux titulaires ne peuvent être admis au serment qu'en produisant cette expédition revêtue de la formalité de l'enregistrement. *Ib.*

En cas de délivrance d'une seconde ou de subséquentes expéditions, la relation de l'enregistrement y est mentionnée sans frais par le receveur du bureau où la formalité a été donnée, et les droits acquittés. *Ib.*

103. Les expéditions des ordonnances de nomination, destinées aux parties, sont sujettes au timbre. *Ib.*

104. L'héritier du titulaire d'un office qui a payé dans les six mois le droit de mutation par décès, et qui plus tard a été nommé à l'office vacant ne peut pas demander l'imputation du droit sur le droit proportionnel auquel donne ouverture l'ordonnance de nomination : ces deux droits sont en effet d'une nature différente. Solut. Régie 20 nov. 1835 (Art. 355 J. Pr.).

105. L'officier ministériel qui est nommé aux mêmes fonctions, dans un autre ressort que celui où il exerçait ses fonctions, est tenu d'acquitter le droit d'enregistrement de 10 fr. par 100 fr. du montant du cautionnement attaché au nouvel office dont il est pourvu. Délib. rég. 5 mai 1832, S. 33, 2, 223.

§ 6. — *Formules.*

FORMULE I.

Acte de cession d'un office.

Entre les soussignés

M. (*noms, prénoms*) avoué près le tribunal de demeurant à d'une part ;

Et M. (*nom prénoms, qualités*), demeurant à d'autre part

A été convenu et arrêté ce qui suit :

ART. 1.

M. vend, cède et transporte, sous la simple garantie de ses faits et promesses, au sieur qui l'accepte, le titre et la charge d'avoué près le tribunal de , dont il a été pourvu en remplacement de Me par ordonnance du roi, en date du et en vertu de la commisssion à lui délivrée par le ministre de la justice le , admis et installé comme tel, ainsi qu'il résulte d'un certificat délivré par le greffier du tribunal de le constatant sa prestation de serment.

Ensemble tous les dossiers qui composent la clientelle de Me et de prédécesseurs, ainsi que tout ce qui peut lui être dû par qui que ce soit, à cause de ses fonctions d'avoué, pour honoraires et déboursés, et généralement les recouvremens de tout genre qui dépendent de sa charge. (*Si le titulaire se réserve les recouvremens, on l'énonce.*—V. d'ailleurs *sup.* nos 83 et 91.)

Font partie du présent traité les bureaux, écritoires, tables, tablettes, fauteuils, chaises, armoires et autres meubles et ustensiles de l'étude, dont la description a été faite dans un état dressé et signé par les parties, et qui sera annexé aux présentes.

Ainsi que le tout se poursuit et comporte, et dont le sieur déclare avoir une parfaite connaissance, notamment du produit de la charge, par la communication qu'il a prise et la vérification qu'il a faite des registres de l'étude.

Pour, par ledit sieur , se pourvoir et se faire recevoir à ses frais, aux titre et charge à lui présentement vendus, et jouir, à compter du jour de sa prestation de serment, de tous les droits, actions et privilèges y attachés, et à compter du de tous les émolumens que cette charge produira, et de tous les effets mobiliers ci-dessus indiqués.

A l'effet de quoi Me lui a présentement remis sa démission, ainsi qu'il le reconnait.

ART. 2.

Le présent traité est fait aux conditions suivantes, que les parties s'obligent respectivement d'exécuter chacune en ce qui la concerne :

De la part de Me envers M.

1° De lui remettre, aussitôt sa réception, tous les dossiers et registres, tant de son exercice que de ceux de ses prédécesseurs;

2° De remettre à sa disposition, à compter de ce jour, toutes les pièces et tous les renseignemens concernant les affaires commencées ;

3° De lui remettre également, à compter de tous les renseignemens et pièces pouvant servir à établir les recouvremens ;

4° Enfin de le présenter et de le faire connaître à ses cliens toutes les fois qu'il le pourra.

De la part de M envers Me

1° De remplir toutes les conditions exigées pour se faire recevoir aux fonctions d'avoué près le tribunal de

2° De remettre aux cliens, sans aucune rétribution, les actes et jugemens dont le coût a été payé.

ART. 3.

En outre de ces conventions, le présent traité est fait moyennant la somme de , en déduction de laquelle le sieur a présentement payé à M. qui le reconnaît, et lui en donne bonne et valable quittance; celle de (*souvent au lieu de payer un à-compte au titulaire, on le dépose entre les mains d'un tiers*); à l'égard des fr. restans, le sieur s'oblige de s'en libérer en paiemens égaux qui seront faits à Me en sa demeure, les comme aussi, jusqu'à leur paiement effectif, d'en servir audit Me toujours en sa demeure, les intérêts à raison de cinq pour cent par an, sans retenue, de six mois en six mois à compter du

Il est bien entendu que la somme d'intérêts accumulés décroîtra dans la proportion du capital, par le fait des paiemens qui seront faits.

Fait double entre les parties, le à (*Signatures.*)

FORMULE II.

Démission.

Je soussigné (*nom, prénoms*), avoué près le tribunal de première instance de l'arrondissement de département de déclare par ces présentes me démettre des fonctions d'avoué dont je suis pourvu, en faveur de M. (*nom, prénoms*), que je présente pour mon successeur à l'agrément de sa Majesté, conformément aux dispositions de l'art. 91 de la loi du 28 avr. 1816.

Supplions sa Majesté de vouloir bien nommer ledit sieur à mon lieu et place.

Fait à le (*Signature du titulaire.*)

OFFICIER DE LA FORCE PUBLIQUE.

Tout officier de la force publique doit déférer aux réquisitions qui lui sont faites pour assurer l'exécution des lois, actes et jugemens. C. pén. 234.—V. *Exécution*, n° 96.

OFFICIER MINISTÉRIEL.

1. Le C. de pr. emploie la dénomination d'*officier ministériel* dans les art. 1030 et 1031, lorsqu'il prononce des amendes contre les fonctionnaires qui ont fait des actes nuls ou frustratoires (— V. *Nullité*); mais aucune disposition législative ne désigne quels fonctionnaires sont compris sous cette qualification.

Carré (L. org., art. 108) donne le titre d'*officier ministériel* à tout officier que la loi oblige à prêter son ministère aux juges et aux parties, toutes les fois qu'il en est légalement requis.

« Il paraît, dit également M. Toullier (7, 265), qu'il faut entendre par *officiers ministériels* les fonctionnaires publics, qui sont les ministres inférieurs de la loi, ceux dont on est forcé d'employer le ministère pour certains cas, et qui ne peuvent eux-mêmes le refuser. »

Mais les définitions qui précèdent sont inexactes, en ce qu'elles n'excluent pas les fonctionnaires qui ne reçoivent leur mission que de l'autorité publique, comme les greffiers, ou ceux qui sont dépositaires d'une portion du pouvoir souverain, comme les notaires; or, les premiers doivent être considérés comme membres des C. et trib. auxquels ils sont attachés (— V. *Greffier*, n° 8; *Discipline*, n° 70); et les seconds forment un corps indépendant, une délégation de la puissance publique (— V. *Notaire*). Peu importe qu'ils doivent prêter leur ministère lorsqu'ils en sont requis; les juges aussi sont tenus de prêter leur ministère, qui est de rendre la justice, et jamais personne n'a soutenu qu'ils fussent des officiers ministériels.

Il faut donc reconnaître que le nom d'*officiers ministériels* n'appartient en général qu'à ceux dont les fonctions forment une dépendance de l'administration de la justice.

2. Tels sont les *avoués* et les *huissiers* (— V. ces mots). Le sens des art. 1030 et 1031 C. pr. l'annonce évidemment, et d'ailleurs ils sont ainsi qualifiés par plusieurs dispositions législatives. — V. L. 27 vent. an 8, tit. 7; Décr. 6 juil. 1810, tit. 4.

Tels sont encore : 1° les *commissaires-priseurs* et les *gardes du commerce* (— V. ces mots) : leurs attributions ne sont qu'un démembrement de celles des huissiers.

2° Les *agens de change* et les *courtiers* : leur ministère est en effet forcé pour les parties, auxquelles ils ne peuvent le refuser, et ils ne reçoivent pas uniquement leur mission de l'autorité publique; ils ne sont pas dépositaires d'une portion du pouvoir souverain. — V. *sup.* n° 1.

3. Il en est autrement des *agréés* (— V. ce mot, n° 2); ils n'ont aucun caractère public, et leur ministère n'est jamais forcé.

4. Les officiers ministériels sont responsables des fautes graves qu'ils commettent dans l'exercice de leurs fonctions. — V. *Responsabilité*.

5. La réparation de ces fautes est garantie par un *cautionnement* (— V. ce mot), qu'ils sont tenus de verser avant d'entrer en fonctions.

6. Pour les droits dont ils jouissent, et les devoirs qui leur sont imposés. — V. les différens mots ci-dessus indiqués, et *Office*.

Quant à la discipline à laquelle ils sont soumis. — V. *ib*. et *Discipline*, sect. III.

OFFRES. Ce qu'on présente ou propose à quelqu'un pour qu'il accepte.

OFFRES LABIALES. Se dit, par opposition à *offres réelles*, des simples offres verbales ou même par écrit, qui ne sont point accompagnées de la représentation effective de la chose offerte. —Les offres labiales ne sont point libératoires; elles ne constituent pas le créancier en demeure, et ne font pas cesser celle du débiteur.—V. *Offres réelles*, n° 76.

OFFRES RÉELLES (1). Offres accompagnées de l'exhibition de la chose ou de la somme due, avec l'intention de s'en dessaisir actuellement et irrévocablement.

DIVISION.

§ 1. — *Dans quels cas les offres réelles sont nécessaires.*
§ 2. — *Par qui et à qui les offres réelles peuvent être faites.*
§ 3. — *Quelle chose ou quelle somme on doit offrir.*

Art. 1. — *Cas où la créance n'est pas exigible.*
Art. 2. — *Offres sous condition.*

§ 4. — *A quel domicile on doit offrir.*
§ 5. — *Du procès-verbal d'offres, et de la procédure qui en est la suite.*

Art. 1. — *Forme du procès-verbal; refus ou acceptation du créancier;*
Art. 2. — *Demande en validité, jugement et dépens.*

§ 6. — *Effets des offres réelles.*
§ 7. — *Enregistrement.*
§ 8. — *Formules.*

§ 1. — *Dans quels cas les offres réelles sont nécessaires.*

1. Le débiteur qui veut se libérer par la *consignation*. (—V. *Dépôts et consignations*, n°s 11 et suiv.) doit préalablement faire constater que le créancier a refusé de recevoir la somme due, ou se trouve dans l'impossibilité d'en donner quittance valable. Tel est le but des *offres réelles*.

2. Mais elles ne sont nécessaires qu'à l'égard du créancier direct qui peut recevoir et libérer.

3. Ainsi elles sont inutiles. — 1° Lorsqu'il y a des opposans à la délivrance de la somme due;

2° Lorsque cette somme étant un prix de vente d'immeuble,

---

(1) Cet article est de M. Allenet, avocat.

il y a des créanciers inscrits.—V. toutefois. Art. 685 J. pr.; et v° *Purge des hypothèques inscrites*, les mesures à prendre pour obtenir une plus prompte libération, et la radiation des inscriptions.

3° Lorsque, en exécution de l'art. 693 C. pr.; l'acquéreur d'un immeuble saisi consigne somme suffisante pour valider son acquisition et prévenir l'adjudication.

4° Lorsque l'adjudicataire veut éviter l'adjudication sur folle-enchère poursuivie contre lui, en se conformant à l'art. 743 du C. pr. Riom, 19 janv. 1820, P. 15, 715; Paris, 5 janv. 1824, S. 25, 10; Berriat, 594, note.

4. Il a été jugé qu'un créancier opposant à la délivrance d'un prix de vente, autorisé par jugement à toucher sur ce prix, la somme qui lui est due, à la charge par lui de fournir caution, ne peut être considéré comme créancier direct de l'acquéreur, qu'après avoir fourni cette caution, qu'en conséquence celui-ci a pu valablement consigner la totalité de son prix sans faire des offres à ce créancier. Cass. 4 juin 1812, S. 12, 289.

5. Lorsque le créancier envers lequel on veut se libérer est inconnu ou indéterminé : par exemple, lorsque le porteur d'un effet de commerce ne s'est pas présenté dans les trois jours de l'échéance. Les offres sont impossibles, et partant, non obligatoires.

6. Les consignations forcées soit par jugement, soit par la loi, sont toujours dispensées du préliminaire d'offres réelles; dans ce cas, en effet, la mise en demeure résulte du jugement ou de la loi qui prescrit la consignation.

§ 2. — *Par qui et à qui les offres réelles peuvent être faites.*

7. Les offres réelles ayant pour but un paiement, doivent être faites et reçues par ceux qui auraient qualité et capacité pour effectuer et recevoir le paiement. C. civ. 1258, 1°-2°.

8. Ainsi peuvent valablement faire des offres réelles : 1° le coobligé, la caution, et toute personne intéressée au paiement de la dette. Thomine, 2, 402.

9. 2° Les tiers, même non intéressés. Paris, 11 août 1806, S. 6, 228; — Pourvu que les offres aient seulement pour objet d'opérer la libération du débiteur : ils ne sont pas recevables à demander, dans l'acte d'offres, à être subrogés aux droits du créancier : cette demande de subrogation suffit pour que celui-ci soit fondé à ne pas accepter; de pareilles offres sont nulles. Arg. C. civ. 1236; Cass. 12 juill. 1813, S. 13, 354; Thomine, 2, 402; Delvincourt, 2, 156.

Il faut en outre que le créancier ait demandé le paiement de sa créance, et puisse accepter, sans porter préjudice à ses intérêts : la faveur attachée à la libération ne va pas jusqu'à autoriser un tiers à agir sans intérêt, en son nom propre, contre un créancier empêché par quelque circonstance de recevoir ses deniers. Thomine, 2, 402.

10. A plus forte raison, en est-il de même lorsque la dette n'est pas échue. Le débiteur est seul recevable à user de la faculté qui lui est accordée en certains cas de se libérer par anticipation. — *V. inf.* n° 34.

11. Par suite de ce principe, le créancier serait fondé à refuser les offres réelles du tiers non intéressé, et à poursuivre judiciairement pour éviter une perte. Thomine, 2, 402.

12. En général le tiers-saisi n'est pas admissible à faire des offres réelles au saisissant (lequel n'est pas son créancier) : cependant il y a exception à cette règle, lorsque le tiers saisi se trouve, par une circonstance quelconque, personnellement responsable envers le saisissant. Tel est un sous-locataire à l'égard du propriétaire : celui-ci ne saurait refuser les offres, sous prétexte qu'il n'a pas qualité pour les recevoir. Paris, 23 mars 1829, S. 29, 165.

13. Un tuteur peut, sans l'autorisation du conseil de famille, faire des offres réelles tendantes à l'exercice de la faculté de réméré : c'est là un acte purement conservatoire. Cass. 5 déc. 1826, S. 27, 308. — De pareilles offres sont surtout inattaquables lorsque plus tard le tuteur, en les réitérant pour leur donner suite et faire prononcer la résiliation de la vente, s'est fait surabondamment autoriser par un conseil de famille. *Même arrêt.*

14. Lorsque le créancier est en faillite, ce n'est ni à lui ni à ses créanciers individuellement que les offres doivent être faites, mais aux syndics de la faillite qui représentent la masse des créanciers. Cass. 11 mai 1825, S. 26, 198.

15. Les offres sont valablement faites par l'intermédiaire d'un fondé de pouvoir ; — et réciproquement à toute personne ayant pouvoir de recevoir pour le créancier. C. civ. 1258-1°.

Toutefois, si le mandataire refuse d'accepter, ce n'est pas contre lui, mais contre le créancier lui-même qu'il faut diriger la demande en validité d'offres ; celui qui n'a que pouvoir de recevoir, n'a aucune qualité pour critiquer la validité des offres qui lui ont été faites : d'ailleurs toute action doit être intentée contre la personne même du défendeur. Duranton, 12, n° 203.

16. Les offres peuvent aussi être faites à un tiers convenu entre les parties ou indiqué par le créancier : si ce tiers a été indiqué par le créancier, les offres ainsi faites sont valables tant que celui-ci n'a pas signifié une volonté contraire. Toullier, 7, n° 189.

Si le tiers chargé de recevoir a été convenu entre les parties, la volonté du créancier ne suffit pas pour lui ôter le pouvoir de recevoir ; et par conséquent les offres qui seraient faites à la personne de ce tiers seraient régulières, nonobstant toute déclaration contraire du créancier. Il en serait autrement si le tiers avait été désigné dans l'intérêt seul du créancier : car on peut toujours renoncer à une disposition toute favorable : nous pensons donc qu'il suffirait au créancier de déclarer qu'il n'entend pas profiter de la clause, pour que les offres faites au tiers fussent réputées nulles et non-avenues. Pigeau, 2, 488.

§ 3. — *Quelle chose ou quelle somme on doit offrir.*

17. *Chose.* Si la dette est d'objets mobiliers autres qu'une somme d'argent, les offres doivent être de la chose même qui est due. C. civ. 1243 ; — à moins qu'on ne se soit pas expressément entendu sur cette chose, ou qu'il y ait alternative pour le débiteur. C. civ. 1191.

18. *Somme.* Il ne dépend pas du débiteur de se libérer partiellement (C. civ. 1244) ; il faut donc que les offres réelles soient, 1° de la totalité de la somme *exigible.* — L'offre d'une somme inférieure à celle qui est due, laquelle est certaine et liquide, n'est pas admissible, quoique faite *sauf à parfaire ou distraire.* Bourges, 9 déc 1830, D. 33, 173.

19. Toutefois, on a considéré comme suffisantes et intégrales des offres réelles qui contenaient tout ce qui était demandé par un commandement de payer, encore que la somme due fût réellement supérieure. Paris, 11 août 1806, S. 6, 228.

20. La somme exigible est celle échue au moment des offres ; en sorte que, si la dette est payable en différens termes, les offres faites successivement des sommes dues à l'échéance de chaque terme, sont non seulement valables, mais les seules vraiment régulières, puisqu'elles doivent toujours être exactement de la somme *actuellement due.*

21. Lorsque plusieurs termes sont échus, les offres du montant de l'un d'eux sont-elles valables ?

Suivant M. Duranton, 12, n° 206, le créancier n'aurait pas le droit de les refuser comme insuffisantes ; il devrait accepter en faisant des réserves pour les autres termes échus et à échoir : les différens termes ont créé autant de dettes partielles et distinctes, qui peuvent toujours être payées séparément.

Nous pensons, au contraire, que le débiteur, en n'exécutant pas son obligation aux diverses échéances, a perdu, relativement aux termes échus, le bénéfice de cette espèce de division de la dette primitive. Arg. C. civ. 1244.

Mais le créancier renoncerait implicitement à invoquer cette déchéance, s'il faisait des actes d'exécution pour obtenir le paiement de l'un des termes seulement. — Ainsi, l'effet du commandement signifié isolément pour le montant de l'un des termes pourrait être arrêté par l'offre d'une somme correspondant à ce terme.

Si l'acte ou le jugement portait que, faute par le débiteur de payer le premier terme, le créancier pourrait exiger la totalité de la créance, il en serait autrement.

22. 2° Des intérêts ou arrérages échus, sauf à ajouter, lors de la consignation, ceux qui ont couru jusqu'au moment de cette *consignation*. — V. *inf.* n° 78.

23. 3° Des frais liquidés, et d'une somme pour les frais *non liquidés*, sauf à parfaire si, par suite de la liquidation, cette somme est reconnue insuffisante, ou à la restreindre dans le cas contraire. La loi laisse au débiteur la faculté d'offrir, pour les frais non liquidés, la somme qu'il lui plaît : quelque modique qu'elle soit, elle suffit toujours pour régulariser les offres. Paris, 10 fév. 1807, P. 5, 671 ; Rennes, 2 janv. 1812, P. 10, 1; Toulouse, 2 fév. 1820, P. 15, 754 ; Pigeau, 2, 489; Toullier, 7, n° 192, et Malleville. — L'offre ainsi faite n'est valable que par rapport aux frais non liquidés ; elle ne suppléerait pas à l'insuffisance de la somme offerte pour *intérêts*, ou de toute autre dont la quotité pouvait être actuellement connue. Cass. 24 prair. an 12 ; Paris, 25 août 1810, S. 14, 240.—Ainsi jugé même dans une espèce où les offres étaient suffisantes quant à la somme offerte en bloc : le débiteur a été déclaré non recevable à demander que l'excédant de la somme offerte pour les frais non liquidés, fût admis à suppléer à l'insuffisance de cette offre pour les frais liquidés. Bordeaux, 3 avr. 1835, S. 35, 411.

24. Sont compris dans les frais non liquidés les droits d'enregistrement qui peuvent avoir été payés par le créancier : ainsi les offres qui contiennent une somme *pour frais non liquidés, sauf à parfaire*, ne doivent pas être déclarées insuffisantes et nulles, sous prétexte qu'on n'aurait pas offert de payer ces droits d'enregistrement. Cass. 19 déc. 1827, S. 28, 41.

25. D'après ces principes, le tiers détenteur qui, pour se libérer aux termes de l'art. 2168, est obligé de faire des offres réelles, doit y comprendre une somme pour les *frais* même non liquidés ; ces frais font une partie du *capital exigible*. Arg. C. civ. 2167 et 2168 ; Toulouse, 4 fév. 1829, S. 29, 196.

26. Mais, par exception à la règle générale, les offres, ainsi que la *consignation* qui en est la suite, sont valables pour obtenir l'élargissement du débiteur, encore bien qu'elles ne contiennent aucune somme pour les frais *non liquidés*. — V. *Emprisonnement*, n°s 292 et 294.

27. Si les offres sont faites en cause d'appel, elles doivent comprendre, à peine de nullité, les frais faits en première instance. Rennes, 7 mai 1816, P. 13, 421.

28. Lorsque c'est seulement par suite d'une erreur de calcul que la somme offerte est insuffisante, et que le débiteur s'empresse de réparer cette erreur, les offres doivent être déclarées valables.

29. Les frais d'offres étant, dans certains cas, à la charge du créancier, l'officier ministériel peut-il déduire ces frais sur la somme qu'il offre ? — Non : ces frais n'étant supportés par le créancier que dans le cas où il laisse consigner, il y a doute à cet égard, et il est prudent de ne pas opérer cette déduction, qui seule pourrait justifier le refus du créancier. — *Contrà*, Pigeau, 2, 494.

Toutefois, si le créancier n'a pas motivé son refus sur cette circonstance; s'il a gardé le silence, ou prétendu que les offres étaient insuffisantes par d'autres motifs, la réduction se trouve alors justifiée par le fait, et la consignation de la somme ainsi réduite doit être déclarée valable, si elle est d'ailleurs régulière et suffisante. Mais l'usage n'autorise point ce mode de procéder; les frais d'offres, s'ils sont à la charge du créancier, sont nécessairement compris dans la liquidation des frais et dépens, laquelle a lieu après et non avant le procès.

30. Les offres sont-elles nulles, lorsque la somme offerte excède la totalité de la dette ? — Pour l'affirmative, on dit que le créancier ne peut pas être obligé de recevoir plus qu'il ne lui est dû, et de s'exposer ainsi ultérieurement à une demande en restitution. Merlin, *Rép.*, v° *Offres*, n°s 2, 3; Duranton, 12, n° 205. — Dans l'opinion contraire, on prétend que, le moins étant contenu dans le plus, de pareilles offres doivent être valables; il dépend, en effet, du créancier de prendre dans les choses ou les sommes offertes celle qui lui est due, et d'abandonner le surplus au débiteur. Toullier, 7, n° 193; Favard, v° *Offres*, n° 2; Delvincourt, 2, 156, note 11.

Quant à nous, il nous semble que tout dépend des circonstances : ainsi, les offres devraient être déclarées valables et le créancier condamné aux dépens, si celui-ci avait refusé les offres purement et simplement, ou comme les trouvant insuffisantes, ou bien si, ne s'étant pas trouvé chez lui, il n'avait pas fait les diligences nécessaires (— V. *inf.* n° 65) pour déclarer ce qui lui était réellement dû, et offrir de le recevoir. — Mais il serait dans son droit, et les offres devraient être considérées comme nulles, s'il résultait du procès-verbal que le créancier eût déclaré être prêt à accepter ce qui lui était réellement dû, et que son refus définitif n'eût été motivé que par la persistance du débiteur à offrir davantage : ceci s'applique également à la consignation. — V. *inf.* n° 65.

31. Les offres pourraient aussi être déclarées nulles, si elles étaient faites en papier-monnaie ou en espèces telles, que le créancier fût obligé de rendre *de suo*, et déclarât ne pas le pouvoir ou ne pas le vouloir. Delvincourt, 2, note 11, 156. —

Toutefois, nous pensons que les juges devraient avoir toute latitude pour apprécier le mérite du refus du créancier.

32. La somme offerte peut se composer, soit d'espèces métalliques (or, argent ou billon, dans la proportion réglée *sup*. v° *Monnaie*), soit de papier-monnaie ayant cours légal.

33. Les billets de la Banque de France n'ayant pas cours forcé, ne peuvent pas être offerts valablement. Av. Cons.-d'Ét. 30 frim. an 14 (10 fév. 1806).

Art. 1. — *Cas où la créance n'est pas exigible.*

34. *Créances à terme.* Les offres faites avant l'échéance du terme sont valables; le terme est toujours présumé stipulé en faveur du débiteur. C. civ. 1187; Pigeau, 2, 489; Duranton, 12, n° 208; — excepté, 1° en matière commerciale. Ainsi, le porteur d'une lette de change ne saurait être contraint d'en recevoir le paiement avant l'échéance : il est donc fondé à refuser les offres anticipées qui lui seraient faites. C. comm. 146.

2° En matière civile, lorsque le terme a été stipulé en faveur du créancier, il faut, pour pouvoir offrir valablement, attendre l'échéance de ce terme. C. civ. 1258-4°.

35. *Créances conditionnelles*. Si la dette est conditionnelle, le créancier est fondé à refuser les offres (C. civ. 1258-5°); car, non-seulement la dette n'existe pas, mais elle peut même ne jamais exister. Il pourrait donc être exposé à une demande en restitution, et, de plus, il a intérêt à ne pas se charger de la chose due, qui demeure aux risques du débiteur jusqu'à l'événement de la condition (C. civ. 1182). Delvincourt, 2, 156, note 6.

Le créancier peut refuser les offres, lors même que le débiteur conditionnel renoncerait à répéter la somme, et déclarerait qu'il en fait donation. Personne n'est contraint d'accepter une donation qui peut, dans plusieurs cas, devenir onéreuse. Pigeau, 2, 491; Duranton, 12, n° 208.

Si le débiteur, ignorant la condition, avait fait des offres au créancier, et que celui-ci les eût acceptées, il y aurait lieu à répétition, pour paiement d'une chose non due (C. civ. — 1235). Ces offres pourraient néanmoins devenir valables par l'accomplissement postérieur de la condition, dont l'effet rétroagirait au temps du contrat (C. civ. 1179). Pigeau, 2, 491.

36. Les principes ci-dessus ne s'appliquent pas à la condition *résolutoire*, qui n'est pas, à vrai dire, une condition, puisqu'elle ne suspend pas l'exécution de l'obligation (C. civ. 1183). Le débiteur a le droit de se libérer, et le créancier ne peut refuser ses offres, par le motif qu'il serait exposé plus tard à une demande en restitution. Duranton, 12, n° 209.

Art. 2. — *Offres sous condition.*

37. Toutes conditions apposées aux offres sont licites, lorsqu'elles sont autorisées par la loi, par la justice ou par la convention. Pigeau, 2, 492.

Telles sont celles qui sont nécessaires à la conservation des droits du débiteur. Duranton, 12, n° 210.

38. Ainsi sont valables les offres faites par un débiteur saisi sous la réserve expresse de faire procéder à la vérification des effets saisis, pour savoir s'ils ont été conservés comme ils devaient l'être, et de rendre responsable le saisissant ou qui de droit, dans le cas où ils seraient endommagés en tout ou en partie. Cass , 31 janv. 1820, S. 20, 231; Favard, v° *Offres*, n° 3.

39. De même, s'il existe des oppositions au paiement de la chose ou de la somme due, le débiteur est toujours recevable à faire des offres au créancier, à la charge par lui de rapporter main-levée desdites oppositions; à défaut de quoi le débiteur peut consigner. — V. *Consignation*, n°s 64 et suiv.

40. Mais sont considérés comme viciant les offres réelles, les conditions qui ont pour but de faire la loi au créancier. Favard, *ib.*; Berriat, p. 644.

41. Un débiteur qui fait faire des offres réelles conditionnelles, et qui défend à l'huissier de consigner, dans le cas où ces offres ne seraient pas acceptées, peut être déclaré n'avoir pas eu l'intention de se libérer, surtout s'il ne les a pas renouvelées depuis que la condition qu'il avait apposée est devenue sans objet. En ce cas, les offres par lui faites doivent être déclarées nulles. Cass. 3 fév. 1825, S. 26, 162.

§ 4. — *A quel domicile les offres doivent être faites.*

42. C'est au domicile réel ou d'élection du créancier que les offres doivent être faites; à la différence du paiement, qui, en général, doit être fait au domicile du débiteur (C. civ. 1247) : le débiteur ne peut pas s'offrir à lui-même.

43. Le débiteur a l'alternative de faire signifier les offres, soit à la personne du créancier, trouvée hors de son domicile (naturel ou d'élection), soit à ce domicile. C. civ. 1258-6°; Thomine, 2, 417.

44. A moins qu'un lieu n'ait été convenu pour le paiement, auquel cas les offres réelles doivent nécessairement être faites au domicile élu dans ce lieu. — Celles faites dans tout autre endroit que celui convenu, même en parlant à la personne du créancier, sont réputées nulles, comme violant la loi des parties. L'art. 1258-6° est formel. Cass. 8 av. 1818, S. 18, 238.— V. *inf.* n° 46.

45. Mais si le créancier n'a pas fait élection de domicile en

ce lieu, comment le débiteur doit-il procéder? — Delvincourt (2, note 7, 156) pense que le créancier est présumé n'avoir pas de domicile connu en France, et qu'il faut appliquer les dispositions de l'art. 69 C. pr. — Mais il n'est pas permis de regarder comme vrai un fait évidemment faux; et ce serait d'ailleurs éluder gratuitement l'exécution de l'art. 813 C. pr., qui exige que le procès-verbal fasse mention de la réponse du créancier.—V. *inf.* n° 58.

D'autres commentateurs sont d'avis d'assigner le créancier à son domicile réel, pour voir dire qu'il sera condamné à élire au lieu convenu un domicile, sinon que le débiteur sera autorisé à consigner. Toullier, 7, n° 197; Favard, v° *Offres*, n° 2-6°.

Il est beaucoup plus simple, et non moins régulier, de faire les offres au domicile réel du créancier, en déclarant être prêt à les réaliser au domicile qu'il désignera dans le lieu du paiement. Si le créancier, sur cette mise en demeure, ne déclare pas cette élection de domicile, les offres réelles sont régularisées, soit par son silence, soit par sa réponse insérée au procès-verbal; et le débiteur peut se libérer en consignant la somme offerte à la caisse du lieu convenu pour le paiement. Vainement on oppose les termes de l'art. 1258-6°, C. civ.; cette disposition n'est pas applicable, car on ne peut signifier un acte qu'au domicile connu: or, ici le seul qui soit connu est le domicile réel. Le but de la loi est d'ailleurs atteint, puisque le créancier a connaissance des offres, et qu'il est mis en demeure de les accepter, soit à son domicile réel, soit, s'il le préfère, au lieu convenu pour le paiement. Un arrêt de Cass. cité *inf.* n° 46 semble confirmer cette doctrine.

46. Lorsque le débiteur est poursuivi par voie de saisie-exécution, il peut faire des offres réelles au domicile élu par le créancier dans le commandement tendant à saisie. C. pr. 584.

Même dans le cas où un lieu a été convenu pour le paiement. C'est ce qui résulte de la solution donnée au n° 45 et de l'esprit de l'art. 584 C. pr., qui n'a d'autre but que de faciliter au débiteur les moyens de se libérer, pour arrêter immédiatement les poursuites (Delvincourt, 2, 156, note 7). — Seulement les offres faites au domicile élu dans le commandement doivent être *réalisées* au lieu déterminé par la convention pour le paiement. Cass. 28 avril 1814, S. 14, 209. — En effet l'art. 1239 doit dans tous les cas, s'exécuter concurremment avec l'art. 1247. Cass. 21 nov. 1836 (Art. 603 J. Pr.)

47. Les offres seraient également valables, si elles étaient faites au domicile élu dans le commandement qui précède la *saisie-brandon*. Arg. C. pr. 634.—V. ce mot.

48. Il a même été décidé, malgré le silence de la loi, que des offres réelles sont valablement faites au domicile élu par le créancier, dans un commandement tendant à saisie-immobilière, par le motif général que l'élection de domicile prescrite dans ce commandement l'a été dans l'intérêt du débiteur. Nîmes, 23 janv. 1827, S. 28, 189.

49. Quand le créancier demeure hors du continent ou à l'étranger, et qu'il n'a pas élu de domicile en France, on applique l'art. 68 et les nos 8 et 9 de l'art. 69 C. pr. (— V. *Exploit*, no 233) : les art. 813 et 814 sont nécessairement modifiés par le principe général qui admet et régularise la signification de tous exploits en France, même contre ceux qui n'y ont aucun domicile connu. Le créancier qui réside à l'étranger a toujours la faculté de contester les offres et la consignation dont il lui est donné connaissance, lorsque le lieu de sa résidence est connu (C. pr. 69, no 9). Dans le cas contraire, il doit s'imputer de n'avoir pas élu de domicile en France pour le paiement de sa créance.

50. On considère comme refus le silence du procureur du roi, et le débiteur peut consigner, en se conformant à l'art. 1259 C. civ. Dalloz, v° *Obligation*, ch. 5, sect. 1, art. 4, no 15.

51. La nullité fondée sur le prétexte que les offres n'auraient été faites, ni au domicile voulu, ni à la personne du créancier, est couverte par toute défense au fond. Cass. 5 déc. 1826, S. 27, 308.

52. Si le créancier est inconnu. — V. *sup*. no 5.

§ 5. — *Du procès-verbal d'offres et de la procédure qui en est la suite.*

Art. 1. — *Forme du procès-verbal ; refus ou acceptation du créancier.*

53. Les offres réelles doivent être faites par un officier ministériel ayant caractère pour ces sortes d'actes (C. civ. 1258-7°); c'est-à dire par un huissier (Tarif, 59), — ou par un notaire, si le procès-verbal ne contient pas *assignation*, soit pour faire valider les offres, soit pour faire ordonner la consignation. Lyon, 14 mars 1827, S. 28, 5; Bordeaux, 1er juill. 1836; Agen, 17 mai 1836 (Art. 661 et 752 J. Pr.) — V. *Dépôt*, no 40.

54. L'officier ministériel en dresse procès-verbal dans la forme ordinaire aux actes de son ministère. Ainsi, lorsque c'est un huissier, il n'est point nécessaire qu'il soit assisté de deux témoins ; la loi ne prescrit point cette formalité, comme pour les protêts (C. comm. 173) : et si c'est un notaire, il a l'option de faire son acte ou en présence de deux témoins, ou avec l'assistance d'un confrère. Toullier, 7, no 200.

Elles sont faites dans cette forme (et non par requête signifiée d'avoué à avoué), même dans le cas où elles sont incidentes à une contestation à laquelle elles se rattachent.

55. On peut aussi les faire *à la barre*, sans ministère d'huissier, et en demander acte au trib. ; de pareilles offres ainsi judiciairement constatées sont valables, sans qu'il soit besoin de consignation. Cass. 2 juill. 1835 (Art. 153 J. Pr.)

56. Si les parties se trouvent devant un notaire ou un juge de paix, pour régler ou discuter des intérêts, et que l'une d'elles fasse des offres réelles, ces offres sont valablement constatées par le procès-verbal qu'en dresse soit le notaire, soit même le juge de paix, puisqu'il en résulte la preuve *authentique* du refus du créancier. Thomine, 2, 405.

57. Le procès-verbal doit exprimer le nombre, la nature et la qualité des espèces offertes. C. pr. 812 ; C. civ. 1259-3°.

Lorsque les offres consistent dans une somme d'argent, on en exprime la *nature et la qualité* (C. pr. 812), en mentionnant la valeur des pièces, et si elles sont d'or, d'argent ou de billon.

Si ce sont des choses fongibles, le procès-verbal en constate le poids ou la mesure, et, s'il est possible, le degré de valeur qu'elles peuvent avoir comparativement à d'autres de même espèce.

Si c'est une chose déterminée, le procès-verbal doit désigner l'objet offert de manière qu'on ne puisse y en substituer un autre. C. pr. 812. Carré, n° 2781 ; Toullier, 7, n° 202.

58. Il doit faire mention de la réponse, du refus ou de l'acceptation du créancier, et s'il a signé, refusé de signer, ou déclaré ne pouvoir le faire. C. pr. 813.

Mais les offres ne sont pas nulles, par cela seul que le procès-verbal ne mentionne pas une réponse de la part du créancier ; il faut alors supposer qu'il n'en a pas été fait. Thomine, 2, 405.

59. *Si le créancier accepte*, l'officier ministériel verse la somme offerte entre ses mains en échange du titre de créance dont le créancier lui fait remise, lorsque le paiement est intégral. Mais si la créance est payable en plusieurs termes, et que le paiement ne soit que du terme ou des termes échus, le créancier conserve son titre ; seulement il doit y mentionner la somme reçue.

Dans tous les cas, le créancier doit donner quittance : cette quittance résulte du procès-verbal qui constate le paiement, et qui est signé par le créancier sur l'original et sur la copie.

Le procès-verbal tient même lieu de quittance, dans le cas où le créancier ne sait pas signer, s'il est rédigé par un notaire.

60. Mais en est-il de même lorsque les offres sont faites par un huissier? — Nous ne le pensons pas. Le notaire seul a caractère pour donner force de vérité à la déclaration d'une partie qui ne sait pas signer ; l'huissier dépasserait les bornes de son ministère, en constatant par sa seule signature une pareille reconnaissance de la part d'une partie contre laquelle il est venu instrumenter. — Il ne suffit donc pas que l'huissier fasse mention du paiement ; il faut encore une quittance du créancier. Pigeau, 2, 494; Favard, v° *Offres*, n° 4.

Cette quittance est aux frais du débiteur. Favard, *ib.*

61. *Si le créancier refuse*, il fait mention des motifs de ce refus, et l'officier ministériel peut lui faire, par le même acte, sommation de se trouver au jour, à l'heure et au lieu indiqués pour voir procéder à la *consignation*. C. pr. 814. — V. *Dépôts* et *Consignations*, n° 36 et suiv.

62. L'officier ministériel doit consigner dans les vingt-quatre heures, à moins qu'il n'en ait été dispensé par ordre écrit de celui qui l'a chargé de faire les offres.

63. *Si le créancier ne s'est pas trouvé chez lui*, les offres sont-elles également valables? — Le doute naît de l'art. 813 C. pr., qui exige que le procès-verbal d'offres fasse mention de la réponse du créancier ; d'où il résulterait que celui-ci doit nécessairement être présent. — Mais cette application rigoureuse est inadmissible : 1° en ce que l'on rendrait ainsi, dans plusieurs cas, les offres réelles impossibles, si le créancier s'obstinait à ne pas se présenter; — 2° en ce que tous les exploits sont régulièrement signifiés à personne ou à domicile (C. pr. 68), et que cette alternative a été particulièrement exprimée pour l'acte d'offres, dans l'art. 1258-6°, C. civ.

En conséquence, les offres sont valables, et le défaut de comparution du créancier est considéré comme un refus. Il est passé outre à la consignation, s'il persiste à garder le silence.

64. Le créancier qui a refusé les offres, comme insuffisantes, peut, ou en faire prononcer la nullité conformément à l'art. 815 C. pr., ou continuer les poursuites contre son débiteur, à ses risques et périls. Cass. 4 juill. 1838 (Art. 1240 J. Pr.)

65. Lorsque le créancier qui a refusé les offres ou ne s'est pas trouvé chez lui, se décide à accepter pour éviter la consignation, il peut le déclarer par l'intermédiaire d'un officier ministériel ; il se transporte alors, avec cet officier ministériel, au domicile du débiteur qui paie entre ses mains, et le créancier donne quittance, soit par l'acte d'acceptation, soit devant notaire, ainsi qu'il est dit *sup.* n° 59.

Si le débiteur n'est pas chez lui, l'acte portant déclaration d'acceptation doit contenir sommation au débiteur de comparaître tel jour et à telle heure chez tel notaire, pour réaliser la somme offerte, déclarant le créancier, qu'il est prêt à en donner quittance. — Cette voie est surtout nécessaire lorsque la créance n'est pas liquide, et que le créancier à qui on offre veut avoir le temps d'examiner ou de faire examiner ses titres, et de calculer ce qui lui est dû. Pigeau, 2, 495.

Art. 2. — *Demande en validité, Jugement et dépens.*

66. Lorsque les offres n'ont pas été acceptées, le débiteur qui veut se libérer doit en faire prononcer la validité par les tribunaux. — V. *Dépôts et Consignations*, n°s 45 et suiv.

Cette demande en validité est dispensée du préliminaire de conciliation. C. pr. 49-7°.

67. Devant quel tribunal doit-elle être portée? — Il faut distinguer si elle est principale ou incidente. — Dans ce dernier cas, c'est le trib. saisi de la contestation qui a donné lieu aux offres, qui seul est compétent. Carré, n° 2790; Demiau, art. 815; Lepage, 544; Berriat, 646; Roger, *Saisie-arrêt*, n° 517.

68. Ainsi, lorsque, pour prévenir les conséquences d'une saisie-arrêt, le débiteur a fait des offres réelles, ces offres doivent être jugées non par le trib. du domicile du créancier, mais par celui qui statue sur le mérite de la saisie-arrêt. Paris, 9 flor. an 11, P. 3, 261.

69. En matière de saisie immobilière, c'est au trib. de la situation des biens et au domicile élu, conformément à l'art. 673 C. pr., que la demande en validité d'offres doit être portée et signifiée. Cass. 10 déc. 1807, P. 6, 389.

70. Jugé néanmoins que l'élection de domicile faite dans le commandement à fin de saisie-exécution, et conformément à l'art. 584 C. pr., n'est pas attributif de juridiction, et que, s'agissant de l'exécution d'un jugement, le trib. qui a rendu ce jugement est seul compétent pour juger le mérite des offres incidentes. Paris, 15 juin 1814, P. 12, 263.

71. Quand c'est la demande principale, plusieurs auteurs pensent que, bien que les offres et la consignation doivent être faites au lieu convenu pour le paiement, ou, s'il n'y a pas de lieu convenu, dans celui du domicile du créancier, la demande doit toujours être dirigée devant le trib. du domicile du défendeur; c'est-à dire du créancier, si c'est une demande en validité; et du débiteur, si c'est une demande en nullité, et cela par application de l'art. 59 C. pr., auquel l'art. 815 ne déroge pas. Paillet, sur l'art. 815.

Cependant nous croyons qu'en général elle doit être portée devant le trib. du lieu où les offres ont été faites; car ce lieu est celui du domicile, soit réel, soit d'élection, du créancier qui doit, dans tous les cas, être considéré comme le véritable défendeur. Carré, n° 2790; Lepage, 466; Prat. franç. 5, 67. —Jugé que la demande en validité d'offres du montant d'une lettre de change, doit être portée devant le trib. du lieu où la lettre de change était payable : c'est là un domicile d'élection Cass. 12 fév. 1811, S. 11, 265.

72. Mais, si les offres avaient été faites à la personne du créancier, trouvé hors de son domicile, la demande en validité en devrait être portée au trib. de ce domicile; car il n'y a que le domicile qui puisse, en matière personnelle, déterminer la juridiction. Thomine, 2, 408.

73. Il peut être statué sur la validité des offres, soit avant, soit après la consignation.

Dans le premier cas, le jugement qui déclare les offres valables ordonne que, faute par le créancier d'avoir reçu la somme ou la chose offerte, elle sera consignée; dans le second, le jugement statue tout à la fois sur le mérite de la consignation et des offres. — Il prononce la cessation des intérêts du jour de la *réalisation* ou *consignation*. C. pr. 816. — V. *inf.* n° 78.

74. Toutefois, il y a des circonstances où il est nécessaire d'obtenir jugement avant de consigner : par exemple, quand la chose due n'est pas de nature à être consignée au lieu des consignations ordinaires.: il faut alors, après l'acte contenant offre de la chose, et sommation de l'enlever ou de la recevoir, présenter requête pour faire désigner le lieu où elle sera déposée. — V. *Dépôts et Consignations*, n°s 7 à 9.

75. Le jugement qui déclare les offres valables condamne le créancier aux dépens. — On peut y comprendre les frais des offres et de la consignation, et, dans certains cas, ceux faits antérieurement, s'ils ont été la conséquence de la mauvaise contestation du débiteur. Arg. C. pr. 130; Cass. 28 nov. 1833, S. 33, 830.

Le jugement autorise le débiteur à prélever ces frais sur les sommes offertes, ou consignées.

Si la distraction est prononcée au profit de l'avoué du débiteur, il ne peut prélever ses frais que de la même manière, et ne peut en poursuivre le paiement contre le créancier avant la consignation. Trib. Seine, 24 déc. 1835 (Art. 308 J. Pr.).

Si, au contraire, les offres sont invalidées, tous les frais et dépens doivent rester à la charge du débiteur.—V. *inf.* n°s 90, 91.

§ 6. — *Effets des offres réelles.*

76. Les offres *réelles* ont pour effet de mettre le créancier en demeure de recevoir. Il n'en est pas ainsi des offres *verbales* ou *labiales*, lesquelles n'étant pas accompagnées de la représentation effective de la chose ou de la somme due, sont considérées comme inefficaces. Paris, 24 janv. 1815, D. v° *Offres*, n° 12. — V. toutefois *sup*. n° 55.

77. Mais cette mise en demeure n'a pas pour résultat de mettre la chose offerte aux risques du créancier. — Vainement on invoquerait l'art. 1138 C. civ. — L'art. 1257 du même code est spécial à la matière, et par conséquent seul applicable : il dispose que la chose, non pas seulement *offerte*, mais *consignée*, demeure aux risques du créancier. Conséquemment, les offres réelles ne sont qu'un préalable de la libération, laquelle ne peut résulter que du dessaisissement réel du débiteur, opéré soit par la consignation, soit par un paiement effectif. Arg. C. civ. 1257, 1259-2° ; C. pr. 816 ; Thomine, 2, 409.

78. C'est par suite du même principe que les intérêts de la somme offerte courent jusqu'au jour du dépôt (C. civ. 1259-2°), ou de la *réalisation*. C. pr. 816.

Toutefois, il s'est élevé des doutes sur le sens de ce mot *réalisation*. — Quelques auteurs argumentant de l'art. 1257 C. civ. ont prétendu que du jour même des offres date la libération et par conséquent la cessation des intérêts. L'art. 1259 C. civ. repousse formellement cette doctrine, et on ne peut, par voie d'interprétation, modifier un principe aussi clairement établi.

D'autres soutiennent qu'on doit entendre par *réalisation* l'acte par lequel le débiteur, sur la demande en validité ou en nullité des offres, les réalise à l'audience, et que, dès ce moment, les intérêts cessent de courir. — Mais il n'y a aucune raison pour attribuer plus d'effet aux offres faites ou réitérées à la barre, qu'à celles faites régulièrement par acte extrajudiciaire. Il faut le reconnaître ; il ne peut être question dans l'art. 816 C. pr. que de la réalisation du dépôt. C'est ainsi que l'a expliqué M. Tarrible, lors de la présentation du C. de pr. au Tribunat. Les offres, quoique déclarées valables, dit cet orateur, n'éteignent pas la dette. Comment, en effet, cela pourrait-il être, tant que le débiteur a les deniers dans sa main ? Il a un moyen tout simple de prouver que la somme lui est inutile, et qu'il ne s'en sert pas ; c'est de la consigner aussitôt. Bordeaux, 16 janv. 1833, S. 33, 181 ; Duranton, 12, n°s 222 et 223 ; Favard, v° *Offres réelles*, n° 10 ; Carré, art. 816 ; Dalloz, v° *Obligations* ; Thomine, 2, n° 954. — *Contrà*, Toullier, 9, n°s 221, 231 ; Pigeau, 2, 536 ; Delaporte, 2, 380 ; Merlin, *Rép.*, t. 16, p. 512.

79. La loi ne dit point dans quel délai les offres réelles doivent être suivies de la consignation ; elles ne sont donc pas nulles, si cette consignation n'a pas eu lieu dans les vingt-quatre heures. Cass. 5 déc. 1826, S. 27, 308. — V. *Dépôts et Consignations*, n° 41.

80. N'étant pas par elles-mêmes libératoires, lorsqu'elles ne

sont pas suivies de consignation, elles n'arrêtent pas le cours des intérêts conventionnels, qui sont une partie de la dette. — V. *sup*. n° 78.

Mais elles suffisent pour empêcher les intérêts *moratoires* d'être encourus : ceux-ci ne sont que la peine du débiteur négligent. Or, cette peine ne peut pas être infligée à celui qui justifie qu'il a offert de payer au temps prescrit. Cette offre a pour effet de purger la mise en demeure qui, aux termes de l'art. 1146 C. civ., donne droit à des dommages-intérêts. Toullier, 7, n° 220.

81. Les offres réelles sont-elles suffisantes pour empêcher l'effet de la condition résolutoire ?

Pour l'affirmative on dit : Le débiteur ne peut être victime d'un injuste refus ; ce serait prêter des armes au créancier de mauvaise foi, qui ne manquerait pas de retarder par des contestations l'époque du paiement toutes les fois qu'il serait avantageux pour lui de faire résoudre le contrat. — La caisse des consignations, qui est dans les bureaux des receveurs particuliers d'arrondissement, peut être souvent éloignée de la commune où l'huissier est obligé de faire les offres. Il est souvent impossible de consigner le même jour.

Pour la négative on répond : Les offres non suivies de consignation ne sont point un paiement réel. Arg. C. civ. 1257. — Il suffit que le débiteur fasse sommation de se trouver à la caisse des consignations, en indiquant le jour où il effectuera le dépôt pour remplir le vœu de la loi. Mais cette manifestation de l'intention formelle de réaliser la consignation est-elle au moins nécessaire. — Autrement, les offres peuvent être supposées n'avoir pas été sérieuses. Cass. 18 mai 1829, S. 29, 222. — V. *sup*. n° 78.

Cette question peut être laissée, dans certains cas, à l'arbitrage du juge.

Mais, en matière de vente avec clause résolutoire stipulée conformément à l'art. 1656 C. civ., sont nulles les offres réelles faites par le vendeur postérieurement à la sommation de payer. Cass. 19 août 1824, S. 25, 49 ; Troplong, *Vente*, n° 669.

82. La solution et les motifs qui précèdent, s'appliquent aussi au cas de la vente à réméré, lorsque le vendeur a offert son prix avant le terme fatal fixé pour le rachat, et n'a consigné que depuis l'expiration de ce terme.

83. Jugé aussi, en faveur du vendeur à pacte de rachat, que les offres déclarées inadmissibles par un jugement passé en force de chose jugée, n'ont pas pour effet de rendre celui qui les a faites non recevable à faire de nouvelles offres, et à réparer ainsi l'insuffisance ou l'irrégularité des premières. Cette seconde mande pour l'exercice du réméré, n'est pas la reproduction de la première. Cass. 25 avr. 1812, S. 13, 230; 16 août 1837, S. 37, 753.

84. Des offres réelles, valablement acceptées, engagent définitivement le débiteur, et ne peuvent plus être révoquées par lui : il est tenu de payer la somme offerte, encore bien qu'il allègue tardivement ne pas la devoir, sauf son recours, par l'action directe en restitution, ouverte par l'art. 1235 C. civ.

85. Mais les offres peuvent être révoquées tant qu'elles n'ont pas été valablement acceptées ou jugées valables, même lorsqu'elles ont été suivies de consignation. Dans ce dernier cas le débiteur peut retirer la chose ou la somme consignée. — V. *Dépôts et Consignations*, n° 70.

86. Lorsqu'elles ont été révoquées avant l'acceptation du créancier, ou qu'ayant été refusées par lui, elles n'ont pas été suivies de la consignation, elles doivent être considérées comme nulles et non-avenues : elles ne peuvent être invoquées ni pour ni contre le débiteur.—*Pour* le débiteur : puisqu'en renonçant à leur donner suite, il a reconnu implicitement leur insuffisance. — *Contre* lui : parce que le débiteur a pu offrir ce qu'il ne devait réellement pas, dans le seul but de prévenir un procès, et d'épargner des investigations et des recherches laborieuses tendantes à prouver la libération. Poitiers, 9 niv. an 11, S. 3, 2, 518; Delvincourt, 2, note 2, 157; Pigeau, 2, 495; Dalloz, *ib.* n° 21; Toullier, 7, n° 232.

87. Ainsi jugé, — 1° que, nonobstant de pareilles offres, on n'en est pas moins recevable à demander la nullité de l'obligation que ces offres avaient pour objet de rembourser; qu'elles ne peuvent être considérées comme une exécution volontaire de cette obligation. Cass. 8 avr. 1835, S. 36, 37.

88. 2° Que l'offre, non acceptée ni suivie de consignation, pour remboursement d'un capital de rente constituée, ne rend pas ce capital exigible : le débiteur ne pouvant jamais être contraint à ce remboursement. Cass. 3 janv. 1809, P. 7, 290.

89. Quoiqu'il en soit, elles constituent une défense au fond, — qui rend le débiteur qui les a faites dans le cours d'une instance non recevable à exciper ultérieurement des nullités de la procédure, même lorsqu'elles ont été refusées et annulées comme insuffisantes. Riom, 21 janv. 1832, S. 33, 80.

90. Les frais des offres réelles suivies de consignation sont, ainsi que les frais de consignation, à la charge du créancier, si elles sont valables. C. civ. 1260.—Lors même qu'il accepterait pendant l'instance. Orléans, 29 mars 1817, P. 14, 162. — V. *sup.* n° 75.

91. Mais en est-il ainsi lorsque les offres n'ont pas été suivies de consignation? — Nous ne le pensons pas : deux cas peuvent se présenter : 1° ou le créancier a accepté avant la consignation;

dans ce cas, il en doit être de l'acte d'offres, qui est une véritable mise en demeure, comme de tout autre acte extrajudiciaire ayant le même caractère, et qui retombe à la charge de celui qui l'a fait. Vainement on objecte que le créancier a pu prévenir cet acte, parce qu'il est présumable que le débiteur, avant de le faire, a offert verbalement la même somme et éprouvé un refus : en effet, cette présomption existe pour toutes les mises en demeure, et elle n'est réellement pas suffisante pour faire rejeter sur le créancier des frais qui, en plusieurs cas, peuvent être considérés comme frais de paiement. (C. civ. 1248). Toullier, 7, nº 219; Dalloz, vº *Obligation*, chap. v, sect. 1re, art. 4, nº 20. — *Contrà*, Favard, vº *Offres*. — Peu importe que la dette soit payable au domicile du débiteur; car rien ne prouve que le créancier ne se soit pas présenté à ce domicile avant les offres.

2º Ou le créancier n'a pas accepté, et cependant le débiteur n'a pas donné suite à ses offres, en consignant la somme offerte : dans ce dernier cas, c'est le débiteur qui reconnaît lui-même l'insuffisance de ses offres, en s'abstenant de les réaliser; c'est donc lui seul qui en doit supporter les frais. Dalloz, *ib*.

92. Lorsque l'huissier se présente pour remettre une sommation, un ajournement ou un protêt, et que le débiteur offre de payer, l'officier ministériel est-il fondé à exiger le coût de l'acte qu'il avait préparé, — ou du moins les frais de timbre ou de transport?

Rigoureusement le débiteur, dans ce cas, ne doit supporter aucun frais. Toullier, 7, nº 219. — Et ceux de timbre et de transport restent seuls à la charge du créancier.

Toutefois, s'il était bien constant que, sur la demande amiable du créancier, le débiteur eût déjà refusé le paiement, ce dernier devrait les droits de timbre et de transport. — V. D'ailleurs la distinction des rentes portables et *quérables*, sous ce dernier mot.

Au reste les receveurs de l'enregistrement sont sans qualité pour accepter avant condamnation par les tribunaux, des offres réelles d'amendes encourues pour contravention de la part d'officiers ministériels.—Les juges ne peuvent dès lors condamner le receveur qui a refusé de telles offres aux frais faits ultérieurement, sous prétexte que l'amende étant invariablement fixée par la loi, les offres étaient suffisantes, et devaient être acceptées. Paris, 25 juill. 1826, S. 27, 139.

93. Les offres réelles incidentes à une procédure en saisie immobilière doivent, comme les incidens sur cette saisie, opérer un sursis aux poursuites. — V. *Saisie immobilière*.

94. Mais les offres ne peuvent avoir pour effet d'arrêter ou de suspendre l'exécution provisoire d'un jugement, si elles sont contestées, et qu'elles ne soient pas l'exécution pleine et entière de ce jugement. Paris, 18 fév. 1829, S. 29, 130.

§ 7. — *Enregistrement.*

95. Lorsque les offres réelles ne font pas titre au créancier, et qu'elles ne sont pas acceptées, elles ne sont soumises qu'au droit fixe de 2 fr., si elles sont faites par huissier, — et de 1 fr., si elles sont faites par notaire. — V. *Effet de commerce*, n° 214.

96. Si les offres font titre, et qu'elles ne soient pas acceptées, il est dû 1 p. 100. Arg. L. 20 fr. an 7, art. 69, § 3.

Si elles sont acceptées, il est dû en outre 50 c. par 100 fr. pour droit *de quittance*. — V. ce mot.

§ 8. — *Formules.*

FORMULE I.

Procès-verbal d'offres réelles.

(C. pr. 812, 813. — Tarif, 59. Coût, 3 fr. orig. ; le quart pour la copie.)

L'an le , à la requête du sieur , demeurant à , lequel fait élection de domicile à , j'ai (*immatricule de l'huissier*), soussigné, offert réellement et à deniers découverts, au sieur , demeurant à , en son domicile, en parlant à , la somme totale de cent douze francs cinquante centimes en vingt-deux pièces de cinq francs chacune, une pièce de deux francs et en monnaie de cuivre pour appoint, le tout ayant cours dans le royaume, savoir : la somme de pour (*objet de la dette*) au lieu de la somme de , demandée par ledit sieur par son exploit d'assignation de huissier, en date du ; 2° francs c., pour les intérêts de ladite somme de , calculés à raison de cinq pour cent sans retenue, depuis le , date de la citation au bureau de paix, jusqu'à ce jourd'hui ; 3° francs pour les frais et dépens qui ont pu être faits jusqu'à présent, à la requête dudit sieur , et sauf à cet égard à parfaire ou diminuer d'après la taxe qui sera faite desdits frais et dépens.

Les présentes offres sont faites à la charge dudit sieur de les recevoir et d'en donner bonne et valable quittance et décharge pour solde, et encore à la charge de remettre les citation au bureau de paix, procès-verbal de non conciliation et assignation qui ont été faits; plus, main-levée pure et simple, entière et définitive, et en bonne forme, d'une opposition formée sur ledit sieur ès-mains du sieur, à la requête du sieur , par exploit de huissier, en date du

NOTA. *Si le créancier accepte, l'exploit contient la mention d'acceptation en ces termes :* Lequel susnommé a déclaré qu'il entend accepter les offres réelles à lui faites, comme bonnes, valables et suffisantes, pour quoi il a à l'instant donné quittance de la somme susénoncée, et a remis entre nos mains les titres et pièces établissant sa créance, laquelle il considère comme éteinte ; et a signé.

(*Signature.*)

Si le créancier refuse, l'exploit se termine ainsi :

Lequel susnommé, en parlant comme dessus, a dit et fait réponse que les offres à lui faites présentement étaient insuffisantes, pourquoi il ne pouvait les accepter, et a signé. (*Signature.*)

Contre laquelle réponse j'ai, pour ma partie, fait toutes réserves et protestations, et j'ai dressé le présent procès-verbal, dont j'ai laissé copie au susnommé, en son domicile, en parlant comme dessus.

Le coût du présent est de (*Signature de l'huissier.*)

NOTA. *Si le débiteur veut qu'on dépose sans délai la somme offerte, l'huissier clot son procès-verbal d'offres de la manière suivante :*

Contre laquelle réponse j'ai, pour ma partie, fait toutes réserves et protestations et à pareilles requête, demeure et élection de domicile que dessus, j'ai, huissier susdit et soussigné, fait sommation audit sieur , en son domicile, et parlant comme dit est, de comparaître demain heures de défaut à la caisse des dépôts et consignations établie à , pour être présent, si bon lui semble, au dépôt qu'effectuera le requérant de la somme présentement offerte, et des intérêts courus jusqu'au jour dudit dépôt, à la charge de l'opposition sus-énoncée, lui déclarant qu'il y sera procédé, tant en absence que présence, et qu'il sera dressé du tout procès-verbal, conformément à la loi ; et j'ai, au sus-nommé, etc.

Si l'on a clos le procès-verbal d'offres sans sommation d'être présent au dépôt, on fait cette sommation plus tard par acte séparé.

FORMULE II.

Procès-verbal de consignation.

(C. pr. 814 et C. civ. 1259. — Tarif, 60. — Coût 5 fr. orig. ; le quart pour chaque copie.)

L'an , le , heures du , à la requête du sieur , demeurant à , lequel fait élection de domicile, etc., je (*immatricule de l'huissier*) me suis transporté avec Me , avoué du sieur à la caisse des dépôts et consignations, sise à , où étant, j'ai déclaré à M. , chef de bureau des consignations, en son bureau, en parlant à que je venais au nom dudit sieur , opérer une consignation par suite d'offres réelles, faite à sa requête, suivant procès-verbal de mon ministère, en date du , présent mois, enregistré, au sieur demeurant à , et, en conséquence de la sommation faite au susnommé par l'exploit d'offres sus-énoncé, de se trouver à ces jour, lieu et heure à la présente consignation, avec déclaration qu'il y serait procédé, tant en absence que présence dudit sieur , et qu'il en serait dressé procès-verbal conformément à la loi.

Et, après avoir attendu jusqu'à sonné sans que ledit sieur se soit présenté, ni personne pour lui, j'ai donné défaut contre le susnommé ; et à l'instant, accompagné dudit Me , j'ai déposé entre les mains de M. caissier-général de la caisse des dépôts et consignations, la somme totale de , composée, 1° de celle de (— V. *sup.* Formule I), la présente consignation faite aux charges énoncées au procès-verbal d'offres sus-énoncé, de laquelle somme de mondit sieur a donné quittance audit sieur ; et j'ai, en présence et assisté dudit Me dressé le présent procès-verbal, dont j'ai laissé copie à M. , chef du bureau des consignations, qui a visé le présent ; et j'ai, en outre, remis à mondit sieur , copie certifiée sincère et véritable, et signée dudit Me : 1° du procès-verbal sus-daté ; 2° et de l'opposition énoncée audit procès-verbal.

Le coût du présent procès-verbal est de , etc.

NOTA. *On doit laisser une copie au dépositaire et à chaque créancier présent, et énoncer la remise de ces copies dans le procès-verbal.* Tar. 60.

FORMULE III.

Signification du procès-verbal de dépôt au créancier, quand il n'a pas comparu.

(C. civ. 1259. — Tarif, 29 par anal. — Coût, 2 fr. orig. ; 50 c. copie.)

L'an , le , à la requête du sieur , demeurant à j'ai (*immatricule de l'huissier*), soussigné, signifié, dénoncé, et avec celle des présentes donné copie au sieur , demeurant à

1° D'un procès-verbal de , huissier à , dressé le présent mois, dûment enregistré, constatant que la somme de , offerte par le sieur audit sieur , par autre procès-verbal dudit huissier, en date du , dûment enregistré, plus la somme de ajoutée aux intérêts échus jusqu'au jour du dépôt, ont été déposées à la caisse des consignations, à la charge de l'opposition énoncée au procès-verbal d'offres ;

2° Et de la quittance délivrée par le caissier-général de la caisse des dépôts et consignations, dûment visé et enregistré, constatant le dépôt de la somme ci-dessus énoncée ; à ce que du tout le sieur n'ignore, le sommant de retirer la somme déposée, en satisfaisant toutefois aux charges de droit ; et je lui ai, en son domicile et parlant comme dessus, laissé copie tant du procès-verbal de dépôt et de la quittance sus-énoncés, que du présent, dont le coût est de

FORMULE IV.

Acte d'acceptation d'offres réelles.

(C. civ. 1261. — Tarif, 29 par anal. — Coût 2 fr. orig.; 50 c. copie.)

L'an , le , à la requête du sieur , demeurant à j'ai (*immatricule de l'huissier*), soussigné, signifié et déclaré au sieur , demeurant à , en son domicile, en parlant à

Que ledit sieur entend accepter, comme par ces présentes il accepte les offres réelles à lui faites par le susnommé, par procès-verbal de huissier, en date du de la somme de , composée, 1° de etc. (— V. *sup.* Formule I.)

Sous la réserve que fait expressément le sieur des intérêts de ladite somme de , jusqu'au jour du paiement effectif, et de la somme plus forte que celle offerte, à laquelle pourraient être taxés les frais et dépens qui ont été faits; déclarant, ledit sieur , qu'il est prêt à satisfaire aux charges imposées auxdites offres.

A ce que, ladite acceptation, le sus-nommé n'ignore, le sommant, en conséquence, de comparaître, samedi prochain (*quantième*). heure de , en l'étude de Me , notaire à , y sise, rue , pour y réaliser la somme de , par lui offerte, et au moyen de la main-levée qui lui sera à l'instant donnée par le sieur , de l'opposition formée en ses mains, au moyen encore de la remise des pièces de procédures encommencées, et de la quittance qui ne contiendra d'autres réserves que celles ci-devant énoncées, payer effectivement au requérant ladite somme offerte pour les causes énoncées au procès-verbal d'offres réelles.

Lui déclarant que, faute par lui de comparaître lesdits jour, lieu et heure susdits, il sera dressé procès-verbal de non-comparution, et que le sieur poursuivra contre lui, de la manière qu'il avisera, le paiement de , à ce que pareillement il n'en ignore; et je lui ai, en son domicile, et parlant comme dessus, laissé copie du présent exploit, dont le coût est de

NOTA. *Lorsque les offres ont été consignées, le créancier retire directement de la caisse la somme consignée, en satisfaisant aux charges imposées dans les offres de celui-ci.* — V. *Dépôt*, n° 94.

FORMULE V.

Sommation au créancier d'enlever ou de retirer la chose, quand c'est un corps certain.

(C. civ. 1264. — Tarif, 29. — Coût 2 fr. orig.; 50 c. copie.)

L'an , le , à la requête du sieur , demeurant à , j'ai (*immatricule de l'huissier*), soussigné, fait sommation au sieur demeurant à , en son domicile, en parlant à

De, dans trois jours pour tout délai, retirer des écuries du requérant les deux chevaux sous poil bai, âgés, l'un de ans, et l'autre de ans, dressés, pour lesquels le sieur a vendus au sieur , qui s'est engagé expressément de venir les retirer desdites écuries du requérant avant le de la présente année; à ce qu'il n'en ignore, lui déclarant que faute par lui de satisfaire à la présente sommation dans le délai ci-dessus fixé, le sieur se pourvoira pour faire ordonner la mise en fourrière desdits chevaux, dans tel lieu qui sera indiqué aux frais, risques, périls et fortune du sieur , contre lequel le requérant se réserve de répéter tous frais, dommages et intérêts à ce que pareillement il n'en ignore, et je lui ai, en son domicile, et parlant comme dessus, laissé copie du présent exploit, dont le coût est de

FORMULE VI.

Conclusions pour demander la validité d'offres réelles déposées.

(C pr. 813. — Tarif, 75. — Coût, 2 fr. par rôle orig.; 50 c. copie.)

Plaise au tribunal

Attendu que les offres réelles faites au sieur par le sieur suivant procès-verbal de , huissier, en date du , enregistré, sont régulières et suffisantes, et que le dépôt qui en a été fait a eu lieu en se conformant aux dispositions de la loi à ce relatives, déclarer bonnes et valables lesdites offres réelles, et la consignation qui en a été faite à la caisse des dépôts et consignations par procès-verbal du , dressé par , huissier et suivant quittance du caissier de ladite caisse, en date du même jour, de la somme de , savoir : 1° (*répéter les énonciations faites dans le procès-verbal de dépôt*) ; en conséquence, dire et ordonner que le sieur demeurera bien et valablement quitte et libéré de ladite somme de , et condamner le sieur aux dépens, dans lesquels entreront les frais des offres réelles et de la consignation; lesquels dépens seront prélevés sur la somme consignée; à faire lequel paiement sur la signification qui lui sera faite de l'exécutoire, sera tenu le caissier-général de ladite caisse des dépôts et consignations ; quoi, faisant ; déchargé.

NOTA. *Ces conclusions se font par requête, si la cause est incidente, ou par exploit, si la cause est principale.*

FORMULE VII.

Conclusions pour demander la validité d'offres réelles, et en faire ordonner le dépôt.

(C. pr. 816. — Tarif, 75. — Coût, 2 fr. par rôle orig.; 50 c. copie,)

Donner acte au sieur des offres réelles par lui faites au sieur , par procès-verbal de , huissier, en date du , dûment enregistré, savoir : 1° de pour ; 2° de etc. (— V. *sup.* Formule 1).

Et attendu que lesdites offres sont suffisantes, qu'elles désintéressent entièrement le sieur de tout ce qu'il a droit d'exiger légalement du sieur en principal, intérêts et frais, déclarer lesdites offres bonnes et valables, et ordonner que ledit sieur sera tenu de les recevoir, en satisfaisant aux charges y imposées dans les trois jours de la signification, à partir du jugement à intervenir; sinon et ledit délai passé, que le sieur sera autorisé par le jugement à intervenir, et sans qu'il en soit besoin d'autre, à consigner et déposer ladite somme à la caisse des dépôts et consignations, en observant les formalités prescrites par la loi ; quoi faisant, bien et valablement quitte et libéré envers le sieur de ladite somme offerte ; et condamner le sieur en tous les dépens : le montant desquels le sieur sera autorisé à retenir par ses mains sur la somme offerte, en déduction ou jusqu'à due concurrence ; à l'effet de quoi le sieur , ou la caisse des consignations, sera tenu de prendre pour comptant l'exécutoire desdits dépens.

NOTA. *Ces conclusions se prennent par requête ou par exploit, selon qu'il y a ou non une instance liée.*

FORMULE VIII.

Conclusions pour faire déclarer nulles et insuffisantes des offres réelles.

(C. pr. 815. — Tarif, 75. — Coût, 2 fr. par rôle orig.; 50 c. copie.)

Attendu (*expliquer les motifs sur lesquels on s'appuie pour demander la nullité des offres*).

Déclarer nulles et insuffisantes les offres réelles de la somme de , faites au requérant par le sieur, suivant procès-verbal de , huissier, en date du , et déclarer pareillement nul le dépôt que ledit sieur en a fait à la caisse des dépôts et consignations, suivant autre procès-verbal en date du ; en conséquence, sans s'arrêter ni avoir égard auxdites offres et consignation, condamner le sieur , à payer au requérant la somme de , ensemble les intérêts de ladite somme de , tels que de droit, à compter du jour de la citation au bureau de paix, et le condamner en outre aux dépens.

OLOGRAPHE (*Testament*). — V. *Possession* (*envoi en*).

OMISSION. Négligence d'une chose qui devait être faite. — V. *Actes de l'état civil*, n°s 31, 32 ; *Discipline*, *Dommages-intérêts* ; *Exploit* ; *Jugement* ; *Nullité*, *Responsabilité*.

OPINION. Avis, sentiment sur une affaire. — V. *Arbitrage*, n°s 339, 348 ; *Expertise*, n°s 78, 79 ; *Jugement*, n°s 86 et suiv.; *Partage de voix*.

OPPOSITION. Se dit de toute espèce d'empêchement à un acte judiciaire ou extrajudiciaire.

1. Les formes à suivre varient selon la nature des actes auxquels on s'oppose.

2. Pour l'opposition à une contrainte. — V. *Enregistrement*, n° 136 ; — aux criées. — V. *Vente ;* — à un *exécutoire* de dépens. — V. ce mot, n°s 10 et 11; — à un *jugement par défaut;* — V. ce mot, sect. IV ; — à *Mariage.* — V. ce mot ; — à paiement. — V. *Saisie-arrêt* ; — à *Partage.* — V. ce mot ; — aux qualités. — V. *Jugement*, n°s 254 et suiv.; — à *Scellé.* — V. ce mot ; — sur soi-même ; — V. *Saisie-arrêt ;* — à une *Vente de meubles ;* — V. ce mot ; — V. d'ailleurs *Tierce-opposition.*

OPTION. Droit de choisir entre plusieurs choses qui ne peuvent nous appartenir toutes. Le mot *choix* désigne plutôt l'exercice de ce droit. — V. *Action*, n°s 82 et suiv.

1. Lorsqu'un jugement rendu le 7 août a ordonné une option à faire *dans la quinzaine de la prononciation*, à peine de déchéance, cette option est faite tardivement le 23 août, et la déchéance est encourue. Cass. 9 fév. 1825, S. 25, 281. — Si le jour *à quo* n'est pas compris dans le *délai* (— V. ce mot, n° 12.), le jour *ad quem* y est compris. — L'art. 1033 C. pr. est inapplicable dans ce cas : motifs du même arrêt.

ORDINAIRE (*affaire*).

La division des affaires en ordinaires et sommaires est importante, principalement sous le rapport de la procédure et de la taxe des frais. — V. *Sommaire*, *Tarif*, *Taxe.*

ORDONNANCE D'ENVOI EN POSSESSION. — V. ce mot.

ORDONNANCE D'EXEQUATUR. — V. *Arbitrage*, n°s 420 et 459.

ORDONNANCE DE JUGE. Décision d'un juge sur une question qui lui est soumise. — Se dit aussi de l'ordre qu'il donne au bas d'une requête à lui présentée ou d'un procès-verbal.

Les ordonnances de référé participent de la nature des jugemens : elles sont toujours précédées d'assignation. — V. *Référé;* — le nom d'*ordonnances* est plus particulièrement appliqué aux décisions rendues par le juge sur la demande d'une partie, et sans citation préalable de l'autre partie ou d'office.

1. Les ordonnances interviennent principalement dans les cas suivans :

2. Les présidens des Cours et trib., ou les magistrats qui les remplacent sur la requête qui leur est présentée, rendent une ordonnance pour,

1° Autoriser dans les cas qui requièrent célérité, à assigner à bref délai en matière civile (— V. *Ajournement*, n°s 55 et suiv.). — Et même d'heure à heure en matière commerciale. C. comm. 417, 647. — V. *Trib. de commerce;*

2° Permettre d'opérer une *saisie-arrêt*, — ou une *saisie-revendication*, — ou une *saisie-gagerie*, lorsqu'on veut la faire à l'instant même. — V. ces mots.

Le président du trib. de commerce peut aussi sur requête rendre une ordonnance qui autorise le porteur d'une lettre de change protestée faute de paiement, à saisir conservatoirement les effets mobiliers des tireurs, accepteurs et endosseurs (— V. *Effet de commerce*, n°s 147, 158, 175.), — et qui en général, dans les cas qui requièrent célérité, permette de saisir les effets mobiliers du débiteur. C. pr. 417. — V. *Trib. de commerce*.

L'ordonnance du président du trib. de commerce est encore nécessaire pour exiger le paiement d'une lettre de change perdue et acceptée, sur une seconde, troisième, quatrième, ou même non acceptée. — V. *Effet de commerce*, n°s 185 et suiv.

3° Ordonner l'arrestation provisoire d'un débiteur étranger. — V. *Emprisonnement*, n°s 95 et suiv.

4° Donner un sauf-conduit au débiteur appelé comme témoin dans une affaire civile ou criminelle. — V. *Ibid.*, n° 172.

5° Rendre exécutoire contre une partie qui s'est désistée, la taxe des frais de procédure. — V. *Désistement*, n° 116.

6° Permettre à la femme de citer son mari pour l'autoriser à ester en justice. — V. *Femme mariée*, n°s 125 et suiv.

7° L'autoriser à poursuivre la *séparation de biens*. — V. ce mot.

8° Ordonner en cas de demande en *séparation de corps*, que les parties comparaîtront devant lui pour tenter un rapprochement. — V. ce mot.

9° Autoriser la vente du mobilier dépendant d'une succession, en vertu de l'art. 826 C. civ., C. pr. 946.

10° Autoriser l'héritier à vendre les effets mobiliers d'une succession avant de prendre qualité. — V. *Vente*.

11° Envoyer le légataire universel en possession de son legs s'il y a testament olographe ou mystique. C. civ. 1008.

12° Ordonner en certaines matières des communications au ministère public. — V. *Conseil de famille*, n° 57; *Interdiction*, n° 15.

13° Commettre un juge pour procéder à une *distribution par contribution*. — V. ce mot, n° 38; — à *un ordre*. — V. ce mot; — ou pour faire un rapport dans le cas *d'envoi en possession des biens d'un absent*. C. pr. 859, 860. — V. *Absence*, n° 42.

14° Nommer un nouveau rapporteur en cas de nécessité dans les *délibérés*. — V. ce mot, n° 26; — ou *Instruction par écrit*. — V. ce mot, n° 49.

15° Contraindre un avoué à rendre les pièces qui lui ont été remises en communication. — V. *Exception*, n° 138.

16° Autoriser le notaire ou dépositaire à délivrer copie d'un acte non enregistré, ou resté imparfait — V. *Copie*, n°s 24 et suiv., — ou à délivrer une seconde grosse, soit d'une minute d'acte, soit par forme d'ampliation sur une grosse déposée, — ou une seconde grosse exécutoire de jugement, V. *Ibid.*, n° 42.

17° Nommer l'huissier qui doit signifier les jugemens emportant contrainte par corps. — V. *Emprisonnement*, n° 136; — ou celui qui doit faire les notifications et réquisitions prescrites pour purger les hypothèques, et mettre les créanciers inscrits en demeure de surenchérir. — V. *Purge, Surenchère*.

3. Enfin les présidens des trib. civils et de commerce sont encore appelés à rendre des ordonnances en matière d'arbitrage volontaire, ou forcé pour rendre exécutoires les sentences arbitrales. — V. *Arbitrage*, n°s 420 et 459.

4. Les juges chargés par le trib. de la direction de certaines procédures, ont aussi le pouvoir de rendre des ordonnances pour l'exécution de la mission qui leur est confiée. — V. *Descente sur les lieux*, *Distribution par contribution*, *Enquête*, *Expertise*, *Faillite*, *Interrogatoire sur faits et articles*, *Ordre*, *Vérification d'écriture*.

5. Le juge commis à une enquête, peut même par ordonnance exécutoire, nonobstant opposition ou appel, condamner 1° les témoins défaillans à des amendes et dommages-intérêts. — V. *Enquête*, n° 163. — 2° La partie qui interrompt le témoin dans sa déposition, ou lui fait des interpellations à une amende de dix francs et plus, et même prononcer l'exclusion de la partie. — V. *ibidem*, n° 271.

6. Les présidens, juges-commissaires, ou procureurs du Roi, outragés ou menacés dans l'exercice de leurs fonctions, ont le droit, chacun dans le lieu dont la police lui appartient, de rendre des ordonnances pour assurer la constatation des délits. — V. *Audience*, n° 35.

7. En cas de demande en séparation de corps, s'il n'y a pas de rapprochement, le président rend d'office une ordonnance pour renvoyer les parties à se pourvoir et autoriser la femme à procéder sur la demande, et à se retirer provisoirement dans une maison convenue entre les parties ou indiquée d'office. — V. *Séparation de corps*.

8. *Voies contre les ordonnances*. Les voies de réformation, ouvertes contre les ordonnances, varient suivant leur différente nature.

Ainsi, indépendamment des ordonnances de *référé* (— V. ce mot), peuvent être attaquées par la voie de l'appel :

1° L'ordonnance de clôture définitive d'ordre, lorsque le juge-commissaire ne s'est pas conformé aux prescriptions du jugement intervenu sur les contestations élevées entre les différens créanciers. — V. *Ordre*, n° 394.

2° L'ordonnance par laquelle un juge prononce sur l'opposition formée à une ordonnance précédemment rendue par lui : par exemple, dans le cas de condamnation contre un témoin défaillant dans une *enquête*. — V. ce mot, n° 168.

3° L'ordonnance rendue hors la présence de l'adversaire et qui aurait dû être rendue sur référé : par exemple, celle qui accorderait un sursis à une saisie-exécution. Bruxelles, 4 janv. 1813, P. 11, 7.

4° L'ordonnance rendue sur requête par le président du trib. de commerce hors la présence de l'autre partie, et sans qu'elle ait été appelée, portant nomination de deux experts pour procéder à une vérification. Une ordonnance de cette nature présente la plus grande analogie avec les ordonnances de référé ; et il est, d'ailleurs, contraire aux principes de soumettre aux trib. de commerce une action en nullité d'une ordonnance rendue par son président. La voie de l'appel est la seule légale. Poitiers, 5 août 1830, S. 31, 136.

9. Au contraire, les ordonnances rendues sur requête, étant ordinairement obtenues en l'absence des parties, ne sauraient être portées *de plano* devant les juges supérieurs ; il faut d'abord se pourvoir contre elles par opposition. — V. *Appel*, n° 39.

Ainsi, sont susceptibles d'opposition :

1° L'ordonnance du président qui commet un juge pour procéder à un *interrogatoire sur faits et articles*, en l'absence de la partie. — V. ce mot, n° 36. — L'opposition doit, dans ce cas, être portée devant le président.

2° Celle du président du trib. de commerce, portant permission de saisir les effets mobiliers du débiteur dans le cas de l'art. 417 C. pr. Bruxelles, 17 mars 1812, P. 10, 223.

3° L'ordonnance portant autorisation de vendre le mobilier d'une succession en vertu de l'art. 826 C. civ., C. pr. 948. — Il est statué sur l'opposition par le président en état de référé.

4° Celle qui rend exécutoire une sentence arbitrale, même dans le cas où on allègue une cause d'incompétence. Bourges, 20 mars 1830, S. 30, 132. — V. *Arbitrage*, n° 489.

10. Le juge-commissaire peut, sur l'opposition, décharger de l'amende et des frais ceux des témoins qui auraient un motif légitime d'excuse. C. pr. 265. — V. *Enquête*, n° 179.

11. Mais il y a certaines ordonnances qui doivent être considérées comme émanées du pouvoir discrétionnaire du juge, et que l'on ne saurait, par conséquent, attaquer, ni par la voie de l'opposition, ni par celle de l'appel.

Le pouvoir conféré par la loi au magistrat de rendre ces ordonnances est fondé sur l'urgence ou sur la nécessité de mesures conservatoires dont le retard serait évidemment préjudiciable, et dont les inconvéniens, moindres d'ailleurs que ceux qui résulteraient de l'omission des mesures conservatoires, peuvent être réparés.

Telles sont : — 1° L'ordonnance portant permission d'assigner à bref délai. Le défendeur a seulement le droit de réclamer du trib. un délai pour fournir des défenses, s'il juge qu'il n'y a pas urgence absolue. Colmar, 17 avr. 1817 ; 18 déc. 1827, P. 14, 187, S. 29, 24 ; Paris, 6 juill. 1830, S. 30, 350. — V. *Ajournement*, n° 62. — Le délai accordé au défendeur dans cette circonstance rétablit son droit, et lui donne toutes facilités pour préparer sa défense. — *Contrà*, Rome, 2 mai 1811. — Suivant cet arrêt, quand l'urgence n'est pas justifiée, l'ordonnance peut être mise, comme frustratoire, à la charge de l'avoué. — V. d'ailleurs *Ajournement*, *ib*.

2° Celle qui commet un huissier pour faire la notification d'une surenchère, et en général celles qui sont délivrées pour cause d'urgence. Toulouse, 13 juill. 1827, S. 27, 260.

3° Celle qui autorise une saisie-arrêt : le débiteur n'a que le droit de demander la main-levée de la saisie par action directe devant le trib. de 1re inst. Bordeaux, 24 août 1829, S. 30, 24. — *Contrà*, Bordeaux, 15 août 1817, P. 14, 428 ; Bruxelles, 23 oct. 1815, P. 13, 050. — Sans doute, une saisie-arrêt peut, dans certaines circonstances, porter préjudice au crédit du saisi ; mais celui-ci serait évidemment recevable et fondé, s'il justifiait du dommage, à réclamer la réparation contre celui qui, sans nécessité, aurait formé contre lui une saisie-arrêt en vertu d'ordonnance du juge.

Il y a même raison de décider pour les autorisations de saisir-revendiquer ou de saisir-gager. — V. *Saisie-gagerie*.

4° L'ordonnance du juge-commissaire contenant exécutoire au profit de l'oyant-compte, de l'excédant de la recette sur la dépense. Turin, 1er juin 1812, P. 10, 436.

5° L'ordonnance qui permet à la femme d'assigner son mari pour l'autoriser à ester en justice, ou déduire les motifs de son refus. — V. *Femme mariée*, n° 125.

6° Celle qui ordonne, en cas de demande en séparation, que les époux comparaîtront en personne pour tenter un rapprochement. — V. *Séparation de corps*.

7° Celle qui prescrit la communication d'une demande au ministère public.

8° Enfin, toutes celles émanées d'un juge commis, lorsque les dispositions qu'elles ordonnent ne sont que la conséquence nécessaire de l'opération judiciaire ou de la procédure dont il est chargé par une décision contre laquelle on ne s'est pas pourvu.

—V. d'ailleurs *Cassation*, 59 ; *Requête civile, Tierce opposition.*

12. *Exécution des ordonnances.* Les ordonnances des présidens et juges sont exécutoires, comme toutes autres décisions judiciaires, pour les mesures qu'elles renferment.

13. Néanmoins, elles ne peuvent, en général, prononcer la contrainte par corps. —V. toutefois *Emprisonnement*, n° 26 à 28.

14. L'exécution en est, à moins de disposition spéciale contraire, arrêtée par l'opposition ou l'appel, dans les cas où la loi permet les voies de recours.

15. Cependant il en est qui doivent être exécutées par provision, et nonobstant opposition ou appel.

Ce sont notamment : — 1° L'ordonnance qui rend exécutoire contre une partie qui s'est désistée la taxe des frais de procédure, quand elle émane, non du président seul, mais d'un trib. ou d'une Cour. C. pr. 403.

2° Celle du président du trib. de commerce, qui permet, en cas d'urgence, de saisir les effets mobiliers d'un débiteur. C. pr. 417. — Le président du trib. civil ne pourrait, en référé, ordonner un sursis à l'ordonnance du président du trib. de commerce, qui ordonne une saisie conservatoire. Toulouse, 29 nov. 1832, S. 33, 448.

3° Celle prononçant une amende contre les témoins défaillans dans une enquête. C. pr. 263 ; — ou contre les parties qui interrompent ou interpellent un témoin (C. pr. 276). — V. *Enquête*, n°s 163 et 271 ; — Enfin, les ordonnances relatives aux troubles causés à l'audience. — V. *Audience*, n° 35.

16. *Enregistrement.* Les ordonnances des présidens ou juges des trib. de 1er inst. et de commerce sont, à moins d'une disposition spéciale, assujetties au droit fixe de 3 fr. (L. 22 frim. an 7, art. 68) ; — celles des présidens des C. roy., au droit de 5 fr. L. 28 avr. 1816, art. 45.

ORDONNANCE ROYALE. Acte par lequel le roi pourvoit à l'exécution d'une loi, ou ordonne une chose qui est dans les attributions du pouvoir exécutif. — V. *Code.*

ORDRE (*billet à*). — V. *Effet de commerce.*

ORDRE ENTRE CRÉANCIERS (1). Opération au moyen de laquelle on détermine le rang de préférence de chaque créancier, sur le prix provenant de la vente des immeubles du débiteur.

1. Cette procédure, que l'ordonn. de 1667 n'avait pas réglée, resta soumise à autant d'usages qu'il y avait de juridictions, jusqu'à la loi du 11 brum. an 7, que le C. a modifiée.

---

(1) Cet article a été rédigé par M. Lejouteux, avocat à la Cour royale de Paris, avec le concours de M. Rivain, avoué près le tribunal de 1re inst. de la Seine.

DIVISION.

§ 1. — *Caractères de l'ordre ; cas dans lesquels il peut avoir lieu.*

2. Le prix des biens d'un débiteur se distribue par contribution entre ses créanciers ; — à moins qu'il n'y ait des causes légitimes de préférence, telles que des priviléges ou des hypothèques. C. civ. 2093, 2094.

Le rang suivant lequel les créanciers hypothécaires ou privilégiés doivent être payés, se détermine au moyen d'un *ordre*.

3. L'ordre suppose nécessairement :

1° Le prix d'un immeuble à distribuer ;

2° Des créanciers hypothécaires ou privilégiés dont chacun doit primer celui qui a un titre moins favorable;

La distribution par contribution, au contraire, a le plus ordinairement pour objet des sommes d'origine mobilière, et se fait au marc le franc entre tous les créanciers qui ne sont pas privilégiés.

Sous le rapport des formes, l'ordre et la distribution par contribution ont beaucoup d'analogie. — V. toutefois *inf.*

4. L'ordre est amiable ou judiciaire.

5. Il s'ouvre après une vente volontaire ou forcée, lorsque le prix des immeubles vendus est insuffisant pour désintéresser tous les créanciers, encore bien que le débiteur ne soit pas en état de déconfiture. — V. *Distribution par contribution*, n° 2.

6. Toutefois, en cas d'aliénation autre que celle par expropriation, l'ordre ne peut être provoqué s'il n'y a plus de trois créanciers inscrits. C. pr. 775.

Ce principe existait dans l'ancien droit français.

Quand les créanciers sont si peu nombreux, il leur est facile de faire régler leur rang à l'audience, sans avoir recours à une procédure spéciale. Réal, *Exposé des motifs*.

Quid en matière de *distribution par contribution*, s'il n'y a que trois créanciers opposans ? — V. ce mot, n° 4.

7. Pour savoir s'il y a lieu ou non à la procédure d'ordre, doit-on avoir égard au nombre des créanciers ou à celui des inscriptions ?

Aux termes de l'art. 775 C. pr., l'ordre ne doit être provoqué qu'autant qu'il y a *plus de trois créanciers inscrits*, c'est donc le nombre de ceux dont les intérêts sont à régler que la loi considère avant tout : — si ce nombre n'est pas atteint, s'il n'y a que *deux ou trois créanciers inscrits*, bien que quatre inscriptions au moins garantissent leurs droits, il y a lieu à réglement à l'audience. Arg. Cass. 4 juill. 1838 (Art. 1231, J. Pr.). —Donc, lorsqu'avant l'ouverture de l'ordre entre quatre créanciers inscrits, l'un vient à céder ses droits à un autre, de manière à ce que le nombre des créanciers soit réduit à trois, il n'y a pas lieu à la procédure d'ordre. *Même arrêt.*

Mais la présence de quatre créanciers inscrits suffit-elle, si plusieurs ne demandent que le paiement de la même obligation ? — La question peut se présenter, lorsque l'un des trois créanciers inscrits vient à mourir laissant plusieurs héritiers. —Si chacun de ceux-ci, après le partage, prend une inscription particulière pour sa quote part, il y a lieu à ordre : on rencontre au moins quatre créanciers et quatre inscriptions. Il en serait ainsi dans le cas même où après le partage, ces héritiers n'auraient point pris inscription en leur nom personnel : bien que l'origine de la dette soit la même, ils peuvent avoir des moyens particuliers à faire valoir. Il y a non-seulement plus de trois créanciers, mais encore plus de trois créances; l'ordre judiciaire doit donc être suivi. Peu importe que celles qui formaient autrefois une créance unique ne soient encore garanties que par une inscription. Tout ce que l'on devra en conclure, c'est que celui qui a assigné en réglement à l'audience ayant pu ignorer le décès de l'inscrivant, ne devra point supporter les frais faits devant le trib. pour arriver à ce réglement. — Ces frais seront mis à la charge des héritiers qui demanderont qu'il soit procédé à l'ordre.

Si la succession n'a pas été partagée, on ne peut prétendre

qu'il y a autant de créances que d'héritiers, l'hérédité existe comme être moral, et ne doit compter que pour l'individu qu'elle représente.

De même lorsque l'une des trois inscriptions a été prise au nom de deux créanciers solidaires, ceux-ci ne réclamant que l'acquittement de la même obligation (C. civ. 1199) ne doivent être considérés que comme un seul créancier (Art. 1484, J. Pr.).

8. L'ordre n'a pas lieu à l'audience, si les créanciers inscrits sont plus de trois; — alors même qu'ils ne produiraient pas tous. Besançon, 29 mars 1816, D. 10. 809.

9. La prohibition de l'art. 775 s'étend à toutes les ventes autres que celles par expropriation, — et par conséquent aux ventes judiciaires des biens de mineurs, de successions vacantes ou acceptées sous bénéfice d'inventaire et aux ventes sur licitation; — dans ces divers cas, s'il n'y a pas plus de trois créanciers, on ne peut procéder à un ordre judiciaire. Arg. Grenoble, 31 août 1816, P. 13, 574; Berriat, 610; Pigeau, *Comm.* 2, 455; Carré, n° 2616; Locré, *Esprit*, C. pr. 3, 366. — *Contrà*, Merlin, *Rép.* v° *Saisie-immobilière*, 3, 8. — V. toutefois *Surenchère*.

10. A l'égard de l'indemnité accordée aux émigrés par la loi du 27 avr. 1825, lors même qu'il n'y aurait pas plus de trois créanciers hypothécaires *parmi les opposans*, un ordre judiciaire serait toujours régulièrement introduit. Peu importe que l'art. 18 de cette loi ait conservé aux créanciers hypothécaires le droit de réclamer et d'exercer leur rang, ils ne peuvent être assimilés entièrement à des créanciers inscrits sur un immeuble vendu volontairement : l'art. 775 C. pr. ne leur est pas applicable. Cass. 10 déc. 1833, D. 34, 32.

11. L'ordre a lieu à l'audience, — 1° si le nombre des créanciers est réduit à trois par suite du paiement de quelques-uns d'entre eux avant le jour où les juges sont appelés à décider si l'on doit ouvrir un ordre. Cass. 26 nov. 1828, S. 29, 117. — Quand même les inscriptions des créanciers payés n'auraient pas été rayées. — *Contrà*, Besançon, 16 juill. 1808, P. 7, 30.

12. 2° Si les créanciers excédant le nombre de trois ont des hypothèques légales non inscrites : l'art. 775 ne parle que des hypothèques actuellement inscrites : vainement les créanciers inscrits diraient-ils, que ce n'est qu'après l'expiration du délai accordé pour purger l'hypothèque légale que le nombre des créanciers sera connu, et que l'ordre pourra être suivi. L'acquéreur est libre de purger ou de ne pas purger les hypothèques légales. Dans ce dernier cas il reste soumis à leur effet, et s'expose à payer deux fois. Cass. 26 nov. 1828 D. 29.

13. Lorsque divers immeubles vendus par lots, par la

même adjudication, ne sont pas chacun grevés de plus de trois créances inscrites, il n'y a pas lieu à *ordre*. Merlin, *Rép.* vº *Saisie-immobilière*, § 8, nº 1; Persil, *Questions*, 390; Carré, nº 2547, 2617. — La distribution peut être réglée, par divers jugemens, *à l'audience*.

Mais lorsque plus de trois créanciers se trouvent inscrits sur l'un des immeubles, on peut, pour cause de connexité, et pour économiser les frais, faire un seul ordre par la voie du greffe.

14. S'il y a plus de trois créanciers inscrits sur chaque immeuble (soit que l'adjudication ait eu lieu par un seul ou par plusieurs jugemens émanés du même tribunal), on peut requérir l'ouverture d'un seul, ou de plusieurs ordres, sauf, en ce dernier cas, à les faire joindre ultérieurement s'il y a lieu.

15. La jonction est prononcée par le tribunal.

A Paris, le président ordonne cette jonction en nommant le juge commissaire, ou même plus tard sur requête. C'est seulement en cas de contestation que le trib. est appelé à statuer.

16. L'ordre ne devant être ouvert entre les créanciers que sur le prix de l'immeuble qui leur est hypothéqué, il s'ensuit que si une seule vente a compris plusieurs immeubles hypothéqués à des créanciers différens, avant de poursuivre l'ordre, le prix de la vente doit être ventilé et distribué proportionnellement entre les divers immeubles, pour connaître la portion de prix qui représente chacun d'eux.

17. Cette ventilation est faite par l'adjudicataire dans les notifications aux créanciers inscrits. Arg. C. civ. 2192. — Et ceux-ci doivent, s'ils la trouvent frauduleuse, se pourvoir par *surenchère*. Grenoble, 17 août 1831, D. 32, 47. — ou demander que cette rectification ait lieu, par experts nommés par le trib. qui homologuera le rapport. Troplong, nº 973.

18. A défaut de ventilation, les créanciers peuvent demander la nullité des notifications et poursuivre l'expropriation. Cass. 19 juin 1815, P. 12, 773; Delvincourt, 3, 337; Grenier, 2, 456; Troplong, *Hypothèques*, 974.

19. La ventilation ne peut être demandée dans le cours de la procédure sur saisie-immobilière; car le prix de l'immeuble n'étant point encore définitivement fixé, la ventilation manquerait de base. Arg. C. civ. 2211; motifs Cass. 25 août 1828, S. 28, 322; — Mais elle peut être au contraire formée immédiatement après l'adjudication dans un procès-verbal d'offres réelles et même après l'ouverture de l'ordre, par exemple dans un dire inséré à la suite du réglement provisoire; la loi n'a pas à cet égard fixé de délai. *Même arrêt*, Toulouse, 19 fév. 1827, S. 27, 90. — *Contrà*, Nîmes, 26 juil. 1825, S. 26, 176.

20. Le juge-commissaire qui a ouvert un ordre dans un cas où la loi ne permet pas d'y procéder, ne peut l'interrompre d'office : il est seulement chargé de procéder provisoirement à l'ordre qui devient définitif quand il ne s'élève aucun contredit. Le système contraire aboutirait à ce résultat que le juge-commissaire serait libre d'arrêter la confection de l'ordre au moment où il serait près d'être consommé : sa décision, dans ce cas, devrait être réformée sur appel. Toulouse, 7 déc. 1826, S. 27, 92. — V. *inf.* n° 394.

Mais, du moment où la nullité de la procédure d'ordre est demandée, le juge doit renvoyer la contestation à l'audience, pour ne pas exposer les créanciers à des frais inutiles si l'ordre venait par la suite à être annulé.

21. Quand le prix à distribuer est insuffisant pour désintéresser tous les créanciers, l'acquéreur ne peut payer aucuns d'eux, avant le réglement de l'ordre, à peine de payer deux fois.

22. Toutefois, la C. de Turin (6 juill. 1813, P. 11, 530), a validé l'autorisation accordée par justice, à l'adjudicataire contradictoirement avec les autres créanciers de se libérer d'une partie de son prix, entre les mains du gouvernement, en conformité d'une clause insérée dans le cahier d'enchère. — Cette décision se justifie par le motif qu'il s'agissait de l'exécution d'une condition imposée à l'adjudicataire. — Mais en général l'adjudicataire ne peut faire statuer à l'audience sur les difficultés d'un ordre qui doit avoir lieu en suivant les formalités prescrites par la loi.

23. L'acquéreur n'est point obligé d'attendre qu'un ordre soit ouvert et clos, pour payer son prix, il peut aux termes de l'art. 2186 C. civ., à l'expiration du délai de la surenchère, se libérer en consignant. Mais quelles formes doit-il employer pour cette consignation ? — V. *Purge des hypothèques inscrites.*

24. On peut par le cahier des charges enlever à l'acquéreur le droit, soit de consigner, — soit de provoquer l'ordre. — Ces conditions qui n'ont rien de contraire aux lois, une fois acceptées doivent recevoir leur exécution. — En cas de contravention, le vendeur a droit à des dommages et intérêts : Turin, 22 janv. 1812; Cass. 28 juill. 1819, S. 20, 52.—D'ailleurs malgré cette clause qui n'est pas obligatoire pour les créanciers, ces derniers peuvent provoquer l'ordre.

25. La procédure d'ordre constitue une instance. — V. *inf.* n°s 80 à 89.

26. Elle requiert célérité.

Conséquemment la C. de Cass. peut statuer en réglement de juges sur cette matière pendant les vacations. Cass. 1er oct. 1825, S. 26, 87 ; Berriat, 613, note 4.

Les délais de la procédure d'ordre courent pendant les vacances (Merlin, *Rép.*, v° *Saisie immobilière*, § 8, n° 4 ; d'où il résulte que le réglement provisoire peut se dresser pendant cette époque. Besançon, 15 juill. 1814; Cass. 10 janv. 1815, S. 15, 68. — Dans l'espèce de ces deux arrêts, le réglement provisoire avait été arrêté un jour férié, et il fut décidé qu'en admettant qu'il pût en résulter une cause de nullité, on aurait dû la proposer dans le mois de la dénonciation qui avait été régulièrement faite.

Malgré cette jurisprudence, on est dans l'usage, au trib. civ. de la Seine, de ne pas poursuivre les ordres pendant les vacances (Art. 924 J. Pr.), et afin de prévenir toute surprise, les juges-commissaires ont soin de ne pas dresser de réglement *provisoire* dans les derniers mois de l'année judiciaire.

27. La procédure d'ordre a les caractères d'une action réelle. — V. *inf.* n° 101.

§ 2. — *Sommes sur lesquelles l'ordre s'ouvre.*

28. L'ordre ne s'ouvre que sur le prix des biens immeubles vendus par ou sur le débiteur; les sommes mobilières sont l'objet d'une *distribution par contribution*. — V. ce mot.

Dans ce prix doivent être comprises évidemment les charges qui l'augmentent, tel que le capital d'une rente que l'acquéreur doit servir d'après son contrat.

29. Si le prix réel de l'immeuble a été dissimulé dans le contrat de vente, rien n'empêche les créanciers inscrits, encore bien qu'ils n'aient ni surenchéri sur le prix déclaré, ni produit à l'ordre, d'exiger, de préférence aux créanciers chirographaires, la portion du prix non portée au contrat. Poitiers, 24 juin 1831; Bordeaux, 28 mai 1832, S. 31, 295; 32, 626; Paris, 8 fév. 1836 (Art. 449, J. Pr.); Troplong, sur l'art. 2186 C. civ.

30. De même le notaire qui a touché des honoraires au-delà du taux fixé par la loi, pour une vente judiciaire renvoyée devant lui, est tenu de restituer l'excédant au créancier hypothécaire du vendeur qui, par le résultat de l'ordre, n'a pas touché l'intégralité de sa créance, bien que ce créancier n'ait point réclamé à cet égard pendant la procédure d'ordre. Paris, 20 mai 1836 (Art. 489, J. Pr.).

31. Jugé que les créanciers ayant hypothèque sur la part indivise d'un héritier dans un immeuble dépendant de la succession, sont recevables après la licitation à réclamer leur collocation dans le rang de leur hypothèque, sur la portion du prix représentative de la part de leur débiteur dans l'immeuble vendu. Aix, 23 janv. 1835 (Art. 195. J. Pr.). — Cette décision ne nous paraît admissible qu'autant que l'adjudicataire de l'immeuble indivis est un étranger. — V. *Licitation*, n. 87.

Dans tous les cas, si l'ordre a été ouvert sur cette part indivise de l'héritier dans le prix, la clôture doit en être suspendue jusqu'au partage. *Même arrêt.*

32. *La somme à distribuer* se compose indépendamment du prix principal :

1° Des intérêts du prix à partir du jour où ils ont été stipulés. — V. *Vente judiciaire.*

2° De tous les accessoires qui peuvent être considérés comme un prix immobilier, tels que les fruits de l'immeuble hypothéqué, échus depuis la dénonciation de la *saisie-immobilière* au débiteur saisi. (C. pr. 689. — V. ce mot); — Les arrérages de rentes hypothéquées avant la loi du 11 brum. an 7, échus depuis la dénonciation de la saisie du fonds de la rente. — V. *Distribution par contribution*, n° 8.

33. Bien que les sommes représentatives d'immeubles doivent, en général, être distribuées par voie d'ordre, elles le sont par voie de *distribution par contribution*, dans plusieurs cas. — V. ce mot, n° 9.

§ 3. — *Époque à laquelle l'ordre peut être provoqué.*

34. Il faut distinguer si la vente a eu lieu volontairement ou par suite d'expropriation.

35. Dans ce dernier cas, l'ordre judiciaire ne peut être provoqué pendant le *délai* d'un mois (—V. ce mot, n° 11), à dater de la signification du jugement d'adjudication, s'il n'est pas attaqué; et, s'il est attaqué, à compter de la signification de l'arrêt confirmatif. C. pr. 749.

La loi espère que pendant ce délai d'un mois, les créanciers consentiront à un ordre amiable. —V. *inf.* n° 61.

36. L'ordre est une exécution du jugement d'adjudication, il faut donc, *à peine de nullité* qu'il soit précédé de la signification du titre, bien que l'art. 749 ne prononce pas formellement cette nullité. Arg. C. pr. 147 et 583. Poitiers, 25 juin 1823, S. 24, 168.

37. Cette signification doit être faite : —1° au saisi; c'est contre lui qu'on exécute;

2° Au saisissant : il a été partie au jugement. Pigeau, 2, 283; motifs, Cass. 13 juill. 1829, S. 29, 397.

38. Doit-elle être également faite aux créanciers inscrits? — Cette question a donné lieu à trois systèmes :

1er *Système.* La signification doit être faite à tous les créanciers inscrits : la dénonciation du placard les a tous constitués parties dans l'instance de poursuite de saisie immobilière; — Le jugement d'adjudication doit recevoir son exécution avec eux, en ce qu'il fixe le prix qui est substitué à leur gage; — Ils ont tous le droit d'en appeler s'il leur préjudicie. Les art. 749 et 750 C. Pr. en imposant aux créanciers inscrits l'obligation de se régler entre eux avec la partie saisie sur la distribution, et celle de requérir la nomination du juge-commissaire pour procéder à l'ordre, le tout dans un délai déterminé à partir de la signification du jugement d'adjudication, supposent par là même que cette notification doit être faite à chacun d'eux individuellement. Grenoble, 7 fév. 1824, 20 juill. 1825, S. 25, 249, 250 ; Paris, 12 déc. 1812 et 12 janv. 1813, P, 10, 886 ; et 11, 25 ; Orléans, 26 nov. 1827, S. 29, 30 ; Bourges, 23 juin 1826, D. 27, 90. Berriat, 610, note 4 ; Carré, n° 2540 ; Pigeau, 2, 284. — Dans ce système, l'adjudicataire peut prélever par privilége sur son prix les frais de notifications. (C. pr. 777). Paris, 12 déc. 1812.

2e *Système.* Il suffit que la signification soit faite au premier créancier inscrit : afin d'économiser les frais, le C. pr. a voulu dans une foule de circonstances que les créanciers fussent représentés par l'un d'eux pour ce qui concerne la procédure (C. pr. 526, 719, 727, 750, 760) ; or, il est naturel que le créancier premier inscrit représente les autres en ce qui concerne leur intérêt commun. (L'art. 727 C. pr. l'exige ainsi lorsqu'il s'agit d'une demande en distraction). Cette signification au créancier premier inscrit suffit pour faire courir le délai à l'égard des autres ; chacun d'eux peut le sommer de déclarer si le jugement d'adjudication lui a été signifié et à quelle date. Trib. Paris, 27 juin 1812, P, 10, 886 ; Lepage, 2, 232.

3e *Système.* La signification ne doit être faite à aucun des créanciers inscrits : ils ont été représentés dans la poursuite d'expropriation par le poursuivant aux droits duquel ils peuvent être subrogés en cas de négligence de sa part. Après le jugement d'adjudication, celui-ci les représente encore, et ce n'est qu'à son défaut que l'ordre doit être ouvert à la requête du créancier le plus diligent. C. pr. 750.

Ce dernier système a été adopté avec raison par la C. cass., qui a cassé un arrêt de la C. de Dijon du 2 janv. 1827, le 13 juill. 1829, S. 29, 397.

Attendu que d'après l'art. 147 C. pr. les jugemens ne doivent être signifiés qu'aux parties qui sont en cause, et à leurs avoués ; que ce principe incontestable s'applique aux jugemens d'adjudication, dans lesquels ne sont parties que le *poursuivant, la partie saisie* et les *intervenans* s'il y en a ; — qu'il résulte de l'art. 714 que l'objet du jugement d'adjudication et de la signification à la partie saisie, est de saisir l'adjudicataire de la propriété, et de forcer le saisi à délaisser à l'adjudicataire la possession de l'immeuble adjugé ; qu'il résulte des art. 695 et 727 du même code que, lorsque la loi a entendu que des significations fussent faites, soit à tous les créanciers inscrits, soit au premier inscrit, elle l'a précisément indiqué ; — Attendu que les art. 749 et 750 ne dérogent nullement au principe général, puisqu'ils ne prescrivent nulle signification aux créanciers inscrits, et que la signification du placard à eux faite en vertu de l'art. 695 les avertit de se mettre en mesure, de se régler à l'amiable entre eux, s'il est possible ; qu'ainsi, dans l'espèce, les frais de signification à tous les créanciers inscrits étaient frustratoires ; qu'elle ne devait être faite qu'au poursuivant, à la partie saisie et aux intervenans s'il y en eût eu, etc.

Metz, 22 mars 1817, S. 19, 134; Rouen, 8 déc. 1824, S. 25, 39; Cass. 7 nov. 1826, S. 27, 3; Grenoble, 25 juill. 1827, S. 28, 100; Bourges, 27 juin 1837. (Art. 895 J. Pr.); Favard, v° *Ordre;* Thomine, 2, n° 886.

Conséquemment, les frais de significations faites aux créanciers inscrits doivent être considérés comme frustratoires, et ne sauraient passer en taxe. Cass. 13 juill. 1829;—quand bien même elles auraient été prescrites par le cahier des charges; cette clause doit être réputée non écrite Limoges, 27 déc. 1827, S. 28, 271.

39. En cas de vente par aliénation volontaire, le délai accordé aux créanciers pour se régler à l'amiable est de trente jours, à dater de l'expiration de ceux prescrits par les art 2185 et 2194 C. civ. C. pr., 775. —V. *Purge, Surenchère.*

S'il y a eu surenchère, le délai ne court que du jour de la signification du jugement d'adjudication sur surenchère au vendeur, Pigeau, *Com.*, 2, 454.

40. Néanmoins, ne serait pas nul l'ordre judiciaire ouvert avant l'expiration du délai ci-dessus, (—V. *sup.* n°ˢ 35 et 39). s'il était dès-lors évident que tout arrangement amiable était impossible, Rouen, 30 déc. 1814, P. 12, 514; Berriat, 610; Persil, 2, 425.—*Contrà*, Pigeau, *Comm.*, 2, 413.

41. Jugé que le défaut des notifications prescrites par les art. 2183, 2194 C. civ., au domicile *du créancier décédé* ou à tous ses héritiers, n'annulle pas l'ordre ouvert entre des créanciers qui y ont procédé de bonne foi, et sur la connaissance des notifications faites à l'un des héritiers qu'ils croyaient le seul représentant du défunt.—on doit seulement suspendre la clôture de l'ordre jusqu'après le délai, pour surenchérir, accordé aux parties intéressées qui n'avaient pas reçu de notifications. Metz, 19 nov. 1818, P. 14, 1074.

42. Si l'acquéreur n'avait fait transcrire que dans un bureau le contrat de vente de plusieurs immeubles situés dans des arrondissemens différens, l'ordre ouvert entre les créanciers inscrits seulement à ce bureau, serait valable : à l'égard des autres tant que la transcription n'a pas eu lieu, la surenchère et par suite l'ordre sont impossibles; d'ailleurs, les créanciers non compris dans cet état n'en conservent pas moins leurs droits hypothécaires sur les biens à eux affectés, et la faculté de demander une ventilation, après la transcription de l'acte de vente dans l'arrondissement où leurs inscriptions ont été prises. Cass. 11 fruct. an 12, S. 5, 26; Berriat, 612, note 7.

43. Quand l'immeuble dont on distribue le prix est soumis à des hypothèques légales, l'acquéreur peut demander un sursis à la distribution et un délai pour purger ces hypothèques, quand bien même, en notifiant son contrat, il n'a pas annoncé que son intention était de les purger. Av. Cons.-d'Ét. 9 mai 1807 ; Angers, 14 juill. 1809, S. 15, 171; Arg. Riom, 8 juin 1811, S. 12, 109 ; Persil, 2, 422.

Peu importe que l'acquéreur comme créancier du vendeur eût déjà produit à l'ordre. Angers, 14 juill. 1809. — V. toutefois *sup.* n° 12, et *inf.* n° 117.

Il a même été jugé que l'ordre ouvert avant l'expiration des délais de la purge pourrait être annulé sur la demande de l'acquéreur. Cass. 29 nov. 1825, D. 26, 18.

§ 4.—*Personnes qui peuvent prendre part à l'ordre.*

44. L'ordre suppose des créanciers hypothécaires ou privilégiés. C. civ. 2094, 2101, 2103, 2104, 2114.

45. Mais les priviléges et hypothèques ne peuvent, en général, être invoqués qu'autant qu'ils ont été conservés par une inscription. C. civ. 2106, 2111 et 2134.—V. Toutefois *inf.* n° 48 et suiv.

46. Les créanciers inscrits sur les propriétaires antérieurs de l'immeuble dont il s'agit de distribuer le prix, ont le droit de figurer à l'ordre comme ceux du dernier propriétaire, si l'on n'a pas rempli vis-à-vis d'eux les formalités de *purge*.—V. ce mot.

47. Toutefois il a été jugé que les créanciers subrogés au privilège du vendeur primitif sont recevables s'ils ne sont pas plus de trois à demander, soit contre le second vendeur, soit contre ses créanciers, le paiement de leur créance sans attendre l'ordre ouvert sur le prix *de la revente* : Paris, 7 déc. 1831, D. 32, 77.—Mais cette doctrine est inadmissible : Les créanciers du second vendeur ont intérêt à ce que l'ordre ne soit pas scindé pour pouvoir contester, s'il y a lieu, d'autres titres.—Mais dans l'espèce, ces créanciers avaient défendu à la demande sans réclamer le renvoi de la contestation à l'ordre.

48. Sont dispensés de la nécessité de l'inscription : 1° les créances privilégiées énoncées en l'art. 2101 C. civ.

Mais les créanciers ne peuvent se présenter à l'ordre qu'autant qu'ils prouvent l'insuffisance des meubles. C. civ. 2105; Bruxelles, 21 août 1810 ; P, 8, 550 ; Amiens, 24 av. 1822, S. 23, 336 ; Berriat, p. 619, note 30 ; Grenier, 2, 191. —Ils doivent donc être écartés si ces meubles étaient plus que suffisans pour les acquitter. —Paris, 9 fév. 1809, P. 7, 364.

49. Jugé toutefois qu'il suffit pour que les priviléges de l'art. 2101 soient exercés sur le prix des immeubles qu'aucun mobilier ne se trouve au moment de la déconfiture du débiteur, sans que la négligence des créanciers à demander collocation sur le prix provenant de la vente du mobilier, leur soit opposable. Lyon, 14 déc. 1832, D. 34, 95 ;

Que s'il y a encore du mobilier et qu'ils se présentent à l'ordre sans l'avoir discuté, il y a lieu de les colloquer éventuellement pour le montant de leurs créances, à la charge par eux de discuter le mobilier dans un délai fixé et pour leur collocation être réduite à ce qui leur restera dû après la discussion du mobilier. Amiens, 24 avril 1822, S. 23, 336.

50. 2° Les frais de poursuite d'ordre et de radiation des inscriptions, et les frais extraordinaires de poursuite de saisie-immobilière. C. pr. 759, 716.

51. 3° Les créances des femmes contre leurs maris, pour leurs dots et reprises matrimoniales, et celles des mineurs et interdits contre leurs tuteurs, à raison de leur gestion. C. civ. 2135.—V. *Purge des hypothèques légales.*

52. L'adjudication sur expropriation forcée a-t-elle pour effet de purger les hypothèques légales non inscrites?

Pour l'affirmative on dit : — elle produit le même effet à l'égard des hypothèques inscrites. Peu importe que les créanciers à hypothèque légale n'aient point été avertis directement comme les créanciers inscrits par la notification des placards (C. pr. 695). La vente a été entourée d'une telle publicité qu'ils ne peuvent prétexter cause d'ignorance. Ils ont donc pu veiller à ce que le prix de l'immeuble atteignît sa plus haute valeur, et ils ont pu d'ailleurs dans la huitaine de l'adjudication surenchérir du quart. Comment donc leur accorder encore le droit de surenchérir du dixième dans le délai de l'art. 2195. Sous l'ancienne jurisprudence on décidait d'une manière générale que *le décret nettoyait toutes les hypothèques.* Loisel, liv. 6, 5, n° 15. Ce résultat parut si favorable qu'on simula des décrets pour dégager les propriétés vendues de gré à gré. De là le décret volontaire dont les formalités furent ensuite remplacées par celles de l'édit de 1771 qui laissa subsister le décret forcé avec tous ses effets originaires. Intervint le C. civ. qui admit ces principes. Au tribunat, il fut question de simplifier les formes de la saisie, mais on répondit que cette complication était nécessaire pour la purge des hypothèques. Au conseil d'état, le premier consul et M. Berlier déclarèrent que le chap. 9 du titre des hypoth. était une imitation de l'ord. de 1771. Aussi les art. 2194 et 2195 C. civ. se servent-ils de ces expressions *acquéreur, contrat* qui ne conviennent qu'aux ventes volontaires. Ce chap. 9 d'ailleurs s'occupe du purgement des créances dispensées d'inscription comme le chap. 8 de celui des créances inscrites. Or, de même que le chap. 8 est seulement relatif aux ventes volontaires, l'expropriation purgeant sans nul doute les créances inscrites, le chap. 9 ne concerne que ces mêmes aliénations. Aussi l'art. 775 C. pr. dispose-t-il qu'en cas de vente autre que celles *par expropriation*, il est procédé à l'ordre trente jours après les délais prescrits par les art. 2185 et 2194 C. civ. Vainement oppose-t-on l'art. 2180 C. pr. qui ne range point l'expropriation forcée au nombre des moyens de purger les hypothèques, car il faudrait en conclure que l'adjudication sur saisie-immobilière ne purge pas même les hypothèques inscrites. S'il y a lacune dans l'art. 2180, c'est aux anciens principes qu'il faut se référer. Cass. 12 nov. 1821, S. 22, 214; 30 août 1825, S. 26, 65; 11 août 1829, S. 29, 342; Caen, 22 mars 1825, S. 26, 101; Nîmes, 10 déc. 1828, S. 26, 161; Troplong, *hypoth.*, n° 996.

Toutefois, le système contraire a prévalu : — La publicité de la saisie-immobilière quelque grande qu'elle soit ne peut suppléer à ce qu'exige l'art. 2194 qui ne se contente pas du dépôt et de l'exposition du contrat pendant deux mois, mais qui requiert impérieusement la notification à la personne des créanciers dont on veut purger l'hypothèque légale. On ne peut supposer que la femme ou le mineur encourraient la déchéance de leurs droits sans avoir été mis en demeure, quand les simples créanciers inscrits, dont la position est beaucoup moins favorable, sont avertis par des significations directes et personnelles avant l'adjudication. Cass. Chambres réunies, 22 juin 1833, S. 33, 449. — Cet arrêt est ainsi motivé :

Attendu que le C. civ. pose les principes relatifs à l'établissement, à la conservation et à l'extinction des hypothèques, tandis que le C. de pr. ne règle que l'exercice de ce droit; — Attendu d'ailleurs que le C. de pr. garde le silence sur les hypothèques légales, et qu'il les laisse ainsi, même pour l'exercice de ce droit, sous l'autorité des dispositions du C. civ., et que c'est dès-lors dans ce dernier code qu'il faut puiser les motifs de décision; — Attendu que d'après l'art. 2135 C. civ. l'hypothèque légale du mineur existe indépendamment de toute inscription; que le C. ne pose d'autre limite à cette dispense d'inscrire l'hypothèque légale que celle qui se trouve dans les art. 2193 et 2194 même code, qui déterminent les formalités que l'acquéreur d'un immeuble appartenant à un mari ou à un tuteur est tenu de remplir, s'il veut purger les hypothèques dont cet immeuble peut être grevé; — Attendu que la loi ne fait aucune distinction à cet égard entre les ventes volontaires et les ventes par expropriation forcée; — Attendu que si dans ce dernier cas l'acquéreur était dispensé de se conformer aux dispositions des art. 2193, 2194, la protection que la loi a voulu accorder aux femmes et aux mineurs en établissant en leur faveur l'hypothèque légale, avec tous ses effets, et notamment la dispense de l'inscrire, deviendrait illusoire, et tournerait même contre eux. Rejette.

Bordeaux, 7 juil. 1826, S. 27, 9; Montpellier, 12 janv. 1828, S. 28, 154; Lyon, 11 mai 1831, S. 32, 115; Cass. Ch. civ. 27 août 1833, S. 33, 742. — 25 janv. 1836; Rouen, 4 juil. 1838 (Art. 1210 J. Pr.). Ces deux derniers arrêts ont été rendus dans une espèce où la femme mariée qui ne s'était pas inscrite avant l'adjudication ne demandait pas à surenchérir, mais se présentait à l'ordre pour faire valoir ses droits. — Cass. 18 déc. 1839 (Art. 1609 J. Pr.).

53. Mais dans le cas de purge de l'immeuble soumis aux hypothèques légales, soit qu'elle résulte de l'adjudication sur expropriation, comme le décidait autrefois la C. de cass., soit qu'elle ne résulte que de l'accomplissement des formalités des art. 2194 et 2195 C. civ. Le mineur et la femme mariée auxquels il n'est plus permis de poursuivre l'adjudicataire, peuvent-ils encore, à l'égard des créanciers, réclamer dans l'ordre leurs droits de préférence?

Pour la négative on dit: —Il résulte de l'art. 2166 C. civ. que toute collocation hypothécaire dans l'ordre suppose une inscription : or, comment la femme ou le mineur qui ont laissé passer les délais de la purge sans prendre inscription pourraient-ils remplir cette formalité, puisque par suite de cette purge l'hypothèque a été éteinte et qu'il ne reste plus qu'une somme d'argent qui de sa nature n'est pas susceptible d'hypothèque, ni par conséquent d'inscription. Etant déchus de leur hypothèque, ils le sont aussi, du moins à l'égard des créanciers inscrits, de tous droits sur le prix qui n'est que la représentation de l'immeuble. L'art. 2198 C. civ. est une exception qu'il ne faut pas étendre. D'ailleurs tout ce qui résulte de cet art., c'est que les créanciers omis dans le certificat peuvent invoquer à l'égard des créanciers, bien qu'ils ne le puissent à l'égard de l'acquéreur, une inscription qu'ils ont réellement prise. Cass. 30 août 1825, D. 25, 37; 8 mai 1827, D. 27, 233; 11 août 1829; 15 déc. 1829, D. 30, 7; 26 juill. 1831, D. 31, 251; 1er août 1837 (Art. 888 J. Pr.); Metz, 5 fév. 1823, S. 25, 34; Montpellier, 16 août 1827, S. 28, 87; Grenoble, 8 juill. 1822, S. 25, 33.

Dans le système contraire favorable à la femme mariée et au mineur on répond: — l'hypothèque donne au créancier deux droits bien distincts, le droit de suite et le droit de préférence. Celui-ci peut subsister indépendamment de l'autre, en un mot rien n'empêche que l'immeuble ne soit libéré de l'hypothèque par rapport au tiers-détenteur, le créancier conservant d'ailleurs son droit sur le prix. Les art. 2180-3° et 2198 prouvent que l'immeuble peut être affranchi sans que le prix le soit. Le chap. 9 est intitulé *du mode de purger les hypothèques*, et n'est relatif qu'au droit de suite. Aussi l'art. 2195 dit-il que l'immeuble *passe à l'acquéreur* sans aucune charge à raison des conventions matrimoniales de la femme et de la gestion du tuteur, mais n'ajoute point que le mineur et la femme mariée ont perdu leur droit de préférence sur le prix. Il est juste au contraire que ces créanciers dont l'hypothèque est dispensée d'inscription (C. civ. 2135) puissent figurer à l'ordre avec les autres créanciers inscrits qui ne jouissent pas de cette faveur. Riom, 15 avril 1826, S. 28, 87; Caen, 5 mai 1823, S. 25, 32; et 16 janv. 1836, D. 29, 5; Douai, 14 avril 1820, S. 25, 35; Lyon, 28 janv. 1825, S. 25, 125; Bordeaux, 31 juill. 1826,

D. 27, 8; Grenoble, 2 avr. 1827, D 28, 178; 31 août 1827; S. 28, 173; Paris, 15 fév. 1832, D. 34, 1, 338; 12 janv. 1834, D. 34, 130; Nîmes, 12 fév. 1833; Riom, 8 mars 1834, D. *ib.*; Orléans, 2 mars 1836 (Art 516 J. Pr.); Toulouse, 1er juill. 1828, D. 30, 29; Pau, 20 juin 1830, D. 31, 95; Motifs, Toulouse, 6 déc. 1824, S. 26, 106; Persil, *Rég. hypoth.*, 2, 80; Delvincourt, 3, 376; Troplong, *Hypoth.*, 4, 984. — M. Grenier après avoir adopté ce système, 1, n° 266 est revenu au premier. 2, n° 490.

Au reste nous pensons avec M. Troplong, n° 988, qu'après la clôture de l'ordre, la femme ou le mineur ne seraient point fondés à élever de réclamations Arg. C. pr. 759.

54. Il ne suffit pas, pour pouvoir produire à l'ordre, d'avoir un privilége ou une hypothèque inscrite, il faut encore que l'inscription ne soit pas périmée; — à moins qu'elle n'ait produit son effet.

55. Mais à quelle époque une inscription a-t-elle produit son effet, de telle sorte qu'il soit inutile de la renouveler? — V. *Hypothèque*, nos 52 et 53, et *inf.* n° 424.

56. Quant aux droits du créancier ayant une hypothèque générale, et à son concours avec des créanciers à hypothèque spéciale. — V. *inf.* n° 184.

57. La créance à terme est admissible à l'ordre. En effet, l'acquéreur doit acquitter, jusqu'à concurrence de son prix, les dettes hypothécaires, qu'elles soient ou non exigibles. C. civ. 1188 et 2184.

58. Il a même été jugé (Paris, 28 nov. 1806, P. 5, 557) qu'une créance à terme non productive d'intérêts d'après le contrat devait être colloquée purement et simplement dans l'ordre, sans obligation pour le créancier, soit d'en payer l'intérêt jusqu'à l'époque de l'exigibilité, fixée par la convention, aux créanciers postérieurs sur lesquels les deniers manquent, soit de fournir caution à cet effet. Le jugement infirmé avait soumis le créancier à cette double condition.

59. S'il y a des créances conditionnelles, on ordonne le dépôt à la caisse d'une somme suffisante pour les acquitter, dans le cas où l'événement arriverait; — ou bien on laisse cette somme entre les mains de l'acquéreur; — ou, enfin, ce qui est rare, on colloque les créanciers postérieurs aux lieu et place du créancier conditionnel, à la charge de donner caution de rapporter, si la condition s'accomplit. Cass. 4 frim. an 14, P. 5, 47; Pothier, *proc.*, P. 267; Troplong, n° 959 *ter*.

60. Si l'immeuble est grevé d'une rente viagère, on laisse entre les mains de l'adjudicataire un capital dont l'intérêt annuel soit égal à cette rente. Cass. 4 frim. an 14; Paris, 30 mai 1831, D. 31, 237; 10 mars 1832, D. 32, 105.

Ainsi, ce capital est évalué au denier 20, encore bien qu'il n'ait été énoncé dans le bordereau d'inscription qu'au denier 10. Paris, 10 mars 1832.

Ordinairement la clause en est inscrite dans le cahier des charges.

On pourrait aussi ordonner un emploi de ce capital par hypothèque, le prêteur étant tenu au service de la rente envers le créancier viager.

Dans l'usage, les créanciers postérieurs au créancier viager sont colloqués, pour toucher le capital, à l'extinction de la rente (Art. 515 J. Pr.).

En matière de distribution par contribution, la collocation ayant lieu au marc le franc, le capital d'une rente viagère s'évalue d'après les tables de mortalité.

§ 5. — *Ordre amiable.*

61. Les créanciers et la partie saisie doivent, avant de recourir aux formalités judiciaires, essayer de se régler à l'amiable sur la distribution du prix. C. pr. 749. — V. *sup.* nos 35 et 39.

Toutefois, il n'est pas nécessaire de justifier des tentatives faites pour y parvenir. — V. *Distribution par contribution*, n° 23.

62. Jugé, en matière de faillite, que la nullité de l'ordre fait à l'amiable devant notaire, du consentement des créanciers et du débiteur, conformément au concordat passé entre eux, ne peut pas être demandée, spécialement lorsque la distribution du prix a été faite sans contestation. Cass. 29 mars 1833 (Art. 555 J. Pr.) — V. *inf.* n° 79.

63. Si un mineur se trouve intéressé dans un ordre, on ne peut procéder par voie amiable qu'autant que le mineur est colloqué intégralement; sinon il faut employer les voies judiciaires. Pigeau, *Comm.* 2, 415.

64. Indépendamment des créanciers hypothécaires, principaux intéressés, l'ordre amiable doit avoir lieu en présence de la partie saisie. Arg. C. pr. 749; Bordeaux, 28 mars 1828; S. 28, 219; Merlin, *Rép.*, v° *Saisie immobilière*, § 8, n° 2; Berriat, 611, note 4; Pigeau, *Comm.*, 2, 414. — Il ne suffirait pas de l'assigner en homologation du règlement amiable. *Même arrêt.*

65. Quant aux créanciers chirographaires, ils peuvent seulement, s'ils ont formé opposition, intervenir pour empêcher que l'on admette trop facilement des créances non hypothécaires ou même non justifiées, qui diminueraient leur gage. Merlin, *ib.* — V. toutefois *inf.* n° 119.

66. Il convient d'appeler l'acquéreur. — V. *inf.* n° 76.

67. L'ordre amiable n'est assujetti à aucune forme particulière : les créanciers peuvent donc employer celle qu'ils préfèrent ; — mais il est difficile qu'ils n'aient pas recours à un acte notarié, à cause du consentement à la radiation de leurs inscriptions. Carré, n° 2541 ; Pigeau, 2, 284.

68. Il est inutile de faire homologuer l'ordre en justice; il n'a jamais, en effet, que le caractère d'une convention libre ou d'une transaction. *Exposé des motifs.* — *Contrà*, Prat. français, 4, 456.

69. De là plusieurs conséquences : — 1° il n'y a pas de déchéance faute de produire dans un certain délai ; les règles ordinaires de procédure ne sont pas applicables. Metz, 5 août 1814, P. 12, 352.

70. Le créancier ayant droit d'être colloqué, qui a été omis, peut exercer un recours contre les créanciers qui, par le rang de leurs inscriptions, se trouvent sans droit à la collocation, et non contre l'acquéreur, s'il n'a point été appelé à la confection de l'ordre. Cass. 9 nov. 1812 ; 31 janv. 1815, P. 10, 788 ; 12, 569 ; Merlin, *Rép.*, v° *Saisie-immobilière*, § 8. — Toutefois, si l'acquéreur, au lieu de demander sa mise hors de cause, se contente d'appeler en garantie les créanciers indûment payés, le trib. peut le condamner à payer, sauf son recours contre ces mêmes créanciers. Cass. 9 nov. 1812. — Ceux-ci, pour repousser l'action en répétition, ne sont pas fondés à dire qu'ils ont remis leurs titres et consenti la radiation de leurs inscriptions. Arg. C. civ. 1377-2°. Cet art. suppose que les titres du créancier actionné ont été complètement anéantis ; ce qui ne peut arriver à l'égard des titres d'une créance hypothécaire dont la minute reste chez le notaire. *Même arrêt.* Berriat, 611, Persil, 2, 450.

71. 2° La majorité ne peut lier la minorité : il suffit donc qu'un seul créancier refuse de consentir à cet arrangement pour qu'il n'ait pas lieu. Carré, n° 2541. — V. *Distribution par contribution*, n° 21.

Mais les conventions intervenues entre certains créanciers sont obligatoires pour les signataires. Ils ne peuvent arguer de ce que tous les créanciers n'ont pas concouru à cette convention : ceux-ci sont seuls recevables à opposer un pareil moyen. Lyon, 26 avr. 1826, S. 28, 14.

72. 3° Les stipulations arrêtées par les parties ne sont pas susceptibles d'être réformées par la voie de l'appel : s'il s'élève des contestations, elles doivent être jugées comme toutes les autres causes, d'abord par le trib. de 1re instance.

73. 4° S'il est intervenu un jugement d'homologation, et qu'il y ait appel de ce jugement, le principe de l'art. 763, relatif à l'appel dans les dix jours, n'est pas applicable, parce qu'alors il n'y a pas d'ordre proprement dit. C'est donc la règle

générale de l'art. 443 C. pr. qu'il faut suivre. Metz, 12 août 1814, P. 12, 363.

74. Même décision et par le même motif, quand il s'agit d'un jugement qui opère réglement de distribution entre créanciers dont le nombre n'excède pas trois. Caen, 25 nov. 1824, S. 26, 70; Amiens, 27 nov. 1824, P. 2, 1825, 306. — *Contrà*, Nîmes, 21 mai 1829, S. 30, 359.

75. 5° Enfin, le réglement amiable est régi par toutes les dispositions relatives à l'exécution des contrats ordinaires. Turin, 22 janv. 1812, P. 10, 59.

76. Si l'adjudicataire a été partie à l'acte, il ne peut se refuser à l'exécuter.

Mais s'il n'y a pas été partie, il faut, pour le contraindre à payer, lui signifier non-seulement l'acte de délégation, mais encore le jugement d'adjudication qui est le seul titre exécutoire contre lui, avec offre de rapporter main-levée des inscriptions et oppositions avec quittance. Pigeau, 2, 284; Carré, nos 2542, 2543; Favard, 4, 53.

77. Si quelques créanciers n'avaient pas figuré à cet ordre, et que plus tard ils contestassent la collocation d'un créancier, avant le paiement, ce dernier pourrait être tenu de donner caution à l'adjudicataire jusqu'à due concurrence. Turin, 22 janv. 1812, P. 10, 58.

78. La délégation du prix faite par le vendeur, et acceptée par les créanciers inscrits (surtout s'ils sont moins de trois), peut être assimilée à un réglement d'ordre, et dispense de provoquer un ordre judiciaire. Cass., 9 juill. 1834, D. 34, 309.

§ 6. — *Ordre judiciaire.*

79. Si les créanciers et le saisi ne peuvent régler leurs droits à l'amiable, l'ordre a lieu en justice.

Spécialement l'héritier bénéficiaire n'est tenu de recourir à un ordre en justice, que tout autant que les créanciers de la succession n'ont pas pu régler leurs droits à l'amiable; c'est dans ce sens que doit être entendu l'art. 991 C. pr. Toullier, 4, n° 379; Carré, n° 3232.

80. L'ordre judiciaire constitue une véritable instance. — De là plusieurs conséquences :

81. La demande en collocation peut, dans certains cas, faire produire des *intérêts*. —V. ce mot, n° 7.

82. L'assistance des avoués est nécessaire.

Ainsi, l'acte de production contenant demande en collocation doit être signé par un avoué; c'est à lui que le réglement provisoire est dénoncé, et par lui que sont signés les dires de contestation, en cas de contredit; c'est à lui qu'est signifié le jugement, et ce n'est qu'à partir de cette signification que peuvent courir les délais de l'appel.

83. Mais à quelle époque la procédure d'ordre doit-elle être réputée en état? — C'est seulement lorsque la défense est complète; c'est-à-dire lorsque les délais pour contredire sont expirés.

84. Si le créancier sommé ou son avoué vient à mourir après ce délai, la procédure suit son cours.

De deux choses l'une, en effet, ou cette partie a contredit dans le délai, et dans ce cas le dire de contestation met le trib. à même de prononcer, et tient lieu de conclusions au fond, ou elle n'avait pas contesté; et alors, elle ou ses représentans ne sont point en droit de se plaindre, puisque la forclusion était déjà encourue; d'ailleurs, comme nous le verrons, les créanciers non-contestans sont représentés dans l'instance par l'avoué du dernier créancier colloqué. — V. *inf.* n° 249.

85. A plus forte raison si, avant la signification du jugement qui a statué sur les contestations, l'avoué de la partie vient à décéder ne sera-t-il pas besoin de la part du poursuivant de provoquer de celle-ci la constitution d'un nouvel avoué : le jugement une fois rendu il ne peut y avoir lieu à la reprise d'instance. Orléans, 10 avr. 1837 (Art. 749 J. Pr.).

86. Si avant le mois pour contredire la partie ou son avoué décède, elle ou ses héritiers peuvent se faire relever de la forclusion encourue. Thomine, n° 868; Paris, 25 mars 1835 (Art. 228 J. Pr.). — Dans l'espèce de cet arrêt, la forclusion avait été prononcée contre un créancier qui, pour toucher les intérêts de sa créance, avait retiré son titre et dont l'avoué était décédé avant le réglement provisoire.

87. Le poursuivant qui a connaissance de ce décès doit faire sommation à ce créancier ou à ses héritiers de reprendre l'instance ou de constituer un autre avoué.

Pigeau, *Comm.* 2, 430, pense que c'est seulement à partir de cette sommation que court le délai nécessaire pour compléter le mois écoulé en partie avant le décès, soit du créancier, soit de son avoué.

88. Mais les héritiers ne peuvent prétendre que le délai est suspendu pendant les trois mois et 40 jours, que l'art. 174 leur accorde pour faire inventaire et délibérer : il ne s'agit pas ici d'exécuter contre eux une obligation, mais d'une espèce de prescription soumise à l'art. 2259 C. civ. Pigeau, *ib.*

89. Suivant M. Thomine, n° 870, il y a lieu seulement à reprise d'instance, lorsque c'est le débiteur (ou son avoué) qui vient à décéder, parce qu'à son égard l'ordre est une véritable instance qui a pour but de le dessaisir des deniers en faveur de ses créanciers, et de faire juger la validité de leurs titres.

Art. 1. — *Personnes qui peuvent poursuivre l'ordre ; — Subrogation.*

90. *En cas d'aliénation volontaire*, l'ordre est poursuivi par le créancier le plus diligent ou par l'acquéreur, après l'expiration des délais prescrits. — V. *sup*. n° 39.

91. *En cas d'expropriation forcée*, la poursuite appartient par préférence au créancier saisissant, qui peut seul la commencer pendant la huitaine qui suit le mois accordé pour tenter l'ordre amiable. — Avant le Code, la poursuite appartenait au créancier le plus diligent. Trib. d'appel de Paris, 30 niv. an 12, P. 3, 585.

92. Toutefois, lorsque le saisissant n'a pas commencé les poursuites dans la huitaine, l'ordre est valablement ouvert à la requête : 1° du créancier le plus diligent. C. pr. 750. — Sans qu'il soit besoin qu'il se fasse subroger. Thomine, n° 857.

2° A celle de l'adjudicataire. C. pr. *ib.*

3° Ou même à celle du saisi ; car il a intérêt à sa libération. Bourges, 8 avr. 1827, S. 29, 107 ; Pigeau, 2, 286 ; Carré, n° 2549 ; Lepage, p. 507; Thomine, n° 857.

93. Le créancier chirographaire ne peut pas poursuivre l'ordre. — Mais seulement former opposition sur le prix. L'art. 775 C. pr., en disposant que l'ordre ne sera pas provoqué, en cas de vente volontaire s'il n'y a plus de trois créanciers *inscrits*, refuse par là même la poursuite aux chirographaires. Grenoble, 12 juill. 1833, D. 34, 30. — *Contrà*, Pigeau, 2, 286. — Cet auteur pense que le droit de poursuite doit être déterminé comme en matière de distribution par contribution.

Toutefois il a été jugé qu'un créancier hypothécaire peut poursuivre l'ordre, quoique les biens dont le prix est à distribuer ne fussent pas affectés à son hypothèque. Besançon, 16 juill. 1808, P. 7, 30. — Mais dans l'espèce les créanciers inscrits avaient adhéré à l'ouverture de l'ordre par ce créancier.

94. Jugé que la nullité de l'inscription du créancier poursuivant l'ordre ne vicie pas la procédure, parce que la nécessité de l'ordre une fois admise, nul créancier n'a intérêt à en faire annuler la poursuite, si elle est régulière dans la forme ; que cette poursuite devient alors commune à tous et qu'il n'importe pas que la personne par qui elle a été introduite reste ou non dans l'ordre, surtout lorsque la poursuite a passé à un autre créancier par la voie de la subrogation. Paris, 15 avril 1809, S. 10, 67; Persil, 2, 426; Berriat, 612.

95. Les créanciers inscrits sur les immeubles dépendant d'une succession bénéficiaire, peuvent provoquer l'ordre sur ces biens, nonobstant la délégation qui leur est faite du prix de la vente par l'héritier bénéficiaire aux termes de l'art. 806

C. civ., tant qu'ils n'ont point accepté cette délégation. — V. *sup*. n° 78.

96. Si plusieurs créanciers ayant droit de poursuivre l'ordre requièrent en même temps la poursuite, le président du trib. décide à qui elle sera attribuée de préférence. Tarif, 130. Il doit en général se décider en faveur du créancier qui s'est fait délivrer le premier l'état des inscriptions; et si plusieurs l'ont fait le même jour, en faveur de celui qui se trouve porteur du titre le plus ancien et le plus important. — En cas d'expropriation, celui qui a poursuivi la saisie est présumé le plus diligent.

97. Les créanciers poursuivant l'ordre n'acquiescent pas par cela seul au jugement d'adjudication, qui ne stipule pas d'intérêts du prix : ils conservent le droit d'attaquer ce jugement, s'il y a lieu, tant que l'ordre n'est pas mis à fin, surtout lorsque le procès-verbal d'ouverture contient lui-même l'énonciation que l'ordre doit porter tant sur le capital que sur les intérêts. Cass. 23 déc. 1806, S. 7, 65.

98. *Subrogation*. En cas de retard ou de négligence dans la poursuite de l'ordre, la subrogation peut être demandée et obtenue. C. pr 779, tar. 138, 139. — La demande en est formée par la partie la plus diligente, au moyen d'un dire inséré au procès-verbal d'ordre, signifié en forme de conclusions au poursuivant par acte d'avoué à avoué; elle est jugée sommairement en la chambre du conseil sur le rapport du juge-commissaire. C. pr. 779.

99. Le jugement qui prononce la subrogation, ordonne que le poursuivant remettra les pièces de la poursuite au subrogé, et que le premier sera employé dans l'état de distribution pour ses frais de poursuite faits jusqu'alors. Favard, 4, 60; Carré, n° 2620.

Cet incident est au surplus soumis aux mêmes règles que la demande en subrogation de poursuite d'une *distribution par contribution*. — V. ce mot, n° 114 à 118.

100. Le créancier en sous-ordre pouvant exercer tous les droits de son débiteur, est recevable à demander la subrogation dans les poursuites. Carré, n° 2621; Favard, *ib*.

Art. 2. — *Tribunal compétent*.

101. Les trib. de 1re inst. ont seuls le droit de connaître de l'ordre, — même en matière de *faillite*. — V. ce mot, n° 509.

102. Le trib. compétent est celui de la situation des biens : il s'agit d'une action réelle. L. brum. an 7, art. 31; Décr. 14 nov. 1808, art. 4; C. pr. 59.

103. Peu importe, 1° que les sommes à distribuer proviennent d'une vente volontaire faite à l'audience des criées d'un trib.

autre que celui de la situation. Cass. 27 frim. an 14; P. 5, 91; 11 fév. 1806, S. 6, 2, 774; 13 août 1807, S. 7, 1, 430; Paris, 31 mai 1826, S. 28, 127.

2° Que le prix ait été déposé dans le ressort d'un trib. autre que celui de la situation des biens. Liége, 14 nov. 1815, P. 13, 110.

3° Que les biens vendus appartiennent à un failli — V. *Faillite*, n° 509.

4° Qu'ils dépendent d'une succession, et qu'ils aient été vendus avant le partage, soit par licitation, soit de toute autre manière.—Vainement soutiendrait-on que dans ce cas, c'est le trib. dans l'arrondissement duquel la succession s'est ouverte, qui seul est compétent : cette objection a été repoussée par la C. de cass. le 6 janv. 1830, S. 30, 50.

Attendu que l'instance d'ordre sur le prix de la vente d'un immeuble participe de l'action réelle, puisque cette instance ne peut exister et s'instruire qu'entre créanciers avant privilége et hypothèque sur l'immeuble vendu et leur débiteur; qu'en matière réelle, la situation de l'immeuble est attributive de juridiction; que dans l'espèce, l'immeuble affecté aux créanciers, et dont le prix est à distribuer entre eux, est situé dans l'arrondissement du trib. de Nevers; que c'est au bureau des hypothèques établi près ce trib. qu'ont été requises les inscriptions en vertu desquelles les créanciers ont droit de se présenter à l'ordre; que c'est dans cet arrondissement qu'est établi le domicile légal de chacun d'eux; et que c'est avec juste cause que l'ouverture de l'ordre a été demandée et obtenue devant ce trib.; qu'il s'agit ici d'une compétence toute spéciale, et que la circonstance que l'adjudication de l'immeuble a été faite à Paris (toutefois hors la présence et sans le concours des créanciers inscrits), n'est pas un motif pour les distraire de la juridiction qui leur est assignée, quant à l'instance d'ordre et de distribution considérée comme matière réelle et hypothécaire; — Attendu que l'art. 751 C. pr. invoqué par le demandeur ne renferme aucune disposition impérative, et que s'il considère l'instance d'ordre comme une suite de l'adjudication, c'est qu'en général l'adjudication elle-même n'est considérée que comme un acte consommé devant les juges de la situation; — statuant sur la demande en règlement de juges, etc.

Cass. 27 oct. 1807, S. 8, 83; 18 avril 1809, S. 15, 194; 13 juill. 1809, S. 9, 282; 3 sept. 1812, S. 13, 257; Bourges, 10 fév. 1813; P. 11, 116; Paris, 26 juin 1813, S. 14, 215; Carré, n° 2545; Chabot, *Successions*, art. 822.—*Contrà*, Paris, 23 mai 1810, S. 15, 170; Rouen, 27 fév. 1822, S. 25, 226; Cass. 26 frim. an 14, P. 5, 91; 21 juill. 1821, S. 22, 4; motifs Cass. 1er oct. 1825, S. 26, 87.

Toutefois, il faut remarquer que ces deux derniers arrêts ont été rendus dans des espèces toutes spéciales et favorables au maintien de la poursuite d'ordre devant le trib. du lieu de de l'ouverture de la succession, et qu'ils n'ont pas décidé la question d'une manière absolue.—Ainsi, le premier est motivé sur ce que le trib. de l'adjudication avait été le premier saisi, et que la presque totalité des créanciers avaient déjà déposé leurs titres au greffe avant que l'instance fût portée devant le trib. de la situation des biens. — Le second sur ce que parmi les immeubles vendus, plusieurs étaient situés dans le ressort du trib. de l'ouverture de la succession, et c'était là que le plus grand nombre des créanciers produisans étaient domiciliés.

5° Que par suite d'un arrêt sur un incident, l'adjudication définitive ait été renvoyée devant un autre trib. que celui de la situation : la règle que les trib. doivent connaître de l'exécution de leurs jugemens reçoit exception quand il y a attribution spéciale de juridiction. Or, cette attribution en matière d'ordre est faite par le décret du 14 nov. 1808 au trib. du lieu où les biens sont situés. Bourges, 10 fév. 1813, P. 11, 116.

6° Que le cahier des charges porte que l'ordre sera fait devant le trib. (autre que celui de la situation) où l'adjudication a eu lieu. Paris, 31 mai 1826, S. 28, 127.

104. Par suite du même principe, si plusieurs immeubles hypothéqués aux mêmes créanciers sont situés dans des arrondissemens différens, il faut ouvrir autant d'ordres qu'il y a d'arrondissemens. Cass. 13 juill. 1809, S. 9, 282; 3 janv. 1810, S. 10, 240 ; Carré, n° 2546 ; Pigeau, *Comm.*, 2, 419 ; Persil, 2, 419 ; — quand bien même les immeubles auraient été vendus simultanément. Loi du 14 nov. 1808, art. 4.

Mais la C. roy. ou la C. de cass. statuant en réglement de juges pourraient ordonner de réunir ces ordres *sur la demande des parties intéressées*. Cass. 12 avril 1808, P. 6, 625 ; 1er oct. 1825, S. 26, 87.

105. Cependant, dans le cas de vente de biens situés dans différens arrondissemens, mais dépendans de la même exploitation, le trib. du chef-lieu de l'exploitation doit être chargé des différens ordres réunis. Arg. C. civ. 2211; Persil, 2, 420 et suiv. ; Pigeau, *Comm.* 2, 419.

106. Lorsque différens ordres se poursuivent *devant le même tribunal*, ils peuvent toujours être réunis sur la demande des parties intéressées, pour éviter les frais. Favard, 4, 55. — V. *sup.* n° 15.

107. La substitution d'un créancier dans les droits d'un autre qui a été désintéressé, peut être prononcée par un trib. différent de celui qui a procédé à l'ordre : une pareille demande n'a pas en effet pour but de faire réformer l'ordre, et de porter atteinte à la hiérachie judiciaire : c'est l'exercice d'une action personnelle tendante à demander la place d'un créancier qui vient d'être payé. Angers, 29 août 1814, P. 12, 399.

108. Jugé de même que le trib. originairement saisi d'une question de privilége élevée contradictoirement entre une femme et les créanciers de son mari est compétent pour statuer sur cette question, bien que depuis, l'ordre ait été renvoyé devant le trib. de la situation, lorsque ce trib. n'a rien statué définitivement à cet égard. Limoges, 15 avril 1817, P. 14, 183.

Art. 3. — *Procédure pour arriver au réglement provisoire.*

109. Faute par les créanciers de s'être entendus dans le délai d'un mois (— V. *sup.* n°s 35 et 39) le saisissant, dans la huitaine, et à son défaut, après ce délai, le plus diligent parmi ceux qui ont le droit de poursuivre (—V. *sup.* n° 91 et 96), requiert la nomination d'un juge commissaire devant lequel il sera procédé à l'ordre. C. pr. 750; tarif, 130.

110. Cette réquisition se fait sur un registre spécial tenu au greffe ; à la suite (ou en marge), le président nomme un juge commissaire. C. pr. 751; tarif, 130.

Si les fonds ont été versés à la caisse des consignations, l'acte de réquisition doit contenir la date et le numéro de la consignation. Ordonn. 3 juill. 1816.

111. Les juges-suppléans du trib. de la Seine peuvent être chargés par le président, concurremment avec les juges titulaires, de la confection des ordres. Décr. 25 mai 1811. — *Juge suppléant*, n° 7.

Mais les suppléans des autres trib. ne jouissent de la même prérogative que dans le cas d'empêchement des juges titulaires.

112. Le poursuivant présente au juge commis une requête afin d'obtenir une ordonnance portant permission de sommer les créanciers de produire. Thomine, n° 859.

113. A cette requête doit être joint un état délivré par le conservateur de toutes les inscriptions existantes. C. pr. 752.

114. Le juge, sur le vu de cette requête, procède à l'ouverture de son procès-verbal : il énonce la présentation de la requête, et il annexe l'extrait. *Même article.*

115. Ces mots *Inscriptions existantes*, comprennent celles prises, — postérieurement à la transcription de la saisie, et jusqu'à l'adjudication définitive : tout créancier peut en effet s'inscrire valablement pendant cet intervalle. Carré, n° 2552 ; Thomine ; n° 860.

Ou même dans la quinzaine de la transcription du contrat de vente, si cette vente est volontaire. C. pr. 834.

Le poursuivant doit donc avoir soin de lever au moment de l'ouverture de l'ordre, un nouvel état des inscriptions. — V. d'ailleurs *inf.*, n° 138.

116. Le poursuivant est tenu d'appeler non-seulement les créanciers hypothécaires inscrits contre le saisi, mais encore ceux inscrits contre les propriétaires antérieurs de l'immeuble exproprié. Riom, 8 juin 1811, S. 12, 109. — V. *sup.*, n° 28; et enfin ceux qui ont des hypothèques légales non inscrites, si le vendeur ou l'adjudicataire les a fait connaître. *Même arrêt.* — V. toutefois *sup.*, n° 12.

117. Mais si l'on ne connaît point de créanciers à hypo

thèque légale, l'ordre peut être ouvert après les délais prescrits par l'art. 2183, sans attendre l'expiration de ceux de l'art. 2194. Cass. 27 juin 1832, D. 32, 280.

118. Le poursuivant n'est pas tenu de sommer : — 1° Les créanciers hypothécaires non inscrits : ceux-ci peuvent seulement intervenir et concourir avec les autres créanciers hypothécaires. Merlin, *Rép.* v° *Saisie-immobilière*, § 8, art. 2.—A quelle qu'époque qu'ils aient pris inscription. Dalloz, 10, 811; — pourvu que ce soit avant la clôture de l'ordre. — V. *sup.* n° 53.

119. 2° Les créanciers chirographaires opposans : l'on n'est obligé de sommer que les créanciers qui doivent produire à l'ordre (Arg. C. pr. 753) ; or, les créanciers chirographaires ne sont point de ce nombre. Ils peuvent seulement si bon leur semble intervenir pour contester les créances hypothécaires, car ils y ont intérêt. Arg. Paris, 11 août 1812, P. 10, 638.— *Contrà*, Pigeau, 2, 286. — Toutefois, à Paris, dans l'usage, on les admet à produire.

120. 3° L'adjudicataire : quelques soient en effet les créanciers colloqués, il se libère valablement entre leurs mains. Aussi l'art. 753 C. pr. oblige-t-il seulement le poursuivant à sommer les créanciers. Pigeau, 2, 288.

Toutefois, dans l'usage, on somme l'adjudicataire de produire pour ses frais privilégiés. — V. *inf.* n° 166.

121. Doit on faire au saisi la sommation prescrite par l'art. 659 en matière de contribution ? — L'affirmative semblerait s'induire de l'analogie qui existe entre ces deux procédures. Mais la loi n'ayant pas reproduit au titre de l'ordre la disposition de l'art. 659, on ne saurait en exiger l'exécution, du moins à peine de nullité. Carré, n° 2555 ; Pigeau, *Comm.* 2, 423. — V. d'ailleurs *inf.* n° 426.

122. Le juge-commissaire en délivrant son ordonnance portant permis de sommer doit ouvrir son procès-verbal d'ordre. C. pr. 752. — V. *inf.* aux formules.

123. Si le juge n'a point immédiatement ouvert son procès-verbal, la date de l'ouverture de l'ordre n'est-elle fixée que par le procès-verbal rédigé ultérieurement ? — L'affirmative avait été jugée (Besançon, 22 déc. 1826) dans une espèce où le procès-verbal n'avait été rédigé qu'après la production du poursuivant, et l'inscription avait été déclarée périmée, à défaut de renouvellement, par l'échéance de 10 ans survenue dans l'intervalle de la production à cette rédaction. — Mais cet arrêt a été cassé, attendu que le poursuivant avait fait tout ce qu'il avait pu pour que l'ordre fût ouvert et que l'inexactitude du juge ne pouvait lui préjudicier. Cass. 30 nov. 1829, D. 30, 5.

124. Il a même été jugé que l'ordre est réputé commencé à partir du jour où la nomination du juge-commissaire a été requise : cette réquisition est, d'après l'art. 750 C. pr., le premier acte de la procédure. Cass. 4 juill. 1838 (Art. 1231 J. Pr.). — V. *sup*. n° 7.

125. En vertu de l'ordonnance du juge-commis, les créanciers sont sommés de produire dans le mois leurs titres entre les mains du juge-commissaire. C. pr. 753.

126. Copie des requête et ordonnance doit être donnée en tête de la sommation. Thomine, n. 861. — Toutefois l'inaccomplissement de cette formalité n'entraînerait pas nullité. Arg. C. pr. 1030. Bruxelles, 6 fév. 1810, P. 8, 85.

127. *Dans le mois*. — V. *Délai*, n° 19 et *inf.* n° 151.

128. En matière d'ordre, un avoué peut-il occuper pour plusieurs créanciers, quand même ils auraient des intérêts contraires? — L'affirmative a été jugée par le motif que le nombre de ces créanciers venant à excéder celui des avoués postulans devant le trib., l'ordre serait impossible. Grenoble, 6 août 1822, D. 10, 821.

129. L'avoué qui occupe en même temps pour le poursuivant et pour d'autres créanciers doit cependant faire à ceux-ci les sommations de prendre connaissance de l'état de collocation provisoire et de contredire ; sans cela ils ne pourraient encourir de forclusion. Nîmes, 17 mars 1819, D. 10, 822. — *Contrà*, Grenoble, 6 août 1822. Ce dernier arrêt décide que les sommations faites par l'avoué du poursuivant aux avoués des autres créanciers, doivent être considérées comme signifiées aux créanciers pour lesquels ce même avoué déclarait en même temps occuper.

130. Jugé que l'avoué qui en qualité de créancier hypothécaire inscrit poursuit l'ordre et chez lequel un créancier a élu domicile peut faire faire la sommation de produire à ce domicile, quoiqu'il ait des intérêts opposés à ceux de ce créancier ; que ce serait ajouter à la rigueur de la loi que d'exiger une sommation au domicile réel de ce dernier. Lyon, 10 fév. 1822, D. 10, 817.

131. *L'huissier* chez lequel élection a été faite peut-il faire la sommation à son domicile, lorsqu'il a été chargé de sommer les créanciers inscrits? — V. ce mot, n° 125.

132. Les sommations se font par acte signifié au domicile des avoués des créanciers, lorsqu'ils en ont constitué sur la poursuite de saisie, l'ordre étant la suite naturelle et prévue de l'adjudication. C. pr. 753. Pigeau, 2, 287 ; Carré, n° 2553 ; Thomine, n° 861.—Ou dans le cas contraire, au domicile élu dans les inscriptions. C. pr. 753. — V. d'ailleurs *inf.* n° 140.

133. Ce domicile élu doit être situé dans un lieu quelconque *de l'arrondissement du bureau.* C. civ. 2148. — Ainsi au trib. de la Seine on a annulé des sommations faites à un domicile élu à Paris, quand l'immeuble était situé à St.-Denis ou à Sceaux, parce que ces deux villes, bien que comprises dans le ressort du trib. de la Seine, ont chacune un bureau des hypothèques dont les limites ne dépassent point la circonscription des deux arrondissemens.

134. Dans l'opinion de ceux qui pensent qu'il est nécessaire de sommer les créanciers chirographaires opposans.(— V. *sup.* n° 119), la signification doit être faite au domicile élu dans les oppositions. Pigeau, 2, 287 ; Carré, n° 2554.

135. Les sommations sont légalement faites aux domiciles élus quelques soient les changemens survenus dans la position des créanciers inscrits. Arg. C. civ. 2156. — S'il n'en était point ainsi, la procédure d'ordre serait entravée, et l'on s'éloignerait du but de célérité que l'art. 753 s'est proposé.

Conséquemment la sommation au domicile élu est valable, bien qu'il ait été répondu que le créancier était décédé. Bruxelles, 6 fév. 1810, P. 8, 85; Paris, 15 mars 1838 (Art. 1180, J. P.); — ou bien qu'il ait cédé ses droits à un tiers, alors surtout que la notification de cette cession n'a pas été faite au conservateur. Colmar, 13 mars 1817, P. 14, 131.

L'exploit peut être remis au domicile élu malgré la mort de celui chez lequel l'élection a été faite. C. civ. 2156.

136. Mais si au moment de l'ouverture de l'ordre, le créancier ou son représentant avait indiqué positivement un autre domicile élu (— V. *Inscription*, nos 36 et 37), il faudrait faire la sommation à ce nouveau domicile.

137. La faculté accordée par l'art. 2152 C. civ. au créancier ou à ses héritiers et cessionnaires d'indiquer un autre domicile élu sur les registres du conservateur n'est limitée à aucune époque.

138. Jugé que ce n'est point le certificat des inscriptions délivré au temps de la transcription qui sert de règle ; que l'extrait des inscriptions dont parle l'art. 752 doit régulièrement être pris par le poursuivant le jour même où il requiert l'ordonnance portant permis de sommer. Cass. 3 juin 1831, S. 31, 232 (— V. toutefois les observations de M. le rapporteur). Rouen, 27 août 1829, S. 29, 288 ; Arg. Cass. 21 déc. 1825, S. 25, 307.

Que si la sommation, malgré ce changement, était faite à l'ancien domicile élu, le créancier qui n'aurait pas produit, pourrait former tierce opposition au jugement de collocation. Rouen, 27 août 1829, Cass. 3 juin 1831.

139. La sommation de produire faite au vendeur doit être signifiée non à son domicile réel (*Contrà*, Paris, 31 mai 1813, S. 14, 264), — mais au domicile élu dans l'inscription prise d'office par le conservateur. — Le pouvoir de prendre inscription d'office emporte, pour le conservateur, pouvoir de faire cette élection, puisqu'elle est nécessaire à la validité de l'inscription. Rouen, 30 déc. 1814, P. 12, 514, surtout lorsque le domicile élu est le même que celui indiqué dans l'acte transcrit. On ne peut, dans l'opinion contraire, tirer argument d'un arrêt de cass. du 21 déc. 1825, S. 25, 307. Le créancier, depuis l'inscription prise par le conservateur, avait, en renouvelant son inscription, élu un autre domicile; c'était donc à ce nouveau domicile que la sommation devait être faite.

Jugé que la sommation de produire faite au procureur du Roi, qui a pris une inscription d'hypothèque légale, est nulle, par le motif que ce magistrat est seulement chargé de la mesure conservatoire consistant dans l'inscription. Toulouse, 17 déc. 1838 (Art. 1335 J. Pr.). — L'arrêt ne dit point si l'inscription prise d'office énonçait une élection de domicile au parquet.

140. Au surplus, le poursuivant a le choix de signifier les sommations aux domiciles élus dans les inscriptions, ou à ceux des avoués constitués. L'art. 753 C. pr., à cet égard, ne peut laisser aucun doute. Demiau, p. 464; Carré, n° 2553.

141. Dans la pratique, le plus souvent, c'est au domicile de l'avoué que les sommations sont faites.

142. Dans le mois de la sommation, chaque créancier est tenu de produire ses titres avec acte du produit, signé de son avoué, et contenant demande en collocation. C. pr. 754.

143. La femme mariée ne peut produire à l'ordre sans être autorisée par son mari ou par justice. Cass. 21 avr. 1828, S. 28, 275; — lors même que l'ordre est ouvert sur le mari, si celui-ci n'a été appelé en cause que depuis la forclusion encourue. *Même arrêt.*

Ainsi la femme sommée de produire, et qui n'a été autorisée ni par son mari, ni par justice, avant l'expiration du délai, n'encourt aucune déchéance. Toulouse, 10 mars 1833, S. 33, 346.

Mais la femme, autorisée à la poursuite de ses droits, qui a obtenu sa séparation de biens et la liquidation de ses reprises, n'a pas besoin d'une nouvelle autorisation pour se présenter à l'ordre ouvert sur son mari. Colmar, 3 avr. 1816, P. 13, 370. — V. *Femme mariée*, n° 146; *Folle-enchère*, n° 16.

144. Le mineur est représenté par le tuteur avant l'émancipation. — S'il est émancipé, il est assisté de son curateur.

145. L'acte de produit et la demande en collocation se font au moyen d'une requête présentée au juge-commissaire.

146. La nécessité de l'indication d'un avoué pour occuper dans cette procédure s'étend même à l'administration de l'*enregistrement*. — V. ce mot, n° 153, et *Avoué*, n° 72.

147. Les formalités des actes de produit ne sont pas prescrites à peine de nullité. Le juge commissaire doit seulement refuser d'admettre la production irrégulière, ou si elle a été admise, la faire régulariser avant le règlement provisoire. Pigeau, *Comm.* 2, 424. — Toutefois, la constitution d'un avoué est indispensable.

148. *Dans le mois*. Sous la loi de brum. an 7, les créanciers inscrits qui ne produisaient pas avant la clôture de l'ordre, n'étaient pas pour cela passibles de la déchéance, l'ordre devant être dressé sur l'état des inscriptions. Cet état leur tenait lieu de production. Paris, 23 messid. an 12, P. 4, 94; 13 fruct. an 13, P. 4, 747; Cass. 22 janv. 1806, P. 5, 145.

Mais il en est autrement sous le Code (—V. *sup.* n° 142).

Ainsi, le créancier colloqué provisoirement pour mémoire sur la demande non appuyée de titres a été rejeté de l'ordre, bien qu'il les eût produits avant la clôture du règlement définitif. Bourges, 7 juill. 1830, D. 31, 57.

149. Mais si, après avoir produit ses titres, le créancier les retire *sous toutes réserves, et avec l'autorisation du juge-commissaire*, il ne peut être déclaré forclos, quand il les a rétablis avant le jugement d'ordre. Cass. 15 mars 1815, S. 15, 201. — V. d'ailleurs *Distribution par contribution*, n° 55.

150. Au reste, il n'est pas indispensable de fournir une grosse exécutoire : une expédition parait suffire. — V. *Grosse*, n° 31; *Distribution par contribution*, n° 55; — et même un acte sous-seing-privé pour les privilèges, si la créance n'est pas contestée.

Dans une espèce où un jugement, passé en force de chose jugée avait autorisé la collocation à la charge expresse de produire la grosse lors du réglement définitif, la C. Paris (3 oct. 1839, Art. 1524 J. Pr.) a décidé que cette collocation ne devait pas être rejetée, parce que le créancier n'avait pas été mis en demeure de faire cette production.

151. Mais, lors du paiement, le débiteur, l'acquéreur ou le tiers-détenteur peut exiger la remise de la grosse. Arg. C. civ. 1283. — V. *Dépens*, n° 164.

152. La production n'est pas notifiée; le juge-commissaire en note seulement la remise sur son procès verbal. C. pr.; Tar. 133; Pigeau, 2, 289; Carré, n° 2557; Berriat, 613; Favard, 4, 55. — V. d'ailleurs *Distribution par contribution*, n° 58.

153. Le délai d'un mois accordé pour produire, se compte de la même manière que celui accordé pour contredire le réglement provisoire. — V. *inf.* n° 206.

Il doit être augmenté à raison des distances entre le lieu de la production et celui du domicile élu du créancier ; on n'a pas égard au domicile réel. Arg. Paris, 16 nov. 1812, P, 10, 804 ; Carré, n° 2556 ; Berriat, 613, note 9, n° 1er.—Cette augmentation sera peu considérable ; l'élection de domicile est faite nécessairement dans l'arrondissement du bureau de la situation.— —V. *sup.* n° 133, et toutefois *inf.* n° 331.

154. Au surplus, l'expiration des délais légaux n'emporte pas déchéance contre les créanciers retardataires. Ils sont recevables à se présenter jusqu'à la clôture définitive de l'ordre.— Cette différence d'avec ce qui a lieu en matière de *distribution par contribution* (—V. ce mot, n° 50) est fondée non-seulement sur le texte de la loi qui, dans ce dernier cas, ordonne de prononcer la forclusion des créanciers non produisant lors du réglement provisoire, tandis qu'en matière d'ordre elle frappe uniquement le créancier produisant qui n'a pas contredit dans le délai (— V. *inf.* n° 209), mais encore sur la différence qui existe entre un titre chirographaire et un titre hypothécaire inscrit. Rouen, 13 août 1813 et 30 déc. 1814, P, 11, 632 ; 12, 514. Limoges, 5 juin 1817, P, 14, 268 Cass. 9 déc. 1824, S. 25, 293 ; 9 déc. 1829, S. 30, 8 ; Berriat, 614 ; Merlin, *Rép.* v° *Saisie immobilière,* § 8 ; Pigeau, 2, 298 ; Carré, nos 2567, 2573. — *Contrà*, Rennes, 24 nov. 1819, P. 15, 575.

Seulement les retardataires supportent les frais de leur production, dans lesquels doivent être compris ceux de la dénonciation de cette production aux créanciers et au saisi, avec sommation d'en prendre communication et d'y contredire. C. pr. 757 ; Tar. 136.

155 Cette dénonciation, d'après l'art. 136 Tar., doit être faite aux créanciers inscrits. — Carré, n° 2560, l'exige seulement à l'égard des créanciers *inscrits* et *produisans* ; il se fonde sur les art. 755 C. pr. et 134 Tarif (—V. *inf.* nos 126, 127), qui disposent que le règlement provisoire sera dénoncé aux créanciers *produisans.* — Mais c'est avec intention que ces articles n'emploient pas les mêmes expressions. L'art. 136 Tar. n'est applicable qu'au cas de production faite après les délais. Les frais demeurant alors à la charge du créancier retardataire, on conçoit que la loi se soit montrée moins jalouse de les économiser, et ait en conséquence prescrit la dénonciation des productions à tous les créanciers inscrits sans distinction. Les art. 755 C. pr. et 134 Tar. statuent au contraire dans une espèce tout-à-fait différente. Chauveau, *Tarif*, 2, 260. —V. d'ailleurs *sup.* n° 119.

156. Les créanciers retardataires doivent en outre être garans des intérêts des créances qui ont couru, à compter du jour où ils auraient cessé, si la production avait été faite dans le délai légal. C. pr. 757 ; — à moins que le capital à partager ne produise pendant ce même délai des intérêts équivalens ; car alors la masse hypothécaire s'accroissant dans la même proportion, les créanciers n'éprouvent aucun préjudice. Merlin, *Rép.* v° *Saisie-immobilière*, § 8.

157. Jusqu'à qu'elle époque les créanciers retardataires peuvent-ils se présenter ?

Si l'ordre est clos, la déchéance prononcée contre eux (C. pr. 759) leur fait perdre le droit d'attaquer les collocations faites en leur absence. Cette forclusion n'est pas comminatoire (C. pr. 1029). Pourquoi les traiterait-on plus favorablement que les créanciers non compris dans le certificat du conservateur qui, bien qu'ils n'aient aucune faute à se reprocher, ne peuvent faire tomber le règlement définitif ? — Pigeau, 2, 297. — On doit le décider surtout ainsi, lorsque les bordereaux ont été soldés. Colmar, 13 mars 1817, P. 14, 131.

Mais le créancier retardataire peut se présenter tant que le règlement définitif n'est pas clos, et dès lors intervenir, non seulement devant le trib. saisi des contestations, auxquelles le réglement provisoire a donné lieu. Arg., Rouen, 30 déc. 1814, P. 12, 514, — mais encore sur l'appel du jugement qui a statué sur ces contestations. Colmar, 3 avr. 1816, P. 13, 370. — Cette intervention devrait être faite dans la forme ordinaire. Rouen, 30 déc. 1814.

Il résulte même de ce qu'il peut produire à l'ordre jusqu'au règlement définitif, qu'il serait en droit après le jugement ou l'arrêt qui a vidé les contestations des autres créanciers, d'en élever lui-même sur leur rang.—Vainement dirait-on que dans ce système il serait impossible d'appliquer l'art. 758 C. pr., qui permet au juge-commissaire d'arrêter définitivement l'ordre pour les créances antérieures à celles contestées. Cet article ainsi que nous le verrons *inf.* n° 242, ne rendra les créanciers retardataires non-recevables à critiquer les créanciers antérieurs déjà colloqués qu'autant que ceux-ci auront été payés, et d'ailleurs rien n'empêchera leur action vis-à-vis les autres créanciers qui n'auraient point été compris dans le règlement préliminaire. Paris, 13 fév. 1836 (Art. 409 J. Pr.).

158. La forclusion et la radiation de l'inscription, faute de production à l'ordre dans les délais, laissent-elles intact le droit de préférence vis-à-vis des créanciers chirographaires ? — V. *inf.* n° 368.

159. Dans l'usage, lorsque des productions tardives ont été faites, on dresse un réglement supplémentaire provisoire que l'on dénonce aux parties intéressées dans la même forme que le réglement provisoire ordinaire, avec sommation de prendre communication et de contredire dans les délais de droit.

Art. 4. — Réglement provisoire, collocation des différens créanciers.

160. A l'expiration du mois accordé pour produire (— V. *sup.* n° 125), et même auparavant si les créanciers ont produit, le commissaire peut dresser (même d'office. — V. *Distribution par contribution*, n° 60), à la suite de son procès-verbal, un état provisoire de collocation sur les pièces produites. C. pr. 755.

161. Le réglement provisoire doit indiquer (si l'on a omis de le faire dans le procès-verbal d'ouverture d'ordre), le contrat translatif de la propriété, la transcription, les pièces de notification pour la purge des hypothèques conventionnelles, les pièces de la purge légale, et si le prix a été déposé, les pièces de la procédure d'offres et de consignation. Lorsque les premières énonciations existent déjà dans le procès-verbal d'ouverture d'ordre, il suffit, mais il est essentiel d'énoncer l'ouverture du procès-verbal d'ordre, le permis de sommer, les originaux des sommations de produire aux créanciers inscrits.

Le juge-commissaire donne défaut contre les créanciers non produisans.

Il fixe ensuite la somme à distribuer et colloque suivant leurs rangs tous les créanciers qui ont formé leur demande en collocation, appuyée de titres.

162. Le juge a mission pour admettre ou rejeter toutes les demandes en collocation, suivant qu'elles lui paraissent ou non justifiées, sauf le droit de contestation appartenant à chaque créancier. — V. *inf.* n°s 231 et suiv.

Il est, à plus forte raison, compétent pour colloquer un créancier à un rang autre que celui par lui réclamé, sauf le même recours.

163. Mais il doit colloquer tous les créanciers produisans, dont il croit les titres fondés, bien que ces collocations excèdent la somme à distribuer : l'art. 755 en effet dispose que le réglement doit être dressé sur les *pièces produites*. Riom, 8 août 1828, S. 29, 38.

S'il ne faisait son travail que jusqu'à l'épuisement des sommes en distribution, il faudrait un état supplémentaire, et le délai pour contredire ne courrait pour toutes les parties qu'à dater de la dénonciation de cet état supplémentaire. *Même arrêt.*

164. Si l'un des créanciers produisant se désiste, le juge-commissaire doit-il se borner à en donner acte, et renvoyer les parties devant le trib., pour statuer sur la validité du désistement et ses effets? — L'affirmative a été jugée. Nîmes, 22 avr. 1823, D. 25, 1, 131. — Toutefois l'acceptation du désistement par les autres créanciers, constatée par le juge-commissaire semblerait suffire.

165. Chaque collocation doit être l'objet d'un article séparé, qui comprend :

1° Le montant de la créance en principal ;

2° Les intérêts de cette créance si elle en produit ;

3° Les frais accessoires, tant de mise à exécution que de production.

Mais, à l'égard de ces deux derniers articles, il est à remarquer que les créances produisant le plus souvent des intérêts jusqu'à la clôture de l'ordre, et les accessoires ne pouvant être liquidés qu'à la même époque, ils ne sont portés que pour *mémoire* dans l'état de collocation provisoire.

S'il y a des frais liquidés, on les énonce dans un numéro séparé.

166. Les différentes créances sont colloquées de la manière suivante :

1° Les frais de délivrance de l'état des inscriptions lors de la transcription, et de celui levé quinzaine après cette transcription, ceux de notification aux créanciers inscrits (C. pr. 777) d'offres réelles et de dépôt s'il y a lieu, de validité de consignation, etc. ; en un mot ; tous les frais faits par l'acquéreur dans l'intérêt de tous les créanciers, et qu'il a droit de retenir sur son prix. Le vendeur et ses créanciers sont, avant tout, tenus de la garantie à l'égard de l'acquéreur, et ils ne peuvent avoir de droit sur le prix qu'autant que celui-ci sera propriétaire incommutable, que l'immeuble sera libre.

167. Il a même été jugé : — 1° que si l'acquéreur n'avait pas réclamé dans l'ordre le coût de l'extrait des inscriptions et de ses dénonciations aux créanciers inscrits, il aurait le droit de retenir ces frais sur le montant de son prix ; que c'était moins une créance ordinaire dont il aurait dû demander la collocation, qu'une déduction sur le prix de son acquisition. Paris, 14 mess. an 12, P. 4, 83.

168. 2° Que l'adjudicataire qui obtient une réduction sur le prix de son adjudication par suite de fausse indication de contenance, est autorisé à déduire par privilége, sur son prix ainsi réduit, le montant des frais faits pour obtenir cette réduction, et l'excédant des droits par lui payés. Paris. 6 fév. 1810, S. 15, 189.

169. A-t-il également le droit de se faire colloquer pour les frais d'enregistrement de transcription et honoraires du notaire qu'il a avancés, bien que le vendeur fût tenu de les payer aux termes du contrat de vente ?

Pour l'affirmative on peut dire : les frais accessoires de la vente sont en principe à la charge de l'acheteur (C. civ. 1593), mais lorsque, contrairement à la règle, ces frais doivent être payés, en vertu du contrat, par le vendeur, celui-ci ayant dû nécessairement exiger un prix plus élevé, la somme dont l'acheteur est débiteur représente tout à la fois ces frais et le prix ; il est donc juste que les créanciers n'exercent leur hypothèque que sur celui-ci ; ils ne sont point fondés à se plaindre, s'ils ont été avertis par la notification que les frais seraient à la charge du vendeur, et que le prix était augmenté d'autant, alors qu'ils n'ont pas réclamé dans les quarante jours. Cette clause est devenue irrévocable.

Mais on répond avec raison : le vendeur qui paie les frais mis à sa charge, n'a point de recours privilégié à exercer sur le prix stipulé ; si l'acheteur a payé lui-même, il n'a contre lui qu'une action personnelle. Paris, 24 août 1816, P. 13, 610.

170. L'acquéreur est non recevable à se faire colloquer par privilége pour les frais ordinaires de transcription ; la loi les met à sa charge (C. civ. 2155), — ou pour les frais de purge légale. Ces frais sont faits dans son intérêt exclusif.

171. 2° Les frais de poursuite d'ordre et de radiation des inscriptions. Ils sont prélévés avant toutes les créances autres que celles ci-dessus indiquées, même avant celle du vendeur. C. pr. 759 ; — quand même le prix de l'immeuble eût été délégué entièrement à un seul créancier inscrit, et que l'ordre n'eût eu d'autre résultat que de faire confirmer cette délégation. Paris, 13 janv. 1814, P. 12, 32. — V. *inf.* n° 369.

172. Sont aussi colloqués par privilége, comme ceux de poursuite d'ordre, les frais extraordinaires de saisie, tels que ceux faits sur l'appel interjeté par le saisi d'un jugement en vertu duquel on l'exproprie (— V. *Saisie immobilière*), lorsqu'il en a été ainsi ordonné par jugement (C. pr. 716) ; — il n'est pas nécessaire cependant que l'emploi par *privilége* ait été spécialement ordonné par le jugement ; le privilége résulterait suffisamment de la disposition qui prononcerait que les dépens seront employés en frais extraordinaires. C'est ainsi que les anciens réglemens étaient interprétés. Riom, 3 août 1826, S. 28, 278.

S'il s'élève des contestations sur le réglement provisoire, les frais de l'avoué du dernier créancier colloqué, doivent aussi être colloqués par préférence sur les fonds restant après l'acquittement des créances non contestées. — V. *inf.* n° 276.

173. 3° Les priviléges énoncés en l'art. 2101 C. civ., lorsque le mobilier manque. C. civ. 2105. — V. *sup.* n° 29.

Dans les frais privilégiés on doit comprendre les sommes avancées par l'héritier bénéficiaire, pour dépens des procès qu'il a soutenus dans l'intérêt de la succession, et généralement pour frais légitimes d'administration. Arg. C. civ. 803.

174. Si ces frais n'ont point été payés par l'héritier bénéficiaire, les créanciers auxquels ils seraient dûs, ont nécessairement, comme celui-ci, le droit de les prélever sur les valeurs de la succession. Autrement certains créanciers seraient intégralement soldés au gré de l'héritier bénéficiaire, tandis que d'autres ne le seraient pas. D'ailleurs ces frais constituent une dette de l'hérédité qui doit être soldée par prélèvement, à la différence de celles du défunt qui sont soumises entre elles à la contribution. Amiens, 17 août 1836 (Art. 906 J. Pr.); Trib. Caen, 7 nov. 1836 (Art. 578 J. Pr.).

175. Ce prélévement doit avoir lieu même pour les dépens que l'héritier bénéficiaire n'aurait pas été expressément autorisé à employer comme frais d'administration. Ils sont, en effet, à la charge de la succession, par cela seul qu'ils n'ont pas été mis à la charge personnelle de l'héritier. Amiens, 17 août 1836. — V. d'ailleurs *Dépens*, nos 95 et 98.

176. 4° Les priviléges énoncés en l'art. 2103 C. civ. *Ib.* 2105.

Les créanciers privilégiés dans le même rang étant tous aussi favorables, sont colloqués par concurrence : si les fonds manquent sur eux, ils sont payés par contribution.

177. Si le vendeur ne réclame pas seulement une collocation, en vertu de son privilége, mais la résolution de la vente, il doit être renvoyé à se pourvoir devant le trib. par action principale; une pareille demande qui tend à la restitution de la chose ne peut être présentée dans l'ordre où il ne s'agit que de régler le rang des créances. Rouen, 21 juin 1828, S. 30, 111.

178. Lorsqu'il s'est présenté dans l'ordre pour exercer son privilége, peut-il, s'il est rejeté, ou s'il renonce à se faire colloquer, demander ultérieurement devant le trib. la résolution de la vente?

M. Troplong, *hypoth.* sur l'art. 2103, C. civ., pense, il est vrai, que tant que les choses se passent entre l'acquéreur et le vendeur, les démarches que celui-ci a faites pour obtenir le paiement de son prix, ne lui sont pas opposables; on ne saurait dire en effet, comme sous l'empire du pacte commissoire qui supposait la chose *inempta*, que le vendeur a renoncé à une action pour s'en tenir à l'autre, celle en résolution s'appuyant elle-même chez nous sur l'existence de la vente. — Mais lorsque le vendeur s'est trouvé en contact avec des tiers en produisant dans un ordre, la bonne foi s'oppose à ce qu'il inquiète le tiers-acquéreur qui a mis les deniers en distribution, car il a ratifié la vente par sa présence et par la volonté d'en profiter. Cass. 16 juill. 1818, P. 14, 928.

Toutefois on répond : les art. 1184, 1654 et 1655 C. civ., qui accordent au vendeur non payé une action en résolution ne distinguent pas ; cette action ne doit être déclarée non recevable qu'autant que le vendeur a été réellement payé. Merlin, v° *Option*, § 1.

Jugé même que le vendeur n'est pas réputé avoir renoncé à l'action résolutoire, bien qu'il ait touché une portion de son prix dans l'ordre ouvert par suite de la revente de son immeuble. Paris, 1er août 1839 (Art. 1613 J. Pr.).

A plus forte raison doit-il en être ainsi, s'il intente l'action résolutoire après avoir seulement réclamé sa collocation dans l'ordre. Cass. 31 janv. 1837 (Art. 873 J. Pr.); Bordeaux, 29 mai 1835 (Art. 283 J. Pr.), ou après avoir encouru la forclusion faute d'avoir produit. Cass. 24 août 1831 ; 30 juill. 1834, S. 31, 315 ; 35, 316.

Jugé, au contraire, que lorsqu'après la clôture de l'ordre, le vendeur qui a produit a levé son bordereau, il a fait acte d'acquiescement vis-à-vis des autres créanciers produisans et du tiers-détenteur, et s'est rendu non recevable à former l'action résolutoire. Paris, 19 avr. 1837, P. 1837, 409. — Dans l'espèce le vendeur avait fait au tiers-détenteur sommation de payer le montant du bordereau, et son avoué avait touché ses frais de production.

179. 5° Les hypothèques, suivant la date des inscriptions, si elles sont conventionnelles ou judiciaires ; et suivant la date des titres, si elles sont légales ou dispensées d'inscription. — Ainsi, les créances des mineurs ou des interdits contre leurs tuteurs à raison de leur gestion, prennent rang à partir de l'acceptation de la tutelle, et celles des femmes contre leurs maris, à partir de la célébration du mariage, de l'obligation ou de la vente, de la donation ou de l'ouverture de la succession, selon les circonstances. C. civ. 2135.

180. L'hypothèque de l'État, des communes ou établissemens publics, sur les biens des administrateurs, receveurs, etc., quoique légale, n'a de rang que du jour de l'inscription, l'art. 2135 n'ayant accordé de rang sans inscription qu'aux femmes mariées, mineurs et interdits. C. civ. 2134.

181. Jugé que si un créancier a le droit de se faire colloquer, en vertu d'une inscription propre à sa créance et en vertu de l'hypothèque légale de la femme, à laquelle il a été subrogé, il n'est pas tenu d'en cumuler l'exercice ; il peut, après avoir produit en vertu de sa propre inscription et avoir succombé sur la contestation élevée par les autres créanciers, se faire colloquer jusqu'à la clôture de l'ordre, en vertu de l'hypothèque légale, sans qu'on puisse lui opposer l'autorité de la chose jugée. Cass. 5 avr. 1831, D. 31, 127.

182. Un créancier qui a hypothèque générale ne saurait être forcé à produire dans un ordre sur le prix d'un des immeubles ;

faute par lui de le faire, les trib. ne peuvent donner main-levée des inscriptions par lui prises sur les autres immeubles de son débiteur. Metz, 20 nov. 1811, P. 9, 712; Favard, 4, 57; Beriat, 620; Persil, *Hypoth*, 2, 152.

183. Ce créancier peut-il, après s'être fait colloquer dans un ordre sur l'un des immeubles, se désister de sa collocation et se présenter à un ordre ouvert sur d'autres biens?

L'affirmative a été jugée par la C. Paris, le 31 août 1815, S. 16, 12.—Dans l'espèce, le créancier avait donné main-levée partielle de son inscription, après le réglement provisoire d'un premier ordre, où il avait produit et où il avait été colloqué.

Il a été également décidé que la collocation même pure et simple (et à plus forte raison lorsqu'elle est conditionnelle) n'équivaut pas à un paiement; qu'elle n'éteint pas l'obligation principale, et laisse subsister l'hypothèque jusqu'au paiement. —Qu'en conséquence, le créancier nonobstant cette collocation à laquelle il peut renoncer, peut poursuivre son débiteur sur les autres biens affectés à sa créance. Cass. 25 fév. 1839, S. 39, 298.

Mais la négative a été admise par la C. Paris, 25 av. 1838, S. 38, 81. — Le créancier dans l'espèce n'a été colloqué qu'éventuellement dans un second ordre, pour le cas où il ne pourrait être soldé de la collocation définitive, faite à son profit, et un délai lui a été imparti pour justifier de l'impossibilité d'être payé.

Suivant M. Duvergier (*Consultation*, S. 38, 2, 81), les réglemens provisoires et définitifs sont de véritables jugemens n'ayant ni plus ni plus ni moins d'autorité, et on ne peut se désister d'un jugement (formant contrat judiciaire) sans renoncer à l'action elle-même (—V. *Désistement*, n°s 9, 15, 86).

Au reste, si le créancier n'a pas été colloqué dans l'ordre pour être payé immédiatement, si par exemple, il a été colloqué pour toucher à l'extinction d'une rente viagère, un capital dont les intérêts sont destinés au service de cette rente, il a le droit de se présenter à un autre ordre qui assure de suite son paiement. (Art. 414 et 515 J. Pr.).

184. L'exercice de l'hypothèque générale sur le prix des biens grevés d'hypothèques spéciales donne lieu à de grandes difficultés.—Si l'immeuble vendu est à la fois grevé de l'inscription d'un créancier à hypothèque générale et de celle d'un créancier à hypothèque spéciale postérieure, celui-ci ne peut écarter le premier sous le prétexte que les autres immeubles soumis à son hypothèque générale sont plus que suffisans pour le désintéresser. Le créancier à hypothèque générale répondrait en se fondant d'ailleurs sur l'indivisibilité de son droit qu'il n'est pas tenu de discuter les autres biens de son débiteur : Le créancier à hypothèque spéciale n'a d'autre ressource que de payer (—V. *Offres réelles*) celui qui se présente à l'ordre et de se faire subroger à ses droits (C. civ. 1251).—Il peut ainsi comme exerçant l'hypothèque générale faire saisir les autres biens, et se faire payer en première ligne sur le prix du bien affecté à son hypothèque spéciale. Rouen, 26 nov. 1818; P, 14, 1086; Troplong, *Hypoth.*, n° 752.

185. Le créancier inscrit a droit d'être colloqué à la date de son capital, pour deux années seulement et pour l'année courante. C. civ. 2151.—La loi fidèle au système de la publicité n'a pas voulu qu'une seule inscription pût conserver une masse d'intérêts qui auraient souvent dépassé le capital lui-même.

186. *Deux années.* Peu importe que ce soient ou non les deux années qui suivent l'inscription : la loi ne distingue pas; elle alloue *deux années* quelconques, de telle sorte que si les deux années qui suivent l'inscription ont été payées, deux autres viennent au même rang que le capital. Cass. 27 mai 1816, P, 13, 453; Troplong, *ib.*; Persil, art. 2151; Grenier, *Hypoth.* n 100.—*Contrà*, Riom, 13 déc. 1813, P. 13, 453.

187. *Année courante.* Elle a pour point de départ l'époque correspondante au jour où les intérêts résultant, en faveur du créancier, de l'obligation primitive, ont commencé à courir;— elle se termine au jour où les intérêts du prix commencent à courir contre l'acquéreur. (M. Troplong, *Hyp.* n° 698 *ter*, au contraire, entend par l'année courante une année pleine.)

Exemple : — Les intérêts courent au profit du créancier à partir du 1er juill. 1835.—L'acquéreur doit les intérêts de son prix à dater du 1er juin 1839. — L'année courante pour le créancier, sera comprise dans l'intervalle du 1er juill. 1838 au 1er juin 1839, elle sera de 11 mois.

L'année courante ne peut jamais être que d'une portion d'année, elle peut comprendre 11 mois et une fraction de mois, jamais plus, si le point de départ pour le cours des intérêts en faveur du créancier et contre l'acquéreur était le même jour, il ne serait dû que deux années, il n'y aurait plus d'année courante. *Dictionnaire du notariat, ib.* 269, note. —*Contrà*, Troplong, *ib.*

188. Les principes ci-dessus s'appliquent aux arrérages d'une rente viagère. Arg. C. civ. 1978, 1979, 2277; Cass., 13 août 1828, D. 28, 381; Bordeaux, 3 fév. 1829, D. 29, 285. — *Contrà*, Bordeaux, 23 août 1826, D. 27, 25.—Cet arrêt se fonde sur ce que le contrat de constitution de rente viagère emporte aliénation irrévocable du capital; que le capital, à la différence de celui de la rente constituée en perpétuel ne devant plus se retrouver, ne saurait produire ni intérêts ni arrérages; qu'en conséquence le rentier n'a qu'une créance qui se renouvelle chaque échéance.

189. S'il est dû d'autres intérêts ou arrérages que ceux des deux années et de l'année courante, ils sont à la vérité hypothécaires et non chirographaires, puisqu'ils sont l'accessoire du principal et participent de la même nature que lui, Colmar, 13 mars 1817, P. 14, 132; — mais ils ne sont colloqués qu'autant qu'ils ont été conservés par une inscription spéciale, et à la date de cette inscription. C. civ. 2151.

190. Toutefois, du jour où l'adjudicataire doit les intérêts de son prix, jusqu'à la clôture définitive de l'ordre, aucune déchéance résultant de l'art. 2151 C. civ. n'est opposable au créancier qui ne se fait point payer les intérêts échus. Dès lors il ne pourrait plus réclamer son paiement du débiteur dépouillé, ni de l'acquéreur qui ne doit rien payer avant la clôture de l'ordre; d'ailleurs le sort de tous créanciers est égal. Cass. 21 nov. 1809; Bourges, 23 mai 1829, D. 30, 32; Carré, n° 2600; Merlin, *Rep.* v° *Saisie-immobilière*, § 8, n° 3.

Peu importe que la clôture de l'ordre ait été retardée pendant plusieurs années par des contestations. *Mêmes autorités.*

A plus forte raison, l'art. 2151 C. civ. ne s'applique-t il pas aux intérêts courus depuis la clôture de l'ordre. L'inscription à cette époque a produit son effet, et les intérêts sont dus jusqu'au paiement effectif du capital par l'effet de la collocation définitivement arrêtée. Cass. 14 nov. 1827, S. 28, 182.

191. Sont aussi colloqués au même rang que le capital les frais de mise à exécution et de production faits par chaque créancier. Cass. 4 août 1810, P. 8, 515.

192. L'évaluation du capital d'une rente en grains est irrévocablement fixée à l'égard du créancier par sa déclaration. — Il ne peut, à l'époque de l'ordre, demander une augmentation dans la fixation de ce capital, en prenant pour base le prix actuel des mercuriales. Liége, 24 aout 1809, P. 7, 798; Troplong, n° 663.

Mais si l'évaluation est exagérée, elle doit être réduite à sa juste valeur. Troplong, *ib.*

193. Les créances hypothécaires non inscrites sont réputées chirographaires, et viennent par contribution. C. civ. 2134. — V. toutefois, *inf.* n° 368.

Les deniers qu'un créancier hypothécaire a touchés d'abord dans la masse chirographaire doivent-ils lui être retenus sur sa collocation hypothécaire intégrale, et être versés à cette masse? Oui. Cass. 22 janv. 1840 (Art. 1617 J. Pr.). — V toutefois *Distribution*, n° 12.

194. Le juge commissaire n'a pas le droit de refuser d'office de procéder à l'ordre, sous prétexte que des frais étrangers à la poursuite n'auraient pas été taxés : lorsque les intéressés ne requièrent pas la taxe, et que ceux contre lesquels elle pourrait être demandée ne sont pas présens. D'ailleurs, une distribution ne s'ouvre que sur les sommes sur lesquelles elle a été provoquée, si aucune partie ne réclame. Paris, 28 fév. 1834, D. 34, 121.

Art. 5. — *Procédure pour arriver au réglement définitif.*

195. L'état de collocation une fois arrêté, le poursuivant (sans le lever ni le signifier, Tar. 134) en dénonce la clôture aux créanciers produisans et au saisi, avec sommation d'en prendre communication et d'y contredire, s'il y a lieu, dans le délai d'un mois (C. pr. 755), — à peine de forclusion. *Ib.* 756.

196. *Aux créanciers produisans.* Ils sont les seuls qui aient témoigné la volonté de prendre part à l'ordre, et qui doivent, en conséquence, être appelés à le contester, s'il y a lieu. Pigeau, 2, 303, n° 1.

197. S'il n'est pas besoin de sommer les créanciers chirographaires opposans, (— V. *sup.* n. 119), il n'est pas non plus nécessaire de leur dénoncer le réglement provisoire. Paris, 11 août 1812, P. 10, 638. — Peu importe qu'ils aient déjà fait un dire sur le procès-verbal. *Même arrêt.*

198. Mais les créanciers chirographaires n'ayant pas été appelés, peuvent intervenir jusqu'à la clôture de l'ordre : la forclusion des art. 755 et 756 C. pr. ne leur est pas applicable. Rennes, 22 mars 1821, P. 16, 473. — *Contrà*, Pigeau, *Comm.* 2, 429. — Dans l'espèce, les syndics d'une faillite venaient demander la nullité d'une inscription hypothécaire.

199. *Au saisi.* Si des immeubles ont été saisis pour une dette étrangère au détenteur actuel, ce n'est pas le tiers détenteur, mais le débiteur originaire qui doit être réputé partie saisie; il peut avoir intérêt à faire valoir des exceptions de paiement, de prescription et autres contre certains créanciers inscrits. Rouen, 8 déc. 1824, S. 25, 39.

200. La dénonciation se fait pour les créanciers par acte d'avoué à avoué. C. pr. 755.—Il n'est point en conséquence besoin qu'elle contienne les formalités prescrites pour les exploits. Cass. 31 août 1825, S. 26, 188. Nîmes, 18 juin 1832, S. 33, 299. — V. *Exploit*, n° 8.

201. La dénonciation au saisi, lorsqu'il a constitué avoué, a lieu dans la même forme. C. pr. 755.

202. S'il n'en a point constitué, le réglement provisoire doit lui être signifié par exploit à personne ou à domicile? Telle est la marche généralement suivie. — Vainement on oppose que l'art. 755 ne suppose point cette signification et que l'art. 134 Tar. ne taxe que la dénonciation par acte d'avoué à avoué. Arg. Cass. 31 août 1825, S. 26, 188; Carré, n° 2501. — *Contrà*, Grenoble, 18 août 1824, S. 28, 1, 275. — V. d'ailleurs *Distribution par contribution*, n° 78.

203. Au reste, les autres créanciers ne pourraient se prévaloir de ce que cette dénonciation n'aurait pas été faite au domicile du saisi. Cass. 31 août 1825, S. 26, 189; Nîmes, 18 juin 1832, S. 33, 299.

204. Si un avoué a occupé pour plusieurs parties ayant un intérêt distinct, doit-il recevoir autant de dénonciations qu'il y a de parties intéressées? — V. *inf.* n° 324.

205. Le délai d'un mois, accordé pour contredire, n'est pas sujet à augmentation à raison des distances, la dénonciation du réglement provisoire ayant lieu par acte d'avoué à avoué.

M. Carré, n° 2562, cite un arrêt de C Rennes, 11 janv. 1813, qui a accordé l'augmentation d'un jour par trois myriamètres de distance dans un cas où cette dénonciation avait été faite par exploit.

206. Le délai se compte de tel quantième d'un mois au quantième correspondant du mois suivant.—Le jour bissextile du mois de février est, en conséquence, censé ne faire qu'un avec le jour précédent — Il en est de même du trente-unième jour dans les mois qui l'admettent. — Le jour de la dénonciation n'est pas compris dans le délai, à la différence de celui de l'échéance. Ainsi, le créancier auquel la dénonciation a été faite le 30 mars, conteste valablement le 30 avril; Bruxelles, 27 fév. 1830, D. 31, 206.—Mais il est forclos le 1er mai. Cass. 27 fév. 1815, S. 15, 188; Caen, 28 déc. 1815, P. 13, 196; Berriat, p. 613, note 11; Carré, n° 2558. — V. *Délai*, n° 11.

207. On a déclaré valable le contredit fait après onze heures du soir le dernier jour,—attendu que l'art. 90 Décr. 30 mars 1808 portant que les greffes seront ouverts au moins huit heures par jour, a voulu fixer le minimum du temps de l'ouverture des greffes et non décider qu'ils ne pourraient et ne devraient être ouverts en aucun cas après ce délai. *Mêmes arrêts* (— V. toutefois *Notaire*, n° 67.) — M. Thomine, n° 867, admet cette solution pour le cas où le greffier consent à recevoir le contredit.

208. Le délai court-il contre chaque créancier du jour où la dénonciation du réglement provisoire lui a été faite, — ou seulement à partir de la dernière dénonciation faite, soit aux créanciers, soit au saisi?

Ce dernier système est suivi au trib. de la Seine.—V. dans le même sens Rouen, 25 janv. 1815, S. 15, 222; Pigeau, 2, 47; Persil, 2, 429; Thomine, n° 867.

Mais l'opinion contraire nous paraît préférable. Arg. Cass. 31 août 1825, S. 26, 188; elle résulte d'un arrêt de C. Caen, 8 août 1826, ainsi motivé :

Attendu qu'en exigeant que la dénonciation du poursuivant contienne sommation de prendre connaissance du procès-verbal du juge-commissaire et de le contredire, s'il y échéoit, dans le mois, l'art. 755 C. pr. suppose évidemment que ce mois a pour point de départ, quant à chacun des intéressés, la sommation individuelle qui lui est commise, puisqu'autrement ils manqueraient du moyen de savoir à quelle époque commencerait et finirait le délai qui leur serait imposé; qu'entendre ainsi la loi, c'est l'appliquer dans le sens le plus conforme aux principes généraux du droit, d'après lesquels ce n'est jamais par des actes étrangers dirigés contre des tiers, mais par des actes signifiés aux parties elles-mêmes, que s'acquièrent les forclusions et les déchéances; que l'on ne saurait admettre une autre doctrine, sans méconnaître l'esprit du législateur et le but qu'il s'est proposé; qu'en effet, les états d'ordre mettant en présence une quantité souvent considérable d'intérêts opposés, il a fallu tendre à diminuer autant que possible la complication résultant du choc; que c'est pour cela que le code s'efforce de concentrer graduellement les chefs de discussion, afin de les réduire au plus petit nombre et à la plus simple expression possible; que pour y parvenir il a voulu que tout créancier reçût un avertissement qui le mît à portée de pouvoir examiner pendant un mois l'état d'ordre, et de provoquer les changemens qu'il y jugerait utiles à l'exercice de ses droits; après quoi, faute de réclamation, il demeurerait forclos; qu'il est indifférent au créancier pour se livrer à l'examen qui lui est prescrit, que le terme de contredit soit ou non expiré pour les autres parties, puisque du moment que l'ordre est dressé, il peut apprécier le procès-verbal, qui doit lui attribuer le rang qui lui appartient, et le demander s'il ne l'a pas obtenu; que si les créanciers dont les délais doivent expirer plus tard élèvent de nouveaux soutiens, le droit de défense lui reste tout entier contre eux, suivant la dernière partie de l'art. 756, mais que ce n'est point un motif pour lui permettre de revenir sur les autres collocations après les avoir approuvées par son silence gardé pendant le terme de droit; qu'il peut résulter, il est vrai, de là, qu'un créancier, quoique utilement colloqué, soit conduit à la nécessité d'attaquer les collocations auxquelles il croirait sa créance préférable, dans la crainte que l'intercallation d'un nouveau créancier ne l'exposât à reculer jusqu'au degré où les fonds manqueraient; mais que cette considération ne peut l'emporter sur l'avantage immense que produit pour l'accélération des opérations de l'ordre, l'obligation imposée à chacun de réclamer sa véritable place, dès qu'il est mis en état et en demeure de le faire; qu'elle offre d'ailleurs bien moins d'inconvéniens dans la réalité que dans l'apparence; car si les contestations qui surviennent rendent intéressante une modification du procès-verbal, il y a de l'avantage à ce qu'elle soit demandée sans retard, s'il arrive au contraire qu'après l'expiration du délai, personne n'ait élevé la voix, le créancier, dont le contredit n'était qu'un acte de précaution, obtenant la certitude d'être payé, même dans l'ordre qui lui est assigné par le juge-commissaire, pourra se départir et se départira des contestations qu'il aura élevées; qu'il y a donc dans ce système tout à gagner sous le rapport de la prompte expédition des affaires, et rien à perdre pour qui que ce soit de ce qu'il est raisonnable d'accorder à la défense et à la conservation de tous les intérêts légitimes, etc.

209. Les créanciers produisans faute de prendre communication des productions dans le délai, demeurent forclos sans nouvelle sommation ni jugement. C. pr. 756. — Cette disposition a pour but d'accélérer les ordres : elle s'applique à tous les moyens, soit de forme, soit du fond. Besançon, 15 juill. 1814, P. 12, 518.

210. Elle peut être invoquée contre le créancier qui contredit après le délai, quand même il offrirait de supporter les frais de la déclaration tardive. L'exception établie à cet égard par l'art. 757, C. pr. (— V. *sup.* n° 154,) doit être restreinte aux seuls créanciers non produisans. En effet, ceux qui ont produit ont connaissance de la clôture du réglement provisoire : on leur en fait la dénonciation en les sommant de contredire; et ils doivent s'imputer d'avoir laissé passer les délais sans contester. Caen, 6 mars 1821, D. 10, 826; Lyon, 1er déc. 1826, S. 28, 126; Nîmes, 18 juin 1832, S. 33, 299.

211. Elle peut être aussi bien encourue par le poursuivant que par les autres créanciers.—Cass. 10 déc. 1834 (Art 17 J. Pr.); Berriat, 6e édit., 681, note 2.

212. Dans l'usage lorsqu'un contredit est intervenu en temps utile, le juge commissaire renvoie à l'audience même les créanciers qui n'ont contesté que tardivement.

213. Mais le trib. pourrait-il dans ce cas prononcer d'office la forclusion contre ces derniers?

L'affirmative résulte des motifs des arrêts de Caen, 27 juill. 1813, P. 11, 581, et d'Orléans, 29 août 1821, S. 22, 13, qui considèrent la disposition de l'art. 756 comme étant d'ordre public.—V. aussi *Exposé des motifs*, p. 128.

Toutefois, nous pensons qu'étant principalement établie dans l'intérêt des créanciers dont les collocations n'ont pas été attaquées dans le délai, eux seuls ont le droit de s'en prévaloir. Arg. C. civ. 2223; C. pr. 399; Carré, n° 2564; Dalloz, 10, 826, n° 8.—V. *Distribution par contribution*, n°s 81 et 85.—L'opinion de Merlin, R. v° *Saisie immobilière*, § 8 n'est pas contraire; il se borne à dire que les créanciers qui ont contredit tardivement sont non recevables à élever aucune discussion sur l'ordre.

214. Cette forclusion peut être invoquée en tout état de cause, — même en appel; comme la prescription ordinaire elle constitue une exception péremptoire du fond à laquelle l'art. 173 C. pr. qui est seulement relatif aux nullités de forme ne peut être appliqué. Arg. C. civ. 2224. Limoges, 5 juin 1823, D. 10, 825; Grenoble, 18 août 1824, S. 28, 1, 275; 9 janv. 1827, S. 27, 216; Nîmes, 12 août 1829, S. 30, 359.

215. Si tous les contredits ne se sont élevés qu'après les délais, le juge commissaire pourrait-il se dispenser de renvoyer à l'audience, et faire la clôture de l'ordre? — Oui, si la forclusion a été proposée par un dire du créancier contesté; non dans le cas contraire, car il n'a pas le droit de prononcer d'office cette déchéance.

216. Le créancier forclos faute de contredire, est non recevable à réclamer devant les trib. sa collocation, s'il a été rejeté par le juge commissaire; — ou à contester les créances qui le priment, s'il a été colloqué : en effet il a adhéré par son silence au réglement provisoire, ou bien il doit supporter la peine de sa négligence. Cass. 10 juin 1828, S. 28, 242; Nîmes, 18 juin 1832, D. 34, 138; Merlin, R. v° *Saisie immobilière*, § 8, n° 4; Carré, n° 2564.

Mais peut-il intervenir sur les contestations élevées dans les délais par d'autres créanciers? — V. *inf.* n° 257.

217. Il ne peut, même sur la production ultérieure d'un créancier retardataire attaquer le réglement provisoire : la forclusion prononcée contre lui est définitive, elle a eu pour but de fixer à son égard son rang de privilège ou d'hypothèque. Paris, 20 nov. 1835 (Art. 391 J. Pr.).

218. Mais aucune forclusion n'étant opposable au créancier retardataire, tant que la clôture de l'ordre n'a pas été prononcée. (C. pr. 757), il peut au contraire contredire les collocations assignées, soit par le réglement provisoire, soit même par le jugement rendu sur les contestations. — V. *sup.* n° 154.

219. *Quid* du créancier qui n'a pas contesté parce qu'il était colloqué en ordre utile, et qui, par suite de la revente sur folle-enchère de l'immeuble, n'est pas payé? — V. *inf.* n° 446.

220. Le créancier forclos, faute de contredire, est néanmoins recevable à opposer aux créanciers colloqués avant lui l'exception d'une quittance : ce que l'on a payé par erreur sans le devoir, peut toujours être répété. Arg. C. civ. 1235, 1377. Cass. 17 janv. 1827, D. 27 119.

221. La forclusion n'atteint pas, 1° les créanciers qui n'ont pas été sommés de produire quoique régulièrement inscrits : Ils peuvent contester le réglement provisoire, tant qu'il n'y a pas eu réglement définitif, pourquoi les traiter plus défavorablement que les créanciers sommés qui n'ont pas produit dans le mois et auxquels l'art. 757 permet de le faire jusqu'à la clôture de l'ordre à la charge de signifier leurs productions aux créanciers colloqués à l'effet d'en prendre communication? Carré, n° 2565.

Ils seraient même recevables à attaquer l'ordre auquel ils n'ont point été appelés, bien qu'ils fussent compris dans le certificat des inscriptions? — V. *Distribution par contribution*, n° 132 et *inf.*

222. 2° Les créanciers qui ont été omis par la faute du conservateur, sur le certificat d'inscription par lui délivré. Peu importe qu'ils aient un recours contre ce fonctionnaire : l'art. 756 n'est applicable qu'aux créanciers produisant, qui ont été mis personnellement en demeure. D'ailleurs, l'art. 2198 C. civ. dispose formellement qu'ils peuvent se présenter jusqu'à la clôture de l'ordre. Carré, n° 2568.

223. 3° Le mineur ou la femme qui n'ayant pas pris inscription (C. civ. 2134) n'ont pas été sommés de produire ni de contredire. Ils peuvent demander leur collocation jusqu'au réglement définitif. Paris; 15 janv. 1813, P. 11, 37.—V. d'ailleurs, *sup.* n° 179.

224. 4° Les créanciers chirographaires opposans : le réglement provisoire n'a pas dû leur être dénoncé. Paris, 20 juill. 1811, S. 15, 169.—V. *sup.* nos 119 et 197.

225. 5° La partie saisie. Aucune déchéance n'est prononcée formellement contre elle (C. Pr. 756) : sa position est différente de celle des créanciers. Ceux-ci ne se disputent entre eux que la préférence; exclus d'un ordre, ils peuvent se présenter dans un autre et ils conservent leurs actions contre leur débiteur, mais le défaut de contestation de la part de ce dernier produirait contre lui des effets irréparables. Thomine, n° 868; Persil, 2, 431; Berriat, 782, n° 51 *a a*; Favard, 4, 60; Metz, 22 mars 1817, S. 19, 134); Grenoble, 11 fév. 1818, P. 14, 641; Caen, 28 juill. 1822, D. 10, 827; Limoges, 7 fév. 1823, D. *ib.* 830; Rouen, 8 déc. 1824, S. 25, 39.—*Contrà*, Pigeau, *Comm.* 2, 428.

Mais il en serait autrement si le saisi se présentait pour contredire, après la clôture définitive de l'ordre. Rennes, 11 janv. 1813; Paris, 26 avr. 1813, P. 11, nos 24 et 320.

226. A plus forte raison, profiterait-il du bénéfice du contredit formé dans les délais par l'un des créanciers, quand bien même celui-ci viendrait à se désister après le renvoi à l'audience. Montpellier, 4 déc. 1838 (Art. 1332 J. Pr.).

227. 6° *Les syndics d'une faillite* : ils représentent la masse et ne peuvent être assimilés aux créanciers, atteints par la déchéance de l'art. 756 ; ils n'ont point, comme ces derniers individuellement pris, de pièces à produire dans l'ordre. Agen, 16 mai 1838 (Art. 1454 J. Pr.).

La demande du syndic d'une faillite, à fin de faire distraire de la collocation hypothécaire, les sommes qu'un créancier a touchées dans la masse chirographaire, peut faire l'objet d'une action principale. Si cette demande, formée dans un ordre, a été rejetée, comme ce n'est pas une *difficulté élevée sur l'ordre*; le syndic n'est pas obligé, à peine de forclusion, de contredire le procès-verbal dans le délai d'un mois. Paris, 5 janv. 1824, S. 25, 10.

228. Le créancier, qui a pris communication du règlement dans le mois, mais qui n'a pas contredit, est-il affranchi de la forclusion?

Pour l'affirmative on dit : Il est impossible de le traiter plus rigoureusement que les créanciers retardataires qui, jusqu'à la clôture de l'ordre, peuvent produire et contester. Rien ne s'oppose à ce que l'avoué, par une mention sur le procès-verbal ou par un récépissé, fasse constater qu'il a pris connaissance du règlement provisoire. Grenoble, 22 juill. 1810, P.

9, 477; 27 mars 1811, P. 10, 217; Toulouse, 15 juin 1828 (Art. 17 J. Pr.).

Mais on répond : l'art. 756 C. pr. doit être expliqué et complété par l'art. 755, qui exige que les créanciers produisans soient sommés de prendre communication et de *contredire* dans le mois. Faute par eux de le faire dans ce délai, la déchéance prononcée par l'art. 756 est applicable. Comment la communication prise suffirait-elle pour en affranchir, puisque l'art. 756, en déclarant qu'il ne sera fait aucun dire sur le procès-verbal, s'il n'y a contestation, défend d'en conserver la trace. Il ne faut pas confondre le délai accordé pour produire avec celui accordé aux créanciers produisans pour contredire.

Le premier n'a point été établi à peine de déchéance, parce que les créanciers, n'ayant peut-être pas eu le temps de réunir leurs titres, ne se trouvent point en faute comme ceux qui, après avoir produit, ont été sommés de contredire. Au reste, M. Réal, *Exposé des motifs*, a tranché la question en disant : « Celui qui, après avoir pris communication, garde le silence sur la collocation d'une ou de plusieurs créances, doit être forclos. » Cass. 10 déc. 1834 (Art. 17 J. Pr.); Berriat, 6e édit. 681, note 2.

229. Si, dans le délai d'un mois, il n'a été élevé aucune contestation sur l'état de collocation provisoire, il ne doit être fait aucun dire (C. pr. 756) : le silence vaut approbation, et un dire serait frustratoire. — Le juge-commissaire clôt l'ordre et procède comme il est dit *inf.* n° 362.

230. S'il y a des contestations, on se pourvoit de la manière indiquée *inf.* n° 372 et suiv.

Art. 6. — *Contestations sur le réglement provisoire; renvoi à l'audience. — Jugement.*

231. *Contestations.* Si le débiteur ou l'un de ses créanciers, même chirographaires (Pigeau, 2, 299), (— ou même l'héritier bénéficiaire dans l'intérêt commun de l'hérédité et des créanciers, Paris, 15 nov. 1828, S. 29, 14.) croit devoir contester le réglement provisoire, il le fait par un dire sur le procès-verbal et à la suite du réglement. Arg. C. pr. 756.

Ce dire doit avoir lieu dans le mois de la dénonciation de l'état de collocation provisoire. — V. *sup.* n° 195, et *inf.* nos 234 et suiv.

232. Le droit de contestation appartient aux créanciers, indépendamment des engagemens particuliers passés avec le débiteur commun. — Conséquemment, un créancier ne peut demander que la contestation élevée contre lui soit soumise à des arbitres sous le prétexte que d'après ses conventions avec le débiteur toutes les difficultés devaient être ainsi jugées. Paris, 22 fév. 1831, S. 31, 191.

233. Tout créancier produisant peut élever des contredits, fût-il non utilement colloqué, et bien que les créances non contestées qui précèdent la sienne soient supérieures au prix à distribuer : l'art. 755 ne distingue pas, il peut arriver que ce créancier vienne plus tard en rang utile, par exemple, si le prix de la revente de folle-enchère est plus élevé que celui de la première adjudication. Pau, 17 juin 1837 (Art. 1091 J. Pr.).—*Contrà*, Cass. 15 janv. 1828, D. 28, 91.

Jugé que le trib. peut déclarer sans qualité pour contredire le créancier qui ne produit pas de titre. Cass. 16 nov. 1831, D. 31, 350;—et en cas de renvoi à l'audience par suite d'une contestation soulevée par ce créancier, arrêter immédiatement l'état de collocation et ordonner que le créancier ayant titre sera payé, sauf à lui à donner caution pour le cas où par suite de l'issue du procès, la restitution de ladite collocation serait ordonnée. Paris, 6 janv. 1810, D. 10, 828. — Cet arrêt se fonde sur ce que la provision est due au titre. Dans l'espèce le créancier produisant exhibait des actes desquels il prétendait faire résulter une *fin de non-recevoir*. M. Carré, n° 2572, adopte cette solution par le motif que l'instance une fois engagée entre les parties doit être poursuivie avec toute la promptitude que leur intérêt commande, que par conséquent elles ne peuvent chercher à établir autrement que par des actes formels les créances pour lesquelles elles n'ont point été colloquées.

234. Les contestations peuvent avoir pour objet, soit l'existence de la créance, en tout ou en partie, soit celle des priviléges réclamés, soit le rang de la collocation, soit la non-réalisation d'une condition.

— V. *Distribution par contribution*, n° 84 à 87.

235. Le dire de contestation doit, 1° être fait à la suite du réglement provisoire; mais il n'est pas nécessaire, à peine de nullité, qu'il ait lieu en présence du greffier ou du juge commissaire, la signature de l'avoué suffit. Cass. 27 fév. 1815, S. 15, 188; Caen, 28 déc. 1815, P. 13, 196; Berriat, 613.

236. 2° Etre signé par un avoué : il s'agit d'un acte de procédure. Dijon, 10 mars 1828, S. 28, 265.—Cass. 2 août 1826, S. 27, 121, n'est pas contraire.

Dans l'espèce, le saisi avait, par sa réquisition portée au procès-verbal, déclaré s'approprier le contredit qui était d'ailleurs attesté de la main du greffier.

237. 3° Etre daté : la date peut seule servir à faire reconnaître si le contredit est venu en temps utile.

Toutefois, il a été jugé que la consignation du contredit sur le procès-verbal avant l'ordonnance de renvoi à l'audience, devait faire présumer qu'il était intervenu dans les délais; que c'était aux parties intéressées à établir le contraire. Limoges, 3 juill. 1824, S. 26, 174.

Cette preuve devant amener la forclusion du contestant serait proposable en tout état de cause même après la discussion des moyens du fond. — *Contrà, même arrêt.* — V. *sup.* n° 214.

238. 4° Indiquer les créanciers contre lesquels la contestation est dirigée.

239. La prohibition de signifier des défenses n'empêche pas que les avoués ne puissent se répondre respectivement par forme de contredits : c'est un moyen d'éclairer le juge, sans autre dépense que celle du papier timbré du procès-verbal; aucun émolument n'est alloué. Chauveau, *Tarif*, 2, 243. — *Contrà*, Colmar, 16 janv. 1826. Ch. 30, 386. — Mais nul délai ne doit être accordé pour ces répliques et dupliques.

240. *Renvoi à l'audience.* Sur le vu du dire de contestation, le juge commissaire renvoie les créanciers contestans à l'audience, par une ordonnance qu'il met à la suite. C. pr. 758.

Cette ordonnance n'intervient à Paris, qu'après le mois, pour contredire augmenté de la huitaine accordée par l'art. 760 C. pr. aux créanciers postérieurs aux collocations contestées, pour s'entendre sur le choix d'un avoué. — V. *inf.* n° 249.

241. Néanmoins, le juge commissaire arrête l'ordre pour les créances antérieures à celles contestées, s'il y en a, et ordonne la délivrance des bordereaux aux créanciers. Ceux-ci ne sont tenus à aucun rapport envers les créanciers qui produisent dans la suite. C. pr. 758.

242. Mais, tant qu'ils n'ont pas touché le montant de leur collocation, les créanciers retardataires s'opposent valablement au paiement des bordereaux qui leur ont été délivrés : c'est ce qui résulte de la disposition finale de l'art. 758 C. pr. Carré, n° 2573; Demiau, art. 758 (— V. d'ailleurs *sup.* n° 157). — M. Thomine, n° 873, pense au contraire que l'ordre ainsi clos est définitif à l'égard des créanciers antérieurs; qu'autrement le sort des créanciers dont les collocations ont été arrêtées conformément à l'art 758, dépendrait de la négligence d'un greffier et des retards de l'adjudicataire.

243. Si la contestation tombe sur la créance colloquée au premier rang, la clôture définitive de l'ordre est suspendue en entier jusqu'à ce que toutes les contestations soient jugées. Merlin, R. *Saisie immobilière*, § 8, n° 4.

244. Décidé que si une contestation s'élève sur la quotité d'une créance colloquée, le juge commissaire peut clore définitivement l'ordre, non seulement pour les créances antérieures, mais encore pour les créances postérieures en laissant entre les mains de l'acquéreur somme suffisante pour payer cette créance. L'art. 758 ne dispose que pour le cas où le juge commissaire, en allouant les créances postérieures à la créance contestée compromettrait le paiement de cette créance en ne laissant pas intacte une somme suffisante pour y faire face suivant l'événement. Grenoble, 11 déc. 1832, D. 34, 27.

245. L'ordre dont la clôture a été prononcée partiellement à l'égard des créanciers non contestés, peut-il être attaqué par voie d'appel? —V. *inf.* n° 290.

246. Ne peuvent être appelés à l'audience que les parties intéressées, c'est-à-dire : — 1° les contestans.

247. 2° Les contestés.

248. 3° Le saisi. Arg. C. pr. 667.

Toutefois, il a été jugé que le défendeur peut opposer à l'action intentée contre lui tous les moyens qu'il juge convenables sans qu'il soit nécessaire que le débiteur soit appelé. Cass. 22 juin 1825, D. 25, 344.—Dans l'espèce le défendeur demandait par voie de défense la nullité d'un contrat de rente viagère.

249. 4° Les créanciers postérieurs en hypothèque aux créanciers contestés ; — ils sont tenus, en conséquence, dans la huitaine du mois accordé pour contredire, de s'entendre sur le choix d'un avoué commun, sinon ils sont représentés par l'avoué du dernier créancier colloqué. Celui des créanciers qui interviendrait individuellement supporterait les frais de sa contestation, sans pouvoir les répéter ni employer en aucun cas. C. pr. 760.

250. Il peut se faire que les créanciers postérieurs ne soient pas intéressés à la contestation, si, par exemple, le créancier colloqué au second rang demande à l'être au premier, le créancier du premier rang étant placé au second. Cependant dans l'usage, on le met toujours en cause en la personne de l'avoué du dernier colloqué. L'art. 760 ne distingue pas.

251. Le dernier créancier colloqué dont l'avoué doit être mis en cause, aux termes de l'art. 760, est le dernier créancier colloqué dans le règlement provisoire (— V. *sup.* n° 163), et non le dernier colloqué utilement.

252. L'avoué poursuivant ne saurait, *en cette qualité*, être appelé dans la contestation (C. pr. 760); mais il peut y être partie en une autre qualité; par exemple, comme avoué commun des créanciers postérieurs en ordre d'hypothèque. Berriat, 616, note 18 ; Carré, n° 2578 ; Merlin, *Rép.*, *ib.* — *Contrà*, *Prat. franç.*, 4, 170.

253. Il est aussi recevable à contester individuellement, comme tout autre créancier, sauf à supporter les frais de cette contestation. Carré, n° 2579; Demiau, 463.

254. Dans la pratique, c'est le poursuivant qui suit l'audience sur les contestations; sans cela, les contestans n'étant pas, en général, disposés à prendre l'initiative, personne ne poursuivrait; mais, pour légitimer sa présence, il a le soin d'adhérer à quelques-unes des contestations.

Dans l'usage même (contrairement à la rigueur des principes, — V. *inf.* n° 276), les frais par lui faits sur les contestations sont colloqués comme frais extraordinaires de poursuite.

255. Si, après contestation, l'ordre a été clôs en partie, et que le poursuivant s'y trouve compris, il ne doit plus figurer dans les actes ultérieurs; il est hors de cause. Carré, n° 2574; Lepage, 515.

256. Il n'est plus alors besoin de poursuivant; son rôle est terminé après l'expiration des délais pour contredire, à moins qu'au cas de l'art. 758 de nouveaux créanciers ne se présentent et ne forment opposition à la délivrance des bordereaux ou au paiement. Carré, *ib.* —V. *sup.* n° 242.

257. Le créancier forclos, faute de contredire, est-il recevable à intervenir sur les contestations élevées contre le règlement provisoire?

Oui, si ces contestations ont pour effet de lui assigner un rang moins avantageux que celui qui lui était conféré par le règlement. Tel serait le cas où un créancier colloqué après lui vient à prétendre qu'il doit être mis au premier rang. Si le créancier forclos, en n'élevant pas de contredit dans le délai, a acquiescé au règlement provisoire, il a conservé le droit de s'opposer à toute prétention qui changerait à son préjudice l'ordre adopté.

258. La question est beaucoup plus délicate, quand la contestation a pour effet d'assigner au créancier forclos un rang plus avantageux que celui qui lui est assigné par le règlement: tel serait le cas où l'existence ou le rang d'une créance qui le prime serait contesté par un créancier soit antérieur, soit postérieur. On peut dire en effet que, s'étant rendu non recevable par son silence pendant le mois à élever personnellement cette contestation, il est non recevable à se joindre à un autre créancier pour la soutenir et à revenir par une voie indirecte contre la forclusion encourue. D'ailleurs, il n'y a que les contestans qui soient renvoyés à l'audience. Cass. 12 déc. 1814, S. 15, 268.—Dans l'espèce, il s'agissait d'un créancier dont la collocation avait été rejetée. Orléans, 29 août 1821, D. 10, 825; Carré, n° 2571. — Arg., Metz, 15 fév. 1812, P. 10, 121; Limoges, 5 juin 1823, D. 10, 825. — Les deux derniers arrêts ont été rendus contre des créanciers forclos qui n'étaient intervenus que sur l'appel. — V. *inf.* n° 304.

Toutefois, on répond : L'art. 760, qui exige que les créanciers postérieurs aux créances contestées soient représentés dans la cause par l'avoué du dernier créancier colloqué, à moins qu'ils ne préfèrent contester individuellement à leurs frais, s'applique précisément aux créanciers forclos, faute de contredire, puisque les contestans et les contestés sont personnellement dans l'instance (C. pr. 667, 758). L'art. 758 ne dit pas que les créanciers contestans pourront seuls paraître devant le trib. ; mais que le juge-commissaire les renverra à l'audience ; ce qui n'empêche pas les créanciers qui n'ont pas contredit de se joindre à eux. La forclusion prononcée ne sera pas pour cela sans effet, puisqu'elle les empêchera d'élever personnellement d'autres contestations. Paris, 11 mars 1813, S. 13, 161; Toulouse, 9 juin 1824, S. 26, 105. — Mais, dans l'espèce de ce dernier arrêt, ce n'était pas le créancier contesté qui opposait la forclusion au créancier intervenant ; c'était un créancier contestant, postérieur en rang à ce dernier. Motifs. Montpellier, 4 déc. 1838 (Art. 1332 J. Pr.), rendu au profit du saisi qui, comme nous l'avons dit, ne peut être déclaré forclos faute de contredire. (*sup.* n° 225.).

Dans le cas même où le créancier forclos ne serait point intervenu, il pourrait profiter du bénéfice des contredits élevés par d'autres créanciers. Tel serait le cas où, sur la contestation élevée par l'un des créanciers, des créances privilégiées seraient déclarées hypothécaires. — Vainement dirait-on que ce serait le relever de son acquiescement au règlement provisoire. La forclusion prive, à la vérité, le créancier de la faculté d'élever de nouvelles contestations, mais elle n'entraîne pas la déchéance du droit au fond. S'il n'en était pas ainsi, il faudrait dire que, dans le cas où aucun des créanciers n'a contredit, ils ont tous encouru une déchéance, et qu'il n'y a plus d'ordre ; ce qui serait absurde. La loi ne prononce de *déchéance* que dans l'art. 759, contre les créanciers qui n'ont pas produit avant la clôture de l'ordre. Quant aux créanciers produisans qui n'ont pas contredit, la forclusion prononcée contre eux ne regarde que l'instruction, et ne préjuge rien sur les effets des contestations régulièrement faites dans les délais de la loi. Si, par suite de ces contestations, des créances sont annulées ou réduites, les créanciers qui n'étaient pas utilement colloqués pourront se faire payer sur les fonds restés libres. Vainement dirait-on que le jugement auquel les créanciers forclos ne sont pas intervenus ne peut avoir à leur égard l'autorité de la chose jugée, puisqu'ils ont été en cause par l'avoué du dernier créancier colloqué. Douai, 4 janv. 1826, D. 26, 238 ; Consultation de

MM. Demiau, Berriat, Merlin et Mailhe dans l'affaire jugée par cet arrêt.

259. Jugé par suite de ces principes, 1° que, lorsqu'un créancier, sur lequel les fonds manquaient, a contesté seul un créancier en première ligne, sans toutefois demander à être mis en son lieu et place, il ne peut prétendre, en vertu du jugement qui rejette la collocation de ce créancier, qu'il a le droit d'en profiter à l'exclusion des autres créanciers, sous le prétexte qu'ayant été forclos, ils ne peuvent se prévaloir de ce rejet. Cass. 27 déc. 1825, S. 27, 218.

2° Que les créanciers postérieurs aux collocations contestées doivent être représentés conformément à l'art. 760, bien qu'ils aient été forclos faute de contredire. — Cet article ne distingue pas ; l'instance une fois liée, ils ont intérêt à prévenir la collusion qui pourrait exister à leur préjudice entre le contestant et le contesté. Le créancier, dernier colloqué, serait recevable, dans ce cas, à former tierce-opposition au jugement rendu sur contestations, auquel il n'aurait pas été appelé. Grenoble, 16 août 1816, P. 13, 591.

260. Si le renvoi à l'audience a été prononcé et l'audience suivie avant l'expiration des délais accordés pour contredire, aucune forclusion n'a été acquise contre les créanciers non produisant, qui peuvent par conséquent se présenter à l'audience et soulever les questions qu'ils jugent convenables. Cass. 15 juin 1820, S. 21, 28 ; Carré, n° 2571.

261. L'audience est poursuivie par la partie la plus diligente sur un simple acte d'avoué à avoué, sans autre procédure. C. pr. 761.

262. Autrefois, au trib. de la Seine, on signifiait en tête de l'avenir, l'ordonnance de renvoi. Aujourd'hui cette ordonnance n'est ni levée ni signifiée.

263. Il résulte de l'art. 761, qu'il n'est pas indispensable de donner copie du dire de contestation. — *Contrà*, Carré, n° 2580 ; Dalloz, 10, 830. — Il est même inutile d'en reproduire la substance dans les conclusions de la sommation : le dire fait partie du procès-verbal, et l'on peut en prendre communication au greffe.

264. Au trib. de la Seine, on permet aux parties de signifier des conclusions motivées, quand l'affaire est importante. — V. *inf.* n° 274.

265. Dans le cas de remise de l'affaire à une autre audience que celle indiquée par le juge-commissaire, il n'est pas besoin d'un nouvel avenir. Arg. C. pr. 1034. — V. *Distribution par contribution*, n° 90.

266. Si le jugement a été rendu sur simple renvoi du juge-commissaire, sans avenir préalablement signifié, et que les parties n'aient point été entendues à l'audience, la nullité doit en être prononcée. Paris, 20 nov. 1835 (Art. 391 J. Pr.).

267. On est non-recevable à former à l'audience des demandes qui n'ont pas été faites dans les contredits, ou à prendre des conclusions nouvelles; — à moins que les délais pour contester ne soient pas encore expirés. — En effet, les parties sont réputées avoir acquiescé à tous les points du règlement provisoire qu'elles n'ont pas formellement attaqué. Nîmes, 24 août 1819, P. 15, 518. Pigeau, *Com.*, 2, 427;

268. Jugé qu'une demande en résolution de la vente ne saurait être formée incidemment aux contestations d'ordre. Metz, 24 nov. 1820, D. 9, 230 (— V. *sup.* n° 178); mais que la nullité du contrat de rente viagère peut être opposée comme moyen de défense. Cass. 22 juin 1825, D. 25, 344.

269. *Jugement.* Le jugement est rendu sur le rapport du juge-commissaire, et sur les conclusions du ministère public. C. pr. 762.

270. Il a été jugé qu'il n'est pas nul, parce qu'il ne fait pas mention qu'il a été rendu sur le rapport du juge-commissaire, si ce juge est du nombre de ceux qui l'ont rendu. Grenoble, 28 juill. 1823, D. 10, 832. — Mais M. Dalloz, 10, 832, pense avec raison qu'abstraction faite de toute circonstance, cette mention est essentielle.

271. Les parties ne sont pas admises à plaider avant le rapport du juge-commissaire.

272. Peuvent-elles l'être après ce rapport? — Pour la négative, on se fonde sur ce que leurs moyens ont été développés dans les contredits du procès-verbal, et sur l'art. 111 C. pr. en matière d'instruction par écrit. Montpellier, 26 fév. 1810, P. 8, 134; Nancy, 23 juill. 1812, P. 10, 595; Orléans, 25 fév. 1819, P. 15, 118; Demiau, art. 668; Sudraud-Desiles, 237.

Mais on répond : l'art. 14, tit. 2, L. 24 août 1790, déclare que la défense est de droit commun. Comment, sans une disposition expresse de la loi, porter atteinte à ce principe? Les art. 666 et 761 disposent, à la vérité, que les contestations d'ordre et de contribution seront jugées sur un simple acte d'avoué à avoué, *sans autre procédure,* mais tout ce qui résulte de ces articles, c'est que l'affaire sera jugée comme sommaire. On ne peut pas non plus invoquer les art. 668 et 762, car ils exigent seulement que le jugement soit rendu sur le rapport du juge et les conclusions du ministère public. — Quant à l'art. 111 C. pr., duquel on argumente principalement, il ne saurait être appliqué par analogie. — Lorsqu'une affaire en effet a été instruite par écrit, elle a reçu dans les requêtes des parties tous les développemens dont elle était susceptible, tandis qu'en matière d'ordre et de contribution, les moyens des parties contestantes n'ont été consignés que succinctement dans leurs dires, auxquels les créanciers contestés ont pu ne pas répondre, ce qui fait qu'il est nécessaire de recourir à la plaidoirie. Bordeaux, 25, juill. 1833, D. 34, 46; Carré, n° 2490 et 2581; Pigeau, *Comm.* 2, 263, 438; Delaporte, 2, 243; Thomine, n° 878; Favard 4, 63, dissertation (Art. 1309 J. Pr.); — Arg. Cass. 21 avr. 1830, S. 30, 171.— Cet arrêt a jugé dans une affaire de compte que les plaidoiries peuvent s'engager après le rapport du juge-commissaire.

273. Le jugement doit contenir liquidation des frais. C. pr. 762; — mais non à peine de nullité. Cass. 6 juin 1820, S. 20, 372.

274. Ces frais sont-ils taxés comme en matière sommaire, quelle que soit l'importance de la contestation ?

Pour l'affirmative on dit : l'art. 101, tarif, qui dispose que les dépens de contestations de contribution seront taxés comme dans les autres matières, suivant leur nature sommaire ou ordinaire, n'a pas été reproduit au titre de l'ordre. Conséquemment il faut appliquer le droit commun; l'art. 404 C. pr., répute matière *sommaire* toutes les demandes qui requièrent célérité (V. ce mot.). Or, les contestations dans les ordres ont évidemment ce caractère : c'est parce que le législateur les a considérées comme telles qu'il a reproduit dans les art. 761 et 766 les dispositions des art. 405 et 543, relativement à la poursuite de l'audience et à la taxe des dépens, et qu'il a abrégé les délais de la procédure et ceux de l'appel. D'ailleurs les actes de produit et les dires de contestation sont suffisans pour mettre les trib. à même de statuer sur les contestations, quelle qu'en soit l'importance. Orléans, 28 août 1829, S. 30, 59; Carré, n° 2597; Sudraud-Desilles, n° 236; le président Carré *taxe en matière civile*, p. 277; Berriat, 617. — Il a été jugé en conséquence que les contestations peuvent être soumises aux chambres d'appel de police correctionnelle, autorisées par le décret du 6 juill. 1810 à connaître des affaires sommaires. Cass. 9 déc. 1824, S. 25, 293; 25 et 26 août 1828, S. 28, 322, 400.—V. d'ailleurs *sup.* n° 26. — La Cour Cass. 4 avr. 1837 (Art. 743 J. Pr.) a décidé aussi qu'on doit taxer comme en matière sommaire les frais d'incidens de poursuite de saisie-immobilière.

Dans le système contraire on répond : si la disposition de l'art. 101 tarif, n'a pas été reproduite au titre de l'ordre, c'est que les contestations ayant en général pour objet de détruire les titre du créancier, ces affaires seront presque toujours ordinaires. — L'art. 761 C. pr. d'après lequel l'audience doit être poursuivie sur un simple acte, ne se réfère qu'au mode à employer pour appeler les parties à l'effet d'entendre le rapport du juge commissaire; il a uniquement pour but d'empêcher les retards des ajournemens à domicile.—L'art. 765 C. pr., en limitant à des conclusions motivées la défense des intimés, a voulu déterminer le genre de la défense, sans prétendre prohiber la présentation de ces conclusions en forme de grosse. L'art. 138 tar. qui défend de grossoyer la requête à fin de subrogation est une exception qui confirme la règle. Comment les frais des contestations d'ordre seraient-ils nécessairement taxés comme en matière sommaire, quand ceux des contestations de contribution qui roulent en général sur des intérêts beaucoup moins graves peuvent être taxés comme en matière ordinaire? Nîmes, 8 avr. 1824, S. 25, 379; Lyon, 19 mai 1826, S. 26, 284; Tarif, *Ch. des avoués de Paris*, n°s 525, 339, 61 combinés; Chauveau, *Tarif*, 2, 259.

La Cour de Paris, 13 déc. 1809, S. 15, 179; 12 mars 1839, *Gaz. des trib.* 2 avr. 1839, a même décidé d'une manière générale que les frais faits sur les contestations d'ordre doivent être taxés comme en matière ordinaire, mais dans l'espèce de ce dernier arrêt les titres étaient contestés. — V. dans le même sens Pigeau, 2, 303 et *comm.* 2, 443.

Au trib. de la Seine, on taxe les frais selon la nature de l'affaire ordinaire ou sommaire.

275. Au reste, lorsque l'ordre a lieu à l'audience, les frais doivent être taxés suivant la nature de l'affaire, comme matière sommaire ou ordinaire, d'après les principes généraux : Les argumens invoqués dans l'un ou l'autre système sur la question précédente sont ici sans application. (—V. d'ailleurs *inf.* n° 311.)

Toutefois il a été jugé que, dans ce cas, l'affaire doit être taxée comme sommaire. Trib. Nevers, 28 août 1839 (Art. 1606 J. Pr.).

276. Les frais de l'avoué qui a représenté les créanciers contestant (c'est-à-dire de l'avoué du dernier créancier colloqué. Carré, n° 2605, 2e *alin.*, Merlin, v° *Saisie-immobilière*, § 8, n° 4.) sont colloqués par préférence sur les fonds restés libres après l'acquittement des créances antérieures à celles contestées; C. pr. 768.

277. Dans les frais de l'avoué du dernier créancier colloqué on doit comprendre les avances qu'il a faites à un huissier, dont il a été obligé d'employer le ministère dans l'intérêt commun. Berriat, 621, note 35; Carré, n° 2606; Troplong, *Hypoth.* n° 128.

278. Mais l'huissier ne peut se présenter lui-même pour se faire colloquer; il doit avoir recours à l'avoué qui forme la demande, tant pour ses frais personnels que pour ceux par lui payés à l'huissier. Carré, *ib.* — C'est dans ce sens que l'on doit entendre les arrêts de la C. Colmar, 12 fruct. an 12 et 8 fév. 1806, qui ont renvoyé l'huissier à se pourvoir contre la partie. Troplong, *ib.*

279. Les frais de l'avoué du dernier créancier colloqué sont privilégiés quand les contestans ont obtenu gain de cause, — et même quand ceux-ci ont succombé : ces frais, en effet, ont été faits dans l'intérêt commun des créanciers postérieurs aux créances contestées, qui ont été personnellement en cause aux termes de l'art. 760. D'ailleurs l'art. 768 ne distingue point. L'art. 766, aux termes duquel les parties qui succombent supportent les dépens sans pouvoir les répéter, ne s'applique qu'aux créanciers qui, comme les contestans et les contestés, sont personnellement en cause, et non à ceux qui ont été représentés par un seul avoué. Merlin, *Rep.* v° *Saisie-immobilière*, § 8; Carré, n° 2605 ;—*Contrà*, Berriat, 621, note 35 ; Troplong, *hypoth.*, n° 128. — L'opinion de ces derniers auteurs ne doit être suivie que lorsqu'il s'agit des frais faits par les parties personnellement en cause qui viennent à succomber. — V. *inf.* n 286.

280. Toutefois il est important de distinguer ces deux cas, quant à la subrogation. — Si la demande a été accueillie, le contesté ayant été condamné aux dépens, l'avoué du dernier créancier colloqué a deux moyens d'être remboursé de ses frais. Il peut agir contre le contesté, ou bien (ce qui est beaucoup plus sûr pour lui) il peut se faire payer par préférence conformément à l'art. 768 ; c'est dans cette prévision que le jugement, en autorisant l'emploi des frais, prononce la subrogation au profit du créancier sur lequel les fonds manquent par suite des frais faits, ou du saisi, s'il n'y a pas de créanciers non colloqués utilement. L'exécutoire indique la partie qui doit profiter de cette subrogation. C. pr. 769.

281. Cette partie repète ainsi contre le créancier condamné les frais que celui-ci aurait dû payer à l'avoué du dernier créancier colloqué.

282. Lorsqu'au contraire l'avoué du dernier créancier colloqué a succombé, aucune condamnation n'étant prononcée à son profit contre le contesté, il ne peut les recouvrer qu'à l'aide d'une collocation privilégiée sur le prix, et toute subrogation devient impossible. Merlin, *ib.*

283. Les créanciers, soit contestans, soit contestés qui obtiennent gain de cause, ne peuvent se faire payer leurs frais par privilége, l'art. 768 n'est relatif qu'à l'avoué du dernier créancier colloqué, et les frais dont il s'agit sont faits dans un intérêt privé.

Mais pourraient-ils au moins les réclamer comme accessoires de leurs créances ? — Nous ne le pensons pas : lorsque le débiteur est resté étranger aux contestations ce serait lui causer un injuste préjudice, ainsi qu'aux non contestans. Ces frais doivent être mis en conséquence à la charge des créanciers qui succombent. On ne doit colloquer comme accessoires de la créance, outre les frais de mise à exécution, que les frais directement faits pour parvenir à la collocation. Agen, 12 janv. 1825, S. 27, 216.

284. Au trib. de la Seine on colloque ces frais comme accessoires de la créance. On pense que le débiteur dont l'insolvabilité a nécessité l'ordre doit supporter les conséquences des discussions auxquelles il donne lieu. Berriat, 621; note 35. — Ce système ne nous paraîtrait admissible qu'autant que le débiteur serait intéressé et figurerait dans la contestation.

285. Si les frais étaient colloqués comme accessoires de la créance, les créanciers sur lesquels les fonds manquent ou le débiteur auraient un recours contre la partie condamnée aux dépens. Arg. C. pr. 766, 769. — Ils pourraient même, si la créance de celle-ci avait été réduite, former, pour se faire payer, opposition à la délivrance du bordereau. — Dans l'usage ce recours n'est point exercé.

286. Les parties qui succombent sont condamnées aux dépens sans pouvoir les répéter. C. pr. 766.

Elles ne peuvent donc réclamer les frais payés à leurs avoués, comme accessoires de leurs créances. — Toutefois il est prudent d'ajouter dans le jugement, bien qu'en droit cette mention nous paraisse inutile, qu'elles ne pourront les employer. Dans une espèce où le jugement ne contenait pas cette disposition, la seconde chambre du trib. civil de la Seine décida que cet emploi aurait lieu.

287. Le créancier sur lequel les fonds manquent, ou le saisi, ont un recours contre ceux qui ont succombé dans la contestation, pour les intérêts et arrérages qui ont couru pendant le cours des contestations. C. pr. 770.

288. S'il n'y a pas de créancier hypothécaire sur lequel les fonds manquent, le recours appartient aux créanciers chirographaires. En effet, s'il n'y avait pas eu de contestation, il serait resté des deniers qui leur auraient été distribués; ils doivent même être préférés au saisi, puisque tous ses biens sont leur gage. C. civ. 2093; — Et dans tous les cas ils peuvent exercer ses droits. C. civ. 1166.

289. L'exécution provisoire du jugement qui statue sur les contestations élevées dans l'ordre, ne peut être ordonnée, même quand il y a titre authentique. L'art. 135 C. pr. n'est pas applicable à l'ordre qui est régi par des règles spéciales, parmi lesquelles ne se trouve pas reproduite la disposition dont il s'agit. Il ne concerne que les jugemens de condamnation obtenus par un créancier contre son débiteur, et non les jugemens qui statuent sur des questions agitées entre les prétendans à un ordre. Grenoble, 23 fév. 1828, S. 28, 288. — V. toutefois *inf.* nos 396, 416 et 417.

Art. 7. — *Voies pour attaquer le jugement qui statue sur les contestations.*

290. Les voies de réformation ouvertes contre les jugemens qui statuent sur les difficultés élevées à l'ordre sont en général les mêmes que celles établies pour la réformation des *jugemens* ordinaires. — V. ce mot.

291. Toutefois l'*opposition* n'est pas recevable contre ces sortes de jugemens, lors-même qu'ils sont qualifiés par défaut : en effet ils sont rendus sur le dire du contestant et la production du contesté ; ils contiennent les conclusions des parties ; ils ont tous les caractères des jugemens contradictoires. Aussi les art. 669 et 763 C. pr. parlent-ils seulement de l'appel qui peut être formé contre eux, considérant cette voie de réformation comme la seule qui soit ouverte aux parties en cause. Si elles étaient admises à former opposition, l'appel ne pourrait être formé dans les dix jours de la signification du jugement à avoué comme le veut la loi qui ne distingue pas si les parties se sont ou non présentées à l'audience. Si elles laissaient au contraire passer le délai de huitaine de l'opposition sans recourir à cette voie, il faudrait dire que l'appel n'ayant pu être interjeté dans cet intervalle (C. pr. 157, 455), le délai qui, aux termes des art. 669 et 763 doit être de dix jours serait en définitive réduit à deux. — Paris, 28 janv. 1809, S. 15, 188 ; Cass. 19 nov. 1811, S. 12, 48, et 13 juin 1827, S. 27, 453 ; Colmar, 5 déc. 1812 ; 26 juin 1813, P. 10, 11, 865, 499 ; Grenoble, 2 mai 1818, P. 14, 786 ; Merlin, v° *Saisie-immobilière*, § 8 ; dissertation (Art. 1309, J. Pr.). — *Contrà*, Liége, 19 fév. 1810, P. 8, 120. — Lorsque le projet du C. pr. fut soumis aux cours d'appel, la C. de Caen se fondant sur ce que la procédure en matière d'ordre n'était pas la même que celle d'instruction par écrit, avait demandé que l'on s'expliquât sur la question de savoir si les jugemens sur contestations, comme ceux rendus sur instruction par écrit seraient ou non susceptibles d'opposition. — V. d'ailleurs *inf.* n° 360.

292. *Appel.* Cette voie est recevable contre le jugement, à moins qu'il ne statue sur des intérêts d'une valeur modique. — V. *Ressort* et *inf.* n° 293.

293. Est-ce à la somme à distribuer, ou bien à celle dont on demande la collocation ou le rejet que l'on doit avoir égard ?

Dans ce dernier sens on dit : Cette somme fait seule l'objet du litige, quelle que soit l'importance de celle à distribuer : En effet, si la demande du créancier écarté du règlement provisoire est admise, les derniers créanciers utilement colloqués n'éprouveront de préjudice que quant à la somme par lui réclamée ; si le rejet de la créance colloquée est prononcé, les créanciers qui ne venaient point en ordre utile ne pourront bénéficier que du montant de cette créance elle-même. Paris, 26 déc. 1810, P. 8, 726; Agen, 17 nov. 1812, P. 10, 808; Caen, 8 mai 1827, S. 28, 208. — Dans l'espèce de ce dernier arrêt, soit que l'on eût égard aux créances individuelles ou collectives des intimés, soit que l'on eût égard à la créance des appelans, il s'agissait d'intérêts inférieurs au taux du dernier ressort. — Dans une affaire où il s'agissait d'une question de préférence entre deux créanciers privilégiés, la C. de Lyon 30 août 1824, S. 25, 157, a même décidé que le jugement était en dernier ressort dans le cas où la créance, dont la priorité était réclamée, était moindre de 1000 fr. (aujourd'hui 1500 fr.), quoique celle de l'adversaire fût supérieure à cette somme. — Cette opinion a été repoussée par deux arrêts (Douai, 1er avr. 1826, S. 27, 39; Cass. 20 août 1821, S. 22, 28), qui disposent que lorsque la contestation ne roule point sur la quotité des créances respectives, mais sur la préférence réclamée de part et d'autre par chacun des créanciers, il suffit que l'une des créances passe le taux du dernier ressort pour que l'appel soit recevable. Ces arrêts, comme on le voit, ne prirent point en considération le montant de la somme à distribuer, mais celui des créances litigieuses; à la vérité, dans l'espèce de l'arrêt de la C. cass., les débats s'élevaient *avant l'ordre* entre deux créanciers, ayant le droit d'exercer leur privilége par prélèvement sur le prix. Il ne s'agissait donc point de la distribution totale de ce prix.

Ceux qui s'attachent à la somme à distribuer répondent : Les demandes en collocation formées par les divers créanciers ne constituent que des incidens particuliers de l'instance en distribution; il suffit que cette instance ait pour objet un principal excédant le taux du premier ressort, pour que l'appel soit recevable; s'il n'en était pas ainsi, les créanciers qui réclament des sommes excédant 1500 fr., auraient le droit d'appeler d'un jugement qui prononce sur des prétentions communes à tous, tandis que ceux dont les créances sont inférieures ne le pourraient pas, ce qui rendrait leur condition très inégale. — Il est juste que ces derniers quand la somme en distribution excède 1500 fr., puissent se prévaloir du bénéfice des deux degrés de juridiction, comme tous autres créanciers qui demandent le paiement partiel d'obligations principales excédant le taux du dernier ressort (Art. 624 J. Pr.); D'ailleurs bien que la créance réclamée n'excède pas 1500 fr., la contestation pourra causer aux créanciers utilement colloqués un dommage supérieur à cette somme, par suite des frais privilégiés auxquels elle peut donner lieu. Bruxelles, 21 août 1810, S. 15, 192; Liége, 25 avr. 1812, P. 10, 339; Turin, 10 janv. 1813, P. 11, 541; Metz, 22 mars 1817, P. 14, 146; Bourges, 25 mars 1817, P. 14, 152; Limoges, 5 juin 1817, P. 14, 268; Aix, 9 fév. 1825, S. 25, 313; Lyon, 27 avr. 1825, S. 25, 314; Rouen, 17 juill. 1826, S. 27, 5; Grenoble, 1er mai 1830, S. 30, 310. — Dans l'espèce de ce dernier arrêt, le jugement avait résolu la question de savoir si le créancier était recevable à provoquer le règlement d'ordre; Montpellier, 4 déc. 1838 (Art. 1332 J. Pr.); Toulouse, 17 déc. 1838 (Art. 1335 J. Pr.); il s'agissait d'une demande en annulation de l'ordonnance définitive de l'ordre.); Liège, 5 juill. 1811, P. 9, 445 (la somme réclamée excédait le taux du dernier ressort); Carré, n° 2594; Thomine, n° 879. — V. *Distribution*, n° 101.

Au reste, si l'on adopte la doctrine de ces derniers arrêts, qui nous paraît très contestable, nous pensons que l'on ne doit prendre en considération pour fixer le taux du dernier ressort, que la somme qui resterait encore à distribuer après la collocation des créanciers non contestés. Arg. C. pr. 758.

294. L'appel incident est permis en cette matière comme en toute autre. On ne voit aucune disposition expresse au titre de l'ordre, qui s'oppose à ce qu'il en soit ainsi. Rouen, 1er août 1817, S. 19, 140.

295. Lorsqu'il y a eu appel principal de la part de l'un des créanciers, un appel incident peut être formé même contre un créancier colloqué autre que l'appelant. L'appel principal remet souvent en question toutes les collocations. Toulouse, 7 juin 1833, D. 34, 39.

Il doit en être surtout ainsi lorsque celui auquel on signifie l'appel incident est lui-même intimé. Cass. 31 juill. 1827, D. 27, 425; Bordeaux, 3 fév. 1829, D. 29, 285.

296. L'appel incident est recevable alors même qu'il est dirigé contre un chef du jugement entièrement distinct de celui qui est l'objet de l'appel principal. Agen, 15 janv. 1825, S. 26, 129; — pourvu que l'intimé ait, à cet égard, contredit sur le règlement provisoire, ou plaidé lors du renvoi à l'audience. Arg. Paris, 11 juill. 1836 (Art. 521 J. Pr.). — V. *Distribution par contribution*, n° 109.

297. Mais le créancier qui n'est ni intimé ni compromis dans sa collocation par le résultat de l'appel ne peut appeler incidemment. Bordeaux, 3 fév. 1829.

298. Jugé que, sur l'appel principal d'un créancier qui réclame une collocation plus forte, un créancier postérieur forclos faute de contredire, n'est pas recevable à former un appel incident ayant pour objet de contester ce rang pour la première fois devant la Cour. Cet appel a pour but d'élever une contestation nouvelle et non de reproduire un chef de conclusions pris en 1re inst. Il est donc principal et doit être interjeté dans les délais. Paris, 10 mars 1832, D. 32, 105. — V. toutefois *inf.* n° 304.

299. Peuvent interjeter appel, 1° tout créancier qui a été partie au jugement rendu sur les contestations, — à moins qu'il ne soit sans intérêt, par exemple, que la collocation admise ne lui cause aucun préjudice, ou que la sienne ne soit point attaquée. Paris, 4 août 1810, P. 8, 515; Arg. 26 déc. 1810, P. 8, 726. — Dans l'espèce de ce dernier arrêt, le saisi attaquait, sans avoir intérêt, certains chefs d'un jugement auquel il n'avait point été partie, et sur l'appel duquel il avait été seulement assigné en déclaration d'arrêt commun.

Toutefois, il a été jugé que tous les créanciers ont le droit d'interjeter appel du jugement, bien que le poursuivant seul y ait figuré comme contestant, par le motif que la créance contestée par celui-ci est censée l'être dans l'intérêt commun. Cass. 13 déc. 1808, S. 9, 69.

300. Le créancier qui, lors du jugement, a conclu au maintien du règlement provisoire, ne peut, sur l'appel, contester la collocation d'un autre créancier. Bordeaux, 15 déc. 1826, D. 27, 138. — Cependant la C. Colmar, 25 avr. 1817, P. 14, 197, a décidé que le créancier qui s'est borné à soutenir son rang de collocation sans contester les créances des autres, est recevable à élever des contestations en appel.

301. 2° Le saisi : peu importe qu'il ait laissé passer les délais sans contredire, aucune forclusion ne pouvant être prononcée contre lui. Metz, 22 mars 1817, P. 14, 146. — *Contrà*, Paris, 6 therm. an 13, P. 4, 678.

302. Peuvent intervenir sur l'appel ceux qui auraient été recevables à former tierce opposition. Arg. C. pr. 466.

303. Spécialement, le créancier retardataire qui ne figurait point au jugement. Arg. Colmar, 3 av. 1816, P. 13, 370, pourvu qu'il ait préalablement produit entre les mains du juge commissaire. Paris, 9 fév. 1809, P. 7, 364.

304. Mais le créancier produisant le peut-il s'il a été forclos, faute de contredire? — Plusieurs arrêts ont jugé la négative : Paris, 6 therm., an 13, P. 4, 676; Metz, 15 fév. 1812, P. 10, 121; 9 fév. 1809; Limoges, 5 juin 1823, S. 23, 284, Carré, n° 2590; Berriat, 612 et 616, n° 19. — Arg. Cass. 12 déc. 1814, P. 12, 484; Paris, 10 mars 1832, D. 32, 105.

Cette opinion ne nous paraît admissible qu'autant que l'intervenant forme en appel une demande nouvelle. — S'il se borne à appuyer des conclusions déjà prises en 1re inst.; son intervention sera recevable. — Il a déjà été représenté devant le trib. par l'avoué du dernier créancier colloqué, et doit l'être encore devant la cour. — V. *sup.* n° 258.

305. *Délai*. L'appel doit être interjeté, à peine de nullité, dans les dix jours de la signification du jugement faite aux avoués. C. pr. 763.

306. Si l'avoué de la partie est décédé avant cette signification, elle peut être faite à domicile. Arg. C. pr. 148, Orléans, 10 av. 1837 (Art. 749 J. Pr.).

307. Au reste, l'appel doit être formé dans les dix jours. — Que le jugement soit intervenu sur une contestation relative au droit et à la qualité du poursuivant, ou sur le rang des créanciers. Cass. 1er av. 1816, S. 16, 413; Metz, 7 janv. 1814, S. 19, 271; Berriat, 612, n° 4; — ou qu'il ait statué sur la tierce-opposition formée contre un jugement servant de titre à un créancier. Rennes, 7 fév. 1818, P. 14, 630; — ou sur la demande d'un créancier admis à l'ordre, tendante à ce que le prix d'un immeuble vendu volontairement fût joint à celui à distribuer. Riom, 4 janv. 1826, D. 29, 1, 165; — ou qu'il ait statué après la clôture de l'ordre sur la question de savoir si l'un des créanciers avait accordé une priorité à un autre, alors qu'il a été rendu pour fixer un point réservé dans le jugement de contestation. Liége, 10 nov. 1823, D. 10, 835. — V. d'ailleurs *Distribution*, n° 103.

308. Toutefois, il y a exception à cette règle, lorsqu'il s'agit : — 1° d'un appel incident ; il peut être interjeté en tout état de cause. Arg. C. pr. 443. Paris, 9 juin 1814, P, 12, 248; Motifs, Rouen, 1er août 1817, S. 19, 140. — *Contrà*, Toulouse, 11 av. 1821, D. 10, 835.

309. 2° De l'intimation de l'avoué du dernier créancier colloqué : la loi ne fixe à cet égard aucun délai, il suffit que l'appel ait été interjeté dans le délai de 10 jours contre les créanciers personnellement en cause. Paris, 27 nov. 1812, P. 10, 840; Thomine, n° 881. — *Contrà*, Toulouse, 8 juill. 1829, S. 30, 236.

310. 3° D'un jugement d'ordre rendu avant la promulgation du Code, quoique signifié depuis : Ce jugement serait régi par les lois des 24 août 1790, et 11 brum., an 7 : L'appel en serait donc recevable dans les trois mois. Paris, 4 août 1807, P, 6, 238. — Même décision à l'égard des jugemens d'ordre rendus depuis la promulgation du Code, lorsque l'ordre lui-même avait été antérieurement ouvert. Cass. 2 juill. 1811, S. 12, 75; Bruxelles, 9 janv. 1808, P. 6, 434; Paris, 10 mars 1810, P. 8, 161. — *Contrà*, Nîmes, 17 août 1807, P. 6, 263.

311. 4° D'un jugement qui règle à l'audience la distribution entre deux ou trois créanciers des deniers provenant de la vente, faite volontairement par le débiteur commun, de l'immeuble qui leur était affecté hypothécairement. — V. *sup.* n° 6 et suiv.

312. 5° D'un jugement qui, par suite d'un renvoi pour cause de connexité, a prononcé la nullité d'un contrat produit dans l'ordre ouvert devant un autre trib. : la procédure qui a précédé ce jugement n'ayant point été celle des art. 761 et 762

C. pr., il est soumis aux délais ordinaires de l'appel. Rennes, 29 janv. 1817, P. 14, 49.

313. Même décision à l'égard d'un jugement qui, après une instruction ordonnée, règle la *quotité* d'une créance dont le rang n'a pas été du reste contesté. Rouen, 10 mars 1824, D. 25, 36.

314. L'appel du jugement d'ordre peut être interjeté dans la huitaine de sa prononciation. L'art. 763 déroge implicitement à l'art. 449 C. pr. Bordeaux, 15 déc. 1826, D. 27, 138.

315. Le jour *à quo*, c'est-à-dire celui de la signification ne compte pas dans le délai. Cass. 27 fév. 1815; Riom, 31 août 1816, P. 13, 632.

316. Mais il en est autrement du jour *ad quem*. Limoges, 15 nov. 1811, S. 14, 83; Aix, 22 nov. 1826, — alors même qu'il serait férié. Bordeaux, 4 juin 1835 (Art. 233 J. Pr.).

Ainsi, l'appel contre le jugement signifié, le 1er mars, à avoué, devra être interjeté au plus tard le 11.

— V. *Délai*, n° 11, *Distribution par contribution*, n° 104.

317. Le délai doit être augmenté, dit l'art. 763, d'un jour par trois myriamètres de distance du *domicile réel de chaque partie*, — c'est-à-dire qu'il ne suffit point d'ajouter un jour par trois myriamètres de distance entre le lieu où siége le trib. saisi de l'ordre et le domicile de l'appelant (*Contrà*, Grenoble, 16 juin 1824, S. 25, 379); il faut de plus avoir égard à la distance entre le domicile de l'appelant et celui de l'intimé. — L'art. 763 a voulu que le délai d'augmentation fût entièrement consacré à la délibération. Il doit donc être accordé à l'appelant indépendamment du temps nécessaire à son avoué pour l'avertir, et du temps nécessaire pour faire signifier l'appel au domicile de l'intimé. Grenoble, 18 juin 1832, D. 32, 217; Merlin, *qu. dr.*, v° *Domicile élu*, § 3, n° 5.

N'est pas contraire un arrêt de cass. 3 août 1819, P. 15, 457. — Cet arrêt se borne à dire qu'en joignant, dans l'espèce jugée, le délai supplémentaire d'un jour par trois myriamètres de distance du domicile de chacune des parties au délai de dix jours, l'appel avait été valablement interjeté.

C'est à tort que la C. Poitiers (27 avr. 1831, D. 31, 136) a jugé que le délai devait être seulement augmenté à raison de la distance qui sépare le domicile de l'appelant de celui de l'intimé.

318. Une fraction de trois myriamètres nous paraît insuffisante pour motiver une augmentation de délai. Poitiers, 29 avr. 1831. — *Contrà*, Metz, 15 juin 1824, D. 10, 840. — V. d'ailleurs *Ajournement*, n° 47.

319. La signification pour faire courir le délai d'appel peut être faite, soit par le poursuivant, comme chargé de tous les actes relatifs à la poursuite, Cass. 28 déc. 1808, S. 9, 131; Turin, 18 mai 1813, P. 11, 384; — Soit par tout autre créancier plus diligent.

320. Le trib. peut lui-même désigner l'avoué qui devra faire la signification; mais, dans la pratique, le poursuivant se charge de ce soin. — Il fait en sorte d'être en cause en adhérant par un dire fait dans les délais aux conclusions des créanciers contestans ou contestés, et, dans l'usage, c'est à lui que l'on reconnaît le droit de lever le jugement et de le signifier.

321. Le principe qu'on ne se forclot pas soi-même n'est pas applicable dans cette circonstance. Ainsi, la signification du jugement d'ordre fait courir les délais d'appel, même à l'égard du créancier auteur de la signification. Il s'agit d'une matière spéciale dont les règles ont pour objet de soustraire les parties aux longueurs des procédures ordinaires, et il n'est pas permis de faire une distinction en présence des termes généraux de l'art. 763. Cass. 13 nov. 1821, S. 22, 19; Riom, 8 janv. 1824, D. 7, 729; Grenoble, 4 fév. 1832, D. 33, 190; Berriat, 616. — *Contrà*, Douai, 3 mai 1830, D. 33, 1, 205. — Ce dernier arrêt a été rendu en matière de distribution.

322. De même il est inutile que les créanciers se signifient respectivement le jugement d'ordre pour faire courir vis-à-vis les uns des autres le délai d'appel. La signification faite par l'une des parties suffit pour et contre chacun des autres créanciers. S'il n'en était point ainsi, il faudrait dire que chaque avoué devrait signifier le jugement à tous les autres avoués de la cause; ce qui, contrairement au vœu de la loi, donnerait lieu aux frais frustratoires et aux lenteurs des procédures individuelles. Cass. 28 déc. 1808, S. 9, 131; Turin, 18 mai 1813, P. 11, 384; Rennes, 29 août 1814, P. 12, 401; Riom, 18 mars 1815, S. 17, 353; Montpellier, 4 juin 1830, D. 31, 59; Berriat, 616, not. 19.

323. Il n'est pas nécessaire que la signification du jugement contienne les formalités des exploits : par exemple, la demeure des parties, l'immatricule de l'huissier, etc.; il suffit qu'elle renferme les énonciations exigées pour la validité des actes d'avoué à avoué.

—V. *Distribution par contribution*, n° 102; *Exploit*, n° 8.

324. De ce que les formalités prescrites pour les ajournemens ne sont pas de rigueur dans les significations d'avoué à avoué, on a conclu qu'il n'est pas nécessaire de signifier le jugement à l'avoué occupant pour plusieurs créanciers, en autant de copies qu'il existe de parties par lui représentées. Aucun article de loi ne l'exige. Une seule copie signifiée à l'avoué comme mandataire de ces créanciers spécialement dénommés suffit. Poitiers, 11 mai 1826; Paris, 23 nov. 1839. (Art. 1608 J. Pr.); Chauveau, *Tarif*, 2, 250; président Carré, *Taxe en matière civile*, 277.

325. L'acte d'appel doit contenir (outre la déclaration de la partie qu'elle entend faire réformer le jugement rendu contre elle), assignation devant la Cour compétente, et l'énonciation des griefs. C. pr. 763.

326. Toutefois l'omission des griefs n'entraînerait pas nullité : l'art. 763 C. pr. ne la prononce pas. Arg. C. pr. 1030. Bruxelles, 3 déc. 1812, P. 10, 260; Colmar, 25 avr. 1817, P. 14, 197; Metz, 29 nov. 1821, P. 16, 983; 18 janv. 1822; Nanci, 28 mars 1825, S. 26, 295; Pau, 19 mars 1828, S. 29, 273 (— dans l'espèce, la C. jugea en fait que les griefs étaient suffisamment indiqués); Agen, 1er mai 1830, S. 30, 346; Berriat, 616; Carré, n° 2588.—*Contrà*, Nîmes, 17 août 1807, D. 10, 844 (dans l'espèce, l'appel avait été interjeté en outre hors des délais); Bruxelles, 5 juill. 1810, P. 8, 440. — Ce dernier arrêt juge qu'il ne suffit même pas de se référer aux griefs employés devant les premiers juges.—V. *Appel*, n° 193.

327. L'appelant peut depuis l'acte d'appel présenter de nouveaux griefs, s'ils ne forment que des moyens nouveaux. Trèves, 11 mars 1812, P. 10, 202. — Mais les frais de ce nouvel acte restent à sa charge. Arg. Nanci, 28 mars 1825; Pau, 19 mars 1828.

328. Au reste, l'acte d'appel devant contenir assignation à la partie, est soumis à toutes les formes de l'exploit d'ajournement.

329. Il doit, d'après le droit commun (C. pr. 456), être signifié au domicile réel des parties. Cass. 27 oct. 1813; 13 janv. 1814, S. 14, 5 et 194; Rennes, 5 juin 1812, P. 10, 444; Liége, 22 mai 1813, P. 11, 404; Rouen, 14 nov. 1816, S. 17, 75; Colmar, 25 avr. 1817, P. 14, 97; Agen, 27 mars 1829, S. 29, 274; Carré, n° 2584; Thomine, n° 880; Merlin, quest. de droit. v° *Domicile élu*, § 3, n° 5.

330. Il ne serait pas valablement signifié au domicile de l'avoué; vainement on argumente de ce qui a lieu en matière de *Distribution par contribution* (—V. ce mot, nos 106 et 107); et de l'analogie qui existe entre les deux procédures et de la plus grande facilité de signifier au domicile de l'avoué dans le court délai de dix jours. — Ce qui prouve que l'art. 763 a été conçu dans une intention différente de celle qui a dicté l'art. 669, c'est que l'art. 763 ajoute au délai de dix jours un supplément de délai à raison des distances, supplément qui est dans la proportion établie en règle générale pour les exploits (C. pr. 72 et 1033.), et justifié suffisamment par l'importance que présentent ordinairement les questions relatives à l'ordre. *Mêmes* *arrêts*. — *Contrà*, Amiens, 22 mai 1809, P. 7, 576; Rouen, 22 sept. 1810, P. 8, 598; Grenoble, 29 juin 1811, P. 9, 432; Nancy, 23 juill. 1812, P. 10, 595.

331. Serait-il valablement notifié au domicile élu par le créancier par son inscription?

Pour la négative on dit : l'art. 456 qui exige que l'appel soit signifié à personne ou domicile doit être suivi toutes les fois que la loi n'y a pas expressément dérogé comme dans les art. 669 et 584 C. pr. (— V. *Distribution*, n° 107; *Saisie exécution*.) L'art. 2156 C. civ. s'applique aux exploits introductifs d'instance et non pas à l'acte d'*appel*.—V. ce mot, n° 177 à 181.

Mais on répond : l'art. 2156 C. civ. en disposant que *les actions* auxquelles les inscriptions peuvent donner lieu contre les créanciers, doivent être intentées par exploit signifié à leur personne, ou au domicile élu par l'acte d'inscription, comprend nécessairement tout ce qui est une suite de l'inscription, tant en première instance qu'en appel. Arg. C. civ. 111, 2148, 2156; C. pr. 59; l'art. 763 qui augmente le délai en raison de l'éloignement du domicile réel de chaque partie ne s'oppose pas à cette interprétation. Il pourrait être appliqué toutes les fois que l'appel serait signifié au domicile réel, et d'ailleurs, rien n'empêche qu'on n'ait égard en général à cette augmentation de délai bien que la notification de l'appel soit faite au domicile élu. (— V. *Ajournement*, n°s 49 et 50). Cass. 23 avr. 1818, P. 14, 769, et 16 mars 1820, S. 20, 353; Paris, 17 juill. 1811, P. 9, 471; Liége, 4 mars 1813, P. 11, 182; Orléans, 19 nov. 1819, P. 15, 568; Grenoble, 4 mai 1820, P. 15, 966; 17 août 1821, D. 32, 47; 18 janv. 1833, D. 33, 85; Bordeaux, 20 fév. 1829 et 29 avr. 1829, S. 29, 275, 350; Poitiers, 27 avr. 1831, D. 31, 136; Carré, n° 2585; Tallandier, de l'appel, 204; Persil, *Quest.* 2, 446. — *Contrà*, Paris; 23 août 1811, P. 9, 590; Toulouse, 10 mars 1820, P. 15, 851; Thomine, n° 880. — V. *inf.* n° 333.

Cette dernière solution a été admise par la C. Grenoble, 18 janv. 1833, D. 33, 85, pour le cas où la contestation est relative à la validité de l'inscription.

Sous la loi du 11 brum. an 7, l'appel d'un jugement d'ordre était valablement signifié au domicile élu par le saisissant dans les affiches de la saisie immobilière. Cass. 22 janv. 1806, S. 6, 202; – ou au domicile élu dans le procès-verbal d'ordre. Cass. 14 déc. 1808, P. 7, 252.

332. Si le créancier qui avait fait élection de domicile est décédé et que ses héritiers aient demandé en leur nom personnel leur collocation dans l'ordre, l'appel doit leur être signifié par copies séparées au domicile élu.

L'appel serait nul s'il n'était remis à ce domicile qu'une seule copie, quand même les héritiers y seraient tous individuellement désignés par leurs noms, prénoms, qualités et demeures. Grenoble, 17 août 1831, D. 32, 47.

333. Il résulte de l'arrêt de Poitiers, 27 avr. 1831, que lors même que l'appel est signifié au domicile élu, on ne doit point avoir égard pour l'augmentation du délai à la distance qui sépare ce domicile de celui de l'appelant, mais à celle qui existe entre le domicile réel des deux parties.

334. L'appel d'un jugement qui statue sur des contestations d'ordre, est suspensif de la clôture définitive de l'ordre, quand même les contestations ne seraient relatives qu'à des nullités de procédure. Bruxelles, 6 mars 1811, S. 15, 186; Carré, n° 2593; Thomine, n° 884.

335. Doivent être intimés sur l'appel :

1° Les créanciers qui ont été parties en première instance. Arg. C. pr. 667, 669.

336. 2° La partie saisie, lorsqu'elle a intérêt à prendre part aux contestations élevées dans l'ordre, s'il s'agit par exemple du rejet d'une créance. Berriat, 615, note 17; Pigeau, 2, 275.

337. Mais serait insuffisant le seul intérêt qu'a le saisi à maintenir ce qui a été jugé et à éviter un procès. Arg. Paris, 4 août 1810, P. 8, 515.—*Contrà*, Limoges, 15 nov. 1811, S. 14, 83.—Arg. Tarrible, 681; Carré, n° 2577.

Spécialement, lorsque l'appel a pour objet non la légitimité, mais le rang des créances : la disposition des art. 667 et 669 C. pr. qui prescrivent, sans distinction, de mettre en cause le saisi en matière de distribution, n'a pas été reproduite au titre de l'ordre. Pau, 19 mars 1828, S. 29, 275; Poitiers, 19 mars 1835 (Art. 193 J. Pr.).

Même décision à l'égard de l'acquéreur. Poitiers, 19 mars 1835.

338. 3° L'avoué poursuivant, s'il a été colloqué en son nom personnel pour ses frais : c'est contre lui personnellement que doit être formé l'appel au quel donne lieu sa collocation, parce qu'il est seul intéressé à la soutenir. Metz, 22 mars 1817, S 19, 134.

339. L'avoué du dernier créancier colloqué, dit l'art. 764 est intimé *s'il y a lieu*.—Ces dernières expressions sont diversement interprétées.

1er *Système*. Cet avoué doit être intimé comme mandataire légal de tous les créanciers postérieurs à la créance contestée, quoique ceux ci aient pu faire paraître, à leurs frais, devant le trib., leurs avoués particuliers. Grenoble, 19 janv. 1815, P. 12, 548.

2° *Système.* L'avoué du dernier créancier colloqué ne doit pas être intimé, s'il n'a pas représenté les créanciers non contestans, à moins que le créancier dernier colloqué n'ait individuellement contesté. Merlin, R. v° *Saisie immobilière*, § 6; Berriat, 617, n° 20; Carré, n° 2595; Delaporte, 2, 346.

3° *Système.* Si l'avoué du dernier colloqué n'a pas pris parti dans la contestation, s'il n'a pas conclu, s'il s'en est rapporté à justice, il est inutile de l'intimer. Thomine, n° 881.

4° *Système.* L'avoué doit être intimé toutes les fois que le dernier créancier colloqué a intérêt à combattre la contestation, tel serait le cas où un créancier rejeté de l'ordre demanderait à primer tous les autres.—Peu importerait que cet avoué eût ou non représenté les créanciers postérieurs aux créances contestées (760); — ou occupé sur la contestation individuelle du dernier créancier colloqué. Demiau, 459.

Ce dernier système a été consacré par la C. Toulouse, 8 juill. 1829, S. 30, 236.

Cet arrêt juge que l'avoué doit être intimé, lorsque la contestation porte sur la légitimité de la créance et non sur son rang seulement, et en général toutes les fois que les débats sont de nature à intéresser la masse des créanciers.

La C. Paris, 18 mars 1837 (Art. 780 J. Pr.), a aussi décidé qu'il n'est pas nécessaire d'intimer l'avoué du dernier créancier colloqué, lorsqu'il n'existe qu'une question de priorité entre deux créanciers colloqués avant celui-ci.

Lorsque dans un ordre, deux créanciers privilégiés ont réciproquement contesté la priorité de leur privilége, celui qui a succombé doit nécessairement intimer l'autre. Il ne peut prétendre qu'il se trouve appelé par l'intimation faite au dernier créancier colloqué. Cass. 7 mai 1823, S. 24, 111.

340. Au reste, il est évident que l'avoué de première instance ne pourra postuler lui-même en appel, il devra seulement choisir un avoué près la cour pour occuper pour lui, comme avoué de tous les créanciers postérieurs à la créance contestée. Carré, n° 2595.

Si l'on était tenu d'intimer tous les créanciers postérieurs à la créance contestée, la procédure en appel serait aussi compliquée par le grand nombre des parties qu'elle l'eût été en 1re inst., c'est pourquoi le législateur a confié la défense à un seul avoué. Carré, n° 2595; Lepage, *Quest.* 522.

Lorsqu'au lieu de suivre cette marche, les créanciers constituent chacun un avoué particulier en cour royale, ils supportent individuellement les frais de leurs contestations. L'art. 760 doit être en effet appliqué à l'appel, comme à la première instance. Grenoble, 11 juill.; 1er août 1823, S. 25, 405; 24 mars 1835 (Art. 234, J. Pr.),—V. *sup.* n° 249.

341. Si l'appelant obtient gain de cause, l'arrêt est signifié à l'avoué près la cour, et à l'avoué de 1re inst. du dernier créancier colloqué, comme représentant les créanciers postérieurs. Carré, n° 2595.

342. Toutefois l'avoué du dernier créancier colloqué n'a qualité que pour représenter les créanciers postérieurs en ordre d'hypothèque aux collocations contestées.

343. Lorsque l'appelant ne conteste pas seulement une créance qui le prime, mais qu'il réclame un rang antérieur à celui qui lui a été assigné, il a pour adversaires tous les créanciers colloqués entre le rang qu'il a obtenu et celui qu'il veut obtenir. Dans ce cas, il doit interjeter personnellement appel contre tous les créanciers qu'il veut primer, parce qu'ils ont intérêt au maintien du jugement. Riom, 29 juin, 3 août 1826, S, 28, 94, 278; Grenoble, 4 fév. 1832, D. 33, 190; Montpellier, 4 juin 1830, D. 31, 59.

344. Lorsque l'appelant a omis d'intimer l'un de ces créanciers et qu'il s'est ainsi privé du droit d'attaquer le jugement à son égard, est-il également déchu de son appel vis-à-vis des autres qui ont été intimés dans le délai ?

Pour l'affirmative, on dit : la procédure d'ordre sort du droit commun, le jugement rendu en cette matière est indivisible; c'est pourquoi la signification faite à la requête de l'un des créanciers est censée faite dans l'intérêt de tous. (—V. *sup.* n° 322). Comment l'appelant jouirait-il à l'égard d'un ou de plusieurs créanciers d'un droit de préférence, tandis que ce droit n'existerait point à l'égard des autres ? un pareil système n'établirait-il pas une contrariété de jugemens. Il faut nécessairement laisser subsister le jugement à l'égard de toutes les parties dès qu'il est décidé qu'il doit subsister à l'égard de quelques unes. Riom, 4 janv. 1826, D. 29, 1, 165; 29 juin et 3 août 1826, S. 28, 94, 278; 24 juill. 1831, D. 34, 1, 250; Toulouse, 8 juill. 1829, S. 30, 236; Grenoble, 4 fév. 1832, D. 33, 190; *Motifs*, Grenoble, 14 déc. 1832, D. 33, 93.—Vainement, l'appelant offrirait il de supporter à tout événement le montant de la collocation du créancier non intimé. Riom, 29 juin 1826.

On cite encore dans ce système, un arrêt de Cass. (31 juill. 1827, D. 27, 425) qui décide que dans le cas où un créancier du 3e rang a interjeté contre le créancier du 1er, appel d'un jugement qui a réglé l'ordre, un créancier du 2e rang, encore bien qu'il ait laissé passer le délai de l'appel principal, peut en sa qualité d'intimé, former un appel incident contre le premier créancier aussi intimé, attendu que dans ce cas il y a *indivisibilité de l'appel,* laquelle rend l'appel incident recevable. Mais cet arrêt, comme on le voit ne fait que consacrer deux solutions que nous avons adoptées (—V. *sup*. n° 294 et 308). Savoir, que l'appel incident peut être interjeté d'intimé à intimé, et qu'il peut être formé après l'expiration des dix jours.

Ceux qui soutiennent que le jugement d'ordre est divisible invoquent le droit commun : En règle générale les parties légalement intimées ne peuvent se prévaloir de ce que d'autres n'auraient pas été appelées, il est facultatif à l'appelant d'exercer ses droits contre quelques uns et de les abandonner à l'égard des autres.—De même, l'acte d'appel peut être valable vis-à-vis de l'un des intimés et irrégulier à l'égard d'un autre sans que pour cela la procédure soit interrompue.—Les droits de chacun sont en effet parfaitement distincts.—Dans l'ordre, la même chose a lieu. Chacun des créanciers veille pour soi et n'a point à s'occuper de ce qui concerne les autres.—L'art. 758 prévoit le cas de la division de la procédure, puisqu'il déclare que s'il y a contestation, il n'y aura de renvoi à l'audience qu'à l'égard des créanciers contestans, et que l'ordre sera arrêté pour les créances antérieures à celles contestées. L'art. 763 n'a fait que limiter le délai de l'appel en matière d'ordre, sans rien innover à la divisibilité de la procédure, qui est de droit commun. —Vainement objecte-t-on qu'il y aura contrariété de jugemens, car elle n'a lieu que relativement à ce qui est jugé entre les mêmes parties (Arg. C. pr. 480 6°), et non, lorsqu'une question reste jugée en 1re inst. avec une personne et qu'elle l'est différemment sur appel avec une autre. Le système de l'indivisibilité méconnaît au contraire le principe de l'autorité de la chose jugée qui n'a lieu qu'entre les mêmes parties (C. civ. 1351).

Nous pensons par ces motifs que le jugement pourra être réformé à l'égard des intimés, bien qu'il soit maintenu vis-à-vis de ceux qui ne l'ont pas été.—Soit à distribuer une somme de 40,000 fr.: le réglement provisoire a colloqué un premier créancier pour 17,000 fr., un second pour 15,000 et un troisième pour 8,000.—Si un jugement malgré la demande d'un créancier rejeté qui réclame une collocation en première ligne pour 25,000 fr., maintient le réglement provisoire, ce créancier pourra faire réformer le jugement vis-à-vis des deux premiers créanciers, s'ils ont été appelés et non vis-à-vis le dernier, s'il ne l'a point été, il sera donc dans ce cas colloqué pour ses 25,000 fr., à l'égard des deux premiers qui ne pourront se faire payer qu'après lui. Mais, quant au créancier non intimé, il devra lui tenir compte de ce qu'il aurait reçu dans l'ordre si le jugement eût été maintenu.—Cass. 27 mai 1834, D. 34, 250; Lyon, 28 mars 1828, D. 33, 82; Bordeaux, 26 mai 1832, S. 32, 515.

Réciproquement, l'exercice en temps utile du droit d'appel

à l'égard de quelques créanciers, ne conserve pas le droit à l'égard des autres : Vainement, l'appelant prétendrait-il se faire relever de la déchéance envers ceux-ci en formant postérieurement appel incident contre eux, alors surtout qu'il n'est pas lui-même intimé par un autre créancier. Bordeaux, 3 fév. 1829, D. 29, 285.

345. On ne peut en appel prendre de nouvelles conclusions, même subsidiaires, afin de contestation. Paris 3 mai 1807, S. 7, 1077. — Ni réclamer en vertu de nouveaux titres d'autres collocations que celles déjà demandées. Cass. 14 juill. 1813, S. 1438.—Ni opposer pour la première fois, la prescription quinquennale contre une créance colloquée dans le réglement provisoire. Cette demande en rejet a dû être l'objet d'un dire. Cass. 10 déc. 1839; le *Droit*, 20 déc. 1839.

346. Mais on est recevable à faire valoir d'autres moyens que ceux énoncés dans l'acte d'intimation, puisque cet acte peut ne pas contenir l'énonciation exacte des griefs. —V. *sup.* n° 326.

Ainsi sur l'appel d'un jugement qui a réduit la collocation d'un créancier antérieur, l'intimé peut pour la première fois demander la nullité de l'inscription de ce créancier : c'est un moyen de défense à la demande qui conclut à obtenir une collocation intégrale. Cass. 26 et non pas 16 oct. 1808, P. 7, 183;

De même le créancier qui s'est borné en 1re inst. à demander le maintien de sa collocation, peut, sur l'appel du jugement qui lui a enlevé son rang, contester les autres créanciers : cette discussion des créances est moins une nouvelle demande qu'un nouveau moyen présenté pour se faire maintenir dans son rang d'hypothèque. Colmar, 25 avr. 1817, P. 14, 197.

347. La prohibition de prendre des conclusions nouvelles ne concerne pas le créancier qui n'a été ni partie, ni appelé régulièrement au jugement. — V. *sup.* n° 303.

348. De ce qu'on s'est borné à s'en rapporter à la prudence du trib., il ne s'en suit pas qu'on doive regarder comme une demande nouvelle la prétention à la priorité sur un autre créancier. — V. *Prorogation de juridiction.*

349. L'appelant ne peut signifier ni requête, ni conclusions motivées. C'est à lui, s'il le juge convenable, de libeller ses griefs dans l'acte d'appel (—V. *sup.* n° 326. Carré, n° 2596.).

350. Les intimés peuvent au contraire signifier des conclusions motivées. Il est juste en effet de leur permettre de répondre aux griefs énoncés en l'acte d'appel. Mais la loi n'autorise que de simples conclusions; C. pr. 765.—Une requête ne passerait pas en taxe. Carré, *ib.*; Pigeau, 2,302; Berriat, 617, n° 21.

351. L'audience est ensuite poursuivie par la partie la plus

diligente, sur un simple acte, sans autre procédure, comme en première instance. C. pr. 761, 765. — V. *sup.* n° 261.

352. L'arrêt est rendu à l'audience sans rapport, toutes les difficultés de détail sont élaguées, il ne reste plus à statuer que sur des questions principales bien précisées. Pigeau, *Comm.* 2, 443.

De même la loi n'exige pas comme en 1re inst. que le ministère public soit entendu. Cass. 15 fév. 1836 (Art. 463, J. Pr.); Pigeau, *ib.*

353. Les parties qui succombent sur l'appel sont condamnées aux dépens, sans pouvoir les répéter. C. pr. 766.

354. On applique, au surplus, pour l'emploi des frais de l'avoué des contestans et la subrogation prononcée au profit du créancier sur lequel les fonds manquent, ou du saisi, les règles établies pour les dépens de 1re instance. — V. *sup.* n° 276.

355. L'arrêt doit en contenir la liquidation, mais non à peine de nullité.

356. Ils sont taxés, ainsi que ceux de 1re instance. — V. *sup.* n° 274.

357. Les difficultés sur l'exécution d'un arrêt, même infirmatif, doivent être soumises au trib. qui a rendu le jugement réformé : c'est ici le cas d'appliquer la disposition finale de l'art. 472 C. pr. L'ordre est une des matières où la loi attribue juridiction. Arg. C. pr. 767 ; Bourges, 22 nov. 1815, P. 13, 124 ; Paris, Arrêt infirmatif d'une ordonnance de M. Cadet-Gassicourt qui s'était déclaré incompétent (Art. 1630 J. Pr.).

358. A plus forte raison, si la discussion ne s'est engagée devant les premiers juges que sur la régularité des productions *dans la forme*, la C. roy., en infirmant le jugement, doit-elle renvoyer devant le trib. pour procéder sur le fond des contestations. Rouen, 30 déc. 1814, S. 15, 220.

359. L'arrêt doit être signifié à personne ou domicile. Cette formalité est nécessaire pour faire courir les délais de clôture définitive de l'ordre, et ceux du recours en cassation. C. pr. 767.

360. *Opposition à l'arrêt par défaut.* Aucune disposition du C. pr. ne la prohibe. Si l'art. 767 prescrit la clôture de l'ordre dans la quinzaine après la signification de l'arrêt qui a statué sur l'appel, cette disposition ne concerne que les arrêts définitifs. Colmar, 12 mars 1823, D. 10, 845 ; Caen, 9 mai 1837 (Art. 803 J. Pr.). — On peut ajouter qu'à la différence de ce qui a lieu en 1re instance (— V. *sup.* n° 291), la C. ne statue point sur le dire de contestation ; qu'en conséquence, il ne peut tenir lieu de conclusions, et que tant qu'il n'en est point pris au fond, l'arrêt rendu est par défaut.

361. *Tierce-opposition.* Les créanciers qui n'ont pas été appelés à l'ordre sont recevables à attaquer par cette voie le jugement qui statue sur les contestations, en ce qu'il préjudicie à leurs droits. Arg. Colmar, 17 avr. 1807, P. 6, 34.

Ainsi, lorsqu'un héritier figurant seul dans un ordre, tant pour lui personnellement que pour ses cohéritiers, a été rejeté de la collocation, faute de justifier des droits de son auteur, ses cohéritiers sont recevables à attaquer cette décision par tierce-opposition. Caen, 8 mai 1827, D. 28, 131.

Art. 8. — *Réglement définitif.*

362. *S'il ne s'élève aucune contestation* sur l'état de collocation provisoire, le juge-commissaire fait la clôture de l'ordre à l'expiration du mois accordé pour contredire. C. pr. 759.

Il n'est pas besoin pour cela qu'il en soit requis. Rennes, 11 janv. 1813, P. 11, 24.

363. Il commence le règlement en énonçant les actes faits depuis le règlement provisoire; — ainsi, les originaux des dénonciations du règlement provisoire, faites tant aux créanciers qu'au débiteur saisi.

364. Ensuite il fixe définitivement la somme à distribuer, en ajoutant au prix principal les intérêts courus jusqu'au règlement définitif, qui avaient été portés pour mémoire dans le règlement provisoire.

365. Il transcrit de nouveau les collocations privilégiées.

En première ligne, figure celle de l'acquéreur, pour frais extraordinaires de notifications et de transcription, dont le chiffre est arrêté par la taxe du juge-commissaire. C. pr. 777.

Ensuite, est également liquidée la collocation des frais de poursuite d'ordre, dans laquelle est compris le coût de l'enregistrement et du timbre des règlemens provisoire et définitif, de l'extrait de l'ordonnance de radiation des inscriptions, le coût des radiations. C. pr. 759.

On continue la copie des collocations du règlement provisoire, en suivant le rang attribué aux divers créanciers.

366. Chaque collocation contient le calcul des intérêts alloués jusqu'à la clôture du règlement définitif (— V, *inf.* n° 379), et la somme taxée pour frais de production et de mise à exécution, s'il y a lieu; et en général la liquidation des créances qui n'avaient été portées dans le règlement provisoire que pour mémoire.

Toutefois, au trib. de la Seine, le juge-commissaire ne liquide ni les intérêts, parce qu'ils courent jusqu'au paiement effectif (— V. *inf.* n° 380), ni les frais de radiation. — Cette liquidation est faite par le notaire rédacteur de la quittance.

367. La liquidation arrêtée sans contradiction de la part du débiteur, et qui se trouve exécutée par le paiement, constitue, sur la fixation du montant de la créance colloquée, un jugement passé en force de chose jugée. Cass. 25 mai 1836 (Art. 579 J. Pr.). — V. toutefois *inf.* n° 391.

368. Le juge-commissaire déclare en outre déchus les non-produisans, ordonne la délivrance des bordereaux aux créanciers utilement colloqués, la radiation des inscriptions de ceux non utilement colloqués. C. pr. 759, — soit qu'ils aient ou non produit, si le prix a été insuffisant pour désintéresser tous les créanciers.

Mais, si au contraire, après les collocations des produisans, le prix n'est point épuisé, le juge-commissaire doit s'abstenir de prononcer la radiation des inscriptions des créanciers non produisans; nonobstant cette radiation, ils peuvent réclamer et obtenir leur paiement de l'acquéreur par préférence aux créanciers chirographaires; tant que l'acquéreur est débiteur d'une portion de son prix, il en doit compte aux créanciers hypothécaires, qui seuls sont fondés à attaquer une radiation illégalement prononcée. Cass. 10 juin 1828, S. 28, 242; 15 fév. 1837 (Art. 745 J. Pr.); Pigeau, 2, 297 et 298. — Ces créanciers pourraient donc faire annuler le transport que le débiteur aurait fait de ces fonds à leur préjudice. Cass. 8 août 1836 (Art. 515 J. Pr.); Paris, 23 avr. 1836 (Art. 414 J. Pr.).

369. Les frais de radiation des inscriptions des créanciers ne venant pas en ordre utile sont colloqués par préférence au même rang que les frais de poursuite. Arg. C. pr. 759. — V. *sup.* n° 365.

Les frais de radiation concernant les créanciers utilement colloqués sont prélevés par l'acquéreur lors du paiement, et à cet effet distraction en est faite à son profit sur chaque bordereau. C. pr. 759. — Toutefois, dans l'usage, ces frais ne sont compris dans la taxe que pour mémoire, et sont réglés lors de la quittance.

370. A Paris, l'usage est de faire taxer d'abord les frais par un avoué, membre de la chambre, commis à cet effet, sur les pièces, dont la liasse complète est remise à la chambre. Cette commission se mentionne sur un registre d'ordre. C. pr. 756, 759. — V. *Dépens, Taxe.*

371. Lorsqu'il y a eu consignation et jugement qui a validé les offres, le juge-commissaire fait main-levée des inscriptions des créanciers venant ou non en ordre utile, leur effet étant réservé sur le prix. — V. *sup.* n° 23.

372. *S'il y a eu contestation*, le juge-commissaire clot son procès-verbal, dit l'art. 767, *quinzaine après le jugement.* — Il faut concilier cette disposition avec celle de l'art. 672, qui, en matière de distribution, fixe le commencement du délai au jour de la signification du jugement. En principe, lorsque la loi fait commencer un délai à un acte, elle sous-entend, à moins de disposition contraire, que c'est à dater de la notification de cet acte, d'après la maxime *paria non esse et non significari*; autrement, il pourrait arriver que le juge-commissaire arrêtât définitivement son procès-verbal avant l'expiration des délais de l'appel, et même avant la signification du jugement. Berriat, 617, note 23; Carré, n° 2599; Delaporte, 2, 346. — *Contrà*, Arg. Pigeau, *Comm.* 2, 444; Demiau, p. 469.

On justifie de l'expiration des délais ci-dessus prescrits par la représentation d'un certificat de l'avoué poursuivant, contenant la date de la signification du jugement; — un certificat du greffier, constate en outre qu'il n'y a pas d'appel interjeté.

373. Toutefois, lorsque le jugement n'est pas susceptible d'appel, le juge-commissaire peut clore son procès-verbal quinzaine après le jugement. Carré, *ib.*

374. S'il y a eu appel du jugement, la clôture peut être faite quinzaine après la signification de l'arrêt. C. pr. 767.

375. Si le règlement provisoire est maintenu par le jugement ou l'arrêt, on procède comme s'il n'y avait pas eu contestation. — V. *sup.* n° 363.

Toutefois, on doit relater le renvoi à l'audience, copier ou analyser le jugement qui ordonne le maintien du règlement provisoire.

En fixant les frais pour chaque créancier, on comprend dans la taxe ceux dont l'emploi a été autorisé.

376. Les créanciers dont la collocation provisoire a été confirmée par jugement ne peuvent être exclus du règlement définitif par le juge-commissaire, sous le prétexte qu'ils ne produisent plus leurs titres : ils peuvent se prévaloir de l'autorité de la chose jugée. Bourges, 20 juill. 1831, D. 32, 48.

377. Si le règlement provisoire est en partie modifié, il est indispensable de transcrire le dispositif des jugemens ou arrêts. Le règlement définitif doit être conforme à la décision de la justice.

378. Lorsque le prix est insuffisant pour désintéresser tous les créanciers, le juge commissaire détermine la somme qui sera payée au dernier créancier sur lequel manquent les fonds à distribuer, en imputant sur cette somme d'abord les frais, ensuite les intérêts, et subsidiairement le capital.

379. Les intérêts des diverses créances cessent de plein droit du jour de la clôture du procès-verbal d'ordre. C. pr. 767.

380. C'est-à-dire qu'à dater de cette époque les créanciers n'ont plus droit aux intérêts des créances colloquées contre le débiteur, mais seulement aux intérêts des sommes qui leur sont attribuées dans l'ordre, soit que le prix à distribuer ait été déposé à la caisse des consignations et ne produise que 3 pour cent d'intérêts, soit qu'il se trouve entre les mains de l'adjudicataire.

381. Jugé en conséquence que la disposition de l'art. 767 ne peut être invoquée par l'acquéreur qui, jouissant de la chose, doit jusqu'au paiement effectif les intérêts de son prix. Arg. C. civ. 1652. Cass. 16 mars 1814, S. 14, 106; Paris, 5 juin 1813, S. 13, 288. — V. *Distribution par contribution*, n° 113 et 133. — De ce que le prix d'ailleurs a été offert par lui aux créanciers inscrits, il s'ensuit qu'il devient leur débiteur tant de ce prix que des intérêts. Motifs Bourges, 26 août 1814, P. 12, 393; — à moins toutefois qu'il n'eût été dispensé par le cahier des charges de payer aucun intérêt.

382. Nous n'adoptons point la doctrine d'un arrêt de Paris, 5 juin 1813, qui juge que les intérêts du prix doivent être joints à ce qui reste dû sur le capital, pour remplir d'autant le créancier sur lesquels les fonds manquent, ou être remis à la partie saisie, — ni l'opinion de Berriat, 621, note 37, qui pense que le greffier ayant dix jours pour délivrer les bordereaux (— V. *inf.* n° 399), et ne pouvant modifier le travail du juge, les créanciers perdent ces dix jours d'intérêts.

383. L'ordonnance de clôture n'est définitive qu'autant qu'elle a été signée tout à la fois par le juge-commissaire, — et par le greffier. Arg. C. pr. 1040.

Jusqu'à la signature de ce dernier, le juge peut modifier son procès-verbal; d'où il faut conclure que les créanciers retardataires pourraient encore produire. Bourges, 24 janv. 1838. (Art. 1237 J. Pr.).

384. Une fois l'ordre clos, les créanciers non produisant sont absolument non-recevables à produire, ou à former opposition sur les deniers distribués; — à moins cependant que la clôture de l'ordre n'ait été illégalement prononcée. Cass. 9 déc. 1824, S. 25, 293, — ou qu'ils n'aient pas été sommés de produire. — V. *sup.* n° 389.

ART. 9. — *Comment le règlement définitif peut être attaqué.*

385. En général, le règlement définitif une fois clos ne peut être attaqué par les créanciers : — s'il a été arrêté après contestations, il n'a fait que reproduire la décision de jugemens ou arrêts ayant l'autorité de la chose jugée; — s'il n'y a pas eu de contestations sur le règlement provisoire, les créanciers sont censés y avoir acquiescé. Rouen, 25 mars 1809, S. 9, 399; Paris, 3 août 1812, P. 10, 621; Colmar, 13 mars 1817, S. 18, 137; Paris, 26 janv. 1832, S. 32, 331; Merlin, *Rép.* v° *Saisie-immobilière;* Pigeau, *Comm.* 2, 435; Berriat, 614; Carré, n° 2595.

386. Toutefois, un recours est ouvert contre l'ordonnance de clôture : — 1° lorsque les créanciers qui ont laissé écouler les délais sans contredire trouvent leur justification dans l'irrégularité des notifications qui leur ont été faites. Nanci, 16 mars 1809, P. 7, 448; Pigeau, Carré, *ib*.

387. 2° Dans le cas où le juge a prononcé la clôture de l'ordre, soit avant l'expiration du mois, pour contredire, du consentement même de tous les produisans; Paris, 21 mai 1835 (Art. 181 J. Pr.); — soit en statuant sur le désistement d'un créancier produisant au lieu de renvoyer à l'audience. Cass. 9 déc. 1824, D. 25, 131,—Dans l'un et l'autre cas, les créanciers retardataires ayant le droit de se présenter jusqu'à la fin de l'ordre (C. pr. 757), peuvent attaquer cette clôture comme prématurée. *Mêmes arrêts*.

388. 3° Lorsqu'un créancier produisant ayant contesté dans le délai (Paris, 20 juin 1835, Art. 182 J. Pr.); —ou n'ayant produit et contredit que postérieurement, mais avant la clôture, ainsi que l'art. 757 l'y autorisait (Riom, 7 juin 1817, P. 14, 271), le juge, au lieu de renvoyer la contestation à l'audience, a déclaré définitif le règlement provisoire. *Mêmes arrêts*.

389. 4° Lorsque les créanciers qui demandent la réformation du règlement auraient dû être appelés à l'ordre et ne l'ont pas été : on ne saurait sans injustice leur refuser le droit de se pourvoir contre l'ordonnance qui a clos l'ordre dans lequel ils n'ont pas été compris. Montpellier, 3 juill. 1828, S. 29, 160; Carré, n° 2575.

Mais pour cela il faut que les créanciers aient pu être appelés par le poursuivant. — S'ils ont été omis dans le certificat du conservateur, les sommations n'ont pu leur être faites, et ce dernier est seul responsable à leur égard. C. civ. 2198. – Ils ne seraient donc point fondés dans ce cas à se pourvoir contre le règlement définitif. Bruxelles, 15 janv. 1812, P. 10, 38.

Jugé que le cessionnaire d'une créance hypothécaire inscrite qui, avant l'ordre, a fait signifier son acte de transport, est recevable à se pourvoir contre le règlement définitif auquel il n'a pas été appelé. Paris, 21 mai 1835. (Art. 181 J. Pr.). — On peut dire contre cet arrêt que le cessionnaire ayant négligé de faire inscrire son transport, le poursuivant avait fait dans l'espèce tout ce que la loi lui prescrivait en appelant le cédant créancier inscrit.

390. 5° Dans le cas où les créanciers fondent leur critique sur ce que le règlement définitif n'est pas la reproduction exacte du règlement provisoire, s'ils soutiennent que le commissaire n'a pas fixé à sa juste valeur les intérêts ou les frais qui n'étaient portés dans le règlement provisoire que pour mémoire, ou qu'il a commis des erreurs, soit dans les déchéances prononcées contre des créanciers, soit dans la délivrance des bordereaux. En effet, tous ces points n'ayant pas été réglés par le travail provisoire, le silence des créanciers ne saurait emporter approbation de leur part. Pigeau, *Comm.* 2, 435.

391. 6° Dans le cas même où le règlement définitif a fidèlement reproduit les dispositions du règlement provisoire, s'il y a eu erreur dans la fixation de la somme réclamée : — le contrat judiciaire n'est formé que relativement à l'existence de la créance. Limoges, 15 avril 1817, P. 14, 183; Arg. Rouen, 10 mars 1824, D. 25, 36.

Toutefois, s'il n'existe qu'une erreur matérielle de calcul évidente, on peut la rectifier d'un commun accord entre les créanciers par la quittance devant notaires.

392. Quel recours doit-on employer contre le règlement définitif? — Il faut distinguer :

393. Si les créanciers demandent sa réformation comme n'ayant point été appelés, bien qu'ils eussent été compris sur le certificat des inscriptions, ils peuvent demander par la voie de la tierce-opposition devant le trib. (C. pr. 474) la nullité de la procédure d'ordre : les forcer d'attaquer par l'appel le règlement définitif auquel ils n'ont point été parties, ce serait violer la règle des deux degrés de juridiction. Cass. 9 déc. 1824, D. 25, 131; Montpellier, 3 juill. 1828, S. 29, 160; Paris, 21 mai 1835 (Art. 181 J. Pr.); Dalloz, 10, 847. — V. *Distribution*, n° 132.

Mais l'ordre ne doit être annulé qu'en ce qui concerne les créanciers qui n'y ont pas été appelés, et il y a lieu seulement sur leur production à un nouveau règlement provisoire supplémentaire. Paris, 21 mai 1835. — V. toutefois *Distribution, ib.*

Jugé même qu'ils doivent, pour éviter un circuit d'actions, se borner à recourir contre les derniers créanciers utilement colloqués. Colmar, 9 août 1814, P. 12, 355.

394. Lorsque les créanciers ont figuré à l'ordre, le réglement définitif constitue à leur égard un jugement qu'ils ne peuvent attaquer que par la voie de l'appel : le juge en effet, lorsqu'il s'agit de régler provisoirement les droits des créanciers, est un simple commissaire qui examine et propose ; mais lorsqu'il s'agit d'un réglement définitif, c'est un juge qui ordonne. En prononçant la forclusion des créanciers non produisans, en ordonnant le paiement des collocations et la radiation des inscriptions, il remplace le trib. entier et rend un véritable jugement dont l'appel doit être porté devant la C. royale.

Permettre au créancier qui a figuré à l'ordre de saisir le trib., après le juge-commissaire, sauf plus tard à interjeter appel en cour royale, ce serait créer trois degrés de juridiction. Cass. 9 avr. 1839 (Art. 1384 J. Pr.). Nanci, 16 mars 1809. P. 7, 448; Riom, 7 juin 1817, P. 14, 271; Montpellier, 9 juin 1823;

Bourges, 7 juill. 1830, 20 juill. 1831, D. 32, 48; Paris, 20 juin 1835 (Art. 182 J. Pr.); 11 janv. 1837, 11 mars 1839 (Art. 1365 J. Pr.); 3 oct. 1839 (Art. 1524 J. Pr.); Pigeau, *Comm.*, 2, 435; Carré, n° 2576; Thomine, n° 874.

— Arg. Toulouse, 7 déc. 1826, S. 27, 92, rendu dans une espèce où le juge-commissaire avait par son ordonnance déclaré qu'il n'y avait point lieu à ordre.

Un arrêt de Bourges, 10 déc. 1813, P. 11, 825, qui semble décider d'une manière générale que la voie de l'appel peut être employée seulement contre le jugement qui a statué, sur des contestations en matière d'ordre et non contre le réglement définitif, ne doit être suivi que lorsque ce réglement n'est pas susceptible d'être attaqué. — Besançon, 29 mars 1816, P. 13, 363, décide que c'est au trib. à rectifier les erreurs commises dans le réglement définitif.—Même décision, Trèves, 14 mars 1808, P. 6, 559, rendu avant le C. pr. sur une demande en rectification d'un jugement homologatif d'ordre.

395. Le délai pour interjeter appel d'un réglement définitif est de trois mois. Paris, 11 janv. 1837, 11 mars 1839 (Art. 1365 J. Pr.).

Aucune disposition de la loi ne dit que le réglement définitif doit être levé et signifié; c'est donc à partir de la clôture que le délai doit courir. Arg. C. pr. 736. Paris, 11 mars 1839. — *Contrà*, Pau, 9 juin 1837 (Art. 1365 J. Pr.). — Dans l'espèce de cet arrêt l'appelant était à la fois adjudicataire et créancier.

396. Au reste, l'ordonnance du juge-commissaire étant de sa nature exécutoire par provision, l'appel peut en être émis dans la huitaine de sa prononciation. Montpellier, 9 juin 1823, P. 17, 1171.

397. Quelque soit le recours employé par le créancier contre le réglement définitif, il doit intenter sa demande dans la forme ordinaire et non par un dire à la suite du procès-verbal d'ordre : la mission de l'avoué et celle du juge-commissaire cessent en effet dès que l'ordre est clos et arrêté définitivement, il n'y a plus dès lors d'incident d'ordre possible.

Jugé en conséquence que le jugement qui interviendrait dans ce cas sur un simple avenir serait nul, alors même que l'avoué du défendeur aurait signé avec son client un dire en réponse. Colmar, 2 mai 1835 (Art. 80 J. Pr.).

398. Si les créanciers peuvent attaquer dans certains cas le réglement définitif, à plus forte raison l'adjudicataire le peut-il.

Ainsi jugé, — 1° que les erreurs ou omissions commises dans le réglement ne peuvent imposer à l'acquéreur des engagemens qui ne résultent pas des conditions de la vente. Paris,

4 juill. 1810, D. 10, 852, et qu'il peut faire réformer ces erreurs en formant tierce-opposition au réglement définitif. Cass. 13 avr. 1835 (Art. 81 J. Pr.).

2° Que l'adjudicataire qui a payé son prix entre les mains du notaire délégué par le cahier des charges, a qualité pour former tierce-opposition à l'état de collocation dressé postérieurement et qui l'oblige à payer de nouveau son prix aux créanciers du vendeur. Cass. 12 déc. 1821, S. 22, 249.

3° Que l'acquéreur peut attaquer par action principale l'ordonnance de clôture et en faire prononcer la nullité, lorsque quelques-uns des créanciers n'ont pas été appelés à l'ordre. Toulouse, 17 déc. 1838 (Art. 1335 J. Pr.). — Dans l'espèce, l'acquéreur avait assigné les créanciers en déclaration de jugement commun.

Art. 10. — *Délivrance des bordereaux ; paiement.*

399. Quelque soit l'époque de la clôture du procès-verbal du juge-commissaire, dix jours après cette clôture, les bordereaux de collocation sont délivrés par le greffier aux créanciers utilement colloqués. C. pr. 759, 771; — et même avant, si cela se peut. Pigeau, *Comm.*, 2, 448.

Si le greffier mettait plus de retard, il pourrait être poursuivi en dommages-intérêts. Thomine, n° 888.

400. La délivrance des bordereaux est valablement ordonnée, malgré l'opposition de l'adjudicataire, fondée sur ce que l'indemnité qui lui est due pour cause d'éviction partielle, n'est pas réglée, lorsqu'il est constant en fait qu'après l'acquittement de ces bordereaux il restera entre les mains de l'adjudicataire une somme suffisante pour lui assurer son indemnité. Dijon, 8 fév. 1817, S. 18, 107.

401. Les bordereaux sont délivrés de la même manière, et dans la même forme que ceux en matière de *distribution par contribution*.—V. ce mot, n° 128.

402. Toutefois le créancier n'est pas tenu d'affirmer préalablement sa créance, probablement parce que les titres des créanciers venant à l'ordre, étant authentiques, sont moins faciles à simuler, et méritent plus de confiance que ceux que l'on produit aux contributions, lesquels sont souvent sous-seing privé et faits dans un temps voisin de la saisie. Carré, n° 2610; Pigeau, 2, 304.

403. La signature du greffier suffit sur le bordereau (Arg. C. pr. 771) comme pour toute autre expédition (—V. *Distribution*, n° 128.), la signature du juge-commissaire n'est pas nécessaire. Bruxelles, 14 juill. 1810, P. 8, 460.

404. L'extrait de l'ordonnance de radiation des inscriptions des créanciers non utilement colloqués, réuni aux bordereaux, forme le complément de la copie du réglement. Il y aurait double emploi si on en levait et signifiait une expédition entière. —V. *Distribution par contribution*, n° 126.

405. Doit-on délivrer à chaque créancier autant de bordereaux qu'il y a de collocations distinctes en son nom ?—Un seul bordereau est suffisant, pourvu qu'il spécifie, dans des articles séparés, le montant et la nature des différentes collocations attribuées au même individu; autrement, ce serait donner lieu à des frais frustratoires.—*Contrà*, Carré, n° 2609. — Dans l'usage, on délivre même quelquefois un bordereau collectif à *divers créanciers*, sur leur demande, pour économiser les frais.—V. *Distribution par contribution*, n° 129.

406. La collocation n'emporte pas délégation parfaite au profit de chaque créancier, ni libération du débiteur; c'est une simple indication de paiement qui laisse subsister la dette avec toutes ses garanties. Cass. 25 fév. 1839 (Art. 1610 J. Pr.). Il résulte, il est vrai, des art. 767 et 770 que l'adjudicataire doit à la masse hypothécaire les intérêts de chacune des créances colloquées utilement à compter du jour de l'adjudication, parce qu'il jouit à partir de cette époque des fruits, et que les intérêts du prix ne sont que la compensation de ces fruits. Mais il ne s'en suit pas que les créanciers colloqués aient un droit direct et immédiat sur le prix de l'adjudication.—Seulement ils exercent en vertu de l'indication de paiement les droits de leur débiteur, en se faisant payer les intérêts du retard qu'ils éprouvent.

Nous pensons en conséquence que la perte des deniers arrivée avant le paiement ne serait pas supportée par le créancier. Berriat, 615, not. 16; Pigeau, *Comm.*, 2, 449; Arg. Cass. 18 mai 1808, P. 6, 692, 5 mai 1814; Merlin, Rép. v° *Subrogation de personnes*, sect. 2, § 8, n° 7; Motifs, Paris, 17 nov. 1815, P. 13, 115.

407. Jugé par suite de ces principes : 1° que faute par l'adjudicataire d'acquitter le montant des bordereaux, les créanciers ne pourraient demander la résolution de la vente comme subrogés aux droits de leur débiteur, mais seulement comme agissant au nom de ce dernier aux termes de l'art. 1166; — la délivrance des bordereaux ne change pas la nature de leur droit qui est un simple droit de suite sur l'immeuble, à l'effet d'obtenir le paiement de leur prix. C. civ. 2169. Orléans, 18 nov. 1836 (Art. 802, J. Pr.).

2° Que le créancier ne perd pas son recours contre la caution solidaire parce qu'il a été utilement colloqué dans un ordre ouvert sur le débiteur principal. Colmar, 22 av. 1815, P. 12, 689.

408. Le bordereau est exécutoire contre l'acquéreur, à

moins que celui-ci n'ait consigné valablement son prix.—V. *sup.* n° 371.

Il peut être contraint au paiement par la folle-enchère, — et même par la saisie immobilière et autres voies judiciaires. Paris, 20 mars 1810; Bruxelles, 14 juill. 1810, P. 8, 188, 460; Berriat, 625, n° 46.

Il n'y a qu'un paiement intégral ou des offres suffisantes qui puissent arrêter l'exécution de la part du porteur. Paris, 9 oct. 1812, P. 10, 740.

409. Si l'adjudicataire est troublé dans sa jouissance et qu'il ait juste sujet de craindre une éviction, il peut suspendre le paiement de son prix jusqu'à ce que son vendeur ait fait cesser ce trouble. C. civ. 1653.

410. L'adjudicataire est valablement libéré en payant les porteurs des bordereaux de collocation au fur et à mesure qu'ils se présentent. Cass. 28 fév. 1827, D. 27,156.—Le plus souvent, au surplus, tous les bordereaux sont remis en même temps chez le notaire de l'acquéreur, qui dresse une seule quittance; si quelques-uns des créanciers ne se présentent pas pour toucher le montant de leurs bordereaux il doit leur être réservé.

411. Le paiement fait par l'adjudicataire, sur le vu d'un bordereau de collocation, le libère, quand même, par la suite, le porteur du bordereau serait évincé de sa créance, et même les poursuites faites avant l'ordre par le prétendu créancier déclarées nulles : il n'est point partie dans la procédure d'ordre, et la seule obligation à laquelle il soit soumis est de payer sur le vu des bordereaux les créanciers utilement colloqués. Paris, 31 mai 1813, S. 14, 264; Cass. 28 mars 1837 (Art. 708 J. Pr.).

412. Il ne saurait donc contester les droits du créancier porteur d'un bordereau. Cass. 25 janv. 1826, D. 26, 195.—Fût-ce une femme mariée sous le régime dotal et séparée de biens, colloquée pour le montant de sa dot qu'il voudrait assujettir au remploi, pourvu qu'elle soit autorisée par son mari à donner quittance. *Même arrêt.*

413. Le tiers qui a reçu en paiement des sommes allouées dans un ordre à son débiteur, peut être dispensé de restituer ces sommes, si la collocation vient ensuite après la cassation de l'arrêt à être annulée. Arg. C. civ. 1238.—Cass. 13 mai 1823, S. 24, 302.

414. Mais l'adjudicataire qui a désintéressé un créancier avant l'ordre ne peut se refuser à payer un cessionnaire de ce même créancier, s'il l'a laissé colloquer dans l'ordre sans le contester : il y a chose jugée. Lyon, 4 août 1826, S. 27, 38.— Dans l'espèce l'adjudicataire avait été partie dans l'ordre.

415. L'avoué, constitué seulement pour obtenir la collocation, n'a pas pouvoir d'en toucher le montant et de donner quittance. Le détenteur des fonds ne pourrait donc être forcé de payer entre ses mains, à moins qu'il ne fût porteur d'une procuration spéciale.—V. *Avoué*, n° 103.

416. Le jugement qui rejette l'opposition aux poursuites faites en vertu du bordereau contre le tiers détenteur, peut ordonner qu'il sera exécuté *par provision*.

417. Mais cette exécution provisoire doit être refusée, au cas de tierce-opposition contre le réglement d'ordre, et le bordereau qui en a été la suite.—La faveur accordée au titre authentique cesse d'exister lorsque ce titre est attaqué quant à sa validité et à son essence. Montpellier, 24 fév. 1835 (Art. 142 J. Pr.).—V. *Jugement*, n° 166.

418. Lorsque la somme à distribuer a été déposée à la caisse des consignations, il faut, mais il suffit que l'on remette un extrait du réglement définitif, énonçant les collocations au préposé de la caisse. Ord. 3 juill. 1816, art. 17.

Les bordereaux sont également remis au même préposé, mais il n'est pas nécessaire de les lui signifier.

419. Suffit-il de justifier de l'ordonnance de radiation, au dépositaire, sans produire un certificat de non appel? — Pour la négative, on invoque les principes généraux relatifs à l'exécution des jugemens à l'égard des tiers. Arg. C. pr. 548. Demiau, 432. — Mais on peut répondre : l'ordonnance du juge-commissaire ne doit pas être signifiée ; dès-lors, l'art. 548 est inapplicable.

420. Les créanciers colloqués, en donnant quittance du montant de leur collocation, consentent la radiation de leurs inscriptions (C. pr. 772). Au fur et à mesure du paiement des collocations, le conservateur, sur la représentation du bordereau et de la quittance du créancier, *décharge d'office* l'inscription jusqu'à concurrence de la somme acquittée. C. pr. 773.

L'*inscription d'office* est rayée *définitivement*, en justifiant par l'adjudicataire du paiement de la totalité de son prix, soit aux créanciers colloqués, soit au saisi, et de l'ordonnance du juge-commissaire qui prononce la radiation des inscriptions des créanciers non colloqués. C. pr. 774.

Que faut-il entendre par ces expressions de l'art. 773 : *le conservateur décharge d'office l'inscription*, et celles de l'art. 774 : *l'inscription d'office est rayée définitivement?*

Pigeau, 2, 305, et Lepage, 2, 292, expliquent ces expressions en ce sens qu'elles ne se rapportent qu'à l'inscription que le conservateur doit prendre *d'office*, lors de la transcription du contrat de vente ou du jugement d'adjudication au profit du vendeur et de ses créanciers.

Selon M. Tarrible (*Rép.*, v° *Saisie immob.*), au contraire, l'art. 773 signifie seulement que toutes les inscriptions des créanciers utilement colloqués sont successivement rayées; et l'art. 774, que celles des créanciers non utilement colloqués le sont aussi d'office, sur la justification du paiement et de l'ordonnance du juge. Il n'est, ajoute-t-il, aucunement question, dans ces art., de l'inscription d'office que doit prendre le conservateur, en vertu de l'art. 2108 C. civ.

Enfin, Carré, n° 2614, pense que l'art. 773 doit s'entendre de la radiation successive des inscriptions des différens créanciers, radiation que le conservateur est tenu de faire *d'office*, c'est-à-dire sans qu'il soit besoin de réquisition à cet effet, lors de la représentation de chaque bordereau et de la quittance du créancier; — et l'art 774, de l'inscription *d'office* prise par le conservateur dans l'intérêt de la masse, dans le cas où il y a eu transcription; inscription qui conserve non-seulement les droits des créanciers utilement colloqués, mais encore ceux des créanciers qui ne le sont pas, et qui, par conséquent, ne peut être rayée qu'après les justifications ordonnées par cet article.

Suivant nous, on peut distinguer trois espèces de radiation :

1° Celle des créanciers colloqués, qui, en touchant, doivent *consentir* la radiation entière et définitive de leur inscription : tel est le cas prévu par l'art. 772. — Cette obligation est imposée même au créancier sur lequel les fonds manquent, il est contraint par la loi à donner main-levée de son inscription, quoique ne touchant pas la totalité de sa créance, en ce qu'elle frappe sur les biens vendus dont le prix a été distribué, son effet réservé sur tous autres biens.

2° La radiation partielle de l'inscription d'office, prise au profit du vendeur et de ses créanciers, qui s'opère simultanément avec celle de l'inscription spécialement prise au profit de ces derniers, à mesure que l'acquéreur justifie du paiement des bordereaux. Tel est le cas des art. 772 et 773 combinés.

3° Enfin, la radiation *définitive* de la même inscription d'office; elle a lieu lors de la justification du paiement final au créancier qui a touché le reliquat pour lequel militait encore cette inscription d'office, et si le prix d'adjudication a été plus que suffisant pour désintéresser tous les créanciers colloqués, après la justification du paiement du reliquat payé à la partie saisie. Tel est le cas de l'art. 774.

L'ordonnance de radiation des inscriptions non utilement colloquées, doit, dans tous les cas, être remise au conservateur.

421. Le consentement donné par les créanciers à la radiation de leurs inscriptions, et la quittance du montant de leurs bordereaux de collocation, doivent être consignés dans un acte authentique. C. civ. 2158; Merlin, *Rép.*, v° *Saisie*, § 8; Berriat, p. 624, note 44; Carré, n° 2613 (—V. *Inscription*, n°s 69, 70, 71). —*Contrà*, Hautefeuille, 424.

422. Si un créancier colloqué ne peut ou ne veut recevoir le montant de sa collocation, le réglement définitif ne vaut pas main-levée définitive de son inscription, car il subordonne la main-levée au paiement. Mais l'acquéreur est autorisé à déposer le montant de cette collocation à la caisse des consignations, et à assigner le créancier en main-levée : tous les frais demeurent à la charge du créancier. Pigeau, *Com.*, 2, 449.

En conséquence, si une femme mariée sous le régime dotal a été colloquée pour ses reprises dotales, on pourvoit à ce que les deniers lui soient conservés jusqu'à ce qu'elle puisse les recevoir et en donner quittance valable. A cet effet, le détenteur est autorisé à garder les fonds entre ses mains, ou l'on ordonne tout autre emploi de la somme en question. Cass. 24 juill. 1821, S. 21, 422.

423. L'hypothèque étant indivisible de sa nature, si le montant d'une collocation est divisé entre plusieurs personnes, l'adjudicataire ne peut être forcé à recevoir des mains-levées partielles de l'inscription. Les créanciers doivent s'entendre pour lui rapporter une main-levée générale. Pigeau, *Comm.*, 2, 450.

424. Le créancier qui veut empêcher la péremption de son inscription, est-il tenu de la renouveler *jusqu'au paiement?* — La prudence suggère de prendre cette mesure dans tous les cas.

Ainsi, lorsqu'il s'agit d'une vente volontaire, — le renouvellement a été jugé nécessaire même après l'expiration du délai de 40 jours, en cas de surenchère, jusqu'à la nouvelle adjudication. Bordeaux, 17 mars 1828, D. 28, 104; Troplong, n° 723. — V. *Hypothèque*, n° 52; *Purge*.

S'il s'agit d'une vente sur expropriation forcée, il semble que l'adjudication (pourvu qu'elle soit suivie d'un paiement ultérieur) fasse produire à l'hypothèque son effet, et dispense dès lors de renouveler l'inscription. — V. *Hypothèque*, n° 53.

Toutefois, les uns exigent, en outre, l'ouverture de l'ordre. Arg. Cass. 30 nov. 1829, S. 30, 21; — d'autres, la production des titres. Merlin, v° *Inscription hypothécaire*, § 5; Sirey, *Dissertation*, 30, 2, 25. Arg. Toulouse, 20 mai 1828; Rouen, 14 fév. 1826, D. 26, 142; Cass. 9 août 1821, S. 22, 38; — d'autres, enfin, la délivrance des bordereaux de collocation. Dalloz, *Hypothèque*, p. 302, n° 9.

§ 7. — *Du sous-ordre.*

425. Le sous-ordre est la répartition d'une somme colloquée dans un ordre, entre tous les créanciers de celui à qui elle a été attribuée, lorsqu'eux-mêmes sont intervenus dans cet ordre.

426. Le sous-ordre se poursuit comme une distribution par contribution ordinaire, quoiqu'il ait pour objet le partage d'une somme provenant de la vente d'un immeuble; car le montant de la collocation n'est pas, à l'égard de ces créanciers, une masse hypothécaire, mais un objet purement mobilier (C. pr. 778). — Le C. pr. a tranché ainsi une question controversée sous l'ancienne jurisprudence. Bruneau, *Traité des criées;* d'Héricourt, *Vente des immeubles par décret;* — *Contrà,* Pothier, Cout. d'Orléans, tit. *des Criées,* n° 141, et même sous la loi du 11 brum. an 7. Paris, 10 août 1809, P. 7, 758. — *Contrà,* Paris, 15 frim. an 12, P. 3, 527.

427. Lorsque les créanciers de l'adjudicataire créancier lui-même du dernier propriétaire ont été colloqués dans l'ordre au lieu de l'être en sous-ordre, cet adjudicataire ne peut s'en plaindre, lorsqu'aucun autre ne s'est présenté, le résultat en définitive étant le même. Bourges, 22 mai 1838 (Art. 1328 J. Pr.).

428. Si les créanciers interviennent comme subrogés à l'hypothèque de leur débiteur, ils exercent un droit personnel, et peuvent se faire colloquer directement sans être obligés de subir une distribution en sous-ordre. Paris, 12 déc. 1817, P. 14, 534; Cass. 17 avr. 1827, D. 27, 201; Thomine n° 895.

429. Lorsque celui qui a droit de se présenter à l'ordre n'a pas pris inscription, ses créanciers peuvent la prendre en son nom en vertu du contrat qui lui confère hypothèque, C. civ. 1166; C. pr. 778. — (Peu importe que ces créanciers soient hypothécaires ou simples chirographaires, que leur titres soient authentiques ou sous-seing privé. Thomine, n° 895; Dalloz; 10, 834.) Pourvu que cette inscription soit prise dans la quinzaine de la transcription, s'il s'agit de vente volontaire C. pr. 834, — ou avant l'adjudication définitive, s'il s'agit de vente par expropriation.

430. Toutefois, quand ces créanciers exercent les droits d'une personne dont l'hypothèque est dispensée d'inscription, ils ne peuvent être écartés du sous-ordre sous le prétexte qu'ils ne se sont pas fait inscrire; si les délais de la purge légale ne sont pas écoulés. Paris, 20 juil. 1833, D. 34, 29.

431. Le sous-ordre se poursuit entre les créanciers qui ont ainsi pris inscription au nom de leur débiteur, et ceux qui ont formé opposition avant la clôture de l'ordre sur le montant de la collocation. C. pr. 778; — il n'a lieu qu'entre ces derniers, si le débiteur s'était lui-même fait inscrire.

432. Suivant MM. Pigeau, 2, 306; Favard, 4, 55; Thomine, n° 895, ces créanciers sont préférés à ceux dont l'opposition n'est intervenue qu'après cette époque. La clôture de l'ordre avait opéré à leur profit transport de deniers.

Mais on peut soutenir que l'art. 778 C. pr. a eu pour but de dispenser de mettre en cause les autres créanciers sans vouloir les frapper de déchéance.

433. De nouveaux opposans pouvant se présenter jusqu'à la clôture (Arg. C. pr. 778), le sous-ordre ne doit se faire qu'après cette époque. Les délais de l'ordre et de la distribution par contribution n'étant pas les mêmes, ces deux procédures ne peuvent être suivies concurremment. Pigeau, 2, 306. — Il en est autrement en matière de sous-distribution par contribution. — V. *Distribution*, n° 17.

434. En conséquence les créanciers qui doivent concourir au sous-ordre demandent par un dire sur le procès-verbal d'ordre, que le bordereau soit délivré à celui d'entre eux qui poursuivra le sous-ordre, à la charge de faire distribuer le montant de la collocation aux parties intéressées. Pigeau, *ib.*—V. d'ailleurs *sup.* n° 100.

435. Mais avant qu'il ne soit procédé au sous-ordre où ils feront valoir leurs droits personnels, ils ont la faculté d'intervenir à l'ordre lui-même, comme exerçant les droits de leur débiteur.

436. Ils pourraient donc en cette qualité 1° contredire dans les délais les collocations du réglement provisoire. Carré, 2592. —*Contrà*, motifs, Grenoble, 24 déc. 1824, D. 10, 353. — Sans, du reste, que l'expiration de ces délais puisse leur faire perdre le droit de se présenter au sous-ordre. *Même arrêt.*

437. 2° Signifier le jugement qui a statué sur des contestatations d'ordre. Riom, 18 mars 1815, S. 17, 353.

438. 3° Interjeter appel de ce jugement, Carré, n° 2592; — Dans le délai imparti par l'art. 763 à leur débiteur. Carré, n° 2594; — ou intervenir sur l'appel. Montpellier, 24 nov. 1831, S. 32, 359. Et à cet effet la C. peut même leur accorder un délai. *Même arrêt.* Mais ils ne pourraient se faire une fin de non recevoir de ce que la notification de l'appel ne leur a point été faite, le poursuivant étant seulement tenu de la faire aux créanciers directs. *Même arrêt;* Cass. 2 mai 1810, S. 10, 144, Grenoble, 14 déc. 1832, D. 33, 93.

439. Après la clôture de l'ordre, il est procédé au sous-ordre dans la forme prescrite pour la distribution par contribution.

En conséquence, la forclusion prononcée par l'art. 660 C. pr. pour défaut de production dans le délai légal est applicable en cette matière. Cass. 2 juin 1835 (Art. 130, J. Pr.).

440. La somme admise en collocation étant devenue l'objet d'une distribution séparée, c'est son importance qui détermine le taux du dernier ressort, quel qu'ait été le montant de la somme principale à distribuer dans l'ordre. Poitiers, 1er juill. 1819, P. 15, 372.

441. La distribution en sous-ordre une fois terminée, s'il existe un reliquat, le débiteur sera-t-il fondé à le réclamer?

L'affirmative ne saurait être douteuse s'il avait pris lui-même inscription.

Si cette inscription a été prise par ses créanciers, la même solution doit être suivie ; c'est en effet en vertu de son titre et non en vertu des leurs qu'ils ont dû requérir cette inscription. Les créanciers hypothécaires postérieurs en date ayant été avertis, ne sauraient donc réclamer l'excédant.—Vainement dans l'opinion contraire tire-t-on argument de l'art. 788 C. civ. qui dispose que la renonciation à une succession faite au préjudice des droits des créanciers ne peut être annulée que dans l'intérêt de ces mêmes créanciers ;—l'analogie n'existe pas :

Le successible, en renonçant, a abdiqué sa qualité d'héritier. L'action intentée par ses créanciers dans leur intérêt personnel ne saurait donc sans injustice lui profiter ; celui au nom duquel une inscription est intervenue dans les délais, aurait pu au contraire prendre lui-même cette mesure conservatoire. — *Contrà*, Pigeau, 2, 305.

442. Toutefois, si les créanciers en sous-ordre n'avaient pris inscription en vertu du titre de leur débiteur que jusqu'à concurrence de leurs droits, celui-ci ne pourrait réclamer le reliquat, c'était à lui à prendre une inscription plus étendue.

443. Après l'acquittement de tous les bordereaux des créanciers colloqués dans le sous-ordre, l'inscription prise au nom du créancier direct est rayée. Arg. C. pr. 774, Pigeau, 2, 307.

444. Les créanciers chirographaires du dernier propriétaire de l'immeuble dont on distribue le prix, peuvent intervenir à l'ordre pour en surveiller les opérations ; mais ils ne sont colloqués que dans le cas où il reste des fonds libres après l'acquittement de toutes les créances privilégiées et hypothécaires. Dans ce cas, le reliquat leur est partagé par contribution.

§ 8. — *Cas où il y a lieu à folle-enchère depuis la clôture de l'ordre.*

445. Lorsque l'ordre a été arrêté sur le prix laissé entre les mains de l'acquéreur, il peut se faire que celui-ci ne satisfasse pas aux obligations de son contrat, et qu'il y ait lieu contre lui à poursuite de *folle-enchère*. — V. ce mot.

446. Mais alors doit-on ouvrir un second ordre sur le nouveau prix ?

Pour l'affirmative on dit : le paiement est la condition de l'adjudication. Quand elle n'est point exécutée, la vente est censée non avenue, la véritable adjudication est celle qui a lieu sur folle-enchère. — L'ordre qui a réglé le rang des créanciers hypothécaires, portant sur un prix non payé, manque désormais de cause. La collocation s'évanouit nécessairement avec la vente dont elle était la suite, faute de prix sur lequel elle puisse s'exercer. Ces principes reçoivent surtout leur application lorsque le prix de la seconde adjudication est inférieur à celui de la première. Le créancier n'a pas dû contester, quel que fût le rang de sa collocation, quand ce prix était suffisant pour le payer ; mais s'il devient insuffisant, alors naît pour lui l'intérêt d'élever ses réclamations. Rouen, 13 déc. 1817, S. 22, 173. — Jugé par suite des mêmes principes que si postérieurement à la délivrance des bordereaux, mais avant le paiement des créanciers par l'acquéreur, celui-ci revend entre autres immeubles, ceux dont le prix était à distribuer, les créanciers déjà colloqués ne peuvent demander au dernier acquéreur l'exécution pure et simple de leur bordereau ; qu'ils sont tenus de produire de nouveau leurs titres dans le nouvel ordre ouvert par suite de la revente. Paris, 16 avr. 1832, D. 33, 6.

Mais on répond : Le règlement définitif est un véritable jugement (V. *sup.* n° 394) ; il acquiert l'autorité de la chose jugée, lorsqu'il n'est attaqué par aucune voie légale. Ce règlement a pour effet de déterminer irrévocablement les droits des créanciers entre eux. La folle-enchère, qui est indépendante de leur volonté, ne peut rien changer à leur position ; d'où il résulte que l'ordre jugé et consenti par suite de la distribution du premier prix, doit recevoir son effet sur le prix de la nouvelle adjudication. Cass. 12 nov. 1821, S. 22, 73 ; Troplong, *Hypoth.*, n° 721. — V. *Folle-enchère*, n° 62.

447. Mais quelle marche les créanciers doivent-ils suivre pour se faire payer sur le nouveau prix? — Il faut distinguer :

448. Si le nouveau prix est inférieur au premier, la voie la plus simple est celle-ci : le poursuivant l'ordre ou la partie la plus diligente, fera un dire à la suite du règlement définitif dans lequel il exposera l'état de la procédure ; il demandera que le juge-commissaire qui a procédé au réglement définitif (ou qu'un autre juge-commissaire nommé en son lieu et place par le président), procède à un règlement définitif *additionnel*. — Le juge-commissaire prendra pour point de départ les bases fixées par le réglement définitif. Les créanciers colloqués les premiers dans le réglement définitif, seront colloqués dans le règlement additionnel, au même rang, non seulement pour leur capital et pour les intérêts déjà fixés par le premier règlement, mais encore pour les intérêts courus depuis. — Le juge-commissaire ordonnera que les bordereaux seront exécutoires contre le nouvel adjudicataire, jusqu'à l'épuisement du nouveau prix.

Il prononcera la radiation, 1° des inscriptions des créanciers qui venaient en ordre utile lors du premier réglement définitif, et sur lesquels les fonds manquent maintenant ; — 2° des inscriptions qui auraient été prises contre le fol-enchérisseur. — Il autorisera le nouvel adjudicataire à prélever sur son prix le coût des frais du nouveau règlement et de radiation de ces inscriptions. — Le nouvel adjudicataire paiera sur la représentation des anciens bordereaux et d'un extrait de l'ordonnance du juge-commissaire, portant règlement définitif additionnel.

Quant aux créanciers sur lesquels les fonds manquent, ils pourront poursuivre contre le premier adjudicataire qui est tenu par corps de la différence de son prix (C. pr. 744), l'exétution des bordereaux qui leur auront été délivrés lors du premier règlement définitif.

449. Si le nouveau prix, au contraire, est supérieur à celui de la première adjudication, il y aura lieu d'ouvrir un ordre dans la forme ordinaire sur *l'excédant du prix*. Paris, 6 juin 1812, P. 10, 445 ;— S'il en existe, après le paiement de tous les créanciers utilement colloqués et de ceux colloqués dans le premier ordre, et sur lesquels les fonds ont manqué.

Le créancier forclos, faute de produire dans le premier ordre, ne pourra, dans le second, porter atteinte aux droits des créanciers colloqués dans le premier ordre.

La déchéance prononcée contre les non produisans par l'art. 759, lui fait perdre le droit d'attaquer les collocations faites en son absence. Il pourrait seulement réclamer sa collocation hypothécaire sur les fonds qui resteraient libres après le paiement de tous les créanciers colloqués dans le premier ordre. Pau, 26 janv. 1833, D. 34, 80. — Quant à l'attribution de l'équivalent de l'ancien prix, il faudra suivre les règles que nous venons d'exposer (Art. 1416 J. Pr.).

§ 9. — *Enregistrement.*

450. L'annexe de l'état des inscriptions au procès-verbal d'ouverture d'ordre est passible d'un droit fixe de 3 fr. Décr. 12 juill. 1808, art. 1 et 2. Décis. min. 17 janv. 1820.

451. Les requêtes de production sont soumises au droit fixe de 1 fr. et au 10e, L. 22 frim. an 7, art. 68, § 1, n° 5. — Il en est de même pour la *distribution par contribution*.

Chaque production de titres de créances est soumise au droit de 1 fr. 50 c. *Ib.* — V. *Greffe*, n° 52.

452. L'ordonnance du juge-commissaire, portant permission de sommer les créanciers, qu'elle soit rendue sur le procès-verbal ou sur requête, doit être enregistrée au droit fixe de 3 fr. dans les vingt jours de sa date. *Ib.*

453. L'ordonnance de renvoi à l'audience, formant partie intégrante du procès-verbal, n'est soumise à aucun droit. *Ib.*; — Non plus que les dires de contestations. Il en est de même du règlement provisoire.

454. Le règlement définitif assujetti à un droit de demi pour cent sur le montant de chaque collocation, indépendamment du droit de 50 c. par 100 fr. pour droit de libération sur les paiemens effectués en vertu du bordereau de collocation. *Ib.*

Néanmoins, cet enregistrement n'a lieu qu'à l'époque de la délivrance des bordereaux de collocation, qu'il doit cependant précéder. *Ib.* — V. *Distribution par contribution*, n° 141.

Il est dû en outre 25 cent. par 100 fr. sur le montant des collocations, pour droit de rédaction (— V. *Greffe*, n° 51.). Ce droit est perçu sur l'expédition de chaque bordereau, avec le droit de greffe à raison du nombre de rôle de l'expédition. — Il en est de même en matière de *distribution par contribution*.

455. Mais si l'ordre est fait à l'amiable, il n'est dû qu'un seul droit pour la collocation et le paiement, attendu que la double opération faite simultanément ne produit que le même résultat, c'est-à-dire la libération du vendeur. Décis. min. fin. 30 sept. 1825.

Toutefois, les collocations sont en outre soumises à un droit fixe de 1 fr., comme actes de complément. — V. *ib.* n° 140.

456. Il n'est dû aucun droit d'enregistrement à raison de la radiation des inscriptions prononcées par l'ordonnance du juge-commissaire : c'est une conséquence nécessaire de la distribution des deniers, et non pas une disposition particulière donnant ouverture à un droit d'enregistrement. Cass. 21 juill. 1818, S. 19, 185.

§ 10. — *Formules.*

FORMULE I.

Demande pour la distribution du prix, quand il n'y a pas plus de trois créanciers inscrits.

(C. pr. 775. — Tarif, 29. — Coût, 2 fr. orig.; — 50 c. copie.)

L'an , le , à la requête du sieur , demeurant à , créancier inscrit sur l'immeuble ci-après désigné, pour lequel domicile est élu en l'étude de M^e , avoué près le tribunal, etc., demeurant à lequel occupera sur la présente assignation, j'ai (*immatricule de l'huissier*), soussigné, donné assignation, 1° au sieur , etc., au domicile par lui élu en son inscription, chez , audit domicile, en parlant à ; 2° au sieur . etc.; 3° au sieur , adjudicataire, etc.; 4° et au sieur , partie débitrice.

A comparaître d'aujourd'hui à la huitaine franche, délai de la loi, heures du matin, à l'audience de la première chambre du tribunal de séant à , pour, à l'égard des sieurs , créanciers inscrits, et du sieur , partie saisie :

Attendu que, suivant jugement de l'audience des criées du tribunal de , rendu sur la licitation poursuivie entre le sieur et le sieur , tous deux héritiers du , décédé le ; ledit jugement, en date du dûment enregistré, transcrit et dénoncé par extrait aux créanciers inscrits, avec le certificat de transcription, et l'état des inscriptions, le , le sieur s'est rendu adjudicataire d'une maison sise à , moyennant la somme de , outre les charges; attendu que l'aliénation est volontaire et qu'il n'existe que trois créanciers inscrits, qu'aux termes de l'article sept cent soixante-quinze du Code de procédure, il n'y a pas lieu à ordre, mais seulement à une demande en attribution du prix;

Attendu, au fond, que le requérant, ancien propriétaire de ladite maison, n'a pas été payé par le sieur , de du prix de la vente qu'il lui en avait faite par contrat passé devant Me , qui en a la minute, et son collègue, notaires à , le , dûment enregistré ; — Attendu que ce contrat a été transcrit, et l'inscription d'office prise par le conservateur des hypothèques de , à la date du ; — Attendu enfin que le privilége est certain, et qu'il a été conservé aux termes de la loi;

Voir dire et ordonner que, sur la somme principale de , et les intérêts qu'elle produit, prix de l'adjudication faite au sieur , de ladite maison sise à , le requérant sera payé par préférence et privilége à tous les autres créanciers, déduction faite néanmoins des frais extraordinaires de transcription et de notifications, que l'acquéreur sera autorisé à retenir par ses mains, sur son prix; de la somme de , faisant avec celle de , la somme totale de , prix de la première vente faite par lui au sieur , par le contrat dudit jour; ensemble les intérêts de ladite somme à raison de cinq pour cent sans retenue, conservés par l'inscription, et ceux à échoir, jusqu'au paiement effectif;

Que le sieur (1), comme ayant hypothèque, à la date du , sera payé de la somme de , et des intérêts conservés par l'inscription;

Et enfin, que le sieur , ayant hypothèque à la date du , touchera le surplus du prix et des intérêts de l'adjudication dont s'agit, à valoir, 1° sur les intérêts; 2° et sur la somme de , capital de sa créance;

Et, en conséquence de ce que dessus, voir pareillement dire et ordonner qu'en justifiant par l'adjudicataire, de l'acquit des créances ci-dessus énoncées, les inscriptions prises par chacun des créanciers sus-nommés, au bureau des hypothèques de , savoir: la première, du requérant, à la date du , no , du vol. ; la seconde, du sieur , à la date du , n° , du vol. ; la troisième, du sieur , à la date du , n° , du vol. ; et même l'inscription d'office prise au profit des vendeurs, le , vol. , n° , seront rayées de tous registres; à faire lesquelles radiations sera, le conservateur des hypothèques, contraint; quoi faisant, déchargé;

Et, à l'égard du sieur , adjudicataire de ladite maison, voir déclarer commun avec lui le jugement à intervenir, pour être exécuté selon sa forme et teneur; en conséquence, dire et ordonner qu'il sera tenu de faire les paiemens énoncés audit jugement; quoi faisant, il en sera valablement quitte et libéré;

Et pour, en outre, répondre et procéder, comme de raison, à fins de dépens; et j'ai, à chacun des sus-nommés, auxdits domiciles, et en parlant comme dessus, laissé séparément copie du présent, dont le coût est de

(*Signature de l'huissier.*)

FORMULE II.

Réquisition d'ouverture d'ordre.

(C. pr. 750, 751. — Tarif, 130. — Coût, 6 fr.; vacation.)

Et le , au greffe, est comparu Me , avoué du sieur , créancier inscrit du sieur

Lequel requiert qu'il vous plaise, M. le président, commettre l'un de MM. les juges du tribunal, pour procéder à la distribution, par voie d'ordre, de la somme de , montant du prix d'une maison sise à , vendue par saisie immobilière sur le sieur , demeurant à , le , à l'audience des criées de ce tribunal (*ou* du tribunal de); et a ledit Me signé.

(*Signature de l'avoué.*)

(1) *Si des difficultés peuvent s'élever à l'égard des autres créanciers, on met purement et simplement* que les sieurs seront colloqués suivant le rang auquel ils justifieraient avoir droit, etc.

Ordonnance. —Nous, président du tribunal ; vu la réquisition de Me commettons M. , l'un des juges de ce tribunal, pour procéder à l'ordre dont s'agit.

Fait au Palais-de-Justice, le (*Signature du président.*)

FORMULE III.

Procès-verbal d'ouverture d'ordre.

(C. pr. 752.)

L'an , le heure de , au greffe du tribunal de première instance de , séant à , et par-devant nous juge audit tribunal, commissaire en cette partie, nommé pour faire l'ordre dont sera ci-après parlé, par ordonnance de M. le président du tribunal, en date du , dûment enregistré, étant en marge du réquisitoire fait sur le registre tenu au greffe à cet effet, et assisté du greffier du tribunal

Est comparu Me , avoué en ce tribunal, et du sieur , demeurant à , créancier hypothécaire, inscrit sur le sieur ; demeurant à ; lequel audit nom, nous a dit que, suivant un jugement de l'audience des ventes sur saisies immobilières, du tribunal de , en date du , rendu sur la poursuite de saisie immobilière, faite à la requête du sieur , sur le sieur , une maison sise à a été adjugée moyennant , au sieur

Que ledit jugement a été transcrit au bureau des hypothèques de , le , nº

(*Si c'est un contrat*, on énonce qu'il a été notifié aux créanciers inscrits, suivant exploit de , en date du , à l'effet de faire courir les délais de surenchères, et avec déclaration par ledit acquéreur qu'il était prêt et offrait d'acquitter sur le champ les dettes hypothécaires, jusqu'à concurrence du prix de ladite vente, sans distinction entre les dettes exigibles et non exigibles.)

Que le délai fixé par la loi, pour surenchérir, est expiré, et qu'il n'a pu être procédé à aucun ordre amiable dans les délais déterminés par les articles sept cent quarante-neuf et sept cent cinquante du Code de procédure.

Qu'il s'agit aujourd'hui de faire aux créanciers inscrits la sommation prescrite par l'article sept cent cinquante-deux du Code de procédure, et de déclarer ouvert le présent procès-verbal d'ordre.

Pourquoi il requiert qu'il nous plaise, lui délivrer notre ordonnance, à l'effet de sommer les créanciers, et de déclarer ouvert l'ordre dont il s'agit,— et a signé sous toutes réserves. (*Signature de l'avoué.*)

Sur quoi, nous juge-commissaire susdit et soussigné, avons donné acte audit Me , de ses comparution, dire et réquisition, ainsi que du dépôt par lui fait en nos mains de l'état des inscriptions existant sur le sieur , délivré par le conservateur des hypothèques de , le

En conséquence, déclarons ouvert le présent procès-verbal d'ordre, et disons qu'en vertu de l'ordonnance par nous délivrée, séparément des présentes, en bas de la requête à nous présentée, sommation sera faite aux créanciers et à l'adjudicataire, de produire au présent ordre, et avons signé avec le greffier du tribunal.

(*Signatures du juge et du greffier.*)

NOTA. Les productions sont mentionnées à la suite du procès-verbal d'ouverture d'ordre, à mesure qu'elles sont faites, dans la forme indiquée *Formule* II, vº *Distribution par contribution.*

FORMULE IV.

Requête afin d'avoir permission de sommer les créanciers de produire.

(C. pr. 752. — Tarif, 131. — Coût, 3 fr.)

A M. , juge au tribunal de , et commis pour procéder à l'ordre dont sera ci-après parlé.

Le sieur , demeurant à , ayant Me pour avoué, lequel occupera pour le requérant.

A l'honneur de vous exposer que vous avez été commis par M. le président du tribunal pour faire l'ordre du prix d'une maison rue , vendue sur, etc.

Ledit ordre ouvert par le procès-verbal de ce jourd'hui, sous le no

Qu'il s'agit de faire aux créanciers inscrits la sommation prescrite par l'article sept cent cinquante-deux du Code de procédure.

Pourquoi l'exposant requiert qu'il vous plaise, M. le juge-commissaire,

Lui délivrer votre ordonnance, portant permis, à l'effet de faire auxdits créanciers, sommation de produire, dans le délai d'un mois, leurs titres de créance avec demande en collocation.

Et vous ferez justice, (*Signature de l'avoué.*)

Ordonnance.— Nous, juge-commissaire, vu la présente requête, et les dispositions de l'article sept cent cinquante-deux C. pr.; permettons au sieur

De faire sommation aux créanciers inscrits sur le sieur , de, dans le mois, produire au greffe, et entre nos mains, leurs titres de créances, avec demande en collocation, et seront les sommations faites par , huissier-audiencier, que nous commettons à cet effet.

Fait au Palais-de-Justice, à ce (*Signature du juge-commissaire.*)

NOTA. *Le permis de sommer reste en minute au greffe; on en délivre expédition que l'on signifie en tête des sommations.*

FORMULE V.

Sommation aux créanciers inscrits et à l'adjudicataire de produire à l'ordre.

C. pr. 753. — Tarif, 29. — Coût, 2 fr. orig.; 50 c. copie.)

L'an , le , en vertu de l'ordonnance dûment enregistrée, délivrée le , par M. , juge au tribunal civil de , étant au bas de la requête à lui présentée le même jour, desquelles requête et ordonnance, il est, avec celle des présentes, donné copie, et à la requête du sieur , demeurant à , créancier poursuivant l'ordre, dont sera ci-après parlé, pour lequel domicile est élu en la demeure de Me , avoué au tribunal de , sise à , lequel occupera, sur la présente poursuite d'ordre, j'ai (*immatricule*), soussigné, commis à cet effet, fait sommation, 1° au sieur , demeurant à , au domicile par lui élu, en son inscription du , vol. , n° , chez le sieur , à , audit domicile, en parlant à ; 2° au sieur , etc.; 3° au sieur , etc.;

Tous trois créanciers inscrits sur une maison sise à ; 4° et au sieur , adjudicataire de ladite maison, demeurant à , en son domicile, en parlant à

De, dans le mois, de ce jourd'hui, produire au greffe du tribunal, séant à , ès-mains de M. juge-commissaire, leurs titres de créance avec demande en collocation, dans l'ordre ouvert sur le sieur , sous le n° ; à ce que les sus-nommés n'en ignorent; leur déclarant que, faute par eux de satisfaire à la présente sommation dans ledit délai, ils encourront la forclusion prononcée par la loi; et je leur ai, auxdits domiciles, en parlant comme dessus, laissé, à chacun séparément copie, tant des requêtes et ordonnances sus-énoncées, que du présent dont le coût est de (*Signature de l'huissier.*)

NOTA. *Lorsque les créanciers ont constitué avoué, cette sommation se fait par acte d'avoué à avoué, en la forme ordinaire.*

FORMULE VI.

Acte de production.

(C. pr. 754. — Tarif, 133. — Coût, 20 fr.)

A M. , juge au tribunal de , etc.

Le sieur , demeurant à , créancier hypothécaire (ou privilégié) du sieur , ayant Me pour avoué, lequel occupera, etc.

Requiert qu'il vous plaise, en procédant à l'ordre du prix d'une maison, sise à , rue , vendue sur le sieur

Le colloquer à la date de l'inscription par lui prise sur ladite maison, au bureau des hypothèques de le , vol. , n° (*ou*, par préférence à , attendu la nature de sa créance.)

1° Pour la somme de fr., montant en principal d'une obligation souscrite par le sieur , au profit du requérant, par acte passé devant Me qui en a la minute, et son collègue, notaires à , le dûment enregistré, ci. . . . . francs,

2° Pour les intérêts de ladite somme principale de fr., à raison de cinq pour cent (1), sans retenue, depuis le , jusqu'au deux ans six mois (2), ci. . . . . *Mémoire.*

3° Pour les mêmes intérêts, à partir du , jour où ils sont dûs par le sieur , adjudicataire de ladite maison, jusqu'au jour du réglement définitif. . . . . *Mémoire.*

4° Pour ceux à courir, du réglement définitif, jusqu'au paiement effectif, ci. . . . . *Mémoire.*

5° Enfin, pour les frais et mise d'exécution, et ceux de présent ordre, d'après la taxe, et dont Me requiert la distraction, ci. . . . *Mémoire.*

Et à l'appui de la présente demande, le sieur produit : 1° la grosse de l'obligation sus-énoncée ; 2° le bordereau d'inscription délivré par M. le conservateur des hypothèques de , le

(*Signature de l'avoué.*)

FORMULE VII.

Acte de production pour les frais de poursuite d'ordre.

A M. , juge au tribunal de , etc.

Le sieur , demeurant à , ayant Me pour avoué, lequel est constitué et occupera pour le requérant, sur la présente poursuite d'ordre, et sur toutes contestations qui pourront en être la suite.

Requiert qu'il vous plaise le colloquer dans l'ordre du prix de la maison, sise à , rue , vendue sur le sieur , par privilége et préférence

1° Pour les frais de poursuite d'ordre dont s'agit ; 2° pour les frais de la présente production; le tout d'après la taxe, ci. . . . . *Mémoire.*

Desquels frais ledit Me requiert la distraction, comme en ayant fait l'avance de ses deniers, aux offres de droit.

Et à l'appui de la présente, le sieur produit les pièces de poursuite ;

(*Signature de l'avoué.*)

FORMULE VIII.

Requête pour demander la subrogation à la poursuite d'ordre.

(C. pr. 779. — Tarif, 138, 139. — Coût, 3 fr., et 1 fr. 50 c., vacat. pour la faire insérer au procès-verbal.)

A M. , juge au tribunal de , etc.

Le sieur , demeurant à , créancier hypothécaire inscrit sur , ayant pour avoué Me , qu'il constitue, et lequel occupera.

Expose que le sieur , aussi créancier du sieur , a, par le ministère de Me , son avoué, requis l'ouverture de l'ordre du prix d'une maison sise à , vendue sur, etc. ; que le procès-verbal dudit ordre a été ouvert par-devant vous le , sous le n° , sans que depuis cette époque ledit Me ait fait aucune diligence pour obtenir de vous l'ordonnance à l'effet de faire sommation aux créanciers inscrits de produire leurs titres, avec demande en collocation. (*Si c'est à une autre période de la procédure qu'on demande la subrogation, on énonce en quoi le poursuivant est en retard.*)

Pourquoi il vous plaira, M , attendu que le requérant est un des premiers créanciers inscrits sur la maison dont il s'agit, et qu'en cette qualité il a le plus grand intérêt à mettre à fin l'ordre dont il s'agit;

Attendu la négligence dudit Me , à poursuivre lesdites opérations, autoriser l'exposant à faire assigner en la chambre du conseil, ledit sieur pour, sur votre rapport, voir dire et ordonner que ledit sieur sera et demeurera subrogé audit sieur , dans la poursuite de l'ordre dont s'agit, à l'effet de continuer sur les derniers erremens de la procédure, et que dans les vingt-quatre heures de la signification du jugement à intervenir, ledit Me , avoué du sieur , sera tenu de remettre au requérant, sur le récépissé de Me , son avoué, les pièces de ladite poursuite, et se voir condamner

---

(1) Si le principal de la dette résulte d'une condamnation commerciale, il faut avoir soin de réclamer les intérêts à 6 p. 100, taux légal en matière de commerce. — V. *Intérêts*, n. 14.

(2) — V. toutefois *sup.*n. 366.

le sieur aux dépens de l'incident, qui entreront dans ceux privilégiés de ladite poursuite d'ordre ; et vous ferez justice. (*Signature de l'avoué.*)

Nota. Dans la pratique, cette requête est précédée d'une mise en demeure, ou sommation d'avoué à avoué, de justifier de l'état de la procédure par l'avoué poursuivant, avec menace de poursuivre et faire prononcer la subrogation dans la poursuite, en cas de négligence et d'inaction.

L'avoué poursuivant répond en protestant contre le reproche de négligence, et en justifiant des causes de retard.

FORMULE IX.

Signification à l'avoué poursuivant de la requête à fin de subrogation.

(C. pr. 779. — Tarif, 139. — Coût, 1 fr. orig. ; 25 c. copie.)

A la requête du sieur , demeurant à , créancier hypothécaire, inscrit sur , ayant Me pour avoué ;

Soit signifié, et avec celle des présentes donné copie à Me , avoué du sieur , poursuivant l'ordre sur le sieur , d'une requête présentée par ledit sieur , le , à M. , juge au tribunal de première instance de , commis pour procéder à l'ordre et distribution du prix de la vente d'une maison sise à , saisie réellement sur le sieur , et contenant demande en subrogation contre ledit sieur , de la poursuite de l'ordre dont s'agit ; à ce que ledit sieur , pour sa partie, n'en ignore, le sommant, en conséquence, de comparaître jeudi prochain (*quantième*) , heures du matin, en la chambre du conseil du tribunal de , pour voir statuer sur ladite demande en subrogation ; déclarant au sus-nommé que, faute par lui de comparaître, ledit sieur prendra avantage ; à ce qu'il n'en ignore. Dont acte.

(*Signature de l'avoué.*)

FORMULE X.

Réglement provisoire.

Et le , nous , juge-commissaire susdit et soussigné, assisté du greffier.

Vu notre procès-verbal d'ouverture d'ordre qui précède l'expédition de notre ordonnance, en date du , sur la requête à nous présentée, et portant permis de sommer, etc.

Les originaux des sommations faites aux créanciers inscrits, par exploit de , huissier à , en date du

Vu également les pièces produites.

Attendu que les délais pour produire sont expirés,

Avons procédé au réglement provisoire de l'ordre dont s'agit, ainsi qu'il suit :

Somme à distribuer.

1° Elle se compose de la somme de , prix principal de l'adjudication de la maison dont il s'agit. ci. . . . .

2° Des intérêts de ladite somme, dus par l'adjudicataire, à compter du , jour de son entrée en jouissance, à raison de 5 p. 100, jusqu'au jour du réglement définitif, ci. . . . .

3° De la somme de , montant des loyers depuis le jusqu'au , époque de l'entrée en jouissance de l'acquéreur, sur le pied de , due par le sieur , locataire de ladite maison, par bail principal, en date du , enregistré et déclaré audit jugement d'adjudication, lesquels loyers ont été immobilisés, conformément à la loi, par la dénonciation faite au sieur , par exploit de , huissier à , en date du , de la saisie immobilière de ladite maison, poursuivie par le sieur, ci. . . . . (— V. *Saisie-immobilière.*)

§ 1er — *Créanciers privilégiés.*

Sont colloqués provisoirement.

Article 1.

Par préférence à tous autres, le sieur , adjudicataire, demeurant à , pour la somme à laquelle s'élèveront, d'après la taxe qui en sera par nous faite, les frais extraordinaires de transcription et de notifications aux créanciers inscrits, ensemble ceux de production, desquels frais distraction est faite à Me , qui l'a requise , ci. . . . . . *Mémoire.*

Art. 2.

Également par *privilége*,

Le sieur , pour la somme à laquelle s'élèveront, d'après la taxe, les frais de poursuite du présent ordre, dans lesquels frais entreront l'enregistrement des réglemens provisoire et définitif, le timbre du procès-verbal, l'extrait à déposer pour la radiation des inscriptions, ensemble ceux du bordereau de collocation et de la quittance, desquels frais distraction est faite à , avoué, qui l'a requise, et auquel bordereau sera délivré, en son nom personnel , ci. . . . . *Mémoire.*

Art. 3.

Également par *privilége*.

Le sieur boulanger, demeurant à , pour la somme de , montant de fournitures de pain faites au sieur et à sa famille, depuis le , jusqu'au , sur le pied de par jour, ci. 000 00

Pour les intérêts de ladite somme, depuis le , jour de la dette jusqu'au , ci. 000 00

Pour les frais de production, et demande en collocation, ci. . . 000 00

§ 2. — *Créanciers hypothécaires.*

Sont colloqués par ordre d'hypothèques, savoir :

Art. 1.

La dame

A la date du , jour de son mariage,

Pour la reprise de sa dot, s'élevant à la somme de , ci . . 000 00

Frais de production, ci. . . . . *Mémoire.*

Art. 2.

Le sieur

Premièrement,

A la date de l'inscription du , vol. , no . concurremment avec la collocation ci-après, et pour ledit sieur , venir au marc le franc, s'il y a lieu, avec la collocation de M. , pour 1o la somme de , montant d'une obligation souscrite à son profit sur le sieur , par acte devant Me , notaire à , le , enregistré.

2o Intérêts depuis le deux ans neuf mois, conservés par la loi. 000 00

3o Intérêts depuis le , jour où ils sont dûs par l'adjudicataire jusqu'au paiement effectif. 000 00

4o Frais de mise à exécution et de production. . . . . *Mémoire.*

Secondement,

A la même date, suivant son inscription du , vol. , no

Concurremment avec la collocation précédente , pour la somme de , montant d'une obligation, ci. 000 00

Intérêts conservés par la loi, etc. (*comme ci-dessus*), ci. . . . 000 00

Intérêts jusqu'au réglement définitif , ci . . . . *Mémoire.*

Frais de production , ci. . . . . *Mémoire.*

Art. 3.

Le sieur

A la date de son inscription du , vol. , no

1o Pour la somme principale de , montant des condamnations prononcées à son profit contre le sieur , par jugement contradictoirement rendu le , par le tribunal de commerce de , enregistré, pour fournitures de son commerce , ci. 000 00

2o Pour les intérêts de ladite somme à 6 p. 100, à compter du jusqu'au réglement définitif, , ci . . . . *Mémoire.*

3o Pour la somme de , montant des dépens liquidés par le jugement sus-énoncé, ci. . . . . *Mémoire.*

4o Pour les frais de mise à exécution dudit jugement, d'après la taxe qui en sera faite, ceux d'inscription et de production au présent ordre, ci, ... *Mémoire.*

Art. 4.

Le sieur
A la date de son inscription du , vol. , n°
Le , pour, etc.

Art. 5.

Le sieur , sur la somme qui restera à distribuer, si restant il y a, après le paiement des créances colloquées dans les articles précédens, et pour venir par contribution avec les créanciers chirographaires qui pourraient former opposition sur les deniers provenant de la vente dont il s'agit, avant le réglement définitif, pour 1° ; 2° etc.

Disons qu'il n'y a lieu à colloquer autrement ledit sieur, et à le placer à la date du , ainsi qu'il le réclame, attendu que l'inscription par lui prise ledit jour , vol. , n° , n'a pas été renouvelée depuis cette époque, et que plus de dix ans s'étant écoulés, elle se trouve périmée;

Et attendu qu'il a été par nous statué sur toutes les demandes en collocation, et sur toutes les productions, déclarons clos et arrêté provisoirement le présent état de collocation, lequel sera dénoncé aux créanciers produisant, et à la partie saisie, par huissier-audiencier, que nous commettons à cet effet, avec sommation de prendre communication dudit réglement, et de contredire, s'il y a lieu, dans les délais de la loi.

Fait et clos au Palais-de-Justice, à , le

(*Signature du juge et du greffier.*)

FORMULE XI.

Dénonciation de la clôture du réglement provisoire.

(C. pr. 755. — Tarif, 134. — Coût, 3 fr. orig.; 75 c. copie.)

A la requête du sieur , demeurant à , poursuivant l'ordre du prix de la maison, rue , vendue sur le sieur , et ayant Me pour avoué.

Soit signifié et dénoncé à, 1° Me , avoué du sieur
2° Me , avoué du sieur
3° Me , avoué du sieur ; tous trois créanciers du sieur
4° Et à Me , avoué du sieur , partie saisie;

Que l'état de collocation de l'ordre ouvert sur le sieur , devant Me juge-commissaire sous le n° , a été clos et arrêté provisoirement le

A ce que les sus-nommés n'en ignorent, les sommant, en conséquence, de prendre communication dudit réglement provisoire, et d'y contredire, s'ils le jugent convenable, dans le délai d'un mois.

Leur déclarant, que faute de ce faire dans ledit délai, ils en seront et demeureront forclos, et ledit réglement définitivement arrêté; à ce que les sus-nommés n'en ignorent. Dont acte. (*Signature de l'avoué.*)

NOTA. *Si la partie saisie n'a point d'avoué, cette dénonciation lui est faite par acte extrajudiciaire, à son domicile réel, en la forme ordinaire des* EXPLOITS. — V. ce mot.

FORMULE XII.

Dire de contestation sur le réglement provisoire.

(C. pr. 758. — Tarif, 135. — Coût, vacat., 10 fr. Il n'en est alloué qu'une.)

Et le , est comparu Me , avoué en ce tribunal, et du sieur , créancier hypothécaire du sieur , lequel a dit qu'il contestait la collocation faite au profit du sieur , sous l'art. du réglement provisoire, que c'est à tort que le sieur a été colloqué, à la date du contrat de mariage de la dame , pour la somme de , montant de la dot qu'elle a apportée en mariage; — en effet, aux termes de l'art. 2135 C. civ., l'hypothèque légale de la dame ne pouvait pas prendre naissance au jour de son contrat de mariage, mais seulement au jour de la célébration de ce mariage.

En conséquence, il demande la réformation, sur ce point, du réglement provisoire, et d'être colloqué à la date de son inscription, par antériorité à la dame , et a signé. (*Signature de l'avoué.*)

Renvoi à l'audience.

Vu par nous juge commis à l'ordre dont s'agit, les dires sur le réglement provisoire, faits les
1° par Me , avoué de ; 2° par Me , contenant contestation des art. du , renvoyons lesdites parties contestantes et contestées, ensemble Me , avoué du sieur , dernier créancier colloqué, à l'audience de la chambre du tribunal de du présent mois, heure de , pour être statué ce qu'il appartiendra ; et néanmoins attendu qu'aucune réclamation n'a été faite contre le rang accordé aux créances colloquées avant celle dudit sieur , déclarons, etc. (— V. *inf.*, *formule* XVI, et *sup.*, n° 241.) Fait au Palais-de-Justice, à le (*Signature du juge.*)

FORMULE XIII.

Acte pour venir plaider sur les difficultés élevées dans l'ordre.

(C. pr. 761, 765. — Tarif, 70. — Coût, 1 fr. orig. ; 25 c. copie.)

A la requête du sieur , ayant Me , pour avoué,
Soient sommés :
1° Me , avoué du sieur , créancier contesté ;
2° Me , avoué du sieur , créancier également contesté ;
3° Me , avoué du sieur , dernier créancier colloqué.
De comparaître le , heure , à l'audience de la chambre du tribunal de , du département de , séant à , pour entendre le rapport de M. , juge-commissaire, pour plaider la cause d'entre les parties sur les difficultés élevées au procès-verbal de l'ordre ouvert sur le sieur , et pour lesquelles difficultés les parties ont été renvoyées à l'audience dudit jour, par l'ordonnance de M. le juge-commissaire, en date du ; déclarant aux susnommés que, faute par eux de comparaître, il sera pris avantage. (*Signature de l'avoué*).

NOTA. *Le jugement qui statue sur les difficultés élevées est signifié à avoué en la forme ordinaire.* — V. JUGEMENT, FORMULE.

FORMULE XIV.

Acte d'appel du jugement rendu sur les contestations élevées à l'ordre.

(C. pr. 763. — Tarif, 29 par anal. — Coût, 2 fr. orig. ; 50 c. copie.)

L'an , le , à la requête du sieur , demeurant à , pour lequel domicile est élu à , en la demeure de Me , avoué près la Cour royale de , lequel occupera sur l'assignation ci-après, j'ai (*immatricule*), soussigné, signifié et déclaré, 1° à M. , demeurant à , en son domicile, où étant et parlant à
2° A M. , demeurant à , avoué de M. , créancier dernier colloqué, en son domicile où étant et parlant à

Que le requérant est appelant, comme par ces présentes il interjette formellement appel du jugement contradictoirement rendu entre les parties, par la chambre du tribunal de , le , signifié à avoué le , et ce pour les torts et griefs que lui cause ledit jugement; à ce que les susnommés n'en ignorent.

Et a pareilles requête, demeure, élection de domicile, et constitution d'avoué, que ci-dessus, j'ai, huissier susdit et soussigné, aux domiciles, et en parlant comme dit est, donné assignation aux susnommés à comparaître et se trouver d'aujourd'hui à huitaine franche, délai de la loi, à l'audience et par-devant MM. les premier président, président et conseillers, composant la Cour royale de , première chambre, heure de , pour attendu (*énoncer les griefs* — V. *sup.* n° 326 *et les conclusions tendantes à la réformation du jugement de première instance*); à ce qu'ils n'en ignorent ; et j'ai, aux susnommés, auxdits domiciles et en parlant comme ci-dessus, laissé à chacun séparément, copie du présent, dont le coût est de

FORMULE XV.

Dénonciation d'une production tardive.

(C. pr. 757. — Tarif, 136. — Coût, 3 fr. orig. ; 75 c. copie.)

A la requête du sieur , demeurant à , créancier hypothécaire, inscrit sur

Soit signifié et dénoncé :

1° A Me , avoué du sieur , poursuivant l'ordre ;

2° A Me , avoué du sieur

3° A Me , avoué du sieur : lesdits sieurs créanciers inscrits sur

4° A Me , avoué du sieur (partie saisie).

Que par suite de la production dudit sieur , créancier inscrit sur une maison sise à , vendue par suite de saisie immobilière faite sur le sieur , et du prix de laquelle vente le sieur poursuivit l'ordre et la distribution, faite le , au greffe du tribunal de , il a été colloqué dans un réglement supplémentaire fait par mondit sieur le juge-commissaire à la date du

A ce que les sus-nommés, pour leurs parties, n'en ignorent, et aient, si bon leur semble, à prendre communication de ladite production, et à contredire, s'il y échet, dans le délai d'un mois; leur déclarant que faute par eux de ce faire dans ledit délai, ils en seront et demeureront forclos; et il sera passé outre au réglement définitif de l'ordre, à ce que pareillement les susnommés n'en ignorent. Dont acte, (*Signature de l'avoué.*)

FORMULE XVI.

Réglement définitif.

(C. pr. 759.)

Et le , nous , juge au tribunal civil de , commis, etc.

Vu par nous : 1° notre réglement provisoire du ,

2° Les sommations d'en prendre communication, faites par acte d'avoué à avoué, en date du suivant, enregistré :

1° A Me , avoué de ; 2° à Me avoué de etc.;

3° l'original d'un exploit du ministère de , huissier à , en date du , enregistré, contenant dénonciation dudit réglement provisoire au sieur , partie saisie, avec sommation d'en prendre communication, et d'y contredire, s'il y avait lieu, dans le délai d'un mois :

Attendu que ledit délai s'est écoulé sans contestation de la part, soit des créanciers, soit de la partie saisie, déclarons définitivement forclos, conformément à la loi, les créanciers ci-après nommés non produisant, quoique dûment sommés par les exploits des , du ministère de ; et disons qu'il va être procédé au réglement définitif dudit ordre de la manière suivante : *S'il y a eu contestation, on ajoute*

Vu la grosse d'un jugement de la chambre du tribunal de , en date du enregistré, duquel jugement le dispositif est ainsi conçu : (*Copier le dispositif.*)

L'original d'un acte d'avoué à avoué, en date du enregistré, contenant signification dudit jugement, 1° à Me , avoué de

2° A Me , avoué du sieur

Attendu que les délais d'appel sont expirés, sans qu'il en ait été interjeté par aucune des parties,

S'il y a eu appel, on ajoute encore :

6° L'acte d'appel interjeté le , par

7° L'arrêt définitif rendu par la chambre de la Cour royale de en date du , enregistré, lequel statue sur ledit appel ;

8° L'original d'un acte d'avoué à avoué, etc., et un exploit du ministère de , huissier à , contenant signification dudit arrêt à

Attendu que rien ne s'oppose au réglement définitif, etc,

Somme à distribuer.

Elle se compose, 1° (—V. *sup. Formule* x.)

Sur laquelle somme sont et demeurent définitivement colloqués, savoir :

Les collocations se font dans les mêmes formes que celles du réglement provisoire; seulement le juge doit liquider les frais et fixer les intérêts. — V. *sup.* n° 366, et *Formule* x.

Et attendu qu'il a été statué sur toutes les productions qui ont été faites, disons qu'en recevant le montant des collocations faites par notre présent réglement, les sieurs donneront, chacun en ce qui le concerne, main-levée, tant de l'inscription d'office que de l'inscription prise à leur profit sur la maison dont il s'agit.

Ou bien : Et attendu que la somme à distribuer se trouve absorbée et au-delà par les collocations ci-dessus faites, disons qu'il n'y a lieu de faire droit aux autres demandes à fin de collocation, et qu'en payant son prix d'après les collocations qui précèdent, ledit sieur en sera bien et valablement quitte et déchargé;

En conséquence, ordonnons la radiation pure et simple, entière et définitive des créanciers non produisans et de ceux non utilement colloqués, prises au bureau des hypothèques de , en ce qu'elles frappent sur les biens dont le prix a été distribué par le présent ordre, savoir ; de

1° Celle prise le , vol. , n° , au profit du sieur
2° Celle du , vol. , n°
3° , etc.
4° , etc.

A opérer lesquelles radiations seront tous conservateurs contraints; quoi faisant, déchargés.

Disons aussi que pour l'exécution de notre présent réglement définitif, il sera, par le greffier de ce tribunal, délivré mandement de collocation à tous les créanciers colloqués.

Fait et clos au palais de justice, à , le

(*Signatures du juge et du greffier.*)

FORMULE XVII.

Mandement de collocation.

(C. pr. 759.—Tarif, 137. Vacat. à la délivrance, 5 fr.)

D'un procès-verbal ouvert le , par M. , juge en la chambre du tribunal de , commis par ordonnance de M. le président du tribunal , à l'effet de procéder, au réglement de l'ordre et distribution du prix d'une maison sise à , vendue sur le sieur , demeurant à , et adjugée au sieur , demeurant à ; ledit procès-verbal, réglé provisoirement le , et définitivement le , en marge duquel réglement, se trouve la mention d'enregistrement suivante. — Enregistré à Paris, le , par , qui a reçu.

APPERT. Art. dudit réglement définitif, le sieur demeurant à avait été colloqué, à la date de son inscription prise le

1° Pour la somme de
2° Pour celle de

(*Copier en entier l'article du réglement définitif, qui concerne le créancier colloqué, pour lequel on lève le bordereau.*)

En conséquence, et pour l'exécution du réglement de mondit sieur le juge-commissaire, il est, par ces présentes, délivré, par nous greffier soussigné, à la réquisition de Me , avoué, mandement de collocation audit sieur , de la somme de (*Rappeler la somme totale énoncée plus haut*), en ce non compris le coût du présent mandement, enregistrement et signification d'icelui, et les droits de greffe auxquels il pourra donner ouverture. (*Si le coût n'en a pas été taxé.*)

Pour, par ledit sieur , adjudicataire de la maison dont il s'agit, payer audit sieur le montant du présent mandement et accessoires, à quoi faire il sera contraint, en vertu d'icelui,

Fait et délivré au greffe. A , le

(*Signature du greffier.*)

Pour réquisition. (*Signature de l'avoué.*)

NOTA. *Ce mandement est le plus souvent dressé par l'avoué, et le greffier ne fait que collationner et vérifier les sommes.*

On l'expédie avec la formule exécutoire.

— V. *Distribution par contribution, Hypothèque, Inscription.*

ORDRE PUBLIC. Ensemble des règles d'un intérêt général pour la société.

1. On ne peut déroger, par des conventions particulières,

aux lois qui intéressent l'ordre public. — V. *Emprisonnement*, n° 2; *Litigieux*; *Office*; *Prorogation de juridiction*.

2. La déclaration émanée d'une C. roy., que telle convention est contraire à l'ordre public, rentre-t-elle dans l'appréciation des juges du fait? — La solution de cette question dépend des distinctions établies, v° *Cassation*, n°s 87 et 90.

3. Les causes qui concernent l'ordre public doivent être communiquées au *ministère public* (— V. ce mot, n° 93). — Elles ne peuvent être l'objet d'un acquiescement direct (— V. *Acquiescement*, n° 15 et suiv.; *Désistement*, n° 21); et d'ailleurs *Appel*, 395; *Exception*, n° 10; — ni d'un compromis (— V. *Arbitrage*, n° 20 et suiv.). — Elles ne sont point sujettes au *préliminaire de conciliation*. — V. ce mot.

4. Quant aux nullités d'ordre public. — V. *Exception*, n° 87 et suiv.

ORGANISATION JUDICIAIRE. — 1. Autrefois deux juridictions se partageaient en France l'administration de la justice : la juridiction ecclésiastique, qui ne relevait pas directement de la couronne; et la juridiction séculière, qui émanait du roi.

2. La justice séculière était divisée en *royale* et *seigneuriale*.

La juridiction royale se subdivisait en *ordinaire* et *extraordinaire*. — La première comprenait les *prévôts royaux*, les *baillis* ou *sénéchaux*, les *présidiaux*, les *conseils supérieurs*, les *parlemens*, le *conseil des parties*. — La seconde les *juges consulaires*, les *amirautés*, les *maîtrises*, *cours des aides*, *cours des monnaies*, *requêtes de l'hôtel*, etc.

La juridiction seigneuriale se classait en haute, moyenne et basse justice.

3. Les justices seigneuriales furent supprimées avec la féodalité, dans la nuit du 4 août 1789.

Leurs officiers furent seulement autorisés à continuer d'exercer leurs fonctions d'abord jusqu'à ce qu'il eût été pourvu aux moyens de remplacer les justices royales, et plus tard jusqu'à ce qu'il eût été pourvu à un nouvel ordre judiciaire. Décr. 8 sept. 1789.

4. Ce nouvel ordre, établi successivement par divers décrets rendus du 30 avril au 27 mai 1790, fut définitivement organisé par la loi du 24 août 1790, dont plusieurs dispositions sont encore en vigueur.

5. D'après cette loi, la juridiction ordinaire appartenait à des trib. de district, composés de cinq ou de six juges élus par le peuple.

Ces trib. étaient réciproquement juges d'appel les uns à l'égard des autres.

La juridiction extraordinaire était confiée aux juges de paix et aux juges consulaires.

6. Au-dessus de ces diverses juridictions fut placé, par la loi des 27 nov.-1er déc. 1791, le trib. de cassation, destiné à maintenir l'unité de jurisprudence dans le royaume.

7. La constitution de 1793 modifia cette organisation, en créant des arbitres publics en remplacement des trib. de 1re inst. de district. — Mais elle ne reçut jamais d'exécution, et la constitution de l'an 3 rétablit le système de l'assemblée constituante, en se bornant à substituer des trib. de département à ceux de district.

8. Enfin, intervint la loi du 27 vent. an 8, intitulée: *Loi sur l'organisation judiciaire*, qui maintint la C. de cass., les trib. de paix et de commerce; créa un trib. de 1re inst. par arrondissement, en régla les attributions et le siége; fixa les traitemens des juges et des membres du ministère public; établit vingt-neuf cours d'appel, et reconstitua l'ordre judiciaire tel qu'il existe actuellement, sauf quelques légères modifications, apportées notamment par les Sén.-Cons. 19 therm. an 10, 28 flor. an 12, 12 oct. 1807; Décr. 16 et 30 mars 1808; L. 20 avril 1810; Décr. 6 juill. 1810, 18 août 1810, 30 janv. 1811, 22 mars 1815; Ord. 19 nov. 1823, 11 fév. 1824, 11 oct. 1820, 16 juin 1824, 24 sept. 1828; L. 10 déc. 1830, L. 3 mars 1840 (Art. 1623 J. Pr.).

9. La charte constitutionnelle de 1814 conserva l'ordre judiciaire tel qu'il existait au moment de sa promulgation. « Les cours et trib. ordinaires actuellement existans, portait l'art. 59, sont maintenus; il n'y sera rien changé qu'en vertu d'une loi. » « L'institution des juges de commerce et des juges de paix est également conservée. » Art. 60 et 61.

La charte de 1830 a reproduit, dans les art. 50, 51 et 52, les dispositions des art. 59, 60 et 61 de la charte de 1814.

10. Toute justice émane du roi: elle s'administre en son nom par des juges qu'il nomme et institue. Charte 1830, art. 48.

Toutefois, les juges des trib. de commerce et les prudhommes sont élus par des assemblées convoquées à cet effet. — V. *Prudhomme*, *Trib. de commerce.*

11. Le roi n'a pas le droit de changer, par des ordonnances, l'organisation des trib.; elle ne saurait être modifiée que par une loi. *Ib.* art. 50.

12. Nul ne peut être distrait de ses juges naturels. *Ib.* 53.

Il ne peut, en conséquence, être créé de commissions et de trib. extraordinaires, à quelque titre et sous quelque dénomination que ce puisse être. *Ib.* 54.

13. Le roi peut seulement établir des chambres temporaires dans les trib. où le besoin du service réclame cette mesure,

Mais ces chambres doivent être composées des juges titulaires ou suppléans qui faisaient partie des trib. dont elles dépendent.

14. Les juges des trib. de 1re inst., les conseillers des C. roy. et ceux de la C. de cass. sont inamovibles.—V. *Juge, Cassation, Cour royale.*

Les juges des trib. de commerce sont nommés pour deux ans par les notables commerçans.—V. *Trib. de commerce.*

Les prud'hommes sont également élus pour un terme limité. —V. *Prud'homme.*

Les juges de paix sont nommés par le roi et révocables à sa volonté.—V. *Juge de paix.*

15. Des magistrats amovibles sont chargés de prononcer sur toutes les affaires administratives contentieuses.—V. *Trib. administratif.*

16. Les différens trib. se divisent en trib. civils, criminels et administratifs.

17. Les trib. civils se distinguent en trib. ordinaires, et en trib. extraordinaires ou d'exception.

18. Les premiers sont les *tribunaux de première instance,* les *Cours royales,* et la *Cour de cassation.*—V. ces mots.

Les seconds, les *justices de paix,* les *tribunaux de commerce,* et les conseils de *prud'hommes.*—V. ces mots.

Les *colonies* sont soumises à une organisation spéciale.—V. *Tribunaux coloniaux.*

19. Toutes les affaires sont susceptibles de deux degrés de juridiction, à moins d'une disposition législative contraire; c'est-à-dire qu'on peut déférer le jugement rendu par un trib. inférieur à un trib. qui lui est supérieur.—V. *Appel, Degrés de juridiction, Ressort.*

20. Les trib. inférieurs comprennent les justices de paix, les trib. de 1re inst. et de commerce, et les conseils de prud'hommes. Les C. royales remplissent le degré supérieur.

Néanmoins, les trib. de 1re inst. et de commerce statuent quelquefois comme trib. d'appel.—V. *Degrés de juridiction.*

La C. de cass. exerce sa surveillance sur tous les autres trib., mais elle ne constitue pas un troisième degré de juridiction : elle ne peut pas connaître du fond des affaires. — V. *Cassation,* n° 7.

—V. *Cassation,—Cour royale,—Juge de paix,—Prud'homme,—Trib. administratif.—Trib. coloniaux.—Trib. de commerce;—Trib. de 1re instance.*

21. La vénalité et l'hérédité des offices de judicature abolies, L. 14 août 1790, tit. 2, art. 2;

La justice rendue au nom du roi. Charte, art. 57;

Les priviléges en matière de juridiction anéantis, mêmes formes, mêmes juges pour tous dans les mêmes cas. *Ib.* art. 16;

La justice rendue gratuitement, les juges salariés par l'État. *Ib.* art. 2;

Les jugemens motivés. L. 25 août 1790, tit. 4, art. 15;

La publicité des audiences, des rapports et des jugemens. *Ib.* art. 14;

La séparation absolue du pouvoir judiciaire et du pouvoir administratif. *Ib.* tit. 2, art. 13;

La défense aux juges de prendre aucune part au pouvoir législatif et de faire des réglemens. *Ib.* art. 12; C. civ., art. 5:

Telles sont les principales bases de la nouvelle organisation judiciaire. Boncenne, 1, 146.

On doit en outre remarquer l'introduction du jury en matière d'expropriation pour cause d'*utilité publique*. L. 7 juill. 1833. — *V.* ce mot.

—V. d'ailleurs, *Juge*, *Ministère public*, *Greffier*, *Avocat à la C. de cassation*, *Avocat*, *Avoué*, *Huissier*, *Notaire*, etc.

ORIGINAL *d'un acte*. Écrit primitif sur lequel on tire des copies.—V. *Copie*, *Exploit*, n° 19; *Minute*; *Tarif*. *Taxe*.

OUTRAGE. Se dit de tout ce qui peut porter atteinte à l'honneur et à la considération.

La partie qui prétend avoir à se plaindre d'un mémoire produit par son adversaire dans une instance, peut en demander la suppression, et même des dommages-intérêts au tribunal saisi de la contestation.

Mais si la production a eu lieu devant des arbitres, la demande en suppression doit être intentée devant la juridiction ordinaire, et seulement après le jugement du fond de la contestation par les arbitres. Paris, 23 juin 1825, D. 35, 161.

—V. *Audience*, n° 35; *Discipline*, *Intervention*, n° 25 et suiv.

OUTRE (*passer*). Procéder, aller en avant.

OUVRIER. Se dit en général de quiconque fait, sous la direction d'autrui, un travail mécanique ou manuel.

Par rapport à celui qui fait travailler, celui qui se charge du travail est qualifié d'*ouvrier*, bien qu'il soit maître dans sa profession. C. civ. 1788.

1. On confond quelquefois les *ouvriers* avec les *gens de travail*: il existe en effet beaucoup de rapports entre eux, mais il y aussi des différences.

Ainsi, par *gens de travail* on ne doit entendre que les journaliers, c'est-à-dire, ceux dont l'engagement peut commencer et finir dans la même journée.—et qui, en outre, s'occupent des travaux de la profession du maître.

Conséquemment, les individus qui font des travaux de bâtisse pour un propriétaire sont ses ouvriers, et non ses *gens de travail*, tandis qu'ils ont cette dernière qualité vis-à-vis du maître maçon qui les met en œuvre.

2. Les ouvriers ne sont pas réputés, comme les domestiques, faire partie de la maison de leur maître ; ils n'ont pas, en conséquence, qualité pour recevoir les copies d'exploits destinées à ceux-ci.—V. *Exploit*, n° 178.

3. Ils ne peuvent pas, à raison de leur qualité, être reprochés comme témoins dans une enquête qui intéresse leur maître : on ne saurait ajouter aux prohibitions de la loi, qui n'autorise le reproche que contre les domestiques et serviteurs ; d'ailleurs, leur dépendance n'est pas assez grande pour faire suspecter leur bonne foi. Thomine, n° 333, p. 485.—V. *Enquête*, n° 203 à 205.—Du reste, les juges doivent avoir tel égard que de raison à leur déposition.

4. Les contestations relatives à l'exécution des engagemens respectifs des maîtres et de leurs *gens de travail*, doivent être portées devant le *juge de paix*.—V. ce mot, n° 103 à 105, et suiv.

Mais il en est autrement des contestations entre maîtres et *ouvriers* qui exécutent des travaux par devis ou à prix fait. Carré, *Compétence*, 2, 387 ; —Elles sont, d'après la qualité des parties, de la compétence des *Trib. de 1re instance ou des trib. de commerce*. —V. ces mots.

5. Dans les villes où il existe des conseils de prud'hommes, ils connaissent, soit en premier, soit en dernier ressort, d'après l'importance du litige, des différends entre les fabricans ou manufacturiers et ceux qu'ils font travailler ; et en outre, comme arbitres des difficultés entre les fabricans et leurs ouvriers, relatives aux opérations de la fabrique.—V. *Prud'hommes*.

OYANT.—V. *Reddition de compte*.

P.

PAIEMENT. Acquittement d'une obligation.

1. Par qui et à qui le paiement peut-il être fait valablement ? —V. *Avoué*, n° 103 ; *Commandement*, n°s 12 à 14 ; *Emprisonnement*, n° 278 et suiv. ; *Huissier*, n° 132 à 136 ; *Offres réelles*.

2. La dette d'une somme d'argent doit être acquittée en *monnaie* ayant cours légal. —V. ce mot et *Offres réelles*, n° 31.

3. Le débiteur qui paie a le droit d'exiger une quittance ; — et si le titre est un effet au porteur ou négociable par endossement, que l'effet soit revêtu d'un *acquit*, ou dans le cas d'à-compte qu'il en soit fait mention sur le titre ; le seul fait que le débiteur aurait entre ses mains un titre de cette sorte ne serait pas une preuve de libération, et d'un autre côté, une quittance séparée n'aurait aucune valeur contre le tiers-porteur de ce

même titre en vertu d'une cession régulière. Pardessus, n° 210.

4. Le débiteur de plusieurs dettes a le droit de déclarer, lorsqu'il paie, quelle dette il entend acquitter. L. 1 D, *de solut.;* C. civ. 1253. — Et d'exiger cette mention dans la quittance.

5. Toutefois, le débiteur d'une dette qui porte intérêts ou produit des arrérages, ne peut point, sans le consentement du créancier, imputer le paiement qu'il fait sur le capital par préférence aux arrérages ou intérêts : le paiement fait sur le capital et intérêts, mais qui n'est point intégral, s'impute d'abord sur les intérêts. C. civ. 1254.

6. Mais si celui qui devait capital et intérêts a déclaré qu'il payait sur le capital, le créancier qui a consenti à recevoir n'est plus admis dans la suite à contester cette imputation.

7. Lorsque le débiteur de diverses dettes a accepté une quittance par laquelle le créancier a imputé ce qu'il a reçu sur l'une de ces dettes spécialement, le débiteur ne peut plus demander l'imputation sur une dette différente, à moins qu'il n'y ait eu dol ou surprise de la part du créancier. C. civ. 1255.

Pothier, *Obligations*, n. 529 cite pour exemple de *surprise* la quittance donnée à un paysan par un procureur qui avait imputé le paiement fait par le premier sur une créance qui ne produisait pas d'intérêts, plutôt que sur une autre qui en produisait.

8. A défaut d'imputation de la part du débiteur et du créancier, la loi la fait elle-même.

Si toutes les dettes ne sont pas échues, l'imputation se fait sur la dette échue plutôt que sur celle qui ne l'est pas. C. civ. 1256.

9. Si toutes les dettes sont pareillement échues, l'imputation se fait sur la dette la plus onéreuse pour le débiteur et dont il a le plus d'intérêt de se libérer. C. civ. 1256. — Ainsi sur une dette qui pourrait donner lieu à la contrainte par corps, à des dommages-intérêts, à une affectation hypothécaire plutôt que sur une dette simplement chirographaire.... sur une dette personnelle au débiteur plutôt que sur une dette résultant d'un cautionnement.

10. Toutefois, les à-compte payés après l'ouverture de l'ordre et avant sa confection, par l'acquéreur d'un immeuble, sur les arrérages dus par année à un créancier inscrit sans désignation des années sont imputables sur le montant du bordereau de collocation obtenu par le créancier après la confection de l'ordre et non sur d'autres créances qui seraient ou plus anciennes ou plus onéreuses pour le débiteur principal : l'ac-

quéreur ne peut être présumé avoir voulu acquitter des arrérages antérieurs à ceux conservés au créancier par son inscription. Cass. 24 août 1829, S. 29, 420.

11. Si les dettes sont d'égale nature, l'imputation se fait sur la plus ancienne : toutes choses égales elle se fait proportionnellement. C. civ. 1256.

—V. d'ailleurs *Emprisonnement*, n. 286.

12. Les frais du paiement sont à la charge du débiteur, C. civ. 1248; — ils comprennent 1° les frais de timbre et d'enregistrement de la quittance; 2° les honoraires du notaire (dont le choix appartient au débiteur. *Dict. du Not.*, v° *Quittance*, n° 17.), si la quittance est notariée.

Toutefois, les quittances qui doivent être fournies à l'État par des particuliers sont timbrées aux frais de ces derniers. L. 13 brum. an 7, art. 29.

—V. d'ailleurs *Vérification d'écriture*. C. pr. 193; L. 3 sept. 1807, art. 2.

13. Si le paiement est fait en espèces d'argent, et que leur valeur excède ou égale 500 fr., le débiteur doit fournir les sacs (de dimension à contenir au moins 1000 fr. chacun, en bon état), et la ficelle, lorsque le créancier l'exige; mais il peut retenir 15 cent. par sac. Décr. 1er juill. 1809.

Du reste, le créancier est libre d'échapper à cette retenue en fournissant lui-même les sacs. Toullier, 7, n° 55. — *Contrà*, Favard, v° *Paiement*, n° 6.

14. Le paiement des frais emporte-t-il *acquiescement?* — V. ce mot, nos 70, 71 et 89 à 91.

15. *Enregistrement.* Le droit de 50 cent. pour 100 fr. est dû sur l'acte qui constate soit un paiement, — soit la restitution d'une somme indûment payée.

— V. *Créancier, Débiteur, Dépôt, Effet de commerce, Offres réelles.*

PAILLE. — V. *Emprisonnement*, n° 55; *Saisie-exécution.*

PAIR DE FRANCE. — V. *Emprisonnement*, n° 182.

PALAIS DE JUSTICE. — V. *Audience*, n° 1 et suiv.; *Jugement*, n° 104.

PANDECTES. Synonyme de *Digeste*. — V. ce mot.

PAPIER MONNAIE. — V. *Offres réelles*, n° 31.

PAPIER TIMBRÉ. — V. *Greffe (Droits de)*, nos 115 à 117; et *Paiement*, n° 12, *Timbre.*

PARAPHE. Abrégé de la signature.

— V. C. pr. 196, 236, 943; *Légalisation, Notaire, Renvoi.*

PAREATIS. Ce mot qui signifie *obéissez*, se disait autrefois de la permission délivrée par les trib. d'exécuter les arrêts, jugemens ou contrats hors du ressort de la juridiction dont ils étaient émanés.

Aujourd'hui, les jugemens rendus, et les actes authentiques passés en France, sont exécutoires dans tout le royaume, sans visa ni *pareatis*. C. pr. 547. — Quant à ceux intervenus en pays étranger. — V. *Exécution*, nos 53 à 68.

PARÉE (EXÉCUTION). — V. *Exécution*, nos 31 et suiv.

PARENTÉ. La parenté produit certains empêchemens à l'égard des juges et des officiers de justice. — V. *Juge*, nos 37 et 38 ; — Notamment entre le juge de paix et son greffier. L. 27 mars 1791, art. 4 ; Carré, *Lois d'organ.*, 1, 129.

— V. d'ailleurs *Alliance*, *Citation*, n° 25 ; *Dépens*, nos 117 et 118 ; *Enquête*, nos 188 à 193 ; *Huissier*, nos 108 à 119 ; *Récusation*, *Renvoi*.

Pour les dispenses de parenté en cas de mariage. — V. *Ministère public*, n° 64.

PARERE. Avis de négocians qui fait connaître les usages de commerce sur une question litigieuse. — V. *Acte de notoriété*, n° 4.

PARLANT à — V. *Exploit*, nos 108 à 124.

PARLEMENS. Anciennes Cours souveraines du royaume. — V. *Organisation judiciaire ; Ministère public*, nos 3 et suiv.

PARQUET. Se dit tantôt de l'espace qui renferme les siéges des juges et le barreau où sont les avocats ; tantôt de celui où les officiers du ministère public tiennent leurs séances pour recevoir les communications, quelquefois de ces officiers eux-mêmes. — *Faire un parquet* signifie, en termes de pratique, notifier un *exploit* au parquet du procureur du Roi. — V. ce mot, n° 233.

PARTAGE (1). Division faite entre plusieurs personnes des choses qui leur appartiennent en commun, à quelque titre que ce soit.

1. Les règles du *partage de succession* que nous traçons ici s'appliquent au partage d'une communauté ou d'une société. C. civ. 1476, 1872. — V. toutefois *inf.* nos 25 et 100.

DIVISION.

§ 1. — *Cas dans lesquels il y a lieu à partage.*
§ 2. — *Par qui et contre qui il peut être demandé.*
§ 3. — *Du partage amiable.*
§ 4. — *Du partage judiciaire.*

Art. 1. — *Cas dans lesquels le partage doit avoir lieu en justice.*
Art. 2. — *Formalités antérieures à la demande.*
Art. 3. — *Tribunal compétent.*

(1) Cet article est de M. Vaiton, avocat à la Cour royale de Paris.

§ 1. — *Cas dans lesquels il y a lieu à partage.*

2. Nul n'est tenu de demeurer dans l'indivision ; le partage peut toujours être provoqué, nonobstant prohibitions et conventions contraires. C. civ. 815.

3. La convention ou la défense faite par le testateur au légataire (Cass. 20 janv. 1836, S. 36, 83) de suspendre le partage n'est pas obligatoire au-delà de cinq ans.

Mais la convention peut être renouvelée. *Ib.*

Au reste, les créanciers conservent le droit personnel des copropriétaires de provoquer un partage qui leur permette de se faire payer sur la part afférente à leur débiteur. C. civ. 882, 2205 ; Chabot, art. 815, n° 9 ; Duranton, 7, n° 84.

Il en est de même des héritiers institués, des légataires universels, des enfans naturels reconnus, qui, en vertu de l'art. 757 C. civ., peuvent demander aux héritiers une quote-part des biens. Chabot, *ib.*

4. Toutefois, l'indivision peut durer plus de cinq années, sans que l'action en partage soit recevable : 1° si l'objet indivis a été mis en société par les copropriétaires ; s'il est tombé dans la communauté entre époux : il faut attendre que la société ou la communauté arrivent à leur terme. Colmar, 20 mars 1813, S. 14, 7 ; Cass. 5 juill. 1825, S. 26, 413 ;

2° A l'égard de certains objets que le partage devrait détruire ou rendre sans utilité pour aucune des parties, tels que l'escalier commun aux propriétaires des différens étages d'une maison, etc. Cass. 21 août 1832, S. 32, 775 ; Troplong, art. 1688, n° 861 ; Toullier, 3, n° 469 ;

3° Dans le cas de la propriété indivise d'un navire. C. comm. 220 ; — ou d'une *mine* : les copropriétaires ne peuvent la partager sans une autorisation du Gouvernement. L. 21 avr. 1810, art. 7. — V. ce mot, n°s 11 et 12.

5. Hors ces cas exceptionnels, le partage peut toujours être demandé, même quand l'un des cohéritiers a joui séparément de partie des biens de la succession, s'il n'y a eu un acte de partage, ou possession suffisante pour acquérir la prescription (C. civ 816); c'est-à-dire possession trentenaire, à dater, non de l'ouverture de la succession, mais de la prise de possession, sauf les interruptions de droit. C. civ. 2262-2252.

Si le cohéritier avait vendu à un tiers-acquéreur de bonne foi, la prescription serait seulement de 10 ou 20 ans (C. civ. 2265); mais il faudrait pour cela que ce tiers eût acquis un immeuble déterminé, et non les droits successifs de l'un des héritiers; dans ce dernier cas, il serait, comme son vendeur, tenu personnellement, et ne pourrait prescrire que par trente ans. Chabot, art. 816, n° 2; Duranton, 7, n° 94.

6. Lorsqu'une succession se compose de divers immeubles, tous partageables en nature, un seul excepté d'une valeur tellement variable qu'il est impossible de le faire tomber dans un des lots sans rompre l'égalité du partage, on doit ordonner la licitation de cet immeuble et le partage des autres. Limoges, 20 mars 1839 (Art. 1602 J. Pr.).

§ 2. — *Par qui et contre qui peut être demandé le partage.*

7. *Majeurs.* Tout cohéritier majeur et maître de ses droits peut provoquer le partage.

La demande est dirigée contre tous les copropriétaires.

8. *Mineurs et interdits.* Le partage des biens échus à des mineurs ou interdits doit être provoqué par leur tuteur, spécialement autorisé par le conseil de famille, C. civ. 817, 465; — qu'il s'agisse de meubles ou d'immeubles, la loi ne fait aucune distinction. Pigeau, 2, 705.

La délibération du conseil de famille n'a pas besoin d'être homologuée par le tribunal : le partage fait en justice est une garantie suffisante. Pigeau, *ib.*; Arg. Duranton, 3, n°s 585 et 586.

9. L'autorisation du conseil de famille est inutile lorsque le mineur est défendeur à l'action en partage. C. civ. 460, 465.

10. S'il y a plusieurs mineurs et qu'ils aient des intérêts opposés, il est nommé à chacun d'eux un tuteur spécial et particulier (C. civ. 838, C. pr. 968), — sur la provocation du tuteur, et, à son défaut, par les adversaires, Thomine, n° 1154, — aux frais des mineurs : ces frais sont faits dans leur intérêt exclusif. Chauveau, Tarif, 2, 459.—V. toutefois *inf.* n° 23.

11. *Les intérêts sont opposés*, si l'un des mineurs a un rapport à faire ou un prélèvement ou préciput à exercer, ou si ses droits sont contestés; mais lorsque les mineurs viennent à la succession par égales portions, en quelque nombre qu'ils soient, un seul tuteur suffit. Aix, 3 mars 1807, S. 15, 203; Carré, n° 3190.

12. Le conseil de famille nomme également un tuteur

ou curateur spécial si, durant le mariage, le mari a des intérêts opposés à ceux de ses enfans mineurs. Turin, 9 janv. 1811, P. 9, 19.

13. Le partage peut encore être provoqué : 1° par le *mineur émancipé*, avec l'assistance de son curateur, sans autorisation du conseil de famille. Arg. C. civ. 482, 840. Bordeaux, 25 janv. 1826, S. 26, 245; Chabot, art. 817-3°; Toullier, 4, n. 408; Duranton, 7, n. 105;

2° Par la personne pourvue d'un conseil judiciaire, — mais avec l'assistance de ce conseil. Carré, n. 3213. — *Contrà*, *Prat. franç.* 1, 301.

14. *Absens.* Lorsqu'il s'agit d'une succession échue avant la disparition ou les dernières nouvelles, il faut distinguer.—S'il y a simplement présomption d'absence, la demande est intentée par un curateur nommé (aux frais de l'absent.—V. *sup.* n. 10) à la requête des personnes intéressées à obtenir le partage au nom de l'absent présumé; — le notaire, commis en vertu de l'art. 113 C. civ., n'a qualité que pour représenter l'absent, lorsque le partage est régulièrement demandé contre lui. Proudhon, 189; Chabot, art. 817 8°. — *Contrà*, Duranton, n° 395.—V. *Absence*, n°s 15 à 21. — S'il y a absence déclarée, l'action appartient aux envoyés en possession. C. civ. 817, 120, 125.

Lorsque la succession s'est ouverte depuis la disparition ou les dernières nouvelles, l'absent n'y ayant aucun droit, l'action appartient aux personnes désignées dans l'art. 136 C. civ. — V. *Absence*, n. 16.

15. *Femmes mariées.* Si les biens dont une femme mariée est copropriétaire tombent dans la communauté, l'action en partage peut être exercée activement ou passivement par le mari, seul et sans le concours de sa femme.—C. civ. 818; en cas d'interdiction du mari, la femme ne peut procéder au partage qu'en justice et dûment autorisée. Paris, 12 oct. 1836, S. 37, 91.

Lorsque les biens ne tombent pas dans la communauté, le concours de la femme est nécessaire.—Cependant, si le mari a droit de jouir de ces biens, comme lorsqu'il y a communauté ou simple exclusion de communauté sans séparation de biens, il peut demander un *partage provisionnel* (— V. ce mot et toutefois C. civ. 1549). — S'il y a séparation de biens, ou si sous le régime dotal, la femme recueille une succession stipulée paraphernale, elle peut, lorsque les biens sont purement mobiliers, procéder au partage *amiable*, seule et sans autorisation. C. civ. 1449, 1576; — lorsqu'il y a des immeubles, ou lorsqu'il s'agit d'un partage judiciaire, elle a besoin de l'autorisation du mari ou de justice. C. civ. 1538, 215. — V. *Femme mariée*, § 2 et 3, art. 1 et 2.

§ 3. — *Du partage amiable.*

16. Le partage amiable est celui qui se fait d'après les conventions des parties.

Si elles sont toutes *d'accord*, majeures, jouissant de l'exercice des droits civils, présentes ou dûment représentées, elles peuvent procéder de telle manière qu'elles avisent, faire ou ne pas faire apposer les scellés sur les effets de la succession ; régler leurs droits par acte sous seing-privé ou notarié, soit en forme de partage ou de vente de droits successifs, et s'abstenir des voies judiciaires ou les abandonner en tout état de cause. C. pr. 985; C. civ. 819.

17. Ne peuvent consentir un partage amiable : 1° le notaire commis pour représenter un présumé absent. Pigeau, 2, 703 ; Carré, n° 3216. — V. *sup.* n° 14 ;

2° Le grevé de substitution, lors même que le tuteur à la restitution serait présent ou l'appelé majeur : la restitution n'est pas seulement au profit des enfans nés, mais encore de ceux à naître (C. civ. 1050), et il faut conserver leurs droits. Carré, n° 3215; Pigeau, 2, 712 ;

3° Le mineur émancipé, même avec l'assistance de son curateur, lors même qu'il s'agirait d'une succession purement mobilière. C. civ. 838 ;

4° La femme mariée sous le régime dotal, même avec l'autorisation de son mari, s'il s'agit des biens dotaux. — V. *sup.* n° 15.

Mais la personne pourvue d'un *conseil judiciaire* (— V. ce mot, n° 15) ferait valablement un partage amiable, avec l'assistance de ce conseil. Duranton, 7, n° 107. — *Contrà*, Carré, n° 3213.

§ 4. — *Partage judiciaire.*

Art. 1. — *Cas dans lesquels le partage doit avoir lieu en justice.*

18. Le partage doit être fait en justice : 1° lorsque les cohéritiers majeurs ne sont pas unanimes, soit sur le partage amiable en lui-même, soit sur le mode d'y procéder, ou sur la manière de le terminer. C. civ. 823 ;

2° Lorsque tous les cohéritiers ne sont pas présens, ou qu'il se trouve parmi eux des incapables, ne s'agirait-il que d'une succession purement mobilière. Chabot, art. 838, n° 6. — Par *non présens* on entend tous ceux qui ne sont pas au lieu où leur présence est nécessaire, quoiqu'on sache d'ailleurs où ils se trouvent. C. civ. 819, 838. — Toutefois, il n'est pas indispensable pour être considéré comme présent de se trouver sur les lieux mêmes. Il suffit que l'on soit à une distance assez proche pour pouvoir assister aux opérations du partage. Duranton, 7, n° 133.

On est toujours considéré comme présent, lorsqu'on est représenté par un mandataire.

Le partage fait sans formalités de justice lorsqu'il y a un absent, n'est provisionnel qu'à l'égard de l'absent ; il est définitif pour les autres copartageans. Bordeaux, 16 mai 1834, S. 35, 192. — V. *inf.* n° 21 *in fine*.

19. Le partage judiciaire s'opère d'après les règles prescrites par les art. 819 à 837 C. civ., 966 et suiv. C. pr. ; C. civ. 838. — V. *inf.* n° 30 et suiv.

20. On ne pourrait procéder autrement, lors même que les droits du mineur seraient indivis avec l'Etat : un partage administratif ne suppléerait pas au partage judiciaire. Av. Cons.-d'ét. 17-26 sept. 1811, S. 12, 2, 192; Carré, art. 966.

21. Les partages ainsi faits, soit par les tuteurs, avec l'autorisation du conseil de famille, soit par les mineurs émancipés assistés de leurs curateurs, soit au nom des absens ou non présens par ceux qui peuvent les représenter, sont définitifs ; ils ne sont que *provisionnels* à l'égard des incapables, si les règles prescrites n'ont pas été observées. C. civ. 840 ; — à moins qu'ils ne résultent d'une *transaction* régulière (—V. ce mot) ; Cass. 30 août 1815, S. 15, 404.

Le partage fait entre majeurs et mineurs, sans l'observation des formalités de justice, est-il définitif à l'égard des majeurs ?

Pour la négative on dit : les majeurs ne peuvent être liés plus que les mineurs par un acte susceptible d'être attaqué. Il ne s'agit pas précisément d'une action en nullité ou en rescision ; l'art. 1125 C. civ. n'est point applicable. Toulouse, 7 avr. 1834, S. 34, 341 ; Delvincourt, 2, 366, note 4. — à moins que les majeurs n'aient renoncé au droit d'attaquer le partage par eux consenti comme définitif. Cette dernière distinction proposée par M. Troplong, conseiller rapporteur, a été adoptée par la C. de cass. 24 juin 1839 (Art. 1578 J. Pr.).

Toutefois l'affirmative nous paraît préférable dans tous les cas, parce que les formalités ne sont prescrites que dans l'intérêt des mineurs. Arg. C. civ. 1125 ; Lyon, 16 juill. 1812, P. 10, 577 ; Colmar, 28 nov. 1812, P. 13, 697 ; Agen, 12 nov. 1823, S. 25, 71 ; Cass. 24 juill. 1835, S, 36, 238 ; Chabot, art. 840 ; Favard, *Rép.* 4, 114 ; Duranton, 7, n° 179 ; Malpel, n° 318 ; Poujol, art. 840, n° 3.

22. Le partage, pour être régulier, doit être fait avec tous les cohéritiers, autrement il faudrait le recommencer, lors même que les héritiers partageans auraient été de bonne foi, et que celui non appelé aurait eu connaissance du partage. Aix, 2 niv. an 11, D. 4, 234; — Il ne suffirait pas de refaire le partage de la part de l'héritier qui se serait fait attribuer en trop les droits du non-appelé, il faudrait le recommencer avec ceux qui n'auraient eu que leur part légitime. Cass. 19 juill. 1809, S. , 403.

23. Les frais du partage judiciaire, quelque onéreux qu'ils soient, ne sont pas à la charge de l'incapable ou du majeur non consentant qui les nécessitent; ils usent d'un droit; c'est la chose qui paie. Mais si un héritier élève de mauvaises contestations, il en supporte seul les dépens. Disc. au Cons.-d'état; Chabot, art. 838, n° 4-5.—V. toutefois *sup*. n°s 10 et *inf*. n° 54.

Art. 2. — *Formalités antérieures à la demande.*

24. Si tous les héritiers ne sont pas présens, ou s'il y a parmi eux des mineurs ou des interdits, il faut : 1° faire apposer les *scellés* dans le plus bref délai. C. civ. 819; C. pr. 907 et suiv. — V. ce mot.

2° Lors de la levée des scellés, faire *inventaire* en présence des parties intéressées ou elles dûment appelées. — V. ce mot.

Le défaut d'apposition des scellés n'entraînerait pas la nullité des opérations postérieures du partage; mais s'il y avait eu des soustractions, les parties intéressées pourraient se pourvoir contre leurs tuteurs ou cohéritiers à fin de dommages-intérêts, et de peines plus graves s'il y avait lieu. Chabot, art. 819, n° 4.

Art. 3. — *Tribunal compétent.*

25. La compétence du trib. qui doit connaître de l'action en partage varie selon la nature du titre en vertu duquel est possédée la chose commune.

Si c'est à titre : 1° de succession; 2° de communauté conjugale; 3° de société civile ou commerciale, autre qu'une société en participation qui, par sa nature, n'a pas d'établissement spécial. Cass. 14 mars 1810, S. 10, 207, — l'action et les contestations qui s'élèvent dans le cours des opérations sont soumises au trib. du lieu de l'ouverture de la succession, du siége de la société ou de la dissolution de la communauté. C. civ. 822, 1476, 1872; C. pr. 59. — Cette dérogation aux règles ordinaires de la compétence est motivée sur l'utilité de procéder dans le lieu même où se trouvent réunis le plus souvent les titres, papiers et effets des successions, sociétés ou communautés à partager; Duranton, 17, n° 479.

C'est aussi devant ce trib. qu'il est procédé aux licitations, et que doivent être portées les demandes relatives à la garantie des lots entre copartageans et celles en rescision de ce partage. C. civ. 822 ; C. pr. 59. — V. *Licitation*, nos 33 à 35 et 92 ; *inf.* n° 89.

26. Mais cette attribution de compétence ne s'étend pas jusqu'aux demandes à fin de distribution par voie d'ordre du prix des biens de la succession : elles doivent, comme actions réelles, être portées devant le tribunal de la situation. — V. *Ordre*, nos 102 et suiv.

Ce serait aussi devant ce trib., et non devant celui du lieu de l'ouverture de la succession, qu'il faudrait se pourvoir s'il s'agissait du partage d'immeubles situés en France, et dépendans de la succession d'un étranger décédé hors de France. Colmar, 12 août 1817; S. 18, 290.

27. Du reste, l'incompétence d'un autre trib. que celui de la succession n'est pas absolue et à raison de la matière : elle doit donc être invoquée, sous peine de déchéance, avant toute exception ou défense au fond ; elle ne peut être proposée pour la première fois en appel. Florence, 9 mai 1810, S. 12, 415 : Cass. 13 avr. 1820, S. 21, 84. — Quand même elle serait proposée au nom d'un cohéritier mineur ; peu importe que, dans ce cas, le partage dût nécessairement avoir lieu en justice. — *Contrà*, Bordeaux, 20 avr. 1831, S. 31, 315. — V. *Licitation*, n° 33 à 35.

28. Si la chose commune est possédée à autre titre que ceux énumérés ci-dessus, on suit les règles ordinaires de compétence, et conséquemment l'on doit assigner devant le trib. de la situation de l'immeuble. C. pr. 59. — V. *Action*, n° 31.

Toutefois, la plupart des auteurs pensent que l'on peut également assigner devant le trib. du domicile du défendeur. Dans ce cas, en effet, l'action *communi dividundo* est mixte. Pothier, v° *Société*, n° 194 ; Berriat, 127, note 24, n° 2 ; Troplong, v° *Vente*, art. 1688, n° 870 ; Merlin, *R.* v° *Licitation*, § 2.

29. Il en est de même du cas où les héritiers sont, après le partage, restés dans l'indivision pour un ou plusieurs immeubles : s'il veulent plus tard la faire cesser, ils sont non recevables à porter leur demande devant le trib. de l'ouverture de la succession ; ce trib. n'est en effet compétent que pour juger les actions formées antérieurement au partage de l'hérédité. Cass. 11 mai 1807, S. 7, 1, 267 ; Duranton, 7, n° 137. — De même pour le créancier d'un des copropriétaires qui formerait une demande en licitation de ces mêmes biens afin d'arriver ensuite à une expropriation : on doit saisir soit le trib. de la situation des biens soit celui du domicile des défendeurs. Paris, 22 nov. 1838 (Art. 1285 J. Pr.).

Art. 4. — *Demande en partage, jugement; nomination d'experts.*

30. *Demande.* La demande en partage s'introduit en la forme ordinaire.

Elle doit être précédée de la tentative de conciliation.

Mais le plus souvent elle s'en trouve dispensée, à raison du nombre, de l'absence, ou de la minorité des co-héritiers. Thomine, n° 1151.

Les parties qui ont le même intérêt doivent se faire représenter par le même avoué, afin d'éviter les frais.

31. La partie la plus diligente se pourvoit. C. pr. 966; — entre deux ou plusieurs demandeurs, la poursuite appartient à celui qui a fait viser le premier l'original de son exploit par le greffier du tribunal; ce visa est daté du jour et de l'heure. *Ib.* 967; Tar. 90.—V. *Licitation*, n° 39.

Si néanmoins le second demandeur poursuivait, les frais retomberaient à sa charge; mais si le premier cessait ses poursuites, un autre pourrait s'y faire subroger. Carré, n° 3189.

Cette subrogation serait accordée si l'on ne suivait pas l'audience, si l'on négligeait de lever le jugement qui ordonne l'expertise. Thomine, n° 1151.

Une requête collective pourrait-elle être présentée au nom de tous les co-partageans? — V. *Licitation*, n° 37.

32. Lorsque l'un des héritiers refuse de consentir au partage, ou s'il s'élève des contestations soit sur le mode d'y procéder, soit sur la manière de le terminer, le trib. prononce comme en matière sommaire. C. civ. 823.

Mais si les contestations touchent le fond du droit même des parties et sortent des termes de l'art. 823 C. civ., le trib. doit statuer comme en matière ordinaire. Cass. 14 juill. 1830, S. 30, 247; Duranton, 7, n° 139.

33. Si le trib. prévoit que des contestations pourront s'élever, ou si celles qu'on a élevées sont de telle nature qu'elles ne puissent être terminées à l'instant, il a le droit de commettre pour les opérations du partage un des juges, sur le rapport duquel il décide les contestations. C. civ. 823.— Dans l'usage, on nomme un juge commissaire.

Du reste, la mission du juge commis se borne à diriger ces opérations; s'il s'élève des difficultés, il ne les décide pas, mais renvoie les parties à l'audience, fait son rapport, et le tribunal decide. Chabot, art. 823, n° 3.

Les frais doivent-ils être taxés comme en matière *sommaire?* — V. ce mot.

34. *Jugement*, *nomination d'experts.* Le jugement qui prononce sur la demande en partage ordonne que les immeubles,

s'il y en a, seront estimés par experts. C. civ. 824 ; C. pr. 969. — V. d'ailleurs *Expertise*, n.°s 4 et 5, et *Licitation*, n° 41.

Jugé cependant que le trib. peut, sans expertise préalable et en s'aidant seulement des documens qu'il a sous les yeux, décider que les immeubles à partager sont susceptibles de division en nature. Cass. 12 avr. 1831, S. 32, 840. — V. dans le même sens les nouveaux projets de loi (Art. 1466 et 1566 J. Pr.), sur l'art. 970 C. pr. rectifié.

35. Par le même jugement, le trib. ordonne le partage, s'il peut avoir lieu, ou la vente par licitation devant l'un de ses membres, ou devant un notaire. C. pr. 970. — V. *Licitation*, n° 47.

Dans l'usage, il désigne en même temps d'office le notaire qui devra procéder aux compte, liquidation et partage ; cette marche a l'avantage d'abréger la procédure : peu importe que l'art. 976 C. pr. semble exiger un second jugement en cas de désaccord des parties. Carré, n° 3200.

Art. 5. — *Opérations préparatoires des experts.*

36. Après leur nomination, les experts, s'ils ne sont pas récusés, prêtent serment, à moins que toutes les parties étant majeures, ils n'en soient dispensés par elles. C. pr. 971. — V. *Expertise*, n° 55 et suiv.

37. Au jour indiqué, ils procèdent aux opérations ordonnées par le tribunal, et déposent au greffe leur procès-verbal de rapport. — V. *ib.* § 2, art. 5 et 6.

38. Ce rapport, outre les formalités ordinaires, doit contenir l'estimation des immeubles et les bases de cette estimation ; indiquer si l'objet estimé peut être commodément partagé, et de quelle manière ; fixer enfin, en cas de division, chacune des parts qu'on peut en former et leur *valeur*. C. civ. 824. — C'est-à-dire leur valeur actuelle, et non la valeur au moment de l'ouverture de la succession.

L'article portant que le procès-verbal contiendrait en détail la valeur des objets estimés fut retranché lors de la discussion du projet du Code. Malleville, 3, 307. — En conséquence, s'il s'agit de pièces de terre, il ne faut pas estimer chaque pièce séparément, mais chaque corps de domaine ; — à moins que le corps de domaine ne doive être partagé entre les ayant-droit. Chabot, art. 824.

39. La disposition de l'art. 466 C. civ., qui attribue aux experts la formation des lots, a été changée par les art. 824 et suiv. C. civ., et par les art. 978 et 979 C. pr., qui ont statué spécialement sur le mode de partage à l'égard des mineurs. Chabot, art. 824, n° 2.

Le droit de procéder par attribution de lots n'est laissé aux experts que dans le cas où la demande en partage n'a pour objet que la division d'un ou de plusieurs immeubles sur lesquels les droits des intéressés sont déjà liquidés. C. pr. 975.

40. S'il y a des meubles, et qu'il n'y ait pas eu de prisée dans un inventaire régulier, l'estimation en doit être faite par gens à ce connaissant (nommés de la même manière que les experts), à juste prix et sans *crue* (— V. ce mot). C. civ. 825.

41. Le rapport des experts est levé par le poursuivant, signifié par lui aux avoués des parties, avec demande en entérinement par requête de simples conclusions d'avoué à avoué. C. pr. 972.

Les parties intéressées à contredire le rapport peuvent répondre dans la même forme. Pigeau, 2, 681.

42. En cas d'inexactitude ou d'insuffisance du rapport, le trib. a le droit d'ordonner une nouvelle *expertise*. — V. ce mot, n° 98 à 107.

Art. 6. — ***Cas dans lesquels il y a lieu de vendre les meubles ou les immeubles avant le partage.***

43. En principe, chaque cohéritier a le droit d'exiger sa part en nature des meubles et immeubles dépendans de la succession; on ne doit donc procéder à aucune vente avant le partage. Mais cette règle souffre quelques modifications.

44. ***Meubles.*** Ils sont vendus, s'ils sont impartageables en nature.

45. Ils peuvent encore l'être, quoique partageables en nature : — 1° s'il y a des créanciers saisissans ou opposans; — 2° si la vente est jugée nécessaire par la majorité des cohéritiers pour l'acquit des dettes et charges de la succession. C. civ. 826.

La vente se fait alors publiquement en la forme prescrite pour la *saisie-exécution*. C. pr. 945-953. — V. ce mot et *Vente de meubles*.

La vente ne doit avoir lieu que jusqu'à concurrence de ces dettes et charges seulement, et en commençant par les effets les moins précieux et les plus périssables. Chabot, art. 826, n° 5.

46. La majorité des héritiers ne se compte pas par le nombre des individus, mais par la quotité des biens qu'ils recueillent : ainsi, lorsqu'il y a partage par souche, les représentans d'une tête ne comptent que pour cette tête. Toullier, 4, n° 416.

47. Au reste, les héritiers qui veulent avoir leur part en nature peuvent s'opposer à la vente de leurs portions en payant de suite leur part virile des dettes. Toullier, 4, n° 416.

48. Les dispositions précédentes ne sont pas contraires à l'art. 452 C. civ. : il n'impose au tuteur l'obligation de vendre, dans le mois qui suit la clôture de l'inventaire, que les meubles appartenant à son pupille ; or, cette propriété n'est déterminée que par le partage.

49. *Immeubles.* Si la totalité des immeubles ne peut être commodément divisée, il doit être procédé à la vente par *licitation.* — V. ce mot, § 1.

Art. 7. — *Opérations du partage; formation des lots.*

50. *Opérations du partage.* Si les biens sont partageables en nature, ou si, ayant été vendus en tout ou en partie, il s'agit d'en distribuer le prix entre des héritiers dont les droits ne soient pas liquides dans le sens de l'art. 975 C. pr., le juge-commissaire, sommation préalablement faite aux copartageans par le poursuivant, renvoie les parties devant un notaire dont elles conviennent, si elles peuvent et veulent en convenir, ou qui, dans le cas contraire, est nommé d'office par le trib., à moins qu'il n'ait déjà été précédemment désigné (— V. *sup.* n° 35). C. civ. 828; C. pr. 976.

Dans l'usage, le notaire est commis conformément aux conclusions du demandeur, par le premier jugement qui ordonne l'expertise. (— V. *sup.* n° 35). — On se borne à dresser un procès-verbal de renvoi devant le notaire.

51. Le renvoi devant notaire est impératif, et non facultatif, de la part du trib. Séance du cons. d'ét. 22 fév. 1806; Chabot, art. 828, n° 4 ; Delvincourt, t. 2, p. 144 ; Carré, n° 3199; Pigeau, 2, 750; Merlin, *Rép.*, v° *Notaire,* § 2, n° 8.

Les juges ne peuvent jamais procéder eux-mêmes à la formation de la masse, à la composition des lots, et à leur attribution. Toulouse, 18 janv. 1832, D. 33, 30 ; — ni renvoyer les parties devant des experts pour procéder au partage. Paris, 26 avr. 1808, P. 6, 652 ;— ni mander à ces derniers de former un certain nombre de lots, d'après l'état que donnerait la partie la plus diligente. Nîmes, 4 fév. 1806, P. 5, 162.

Le juge-commissaire ne peut pas non plus faire le partage lui-même, ni retenir une partie des opérations. Paris, 17 août 1810, P. 11, 442. — Ses fonctions se trouvent bornées à faire son rapport au trib. des difficultés soulevées par les copartageans.

Toutefois, lorsque les droits des parties se trouvent fixés d'une manière invariable, le renvoi devant un notaire n'est pas indispensable. — Ainsi, il a été décidé qu'un juge-commissaire avait pu, en conséquence d'une clause insérée dans un cahier de charge, fixer et liquider les droits des copartageans dans le prix d'une adjudication ; que l'acquéreur devait en conséquence acquitter son prix, en se conformant à cette liquidation, faite en conséquence d'une clause de son adjudication, et après son homologation par le trib. Bordeaux, 5 mars 1836 (Art. 929 J. Pr.).

Au reste, le renvoi est évidemment inutile lorsque les trib. ont été saisis de difficultés survenues *après le partage:* ils doivent statuer immédiatement sur ces contestations. Cass. 21 août 1834, S. 35, 719.

52. Au jour fixé par le notaire, les parties, si elles sont d'accord, se présentent devant lui ; sinon le poursuivant leur fait sommation de se trouver en l'étude aux jour et heure indiqués ; cette sommation est faite par acte d'avoué, si les copartageans ont avoué en cause ; dans le cas contraire, elle a lieu par exploit à personne ou domicile.

53. On procède devant le notaire aux comptes que les copartageans peuvent se devoir, à la formation de la masse générale, à la composition des lots, et aux fournissemens à faire à chacun des copartageans. C. civ. 828 ; C. pr. 976.

54. Le notaire commis procède seul sans l'assistance d'un second notaire ou de témoins. C. pr. 977. — Il agit ici par délégation du trib. ; l'acte qu'il rédige ne reçoit pas son autorité de lui-même, mais de la sanction de la justice. — Si les parties se font assister auprès de lui d'un conseil, les honoraires de ce conseil n'entrent point dans les frais de partage et sont à leur charge. C. pr. 977.

Si ce notaire se démet de ses fonctions ou vient à décéder, son successeur ne le remplace pas de plein droit. — V. *Notaire*, n° 43.

55. *Formation des lots.* Lorsque la masse du partage, les rapports et prélèvemens à faire par chacune des parties intéressées, ont été établis par le notaire suivant les art. 829, 830 et 831 C. civ., les lots sont faits par l'un des cohéritiers, s'ils sont tous majeurs, s'ils s'accordent sur le choix, et si celui qu'ils ont choisi accepte la mission ; dans le cas contraire, le notaire, sans qu'il soit besoin d'aucune autre procédure, renvoie les parties devant le juge-commissaire, et celui-ci nomme un expert. C. civ. 834 ; C. pr. 978.

Il résulte de l'art. 978 C. pr., explicatif des termes trop généraux de l'art. 834 C. civ., que, s'il y a des mineurs, des interdits ou des absens, les lots doivent toujours être faits par un expert. Carré, n° 3204 ; Chabot, art. 834, n° 2.

56. Le poursuivant présente requête au juge-commissaire pour avoir permission de faire citer ses copartageans devant lui, afin d'être présens à la nomination de l'expert ; ils doivent être appelés, parce qu'ils peuvent avoir des moyens de récusation à proposer contre l'expert. Carré, n° 3205.

57. Le cohéritier choisi par les parties, ou l'expert nommé pour la formation des lots, en établit la composition par un rapport, qui est reçu et rédigé par le notaire à la suite des opérations précédemment indiquées. C. pr. 979.

58. On doit, dans la formation et composition des lots, éviter autant que possible de morceler les héritages et de diviser les exploitations; il convient de faire entrer dans chaque lot, s'il se peut, la même quantité de meubles, d'immeubles, de droits ou de créances de même nature ou valeur. C. civ. 832.

L'inégalité en nature se compense par un retour soit en rentes, soit en argent: c'est ce qu'on appelle une soulte de partage. C. civ. 833.

Les lots qui ont le plus de biens en nature peuvent aussi être chargés, à titre de retour, de supporter une portion plus considérable des dettes de la succession. Chabot, art. 833, n° 3.

59. Lorsque les lots ont été fixés et que les contestations sur leur formation, s'il y en a eu, ont été jugées, le poursuivant fait sommer les copartageans à l'effet de se trouver à jour indiqué en l'étude du notaire, pour assister à la clôture de son procès-verbal, en entendre lecture, et le signer avec lui s'ils le peuvent ou le veulent. C. pr. 980.

Si les parties sommées ne se présentent pas ou refusent de signer, le notaire constate le défaut de comparaître ou le refus de signer et les causes de ce refus; et il est passé outre. Carré, n° 3207.

Art. 8. — *Contestations; homologation du partage.*

60. *Contestations.* Si dans le cours des opérations il s'élève des contestations, le notaire dresse un procès-verbal séparé des difficultés et dires respectifs des parties, et les renvoie devant le juge-commissaire; ce procès-verbal est, par le notaire, remis au greffe, et y est retenu. C. civ. 837; C. pr. 977.

Toutefois, il a été décidé que le juge-commissaire pouvait, du consentement de toutes les parties majeures, recevoir lui-même, en son hôtel, le procès-verbal du notaire. Orléans, 16 août 1809, cité par Hautefeuille, p. 570. — Mais il est plus prudent de se conformer aux termes précis de l'art. 977. Carré, n° 3203.

61. Le juge-commissaire ne peut prononcer lui-même sur les difficultés: il doit toujours renvoyer les parties à l'audience. Chabot, art. 837, n° 1. — *Contrà*, Toullier, 4, n° 424.

62. L'indication faite par lui du jour où elles devront comparaître leur tient lieu d'ajournement: il n'est prescrit aucune sommation pour comparaître, soit devant le juge, soit à l'audience. C. pr. 977. — Dans l'usage on donne avenir.

63. Au jour indiqué, le juge fait son rapport, et les difficultés vidées par le trib., statuant sommairement, on retourne devant le notaire, qui procède d'après les bases fixées au jugement.

64. *Homologation.* Elle est indispensable s'il y a eu des contestations élevées, ou si parmi les intéressés il se trouve des mineurs, des interdits ou des absens. C. pr. 984.

La forme varie d'après les distinctions suivantes :

S'il n'y a eu aucunes contestations et si toutes les parties ont signé l'acte liquidatif, l'homologation est ordinairement demandée au nom de toutes les parties par une requête collective. Le trib. prononce en la chambre du conseil, après rapport du juge-commissaire et conclusions du ministère public. Arg. C. pr. 981.

Dans le cas contraire, le notaire remet une expédition du procès-verbal de liquidation et partage à la partie la plus diligente pour en poursuivre l'homologation. C. pr. 981.

65. Par *procès verbal de partage*, il faut entendre l'acte qui contient la liquidation de la succession, la formation de la masse et des lots, et non l'acte séparé qui renferme les dires et contestations des parties, et dont la minute est déposée au greffe (— V. *sup.* n° 60). Carré, n° 3209.

66. Mais l'expédition du procès-verbal de partage doit-elle rester pour minute au greffe du trib.—Pour l'affirmative, on invoque d'une part l'usage où l'on est de transcrire les jugemens d'homologation à la suite des expéditions des délibérations de famille ; les termes de l'art. 983 C. pr., qui donne le droit au greffier, comme au notaire, de délivrer aux parties des expéditions ou extraits de ce procès-verbal ; l'exposé de M. Siméon sur le titre des partages. Pigeau, 2, 761 ; Carré, n° 3312 ; Thomine, n° 1174 ; — mais on répond pour la négative : Le dépôt au greffe n'est prescrit que pour le procès-verbal des difficultés des contestations survenues sur le partage. C. pr. 977 ; — aucune disposition du C. de pr. ne prescrit le dépôt de l'expédition de l'acte de partage ; rien n'oblige à rédiger le jugement au pied de l'expédition de l'acte de partage ; D'ailleurs l'art. 983 signifie que le greffier peut délivrer des expéditions du procès-verbal des contestations sur le partage. Paris, 8 juin 1814, P. 12, 17 ; Riom, 23 avr. 1834, S. 34, 410. — La loi n'a pas pu mettre en concurrence le notaire liquidateur avec le greffier. — Aussi, le plus souvent, l'expédition du partage est-elle remise sans difficultés à l'avoué poursuivant l'homologation.

67. Sur le rapport du juge-commissaire, le trib., par jugement rendu à l'audience publique, homologue, s'il y a lieu, cet acte de partage, les parties présentes ou appelées, si toutes n'ont pas comparu à la clôture du procès-verbal ; et sur les conclusions du procureur du roi, dans les cas où la qualité des parties requiert son ministère. C. pr. 981.

68. Si toutes les parties ont constitué avoué, elles sont ap-

pelées à l'audience par un avenir ; — celles qui n'en avaient pas constitué, sont appelées par exploit d'assignation.

69. Cette double signification est nécessaire ; l'acte de partage n'est obligatoire pour ceux qui l'ont approuvé qu'autant que tous les intéressés y adhèrent, et la contestation élevée par un seul les délie de leur acquiescement ; d'ailleurs, ceux qui ont signé le partage ont évidemment intérêt à connaître les motifs d'opposition de leurs cohéritiers, afin de les repousser s'il y a lieu. Carré, n° 3210.

Art. 9. — *Tirage et délivrance des lots ; remise des titres.*

70. *Tirage des lots.* Le jugement d'homologation ordonne le tirage des lots soit devant le juge-commissaire, soit devant le notaire. C. pr. 982. — Le premier mode est plus simple, à moins que les parties ne soient trop éloignées ; au quel cas, suivant M. Thomine, n° 1166, l'on peut renvoyer le tirage devant le notaire le plus rapproché de leur domicile.

71. Avant de procéder au tirage des lots, chaque copartageant est admis à proposer ses réclamations contre leur formation. C. civ. 835. — Mais il serait non-recevable après le jugement d'homologation.

72. Ce tirage se fait par la voie du sort, C. civ. 834 ; — les trib. n'ont pas la faculté d'en dispenser. Cass. 10 mai 1826, S. 26, 414 ; — malgré la convenance des parties relativement aux immeubles contigus qu'elles possèdent, et la circonstance que l'objet à diviser leur appartient pour des portions inégales. Paris, 19 fév. 1838, S. 8, 216.

Cependant il a été jugé, 1° que, si l'un des cohéritiers avait bâti sur un terrain de la succession, cette circonstance autoriserait suffisamment à décider que le sol sur lequel les constructions ont été faites restera dans le lot du constructeur. Cass. 11 août 1808, S. 8, 529 ; Toulouse, 23 nov. 1832, S. 23, 236. — *Contrà,* Toulouse, 30 août 1837, S. 38, 384.

2° Que si l'un des héritiers avait *vendu un bien de la* succession avant partage, lui ou ses acquéreurs pourraient obtenir, si d'ailleurs il n'y avait aucune présomption de fraude, que le lot dans lequel serait compris ce bien lui fût attribué. Chabot, art. 834, n° 5.

3° Que si toutes les parties sont majeures et y consentent, les formation et attribution peuvent avoir lieu d'après certaines convenances respectives. Cass. 9 mai 1827, S. 27, 471,

4° Enfin qu'il peut en être ainsi, même entre majeurs et mineurs, en vertu d'une transaction régulière. Cass. 30 août 1815, S. 15, 404 ; Chabot, art. 834, n° 5 ; Toullier, 4, n° 428.

Du reste le tirage au sort, dans les partages qui intéressent les mineurs est une formalité substantielle. Colmar, 3 août 1832,

S. 33, 52; Cass. 25 nov. 1834, S. 35, 253; Nanci, 6 juill. 1837 (Art. 1614 J. Pr.).

73. *Mode du tirage des lots.* — On fait deux espèces de bulletins en égal nombre; — on écrit sur les uns les numéros des lots, sur les autres les noms des copartageans; on les dépose dans deux urnes ou vases différens, et en tirant d'une urne le nom, de l'autre le numéro, on connaît ce que le sort attribue à chacun. Thomine, n° 1166.

74. *Délivrance.* Le tirage opéré, la délivrance des lots est faite par le juge-commissaire ou par le notaire qui a procédé au tirage. C. pr. 982.

75. *Remise des titres.* Après le partage, remise doit être faite à chacun des copartageans des titres particuliers aux objets qui lui sont échus. C. civ. 842.

Les titres d'une propriété divisée restent à celui qui a la plus grande part, à la charge d'en aider ceux de ses copartageans qui y ont intérêt quand il en est requis. *Ib.*

Les titres communs à toute l'hérédité sont remis à celui que tous les héritiers ont choisi pour en être le dépositaire, à la charge d'en aider les copartageans à toute réquisition. *Ib.*— S'il y a difficulté sur ce choix, il est réglé par le tribunal. *Ib.*

Il est prudent de faire, à la fin de l'acte de partage, un inventaire des titres, et d'exiger un reçu de celui à qui ils sont remis, afin d'être certain d'obtenir la communication en temps et lieu.

La demande en communication des titres communs est soumise au trib. du domicile du dépositaire de ces titres : il s'agit d'une action personnelle. C. pr. 59.

Titres communs. C'est-à-dire non seulement les titres de propriété, mais encore les titres de famille, comme les preuves de généalogie, les diplômes, les brevets d'honneur, les titres de noblesse; il en doit être de même de la correspondance du défunt, de ses manuscrits et autres papiers qui devaient être remis à l'aîné dans l'ancienne jurisprudence. Mais les manuscrits destinés à l'impression ayant une valeur réelle, ne peuvent être abandonnés exclusivement à l'un des héritiers. Thomine, n° 1146.—V. *Propriété littéraire.*

§ 5. — *Intervention des créanciers.*

76. L'action en partage peut être exercée par les créanciers personnels de l'héritier, en cas de fraude ou de négligence de ce dernier. Arg. C. civ. 1166; Paris, 23 janv. 1808, P. 6, 458.

Mais ils sont non-recevables à poursuivre la vente de la portion indivise de leur débiteur dans les biens de la succession, avant le partage ou la *licitation*, qu'ils ont le droit de provoquer s'ils le jugent convenable. C. civ. 2205. — V. *Licitation*, n° 72 à 83.

77. Si le partage est provoqué par un cohéritier, les créanciers des copartageans, pour éviter qu'il soit fait en fraude de leurs droits, peuvent également s'opposer à ce qu'il y soit procédé hors de leur présence, et y intervenir. C. civ. 882.

Il n'y a pas de distinction à faire entre les créanciers chirographaires ou hypothécaires, et le droit est le même, qu'il s'agisse de meubles ou d'immeubles. Paris, 2 mars 1812, S. 12, 432.

Toutefois, ce droit ne peut être exercé que par les créanciers personnels du cohéritier, et non par ceux de la succession, qui restent dans les termes du droit commun. Metz, 28 janv. 1818, S. 18, 337.

78. L'opposition a lieu par une notification faite tant à l'héritier débiteur qu'aux autres cohéritiers, le créancier indique le titre de sa créance, et déclare s'opposer à ce qu'il soit passé outre au partage sans l'y appeler.

Le plus souvent elle a lieu après la clôture de l'inventaire, soit avant, soit après la vente des immeubles.

79. Si le créancier veut agir aussitôt le décès de celui dont la succession est ouverte, il peut le faire dans la même forme.

80. Mais lorsqu'il ignore le nom de tous les héritiers, une simple opposition à la levée des scellés et à l'inventaire produirait-elle tous les effets d'une opposition directe à partage? — Pour la négative, on dit : Si la loi autorise le créancier de l'héritier à s'immiscer dans les secrets d'une famille, c'est à la condition qu'il manifestera clairement sa volonté de s'opposer au partage ; jusque-là le partage peut s'opérer. Or, une opposition à scellés suffisante pour faire connaître la qualité du créancier n'équivaut pas à une opposition à partage. L'une ne suppose pas nécessairement l'intention de former l'autre. Ces deux actes conservatoires ne doivent pas être confondus. Consultation Duvergier, 20 fév. 1837. (Art. 1073 J. Pr.).—Pour l'affirmative, on répond : L'opposition à scellés formée par le créancier d'un cohéritier ne doit pas être assimilée à celle formée au nom d'un créancier de la succession. Dans la dernière hypothèse, l'opposition a pour but d'obliger à faire inventaire, de surveiller l'importance des valeurs de la succession. Dans le premier cas, au contraire, elle a pour but d'empêcher que le cohéritier puisse faire aucun partage au préjudice du créancier; d'où il suit qu'elle emporte toujours implicitement opposition à partage. Seulement, en ce cas, elle n'a pas besoin d'être notifiée aux héritiers qui ne peuvent jamais l'ignorer par suite de la mention qui doit en être faite par le greffier du juge de paix,

Orléans, 1er déc. 1837 ; Cass. 2 juill. 1838 (Art. 1075, 1230 J. Pr.).

81. L'opposition à partage peut aussi avoir lieu par une requête d'intervention dans l'instance de partage. Chabot, 882, 1.

L'intervention des créanciers est *à leurs frais*. C. civ. 882. — Dans ces frais sont compris non seulement ceux des actes par eux directement faits, mais encore ceux des actes nécessités par leur présence. Cass. 27 août 1838, S. 38, 810.

82. Il a même été jugé qu'une saisie-immobilière commencée des biens indivis de la succession, dénoncée à tous les héritiers, pouvait produire l'effet d'une opposition à partage, et donnait le droit d'y intervenir nonobstant la cession faite de ses droits à un tiers par l'héritier débiteur. Toulouse, 11 juill. 1829, S. 30, 116.

83. Peut-on former une saisie-arrêt sur la part indivise d'un cohéritier ? — V. *Saisie-arrêt*.

84. Dans tous les cas, cette saisie-arrêt n'équivaut pas à une opposition à partage. Cass. 14 janv. 1837 (Art. 965 J. Pr.) ; Cass. 19 nov. 1838, S. 39, 309. — Surtout lorsqu'elle n'a pas été dénoncée à tous les héritiers. *Mêmes arrêts*.

85. Il en est de même de l'inscription prise sur les biens indivis par le créancier personnel d'un cohéritier. Arg. Paris, 11 janv. 1808, P. 6, 437.

86. Lorsque le partage est consommé, les créanciers ne peuvent plus l'attaquer *en leur nom personnel*, à moins qu'il n'y ait été procédé sans eux et au préjudice de leur opposition. C. civ. 882.

87. Mais ils peuvent l'attaquer du chef *de leur débiteur* pour cause de nullité ou de rescision. Chabot, art. 882, n° 3.

88. Le partage, pour être réputé consommé et définitif, soit entre les parties, soit à l'égard des créanciers, doit résulter d'un acte écrit : on ne saurait invoquer un partage verbal. Arg. C. civ. 816. Toulouse, 30 août 1837, S. 38, 384.

89. Un partage peut-il être attaqué *pour fraude* ? — Pour l'affirmative, on dit : que le dol vicie tous les actes qui en sont infectés. Agen, 24 fév. 1824, S. 25, 216; Grenoble, 15 mai 1824, S. 25, 183; Bordeaux, 4e ch., 11 juill. 1834, S. 34, 477 (1re ch.), 25 nov. 1834, S. 35, 139. — Toutefois, dans la lupart de ces arrêts, les partages ont été maintenus, la fraude 'étant pas prouvée.

D'autres exigent du moins le concours frauduleux de tous les éritiers. Toulouse, 8 déc. 1830, S 31, 161.

D'autres enfin répondent : Le législateur n'a pas voulu qu'on uisse troubler indéfiniment le repos des familles. Tel est le otif de la disposition exceptionnelle de l'art. 882. L'action évocatoire pour cause de fraude énoncée dans l'art. 1167, se trouve modifiée par l'art. 882 (auquel il est renvoyé), et restreinte au droit d'intervention dans le partage pour empêcher la fraude, la loi ne leur permet pas d'invoquer ce moyen pour attaquer le partage effectué. Bordeaux, 2ᵉ ch., 3 mai 1833, S. 33, 209; 29 nov. 1836; Pau, 28 mai 1834, S. 35, 250; Riom, 23 juill. 1838, S. 39, 278; Toullier, 4, 563; Malpel, nº 253; Duranton, 7, 509.

Toutefois, il a été jugé qu'on peut faire tomber un acte simulé, non sérieux, qui paraît transmettre à l'héritier une propriété qui ne lui est pas réellement transmise. Cass. 10 mars 1825, S. 26, 192.

90. Tant que le partage sous seing privé n'est pas enregistré, il n'a pas acquis de date certaine à l'égard des tiers, il peut être attaqué par les créanciers, qui seraient même fondés à le considérer comme non avenu, et à former une opposition à partage. Chabot, art. 882, nº 4; Duranton, 7, 509, 510. — *Contrà*, Toullier, 4, nº 412; Toulouse, 21 mai 1827, S. 28, 92.

Mais il faut que les créanciers agissent en leur nom personnel, ils ne pourraient demander la rescision de cet acte pour cause de lésion, au nom de leur débiteur : dans ce dernier cas, l'acte aurait une date certaine à leur égard comme à celui du débiteur qui l'a signé. Chabot, 3, 662; Duranton, 7, 511.

§ 6. — *Effets du partage; garantie des lots.*

91. Le partage a deux principaux effets : 1º chaque cohéritier est censé avoir succédé seul et immédiatement à tous les objets compris dans son lot, et n'avoir jamais eu la propriété des autres effets de la succession. C. civ. 883. — V. *Licitation*, nº 87.

D'où il résulte que l'hypothèque ou la vente consenties par un héritier de sa portion indivise, se trouvent anéanties, si par l'effet du partage la portion hypothéquée ou vendue tombe dans le lot d'un autre co-partageant.

Peu importe que l'acquéreur ait ou non purgé. — La purge est, quant à ses effets, soumise aux résultats du partage ultérieur. Cass. 13 fév. 1838, S. 38, 230.

92. 2º Les cohéritiers demeurent respectivement garans les uns envers les autres des troubles et évictions seulement qui procèdent d'une cause antérieure au partage. C. civ. 884. — V. d'ailleurs C. civ. 884 à 886.

93. Les copartageans ont un privilége sur les immeubles de la succession.

Il s'étend non seulement aux soultes et retours de lots, mais encore à la créance d'un cohéritier contre un autre cohéritier pour la restitution des sommes payées en l'acquit de ce dernier à raison de sa quote-part dans les dettes de la succession. Cass.

2 avril 1839, S. 39, 385 ; Pothier, *Communauté*, n° 762 ; Troplong, *Priv. et Hyp.*, t. 1, n° 239. — *Contrà*, Grenier, *Hyp.*, 2, n° 399 ; Duranton, 19, n° 187, 188.

94. Le privilége doit être inscrit dans les soixante jours de l'acte de partage, ou de l'adjudication par licitation. — V. d'ailleurs *Délai*, n° 12. C. civ. 2103, 2109.

95. Est-il nécessaire que le partage comprenne la totalité des biens à partager pour être réputé définitif, et faire courir le délai fixé par l'art. 2109. C. civ. 2. — Pour l'affirmative, on dit : Le partage est l'acte qui fait cesser l'indivision. C. civ. 888. Or l'indivision dure tant qu'il reste quelque chose à partager, une liquidation à faire entre les cohéritiers ; comment supposer une action en garantie pour soulte des lots inégaux, tant qu'il n'y a pas partage de toutes les valeurs de la succession ? Arg. Motifs. Cass. 11 août 1830, S. 31, 63. — Mais on répond : Il y a partage, dans le sens de la loi, dès que l'indivision des immeubles susceptibles de privilége et d'hypothèque a cessé, et que le tirage des lots a attribué à chaque copartageant une propriété définitive et distincte. Le partage et la licitation sont placés sur la même ligne par l'art. 2109, et la licitation a lieu ordinairement pour faciliter la liquidation de la succession et arriver au partage. Bordeaux, 15 juin 1831, S. 31, 275 ; Lyon, 21 fév. 1832, S. 32, 566 ; Paris, 7 fév. 1833, S. 33, 418 ; Lyon, 29 déc. 1835, S. 36, 454 ; Troplong, Cass. 23 juill. 1839, S. 39, 560. — Dans l'espèce des trois premiers arrêts il s'agissait d'une licitation : dans les deux derniers, il s'agissait d'un partage d'immeubles.

La même décision a été appliquée à un mineur et à une femme mariée. L'inscription par eux prise dans les soixante jours de l'adjudication a été déclarée valable. Paris, 3 déc. 1836, S. 37, 273.

Toutefois, il a été jugé, au contraire, que le délai ne courrait pas à l'égard du mineur à partir de la date d'un partage immobilier, mais seulement à dater du jugement d'homologation de la liquidation définitive ; en conséquence a été maintenue l'inscription prise dans les soixante jours de ce jugement : mais cet arrêt qui a pu respecter l'appréciation équitable des circonstances faite par la C. roy., ne saurait faire jurisprudence. Troplong, *ib.*, S. 36, 455.

96. La demande en garantie est portée au trib. du lieu de l'ouverture de la succession : cette action remet le partage en question ; elle tend à en rendre l'exécution complète : l'art. 59 C. pr. n'a point dérogé à l'art. 822 C. civ. pour ce cas. (Art. 1312 J. Pr.).

Peu importe que le partage ait eu lieu à l'amiable ou en justice. Chabot, *Successions*, 3, 99 ; Boitard, 1, 225 ; Thomine,

1, n° 83; Pigeau, *Commentaire*, 1, 168. — *Contrà*, Duranton, 7, n° 136.

§ 7. — *Rescision du partage.*

97. Le partage peut être rescindé pour cause de lésion, — de violence, — ou de dol. C. civ. 887; — à moins que, dans ces deux derniers cas, le cohéritier n'ait aliéné tout ou partie de son lot depuis la cessation de la violence ou la découverte du dol. *Ib*. 892. Bordeaux, 26 juillet 1838; Nîmes, 22 mars 1839, S. 39, 51, 461.

La signature donnée par un copartageant sur le procès-verbal de clôture du partage n'est pas une fin de non-recevoir opposable à la demande en rescision formée par ce copartageant. Carré, n° 3208.

98. La lésion doit être de plus du quart d'après la valeur des biens au moment du partage. C. civ. 887, 890.—Les juges peuvent, sans expertise préalable, prononcer la rescision, si la lésion leur paraît résulter suffisamment des pièces et documens du procès. Cass. 2 mars 1837, S. 37, 985.

99. Il n'y a pas lieu à rescision : 1° si la lésion provient de l'omission d'un ou plusieurs objets à partager : c'est le cas d'un supplément de partage. C. civ. 887.

2° Si après un premier acte de partage les parties ont transigé sur des difficultés réelles que présentait cet acte. C. civ. 888.

3° Si les défendeurs à l'action offrent de fournir au demandeur le supplément de sa portion héréditaire. C. civ. 891.

—V. d'ailleurs C. civ. 888, 889.

100. *Compétence*. La demande en rescision pour cause de lésion doit être introduite devant le trib. du lieu de l'ouverture de la succession : elle tend à faire annuler le partage. C. civ. 822 (Art. 1312 J. Pr.).—V. *sup*. n° 96.

Le trib. du domicile du défendeur serait compétent s'il s'agissait : 1° de la rescision pour lésion du partage d'un bien commun à un autre titre que celui de succession, communauté ou société. C. pr. 59.

2° De la rescision pour cause de dol ou de violence. *Ib*. — V. *sup*. n° 28.

§ 8. — *Enregistrement.*

101. Les actes de procédure, pour arriver au partage, sont soumis aux mêmes droits que les actes analogues faits dans les autres instances. — V. *Ajournement, Avenir, Requête, Expertise, Jugement*, etc.

102. Le receveur peut, avant l'enregistrement d'un acte de partage d'immeubles, exiger la justification des titres de copropriété des partageans, et, s'ils ne sont pas enregistrés, le paiement des droits de mutation. Arg. Cass. 2 mai 1808, S. 8, 320.

Les notaires peuvent, sans encourir l'amende, énoncer, dans les partages et liquidations, des actes sous seing-privé, sans qu'ils aient été enregistrés, sauf aux préposés à suivre le recouvrement des droits s'il y a lieu. Cass. 24 août 1818, P. 14, 1006.—V. *Inventaire*, n° 118.

103. Les partages de biens meubles et immeubles entre copropriétaires, à quelque titre que ce soit, pourvu qu'il en soit justifié, sont assujettis au droit fixe de 5 fr. L. 28 avr. 1816, art. 45.

104. Il n'est dû qu'un seul droit de 5 fr. pour le partage de plusieurs successions ou communautés, s'il a lieu par le même acte et entre les mêmes parties. Délib. Rég. 8 germ. an 8.

105. Mais le droit sur les soultes ou les retours est perçu au taux réglé pour les ventes. L. 22 frim. an 7, art. 69, § 7, n° 5.

106. On ne perçoit aucun droit pour la liquidation de reprises contenues dans les partages, et qui en sont une partie nécessaire. Inst. rég. 22 fév. 1808, n° 366, § 4.

107. Les autres liquidations faites par jugement sont soumises au droit proportionnel de 50 c. par 100 fr. L. 22 frim. an 7, art. 69, § 2, n° 9.

108. L'échange de lots, fait dans un partage avant la signature de l'acte, ne donne ouverture à aucun droit particulier. Déc. min. fin. 5 nov. 1811.

109. Si un héritier reconnaît, dans l'acte de partage, devoir une certaine somme à la succession, il y a lieu de percevoir le droit d'obligation sur la somme énoncée.

Mais il en est autrement si la déclaration est faite par un tiers hors de la présence du prétendu débiteur et sans indication de titres enregistrés : cette déclaration ne peut servir que de commencement de preuve par écrit au prétendu créancier. Inst. rég. 7 sept. 1827, n° 1219, § 4.

Jugé, spécialement, que lorsqu'une femme séparée de biens se trouve chargée par la liquidation d'acquitter des billets souscrits originairement par elle et son mari, cette stipulation ne donne pas lieu à percevoir un droit particulier sur les billets à acquitter par la femme ; il n'y a pas d'obligation nouvelle, les abandons, transport ou obligations contenus dans l'acte de liquidation en sont seuls susceptibles. Cass. 6 janv. 1829, S. 30, 110.

110. Les partages et liquidations faits devant un notaire commis sont passibles des mêmes droits que ceux faits volontairement par les parties majeures. Seulement la perception ne doit être considérée que comme provisoire jusqu'à l'homologation. Si l'homologation était refusée, on devrait restituer les droits autres que celui de 5 fr. Solut. rég. 11 flor. an 12.

111. Les partages de biens entre l'État et les particuliers sont enregistrés *gratis*. L. 22 frim. an 7, art. 70, § 2, n° 1.

§ 9. — *Formules.*

FORMULE I.

Demande en partage.

(C. pr. 966. — Tarif, 29. — Coût, 2 fr. orig.; 50 c. copie.)

L'an , le , à la requête du sieur , demeurant à ; héritier pour un tiers du défunt , son père, pour lequel domicile est élu en l'étude de Me , avoué au tribunal de première instance de , sise à , lequel occupera sur la présente assignation, j'ai (*immatricule de l'huissier*) soussigné, donné assignation, 1° à la dame , veuve du sieur , en son nom, à cause de la communauté de biens qui a subsisté entre elle et son défunt mari, demeurant à , etc.

2° Au sieur , demeurant à

3° Au sieur , au nom et comme tuteur de , fils mineur de lui et de la dame , décédée son épouse, demeurant à

4° Et au sieur , au nom et comme subrogé-tuteur du mineur demeurant à , etc. (— V. *Licitation*, nos 22, 24; *Vente d'immeubles*.)

Ledit sieur , et le mineur , ce dernier par représentation de sa mère, héritiers chacun pour un tiers du sieur, leur père et grand-père.

A comparaître, etc.

Pour, attendu que nul n'est tenu de rester dans l'indivision, voir dire et ordonner qu'aux requête, poursuite et diligence du requérant, en présence des susnommés ou eux dûment appelés, il sera, par-devant celui de MM. qu'il plaira au tribunal de commettre à cet effet, lequel, pour les opérations de partage, renverra les parties devant Me , notaire à (qui a dressé l'inventaire), procédé aux comptes, liquidation et partage, tant de la communauté de biens qui a subsisté entre ladite dame veuve et son mari, que de la succession de ce dernier, et, attendu que desdites communauté et succession dépend une maison sise à , voir dire et ordonner avant faire droit, que par tels experts qu'il plaira au tribunal nommer d'office, et serment par eux préalablement prêté entre les mains de l'un de MM. commis à cet effet, il sera procédé à la visite de ladite maison, à l'effet, par lesdits experts, d'estimer ledit immeuble, de présenter les bases de leur estimation, d'indiquer s'il peut être commodément partagé, de quelle manière, fixer enfin, en cas de division, les parts qu'on peut en former et leur valeur; (1) de tout quoi ils dresseront procès-verbal, lors desquelles opérations les parties pourront faire tels dires, réquisitions et opérations qu'elles aviseront pour ledit procès-verbal, fait et rapporté, être, par les parties requis et par le tribunal, statué ce que de droit, et au cas de possibilité de partage en nature, il sera procédé audit partage et au tirage des lots au sort, aux requête, poursuite et diligence du requérant, et dans les formes déterminées par la loi, et, dans le cas contraire, il sera, aux mêmes requête, poursuite et diligence du requérant procédé à la vente et adjudication publique par licitation, de ladite maison, soit à l'audience des criées du tribunal de (soit devant tel notaire qu'il plaira au trib. de commettre), et sur le cahier des charges qui sera dressé et déposé par Me , avoué poursuivant, soit au greffe du trib., soit en l'étude du notaire par vous commis.

(*Conclusions pour l'administration et gestion des biens s'il y a lieu.*)

Ordonner pareillement qu'en attendant la confection des opérations dont il

---

(1) La composition des lots par les experts est impossible quand les droits des parties n'ont pas été liquidés; — c'est seulement dans le cas prévu par l'art. 975 au cas de liquidation précédemment faite, que les experts ont le droit de procéder par voie d'attribution de lots. — V. *sup.* n. 30. — Dans ce cas on demande l'entérinement du rapport d'expert, et qu'il soit passé outre au tirage des lots, s'il ne survient pas de contestation. — V. *inf.* *Formules* II et XI.

s'agit, le sieur sera autorisé à gérer et administrer les biens et affaires de ladite succession, à la charge de rendre compte de son administration (*on peut spécifier les pouvoirs*).

En cas de contestation, condamner les contestans aux dépens, dont le demandeur sera remboursé par privilége et préférence comme de frais de poursuite, de compte, liquidation et partage, et j'ai, etc,

(*Signature de l'huissier*.)

FORMULE II.

Conclusions motivées afin d'entérinement du rapport des experts, contenant composition des lots (1).

(C. pr. 995. — Tarif, 75. — Coût, 2 fr. par rôle, le quart pour la copie.)

A MM. les président et juges composant la chambre du tribunal de

Pour , etc. } — V. *Licitation*.
Contre 1° ; 2° ; 3° , etc. } Formule II.

Attendu que ce procès-verbal est régulier en la forme, et juste au fond.

Attendu qu'il résulte de ce procès-verbal que les biens désignés audit procès-verbal peuvent être divisés en nature.

Attendu que les lots composés par ledit procès-verbal sont parfaitement égaux; que les droits des parties ayant été précédemment liquidés, il ne s'agit aujourd'hui que de partager les biens indivis indiqués audit procès-verbal.

Entériner pour être exécuté, selon sa forme et teneur, ledit procès-verbal de rapport. — En conséquence, ordonner que les lots, tels qu'ils sont composés audit procès-verbal, seront tirés au sort par-devant M. , juge commis pour le partage dont s'agit, par le jugement du , lequel, après le tirage, fera la délivrance desdits lots aux ayant-droit, et, en cas de contestation, condamner les contestans aux dépens, etc. (V. *inf*. formule XI.)

(*Signature de l'avoué*.)

FORMULE III.

Requête et ordonnance, pour faire citer les défaillans à l'effet d'être présens au renvoi devant le notaire.

(C. pr. 976. — Tarif, 76. — Coût, 2 fr.)

A M. , juge-commissaire.
Le sieur , ayant Me pour avoué.
Requiert qu'il vous plaise.

Attendu que par jugement rendu en ce tribunal, en date du , etc.

Vous avez été commis pour procéder aux opérations de compte, liquidation et partage de la succession de M. , et que vous avez été chargé de les renvoyer s'il y avait lieu, devant Me , commis à cet effet.

Indiquer les jour, lieu et heure où il vous plaira renvoyer les parties devant Me , notaire, pour procéder aux opérations de détail des comptes, liquidation et partage dont s'agit.

Et ce sera justice. (*Signature de l'avoué*.)

Ordonnance. — Nous, juge-commissaire, — Vu la présente requête, vu l'art. 976 C. pr. — Indiquons le pour prononcer le renvoi devant ledit notaire, et seront les sommations faites aux parties qui n'ont pas constitué avoué par huissier audiencier, que nous commettons à cet effet,

Fait au Palais-de-Justice à . le

(*Signature du juge*.)

FORMULE IV.

Sommation de comparaître devant le juge-commissaire, pour le renvoi devant le notaire.

(C. pr. 976. — Tarif, 29. — Coût 2 fr. orig.; 50 c. copie.)

L'an , le , à la requête du sieur , etc., pour lequel domicile est élu en la demeure de Me , avoué, sise à ,

---

(1) Si les experts ont reconnu le bien impartageable, ou s'ils n'ont pu former des lots, les droits des parties n'étant pas liquidés, on conclut à la vente par *licitation*. — V. ce mot, *Formule* II.

lequel continuera d'occuper, j'ai (*immatricule de l'huissier*) soussigné, signifié, et avec celle des présentes, donné copie,

1° à ; 2° à ; 3° à ; 4° à

D'une ordonnance de M. , juge en la chambre du tribunal de et commissaire en cette partie, en date du , dûment enregistré, mise au bas de la requête à lui présentée le même jour, ensemble de ladite requête ; à ce que du tout les sus-nommés n'ignorent ; et, à pareilles requête, demeure et élection de domicile que dessus, j'ai, huissier susdit et soussigné, fait en conséquence sommation aux sus-nommés de comparaître le heure de par-devant M. , juge au tribunal de , commissaire en cette partie, en la chambre du conseil de la chambre dudit tribunal, à l'effet d'être présent, si bon leur semble, au procès-verbal de renvoi devant Me notaire commis à cet effet, pour les opérations de compte, liquidation et partage de la communauté de biens qui a subsisté entre le sieur et la dame aujourd'hui sa veuve, et de la succession dudit sieur , le tout en conformité du jugement contradictoirement rendu entre les parties en la chambre du tribunal le , dûment enregistré et signifié, leur déclarant que faute par eux de comparaître, il sera passé outre auxdits ouvertures et renvois, tant en absence qu'en présence ; et j'ai aux sus-nommés, domicile et parlant comme ci-dessus, laissé à chacun séparément copie tant des requête et ordonnance sus-énoncées que du présent exploit, dont le coût est de

(*Signature de l'huissier.*)

FORMULE V.

Procès-verbal dressé devant le juge-commissaire pour constater le renvoi devant le notaire.

(C. pr. 976. — Tarif, 92. — Vacation, 6 fr.)

L'an , le , heure de , en la chambre du conseil de la chambre du tribunal de , et par-devant nous juge audit tribunal, commis pour procéder aux opérations dont sera ci-après parlé, assisté du sieur , greffier ;

Est comparu Me , avoué près ce tribunal, et du sieur , etc., lequel a dit que, suivant jugement de la chambre du tribunal de enregistré et signifié, contradictoirement rendu entre , il a été, entre autres choses, ordonné qu'aux requête, poursuite et diligence de l'exposant, en présence des autres parties ou elles dûment appelées, il serait par-devant nous, qui pour les opérations de détail renverrions les parties devant Me , notaire à procédé aux opérations, etc.

En conséquence il requiert qu'il nous plaise renvoyer les parties devant Me , notaire, commis à cet effet (1).

Et a signé sous toutes réserves. (*Signature.*)

Et à l'instant sont comparus,

1° Me , avoué de ; 2° Me , avoué de ; 3° Me , avoué de

Lesquels ont dit qu'ils ne s'opposaient pas au renvoi devant ledit Me , pour les opérations dont s'agit.

Et ont signé aussi sous toutes réserves. (*Signatures.*)

Desquels comparutions, dires et réquisition, donnons acte aux avoués des parties (2). — En conséquence, les renvoyons devant Me , pour procéder auxdites opérations. — De tout quoi nous avons dressé le présent procès-verbal que nous avons signé avec le greffier du tribunal.

(*Signatures du juge et du greffier.*)

NOTA. Dans l'usage le jugement qui nomme le juge-commissaire et les experts, nomme également un notaire pour procéder au partage, conformément aux

---

(1) Le plus souvent les avoués des parties comparaissent volontairement sans qu'il leur soit fait sommation. Si une sommation a été faite aux avoués, ou à quelques-uns des défendeurs n'ayant pas constitué avoué, *on met* : — Qu'en vertu de notre ordonnance dûment enregistrée, en date du mise au bas de la requête à nous présentée, il a, par exploit de M. , huissier en date du , enregistré (ou acte d'avoué à avoué du enregistré), fait sommation à , pourquoi il requiert défaut contre les non comparans, etc.

(2) S'il y a des défaillans *on met* : donne défaut contre 1° , etc.

conclusions du demandeur. — Si toutefois ce jugement avait omis cette nomination, les parties pourraient faire le choix d'un notaire devant le juge-commissaire par le procès-verbal dont la formule précède. — Au cas de désaccord sur le choix de ce notaire, il est nommé par le tribunal. C. pr. 976.

FORMULE VI.

Sommation aux parties (ou au créancier opposant) d'être présentes aux opérations de partage faites par le notaire commis.

(C. pr. 977, C. civ. 828. — Tarif, 29 par anal. — Coût, 2 fr. orig. ; 50 c. copie.)

Cet acte se fait dans la forme des exploits. — V. Formule VII; *ordinairement les parties se réunissent sans cette sommation.*

FORMULE VII.

Sommation d'assister à la clôture d'un partage.

(C. pr. 980. — Tarif 90. — Coût, 2 fr. orig. ; 50 c. copie.)

L'an , le , à la requête, etc.

J'ai (*immatricule de l'huissier*), soussigné fait sommation, 1° ; 2° , etc.

De comparaître et se trouver le , heure de , en l'étude de M , notaire à , sise audit lieu, rue

Pour, si bon leur semble, assister à la clôture du procès-verbal de compte, liquidation et partage de la succession du défunt sieur ; en entendre la lecture et le signer avec ledit Me

Déclarant aux sus-nommés, qu'il sera procédé à la clôture desdites opérations, tant en leur présence qu'en leur absence, et passé outre à l'homologation dudit procès-verbal.

A ce que les sus-nommés n'en ignorent, et je leur ai, etc.

(*Signature de l'huissier.*)

FORMULE VIII.

Requête afin d'homologation d'un procès-verbal de partage, présentée collectivement par tous les ayant droit.

(C. pr. 981. — Tarif, 78 par anal. — Coût, 7 fr. 50 c.)

A MM. les président et juges composant

Les sieurs (1), ayant Me pour avoué.

Requièrent qu'il vous plaise,

Attendu que le procès-verbal dressé le , par Me , commis à cet effet par jugement du est régulier en la forme et juste en fond.

Homologuer pour être exécuté selon sa forme et teneur ledit procès-verbal de liquidation et partage ; et ce sera justice.

NOTA. Au bas de cette requête le président met une ordonnance pour qu'elle soit communiquée au procureur du roi (*s'il y a des incapables*).

Le procureur du roi donne ses conclusions, le juge-commissaire fait son rapport.

Ensuite on met le jugement qui est rendu en la chambre du conseil.

FORMULE IX.

Assignation en homologation d'un acte de partage aux parties qui n'ont pas comparu chez le notaire.

(C. pr. 981. — Tarif, 29 par anal. — Coût, 2 fr. orig. ; 50 c. copie.)

L'an , le , à la requête du sieur , demeurant à , poursuivant les compte, liquidation et partage dont sera ci-après parlé, lequel fait élection de domicile en la demeure de Me avoué, etc., lequel occupera sur la présente assignation, etc. ; j'ai (*immatricule de l'huissier*), soussigné, donné assignation (*aux parties qui ont comparu et ont refusé de signer le partage, et aux parties qui ont fait défaut.*)

A comparaître le (*huit jours francs d'intervalle*) heures du

---

(1) Habituellement, c'est l'avoué qui a poursuivi la licitation qui est chargé de présenter cette requête.

matin, à l'audience de la chambre du tribunal de première instance de séant à , au Palais-de-Justice, pour entendre le rapport de M. , juge-commissaire en cette partie ; et, attendu que les formalités ont été observées, voir homologuer, pour être exécuté selon sa forme et teneur, tant avec ceux qui l'ont signé, qu'avec les non-comparans et refusans, le procès-verbal de compte, liquidation et partage de la communauté de biens qui a subsisté entre le défunt sieur et la dame aujourd'hui sa veuve, et de la succession dudit sieur fait et dressé le , par Me , notaire à , commis à cet effet, par jugement rendu en la chambre dudit tribunal le ; et j'ai, aux sus-nommés, en leurs domiciles et parlant comme dessus, laissé, à chacun séparément, copie du présent exploit, dont le coût est de

(*Signature de l'huissier.*)

On donne avenir aux avoués des parties qui en ont constitué dans l'instance de partage (V. *sup.* n° 68). — Toutes les parties peuvent signifier réciproquement des conclusions motivées, sur cette nouvelle instance, ayant pour but de faire statuer sur les difficultés soulevées sur le partage, et sur son homologation.

FORMULE X.

***Procès-verbal de tirage de lots devant le juge-commissaire* (1).**

(C. pr. 982. — Tarif, 92. — Vacation à Paris, 6 fr. par 3 heures.)

L'an , le

Par-devant M. , juge-commis à cet effet.

Est comparu le sieur , assisté de Me , son avoué. — Lequel nous a dit que par jugement en date du , dûment enregistré et signifié, le tribunal a homologué le procès-verbal de liquidation, partage et composition des lots des divers biens, provenant de la succession du sieur , dressé par Me (2), — desquels lots le tirage a été renvoyé par-devant vous M. le juge-commissaire (3).

Pourquoi ledit Me requiert qu'il vous plaise, M. le juge-commissaire, procéder en la manière accoutumée au tirage des lots dont s'agit.

Et ont le comparant et son avoué signé sous toutes réserves.

(*Signatures.*)

Sont également comparus :

1° le sieur , assisté de Me

2° le sieur , assisté de Me

3° le sieur , assisté de Me

Lesquels ont déclaré ne point s'opposer au tirage des lots indiqués audit partage,

Et ont signé sous toutes réserves. (*Signatures.*)

Desquels comparutions, dires et réquisitions avons donné acte aux parties, et avons procédé ainsi qu'il suit audit tirage de lots.

Quatre bulletins d'égale forme ayant été faits, il a été écrit sur chacun 1er, 2e, 3e, 4e lot.

Sur quatre autres bulletins ont été également écrits, les noms des quatre héritiers, MM. , etc.

Ces bulletins ayant été placés dans des urnes différentes ;

1° De celle où étaient placés les noms, est sorti le nom de M. , et de l'autre est sorti le bulletin indiquant le 3e lot.

2° Ensuite est sorti le nom de M. , et le bulletin portant 1 lot.

3° Est sorti le nom de M. , et le bulletin portant 4e lot.

4° Est sorti le nom de M. , et le bulletin portant 2e lot.

En conséquence nous faisons délivrance à chacun des sus-nommés du lot qui leur est échu par le sort, — pour en jouir à part et divisément à compter de ce jour, et en percevoir les revenus à compter du

---

(1) Le tirage des lots peut avoir lieu devant le notaire liquidateur, si le trib. a renvoyé pour cette opération devant cet officier. C. pr. 982.

(2) Si les droits des parties avaient été précédemment liquidés, la composition des lots peut être faite par les experts C. pr. 975. — Quelquefois aussi un expert compose les lots lorsque les parties ne tombent pas d'accord sur le choix de l'un des héritiers pour cette opération. C. pr. 979.

Dans ces deux hypothèses on énonce le procès-verbal dressé par les experts, et le jugement qui a homologué ce rapport d'experts, contenant composition des lots.

(3) Le jour du tirage est fixé par le jugement ou par intimation.

De tout quoi nous avons dressé le présent procès-verbal, que les parties et leurs avoués ont signé avec nous et le greffier du tribunal. (*Signatures.*)

FORMULE XI.

Opposition du créancier d'un héritier à un partage.

(C. civ. 882. — Tarif, 29 par anal. — Coût, 2 fr. orig.; 30 c. copie.)

L'an , le , à la requête du sieur , demeurant à , créancier sérieux et légitime du sieur , suivant une obligation passée devant qui en a gardé minute, et son confrère, notaires à , le dûment enregistrée, dont est avec celle des présentes donné copie; pour lequel dit sieur , domicile est élu (*lieu de l'ouverture de la succession*), etc.; j'ai (*immatricule de l'huissier*) soussigné, signifié et déclaré à (*tous les héritiers, et même à l'héritier débiteur*), que ledit sieur est opposant, comme par ces présentes il s'oppose formellement à ce qu'il soit procédé, autrement qu'en sa présence, aux compte, liquidation et partage de la succession du sieur , dont ledit sieur , son débiteur, est héritier pour un tiers; à ce que les sus-nommés n'en ignorent, leur déclarant que ledit sieur proteste dès à présent de nullité de tout ce qui serait fait au préjudice de la présente opposition, notamment de tous partages, soit provisionnels, soit définitifs, de la succession dont s'agit, auxquels on procéderait sans l'appeler; à ce que les sus-nommés pareillement n'en ignorent, et je leur ai, en leurs domiciles et parlant comme dessus, laissé copie, à chacun séparément, tant de l'obligation susdatée que du présent exploit, dont le coût est de

(*Signature de l'huissier.*)

NOTA. Cette opposition peut elle être notifiée au greffier de la justice-de-paix, après scellés? — L'opposition à la levée de scellés peut-elle produire le même effet qu'une opposition à partage? — V. *sup.* n° 80.

FORMULE XII.

Requête pour faire commettre un notaire afin de présenter un présumé absent, aux compte, partage et liquidation. — V. *Scellés.*

— V. *Expertise, Inventaire, Licitation, Scellés, Vente.*

PARTAGE D'ÉMOLUMENS. — V. *Office,* n° 35.

PARTAGE PROVISIONNEL. Ce partage laisse subsister l'indivision quant à la propriété; il ne règle que la jouissance. C. civ. 840. — V. *Partage,* nos 15, 21.

PARTAGE DE VOIX. 1. *Dans quel cas il y a partage.* Autrefois il y avait partage dans les siéges subalternes lorsque le nombre de voix était égal de part et d'autre. Mais aux parlemens et autres C. souveraines, il y avait partage si l'un des deux avis ne l'emportait que d'une voix; il fallait que l'arrêt passât de deux voix au moins. Ord. 1498, art. 76; 1535, art. 85; 1549, art. 1. — Des usages différens dans les diverses juridictions réglaient le mode de vider les partages. Rodier, *Quest. sur l'ord. de* 1667, p. 220; Boncenne, 2, 413.

2. Depuis la nouvelle organisation judiciaire, et jusqu'au C. de pr., la loi du 14 prair. an 6, interprétée par un avis du Cons.-d'Ét. du 17 germ. an 9, régla le mode de vider les partages dans les tribunaux.

3. Aujourd'hui, les jugemens en matière civile doivent être rendus dans toutes les juridictions à la pluralité des suffrages. C. pr. art. 116; L. 24 oct. 1795, art. 22; 18 mars 1800,

art. 63; une seule voix de majorité forme la décision.—V. *Jugement*, n° 85.

4. Lorsque deux opinions se sont formées, et qu'elles sont soutenues par un nombre égal de voix, il y a partage. — V. *Jugement*, n° 94.

5. Il peut encore y avoir partage lorsque les juges sont en nombre impair.—*Contrà*, Commaille, 1, 197; Poncet, 1, 191; Toulouse, 20 nov. 1835, S. 36, 151. — Suivant cet arrêt, en cas de dissidence d'avis entre trois juges, par exemple, ceux-ci doivent user de tempérament, se faire des concessions. Les plus jeunes, à l'exemple de ce qui se pratiquait autrefois, V. Rodier, *ib.*, feront céder leur avis devant la pensée des anciens. — Mais ces moyens ne peuvent avoir qu'une autorité de raison et de conseil. Ces usages ne peuvent avoir force de loi en cette matière; et en l'absence de disposition sur ce point, il faut tenir avec M. Boncenne, 2, 378, qu'il y a partage toutes les fois qu'il y a une division telle qu'il n'est aucun avis, ou qu'il n'en est qu'un seul qui compte plus de voix que les autres, par exemple dans un trib. composé de trois juges, chacun a son opinion distincte. Aucun n'est obligé de céder. C'est une balance avec trois bassins de même poids, ou encore lorsque dans un trib. composé de cinq juges deux avis semblables ont été été émis, et trois autres avis isolés, et divers entre eux, il faut appeler un départiteur : ce n'est pas à une seule opinion dominante que chaque juge dissident est obligé de sacrifier son opinion particulière : un choix lui est imposé, et pour qu'il choisisse, il est nécessaire que deux opinions dominent; autrement, deux voix sur cinq feraient le jugement.

6. Il résulte de ces principes qu'il y a partage : 1° si les trois juges d'un trib. de 1re inst. ont chacun un avis différent. Demiau, 101; Pigeau, 1, 467; *Comm.* 1, 277; Carré, n° 493; Boncenne, *ib.* — *Contrà*, Aix, 22 nov. 1825; — 2° Si, de quatre juges, deux adoptent une opinion, et les deux autres chacun une opinion différente. — 3° Si, sur huit juges, cinq opinions se forment, dont trois sont embrassées chacune par deux juges, et les deux autres chacune par un juge, et que ces deux derniers, forcés de se réunir à l'une des trois opinions dominantes, choisissent la même : en effet, il ne peut plus y avoir lieu à réunion forcée, et cependant il n'y a point jugement. Pigeau, *Comm.* 1, 278.

Au reste, il faut se confier à la prudence des juges qui seront excités par le zèle de leurs fonctions à trouver le moyen de s'entendre. *Tribunat*, observations sur l'art. 117.

7. Les juges ne peuvent scinder la cause, en statuant sur un moyen, et déclarant le partage sur un autre; autrement, la même cause et la même question ne seraient jugées que par le

rapprochement de plusieurs arrêts à l'un desquels tous les juges de l'affaire n'auraient pas coopéré. Cass. 12 mars 1834 ; 13 fév. 1837, S. 34, 251 ; 37, 260. — Mais il n'en est pas de même lorsque les divers chefs de contestation sont distincts et indépendans les uns des autres ; par exemple, une C. roy. peut, par un premier arrêt, statuer sur les exceptions et fin de non-recevoir, et déclarer partage sur le fond. Cass. 23 nov. 1835, S. 36, 314.

8. Lorsqu'il y a partage, le trib. le déclare par un jugement, et ordonne en même temps que l'affaire sera de nouveau plaidée. C. pr. 118.

9. Suivant M. Pigeau, *Comm.* 1, 279, il n'est pas nécessaire que le partage soit déclaré à l'audience ; cependant, si la déclaration ne renferme pas, à proprement parler, un jugement, elle est le résultat de la délibération. Dans le silence de la loi, le principe de la publicité nous semble devoir l'emporter.

10. S'il s'agit d'un procès criminel réduit à fins civiles, le partage d'opinions ne fait pas, comme au criminel, passer l'avis le plus favorable au prévenu ou au défendeur, et l'on procède, pour le vider, comme il vient d'être dit. Cass. 25 brum. an 13, P. 4, 242.

11. *Effet du partage.* Aucune instruction nouvelle, par exemple un interrogatoire sur faits et articles, ne peut avoir lieu entre le jugement de partage et celui qui doit le vider : la cause doit se présenter devant les juges appelés pour lever le partage dans le même état où elle était lors du premier jugement. Pigeau, *Comm.* 1, 281 ; Rouen, 11 août 1809, P. 7, 487.

12. *Mode de vider le partage.* En cas de partage devant un trib. civil, on appelle pour le vider un juge ; à défaut de juge, un suppléant ; à son défaut, un avocat attaché au barreau ; et à son défaut, un avoué, tous appelés suivant l'ordre du tableau. C. pr. 118.

13. Si avec les juges siégent plusieurs juges suppléans, en cas de partage, le plus ancien dans l'ordre de réception a voix délibérative. L. 20 avril 1810, art. 41.—S'il n'y a qu'un seul juge suppléant, il est appelé à donner son avis. Arg. art. 41, *ib.*

14. Le jugement qui vide le partage doit être rendu avec tous les juges entre lesquels le partage s'est formé à peine de nullité. Paris, 30 juill. 1811, P. 9, 502. — A moins qu'il ne survienne un empêchement constaté, à peine de nullité. Cass. 11 fév. 1835. (Art. 108 J. Pr.).

15. Lorsque les conseillers adjoints ne sont pas appelés suivant l'*ordre du tableau*, l'arrêt doit constater à peine de nullité l'empêchement de ceux qui les précèdent. Cass. 4 juin 1822, P. 17, 401 ; 11 fév. 1835 (Art. 108 J. Pr.) ; 2 avril 1838, S. 38, 433.—L'arrêt doit contenir la preuve que cette formalité

a été remplie. Il ne peut être suppléé à la preuve de cette énonciation par des certificats délivrés postérieurement à l'arrêt. *Même arrêt.*— Mais bien par des documens authentiques, tels que des registres de pointe. *Même arrêt;* — ou ceux qui constatent les congés ou absences. Cass. 9 avril 1825. Merlin. *Qu. dr.* — V. toutefois *Jugement*, n° 62.

16. La nullité est d'ordre public, et la partie qui n'a pas réclamé devant le trib. est admise à critiquer le jugement ou l'arrêt pour la première fois devant la C. cass : il n'en est pas d'une nullité provenant du fait du juge, comme d'une nullité provenant du fait des parties. Merlin, *Qu. dr.* 4, v° § 3.

17. Pour vider le partage déclaré dans une chambre de la C. roy., on peut appeler d'abord les magistrats de cette chambre qui n'ont pas assisté à l'audience où le partage a eu lieu, quoiqu'ils ne soient pas les plus anciens dans l'ordre du tableau. Il n'y a nécessité d'observer cet ordre qu'à l'égard des membres des autres chambres. Cass. 26 avril 1837, S. 37, 916.

18. Lorsque des magistrats sont appelés suivant l'ordre du tableau, ceux qui auraient dû l'être avant eux étant empêchés, la simple énonciation de l'empêchement dans le jugement qui vide le partage est suffisante : il n'est pas nécessaire d'en spécifier les causes et motifs. Cass. 4 juill. 1836, S. 36, 642.

19. Ces mots *un avocat attaché au barreau* s'appliquent aux avocats plaidans et consultans, et excluent les individus qui n'auraient que le grade d'avocat sans en remplir le ministère. *Observations du tribunat.*

20. L'avocat appelé pour vider le partage doit être le plus ancien dans l'ordre du tableau de ceux qui sont présens à l'audience. La loi ne veut pas que l'on suive l'ordre du tableau d'une manière absolue, lors même qu'au moment où l'avocat a été appelé il se trouvait à l'audience un avocat plus ancien que lui, mais qui s'est retiré sur-le-champ, cette retraite peut être considérée comme une présomption suffisante de son abstension ou de son empêchement qui autorise le trib. à siéger tel qu'il s'est trouvé composé, surtout si les parties y ont consenti. Cass. 22 mai 1832, S. 32, 610.

21. Les avocats et les avoués, parens ou alliés d'un des juges, ne peuvent être adjoints au trib. pour vider le partage. Vainement, dit-on, que l'art. 9 L. 25 août 1790 ne s'applique qu'aux juges titulaires, et non à ceux qui seraient nommés par *intérim*. La crainte des influences de famille qui a motivé la prohibition concernant les juges titulaires, doit écarter le *départiteur* pris dans les rangs du barreau. D'ailleurs, la loi ne distingue pas. Pigeau, *Comm.* 1, 280.—*Contrà*, Cass. 18 janv. 1808, P. 6, 148.

22. L'affaire est plaidée de nouveau (C. pr. 118), ou de nouveau rapportée, s'il s'agit d'une instruction par écrit (C. pr. 468), en vertu du principe que tous les juges qui participent au jugement de l'affaire doivent avoir assisté aux plaidoiries, et cela lors même que celui qui vide le partage aurait assisté aux premières défenses, parce qu'il n'y assistait pas comme juge. Paris, 19 mars 1816, P. 13, 343; Berriat, p. 250, note 27; Carré, n° 499; Pigeau, *Comm.*, 1, 281; Favard, v° *Jugement.*

Il en serait de même si un avocat ou un avoué appelés avaient été présens à l'audience ou aux précédentes audiences, car n'étant pas là comme juges, ils ne sont pas présumés avoir donné aux plaidoieries toute l'attention nécessaire. *Faure, Rapport au corps législatif;* Boncenne, 2, 416.

Mais il en serait autrement si un juge suppléant, siégeant avec le trib., était appelé à vider le partage. Il est présumé avoir suivi toutes les parties de la cause et s'être mis en état de remplir, en cas de besoin, son ministère de juge. Pigeau, *ib.*

23. Il est des cas où il convient d'appeler deux juges pour faire cesser le partage; si l'art. 118 C. pr. prescrit l'adjonction d'un seul, c'est qu'il s'occupe du cas le plus ordinaire, c'est-à-dire de celui où deux opinions seulement se sont formées; mais son but est évidemment d'empêcher la possibilité d'un second partage. Or, si l'on suppose que les trois juges d'un trib. aient adopté chacun une opinion différente, il est probable que l'adjonction d'un nouveau juge ne pourrait faire cesser le partage, si les trois premiers persistaient dans leur opinion, il n'y aurait pas encore de majorité; il est donc alors plus rationnel d'appeler deux juges pour arriver sûrement à un jugement définitif.

24. Si un juge qui a concouru au jugement de partage se trouve dans l'impossibilité de coopérer au jugement définitif, on doit pour le vider, appeler des juges en nombre pair, afin d'éviter un nouveau partage. Cass. 12 avr. 1810, P. 8, 248; Berriat, 249; Pigeau, *Com.*, 1, 282; Carré, n° 497; Boncenne, 2, 419.

25. Le trib. ne peut pas, à raison du partage, renvoyer à une autre section pour juger; ce serait priver les parties de l'effet qu'a produit une première discussion et de l'avantage de représenter leurs moyens sous une autre forme devant ces mêmes juges; on suit le mode légal de vider le partage. Thomine, 1, 233.

26. En cas de partage à la C. roy. — V. *Appel*, n° 344 et suiv.; — à la C. de *Cassation*. — V. ce mot, n° 16; — en *Arbitrage*, — V. ce mot, n° 348 et suiv. — Au *Trib. de commerce* on suit les règles tracées pour les trib. civ. — V. ce mot.

27. Le juge ou autre appelé pour vider un partage. Cass. 15 mess. an 11, P. 3, 352; Carré, n° 498; Thomine, 1, 234; Favard, v° *Jugement*, 153; Boncenne, 2, 418, — est investi relativement à l'affaire qui en est l'objet, des mêmes pouvoirs que les autres juges, tant pour les accessoires et incidens que pour le fond ; par exemple, il peut juger la récusation proposée incidemment contre l'un des juges dont les opinions étaient partagées.

28. Les juges qui ont émis une opinion dans une délibération suivie de partage ne sont aucunement liés par leur avis antérieur ; ils peuvent en embrasser un autre après les nouvelles plaidoieries, et lors du jugement définitif. Lettre du grand-juge 28 mai 1810, S. 14, 2, 200 ; Carré, n° 490, Pigeau, *Com.*, 1, 283 ; Lepage, *Quest.*, p. 133 ; Thomine, 1, 234 ; Boncenne, 2, 417.

PARTIE. Se dit de celui qui figure en son propre nom dans une convention ou un procès.

N'ont pas cette qualité ceux qui stipulent au nom d'autrui, tels que tuteur, mandataire, etc.

— V. *Appel*, n° 44 et suiv. ; *Dépens*, n° 42 et suiv. ; *Tierce-Opposition.*

PARTIE CIVILE (1). Se dit de la partie qui demande devant un trib. de répression la réparation du dommage privé que lui a causé un crime, un délit, ou une contravention.

Elle est appelée *civile*, — parce qu'elle ne peut conclure qu'à des dommages et intérêts civils (Muyart de Vouglans, 1, 13) ; et par opposition à la partie dite *publique.*—V. *inf.* 78.

DIVISION.

§ 1. — *Qui peut se porter partie civile?*
§ 2. — *Contre quelles personnes?*
§ 3. — *Dans quels cas et devant quels tribunaux?*
§ 4. — *Des formes et délais?*
§ 5. — *Droits et obligations de la partie civile.*
§ 6. — *Voies de recours qui lui sont ouvertes.*

§ 1. — *Qui peut se porter partie civile.*

1. La partie lésée seule ou son représentant légal peut se constituer partie civile, soit par elle-même, soit par un fondé de procuration spéciale. C. inst. cr. 31 et 65. Bourguignon, 1, 144 ; Legraverend, 1, 196 ; Chassan, 2, 44 ; Parant, *Lois de la presse*, 206, 207, 218.

2. Mais pour être recevable à se porter partie civile, il faut avoir un *intérêt direct* à la réparation du délit et un *droit formé* ou *actuel* : la lésion *prochaine* ou *indirecte* serait insuffisante. Art. 94 L. 3 brum. an 4. Bourguignon, 1, 144 ; Mangin,

(1) Cet article est de M. Galonzeau de Villepin, avocat à la Cour royale de Paris.

1, 252; Merlin, *Qu. dr.*, v° *Question d'état*, § 1, Carnot, 1, 303, n° 8; Legraverend, 1, 195; Faustin Hélie, *Théorie du Code pénal*, 1, 276.

3. L'appréciation de cette question échappe-t-elle à la censure de la C. de cass. ?—Oui. Cass. 19 juill. 1832, S. 32, 496; 29 août 1834, D. 34, 413; Faustin Hélie, 1, 278. — Non. Cass. 1er sept. 1832, S. 32, 569; Carnot, 4, 14.—Toutefois, la divergence de ces arrêts disparaît si l'on distingue entre le fait d'où le plaignant fait résulter le préjudice et l'existence même du préjudice ou dommage. Le premier point est souverainement décidé par les juges du fond. Quant au deuxième, en supposant reconnues par les premiers juges les circonstances du fait qualifié délit, le point de savoir s'il y a préjudice, intérêt suffisant, pour le plaignant relève de la C. de *cassation*. — V. ce mot, n° 87 et suiv.

4. On a considéré comme ayant un intérêt assez direct pour se porter partie civile : — 1° Un officier de santé contre un individu qui exerce illégalement l'art de guérir dans le lieu où il a fixé son établissement. Arg. L. 19 vent. an 11, art. 35. Paris, 4 juin 1829, S. 29, 201.—*Contrà*, Mangin, 1, 255.

5. 2° Le directeur privilégié des théâtres d'une localité contre les entrepreneurs d'établissemens rivaux et non autorisés. Paris, 26 juill. 1833, S. 33, 630.

6. 3° Les pharmaciens, soit individuellement, soit collectivement, contre ceux qui s'immiscent, sans titre légal, dans l'exercice de la pharmacie. Cass. 1er sept. 1832, S. 32, 569; Cass. ch. réunies, 15 juin 1833, S. 33, 458.—*Contrà*, Bourges, 17 mars 1831, S. 31, 299; Paris, 19 mai 1832, S. 32, 569; Rouen, 25 janv. 1833, S. 33, 458; Mangin, 1, 255.

7. 4° L'administration des douanes, à raison des mauvais traitemens dont ses préposés avaient été l'objet dans l'exercice de leurs fonctions. Art. 14, tit. 13 L. 22 août 1791, et 2, tit. 4 L. 4 germ. an 2. Cass. 17 déc. 4 nov. 1831, S. 32, 272. — Le contraire a été jugé à l'égard de l'administration des contributions indirectes. Grenoble, 9 août 1825, S. 26, 138.
— V. d'ailleurs *Intervention*, n° 20.

8. Il n'est pas nécessaire que la lésion soit immédiate; il suffit que le délit blesse la partie dans ses intérêts ou son honneur, bien qu'il ne tombe sur elle que par voie de conséquence. L. 1, § 3, D. *de inj. et fam. lib.*; Voët, *Comment. ad. Pand.* Lib. 47, tit. 10, n° 6.

9. Ainsi un mari poursuit valablement, *en son nom personnel* et sans le concours de sa femme, la réparation des injures adressées à cette dernière, si l'offense est de nature à rejaillir sur lui-même. Cass. 14 germ. an 13, S. 20, 495; Parant, *Lois de la presse*, 219; Mangin, 1, 256; Bourguignon, 146.

10. Il en est de même : — 1° du père et du tuteur à l'égard du délit qui nuit à ses enfans ou pupilles, s'il leur porte en même temps préjudice. Mangin, 1, 256 ; — 2° des parens, lorsqu'il s'agit d'obtenir satisfaction d'un fait qui, dirigé contre l'un de leurs proches, rejaillit sur toute leur famille. Mangin, 1, 268 ; Merlin, v° *Injure*, § 7 ; Chassan, 1, 349 ; — 3° du maître à l'égard du délit commis contre ses domestiques, s'il compromet ou tend à compromettre ses intérêts. Cass. 26 vend. an 13, P. 5, 30 ; Merlin, Rép., v° *Injure*, § 5, 77 ; Legraverend, 1, 196.

11. Il a même été jugé que lorsque des imputations calomnieuses sont dirigées contre une fille même majeure qui habite la maison paternelle, le père a qualité pour se porter partie civile. Liége, 24 mai 1823, D. 11, 108.

12. Le père ou le tuteur a aussi qualité pour se constituer partie civile *au nom de son enfant ou de son pupille*. Mangin, 1, 254 ; Chassan, 2, 74 ; Parant, 218 ; — sans autorisation du conseil de famille : la demande en dommages et intérêts est mobilière. Arg. C. civ. 464. C. d'assises de l'Aveyron, 13 nov. 1835, S. 36, 357.

13. Mais le maître, en l'absence de tout préjudice personnel, ne peut se porter partie civile ni en son nom personnel, ni au nom de son domestique ; car il n'exerce pas ses actions. Mangin, 1, 256 ; Legraverend, 1, 196. — *Contrà*, Carnot, 1, 19, n° 37.

14. Sont encore recevables à se porter parties civiles : — 1° Lorsque le délit, au lieu de frapper sur un individu en particulier, est dirigé contre la généralité des agens dépendant d'une même administration ou d'un même corps, sans en désigner aucun, le chef de l'administration ou du corps. Parant, 218 ; Chassan, 2, 50. — Spécialement, le préfet de police, en cas de diffamation contre les agens sous ses ordres. Cass. 16 juin 1832, P. 1833, 506.

15. 2° Une société commerciale ou autre société privée reconnue par la loi ou par l'autorité à raison des injures et diffamation dont elle aurait été l'objet : la société constitue une personne morale. Chassan, 1, 358. — Ainsi jugé sur la poursuite de la compagnie d'assurances du Soleil contre plusieurs journaux, Paris, 27 août 1835, *Gaz. trib.* du 28 ; — à l'égard du *Corsaire* pour diffamation envers la société des physionotypes. Trib. Seine, 24 fév. 1836, *Gaz. trib.* du 25. — Dans ces divers cas, la poursuite doit avoir lieu sous la raison sociale. Arg. Trib. Seine, 20 déc. 1839, *Gaz. trib.* du 21.

16. 3° Le gérant d'un journal, aussi à l'encontre d'un autre journal pour diffamation envers la première feuille, lorsque les termes de la diffamation sont de nature à tomber sur les propriétaires et les gérans du journal. Trib. de la Seine, 14 mai 1829; *Gaz. Trib. du* 15; Chassan, 1, 358. — Il en est autrement de l'actionnaire en nom collectif, même lorsqu'il est rédacteur en chef du journal. Trib. Seine, 20 déc. 1839; *Gaz. Trib. du* 21.

17. 4° Les créanciers, Arg. C. civ. 1166, 1167, — si les actes dont ils se plaignent présentent le caractère de délit. Mangin, 1, 259. — Spécialement, en matière de banqueroute simple, contre le failli. Cass. 19 mai 1815, D. 8, 296. — En matière de banqueroute frauduleuse, soit contre le failli lui-même, soit contre ses complices. Arg. L. du 28 mai 1838, art. 592. Arg. Cass. 16 déc. 1820, *inédit*; Mangin, 1, 266; Cass. 13 oct. 1826, S. 27, 140. — Mais, dans l'un et l'autre cas, il faut que le créancier soit reconnu ou déclaré tel par la justice. Duplès, 2, 936. — *Contrà*, Arg. Cass. 24 nov. 1820, P. 16, 202.

18. 5° Les héritiers de la partie lésée. Bourguignon, 1, 10, 145; Mangin, 1, 267; — à moins que cette action ne lui ait été tellement personnelle qu'elle ne l'ait point transmise à ses héritiers. — Telle serait l'injure faite à une personne durant sa vie et dont elle n'aurait pas demandé la réparation de son vivant : le défunt est censé, en cas de silence, avoir fait remise de l'injure, quand même il l'eût ignorée. Du moment où il n'a pas manifesté son intention à cet égard, on ne peut suppléer à sa volonté. Chassan, 2, 48; Mangin, 1, 267.

Il en serait autrement si l'injure était assez grave pour rejaillir sur la mémoire du défunt. Mangin, 1, 268; — ou si le défunt avait lui-même intenté l'action de son vivant : une pareille action fait partie de l'hérédité. Chassan, 2, 75; Carré, 2, 568, n° 1755; Garnier, 99; Mangin, *loc. cit.* — Elle passe aux enfans, bien que, à l'époque où les injures ont été proférées, les père et mère injuriés ne fussent pas mariés et n'eussent point d'enfans. Montpellier, 22 déc. 1825, S. 26, 197.

Celui qui a renoncé à la succession peut se porter partie civile. Bourguignon, *ib.*; Carnot, 1, 19, n° 37; Garnier, 100, — à moins que l'action tende moins à un but moral qu'à un résultat purement pécuniaire, auquel cas le successeur réel seul peut l'exercer. L. 5, § 5; *De is qui effud.*; Rauter, 1, 242, n° 134.

19. Les héritiers sont admissibles à se rendre parties civiles à raison de la diffamation et des injures adressées *à la mémoire de leur auteur*. Garnier, *ib.*; Merlin, v° *Injure*, § 5, n° 77. Arg. Cass. 24 avr. 1823, P. 1823, 2, 369; Paris, août 1839; Perrier, fils, C. Europe et Corsaire; Conférence avocats Paris, 7 mars 1840. — *Contrà*, Chassan, 1, 355; Trib. Seine, 8 nov. 1836; *Gaz. Trib. du* 19.

20. L'action en dommages et intérêts qui appartient à la partie lésée peut être cédée à un tiers, et le cessionnaire est recevable à se constituer partie civile. Parl. Paris, 11 sept. 1708; Rauter, 2, 323; Mangin, 1, 268, sauf l'application de la loi Anastasienne, C. civ. 1699. — Mais la plainte, si ce mode est employé, ne peut avoir lieu qu'au nom de la partie lésée et en vertu d'une procuration spéciale; car la plainte est un acte entièrement *personnel* à celui qui a souffert. Arg. C. inst. crim., 31 et 65. — V. d'ailleurs *Litigieux*, n° 4.

21. La déclaration de se porter partie civile ne peut émaner que d'une personne ayant la libre disposition de ses droits : cette déclaration est l'exercice d'une action; elle entraîne contre celui qui la fait différentes obligations (— V. *inf.* n° 90). Mangin, 1, 258; Carnot, 1, 20.

Ainsi, le mineur, l'interdit, et l'individu qui se trouve dans le cas des art. 499 ou 513 C. civ., bien qu'ils soient recevables à *dénoncer* un fait, ne sauraient se porter parties civiles sans l'assistance de leur tuteur ou conseil judiciaire; — la femme mariée, sans l'autorisation du mari ou de justice. Pothier, *Puiss. marit.*, n° 64; Carnot, 1, 19, n° 38; Bourguignon, 1, 146; Merlin, *Rép.*, v° *Autorisation marit.*; Delvincourt, 1, 338; Berriat, 666, n° 7; Cass. 1er juill. 1808, S. 8, 528; — même quand elle serait *séparée de biens* ou *marchande publique*; Carnot, *loc. cit.* — V. d'ailleurs *Femme mariée*, n° 51.

22. Il en est autrement du mineur *émancipé* : l'art. 482 C. civ. ne lui interdit que l'exercice de ses actions immobilières; il peut seul, et sans l'assistance de son curateur, poursuivre les réparations civiles qui lui sont dues. Bourguignon, 1, 146, V. Mangin et Carnot, *loc. cit.*

23. Il est interdit au mort civilement de se porter *en son nom* partie civile. — V. *Curateur*, nos 22 à 25.

24. L'étranger se porte valablement partie civile à raison des délits commis envers lui en France, même par des étrangers. C. civ. 3; Cass. 22 juin 1826; — mais il doit donner la caution *judicatum solvi*, si la plainte est dirigée contre un Français qui oppose cette exception. C. pr. 166; Mangin, 1, 259; Legraverend, 1, 201. — V. ce mot, nos 4 et 11.

25. La position d'accusé ou de prévenu n'est point un obstacle à ce qu'on prenne la qualité de partie civile. — Ainsi, plusieurs individus, compris dans une même poursuite, peuvent se porter parties civiles les uns contre les autres. Cass. 20 juill. 1837, P. 1838, 1, 37.

26. La partie lésée n'est pas recevable à se porter partie civile : 1° Lorsque le fait dommageable dénoncé aux trib. de répression n'est pas puni par la loi. Cass. 30 juill. 1829, 12 avr. 1834, D. 29, 315; 34, 213; Carnot, 1, 6, n° 12; Faustin Hélie, 1, 279; Legraverend, 1, 68. — V. toutefois *inf.* n° 82.

27. 2° Bien que le fait dont la partie lésée demande la réparation fût connexe à un délit, s'il n'était lui-même passible d'une peine. Mangin, 1, 249; Faustin Hélie, 1, 275.

§ 2. — *Contre qui on peut se porter partie civile.*

28. Il est loisible de se porter partie civile tant contre l'auteur du délit lui-même et ses complices que contre les personnes qui en sont civilement responsables. C. civ. 1384; C. pén. 73 et 74; 10 vend. an 4; Codes rural et forestier; Rauter, 1, 244; Legraverend, 2, 42; Cass., 11 sept. 1818, D. 10, 802.

29. Cependant, la responsabilité des faits de la femme ne tombe sur le mari, hors des cas déterminés par des lois spéciales, que lorsqu'il a personnellement coopéré au délit dont la femme s'est rendue coupable. Arg. C. civ. 1424; Cass. 13 mai 1813, S. 13, 365; Carnot, 1, 277; *Code pénal*; Legraverend, 2, 43.

30. Mais on ne peut se pourvoir devant les trib. de répression exclusivement et isolément contre les personnes responsables : l'action civile n'est qu'accessoire à l'action publique. Mangin, 1, 65.

31. Par la même raison, il n'est pas permis de poursuivre au criminel la réparation du dommage privé contre les héritiers du délinquant : C'est au civil seulement qu'elle peut être demandée. Toulouse, 30 avr. 1821, D. 1, 217.

32. Toutefois, l'extinction de l'action publique par le décès du prévenu depuis le jugement du trib. correct. n'empêche pas que l'appel de ce jugement quant à l'action civile dirigée contre les héritiers ne doive être porté au trib. chargé de prononcer sur les appels de police correctionnelle. Cass. 11 flor., an 10.

33. De même en cas de décès du condamné, durant l'instance sur son pourvoi en cassation, la C. suprême ne doit pas moins statuer dans l'intérêt de la partie civile. Mais, si l'arrêt de condamnation est cassé, la partie civile ne peut plus porter son action que devant les trib. civils. Au contraire, si le pourvoi est rejeté, elle peut faire exécuter la condamnation, sauf aux représentans du prévenu à former, s'il y a lieu, tierce-opposition à l'arrêt de rejet. — Bourguignon 1, 14.

34. Si le prévenu est mineur, il n'est pas indispensable de mettre en cause son père ou son tuteur devant la juridiction criminelle : Arg. C. inst. cr. 3, 161, 189, 358 et 359. C. civ. 310. Grenoble, 4 mars 1835 (Art. 115 J. Pr.). Cass. 28 août 1838, S. 39-32; Merlin, v° *Injure*, § 5. — *Contrà*, C. d'assises Moselle, 1er août 1829; Colmar, 15 mars 1831, S. 29, 289; 33, 182; Chassan, 2, 76. — Il en est autrement, lorsque l'action est poursuivie devant les juges civils. Merlin, Chassan, *ib.*

35. Une femme injuriée par son mari, un fils par son père ne peuvent intenter contre eux une action criminelle. Merlin, *ib.* Parlem. Aix, 12 fév. 1693.

36. Si l'on veut se porter partie civile contre les agens du pouvoir pour des délits relatifs à leurs fonctions. —V. *Action*, n° 97.

§ 3. — *Dans quels cas et devant quels tribunaux.*

37. La partie lésée peut agir ou devant les trib. civils en la forme ordinaire : dans ce cas seulement, l'exercice de son action est suspendu tant qu'il n'a pas été prononcé définitivement sur l'action publique intentée avant ou pendant les poursuites de l'action civile. C. I. cr. 3; —ou, si elle le préfère, devant les juges appelés à statuer sur le délit; alors, son action doit être intentée en même temps et devant les mêmes juges que l'action publique :

38. Mais, lorsqu'elle a choisi la voie civile, elle n'est plus recevable à abandonner cette voie pour s'adresser soit directement, soit par intervention à la jurisdiction criminelle. L'humanité ne permet pas de traîner ainsi un accusé d'une jurisdiction devant une autre. Arg. C. inst. cr., 3. Cass. 3 flor., 10 therm., an 10; 11 fév. 1832, D. 32, 186; Merlin, *Quest. dr.* v° *Plainte*, § 2. Legraverend, 1, 69; Bourguignon, 1, 151; — Carnot, 1, 70; Thomine, 1, n° 12; Mangin, 1, 67 :

39. Cette règle souffre plusieurs exceptions : — 1° Si depuis l'introduction d'une demande dont les élémens paraissent absolument civils devant les juges civils, il se découvre des faits que la partie lésée avait dû ignorer et qui puissent donner à l'affaire un caractère criminel, elle doit dans ce cas être admise à intenter l'*action criminelle privée.* Arg. Cass. 11 fév. 1832. Mangin, 1, 68; Bourguignon, 1, 151.

2° Si le trib. devant lequel la partie lésée a porté sa demande se déclarait incompétent pour en connaître. Arg. Cass. 21 nov. 1825, D. 1826, 49. Mangin, 1, 69.

— V. d'ailleurs C. pr. 250; *faux*, n° 193 et suiv.

40. Au contraire celui qui a pris la voie criminelle peut y renoncer et porter son action devant le trib. civil : Cass. 21 nov. 1825, D. 26, 49; Merlin, *Quest. dr.* v° *Option*, § 1, n° 4; Carnot, art. 1 et 3; Thomine, *ib.* — *Contrà*, Mangin, 1, 71.

41. La partie lésée par des prêts usuraires ne peut en poursuivre la réparation devant les trib. de répression : C'est aux trib. civils qu'elle doit s'adresser, alors même qu'il existe une action correctionnelle déjà intentée par la partie publique. Circ. du Grand-Juge, S, 7, 1244; Cass. 3 fév. 1809, S. 9, 206; Paris, 25 avr. 1812, S, 12, 316; Cass. 4 mars 1826, S. 26, 361; Cass. 19 fév. 1830, S, 30, 273; Cass. 6 janv. 1837, S.

37, 174; Bordeaux, 12 juill. 1837, S. 38, 362; Cass. 8 mars 1838, S. 38, 361; Chardon, 3, 496.

Mais, dans le cas de poursuite pour délit d'habitude d'usure et délit d'escroquerie, bien que le plaignant ne puisse se porter partie civile à raison du premier chef de prévention, il est recevable à intervenir dans la poursuite et à se constituer partie civile quant au chef d'escroquerie. En effet, il donne naissance à un délit distinct et puni d'une peine spéciale par la loi du 3 sept. 1807, art. 4. Cass. 6 janv. 1837, S. 37, 175.

42. Au reste, on est admis à se porter partie civile devant les trib. *ordinaires de répression*, tels que les trib. de police simple ou correctionnelle et les C. d'assises.

43. Leur compétence, se détermine, 1° par la qualification légale de l'infraction; 2° et, *indistinctement*, soit par le lieu où elle a été commise, soit par celui où le coupable a été trouvé, soit enfin par celui où il a sa résidence. C. inst. cr. 63, 139, 140, 166. Legraverend, 2, 22; Rauter, 2, 309.

44. Toutefois, la partie civile n'est pas fondée à décliner la compétence du trib. qu'elle a saisi par *action directe;* par exemple en appel ou en cassation. Cass. 12 oct. 1816, cité par Mangin, 1, 75, n° 38; Arg. 28 fruct., an 12, S. 7, 2, 1028.

Mais jugé, à l'égard et dans l'intérêt du prévenu qu'en matière criminelle et correctionnelle, l'incompétence relative, et singulièrement l'incompétence *ratione loci*, est ici d'ordre public et proposable en tout état de cause, conséquemment pour la première fois en appel; qu'elle n'est couverte ni par les défenses au fond ni par l'acquiescement présumé des parties. Cass. 15 mai 1826, S. 26, 416.

45. Ne peuvent, à moins d'une disposition expresse, statuer sur les dommages-intérêts civils prétendus par les parties dans les causes dont la connaissance leur est attribuée, — les trib. d'exception : spécialement la Ch. des Pairs, 29 nov. 1830, Cauchy, *précédens de la Ch. des Pairs*, 667; S. 31, 3; — celle des Députés, les conseils de guerre, les trib. maritimes, les prudhommes, les conseils de *discipline*. Rauter, 2, 258. — V. Ce mot, n° 153.

46. La C. d'assises peut statuer sur les intérêts civils se rattachant à une affaire criminelle dont a connu une précédente C. d'assises nonobstant les changemens que la C. a éprouvés depuis dans sa composition. Cass. 24 juin 1825, Duplès, 1, 856; C. d'assises Versailles, 19 août 1825, *ib.* 837. — *Contrà*, Paris, 9 mai 1825, *ib.* 245.

47. L'amnistie qui éteint l'action publique n'empêche pas que la juridiction criminelle déjà saisie ne reste compétente pour statuer sur les réparations civiles, surtout en matière de délit forestier. Cass. 30 janv. 1830, S. 30, 138.

48. Lorsque la partie civile a saisi directement les juges criminels et que le prévenu est décédé *durant l'instruction*, elle n'a pas le droit d'assigner ses héritiers en reprise d'instance devant le trib. saisi, mais il faut qu'elle les appelle par action nouvelle devant les trib. civils. Carnot, 1, 55.

49. Les trib. criminels, quant aux intérêts civils, ne connaissent pas de l'exécution de leurs jugemens. Carnot, 161, n° 26; Legraverend, 2, 273.

§ 4. — *Des formes et délais.*

50. Devant un trib. de police simple ou correctionnelle la partie lésée peut indifféremment prendre la voie de la plainte, de l'intervention ou de la citation directe.

Le droit de poursuite directe n'appartient qu'au ministère public, — 1° dans les affaires du ressort de la C. d'assises;

2° Lorsqu'il s'agit de délits commis par des magistrats hors de leurs fonctions, et de nature à être jugés par la C. royale. Rennes, 6 janv. 1834, D. 34, 209.

51. Néanmoins, la partie civilement responsable peut être actionnée directement par la partie civile devant la C. d'assises où l'auteur du crime est traduit. Colmar, 23 fév. 1831, S. 31, 279.

52. *Plainte.* On appelle ainsi l'acte par lequel une personne qui a souffert d'un crime, d'un délit, ou d'une contravention, en informe la justice. La plainte diffère de la dénonciation en ce que 1° celle-ci est la simple communication d'un fait, tandis que la première est la demande de poursuivre adressée à un officier public. Chassan, 2, 44. — 2° toute personne peut se porter dénonciateur (C. inst. cr. 30, 31); les individus lésés sont seuls admis à porter plainte; — 3° les dénonciations sont reçues par les officiers du ministère public et leurs auxiliaires; les plaintes peuvent en outre être adressées aux juges d'instruction. C. inst. cr. 63.

53. La plainte peut être conçue en forme de lettre ou de requête lorsqu'elle est rédigée par la partie lésée, soit en l'absence, soit sous les yeux de l'officier de police; — elle l'est en forme de procès-verbal, quand elle est rédigée par l'officier public compétent lui-même, sur les déclarations du plaignant. C. inst. cr. 31, 65.

La plainte est signée à chaque feuillet, et même à chaque page, par la partie ou par son fondé de pouvoir et par l'officier de police. La procuration reste annexée à la plainte et mention est faite de cette annexe; Carnot, 1, 311; — mais non à peine de nullité. Cass. 12 janv. 1809, D. 11, 213.

54. Quant aux officiers publics compétens pour recevoir les plaintes : — V. C. inst. cr. 11, 16, 48, 63, 274.

55. La plainte ne suffit pas pour donner à celui de qui elle émane la qualité de partie civile; il faut en outre qu'il ait déclaré formellement prendre ce titre par la plainte ou par un acte subséquent, ou qu'il ait formulé, par l'une ou par l'autre, des conclusions en dommages et intérêts. C. inst. cr. 66; Legraverend, 1, 198; — et non pas de simples réserves de de former une demande en dommages-intérêts. Carnot, 1, 312.

56. La déclaration du plaignant qu'il se porte partie civile peut être reçue non seulement par le juge d'instruction, C. inst. cr. 63, — mais encore par tous les officiers de police judiciaire autorisés à recevoir les plaintes. Carnot, 1, 302.

57. Si le délit dénoncé dans la plainte doit être porté directement devant la C. roy. (C. inst. cr. 479), la plainte doit être adressée au premier président ou au procureur-général. — L'assemblée générale des chambres prononce s'il y a lieu à suivre. L. 20 avr. 1810, art. 11.

58. Il n'est pas nécessaire de se porter partie civile, lorsqu'il ne s'agit que de revendiquer des effets volés : il suffit que le juge voie par le procès criminel que les choses volées appartiennent à une telle personne pour qu'il puisse ordonner d'office que ces effets lui seront rendus, en payant préalablement ce qui a été dépensé pour les garder ou les conserver. Merlin, R. v° *Partie civile*, 72; Bourguignon, 1, 157.

59. *Intervention.* — La partie lésée peut intervenir, — bien qu'elle n'ait fait auparavant ni plainte ni dénonciation. Cass. 16 oct. 1812, S. 16, 232; Carnot, 1, 306 : — 1° dans les affaires de simple police, sur la citation donnée à la requête du ministère public. Merlin, R. v° *Intervention*, § 2. — 2° En matière correctionnelle : C. inst. cr. 3; Merlin, *ib*. Arg. Cass. 16 janv. 1808, S. 8, 223. — *En tout état de cause et jusqu'à la clôture des débats*. C. inst. cr. 67; Carnot, 1, 323.

60. Il ne faut pas conclure de ces dernières expressions que le plaignant qui ne s'est pas constitué partie civile soit recevable à intervenir pour la première fois, — 1° sur l'appel. Cass. 24 mai 1833; Paris, 8 avr. 1833, S. 33, 791; 22 nov. 1834, S. 35, 333. — *Contrà*, Bruxelles, 28 déc. 1822, D. 11, 217; Carnot, 1, 73.

61. 2° Sur le recours en cassation, Cass. 19 fév. 1830, S. 30, 273; Carnot, 1, 306.

62. Dans les procès criminels l'intervention est admise — devant le juge d'instruction, quand l'instruction a commencé sur la seule poursuite du ministère public; — devant la C. d'assises avant l'ouverture des débats, — au moment de l'ouverture des débats et jusqu'à ce qu'ils soient fermés. Arg. C. inst. cr. 359.

63. L'intervention a lieu, — soit par requête d'avoué noti-

fiée au prévenu. Arg. 66, C. inst. cr.; Carnot, 1, 313; Dalloz, 11, 217; — soit par des conclusions signées d'un avoué à l'audience, — soit enfin par des conclusions simplement prises par la partie, verbalement et à l'audience. Limoges, 16 nov. 1812, S. 17, 64; Cass. 31 mai 1816, D. 16, 513; Carnot, 1, 322; Legraverend, 2, 385.—V. *Avoué*, nos 79 et suiv.

64. L'audition de la partie lésée comme témoin pendant les débats n'est point un obstacle à ce qu'elle intervienne comme partie civile. Cass. 24 nov. 1807, S. 7, 302; Rauter, 2, 395; — surtout lorsque le trib. déclare écarter des débats sa déposition. Cass. 7 janv. 1837, S. 37, 27.

65. Au contraire, celui qui, au moment de l'ouverture des débats, se porte partie civile ne peut plus être entendu comme témoin. Cass. 6 nov. 1834, S. 35, 303, — mais seulement à titre de renseignemens et sans prestation de serment. C. inst. cr. 269.

66. Il n'est pas nécessaire, à peine de nullité, que la partie civile se présente en personne aux débats (sauf au président à l'y appeler en vertu de son pouvoir discrétionnaire); il suffit qu'elle soit représentée par un avoué. Cass. 27 déc. 1811, D. 11, 219. — En conséquence, les trib. correctionnels peuvent refuser d'ordonner qu'une personne incarcérée, qui s'est portée partie plaignante, soit extraite des prisons pour venir en personne soutenir sa plainte. Cass. 11 juill. 1817, D. 11, 217. — V. d'ailleurs *Emprisonnement*, n° 328.

67. *Citation directe.* Elle est donnée par un huissier, — en la forme tracée par le C. de pr. Arg. Colmar, 30 juin 1829, S. 29, 352.

Toutes les formalités de l'art. 61 C. pr. ne sont pas indispensables.

68. Il faut néanmoins que l'on fasse connaître l'objet de la citation, le trib. saisi, et les jour et heure d'audience. Cass. 3 mai 1809, 2 avr. 1819, S. 9, 436; 19, 316.

69. L'objet de la citation, c'est-à-dire l'énonciation des faits constitutifs de la prévention, afin de mettre le prévenu à portée de préparer sa défense. Cass. 7 déc. 1822, S. 23, 5; 23 juill. 1835, D. 37, 116. — La citation contenant que le venu aura à répondre aux interpellations qui lui seront faites et qui se réfère aux faits contenus dans la plainte déposée a parquet, ne suffirait pas. Cass. 21 août 1835, D. 35, 412.

70. Il faut, en outre, observer les formalités nécessai pour établir que la citation est parvenue à la personne citée. Ainsi, la citation faite parlant à un voisin qui n'aurait mêm pas été requis de signer, *pourrait* être annulée. Cass. 15 janv 1830, S. 30, 203.

71. Le délai entre la citation et le jugement doit être a moins de 24 heures en matière de simple police, et de trois jours francs en matière correctionnelle, outre le délai d'un jour par trois myriamètres entre le domicile du cité et le trib. où il est assigné, à peine de nullité — de la condamnation seulement dans ce dernier cas, C. inst. crim. 184 et 146, — et tout à la fois de la citation et du jugement dans le premier, *ib.*

72. Conséquemment, la citation en police correctionnelle donnée à un délai trop court, bien que le jugement de défaut soit annulé, saisit le trib. et reste un acte de poursuite qui interrompt la prescription. Cass. 25 fév. 1819, S. 19, 251; 14 avr. 1832, D. 32, 189; Mangin, 2, 215. — Mais la citation au trib. de simple police, dans ce cas, serait nulle et de nul effet. C. inst. cr, 146.

73. Toutefois, le prévenu qui comparaît n'est pas fondé à demander la nullité de la citation; il peut seulement réclamer le renvoi de la cause. Cass. 15 fév. 1821, S. 21, 179.

74. Lorsque la citation est annulée, le prévenu doit être renvoyé des fins de la plainte, en ce qui concerne les conclusions civiles. Cass. 23 juill. 1835, D. 1837, 116.

75. Lorsque la chambre du conseil est saisie par une instruction commencée, la partie civile ne peut la dessaisir au moyen d'une citation directe. Les mots *dans tous les cas* qui se trouvent dans l'art. 182 ne signifient pas autre chose si ce n'est que dans le silence des parties lésées et des agens forestiers, le ministère public peut citer directement le prévenu devant le trib. correct. Cass. 18 juin 1812, S. 17, 325; 7 juin 1821; Bourguignon, *Jurisp.*, 1, 272; Carnot, 2, 19.

76. La partie lésée, sur la plainte de laquelle est intervenue une ordonnance de la chambre du conseil, portant qu'il n'y a lieu à suivre, n'a plus le droit de saisir directement le trib. correct., d'après la règle *Non bis in idem*. Cass. 18 avr. 1812, S. 17, 25; Carnot, 2, 19.

77. Un trib. correctionnel est encore valablement saisi par la comparution volontaire des parties. Cass. 18 avr. 1822, 25 janv. 1828, S. 22, 315, 28, 221.

§ 5. — *Droits et obligations de la partie civile.*

78. La partie civile peut réclamer la réparation du dommage privé qui lui a été causé. Mais la participation à l'exercice de l'action publique ne lui appartient plus. C. inst. crim. 217 et 241; Mangin, 1, 8; Bourguignon, 1, 5.

79. *Droits.* La partie civile peut : — 1° se faire délivrer, *jusqu'au jugement* de l'accusé, copie, à ses frais, des pièces de la procédure. Arg. Cass. 1er juill. 1808, 27 flor. an 12; Carnot, 2, 147; — 2° Fournir des *mémoires* au procureur général. C. inst. crim. 133, 135, 217; — 3° Citer des témoins, *ib.* 153,

222, 315; — S'opposer à l'audition de ceux qui, cités à la requête de l'accusé ou du ministère public, seraient reprochables. C. inst. crim. 79, 322; C. pén. 28, 29, 42, 401, 405 et suiv.; Legraverend, 2, 291. — Mais elle ne peut exiger l'audition des témoins non cités. Arg. 324 C. inst. crim.; Legraverend, 2, 292; — 4° Questionner, soit l'accusé, soit les témoins, par l'organe du président, et sur les faits ayant un rapport nécessaire à l'accusation. *Ib.* 319; — 5° Enfin développer tous les moyens qui lui paraissent de nature à appuyer sa demande et l'accusation. *Ib.* 190, 210, 335.

Aussi a-t-il été jugé, en matière de simple police, 1° que le trib. ne peut, sans excès de pouvoir, refuser d'entendre les témoins *cités* par la partie civile. Cass. 24 nov. 1808, D. 11, 218; — 2° que l'omission de prononcer sur une demande du plaignant, ayant pour objet de prouver les faits de sa plainte, constitue en sa faveur une nullité. Cass. 4 avr. 1811, D. *ib.*

80. La partie civile a aussi le droit: 1° De se pourvoir en règlement de juges, ou de demander le renvoi d'un trib. à un autre, pour cause de suspicion légitime, suivant les formes et délais tracés par les art. 525 à 552. C. inst. crim.; — mais, si elle succombe dans ces demandes, elle peut être condamnée à une amende qui n'excède pas la somme de 300 fr., dont moitié est pour l'autre partie. *Ib.* 541, 552; — 2° de récuser certains juges seulement, conformément aux art. 378 et suiv. C. pr. civ.; Rauter, 2, 197; Legraverend, 2, 45; — 3° de discuter la demande en liberté provisoire et la caution offerte. C. inst. crim. 113 à 126.

81. La partie civile peut conclure à des dommages et intérêts contre le prévenu ou l'accusé.

En cas de condamnation, devant toutes les juridictions saisies. C. inst. crim. 161, 191, 213, 359, 362; — mais les trib. ne sont pas forcés d'accorder toujours des dommages-intérêts contre l'accusé condamné : la culpabilité de celui-ci ne suppose pas nécessairement un dommage civil dont la réparation soit due. Cass. 13 oct. 1815; 20 juin 1816; Mangin, 2, 432.

Et quelquefois même *en cas d'acquittement ou d'absolution* (*ib.* 358, 366) : la déclaration de non culpabilité n'est pas exclusive de toute espèce de faute entraînant des réparations civiles. C. civ. 1382, 1383; Mangin, 2, 428; Legraverend, 2, 268; Cass. 22 juill. 1813; 26 mars 1818; 29 juin 1827, D. 3, 494, 496, 286; 21 oct. 1835, S. 35, 850. — Ainsi jugé en matière de presse. Cass. 27 fév. 1835, D. 35, 422; 23 fév. 1837, 30 août 1839, S. 37, 628; 59, 874; 5 avr. 1839, S. 39, 529; — mais non en matière de banqueroute frauduleuse sous le Code 1808. Cass. 14 juill. 1826, D. 1826, 415. — V. maintenant *Faillite*, n° 642; C. de 1838, art. 495.

82. Toutefois, c'est aux C. d'assises seulement qu'il appartient, *en cas d'acquittement*, de statuer sur les réparations civiles réclamées par la partie lésée. Les trib. correctionnels de police ne peuvent, s'ils ne prononcent pas de condamnation pénale, lui accorder de dommages et intérêts. C. inst. cr. 159, 191, 212; Cass. 29 therm. an 7, S. 1, 239; 12 fév. 1808, S. 9, 234; 27 juin 1812, et 30 avr. 1813, S. 13, 63, 318, 349; 3 mars 1814, S. 14, 141; 3 nov. 1826, 12 mai 1827, S. 27, 141, 282; 20 fév. 1828, S. 28, 315; Carnot, 1, 680; 2, 64, 149; Rauter, 2, 254; Legraverend, 2, 268. — Ils sont également incompétens pour statuer sur l'action en revendication des objets soupçonnés de vol formée contre le prévenu acquitté sur le fondement des art. 2279 et 2280 C. civ. C. inst. cr. 161, 189, 366; Cass. 7 sept. 1820, S. 21, 90; Rauter, 2, 254.

83. Jusqu'à quel moment la demande en dommages et intérêts peut-elle être formée par la partie civile? — En cas de condamnation, jusqu'à la décision de la C. ou du trib.; plus tard ils seraient dessaisis de l'action publique et du droit de prononcer sur l'action civile qui en est l'accessoire. C. inst. cr. 3.

En cas d'acquittement, avant *l'ordonnance d'acquittement*, cette ordonnance est un véritable *jugement* dans le sens de l'art. 359 C. inst. cr. Cass. 22 fév. 1836, S. 36, 685; *Réq. P. G.. Dupin;* Carnot, 2, 701. — *Contrà,* Cass. 22 janv. 1830, 21 oct. 1835, S. 31, 332; — 35, 850.

84. Mais on a considéré comme une demande en dommages et intérêts des conclusions prises par la partie lésée à l'ouverture des débats et tendant à ce que la C. lui donnât acte de sa déclaration de se porter partie civile pour conclure plus tard en tels dommages et intérêts qu'elle aviserait. En conséquence, elle a été admise à en préciser les quotités après l'ord. d'acquittement, par le motif que ces dernières conclusions se rattachaient nécessairement aux conclusions originaires, introductives de l'instance civile. Cass. 21 oct. 1835; 22 avr. 1836, S. 35, 301;—36, 685.

85. Le pouvoir d'arbitrer les dommages et intérêts est abandonné à la conscience des magistrats : ils ne sont pas liés par les dispositions du C. civ. sur les dommages-intérêts (1146 et suiv.). Leur décision à cet égard échappe à la censure de la C. suprême. Cass. 19 mars 1825, S. 25, 323.

86. Mais la liquidation a lieu en la forme ordinaire à l'audience ou par état. Cass. 4 oct. 1816, D. 12, 538. — V. *Dommages-Intérêts,* n° 37.

87. Les dommages-intérêts sont adjugés au grand criminel par la C. d'assises sans assistance de jurés. Cass. 30 déc. 1813; Legraverend, 2, 267. — Mais à raison seulement des faits pour

lesquels l'accusé a été mis en jugement. Cass. 11 oct. 1817, S. 19, 269.

88. Lors même que le fait connexe à un délit constitue par lui-même un délit particulier, la partie civile est non recevable à réclamer, et la C. d'assises incompétente pour adjuger des dommages et intérêts, à raison de ce fait connexe, s'il n'est compris ni dans l'arrêt de renvoi qui saisit la C. d'assises, ni dans le résumé de l'acte d'accusation rédigé en conséquence de cet arrêt. Art. 358; C. inst. crim.; 54, 55 et 56 L. 28 avr. 1816; Cass. 17 déc. 1831, S. 32, 272.

89. Enfin, la partie civile peut poursuivre par corps l'exécution des condamnations prononcées à son profit. C. pén. 52. Legraverend, 2, 273.

90. *Obligations.* La partie civile qui ne demeure pas dans l'arrondissement communal où se fait l'instruction, est tenue d'y élire domicile par acte passé au greffe du trib.; — ou par un exploit d'huissier signifié au greffe, Carnot, 1, 327. — Le défaut d'élection de domicile n'entraîne pas la nullité de la citation, mais il rend la partie civile non recevable à opposer le défaut de signification contre les actes qui auraient dû lui être notifiés. *Ib.* 68.

91. Au grand criminel, elle doit comme le ministère public faire notifier à l'accusé les nom, prénoms, profession et domicile des témoins qu'elle produit, sans qu'il y ait obligation réciproque à cet égard de la part de l'accusé. C. inst. cr. 315; Legraverend, 1, 190.

92. *Consignation des frais.* Dans les affaires soumises au jury, le plaignant qui se rend partie civile n'est tenu à aucune consignation. C. d'assises de la Moselle, 1er août 1829, S. 29, 389; Carnot, 1, 320.

Néanmoins, il est obligé, sauf son recours, de faire l'avance des frais de l'instruction réputés urgens; bien qu'il ne soit tenu des frais que lorsqu'il succombe. Art. 133, 134, 159 décr., 18 juin 1811, 368 C. inst. cr.; Paris, 19 déc. 1835 (Art. 494 J. Pr.).

93. Au contraire, en matière correctionnelle, la partie civile, doit, quand elle ne justifie pas de son indigence, consigner entre les mains du receveur de l'enregistrement, ou déposer au greffe la somme présumée nécessaire pour les frais de la procédure. Décr. 18 juin 1811, art. 160. — La fixation de cette somme est laissée aux trib. Cass. 13 mai 1824; D. 11, 216. Est nul le jugement qui déclare, avant cette consignation, qu'il sera passé outre à l'instruction. Cass. 14 juill. 1831, D. 31, 277.

94. Mais le décret de 1811 n'est relatif qu'au cas où le ministère public exerce des poursuites sur la plainte de la partie lésée et sur sa déclaration qu'elle entend se porter partie civile;

et non à celui où elle agit directement contre le prévenu, et fait elle-même tous les frais de la poursuite. Réq. proc. gén. ; Dupin, Cass. 4 mai 1833, P. 1833, 2, 229; 28 fév. 1834, S. 34, 415; Metz, 12 nov. 1834, S. 36, 57, Cass. 3 mai 1838, *Gaz. trib.* 9 juin. — *Contrà*, Cass. 7 août 1829, D. 29, 325; Cass. 14 juill. 1831, D. 31, 277; Toulouse, 5 nov. 1833; D. 34, 136; *Circ.* garde des sceaux, 30 août 1833; Dalmas, *Frais de justice criminelle*, 433. — Jugé de même que l'individu qui ne fait qu'intervenir dans la cause introduite à la requête du ministère public, n'est tenu de faire aucune consignation. Bruxelles, 28 déc. 1828, D. 11, 215; Cass. 12 août 1831, D. 31, 292; Carnot, 4, 34.—*Contrà*, Arg. Metz, 12 nov. 1834, *ib.*

95. Toutefois, les avances de frais ne sont pas exigées des administrations (spécialement de la régie des contributions indirectes, Nanci, 8 mars 1833, D. 33, 183), au nom desquelles se font les poursuites, bien qu'elles soient, aux termes de l'art. 158, décr. 1811, considérées comme parties civiles. C'est la régie de l'enregistrement qui acquitte les frais, excepté en matière d'impôts indirects. D. 9, 662, n° 11.

96. En général, la partie civile qui succombe dans son action doit être condamnée aux frais. C. inst. cr. 194 et 368; — et par corps. Décr. 18 juin 1811, art. 174. — V. d'ailleurs *Cassation*, n°s 271 à 275.

97. Il y a plus; dans les affaires de la compétence des trib. de police simple ou correctionnelle, la partie civile, *soit qu'elle succombe ou non*, est personnellement tenue envers l'état des frais d'instruction, expédition et signification de jugemens, sauf son recours contre les prévenus ou accusés qui seront condamnés, ou contre les personnes civilement responsables du délit : l'art. 157, décr. 18 juin 1811 a abrogé les art. 162 et 194 C. inst. cr.

98. En conséquence, elle doit toujours y être condamnée, si le ministère public le requiert, alors même que le prévenu est reconnu coupable et condamné, sauf son recours. C. inst. cr. 162, 194, 268. Décr. 18 juin 1811, art. 157, 159, 160. Cass. 31 juill., 12 nov. 1829, S. 29, 396; 30, 119.

99. Mais dans ce dernier cas la contrainte par corps doit-elle être prononcée contre la partie civile pour le recouvrement des frais ainsi mis à sa charge? oui, C. pén. 52; décr. 18 juin 1811, 174; Paris, 9 mai 1837 (Art. 770 J. Pr.); 24 juin 1837, S. 37, 391.—*Contrà*, Carnot, *Code pénal*, 1, 179.

100. Au contraire, *dans les affaires soumises au jury*, la partie qui n'a pas succombé n'est jamais tenue des frais; —si elle les a consignés, en exécution du décret du 18 juin 1811, ils lui sont restitués. C. inst. cr. 368; Rauter, 2, 403.

101. Cette restitution a lieu sur un mémoire fourni par la

partie en triple expédition, revêtu des formalités prescrites par les art. 138, 139, 140, 145, 152 et 153, réglem. 18 juin 1811. Ce mémoire est payé comme les autres frais de justice criminelle par les receveurs de l'enregistrement. Ord. 28 juin, 5 juill. 1832, S. 32, 2, 399.

102. La partie civile est censée avoir succombé non-seulement lorsqu'il intervient une condamnation pénale suivie de dommages et intérêts, mais encore lorsqu'il y a simplement condamnation pécuniaire, à titre de réparation civile. C. civ. 1382, 1383; C. inst. cr. 358.

103. Mais à quels frais doit-elle être condamnée? — Il faut distinguer entre le cas où elle s'est désistée dans les vingt-quatre heures de sa constitution et celui où elle ne s'est pas départie de cette qualité ou ne s'en est départie que ce délai écoulé; et dans tous les cas *avant le jugement. Ib.*, 66.

Si le désistement est signifié dans les vingt-quatre heures, elle est libérée non des frais faits avant le désistement. Arg. C. inst. cr. 66; — *Contrà*, Legraverend, 1, 199, mais de ceux qui sont ultérieurement faits : sauf toutefois *son recours* contre l'accusé, s'il vient à être condamné, car ce n'est que comme *civilement* responsable que le plaignant qui s'est déclaré partie civile, est tenu d'en faire les avances. Carnot, 1, 320; Bourguignon, 1, 156, n° 7.

Si elle ne se désiste qu'après les vingt-quatre heures, elle demeure responsable des frais de toute la procédure, même de ceux faits depuis le désistement, comme si elle ne se fût pas désistée. Paris, 24 juin 1837, S. 37, 391; Bourguignon, 1, 154, 156.

104. Comment les vingt-quatre heures doivent-elles se compter? — Est-ce de *momento ad momentum*; ou bien d'un jour à l'autre de manière que le plaignant ait toute la journée du lendemain pour faire son désistement.

Si la plainte ne porte aucune mention *d'heure*, ni si elle a été faite *avant ou après midi*, c'est dans le dernier sens que la question doit être résolue : les art. 31 et 65 C. inst. cr. relatifs aux formalités des plaintes ne portent pas que l'heure doit être indiquée et le droit commun n'exige pas qu'elle le soit. — Il en serait autrement si l'heure se trouvait consignée dans la plainte ou s'il était dit qu'elle a été faite avant ou après midi. C. inst. cr. Arg. Cass. 5 janv. 1809, P. 7, 294. Carnot, 1, 314.

Peu importe que le jour soit férié. L. 26 therm. an 6, Carnot, 1, 317.

105. La partie civile dont la plainte est jugée mal fondée, peut encore, suivant les circonstances, être condamnée à des dommages-intérêts envers le prévenu, et même aux peines de la diffamation et de l'injure, si la plainte est reconnue avoir été portée méchamment et avec intention de nuire. C. inst. cr. 212, 358.

C'est à la C. d'assises que l'appréciation de ces faits est réservée, Cass. 25 mars 1821, D. 1821, 182; Carnot, 2, 702; —sans qu'elle soit en aucun cas obligée d'accorder à l'accusé déchargé de l'accusation des dommages et intérêts contre son dénonciateur. L'acquittement ou l'absolution n'attachent pas nécessairement le caractère de la calomnie à la dénonciation et ne sont pas exclusifs de toute bonne foi de la part du plaignant. *Même arrêt;* Mangin, 2, 425.

106. Ces dommages et intérêts peuvent être adjugés, même au cas où la partie civile se serait désistée, fût-ce dans les vingt-quatre heures. C. inst. cr. 66 ; Bourguignon, 1, 156.—*Contrà*, Cass. 6 vend. an 10, S. 2, 91 sous le C. de brum.

107. Mais les conclusions du prévenu ne sont pas nécessaires si le débat n'est pas porté contradictoirement à l'audience. La condamnation à des dommages-intérêts est valablement prononcée par la chambre du conseil, sans qu'aucune demande ait été faite par le prévenu. *Ib.* 136. Carnot, 1, 542.—Comme il n'est pas présent au moment où le trib. prononce, il ne peut conclure à des dommages-intérêts. Cass. 6 nov. 1823, D. 11, 221.

Au contraire, si la partie civile succombe après un débat contradictoire porté à l'audience des trib. de simple police, de police correctionnelle ou de la C. d'assises, elle ne peut être condamnée aux dommages-intérêts que sur les conclusions formelles du prévenu. C. inst. cr. 159, 191, 366.

—V. d'ailleurs *Avoué,* n°s 78 à 86, 158.

108. Les administrations publiques peuvent être condamnées à des dommages et intérêts lorsqu'elles succombent dans leurs poursuites : elles sont assimilées aux parties civiles. Cass. 7 janv. 1832, Carnot, 4, 76; art. 158, Décr. 15 juin 1811; art. 436 C. inst. cr.; Rauter, 2, 371.

§ 6. — *Voies de recours ouvertes à la partie civile.*

109. Ce sont *l'Opposition, l'Appel,* et le *Pourvoi en cassation*, sousl es distinctions suivantes :

110. *Ordonnances de la chambre du conseil.* — Soit que le prévenu soit ou non arrêté, la partie civile a, comme le procureur du roi, le droit de former opposition à l'ordonnance portant qu'il n'y a lieu à suivre : les expressions de l'art. 135 C. inst. cr. sont énonciatives. Cass. 25 oct. 1811, S. 12, 230.

Cette opposition doit, à peine de déchéance, être formée dans les vingt-quatre heures à compter du jour de la signification faite à la partie civile de cette ordonnance au domicile par elle élu. C. inst. cr. 135. — D'où il résulte que s'il n'y a pas de domicile élu, c'est à partir de la date.

Le droit d'opposition existe même au cas où, suivant les art. 114 et 130 combinés, le prévenu, mis en liberté provisoire sous caution, aurait été renvoyé en police correctionnelle. Cass. 29 oct. 1813, S. 14, 14; Bourguignon, 1, 290; Carnot, 1, 342.

Mais en aucun cas, il ne saurait appartenir au plaignant qui ne s'est pas porté partie civile, avant la date de l'ordonnance. Metz, 10 mars 1832, D. 32, 148.

111. *Arrêts de la chambre des mises en accusation.* Ils ne sont jamais attaquables par la partie civile, si ce n'est en cassation et lors seulement que le ministère public a jugé à propos de se pourvoir et s'est pourvu utilement. Cass. 10 juin 1826, 31 janv. 1828, 22 juill. 1831, S. 27, 190, 28, 239, 31, 299.

Le pourvoi doit avoir lieu dans le délai de trois jours fixé par l'art. 373 C. ins. cr. — Cass. 10 juin 1826, D. 1826, 381; 13 janv. 1832, S. 32, 261.

112. *Jugemens des trib. correctionnels et de police.*—La partie civile est recevable à se pourvoir contre eux,—*Par voie d'opposition*, s'ils sont par défaut et prononcent des dommages et intérêts contre elle, C. inst. cr. 159, 191. Les formes et délais de l'opposition sont réglés par les art. 150, 151, 187, 188, *ib.*—*Par voie d'appel*, en matière correctionnelle dans tous les cas, *ib.* 199, mais seulement quant à ses intérêts civils, *ib.* 202; en matière de simple police, jamais. Rauter, 2, 417; C. inst. cr. 177.—Le trib. compétent pour en connaître, les formes et délai de l'appel au correctionnel sont fixés par les art. 200, 201, 203, 204; — *Par voie de cassation, ib.* 177, 216, — s'il s'agit de jugemens rendus en dernier ressort par le trib. de police ou de jugemens correctionnels devenus inattaquables par les voies ordinaires de recours. La forme et les délais du pourvoi sont déterminés par les art. 408 et suiv. C. inst. cr. Cass. 3 juill. 1829, D. 1829, 1, 287; Dalloz, 11, 217.

113. *Décisions des trib. d'appel.* — La partie civile peut se pourvoir contre elles, soit par voie d'opposition si elles sont par défaut. C. inst. cr. 208; —soit par voie de cassation dans la forme indiquée par les art. 408 et suiv.

On considère comme rendu par défaut le jugement qui intervient lorsque la partie civile, bien qu'elle ait produit ses moyens, n'a pas été *entendue* à l'audience. 210 *ib.*; Arg. Cass. 22 août 1811, S. 12, 22; 12 déc. 1834, S. 35, 33.

114. *Arrêts des C. d'assises.* L'opposition de la partie civile est recevable contre ceux des arrêts des C. d'assises qui, au cas d'acquittement, condamnent la partie civile non présente à des dommages et intérêts envers l'accusé. Cass. 19 avr. 1817, S.

18, 20; C. d'assises Haute-Garonne, 13 août 1829, S. 30, 71. — *Contrà*, Legraverend, 2, 270.

115. Elle doit être formée devant les juges qui composent la session de laquelle émane l'arrêt. Mais la clôture de la session n'est pas un obstacle au droit de la partie civile : son opposition doit alors être portée devant les juges de la session suivante ; — et non devant la C. de cassation. *Mêmes arrêts.*

116. La partie civile n'a, pour se pourvoir en cassation contre les arrêts de C. d'assises, que trois jours francs après celui où ils ont été prononcés. C. inst. crim. 373; — même quand ils ont été rendus sans assistance de jurés en matière de contumace, *ib.* 473; — même s'il s'agit de délits de la presse. Cass. 19 mai 1832, D. 32, 356; Parant, 363.

Ce délai peut être réduit à 24 heures si, l'accusé étant acquitté, la C. a prononcé contre la partie civile des condamnations supérieures aux demandes de la partie accusée ou absoute. — Dans ce cas, elle ne peut poursuivre et la Cour prononcer sur sa demande, que l'annulation de cette disposition de l'arrêt. *Ib.* 412.

117. Au surplus, les voies de recours n'ont d'effet qu'en ce qui concerne les intérêts civils : le sort du prévenu ne peut être aggravé que par les poursuites du ministère public. C. inst. crim. 202, 373; Cass. 1er mai 1818, S. 18, 296; 26 fév. 1825, S. 25, 334; Avis du Cons. d'Ét., 12 nov. 1816; Garnier, *Lois crim.*, 1, 113; Carnot, 1, 21.

— V. d'ailleurs *Brevet d'invention; Dessin de fabrique; Propriété littéraire.*

PASSE DE SACS. — V. *Paiement*, n° 13.

PASSIF. — V. *Actif*, *Faillite*.

PATENTE. Impôt de quotité auquel sont assujettis ceux qui exercent un commerce, ou certaines professions spécifiées par la loi; se dit aussi de l'acte que l'on reçoit de l'autorité publique, en payant cet impôt.

1. Les droits de patente sont ou fixes ou proportionnels. L. 1er brum. an 7, art. 5.

2. *Fixes.* Ils sont déterminés pour chaque profession par un tarif progressif, annexé à la loi du 1er brum. an 7, et modifié par les art. 56 et suiv. L. 25 mars 1817, et les art. 52 et suiv. L. 15 mai 1818.

3. *Proportionnels.* Ils sont réglés d'après le loyer de chaque individu soumis à la patente. LL. 1er brum. an 7, art. 5 et 34; 13 flor. an 10, art. 27.

4. L'impôt de la patente profite en matière électorale.

5. Sont soumis à la patente :

1° Les huissiers. L. 1er brum. an 7, Tarif, 3e classe. — V. *Exploit*, n° 89;

2° Les gardes du commerce : ils sont assimilés aux huissiers;

3° Les commissaires-priseurs. Av. Cons. d'Ét., 2 niv. an 12 ; Ordonn. Cons. d'Ét., 16 janv. 1822 ;

4° Les agens de change et courtiers. L. 21 (14 et 19 avr., 8 mai) 1791, art. 3 ;

5° Les commerçans. L. 23 août 1796, art. 2 ;

6° Les *agens d'affaires*. — V. ce mot, n° 6 ;

7° Les ouvriers qui travaillent *chez eux*, à la journée ou à l'entreprise, pour les marchands, fabricans ou particuliers, même sans compagnons, enseignes, ni boutiques : Circ. régie, 24 brum. an 7 ; Trib. Saint-Flour, 19 déc. 1827 ; Délibération, 29 avr. 1828. — Il en est autrement des commis et ouvriers journaliers et de toutes autres personnes travaillant pour autrui dans les maisons, ateliers et boutiques de ceux qui les emploient ;

8° Les officiers de santé, excepté ceux attachés aux hôpitaux ou au service des pauvres. L. 1er brum. an 7, art. 29.

— V. d'ailleurs Art. 302 J. Pr., p. 654.

6. Les notaires, greffiers, avoués et huissiers sont tenus de faire mention de la patente des particuliers qui y sont soumis dans tous les actes et exploits. Ordonn. 23 déc. 1814, art. 2. — V. *inf.* n° 12.

7. *Dans tous les actes et exploits*, pourvu qu'ils soient relatifs au commerce, à la profession ou à l'industrie, soumis à la patente. Arg. L. 1er brum. an 7, art. 37 ; Décis. min. fin. 17 janv. 1815 ; Instr. Régie, 20 janv. 1815, n° 668 ; Cass. 15 mai 1832 ; 20 août 1833, S. 32, 226 ; 33, 681.—V. *Exploit*, 64.

8. D'après une circulaire du 26 juill. 1831, S. 31, 2, 283, les notaires sont obligés de mentionner la patente dans toutes les obligations notariées de commerçans, même en faveur de non commerçans, lorsqu'une autre cause que celle du commerce du souscripteur n'est pas énoncée dans l'acte.

Nous concevons que l'énonciation de la patente soit obligatoire pour les actes essentiellement commerciaux, tels que les actes de société, les protêts de lettres de change, etc., etc. — Mais, pour les actes de prêt ou d'obligation, passés soit entre commerçans, soit entre un négociant et des individus non commerçans, il faut une énonciation expresse d'une cause commerciale. Arg. Cass. 15 mai 1832 ; *Dictionnaire du Notariat*, v° *Patente*, nos 40 et 41.

9. La mention est inutile dans une dénonciation de saisie-arrêt faite à la requête d'un commerçant pour un fait étranger à son commerce. Cass. 29 déc. 1829, D. 30, 39.

10. C'est la patente de l'année pendant laquelle l'acte est rédigé, qui doit y être relatée et non la patente de l'année pendant laquelle la fourniture des marchandises a été faite.

Toutefois, celle de l'année précédente peut être énoncée pendant le premier mois de chaque année : la patente ne se délivrant que sur la prestation des termes échus, on ne peut exiger d'un contribuable le paiement anticipé d'un douzième, qui n'est exigible qu'à l'expiration du premier de chaque mois. Favard, *Rép.*, v° *Patente*, — et même pendant le premier trimestre (*Contrà*, Solution 16 niv. an 7), tant que les patentes n'ont pas été délivrées. Arg. Cass. 21 therm. an 9, P. 2, 276; Solution, 4 mars 1815.

11. La mention doit comprendre la désignation de la classe, de la date, du numéro et de la commune où la patente a été délivrée. L. 1er brum. an 7, art. 37.

La mention suivante a été jugée suffisante : Patenté sous le n° 1er du rôle supplémentaire des patentes de ladite année, domicilié à . . . . Cass. 11 mai 1831, S. 31, 261.

12. Le défaut d'énonciation de la patente dans les actes où elle est exigée n'annulle pas les actes qu'on a pu faire. —V. *Exploit*, nos 61 à 64 et 284.

Il donne seulement lieu à une amende de 50 fr. (L. 16 juin 1824, art. 10; autrefois 500 fr., L. 1er brum. an 7, art. 37; Ordonn. 23 déc. 1814), tant contre les particuliers sujets à la patente, que contre les fonctionnaires publics qui auraient fait ou reçu lesdits actes sans mention de la patente.

13. Jugé que l'huissier qui a signifié un exploit préparé par un autre huissier n'a pas de recours contre ce dernier pour le remboursement de l'amende encourue. Trib. Joigny, 18 nov. 1826.

14. L'action, pour faire condamner à cette amende, se prescrit par deux ans, à compter du jour où la contravention a été commise. Loi 1er brum. an 7, art. 14.

15. Les contraventions sont constatées par les préposés de la Régie. Le procès-verbal doit mentionner que l'acte se rattache au commerce, à la profession, ou à l'industrie des parties. Cass. 20 août 1833, S. 33, 681. — Les trib. peuvent se dispenser d'ordonner l'apport des minutes pour suppléer à ce défaut d'indication. *Même arrêt.*

16. La condamnation à l'amende est poursuivie devant le trib. civil de l'arrondissement à la requête du procureur du Roi. L. 1er brum. an 7, art. 37.

17. Le rapport de la patente ne peut suppléer au défaut de l'énonciation, ni dispenser de l'amende. *Même article.*

18. La mention de la patente, utile à l'époque où le droit était recouvré par les receveurs de l'enregistrement aujourd'hui qu'il est touché par les percepteurs des contributions directes, et que le préposé qui enregistre les actes n'a plus entre les mains les moyens de s'assurer que l'impôt a été payé, et que celui qui perçoit cet impôt n'a pas le droit de se faire représenter les actes, est devenue sans objet et une entrave gênante pour les parties. Rapport à la Chambre des Députés par la commission des pétitions, le 31 déc. 1831.

19. Ne sont pas tenus, sous peine d'amende, de relater dans leurs actes la patente à laquelle ils sont soumis, 1° les commissaires-priseurs. Décis. min. fin., 26 mai 1825. — Mais bien celle des requérans dans les ventes de marchandises pour des marchands et qui ont rapport au commerce. Trib. Rouen, 10 mai 1826.

2° Les experts nommés par les tribunaux. Délib. 17 oct. 1815.

20. La loi n'exige pas non plus que les trib. mentionnent la patente des parties dans le prononcé de leurs jugemens, et ne les autorise pas, soit à requérir la représentation de la patente à l'audience (Cass. 21 août 1807, S. 7, 2, 1100), avant de statuer sur les contestations, soit à prononcer d'office sur les contraventions aux droits de patente. — V. toutefois *Juge de paix*, n° 144-11°.

21. Ainsi, il n'est pas nécessaire que les procès-verbaux de vérification et d'affirmation de créances contiennent la mention de la patente de chaque créancier : ces actes doivent être considérés plutôt comme l'œuvre du juge que comme celle du greffier. Décis. min. fin., 25 août 1826, Instr. 1204, § 6.

22. Par le même motif, un greffier de justice de paix n'est pas en contravention s'il a omis de relater dans un acte de prorogation de compétence la patente d'individus qui y sont assujettis. Solut. 20 mai 1831; *Dictionnaire de l'Enregistrement*, v° *Patente*, n° 8.

23. Les patentes sont timbrées à l'extraordinaire au droit de 1 fr. 25 cent. Circ. 15 déc. 1806, et 25 nov. 1807.

PATRONYMIQUE (NOM). Nom de famille.

PAUVRE. — V. *Indigent*.

PAYS CONQUIS. — V. *Réglement de juges*.

PAYS ÉTRANGER. — V. *Étranger*, *Ministre public*.

PEINE. — V. *Amende*, *Discipline*, *Nullité*, *Responsabilité*.

PÉNALE (CLAUSE). — *Dommages-intérêts*, n° 31, *Emprisonnement*, 52.

PENSION *alimentaire*. — V. *Alimens*.

PENSION *bourgeoise*. — V. *Acte de commerce*, n° 66.

PENSION (*maître de*). — V. *Acte de commerce*, n° 51.

PENSION *de retraite*. — V. *Retraite*.

PÈRE ET MÈRE. — V. *Alimens*, *Parenté*, *Puissance paternelle*.

PÉREMPTION (de *perimere*, anéantir). Espèce de prescription.

On distingue : 1° la *Péremption d'instance*. — V. ce mot, et *Juge de paix*, n°s 238 à 246.

2° La péremption des *jugemens par défaut* contre partie. — V. ce mot, n°s 226 à 252.

— V. d'ailleurs *Emprisonnement*, n° 147; *Hypothèque*, n°s 45 à 54; *Saisie-arrêt* (Art. 527 et 707 J. Pr.); *Saisie immobilière*; C. pr. 674.

PÉREMPTION D'INSTANCE. Extinction d'une instance par la discontinuation des poursuites pendant le laps de temps que la loi détermine.

DIVISION.

§ 1. — *Caractères de la péremption; instances qui y sont soumises.*
§ 2. — *Par qui et contre qui elle peut être demandée.*
§ 3. — *Dans quel cas et après quel délai la péremption peut être demandée.*
§ 4. — *Comment peut être couverte la péremption accomplie.*
§ 5. — *Forme de la demande en péremption.*
§ 6. — *Effets de la péremption.*
§ 7. — *Formules.*

§ 1. — *Caractères de la péremption; instances qui y sont soumises.*

1. La péremption, disait M. Perrin (*Rapport au Corps Législatif*, 14 avr. 1806, Locré, 21, 632), est un moyen adopté dans le droit pour empêcher que les contestations entre les citoyens ne s'éternisent et n'entretiennent entre eux les divisions, les haines, les dissentions qui en sont l'effet trop commun. *Ne lites fiant pène immortales et vitæ hominum modum excedant*. L. 13. C. *De Judiciis*. Ordonn. Villers-Coterets, 1539; Ordonn. de Roussillon, 1563, art. 15.

2. La péremption a de l'analogie, — 1° avec le *désistement* : elle est une espèce de renonciation tacite à un droit.

3. 2° Avec la prescription. — V. *inf.* n°s 22, 36, 45, 66. Mais elle en diffère sous plusieurs rapports. Ainsi, la péremption n'anéantit pas l'action, mais seulement l'instance; et même, quand elle frappe sur une instance d'appel, elle laisse subsister le jugement dont est appel, qui acquiert alors force de chose jugée. C. pr. 469 —V. toutefois *inf.* n° 120; elle doit en outre être l'objet d'une demande particulière, et ne peut être proposée que par voie d'action. La prescription, au contraire, anéantit l'action et peut être opposée comme moyen de défense à l'action principale.—V. d'ailleurs *inf.* n°s 11, 23, 26.

4. Le C. de pr., dans le titre de la *péremption*, ne parle que de la péremption d'*instance*. « *Toute instance*, dit l'art. 397 C. pr., encore qu'il n'y ait pas eu constitution d'avoué, sera éteinte par discontinuation de poursuites pendant trois ans », et le mot *instance* comprend tous les actes d'une procédure depuis l'exploit introductif d'instance devant un trib. jusqu'au dernier acte de la procédure.

5. D'où il suit que tous les actes qui ne sont pas compris dans ces actes de procédure, tels que les actes extrajudiciaires, ne sont pas soumis à la péremption.

Spécialement, 1° la citation en conciliation et le procès-verbal de non conciliation. — V. *Préliminaire de conciliation*, n° 8.

6. 2° Le commandement à fin de saisie immobilière : il ne constitue pas *une instance*. L'art. 674 C. pr. dit bien que, si le créancier a laissé écouler plus de trois mois entre le commandement et la saisie, il sera tenu de le renouveler, mais le commandement n'est pas *périmé* en ce sens qu'il subsiste comme acte conservatoire et propre à interrompre la prescription pendant trente ans. Merlin, Raynaud, *Traité de la péremption*, n° 17. — Il en est de même du commandement à fin de contrainte par corps, lorsqu'il s'est écoulé une année entière sans *emprisonnement*. — V. ce mot, n° 147.

7. 3° Le procès-verbal de nomination d'arbitres (pour une commune, conformément à la loi du 10 juin 1793) par le juge de paix, lorsqu'il n'apparaît aucun exploit antérieur ou postérieur au procès-verbal, dans lequel l'objet de la demande serait clairement désigné. Cass. 18 mai 1829, D. 29, 246.

8. Les règles de la péremption d'instance ne sont pas non plus applicables, — 1° aux *jugemens par défaut* contre partie : ils sont soumis à des dispositions spéciales. — V. ce mot, n°s 226 et suiv.

9. 2° En matière correctionnelle : l'art. 397 ne régit que les matières civiles, les formes en sont incompatibles avec la marche de la procédure en matière correctionnelle. Grenoble, 23 juin 1830, S. 32, 342.

10. *Toute instance* : dès lors sont soumises à la péremption : 1° la demande en péremption. — Vainement on oppose que cette demande n'est qu'un incident, une exception à l'action principale ; que le résultat de la nouvelle demande en péremption n'aurait plus l'effet qui appartient à la péremption, puisqu'elle ferait revivre une action au lieu de l'éteindre ; — la loi ne distingue point. — Montpellier, 30 déc. 1828, S. 30, 96 ; Cass. 19 déc. 1837 (Art. 1128 J. Pr.). — *Contrà*, Aix, 22 aoû 1836 (Art. 525 J. Pr.) ; Pigeau, *Comm.* 1, 679. — Ainsi, la péremption prononcée ne porte que sur l'instance en péremption et n'entraîne pas celle de l'instance primitive.

11. 2° Les instances dans lesquelles s'agitent des questions d'ordre public, telles que les questions d'état où la péremption n'offre aucun inconvénient puisque la prescription ne court point dans ces matières, sauf le cas de l'art. 330 C. civ. Arg. C. pr. 397, 398; Carré, n° 1426.

12. 3° L'instance sur l'opposition à un jugement par défaut, mais la péremption n'en peut être demandée séparément des actes antérieurs. Paris, 27 juill. 1826, S. 27, 103. — V. *inf.* n° 112.

13. 4° Celle sur l'appel. — V. *inf.* § 6.

14. Dès-lors, après la cassation d'un arrêt qui remet les parties en état d'instance sur l'appel, s'il n'est fait aucunes poursuites en vertu de l'arrêt de renvoi, pendant trois ans, à partir de la cassation, la péremption de l'instance d'appel peut être demandée contre l'appelant et l'appel peut être déclaré non-recevable. Cass. 12 juin 1827, 18 fév. 1828, D. 27, 267, 28, 136; alors même que l'arrêt de cassation n'aurait pas été signifié, et qu'il n'y aurait pas eu assignation en constitution d'avoué devant la Cour ou le trib. qui devait juger de nouveau. Cette Cour ou ce trib. est saisi de plein droit par l'effet de l'arrêt de cassation. Amiens, 3 avr. 1824; Besançon, 15 mars 1828; Rej. 12 juin 1827, 18 fév. 1828, S. 26, 163, 27, 338, 28, 263, 29, 127.

15. Mais il suffit qu'il y ait eu arrêt d'infirmation sur un point du procès, bien que le procès ne soit pas jugé définitivement pour empêcher l'instance d'appel de tomber en péremption, notamment lorsque sur l'appel la Cour a réformé le jugement en tant qu'il refuse d'ordonner une mesure préparatoire et qu'elle ordonne elle-même, avant faire droit au fond, que cette mesure aura lieu. Toulouse, 7 déc. 1824, S. 25, 410.

16. 5° L'instance devant la chambre civile de la C. cass. introduite par la signification de l'arrêt d'admission au défendeur. — Mais jusque là le pourvoi formé contre un jugement ou un arrêt ne tombe pas en péremption. Arg. Cass. 13 déc. 1830, D. 31, 158. — V. toutefois *ib.* les observations de M. le conseiller-rapporteur.

17. L'instance n'est pas considérée comme terminée, tant que le jugement *définitif* n'a pas été rendu. — V. *inf.* § 6.

18. La péremption a également lieu devant les trib. de commerce.

Dans l'opinion contraire, on peut dire : la procédure commerciale est l'objet d'un titre spécial; les art. 642 et 643 C. comm., placés sous la rubrique de la forme de procéder devant les trib. de commerce, renvoient exclusivement à ce titre spécial et aux art. 156, 158 et 159 C. pr.; or, ces dispositions ne parlent pas de la péremption; la forme de la demande en péremption, celle d'une requête d'avoué à avoué, est d'ailleurs incompatible avec la juridiction commerciale. Rouen, 16 juill. 1817, S. 17, 416; Pigeau, *Comm.* 680; Carré, n° 1411; Consultation de M. Ravez, S. 34, 608.

Mais on répond avec raison que, s'il fallait ne chercher les règles de la procédure commerciale que dans le titre du C. de pr. sur les trib. de commerce et dans trois autres dispositions, du C. de comm., cette procédure offrirait une foule de lacunes : par exemple, en matière de réglement de juges, de renvoi à un autre trib. pour parenté ou alliance, de récusation et de désistement; les régles de la procédure ordinaire doivent s'appliquer à la procédure commerciale, sauf les exceptions déterminées par la loi, et le titre de la procédure devant les tribunaux de commerce ne présente guère qu'une série d'exceptions; le motif de la péremption s'applique à plus forte raison à la procédure commerciale. — Il y aurait d'ailleurs contradiction de refuser la péremption dans le premier degré de juridiction commerciale, lorsqu'il faudrait l'admettre en appel par la combinaison de l'art. 648 C. comm. et de l'art. 469 C. pr. — Enfin, la loi n'a pas soumis pour tous les cas la demande en péremption à la forme d'une requête d'avoué à avoué, puisqu'elle suppose la péremption possible, lors même qu'il n'y a pas eu de constitution d'avoué (—V. *inf.* n° 89, et *Désistement*, n° 70). C. pr. 397; Riom, 16 juin 1818, D. *hoc verbo*, 187, n° 5; Cass. 18 avr. 1821; Amiens, 28 juin 1826, D. 27, 180; Bastia, 26 fév. 1834; Bordeaux, 16 juill. 1834, D. 34, 108, 208; Raynaud, n° 18; Consultation Bénard, S. 37, 1, 7; Cass. 21 déc. 1836 (Art. 646 J. Pr.); Thomine, art. 397; Dalloz, v° *Péremption*, sect. 5, n° 3; Merlin, *Qu.* v° *Trib. com.* § 10.

19. La péremption n'a pas lieu dans les instances suivies devant le *juge de paix* (— V. ce mot, n° 244). — Si ce n'est celle résultant du délai de quatre mois à dater du jugement interlocutoire. — V. *ib.* n° 238 à 243.

§ 2. — *Par qui et contre qui la péremption peut être demandée.*

20. La péremption peut être demandée : — 1° par le défendeur principal — 2° par l'intervenant qui soutient le défendeur principal, parce qu'alors il est lui-même défendeur; mais il faut que le défendeur principal ne l'ait pas couverte; — 3° par les créanciers du défendeur ou de l'intervenant, du chef de leur débiteur. C. civ. 1166, 2225; Paris, 19 juin 1813, P. 11, 477. — 4° par le cédant d'une créance qui fait l'objet du procès, nonobstant la cession, si d'ailleurs il n'y a pas eu novation. Grenoble, 27 août 1817, P. 14, 455.

21. Mais elle ne saurait être provoquée ni par le demandeur principal, ni par l'intervenant, lorsqu'il se présente pour soutenir ses intérêts ou ceux du demandeur principal ; — à moins qu'il n'y ait une demande reconventionnelle du défendeur. — Ainsi l'appelant peut demander la péremption s'il y a eu appel incident de la part de l'intimé. Bruxelles, 23 janv. 1813, P. 11, 74.

22. La partie intéressée renonce valablement à la péremption, mais seulement lorsqu'elle est acquise. Arg. C. civ. 2220. Bourges, 21 déc. 1813, P. 11, 842. Troplong, *Prescriptions*, 1, n° 47.—Ainsi jugé en matière de séparation de corps. *Même arrêt.*

23. Elle court contre l'État, les établissemens publics, et toutes personnes, même mineures, sauf leur recours contre leurs administrateurs ou tuteurs. C. pr. 398.

Peu importerait même qu'à défaut de tuteurs, les mineurs fussent privés de tout recours. La disposition de l'art. 398 est générale. La péremption a peu d'inconvénients contre le mineur, puisque la prescription ne court pas contre son droit. Merlin, *R.*, t. 17, p. 326 ; Dalloz, *hoc verbo*, p. 179, n° 3. —*Contrà*, Pigeau, 1, 470 ; Carré, n° 1433 ; Thomine, art. 398. — V. d'ailleurs Pothier, *Vente*, n° 140 et *Fabrique*, n° 34.

— V. toutefois à l'égard des militaires, *Délai*, n° 29, *in fine*.

24. Le tuteur qui a laissé périmer l'appel qu'il avait interjeté d'un jugement rendu contre le mineur, ne serait pas recevable à interjeter un nouvel appel, sous prétexte que le jugement n'ayant pas été signifié au subrogé tuteur, le délai de l'appel n'a pu courir contre le mineur. Lyon, 23 nov. 1829, D. 30, 34.

25. La péremption court également : 1° contre une succession vacante, quoique non pourvue de curateur. Arg. C. pr. 398 ; C. civ. 2258 ;

2° Contre l'héritier bénéficiaire à l'égard des demandes qu'il a dirigées contre son auteur. Arg. C. pr. 398, 996. — *Contrà*, Pigeau, 2, 753.

26. Elle a lieu entre époux. C. civ. 307 ; C. pr. 398. — *Contrà*, Pigeau, *Comm.*, p. 683 ; Arg. C. civ. 2253 ; — par exemple, en cas de demande en séparation de corps. Bourges, 21 déc. 1813.—V. *sup.* n° 22.

27. Lorsque le défendeur principal a fait intervenir un garant en cause, et que celui-ci résiste à la garantie, il suffit de demander la péremption contre la partie principale. Grenoble, 6 juill. 1818, P. 14, 909 ; — à moins que la demande en garantie n'ait été jointe à l'instance principale. Grenoble, 26 fév. 1819, P. 15, 121.—V. d'ailleurs *inf.* n° 98.

§ 3. — *Dans quels cas et après quel délai la péremption peut être demandée.*

28. La péremption peut être demandée lorsqu'il y a eu discontinuation de *poursuites* pendant le temps ci-après fixé. C. pr. 397.—V. *sup.* n° 6 et *inf.*

29. Par actes de *poursuites*, il faut entendre tous ceux qui peuvent être utiles pour le développement de la procédure, qui tendent à mettre la cause en état d'être jugée. Arg. Cass. 30 mars 1830, D. 30, 162.

30. Ainsi un avenir, une requête, une sommation, l'obtention d'un jugement préparatoire ou interlocutoire, la signification de ces jugemens, etc.

31. Est assimilé à un acte de procédure, l'appel de la cause, et la remise de la cause si la preuve en est fournie, surtout si cette remise a eu lieu *contradictoirement*, — et non d'*office*. Grenoble, 24 janv. 1822, P. 17, 59; Bordeaux, 12 juin 1827, S. 27, 164.

32. Mais ne sont point considérés comme actes de procédure les bulletins de remise de cause délivrés par le greffier, alors d'ailleurs qu'ils n'indiquent pas que les remises aient eu lieu du fait ou en présence de l'avoué : ce ne sont pas des actes émanés des parties. Paris, 25 août 1832, D. 33, 83.

33. La mise au rôle, quoiqu'elle ait lieu en l'absence et à l'insu de la partie adverse, peut elle être rangée parmi les actes de poursuite ?

Pour l'affirmative, on dit : Le décret du 30 mars 1808 impose cette formalité : l'art. 90 du tarif alloue une vacation à l'avoué pour la mise au rôle. Carré, n° 1440; Pigeau, *Comm.* 1, 686; Merlin, *R.* 17, 330; Thomine, n° 446; Pau, 28 mars 1822, P. 17, 235; Riom, 7 mars 1824, S. 25, 311; Toulouse, 15 juin 1836, S. 36, 500, note.—Surtout lorsque la cause a été inscrite au rôle d'audience pour être plaidée. Rennes, 2 mars 1818, P. 14, 678; Cass. 30 mars 1830, S. 30, 258; Limoges, 9 août 1836, S. 36, 500, — ou lorsque cette mise au rôle a été demandée par une requête. Cass. 2 fév. 1831, S. 31, 351.

Pour la négative, on oppose que la mise au rôle n'est qu'un acte de police intérieure du trib., qui n'est point notifié à l'adversaire, comme la loi l'exige pour tous actes de procédure. Cass. 3 fév. 1835 (Art. 62 et 89 J. Pr.).—Quand bien même la cause aurait été inscrite au rôle d'audience. Lyon, 6 août 1824, S. 26, 319; Rouen, 20 mai 1826, S. 26, 318.

La première opinion nous paraît préférable. — V. d'ailleurs *inf.* n° 65.

34. *Délai.* Le délai de la péremption est de trois ans. C. pr. 397.

35. Ce laps de temps est nécessaire lors même que la durée de l'action serait moindre de trois ans. Arg. L. 139 D. R. J. — Le contrat judiciaire opère novation. Cass. 22 janv. 1816, S. 16, 118. —Ainsi jugé pour l'action en poursuite de délit de chasse qui se prescrit par un mois. Cass. 20 sept. 1828, D. 28, 424.

36. Il se compte par jour et non par heures (Arg. C. civ. 2260).

37. Il court à dater du dernier acte de la procédure. C. pr. 397.

38. Il n'est point susceptible de l'augmentation de délai indiqué en l'art. 1033 C. pr. à raison des distances. Toulouse, 3 janv. 1823, S. 23, 783.

39. Mais ce délai est prolongé de six mois *dans tous les cas* où il y a lieu à demande en *reprise d'instance* ou à constitution de nouvel avoué. C. pr. 397. — V. ce mot.

Sous l'ancien droit, le décès interrompait indéfiniment la péremption. Elle ne pouvait plus avoir lieu tant que l'instance n'avait as été reprise. Cass. 5 janv. 1808; 27 germ. an 13; Toulouse, 26 fév. 1829, S. 8, 119; 5, 363, 29, 311.

40. Cette prolongation de six mois court du jour de l'événement qui occasionne la reprise d'instance, ou la constitution de nouvel avoué, —alors même que l'événement est postérieur aux trois années, pourvu qu'il soit antérieur à la demande en péremption : décider le contraire, ce serait reconnaître que la péremption peut être acquise de plein droit; ce serait placer l'effet avant la cause : lorsqu'il y a lieu à reprise d'instance ou à constitution de nouvel avoué, cet incident met le défendeur en péremption dans l'impossibilité d'agir et de prévenir la demande par des actes valables. Cass. 5 janv. 1808, S. 8, 119; Trèves, 17 juin 1812, S. 13, 194; Grenoble, 12 mai 1817, Bordeaux, 17 déc. 1823, S. 24, 136; Bordeaux, 11 août 1828, D. 32, 14; Paris, 28 mai 1838, S. 38, 433; Carré, n° 1423; Pigeau, *Comm.*, 1, 683; Thomine, art. 397. — *Contrà*, Caen, 17 janv. 1828, S. 30, 131; Bordeaux, 11 mars 1835 (Art. 83); Merlin, *Rép.*, 9, 249, 4ᵉ édition.

41. Il n'y a qu'une seule prolongation de délai, quel que soit le nombre des événemens pouvant donner lieu à reprise d'instance ou à constitution de nouvel avoué (Cass. 19 août 1816, P. 13, 596), — lorsque les événemens sont simultanés.

Mais, lorsque ces événemens ont lieu successivement et à des intervalles assez éloignés, on aurait tort de refuser une nouvelle prolongation de délai : l'art. 397 augmente le délai de six mois *dans tous les cas* où il y a lieu à demande en reprise d'instance, etc. C'est évidemment afin d'accorder à la partie le temps de régulariser la procédure, il faut donc, à chaque événement donnant lieu à reprise d'instance ou à constitution de nouvel avoué, s'il se présente isolément, admettre une nouvelle prolongation; autrement, l'une des parties obtiendrait une prolongation qui, plus tard, serait refusée à l'autre. Chauveau, 48, 356. — *Contrà*, Bordeaux, 11 mars 1835 (Art. 83 J. Pr.); Limoges, 9 août 1836, S. 36, 500. — Ce dernier semble faire courir la prolongation de six mois du jour de l'expiration des trois ans.

42. Au reste, peu importe que l'événement provienne du côté du demandeur ou du côté du défendeur. Bordeaux, 17 déc. 1823, S. 23, 197; Poitiers, 12 mai 1830, S. 30. 212, — *Contrà*, Cass. 12 juill. 1810, P. 8, 455; Paris, 1er juill. 1812, S. 12, 347. — Ainsi le délai est également prolongé, soit qu'il y ait lieu à constitution de nouvel avoué pour le défendeur au principal, Limoges, 9 août 1836, S. 36, 500; — ou pour le demandeur. La loi ne distingue pas.

43. Le demandeur principal qui veut profiter de cette prolongation de délai pour repousser la péremption, n'est pas tenu de notifier préalablement la cause de reprise d'instance : la loi ne l'exige pas; si le délai supplémentaire est accordé, c'est que l'on suppose que les héritiers, surtout après une longue interruption, peuvent ignorer l'existence même du procès. D'ailleurs, comment les astreindre durant les trois mois et quarante jours pour faire inventaire et délibérer, pendant lesquels ils sont dispensés de prendre qualité, à faire une notification qui supposerait l'intention d'accepter, ou au moins une connaissance exacte de l'état du litige? Paris, 17 avr. 1809; Poitiers, 22 janv. 1823; Bordeaux, 11 août 1828; Grenoble, 27 fév. 1834, S. 10, 70; 30, 134; 29, 261; 34, 367.

44. La demande en péremption formée six jours avant l'expiration de trois ans et six mois *a été admise*, dans une espèce où il n'y avait pas eu de reprise d'instance pendant ce délai. Grenoble, 12 août 1823, S. 26, 184.

45. *Suspension du délai*. Elle a lieu toutes les fois qu'il y a eu empêchement de poursuivre, suivant la règle : *contrà non valentem agere, non currit præscriptio*. Thomine, n° 443.

46. Ainsi sont des causes suspensives de la péremption, 1° les événemens de force majeure. Paris, 25 avr. 1815, P. 12, 694; Cass. 29 juin 1818, P. 14, 892. — V. *Délai*, n° 29.

Le contraire a cependant été jugé : — A l'égard d'une invasion qui interrompt les communications entre l'avoué et son client, si la ville où postule l'avoué n'est pas envahie, parce que celui-ci peut notifier un acte interruptif de péremption. Cass. 29 juin 1818. — Mais l'avoué dont le client a témoigné expressément ou tacitement vouloir suspendre l'instruction ne doit pas la continuer s'il ne reçoit un nouvel avis; or, si une force majeure a empêché le client de transmettre cet avis avant la fin du délai pendant lequel la loi lui permettait de couvrir la péremption, c'est le priver d'une faculté légale que de déclarer la péremption accomplie. Berriat, 355, note 8.

A l'égard de l'interruption momentanée du cours de la justice pendant la guerre, si l'on ne prouve pas l'impossibilité de faire aucun acte de procédure même frustratoire. Paris, 25 avr. 1815.

47. A plus forte raison la suspension de la péremption ne résulterait, — ni d'un changement dans l'organisation judiciaire : les parties n'en sont pas moins libres d'agir. Amiens, 3 avr. 1824, S. 26, 163; Merlin, *Rép.* 9, 248 et *Quest.* 4, 716; Carré, n° 1443; Berriat, 356, 182, n° 3.

Ni de la substitution d'un autre trib., à celui devant lequel l'instance était pendante. Cass. 23 niv. an 8, D. 3, 232.

48. Peu importe que l'affaire ait été mise en rapport : — le retard provenant du fait du juge n'est point une cause de prolongation; la partie avait un moyen de le contraindre à prononcer, celui de la prise à partie pour déni de justice. Carré, n° 1417; Berriat, p. 356, note 8; Reynaud, n° 44. — *Contrà*, Lepage, p. 262; — ou bien elle pouvait, encore pour éviter les inconvéniens de cette voie rigoureuse, faire signifier un nouvel acte de procédure.

49. Il en est de même après la clôture des plaidoiries et les conclusions du ministère public : la seule négligence du juge à prononcer le jugement, ne donne pas lieu à prorogation du délai. Lyon, 21 juin 1836 (Art. 662 J. Pr.).

50. Ne suffisent pas pour suspendre le délai de la péremption : — 1° Des démarches officieuses faites auprès du juge. *Mêmes arrêts.*

51. 2° Un jugement ou arrêt sur requête, qui subroge un commissaire à celui qui avait été nommé précédemment pour procéder à un interrogatoire sur faits et articles, lorsque cette décision n'a pas été signifiée avant la demande en péremption. Lahaye, 21 oct. 1820, D. 2, 969.

52. 3° Le décès d'un commissaire ou d'un rapporteur. Le Code ne parle que du décès de l'avoué; les parties doivent s'imputer de n'avoir pas fait remplacer le juge décédé comme l'art. 110 C. pr. le leur permettait. Lyon, 25 mars 1829, S. 29, 306; Carré, n° 1418; Delaporte, 369; Demiau, 289; Favard, 4, 193.

53. 4° Le passage d'un mineur à l'état de majorité. Toulouse, 4 fév. 1825, D. 25, 203; — ou d'une fille à l'état de femme mariée. Dalloz, *hoc verbo*, p. 180, n° 4.

54. Mais le délai est suspendu : 1° par un incident (par exemple une inscription de faux) auquel le jugement du fond était subordonné. Cass. 29 mai 1832, D. 32, 332 ;—pourvu que la demande incidente ne tombe pas elle-même en péremption.

De même lorsqu'une expertise a été ordonnée, la péremption ne commence à courir qu'à partir de la dernière vacation ; les actes qui émanent d'une opération préparatoire se lient à la procédure et deviennent nécessaires pour la discussion de la cause ; les parties ne peuvent en provoquer la décision, tant que l'opération n'est pas terminée. Besançon, 12 juin 1816, P. 13, 487. Arg. Riom, 15 fév. 1816, P. 13, 284.

Toutefois jugé que le délai n'est pas suspendu par suite d'un renvoi devant des arbitres rapporteurs, lorsqu'ils sont restés dans l'inaction, et que l'on n'a fait aucun acte de procédure pour les faire remplacer. Paris, 27 mars 1823, P. 17, 1000.

55. 2° Le délai accordé par un jugement pour rapporter une preuve. La péremption de l'instance ne commence à courir que du jour de l'expiration de ce délai (— à la différence du *délai de grâce* — V. ce mot, n° 7 et 60), surtout lorsqu'il a été dans l'intention du trib. dont il émane, que pendant ce délai il fût sursis à toutes poursuites. Arg. C. civ. 2257. Bordeaux, 14 août 1833, D. 34, 139. — Dans l'espèce, quinze mois avaient été accordés pour rapporter des pièces justificatives.

56. La partie par le dol ou le fait de laquelle la discontinuation des poursuites a eu lieu, est non-recevable à s'en prévaloir pour faire prononcer la péremption.

Ainsi la péremption d'instance ne court pas au profit de la partie qui, dans un procès instruit par écrit, retire sa production des mains du juge rapporteur avant que ce juge ait fait son rapport. Arg. L. 155 D. R. J. ; Cass. 7 mars 1820, P. 15, 833.

57. Aucune des parties ne peut invoquer la péremption si l'interruption des poursuites a eu lieu par le fait de chacune d'elles, et sur leur négligence commune. Rouen, 5 juill. 1828, D. 29, 180 ; — ou d'un commun accord. Pau, 13 mars 1836 (Art. 461 J. Pr.). — Vainement opposerait on que la transaction intervenue dans le but de suspendre des poursuites était nulle, comme reposant par exemple sur une séparation de corps volontaire. Cass. 8 mars 1831, D. 33, 96.

Le commun accord résulte, —1° d'un traité proposé, quoique postérieurement anéanti. Limoges, 8 juill. 1823, D. p. 197.— De simples pourparlers ne suffiraient pas. Poitiers, 8 juill. 1828, D. 29, 74 ; Bruxelles, 18 mars 1830.

2° De lettres missives. Florence, 28 juin 1812, P. 10, 520 ; Grenoble, 6 juin 1822, P. 17, 408 ; Pau, 13 mars 1836 (Art. 461 J. Pr.) ; Merlin, 17, 317 ; Pigeau, 1, 537 ; Carré, 1429.

3° De paiemens faits par le débiteur. Lyon, 29 nov. 1822,

P. 17, 691; Poitiers, 8 juill. 1828, D. 29, 74; Bourges, 28 juill. 1823, D. 197, n° 23.

58. Lorsqu'une cause a été rayée du rôle, sur la déclaration des avoués que le procès était terminé par transaction, la péremption de l'instance ne peut plus être demandée tant que la déclaration des avoués n'est pas détruite par voie de désaveu : on ne peut en effet poursuivre la péremption d'une instance terminée par une transaction. Brûxelles, 10 juill. 1830 (S. 31, 6).

§ 4. — *Comment peut être couverte la péremption accomplie.*

59. Lorsque le délai nécessaire pour compléter la péremption s'est écoulé depuis le dernier acte de poursuite, cette péremption peut se couvrir *par les actes valables faits par l'une ou l'autre des parties avant la demande en péremption.* C. pr. 399.

Mais que doit-on entendre par *actes valables?*

60. Il faut, en général, — 1° que ces actes soient judiciaires; — 2° réguliers; — 3° qu'ils aient pour but la continuation de la même instance; — 4° qu'ils soient signifiés à la partie adverse; — 5° qu'ils précèdent la demande en péremption.

61. 1re *Condition.* Sont considérés comme actes *judiciaires* tous les actes de poursuite indiqués *sup.* n° 29.

Spécialement, — 1° Une constitution, — ou une révocation d'avoué. Toulouse, 24 avril 1816, D. 23, 125.

62. 2° Une sommation de communiquer des pièces (ou une communication de titres). Rennes, 13 avril 1813, D. p. 196, n° 5. — Tant que la partie ne les a pas rétablis. Rouen, 10 juill. 1821, P. 16, 745. — Mais ne serait pas interruptive de la péremption de l'instance primitive la demande en communication de pièces faite à l'avoué constitué sur la demande en péremption. Paris, 13 mai 1836, S. 36, 429.

63. 3° Des qualités au fond prises à l'*audience.*—V. ce mot, n° 20.

Mais quoique l'affaire soit mise en état lorsque les conclusions ont été posées contradictoirement, et que par suite, d'après l'usage suivi à Paris, l'affaire ait été mise au rôle particulier de la chambre à laquelle elle a été distribuée, le délai de la péremption court de nouveau et peut s'accomplir au bout de trois ans : les rôles ne forment plus, comme autrefois, pour les parties une interpellation permanente de se trouver toujours prêtes à plaider; elles peuvent, pour prévenir la péremption, sommer les magistrats de juger. Cass. 23 niv. an 8; Merlin, 17, 308. — *Contrà*, Metz, 13 nov. 1811, P. 9, 694; Carré, n° 1440.—V. *sup.* n° 33.

64. 4° Les répliques du demandeur en matière ordinaire; — celles du défendeur en matière ordinaire, des écritures en matière sommaire : — peu importe que ces actes ne passent pas

en taxe (Toulouse, 5 mars 1835, D. 35, 141); ils font partie du procès, et annoncent l'intention de la partie qui les signifie de continuer la procédure commencée. S'ils contiennent des aveux, l'adversaire peut en requérir acte. Pigeau, 2, 471; Berriat, 356, note 12.—V. d'ailleurs *Préliminaire de conciliation*.

65. Quant à l'inscription de la cause au rôle général, non seulement elle nous paraît suffisante pour interrompre le cours de la péremption (—V. *sup.* n° 33)—*Contrà*, Cass. 3 fév. 1835 (Art. 62 et 89 J. Pr.); — mais encore pour couvrir la péremption accomplie. Cass. 14 août 1837. (Art. 890 J. Pr.).

Il en serait de même, à plus forte raison, de la mise au rôle particulier d'une chambre. *Même arrêt.*

Dans l'espèce, l'affaire commencée en 1814 avait été rayée du rôle une première fois le 20 avril 1831, et replacée en janv. 1833, la demande en péremption qui a été rejetée, avait été formée le 28 mai 1834.

66. 2e *Condition*. Un acte nul ne peut, en général, être invoqué.—Toutefois un acte, quoique susceptible d'être critiqué sous certains rapports, suffirait pour couvrir la péremption.

Ainsi jugé à l'égard, — 1° D'une citation en justice donnée même devant *un juge incompétent*. Arg. C. civ. 2246. Cass. 12 nov. 1832, S. 33, 146. Bordeaux, 22 août 1833, S. 34, 173.

2° D'une demande en péremption déclarée nulle pour défaut de forme (en ce qu'elle avait été formée par exploit au lieu de l'être par requête. — V. *inf.* n° 82). Toulouse, 13 juin 1832, S. 32, 624.

67. 3e *Condition*. L'acte doit avoir pour but la continuation de la même instance. Arg. Amiens, 25 juin 1826, S. 27, 100.

Ainsi ne peut être considéré comme interruptif de la péremption de l'instance d'appel,—un acte signifié à l'avoué de 1re inst. Montpellier, 28 juin 1832, S. 32, 635. — L'opposition au commandement (ou à la saisie. Lyon, 12 déc. 1827, P. 1828, 2, 559) faits en vertu d'un jugement dont est appel. Turin, 5 avril 1811, D. *ib.* 192, n° 6.

68. Ne couvrent pas non plus la péremption : 1° la dénonciation de la saisie-arrêt au tiers saisi, vis-à-vis du débiteur principal. Chauveau, v° *Péremption*, n° 73.

2° Des contestations existant entre les parties devant l'autorité administrative. Toulouse, 19 déc. 1828, D. 33, 1, 41.

3° L'ordonnance portant taxe de vacations dues à des experts obtenue par ces derniers, et la signification qu'ils en ont faite aux parties. Cass. 9 août 1837, S. 37, 1011.

4° La dénonciation du décès de l'une des parties : il y aurait lieu seulement à la prolongation du délai de la péremption. Grenoble, 14 mars 1822, P. 17, 188; Thomine, art. 399.

69. 4e *Condition*. Il faut que l'acte ait été signifié à l'adversaire. Arg. C. civ. 2244. Motifs, Cass. 30 mars 1830, S. 30, 258 ; — ou que du moins il en ait, ou soit réputé en avoir connaissance.

Dans cette dernière classe rentrent les actes prescrits par la loi (—V. *sup.* n° 33); ou par le juge, dans une instance contradictoire. C'est aux parties de s'informer de tout ce qui se fait en exécution du contrat judiciaire. Dalloz, v° *Péremption*, p. 190, n° 7.

70. Mais ne peuvent couvrir la péremption : — 1° Un acte de production ou de soumission au greffe. Pigeau, 1, 538.

2° Une consignation d'amende de la part de l'appelant. Bordeaux, 5 juin 1834, D. 34, 207. —*Contrà*, Riom, 7 juin 1824, D. 196, n° 20.

3° Une requête en obtention de délai. Rouen, 20 mai 1826, D. 26, 241.

4° Un arrêt non signifié qui ordonne une instruction par écrit. Bruxelles, 28 fév. 1824, D. 2, 969.

71. *Cinquième condition.* L'acte doit précéder (même devant un trib. incompétent. Cass. 30 juin 1825, D. 25, 353) la demande en péremption. La péremption, une fois demandée, ne saurait être couverte par aucun acte de procédure, à moins que la demande en péremption ne vînt elle-même à se périmer.— Ou qu'elle n'eût été formée irrégulièrement. Paris, 11 fév. 1811, P. 9, 91.

72. La priorité de date entre les significations faites le même jour de la requête en péremption d'instance, et d'un acte interruptif de cette péremption, peut être établie, soit d'après les énonciations contenues dans les exploits, soit d'après la preuve testimoniale, soit d'après la nature plus ou moins favorable de ces actes. — V. *Date*, n° 19.

73. Ne constituent pas une présomption grave : 1° la priorité de la mention de l'enregistrement ; — 2° la circonstance que l'avoué auquel la demande en péremption a été signifié n'aurait pas à l'instant excipé de la signification par lui faite le même jour de l'acte interruptif. Bordeaux, 18 mars 1830, D. 30, 147.

74. Si le dernier acte de procédure signé par un avoué, n'a pas de date certaine ou n'est pas daté, c'est le décès de l'avoué et non l'acte qui fait courir le délai de la péremption. Lyon, 25 fév. 1834, D. 35, 139.

75. Au reste, les actes de nouvelle procédure couvrent la éremption, soit qu'ils émanent du demandeur ou du défendeur. C. pr. 399 ; — ou même de l'avoué spécialement chargé d'inoquer la péremption, à moins qu'il n'y ait fraude entre l'aoué et l'adversaire. Arg. Nîmes, 5 janv. 1825, S. 25, 135 ; — i la fraude n'existait que de la part de l'avoué, le client n'aurait qu'une action en dommages-intérêts contre lui. Dalloz, *ib.*, ect. 2, n° 2.

Il en est de même des actes faits par l'intervenant; l'instance ne peut être scindée.

76. L'acte susceptible de couvrir la péremption ne fait point obstacle à la prescription acquise dans l'intervalle.

77. L'exception qui résulte contre une demande en péremption, d'actes interruptifs produits dans l'instance, peut être suppléée d'office par le juge, lorsque la partie intéressée à s'en prévaloir ne la propose pas. Cass. 26 oct. 1812, S. 13, 132.

§ 5. — *Forme de la demande en péremption.*

78. La péremption n'a pas lieu de droit. C. pr. 399; — elle doit être demandée par voie d'action; — à moins que la prescription de l'action ne concoure avec la péremption de l'instance. Arg. Cass. 26 oct. 1812, P. 10, 763.— V. *sup.* n°s 2 et 76.

79. Cette demande est incidente.

Conséquemment : 1° elle n'est pas soumise au *préliminaire de conciliation*. C. pr. 48. — V. ce mot, n°s 12 et 53.

2° La commune autorisée à interjeter appel d'un jugement n'a pas besoin d'une autorisation nouvelle pour défendre à la demande en *péremption*, laquelle n'est dans ce cas qu'une défense à l'appel. Poitiers, 8 juill. 1828, D. 29, 74. — V. ce mot, n° 23.

80. Cette demande est préjudicielle à l'action principale. Cass. 14 fév. 1831, P. 1831, 1, 263.

81. Elle est de la compétence du même trib. que l'objet de la demande principale.

82. Lorsqu'il y a avoué en cause, elle est formée par requête d'avoué à avoué. C. pr. 400; — et non par exploit. Grenoble, 31 juill. 1824; Nîmes, 2 février 1825, S. 25, 294; Lyon, 20 déc. 1827, S. 28, 50; Toulouse, 13 juin 1830, S. 32, 623; Pau, 13 mars 1836 (Art. 461 J. Pr.). — *Contrà*, Limoges, 19 déc. 1826, D. 28, 38.—Ni par de simples conclusions à l'audience. Montpellier, 3 déc. 1832, D. 33, 118. — Ni par une citatio en conciliation. Paris, 11 fév. 1811, D. 15, 6.

Le tout à peine de nullité. *Mêmes autorités.* — V. d'ailleur *inf.* n° 89.

83. Cette requête n'est pas soumise aux formes de l'art. 6 C. pr.; Cass. 13 nov. 1834, D. 35, 26.— *Contrà*, Rennes, 2 janv. 1813; Besançon, 16 janv. 1821, P. 16, 314.

Spécialement l'omission du nom de l'un des demandeurs e péremption dans l'acte de signification, ne le vicie pas, si c nom se trouve avec celui de toutes les autres parties en tête d la requête. Montpellier, 17 janv. 1831, D. 31, 132.

84. Il n'est pas nécessaire que cette requête soit répondue pa

le juge. Lyon, 25 mars 1829. Cass. 14 fév. 1831, D. 29, 171, 31, 56. — *Contrà*, Riom, 17 avr. 1826, D. 27, 198.

85. Il est inutile de la notifier directement à la partie. Paris, 8 avr. 1809, D. *ibid.* 199.

86. Et elle est valablement signifiée au nom de toutes les parties qui figuraient dans l'instance primitive, quoique l'une d'elles soit décédée, si le décès n'a pas encore été dénoncé : la demande en péremption d'instance ne constitue pas une instance principale. Montpellier, 17 déc. 1829, P. 1830, 2, 200.

87. Toutefois, la C. de Caen, 12 mars 1824, D. 2, 973, a jugé qu'après le décès de l'une des parties, la demande en péremption formée par un des héritiers du défunt, tant pour lui que pour ses cohéritiers, sans indication, soit des noms, soit des qualités, soit du nombre des cohéritiers, n'est point valable, et doit être rejetée, même à l'égard de celui qui a agi personnellement. — V. d'ailleurs *inf.* n° 92.

88. L'irrégularité ou la nullité de la signification de la requête ou de la requête même, doit être proposée avant toute autre défense ou exception sur la demande en péremption. Nîmes, 16 août 1819, P. 15, 496. — V. *Exception.*

89. La demande a lieu par exploit signifié à personne ou à domicile : — 1° Lorsque l'avoué de la partie contre laquelle on demande la péremption est décédé, interdit ou suspendu depuis le moment où la péremption a été acquise. C. pr. 400 ; Orléans, 27 mai 1808 ; Cass. 19 août 1816, D. 2, 973, 16, 561. — Le décès des parties qui n'est pas dénoncé, n'est pas compris dans cette exception. Arg. C. pr. 344 ; Nîmes, 2 fév. 1825 ; Montpellier, 17 janv. 1831 ; Paris, 25 août 1832, D. 15, 201, 31, 132, 33, 83.

2° Lorsque l'on connaît le décès de l'une des parties : elle est alors formée par action principale contre les héritiers de la partie décédée, et non par acte d'avoué à avoué. Arg. Nîmes, 26 avr. 1815 ; Lyon, 16 mai 1817 ;

3° En matière de commerce. — V. *sup.* n° 18 ;

4° En matière d'enregistrement, lorsque le ministère des avoués n'est pas nécessaire. Merlin, *Rép.*, t. 17, p. 338 ; — à moins que les parties n'aient pas profité de la dispense. Merlin, *ib.* — *Contrà*, Bruxelles, 17 oct. 1822 (D. *hoc verbo*, p. 201, n° 6).

90. Si le défendeur est décédé, ses héritiers peuvent demander la péremption sans être tenus de reprendre préalablement l'instance ; car la reprise d'instance couvrirait la péremption. Rouen, 20 mai 1826 ; Metz, 24 fév. 1826 ; Montpellier, 17 janv. 1831 ; Bordeaux, 22 août 1833 ; Cass. 3 fév. 1835, 19 janv. 1837, S. 26, 318 ; 28, 89, 31, 271 ; 34, 174, 35, 624 ; 37, 120. — *Contrà*, Bordeaux, 12 mai 1824, S. 24, 276.

91. Le but de la péremption est d'éteindre les procès, et il ne saurait être atteint que dans les cas où l'instance peut être anéantie en entier.

Aussi la péremption d'instance a-t-elle été considérée comme indivisible. Cass. 8 juin 1813, P. 11, 444; Amiens, 29 juin 1826, D. 29, 121; Cass. 13 juill. 1830, S. 31, 55; Carré, n° 1427; Berriat, 357; Thomine, n° 446, — lors même que l'objet de l'instance principale est divisible. *Mêmes autorités.* — *Contrà*, Pigeau, *Comm.* 1, 677.

92. Conséquemment la demande en péremption régulièrement formée par l'un des défendeurs au principal produit l'extinction de l'instance au profit de tous. Thomine, n° 446. *Contrà*, Riom, 1 juill. 1825, S. 27 30. — Notre système a l'inconvénient de contraindre les autres défendeurs au principal à voir s'éteindre contre leur gré l'instance engagée; mais, d'un autre côté, si l'on exigeait, comme l'a fait la C. de Riom, une demande simultanée de tous les défendeurs, on livrerait les intérêts de ces défendeurs à la merci d'un seul d'entre eux. Armand Dalloz, *hoc verbo*, n° 275.

93. Spécialement, la demande en péremption formée par le mari, tant en son nom personnel qu'en celui de sa femme, mais après le décès de cette dernière, d'une instance (relative aux biens *dotaux* dont l'usufruit appartenait au mari), introduite contre eux, profite aux héritiers de la femme. Cass. 5 mai 1822, P. 17, 321.

94. Lorsqu'une demande en péremption a été formée au nom de tous les cointéressés, l'un d'eux ne peut, par un désistement postérieur, priver ses consorts du droit qui leur est acquis. Grenoble, 14 fév. 1822, P. 17, 132.

95. L'appel de l'une des parties contre un jugement qui repoussait une demande en péremption a été déclaré profiter aux parties qui n'avaient pas appelé. Cass. 13 juill. 1830, S. 31, 55. — Dans l'espèce, ces derniers avaient déclaré adhérer à l'appel.

96. Une requête en péremption signée pour cinq intimés *solidaires* par l'avoué constitué par trois intimés seulement, est valable alors surtout que les parties qui n'ont pas constitué d'avoué adhèrent par acte formel à la requête en péremption. Nîmes, 23 mai 1832, D. 32, 208.

97. Mais la péremption requise contre un seul des demandeurs doit être rejetée à l'égard de tous. En effet, l'instance étant indivisible, il y a évidemment nécessité de la déclarer éteinte vis-à-vis de toutes les parties, ou de rejeter la péremption au profit de chacune d'elles : or, dans cette alternative, la péremption, étant une fin de non-recevoir peu favorable par sa nature, ne saurait être accueillie contre ceux à l'égard desquels elle n'est pas formellement demandée, et par suite nous paraît devoir être repoussée à l'égard de tous. C'est au défendeur à s'imputer de n'avoir pas dirigé son action en péremption contre tous les demandeurs originaires. Limoges, 21 fév. 1821, D. *ib.*, 207, nº 11; Bordeaux, 11 août 1828, S. 29, 261; Riom, 27 mai 1830, D. 34, 46.

98. La demande en péremption n'est pas recevable, lorsqu'elle n'est pas dirigée contre toutes les branches de la contestation; elle est sans effet même à l'égard du chef du litige contre lequel elle a été dirigée. Peu importe que l'objet du procès soit divisible. Bordeaux, 22 fév. 1834, S. 34, 395; — ou même qu'il existe entre des parties différentes s'il y a eu jonction. Limoges, 21 fév. 1821, S. 21, 165. — *Contrà*, Nanci, 20 avril 1825, S. 26, 203.

99. Du principe que la péremption est indivisible, il résulte encore que les changemens d'état (Liége, 27 déc. 1811, D. *ib.* 205, nº 7); la prorogation des délais (V. *sup.* nº 39); les actes formant interruption (C. *sup.* Bruxelles, 19 août 1814, D. *hoc verbo*, p. 205; Toulouse, 4 fév. 1825, D. 25, 203; Bordeaux, 22 août 1833, S. 34, 173. — V. toutefois Cass. 9 juill. 1828, D. 28, 321); les nullités (Cass. 8 juin 1813; Metz, 26 avril 1820; Poitiers, 15 nov. 1822, D. *hoc verbo*, 207, nº 10; Lyon, 13 janv. 1825, D. 25, 202); profitables à une partie, profitent à tous ses co-intéressés.

Spécialement lorsqu'un arrêt a déclaré périmée une instance d'appel, et ordonné l'exécution de la décision des premiers juges, la rétractation de cet arrêt, faite au profit d'une partie qui a formé tierce opposition, profite également à la partie contre laquelle la péremption avait été prononcée. Amiens, 29 juin 1826, D. 29, 121.—*Contrà*, Besançon, 12 juill. 1828, S. 29, 144.

100. Nous supposons que l'objet de l'instance est identique entre toutes les parties en cause; — ou que la jonction a été prononcée. — V. *sup.* nº27.

Il en serait autrement si les instances avaient été disjointes. Poitiers, 8 juill. 1828, D. 29, 74.

101. On ne peut demander la péremption de l'appel incident si l'appel principal n'est totalement évacué. C. *sup.* Bruxelles, 26 fév. 1824, D. *hoc verbo*, 192, nº 9.

102. La demande en péremption, quoique incidente, forme une instance nouvelle et distincte de l'instance préexistante.

La péremption de cette nouvelle instance ne saurait amener celle de l'instance primitive, et l'on peut conclure à ce que cette dernière soit continuée sur ses derniers erremens. Montpellier, 30 déc. 1828, P. 1830, 1, 117. — Les actes faits postérieurement à une demande en péremption irrégulièrement introduite couvrent la péremption. Paris, 11 fév. 1811, D. *hoc verbo*, 191, n° 2.

103. Lorsque plusieurs demandes en péremption ont été successivement formées, on n'est pas tenu de faire juger les premières avant de faire statuer sur la dernière. Lyon, 2 mars 1830, D. 31, 114.

§ 6. — *Effets de la péremption.*

104. La péremption d'une instance entraîne l'extinction de tous les actes de cette instance.

105. Spécialement, la péremption de la demande en reprise d'instance entraîne celle de l'instance principale. Nîmes, 16 août 1819, P. 15, 496.

106. La péremption éteint non-seulement la procédure, mais même les preuves acquises par la procédure éteinte. Arg. C. pr. 401.

Conséquemment les enquêtes, les rapports d'experts, les aveux même des parties, sont entièrement anéantis, soit comme actes de procédure, soit comme opérant une preuve quelconque. Pigeau, 1, 542.

107. Il en est de même des jugemens non définitifs.

Ainsi décidé à l'égard des jugemens préparatoires ou interlocutoires; spécialement d'un jugement qui ordonne une expertise. Rouen, 6 mai 1813, P. 11, 349; Cass. 14 déc. 1813, P. 11, 835. Grenoble, 13 janv. 1817, P. 14, 25. Motifs, Montpellier, 9 mai 1825, D. 25, 254. Carré, n° 1421; Merlin, *R.*, t. 17, p. 306; Berriat, 357, n° 12. — Lors même que ce jugement a été exécuté. Besançon, 20 août 1825, D. 2, 968, — ou acquiescé, notamment par le concours de la partie à la nomination de l'expert. Bourges, 26 juin 1811, P. 9, 413.

Conséquemment s'il s'est écoulé trois années depuis qu'un jugement préparatoire ou interlocutoire a été rendu sans nouvel acte de procédure, la péremption de l'instance peut être demandée, et par suite ce jugement est réputé non avenu. *Mêmes autorités.*

108. Mais il en est autrement, — 1° des jugemens définitifs, alors même qu'ils seraient par défaut (s'ils sont contre avoué), et encore bien qu'ils n'aient été ni levés ni *signifiés* : ils terminent l'instance tant qu'ils ne sont pas attaqués, et ne se prescrivent que par trente ans. Arg. C. civ. 2262. Bordeaux, 4 fév. 1830, D. 30, 230; Cass. 19 avril 1830, 2 juin 1834, D. 30, 210; 34, 361. Merlin, *R.*, 17, 315; Berriat, 357, note 12, p. 11, 484. — *Contrà*, Pigeau, 2, 538. — Paris, 22 juin 1813, P. 11, 484, n'est pas contraire. Il s'agissait d'un jugement par défaut faute de comparaître. Lyon, 6 août 1824, S. 26, 319, paraît avoir été rendu dans une espèce semblable.

109. 2° Des jugemens qui prononcent définitivement sur une demande incidente et séparée de l'objet de l'instance principal — Spécialement d'un jugement qui statue sur une demande en provision. Lyon, 7 déc. 1821, S. 25, 309; Montpellier, 9 mai 1825, D. 25, 254; Carré, n° 1451.

Mais lorsqu'il n'y a pas eu jugement sur la demande incidente formée par le défendeur contre le demandeur, cette demande ne tombe en péremption qu'avec la demande principale : ces instances sont indivisibles, à tel point que le demandeur ne pourrait pas couvrir la péremption sur la demande principale, et la faire prononcer sur les demandes incidentes de ses adversaires. Dalloz, 11, 187, n° 8.

110. 3° Des jugemens renfermant des dispositions définitives et des dispositions interlocutoires : ils ne peuvent être scindés, et la disposition définitive conserve l'instance. Toulouse, 22 fév. 1825, D. 25, 201. — Spécialement d'un jugement ordonnant l'estimation des biens à partager : il est définitif en ce sens qu'il reconnaît bien fondée la demande en partage. Nîmes, 5 janv. 1825; Grenoble, 7 mars 1828, S. 25, 135, 28, 350. — Du jugement qui renvoie les parties devant des juges arbitres en raison d'une société. Bastia, 26 fév. 1834, D. 34, 109.

111. Mais pour que le jugement qui contient des chefs définitifs empêche la péremption, il faut que ces chefs définitifs touchent au fond du procès, et conservent un droit inconciliable avec la décision qui déclarerait l'instance périmée. Ainsi un jugement qui rejette une fin de non recevoir n'a pas l'effet d'empêcher le cours de la péremption. Nîmes, 22 mai 1826, S. 27, 24.

112. La péremption de l'instance *sur opposition à un jugement par défaut* emporte la péremption de ce jugement et de l'instance *sur laquelle il a été rendu;* l'opposition formée à un jugement rendu par défaut ne forme pas une instance séparée de celle sur laquelle ce jugement est intervenu, elle en est la suite immédiate. Ordon. 1563, art. 15; Cass. 23 oct. 1810, P. 8, 622; 27 avr. 1825, D. 25, 323; Carré, n° 1422.

Mais la péremption d'un jugement par défaut, pour défaut d'exécution dans les six mois, n'entraîne pas celle de l'instance liée par l'assignation, s'il ne s'est écoulé trois ans depuis la cessation des poursuites. Grenoble, 2 fév. 1813, P. 11, 96. — V. *Jugement par défaut*, n° 231 et 232.

113. L'extinction des actes de la procédure a lieu à l'égard de toutes les parties : l'art. 401 ne distingue ni la personne qui l'oppose, ni la personne à qui on l'oppose. Pigeau, 1, 542.

114. En cas de péremption, le demandeur principal est condamné à tous les frais de la procédure périmée. C. pr. 401; — pourvu toutefois qu'ils soient légitimes; les frais frustratoires ne peuvent, dans aucun cas, être mis à sa charge. Pigeau, *Com.* 1, 684.

115. Il perd les intérêts qui lui étaient dus par suite de sa demande. Pothier, *Procédure*, ch. 4, sect. 4, § 4 ; Carré, n° 1450; — ou par suite de la citation en conciliation : cette citation ne fait courir les intérêts qu'autant que la demande a été formée dans le mois : or, la demande périmée est réputée non avenue. Pigeau, 1, 541 ; Carré, *ib.* — Il en serait autrement si la dette avait été reconnue avec stipulation d'intérêts dans le procès-verbal de conciliation.

116. La prescription de l'action continue comme si elle n'eût pas été interrompue. C. civ. 2247.

117. L'avoué qui a laissé périmer l'instance doit être condamné à remettre les titres et pièces qu'il a en son pouvoir, quand même il ne serait pas remboursé de ses avances. C. pr. 1031 ; Rennes, 24 juill. 1810, P. 8, 484. — V. d'ailleurs *Avoué*, n° 169.

118. Au surplus, le jugement qui accorde la péremption n'éteint pas l'*action* qui peut être intentée de nouveau. C. pr. 401, — sans qu'il soit besoin d'un second *préliminaire de conciliation*. — V. ce mot, n° 8.

119. Toutefois, en cause d'appel, la péremption a l'effet de donner au jugement dont est appel la force de chose jugée. C. pr. 469.

120. A moins que ce jugement ne soit attaquable par une autre voie que l'appel : — ainsi jugé à l'égard d'une décision arbitrale. — V. *Arbitrage*, n° 490 ; — ou qu'il ne s'agisse de l'appel d'un jugement purement interlocutoire : le droit est encore en suspens ; l'intimé a dû agir aussi bien que l'appelant ; la péremption court donc dans ce cas contre les deux parties. D'Aguesseau, t. 5, p. 188 ; Merlin, t. 17, p. 242, n° 2.

121. La péremption d'instance sur l'appel n'est pas couverte par un acte extrajudiciaire qui a pour objet l'exécution du jugement de 1re inst. Carré, n° 1687. — V. *sup.* n° 67.

§ 7. — *Formules.*

Requête pour demander la péremption.

(C. pr. 400. — Tarif, 75. — Coût, 2 fr. orig. par rôle, il ne peut y en avoir plus de 6 ; le quart pour la copie.)

A MM. les président et juges composant la chambre du tribunal de

Le sieur , défendeur au principal, demandeur aux fins des présentes, ayant pour avoué Me

Contre le sieur , demandeur au principal et défendeur aux fins des présentes, ayant pour avoué Me

Plaise au tribunal,

Attendu que depuis la requête du sieur , en date du , il n'a été signifié par les parties aucun acte de procédure sur la demande tendante à formée à la requête dudit sieur , contre le requérant, par exploit de , huissier, en date du

Attendu, en conséquence, qu'il y a sur cette demande, cessation de poursuites depuis plus de trois ans,

Déclarer périmée, ladite instance, ensemble toute la procédure qui s'en est suivie depuis cette époque, et condamner le sieur en tous les dépens, tant de la procédure périmée que de la demande en péremption ; desquels dépens il sera fait distraction au profit de Me qui la requiert, comme les ayant frayés et déboursés, ainsi qu'il offre, et est prêt de l'affirmer ; et vous ferez justice.

(*Signature de l'avoué.*)

NOTA. S'il n'y a plus avoué en cause, la demande en péremption se forme par exploit d'ajournement. Les conclusions sont au surplus les mêmes.

— V. *Reprise d'instance.*

PÉREMPTOIRE (EXCEPTION). — V. *Exception*, n° 4 et suiv.

PÉRIL EN LA DEMEURE. —V. *Urgence.*

PERQUISITION (ACTE DE). Acte fait pour découvrir le vrai domicile de celui à qui un exploit est signifié. — V. *Effet de commerce*, n° 82 ; *Emprisonnement*, n° 221.

PERSONNE (AGIR EN). — V. *Mandat.*

PERSONNE (CIVILE). Être moral qui, à raison de ses droits actifs ou passifs, a une existence civile. Tels sont les *établissemens publics*, les *sociétés*. — V. ces mots et *Exploit*, n° 209.

PERSONNE INTERPOSÉE. — V. *Litigieux (droits)*, n° 15 ; *Vente.*

PERSONNELS (DROITS). Droits exclusivement attachés à la personne.

1. Le créancier peut exercer tous les droits et actions de son débiteur (— V. *Créancier*), à l'exception de ceux exclusivement attachés à la personne. C. civ. 1166.

2. Mais à quels caractères les reconnaître ? — Ce sont ceux qui sont déclarés par la loi incessibles ou insaisissables (C. civ. 631, 634 ; C. pr. 581, 582. — V. *inf.* n° 3-1° et 2°, et *Saisie.*) ; — ou qui, par leur nature, dépendent entièrement du libre exercice de la volonté (— V. *inf.* n° 3-3°, 4°) ; — ou qui enfin n'ont pas pour objet principal un intérêt pécuniaire, mais bien un intérêt moral. — V. *inf.* n° 4-1°.

3. Certains droits personnels sont restreints à la personne, et s'éteignent avec elle sans passer à ses héritiers : tels sont,

1° Les droits d'usufruit, d'usage et d'habitation.

2° Le droit de demander des alimens.

3° Celui d'accepter une donation entre vifs. Toullier, 5, n° 211, t. 6, n° 375.

4° La faculté de demander la *séparation de biens*, C. civ. 1446. — V. ce mot, et toutefois *inf.* n° 5-5° et 6°.

5° Les droits qui se rattachent à quelques fonctions publiques ; ni l'héritier, ni le créancier d'un juge, d'un notaire, d'un avoué, ne peuvent, sous aucun prétexte, s'immiscer dans l'administration de la charge du titulaire. Proudhon, *Usufruit*, n° 2342. — V. d'ailleurs, *Office*, n° 35.

4. D'autres droits sont encore personnels, quoiqu'ils passent aux héritiers, en ce sens qu'ils ne peuvent être exercés par les créanciers. Tels sont : 1° l'action en réclamation d'état : si des droits pécuniaires peuvent être attachés à cette action, elle ne les comprend que comme conséquence, et son seul objet direct est l'état qui n'intéresse que la personne. Duranton, 10, n° 563. — *Contrà*. Toullier, 6, n° 372 ; d'Aguesseau, 6° *Plaidoyer*, t. 2, p. 3.

2° L'action en désaveu de paternité. C. civ. 316, 317.

3° Les demandes en nullité de mariage. C. civ. 139, 180, 182, 187.

4° La faculté d'exercer le retrait successoral : le cohéritier est préféré au cessionnaire par des motifs tout personnels, pour empêcher les tiers d'intervenir dans les affaires de la famille ; ses créanciers ne peuvent donc avoir la même faveur. Toullier, 6, n° 375 ; Proudhon, *Usufruit*, n° 2345.

5° L'action civile contre l'auteur d'un délit commis envers la personne, telle qu'une injure ou une voie de fait : si la fortune de l'offensé a pu souffrir quelque atteinte d'un tel délit, ce n'est qu'indirectement et d'une manière détournée ; et, en n'agissant pas, il est censé remettre l'injure qui lui a été faite (Duranton, 10, n° 572). — Il en serait autrement, s'il s'agissait d'un délit contre la propriété : par exemple, d'un vol ou d'un incendie ; les créanciers, intéressés à la conservation des biens, pourraient demander eux-mêmes les dommages-intérêts dus à leur débiteur, et qui sont la représentation de leur gage. Duranton, *ib*. — V. *Partie civile*, n° 17 et suiv.

6° L'action en révocation d'une donation pour cause d'ingratitude du donataire. Le donateur ou ses héritiers sont seuls juges de cette ingratitude, et peuvent la pardonner par leur silence. Duranton, 10, n° 559. — V. toutefois *inf*. n° 5-3°.

7° Le droit de faire déclarer l'*absence* (— V. ce mot, n° 25). — Autrement le but de la loi serait manqué : la succession, quoique non échue, serait partagée, et les biens de l'absent morcelés. Metz, 7 août 1823, S. 26, 99.

5. Au contraire, ne sont pas exclusivement attachés à la personne, et peuvent être exercés par les créanciers : 1° certains droits d'usage qui tiennent de la nature des droits réels, tels que les droits de pacage, de pâturage, affouage, etc., accordés aux habitans d'une commune, d'un village, d'un hameau, et proportionnés à l'étendue, et à la valeur des terres que chacun possède. Ces droits sont transmissibles avec les héritages. Quelques-uns le sont même séparément.

2° Le droit d'exiger le rapport dû par les cohéritiers du débiteur.

3° L'action en révocation de la donation faite par le débiteur pour inexécution des conditions. — En cas de survenance d'enfans, cette résolution ayant lieu de plein droit, les créanciers peuvent directement faire saisir et vendre *sur leur débiteur* les biens formant l'objet de la donation (Duranton, 10, n° 559). — Si le donateur mourait après avoir formé sa demande en révocation de la donation pour cause d'ingratitude, ses créanciers pourraient continuer cette action, parce qu'elle ferait dès-lors partie des biens de leur débiteur. Duranton, *ib.*

4° L'action en nullité d'un testament, qui préjudicie au débiteur, Paris, 24 mess. an 12, S. 4, 167; — ou d'une vente faite par un mandataire sans pouvoirs suffisans. Cass. 3 août 1819, S. 19, 359; — ou d'une hypothèque consentie par un mineur. Nancy, 1er mai 1812, S. 13, 50.

5° Le droit des créanciers de la femme, au cas de faillite ou de déconfiture du mari, d'exercer les droits de cette dernière jusqu'à concurrence du montant de leurs créances (C. civ. 1446); — et, dans tous les cas, le droit de demander la séparation de biens avec le consentement de la femme. *Ib.*

6° Le droit des créanciers du mari d'intervenir, dans l'instance, sur la demande en séparation de biens pour la contester, ou d'attaquer la séparation de biens prononcée et même exécutée en fraude de leurs droits. — V. *Séparation de biens.*

7° La faculté d'accepter, avec l'autorisation de justice, la succession ou la communauté répudiée par le débiteur au préjudice de ses créanciers (C. civ. 788, 1464). — Le mari, sur le refus de sa femme, peut accepter la succession qui lui est échue, s'il y est personnellement intéressé : par exemple, si le mobilier doit tomber en communauté, s'il a, en sa qualité de mari, des droits quelconques à exercer sur les biens à provenir de la succession : autrement la femme aliénerait ses droits sans autorisation (Arg. C. civ. 217, 219; Furgole, *Test.* chap. 10, sect. 1, n° 36, Toullier, 4, n° 318). — Il n'a même pas besoin, dans ce cas, de se faire autoriser par justice. Duranton, 6, n° 425.

8° Le droit de requérir inscription au nom du débiteur négligent, S. 5, 2, 200.

9° La péremption d'un jugement par défaut non exécuté dans les six mois, peut être proposée par le tiers détenteur poursuivi en vertu de ce jugement. Liége, 16 juin 1824, S. 25, 69.

6. Il en est de même de l'action en nullité pour défaut d'autorisation maritale (— V. *Femme mariée*, n° 169), ou pour minorité (Bastia, 26 mai 1834, S. 35, 27. — *Contrà*, Paris,

10 janv. 1835, art. 168 J. Pr.), ou pour erreur, dol, violence ou lésion. Merlin, *Qu. dr.* v° *Hypoth.* § 4, n° 4; Grenier, *Hypoth.* n° 44; — *Contrà*, Turin, 30 nov. 1811; Paris, 15 déc. 1830, S. 31, 83.

7. Le droit des officiers publics à l'*exécutoire délivré par le juge de paix* (— V. ce mot) passe suivant le *Journal des notaires* (art. 4245) à leurs ayant-cause, attendu la nature de la créance, peu importe, dit-on, que le remboursement de droits d'enregistrement soit réclamé par le notaire ou ses héritiers. — Toutefois l'on pourrait exiger que la déclaration de ce qui lui reste dû émanât du titulaire lui-même; ses représentans n'inspirent pas la même confiance.

8. Quant au droit d'interjeter *Appel*, — V. ce mot, n° 71 et suiv.

9. Les créanciers ne peuvent exercer les droits de leur débiteur que de la même manière et aux mêmes conditions que celui ci, puisqu'ils n'agissent point en vertu d'un droit qui leur soit propre, mais en qualité d'ayant-cause. Conséquemment, les contre-lettres souscrites par le débiteur leur sont opposables, d'après le principe que les actes sous seing-privé font foi entre les parties et les ayant-cause. Grenoble 30 nov. 1829, S. 30, 131.

10. Comment les créanciers doivent-ils se faire subroger dans les droits de leur débiteur. — V. *Subrogation judiciaire*.

PERSONNELLE (ACTION). — V. *Action*, n°s 27 et suiv.

PERSONNELLE (CONDAMNATION). — V. *Dépens*, n° 87.

PERTINENT (FAIT). — V. *Enquête*, n° 8.

PERTE D'ACTES ET DE TITRES. — V. *Décharges de pièces*, *Jugement*, n° 217 à 220; *Responsabilité*.

PÉTITION. Réclamation ou demande.

1. Les pétitions et mémoires, même en forme de lettres, présentés aux ministres, à toutes autorités constituées, aux administrations ou établissemens publics, sont assujettis au *timbre*. L. 13 brum. an 7, art. 12; — à peine d'une amende de 5 fr., outre le paiement des droits de *timbre*. *Ib.* art. 26; L. 16 juin 1824, art. 10.

2. Il est défendu aux administrations publiques de rendre aucun arrêté ou décision sur une pétition ou mémoire non écrit sur papier timbré. L. 13 brum. an 7, art. 24.

3. On peut employer pour les pétitions toute espèce de papier timbré.

4. Dans aucun cas, le droit de timbre des pétitions n'est susceptible d'être remboursé aux pétitionnaires, lors même que la réclamation aurait pour objet une réduction ou décharge d'impôt, ou la restitution d'un droit fiscal indûment perçu.

Déc. min. fin. 25 juill., 9 nov. et 21 déc. 1821; Inst. rég., 24 sept. 1829, n° 1291.

5. Lorsque la pétition est rédigée en double, on ne peut exiger que chaque double soit transcrit sur papier timbré; il suffit que l'un d'eux soit revêtu de cette formalité. Circ. rég. 2 prair. an 7, n° 1566.

6. Toutefois sont dispensées du timbre les pétitions en décharge ou réduction de cotisations, soit en contribution personnelle et mobilière, soit en portes et fenêtres ayant pour objet une cote moindre de 30 fr. L. 21 avril 1832, art. 28.

7. Pour d'autres cas de dispense, — V. L. 13 brum. an 7, art. 16; — Déc. min. fin. 31 mai 1808; Inst. rég. 7 juill. 1808, n° 387; 24 sept. 1809, n° 1291; — Déc. min. fin. 13 août 1819; — Ord. 1er mai 1825, art. 61; — Déc. min. fin. 13 mai 1825; — Inst. rég. 24 sept. 1829, n° 1291; — L. 2 mars 1827, art. 4, et *Timbre*.

PÉTITION D'HÉRÉDITÉ. Réclamation d'une *succession*. — V. ce mot et *Absence*.

PÉTITION (PLUS). — V. *Plus pétition*.

PÉTITOIRE. — V. *Action possessoire*, n° 2 et suiv.

PHARMACIE. — V. *Saisie-exécution*.

PIÈCES. Nom générique de tous les titres, actes, papiers, et documens produits à l'appui d'une demande, d'un droit, d'une exception, ou d'un dire quelconque. — V. *Ajournement*, n° 82 et suiv.; *Copie de pièces*.

PIÈCES (COMMUNICATION DE). — V. *Exception*, n° 120 et suiv.

PLACARD. Affiche indicative des biens à vendre judiciairement. — V. *Affiches*, *Saisies*, *Vente*.

PLACE DE COMMERCE. — V. *Acte de commerce*, 136.

PLACET, *ou* RÉQUISITION D'AUDIENCE. Conclusions déposées sur le bureau du trib. pour faire appeler la cause à l'audience.

1. Le placet peut et doit être rédigé sur papier libre, il en est de même des conclusions du défendeur : ce placet, ou ces conclusions, sont prescrits, non pour servir à la cause, ou dans l'intérêt des parties, mais pour l'ordre intérieur des trib. On peut les considérer comme de simples notes quoique signées des avoués. Déc. min. fin. 15 juill. 1825, qui abroge les instructions précédentes, et détruit les inductions qu'on aurait dû tirer d'un arrêt d'admission du 24 août 1820, ainsi qu'il résulte d'une autre déc. min. fin. du 30 nov. 1830. Trouillet, v° *Conclusions*.

2. Mais les consultations des *avocats* (— V. ce mot, n° 164 à 169) sont sujettes au timbre. Cass. 19 nov. 1839 (Art. 1591 J. Pr.)

3. En marge du placet, on indique — la *nature* de l'affaire,

si elle est ordinaire ou sommaire.—L'*objet* de la demande, par exemple la *demande* à fin de condamnation d'une somme de 3,000 fr., montant d'une *obligation* ou d'un *billet*, — demande à fin de résolution de vente ou de bail, etc. — A Paris, on énonce la *chambre* à laquelle l'affaire a été distribuée, le numéro du rôle.—V. *inf.* la formule.

4. Le placet peut être présenté par le défendeur pour faire déclarer le demandeur non-recevable. Si l'avoué du demandeur ne se présente pas, ne pose aucunes conclusions, il peut être pris défaut.—V. *Jugement par défaut*, n°s 16 et 65.

5. Dans tous les cas, celui qui veut faire appeler la cause doit donner préalablement avenir pour le jour où il dépose le placet sur le bureau du tribunal.—V. *Audience*, n° 9, 14 à 22.

FORMULE.

Réquisition d'audience.

Coût, — à Paris, on passe en taxe. { Matière ordinaire, 3 fr. ; en province, 1 fr. . . . sommaire, 2 fr. ; id. 1 fr.

Affaire ordinaire. (ou sommaire.)	Pour le sieur demeurant à , *demandeur*.	{ Me Giraut, avoué. Me Martin, avocat.
Demande afin de résolution de vente.	Contre le sieur demeurant à défendeur.	{ Me Rivain, avoué. Me Lauras, avocat. (*S'il n'y a pas d'avoué constitué.*) (*défaillant.*)
Distribuée à la chambre	Il plaise au tribunal, Attendu (*Copier les conclusions de la demande.*) Condamner le défendeur aux dépens, dont distraction est requise au profit de Me , qui affirme les avoir avancés de ses deniers.	
Remises de la cause. du. . . . à 15e du. . . à 8e		(*Signature de l'avoué.*)

NOTA. Les mentions en marge sont faites par le greffier, ainsi que l'indication des noms des avocats.

PLACITÉS. Se disait autrefois de règlemens émanés du parlement de Rouen.

PLAIDER PAR PROCUREUR.—V. *Exploit*, n° 52.

PLAIDOIRIES. Défense verbale d'une partie. A l'audience, les plaidoiries du ministère public s'appellent spécialement *réquisitoires* ou *conclusions*.

Plaidoirie se prend aussi, à l'égard des parties, dans le sens de conclusions ; ainsi l'on dit que la *plaidoirie est commencée*, lorsque les conclusions ont été contradictoirement prises à l'audience. —V. *État* (*affaire en*).

— V. *Avocat*, n°s 34 à 42 ; *Avoué*, n°s 37 à 46 ; *Jugement*, n° 4 ; *Ministère public*, n° 116 et suiv.

PLAIDOYER (CHAMBRE DU). Grand'chambre du parlement.

PLAIDS. Se disait autrefois de certaines assemblées de justice ; d'où vient l'expression *tenir les plaids*.

PLAINTE. — V. *Discipline*, *Partie civile*.

PLANTATION DE BORNES. — V. *Bornage*.

PLUMITIF. Papier original et primitif sur lequel on écrit les sommaires des arrêts et des sentences qui se donnent à l'audience, et des délibérations d'une compagnie. — V. *Jugement*, n° 315.

PLURALITÉ DES DROITS D'ENREGISTREMENT. — 1. Il est dû un droit pour chaque demandeur ou défendeur en quelque nombre qu'ils soient dans le même acte ; — excepté les copropriétaires et cohéritiers, les parens réunis, les cointéressés, les débiteurs ou créanciers, associés ou solidaires, les séquestres, les experts et les témoins, qui ne sont comptés que pour une seule et même personne, soit en demandant, soit en défendant dans le même original d'acte, lorsque leurs qualités y sont exprimées. L. 22 frim. an 7, art. 68, § 1, n° 30; L. 27 vent. an 9, art. 13.

2. Ainsi, il est dû autant de droits qu'il y a de demandeurs non solidaires contre une seule personne ou contre plusieurs personnes solidaires, et *vice versâ* s'il s'agit de plusieurs demandeurs et de différens défendeurs, on doit exiger autant de droits qu'il se trouve de demandeurs, et relativement au nombre des parties contre lesquelles chacun poursuit; — soient quatre demandeurs et trois défendeurs, chaque demandeur ayant un intérêt distinct et personnel contre chaque défendeur, il est dû douze droits. Déc. min. des fin. et just. des 31 juill. et 16 août 1808 (Inst. 400, § 5); Trouillet, v° *Exploit*, n° 44.

3. De même l'exploit d'appel signifié à quatre individus, à la requête de quatre demandeurs, donne lieu à la perception de seize droits. Délib. 22 sept. 1829.

4. Il est dû sur les significations d'avoué à avoué autant de droits qu'il y a d'avoués demandeurs ou défendeurs, mais sans égard pour le nombre de leurs clients : relativement à ces actes, les avoués sont les véritables parties.

5. La signification d'un jugement intervenu sur des contestations en matière d'ordre faite par le même exploit, à la requête d'un avoué et de son client, à cinq autres avoués et à leurs clients, a été déclarée passible de cinq droits de 50 cent., et d'autant de droits de 2 fr. Délib. 19 fév. 1830.

6. Mais n'est soumis qu'à un seul droit : 1° l'exploit par lequel vingt-neuf individus *propriétaires par indivis* et par portions inégales de terrains en pâturage, font déclarer à deux autres individus propriétaires également par indivis d'autres portions des mêmes terrains, qu'ils aient à nommer des experts pour opérer à l'amiable les partages et divisions de la propriété particulière de chacun d'eux. Délib. 13 sept. 1823.

7. 2° L'acte concernant plusieurs co-intéressés : — spécialement l'acte par lequel plusieurs créanciers poursuivent en commun l'expropriation de leur débiteur. Délib. 26 sept 1828.

— Celui par lequel onze créanciers d'une succession assignent cinq créanciers personnels des héritiers pour voir ordonner la séparation des patrimoines. Cass. 2 juin 1832. — Celui par lequel plusieurs membres d'une société d'assurance mutuelle font signifier leur renonciation. Délib. 12 juin 1827. — Le pourvoi au conseil d'état exercé par plusieurs électeurs municipaux contre l'arrêté du préfet qui approuve certaines élections et en annule d'autres. Solution du 24 janv. 1832. — La signification faite à la femme mariée ou au subrogé tuteur et au procureur du roi par l'acquéreur qui veut purger. Solution du 6 juin 1831.

8. 3° L'acte concernant des débiteurs ou des créanciers solidaires : — spécialement, l'acte par lequel des acquéreurs solidaires se réunissent pour faire des offres réelles aux créanciers inscrits, bien qu'ils aient partagé l'immeuble acheté en commun. Solut. 19 mars 1832 — L'exploit portant signification de billet et protêt avec assignation au trib. de commerce, en quelque nombre que soient les endosseurs. Délib. 28 janv. 1817.

9. Toutefois il est dû un droit *pour chaque délinquant* sur l'exploit d'assignation, bien que les poursuites soient dirigées collectivement contre tous les complices d'un même délit. Déc. min. fin. 19 avr. 1814; Délib. 3 nov. 1829.

10. Il est dû deux droits pour la notification d'une cédule à deux experts, au tiers expert et au défendeur, l'un pour la notification aux experts en quelque nombre qu'ils soient, et l'autre pour la signification au défendeur. Déc. min. fin. 16 brum. an 8.

— V. d'ailleurs *Purge des hypothèques inscrites*, *Saisie-Arrêt*, *Saisie-Exécution*, et *sup.* n° 1.

PLURALITÉ DE VOIX. — V. *Conseil de famille*, n° 32; *Jugement*, n° 85 et suiv.; *Partage de voix*.

PLUS-PÉTITION. Action de demander plus qu'il n'est dû.

La plus-pétition, dans notre droit, ne peut entraîner que la condamnation aux dépens, — et non la déchéance de l'action comme en droit romain. *Inst. de action*, § 33.

PLUS-VALUE. Excédant de valeur survenue à une chose. — V. *Partage*, *Utilité publique*.

POIDS ET MESURES. 1. Depuis le 1er janv. 1840, tous poids et mesures autres que les poids et mesures établis par les lois du 18 germ. an 3 et 19 frim. an 7, constitutifs du système métrique décimal sont interdits sous les peines portées par l'art. 479 C. pén. — Art. 3, L. 4 juill. 1837 (Art. 903 J. Pr.).

2. *Mesures de longueur*. Myriamètre, kilomètre, hectomètre, décamètre, mètre (*unité fondamentale* des poids et mesures, dix

millionième partie du quart du méridien terrestre), décimètre, centimètre, millimètre.

Mesures agraires. Hectare, are (cent mètres carrés, carré de dix mètres de côté), centiare.

Mesures de capacité pour les liquides et les matières sèches. Kilolitre, hectolitre, décalitre, litre (décimètre cube), décilitre.

Mesures de solidité. Décastère, stère (mètre cube), décistère.

Poids. Mille kilogrammes (poids du mètre cube d'eau et du tonneau de mer), cent kilogrammes (quintal métrique), kilogramme (mille grammes, poids dans le vide d'un décimètre cube d'eau distillée à la température de quatre degrés centigrades), hectogramme, décagramme, gramme (poids d'un centimètre cube d'eau à quatre degrés centigrades), décigramme, centigramme, milligramme.

Monnaie. Franc (cinq grammes d'argent au titre de neuf dixièmes de fin), décime, centime.

3. Ceux qui ont des poids et mesures autres que les poids et mesures ci-dessus reconnus dans leurs magasins, boutiques, ateliers ou maisons de commerce, ou halles, foires ou marchés, sont punis comme ceux qui les emploient conformément à l'art. 479 C. pén. *Même loi*, art. 4.

4. Toutefois, ces dispositions ne seront appliquées aux *monnaies* en circulation qu'en vertu d'une loi spéciale. L. 10 août 1839, tit. 1, art. 14 (Art. 1543 J. Pr.). — V. ce mot.

5. L'usage des multiples et sous-multiples des poids et mesures et instrumens de pesage et mesurage établis par la loi est autorisé. Ordonn. roy. 16 juin 1839. — V. d'ailleurs *inf.* n° 16.

6. Les contraventions sont constatées par les vérificateurs des poids et mesures. L. 4 et 8 juill. 1837, art. 7.

7. Ces agens prêtent serment devant le trib. d'arrondissement. *Même article.*

8. Ils peuvent procéder à la saisie des instrumens de pesage et de mesurage dont l'usage est interdit. *Même article.*

9. Leurs procès-verbaux font foi en justice jusqu'à preuve contraire. *Même article.*

10. Les procès-verbaux doivent être affirmés au plus tard le lendemain de leur clôture. Art. 41, ordonn. 17 avr. 1839 (Art. 1414 J. Pr.).—Et enregistrés dans les quinze jours qui suivent celui de l'affirmation. *Même ordonnance*, art. 42.

11. Ils sont visés pour timbre et enregistrés en debet. *Même article.*

12. Le montant des droits est compris dans la liquidation des frais et dépens, faite par le juge de paix dans le jugement de condamnation. Instruction de la régie (Art. 1534 J. Pr.).

13. Depuis le 1er janv. 1840, toutes dénominations de poids et mesures autres que celles portées dans le tableau annexé à la loi de 1837 et établies par la loi du 18 germ. an 3 (— V. *sup*. n° 2.) sont interdites :

1° Dans les actes publics. L. 4 juill. 1837, art. 5;

2° Dans les affiches. *ib*.;

3° Dans les annonces. *ib*.;

4° Dans les actes sous seing-privé, les registres de commerce et autres écritures privées produites en justice. *ib*.

14. Lors de la discussion de la loi du 4 juill. 1837, à la chambre des pairs, un amendement qui tendait à permettre conformément à la jurisprudence antérieure. (Cass. 12 nov. 1834, S. 34, 803), l'énonciation des mesures anciennes *à titre de renseignement et comme moyen de concordance* a été formellement rejetée.

15. Conséquemment sont abrogées : — 1° la disposition de la circulaire du ministre du commerce du 30 nov. 1832, qui tolérait les dénominations d'anciennes mesures dans les actes et écritures où se trouvaient relatées des conventions antérieures à l'établissement du nouveau système métrique ; — 2° la décision du ministre des finances du 9 déc. 1833, qui autorisait provisoirement les préposés à ne point relever comme contravention l'énonciation faite dans les actes publics, des anciennes mesures conjointement avec les nouvelles. *Inst. de la Reg*. (Art. 1534 J. Pr. p. 498.).

16. Mais les officiers publics peuvent continuer à se servir dans les actes des dénominations de multiples et sous-multiples des poids et mesures établis par la loi, tels que double décamètre, double mètre, double décimètre, double kilogramme, double hectogramme, déci-décamètre, demi-mètre, demi-hectolitre, demi-décalitre, demi-litre, demi-kilogramme, demi-hectogramme, etc. *Même inst*.—V. *sup*. n° 5.

17. Les officiers publics contrevenans sont passibles d'une amende de 20 fr., — recouvrable sur contrainte comme en matière d'enregistrement. L. 1837, art. 5.

Conséquemment, lorsque des actes publics en contravention à l'art. 5 L. 1837 sont présentés à l'enregistrement, les receveurs doivent demander le paiement immédiat de l'amende. — Et en cas de refus, décerner contre l'officier public contrevenant une contrainte dûment motivée.

18. S'il s'agit d'un exploit, d'un acte en brevet ou dont la minute ne reste point dans un dépôt public, le receveur a soin de s'en procurer préalablement une copie qui est jointe à l'appui de la contrainte.

19. Si des affiches ou annonces contiennent des dénominations illégales, les maires, adjoints et commissaires de police sont tenus de constater cette contravention et d'envoyer immédiatement leurs procès-verbaux au receveur de l'enregistrement. Les vérificateurs et tous autres agens de l'autorité publique sont tenus également de signaler au même fonctionnaire les contraventions de ce genre. Ordonn. 17 avr. 1839, art. 45.

20. Les receveurs de l'enregistrement, soit d'office, soit d'après ces dénonciations, soit sur la transmission qui leur est faite des procès-verbaux ou rapports, dirigent des poursuites contre les contrevenans. *Même article*.

21. L'amende est de 10 fr. pour les contrevenans autres que les officiers publics. L. 1837, art. 5.

22. Elle est perçue pour chaque acte ou écriture sous signature privée. *Même art.*

23. Les registres de commerce ne donnent lieu qu'à une seule amende, pour chaque contestation dans laquelle ils sont produits. *Même art.*

24. L'amende de 10 fr. n'est acquise au trésor, pour les actes ou écritures sous seing privé et les livres de commerce, que par le fait de leur production en justice. Discuss. à la Ch. des Pairs. — Les receveurs ne sont point autorisés à percevoir cette amende, par le seul fait de la présentation de ces actes à l'enregistrement. *Instr. Rég.* (Art. 1534 J. Pr., p. 499).

25. Avant de procéder à l'enregistrement de ces actes, les receveurs doivent inviter les parties à en faire disparaître les dénominations illégales, et leur faire observer qu'elles s'exposeraient, en les maintenant, à l'amende prononcée par la loi, si elles avaient ultérieurement à produire leurs conventions en justice. *Même instr.*

26. Il est défendu aux juges et arbitres, de rendre aucun jugement ou décision en faveur des particuliers, sur des actes, registres ou écrits dans lesquels les dénominations interdites auraient été insérées, avant que les amendes encourues aient été payées. L. 1837, art. 6.

POINÇONS. — V. *Saisie-Exécution*.

POINT (DE FAIT ET DE DROIT). — V. *Jugement*, nos 245 et 251.

POINTE. — V. *Discipline*, nos 65, 69.

PORTEUR. — V. *Effets de commerce*, § 3 et 6, art. 4.

PORTEUR DE CONTRAINTE. — V. *Contributions*, n° 8.

PORTIER. — V. *Exploit*, nos 115, 116, 179.

POSSESSION (ENVOI EN). — **1.** La procédure à suivre, pour obtenir l'envoi en possession, varie selon qu'il s'agit d'une succession, d'un legs, ou des biens d'un absent.

2. *Successeurs irréguliers*. Les successeurs irréguliers n'ont pas la saisine : ils sont obligés de se faire envoyer en possession par justice. C. civ. 724. — V. d'ailleurs C. civ. 769, *Inventaire*, *Scellés*.

3. Tels sont, 1° les enfans naturels appelés à recueillir la totalité des biens à défaut de parens au degré successif. C. civ. 758. — Ceux qui n'ont droit qu'à la portion héréditaire fixée par l'art. 755 C. civ., sont tenus de demander la délivrance aux héritiers légitimes.

2° Le père ou la mère et les frères et sœurs naturels. C. civ. 724, 765, 766.

3° Le conjoint survivant. *Ib.* 767.

4° L'État. *Ib.* 768.

4. L'envoi en possession est demandé (après l'expiration des délais pour faire inventaire et délibérer. Chabot, art. 772) par requête présentée au trib. de 1re inst. dans le ressort duquel la succession est ouverte. *Ib.* 770.

5. La loi n'exige ni la nomination d'un curateur à la succession : elle n'est pas vacante (Chabot, art. 773. — *Contrà*, Toullier, 4, n° 292); — ni la preuve que le défunt n'a laissé aucun successeur régulier (n'est héritier qui ne se présente) : cette preuve serait le plus souvent impossible à administrer; et, d'ailleurs, quel serait le motif des précautions prescrites, dans l'intérêt des héritiers qui pourraient se représenter après l'envoi en possession, s'il fallait, pour l'obtenir, prouver qu'il n'en existe pas? Chabot, art. 773; Duranton, 6, n° 352. — *Contrà*, Toullier, 4, n° 292. — V. d'ailleurs *inf.*, n° 27.

6. Aux termes de l'art. 770 C. civ., le trib. ne peut statuer qu'après trois publications et affiches dans les formes usitées, et après avoir entendu le procureur du roi.

7. Le trib., avant faire droit, donne acte de la demande, ordonne qu'une expédition en sera adressée au ministre de la justice pour être insérée au *Moniteur*. Trois affiches sont apposées de trois en trois mois dans le ressort du trib. de l'ouverture de la succession. — Le jugement d'envoi en possession n'est prononcé qu'un an après la demande. Circ. grand-juge, 8 juill. 1806.

Cette marche, tracée pour les demandes formées par la régie du domaine, doit être observée par les autres successeurs irréguliers. Delvincourt, 2, 22, note 9; Toullier, 4, n° 278.

L'usage à Paris est de faire apposer les affiches de quinzaine en quinzaine et d'insérer les publications dans le journal judiciaire du département.

8. Le juge se décide d'après les circonstances; il peut surseoir à faire droit pendant quelque temps, et même rejeter la demande. Chabot, *ib.*; Duranton, 6, n° 352.

9. Le successeur irrégulier, envoyé en possession, est considéré, pendant trois ans, comme administrateur. Il doit faire vendre le mobilier aux enchères, et dans la forme prescrite à l'héritier bénéficiaire (Chabot, art. 771; Duranton, t. 6, n° 356), et faire emploi du prix, ou, s'il le conserve en nature, donner

caution suffisante pour en assurer la restitution, dans le cas où il se présenterait des héritiers dans cet intervalle. C. civ. 771.

Après trois ans, la caution est déchargée, et par conséquent l'héritier peut disposer du mobilier ou de son prix. Chabot, art. 771.

10. L'État est toujours présumé solvable; il n'est pas tenu de donner caution. Arg. L. 21 fév. 1827.

11. L'aliénation des immeubles, faite même après trois ans, peut être attaquée par l'héritier du sang. Chabot, art. 773; Toullier, 4, n° 259; Duranton, *ib.* — *Contrà*, Delvincourt, 2, 23, note 23. — Les héritiers du sang les plus proches, ont 30 ans pour réclamer la succession. Arg. C. civ. 789.

12. C'est contre l'envoyé en possession que doivent être dirigées toutes les actions relatives aux biens abandonnés. Cass. 5 avr. 1825, S. 15, 137.

13. Le successeur irrégulier qui ne remplit pas les formalités qui lui sont prescrites, peut être condamné à tous dommages-intérêts envers les héritiers, s'il s'en présente. C. civ. 772.

14. *Légataires universels.* Le légataire universel, lorsque le testateur ne laisse pas d'héritier à réserve, est saisi de tous les droits et actions du défunt.

Mais si le testament est olographe ou mystique, il doit se faire envoyer par la justice en possession de son *legs.* — V. ce mot.

15. Le testament est présenté au président du trib. dans l'arrondissement duquel la succession est ouverte. — Le président l'ouvre, s'il est cacheté; il dresse procès-verbal de la présentation de l'ouverture et de l'état du testament, et en ordonne le dépôt entre les mains d'un notaire par lui commis. C. civ. 1007.

Cette marche est suivie, quand bien même le testament aurait déjà été déposé chez un notaire par le testateur, soit par acte de dépôt, soit par mesure de confiance.

Le ministère d'un avoué n'est point employé.

16. La présentation est valablement faite par toute personne ayant le testament entre les mains, à quelque titre que ce soit.

17. L'ouverture du testament mystique ne peut se faire qu'en présence de ceux des notaires et des témoins, signataires de l'acte de suscription qui se trouvent sur les lieux, ou eux dûment appelés. C. civ. 1007.

18. Toutefois, l'inobservation de ces formalités n'entraînerait pas la nullité du testament *olographe.* La loi ne l'a pas prononcée; et l'on ne saurait la suppléer. Rouen, 25 janv. 1808, P. 6, 460; Metz, 10 juill. 1816, S. 19, 69; Grenier, t. 1,

p. 51. — Quand bien même l'ouverture aurait été faite par l légataire institué. Riom, 10 mars 1807, P. 5, 743.

Il en serait autrement pour le testament mystique : la loi dit qu'il *ne pourra être ouvert*, sans la présence du notaire et des témoins.

19. Les frais qu'occasionne l'acte de dépôt sont à la charge de la succession. Arg. C. civ. 1016.

Toutefois, si les héritiers du sang ne recueillent rien, le légataire universel doit les supporter. — Tel est l'usage.

20. Après le dépôt du testament, le légataire doit présenter au président du trib. une requête à laquelle il joint l'acte de dépôt, expédition d'un acte de notoriété, constatant qu'il n'existe aucun héritier à réserve. — Au bas de cette requête le président rend une ordonnance d'envoi en possession. C. civ. 1008.

Cette ordonnance doit être signée par le greffier. Elle reste au nombre de ses minutes. Il en délivre expédition en forme exécutoire. Tel est l'usage du trib. de la Seine. — Autrement le légataire universel ne pourrait pas poursuivre les détenteurs ou débiteurs de la succession.

21. Jugé que lors qu'un testament trouvé dans les papiers d'un Français décédé à l'étranger, a été déposé chez un notaire du lieu du décès, s'il arrive que le gouvernement étranger s'oppose au déplacement du testament, le légataire peut obtenir en France, du président du trib. de l'ouverture de la succession, l'envoi en possession de l'hérédité sur la simple présentation d'une copie authentique du testament. Toulouse, 16 janv. 1829, D. 29, 293.

Cette solution peut avoir été équitable dans l'espèce, mais il paraît difficile de l'admettre comme principe : on pourrait surprendre la religion du président.

22. Si l'acte présente les caractères d'un testament olographe, le président du trib. ne saurait refuser d'envoyer en possession le légataire universel, sous prétexte de nullités qui se trouveraient dans le testament. Rouen, 27 mai 1807, P. 6, 117.

Jugé au contraire, que le président a le droit d'apprécier si la disposition testamentaire contient ou non un legs universel. Orléans, 13 août 1831, S. 32, 145.

Les héritiers doivent attaquer le testament s'ils veulent empêcher l'envoi en possession, ou faire annuler l'ordonnance du président.

23. La simple déclaration des héritiers du sang, qu'ils ne reconnaissent pas l'écriture du testament, est un obstacle à l'envoi en possession des légataires, lorsque le testament est olographe. Arg. C. civ. 1323, 1324. — C'est au légataire à faire vérifier l'écriture du testateur, et à prouver que le titre qu'il présente est vrai. Paris, 11 août 1809, S. 10, 139; Colmar, 12 juill. 1807, P. 6, 202; Poitiers, 22 janv. 1828, S. 30, 90; Cass. 10 août 1825, S. 26, 117; Montpellier, 19 juin 1827, S. 27, 217; Cass. 23 avr. 1838, P. 1838, 1, 575; Toullier, 5, n° 502; Duranton, 9, n° 199; Grenier, 1, n° 292.

24. Mais *quid* si le légataire a obtenu l'envoi en possession? Dès-lors, suivant plusieurs arrêts et plusieurs auteurs, la vérification du testament olographe n'est plus à la charge du légataire.

Si l'héritier réclame, il est demandeur, c'est à lui de prouver la fausseté de l'écriture de l'acte qu'on lui oppose; quant au légataire, il est en possession, son rôle est tout passif. — Peu importe que le testament olographe ne soit pas un acte authentique, ce n'est pas non plus un acte sous seing-privé ordinaire. La coutume de Paris le mettait au rang des actes *solennels*, et sous le Code il a conservé une partie de ce caractère; en effet, sur la présentation qui lui est faite de cet acte, le président doit en consacrer le contenu par une ordonnance d'exécution, et cette formalité remplie donne au testament une présomption de vérité très-forte, qui ne doit céder qu'à la preuve contraire; il en résulte aussi que provision est due au titre. (*Exp. des motifs* de l'art. 1006). La présomption est toujours qu'un acte est valable, elle ne cesse que lorsque l'acte est annulé : cette présomption le rend exécutoire. — L'art. 724 C. civ. n'accorde la saisie aux héritiers légitimes que lorsqu'il n'y a point de testament. Ses dispositions appartiennent à une série d'idées toutes différentes, puisqu'il se trouve au titre *des Successions ab intestat*. Il suit de là que l'héritier non réservataire n'a pas la saisine vis-à-vis d'un légataire universel. Caen, 4 avr. 1812; Bourges, 16 juill., Bordeaux, 19 déc. 1827, S. 12, 336-27, 199-28, 112; Cass. 28 déc. 1824, 10 août 1825, 16 juin 1830, S. 25, 158-26, 117-30, 333; 20 mars 1833, D. 33, 151; Rennes, 13 juin 1835 (art. 548 J. Pr.). — Toutefois, s'il s'élève des faits de nature à porter atteinte au caractère du titre déclaré exécutoire par le juge, il peut en suspendre lui-même les effets. Cass. 2 fév. 1818, 16 juin 1830, S. 18, 248-30, 333. — Et même ordonner le séquestre. Bourges, 18 déc. 1826; Montpellier, 19 juin 1827, S. 27, 121-27, 217; Toullier, 5, 479, n° 503; Grenier, 1, n° 292-4°; Duranton, 9, 67.

Malgré ces autorités, nous pensons que c'est au légataire, même envoyé en possession, à établir la vérité du testament.

Les actes sont ou authentiques ou sous seing-privé; la loi n'en reconnaît pas une troisième classe. Or, le testament olographe ne pouvant appartenir à la première classe, rentre forcément dans la seconde. Les souvenirs de la coutume de Paris ont trop préoccupé ceux qui veulent encore considérer le testament olographe comme un acte solennel. Si le président rend une ordonnance d'envoi en possession (C. civ. 1008), ce n'est point qu'il préjuge la validité de l'acte; il ne peut, en effet, lui donner la force d'un acte reconnu en justice, puisqu'il n'y a ni contradicteur, ni procès. L'ordonnance d'envoi en possession a seulement pour objet d'éviter que les biens de la succession ne restent sans administrateur, et de fixer les droits des légataires dans le cas où le testament serait valable. Autrement le droit des héritiers dépendrait de la plus ou moins grande distance où ils seraient du domicile du défunt, et ils perdraient l'avantage de leur qualité d'héritiers du sang, non-seulement par cette circonstance indépendante d'eux, mais encore par toutes les précautions que le légataire prendrait pour cacher la mort de leur auteur, jusqu'à ce qu'il eût obtenu à leur insu l'envoi en possession; l'intervention du magistrat n'empêche donc pas que la sincérité de l'acte ne puisse plus tard être contestée. Le magistrat s'est borné à constater l'existence d'un acte apparent, et il en a ordonné d'ailleurs le dépôt chez un notaire afin qu'il pût être contrôlé par les ayant-droit.

Peu importe la saisine, dont l'art. 1004 C. civ. investit le légataire universel : cet article ne l'accorde qu'au légataire universel; or, si l'acte est faux, le prétendu légataire n'est pas légataire, et les avantages dont il veut se prévaloir ne lui appartiennent pas. L'art. 1004 ne touche point à la question de vérité ou de fausseté du testament qui est indépendante; il en résulte que le légataire n'a la saisine de droit qu'autant qu'il est véritablement légataire. Le même raisonnement s'applique à la saisine de fait qui résulte de l'ordonnance d'envoi. Car cette ordonnance ne préjuge point la vérité du testament, elle donne la possession et voilà tout.

Quel est d'ailleurs l'effet de cet envoi en possession? — C'est d'obtenir des détenteurs à titre précaire la remise des effets de la succession. Mais si ceux qui les détiennent sont les héritiers du sang, dira-t-on que c'est encore à ceux-ci de prouver la fausseté du testament? On n'ira pas jusque-là; car le principal motif sur lequel on s'appuie, c'est qu'après l'envoi en possession, le légataire étant défendeur, n'a rien à prouver, et ici le légataire ne saurait prétendre qu'il a la possession de fait, et par suite qu'il est défendeur; ce serait donc à lui de fournir la preuve. Montpellier, 19 juin 1827, S. 27, 217. — On voit donc que déjà dans ce cas, le système que nous combattons se trouverait en défaut.

Mais l'héritier institué aurait-il même entre les mains tous les biens du défunt, il n'en devrait pas moins justifier de la vérité du testament contre l'héritier du sang. En effet, celui-ci se présente et revendique. Qu'a-t-il à établir? qu'il est successible. Il prouve son droit d'héritier. Le légataire, sans le contester, répond qu'il est légataire, il faut qu'il justifie de son exception selon la maxime, *reus excipiendo fit actor*, et comme il n'a pour titre qu'un testament sous seing-privé qui ne fait pas foi, il est obligé d'en prouver la vérité à l'héritier qui en méconnaît l'existence (C. civ. 1324, C. pr. 193). — Le légataire s'appuiera-t-il sur l'envoi en possession? Mais on ne lui conteste point la possession, son ordonnance d'envoi n'est pas attaquée ; on agit contre lui au pétitoire, et l'ordonnance est étrangère à cette question.

Il y a plus, c'est que jusqu'à la vérification du testament, l'héritier du sang qui a prouvé sa qualité a la saisine de droit (C. civ. 724), et à partir de cette preuve il pourrait demander la nullité de l'envoi en possession.

Ainsi donc l'héritier du sang n'a point à prouver la fausseté du testament olographe qu'on lui oppose, il peut en méconnaître l'écriture, et c'est au légataire à faire procéder à la vérification. Colmar, 12 juill. 1807 ; Turin, 18 août 1810 (l'héritier était réservataire et avait exécuté le testament, le croyant d'abord véritable). Metz, 3 mai 1815 ; Bourges, 4 avr. 1827, S. 13, 337. — 11, 149. — 19, 77; 27, 197 ; Amiens, 28 déc. 1826 ; Bourges, 10 mars 1834, S. 34, 307 ; Orléans, 15 juill. 1836 (Art. 473 J. Pr.) ; Lyon, 12 mars 1839, P. 1839, 2, 561 ; Delvincourt, 2, 296, note ; Merlin, 17, *Rép.*, v° *Testament*, sect. 2, § 4, art. 6, 5e édit., Carré, 1, n° 779 ; Pigeau, *Comm.*, 1, 424 ; Boncenne, 3, 453 à 460 ; dissertation de Me Herson, (Art. 431 J. Pr.).

25. Jugé que si le testament est mystique, et que toutes les formalités prescrites par la loi aient été remplies, il constitue un acte authentique, dont on ne peut arrêter l'exécution que par l'inscription de faux. Bruxelles, 3 mars 1811, S. 12, 94 ; Toullier, 3, 511. — Cette solution n'est admissible qu'en ce qui concerne l'acte de suscription.

26. *Pour l'envoi en possession des biens d'un* ABSENT. — V. ce mot, § 3 et 4.

27. Lorsqu'il ne se présente aucun héritier, le curateur qui a administré provisoirement la succession ne peut pas refuser de rendre compte de sa gestion à l'État, sous prétexte qu'il ne justifie pas de la déshérence et ne rapporte pas un jugement d'envoi en possession. Paris, 28 mars 1835 (Art. 32 J. Pr.).

28. *Enregistrement.* Les jugemens et ordonnances d'envoi en possession sont sujets au droit fixe de 5 fr. comme jugemens de maintenue en possession (ci-devant 3 fr.). L. 22 frim. an 7, art. 68, § 3, n° 7 ; et 28 avr. 1816, tit. 7, art. 45, n° 5. — V. d'ailleurs *Absence*, n° 84.

Formules.

FORMULE I.

Requête d'un époux pour être envoyé en possession de la succession de son conjoint.

(C. pr. 770. — Tarif, 78. — Coût, 7 fr. 50 c.)

A MM. les président et juges du trib. de première instance de

Le sieur , ayant pour avoué Me

A l'honneur de vous exposer que la dame , son épouse, étant décédée le sans laisser ni héritier connu au degré successible, ni testament, l'exposant est appelé par la loi à recueillir sa succession.

Dans ces circonstances, il plaira au tribunal, vu, 1° l'acte de célébration du mariage du requérant, en date du , 2° l'acte de notoriété qui a été dressé le et suivant lequel ladite dame n'a laissé aucun héritier connu au degré successible;

Envoyer le requérant en possession et jouissance de la totalité de la succession de ladite dame son épouse, après les publications et affiches voulues par la loi ; et vous ferez justice. (*Signature de l'avoué.*)

— V. d'ailleurs *sup.* n° 7.

FORMULE II.

Affiche de la demande d'envoi en possession.

On fait savoir à tous qu'il appartiendra, pour satisfaire aux dispositions de l'art. 770 du Code civil, que le sieur demeurant à

Après avoir fait procéder le ; par Me ; et son collègue, notaires à , à l'inventaire de tous les biens, meubles et immeubles dépendant de la succession de ladite dame , a, par requête présentée au tribunal civil de première instance de le enregistrée, formé sa demande afin d'être envoyé en possession de la succession de ladite dame son épouse, décédée à , le , sans laisser aucun héritier connu au degré successible. (*Signature de l'avoué*)

Enregistré à le folio , case Reçu 1 fr. 10 c. (*Signature du receveur.*)

FORMULE III.

Requête à fin d'envoi en possession d'un legs universel.

(C. civ. 1006, 1008. —Tar. 78. — Coût 7 fr. 50.)

A M. le président du trib. de première instance de

Le sieur , ayant pour avoué Me , a l'honneur de vous exposer que par le testament de la dame , fait olographe à le enregistré le , et déposé à Me , notaire à , il a été institué légataire universel de ladite dame

Que cette dernière n'a laissé aucuns héritiers ascendans ni descendans, ainsi qu'il est constaté par un acte de notoriété passé devant ledit Me , et son confrère, notaires à le dûment enregistré.

Dans ces circonstances, il vous plaira, M. le président, vu les art. 1006 et 1008 du code civil, envoyer l'exposant en possession du legs universel à lui fait par la dame , suivant son testament sus-énoncé, et généralement de tous les biens meubles et immeubles laissés par ladite dame à l'époque de son décès, pour en jouir et disposer comme de chose à lui appartenant ; et vous ferez justice. (*Signature de l'avoué.*)

FORMULE IV.

Ordonnance.

Nous président du trib.

Vu la requête qui précède, et les pièces à l'appui ;

Ensemble les dispositions des art. 1006 et 1008 du Code civil;

Envoyons l'exposant en possession du legs universel à lui fait par ladite susnommée , pour par lui jouir et disposer comme de chose à lui appartenant , de tous les biens meubles et immeubles par elle laissés à son décès.

Fait en notre cabinet, au Palais-de-Justice, à ce

NOTA. La minute de cette ordonnance reste entre les mains du greffier, et il en est délivré expédition en forme exécutoire.

POSSESSOIRE (ACTION). — V. *Action possessoire, Nouvel œuvre.*

POSTULATION. Action de postuler. — V. *Avoué*, n° 48. La postulation est défendue à tous particuliers autres que les avoués, et il est interdit aux *avoués* de prêter leur nom pour cette fonction. — V. ce mot, n° 53 à 65.

POT DE VIN. — V. *Surenchère.*

POURSUITE. Se dit des exploits d'ajournement, citations, et tous autres actes de procédure qui se font dans un procès. Ce mot désigne tantôt la demande elle-même, tantôt l'instruction ou l'instance. Le *poursuivant* est celui qui provoque les poursuites. — V. *Exécution*, n°s 9 à 19.

1. La signification du mot *poursuite* est plus ou moins étendue, selon les circonstances. — V. *Exécution*, n° 15 et suiv.; *Enregistrement*, *Péremption*, n° 29.

2. Les créanciers ne peuvent *poursuivre* contre l'héritier l'exécution des titres exécutoires contre le défunt, que huit jours après la signification de ces titres à la personne, ou au domicile de l'héritier. C. civ. 877; — à moins que ces titres n'aient été déclarés exécutoires contre l'héritier. Bruxelles, 15 mess. an 13, S. 5, 612. — V. d'ailleurs *Commandement*, n° 4; *Exécution*, n° 15; *Exploit*, n° 107; *Femme mariée*, n° 31.

3. La connaissance que l'héritier a pu avoir de la dette ne dispense pas le créancier de cette signification. Pau, 3 sept. 1829, S. 30, 150.

4. Les délais accordés à l'héritier bénéficiaire, pour faire inventaire et délibérer, ne font point obstacle à cette signification. — V. *Exécution*, n° 15; *Inventaire*, n° 35.

5. S'il existe plusieurs héritiers, la signification doit être faite à chacun séparément, encore bien qu'ils aient élu un même domicile. Arg. Cass. 15 fév. 1815, S. 15, 204.

6. Cependant, lorsqu'il n'est pas légalement constaté que le créancier a connu les héritiers et leur domicile, il peut leur signifier ses titres collectivement et au dernier domicile du défunt. Arg. C. pr. 447. Cass. 6 sept. 1813, S. 15, 97. — V. *Exécution*, n°s 18, 19.

7. C'est par la voie d'exécution que le créancier porteur de titres authentiques doit agir, et non par celle d'action; s'il a pris cette dernière, il doit supporter les frais frustratoires auxquels elle a donné lieu. — V. *Action*, n° 76.

8. Entre plusieurs parties, la poursuite appartient à la plus diligente. — V. *Licitation*, n° 39; *Partage*, n° 31.

— V. *Ministère public.*

POURVOI. — V. *Cassation*, n° 164.

POUVOIR, AUTORITÉ. — V. *Compétence*, *Organisation judiciaire.*

POUVOIR, FACULTÉ, DROIT. — V. ces mots.

POUVOIR (EXCÈS DE). — V. *Cassation*, n° 84.

POUVOIR, MANDAT. — V. ce mot.

PRATIQUE. Expérience dans les affaires; se dit aussi de l'ensemble des affaires qui sont dans l'étude d'un officier ministériel, et du gain qui en résulte.

PRATIQUE (USAGE). — V. *Acte de notoriété, Usage.*

PRÉCEPTEUR. — V. *Enquête*, n° 205; *Exploit*, n° 179.

PRÉFECTURE (CONSEIL DE). — V. *Établissement public.*

PRÉFET. Délégué supérieur du pouvoir exécutif.

1. Le préfet a l'exercice actif et passif des actions qui concernent le domaine de l'*État*. — V. ce mot n°s 8 et 9; *Exploit*, n° 217.

— V. d'ailleurs *Avoué*, n°s 67 et 75; *Conflit*, n° 4 et suiv.; *Dépens*, n° 89; *Elections, Utilité publique.*

PRÉJUDICIELLE (ACTION). Action qui doit être vidée avant une autre. — V. *Exception, Question d'état, Question préjudicielle.*

PRÉLIMINAIRE DE CONCILIATION (1). Obligation pour les parties, avant de commencer un procès, de comparaître devant un juge de paix, qui a mission de les concilier.

DIVISION.

§ 1. — *Caractères du préliminaire de conciliation.*

1. Le préliminaire de conciliation, créé par la loi des 16 et 24 août 1790, tit. 10, a été successivement maintenu avec quelques modifications. L. 11 sept. 1790, art. 3; 6, 27 mars 1791, art. 16 et suiv.; 3, 14 sept. 1791, tit. 3, ch. 5, art. 6; Constit., 5 fruct. an 3, art. 215, L. 26 vent. an 4; 22 frim. an 8, art. 60.

---

(1) Cet article est de M. Bertin, avocat à la Cour royale de Paris.

2. L'utilité de ce préliminaire a été contestée. Mais s'il est vrai que, dans les grandes villes, la conciliation soit rare, il est certain qu'elle est fréquente dans les villes peu importantes, et surtout dans les campagnes où le juge de paix, par ses relations de chaque jour avec ses justiciables, a sur eux une grande influence. Aussi, d'après la statistique de 1834, les affaires conciliées sont-elles avec les affaires non conciliées dans la proportion de 65 sur 100. — V. notre Journal, tome 3, p. 18 à 20. — « Le nombre des conciliations, disait le Garde des sceaux, pourrait devenir plus considérable si tous les juges de paix étaient également pénétrés de l'importance de leur mandat *principal*, de celui auquel ils doivent leur heureuse dénomination. L'essai de la conciliation n'est pas une vaine formalité de procédure; il faut que le magistrat le tente sérieusement, patiemment; qu'il l'encourage, qu'il le facilite, qu'il le protège de toute son influence. Il convient encore que, sous prétexte d'urgence et de célérité, on ne cherche pas à augmenter le nombre *déjà trop considérable*, peut-être, des causes que la loi dispense du préliminaire de la conciliation. »

3. Toute demande qui n'en est pas dispensée par la loi doit, à peine de nullité (— V. *inf.* n° 4), subir le préliminaire de conciliation.

4. Cette nullité peut-elle être proposée d'office par le juge en tout état de cause et pour la première fois même devant la C. de cassation ?

Pour la négative on dit : Le préliminaire de conciliation n'a été établi que dans l'intérêt privé des parties et pour les détourner d'une contestation nuisible. Elles sont libres, dès lors, de renoncer à cette formalité. Si les magistrats se croyaient dans la nécessité de prononcer, soit en appel, soit en cassation, la nullité de toute une procédure qui n'aurait pas été précédée de la tentative de conciliation, contrairement à l'intention du législateur, ils éterniseraient les procès. Cass. 26 mess. an 13, S. 4, 660. — Jugé, en conséquence, que le défaut de conciliation est couvert par des défenses au fond. Nîmes, 28 août 1821, P. 16, 886; — qu'on ne peut l'opposer pour la première fois en appel. Cass. 22 therm. an 11, et 11 fruct. an 11, 3, 460 et 435; Orléans, 8 prair. an 12, P. 4, 15; Nîmes, 26 flor. an 13, P. 4, 546; Rennes, 9 janv. 1812, P. 10, 21; Bruxelles, 3 juill. 1812, P. 10, 539; Rennes, 11 déc. 1815, P. 13, 168; Bourges, 1er juill. 1816, P. 13, 521; Orléans, 27 nov. 1816, P. 13, 697; Pau, 23 août 1823; Agen, 19 fév. 1824, D. 25, 28; Cass. 19 janv. 1825, D. 25, 58; 16 fév. 1826, D. 26, 174; Orléans, 19 juin 1829, D. 32, 195; Grenoble, 4 déc. 1830, D. 31, 171; Colmar, 20 janv. 1831, D. 31, 110; Bourges, 21 déc. 1831, D. 32, 102; Cass. 22 juin 1835 (Art.

204 J. Pr.); Thomine, 1, 129; Merlin, *qu. dr.*, v° *Bureau de paix*, § 1; — que la nullité ne peut être invoquée par une partie autre que celle envers laquelle la formalité a été omise, quand bien même les parties actionnées seraient deux cohéritiers, et qu'il s'agirait d'une demande en partage. Cass. 22 juin 1835.

Pour l'affirmative on répond : Le préliminaire de conciliation n'est pas un droit que la loi accorde aux parties, mais un devoir qu'elle leur impose, et dont elles ne sauraient se faire remise. C'est une mesure d'intérêt général : il importe à tous que le nombre des procès diminue, que les haines soient calmées, que la concorde soit rétablie entre les hommes; tel est le but et tels sont les effets du préliminaire de conciliation. Cass. 27 vent. an 8, P. 1, 613; 13 therm. an 8, P. 1, 696; Grenoble, 8 janv. 1818, P. 14. 566; Toulouse, 8 juill. 1820, S. 16, 24, Bourges, 9 juill, 1821, P. 16, 737; Bruxelles, 4 janv. 1825; Pigeau, 1, 77, note 1; Boncenne, 2, 53; Boitard, 1, 170. — La solution contraire, qui a prévalu dans le dernier état de la jurisprudence, ne tient-elle pas à ce préjugé (démenti par la statistique), et trop généralement répandu, que le préliminaire de conciliation amène peu ou point de résultats ?

Un système mixte a été proposé : on insiste sur ces mots de l'art. 48 C. pr., *aucune demande* NE SERA REÇUE.... *dans les tribunaux*..., et l'on y voit le droit et le devoir pour le juge de repousser d'*office* une demande non dispensée du préliminaire de conciliation, qui ne l'aurait pas subi, parce qu'il importe à l'intérêt général que le nombre des procès diminue. Mais si, malgré cet empêchement prohibitif, la demande a été *reçue* par les tribunaux sans réclamation d'aucune des parties, comme en définitive l'intérêt public n'est pas tellement compromis que l'intérêt privé ne puisse prévaloir ici sans de notables inconvéniens, la nullité sera couverte.

Cette dernière opinion paraît conforme au texte de la loi et conduit à des conséquences moins rigoureuses; mais la difficulté consistera à déterminer à quelle époque précise la demande sera considérée *comme reçue*. Sera-ce lorsque les parties auront pris des conclusions au fond ? — Nous ne le pensons pas.

5. Lorsqu'une affaire a subi le préliminaire de la conciliation dont elle était dispensée, il n'y a pas nullité : la loi, dans ce cas, prononce des *dispenses*, mais non des prohibitions. Montpellier, 5 août 1807, P. 6, 242; Carré, 92; Boncenne, 2, 23. — V. d'ailleurs *inf.* n° 109.

6. L'épreuve de la conciliation est un acte qui précède la contestation; elle n'est même pas une mesure préparatoire de l'instance, puisqu'elle a pour but de prévenir le procès, de l'empêcher de s'engager; elle ne forme point un degré de juri-

diction. L'instance n'est réellement entamée que par l'ajournement. Berriat, 186, n° 3; Carré, n° 219; Boncenne, 2, 53.

Conséquemment : — 1° le juge de paix conciliateur ne peut, sans excès de pouvoirs, rendre un jugement sur l'objet du litige. Cass. 21 mess. an 5, P. 1, 160; 20 mai 1806.

7. 2° Les art. 1, 2 et 12 L. 11 avr. 1838, qui prorogent la compétence des trib. civils, sont applicables aux instances dans lesquelles la citation est antérieure à la loi, lorsque l'assignation est postérieure à sa promulgation. Limoges, 18 avr. 1839 (Art. 1518 J. Pr.).

8. Le préliminaire de conciliation ne tombe pas en péremption. Agen, 7 mars 1808, P. 6, 549; Grenoble, 6 mars 1823; Boitard, 1, 168; Pigeau, 1, 92; Carré, 2, 31. — *Contrà*, Lepage, *qu.* P. 99; Boncenne, 2, 63 (cet auteur invoque la discussion au Conseil d'État, séance du 5 flor. an 13, esprit du C. pr. par Locré, 1, p. 136 et 137); — lors même que l'instance qui a suivi le préliminaire de conciliation tombe en péremption, le procès-verbal ne peut être anéanti que par la prescription trentenaire.

9. Toutefois, si le défendeur décède, le préliminaire de conciliation subi, les héritiers ne peuvent être assignés sans être appelés de nouveau en conciliation.

§ 2. — *Affaires soumises au préliminaire de conciliation.*

10. La loi soumet à ce préliminaire toutes les demandes qui sont, 1° principales et introductives d'instance; — 2° entre parties capables de transiger; — 3° formées contre une ou deux personnes seulement; — 4° de nature à être l'objet d'une transaction; — 5° de la compétence du trib. de 1re inst.; — 6° et qui ne requièrent pas célérité. C. pr. 48 et 49.

L'absence de l'une de ces conditions suffit pour dispenser de la tentative de conciliation.

11. En cas de doute sur l'interprétation de la loi, on doit recourir au préliminaire de conciliation : les dispenses n'ont été créées que comme exception à la règle. — *Contrà*, Thomine, 1, 130. — V. d'ailleurs *sup.* n° 5.

12. *Principale et introductive d'instance.* Ces deux expressions n'ont pas la même signification : une demande peut être principale sans être introductive d'instance. La demande en garantie formée pendant le cours d'un procès est principale relativement au garant, puisque c'est le premier acte de l'action formée contre lui; mais elle n'est pas introductive d'instance, puisqu'il est appelé dans une instance déjà existante. Il en est de même dans le cas d'intervention.

Si l'action en garantie a été formée après le jugement rendu contre le demandeur, cette action distincte et isolée de la première est alors non seulement principale à l'égard du garant, mais aussi introductive d'instance, et doit à ce titre subir la tentative de conciliation. Bourges, 5 therm. an 8, P. 1, 687; Carré, art. 48; Favard, 1, 624.

13. Les demandes en règlement de juges et en renvoi, étant toujours incidentes à une contestation déjà existante, sont dispensées du préliminaire. C. pr. 49, n° 7; — elles le seraient d'ailleurs comme urgentes. — V. *inf.* n° 38.

14. *Entre parties capables de transiger.* Pour transiger, il faut avoir la capacité de disposer des objets compris dans la transaction. C. civ. 2045, C. pr. 1003.

Les incapables peuvent, il est vrai, transiger par l'intermédiaire de leurs administrateurs, mais avec des formalités si longues et si dispendieuses, que le Code ne prescrit le préliminaire qu'aux personnes capables par elles-mêmes de transiger.

15. Conséquemment, la loi en a dispensé les demandes qui intéressent : — 1° l'État et le domaine, les communes, les établissemens publics, les curateurs aux successions vacantes. C. pr. 49, n° 1.

16. 2° Le mineur non émancipé, *ib.*

L'action formée à la requête d'un mineur et d'un majeur n'est pas dispensée de la tentative de conciliation relativement à celui-ci, si ses intérêts sont distincts de ceux du mineur. Cass. 30 mai 1814, P. 12, 223; Pigeau, 1, 78, note; Boncenne, 2, 16, note 2. — Il en serait autrement si leurs intérêts étaient indivisibles. Bordeaux, 29 août 1833; Boncenne, *ib.* — Il n'y a pas lieu non plus à dispense dans le cas où le majeur et le mineur ayant des intérêts distincts ou divisibles sont défendeurs à l'action formée contre eux. — *Contrà*, Thomine, 1, 134.

Ces principes ont été appliqués dans une espèce où l'un des deux défendeurs était héritier pur et simple et l'autre bénéficiaire. Cass. 12 déc. 1835 (Art. 491 J. Pr.). — V. *inf.* n° 23.

17. 3° Le mineur émancipé, pourvu que la contestation ait pour objet des droits dont il ne puisse pas disposer personnellement. Thomine, 1, 131; Delvincourt, 1, 500; Pigeau, 1, 35.

18. 4° L'interdit. C. pr. 49, n° 1.

19. 5° L'individu pourvu d'un conseil judiciaire. Arg. C. civ. 513; Boitard, 1, 89; Thomine, 1, 131.—V. *sup.* n° 14.

20. 6° La femme mariée, autorisée à ester en jugement. Arg. C. civ. 1124; Favard, Boncenne, 2, 17. — *Contrà*, Carré, n° 207; Dalloz, v° *Conciliation*, 3, 719.

Mais le préliminaire devient indispensable si, la femme étant séparée de biens, la contestation est relative à sa fortune mobilière qu'elle peut aliéner sans le concours et l'autorisation du mari (Arg. C. civ. 1449); Pigeau, *Comm.* 1, 139; Boitard, 1, 88.

21. 7° Les envoyés en possession provisoire des biens d'un absent. Boncenne, 2, 15.

22. 8° Les syndics d'une faillite. Paris, 10 juin 1836 (Art. 559 J. Pr.).

23. 9° L'héritier bénéficiaire. Il pourrait, il est vrai, disposer des objets héréditaires; mais alors il deviendrait héritier pur et simple; il faut apprécier sa capacité dans la situation particulière où il s'est placé, et ne pas l'obliger à en sortir malgré sa volonté. Grenoble, 16 mars 1823, D. 11, 204, n° 7; Pigeau, 1, 80; Boncenne, 2, 15; Boitard, 1, 90.

Le moyen le plus efficace d'obtenir une conciliation, c'est d'amener les parties elles-mêmes en présence d'un magistrat dont la mission consiste à entendre leurs observations, à calmer leur irritation, et à déterminer par de sages conseils un accord entre elles. Il faut qu'elles puissent se présenter avec la certitude que leur inexpérience des affaires ou leur inhabilité ne compromettra aucun de leurs droits : or, un héritier bénéficiaire, appelé devant le juge de paix, pourrait ignorer les conséquences d'une concession faite à un créancier de la succession et changer à son insu sa position en celle d'héritier pur et simple.

24. *Formées contre une ou deux personnes seulement.* Lorsque plus de deux personnes doivent être assignées, la conciliation est peu probable; il est inutile de la tenter.

Il suffit, pour que la dispense de conciliation existe, qu'il y ait plus de deux défendeurs; peu importe qu'ils aient le même intérêt. Thomine, 1, 133; — qu'ils soient actionnés en qualité d'héritiers ou de débiteurs solidaires. Boitard, 1, 92 et 93; Thomine, 1, 133; Pigeau, 1, 80.

25. Ce que nous venons de dire s'applique au cas où les défendeurs doivent figurer dans le même procès, et non à celui où plusieurs contestations de natures différentes et pour des causes étrangères les unes aux autres, ont été cependant comprises dans un seul exploit. Besançon, 22 mai 1827, S. 27, 240; Bourges, 21 juill. 1838 (Art. 1244 J. Pr.); Boncenne, 2, 14.

Jugé en conséquence que la demande intentée contre plusieurs acquéreurs en résolution de leurs contrats d'acquisition n'est pas dispensée du préliminaire de conciliation, lorsque chacun d'eux a un intérêt et un contrat particuliers et distincts. Riom, 27 mars 1817, P. 14, 160.

26. *Quid* s'il s'agit d'une action à diriger contre plusieurs maris et leurs femmes obligés pour la même dette? — M. Boncenne, 2, 10, distingue : — en cas de séparation contractuelle ou judiciaire, il compte chacun des époux pour un défendeur, attendu que chacun d'eux a une existence propre, des intérêts distincts, une administration à part, et que la division des droits et des obligations se fait entre eux comme entre des étrangers qui ont contracté conjointement. — En cas de communauté, il ne voit qu'un seul être moral ayant une existence légale et pour lequel les époux sont censés stipuler et promettre.

Cette doctrine ne peut se concilier avec l'opinion du même auteur, qui déclare d'une manière absolue dispensées du préliminaire de conciliation, les causes concernant les femmes mariées même autorisées. — V. *sup*. n° 20.

27. *Quid* lorsque l'action est dirigée contre plus de deux personnes mais à raison d'une dette sociale? — La question ne peut s'élever qu'à l'égard des sociétés civiles. — V. *inf.* n° 37.

Pour le préliminaire on dit : l'action est formée contre les défendeurs, non pas en leur nom personnel, mais comme représentant l'être moral appelé *société*. — V. d'ailleurs *Exploit*, n° 51.

Mais on répond avec raison : si la société commerciale a une personnalité spéciale et particulière, il n'en est pas ainsi de la société civile; dans ce cas, en effet, les associés ne sont pas tenus solidairement des dettes sociales, chacun n'est obligé d'exécuter que sa promesse personnelle et individuelle (C. civ. 1862); de sorte qu'on ne saurait trouver en dehors des associés un être moral ayant une existence, des droits et des obligations qui lui sont propres. Il n'y aura donc pas lieu au préliminaire de conciliation lorsque l'action sera dirigée contre plus de deux associés. Boitard, 1, 94; Thomine, 1, 133; Pigeau, 1, 80, note 2; Carré, art. 49; Boncenne, 2, 11. — V. d'ailleurs *sup.* n° 26.

28. La dispense de préliminaire n'existe qu'autant qu'il doit y avoir plus de deux défendeurs et ne saurait s'étendre aux demandeurs quel que soit leur nombre. Thomine, 1, 133.

29. Le trib. peut-il déclarer la demande non recevable, s'il lui apparaît qu'un troisième défendeur a été assigné sans aucune espèce de droit et uniquement pour échapper à la tentative de conciliation? — Non : il y aurait danger pour le juge de se livrer à une pareille appréciation, et la loi ne l'y autorise pas. La fraude d'ailleurs ne se présume pas. Cass. 20 fév. 1810, P. 8, 120; Besançon, 15 déc. 1815, P. 13, 180; Bordeaux, 19 août 1829; S. 30, 6; Boncenne, 2, 7; Pigeau, 1, 80, note 2 — *Contrà*, Chauveau, 8, 250.

30. *De nature à être l'objet d'une transaction*. Il est certaine demandes qui, indépendamment des intérêts privés qui s'

rattachent, ne sont pas étrangères aux bonnes mœurs, à l'ordre public, et à l'intérêt général. Les parties ne peuvent transiger sur ces sortes de demandes; on a dû dès lors les dispenser du préliminaire de conciliation.

31. Telles sont : — 1° celles en *désaveu*. — V. ce mot, n° 62.

32. 2° Celles en séparations de biens. C. pr. 49, § 7.

33. 3° Celles relatives aux tutelles et curatelles, *ib.*

34. 4° Celles en *prise à partie, ib.* — V. ce mot.

35. Le septième paragraphe de l'art. 49 C. pr., après avoir indiqué ces quatre sortes de demandes dans une même énumération qui aurait pu être plus méthodique et plus rationnelle, termine en disposant qu'il y aura dispense dans toutes les causes exceptées par les lois.

Ainsi, cette dispense aura lieu, en outre, dans le cas de contestation, — 1° sur la validité du mariage, — ou en main-levée d'opposition au *mariage*. — V. ce mot, n° 22; — 2° sur la naissance, la légitimité, la filiation, et sur toutes les questions d'état en général; — 3° dans le cas de séparation de corps : les fonctions de conciliateur sont dans cette circonstance remplies par le président du trib. de 1re inst. Cass. 17 janv. 1822, S. 22, 196. — V. *Séparation de corps*.

36. Peu importe dans les cas indiqués *sup.* nos 30 à 35 que la demande soit incidente ou principale et introductive d'instance, puisque sa nature même la dispense du préliminaire de conciliation.

37. *De la compétence des trib. de 1re inst.* Sont en conséquence dispensées du préliminaire les demandes de la compétence des juges de paix, des conseils de prud'hommes, des juges de référés, des trib. de commerce (C. pr. 49, n° 4), ainsi que celles portées directement à la C. royale. — La nécessité d'une prompte justice (ou la gravité des questions) devant ces différentes juridictions, a déterminé l'exception créée en leur faveur.

38. *Et qui ne requièrent pas célérité.* — Il y a célérité dans le cas de demande : 1° de mise en liberté ou d'emprisonnement. Boncenne, 2, 20;

2° De main-levée de saisie ou opposition;

3° De paiement de loyers, fermages ou arrérages de rentes ou pensions;

4° De paiement de frais dûs aux *avoués*. — C. pr. 49, n° 5; — V. ce mot, n° 182.

5° De *vérification d'écriture*. C. pr. 49, n° 7. — V. ce mot.

6° De *réglement de juges*. C. pr. 49, n° 7. — V. ce mot.

7° De *renvoi, ib.* — V. ce mot.

Dans ces deux derniers cas la demande est dispensée du préliminaire à un double titre, comme urgente et comme incidente. — V. *sup.* n° 12.

8° Contre un tiers saisi, et, en général, sur les saisies; la demande en validité de saisie est dispensée du préliminaire, bien qu'elle comprenne à la fois la demande en reconnaissance du titre et la condamnation en paiement de la somme qui s'y trouve énoncée. Cass. 17 juill. 1834, D. 34, 392. — V. *Saisie-arrêt.*

9° Sur les offres réelles;

10° Sur la remise des titres et sur leur communication. C. pr. 49, n° 7.

La demande en remise de l'expédition d'un acte de vente formée par l'acquéreur, contre les vendeurs, est dispensée du préliminaire. La dispense dans le cas de remise du titre est générale, et ne s'applique pas seulement au cas où les pièces sont réclamées à un mandataire, à un dépositaire, ou à un officier ministériel. Bourges, 11 juill. 1828, D. 30, 284.

39. L'énumération des affaires qui sont dispensées du préliminaire comme urgentes, est évidemment incomplète, ainsi que l'indiquent les derniers mots de l'art. 49. Cependant, il ne faut pas oublier que la dispense est une exception à la règle, et que cette exception ne saurait être étendue sans de graves inconvéniens à des cas où l'urgence n'est pas certaine. — V. *sup.* n° 11.

40. Toutefois il y a lieu de dispenser de la tentative de conciliation pour cause d'urgence : — 1° la demande en résiliation de bail faute de paiement des fermages. Rennes, 10 mars 1818, P. 14, 703; Carré, art. 49.

2° Celle de la femme séparée de biens contre le détenteur d'un immeuble indûment vendu par le mari seul, afin d'être payée des revenus. Rennes, 20 juin 1812, P. 10, 493; Carré, art. 49.

3° Celle intentée pour obtenir l'exécution des conventions intervenues au bureau de paix; il y a déjà eu en effet une tentative de conciliation;

4° Celle en paiement d'un billet à ordre dirigée contre un débiteur non commerçant; la forme et les poursuites auxquels ces effets peuvent donner lieu sont réglés par le C. de comm., qui ne parle pas du préliminaire de conciliation; et d'ailleurs les actions qui les concernent doivent être considérées comme requérant célérité. Carré, art. 49. — Toutefois l'usage est contraire.

5° Celle en paiement de frais formée par un officier ministériel quelconque. Décr. 16 fév. 1807, art. 9. — Mais non cell en paiement d'honoraires dus à un avocat. Bruxelles, 12 juill. 1828. — V. d'ailleurs *Avocat,* n° 60.

41. Si le demandeur a obtenu du président du trib., l'aut risation d'assigner à bref délai, cette décision qui dispense implicitement de remplir la formalité du préliminaire de conciliation est-elle susceptible d'être attaquée? — V. *Ajournement*, n° 62.

42. Jugé qu'il n'y avait pas lieu de dispenser du préliminaire pour cause d'urgence :

1° La demande en dommages-intérêts formée devant un trib. civil par un accusé absous contre son dénonciateur. Nîmes, 19 juin 1819, P. 15, 341.—*Contrà*, Pigeau, *comm.*, 1, 139; — ou par la partie lésée contre l'accusé condamné. Paris, 30 janv. 1817, P. 14, 51.

2° Celle dirigée contre un étranger: La loi ne fait aucune distinction. Cass. 22 avr. 1818. P. 4, 767; Favard, v° *Conciliation*, § 9. — *Contrà*, Metz, 26 fév. 1819, P. 15, 121.

3° Celle en nullité d'un commandement tendant à ce qu'un tiers soit contraint à payer une créance hypothéquée sur l'immeuble qu'il a acquis. Orléans, 18 nov. 1836 (Art. 802 J. Pr.). — Dans l'espèce la C. a décidé que l'action ayant été intentée immédiatement après le commandement, ne pouvait pas être considérée comme une contestation à l'occasion d'une saisie.

4° La demande en main-levée d'inscription hypothécaire. Montpellier, 3 fév. 1816, P. 13, 260; Arg. Paris, 23 mai 1817, P. 14, 243. — Toutefois le contraire est enseigné par M. Grenier, 1, P. 194, à raison de l'analogie de cette demande avec celles en main-levée de saisies et d'oppositions, et par M. Troplong, *hyp.* 3, n° 744 *bis*, à raison de l'urgence.

43. *Quid*, si de deux contestations qui s'élèvent entre les mêmes parties, l'une seulement est dispensée par la loi du préliminaire de conciliation? — Y aura-t-il lieu, dans ce cas, au préliminaire pour le tout, — ou dispense pour le tout, — ou tentative de conciliation relativement à la contestation qui y est soumise par la loi?

M. Thomine, 1, 133, pense qu'il y a dispense pour le tout. Mais cette opinion ne repose sur aucune disposition légale. — Et d'ailleurs l'existence de deux procès entre les mêmes parties n'est point un obstacle positif à un accord sur l'un d'eux.

Le troisième système nous paraît donc préférable.

44. Peu importe qu'une première demande ait subi ce préliminaire, et que l'on présente comme *incidente* à celle-ci une autre demande; si cette dernière est réellement principale et indépendante de la première, elle est également soumise à la tentative de conciliation. Grenoble, 8 frim. an 11, P. 3, 66; Besançon, 8 janv. 1818, P. 14, 565; Berriat, 186, note 9; Merlin, *quest. de dr.* v° *Bureau de paix*, § 4; Pigeau, 1, 77, note 1; Boncenne, 2, 4.

45. Jugé en conséquence qu'il y a lieu au préliminaire de conciliation, lorsque l'on substitue ou ajoute, — 1° à une demande en paiement du prix, une action en résolution de vente. Riom, 27 mars 1817, P. 14, 160; Boncenne, 2, 4; Pigeau, 1, 77. — La C. a décidé que peu importait que la demande primitive eût été formulée dans la seconde par des conclusions accessoires.

46. 2° A une demande en rescision pour cause de lésion, celle à fin d'abandonnement de biens fondée sur ce que le titre en vertu duquel on possède est pignoratif. Cass. 22 fév. 1809, P. 7, 396;

47. 3° A une demande en paiement, des conclusions en déclaration d'hypothèque. Aix, 27 mai 1808, P. 6, 713.

48. 4° A une demande en paiement pour arrérages d'un prix de ferme et vente de bois, une action pour reliquat du compte de l'administration du même bois. Grenoble, 8 frim. an 11, P. 3, 66.

49. 5° A une demande en paiement des fermages, celle en résolution de bail. Cass. 11 pluv. an 4, P. 1, 100; Carré, 1, 97; Berriat, 1, 187; Merlin. *ib.* § 4; Lepage, 95; Favard, *Rap.* v° *Conciliation*, § 5; Pigeau, 1, 34;

50. 6° A une demande en paiement d'arrérages d'une rente, celle en remboursement de ce capital. Paris, 8 janv. 1825, D. 26, 9.

51. 7° A une demande au possessoire, celle au pétitoire devant les juges ordinaires. Dijon, 2 déc. 1826, S. 27, 70.

52. 8° Après renvoi prononcé par le trib. de simple police saisi de la connaissance d'une contravention, une demande au civil sur la question de propriété. Cass. 23 mars 1820, S. 15, 879.

53. Mais le préliminaire n'est pas nécessaire, dans le cas : — 1° De poursuites pour arriver à la liquidation ordonnée par un jugement. Cass. 14 août 1811, P. 9, 207; — 2° De demande en continuation d'une jouissance qui avait fait l'objet d'une action précédemment introduite. Bourges, 16 prair. an 9, P. 2, 207; — 3° De celle en nullité d'un rapport d'expert, alors que ce rapport se rattache à une instance déjà pendante. Florence, 23 juin 1810, P. 8, 404; — 4° De renvoi après cassation. Cass. 26 pluv. an 11, P. 3, 150; Berriat, P. 188; Merlin, *ib.*—5° De demande en supplément de légitime, alors qu'en conciliation l'héritier avait réclamé ses droits légitimaires, cette dernière demande comprenant implicitement la première. Grenoble, 28 août 1810, P. 8, 575; — 6° De celle en fixation d'une indemnité, alors qu'une sentence arbitrale a décidé que l'indemnité était due, mais sans la déterminer. Cass. 3 mars 1830, D. 30, 153; — 7° De celle en péremption. Poitiers, 14 août 1806, P. 5, 460.

54. Il en est de même lorsque la demande primitive a été restreinte. Merlin, *ib.* § 4, Pigeau, 1, 77.—V. *Appel.*

Est en conséquence dispensée du préliminaire celle par laquelle le demandeur, après avoir demandé 1° le quart d'une succession, restreint sa demande au cinquième. Cass. 8 mess. an 11; — 2° La copropriété, se borne à demander un droit d'usage sur l'immeuble litigieux. Cass. 16 nov. 1829, D. 29, 408.

55. La demande reconventionnelle n'est dispensée du préliminaire de conciliation qu'autant qu'elle est corrélative à la demande principale, ou qu'elle constitue une exception ou une défense à cette demande. Boncenne, 2, 5.—Spécialement: 1° Une action en dommages-intérêts reconventionnellement formée par suite d'une demande en nullité de mariage, est dispensée du préliminaire. Cass. 17 août 1814, P. 12, 367; — 2° Une demande tendant à une compensation; — 3° La demande d'un locataire, assigné pour garnir de meubles l'appartement loué, qui réclame la confection des réparations nécessaires pour le rendre habitable. Boncenne, 2, 5.

§ 3. — *Juge de paix compétent.*

56. Il faut distinguer entre la comparution volontaire et la comparution forcée.

57. *Comparution volontaire.* Les parties peuvent se présenter devant le juge de paix qu'elles préfèrent, encore bien qu'il ne soit pas leur juge naturel. Les règles de compétence fixées par l'art. 50 C. pr. pour le cas où le *défendeur est cité*, ne sont point obligatoires, lorsque les parties comparaissent volontairement. Ce choix rentre parfaitement dans l'esprit de la loi : c'est un présage de conciliation. Arg. C. pr. 7, 48; Boitard, 1, 121.

58. *Comparution forcée.* Le défendeur doit être cité devant le juge de paix de son domicile (C. pr. 50), — même en matière réelle. Sous ce rapport, l'art. 50 déroge à la règle fixée par l'art. 59.

Le juge de paix, qui a uniquement pour mission de concilier les parties, ne peut faire aucun acte d'instruction ; il n'a point à visiter les lieux contentieux ; et d'ailleurs il est probable que les parties auront plus de confiance dans le magistrat de leur domicile que dans tout autre qui peut leur être inconnu.

S'il y a deux défendeurs, le demandeur peut citer à son choix devant le juge de paix du domicile de l'un d'eux. *Ib.*

59. Toutefois, en matière de société (autre que celle de commerce)—V. *sup.* n° 27, tant qu'elle existe, le juge compétent est celui du lieu où elle est établie (C. pr. 50-2°) : ce juge se trouve plus à portée de connaître le véritable état des choses, et d'avoir les documens qui peuvent servir de base à un arrangement.

La loi ne parle que des sociétés civiles; à l'égard des sociétés de commerce, il n'y a pas lieu au préliminaire de conciliation. —V. *sup.* 27 et 37.

Une fois la société dissoute, la règle générale devient applicable. —V. toutefois *Partage*, n° 25 et suiv.

Si les objets compris dans la société n'ont pas de siége principal, les mots, *où elle est établie*, s'entendent du lieu où elle a éé contractée. Carré, art. 50.

60. En cas de succession, le juge de paix du lieu de l'ouverture est compétent 1° sur les demandes entre héritiers jusqu'au partage inclusivement; 2° sur les demandes intentées par les créanciers du défunt avant le partage; 3° sur les demandes relatives à l'exécution des dispositions à cause de mort, *jusqu'au jugement définitif*. C. pr. 50-3°.

On entend ici par *créanciers*, non-seulement ceux auxquels il serait dû une somme d'argent, mais encore tous ceux qui auraient à réclamer quoi que ce soit contre la succession. Carré, art. 50.

Jusqu'au jugement définitif. Ou mieux jusqu'au partage définitif. On a employé le mot jugement dans l'article, parce que le partage doit se faire en justice, du moins dans le plus grand nombre de cas.—V. d'ailleurs *Partage*, n° 96 et 100.

61. La loi ne parle point ici des faillites, elles sont de la compétence commerciale, et par conséquent dispensées du préliminaire de conciliation.

62. L'incompétence du juge de paix est couverte, si la partie citée a comparu, et n'a fait aucune réclamation. Arg. C. pr. 7 et 48. Rennes, 9 fév. 1813, P. 11, 113; Boitard, 1, 145.— V. *sup.* n° 56.

63. Si l'incompétence a été opposée, Boitard, 1, 145, pense que le juge de paix n'exerçant aucune fonction judiciaire, ne peut apprécier l'exception qui est proposée, qu'il doit se borner, si le défendeur persiste dans cette exception, à dresser un procès-verbal de non conciliation, sauf au trib. civil à décider si la citation en conciliation a été valable ou non, et en cas de non validité, à annuler la procédure.—Cet auteur nous paraît confondre la contestation qui donne lieu au préliminaire, les moyens qui s'y rattachent, et la procédure de conciliation. Il est constant que le juge de paix n'est investi d'aucune juridiction relativement à la demande, aux moyens et exceptions qui s'y rattachent; mais il n'en est pas de même de la procédure de conciliation. Quel est le juge des difficultés de procédure qui sont soulevées? Evidemment celui devant lequel cette procédure est faite, et dans l'espèce le juge de paix. — La doctrine contraire aurait le grave inconvénient de contraindre ce magistrat à constater un fait inexact. Le défendeur qui oppose l'incompétence du juge de paix, demande son renvoi devant un autre juge de paix, mais il ne s'explique pas sur le point de savoir s'il veut ou non se concilier; cependant le juge de paix devrait, dans ce cas, et alors que l'exception d'incompétence a été seule proposée, énoncer dans son procès-verbal que les parties n'ont pas voulu se concilier. D'ailleurs, la validité de la citation serait appréciée, pour la première fois, par le trib. de 1re inst., c'est-à-dire à une époque où une procédure, qui peut avoir été longue et dispendieuse, aura été faite.

§ 4. — *Procédure de conciliation.*

Art. 1. — *Formes de la citation.*

64. La comparution volontaire est plus conforme au vœu de la loi; elle épargne les frais, et laisse plus d'espoir d'arrangement. Mais quand le défendeur refuse de se rendre au bureau de paix, il devient nécessaire d'employer les voies judiciaires.

65. L'usage de ne permettre la citation en conciliation, par huissier, que lorsque le défendeur a fait défaut sur un billet d'avertissement a été autorisé par la loi. — V. *Juge de paix*, nos 160 à 164.

66. La citation en conciliation est, en général, soumise aux mêmes formalités que les *citations* (—V. ce mot) en matière de compétence : cela résulte implicitement de l'art. 51 C. pr. qui n'indique aucune forme spéciale pour cette sorte d'acte.

67. Néanmoins, l'énonciation de la demande suffit dans la citation au bureau de paix : l'indication des moyens utiles pour éclairer le défendeur, et le disposer à un arrangement n'est pas indispensable; cette différence vient de ce que dans la citation en conciliation on se borne à faire connaître une demande non encore formée, tandis que dans la citation en justice de paix l'on conclut positivement à une condamnation sur une demande que l'on forme en même temps.

68. La citation peut être donnée indistinctement par tous les *huissiers* d'un même canton, depuis l'art. 16 L. 25 mai 1838. —V. ce mot, nos 70 à 80.

69. Le délai de la citation est de trois jours au moins. Ce délai est plus long que celui de la citation en justice de paix. L'importance des affaires et l'objet de la conciliation exigent plus de réflexion de la part du défendeur.

70. Le délai est franc : on ne doit en conséquence y comprendre ni le jour de la citation, ni celui indiqué pour la comparution. Boncenne, 2, 30; Pigeau, 1, 86.

71. Si la demeure du défendeur est éloignée de plus de trois myriamètres du lieu de la comparution, le délai est augmenté d'un jour par trois myriamètres. C. pr. 1033. — V. *Citation*, nos 13 à 15; *Ajournement*, nos 47 et 48.

Art. — 2. *Cas où les parties comparaissent; procès-verbal de conciliation, ou de non-conciliation.*

72. Les parties doivent comparaître en personne, et, en cas d'empêchement, par un fondé de pouvoir. C. pr. 53.

73. Elles sont seules juges de l'empêchement. La loi ne les oblige même pas d'alléguer les motifs de cet empêchement. Elle ne pouvait en effet attribuer à un juge, qui n'a aucune compétence sur le fond de la demande, le droit de contraindre une des parties à comparaître en personne. Carré, art. 53; Boncenne, 2, 40.

74. La plus grande latitude était laissée par le C. de pr. aux parties pour le choix de leur mandataire. Elles pouvaient, contrairement à la loi du 27 mars 1791, les prendre parmi les personnes attachées à quelque titre que ce soit à l'ordre judiciaire. Berriat, 189.

Il avait été jugé, en conséquence, qu'un greffier de justice de paix, bien qu'il parût peu convenable qu'il s'abstînt de ses fonctions pour remplir celles de mandataire d'une partie près le trib. auquel il était attaché, pouvait valablement accomplir ce mandat, aucune loi n'en prononçant la nullité. Rennes, 16 août 1817, P. 14, 431; Carré, art. 53.

75. Mais l'art. 18 L. 25 mai 1838 a interdit aux huissiers le droit de représenter les parties en qualité de procureur fondé, ou de les assister comme conseil dans *toutes les causes portées devant la justice de paix.*

—V. *Huissier*, n° 105; *Juge de paix*, n°s 173 à 178.

76. La procuration doit-elle être authentique? La loi ne s'en explique pas, et dans l'usage, on admet généralement la procuration sous seing privé, pourvu qu'elle soit sur papier timbré et enregistrée.—V. toutefois *Trib. de commerce.*

77. Il n'est pas indispensable qu'elle soit spéciale.

Ainsi il a été jugé que le pouvoir de citer devant les trib., de poursuivre tous les procès qui pourraient exister ou être intentés, de les traiter par arbitrage ou suivant la rigueur des lois, renfermait celui de paraître en conciliation. Bordeaux, 4 fév. 1835 (Art. 88 J. Pr.).

78. Les frais de procuration et la vacation du mandataire sont à la charge de la partie qu'il représente. Thomine, 1, 136.

79. La procuration peut interdire au mandataire le droit de faire aucune transaction : dans ce cas, son rôle doit se borner à demander l'exécution ou le rejet de la demande en totalité.— La position du mandataire, dans cette circonstance, paraît contraire au but du préliminaire de conciliation, puisqu'il ne peut faire aucune concession. Cependant les parties appelées devant le juge de paix n'étant pas tenues d'abandonner en rien leurs prétentions, peuvent imposer à leur mandataire l'obligation de les maintenir dans leur intégralité. On conçoit, en effet, que la loi force les parties à comparaître devant le juge de paix, à peine d'une amende; mais lorsqu'elles sont empêchées de se présenter elles-mêmes, comment exiger qu'elles remettent entre les mains d'un tiers la disposition de leur fortune! Les parties peuvent donner mandat à l'effet de transiger, mais elles n'y sont pas obligées : c'est pour ce motif que l'on n'a pas répété dans l'art. 53 C. pr. la disposition de la loi de 1790 qui prescrivait cette condition. Locré, 1, 128; Thomine, 1, 136; Boncenne, 2, 142; Berriat, 189, note 21, Carré, art. 53.

80. Le mandataire ne peut faire aucune transaction, non seulement lorsque la procuration lui refuse ce droit, mais encore lorsqu'elle garde le silence à cet égard; — par exemple, lorsque la procuration se borne à énoncer *qu'il a pouvoir de se présenter devant le juge de paix sur la citation en conciliation donnée*, etç.

Le pouvoir de se concilier est insuffisant pour autoriser la transaction : en effet, la conciliation ne suppose pas nécessairement une transaction; la demande peut être acceptée ou abandonnée dans son intégralité, alors que l'une des parties, mieux éclairée sur ses droits, a cédé à la justice. Dans le doute sur les intentions du mandant, on doit leur donner une interprétation restrictive. — Si cependant les concessions faites par le mandataire étaient d'une minime importance, les trib. pourraient les maintenir comme résultant de pouvoirs suffisans. — *Contrà*, Thomine, 1, 137.

Jugé toutefois que le pouvoir de se concilier renferme celui de transiger et de reconnaître la dette jusqu'à concurrence de la demande. Douai, 13 mai 1836 (Art. 478 J. Pr.).

81. Le mari peut-il représenter sa femme au bureau de paix sans procuration? — Il faut distinguer.

S'il s'agit d'actions mobilières et possessoires, la procuration est superflue (Arg. C. civ. 1428). — S'il s'agit d'actions immobilières, elle est indispensable. Carré, art. 53.

Mais lorsque le mari a comparu devant le juge de paix tant en son nom personnel que comme mandataire de sa femme, encore bien qu'il ne fût pas muni de ses pouvoirs, celle-ci n'est plus recevable ensuite à argumenter du défaut de procuration, si elle a procédé plus tard conjointement avec son mari sans réclamer. Carré, *ib.*

Cet auteur pense que, *dans aucun cas*, l'adversaire de la femme ne peut se prévaloir du défaut de procuration du mari, et que la femme est seule intéressée à s'en plaindre. — Ce système est beaucoup trop absolu. Si l'adversaire de la femme a comparu devant le juge de paix et n'a pas opposé l'absence de pouvoirs du mari, il sera évidemment non recevable à faire valoir ultérieurement une irrégularité qui a été couverte. Cass. 10 mars 1814, D. 14, 391. — Mais, au contraire, s'il oppose devant le juge de paix cette irrégularité, la femme doit être considérée comme n'ayant pas été représentée. Il est en droit d'exiger, ou la comparution de la femme en personne, ou d'un fondé de pouvoir régulier. Il n'est pas tenu de transiger avec le mari, de se lier vis-à-vis de la femme sans obliger cette dernière.

82. Le juge de paix a qualité pour examiner si le mandat est suffisant et régulier, puisque la loi exige une procuration : il peut donc, selon les circonstances, se refuser à entendre le mandataire. — *Contrà*, Thomine, 1, 137.

83. La qualité de mandataire, une fois reconnue au bureau de paix, ne peut plus être contestée devant les tribunaux. Carré, art. 53.

84. La publicité de la comparution n'est point une condition nécessaire de la conciliation (*Contrà*, Chauveau, 7, p. 294) : il ne s'agit point ici d'une *audience* : la présence du public peut gêner les parties dans leurs explications ; il est libre au juge de paix de se déterminer pour la publicité ou le huis-clos, selon qu'il le juge convenable, pour atteindre plus efficacement le résultat de la conciliation. Carré, art. 53. — Le huis-clos est d'usage.

85. Le juge de paix peut provoquer toutes les explications propres à amener la conciliation entre les parties. — C'est à tort que M. Carré, n° 227, semble lui refuser ce droit. — V. toutefois *inf.* n° 94.

86. Le demandeur a le droit d'expliquer sa demande, de la restreindre ou de l'*augmenter* (C. pr. 54), c'est-à-dire de réclamer les objets qui tiennent essentiellement à sa demande : par exemple, les intérêts d'un capital. Carré, art. 54.

Mais il ne peut former une demande nouvelle différente de celle qui est l'objet de la citation. C. pr., art. 52 ; Carré, *ib.* — V. *sup.* n° 44.

87. Le défendeur a le droit de repousser les prétentions du demandeur, en formant contre lui telle demande *qu'il juge convenable*. C. pr. 54, 464.

Toutefois, celle qui ne servirait pas de défense à la demande formée contre lui, ne pourrait être proposée sans une citation préalable ; en effet, le défendeur se trouverait demandeur à l'égard de cette nouvelle demande. Cass. 17 août 1814, P. 12, 367. — V. *sup.* n° 6.

88. Le serment peut être un moyen de soutenir une demande et d'y répondre. Chacune des parties peut le déférer à

son adversaire : le juge de paix le reçoit, ou fait mention du refus de le prêter. C. pr. 55.

89. Le juge de paix ne peut le déférer d'office : ce serait d'ailleurs prononcer une sorte d'interlocutoire ; et le juge de paix, qui n'est compétent que pour la conciliation, ne peut rien ordonner qui se rattache au fond. — V. *sup.* n° 6.

90. La partie à qui le serment est déféré peut-elle le référer à l'autre ? — Quoique ce droit n'ait pas été mentionné au titre de la conciliation, il n'en existe pas moins : celui qui défère le serment est demandeur en son exception, et il doit, en cette qualité, faire la preuve ; or, lui référer le serment, ce n'est que le mettre en demeure de fournir une preuve qui est à sa charge. Carré, art. 55.

91. Si le serment a été prêté, il produit tous les effets du serment décisoire. C. civ. 1358 (—V. *Serment*). Pigeau, 1, 44; art. 55.

92. Mais le refus de prêter le serment ne doit être considéré que comme un refus de conciliation et ne saurait produire d'autres résultats. On ne peut, en effet, appliquer aux parties qui comparaissent devant un juge de paix pour se concilier, les art. 1361 et 1357 qui n'ont disposé que pour les cas où les plaideurs se trouvent devant le juge qui doit connaître de leur différend, et alors qu'ils sont assistés de conseils qui les éclairent sur les conséquences d'un serment prêté ou refusé. Le juge de paix ne remplit aucune fonction judiciaire comme magistrat conciliateur ; sa mission unique consiste à rapprocher les parties et à constater, soit la conciliation, soit la non conciliation.

Conséquemment le refus de serment laisse entiers les droits des parties ; celle qui l'a déféré peut ne plus le demander devant le trib., de même qu'il ne peut être élevé aucune *fin de non-recevoir* contre la partie qui a refusé de le prêter. Cass. 17 juill. 1810, P. 8, 465 ; Carré, art. 55 ; Toullier, 10, n° 370; Merlin, *R.* v° *Bureau de conciliation*, 98 ; Pigeau, 1, 90, note 1 ; Berriat, 190, note 24, n° 3 ; Boncenne, 2, 43. — *Contrà* Duranton, 13, n° 569.

93. La conciliation ou la non-conciliation des parties est constatée par un procès-verbal.

S'il y a conciliation, ce procès-verbal doit contenir *toutes les conditions* de l'arrangement ; dans le cas contraire, il suffit d'indiquer *sommairement* que les parties n'ont pu s'accorder. C. pr. 54.

94. *Sommairement*, énoncera-t-on les dires, aveux et dénégations des parties, ou seulement qu'elles se sont ou non conciliées ? — L'art. 3, tit. 10, L. 16 août 1790, portait : « Dans le cas où les deux parties comparaîtront devant le bureau de paix, il dressera un procès-verbal sommaire de leurs dire, aveux ou

dénégations sur les points de faits. » — L'art. 54 C. pr. a substitué à cette disposition celle-ci : « Il sera fait *sommairement* mention que les parties n'ont pu se concilier. » — De cette différence de rédaction, on doit conclure que le C. de pr. a interdit au juge de paix d'insérer dans son procès-verbal des dires, aveux et dénégations. Le désir de modifier l'ancien état de choses, résulte évidemment de la discussion à laquelle l'art. 54 a donné lieu et du rejet de la portion de cet article qui complétait la disposition de la loi de 1790, en ces termes : « Le juge d'office, ou sur la demande de l'une des parties, fera à l'autre des interpellations, pourront même les parties s'en faire respectivement, et *du tout sera fait mention, ainsi que des dires, aveux et dénégations des parties*. — Le vœu de la loi a été que les parties, en paraissant devant le magistrat conciliateur, aient la certitude que leur inexpérience ou leur ignorance des affaires ne pourra, dans aucun cas, préjudicier à leurs intérêts : cette sécurité n'existerait pas si elles savaient que leurs déclarations dussent être enregistrées, et qu'elles pourront leur être opposées ultérieurement. D'ailleurs un adversaire habile parviendrait, par des questions captieuses et détournées, à embarrasser l'autre partie, et amènerait ainsi des réponses et des déclarations compromettantes pour les intérêts de celle-ci. Boncenne, 2, 40; Boitard, 1, 148; Carré, art. 54; Victor Augier, 2, 150; Pigeau, 1, 90, note 2; Thomine, 1, 138. — *Contrà*, Toullier, 8, 120.

M. Thomine pense, avec raison, que le juge de paix doit refuser de relater dans son procès-verbal les dires, aveux ou dénégations des parties, alors même que celles-ci le lui demanderaient.

95. Le procès-verbal doit être signé par les parties ou par leurs mandataires.

96. La cause qui empêche une partie de signer est valablement constatée par le juge de paix, et supplée à la signature, sans laquelle les conventions seraient nulles. Levasseur, n° 217; Carré, *ib.*

97. La minute du procès-verbal est rédigée par le greffier et reste au greffe.—Il n'y a pas lieu à autant d'originaux qu'il y a de parties intéressées. Carré, *ib.*

98. Quel est le caractère des procès-verbaux de conciliation, et quels en sont les effets?

Le juge de paix étant un officier public, les conventions insérées dans ses procès-verbaux auraient dû avoir force d'actes authentiques (C. civ. 1317); mais l'art. 54 C. pr., dans la crainte que les parties, sous prétexte de se concilier, ne se présentassent devant le juge de paix pour obtenir, sans le ministère des notaires, un acte authentique (Treilhard, p. 25), ce qui eût fait manquer aux justices de paix le but de leur institution, n'accorde à ces conventions que *la force d'obligations privées*. Ainsi la convention n'est pas exécutoire comme les actes passés devant notaire; elle n'emporte pas hypothèque, etc.; mais l'acte n'en est pas moins authentique, en ce sens qu'il est reçu par un officier public, et qu'il doit faire foi jusqu'à inscription de faux. C. civ. 1319. Carré, art. 54; Berriat, 190, note 25; Pigeau, 1, 89.

Art. 3. — *Cas où les parties font défaut.*

99. En cas de non-comparution de l'une des parties, il en est fait mention sur le registre du greffe de la justice de paix, et sur l'original ou la copie de la citation, sans qu'il soit besoin de dresser procès-verbal. C. pr. 58.

100. Celle des parties qui ne comparaît pas est condamnée à une amende de 10 fr., et toute audience lui est refusée jusqu'à ce qu'elle ait justifié de la quittance. C. pr. 58. — Mais, au moyen du paiement de cette amende, le demandeur qui, sur sa propre citation, n'a pas comparu au bureau de paix, peut assigner le défendeur devant le trib. de 1re inst. Carré, n° 242.

101. La partie qui n'a pas comparu peut obtenir la remise de l'amende, en justifiant d'une maladie ou d'un événement de force majeure, qui l'a mise dans l'impossibilité d'obéir à la citation. Décis. du min. de la justice, 15 nov. 1808; Carré, art. 56.

102. Seraient insuffisans pour produire cet effet, 1° un certificat d'indigence. Locré, 1, 235.

2° L'irrégularité de la citation, le défendeur doit comparaître pour opposer les vices de la citation et demander son annulation. Carré, art. 56.

103. La remise de l'amende entraîne celle du refus d'audience. Carré, *ibid.*

104. C'est au trib., et non au juge de paix, qu'il appartient de prononcer les amendes encourues par défaut de comparution. Décis. du grand-juge, 31 juill. 1810. — Conséquemment, si le demandeur abandonne la demande, dont la citation en conciliation annonçait le projet, l'amende n'est pas perçue, aucun trib. ne pouvant la prononcer. *Même décision.*

105. L'amende ne se prescrit que par trente ans; la prescription de deux ans établie par l'art. 61, L. 22 frim. an 7, n'est pas applicable. Cass. 11 nov. 1806, P. 5, 537.

§ 5. — *Effets du préliminaire de conciliation.*

106. Le préliminaire de conciliation a trois principaux effets. 1° Il autorise à poursuivre l'action : on est obligé, à peine de nullité, de produire avec l'ajournement le certificat de non-conciliation ou de non-comparution. C. pr. 48, n° 6. — V. d'ailleurs *Ajournement*, n° 90 à 93.

107. 2° Il interrompt la prescription du jour de la citation si la demande a été *formée* dans le mois, à partir du jour de la comparution ou de la non-conciliation. C. pr. 57. — Il suffit que la demande ait été formée dans le mois. Il n'est pas nécessaire que la demande ait été suivie de jugement. Cass. 17 nov. 1807, P. 6, 345; Carré, art. 57.

108. Le délai d'un mois, à partir de la comparution ou de la non-conciliation, n'est point susceptible de l'augmentation d'un jour par trois myriamètres de distance; cette augmentation n'est établie, en général, qu'en faveur du défendeur. Paris, 4 juill. 1809, P. 7, 660; Carré, art. 57; Favard, *R.*, 1, 632.

109. La prescription est-elle interrompue dans le cas même où l'action à intenter ne serait pas sujette au préliminaire de la conciliation?

L'affirmative est enseignée sans distinction par MM. Favard, v° *Prescription*; Vazeille, *ib.*, n° 191; Arg. C. civ. 2246.

M. Delvincourt, 2, 640, notes, n° 9, restreint avec raison cette solution, au cas où l'affaire, quoique dispensée du préliminaire de conciliation, est néanmoins susceptible de se terminer par une transaction. Ainsi jugé à l'égard d'une action en désaveu de paternité intentée par des héritiers dans un intérêt pécuniaire. Cass. 9 nov. 1809, P. 7, 867. Troplong, v° *Prescription*, 2, n° 592.

Mais la citation ne doit pas avoir de force interruptive de prescription dans les affaires non susceptibles de transaction : c'est alors un acte frustratoire. Delvincourt, Troplong, *ib.*

110. Elle est encore interrompue si la citation a été suivie dans le mois d'un compromis portant nomination d'arbitres, bien qu'il n'ait pas été statué sur le compromis. Paris, 9 juin 1826, D. 31, 10. — Mais la citation cesse d'être interruptive de prescription si le compromis tombe en péremption. Limoges, 29 avril 1836, P. 1837, 2, 480.

111. La comparution *volontaire* des parties au bureau de paix, interrompt-elle la prescription? — L'art. 57 C. pr. ne parle que de la citation; cependant on n'en doit pas conclure que la comparution volontaire devant le juge ne puisse produire le même effet : lors de cette comparution, le demandeur interpelle son adversaire, et réclame l'exécution de son droit. Au jour de cette comparution, la volonté d'agir est donc clairement manifestée et le défendeur suffisamment averti, et plus complètement même qu'il ne le serait par une citation. D'ailleurs le système contraire tendrait à empêcher la comparution volontaire que la loi a voulu favoriser. Boncenne, 2, 60; Victor Augier, 2, 159; Troplong, v° *Prescription*, 2, n° 590; —*Contrà*, Colmar, 5 juill. 1809, P. 7, 663; Carré, art. 57.

112. Au reste, la citation en conciliation ne peut donner à l'action une plus longue durée que celle qui lui appartient par sa nature et qui est déterminée par la loi. — Spécialement, le délai de l'action en rescision limitée à dix ans par l'art. 1304 C. civ. n'est pas prolongé à trente ans. Arg. Cass. 22 mess. an 11, P. 3, 359.

113. La citation en conciliation fait courir les intérêts, pourvu qu'elle soit suivie d'une assignation régulière dans le mois de la non-conciliation. C. pr. 57.

Néanmoins, ces intérêts ne courent pas de plein droit; il faut qu'ils soient *expressément* demandés. Carré, art. 57.—V. *Ajournement*, n° 106.

§ 6. — *Timbre et enregistrement.*

114. *Timbre*. Ne sont pas sujets au timbre les avertissemens dont il est parlé *sup*. n° 65. Décis. min. fin. 16 oct. 1827 (Instr. 1236, § 9).—V. d'ailleurs *Greffe*, n° 160.

115. Les cédules y sont soumises. — V. *Timbre*.

116. Les procès-verbaux des bureaux de paix peuvent être rédigés sur un registre en papier timbré.

117. *Enregistrement*. La cédule délivrée par le juge de paix pour citer devant le bureau de conciliation, est exempte de la formalité de l'enregistrement, sauf le droit sur la *signification* de la cédule (—V. ce mot). L. 18 therm. an 7; Circ. 1640.

118. La mention de non-comparution de l'une des parties sur le registre du greffe et sur l'original ou la copie de la citation, est dispensée de l'enregistrement. Déc. min. fin. 7 juin 1808.

119. Le procès-verbal de non-conciliation est assujetti à l'enregistrement sur minute, et passible du droit fixe de 1 fr. L. 22 frim. an 7, art. 68, § 1, n° 47; Déc. min. fin. 10 sept. 1823.

120. Le procès-verbal de conciliation est passible des droits auxquels auraient donné lieu les conventions qu'il renferme, si elles avaient été passées pardevant notaire, ou par acte sous seing privé.

S'il ne contient aucune convention donnant ouverture au droit proportionnel, ou dont le droit proportionnel ne s'élèverait pas à 1 fr., il est assujetti au droit fixe de 1 fr. *Même article*. — Spécialement, s'il porte nomination d'experts ou d'arbitres, ou compromis. Trouillet, v° *Bureau de paix*, n° 3.

121. Les droits sont les mêmes dans le cas de comparution volontaire que dans le cas de comparution sur citation. Délib. 12 juill. 1817.

§ 7. — *Formules.*

FORMULE I.

Citation en conciliation.

(C. pr. 52. — Tar. 21. — Coût, 1 fr. 50 c.)

L'an , etc. à la requête de , etc.

J'ai , etc.

Soussigné, cité le sieur

A comparaître le heure de , par-devant M. le juge-de-paix de , tenant bureau de paix et de conciliation, au lieu ordinaire de ses séances, sis à , rue

Pour se concilier, si faire se peut, sur la demande que le requérant est dans l'intention de former contre lui, pour, attendu que ledit sieur est débiteur dudit requérant d'une somme de 1000 fr., ainsi que cela résulte d'un billet par lui souscrit le enregistré, s'entendre condamner à payer au requérant ladite somme de 1000 fr.

Se voir également condamner aux intérêts de ladite somme suivant la loi, et en outre aux dépens;

Lui déclarant que faute par lui de comparaître, il sera condamné à l'amende de 10 fr., prononcée par la loi, et pour qu'il n'en ignore, etc.

(*Signature de l'huissier.*)

FORMULE II.

Pouvoir pour comparaître en conciliation.

(Arg. C. pr. 53. — Coût, — il n'est rien alloué.)

Je soussigné , etc.

Donne pouvoir à , de pour moi et en mon nom, se présenter au bureau de paix et de conciliation tenu par M. le juge-de-paix de

Sur la demande que j'ai formée (*ou contre moi formée*) par exploit de , etc.

Se concilier, si faire se peut, sur ladite demande, et généralement faire tout ce qu'il croira convenable à mes intérêts (1), promettant l'approuver. Fait à le —Bon pour pouvoir . (*Signature.*)

FORMULE III.

Mention de défaut.

Le sieur n'est point comparu sur la citation à lui donnée par l'exploit ci-contre.

Paris le 1840, (*Signature du greffier.*)

FORMULE IV.

Procès-verbal de non-conciliation.

L'an , devant nous (*noms, qualités et demeure du juge-de-paix*) s'est présenté le sieur (*noms, demeure et profession*), lequel nous a dit que par exploit du ministère de en date du , enregistré, il a fait citer à comparaître cejourd'hui, par-devant nous, le sieur (*noms, demeure et qualités*), pour se concilier, si faire se peut, sur la demande qu'il est dans l'intention de former contre lui pour (*rappeler les conclusions de la citation*); et a signé. (*Signature de la partie.*)

Est aussi comparu le sieur (*noms, demeure et profession*)

Lequel nous a dit qu'il ne pouvait se concilier sur la demande dont il s'agit, et a signé (*Signature de la partie*). Pourquoi, après avoir entendu les parties, et tenté inutilement de les concilier, nous les avons renvoyées à se pourvoir, et avons signé avec notre greffier. (*Signature du juge et du greffier.*)

FORMULE V.

Procès-verbal de conciliation.

L'an, etc. (*comme à la formule précédente.*)

Est aussi comparu le sieur etc.

---

(1) Le pouvoir de transiger et compromettre peut être ajouté, mais n'est pas exigé. — V. *sup.* n° 79 et 80.

Et après que les parties se sont expliquées, elles sont convenues de ce qui suit : (*conventions des parties*).

Et ont les parties signé avec nous et notre greffier :

(*Signatures du juge, du greffier et des parties.*)

PRÉNOMS. — V. *Ajournement*, n° 8 ; *Exploit*, n° 11 ; *Noms.*

PRÉPARATOIRE (JUGEMENT). — V. *Jugement*, n°s 10 et suiv.

PRESCRIPTION. Moyen d'acquérir ou de se libérer. — *D'acquérir*, — V. *Action possessoire* ; — *de se libérer*, — V. *inf.* n° 1 et suiv.

1. Les actions se prescrivent en général par trente ans. C. civ. 2262. — à moins toutefois que la loi ne les ait soumises à une prescription spéciale, et plus courte. — V. *Agent de change*, n°s 20, 25 ; *Avocat à la Cour de cassation*, n°s 25 et 26 ; *Avoué*, n°s 187 et 188 ; *Enregistrement*, § 7 ; *Garde du commerce*, n°s 27 et 28 ; *Huissier*, n°s 267 à 271 ; *Hypothèque*, n°s 46 et 55 ; *Notaire*, n° 63 ; *Responsabilité*, etc.

2. La prescription trentenaire est seule applicable aux *jugemens* contradictoires et aux jugemens par défaut faute de conclure. —V. ce mot, n°s 335 à 337. — Quant aux *jugemens par défaut* contre partie. — V. ce mot, n° 226 et suiv.

3. Le serment peut être déféré, sur la question de savoir si la chose a été réellement payée, à ceux qui opposent les prescriptions des art. 2271, 2272, 2273 C. civ. et à leurs veuves, héritiers ou tuteurs, s'ils sont mineurs, pour qu'ils aient à déclarer s'ils ne savent pas que la chose soit due. C. civ. 2275.

4. La prescription peut être interrompue ou naturellement (— V. C. civ. 2243, *Action possessoire*), ou civilement.

5. L'interruption civile a lieu par une citation en justice, un commandement ou une saisie signifiés à celui que l'on veut empêcher de prescrire. C. civ. 2244.—V. *Ajournement*, n° 103 ; *Commandement*, n° 15 ; *Préliminaire de conciliation*, n° 107 ; *Saisie.*

—V. *Désistement* ; *Interrogatoire*, n° 7 ; *Péremption*, n° 3.

PRÉSÉANCE. Droit de prendre place avant une autre personne.

1. Le décret du 24 mess. an 12 règle le rang que doivent occuper les différentes autorités constituées dans les cérémonies publiques.

2. Les avoués et les huissiers, faisant en quelque sorte partie des trib. près desquels ils exercent leurs fonctions, doivent prendre place immédiatement après les magistrats qui les composent.

3. Les notaires, à raison de leur caractère d'officier public, ont le pas sur les officiers ministériels qui n'accompagnent pas le trib., lorsqu'ils se trouvent en leur présence ; par exemple,

pour des prestations de serment. Il en était de même sous l'ancienne jurisprudence. Parlem. Paris, 20 fév. 1592, 21 août 1660; Cons. privé, 9 août 1762.

4. Mais lorsqu'ils ne marchent pas avec le trib. auquel ils sont attachés, aucun rang particulier ne leur est assigné.

Il en est de même des notaires; ils forment aujourd'hui une corporation séparée.

PRÉSENTATION. Autrefois la constitution d'avoué se faisait au greffe par un acte écrit, nommé *présentation*.

V. d'ailleurs *Distribution par contribution*, n° 35.

PRÉSENTATION D'UN SUCCESSEUR. — V. *Office*.

PRÉSIDENT. Chef d'un tribunal ou d'une Cour.

Le président, ou le juge qui le remplace, autorise ou fait beaucoup d'actes où l'intervention immédiate du trib. n'est pas nécessaire; il peut, en général, prendre toutes les mesures d'urgence. — V. *Ordonnance; Référé*.

Il est en outre chargé de la police des *audiences*. — V. ce mot, § 3; — de prononcer le jugement; de vérifier les feuilles d'audience; de les signer; de régler les parties sur l'opposition aux qualités. — V. *Jugement*, n°s 191 et 260; — de concilier les époux en cas de *séparation de corps*. C. pr. 878. — V. ce mot; — d'ordonner l'arrestation des enfans, requise par leurs parens ou tuteurs. C. civ. 376, 377, 468; — de choisir les experts et les notaires dans certains cas. — V. *Inventaire*, n° 104; *Scellés*. C. pr. 928, 931, 935.

— V. d'ailleurs *Absence*, n°s 10, 41; *Actes de l'état civil*, n° 1; *Copie*, n° 41; *Emprisonnement*, n°s 95, 194, 307; *Exécution*, n° 53; *Expertise*, n° 88; *Légalisation*, n° 5.

PRÉSIDENT (CHAMBRE DU). Les contestations relatives aux communes sont réservées à la chambre où le président siége habituellement. Décr. 30 mars 1808, art. 60. —V. d'ailleurs *Discipline*, n° 205; — Toutefois, lorsque le procès a été renvoyé à une autre chambre, il y a présomption légale que ce renvoi a été fait pour le bien du service, et conformément au décret du 18 août 1810, art. 35; il n'en peut résulter aucun moyen d'incompétence contre le jugement à intervenir. Cass. 23 juill. 1834, D. 34, 400. — V. *Distribution de cause*.

PRÉSIDIAUX. Tribunaux établis autrefois (1551) dans certains bailliages et sénéchaussées, pour connaître en dernier ressort de différentes matières, jusqu'à concurrence de 2,000 livres.

PRESTATION DE SERMENT. — V. *Serment*.

PRÉSUMÉ ABSENT. — V. *Absence*, n° 3 et suiv.

PRETE-NOM.— 1. L'emprisonnement est nul s'il est fait à la requête d'un prête-nom. — *Contrà*, Paris, 25 janv. 1810, P. 8, 62. — Spécialement le cessionnaire, alors même que la cession n'a pas été notifiée, ne peut faire emprisonner le débiteur cédé en agissant sous le nom du cédant. Paris, 17 sept. 1829, S. 30, 41.

PRINCES FRANÇAIS. — V. *Inventaire*, n° 199; *Roi*; *Scellés*.

PRINCIPAL. Ce mot a plusieurs acceptions. — V. les mots suivans.

PRINCIPAL ou FOND. Se dit par opposition à ce qui n'est que de forme. — V. *Exception*, n° 7; — Ainsi *faire droit au principal* signifie juger le fond.

PRINCIPALE (DEMANDE). Se dit par opposition à une demande accessoire ou reconventionnelle. — V. *Appel*, n° 294; *Préliminaire de conciliation*.

PRINCIPALE (SOMME). Se dit d'un capital, par opposition aux intérêts qu'il produit.

PRINCIPALES (CONCLUSIONS). Se dit par opposition aux conclusions *subsidiaires*. — V. ce mot.

PRISE A PARTIE. Voie extraordinaire ouverte au plaideur, dans les cas prévus par la loi, contre le juge, pour le faire déclarer responsable du tort qu'il lui a causé. Le juge prévaricateur semble se mettre à la place de l'autre partie, et s'en constituer le défenseur. *Litem suam facit.*

DIVISION.

§ 1. — *Caractères de la prise à partie.*
§ 2. — *Personnes qui peuvent être prises à partie.*
§ 3. — *Dans quels cas.*
§ 4. — *Procédure.*
§ 5. — *Jugement.*
§ 6. — *Effets de la prise à partie.*
§ 7. — *Formules.*

§ 1. — *Caractères de la prise à partie.*

1. *Historique.* A Rome, le juge était responsable de sa sentence. *Inst. pr. de oblig. quæ quas. ex delict.*

En France, dans les premiers temps de la monarchie, il pouvait être provoqué au combat, et le *jugement de Dieu* décidait de la validité de la sentence; — au combat judiciaire succéda l'obligation pour les juges inférieurs de comparaître devant les trib. plus élevés, afin de soutenir leur décision. Rodier, tit. 25, ord. 1667, art. 1er; — enfin, l'on sentit que la dignité de la magistrature exigeait que ses membres ne fussent plus ainsi détournés de leurs fonctions; la partie seule qui avait obtenu gain de cause put être intimée pour défendre la sentence attaquée : de là, la maxime *que le fait du juge est celui de la partie.*

Toutefois, l'obligation pour le juge prévaricateur d'indemniser la partie, fut reconnue dans certains cas, et la voie de la prise à partie (dont on retrouve des traces dans la loi salique, Boncenne, 1, 397 et suiv.) a été admise successivement par les ordonn. de Blois, de 1667, et par le C. pr.

2. Cette action, à la différence de la *requête civile* et de la *tierce-opposition* (—V. ces mots), ne tend pas directement à faire rétracter le jugement. — V. *inf.* n° 54.

Si la prise à partie est rangée par le Code au nombre des *voies extraordinaires pour attaquer les jugemens,* c'est uniquement parce que le succès de l'attaque dirigée contre le juge, à raison d'une décision qu'il a rendue, dépend de la preuve de l'injustice de cette décision.

3. Tous les cas de forfaiture donnent ouverture à la prise à partie, si un intérêt privé se trouve lésé; cependant il ne faut pas confondre ces deux actions : la première est une action criminelle par laquelle on obtient la répression de la prévarication du magistrat; la seconde, au contraire, est une action purement civile.

4. La prise à partie constitue une action extraordinaire et de rigueur dont on ne saurait permettre l'usage que dans les cas et suivant les formes indiquées par la loi. Berriat, 466, note 2.

5. Le plaideur fondé à prendre son juge à partie n'a pas la faculté de lui demander des dommages-intérêts par la voie civile ordinaire : l'intérêt public exige que la dignité des magistrats ne soit pas compromise, comme elle le serait si chaque partie pouvait les traduire devant des juges inférieurs. La loi a établi des formes protectrices dont il n'est pas permis de s'écarter. Carré, art. 505; Lepage, 342.—V. *Dépens*, n° 62.

Toutefois, il ne serait pas nécessaire de recourir à la prise à partie si le juge était poursuivi criminellement à raison du fait dont le plaideur demanderait réparation ; dans ce cas, il se porterait valablement *partie civile.* — V. ce mot.

6. L'action en prise à partie dure 30 ans. Poncet, *Jugemens*, 2, 397.

§ 2. — *Personnes qui peuvent être prises à partie.*

7. La prise à partie peut être exercée contre *tous les juges* en général, c'est-à-dire contre l'un ou plusieurs des juges d'un trib., soit même contre le trib. tout entier. Arg. C. pr. 505, 509. Pigeau, 1, 793.

8. Par le mot *juge* la loi comprend tous les officiers de l'ordre judiciaire qui administrent la justice : tels que juges de paix,

prud'hommes, membres des trib. de 1re inst., de commerce, ou des cours royales. Arg. C. pr. 509.

9. Cette expression embrasse même : 1° ceux qui n'exercent le pouvoir de *juge* qu'accidentellement, comme les suppléans, les avocats et les avoués appelés pour compléter le trib. : ils deviennent en effet magistrats pour la décision de la cause qu'ils sont appelés à juger, et doivent être soumis aux mêmes obligations. Poncet, 2, n° 592;

10. 2° Les arbitres en matière d'*arbitrage* forcé. — V. ce mot, n° 16.

11. 3° Les officiers du *ministère public*. (—V. ce mot, n° 36). C. inst. cr. 122, 271.

12. Il n'est même pas besoin d'autorisation du gouvernement pour agir contre eux par la voie de la prise à partie. La C. cass. avait jugé le contraire par deux arrêts des 30 frim. an 12 et 25 frim. an 14; mais cette jurisprudence est implicitement abrogée par les art. 483 et 486 C. inst. cr. Merlin, *Rép.* v° *Prise à partie*, § 3; Carré, art. 505, n° 1800; Berriat, 466, note 3. — V. d'ailleurs C. inst. cr. 164, 370, 593.

13. Si le juge est mort, la prise à partie qu'on aurait pu exercer contre lui est valablement dirigée contre ses héritiers ou représentans : le but unique de cette action est d'obtenir des dommages-intérêts; par conséquent elle affecte les biens de celui qui y est exposé. Le trib. appelé à statuer sur la demande doit seulement avoir égard à la difficulté qu'éprouve nécessairement l'héritier de défendre à une action qui ne lui est pas personnelle. Carré, *ib.* n° 1803; Thomine, 1, 756.

14. La prise à partie fondée sur un jugement émané d'un trib. entier peut-elle être dirigée contre un de ses membres seulement? — Non : la délibération étant secrète, on ne saurait supposer à un juge une opinion qui n'a peut être pas été la sienne, ni prétendre que sa voix a entraîné celle des autres. Carré, n° 1802. — V. toutefois *Discipline*, n° 27.

§ 3. — *Cas dans lesquels il y a lieu à prise à partie.*

15. Il y a lieu à prise à partie dans quatre cas : 1° s'il y a dol, fraude ou concussion, de la part du juge; — 2° si la prise à partie est expressément prononcée par la loi; — 3° si la loi déclare les juges responsables, à peine de dommages-intérêts; — 4° s'il y a déni de justice. C. pr. 505.

Cette énumération est limitative. — V. *sup.* n° 4.

16. 1er *cas.* Il y a dol et fraude lorsqu'il paraît évident que c'est par faveur ou par haine que le juge a rendu sa décision.

Il y a concussion si c'est par cupidité. L. 15 *D. de judiciis*; Berriat, 467.

17. Le dol, la fraude ou la concussion peuvent avoir eu lieu, soit pendant l'instruction, soit lors du jugement.

18. Est réputé coupable de dol, et par conséquent soumis à la prise à partie : le juge de paix qui, au mépris des récusations à lui notifiées, statue sur la contestation qui lui est soumise sans statuer également sur la demande en sursis formée devant lui. Amiens, 23 mars 1825, S. 25, 417.

19. Mais on ne peut prendre à partie une Cour à raison des motifs prétendus diffamatoires consignés dans l'un de ces arrêts, alors que par ces motifs elle a discuté et apprécié des faits qui faisaient l'objet du procès; elle était dans l'exercice de ses fonctions. Arg. L. 17 mai 1819, art. 23 ; Cass. 22 fév. 1825, S. 25, 407.—V. d'ailleurs *Appel*, n° 22.

20. La faute grossière doit-elle être assimilée au dol?—Non. S'il résulte de diverses dispositions du C. civ. que celui qui commet une faute dommageable à autrui est tenu de la réparer, et que la faute grave oblige, en certains cas, comme le dol et la fraude, à des dommages-intérêts, il ne s'ensuit pas que les juges puissent être pris à partie pour avoir commis, dans l'exercice de leurs fonctions, une faute, même grossière, mais sans dol ni fraude prouvée; on ne saurait raisonner par analogie en matière de prise à partie; tout est de rigueur en pareil cas, et on ne peut y appliquer les maximes ordinaires du droit civil, puisqu'il n'y est pas seulement question d'une réparation pécuniaire et de dommages-intérêts, mais de l'honneur et de l'état des magistrats dénoncés. Cass. 17 juill. 1832, S. 32, 484; Thomine, 1, 757.

La même Cour, le 23 juill. 1806 (S. 6, 486), avait cependant admis la prise à partie contre un juge d'instruction pour avoir décerné un mandat d'arrêt à raison d'un fait qu'il n'avait pu regarder comme délit que par une erreur grave. Toullier, 11, 283; Berriat, 467, note 5; Merlin, v° *Prise à partie*, § 1er, n° 5; Favard, *ib*. § 1er, n° 2.

21. 2e *cas*. Le C. de pr. ne prononce expressément la prise à partie dans aucune circonstance; mais il en est autrement en matière criminelle. — V. C. inst. crim. 77, 112, 164, 271, 370, 593.

22. 3e *cas*. La loi déclare responsables, à peine de dommages-intérêts : 1° les juges qui prononcent la contrainte par corps en matière civile, hors des circonstances prévues par la loi. C. civ. 2063 ; — 2° le juge de paix qui laisse périmer par sa faute une instance liée devant lui. C. pr. 15 ; — 3° le juge de paix qui fait la levée des scellés avant l'expiration des délais légaux. C. pr. 928. — V. d'ailleurs C. pén. 114, 117, 119. — Les dommages-intérêts sont alors demandés par la voie de la prise à partie. Pigeau, 1, 791.

23. 4ᵉ *cas*. Il y a déni de justice : 1° lorsque les juges refusent de répondre les requêtes qui leur sont présentées. C. pr. 506 ; — 2° quand ils négligent de juger les affaires en état et en tour d'être jugées. C. pr. 506 ; — 3° lorsqu'ils refusent de juger, sous prétexte du silence, de l'obscurité ou de l'insuffisance de la loi. C. civ. 4.

24. Jugé qu'il y a déni de justice : 1° si un trib. renvoie à faire droit sur une partie non contestée de la demande jusqu'à ce que la partie litigieuse de cette demande soit en état d'être jugée. Turin, 23 juin 1807, S. 8, 499.

25. 2° Si, dans le cas d'une substitution ouverte par le décès du premier grevé, le réclamant est renvoyé pour l'examen de ses droits aux biens substitués, jusqu'à l'événement d'une condition par suite de laquelle un tiers deviendrait propriétaire de ces biens : le réclamant a qualité pour faire juger dès maintenant s'il est ou non propriétaire. Cass. 2 janv. 1810, S. 13, 107.

26. Le déni de justice est constaté par deux réquisitions faites aux juges en la personne du greffier, et signifiées de trois en trois jours au moins pour les juges de paix et de commerce, et de huitaine en huitaine au moins pour les autres juges. — Tout huissier requis est tenu de faire ces réquisitions, à peine d'interdiction. C. pr. 507 ; — qui doit être prononcée par son tribunal. Prat. fr. 3, 338.

27. Si le greffier est trouvé hors de son greffe, les réquisitions lui sont valablement faites parlant à sa personne : la loi n'exige pas que l'acte ait lieu au greffe. Carré, n° 1810.

Le greffier doit viser l'original. Arg. C. pr. 1039. Carré, *ib.*

28. Les réquisitions sont indispensables pour rendre le juge passible de dommages-intérêts. En conséquence, si elles n'avaient pas été faites il ne pourrait pas être pris à partie, encore bien que sa négligence à répondre une requête eût fait encourir une déchéance à la partie. Grenoble, 15 fév. 1828, S. 29, 131.

29. Après les deux réquisitions, le juge peut être pris à partie. C. pr. 508. — Pourvu toutefois que le trib. compétent autorise cette action. — V. *inf.* n° 36.

30. Le déni de justice ne peut jamais être poursuivi que par la voie de la prise à partie ; on serait non-recevable à se pourvoir par appel. En effet de deux choses l'une : ou l'affaire dont il s'agit est de nature à être jugée en dernier ressort par le trib. devant lequel elle est portée; ou elle est de nature à subir deux degrés de juridictions. Or, au premier cas, il est clair qu'on ne peut pas la porter au trib. supérieur : il serait incompétent, *ratione materiæ*, et au second cas le trib. supérieur ne devrait en connaître qu'après qu'elle aurait subi un premier degré de juridiction. Merlin, *Rép.*, v° *Déni de justice;* Carré, n° 1808.

Il faut alors pour faire juger le fond, se pourvoir, comme

dans le cas où un trib. se trouve, par le défaut d'un nombre suffisant de magistrats, dans l'impuissance de remplir ses fonctions, c'est-à-dire par la voie de *règlement de juges* pour conflit négatif. (— V. ce mot.) Merlin, *Rép.*, v° *Cassation*, n° 3; Carré, *ib.*

Toutefois, le trib. supérieur serait compétent pour juger le fond si les premiers juges s'étaient mal à propos démis d'une affaire disposée à recevoir une décision définitive. Cass. 6 therm. an 2; Merlin, *Rép.*, v° *Déni de justice*; Carré, *ib.*—V. *Appel*, n° 324.

§ 4. — *Procédure.*

31. *Tribunal compétent.* La prise à partie contre les juges de paix, contre les trib. de commerce ou de 1re inst., ou contre quelqu'un de leurs membres, et la prise à partie contre un conseiller à une C. roy. ou à une C. d'assises doivent être portées à la C. roy. du ressort. C. pr. 509. — La prise à partie contre les C. d'assises, contre les C. roy. ou l'une de leurs chambres est portée à la C. de cassation, *ib.* — Autrefois elle l'était à la haute Cour.

32. La demande en prise à partie dirigée contre un juge de 1re inst. ne peut être renvoyée à un trib. de même ordre sous prétexte de connexité avec une demande dont ce trib. serait saisi; elle est de la compétence exclusive de la Cour royale. Cass. 25 août 1825, S. 26, 181.

33. Jugé que celui qui veut intenter une action en prise à partie contre les membres d'un trib., et qui croit avoir des motifs de suspicion légitime contre la cour dont ces magistrats sont justiciables, ne peut s'adresser *de plano* à la C. de cass. pour demander le renvoi. Il doit d'abord saisir la cour dont il veut décliner la juridiction. Cass. 25 avril 1827, S. 27, 415.

34. Le Code ne prévoit pas le cas où une demande en prise à partie serait dirigée contre un conseiller à la C. de cass. par exemple, parce qu'il refuserait de faire son rapport dans une affaire, et se rendrait ainsi coupable d'un déni de justice; il nous paraît hors de doute que, dans cette circonstance, ce serait la C. de cass. seule qui serait compétente.

35. Aucune demande ne pourrait être dirigée contre la C. de cass., faute de trib. pour en connaître; mais cet inconvénient, qui est inhérent à la nature même des choses, puisqu'il faut toujours qu'il y ait un trib. au-dessus de tous les autres, ne présente aucune gravité : il est impossible de supposer que le premier corps judiciaire entier se rende coupable d'un déni de justice.

36. *Instruction.* Aucun juge ne peut être pris à partie sans permission préalable du trib. devant lequel la prise à partie doit être portée. Parlem. Paris, 4 juin 1699. (—V. *sup*. n° 31.) C. pr. 510.—La permission indique nécessairement le magistrat contre lequel la prise à partie est dirigée, à peine de nullité. Carré, n° 1814.

37. Le demandeur ne peut être admis à développer oralement les motifs qui l'ont déterminé à solliciter cette permission. Paris, 30 janv. 1836. (Art. 828 J. Pr.).

La demande en permission est dispensée du préliminaire de conciliation. C. pr. 49-7°.

38. Elle est formée par une requête signée de la partie ou de son fondé de procuration authentique et spéciale, laquelle procuration est annexée à la requête, ainsi que les pièces justificatives, s'il y en a, à peine de nullité. C. pr. 511.

Si la partie ne sait ou ne peut signer, il faut qu'elle se fasse représenter par un mandataire porteur d'un mandat spécial. Il ne suffirait pas que l'avoué fît mention de l'impossibilité où elle se trouve de signer. Lepage, n° 347.—V. *Faux*, n° 73.

39. La requête doit être rédigée avec les égards dus aux magistrats, sans aucun terme injurieux, à peine d'amende contre la partie, et d'injonction ou de suspension contre son avoué. C. pr. 512.

Le mot *injurieux* s'entend des termes étrangers aux faits qui motivent la prise à partie, et non de l'énonciation de ces faits qui doivent cependant être indiqués avec modération et convenance.

40. Elle est communiquée au ministère public, qui doit donner ses conclusions avant que le trib. accorde ou refuse l'autorisation de poursuivre le magistrat inculpé. C. pr. 83-5°; Carré, art. 510, n° 1813.—V. *Récusation*.

41. Cette autorisation est donnée en la chambre du conseil. Arg. C. pr. 515 *à contrariò*; —Il ne convient pas de rendre publiquement une décision sur un point qui n'admet aucun débat et peut porter atteinte à la réputation d'un juge irréprochable. Carré, n° 1821.

42. La partie qui a en sa possession des preuves écrites du dol du magistrat, doit les joindre à sa requête, à peine de nullité. C. pr. 511. — Mais le plus souvent cette preuve ne peut résulter que d'une enquête.

43. Si la requête est admise, elle est signifiée dans les trois jours au juge pris à partie, qui est tenu de fournir ses défenses dans la huitaine. C. pr. 514.

Elle est accompagnée de la copie de l'arrêt qui l'admet. Carré, n° 1818; Tar. 29; —et de l'assignation à comparaître devant la cour. Arg. C. pr. 365. —Tel est l'usage. Chauveau, *Tarif*, 2, 26.

44. La signification doit être faite au juge, parlant à sa per-

sonne ou à son domicile. La loi n'ordonne pas dans ce cas, comme dans celui des sommations prescrites pour constater le déni de justice, que l'exploit soit remis au greffier ; on reste par conséquent dans le droit commun. Demiau, art. 514, Carré, n° 1816. — *Contrà*, Lepage, 348. — La signification faite au greffe serait nulle. Arg. C. pr. 69 ; Chauveau, *hoc verbo*, n° 17. — *Contrà*, Carré, *ib.*

Elle peut avoir lieu après l'expiration des trois jours énoncés dans l'art. 514 ; la loi n'a pas en effet fixé ce délai à peine de nullité. Carré, n° 1817.

45. Le magistrat assigné doit constituer avoué comme un simple particulier : la loi ne fait point d'exception.

46. Son adversaire a le droit de répondre à l'écrit de défense fourni par lui : le Tarif l'y autorise formellement. Carré, n° 1819.

§ 5. — *Jugement.*

47. La prise à partie est ensuite portée à l'audience, sur un simple acte, et jugée par une autre section que celle qui l'a admise. C. pr. 515. — S'il n'y a qu'une chambre civile, et qu'elle ait admis la requête, la prise à partie est jugée par des conseillers attachés aux chambres d'appel de police correctionnelle et des mises en accusation, mais en nombre égal à celui exigé pour les procès civils. L. 20 avr. 1810, Cass. 27 fév. 1812, P. 10, 156.

48. Le ministère public doit être de nouveau entendu. C. pr. 83-5° ; Carré, n° 1822.

49. Le jugement est prononcé publiquement. La décision étant définitive, il n'y a plus, pour s'abstenir de la publicité, les motifs de convenance indiqués *sup.* n° 11 ; et d'ailleurs l'intention du législateur résulte évidemment des termes mêmes de l'art. 515 : *La prise à partie est portée à l'audience.*

§ 6. — *Effets de la prise à partie.*

50. *Cas où la requête est rejetée.* Si la requête à fin d'obtenir l'autorisation de former la prise à partie est rejetée, le demandeur est condamné à une amende qui ne peut être moindre de 300 fr., sans préjudice des dommages-intérêts envers la partie, s'il y a lieu. C. pr. 513.

51. La Cour peut ordonner l'affiche et l'impression de son arrêt à titre de dommages intérêts. Cass. 18 juill. 1832, D. 32, 280 ; Pigeau, 1, 796.

52. *Cas où la requête est admise.* Dans cette hypothèse, le juge doit s'abstenir de la connaissance du différend ; il est même tenu de s'abstenir, jusqu'au jugement définitif de la prise à partie, de toutes les causes que la partie, ou ses parens en ligne

directe, ou son conjoint, peuvent avoir dans son trib., à peine de nullité du jugement. C. pr. 514. — Le consentement des parties ne saurait relever le juge de l'incapacité dans laquelle il est placé par la loi. Carré, n° 1820.

Si, après l'admission de la requête, le demandeur est néanmoins débouté de la prise à partie, il est condamné à une amende qui ne peut être moindre de 300 fr., sans préjudice des dommages-intérêts envers les parties, s'il y a lieu. C. pr. 516.

53. *Cas où la prise à partie est accueillie.* Alors le juge est condamné à des dommages-intérêts équivalens au préjudice souffert par le demandeur.

54. Quel est l'effet du jugement qui déclare fondée la prise à partie?

Cette question est d'un grave intérêt dans le cas où l'insolvabilité du juge rendrait illusoire la condamnation aux dommages-intérêts prononcée contre lui.

Tous les auteurs sont d'accord sur ce point que, si la partie au profit de laquelle le jugement a été rendu, a été complice du dol et de la fraude, il y a lieu à appel, quand le jugement a été rendu en premier ressort, ou à la requête civile, si le jugement est en dernier ressort; dans ce cas, les délais d'appel ou de requête civile ne doivent courir qu'à compter du jugement qui a déclaré fondée la prise à partie.

Mais il y a divergence pour le cas où la partie n'a pas été complice du dol ou de la fraude. Pigeau, 1, 799, pense qu'on peut se pourvoir, soit par appel, soit par requête civile, dans tous les cas où la prise à partie a été reconnue fondée. — M. Thomine, 2, 766, enseigne que le jugement qui admet la prise à partie ne donne lieu qu'à une simple responsabilité dans le cas où il y aura eu déni de justice, mais que, s'il y a eu dol ou fraude, la voie de l'appel de la requête civile ou de cassation est ouverte à raison de la nullité du jugement. « D'après l'art. 514, dit cet auteur, il y a nullité du jugement auquel concourrait le juge devenu suspect du moment qu'il est pris à partie, comment pourrait-on, dès lors, ne pas regarder comme essentiellement nul celui auquel il serait convaincu d'avoir fait non pas les fonctions de juge, mais celles de partie? » — Suivant M. Berriat, 471, note 25, le dol du juge, tel qu'il est caractérisé par la loi romaine, entraînant la forfaiture, il est tout simple de s'adresser à la C. de cass. qui a le droit d'annuler les actes où les juges ont commis ce délit.

Cette dernière voie nous paraît la plus rationnelle, et nous la considérons comme la seule régulière en cas de dol ou de fraude. — Lorsqu'il y aura eu seulement déni de justice, nous pensons, comme M. Thomine, qu'il n'y a lieu qu'à une simple action en dommages-intérêts contre le juge.

55. Si le fait dont le juge s'est rendu coupable est de nature à motiver des poursuites criminelles, la Cour doit surseoir à prononcer jusqu'à ce qu'il ait été statué par les trib. criminels. Pigeau, *Comm.*, 2, 113; — pourvu toutefois que le ministère public ait fait des réquisitions avant que l'arrêt soit rendu. Berriat, 471, note 25.

§ 7. — *Formules.*

FORMULE I.

Réquisition pour constater le déni de justice.

(C. pr. 507. — Tarif, 29. — Coût, 2 fr. orig.; 50 c. copie.)

L'an , le à la requête du sieur demeurant à , pour lequel domicile est élu en la demeure de ; j'ai soussigné, prié et requis, pour la première fois, M. , juge en la chambre du tribunal de , en la personne de M. , greffier dudit tribunal, en son greffe, sis à , au Palais-de-Justice, en parlant à

De répondre à la requête à lui présentée par ledit sieur le , à l'effet d'obtenir l'indication des jour, lieu et heure auxquels le sieur demeurant à pourra être sommé de comparaître par-devant mondit sieur pour convenir des pièces de comparaison dans une vérification d'écriture qui a été ordonnée par-devant lui, par jugement de la chambre du tribunal de , en date du , dûment enregistré; à ce que mondit sieur n'en ignore, et ait en conséquence à satisfaire à la présente réquisition, je lui ai, en la personne de Me , greffier, parlant comme dessus, laissé copie du présent exploit, dont le coût est de

(*Signature de l'huissier.*)

FORMULE II.

Requête à fin d'être admis à la prise à partie.

(C. pr. 511. — Tarif, 150. — Coût, 15 fr.)

A MM. les premier président, présideus et conseillers de la Cour royale, séant à

Le sieur , demeurant à

A l'honneur de vous exposer que, par jugement de la chambre du tribunal de première instance de , en date du , dûment enregistré, et dont copie est jointe aux présentes, M. juge en ladite chambre, a été nommé commissaire pour procéder aux opérations que nécessiterait la vérification d'écriture ordonnée par ledit jugement;

Qu'en exécution de l'art. 199 C. pr., il lui a été présenté par le requérant, dès le une requête à l'effet d'obtenir de lui l'indication des jour, lieu et heure auxquels le sieur , défendeur à ladite vérification, pourrait être sommé de comparaître par-devant mondit sieur , à l'effet de convenir des pièces de comparaison;

Que mondit sieur , depuis ledit jour , n'a pas encore répondu cette requête, malgré les deux réquisitions qui lui ont été faites, les , par exploits de , dûment enregistrés.

Pourquoi il plaira à la Cour, attendu qu'un aussi long délai, sans que la requête dont s'agit ait été répondue, ne peut être considéré que comme un déni de justice de la part de M.

Et vu les deux actes de réquisition ci-joints,

Permettre au requérant de prendre à partie mondit sieur , et de lui faire signifier, dans les trois jours, l'arrêt à intervenir, et la présente requête, par laquelle l'exposant conclut à ce qu'il plaise à la Cour;

Attendu le déni de justice de mondit sieur , qui n'a pas répondu à la requête à lui présentée par l'exposant, dès le

Attendu aussi les deux réquisitions faites aux termes de la loi les , voir admettre la prise à partie, et ordonner en conséquence que mondit sieur s'abstiendra de procéder et de juger dans la procédure en vérification d'écriture dont s'agit, laquelle sera faite devant un autre commissaire, qui sera nommé par le président du tribunal de première instance de ; et qu'il sera condamné à , de dommages et intérêts envers l'exposant, et en tous les dépens, et vous ferez justice. (*Signature de l'avoué et de la partie.*)

FORMULE III.

Signification de l'arrêt qui permet la prise à partie.

(C. pr. 514. — Tarif, 29. — Coût, 2 fr. orig.; 50 copie.)

L'an le , à la requête de , etc. (— V. *Ajournement.*)

Soussigné, signifié et avec celle des présentes donné copie à M. , juge, etc.

D'un arrêt de la chambre de la Cour royale séant à , en date du , dûment signé, enregistré, scellé, rendu sur la requête en prise en partie présentée contre mondit sieur par le requérant, et de laquelle il est aussi, avec celle des présentes, donné copie : à ce que du tout mondit sieur n'en ignore, et à mêmes requête, demeure et élection de domicile que ci-dessus, j'ai, huissier susdit et soussigné, domicile et parlant comme ci-dessus, donné assignation à mondit sieur à comparaître d'aujourd'hui à la huitaine franche, délai de la loi , heures du matin, à l'audience de la chambre de la Cour royale séant à , au Palais-de-Justice ;

Pour, attendu qu'il y a déni de justice de la part de mondit sieur , qui n'a pas répondu la requête à lui présentée par l'exposant, dès le , et malgré les deux réquisitions faites aux termes de la loi, les

Voir dire et ordonner que mondit sieur s'abstiendra de procéder et de juger dans l'instance en vérification d'écriture dont s'agit, laquelle sera faite devant un autre commissaire qui sera commis par le tribunal de première instance de , et se voir condamner en de dommages et intérêts envers le requérant ; et pour, en outre, répondre et procéder, comme de raison à fin de dépens ; à ce que du tout le susnommé n'ignore ; et ait à signifier ses défenses dans la huitaine, et je lui ai, à domicile et parlant comme ci-dessus, laissé copie, certifiée sincère et véritable, et signée de Me , tant de l'arrêt sus-énoncé et de la requête en prise en partie, que du présent exploit, dont le coût est de (*Signature de l'huissier.*)

FORMULE IV.

Requête contre une demande en prise à partie.

(C. pr. 514. — Tarif, 76. — Coût, 3 fr. par rôle ; le quart pour chaque copie.)

A MM. les président et conseillers composant la chambre de la Cour royale, séant à

M , juge au tribunal de première instance de , demeurant à défendeur à la demande en prise à partie formée par le sieur , ci-après nommé et qualifié, et demandeur aux fins des présentes, ayant pour avoué Me

Contre le sieur demeurant à demandeur en prise à partie, et défendeur aux fins des présentes, ayant pour avoué Me

(*On expose les faits et les moyens dans la forme ordinaire des* requêtes. — V. ce mot.)

Pourquoi il plaira à la Cour déclarer le sieur , purement et simplement, non-recevable en sa demande en prise à partie, et, en tout cas, l'en débouter, même déclarer ladite demande injurieuse et vexatoire, et le condamner en l'amende prononcée par la loi, et en de dommages et intérêts envers mondit sieur , et condamner en outre ledit sieur aux dépens.

(*Signature de l'avoué.*)

PRISE DE CORPS. — V. *Emprisonnement.*

PRISE DE POSSESSION. La loi exige, dans certains cas, que la prise de possession soit accompagnée d'actes conservatoires. — V. *Absence*, nos 38, 59 ; et d'ailleurs, C. civ. 600, 1731.

PRISÉE. Estimation d'objets mobiliers.

1. Le droit de procéder aux prisées de meubles appartient,

en général, exclusivement, aux *commissaires-priseurs*, dans le chef-lieu de leur établissement; — dans les autres parties de la circonscription dans laquelle ils exercent, ils peuvent y procéder concurremment avec les notaires, les greffiers et les huissiers. — V. ce mot, n°s 4 et 5; *Huissier*, n° 40.

2. Les greffiers des juges de paix sont-ils compétens pour, en procédant à la levée des scellés, faire la prisée des objets sur lesquels ces *scellés* ont été apposés? — V. ce mot; — le même droit appartient-il aux notaires? — V. *Ib.*

3. Les parties intéressées peuvent encore en certaines circonstances faire procéder à la prisée par des experts choisis par elles, ou par le président. — V. *Inventaire*, n°s 109 à 126.

— V. *Crue*, *Inventaire*, *Scellés*.

PRISON. — V. *Emprisonnement*, n°s 222 et 329.

PRISONNIER. L'exploit destiné à un prisonnier peut être remis soit à sa personne (entre les deux guichets comme lieu de liberté. — V. *Emprisonnement*, *formule* VII); — soit à son domicile.

PRIVILÉGE. — V. *Avoué*, n°s 163 à 165; *Cautionnement*, § 3; *Distribution par contribution*, n°s 65 à 75; *Faillite*, n°s 457 à 475; *Inscription hypothécaire; Ordre; Purge; Saisie; Séparation des patrimoines*.

PRIVILÉGE DE COMMITTIMUS. Droit que le roi accordait à certaines personnes de plaider en 1re inst. tant en demandant qu'en défendant pardevant certains juges, et d'y faire *évoquer* les causes où elles avaient intérêt.

PRIX INFÉRIEUR. — V. *Licitation*, n°s 67 et 68.

PROCÉDURE (de *procedere*, s'avancer). Ensemble des règles à observer, des actes à faire, pour obtenir un jugement, ou pour prévenir une contestation. De là vient la division de la procédure en *judiciaire* et en *extrà-judiciaire*.

Sous d'autres rapports la procédure est *principale* ou *incidente; ordinaire* ou *sommaire*. — V. *Incident*, *Sommaire*.

— V. *Code de procédure*.

PROCÈS. Instance liée devant un tribunal.

PROCÈS (CESSION DE). — V. *Litigieux (droits)*.

PROCÈS-VERBAL. Acte par lequel un officier public rend compte de ce qu'il a fait dans l'exercice de ses fonctions, ou de ce qui s'est fait ou dit en sa présence; — se dit aussi du rapport fait par des arbitres ou experts de la mission qui leur a été confiée.

1. Aucun procès-verbal n'est valable s'il n'a été rédigé par un officier compétent; — mais il n'est pas nécessaire, à peine de nullité, que cet officier soit en costume pour le dresser.

2. En matière civile, les procès-verbaux doivent, d'après leur nature, être rédigés par les *juges*, les *greffiers*, les *notaires*,

huissiers, *garde du commerce*, *commissaires-priseurs*, ou *courtiers*. — V. ces mots.

3. Ils sont, suivant les circonstances et l'objet qu'ils ont pour but de constater, assujettis à des formalités différentes. —V. *Adoption*, n°s 6 à 12; *Compulsoire*, n°s 15 et 21; *Copie*, n° 40 et suiv.; *Distribution par contribution*, n° 59 et suiv.; *Douane*, § 1; *Enquête*, n° 237 et suiv.; *Expertise*, n° 74 et suiv.; *Inventaire*, n° 128 et suiv.; *Mineur*, n° 42; *Offres réelles*, *Ordre*, *Partage*, *Préliminaire de conciliation*, 93; *Saisie*, *Scellés*, *Tutelle officieuse*, *Vente*.

4. Néanmoins ils sont soumis à quelques règles communes : ainsi, ils doivent porter la date et le lieu de leur rédaction, les noms et qualités de ceux qui les rédigent, la présence ou l'absence de ceux à la requête de qui et contre qui ils sont dressés, et la signature du fonctionnaire qui les fait; — et lorsqu'ils ne sont pas finis dans une seule séance, indiquer l'heure et le jour auxquels a été renvoyée la continuation des opérations.

5. Ceux rédigés par les huissiers sont en outre soumis en général aux formalités des *exploits*. —V. ce mot; — et ceux faits par les notaires aux formalités prescrites pour les actes notariés.

6. Ils ne peuvent pas être faits les jours de dimanche ou de *fêtes* reconnues par la loi. — V. ce mot.

7. *Enregistrement*. Les procès-verbaux reçus par les juges de paix et leurs greffiers sont en général soumis au droit fixe de 1 fr. L. 22 frim. an 7, art. 68. — Toutefois, ceux constatant les avis de parens sont passibles du droit de 2 fr. L. 28 avril 1816, art. 43; — Il en est de même, 1° de ceux de nomination de tuteurs et curateurs. L. 22 frim. an 7, art. 68, § 2, n° 4; — 2° de ceux d'apposition, reconnaissance et levée de *scellés* (—V. ce mot). L. 22 frim. an 7, art. 68, § 2, n° 3.

8. Ceux dressés par les juges des trib. de 1re inst. ou de commerce et leurs greffiers sont passibles du droit de 3 fr. L. 28 avril 1816, art. 44; L. 22 frim. an 7, art. 68, § 2, n° 6.

9. Ceux faits par les huissiers ne doivent que le droit de 2 fr. L. 28 avril 1816, art. 43.

10. Les règles précédentes ne sont applicables que dans le cas où les procès-verbaux ne contiennent aucunes dispositions donnant lieu au droit proportionnel; autrement, par exemple, dans le cas de vente d'objets mobiliers, le droit proportionnel est dû.

PROCÈS-VERBAL DE CARENCE. C'est celui qui constate qu'il n'existe aucun effet mobilier, soit à saisir, soit à inventorier, dans le lieu où l'officier public s'est présenté.

1. Lorsqu'il se trouve quelques objets de peu de valeur, il est d'usage d'en faire la description et de déclarer qu'attendu

leur peu d'importance il y a carence. *Nouveau Denisart*, v° *Carence*.

2. Les procès-verbaux de carence sont dressés, 1° par les huissiers exclusivement, au cas d'exécution des jugemens.

3. Ces procès-verbaux constituent une exécution suffisante pour empêcher la péremption des jugemens de *séparation de biens* (C. civ. 1444) — V. ce mot; — et des *jugemens par défaut* contre partie. — Ils rendent aussi, dans certains cas, l'opposition non-recevable. — V. ce mot, n° 130 et 131.

4. 2° Par les juges de paix au cas de communauté et de succession. C. pr. 924; — ou par les notaires. L. 6 mars 1791.

5. Est nul le procès-verbal de carence énonçant qu'un voisin a dit à l'huissier qu'il n'existait aucun meuble chez le débiteur : l'huissier doit s'en convaincre par ses propres yeux. Limoges, 18 mai 1822, P. 17, 357.

6. *Enregistrement*. Le droit d'enregistrement de ces procès-verbaux, qu'ils soient dressés par les juges de paix (Déc. min. fin. 8 oct. 1828), ou par les notaires, est de 1 fr., et de 2 fr. s'ils sont dressés par les huissiers. L. 28 avril 1816, art. 43.

— V. *Inventaire*, *Saisie*, *Scellés*.

7. *Formule*. — V. *Saisie-exécution*.

PROCURATION. — V. *Mandat*.

PROCUREUR. — V. *Avoué*.

PROCUREUR DU ROI. — V. *Ministère public*.

PROCUREUR GÉNÉRAL. — V. *ib*.

PRODIGUE. — V. *Conseil judiciaire*.

PRODUCTION. Présentation de titres, pièces et écritures à l'appui d'une demande ou d'une défense dans un procès par écrit, un *ordre* ou une *distribution par contribution*. — V. ces mots.

PROFESSION. — V. *Exploit*, n° 54; *Jugement*, n° 234.

PROFIT DU DÉFAUT, PROFIT JOINT. — V. *Jugement par défaut*, n° 25 et suiv.

PROMESSE RECONNUE. — V. *Jugement*, n°s 170 à 173.

PRONONCIATION DU JUGEMENT. — V. ce mot, n° 96 et suiv.

PROPRIÉTAIRE. — V. *Distribution par contribution*, n° 69 à 74; *Fermier*, *Saisie-gagerie*.

PROPRIÉTÉ. — V. *Etablissement de propriété*, *Purge*, *Vente*.

PROPRIÉTÉ LITTÉRAIRE. — 1. Le droit de propriété est garanti à l'auteur et à sa veuve pendant leur vie, si les conventions matrimoniales de celle-ci lui en donnent le droit, et à leurs enfans pendant vingt ans (1). Décr. 5 fév. 1810, art. 39

---

(1) Le projet de loi adopté par la Ch. des Pairs en mai 1839 étend ce délai à 30 ans.

(— V. d'ailleurs Décr. 1er germ. an 13, art. 1; 8 juin 1806, art. 12).

2. L'auteur, sa veuve ou ses héritiers, peuvent céder leur droit à un libraire ou à toute autre personne qui est alors substituée en leur lieu et place. *Même décret*, art. 40.

3. Le dépôt de deux exemplaires à la direction de la librairie doit précéder la poursuite. L. 1793, art. 6; L. 21 oct. 1814, art. 14; Blanc, *Traité de la contrefaçon*, p. 349 et suiv.

4. L'auteur ou son ayant-cause a le droit de requérir la saisie de tous les exemplaires des éditions imprimées ou gravées sans sa permission pour en faire prononcer la confiscation par le trib. correctionnel. L. 19 juill. 1793, art. 3.

5. La saisie est opérée par les commissaires de police et les juges de paix dans les lieux où il n'y a point de commissaire de police. *Même article*.

6. La saisie n'est pas une formalité exigée à peine de nullité de la poursuite. Arg. C. pén. 429. Blanc, *ib.* p. 427.

7. La partie lésée peut agir à son choix ou devant la juridiction civile, ou devant la juridiction correctionnelle.—V. *Partie civile*.

8. L'action civile est portée devant le trib. civil du domicile du défendeur. C. pr. 59.

L'assistance d'un avoué est nécessaire.

9. Le trib. de commerce nous paraît incompétent, à raison de la matière : il ne s'agit point ici d'un engagement commercial, mais de la réparation d'un préjudice causé par un délit. Blanc, 447.

— V. d'ailleurs *Brevet d'invention*, *Dessin de fabrique*, *Partage*, n° 75; *Prud'homme*, *Saisie-exécution*.

PRORATA. On dit *au prorata* pour signifier à proportion. Les créanciers chirographaires sont colloqués, dans une *distribution par contribution* ou dans un *ordre* (—V. ces mots), *au prorata*, c'est-à-dire en proportion de leurs créances.

PROROGATION DE JURIDICTION. Extension donnée par les parties ou par la loi à la juridiction ordinaire d'un tribunal.

DIVISION.

§ 1. — *Différentes espèces de prorogation de juridiction.*

§ 2. — *Prorogation volontaire.*

Art. 1. — *Cas dans lesquels elle a lieu.*
Art. 2. — *Par qui et dans quelle forme elle peut être consentie.*
Art. 3. — *Ses effets.*

§ 3. — *Prorogation légale, Reconvention.*

§ 1. — *Différentes espèces de prorogation de juridiction.*

1. La juridiction des trib. peut être prorogée de deux manières; savoir : par le consentement des parties, ou par l'autorité de la loi. — Dans le premier cas, la prorogation s'appelle *prorogation volontaire* (—V. *inf.* § 2); — dans le second, *prorogation légale* ou *forcée.*—V. *inf.* § 3.

§ 2. — *Prorogation volontaire.*

Art. 1. — *Cas dans lesquels elle a lieu.*

2. La prorogation volontaire de juridiction peut avoir lieu dans cinq cas différens : — 1° lorsque les parties portent une affaire devant un juge qui n'est pas appelé à en connaître, à cause du domicile du défendeur, ou de la situation de l'objet litigieux; — 2° lorsqu'elles soumettent à un juge une affaire qui n'est pas dans le cercle de ses attributions; — 3° lorsqu'elles renonçent d'avance à appeler du jugement qui sera rendu sur la contestation qui les divise; —4° lorsqu'elles consentent à ce qu'un trib. d'appel évoque le fond de l'affaire dans des hypothèses non prévues par la loi; —5° lorsqu'elles ont fait soumission de juridiction.

3. 1er *cas.* La compétence, à raison du domicile ou de la situation des objets litigieux, a été établie dans un intérêt purement privé. Il est donc juste que les parties puissent renoncer aux lois qui la déterminent. Carré, *L. d'org.*, art. 259, 270, n° 270; Henrion, *aut. jud.*, p. 252, — V. *Exception*, n° 30 et suiv.

Peu importe que le trib. dont on veut étendre les pouvoirs soit ordinaire ou d'exception : ainsi, le juge de paix devient, par le consentement des parties, compétent pour connaître d'une action personnelle et mobilière dont l'objet n'excède pas 200 fr., quoique le défendeur ne soit pas domicilié dans son territoire, ou d'une action possessoire, quoique l'objet litigieux soit situé dans un canton étranger. Arg. C. pr. 7; Colmar, 25 avr. 1817, P. 14, 197; Merlin, *Rép. hoc verbo*, § 1, n° 1. — V. d'ailleurs *Préliminaire de conciliation*, n° 57.

4. 2e *cas.* Il faut distinguer s'il s'agit de proroger une juridiction ordinaire ou une juridiction extraordinaire.

Dans la première hypothèse, les parties ont, sans aucun doute, le droit d'étendre la compétence du trib. : il a la plénitude de la juridiction et n'est qu'accidentellement incompétent pour juger les causes placées dans les attributions des trib. extraordinaires. Ces derniers trib. n'ont été institués que dans l'intérêt des particuliers, qui peuvent par conséquent renoncer au bénéfice de leur juridiction. Henrion, *Aut. jud.*, p. 233, 234. — *Contrà*, Carré, *ib.* n° 264.

5. En conséquence, la juridiction des trib. civils peut être étendue par le consentement des parties : — 1° aux matières commerciales. — V. *Trib. de 1re inst.*, *Trib. de comm.*, *Arbitrage*, n° 83.

2° Aux matières de la compétence des *juges de paix*. — V. ce mot et *Trib. de 1re inst.*

Toutefois, dans ce cas, l'incompétence du trib. de 1re inst. n'étant pas purement relative, est proposable en tout état de cause, et le consentement des parties ne peut s'induire de leur silence. — V. *Exception*, n° 24-3° et *inf.* n° 21.

6. Dans la seconde hypothèse, il faut distinguer et voir si le trib. extraordinaire dont on veut proroger la compétence est institué pour connaître de toutes les affaires jusqu'à une certaine somme, ou seulement d'un certain genre d'affaires.

S'il n'est compétent que *ad certum genus causarum*, comme, par exemple les trib. de commerce, toute prorogation est impossible : il n'appartient qu'à la loi de conférer l'autorité publique, et si elle n'a investi le juge d'aucun pouvoir relativement à la contestation qu'on voudrait lui déférer, on n'étendrait pas, mais on créerait en réalité sa juridiction. Tous les auteurs sont unanimes sur ce point. Henrion, *ib.* et *Just. paix*, p. 46 ; Carré, *ib.* art. 263 ; Cass. 22 juin 1808, P. 6, 757. — V. *Juge de paix*, n° 34.

S'agit-il au contraire d'une affaire de la nature de celles sur lesquelles le juge est appelé à statuer, lorsque leur valeur est d'une somme déterminée par la loi, mais qui excède sa compétence parce qu'elle a pour objet une somme trop élevée, alors sa juridiction peut être prorogée, parce qu'il a, par le titre de son office, le principe de l'autorité nécessaire pour statuer sur le tout. Il n'est plus nécessaire de lui conférer une juridiction nouvelle ; il suffit d'étendre celle qu'il a déjà reçue de la loi. C. pr. 7 ; Cass. 3 frim. an 9, 22 déc. 1806, D. 3, 277, 278, 10 janv. 1809, S. 9, 170 ; Henrion, *Justice de paix*, 46-47 ; Merlin, *Rép.*, v° *Hypothèques*, sect. 2, § 2, art. 4, n° 1 ; Favard, v° *Just. de paix*, § 1, n° 4 ; Carré, *ib.* art. 239. — V. *Exception*, n° 26.

7. Du principe que la prorogation ne peut avoir lieu *de re ad rem*. — V. *sup.* n° 6, § 2, résultent plusieurs conséquences.

1° Le juge criminel ne doit pas connaître d'une action civile qui n'a pas pour objet la réparation civile d'un crime, d'un délit ou d'une contravention, et qui, fondée sur un fait de cette nature, ne pourrait concourir avec l'action publique. Carré, art. 266 ; Cass. 11 sept. 1818, P. 14, 1027.

2° Et réciproquement un trib. civil ne saurait être rendu

compétent pour statuer sur un procès criminel. Cass. 26 nov. 1810.

3° L'autorité judiciaire ne peut être appelée à prononcer sur une contestation administrative. Pigeau, 1, 197.

4° Le président d'un trib. est incompétent pour statuer en référé sur une question qui doit être soumise au trib. entier. Cass. 29 avr. 1818, S. 20, 376. — V. *Référé*.

5° La juridiction civile des chambres de police correctionnelle des C. roy. ne saurait être étendue aux affaires ordinaires. Cass. 18 mars et 8 avr. 1828 ; Merlin, *Qu. hoc verbo*, § 5. — V. *Sommaire*.

6° On serait non-recevable à conférer à un trib. d'appel le droit de statuer sur une affaire comme trib. de 1re instance, ou à déférer à un trib. de 1re inst. la connaissance d'un appel : on conçoit en effet que les parties aient la faculté de renoncer au second degré de juridiction en prorogeant au dernier ressort la compétence du trib. de 1re inst. dans une affaire qu'il ne pourrait, d'après la loi, juger qu'à la charge d'appel, mais attribuer compétence au trib. du second degré pour connaître de l'affaire en premier ressort seulement, et réciproquement soumettre à un trib. de 1re inst. l'appel d'une décision rendue par un trib. du même ordre, ce ne serait pas étendre, mais intervertir les juridictions. Cass. 9 oct. 1811 ; Toulouse, 19 août 1837 (Art. 1020 J. Pr.) ; Carré, art. 265 ; Merlin, *Quest. dr.*, v° *Appel*, § 14, art. 1, n° 22 ; *Rép.*, v° *Prorogation*, n° 11, v° *Nullité*, § 3, n° 1. — V. toutefois *Degré de juridiction*, n° 31.

Cependant, rien ne s'opposerait à ce que les parties portassent de prime-abord devant la C. royale pour y être jugée tout à la fois en premier et en dernier ressort, une cause qui excéderait la compétence de dernier ressort du trib. de 1re inst. — V. *Degré de juridiction*, n° 24 et suiv.

7° Les parties ne peuvent dans aucun cas autoriser un trib. à statuer comme arbitre compositeur, sur un procès dont il est saisi. — V. *Arbitrage*, n° 188.

8. 3e *cas*. Les parties peuvent à l'avance renoncer à l'appel ; cette faculté admise à Rome, puis généralement refusée par le droit coutumier, a été consacrée par l'art. 6, L. 24 août 1790, aux termes duquel les parties étaient tenues de déclarer si elles consentaient à être jugées sans appel, et pouvaient en convenir pendant tout le cours de l'instruction. Elle résulte en outre implicitement des art. 7 C. pr., et 639 C. comm., et du droit qu'ont les plaideurs d'étendre la compétence dont les trib. ont le germe. La jurisprudence et les auteurs sont d'accord sur ce point. Henrion, *Aut. jud.*, p. 237 ; *Just. de paix*, p. 48 ; Merlin, *Qu.* v° *Appel*, § 7 ; Poncet, *Jugement*, 1, 461 ; Carré, *ib.* art. 259.

9. Toutefois il faut que leur intention soit manifestée d'une manière précise, — on ne saurait l'induire de leur déclaration de s'en rapporter à justice : de semblables conclusions prises par les parties ne les rendent pas non-recevables à interjeter appel du jugement qui leur porte préjudice : en effet, s'en rapporter à justice, c'est dire aux juges : je vous crois trop éclairés pour ne pas faire ce que la loi vous prescrit; or, s'exprimer ainsi, ce n'est évidemment pas abdiquer à l'avance toute réclamation contre l'erreur que pourra commettre le trib. devant lequel on plaide. Paris, 13 mars 1810, S. 14, 263; Bordeaux, 15 janv. 1831; Rouen, 7 nov. 1811, S 14, 282; Cass. 18 germ. an 11, S. 7, 2, 764; 10 mai 1827, S. 27, 539, 18 nov. 1828, D. 29, 19; Merlin, *Qu.*, v° *Appel*, § 14, art. 1, n° 9; v° *Acquiescement*, § 4.

Ainsi, s'en rapporter à la prudence du juge sur la prestation de la caution du jugé, ce n'est pas acquiescer au jugement qui l'ordonne. Metz, 26 mars 1821, S. 23, 126.

10. Mais l'acquiescement régulièrement donné par les parties à ce que le trib. qu'elles ont saisi statue en dernier ressort, s'étend à tous les jugemens préparatoires et définitifs qui peuvent intervenir sur leurs contestations. Cass. 1er flor. an 9, P. 2, 161; Favard, v° *Appel*, sect. 1, § 1er, n° 2; Merlin, *Qu. dr.*, v° *Acquiescement*, § 7.

11. De même la prorogation de la juridiction du juge appelé à statuer en premier ressort, implique nécessairement prorogation de la juridiction du juge appelé à connaître de l'appel. Ainsi, lorsque deux parties confèrent au juge de paix le droit de statuer en premier ressort sur une demande d'une valeur de 2,000 fr.; elles attribuent implicitement au trib. de 1re inst. compétence pour statuer sur l'appel, encore bien qu'en général il ne puisse juger en dernier ressort au-delà de 1,500 fr. — V. *inf.* n° 25.

12. 4e *cas*. L'art. 473 C. pr. accorde aux juges d'appel la faculté d'évoquer ou de ne pas évoquer le fond de l'affaire dans les cas qu'il prévoit; or, lorsque la loi donne aux trib. un droit dont elle les laisse libres de ne pas user, elle annonce par là que l'exercice de ce droit n'intéresse pas l'ordre public; les parties peuvent donc le modifier. Carré, *ib.* art. 259. — V. *Appel*, n° 322 et suiv.

13. 5e *cas*. On appelle *soumission* de juridiction la convention par laquelle des parties s'engagent d'avance à porter devant un trib., qui ne serait pas leur juge naturel, les difficultés qui pourront s'élever à l'occasion d'un contrat intervenu entre elles. Carré, art. 268; — La *soumission* de juridiction s'opère par la simple élection de *domicile* (—V. ce mot, § 3), soit par toute autre stipulation. Carré, *ib.* art. 268 à 270.

14. La soumission de juridiction peut avoir lieu en matière réelle ou personnelle : il suffit que le juge auquel on convient de soumettre le différend ne soit pas incompétent *ratione materiæ*. — Toutefois, ni une soumission expresse, ni une élection de domicile ne pourraient attribuer à un autre tribunal que celui de la situation, la connaissance d'une *saisie immobilière*. (— V. ce mot.) Les poursuites en expropriation intéressent les créanciers du saisi ; aucune prorogation de juridiction ne peut être faite à leur préjudice. Carré, n° 270 et suiv.

15. De même l'ordre public ne permet pas qu'un Français renonce à la juridiction de son souverain : il ne peut, en se soumettant à une juridiction étrangère, perdre, quant aux biens qu'il a en France, la faculté de débattre ses droits devant ses juges naturels. Grenoble, 3 janv. 1829, D. 29, 149.

16. Le trib. qui a rendu un jugement sur prorogation de juridiction, est compétent pour connaître de l'exécution de ce jugement, à moins que la prorogation n'ait été stipulée en faveur d'un trib. d'exception, ou qu'il ne s'agisse d'actes d'exécution *spécialement* attribués par la loi à un autre tribunal. Carré, 1, 685.

Art. 2. — *Par qui et dans quelle forme la prorogation de juridiction peut être consentie.*

17. *Personnes qui peuvent consentir une prorogation de juridiction.* La prorogation de juridiction constitue une espèce de transaction : en conséquence, ceux-là seuls ont qualité pour la consentir, qui ont la libre disposition de leurs droits, et la capacité d'ester en justice. Arg. C. comm. 639 ; Carré, art. 260. — V. *Interdit*, *Mineur*, *Femme mariée*, *Établissement public*, *Conseil judiciaire*, etc.

18. *Forme de la prorogation de juridiction.* La juridiction des trib. peut en général être prorogée expressément ou tacitement.

19. *Expressément*, lorsque les parties en conviennent, soit dans les premiers actes de la procédure, soit d'avance au moyen d'une soumission de juridiction. Henrion, *Just. paix*, p. 44, 45.

20. *Tacitement*, lorsqu'une partie assignée devant un trib. incompétent, à raison de son domicile ou de la situation de l'objet litigieux, y procède sans réclamation, et pose des conclusions au fond. Henrion, *ib.* — *Exception*, n°s 30 et suiv.

21. Toutefois, la prorogation volontaire ne peut résulter devant les justices de paix que du consentement *exprès* des parties.

Elle ne saurait s'induire de leur comparution et de leur plaidoirie, sans protestation devant le juge incompétent. Autrement il deviendrait trop facile de tromper les parties qui comparaissent en personne, et ignorent le plus souvent les règles de la compétence. D'ailleurs, le C. de pr., art. 7, exige formellement que la déclaration des parties soit *signée* d'elles, ou qu'il soit fait mention qu'elles ne savent signer. Un consentement tacite est donc insuffisant; le juge doit, dans ce cas, se déclarer d'office incompétent. Cass. 22 juin 1808, S. 8, 532; 20 mai 1829, S. 29, 352; Henrion, p. 45; Carré, L. proc., art. 7. — *Contrà*, Req. 12 mars 1829, S. 29, 146; Favard, v° *Justice de paix*, § 1, n° 5; Merlin, *Qu.*, *ib.* § 1, n° 2.

Cependant serait valable l'acquiescement donné par les parties au jugement rendu, et résultant de l'apposition de leurs signatures au bas de la minute de ce jugement. Pau, 5 août 1809, S. 10, 190; Carré, *ib.*

22. L'acte contenant prorogation de la juridiction du juge de paix doit indiquer d'une manière précise le différend qui divise les parties.

Néanmoins, est suffisante la déclaration des parties portant *qu'elles ont soumis à la décision du juge de paix le différend existant entre elles au sujet d'une réclamation que le demandeur est intentionné de former ci-après contre le défendeur*, lorsque, du reste, les parties ont immédiatement pris leurs conclusions respectives sur ce différend. Il y a relation nécessaire entre l'acte de prorogation et les conclusions. Cass. 2 août 1831, D. 31, 252.

Art. 3. — *Effets de la prorogation de juridiction.*

23. Le consentement des parties valablement donné attribue compétence au juge prorogé, mais il ne lui impose pas l'obligation rigoureuse de décider leur différend. Chaque juge ne doit la justice qu'à ses justiciables. Cass. 11 mars 1807, S. 7, 2, 73; 8 avr. 1810, S. 22, 217; Carré, *ib.* art. 261; Merlin, *Qu. hoc verbo*, § 4. — V. *Juge de paix*, n° 35.

24. Dans aucune circonstance, la prorogation de juridiction ne saurait faire présumer la volonté des parties de renoncer à l'application des dispositions de lois relatives au fond du droit. — En conséquence, si l'objet litigieux est d'une valeur supérieure à 150 fr., le juge de paix saisi de la contestation ne peut ordonner une enquête, à moins que les parties ne se trouvent dans un cas d'exception où le trib. de 1re inst. aurait le droit de prescrire cette mesure. — V. *Enquête*, nos 12 et suiv.

25. Mais la prorogation du juge de 1re inst. entraîne nécessairement celle du juge d'appel auquel il ressortit immédiatement. Carré, art. 271. — Ainsi, l'appel du jugement rendu par un juge de paix sur prorogation de juridiction doit être porté devant le trib. de 1re inst., qui prononce en dernier ressort, quoiqu'il s'agisse de plus de 1500 fr. En effet, il est d'ordre public que les décisions d'un juge inférieur ne puissent être soumises qu'au trib. supérieur auquel la loi le subordonne.

et en adoptant le principe de la prorogation, les parties en adoptent nécessairement les conséquences. Arg. Cass. 12 mars 1829, S. 29, 146; Merlin, *Qu.*, § 1, n° 3, v° *Hypothèque*, sect. 2, § 2, art. 4, n° 1; Carré, *ib.*

26. Le trib. dont on a prorogé la juridiction connaît de l'exécution de son jugement, comme si l'affaire lui avait été attribuée par la loi elle-même : l'effet de la prorogation est de faire passer le trib. prorogé à la place de celui que la loi désignait : il est donc naturel de lui conférer les mêmes droits. Tout ce qui tient à l'exécution du jugement tient également à l'exécution de l'acte pour lequel la prorogation a été consentie. Carré, *ib.* art. 272.

27. Néanmoins, il en est autrement lorsque la prorogation a été stipulée en faveur d'un juge de paix ou de commerce, ou quand il s'agit d'actes d'exécution attribués spécialement par la loi à un autre trib. : alors le trib. prorogé, ne tenant, dans aucun cas, de la loi le privilége de connaître de l'exécution de ses jugemens, ne saurait en être investi par la volonté des parties, car on a vú qu'elles ne pouvaient qu'étendre et non créer les juridictions. Carré, *ib.* — V. *sup.* n° 5.

28. La prorogation de juridiction n'a d'effet qu'entre les parties qui l'ont consentie, et non à l'égard des personnes appelées ultérieurement en cause, telles que des garans ou coobligés. Carré, *ib.* art. 262.

§ 3. — *Prorogation légale, Reconvention.*

29. La prorogation légale est celle qui a lieu indépendamment de la volonté des parties, et par la seule force de la loi.

Elle existe dans le cas de demandes incidentes, reconventionnelles, ou en garantie.

30. On appelle *reconvention* la demande que le défendeur, cité en justice, forme à son tour devant le même juge contre le demandeur, afin d'anéantir ou de restreindre les effets de l'action intentée par celui-ci. Carré, *ib.* art. 258. — Il y a reconvention toutes les fois que, pour défense à une demande principale, on oppose une autre demande également principale. Henrion, *Justice de paix*, 51.

31. Dans ce cas, le défendeur se constitue demandeur par son exception, et par conséquent la demande distincte de la première devrait, d'après les principes ordinaires de la compétence, être portée devant le juge du domicile du demandeur originaire, devenu défendeur à cette nouvelle action. Arg. C. pr. 59. — Mais la connexité des deux affaires ferait rejeter le déclinatoire qu'il proposerait; la loi le soumet nécessairement à l'autorité qu'il a invoquée contre son adversaire. Henrion, 52.

32. Ainsi le Code permet de former pour la première fois des demandes nouvelles en appel, lorsqu'elles ne sont que la défense à l'action principale. C. pr. 464. — V. *Appel*, n° 273.

De même encore les demandes incidentes et en garantie doivent être portées devant le juge saisi de la demande principale. — V. *Garantie; Incident.* — « Les premiers incidens que le projet considère, disait l'orateur du gouvernement au corps-législatif, sont ceux qui naissent des circonstances relatives à l'action principale, qui ont avec elle une connexité directe; lorsque les deux actions n'exigeraient qu'une même discussion, ou que, si elles étaient unies et décidées avec elle, elles engendreraient autant de procédures particulières qu'elles offriraient d'objets, elles doivent être décidées par les mêmes juges. »

33. Toutefois, si la demande reconventionnelle présentait des difficultés sérieuses et de nature à entraîner des longueurs considérables, il serait de la sagesse du trib. de la renvoyer devant son juge naturel, et de statuer définitivement sur l'action originaire. Dumoulin, Henrion, 52; Carré, art. 258, n° 250.

34. Les règles précédentes s'appliquent à la nouvelle demande formée par le demandeur originaire en défense à la demande reconventionnelle du défendeur, comme à la demande formée par le défendeur originaire en réponse à la demande sur laquelle l'instance s'est engagée. En effet, la reconvention n'étant admise qu'autant qu'elle a une influence marquée sur l'action à laquelle elle est opposée, constitue une défense qui, dans aucun cas, ne saurait être écartée sans injustice. Carré, art. 258, n° 258.

35. Le plus fréquemment, la demande reconventionnelle est fondée sur une compensation opposée par le défendeur; — alors, il n'est évidemment pas nécessaire que la somme à compenser soit liquide et exigible, car la compensation s'opérant par la seule force de la loi C. civ. 1289, en argumenter c'est opposer un paiement; il n'y a donc demande *reconventionnelle* proprement dite qu'autant que la dette dont on se prévaut ne réunit pas tous les caractères exigés par la loi. Carré, art. 258, n° 250.

36. Mais le trib. peut-il statuer par reconvention sur une demande ayant un autre objet que de parvenir à une compensation d'une somme non liquide? — Toullier, 7, 485, pense que la reconvention n'est point reçue aux choses où la compensation n'a point lieu. Brodeau, art. 108, Cout. de Paris. — Mais il suffit, selon nous, que la demande en reconvention soit la défense à l'action principale, ou même, comme le dit fort bien Pigeau, que la seconde demande tire son principe de la même cause que la première, ou procède de la même affaire ou de la même convention. Carré. art. 258, n° 251 ; Henrion, 51. —V. *Préliminaire de conciliation*, n° 55, *in fine*.

37. Toutefois il est indispensable que la seconde demande ait une relation intime avec la première : par exemple, si Paul demande à Pierre une somme qui lui a été prêtée, et que Pierre prétende que Paul possède une maison qui lui appartient, il n'y aura pas lieu à reconvention. Carré, *ib.* note 27.

38. La reconvention devrait encore être repoussée, quoiqu'elle eût une relation avec la demande principale, si celle-ci avait pour objet l'exécution d'un titre authentique : en effet, la loi attribue exécution parée aux actes de cette nature, parce qu'elle leur accorde toute la force d'un jugement acquiescé. Carré, art. 258, n° 259.

39. Mais la reconvention est admissible lors même que la demande principale étant du nombre de celles que la loi qualifie *matières sommaires*, la demande reconventionnelle se trouve dans la classe des *matières ordinaires ;* seulement la loi ayant établi pour les matières sommaires une procédure plus simple, les deux demandes devraient être instruites et jugées séparément. Toullier, *ib.* — Toutefois Carré, n° 257, pense que la reconvention n'est pas recevable, dans ce cas, du moins lorsque l'objet de la demande reconventionnelle n'est pas, comme action principale, de la compétence du même trib., à raison du domicile ou de la situation de l'objet.

40. La reconvention est recevable contre le demandeur qui fait défaut : il a en effet nécessairement constitué avoué dans son exploit introductif d'instance, et conséquemment rien n'empêche le défendeur, qui ignore que le demandeur laissera prendre défaut, de saisir valablement le trib. devant lequel il est assigné, d'une demande reconventionnelle signifiée par acte d'avoué à avoué, conformément à l'art. 337 C. pr. ; Carré, art. 258, n° 253.

41. La reconvention est valablement formée pour la première fois en appel. C. pr. 464. — V. *Appel*, n°s 308 à 312.

Mais il ne s'en suit pas qu'elle soit recevable en tout état de cause. On doit appliquer ici les règles de l'*intervention* (—V. ce mot, n° 47), qui ne permettent pas de retarder le jugement d'une cause *en état*. L'ancienne jurisprudence prohibait la reconvention après la contestation en cause. Toullier, 7, 487.

On ne serait même pas fondé à soutenir que la demande reconventionnelle doit être jugée par le trib. saisi de la demande principale, sauf à ne pas retarder le jugement de cette demande si elle était *en état*. La reconvention qui ne pourrait être jugée en même temps que la demande principale cesserait d'être incidente, et devrait conséquemment, comme l'intervention tardive, être portée par action principale devant le tribunal du domicile du défendeur. Carré, art. 258, n° 252.

42. Les juges sont tenus, sous peine de déni de justice, de statuer sur les demandes reconventionnelles qui leur sont déférées : cela résulte nécessairement de ce que la reconvention ne peut avoir pour objet que l'anéantissement ou la modification de la demande principale, et que conséquemment elle ne saurait en être séparée. Carré, art. 258, n° 256.

La prorogation légale diffère sous ce rapport de la prorogation volontaire.—V. *sup.* n° 23.

43. Du reste, elle est soumise aux mêmes règles. Henrion, *Aut. jud.*, 242; — Ainsi, elle ne peut pas être proposée devant un juge délégué pour juger un certain genre d'affaires; — elle ne saurait avoir lieu que dans les cas où la juridiction du trib. devant lequel elle est proposée pourrait être prorogée conventionnellement. *Ib.* 244; *Just. paix*, 242.—V. *sup.* n° 7.

44. Un trib. ayant la juridiction ordinaire, peut statuer reconventionnellement sur une demande de la compétence d'un trib. d'exception.—Par exemple, un trib. civil, seul compétent pour connaître de la demande formée contre un fermier relativement à des pailles et fumiers, devient compétent pour connaître dans la même affaire d'une demande à fin de réparations et dégradations d'objets placés dans les attributions du juge de paix. Cass. 13 juill. 1807, S. 7, 2, 1029.

45. Si la demande originaire est de nature à être jugée en dernier ressort, la demande reconventionnelle doit-elle l'être également?— V. *Ressort*.

PROTESTATIONS. —V. *Réserves*.

PROTESTATION (ACTE DE). — V. *Effet de commerce*, n 193.

PROTÊT. — V. *ib.* § 2 et 7; Art. 3 J. Pr.

1. La loi du 24 mai 1834 modifie les droits de timbre des lettres de change et billets à ordre, et ceux d'enregistrement des protêts. Instr. gén. régie, 2 juin 1834, n° 1457. — V. *Timbre*.

2. *Enregistrement.* — V. *Pluralité de droits*, n° 8.

PROTOCOLE DES ACTES. Se dit du style communément adopté pour l'intitulé et la clôture des actes et procès-verbaux.

PROTUTEUR. — V. *Tuteur*.

PROVISION. Ce mot signifie tantôt la remise faite à celui sur qui la lettre de change est tirée, des fonds destinés à en effectuer le paiement. —V. *Effet de commerce*, n° 130; — tantôt ce qui est adjugé provisoirement à l'une des parties en attendant le jugement définitif. —V. *Alimens*, *Appel*, n° 255 à 258; *Avoué*, n°s 166 et 167; *Jugement*, n° 30 à 34; *Référé*; — On dit encore d'un acte ou d'un jugement qu'il est exécutoire par *provision*, lorsque son exécution n'est pas paralysée par le recours dirigé contre lui, et peut être poursuivi jusqu'à ce qu'il ait été réformé. — V. *Jugement*, n°s 154 à 183; *Référé*.

PROVISION D'OFFICE. Se disait autrefois des lettres de chancellerie émanées du Roi, qui autorisaient à remplir une charge publique. — V. *Office*.

PROVISOIRE (*Demande*). — V. *Jugement*, n° 32; *Provision*.

PROVISOIRE (*Jugement*). — V. *Jugement*, n°s 30 à 34.

PRUDENCE (*s'en rapporter à la prudence*). C'est abandonner une décision à une autorité, sans rien lui demander expressément.

1. De ce que, pour toutes conclusions, l'on s'en est rapporté à la *prudence* ou *bon plaisir* du trib., il ne s'ensuit pas qu'on l'autorise à juger arbitrairement sans consulter les règles du droit ou de l'équité, ni qu'on renonce à attaquer sa décision. — V. *Prorogation de juridiction*, n° 9.

— V. *Désaveu*, n° 29.

2. Dans certains cas, la loi s'en rapporte à la prudence du juge pour prononcer certaines condamnations ou ordonner certains actes d'instruction. — V. C. pr. 122, 126, 127, 205, 222, 226, etc.; C. civ. 499.

— V. d'ailleurs *Ministère public*.

PRUD'HOMMES (CONSEIL DE). Tribunal spécial établi pour la police des manufactures, et pour le jugement des contestations entre les ouvriers et les fabricans, les contre-maîtres ou les chefs d'atelier et les compagnons ou apprentis.

DIVISION.

§ 1. — *De l'institution des conseils de prud'hommes.*

§ 2. — *Attributions des prud'hommes.*

Art. 1. — *Conciliation.*
Art. 2. — *Arbitrage.*
Art. 3. — *Juridiction contentieuse.*
Art. 4. — *Juridiction de police.*

§ 3. — *Procédure.*

Art. 1. — *Tentative de conciliation.*
Art. 2. — *Citation.*
Art. 3. — *Instruction-Incidens.*

§ 4. — *Jugement.*

Art. 1. — *Manière de le rendre.*
Art. 2. — *Voies de réformation.*
Art. 3. — *Exécution.*

§ 5. — *Enregistrement.*

§ 6. — *Formules.*

§ 1. — *Institution des conseils de prud'hommes.*

1. *Institution.* L'institution des prud'hommes remontait à plusieurs siècles quand elle disparut avec les corporations à la révolution de 1789 ; une loi spéciale du 18 mars 1806 la rétablit pour la ville de Lyon ; bientôt elle devint l'objet d'un règlement général pour toute la France. Décret 11 juin 1809, rectifié par le décret du 20 fév. 1810. — V. toutefois Boncenne, 1, 380.

2. Il doit exister des conseils de prud'hommes seulement dans les villes habitées par un grand nombre de fabricans et d'ouvriers ; ils sont établis par ordonnance du Roi, sur la demande des chambres de commerce ou des chambres consultatives des manufactures, communiquée au préfet, et après qu'il a été constaté que les développemens de l'industrie les rendent nécessaires. Décr. 20 fév. 1810, art. 2.

3. On distingue les prud'hommes *fabricans* et les prud'hommes *pêcheurs*. Les premiers sont établis dans les villes où les manufactures réclament une surveillance et une juridiction spéciales; les seconds dans les villes maritimes, où ils exercent les mêmes fonctions par rapport à la pêche.

4. *Organisation.* Chaque conseil est composé, selon l'étendue des lieux ou le nombre des fabriques, de 5, 7, 9, ou 15 membres, et de deux suppléans destinés à remplacer les décédés ou les démissionnaires. L. 18 mars 1806, art. 5; Décr. 20 fév. 1810, art. 3, 18.

Les suppléans peuvent aussi remplacer les membres titulaires qui se trouvent par un motif quelconque dans l'impossibilité d'assister aux séances.

Des règles particulières à la ville de Lyon, sur ce point, sont prescrites par une ordonnance royale du 21 juin 1833.

5. L'ordonnance d'institution détermine les industries à représenter, et le nombre de représentans que chacune doit avoir dans le conseil.

6. Les simples ouvriers patentés sont appelés à y siéger, comme les marchands et les contre-maîtres ; mais les marchands fabricans ont toujours dans le conseil un membre de plus. Décr. *ib.* art. 1. — En outre, l'un des suppléans est choisi parmi les marchands fabricans, l'autre parmi les chefs d'atelier. Art. 18.

7. Il n'y a point d'officier du ministère public près les conseils de prud'hommes.

Un secrétaire remplit les fonctions de *greffier*. Décr. 20 fév. 1810, art. 26.

Il est nommé et peut être révoqué par le conseil. — V. *Greffier*, n°s 76, 78.

Le ministère des avoués n'est pas nécessaire. — V. *inf.* n° 38, et *Avoué*, n° 77.

8. Les prud'hommes sont élus dans une assemblée générale de marchands, fabricans, chefs d'atelier, contre-maîtres, teinturiers et ouvriers patentés, justifiant qu'ils se sont fait inscrire sur un registre à ce destiné à l'hôtel-de-ville. Les faillis en sont exclus. Art. 13, 14. — V. *Faillite*, n° 59.

9. Au surplus, le gouvernement peut appeler d'autres professions à la nomination des prud'hommes. Décr. 27 mars 1813 pour la ville de Strasbourg, et Ordonn. du 16 oct. 1814 pour celle d'Amiens; Joye, 128.

10. Les électeurs doivent être convoqués huit jours avant leur réunion. Le maire dresse la liste des votans pour la première année seulement. Les contestations sur le droit d'assistance sont jugées par le préfet, sauf recours au Conseil-d'État. Ce fonctionnaire préside l'assemblée, ou se fait remplacer par un autre fonctionnaire; l'un ou l'autre nomme un secrétaire et deux scrutateurs. L'élection se fait au scrutin individuel et à la majorité des suffrages; on dépose le procès-verbal à la mairie. L'assemblée ne peut s'occuper que de l'élection. Décr., art. 13 et suiv.

11. Les négocians fabricans ne peuvent être élus prud'hommes s'ils n'ont trente ans, s'ils n'exercent leur état depuis six ans, ou s'ils ont fait faillite. — Les chefs d'atelier ne peuvent l'être s'ils ne savent lire et écrire, s'ils n'ont au moins un pareil temps d'exercice, ou s'ils sont rétentionnaires de matières données et employées par les ouvriers. L. 18 mars 1806, art. 3; D. art. 17; Pardessus, n° 1422; Carré, *L. d'org.* 697.

12. Les prud'hommes, avant d'entrer en fonctions, prêtent serment entre les mains du préfet. D. art. 20.

13. Ensuite ils nomment entre eux un président et un vice-président; ils forment un bureau particulier composé de deux membres : l'un marchand fabricant, l'autre contre-maître ou ouvrier, chargé de concilier les parties; — et qui, s'il ne le peut, les renvoie au bureau général. D. art. 22. — V. *inf.* n° 35.

14. Dans les villes où le conseil est de 5 ou 7 membres, le bureau particulier s'assemble tous les deux jours de onze heures à une heure; — dans celles où il est composé de 9 ou 15 membres, il tient tous les jours une séance, commençant et finissant à la même heure. D. art. 21.

15. Le bureau général se réunit au moins une fois par semaine, et ne peut rien décider que lorsque les deux tiers de ses membres sont présens. Ses délibérations sont prises à la majorité plus un des membres présens. D. art. 23, 24.

Mais on ne pourrait demander en cassation l'annulation d'un jugement de prud'hommes comme ayant été rendu par moins de 5 juges, si l'on n'avait pas conclu à cette fin devant le trib. de commerce saisi de l'appel de ce jugement. Cass. 28 avr. 1830, D. 30, 230.

16. Toutes les fonctions des prud'hommes sont gratuites. Ils ne peuvent réclamer que les frais du papier et du timbre employés par eux. D. art. 32 : — les frais du secrétariat, de significations et les salaires des témoins. D. art. 59 et 60 ; Carré, *L. d'org.* t, 2, p. 697.—V. *Greffe (droit de)*, n° 181.

En cas de plainte en prévarication contre un prud'homme, on procède suivant la forme établie à l'égard des juges. L. 18 mars 1806, art. 5.—V. d'ailleurs *Discipline*, n° 54.

17. Les membres des conseils de prud'hommes peuvent être jurés. Cass. 24 sept. 1825, D. 25, 370.

18. Les conseils de prud'hommes se renouvellent partiellement au commencement de chaque année de la manière suivante : — Pour un conseil de cinq membres on renouvelle seulement la première année un membre parmi les marchands fabricans ; la deuxième on renouvelle un marchand fabricant et un membre pris parmi les autres états ; la troisième année on fait de même ; — si le conseil est de sept membres, on renouvelle la première année deux marchands fabricans et un chef d'atelier, contre-maître, etc. ; la deuxième un marchand fabricant et un chef d'atelier ; la troisième de même ; — si le conseil est de neuf, on renouvelle la première année un marchand fabricant et deux membres pris parmi les autres états ; la seconde année deux marchands fabricans et un pris dans les autres états ; la troisième de même ; — enfin, si le conseil est composé de quinze membres, on renouvelle la première année deux prud'hommes marchands fabricans et un chef d'atelier, etc. ; la seconde trois prud'hommes marchands fabricans et trois chefs d'ateliers, etc. ; la troisième de même. On fait au sort le renouvellement des deux premières années, et ensuite par ancienneté des nominations.

Les prud'hommes sortis sont toujours rééligibles. D. art. 3.

§ 2. — *Attributions des prud'hommes.*

19. Les prud'hommes remplissent les fonctions de conciliateurs, d'arbitres, de juges civils et de juges de police.—V. *inf.* n°s 20 à 34.

Ils sont en outre investis d'un certain droit de surveillance sur les ateliers, en vertu duquel ils peuvent y faire des visites, constater les infidélités ou contraventions commises, soit par les maîtres ou les ouvriers, et enfin, dans certains cas, prononcer contre les délinquans un emprisonnement qui ne saurait excéder trois jours.—V. L. 18 mars 1806, art. 10, 11, 20, 29 ; décr. 11 juin 1809, art. 64-67 ; décr. 3 août 1810, art. 4.

Art. 1. — *Conciliation.*

20. Toutes les affaires de la compétence des prud'hommes sont assujetties à la tentative de conciliation.—V. *inf.* n° 35.

21. Les parties peuvent toujours se présenter volontairement devant leur bureau particulier pour être conciliées. Dans ce cas, elles sont tenues d'en faire une déclaration, sans frais, qui est signée par elles, ou mention est faite au procès-verbal qu'elles ne peuvent ou ne savent signer. D. art. 38, 62.

Le bureau ne doit rien négliger pour amener un accord amiable. S'il n'y parvient pas, il renvoie au bureau général. Art. 22.

Art. 2. — *Arbitrage.*

22. Le bureau général des prud'hommes donne son avis à titre d'arbitrage sur : 1° les contestations entre marchands et fabricans pour les marques. Lorsqu'il s'agit, par exemple, de déterminer la différence entre les marques des fabricans déjà adoptées et les marques nouvelles qui seraient proposées ou même entre celles déjà existantes; 2° sur les contrefaçons de lisières de drap, D. 22 déc. 1812, art. 8; 3° sur des ouvrages de bonneteries ou de tissus prohibés, Ordonn. 8 août 1816, art. 37; 4° sur les difficultés relatives aux opérations de fabrique, entre un fabricant et ses ouvriers ou contre-maîtres, sur lesquelles il ne peut prononcer comme juge.— V. *inf.* n° 25 et suiv. D. art. 12.

Mais le trib. correctionnel est compétent pour connaître de la contrefaçon des dessins de fabrique dont le dépôt a été fait conformément à la loi du 18 mars 1806. Colmar, 30 juin 1828, D. 30, 46; Paris, 19 fév. 1835 (Art. 259 J. Pr.).

Cette contrefaçon doit être punie des peines portées par l'art. 425 C. pén. Paris, 19 fév. 1835.

23. L'avis des prud'hommes est adressé au trib. de commerce, et il ne constitue pas un premier degré de juridiction. En telle sorte que le jugement du trib. qui intervient reste soumis à l'appel devant la C. roy. Riom, 18 fév. 1834, D. 34. 59. —Pour les objets indiqués au n° 3 ci-dessus, l'avis est renvoyé au préfet, qui statue dans ce cas. Ordonn. 8 août 1816; Blondin et Mathieu, p. 36.

Art. 3. — *Juridiction contentieuse.*

24. On peut l'envisager sous le triple rapport de la matière, des personnes et du territoire.

25. *Matière et personnes.* Elle embrasse les différends qui s'élèvent, entre les fabricans, ouvriers, contre-maîtres, chefs d'ateliers, compagnons ou apprentis. L. 18 mars 1806, art. 6, 10, 14.

26. Pour être justiciable du conseil des prud'hommes il faut: 1° être marchand, fabricant, chef-d'atelier, contre-maître, teinturier, ouvrier, compagnon ou apprenti; — 2° travailler dans une fabrique du territoire pour lequel le conseil est établi. D. 20 fév. 1810, art. 10, 11, 12; Cass. 5 juill. 1821; Pardessus, n° 1421.

27. De plus les prud'hommes ne peuvent statuer entre les personnes remplissant ces conditions qu'à l'égard des contestations portant sur des affaires relatives à la branche de leur industrie, et aux conventions dont cette industrie a été l'objet. D. art. 10. — Ainsi il faut que les contestations naissent des rapports particuliers qu'ont établis l'industrie de l'un et l'usage que l'autre en fait pour son commerce; — le manufacturier qui a commandé des réparations à sa manufacture à un serrurier, ne peut pas être cité devant les prud'hommes pour les contestations qu'il aura avec celui-ci. Rouen, 25 fév. 1811, S. 11, 233; — ni un entrepreneur de filage à raison de la mauvaise confection des travaux que lui a confiés un fabricant de draps. Cass. 2 fév. 1825, S. 25, 403.

A plus forte raison, le conseil de prud'hommes serait-il incompétent pour statuer sur une contestation survenue entre un fabricant et un ouvrier avec lequel il aurait traité à forfait : les rapports existant entre les parties ne seraient plus en effet ceux de chef à subordonné. Cass. 12 déc. 1836, S. 37, 412.

28. Par le même motif, il y a compétence : 1° quand la contestation s'élève entre deux fabricans indépendans l'un de l'autre. Cass. 2 fév. 1825, S. 25, 403; — 2° lorsqu'elle est relative aux opérations de fabrique, et qu'elle s'élève entre un fabricant et un de ses ouvriers contre-maîtres; les prud'hommes ne peuvent que donner leur avis comme arbitres. D. art. 12. — V. *sup.* n° 22; — 3° lorsqu'il s'agit de connaître même accessoirement à la demande principale dirigée contre un ouvrier sorti d'une fabrique sans avoir fait régler son livret, d'une action en garantie exercée contre un non fabricant à raison de l'emploi qu'il a fait de cet ouvrier. Cass. 11 nov. 1834, S. 34, 689.

29. Réciproquement, les conseils de prud'hommes ne peuvent connaître que des contestations relatives à l'industrie exercée par les membres dont ces conseils sont composés. — Par exemple, un conseil composé de fabricans de tissus et de bonneterie et de chefs d'ateliers ou d'ouvriers de la même industrie, serait sans qualité pour statuer sur une difficulté élevée entre un entrepreneur de bâtimens et son ouvrier. Cass. 19 fév. 1833, S. 33, 471.

Au reste, le gouvernement peut étendre la juridiction des prud'hommes à des professions autres que celles indiquées par les décrets précédens. On en trouve des exemples dans une ordonnance du 27 mai 1820, rendue pour la ville de Mamers, et dans une autre du 21 août 1822, pour celle de Caen. Carré, 700; Pic, *Code des imprimeurs*, 1, 125.

30. La loi du 28 juill. 1824 a transporté, des prud'hommes aux trib. correctionnels, la connaissance des appositions faites sur les ouvrages de coutellerie et de quincaillerie, du nom d'un fabricant autre que le fabricant véritable. Cass. 8 déc. 1827, S. 28, 255.—Il en est autrement pour les fausses marques mises sur ces ouvrages. Arg. *ib.* Trib. Paris, 6e ch., 3 mai 1827.

31. Dans les villes où il n'y a pas de conseil de prud'hommes, les contestations entre un maître et ses ouvriers ou apprentis sont de la compétence du *juge de paix*. L. 25 mai 1838, art. 5, § 3.—V. ce mot, n° 95.

Dans ce cas, le juge de paix statue en dernier ressort si la demande n'est pas supérieure à 100 fr. et à la charge d'appel devant le trib. civil de 1re inst. si l'importance du litige est plus considérable. L. 25 mai 1838, *ib.*

32. Quant au conseil de prud'hommes, la quotité de la somme réclamée n'influe en rien sur sa compétence. Il statue sur toutes contestations entre qui de droit, en dernier ressort, s'il ne prononce pas une condamnation supérieure à 100 fr. et à la charge de l'appel devant le trib. de commerce, si le montant de la condamnation excède cette somme. Décr. 3 août 1810, art. 1.—V. *inf.* n° 49.

33. *Territoire.* L'ordonnance qui institue un conseil de prud'hommes, fixe les limites de son ressort. Ordinairement elle le borne au canton; quelquefois elle l'étend à tout l'arrondissement du trib. de commerce.

La compétence se détermine d'après la situation de la fabrique pour laquelle on travaille, et non d'après le domicile des parties. D. art. 11; —Cette disposition exceptionnelle est motivée sur ce que les fabriques sont ordinairement agglomérées, tandis que les résidences des fabricans et des ouvriers sont éloignées et dispersées.

Art. 4. — *Juridiction de police.*

34. Les prud'hommes répriment les délits tendant à troubler l'ordre et la discipline dans les ateliers, et les manquemens graves des apprentis envers leurs maîtres. D. 3 août 1810, art. 4.

Le bureau particulier et le bureau général punissent les infractions commises à leur audience. Ils répriment le manque de modération par 10 fr. d'amende avec affiche du jugement. Si les parties s'emportaient envers eux jusqu'à l'injure, ou à l'irrévérence grave, ils pourraient même appliquer trois jours d'emprisonnement. D. 11 juin 1809, art. 33, 34.

§ 3. — *Procédure.*

Art. 1. — *Tentative de conciliation.*

35. *Invitation.* Pour éviter les frais, le décret prescrit au lieu d'une citation, l'envoi d'une lettre qui est adressée par le secrétaire, et qui indique le jour et l'heure de la comparution devant le bureau particulier ou le bureau général. D. art. 29. — V. *Huissier*, n° 32-9°.

Art. 2. — *Citation.*

36. Si la personne invitée ne comparaît pas, elle est citée à comparaître. D. art. 30.

La citation est revêtue des formes ordinaires des exploits; elle doit désigner le jour de la comparution.

Le délai de la citation est d'un jour franc, si le défendeur est domicilié dans le rayon de trois myriamètres.

Ce délai s'augmente d'un jour par trois myriamètres de distance entre le lieu du domicile du défendeur et celui où siège le conseil.

L'inobservation des délais entraîne nullité de la citation, et nécessité d'en donner une nouvelle, aux frais du demandeur, sauf son recours contre l'huissier s'il y a lieu. D. art. 31, 82.

37. La citation est remise par un des huissiers immatriculés au trib. civil dans le ressort duquel siège le conseil. Décr. 20 fév. 1810, art. 30, 60. — V. *Huissier*, n° 32-9°.

Art. 3. — *Instruction-Incidens.*

38. Les parties doivent comparaître en personne; — elles ne peuvent se faire représenter qu'en cas de maladie ou d'absence, et encore par un de leurs parens, négociant ou marchand, porteur de leur procuration. Art. 29. — V. toutefois Décr. 30 juin 1807, 1er avril 1808; Blondin et Mathieu, 47.

Mais aucune loi ne leur défend de se faire assister par un avocat ou un avoué. — Le droit de la défense exigequ'ils jouissent de cette faculté; les justiciables des prud'hommes sont souvent hors d'état de faire valoir leurs moyens; quelquefois même ils ignorent la langue de leurs juges. Chauveau, *Tarif introd.* 49, note 18.

Toutefois les frais de défense n'entreraient pas en taxe : ce sont des frais extraordinaires qui doivent rester à la charge de la partie; — il en serait de même des frais de signification ou d'écritures qu'elles croiraient nécessaires. D. art. 32.

39. *Récusation.* On peut récuser un ou plusieurs prud'hommes : 1° s'ils ont un intérêt personnel à la contestation ; 2° s'ils sont parens ou alliés de l'une des parties jusqu'au degré de cousins-germains inclusivement ; 3° si dans l'année qui a précédé la récusation il y a eu procès criminel entre eux et l'une des parties ou son conjoint et ses parens ou alliés en ligne directe ; 4° s'il y a procès civil entre eux et l'une des parties ou son conjoint ;—5° s'ils ont donné un avis écrit dans l'affaire. D. art. 54. — V. *Récusation.*

40. L'acte de récusation d'un prud'homme est motivé et signifié au secrétaire du conseil par le premier huissier requis. D. art. 55. — Il est signé de la partie ou de son fondé de pouvoir sur l'original et sur la copie. — La copie est déposée sur le bureau du conseil, et doit être immédiatement communiquée au juge récusé, qui est tenu de répondre dans les deux jours par écrit au bas de la copie laissée au secrétaire, le tout sans frais. *Ib.*;—si le juge refuse de s'abstenir, le président du conseil doit envoyer dans les trois jours, au président du trib. de commerce du ressort, une expédition de la récusation et de la déclaration du juge récusé, et le trib. doit statuer dans la huitaine, sans qu'il soit besoin d'appeler les parties. D. art. 57.

41. *Dénégation d'écriture; inscription de faux.* Si l'une des parties dénie une écriture, ou argue de faux une pièce produite, le président donne acte de cette déclaration, paraphe la pièce et renvoie les parties devant les juges ordinaires. D. art. 57. —V. *Faux*, n° 18.

42. *Enquête.* L'enquête peut avoir lieu lorsque les parties sont contraires en fait sur des points de nature à être prouvés par témoins. Si le conseil en trouve *la vérification utile et admissible*, il ordonne la preuve et en fixe précisément l'objet. D. art. 48.

Cette appréciation lui est abandonnée sans restriction : cette dérogation à la règle qui n'autorise la preuve par témoins que pour une valeur inférieure à 150 fr., ou à l'appui d'un commencement de preuve par écrit, se justifie par les rapports habituels des prud'hommes avec leurs justiciables. Il leur est facile de se procurer des renseignemens certains sur la moralité des parties et des témoins, et de se garantir contre les dépositions mensongères.

Les art. 49 à 53 du décret renferment les mêmes dispositions que les art. 35, 36, 37, 39, 40, C. de proc. pour les *enquêtes* en matière de justice de paix.—V. ce mot, n° 360.

Remarquez seulement que l'art. 50 du décret ne contient pas la disposition finale de l'art. 36 C. pr. ainsi conçue : « les reproches ne pourront être reçus après la déposition commencée, qu'autant qu'ils seront justifiés par écrit. »

43. *Transport sur les lieux.* Le transport sur les lieux, pour vérifier ou l'état des machines, ou l'état des objets confectionnés, ou toute autre chose qui ne saurait être déplacée, se fait sans frais; le jugement qui l'ordonne n'est même pas levé : le conseil se rend à l'endroit indiqué, avec le secrétaire, porteur de la minute; les parties, averties par le prononcé du jugement à l'audience, doivent s'y trouver. La rédaction d'un procès-verbal de la visite n'est pas exigée. D. art. 45; — mais il convient d'exposer, dans les considérans du jugement définitif, le résultat de l'examen, surtout si l'affaire est susceptible d'appel.

44. *Mesures conservatoires.* Il peut arriver enfin que le conseil soit dans l'impossibilité de statuer immédiatement sur le fond de la contestation, et que cependant il y ait péril en la demeure : c'est alors le cas d'ordonner des mesures conservatoires; elles sont abandonnées à la prudence du conseil. Ainsi, il peut ordonner un séquestre, nommer un gardien des objets litigieux, etc. D. art. 28; Carré, 702.

§ 4. — *Jugement.*

Art. 1. — *Manière de le rendre.*

45. Le bureau général, auquel des parties sont renvoyées par le bureau particulier, doit statuer sur-le-champ. D. art. 36.

Il doit suivre les mêmes principes que les autres trib., soit dans l'appréciation des faits, soit dans l'application des lois et des règles d'équité. Pardessus, n° 1425.—V. *Jugement.*

Ainsi, il doit donner défaut contre la partie qui ne comparaît pas au jour indiqué par la citation, et juger la cause à lui soumise, sauf le cas prévu *sup.* n° 36. D. art. 41.

46. Les minutes de tout jugement doivent être portées sur la feuille par le secrétaire, signées par tous les prud'hommes présens, et contresignées par lui. D. art. 40.—Les expéditions sont signées par le président ou le vice-président, et contresignées aussi par le secrétaire. D. art. 27.

Art. 2. — *Voies de réformation.*

47. Il y en a quatre : l'opposition, l'appel, la tierce-opposition, la cassation.—V. d'ailleurs *Prise à partie*, n° 8.

48. *Opposition.* Le délai pour la former est de trois jours francs, à partir de la signification du jugement faite par l'huissier. Toutefois, les prud'hommes prenant en considération les motifs de l'absence, peuvent prolonger le délai de l'opposition pour le jugement de défaut; — ou même, pour motifs graves, relever de la déchéance encourue, et recevoir une opposition tardive. D. art. 41, 42.

L'opposition est formée par exploit contenant citation à la

plus prochaine audience, sauf l'observation des délais prescrits. *Ib.*—V. d'ailleurs C. pr. 165; D. art. 44.

49. *Appel.* Les jugemens des prud'hommes sont définitifs et sans appel, si la *condamnation* n'excède pas 100 fr. en capital et accessoires. D. 3 août 1810, art. 2; — lors même que la demande excéderait cette somme. Boncenne, 382.

D'un autre côté, le demandeur peut appeler, en cas de rejet de sa demande, lors même que ce rejet ne lui cause pas un préjudice supérieur à 100 fr.

50. Le délai de l'appel est de trois mois, à partir de la signification du jugement par l'huissier. D. art. 37.

51. On ne peut appeler d'un jugement préparatoire qu'après le jugement définitif; et conjointement avec l'appel de cette dernière décision; mais l'exécution des jugemens préparatoires n'enlève point aux parties le droit d'en appeler, lors même qu'elles n'auraient fait ni protestation ni réserve à cet égard. D. 20 fév. 1810, art. 47.

52. L'appel est porté devant le trib. de commerce, et à défaut de trib. de commerce, devant le trib. civil de l'arrondissement. D. 3 août 1810, art. 2.

Art. 3. — *Exécution.*

53. Les jugemens sont exécutoires vingt-quatre heures après la signification par l'huissier du conseil, par provision sans caution et nonobstant appel, mais non nonobstant opposition, si l'objet n'excède pas 300 fr. D. art. 27; Carré, 704. — Dans les autres cas, l'exécution provisoire n'a lieu qu'à charge de donner caution. D. 3 août 1810, art. 3; Pardessus, n° 1429; Blondin et Mathieu, p. 21.

54. L'expédition des décisions des prud'hommes, en matière de police, certifiée par le secrétaire, est mise à exécution par le premier agent de police ou de la force publique de ce requis. D. 3 août 1810, art. 44. — V. d'ailleurs D. 5 sept., art. 11.

55. S'il s'élève quelques difficultés sur l'exécution de la sentence, le trib. de 1re inst. est seul compétent pour en connaître. — V. *Exécution.*

§ 5. — *Enregistrement.*

56. Les jugemens rendus par les conseils de prud'hommes sont enregistrés gratis, quand l'objet de la contestation n'est pas d'une valeur supérieure à 25 fr. Décis. min. fin. 20 juin 1809.

57. Si la valeur du litige excède cette somme, on doit, par analogie, percevoir les droits établis pour les sentences rendues par les juges de paix. — V. *Jugement*, nos 345 et suiv.

§ 6. — *Formules.*

Les actes de procédure faits devant les conseils de prud'hommes doivent être rédigés dans la forme ordinaire. — *V.* Citation, Exploit, Jugement, Prise à partie, Récusation, Signification, etc.

PUISSANCE PATERNELLE.

1. Le père qui a des sujets de mécontentemens très-graves sur la conduite d'un enfant mineur, peut le faire détenir par voie d'autorité ou par voie de réquisition, suivant les circonstances. C. civ. 375, 383. — V. Art. 608 J. Pr. p. 544.

2. *Par voie d'autorité.* Si l'enfant est âgé de moins de seize ans, le président du trib. de 1re inst. de l'arrondissement de son domicile doit, sur la demande du père, délivrer l'ordre d'arrestation. La détention ne peut excéder un mois. C. civ. 376.

3. *Par voie de réquisition.* Cette voie est nécessaire : 1° lors même que l'enfant a moins de seize ans commencés : si le père est remarié. C. civ. 380 ; — ou si l'enfant a des biens personnels. *Ib.* 382, — ou bien s'il exerce un état. *Ib.*

2° Lorsque l'enfant a atteint l'âge de seize ans commencés. C. civ. 377.

4. Le père s'adresse au président du trib., qui, après en avoir conféré avec le procureur du roi, délivre l'ordre d'arrestation ou le refuse, et il peut, dans le premier cas, abréger le temps de la détention requis par le père (six mois au plus). C. civ. 377.

5. Il n'y a jamais ni requête, ni procès-verbal, ni écriture, si ce n'est l'ordre d'arrestation, qui n'est même pas motivé. C. civ. 378 ;— toutefois il convient d'y mentionner la réquisition du père, et, s'il y a lieu, la conférence avec le procureur du roi.

6. A Paris, on procède de la manière suivante : la pétition du père est soumise au président, qui l'envoie au commissaire de police, et qui, sur le rapport de ce dernier, délivre (ou refuse, s'il y a lieu — V. *sup.* n° 3) l'ordre d'arrestation ; — cette arrestation se fait par le ministère du commissaire de police.

7. Le geôlier dresse un procès-verbal d'écrou; il indique que la détention a lieu en vertu du droit de correction, afin de ne pas laisser soupçonner qu'elle serait le résultat de poursuites ou de condamnations judiciaires.

8. Le père est tenu de souscrire une soumission de payer tous les frais (s'il en a été fait pour arrêter l'enfant et le conduire en prison), et de fournir les alimens *convenables*. *Ib.* — La soumission de fournir des alimens tels que ceux exigés pour les prisonniers ne suffirait pas. Magnin, *Minorités*, n° 273. —

Si le père ne fournit pas d'alimens, il y a lieu de remettre l'enfant en liberté. C. pr. 800.—V. toutefois *Indigent*, n° 29.

9. La mère survivante et non remariée peut faire détenir son enfant, mais avec le *concours* des deux plus proches parens paternels et par voie de réquisition. C. civ. 381;—En cas de dissentiment des parens paternels les plus proches ou à défaut de parens paternels, il faut suivre l'art. 468.

10. L'enfant *détenu* qui a des biens personnels, ou qui exerce un état, peut adresser un mémoire au procureur-général près la C. roy. Celui-ci se fait rendre compte par le procureur du roi près le trib. de 1re inst., et fait son rapport au président de la C. roy., qui, après en avoir donné avis au père, et après avoir recueilli tous les renseignemens, peut révoquer ou modifier l'ordre délivré par le président du trib. de 1re inst. C. civ. 382.—L'ordre d'arrestation s'exécute provisoirement; le recours de l'enfant n'est pas suspensif.

11. Le tuteur qui a des sujets de mécontentement graves sur la conduite du mineur peut porter ses plaintes à un conseil de famille, et, s'il y est autorisé par ce conseil, provoquer la réclusion du mineur de la manière indiquée ci-dessus au n° 3. C. civ. 468.

12. La pétition et l'ordre d'arrestation ne sont ni timbrés ni enregistrés.

—V. d'ailleurs *Emprisonnement*, n° 3.

PURGE. Moyen accordé au tiers-détenteur pour affranchir l'immeuble des hypothèques et priviléges qui le grèvent du chef des précédens propriétaires.

DIVISION.

§ 1. — *Des différentes espèces de purges.*

1. *Historique.* A Rome, la vente faite *jure pignoris*, *solemniter et extraneo*, par le plus ancien des créanciers hypothécaires (L. 3 D. *De distr. pignoris*); en France, le décret forcé, *subhastation*, ou vente par autorité de justice sur la poursuite d'un créancier même chirographaire, purgeaient les immeubles et

les transmettaient libres de toute hypothèque, sauf les droits des créanciers opposans sur le prix. —Mais le droit romain n'avait aucun système pour la purge des immeubles vendus volontairement. — L'ancien droit français avait imaginé le *décret volontaire qui*, dit Loyseau, *sert d'un très utile expédient pour purger les hypothèques.* Troplong, 4, n° 892.

2. Les *décrets volontaires* dont les frais étaient ruineux furent expressément abrogés par l'édit de juin 1771 (Art. 37), qui étendit à la purge des immeubles réels l'usage *les lettres de ratification* déjà établi pour la transmission des rentes et des offices. L'exposition publique, pendant deux mois, de l'acte translatif de propriété, mettait tous les créanciers hypothécaires et chirographaires en demeure de surenchérir ou de former opposition sur le prix; les lettres de ratification n'étaient délivrées qu'après les délais de la surenchère et à la charge des oppositions (art. 7, 8 et 9 de l'édit de 1771).

3. La loi du 18 brum. an 7 établit pour toutes les charges immobilières le système de la publicité la plus absolue; tout acte translatif de propriété ou constitutif d'hypothèque n'était valable, à l'égard des tiers, qu'à compter de son inscription sur des registres publics. Des notifications directes devaient être faites par le tiers-détenteur à tous les créanciers inscrits, pour les mettre en demeure de surenchérir; après les délais de surenchère et le paiement du prix, l'immeuble était libéré (Art. 26 et suiv. L. brum. an 7).

4. Le C. civ. et le C. de pr. ont modifié ce système.

1° La vente est parfaite, même à l'égard des tiers, par le seul consentement des parties. Aucune hypothèque ne peut donc être acquise, et même, d'après le Code civil, aucune hypothèque ne pouvait être inscrite, postérieurement à l'aliénation. Mais l'art. 834 C. pr. a créé un droit nouveau, et permis à tout créancier, dont l'hypothèque est antérieure à la vente, de se faire inscrire avant la transcription et dans les quinze jours qui la suivent. Cass. 15 déc. 1813, D. 9, 88; Troplong, t. 4, n°s 895 à 901; Duranton, t. 20, n° 352.

2° Par exception au principe général de la publicité, sont dispensées d'inscription les hypothèques légales des femmes mariées, des mineurs et des interdits, sur les biens des maris et tuteurs. C. civ. 2135. — V. *inf.* n° 77.

5. De là deux modes de purges : l'un pour les hypothèques et privilèges inscrits dans la quinzaine de la transcription de l'acte translatif de propriété; l'autre pour les hypothèques non inscrites des mineurs, interdits et femmes mariées. — V. *inf.*, § 2 et 3.

Si donc le même immeuble est grevé d'hypothèques inscrites et d'hypothèques non inscrites, mais dispensées d'inscription, le tiers-détenteur devra cumuler les deux purges. Merlin, *Rép.*, v° *Transcription*, 2, n° 5-5°; Duranton, 20, n° 415; Angers, 14 juill. 1806, S. 15, 2, 171.

§ 2. — *Purge des hypothèques et priviléges inscrits.*

6. Ce mode de purger les immeubles *volontairement* aliénés (—V. *inf.* n° 32) s'applique non-seulement aux hypothèques et priviléges soumis à la nécessité de l'inscription d'une manière absolue, mais encore, 1° aux priviléges qui, dispensés d'inscription tant que les immeubles grevés restent dans la main du débiteur, doivent, pour demeurer efficaces à l'égard du tiers-acquéreur, être inscrits dans la quinzaine de la transcription de l'acte d'aliénation. C. civ. 2101, 2107; C. pr. 834; Merlin, *ib.*; Troplong, 4, n° 922; Persil, 2131, n° 23; Dalloz, 9, 374, n° 42;

2° Aux hypothèques des femmes mariées, des mineurs et des interdits, qui ont été rendues publiques par des inscriptions prises *avant la transcription*, ces créanciers se trouvant alors dans la même position que les créanciers ordinaires. C. civ. 2193; Merlin, *ib.*; Troplong, 4, n°s 975, 997; Persil, 2193, n° 3; Tessier, *De la dot*, n° 140; Rolland de Villargues, v° *Purge*, n°s 7 et 8; Dalloz, 9, p. 386; Cass. 21 août 1833, D. 33, 305.

Art. 1. — *Qui peut purger.*

7. La faculté de purger appartient à tout acquéreur, soit à titre onéreux, soit à titre gratuit (Rolland de Villargues, v° *Purge*, n°s 1 et 2, et v° *Transcription*, n°s 18 et 19), de tout ou partie de biens hypothéqués (Duranton, 20, n° 345; Aix, 6 mars 1839, Art. 1633 J. Pr.); — même à celui dont les droits seraient soumis à une condition résolutoire. Bourges, 26 janv. 1822, D. 1, 533.

Alors même que l'acquéreur a eu connaissance des hypothèques au moment de l'acquisition, et aurait exigé une caution pour garantie de ces hypothèques. Colmar, 11 juin 1809, D. 9, 384.—Et que le vendeur, qui était lui-même tiers-détenteur, aurait été, avant la vente, déchu de la faculté de purger. Battur, 3, n° 544. — M. Grenier, 2, n° 344, ne pense pas qu'il soit prudent d'acquérir de ce tiers détenteur, à moins qu'on ne veuille payer de suite tous les créanciers inscrits, ou prendre des arrangemens avec eux.

8. Mais il faut, 1° être *tiers-détenteur*. — Ainsi, nul ne peut purger une propriété des hypothèques qu'il a consenties, même sans obligation personnelle de sa part; mais seulement de celles existantes du chef des précédens propriétaires. — *Contrà*, Loyseau, liv. 4, ch. 3, n° 16; Troplong, 3, n° 816; Persil, 2171, n° 2.

9. 2° *Ne point être personnellement obligé à la dette*, soit comme débiteur principal, soit comme caution (Persil, 2171, n° 2), soit comme héritier (Parlement de Paris, 29 déc. 1607), ou successeur à titre universel ; Nîmes, 11 déc. 1809, S. 14, 81.

Cependant, pourrait purger tout successeur ou légataire à titre particulier. Parlem. de Paris, 7 mars 1731 ; C. civ. 874, 1024 ; — et même tout successeur à titre universel, qui aurait payé sa part dans les dettes et ne serait tenu qu'hypothécairement du surplus. C. civ. 870, 1009, 1012 ; Cass. 26 vendém. an 11, D. 12, 451 ; Troplong, 3, nos 798 et 812 ; Grenier, 1, n° 173 ; Chabot, sur 873.

10. 3° *Être capable de s'obliger*, puisque la notification contient l'offre et produit l'obligation de payer aux créanciers inscrits. — Ainsi, la femme mariée doit être autorisée de son mari (C. civ. 217) ; le mineur et l'interdit doivent être représentés par leur tuteur (C. civ. 457), mais sans qu'il soit besoin de l'autorisation du conseil de famille. Troplong, 4, n° 923. — *Contrà*, Grenier, n° 459.

11. La purge est aujourd'hui *facultative* pour le tiers-détenteur : c'est dans son intérêt qu'elle a été instituée. C. civ. 2183. La loi de brum. an 7 lui en imposait l'obligation, sous peine de payer l'intégralité des dettes hypothécaires. Le C. civ. lui laisse la faculté de purger ou de délaisser l'immeuble hypothéqué. Dalloz, 9, 367 ; Rolland, v° *Purge*, n° 6. — V. *Hypothèque*, n° 24.

12. Ces principes peuvent être modifiés par les conventions :

Ainsi, 1° le vendeur peut imposer à l'acquéreur l'obligation de purger l'immeuble vendu. Cass. 8 juin 1819, D. 9, 347 ; — et, dans ce cas, la purge n'est plus facultative, mais forcée de la part du tiers-détenteur.

2° L'acquéreur peut, au contraire, renoncer à la faculté de purger et s'obliger, par exemple, à payer toutes les dettes hypothécaires : alors la purge et même le délaissement lui sont interdits. Loyseau, liv. 4, ch. 4, nos 15 et 16 ; Troplong, 3, n° 814 ; Paris, 27 pluv. an 11, D. 9, 362 ; Bruxelles, 12 mai 1810, D. 9, 344 ; Paris, 12 mars 1812, D. 9, 345 ; Rouen, 12 juill. 1823, D. 9, 348. — *Contrà*, Arg. Cass. 8 juin 1819. — Quoique l'obligation n'ait pas été prise en présence des créanciers. Loyseau, liv. 3, ch. 8, n° 14 ; Troplong, 3, n° 797 ; Cass. 21 mai 1807, D. 9, 344. — *Contrà*, Delvincourt, 3, 378, note 2 ; Bruxelles, 9 flor. an 13, D. 9, 345.

3° On peut convenir de suspendre la purge jusqu'à l'expiration d'un certain délai ; Grenier, nos 324 et 325 ; Persil, sur 2183, sauf les droits des créanciers inscrits sur l'immeuble, qui seraient restés étrangers à cette convention. C. civ. 2183 ; Rolland, v° *Purge*, nos 9 et 10.

Art. 2. — *Dans quel délai on doit purger.*

13. Si le tiers-détenteur veut se garantir des poursuites des créanciers inscrits, il doit transcrire son titre et le notifier, soit avant les premières poursuites, soit dans le mois au plus tard, à compter de la première sommation. C. civ. 2183. — Lors donc qu'il n'a point été sommé, il est toujours à temps de remplir les formalités de purge. — Mais il a intérêt à les remplir promptement pour faire courir le délai de la *surenchère*. — V. ce mot.

14. La sommation au tiers-détenteur, dont parle l'art. 2183 C. civ., est la même que celle indiquée art. 2169. Elle est toujours accompagnée et même *précédée* d'un commandement au débiteur originaire. — V. *Hypothèque*, n° 24 et suiv.

Ainsi, 1° une *sommation* préalable de notifier ne produit aucun effet lorsqu'elle est seule. Bruxelles, 20 oct. 1820 et 6 fév. 1823, D. 9, 382 et 383 ; Cass. 18 fév. 1824, D. 9, 382; Orléans, 4 juill. 1828, D. 29, 80; Toulouse, 7 déc. 1830, D. 31, 31; Paris, 26 juill. 1834; Colmar, 6 déc. 1834; Troplong, 3, n° 793 *bis*, et 4, n° 916; Duranton, 20, n° 369; Persil, sur 2169, n° 11; Delvincourt, t. 3, p. 366; Trib. Nevers, 12 déc. 1838 (Art. 1291 J. Pr.).— *Contrà*, Nîmes, 4 juin 1807, D. 9, 383, et 6 juill. 1812, D. 11, 692.

2° Un *commandement* fait par le vendeur à l'acquéreur de payer son prix à lui et à un des créanciers inscrits ne fait courir aucun délai. Cass. 29 nov. 1825, D. 26, 18, Duranton, 20, n° 371.

15. La sommation de délaisser ou de payer peut être faite par tout créancier inscrit (Duranton, 20, n° 372) à tout détenteur de tout ou partie de l'immeuble hypothéqué. Persil, 2169, n°s 4 et 7.

16. Mais le titre du créancier doit être exigible (C. civ. 2169 et 2183), sinon, la sommation ne produirait aucun effet, même à compter du jour de l'exigibilité. Duranton, 20, n° 367.

17. La sommation n'est assujettie à aucune forme spéciale. — Il n'est pas nécessaire que l'huissier de qui elle émane soit un huissier commis, ni qu'il soit muni d'un pouvoir spécial, ni que l'exploit contienne copie des titres du créancier. Bourges, 24 juill. 1824, D. 25, 46; — ou, tout au moins, du transport du cessionnaire. Cass. 16 avr. 1821, S. 21, 414, — ni enfin que cet exploit soit revêtu d'un visa du maire, comme devrait l'être un commandement. Rouen, 18 fév. 1810, D. 11, 851; Troplong, 3, n° 794. — V. toutefois *Hypothèque*, n°s 26 et 32, et d'ailleurs *ib.* n° 33.

18. Le tiers-détenteur doit notifier son titre *dans le mois* au plus tard de la sommation (C. civ. 2183). —Ce délai est le même que celui *de* 30 *jours*, après lequel le créancier peut faire vendre l'immeuble hypothéqué (C. civ. 2169). Les deux dispositions ont le même objet. Il faut donc les concilier, les interpréter l'une par l'autre et fixer à 30 jours le mois indiqué par l'art. 2183, sans compter, suivant la règle commune, de quantième à quantième. Troplong, 3, n° 793; Battur, 3, n° 544; Dalloz, 9, 370. — *Contrà*, Grenier, 2, n° 341.

19. Il ne faut comprendre dans ce délai ni le jour de la sommation (*Dies à quo*. C. civ. 2169), — ni le jour de la notification (*Dies ad quem*. C. pr. 1033). Suivant MM. Troplong, 3, n° 793; Battur, 3, n° 544; Dalloz, 9, 370. — Au contraire, MM. Grenier, *ib.* Delvincourt, 3, 174, n'excluent du délai que le jour de la sommation. — V. d'ailleurs *Délai*, n° 19.

20. Le délai court à partir de la première sommation, c'est-à-dire de la sommation faite la première en date par le créancier le plus diligent, lorsqu'y ayant plusieurs créanciers chacun a fait sa sommation. Troplong, 4, n° 916; Delvincourt, 3, 366.

21. Il court contre tout tiers-détenteur, même contre un mineur. Duranton, 20, n° 366; Arg. Grenoble, 27 déc. 1821, D., 11, 771.

22. Dans tous les cas, ce délai est fatal. Après l'expiration des 30 jours, le tiers-détenteur est, de plein droit, déchu de la faculté de purger. Paris, 18 mai 1832, D. 33, 78; Bordeaux, 11 déc. 1839 (Art. 1632 J. Pr.); Troplong, 4, n° 916; Persil, art. 2183, n°s 2 et 3; Grenier, 2, n° 344.

Il ne pourrait plus valablement notifier, même avant toute poursuite nouvelle des créanciers inscrits, Arg. Nanci, 29 nov. 1827, D. 29, 112; Troplong, 4, n° 916.—*Contrà*, Dalloz, 9, 370, — et alors même qu'il aurait fait une première notification nulle. Caen, 17 juin 1823, D. 33, 42. — L'accord de tous les créanciers pourrait seul le relever de cette déchéance. Troplong, 4, n° 916.

23. Chacun des créanciers peut alors procéder à l'expropriation, quoique la sommation n'ait point été faite par lui. Riom, 31 mai 1817, D. 9, 382, et bien que l'auteur de la sommation se soit désisté (Cass. 30 juill. 1822, D., 9, 381), l'effet de la première sommation étant commun à tous les créanciers. Duranton, 20, n° 365.

Il faut cependant que la créance du poursuivant l'expropriation soit exigible et que ses poursuites soient précédées d'un commandement par lui fait au débiteur principal. Troplong, 3, n° 375 *bis*. Grenier, 2, n° 344.

Art. 3. — *Formalités de la purge.*

24. *Transcription de l'acte translatif de propriété.* Le tiers-détenteur doit d'abord faire transcrire l'acte translatif de propriété par le conservateur des hypothèques dans l'arrondissement duquel l'immeuble est situé, — sur un registre à ce destiné ; le conservateur est tenu d'en donner reconnaissance au requérant. C. civ. 2181.

Le conservateur ne peut pas transcrire lui-même l'acte d'aliénation qu'il a consenti. Troplong, 4, n° 999 ; Persil sur 2196 ; Rolland de Villargues, v° *Conservateur d'hypoth.* n° 64. — V. toutefois *Inscription hypothécaire*, n° 44.

25. La transcription n'est plus aujourd'hui, comme sous la loi de brum an 7, un moyen de réaliser l'aliénation vis-à-vis des tiers (Art. 26). — D'après le C. civ., la transcription n'est qu'une formalité préliminaire à la purge des hypothèques. — Mais depuis le C. de pr., elle joue un rôle plus important et constitue en demeure les créanciers dont les hypothèques, consenties avant l'aliénation, ne sont pas encore inscrites à cette époque. Ces créanciers doivent, à peine de déchéance, se faire inscrire dans la quinzaine de la transcription. C. civ. 2181. C. pr. 834, 835 ; Troplong, 4, n° 900 ; Duranton, 20, nos 351 et 352.

26. Doivent être transcrits tous actes, translatifs de propriété immobilière, jugemens ou contrats.

— Authentiques, ou sous seing privé, à titre onéreux ou à titre gratuit.

27. Tels sont 1° les ventes par acte sous seing privé, quoique les signatures n'aient été reconnues ni devant notaires, ni en justice, pourvu qu'elles soient enregistrées. — Toutefois, M. Troplong, art. 2181, signale de graves inconvéniens à acquérir de celui qui possède en vertu d'un acte sous seing privé, non reconnu ; la signature du précédent vendeur peut être contestée, et l'on se trouve exposé à être dépouillé.

Le conservateur peut se refuser à transcrire l'acte non enregistré. Cass. 22 mess. an 10, S. 3, 31 ; 27 niv. an 12, S. 4, 296 ; av. Cons. d'Etat 3 et 12 flor. an 13, S. 5, 157.

28. 2° Les actes contenant des legs particuliers ou des donations, C. civ. 939, 941. Troplong, n° 903.

29. 3° Les jugemens d'adjudication sur ventes volontaires après conversion. C. pr. 747, sur ventes d'immeubles indivis ou dotaux. C. civ. 1558 ; — de biens de mineurs émancipés ou non, ou d'interdits. Riom, 26 janv. 1818, P. 14, 594 ; — de successions bénéficiaires ou vacantes.

30. *Quid* des biens d'un failli ? — La transcription paraît nécessaire, attendu qu'aucunes notifications ne sont faites aux créanciers hypothécaires. Caen, 28 mars 1825, D. 26, 191. Arg. Troplong, n° 909. — *Contrà*, Caen, 29 mai 1827, D. 28,

119; — il doit en être de même pour les biens immeubles de celui qui a fait cession de biens, Troplong, *ib*.

31. Quant aux ventes par licitation, il faut distinguer si l'adjudication a été faite à un cohéritier, ou à un étranger.

Le cohéritier qui se rend adjudicataire pourrait se dispenser de purger. — V. *Licitation*, n° 87; *Partage*, n° 91. — Il en est autrement de l'étranger.

32. Il est inutile de transcrire les actes qui par eux-mêmes emportent purgement des hypothèques. Ainsi, 1° les jugemens d'adjudication sur expropriation forcée : la loi romaine, l'ancienne législation et le C. civ., reconnaissent que l'expropriation purge virtuellement et par elle-même. Le grand appareil et la publicité de la procédure, les affiches, les insertions dans les journaux, et surtout les notifications des placards à tous les créanciers inscrits, C. pr. 695, constituent une espèce de purge anticipée qui rendrait frustratoire une purge postérieure. Ce point est constant en jurisprudence. — V. *Ordre*, n° 52. C. pr., 710, 832; Persil, art. 2181; Merlin, *Rép.* v° *Transcrip.*, 43, n° 7; Grenier, 2, 493; Batttur, 4, 657; Troplong, n° 905.

Mais si la notification des placards n'a pas été faite à l'un des créanciers inscrits, ce créancier conserverait son droit de suite sur l'immeuble, même après l'adjudication. Liége, 11 août 1814, D. 9, 255; Caen, 28 nov. 1825; D. 26, 191; Tarrible, v *Saisie immobilière;* Troplong, n° 907.

33. 2° Les jugemens d'adjudication après surenchère : dans ce cas, la première vente a été transcrite et notifiée aux créanciers; ils ont été mis en demeure d'exercer leur droit de suite; ils l'ont même exercé par la surenchère; il y a eu purge antérieure à la seconde adjudication. — V. *Surenchère*.

34. On a voulu distinguer pour la transcription entre les ventes qui doivent nécessairement être faites en justice et celles qui pourraient avoir lieu de toute autre manière. Mais cette distinction semble proscrite par le texte et l'esprit de la loi : toutes ces ventes sont volontaires; leur publicité n'a lieu que dans l'intérêt des propriétaires vendeurs, et est incomplète à l'égard des créanciers inscrits, puisqu'aucune notification directe ne les met en demeure d'exercer leurs droits.

Au surplus, dans la pratique, on transcrit tous les jugemens et contrats translatifs de propriété. Persil, art. 2181.

35. Le tiers-détenteur doit-il transcrire avec son titre tous les titres non transcrits des précédens propriétaires? — Trois systèmes sur cette importante question :

1er *Système*. La transcription du *titre* du tiers-détenteur suffit. Arg. C. civ. 2181, 2183. — Ainsi, le privilége d'un vendeur primitif a été déclaré purgé par la seule transcription du dernier contrat. Cass. 13 déc. 1813 ; 14 janv. 1818, P. 11, 828 ; 14, 575.

2° *Système.* Il faut transcrire tous les titres non transcrits des précédens vendeurs, afin de mettre les créanciers de chacun d'eux en demeure de s'inscrire dans la quinzaine. — C'est le seul moyen d'arrêter le cours des inscriptions. Dalloz, *ib.*, p. 368, n° 5 ; — Merlin, *R. ib.*, § 3.

3° *Système.* La transcription du dernier acte translatif de propriété suffit, lorsqu'il contient les noms des anciens propriétaires ; les créanciers y trouvent la désignation de leur gage et de leur débiteur ; le conservateur n'a plus qu'à s'imputer de n'avoir pas compris dans son certificat les inscriptions des précédens vendeurs. Il en était ainsi sous l'édit de 1771. C'est le meilleur moyen, dans l'obscurité de la loi, de concilier l'économie des frais et la nécessité de la publicité. Delvincourt, p. 363 ; Troplong, n° 913 ; Persil, sur l'art. 2181, n° 20 ; Grenier, t. 2, n° 345. — Mais ce dernier auteur, t. 2, p. 166, pense que cette transcription, suffisante pour rendre le conservateur responsable, ne met point en demeure les créanciers non inscrits.

Au reste, depuis la loi de 1816, qui a confondu le droit de transcription dans celui d'enregistrement, on n'a plus la même raison d'économiser les frais de transcription.

36. La transcription de la vente d'un même immeuble, consentie à plusieurs pour des parts indivises, profite à tous, quoique requise par l'un d'eux seulement. Troplong, n° 910.

37. La transcription d'une partie de l'acte translatif de propriété par extrait suffit dans certains cas, — spécialement : 1° lorsqu'un jugement d'adjudication contient vente de plusieurs portions distinctes, à divers adjudicataires ; — 2° lorsqu'un contrat contenant vente à une seule personne de plusieurs immeubles différens, indique par distinction l'établissement de propriété, le prix, et autres clauses. Persil, art. 2181 ; Grenier, 2, n° 569 ; Troplong, n° 911.

Toutefois, la régie de l'enregistrement, par mesure d'intérêt fiscal, s'est opposée quelquefois à transcrire par fraction un même acte contenant des dispositions distinctes. Notamment un acte de donation faite collectivement à plusieurs. Déc. min. just. et fin. 17 et 28 mars 1809, S. 9, 156.

38. Au reste, la transcription d'un acte ne peut se faire par simple analyse, il faut une copie littérale, exacte et complète. Trib. de Pont-Audemer, 29 déc. 1829. — *Contrà*, trib. Beauvais ; Nogent-le-Rotrou. — Ces décisions sont indiquées par M. Troplong, *ib.*, notes 1 et 2.

39. La transcription faite un jour de *fête* n'est pas nulle. — V. ce mot, n° 3.

40. La simple transcription des titres translatifs de propriété sur le registre du conservateur ne purge pas les hypothèques et priviléges établis sur l'immeuble : le vendeur ne transmet ses droits à l'acquéreur que sous l'affectation des mêmes priviléges et hypothèques dont il était chargé (C. civ., 2182). C'est seulement une mesure préliminaire pour arriver à la purge.

41. *Notification du titre translatif de propriété*. Si le nouveau propriétaire veut se garantir de l'effet des poursuites autorisées par le ch. vi du titre des Hypothèques, il est tenu de notifier son titre. C. civ. 2183-1°.

42. — *A quelles personnes on doit notifier*. A tous les créanciers inscrits. C. civ. 2183.

Même aux mineurs ou aux femmes mariées, *inscrits* avant la transcription : les formalités de la purge légale seraient insuffisantes. Cass. 21 août 1833, D. 33, 305 ; Persil, art. 2183, n° 23 ; Troplong, n°s 922 et 997. — V. d'ailleurs *sup.* n° 6 et *inf.* n° 77.

43. Faut-il notifier aux créanciers dont l'inscription n'a été prise que dans le délai de quinzaine, qui a suivi la transcription ? — En général, cette notification est surabondante et inutile ; ces créanciers ont pu connaître la vente en prenant inscription. C. pr. 835 ; Persil, art. 2183 ; Delvincourt, 3, 364 ; Troplong, 4, n° 919 ; Dalloz, 9, 370, n° 15.

Mais, dans la pratique, elle est faite à tous ; elle est même nécessaire, s'il y a lieu à évaluation, et s'il n'existe que des créanciers ayant pris inscription depuis la transcription du titre. Duranton, 20, 374.

44. Le tiers-détenteur n'est obligé de notifier aux *créanciers privilégiés*, indiqués au C. civ., art. 2101, qu'autant qu'ils ont pris inscription *avant la transcription* (Arg. C. pr. 834) : la loi ne les dispense de prendre inscription qu'à l'égard de leur débiteur (Arg. C. civ. 2107), et non à l'égard du tiers-détenteur.

D'ailleurs ils peuvent former opposition à la délivrance des deniers entre les mains de l'acquéreur, ou même se présenter à l'ordre sans avoir pris inscription, pour faire valoir leur droit de *préférence* ; mais ils n'ont pas un véritable droit de suite, en ce sens qu'ils ne peuvent surenchérir ou poursuivre le tiers-détenteur qu'autant qu'ils sont inscrits. Tarrible, v° *Transcription*, sect. 2, n° 5 ; Persil, art. 2183, n° 23 ; Troplong, n° 922. — V. *sup*. n° 6.

45. Quant au droit de surenchérir sans notification préalable. — V. *Surenchère*.

46. Lorsque l'un des créanciers inscrits avant la transcription n'a pas reçu de notifications, il faut distinguer si l'omission vient du fait de l'acquéreur ou du conservateur.

Au 1er cas, les créanciers auxquels la notification n'a pas été faite, demeurent dans la plénitude de leurs droits ; à leur égard, l'immeuble n'est pas purgé. Troplong, n° 920.

Au 2e cas, l'immeuble est affranchi, et le conservateur devient responsable de ses erreurs ou omissions, pourvu que le certificat des inscriptions ait été requis depuis la transcription du titre. C. civ. 2198.

47. L'omission de cette notification à l'un des créanciers rend la purge inefficace à son égard, mais non à l'égard des autres : ces derniers ne sont pas fondés à poursuivre contre le nouveau possesseur l'expropriation de l'immeuble hypothéqué. Cass. 28 mai 1817, S. 18, 297 ; Grenier, 2, 441 ; Duranton, n° 375 ; Troplong, n° 924.

48. Le créancier omis peut-il surenchérir ? — V. *Surenchère*.

49. *A quel domicile on doit notifier*. Soit au domicile élu dans l'inscription de chaque créancier, soit à personne ou au domicile réel ; car l'élection de domicile n'étant exigée que dans l'intérêt des débiteurs ou des tiers, ceux-ci ont la faculté d'y renoncer. Persil, art. 2183, n° 5 ; Grenier, 2, n° 438 et 439. — Dans l'usage on signifie au domicile élu.

50. *Par qui la notification est signifiée*. Par un huissier commis à cet effet sur simple requête, par le président du trib. de 1re inst. de l'arrondissement où elle a lieu. C. pr. 832 ; — à peine de nullité, tout autre huissier n'ayant pas caractère à cet effet. Paris, 21 mars 1808 ; Turin, 1er juin 1811 (D. p. 385) ; Carré, n° 2824 ; Grenier, 2, n° 438 ; Delvincourt, 3, p. 370 ; Troplong, 4, n 918.

Il semble que le juge compétent pour nommer l'huissier est celui de la situation des biens ; car c'est celui du lieu où les notifications doivent être faites ; ces notifications doivent l'être aux domiciles élus, et ces domiciles doivent être élus dans l'arrondissement de la situation des biens. Carré, t. 3, p. 198 ; Troplong, n° 918 (832 C. pr., 2148 C. civ.). — V. toutefois *sup.* n° 49.

51. L'ordonnance du président rentre dans la classe des ordonnances de référé, et n'est pas susceptible d'opposition. Cass., 13 fév. 1839, (Art. 1634 J. Pr.).

52. *Ce que la notification doit contenir*. 1° L'extrait du titre énonçant : 1° la date et la qualité de l'acte, afin que le créancier puisse retrouver cet acte, soit chez le notaire qui l'a reçu, soit au greffe, soit sur le registre de la transcription ; — 2° le nom et la désignation précise du vendeur ou du donateur, afin que le créancier sache si c'est de son débiteur qu'émane l'aliénation ; — 3° la nature et la situation de la chose vendue ou donnée, afin de reconnaître son identité avec la chose hypothéquée, et s'il s'agit d'un corps de biens, la dénomination générale seulement du domaine et des arrondissemens dans lesquels il est situé ; — 4° le prix et les charges faisant partie du prix de la vente ou l'évaluation de la chose si elle a été donnée, afin de savoir si l'objet a été porté à sa juste valeur. C. civ. 2183. Troplong, 917. — V. *Surenchère.*

53. L'acquéreur doit-il offrir les intérêts de son prix ? Il faut distinguer. — V. *Surenchère.*

54. Doit-il offrir le montant des frais mis à sa charge par le contrat? — Si ces frais sont étrangers à la vente, ils forment une prestation particulière qui fait évidemment partie du prix ; — s'ils se rattachent à la vente, ils devraient être prélevés par privilége sur le prix ; leur paiement augmente d'autant la valeur du gage des créanciers, et l'acquéreur ne doit pas leur offrir une seconde fois ce qu'il a déjà payé pour eux. — D'ailleurs, c'est au créancier qui veut surenchérir à faire cette distinction. — V. *Surenchère.*

55. L'inexactitude de la déclaration du prix ne rend pas la notification nulle. Si la somme déclarée est supérieure au prix réel, le tiers détenteur est obbligé de payer la somme déclarée ; si elle est inférieure, il payera le montant du prix réel. Dans tous les cas, aucun préjudice n'en résultera pour les créanciers. Delvincourt, t. 3, p. 173, n° 4 ; Delaporte, p. 173 ; Troplong, n° 924 ; Dalloz, 372.— *Contrà.* Turin, 2 mars 1811, D. 9, 380 ; Persil, art. 2185, n° 8.

56. 2° L'extrait de la transcription de l'acte de vente ou *de donation,* afin de prouver que cette formalité préalable a été accomplie. C. civ. 2183 ; Troplong, 917 ; — l'omission de cet extrait ne devrait pas, ce semble, entraîner la nullité de la notification.

57. 3° Un tableau sur trois colonnes, dont la première indique la date des hypothèques et celle des inscriptions ; la seconde, le nom des créanciers ; la troisième, le montant des créances inscrites ; ce tableau a pour objet de faire voir d'un seul coup-d'œil aux créanciers quelle est leur situation hypothécaire, le rang qu'ils occupent, l'intérêt qu'ils peuvent avoir à surenchérir. C. civ. 2183 ; — il est dressé sur l'état des inscriptions délivré par le conservateur.

58. Il n'est pas nécessaire, à peine de nullité, d'insérer l'extrait et le tableau prescrits par l'art. 2183 dans l'original de notification, ni de les y annexer ; il suffit qu'ils soient mis en tête de chaque copie remise aux divers créanciers. Cass. 28 mai 1817, P. 14, 251.

59. 4° La déclaration par l'acquéreur ou le donataire qu'il est prêt à acquitter *sur-le-champ* les dettes et charges hypothécaires *jusqu'à concurrence de son prix,* sans distinction des dettes exigibles ou non exigibles. C. civ. 2184.

Le tiers détenteur, n'étant pas débiteur personnel, il doit

seulement offrir le prix de son acquisition, ou l'évaluation par lui donnée à l'immeuble. Troplong, n° 926. — V. *Surenchère.*

Mais, il doit offrir de payer *sur-le-champ*, quel que soit le terme stipulé en sa faveur dans le contrat. Delvincourt, p. 365; Troplong, n° 928.

Sous la loi de brum. an 7, le détenteur jouissait, pour l'acquittement des dettes non échues, des mêmes termes et délais que le débiteur (Art. 30).

Le Code exige avec raison l'offre d'acquitter des dettes même non exigibles, malgré toute convention contraire entre l'acquéreur et le vendeur. C. civ. 2184; Bruxelles, 11 therm. an 11, S. 5, 546; Liége, 18 avr. 1806, S. 6, 260.

La notification est donc nulle lorsqu'elle contient seulement offre de payer aux termes portés dans le contrat. Bordeaux, 8 juill. 1814, S. 15, 6, ou même de payer ou acquitter à l'avenir les rentes et charges imposées par l'acte de vente, et de se conformer à tout ce qui est de droit. Caen, 24 janv. 1827, S. 28, 175; Delvincourt, 3, 365, n° 1; Troplong, n° 928.

L'acquéreur qui veut purger ne jouit pas des délais qui lui avaient été accordés par le vendeur. *Même arrêt.*

60. Il ne suffit pas de déclarer vouloir se conformer aux dispositions de la loi; en vain dirait-on : il ne faut pas multiplier les nullités, et la loi exigeant que l'acquéreur paye sur-le-champ, c'est offrir de payer sur-le-champ que d'offrir de payer conformément à la loi. Caen, 17 juin 1823, S. 25, 323; Grenier, 2, 308.—*Contrà,* Turin, 2 mars 1811, S. 11, 371; Arg. Cass. 28 mai 1817, P. 14, 251; Troplong, *ib.*, n° 928.

61. Il faut entendre par dettes non exigibles, non seulement les dettes à terme déterminées ou indéterminées, mais les dettes conditionnelles (art. 16 de l'édit de 1551), celles dont le capital a été aliéné à perpétuité, telles que les rentes foncières et constituées. Nîmes, 23 frim. an 14, S. 6, 82; — et même celles qui semblent ne pas avoir de capital réel, telles que les rentes viagères. La loi ne contient aucune exception, et l'esprit du Code incline vers la libération des immeubles. Troplong, 927; Duranton, 20, n° 382 et 383.—*Contrà*, Persil, art. 2184, n° 7;

62. Au reste, c'est l'offre du prix d'acquisition de celui qui veut purger qui doit être faite, et non le prix d'un précédent vendeur qui n'aurait pas purgé.

63. Quand il s'agit de créance conditionnelle ou de rente viagère, l'acquéreur ne rembourse pas; mais il ne peut pas être contraint de garder son prix; il consigne ou paie aux créanciers postérieurs, à charge par eux de donner caution. Troplong, n° 927. Duranton, *ib.*—*Contrà*, Persil, *ib.*—V. *Ordre*, n° 422

64. 5° La ventilation, lorsque la vente est complexe, et a été faite pour un seul et même prix; — ainsi, dans le cas où le titre du nouveau propriétaire comprendrait des immeubles et des meubles, ou plusieurs immeubles, les uns hypothéqués, les autres non hypothéqués, situés dans le même ou dans divers arrondissemens de bureaux, aliénés pour un seul et même prix ou pour des prix distincts et séparés, soumis ou non à la même exploitation, le prix de chaque immeuble, frappé d'inscriptions particulières et séparées, sera déclaré dans la notification du nouveau propriétaire, par ventilation, s'il y a lieu, du prix total exprimé dans le titre. C. civ. 2192-1°.

La ventilation a le même but que la déclaration du prix prescrite par l'art. 2183. Troplong, n° 974.

65. Peu importe que les immeubles soient affectés, les uns par des hypothèques générales, d'autres par des hypothèques spéciales. Caen, 17 juin 1823. D, 33, 42; —ou qu'ils soient affectés au même créancier, mais pour des dettes distinctes, la ventilation est toujours nécessaire. Orléans, 21 déc. 1832, D. 33, 42.

66. Au reste, le C. civ. ne déterminant pas celle des formalités ci-dessus indiquées dont l'irrégularité entraîne l'annulation de la procédure afin de purge, il faut considérer cette procédure comme nulle lorsqu'elle n'a été commencée qu'après l'expiration du délai fixé par l'art. 2183, ou que les notifications aux créanciers ne les ont pas mis à portée de surenchérir en connaissance de cause, ou enfin lorsque le tiers-détenteur ne s'est pas expliqué d'une manière satisfaisante sur l'apurement des charges hypothécaires.

Dans le doute, la faveur sera due au tiers-détenteur. Troplong, n° 924.

67. Les créanciers ayant hypothèque sur la totalité des biens vendus sont non recevables à demander la nullité de la notification pour défaut de ventilation. Bourges, 1er avr. 1837 (Art. 787 J. Pr.). Ce débat existait entre créanciers. — *Contrà*, Cass. 19 juin 1815, P. 12, 773. — Le débat existait entre l'acquéreur et un créancier.

68. A quelle époque la nullité pourrait-elle être réparée? — il faut distinguer :

Si la notification a été faite spontanément par l'acquéreur, il peut en faire une nouvelle, avant toutes poursuites, ou dans le délai du mois de la sommation qui pourrait lui être signifiée. Arg. Cass. 19 juin 1815.

Mais s'il a été sommé de payer ou de délaisser, et que la notification faite pour éviter les poursuites, soit entachée de nullité, il ne pourrait en faire une nouvelle qu'autant que le délai d'un mois ne serait pas expiré. Arg. Bordeaux, 8 juill. 1814, P. 12, 301.

69. Dans quel délai les créanciers peuvent-ils faire valoir les nullités de la notification? — Ils le peuvent, même après la surenchère, et surtout lorsque cette surenchère est nulle? Pourquoi la surenchère couvrirait-elle le vice de la notification. Pourquoi le créancier opposerait-il une nullité avant d'avoir intérêt à s'en prévaloir? Arg. C. pr. 173; Nanci, 23 déc. 1812; Bordeaux, 8 juill. 1814, P. 12, 301; Troplong, n° 925 *bis*.

70. *Effets de la notification.* Les principaux effets de la notification sont 1° de constituer l'acquéreur débiteur personnel du montant de son prix envers les créanciers hypothécaires. Caen, 24 janv. 1827, D. 28, 147; Grenier, n° 458; Persil, n° 2184. — Tellement que les créanciers de la femme ayant hypothèque légale peuvent former saisie-arrêt entre les mains de l'acquéreur comme débiteur de leur débiteur. Bordeaux, 19 déc. 1832, D. 33, 172.

71. Le tiers-détenteur renonce-t-il à invoquer la prescription de l'hypothèque, en faisant les notifications au créancier? — L'affirmative est enseignée par M. Troplong, n° 887. — Cette doctrine est critiquée par M. Delahaye, juge au trib. de la Seine (Art. 683 J. Pr.). Ce magistrat soutient avec raison que l'offre de purger, faite par l'acquéreur, est conditionnelle et subordonnée au cas où l'hypothèque serait conservée. Arg. Grenoble, 10 mars 1827, D. 28, 237.

Au reste, le tiers-détenteur ne peut prescrire l'hypothèque par dix ans qu'autant qu'il est de bonne foi.

On a considéré comme ayant cessé de l'être un acquéreur qui avait eu connaissance de l'inscription par son titre d'acquisition (— *Contrà*, trib. Seine, 15 déc. 1838, Art. 1307 J. Pr.). *et* qui avait exigé une hypothèque en garantie. Bourges, 17 avr. 1839 (Art. 1495 J. Pr.).

72. L'offre de payer peut-elle être rétractée par le tiers-détenteur qui voudrait délaisser? — Oui, tant que les créanciers ne l'ont point acceptée. Troplong, n° 931. — *Contrà*, Grenier, 2, n° 458; Persil, sur l'art. 2184, — pourvu que le délai de 40 jours ne soit pas écoulé. Troplong, *ib.* — V. d'ailleurs *Hypothèque*, n° 37 et 38.

73. *Paiement ou consignation. Radiation des inscriptions.* A défaut par les créanciers d'avoir requis la mise aux enchères dans le délai et les formes prescrites, la valeur de l'immeuble demeure définitivement fixée au prix stipulé dans le contrat ou à la somme déclarée par le nouveau propriétaire, lequel est en conséquence libéré de tout privilége ou hypothèque, même du chef des précédens propriétaires, en payant ce prix aux créanciers qui sont en ordre de recevoir, ou en le consignant. C. civ. 2186. — V. d'ailleurs *Ordre*, n° 29.

La purge au reste n'est complète que par la radiation des inscriptions.

74. La radiation peut être obtenue, — soit en payant les créanciers par suite d'un ordre amiable sur la main-levée consentie par tous les créanciers,—soit en consignant avant l'ordre judiciaire, par le jugement qui valide le dépôt et prononce la main-levée et radiation des inscriptions, leur effet réservé sur le prix consigné, — soit enfin s'il y a ordre judiciaire, par l'ordonnance de radiation prononcée par le juge-commissaire à l'égard des créanciers non utilement colloqués, et par la main-levée et radiation que doivent donner ceux utilement colloqués. — V. *Ordre*, n° 59 et 368.

75. Mais au cas de consignation, quelles sont les formalités qui doivent précéder ou suivre le dépôt?

1er *Système :* Des offres réelles doivent être faites au vendeur, à la charge de rapporter main-levée. Trib. Bordeaux, S. 37, 14; Pigeau, 434 (Art. 685 J. Pr.).

2e *Système :* Les offres au vendeur seraient insuffisantes : elles doivent être faites aux créanciers, ils peuvent les accepter ou les contester, et s'opposer au dépôt. Motifs, Bordeaux, 22 juin 1836 (Art. 669 J. Pr.).

3e *Système :* Les offres sont inutiles. Riom, 19 janv. 1820, S. 24, 524; Toulouse, 22 nov. 1820, S. 21, 255; Paris, 5 janv. 1824, S. 25, 10; Bordeaux, 28 mars 1833, 22 juin 1836 (Art. 669 J. Pr.); Grenier, 2, 368; Toullier, 7, n° 215; Dalloz, *Hyp.*, 374, n° 37; Troplong, *ib.*, n° 958 *quater*. — Il n'est pas même nécessaire de sommer le vendeur et les créanciers d'assister à la consignation, — ni de faire rédiger un procès-verbal de consignation par un officier ministériel,— ni de faire déclarer la consignation valable : il suffit de retirer une quittance du receveur des consignations et de la notifier aux créanciers et au vendeur. *Mêmes autorités.*

4e *Système :* Il est inutile de faire des offres soit aux vendeurs soit aux créanciers, ou de les sommer d'assister à la consignation. Il n'est même pas nécessaire de notifier l'acte de consignation au vendeur et au créancier; — *Il suffit que les deniers soient en sureté et consignés.* Toullier, 7, n° 217.

Quant à nous, la distinction suivante nous paraît admissible.

Si l'acquéreur consent à attendre la clôture de l'ordre, la consignation pure et simple suffit, puisqu'il reste grevé des inscriptions.

Si, au contraire, l'acquéreur veut obtenir *de suite* la radiation, *avant qu'il soit procédé à l'ordre:* préalablement il doit mettre le vendeur en demeure par une sommation de rapporter main-levée des inscriptions..... dans un délai de..... et à l'expiration de ce délai, il peut déposer son prix et assigner le vendeur et les créanciers en validité de la consignation. — V. d'ailleurs Art. 685 J. Pr.

§ 3. — *Purge des hypothèques légales dispensées d'inscription.*

76. Les règles tracées sous le § 2 sont applicables : — 1° aux hypothèques légales des communes, de l'Etat, des établissemens publics : ces hypothèques ne sont pas dispensées d'inscription.

77. 2° Aux hypothèques légales des femmes mariées, des mineurs et des interdits (— V. *Inscription hypothécaire*, n° 2) qui ont été inscrites, bien qu'elles soient dispensées de cette formalité. Grenier, 2, 457 ; Troplong, 4, n° 997. — V. d'ailleurs *sup.* n° 6.

Toutefois, même dans le cas d'inscription, il est plus prudent de purger, à raison des causes d'ypothèque légale qui seraient restées inconnues.

78. Le mode particulier de purger les hypothèques légales dispensées d'inscription (appelé dans l'usage *Purge légale*), a pour but de contraindre la femme mariée, le mineur ou l'interdit à faire connaître ses droits au tiers-détenteur dans le délai fixé par la loi, — passé lequel délai le tiers-détenteur ne peut plus être inquiété.

79. La purge est faite, en général, par le tiers-détenteur : l'art. 2193 C. civ. le suppose.

80. Toutefois, il a été jugé qu'un vendeur avait pu remplir la formalité au nom de l'acquéreur qui négligeait de le faire. Toulouse, 23 juin 1829, D. 30, 90 ; Duranton, n° 424, — et qu'aucune inscription n'étant survenue, il avait été fondé à exiger de l'acquéreur le prix de la vente. *Même arrêt.*

81. La purge peut avoir lieu à quelqu'époque que ce soit : le tiers-détenteur a intérêt à y procéder immédiatement après son acquisition pour faire courir plutôt le délai dans lequel les créanciers mis en demeure doivent prendre inscription. (— V. *inf.* n° 108).

82. *Cas où la purge doit être faite.* Il y a lieu de procéder à la purge après une vente — volontaire — ou forcée. — V. *Ordre entre créanciers*, n° 52.

Peu importe que la femme du vendeur ait ou non concouru au contrat ; — qu'elle soit ou non obligée envers les créanciers du mari ; — qu'elle ait adopté tel ou tel régime.

Il y a lieu de purger ces hypothèques, même depuis la dissolution du mariage ou la cessation de la tutelle. Av. cons. d'ét., 8 mai 1812.

83. Au cas d'échange, la purge doit être faite par chacun des coéchangistes : elle ne profite qu'à celui qui l'a faite, si l'un d'eux seulement a rempli cette formalité.

Toutefois, si les biens sont situés dans le même arrondissement, elle peut être faite simultanément : peuvent être communs aux deux parties — le dépôt, l'affiche, et même la notification au procureur du Roi; la signification est faite à ce dernier à la requête de l'un et l'autre des coéchangistes, et indique d'une manière distincte les anciens propriétaires de chaque immeuble; — enfin l'insertion au Journal judiciaire.

Mais la notification aux intéressés, les mineurs ou femmes mariées, doit être faite séparément par chacun des coéchangistes.

84. *Formalités de la purge.* Le ministère d'un avoué n'est pas indispensable; le Code ne l'exige pas, et le tarif n'alloue aucun émolument; il s'agit d'un acte extrajudiciaire. Chauveau, t. 44, p. 26; Amiens, 24 nov. 1836 (Art. 654 J. Pr.); Rejet, 31 mars 1840; (Art. 1635 J. Pr.). — V. d'ailleurs *Référé.*

Toutefois, ce ministère est employé dans l'usage et avec raison : cette procédure est très importante; elle exige un soin scrupuleux et éclairé pour le dépouillement des noms des anciens propriétaires. — V. *inf.* n° 97.

85. Une copie *collationnée* de l'acte translatif de propriété est dressée, — ou bien une expédition est délivrée par le notaire dépositaire de la minute, ou par tout autre notaire, sur la représentation de cette minute ou d'une expédition de l'acte; dans l'usage, les avoués font eux-mêmes cette copie et la certifient.

86. Cette copie ou expédition est déposée au greffe du trib. civil du lieu de la situation des biens. C. civ. 2194. — Ce dépôt est un moyen de publicité plus efficace que la transcription aux hypothèques. Troplong, n° 977.

87. Le dépôt d'un acte de vente *sous seing privé* pourrait-il être fait au greffe? — Non, d'après Duranton, 20, 416, note, — cet acte devrait être préalablement déposé chez un notaire; il faudrait lever une expédition de cet acte déposé et certifiée conforme par le notaire.

88. Le dépôt peut être fait par toute personne, soit par l'acquéreur (— V. d'ailleurs *sup.* n° 80), soit par un notaire, ou autre mandataire.

89. Acte du dépôt est dressé par le greffier, et expédition en est délivrée à la personne qui a fait le dépôt dans l'intérêt du tiers acquéreur. Décis. min. fin. et just., 24 vend., 14 niv. an 13.

90. *Notifications.* Copie de l'acte de dépôt est signifiée à ceux qui peuvent avoir droit de prendre inscription pour raison d'hypothèque légale, ou à leurs représentans.

Elle est faite à la *femme du vendeur,* lorsqu'il est *marié.*

91. La copie de l'exploit de notification doit-elle être remise à la personne même de la femme, ou pourrait-elle être remise régulièrement parlant à son mari ? — La question a été résolue dans le premier sens par la C. Paris, 25 fév. 1819, P. 15, 117, attendu que le mari ne saurait être le représentant de sa femme, ayant des intérêts contraires à cette dernière. Troplong, n° 978; Duranton, 20, 419. — Toutefois, il a été jugé au contraire que, d'après les termes de l'art. 68 C. pr., cette copie doit être remise au mari, si on a parlé à sa personne, lorsque, d'ailleurs, il n'y a ni fraude ni dol, et lorsque les époux habitent la même maison. Rouen, 15 fév. 1828, S. 28, 152; — Au surplus, dans la pratique, les huissiers font en sorte de rencontrer la femme à son domicile, ou de laisser la copie à un domestique ou à un portier, et de ne pas la remettre au mari lui-même.

92. Cette notification est faite à la femme même devenue veuve, ou, si elle est décédée, à ses héritiers. — V. *sup.* n° 82.

93. Cette notification est faite au subrogé-tuteur des mineurs, au cas de vente faite par un tuteur. C. civ. 2194. — Et si la tutelle a cessé par la majorité des mineurs, aux pupilles devenus majeurs. — V. *sup.* n° 82.

94. L'acte de notification contient déclaration à la femme ou au subrogé-tuteur, qu'ils aient à prendre, si bon leur semble, dans le délai de deux mois (C. civ. 2194. — V. *inf.* n° 108), telles inscriptions d'hypothèque légale qu'ils jugeront convenable, et que faute de ce faire, le bien vendu passera libre et affranchi de toute hypothèque, à l'égard du tiers-acquéreur.

95. La notification doit-elle être faite non-seulement à la femme du vendeur immédiat, ou du subrogé tuteur des mineurs ayant été sous la tutelle de ce dernier, ou faut-il la faire à tous ceux qui peuvent avoir des hypothèques légales à exercer contre les précédens vendeurs ? — Il faut distinguer :

Si les formalités de purge ont été remplies par les acquéreurs médiats, ou si aucune énonciation n'indique des causes d'hypothèque légale, enfin si ceux qui pourraient avoir des droits sont inconnus, la purge est régulière quoique faite seulement à l'égard du vendeur immédiat.

96. Mais si, au contraire, d'une part, il n'est point justifié que plusieurs précédens vendeurs aient rempli les formalités de la purge; si d'autre part les noms de diverses femmes mariées, ou de mineurs, sont énoncés dans les contrats, ainsi que ceux de leur subrogé-tuteur, le dernier acquéreur doit remplir à l'égard de ces précédens propriétaires, les formalités de la purge en notifiant aux femmes ou subrogés-tuteurs qui peuvent être connus. Rolland de Villargues, 1839, n° 4545.

97. Le dépouillement des noms des *anciens propriétaires* doit être fait avec la plus minutieuse attention : il a pour but de purger vis-à-vis de ces derniers, s'il existe à leur égard des causes d'hypothèques qui peuvent être inconnues.

Il faut consulter l'établissement de la propriété dans l'acte d'acquisition, et les déclarations de l'état civil des vendeurs. Si l'on s'aperçoit qu'indépendamment des derniers vendeurs on n'a pas purgé sur les précédens, et que cependant il y ait eu des indications de femmes mariées ou de mineurs, on leur notifie la purge.

98. Indépendamment des personnes ci-dessus, semblable notification doit être faite *au procureur du roi* du trib. où a été fait le dépôt. C. civ. 2194. — V. *Ministère public*, n° 73.

99. Cette notification contient déclaration : 1° que *tous ceux du chef desquels il pourrait être pris inscription* pour raison d'hypothèque légale n'étant pas tous connus, le requérant fera publier l'exploit de notification dans les formes prescrites par l'art. 683 C. pr. ; — 2° que les anciens propriétaires sont 1°, etc. — V. *la formule.*

100. La notification au procureur du roi est insuffisante lorsque la femme du vendeur est connue. Cass. 14 janv. 1817, P. 14, 25. — Dans l'espèce, la femme avait concouru à la vente.

101. Il n'est pas nécessaire que cette signification soit faite par un huissier commis, comme la notification aux créanciers inscrits : l'art. 832 C. pr. ne se réfère qu'aux art. 2183 et 2185 C. civ. Grenier, 2, n° 438.

102. L'original de cet exploit doit être visé par le procureur du roi. Arg. C. pr. 69, 1039.

103. *Affiche dans l'auditoire du tribunal.* Extrait de l'acte de dépôt est dressé par le greffier, et affiché par lui dans l'auditoire du trib.

104. Cet extrait énonce, comme l'acte de dépôt, la date du titre, les noms, prénoms, professions et domiciles des contractans, la désignation de la nature et de la situation des biens, le prix et les autres charges de la vente. C. civ. 2194.

105. *Insertion au journal judiciaire.* La notification faite au procureur du roi est insérée dans le journal de l'arrondissement, ou s'il n'en existe pas, dans celui du département. Avis cons. d'Etat, 9 mai 1807. — Il est surabondant d'énoncer dans cette insertion la notification faite, soit à la femme, soit au subrogé tuteur ; — toutefois, à Paris, on fait cette double énonciation.

106. Au cas de notification régulièrement faite à la femme ou au subrogé-tuteur, on peut rigoureusement se dispenser de la formalité de l'insertion, qui ne paraît imposée par l'avis du cons. d'Etat que pour suppléer à ces notifications lorsqu'elles sont impossibles.—Toutefois cette publication, qui est d'usage, sert à purger, à l'égard des anciens propriétaires dénommés, *lorsqu'on ignore* s'il existe à leur égard des causes d'hypothèque légale. Pigeau, 2, 441; Troplong, n° 979, note 1.

107. Si le mineur n'a pas été pourvu d'un subrogé-tuteur, celui qui veut purger est-il tenu de convoquer le conseil de famille pour faire procéder à la nomination de ce subrogé-tuteur?

Pour l'affirmative, on dit : — Nul ne peut-être dépouillé de son droit, sans son fait, ou sans avoir été mis en demeure de se défendre. Personne ne doit contracter ou plaider avec le mineur dépourvu de subrogé-tuteur. Arg. C. civ. 406, 421; C. pr. 444. — V. d'ailleurs *Appel*, n° 129.

L'avis du conseil d'état ne peut avoir eu pour but de légitimer la procédure irrégulière faite à l'égard d'un mineur, non pourvu de son défenseur légal, son subrogé-tuteur. Besançon, 12 juill. 1837, S. 38, 158.

Mais pour la négative, on répond : — L'avis du conseil d'état du 1er juin 1807, ne fait aucune distinction. Il s'applique à tous les cas où le subrogé-tuteur est inconnu, soit qu'il n'en n'ait point été nommé, soit que celui nommé soit décédé ou absent.

Comment forcer l'acquéreur qui ne connaît pas les parens des mineurs, à s'enquérir des personnes qui doivent composer le conseil de famille? D'ailleurs un subrogé-tuteur pourrait avoir été nommé à son insu, et on notifierait irrégulièrement la purge à un autre subrogé-tuteur nommé à tort, lorsqu'il en existe un. Enfin, les frais de cette nomination ne peuvent être imposés au tiers acquéreur, au cas d'insolvabilité du mineur. Grenoble, 20 août 1834, S. 36, 390, et 29 nov. 1837. (Art. 1112 J. Pr.); Arg. Troplong, *Hypothèque*, 4, p. 979.

Dans ce dernier système, au cas de mort du subrogé-tuteur, il ne serait pas nécessaire de provoquer son remplacement.

108. L'affiche reste exposée pendant deux mois dans l'auditoire du tribunal. C. civ. 2194.

Ce délai commence à courir du jour de la signification de l'acte de dépôt; —et si les parties intéressées sont inconnues de l'acquéreur, du jour de la publication faite aux termes de l'art. 683 C. pr., ou du jour de la délivrance du certificat du procureur du roi, portant qu'il n'existe pas de journal dans le département. Avis cons. d'état, 9 mai et 1er juin 1807. — Suivant M. Troplong, art. 2195, si l'on s'attache aux termes de cet article, le délai court du jour de l'apposition de l'affiche qui a lieu ordinairement le jour du dépôt.

109. *S'il n'est pas survenu d'inscriptions,* pendant ce délai, du chef des femmes, mineurs ou interdits, sur les immeubles vendus, ils passent à l'acquéreur sans aucune charge, à raison des dot, reprises et conventions matrimoniales de la femme ou de la gestion du tuteur et sauf le recours, s'il y a lieu, contre le mari et le tuteur. C. civ. 2195-1°.

Mais, pour compléter les formalités, le poursuivant se fait délivrer les pièces suivantes.

1° *Un certificat d'exposition,* c'est-à-dire le certificat délivré par le greffier, à l'expiration du délai de deux mois, et qui constate que l'extrait prescrit par l'art. 2194 est resté affiché dans l'auditoire du tribunal pendant ce temps. Déc. min. fin. et Inst. 24 vend., 14 niv. an 13.

2° *Un certificat de non inscription :* — délivré par le conservateur sur le vu du certificat d'exposition, et constatant que pendant le délai de deux mois, il n'est point survenu d'inscription.

L'acquéreur réunit à ces pièces, l'expédition de l'acte de dépôt, les originaux des notifications, un exemplaire du journal judiciaire dans lequel a été faite l'insertion, au pied duquel se trouve la légalisation de la signature de l'imprimeur, par le maire ou l'adjoint; cet exemplaire doit être aussi enregistré.

En cas de vente, l'analyse en est faite dans le nouveau contrat.

110. *Effet des inscriptions, s'il en survient pendant le délai de la purge.* Si les femmes et autres personnes chargées par la loi de prendre *inscription* (— V. ce mot, n° 2 et suiv.), ont rempli cette formalité dans le délai de deux mois, ces inscriptions ont le même effet que si elles avaient été prises le jour de la célébration du mariage, (et non le jour du contrat de mariage. Duranton, 20, n° 417. Arg. C. civ. 2135 et 2195) ou le jour de l'acceptation de la tutelle, Arg. C. civ. 2135. — Sans préjudice des poursuites qui peuvent avoir lieu contre les maris et les tuteurs pour raison des hypothèques par eux consenties au profit de tierces personnes sans leur avoir déclaré que les immeubles étaient déjà grevés d'hypothèques, en raison du mariage ou de la tutelle. C. civ. 2194.

111. Toutefois, il faut distinguer, si l'hypothèque légale a une cause *antérieure,* ou *postérieure* à celle des autres créanciers.

Dans le premier cas, la créance des mineurs ou des femmes mariées est colloquée la première dans l'ordre amiable ou judiciaire, et si elle absorbe le prix à distribuer, la radiation des inscriptions des autres créanciers est par eux consentie, ou judiciairement prononcée. Arg. C. civ. 2195.

112. Dans le second cas, les créanciers ordinaires sont colloqués les premiers, et s'il ne reste aucuns deniers à distribuer, on ordonne la radiation des inscriptions prises pour raison d'hypothèque légale, ou elle est consentie avec les formalités prescrites par la loi. *Même article.*

113. Au reste, dans la première hypothèse, lorsque la créance garantie par une hypothèque légale est éventuelle ou indéterminée, on peut autoriser l'acquéreur soit à conserver ou consigner somme suffisante, — ou autoriser les créanciers postérieurs à toucher en donnant caution. Arg. Cass. 16 juill. 1832, S. 32, 833; Grenier, 1, 271; Troplong, n° 993. — *Contrà*, Tarrible, 7, n° 7. — V. d'ailleurs *Ordre*, n°s 59 et 422.

114. Au cas de consignation, l'acquéreur a le droit de faire prononcer la radiation de l'inscription prise pour raison d'hypothèque légale, son effet réservé sur le prix consigné. — V. *Ordre*, n° 422.

Mais, lorsqu'il conserve somme suffisante pour désintéresser, s'il y a lieu, le créancier à hypothèque légale, il faut attendre la dissolution du mariage, ou la cessation de la tutelle, la liquidation, ou reddition du compte du tuteur, pour connaître le chiffre de cette créance : jusqu'à cette époque, l'acquéreur n'a pas le droit de demander la radiation des inscriptions postérieures.

115. Le créancier à hypothèque légale, qu'il ait pris ou non inscription avant la transcription ou pendant les formalités de la purge, peut-il surenchérir et dans quel délai ? — V. *Surenchère.*

116. L'accomplissement des formalités de *purge légale*, qui empêche le tiers-détenteur d'être à l'avenir inquiété, empêche-t-il les mineurs ou les femmes mariées de réclamer, *dans l'ordre*, leurs droits de préférence *à l'égard des créanciers ordinaires* ? — V. *Ordre*, n° 53.

117. Les frais de purge légale sont à la charge de l'acquéreur. — V. *Ordre*, n° 170.

118. Il n'est pas nécessaire de faire transcrire avant de purger : ces formalités sont valablement remplies en même temps. Troplong, 4, n° 921. — V. *sup.* n° 86.

§ 4. — *Enregistrement.*

119. *Purge des hypothèques inscrites.* L'ordonnance qui commet un huissier est soumise au droit de 3 fr. L. 28 avr. 1816, art. 44.

120. L'original dressé par l'avoué, en conformité de l'art. 2183 C. civ., est soumis au droit fixe de 1 fr. L. 22 frim. an 7, art. 51.

121. L'exploit de notification aux créanciers inscrits n'est soumis qu'à un seul droit de 2 fr.; le but de l'acquéreur est de provoquer la surenchère, ou de rendre tous les créanciers inscrits non recevables à la demander ultérieurement ; ils sont donc cointéressés, et ne doivent compter que pour une seule personne. Arg. L. 22 frim. an 7, § 1, n° 30, art. 68 *in fine* ; Contrôleur, art. 423. — V. *Pluralité des droits*, n° 1.

122. Mais, lorsqu'un immeuble est vendu en plusieurs lots, il est dû, lors de la notification, autant de droits qu'il y a d'acquéreurs. Ces derniers ne sont ni solidaires, ni cointéressés ; chacun d'eux n'est tenu que de payer son prix ; la surenchère qui serait faite sur le lot de l'un n'atteindrait pas le lot de l'autre. Chauveau, *Tarif*, 2, 315. — V. *ib*. n° 2.

123. *Purge des hypothèques non inscrites*. L'acte de dépôt est soumis au droit fixe de 3 fr. L. 22 frim. an 7, art. 68 et 70 ; L. 28 avr. 1816, art. 43 ; — et au droit de rédaction de 1 fr. 25 cent. Décr. 12 juill. 1808, art. 1 et 2.

124. S'il y a plusieurs adjudicataires ou acquéreurs distincts, doit-il être perçu un droit de 3 fr. par chaque adjudicataire, ayant fait ce dépôt conjointement ? — L'affirmative résulte d'une solution de la Régie, du 7 oct. 1831. — Dans l'opinion contraire, on oppose que l'on ne peut invoquer ni les règles posées pour les exploits, ni l'art. 11 L. de frim. an 7, attendu qu'il n'y a qu'une seule disposition, l'*acte de dépôt*. — V. dans ce sens Délib. 18 juill. 1828, Trouillet, v° *Dépôt*, § 2, n°s 4 et 5.

125. L'affiche de l'extrait du contrat, qui doit être placée dans l'auditoire du trib., est soumise au timbre, mais non à l'enregistrement.

126. L'exploit de notification à la femme et au procureur du Roi *simultanément*, n'est soumis qu'à un droit fixe de 2 fr. V. *Pluralités des droits*, n° 7.

127. Le certificat d'*exposition* délivré par le greffier n'est soumis qu'au droit fixe de 1 fr. Loi 22 frim. an 7, art. 51, — et au droit de rédaction de 1 fr. 25 cent. Décr. 12 juill. 1808, art. 12. — V. *Greffe*, n° 54.

128. La copie collationnée pour le dépôt au greffe, et l'exemplaire du Journal judiciaire, sont enregistrés au droit de 1 fr. L. 22 frim. an 7, art. 51.

§ 5. — *Formules*.

FORMULE I.

Requête pour faire commettre un huissier à fin de faire les notifications.

(C. civ. 2183 ; C. pr. 832. — Tar. 76. — Coût, 2 fr.

A M. le président du tribunal de

Le sieur , etc., demeurant à , adjudicataire d'une maison sise à , aux termes du jugement rendu en l'audience des criées sur la poursuite d'expropriation suivie contre le sieur , ayant Me pour avoué.

Requiert qu'il vous plaise,

Commettre tel huissier qu'il vous plaira désigner à l'effet de faire aux créanciers inscrits sur ladite maison, les notifications prescrites par les art. 2183 C. civ. et 832 C. pr. Et ce sera justice. (*Signature de l'avoué.*)

Ordonnance. — Nous président du trib., vu la présente requête et les art. 2183 du C. civ. et 832 C. pr. Commettons le sieur , huissier audiencier, à l'effet de faire aux créanciers inscrits les notifications prescrites par la loi.

Fait en notre cabinet au Palais-de-Justice à ce

(*Signature du président.*)

FORMULE II.

Original de l'extrait de l'acte d'aliénation, avec le tableau des inscriptions dressé conformément à la loi.

(C. pr. 832; C. civ. 2183. — Tarif, 143. — Composition de l'extrait, 15 fr.; et pour chaque inscription extraite, 1 fr.)

D'un jugement de l'audience des criées du tribunal de , en date du dûment enregistré, rendu sur licitation poursuivie par le sieur demeurant à , contre le sieur demeurant à , il résulte que M. s'est rendu adjudicataire d'une maison sise à , aux charges, clauses et conditions qui sont, entre autres, 1° (*détailler sommairement les conditions de la vente, faire mention du prix et des charges faisant partie du prix, telles que le paiement des frais, et en général de toute condition qui peut augmenter le montant de l'adjudication; spécialement indiquer l'époque de l'entrée en jouissance, celle du paiement des intérêts*).

D'un certificat délivré par M. , conservateur des hypothèques au bureau établi à , il appert que le jugement d'adjudication sus-énoncé a été par lui transcrit audit bureau, le , vol. , n° , et qu'il n'est survenu aucunes inscriptions dans le délai de quinzaine.

Tableau dressé en conformité de l'art. 2183 C. civ.

DATE DES		NOMS DES	MONTANT DES
Hypothèques.	Inscriptions.	créanciers inscrits.	créances inscrites.
2 mars 1840.	D'office, n° .	Pierre Benoit.	Prix d'ad. 30,000 fr.
2 janvier 1835.	15 janvier 1835	Louis Renard.	5,000 fr.
15 janvier 1835.	22 janvier 1835.	Paul Lenoir.	15,000

Le présent extrait dressé par l'avoué soussigné à , le

(*Signature de l'avoué.*)

Enregistré à Paris le , reçu 1 fr. 10 cent. 10e compris.

(*Signature du receveur.*)

NOTA. Sur la copie on transcrit à la suite de l'extrait ci-dessus, la requête et l'ordonnance indiquées *Formule* 1, avec la relation de son enregistrement.

FORMULE III.

Original de notification aux créanciers inscrits.

(C. civ. 2183. C. pr. 832. — orig. 2 fr.; 50 c. copie.)

L'an le , à la requête du sieur , demeurant à , pour lequel domicile est élu en l'étude de Me , avoué, lequel est constitué et occupera, pour le requérant, sur la présente notification, et la surenchère qui pourra en être la suite.

J'ai , soussigné, commis par l'ordonnance ci-après datée,

Signifié, laissé copie, 1° au sieur , demeurant à , au domicile élu par son inscription du , vol. n° , en la demeure (*ou* l'étude) de M.

2° Au sieur , etc.

(*On comprend tous les créanciers inscrits à, l'exception des vendeurs immédiats.*)

1° De l'extrait d'un jugement rendu en l'audience des criées du trib. de en date du , contenant adjudication, au profit du requérant de la maison sus-désignée.

2° De l'extrait du certificat délivré par le conservateur des hypothèques de , constatant que ledit jugement a été transcrit, et qu'il n'est survenu aucunes inscriptions dans le délai de quinzaine;

3° D'un tableau dressé en conformité de l'art. 2183 C. civ., lesdits extraits et tableau signés dudit M° , et dûment enregistrés;

4° D'une ordonnance de M. le président du tribunal de , étant au bas de la requête à lui présentée, portant commission de moi huissier soussigné pour signifier la présente notification.

A ce que les sus nommés n'en ignorent, leur déclarant que ledit sieur est prêt et offre d'acquitter sur-le-champ les dettes et charges hypothécaires grevant ladite maison, sans distinction des dettes exigibles et non exigibles, mais jusqu'à concurrence du prix principal (et les intérêts s'il y a lieu.—V. *sup.* n° 53) de son adjudication, et j'ai aux sus nommés, etc.

(*Signature de l'huissier.*)

FORMULE IV.

Dénonciation de l'état des inscriptions aux vendeurs.

(Tarif, 29. — Coût, 2 fr.; orig. 50 cent. copie.)

L'an , à la requête du sieur , pour lequel domicile est élu , etc.

J'ai , soussigné, signifié, dénoncé et avec celles des présentes donné copie au sieur , etc.;

D'un état délivré par M. le conservateur des hypothèques de , contenant les inscriptions hypothécaires existantes et survenues à la transcription de l'adjudication faite au profit du requérant, d'une maison sise à

A ce que les sus-nommés n'en ignorent, les sommant, en conséquence, aux termes de l'art. des clauses de ladite adjudication, de rapporter dans le délai de deux mois, audit sieur , main-levée et certificat de radiation desdites inscriptions, lui déclarant que faute de ce faire, le requérant se pourvoira ainsi qu'il avisera, sous toutes réserves, et notamment de tous dommages et intérêts et dépens. Et j'ai, etc. (*Signature de l'huissier.*)

FORMULE V.

Acte de dépôt de l'acte translatif de propriété.

(C. civ. 2184. — Tarif, 110 par anal. — Coût, vacation 3 fr.) (1)

L'an , le , est comparu au greffe du tribunal M. , avoué en ce tribunal, et du sieur demeurant à

Lequel a déposé entre nos mains la copie collationnée, signée et enregistrée à le par , d'un contrat reçu par M° , qui en a gardé minute, et son collègue, notaires à , le , enregistré, contenant vente par le sieur , au profit du sieur , d'une maison située à , commune de , et consistant en un bâtiment principal de ; le tout d'une contenance de , moyennant la somme de , prix principal en sus des charges portées et énoncées audit contrat.

Pour extrait du dit contrat, être affiché dans le tableau à ce destiné placé dans l'auditoire du tribunal et y rester pendant deux mois, conformément à l'article 2194. C. civ. à l'effet de parvenir à la purge des hypothèques légales qui peuvent grever les biens sus-désignés.

Dont acte requis et octroyé, et a le dit M° signé avec le greffier du tribunal. (*Signatures de l'avoué et du greffier*).

---

(1) Le ministère d'un avoué n'est pas rigoureusement nécessaire. — V. *sup.* n. 84.

FORMULE VI.

Affiche placée par le greffier dans l'auditoire du tribunal. (1)

D'un acte passé devant Me qui en a gardé minute et son collègue notaires à le dûment enregistré.

Appert que le dit acte contient vente par le sieur

Au profit du sieur

D'une maison sise à moyennant, outre les charges, la somme principale de *Pour extrait.*

(*Signature du greffier.*)

FORMULE VII.

Signification de l'acte de dépôt à la femme, ou au subrogé-tuteur.

(C. civ. 2194. — Tarif, 29 par anal. — Coût, 2 fr. ; 50 c. copie.)

L'an , le , à la requête du sieur demeurant à , faisant élection de domicile chez Me

J'ai, etc. (*immatricule de l'huissier*), soussigné, signifié laissé copie à la dame ; épouse du sieur , demeurant à , rue, en son domicile, en parlant à (2)

Si c'est un subrogé-tuteur on met : au sieur , subrogé-tuteur du mineur demeurant le dit sieur à etc.

De l'expédition d'un acte du greffe du tribunal de en date du dûment enregistré, constatant le dépôt fait au dit greffe de la copie collationnée; signée du dit Me dûment enregistrée à le par. qui a reçu 1 fr. 10 cent. 10e compris.

D'un contrat reçu par Me etc. (*Copier les énonciations de l'acte de dépôt.*)

A ce que la (ou le) susnommée n'en n'ignore, et ait à prendre si bon lui semble dans le délai de deux mois telles inscriptions d'hypothèque légale, qu'elle jugera convenable conformément à l'art. 2194 C. civ., lui déclarant que faute de ce faire, l'immeuble dont s'agit, sera et demeurera affranchi de toute hypothèque légale du chef de la susnommée.

Et je lui ai etc. (*Signature de l'huissier.*)

FORMULE VIII.

Notification au procureur du roi.

(C. civ. 2194. — Avis Cons.-d'ét. 1er juin 1807. — Coût, —V. formule 1, — de plus visa 1 fr.)

L'an , etc.

Signifié, laissé copie à M. le procureur du roi du tribunal de , en son parquet sis au Palais-de-Justice à , où étant et parlant à qui a visé le présent original (3).

De l'expédition d'un acte du greffe, etc. — V. *formule* v.

A ce que M. le procureur du roi n'en ignore, et ait à prendre, si bon lui semble, telles inscriptions d'hypothèques légales qu'il jugera convenable, conformément à l'art. 2194 C. civ.

Déclarant, en outre, à M. le procureur du roi, que les anciens propriétaires de ladite maison sont :

1° (*noms et prénoms des anciens et précédens propriétaires.*)

2° Et que ceux du chef desquels il pourrait être formé des inscriptions, pour raison d'ypothèques légales existantes indépendamment de l'inscription, n'étant pas tous connus du requérant, il fera publier la présente signification dans la forme prescrite par l'art. 683 C. pr., conformément aux art. 2193 et 2194 C. civ., et aux dispositions de l'avis du Cons.-d'état des 9 mai et 1er juin 1807 ; et j'ai au sus-nommé, en parlant comme dessus, laissé copie de l'acte de dépôt sus-énoncé, et du présent exploit, dont le coût est de (*Signature de l'huissier.*)

---

(1) Cette affiche est mise sur une feuille de papier timbré de 35 cent. — Elle n'est pas soumise à la formalité de l'enregistrement.

(2) On doit faire en sorte de remettre la copie en parlant *à la personne de la femme*, et non à son mari. — V. *sup.* n. 91.

(3) En marge, on met : Vu et reçu copie

Au Parquet à , le (*Signature.*)

FORMULE IX.

Publication et insertion au journal judiciaire.

(Av. cons.-d'ét. 1er juin 1807,—Tar. 105 par anal.—Coût, 2 fr. pour la rédaction.)

Notification de purge légale.

Suivant exploit de , huissier à , en date du , dûment enregistré. Il a été notifié, 1° — A M. le procureur du roi du trib. séant à

2° — A dame , épouse du sieur , etc. (*ou à M.* subrogé tuteur du mineur) (1).

Copie de l'expédition d'un acte fait audit greffe, contenant le dépôt, etc.

A ce que M. le procureur du roi n'en n'ignorât, et eût à prendre si bon lui semblait, etc. (*ou les sus-nommés*).

Avec déclaration, en outre, à M. le procureur du roi, 1° que les anciens propriétaires de la maison sus-désignée, sont : 1° ; 2° ; 3° , etc. (les indiquer comme ci-dessus);

2° Et que ceux du chef desquels, etc. *jusqu'à ces mots :* Av. du const.-d'ét. du 1er juin 1807. — V. Formule VIII. (*Signature de l'avoué.*)

FORMULE X.

Modèle de tableau utile à dresser, avant de procéder à la purge.

NOMS, PROFESSION, demeure de l'acquéreur.	NOMS du vendeur.	NATURE de l'acte translatif de propriété. Sa date.	PERSONNES aux quels il faut notifier.	NOMS DES ANCIENS propriétaires.
André Minard, officier en retraite, demeurant à Ablon (Seine et Oise).	Philippe Godefroy, propriétaire demeurant à Paris, rue Cassette, n. 10.	Contrat de vente devant Me Barbier, notaire à Paris, en date du 20 fév. 1840.	La dame , épouse du sieur Godefroy, etc. M. le procureur du roi.	1. J.-B. Massou. 2. Louis Fortier. 3. et 4. etc. 5. Les hospices civils du départ. de la Seine. 6. Le domaine de l'Etat.

PUTATIF (HÉRITIER). — V. *Succession.*

Q.

QUALITÉ. Ce mot a différentes acceptions.

1. 1° Il désigne d'abord l'état des personnes dans la société civile, comme l'état de français ou d'étranger ; de majeur ou de mineur, etc. ;

2. 2° On l'emploie quelquefois comme synonyme de profession (—V. *Exploit*, n° 59).

La qualité (spécialement celle de sous-traitant) donnée dans

(1) A Paris, où le journal judiciaire paraît chaque jour, il est facile de comprendre dans l'insertion la notification faite à la femme ou au subrogé-tuteur. — Mais, en province, les journaux judiciaires des arrondissemens ne paraissent que tous les huit ou quinze jours. Souvent on n'indique dans l'insertion que la notification faite au procureur du roi, lorsqu'on éprouve difficultés et retards pour découvrir le domicile de la femme ou du subrogé-tuteur, ou pour recevoir l'original de la signification faite à une distance fort éloignée.

Au reste, l'avis du Cons.-d'état de 1807, ne prescrit pas d'insérer la notification faite à la femme, mais seulement celle faite au procureur du roi. — V. *sup.* n. 105.

une requête par un avoué à son client subsiste jusqu'au désaveu admis en justice : il ne suffit pas que le client la repousse formellement. Arg. Paris, 21 juin 1828, S. 28, 337.

3. 3° On dit *avoir qualité* pour faire un acte, au lieu de : *avoir capacité*.

4. Dans ce dernier sens on a qualité de son chef ou du chef d'autrui.—V. *Personnels (droits)*, *Subrogation judiciaire*.

Si l'on agit du chef d'autrui il convient de le mentionner dans l'acte, toutefois le défaut de cette mention n'entraîne pas nullité. Arg. C. civ. 1157. Favard, v° *Qualité;* — ainsi celui qui se dit tuteur est en général présumé agir au nom du pupille; — mais, le défaut de mention peut, selon les circonstances, faire considérer ceux qui agissaient pour autrui comme ayant agi pour leur propre compte. Toullier, 12, n° 406. — V. *Reprise d'instance*.

5. Le *défaut de qualité* est une fin de non recevoir. (—V. *Exception*, n° 7) — La qualité acquise depuis l'introduction de l'instance ne peut régulariser la demande. Cass. 19 juill. 1822, S. 23, 63.

6. Cette fin de non recevoir est proposable, pour la première fois, en appel. —V. *Demande nouvelle*, n° 18. — Mais non devant la C. de cass. — V. *Moyen nouveau*, n° 7.

7. 4° Dans la pratique, on emploie encore le mot *qualités* pour signifier *conclusions* : c'est ainsi que l'on dit que les parties *ont posé qualités*.

QUALITÉS DE JUGEMENT. Acte rédigé par l'avoué de la cause qui veut obtenir l'expédition du *jugement*, et sur lequel est faite cette expédition. — V. *Jugement*, n°s 225 à 265.

QUANTI MINORIS (ACTION).—V. *Rédhibitoire*.

QUASI CONTRAT, QUASI DÉLIT.—V. *Dommages-intérêts*.

QUÉRABLE (RENTE). — V. *Rente quérable*.

QUESTION DE DROIT OU DE FAIT.—V. *Cassation*, n° 87 et suiv.; *Jugement*, n°s 251 à 253.

QUESTION D'ÉTAT. — V. *Acquiescement*, n° 16; *Acte de l'état civil*, n°s 9 et 10; *Arbitrage*, n° 21; *Ministère public*, n°s 50, 95; *Séparation de corps*, *Serment*.

QUESTION PRÉJUDICIELLE. Question qui doit être jugée avant une autre à cause de l'influence nécessaire qu'elle exercera sur la décision de cette dernière.—V. *Actes de l'état civil*, n° 9.

1. Ainsi Pierre demande le partage de la succession de Paul, dont il se dit le fils; les autres héritiers prétendent qu'il ne l'est pas. Cet incident forme une question préjudicielle; en effet si l'on décide que Paul n'est pas fils de Pierre, il deviendra inutile de statuer sur sa demande en partage.—V. *Inst. de action*, § 13; L. 1. C. *De ord. cognit.* C. civ. 189.

2. Il est des cas où l'exercice de l'action civile est suspendu par celui de l'action criminelle. —V. *Faux*, n° 168; *Partie civile*, n° 1; — et réciproquement.—V. *Acte de l'état civil*, n° 9.

QUITTANCE. — V. *Paiement*.

R.

RABATTRE UN DÉFAUT.—V. *Jugement par défaut*, n° 52.

RADIATION. On raye un *avocat* du tableau; une cause du *rôle*; une *Inscription* des registres du conservateur des hypothèques.—V. ces mots.

RAPPORT.—V. *Arbitrage*, sect. VIII; *Expertise*, n° 73 et suiv.

RAPPORT DU JUGE. —V. *Délibéré*, n°s 6, 29; *Instruction par écrit*, n° 5; *Distribution*, n° 96; *Ordre*, n° 269.

RATIFICATION (LETTRES DE). — V. *Purge*.

RATURE. 1. Les ratures faites dans les actes doivent toujours être approuvées par l'officier public et les parties signataires de ces actes. Arg. L. 25 vent. an 11, art. 16. Merlin, v° *Rature*, n° 3; — à peine *contre les notaires* d'une amende de 50 fr. (réduite à 10 fr. L. 16 juin 1824, art. 10), et même de destitution en cas de fraude.

2. Cette approbation a lieu soit à la marge de la page, soit à la fin de l'acte; elle est signée ou au moins paraphée par les parties de la même manière que les renvois; — on énonce le nombre des lignes ou des mots rayés.

3. Dans tous les cas les ratures doivent être faites de manière à laisser distinguer facilement les mots rayés; à cet effet on se borne à tirer une barre ou trait sur les mots que l'on veut annuler.

4. Les ratures dûment approuvées ont pour résultat de faire considérer les mots rayés comme n'existant pas.

5. Mais *quid* s'il existe des ratures non approuvées? — Le trib. se décide d'après les circonstances.

Cependant on peut poser quelques règles; ainsi les ratures faites involontairement soit par des tiers ou par les parties, soit par l'officier rédacteur de l'acte, doivent être considérées comme non avenues. Toullier, 8, n° 119, 120; — le fait que ces ratures émanent de telle ou telle personne peut être prouvé par témoins. *Ib*. — Lorsque, sur une copie, conforme à l'original qui est régulier, des mots sont raturés, mais sans approbation des ratures, ces ratures doivent être regardées comme non avenues. Lyon, 12 juin 1827, D. 27, 267.

6. Au contraire, si les parties ont omis d'approuver les ratures, mais les ont faites avec intention, les mots rayés doivent être considérés comme n'existant pas. *Ib*.

7. Quant aux ratures de phrases ou de mots indifférens, peu importe qu'elles ne soient pas approuvées, elle ne sauraient nuire à la validité de l'acte. Toullier, nos 6, 125.

Ainsi a été déclaré valable un exploit de signification d'un arrêt d'admission, qui contenait des ratures non approuvées de mots inutilement répétés. Cass. 5 déc. 1836 (Art. 649, J. Pr.).

Il n'y a pas non plus nullité lorsque la copie signifiée contient au parlant à, la rature non approuvée du mot personne, s'il est remplacé par un mot qui ne présente aucune ambiguité, par exemple quand il y a parlant à sa femme au lieu de parlant à sa personne et que le reste de la ligne en blanc est rempli par un trait de plume, lorsque d'ailleurs l'original de cet acte ne contient pas de rature. Besançon, 8 mai 1810, P. 8, 294.

8. Enfin si ces ratures ont été faites par une seule des parties, et postérieurement à la confection de l'acte; les mots rayés conservent toute leur force. — V. *Rectification de jugement*, n° 3.

RÉALISATION.—V. *Dépôt*, *Offres réelles*.

RÉASSIGNATION.—V. *Citation*, nos 3, 19; *Enquête*, n° 169.

RÉBELLION. — V. *Emprisonnement*, nos 190 à 192.

RÉCÉPISSÉ. Acte par lequel on reconnaît avoir reçu des titres pièces ou effets en communication ou dépôt.—V. *Exception*, formule IX.

Enregistrement. Les récépissés de pièces par acte notarié ou sous seing privé sont passibles du droit fixe d'enregistrement de 2 fr. L. 28 avril 1816, art. 43.

Ceux de sommes déposées sont soumis au droit proportionnel de 1 fr. par 100 fr. s'ils sont délivrés par un particulier; et au droit fixe de 2 fr. s'ils émanent d'un officier public.—V. *Cautionnement*, n° 49.

RÉCEPTION DE CAUTION. Présentation d'une caution, faite en justice, par celui qui se trouve obligé d'en fournir une. — L'acte par lequel on se rend caution s'appelle *cautionnement*, ou *soumission de caution*.—V. *inf.* n° 20.

1. La caution s'engage, en général, à satisfaire à l'obligation si le débiteur n'y satisfait pas lui-même. — Dans certains cas, elle s'oblige à restituer le montant de la condamnation obtenue par le demandeur sous cette condition.

2. La caution est conventionnelle, légale, ou judiciaire. *Conventionnelle*, lorsqu'elle résulte d'une stipulation des parties; *légale*, quand la loi oblige de la fournir; *judiciaire*, lorsqu'elle est ordonnée par le juge.

3. Le jugement qui ordonne de fournir caution, peut ordonner l'exécution provisoire de cette disposition. — V. *Jugement*, n° 175.

4. Le titre des réceptions de caution s'applique aux cautions légales, conventionnelles, ou judiciaires, quant au mode de procéder à leur admission, sauf la différence dans les conditions et les conséquences de la soumission. — V. *inf.* n° 24. — En effet, toute caution reçue en justice, et même ordonnée par un jugement, n'est pas une *caution judiciaire;* ainsi, l'usufruitier est obligé par la loi, à moins qu'il n'en n'ait été dispensé de fournir caution. C. civ. 601. — Mais cette caution, quoiqu'elle ait été fournie en exécution d'un jugement qui l'a ordonnée, après contestation, n'en conserve pas moins sa qualité de *caution légale.* — La même règle s'applique à la caution conventionnelle obtenue par jugement. Carré, n° 1829, note 1; Coin-de-Lisle, *Contrainte par corps*, art. 2060, n° 19.

5. Toute caution doit : 1° être capable de contracter (C. civ. 2018); 2° avoir des biens suffisans pour répondre de l'obligation : sa solvabilité ne s'estime que d'après ses propriétés foncières, excepté en matière de commerce, ou lorsque la dette est modique; on n'a point égard aux immeubles litigieux, ou dont la discussion deviendrait trop difficile par l'éloignement de leur situation (C. civ. 2019); 3° être domicilié dans le ressort de la C. roy. où elle est donnée. C. civ. 2018.

6. La loi exige impérieusement que la caution soit domiciliée dans le ressort de la C. roy., mais elle ne dit pas que les biens offerts pour le cautionnement seront situés dans le même ressort : l'art. 2023 n'a pour objet que de dispenser le créancier de discuter le débiteur principal, si la caution ne lui indique pas des biens *de ce débiteur*, situés dans le ressort de la C. roy.; il n'a point entendu modifier la disposition de l'art. 2019 qui se borne à exiger que les immeubles *de la caution* ne soient pas situés à une distance trop éloignée pour être facilement discutés. — V. *Surenchère*.

7. Si la caution présentée et acceptée devient insolvable, on doit en présenter une autre. C. civ. 2020.

En serait-il de même si la caution venait à mourir, ou à changer de domicile?

Pour l'affirmative on dit : *au cas de mort*, le créancier se trouve privé de l'exercice de la contrainte par corps. — Au cas de changement de domicile, la discussion se complique par les difficultés de l'éloignement. — Au moins serait-il nécessaire que la caution fît élection de domicile dans le ressort de la C. roy. Arg. C. civ. 2018; Duranton, 18, n° 325.

Mais on répond pour la négative : la loi n'ayant parlé que du cas d'insolvabilité, on ne saurait étendre la nécessité de fournir une nouvelle caution pour raison de légers préjudices résultant, soit de la mort, soit du changement de domicile. Thomine, n° 564; Carré, art. 521.

8. La caution judiciaire doit être susceptible de la contrainte par corps. C. civ. 2040 (— V. toutefois *inf.* n° 24). — D'où il résulte que l'on pourrait refuser d'accepter, comme cautions judiciaires, les personnes qui en sont affranchies. (— V. *Emprisonnement*, n° 59.)—Spécialement une femme, quand même on aurait déjà discuté sa solvabilité, mais sous la réserve de ses droits. Bourges, 29 nov. 1825, D. 26, 170.

9. Au reste, les femmes peuvent être cautions (extrajudiciaires) d'une obligation. — On n'a point admis dans nos lois actuelles la prohibition du sénatus-consulte Velléien.

10. Un avoué peut-il être caution de son client? Le doute naissait autrefois de la crainte des procès dans lesquels le créancier pouvait se trouver entraîné. Mais aujourd'hui on ne saurait suppléer une incapacité qui n'est pas écrite dans la loi. Merlin, *Quest. dr.*, v° *Caution.*—D'ailleurs un avoué consentira rarement à augmenter ainsi la responsabilité de son ministère.

11. Les cautions conventionnelles ou légales donnent leur cautionnement par acte sous seing privé, ou devant notaires, comme il convient aux parties.

Les cautions judiciaires ne peuvent, au contraire, être reçues qu'en justice, dans la forme déterminée par la loi.

12. Le jugement qui ordonne de fournir une caution fixe le délai dans lequel elle sera présentée, et celui dans lequel elle sera acceptée ou contestée. C. pr. 517.

Ce délai court du jour du jugement, s'il est contradictoire, et de celui de la signification, s'il est par défaut. *Ib.* 123.

Mais si le juge ne fait qu'autoriser l'exécution d'un jugement, nonobstant appel, à la charge de donner caution, il n'y a pas lieu à déterminer ce délai : l'intérêt de la partie suffit pour la faire agir, le délai ne doit être fixé que dans le cas où le juge condamne à fournir caution. Carré, Thomine, art. 517.

13. Il y a des délais particuliers en matière de *bénéfice d'inventaire*, de *Surenchère* (—V. ces mots), — et en matière de commerce.

14. *Présentation de la caution.* — On dépose au greffe du trib. dans le délai fixé, les titres constatant la solvabilité de la caution. C. pr. 518.

L'acte de dépôt est signifié avec indication de la caution, par exploit à la partie si elle n'a pas d'avoué, et si elle en a constitué par acte d'avoué à avoué. *Ib.*

Le dépôt n'est pas toujours ordonné en matière commerciale. C. pr. 440, 518. — V. *Trib. de comm.*

15. L'acte ou l'exploit par lequel la caution est présentée, doit-il contenir sommation de paraître à l'audience, pour voir prononcer sur l'admission en cas de contestation? — En matière commerciale (— V. *Trib. de comm.*), l'affirmative résulte des

termes de l'art. 440 C. pr. — Mais il en est autrement en matière civile : la sommation n'est exigée, dans ce cas, par aucun texte ; — La soumission de la caution peut avoir lieu sans être précédée ni suivie d'un jugement, quand cette caution n'est point contestée. — C'est seulement au cas de contestation que l'audience est poursuivie sur un simple acte. C. pr. 520 ; Carré, art. 518 ; Pigeau, 2, 341. — *Contrà*, Berriat, 490.

Il en est autrement en matière de *surenchère*. — V. ce mot.

16. La partie peut prendre au greffe communication des titres déposés ; elle est tenue d'accepter ou de contester la caution dans le délai fixé par le jugement. C. pr. 519.

17. La caution offerte n'est pas appelée à l'instance qui s'engage sur sa solvabilité ; elle n'a pas même le droit d'intervenir, et ne peut agir que par production au greffe. — Elle n'a ni intérêt ni qualité suffisante ; en vain elle prétendrait que c'est lui faire injure que de révoquer en doute sa solvabilité, elle a consenti à cet examen en permettant qu'on la présentât pour caution. Paris, 15 avr. 1820, S. 20, 201. — La procédure sommaire qui a lieu sur l'incident, exclut toute idée d'intervention. Arg. C. pr. 520 ; Thomine, n° 567.

18. L'acceptation se fait expressément par un simple acte d'avoué à avoué (Tar. 71 : Pigeau, 2, 341) ou tacitement, en laissant passer le délai fixé par le jugement pour la contestation.

Cette *acceptation expresse* est nécessaire pour poursuivre la partie, à défaut de soumission de la caution. — Jusque là, on peut alléguer que la sommission n'a pas été effectuée. Thomine, n° 567.

19. Le trib. évalue les immeubles offerts pour la caution d'après les bases qu'il juge convenables. Il n'est pas astreint à suivre celle déterminée par l'art. 2165 C. civ., *spécial* à la réduction des hypothèques. Si, pour ce cas, la loi a fixé un taux inférieur à celui auquel les biens sont communément appréciés, d'un autre côté, le montant des créances est comparé au prix des immeubles, augmenté d'un tiers en sus, ce qui n'a pas lieu en matière de cautionnement. Carré, art. 518.

20. La caution, acceptée par la partie, ou admise par la justice, fait sa soumission au greffe du trib. où s'est suivie l'instance. C. pr. 519, 522.

Elle doit être assistée d'un avoué. Tar. 91 ; Pigeau, 2, 340.

Si la caution est fournie pour l'exécution d'un jugement de condamnation elle s'oblige, à rembourser, le cas échéant, le montant des condamnations. — S'il s'agit d'un héritier bénéficiaire, elle s'engage à représenter la valeur du mobilier inventorié, etc. Carré, art. 519.

On doit aussi énoncer si la caution s'est soumise à la contrainte par corps. — V. *inf.* n° 24.

21. La soumission faite au greffe est exécutoire *sans jugement*. C. pr. 519. — Quoiqu'un acte fait hors la présence d'un juge, n'ait pas par lui-même, habituellement, la force de l'exécution, pour épargner des frais on a établi une exception en faveur de l'acte dont il s'agit; il n'est que la conséquence d'un jugement précédent.

Mais cet acte doit-il être délivré en *forme exécutoire* par le greffier?

L'affirmative, enseignée par M. Thomine, n° 568, est contraire à l'usage; un greffier ne peut pas délivrer expédition en forme exécutoire d'un simple acte du greffe. — Nous pensons plutôt avec M. Pigeau, 1, 610, 2, 342, qu'il suffit de signifier cet acte pour en poursuivre l'exécution.

Le commandement d'exécuter peut être fait en vertu de l'art. 519 qui accorde ce droit d'exécution *de plano* sans jugement, comme si le titre était *paré*. — Le mandement légal équivaut au mandat de justice.

22. L'acte qui constate la soumission de la caution, conformément à l'art. 519 C. pr. emporte-t-il hypothèque sur tous les biens de la caution?

Pour l'affirmative on dit: l'art. 2117 C. civ. porte que l'hypothèque judiciaire résulte des jugemens *ou actes judiciaires*. L'art. 522 prononce que cet acte est exécutoire sans jugement. Delvincourt, 3, 158, note 7; Pigeau, 2, 342; Thomine, n° 568; Metz, 27 août 1817, S. 14, 456. — Dans l'espèce, il s'agissait d'une caution *judicatum solvi*.

Pour la négative, on répond: 1° L'acte de soumission est un acte du greffe. Dressé en l'absence du juge, il n'a aucun des caractères des jugemens. — 2° Ce n'est point l'art. 2117, mais l'art. 2123 qui doit servir de règle; ce dernier article indique que l'hypothèque judiciaire ne peut résulter que des jugemens, en faveur de celui qui les a obtenus, etc. — Cet article développe et limite l'art. 2117. Dalloz, *Hypothèque*, 171, n° 1; Troplong, art. 2123, n°s 438, 441. — Il faut que la caution présente des immeubles libres d'hypothèque, mais la loi ne dit point qu'elle soit tenue de laisser prendre hypothèque sur ces mêmes biens. Duranton, 18, n° 328; Persil, *Rég. Hypoth.*, art. 2123, *et Questions*, v^is^ *Hypoth. jud.* § 1er. — Enfin, la soumission à la contrainte par corps qui peut être exigée de la caution (— V. *inf.* n. 24) complète les garanties.

Si à défaut d'hypothèque consentie volontairement par la caution, le créancier avait à souffrir de l'insolvabilité ultérieure de cette dernière, il n'aurait que le droit d'exiger une nouvelle caution: c'est aux tribunaux à apprécier cette insolvabilité; elle n'est pas réputée exister de plein droit, par cela seul que la caution, après sa soumission, aurait hypothéqué ses biens, ou parce qu'ils auraient été frappés d'hypothèques. Duranton, *ib*.

23. De même, le jugement qui admet la caution judiciaire, après qu'elle a été consentie, ne prononçant contre elle aucune condamnation même indirecte, ne peut produire hypothèque sur ses biens : Ce jugement est tout à fait étranger à la caution, (*res inter alios acta*), à laquelle on refuse le droit d'intervention. (— V. *sup*. n° 17). — Persil, *Questions*, 1, 278 ; Delvincourt, 3, note 7, 158 ; Troplong, *Hypoth*. 1, n° 441. — *Contrà*, Dalloz, *Hypoth*., 172, n° 3. — Suivant cet auteur, peu importe, que la loi n'ait point parlé d'*hypothèque*, soit au titre du cautionnement, soit au C. de pr., il a dû s'en référer aux principes généraux.

24. La caution judiciaire est-elle, de plein droit, soumise à la contrainte par corps? Cette contrainte par corps est-elle *légale*, ou conventionnelle? — Le doute naît de l'interprétation des art. 2040, 2060 § 5 C. civ. et 519 C. pr.

1er *Système*. — La contrainte par corps a lieu de plein droit : d'après les anciens principes la soumission au greffe emportait contrainte par corps, par le motif qu'elle obligeait cette caution, à restituer ou à rapporter la somme cautionnée (Jousse, sur l'ord. 1667, tit. 8, art. 2; Pothier, part. IV, chap. 1er, art. 4). La caution était assimilée au gardien judiciaire. Le Code a gardé le même silence que l'ordon. de 1667, dans le § 4 de l'art. 2060, où il fut question des gardiens judiciaires. Une première rédaction du § 5 ajouté après discussion au Conseil d'Etat, prononçait isolément la contrainte par corps, contre les *cautions judiciaires*, puis on la proposa, *contre les cautions des contraignables par corps, lorsqu'elles se seraient soumises à cette contrainte*. Cette condition, dans l'intention des rédacteurs, était seulement applicable aux dernières personnes indiquées dans le paragraphe.

Cette interprétation résulte de la discussion et des discours des divers orateurs, notamment de celui de M. Goupil de Préfeln, *éd. Didot*, p. 31.

Peu importe, suivant M. Thomine, n° 568, l'omission d'une virgule, après les mots cautions judiciaires; elle était inutile, la *préposition, contre* les contraignables, etc., *répétée*, suffit pour indiquer deux membres de phrases distinctes. Tandis que dans le paragraphe suivant on se borne à dire que la contrainte est prononcée *contre les notaires*, *les avoués et les huissiers*. — D'ailleurs, l'intention du législateur s'était déjà manifestée dans d'autres titres que celui de la contrainte par corps, au titre du *Cautionnement*, art. 2040, portant que les cautions judiciaires *doivent* être susceptibles de contrainte par corps. Merlin, *R.* v° *Contrainte par corps*, n° 15; Thomine, 2, n° 558; Carré, n° 1673 ; Dalloz *ib*. 2, 386, note; Demiau, 320. —

Cette doctrine a été consacrée par la C. Turin, 28 mai 1806, P. 5, 356; — dans l'espèce, on avait contesté l'acte de soumission, en la forme, parce qu'il ne contenait pas soumission à la contrainte par corps, cet acte a été déclaré valable par le motif que la contrainte par corps avait lieu de plein droit contre les cautions judiciaires.

2° *Système*. La contrainte par corps n'est autorisée qu'autant que la caution s'y est soumise : si le législateur avait considéré la contrainte par corps, comme légale, il n'aurait point exprimé (C. pr. 519) « que la soumission serait exécutoire, sans jugement, même pour la contrainte par corps, *s'il y avait lieu* à contrainte. » Pour donner cette voie d'exécution, il faut supposer que la caution ait consenti à s'y soumettre, en vertu de l'art. 2060, § 5. — Si l'art. 2040 prononce que les cautions judiciaires doivent être susceptibles de contrainte par corps, il faut l'entendre en ce sens que le créancier de l'adversaire a le droit d'exiger que cette caution soit susceptible de contrainte, *et* qu'elle s'y soumette, qu'autrement il a le droit de la refuser. L'art. 2060, § 5, dans une même phrase et ponctuée ainsi qu'il suit, prononce la contrainte par corps : « Contre les cautions judiciaires et contre les cautions des contraignables par corps, lorsqu'elles s'y sont soumises. » Cette condition est commune aux deux espèces de cautions désignées, qui sont réunies par la conjonctive *et*, sans aucun signe de ponctuation qui les sépare. Pigeau, 2, 341 ; Delvincourt, 3, note 2, p. 191 ; Pardessus, n° 1506 ; Duranton, 18, 386 ; Coin-Delisle, n° 20.

3° *Système*. On peut concilier les art. 2040, 2060 C. civ. et 519 C. pr., dans certains cas : — par exemple, lorsqu'une femme ou un septuagénaire se sont soumis à être cautions, si l'adversaire n'a pas contesté, on pourrait dire, avec l'art. 519, que la soumission n'est pas exécutoire par voie de contrainte, parce qu'il *n'y a pas lieu à contrainte*. — Il en est de même si la créance cautionnée était une créance civile au-dessous de 300 fr. Arg. C. civ. 2065 ; — enfin, les cautions reçues en justice ne sont pas toutes cautions judiciaires, ni même données en vertu de jugement. La caution offerte en justice pour exécuter une convention, ou une condition légale (par exemple, celle offerte par l'usufruitier), n'est point une caution judiciaire, qui doit avoir été ordonnée par jugement. — Le titre des réceptions de caution, C. pr., s'applique à toutes les cautions reçues en justice ; conventionnelles, légales ou judiciaires. C'est par ce motif qu'on a cru devoir renvoyer au C. civ. pour appliquer, s'il y a lieu, la contrainte par corps. Carré, n° 1829, note 1.

Nous croyons toutefois devoir adopter, le 2° *Système*, malgré l'intention présumée contraire du législateur : il faut appliquer la loi telle qu'elle a été promulguée ; nul n'est tenu de découvrir ou d'interpréter les erreurs de ponctuation qui ont pu se glisser dans le manuscrit officiel d'un texte de loi, surtout dans les *matières qui touchent à la liberté*.

25. Dans le cas ou la caution est rejetée, la partie doit être admise à en présenter une nouvelle, à moins que le jugement ne l'ait déclarée déchue du bénéfice qui lui était accordé, faute par elle d'avoir fourni une caution solvable dans le délai déterminé : la déchéance ne saurait se suppléer. Carré, art. 522 ; Pigeau, 2, 343. — V. toutefois *Surenchère*.

26. Néanmoins, faute par l'héritier bénéficiaire d'avoir fourni la caution ordonnée, les meubles dépendant de la succession sont vendus, ainsi que la portion des immeubles non déléguée aux créanciers hypothécaires (C. civ. 807).

Il en résulte qu'il ne peut être admis à présenter une seconde caution. Carré, *ib*.

27. La caution judiciaire ne peut demander la discussion du débiteur principal. C. civ. 2041. — La caution de la caution ne peut discuter ni le débiteur ni la caution. C. civ. 2043.

28. *Enregistrement*. L'acte de dépôt au greffe, des pièces justificatives de la solvabilité de la caution, est soumis au droit fixe de 3 fr. L. 22 frim. an 7, art. 68, § 2, n° 6 ; — et au droit de rédaction de 1 fr. 25 cent.

29. L'acte de cautionnement est passible du droit proportionnel de 50 cent. par 100 fr. *Ibid*, art. 69, § 2, n° 8.

Formules.

FORMULE I.

Acte de dépot des titres justificatifs de la solvabilité de la caution.

(C. pr. 518. — Tarif, 91. — Vacation, 3 f.)

L'an , le , au greffe du tribunal de est comparu le sieur L , assisté de M^{e} , avoué près le tribunal

Lequel nous a dit que, par jugement rendu entre les sieurs par le tribunal de le , enregistré, il a été ordonné que ledit sieur serait tenu de fournir caution :

Qu'il indique comme caution, la personne de M. demeurant à propriétaire d'une maison, sise à Paris, rue et pour prouver la solvabilité de la dite caution, le comparant a déposé les titres d'acquisition de la dite maison, savoir : 1°. un contrat passé, etc.

2° Le certificat négatif délivré par le conservateur des hypothèques de constatant que la dite maison n'est grevée d'aucunes hypothèques ;

3° Les pièces de la purge légale *de la dite* acquisition,

Desquels comparution, déclaration et dépôt, le comparant a requis acte, à lui octroyé ; et a signé avec son avoué, et nous greffier, après lecture faite.

(*Signatures de la partie, de l'avoué et du greffier.*)

FORMULE II.

Présentation de caution par exploit.

(C. pr. 518. — Tarif, 29. — Coût, 2 fr. orig. ; 50 c. copie.)

L'an (— V. *Exploit*.)

Soussigné signifié avec les présentes laissé copie à M.
De l'expédition, d'un acte du greffe du trib. de en date du , dûment enregistré, constatant, 1° l'indication de la personne de M. demeurant à qu'il présente pour caution, en exécution du jugement rendu par le trib. de en date du
2° Le détail des titres produits au dit greffe, pour établir la solvabilité de ladite caution.
A ce que le sieur n'en ignore, le sommant en conséquence, et en exécution du jugement susénoncé, de prendre, dans le délai de trois jours, communication desdites pièces sans déplacement, et de déclarer s'il accepte ou refuse ladite caution, lui déclarant que, faute par lui de ce faire dans le dit délai et icelui passé, la dite caution, fera sa soumission au dit greffe, conformément à la loi. A ce que du tout il n'ignore, je lui ai, audit domicile et parlant comme ci-dessus, laissé, sous toutes réserves, copie tant de l'acte de dépôt sus-énoncé, que du présent dont le coût est de

FORMULE III.

Présentation de caution par acte d'avoué à avoué.

(C. pr. 518. — Tarif, 71. Coût, 5 fr. orig.)

Cet acte est fait dans la forme des *actes d'avoué à avoué* en général. (— V. ce mot) et libellé comme le précédent.

FORMULE IV.

Acte d'acceptation de caution.

(C. pr. 519. — Tarif, 71. — coût, 5 fr. orig.)

A la requête de M.
Soit signifié et déclaré à Me , avoué du sieur L
Qu'il accepte par ces présentes la personne de M. , propriétaire à , caution présentée par le sieur , par acte du ; pour satisfaire au jugement rendu contradictoirement entre les parties le , par le tribunal de , à la charge par ladite caution de faire dans le plus bref délai, sa soumission au greffe dudit tribunal.
A ce qu'il n'en ignore, dont acte. *Signature de l'avoué.*

Nota. *Si les parties n'ont pas d'avoué, l'acceptation peut être faite par acte extrajudiciaire; alors elle a lieu dans la forme des* exploits (V. ce mot) *et est libellée de la même manière que l'acte précédent.*

FORMULE V.

Acte pour contester une caution.

(C. pr. 520. — Tarif, 71. — Coût, 5 fr.)

A la requête de M

Soit signifié et déclaré à Me , avoué du sieur L , que M. entend contester, comme par ces présentes il conteste la personne de et présentée comme caution par L. par acte du exécution du jugement du du tribunal de , à ce qu'il n'en ignore.
Et en conséquence soit sommé Me , avoué de L. , de comparaître vendredi prochain, 8 mai 1840, à l'audience du tribunal de , pour attendu que l'immeuble appartenant à dont il a déposé les titres au greffe, est grevé d'une inscription hypothécaire, dont les causes excèdent la valeur de l'immeuble; que par conséquent, la solvabilité de ladite caution n'est pas établie d'une manière suffisante, voir rejeter la dite caution, et se voir, ledit M. , condamner aux dépens de l'incident.
A ce que le susnommé n'en igore, dont acte (*Signature de l'avoué.*)

Nota. *Dans le cas où la partie qui a présenté la caution n'a pas d'avoué, l'acte de contestation peut être fait par exploit avec constitution d'avoué. Il est libellé de la même manière que le précédent.*

FORMULE VI.

Acte de soumission de la caution au greffe.

(C. pr. 519, 522, — Tarif. 91. — Vacation, 3 fr.)

L'an , le , au greffe du tribunal de

Est comparu le sieur , assisté de Me avoué près ledit tribunal ;

Lequel nous a dit que, par jugement rendu contradictoirement entre , en la première chambre du tribunal de , le enregistré, il a été ordonné que ledit serait tenu de fournir caution.

Que, par acte d'avoué à avoué (ou par exploit) en date du le sieur a présenté pour caution le comparant, et que cette caution a été acceptée par le dit sieur par acte d'avoué à avoué (ou par exploit) du , et qu'en conséquence desdites présentation et acceptation, le comparant déclare se rendre et constituer caution dudit sieur dans les termes du jugement sus-énoncé du

Se soumettant par corps, (*si on l'a exigé*. — V. *sup.* n° 24.) à rembourser le montant des dites condamnations.

(S'il s'agit de la caution d'un héritier bénéficiaire, on met : *s'obligeant de représenter la valeur du mobilier inventorié*).

Desquelles comparution, déclaration et soumission, le comparant a requis acte, à lui octroyé; et a signé avec ledit Me , son avoué, et nous greffier, après lecture faite, les jour, etc. (*Signatures de la caution et de l'avoué.*)

—V. d'ailleurs *Surenchère*

RÉCEPTION D'ENCHÈRES. — V. *Saisies*, *Ventes judiciaires*.

RECETTE. — V. *Reddition de compte.*

RECEVABLE. Une demande ou une partie est *recevable*, lorsqu'il ne s'élève contre elle aucune *exception* ; elle est *fondée* lorsqu'elle s'appuie sur un droit légitime. — V. *Exception*, nos 3, 7 ; *Fin de non-recevoir*, *Jugement*, n° 127.

RECEVEUR. — V. *Contributions*, *Enregistrement.*

RECHANGE. — V. *Effet de commerce*, § 4.

RECHERCHE (DROITS DE). — V. *Greffe*, n° 135.

Il est dû aux receveurs de l'enregistrement, pour les recherches qu'ils font sur leurs registres, à la réquisition des parties, 1 fr. par chaque année indiquée, et 50 cent. pour chaque extrait, outre le papier timbré.

RECHERCHES PAR LES PRÉPOSÉS DE LA RÉGIE. — V. *Enregistrement*, n° 77, *Répertoire.*

RÉCLAMATION. — *Action*, *Demande*, *Enregistrement.*

RÉCOLEMENT (PROCÈS-VERBAL DE). — V. *Saisie-exécution.*

RECOMMANDATION. — V. *Emprisonnement*, nos 245 et suiv.

RECONCILIATION. — V. *Séparation de corps.*

RECONNAISSANCE D'ÉCRITURE. — V. *Vérification d'écriture.*

RECONVENTION. Demande formée par le défendeur devant le tribunal où il est assigné, et tendante à anéantir ou restreindre l'effet de l'action intentée contre lui.

1. La C. de Cass. avait, dans ses observations préliminaires sur le C. de pr., insisté sur la nécessité de déterminer les caractères et les effets de la reconvention. Il ne faut pas conclure du silence du Code sur ce point qu'on ait entendu rejeter ce

moyen de défense à l'action principale. — V. *Prorogation de juridiction*, § 3; *Ressort*.

2. Son but est d'éviter les lenteurs de deux actions séparées, en faisant instruire et juger en même temps la demande principale et celle reconventionnelle. Toullier, n° 411.

3. La reconvention constitue un incident de l'instance principale; elle doit en conséquence être formée par acte d'avoué à avoué. — V. *Incident*, n° 6.

Elle est dispensée du préliminaire de conciliation.

RECONVENTIONNELLE (DEMANDE). — V. *Reconvention*.

RECORS. — V. *Saisie-exécution*, *Emprisonnement*, n°s 215 et suiv.

RECRÉANCE. Se disait autrefois de l'*action possessoire* (— V. ce mot, n° 174), qui tendait à obtenir provisoirement la possession.

RECTIFICATION D'ERREURS OU D'OMISSIONS. — V. *Reddition de compte*.

RECTIFICATION DE GROSSE. — V. *Exécution*, n° 38, *Renvoi*.

RECTIFICATION DE JUGEMENT.

1. Les jugemens doivent être écrits sur la minute, tels qu'ils ont été prononcés à l'audience, sans qu'il soit permis à aucun des juges d'en réformer la moindre clause. — V. *Jugement*, n° 314, — même du consentement des parties. — V. *ib*. n° 317. — La décision rendue leur est irrévocablement acquise à moins qu'elles ne la fassent réformer par l'une des voies légales.

2. Lorsque la minute diffère du prononcé du jugement, nul doute qu'elle ne puisse être rectifiée tant qu'elle n'a pas été signée du président et du greffier. — Et en cas de division sur les véritables termes du jugement, le trib. en arrête la rédaction à la majorité des voix; — il n'y a pas lieu de s'adresser au juge supérieur (*Contrà*, Parlem. Paris, 2 juill. 1777) : les trib. de second degré ne sont institués que pour recevoir et juger les appels qui sont interjetés par les parties intéressées, des jugemens rendus par les trib. de premier degré. Merlin, *Rép.*, v° *Jugement*, § 4.

3. *Quid*, si la minute du jugement avait été déjà signée? — La rigueur des principes conduirait à dire que, dans ce cas, on ne pourrait faire rectifier l'erreur qu'en s'inscrivant en faux, à moins qu'une voie de réformation ne restât ouverte contre ce jugement. Chauveau, t. 41, p. 714. — V. *Faux*, n° 32.

Toutefois, la section civile de la C. de cass., le 8 mars 1813, a rectifié, sur la requête de l'une des parties, une erreur qui s'était glissée dans la rédaction d'un arrêt par elle précédemment rendu, bien qu'il eût été déjà signifié. Merlin, *Rép.*, v° *Rature*, n° 2; — et la chambre des requêtes, le 30 juill. 1828, D. 28, 361, a décidé « qu'une erreur matérielle de fait, commise dans un acte judiciaire (spécialement l'énonciation que *tel* avocat y a concouru, tandis que c'est tel autre avocat) est réparable par les juges qui ont concouru à ce même acte, lorsque les choses sont encore entières, c'est-à-dire lorsque les juges n'ont pas été dépouillés, par un appel portant sur ce même acte, du droit de vérifier eux-mêmes cette erreur et de la rectifier. » — Jugé de même que l'omission des motifs ou de la formule adoptant les motifs des premiers juges, dans la minute d'un arrêt, peut être rectifiée par la Cour, d'après ses souvenirs bien présens, sur la demande de l'une des parties, tant qu'aucun recours contre la décision n'a été exercé. Lyon, 30 août 1831, D. 32, 64.

Mais il semble résulter des motifs de l'arrêt du 8 mars 1813 que, dans ce cas, le tribunal doit être unanime, et que la simple majorité ne suffirait pas.

Dans l'usage, si le jugement n'est point encore enregistré, ou du moins s'il n'est ni levé, ni signifié, le président et le greffier consentent à opérer la rectification.

RECTIFICATION DES QUALITÉS D'UN JUGEMENT. — V. *Jugement*, n° 261.

RECTIFICATION DES REGISTRES DES ACTES DE L'ÉTAT CIVIL. — V. ce mot, § 3.

RECOUVREMENS. — V. *Office*, n°s 83 et 91.

Une circulaire du procureur général à la C. de Riom recommande aux procureurs du Roi de veiller à ce que les traités ne renferment pas réserve des recouvremens au profit des titulaires vendeurs (Art. 1603 J. Pr.).

RÉCURSOIRE (ACTION). — V. *Recours*, *Exception*, *Garantie*.

RÉCUSATION.

On distingue : 1° la *récusation des juges*. — V. ce mot. — 2° celle des *experts*. — V. ce mot ; — 3° celle des témoins. Dans ce dernier cas, la récusation prend le nom de *reproche*. — V. *Enquête*, n°s 186 et suiv.

RÉCUSATION DES JUGES (1). Droit accordé, en certains cas, aux parties, de demander qu'un juge s'abstienne de connaître d'un procès qui lui est régulièrement déféré.

DIVISION.

(1) Cet article est de M. de Belleval, avocat à la Cour royale de Paris.

§ 1. — *Caractères de la récusation; déport du juge.*

1. Les parties ne peuvent se soustraire à la juridiction d'un juge légalement constitué; à moins qu'il n'existe de graves raisons de suspecter son impartialité (— V. *inf.* n° 17); de là le droit de *récusation.*

2. Ce droit avait été consacré par nos anciennes ordonnances, et notamment par celle de 1667; — la récusation *péremptoire*, c'est-à-dire sans déduction de motifs, permise par la loi du 23 vend. an 4 (chaque partie pouvait récuser un juge), a été abrogée par le C. de pr., qui n'autorise la récusation d'un juge qu'autant qu'elle repose sur une cause déterminée. Treilhard et Perrin, *Exposé des motifs.*

3. La récusation constitue une exception *déclinatoire*, puisqu'en récusant un magistrat on évite de se soumettre à son autorité. Carré, 2, 144. — *Contrà*, Demiau, 278.

4. Elle est introduite principalement dans l'intérêt de la partie récusante; mais elle influe nécessairement sur d'autres intérêts : en effet, elle prive la partie adverse d'un ou de plusieurs juges; elle touche indirectement à l'ordre public, puisqu'elle peut reposer sur des motifs plus ou moins injurieux pour des magistrats; enfin, le juge récusé peut être fondé à demander la réparation d'une injuste agression dirigée contre lui. Carré, *ib.*; Poncet, *des Actions*, p. 262.

5. Elle est essentiellement *facultative* pour les parties; si elle n'est pas exercée, le juge peut connaître de l'affaire. Rennes, 8 juill. 1819, D. *hoc verbo*, 532; Cass. 18 fév., 18 juin 1828, D. 28, 136, 280; Carré, 2, n° 1392; Berriat, 326. — V. toutefois *inf.* n° 6 et suiv.

6. *Déport du juge.* Tout juge qui sait cause de récusation en sa personne est tenu de le déclarer à la chambre dont il fait partie. C. pr. 380.

La loi ne fixe pas de délai; la déclaration est valablement faite en tout état de cause. Favard, *hoc verbo*, 765; Carré, n° 1390.

7. Le juge ne peut pas s'abstenir de lui-même et sans en déclarer les motifs à ses collègues. Favard, *ib.*; Pigeau, 1, 515. — *Contrà*, Thomine, 1, 395.

Mais il peut s'abstenir pour d'autres causes que celles qui

motiveraient sa récusation, surtout s'il reste assez de juges pour former le tribunal. Cass. 2 juin 1832, S. 32, 433; Carré, n° 1388.

8. La chambre décide s'il doit s'abstenir. C. pr. 380; — cette décision est rendue en la chambre du conseil par le nombre de juges requis en général pour statuer. Favard, *ib.*

Le juge qui allègue des causes de récusation ne doit pas prendre part à la délibération. Favard, *ib.*

9. Il n'est pas nécessaire que la décision soit signifiée aux parties, qui par conséquent ne peuvent ni y former opposition, ni en appeler. Paris, 18 mars 1808, D. *ib.*, 535; Berriat, 325; Favard, *ib.*, 765; Carré, n° 1389.

10. Le juge qui s'est déporté ne peut pas, quand les causes du déport ont cessé, reprendre la connaissance de l'affaire. Carré, n° 1391.

§ 2. — *Contre quels juges la récusation est recevable.*

11. Tout *juge* peut être récusé dans les cas prévus par la loi. C. pr. 378.

12. Par le mot *juge* il faut entendre non seulement les juges titulaires des trib., mais encore : 1° les juges suppléans; — 2° les avocats et avoués que l'on appelle pour compléter le trib. à défaut de juges suppléans. Favard, 762; Pigeau, 1, 509; Thomine, art. 378; — 3° les membres des trib. de commerce. Favard, *ib.*; Carré, n° 1365; — 4° les prud'hommes; — 5° les arbitres. — V. *Arbitrage*, n° 198 et suiv.; — 6° les *juges de paix* (— V. ce mot, n° 212 et suiv.); mais, à leur égard, les causes de récusation ne sont pas les mêmes. — V. *ib.*

13. Les causes de récusation relatives aux juges s'appliquent au ministère public quand il est partie jointe; mais, lorsqu'il est partie principale, il ne peut pas être récusé. C. pr. 381. — V. *Ministère public*, n° 42.

14. Les greffiers ne sauraient être récusés dans aucun cas. — V. *Greffier*, n° 44.

§ 3. — *Par qui, et pour quelles causes la récusation peut être proposée.*

15. *Personnes qui ont le droit de récuser.* En général, les causes de récusation ne peuvent être invoquées que par la partie qui a sujet de craindre la partialité du juge pour son adversaire.

Toutefois, la récusation fondée sur la parenté ou l'alliance est valablement proposée par les deux parties. Berriat, 330; Pigeau, 1, 515; Carré, 1368; Favard, *ib.*, 762. — V. *Enquête*, n° 193.

16. Le ministère public peut, comme les parties, exercer

le droit de récusation, quand il agit par voie de réquisition. Mais il en est autrement quand il se borne à donner ses conclusions. Favard, *ib*.

17. *Causes de récusation*. Le juge peut être récusé dans neuf cas.

1° S'il est parent ou allié des parties ou de l'une d'elles, jusqu'au degré de cousin issu de germain inclusivement. C. pr. 378.

2° Si la femme du juge est parente ou alliée de l'une des parties, ou si le juge est parent ou allié de la femme de l'une des parties au degré ci-dessus, lorsque la femme est vivante, ou qu'étant décédée il en existe des enfans; si elle est décédée et qu'il n'y ait point d'enfans, le beau-père, le gendre ni les beaux-frères ne peuvent être juges. La disposition relative à la femme décédée s'applique à la femme divorcée, s'il existe des enfans du mariage dissous. *Ib*.

3° Si le juge, sa femme, leurs ascendans et descendans ou alliés dans la même ligne ont un différent sur pareille question que celle dont il s'agit entre les parties. *Ib*.

4° S'ils ont un procès en leur nom dans un trib. où l'une des parties est juge; s'ils sont créanciers ou débiteurs d'une des parties. *Ib*.

5° Si, dans les cinq ans qui ont précédé la récusation, il y a eu procès criminel entre eux et l'une des parties, ou son conjoint ou ses parens ou alliés en ligne directe. *Ib*.

6° S'il y a procès civil entre le juge, sa femme, leurs ascendans et descendans ou alliés dans la même ligne et l'une des parties, et que ce procès, s'il a été intenté par la partie, l'ait été avant l'instance dans laquelle la récusation est proposée; si, ce procès étant terminé, il ne l'a été que dans les six mois précédant la récusation. *Ib*.

7° Si le juge est tuteur, subrogé-tuteur ou curateur, héritier présomptif ou donataire, maître ou commensal de l'une des parties; s'il est administrateur de quelque établissement, société ou direction, partie dans la cause; si l'une des parties est sa présomptive héritière. *Ib*.

8° Si le juge a donné conseil, plaidé ou écrit sur le différend; s'il en a précédemment connu comme juge ou comme arbitre; s'il a sollicité, recommandé ou fourni aux frais du procès; s'il a déposé comme témoin; si, depuis le commencement du procès, il a bu ou mangé avec l'une ou l'autre des parties dans leur maison, ou reçu d'elle des présens. *Ib*.

9° S'il y a inimitié capitale entre le juge et l'une des parties; s'il y a eu de sa part agressions, injures ou menaces, verbalement ou par écrit, depuis l'instance, ou dans les six mois précédant la récusation proposée. *Ib*.

18. Cette énumération est limitative ; le Code n'a pas reproduit les dispositions de l'ordonn. de 1667, qui, après avoir parlé des motifs de récusation, portait que le juge pourrait aussi être récusé pour les autres moyens de fait et de droit. Agen, 28 août 1809, D. *ib.* 540. Favard, *ib.* 762 ; Berriat, 333, note 42 ; Carré, n° 1364 ; Thomine, art. 378. — *Contrà*, Demiau, 279.

19. 1er *cas*. Cette cause de récusation est fondée sur l'affection présumée du juge pour l'une des parties. — Elle existe encore, bien que le juge soit parent des deux parties. C. pr. 378 ; Carré, n° 1367.

20. Mais elle cesse d'être applicable : 1° si le juge n'est parent que du tuteur ou curateur de l'une des parties, ou des membres ou administrateurs d'un établissement, société, direction ou union, partie dans la cause, à moins que lesdits tuteurs, administrateurs ou intéressés, n'aient un intérêt distinct ou personnel. C. pr. 379 ;—2° à plus forte raison si la parenté ou l'alliance existe entre un juge et l'avocat, ou l'avoué de l'une des parties. Cass. 12 juin 1809, S. 14, 89. — Mais les convenances semblent exiger, dans ce cas, que le juge s'abstienne. Joye, 161.

21. 2e *cas*. Cette cause est fondée sur les mêmes considérations que la précédente. Toutefois il faut bien remarquer que, dans le cas où le mariage a été dissous par le divorce, le beau-père, le gendre et les beaux-frères ne sauraient être récusés que s'il existe des enfans issus du mariage. C. pr. 378, n° 2 ; Carré, n° 1369.—*Contrà*, Pigeau, 1, 425, *anc. éd.*

22. 3e *cas*. Ce motif de récusation ainsi que le suivant sont fondés sur l'intérêt évident du juge ou de ses proches.

Par *différend* on doit entendre un procès né et actuel, et non un procès éventuel. Cass. 15 mess. an 11, 27 niv. an 12 ; Merlin, *Qu.*, v° *Transcription*, § 3 ; v° *Récusation*, Favard, p. 762 ; Carré, n° 1370. — Les arrêts ci-dessus relatés ont été rendus sous l'empire de l'ordonnance, mais le mot *différend* se retrouvait dans l'ordonnance comme dans l'art. 378.

23. Les mots, *sur pareille question*, signifient seulement que le différend dans lequel le juge est intéressé doit présenter en droit ou en fait une question susceptible de recevoir une même solution que celui qui lui est déféré. Il n'est pas nécessaire, du reste, qu'il soit identique dans toutes les circonstances. Carré, n° 1371.

24. Peut-on prouver par témoins l'existence d'un *différend sur pareille question ?* — L'ordonn. de 1667 le défendait positivement ; mais le code étant muet sur ce point, il semble que l'emploi de la preuve testimoniale peut être interdit ou autorisé par les juges suivant les circonstances. Carré, n° 1372.

25. 4ᵉ *cas* (— V. *sup.* n° 22). Le juge, qui est locataire de l'une des parties, ou qui lui paie une rente constituée, n'est pas récusable s'il n'est dû ni loyers ni arrérages : il n'a pas, dans ce cas, un grand intérêt à ménager cette partie. Favard, 762; Pigeau, 1, 514; Carré, n° 1373.

26. Mais il y a lieu à récusation : 1° si le juge est débiteur d'un capital, même non exigible. Carré, *ib.*; — 2° si une partie a accepté sur lui un transfert de créance, fait *avant* l'introduction de l'instance. Carré, n° 1374; Favard, 762; — ou même si, depuis le procès commencé, une partie devient propriétaire d'une créance sur un juge par succession ou donation; il n'y a rien ici du fait de la partie. Favard, *ib.*

Celui qui récuse, sur le motif de la parenté du juge avec le créancier de l'adversaire, n'est pas tenu de justifier préalablement de l'existence ou de la validité du titre qui fonde les droits du créancier. Il suffit, pour que la récusation soit admissible, de la déclaration faite et signée par ce dernier au bas d'un acte extrajudiciaire. Paris, 1ᵉʳ mars 1836. (Art. 415 J. Pr.).

27. 5ᵉ *cas.* Cette cause de récusation et la suivante, sont motivées sur l'influence que peuvent exercer de fâcheux souvenirs ou l'irritation née d'un conflit d'intérêts.

Par *procès criminel*, faut-il entendre un procès ayant pour objet un fait qualifié crime par la loi pénale, ou bien un procès de police correctionnelle ou même de simple police? — A l'appui de la première opinion, on invoque la discussion au Conseil-d'Etat; un amendement, dont le but était d'autoriser la récusation pour raison de procès de la compétence des trib. correctionnels, fut proposé et rejeté. Favard, 763; Dalloz, *ib.* 532; — mais si cet amendement a été rejeté, c'est uniquement parce qu'il a paru superflu. Les mots *procès criminel* se trouvent dans l'art. 378 en opposition avec ceux *procès civil,* et par conséquent doivent être pris dans une acception générique. Carré, n° 1375. — V. *Juge de paix*, n° 216.

Au surplus, les partisans de la première opinion reconnaissent eux-mêmes que, dans certaines circonstances, un procès correctionnel ou de simple police peut être une cause de récusation, comme ayant excité assez de haine entre les parties pour les constituer en état d'inimitié capitale. Favard, *ib.*

28. 6ᵉ *cas.* (— V. *sup.* n° 27). Si le procès civil est né depuis l'instance, la récusation ne peut avoir lieu que dans le cas où le juge est demandeur. Autrement, la partie pourrait se créer à elle-même, et par l'effet seul de sa volonté, un moyen de récusation. Pigeau, 1, 513; Favard, 763.

29. 7ᵉ *cas.* Cette cause de récusation repose sur l'intérêt d'argent que peut avoir le juge à faire triompher une des parties; — Il n'y a pas de distinction à établir entre le donataire de biens présens et le donataire de biens à venir. Pigeau, 1, 512. — Mais ne serait pas récusable le juge, donateur (ou conseil judiciaire) de l'une des parties (Pigeau, *ib.*) : les causes de récusation sont limitatives. — V. *sup.* n° 18.

30. Un juge est *maître* de ses domestiques, de ses commis, de ses secrétaires et autres personnes qu'il salarie, qu'il a chez lui habituellement, et qui font, en quelque sorte, partie de sa famille : il n'est pas le *maître* de ses fermiers. Pigeau, 1, 513; Carré, n° 1377.—V. *Domestique*, *Ouvrier*.

31. Le juge est *commensal* d'une partie lorsqu'il mange habituellement à sa table, ou qu'il la reçoit habituellement à la sienne; — Mais la circonstance que le juge et la partie sont *pensionnaires* chez une même personne ne donne pas ouverture au droit de récusation. Berriat, 328; Favard, 763.

32. Dans un procès intéressant une commune, les juges ne sont pas récusables par cela seul qu'ils sont habitans de la commune, si d'ailleurs ils ne figurent pas dans l'affaire comme administrateurs, ou en leur nom personnel. Cass. 4 juill. 1816, S. 16, 386; 17 déc. 1828, S. 30, 111; Favard, 4, 763. — V. *Juge de paix*, n° 214.

33. 8° *cas*. Cette cause de récusation est encore motivée sur l'intérêt pécuniaire qui doit animer le juge qui a reçu des présens de l'une des parties, ou sur l'intérêt d'amour-propre qui le porterait à faire prévaloir l'opinion pour laquelle il s'est prononcé à l'avance.

34. Le juge n'est pas récusable s'il a bu ou mangé avec la partie chez lui ou en maison tierce : dans ce cas, en effet, il n'est pas son obligé. Carré, n° 1382; — mais il en est autrement, s'il a mangé dans une hôtellerie *aux frais de la partie*. Carré, *ib.*

Jugé qu'il n'y a pas lieu à récusation contre des arbitres pour avoir pris du café et de la liqueur avec l'une des parties dans sa maison, lorsque cela a eu lieu fortuitement, à la campagne, sur l'invitation tant de la partie que de ses adversaires, et avec ceux-ci. Cass. 16 nov. 1825, S. 26, 24.

35. Lorsque l'une des parties a fait des présens à la femme, aux enfans du juge, ou à de très proches parens demeurant avec lui, le juge peut être récusé : ces personnes sont réputées personnes interposées; autrement il y aurait trop de facilité à faire indirectement ce qu'il est interdit de faire directement. Carré, n° 1383; Favard, 763; Merlin, *Rép.* v° *Récusation*, § 1.

36. Un juge peut être considéré comme ayant été le *conseil* d'une partie, non-seulement s'il lui a conseillé d'intenter ou de soutenir le procès, mais encore s'il a dirigé ses démarches, recherché des titres, etc.... Carré, n° 1378.

37. N'est pas récusable, 1° celui qui a fait connaître son avis sur l'affaire *extrà-judiciairement*. L'opinion contraire, adoptée par l'ordonn. de 1667, proposée par le tribunat lors de la discussion du Code, n'a pas été accueillie. Favard, 763; Carré, n° 1381; Arg. Montpellier, 1er juin 1829, S. 29, 207.

2° Celui qui n'a connu de l'affaire que pour se déclarer incompétent, s'il fait ensuite partie du trib. auquel l'affaire est portée. Arg. Cass. 2 fév. 1809, *Chamb. crim.*, S. 9, 224; Merlin, *Rép.*, v° *Récusation*, § 2; Carré, n° 1380; Favard, *ib.*

3° Celui qui a participé à un jugement, attaqué depuis par tierce-opposition. Cass. 4 juill. 1816, S. 16, 386; Favard, *ib.*

4° Celui qui a pris part à un jugement sur la provision. Besançon, 27 fév. 1807, D. *ib.* 534.

5° Celui qui, sans avoir concouru au jugement, a taxé les frais de l'instance : il n'a pas *connu* de l'affaire dans le sens de l'art. 378. Cass. 18 juin 1828, D. 28, 280.

6° Celui qui, en 1re inst., a concouru à un jugement de nomination d'expert en remplacement d'un expert décédé. Bourges, 14 janv. 18[illegible]. (Art. 722 J. Pr.).—Il résulte des motifs de cet arrêt que la décision devrait être différente si le magistrat avait concouru au jugement ordonnant l'expertise.

7° Enfin n'est pas récusable en appel le magistrat qui a connu comme juge, en 1re inst., d'une *autre* affaire entre les mêmes parties, présentant à juger la *même* question. Cass. 10 déc. 1835. (Art. 242 J. Pr.).

38. 9e *cas.* Ce motif de récusation est fondé sur le sentiment haineux qui pourrait exciter le juge.

Par *inimitié capitale,* on doit entendre une inimitié causée par l'homicide de quelqu'un de nos proches, par des querelles, par des affaires d'honneur ou d'un grand intérêt, dont le ressentiment porterait à saisir les occasions d'attenter à la vie, à l'honneur ou aux avantages temporels de son ennemi. Rodier, Ord. 1667.

Au surplus, l'appréciation des faits pouvant constituer une inimitié capitale, est laissée à la discrétion des juges. Favard, 763; Carre, 2, 158, note; Locré, 2, 51.

39. La récusation ne peut être admise pour cette cause qu'autant que la partie articule des faits positifs établissant l'inimitié. Cass. 9 nov. 1808; Paris, 30 août 1810, D. *Ib.* 534; Berriat, 328 (Carré, n° 1384; — et que ces faits n'ont pas été suivis de réconciliation; Carré, Berriat, *Ib.*

40. L'agression, les menaces, les injures d'une partie contre le juge ne donnent pas ouverture au droit de récusation; autrement il dépendrait d'une partie d'écarter un juge dont elle redouterait les lumières et la probité. Cass. 23 août 1810, S 11, 27; Pigeau, 1, 513; Carré n° 1385; Berriat, 329.

Peu importe même que le juge offensé soit saisi d'une plainte dirigée contre l'offenseur. Cass. 27 août 1825, S, 25, 431.

Néanmoins, les injures de la partie pourraient conduire à une récusation, si elles avaient rendu le juge son ennemi capital. Berriat, *Ib.*

41. Jugé que la récusation ne saurait être fondée sur ce que les juges ont violé les formes dans des jugemens par eux rendus, ou sur ce qu'ils ont, hors de leurs fonctions, tenu des propos sur la conduite des parties. Agen, 28 août 1809, D. *Ib.* 540.

42. Les causes de récusation des juges de paix sont beaucoup moins nombreuses que celles admises pour les juges ordinaires. — V. *Juge de paix*, n° 212 et suiv.

§ 4. — *Dans quel délai la récusation peut être formée.*

43. La récusation doit être formée avant le commencement de la *plaidoirie;* et si l'affaire est en rapport, avant l'achèvement de l'instruction, ou l'expiration des délais; — à moins que les causes de récusation ne soient survenues postérieurement. C. pr. 382; — ou que la partie n'ait pu les connaître que depuis; dans ce cas on argumenterait vainement d'un acquiescement tacite, et des termes généraux de l'art. 382. Berriat, 330; Pigeau, *Com.* 1, 662. — V. *Arbitrage*, n° 201. — *Contrà* Carré, n° 1394; Favard, 766.

44. L'art. 382 a trait à la plaidoire qui précède le jugement définitif. Peu importe qu'il y ait déjà eu plaidoirie lors d'un jugement interlocutoire rendu dans la cause. Metz, 4 août 1818, S. 19, 41; 7 sept. 1819, D. *Ib.* 536.

45. Lorsque la demande en récusation est formée après la plaidoirie commencée, il n'est pas besoin d'un jugement qui la déclare nulle; elle est nulle et non avenue de plein droit. Carré, n° 1395; arg. Cass. 15 brum. an 12. D. *ib.* 536.

46. La récusation contre les juges commis aux descentes, enquêtes et autres opérations, ne peut être proposée que dans les trois jours qui courent, 1° si le jugement est contradictoire, du jour du jugement; 2° si le jugement est par défaut et qu'il n'y ait pas d'opposition, du jour de l'expiration de la huitaine de l'opposition; 3° si le jugement a été rendu par défaut et qu'il y ait eu opposition, du jour du débouté d'opposition, même par défaut. C. pr. 383; — peu importe que le jugement soit par défaut, faute de constitution d'avoué ou faute de conclusions. Favard, 766; Carré, n° 1396; Demiau, 282.

47. Le délai de trois jours doit être augmenté à raison des distances.

48. La récusation peut, comme dans les cas ordinaires (— V. *sup.* n° 43) être proposée après l'expiration du délai de trois jours si les causes n'en sont survenues que postérieurement; il serait injuste de déclarer non-recevable une partie, parce qu'elle n'a pas fait valoir à une certaine époque des causes de récusation qui n'existaient pas encore. Thomine, art. 383; Prat. fr. 2, 218; — Toutefois l'opinion contraire, fondée sur les dispositions de l'ordonnance de 1667, et sur le silence du Code que l'on prétend avoir été gardé à dessein, est professée par Carré, n° 1397 et Favard, 766.

49. Le demandeur forme valablement une récusation quand le défendeur n'a pas constitué avoué; mais il n'en est pas de même du défendeur : cette différence vient de ce que les conclusions du demandeur ne peuvent lui être adjugées que si elles sont justes et bien vérifiées, tandis que son adversaire, le défendeur, doit être simplement congédié de la demande. Carré, n° 1366.

§ 5. — *Tribunal compétent.*

50. La demande en récusation doit en général être portée devant le trib. auquel appartient le magistrat récusé. C. pr. 384, 385, 387, 391. Cass. 24 oct. 1817, S. 18, 160.

51. Néanmoins, si elle est dirigée contre un juge-commissaire qui n'appartient pas au trib. saisi du procès, il résulte de l'esprit général de la loi et notamment des art. 384, 386 et 391, qu'il doit être statué par le trib. du juge délégué, à moins cependant que ce ne soit un juge de paix; auquel cas la récusation est jugée par le trib. qui en connaîtrait en toute autre circonstance. Carré, n° 1398.

52. Lorsque plusieurs membres d'un trib. sont récusés, et que les autres se sont déportés, les causes de récusation devant être soumises à un premier trib. avant de l'être à la Cour, le récusant doit appeler l'adversaire devant la Cour, en indication de juges, pour prononcer sur les récusations. Rennes, 27 nov. 1807, P. 6, 363; Carré, 2, 169, note.—V. *Renvoi.*

§ 6. — *Forme de la récusation; Instruction; Jugement.*

53. *Forme.* La récusation est proposée par un acte au greffe, contenant les moyens et signé de la partie ou du fondé de sa procuration spéciale et authentique, laquelle est annexée à l'acte. C. pr. 384.

54. *Instruction, Jugement.* Sur l'expédition de l'acte de récusation, remise dans les vingt-quatre heures par le greffier au président du trib., il est, sur le rapport du président et les conclusions du ministère public, rendu jugement qui, si la récusation est inadmissible, la rejette; et si elle est admissible, ordonne : 1° la communication au juge récusé, pour s'expliquer en termes précis sur les faits, dans le délai fixé par le jugement; 2° la communication au ministère public, et indique le jour où le rapport sera fait par l'un des juges, nommé par le jugement. C. pr. 385;—Si la récusation est dirigée

contre le président lu même, la remise de l'expédition de l'acte de récusation est faite au juge qui le remplace.

55. Le trib. doit être composé du nombre de juges nécessaire pour rendre un *jugement*. — V. ce mot, n° 51 et suiv.; Carré, n° 1400.

Le juge, de la récusation duquel il s'agit, ne peut pas concourir au jugement dont parle l'art. 385. Cass. 8 therm. an 9, S. 2, 60; 30 nov. 1809, S. 10, 309; Berriat, 331; Carré, n° 1399.

56. Le rejet d'une récusation est suffisamment motivé par ces mots : attendu que le fait allégué ne rentre pas dans les cas de récusation prévus par la loi. Cass. 10 déc. 1835; (Art. 242 J. Pr.).

57. Lorsque le jugement a déclaré la récusation admissible, le juge récusé doit faire sa déclaration au greffe, à la suite de la minute de l'acte de récusation. C. pr. 386; — sans assistance d'avoué. Chauveau, *Tarif*, t. 1, p. 375.

Dans cette déclaration il s'explique sur les causes de récusation, soit en les avouant, soit en les contestant, soit enfin en donnant au trib. les renseignemens nécessaires pour le mettre à même de juger en connaissance de cause. Carré, n° 1401.

S'il convient des faits allégués ou que ces faits soient prouvés, il est ordonné qu'il s'abstiendra. C. pr. 388.

58. Le refus du juge de s'abstenir, lors de la récusation, ne le rend pas *partie* au procès ni passible des dépens. Arg. C. pr. 383. Cass. 13 nov. 1809, S. 9, 80; Merlin, *R. Ib.* § 2; Pigeau, 1, 519; Carré, n° 1402.

59. Si le juge ne convient pas des causes de récusation et que le récusant n'apporte ni preuve ni commencement de preuve par écrit, il dépend du trib. de rejeter la récusation sur la simple déclaration du juge, ou d'ordonner la preuve testimoniale. C. pr. 389.

60. Dans le cas où la preuve testimoniale est ordonnée, il n'est pas nécessaire d'intimer les parties adverses ni de leur signifier les noms et qualités des témoins : ce n'est pas une enquête, mais une sorte d'information à l'égard de laquelle la loi s'en rapporte à la sagesse du tribunal. Thomine, art. 389.

61. L'information achevée, l'audience est poursuivie sur un simple acte; et il est prononcé définitivement sur la récusation.

62. Les jugemens statuant sur l'admissibilité et sur le mérite des faits doivent être prononcés en audience publique et sur les conclusions du ministère public, à peine de nullité. Orléans, 10 janv. 1808; Berriat, 331; Hautefeuille, 206; Favard, 766; Thomine, 1, 600.

Mais il n'est pas nécessaire d'y appeler les parties. Arg. Besançon, 11 fév. 1809, P. 7, 372; Berriat, 332.

63. Des formes particulières sont tracées pour la récusation

des *juges de paix* (— V. ce mot, n° 222 et suiv.) et des *prud'hommes*. — V. ce mot.

§ 7. — *Recours contre le jugement.*

64. Tout jugement sur récusation, même dans les matières où le trib. de 1er inst. juge en dernier ressort, est susceptible d'appel. C. pr. 391.

Tout jugement, ce qui comprend : 1° celui rendu sur l'admissibilité de la récusation. Pigeau, 1, 521 ; — 2° celui qui admet la preuve testimoniale des faits allégués. Demiau, 286 ; — 3° celui qui statue au fond. Carré, art. 391.

65. L'art. 391, ne parlant que de l'appel, exclut par là même la voie de l'opposition qui était autorisée par l'ordonnance de 1667, art. 26 ; Dalloz, *ib.*, 538 ; Carré. n° 1409 ; Chauveau, *Tarif*, 2, 379. — *Contrà*, Demiau, art. 391.

66. Si la récusation a lieu devant une Cour royale, l'arrêt ne peut être attaqué que par le recours en cassation.

67. Le droit d'appeler appartient sans aucun doute à celui dont la demande en récusation a été rejetée. C. pr. 391, 396.

68. Il en est de même de son adversaire dans le cas où la demande a été admise. On argumente vainement dans l'opinion contraire du texte des art. 391 et 396, et l'on soutient que cet adversaire n'étant pas partie dans l'instance en récusation ne saurait appeler du jugement qui la termine; que ce jugement ne peut d'ailleurs lui causer aucun préjudice. — En effet, les expressions générales de l'art. 391 : *Tout jugement sur récusation est susceptible d'appel*.... accordent implicitement la faculté d'appeler à toutes les parties. En outre, l'appel est de droit commun et ne peut être interdit que par une disposition expresse. Enfin, on tire un argument d'analogie de ce que la loi permet aux parties de contester le renvoi pour parenté. Berriat, 332, note 38; Carré, n° 1407 ; Demiau, p. 286.— *Contrà*, Pigeau, 1, 522 ; Thomine, art. 391.

69. Quant au juge récusé, il faut faire une distinction : s'il appelle dans le seul but de rester juge, il est évidemment sans intérêt et sa demande doit être déclarée non recevable. Carré, n° 1408 ; Berriat, 332, note 38; Arg. Cass. 13 nov. 1809, P. 7, 871.

Mais il en est autrement : 1° si son honneur est compromis par le jugement qui admet la récusation. Lepage, *Quest.* p. 258; Berriat et Carré, *ib.* Arg. Cass. 24 oct. 1817, P. 14, 488 ; 11 fév. 1820, P. 15, 767 ; — Pigeau, 1, 522, pense que, dans ce cas, le juge doit se pourvoir par tierce-opposition ; — 2° s'il a formé une demande en dommages-intérêts, car alors il est devenu *partie* dans l'instance. Carré, Demiau, art. 391.

70. L'appel doit être interjeté dans les cinq jours du jugement par un acte au greffe, acte motivé et énonçant le dépôt au greffe des pièces au soutien. C. pr. 392.

71. Ce délai de cinq jours court non de la *signification*, mais de la prononciation du jugement. Carré, art. 396 ;—à peine de déchéance : il ne s'agit pas en effet ici d'une nullité d'acte de procédure qui ne peut se suppléer; si le délai n'était pas rigoureux, l'appel serait recevable pendant trente ans, ce qui est inadmissible, surtout dans une matière pour laquelle on a établi une procédure plus simple que dans les cas ordinaires, afin que l'intégrité du magistrat ne restât pas longtemps sous le soupçon. Carré, art. 396 ; Favard, *ib.*, 769. — *Contrà*, Bordeaux, 8 juin 1809, S. 9, 297.

Toutefois, si la partie soutient qu'il y a urgence à procéder à une opération, l'incident est porté à l'audience sur un simple acte ; et le trib., qui a rejeté la récusation, peut ordonner qu'il sera procédé à l'opération par un autre juge que le juge-commissaire récusé. C. pr. 391 ; — mais il n'est pas obligé de déférer au vœu de la partie. L'art. 391 est facultatif. Pigeau, 1, 524.

72. L'appel est suspensif. Le jugement n'est exécuté par provision que dans le cas de l'art. 396 (—V. *inf.* n° 7). Pigeau, t. 1, p. 523 ; Carré, *ib.*

73. Sous trois jours, l'expédition de l'acte de récusation, de la déclaration du juge, du jugement, de l'appel et les pièces jointes sont envoyées par le greffier du trib., à la requête et aux frais de l'appelant, au greffier de la C. royale. C. pr. 393.

74. Dans les trois jours de la réception des pièces, le greffier les présente à la Cour, qui indique le jour de l'arrêt et nomme un rapporteur. Sur le rapport et les conclusions du ministère public, arrêt est rendu à l'audience *sans qu'il soit nécessaire d'appeler les parties*. C. pr. 394.

Si elles se présentent volontairement, elles n'ont pas le droit d'être entendues oralement dans leurs explications. Grenoble, 19 fév. 1826, S. 26, 273.

75. Dans les vingt-quatre heures de l'expédition de l'arrêt, le greffier de la Cour renvoie les pièces au greffier du tribunal. C. pr. 395.

76. L'appelant est tenu, dans le mois du jour du jugement de première instance qui a rejeté sa récusation, de signifier aux parties l'arrêt sur l'appel ou le certificat du greffier de la Cour portant que l'appel n'est pas jugé et indiquant le jour fixé pour l'arrêt. Autrement, le jugement est exécuté par provision, et ce qui est fait en conséquence est valable alors même que la Cour prononcerait ultérieurement la récusation. C. pr. 396.

Le greffier du trib. fait connaître au juge récusé la décision de la Cour ; il serait inutile et irrespectueux de signifier l'arrêt à ce magistrat, avec sommation de s'abstenir.

§ 8. — *Effets de la récusation.*

77. A compter du jour du jugement ordonnant la communication de la demande en récusation, tous jugemens et opérations sont suspendus. Si cependant l'une des parties prétend que l'opération est urgente, l'incident est porté à l'audience sur un simple acte. et le tribunal peut ordonner qu'il sera procédé par un autre juge. C. pr. 387.

Un trib. dont un ou plusieurs membres ont été récusés, ne peut pas juger au principal avant le jugement sur la récusation. Cass. 17 germ. an 2, D. *ib.*, p. 537.

Toutefois Pigeau, 1, 519, pense qu'on peut aussi se pourvoir à l'audience s'il y a nécessité de prononcer un jugement préparatoire, interlocutoire ou provisoire avant qu'il soit statué sur la récusation ; et que le trib. a le droit d'ordonner que le juge récusé ne prendra pas part à ce jugement.

78. Les jugemens rendus et les opérations faites au mépris de l'art. 387 seraient nuls. Carré, n° 1405.

79. S'il y a récusation d'un juge-commissaire pris hors du trib. et que l'opération soit urgente, à quel trib. faut-il demander de commettre un autre juge? — On distingue : le trib. du juge-commissaire peut le remplacer, si le trib. saisi du fond, l'a chargé de commettre ; mais si ce dernier trib. a commis spécialement tel juge, c'est à lui qu'il faut s'adresser. Carré, n° 1403.

80. Si la récusation est non recevable ou mal fondée, le trib. la rejette.

La récusation est *non recevable* lorsqu'au jour indiqué par le jugement d'admissibilité, on reconnaît qu'elle a été proposée hors du délai de la loi ; elle est *mal fondée*, lorsque les faits n'ont point été prouvés. Pigeau, 1, 520 ; Carré, art. 390.

81. Si la récusation est déclarée non *admissible* ou non recevable, la partie est condamnée à une amende dont la quotité est fixée par le trib., mais qui ne peut être moindre de 100 fr. ; — sans préjudice de l'action du juge en réparation et dommages-intérêts, auquel cas il ne peut plus connaître de l'affaire. C. pr. 390.

Il en est ainsi, à plus forte raison, si la récusation est déclarée *mal fondée*. Pigeau, 1, 521 ; Favard, 767 ; Carré, n° 1406.

La demande des dommages-intérêts est formée par une requête d'intervention. Pigeau, 1, 518.

82. Une partie qui avait cité comme témoin à une enquête l'un des magistrats qui avaient concouru à l'interlocutoire, a été réputée avoir fait une récusation indirecte et condamnée à l'amende. Limoges, 9 août 1838 (Art. 1299, J. Pr.).

Toutefois le ministère public a pensé que le magistrat cité comme témoin, qui aurait vu dans cette démarche un moyen détourné de faire suspecter son impartialité et de répudier son concours à la décision du litige, avait le droit de résister à cette tentative inconvenante et de rendre vaine, par son refus d'obéir à la citation, la ruse imaginée pour l'arracher à son siége : le législateur ne paraît pas admettre la récusation tacite; il exige une déclaration au greffe signée de la partie qu'il menace des peines portées en l'art. 390. Il n'a entendu punir que l'injure publique et directe faite au magistrat.

83. Dans les circonstances graves, le trib. a la faculté d'ordonner d'office que la partie fera réparation d'honneur au juge. Arg. C. pr. 1036; Pigeau, 1, 517.

Le juge ne pourrait pas faire remise à la partie de cette réparation ordonnée dans la seule vue de l'ordre public et tout à fait indépendante de l'action en dommages et intérêts, dont l'exercice est soumis à la volonté du juge. Pigeau, *ib.*

84. Si la récusation est reconnue bien fondée, le juge doit s'abstenir de la connaissance de l'affaire à l'occasion de laquelle la récusation a été formée; — à peine de forfaiture ou d'usurpation de fonctions.

85. Le trib. peut déclarer la récusation bien fondée pour des causes autres que celles qui ont motivé le jugement d'admissibilité, pourvu que les unes et les autres soient des conséquences des faits avancés par le récusant; — lorsque le juge voit dans ces faits un motif suffisant de récusation, il prononce valablement sans ordonner aucune preuve. Cass. 11 fév. 1820, D. *ib.* p. 537.

§ 9. — *Récusation d'un tribunal entier.*

86. Il peut arriver qu'une récusation soit dirigée contre un trib. en masse, ou individuellement contre un assez grand nombre de ses membres, pour qu'il ne reste pas assez de magistrats pour rendre un jugement valable : le Code ne détermine s le nombre des récusations qui peuvent avoir lieu dans un ib. ou une C.; si donc chacun des membres d'un trib. ou 'une C. se trouve dans un des cas prévus par l'art. 378, pouroi serait-il défendu de les récuser tous? Vainement on souiendrait, avec un arrêt de la C. Paris du 18 mars 1813, S. 13, 325, qu'il y a lieu dans ce cas à prise à partie : la récusation 'une C. ou d'un trib. en masse et la prise à partie ne sauraient tre confondues; la prise à partie a ses règles spéciales et disinctes, fixées par la loi. L'assimilation faite par l'arrêt est inadmissible. Cass. 6 déc. 1808, S. 9, 143; 4 mai 1831, S. 31, 303; Angers, 12 janv. 1815, S. 17, 129.

87. Mais la récusation, dans ce cas, ne peut être appréciée que par la juridiction supérieure, c'est-à-dire par la C. roy., s'il s'agit de la récusation d'un trib., et par la C. cass., si c'est une C. roy. qui est récusée. Cass. 6 déc. 1808, S. 9, 143; Agen, 28 août 1809, D. *ib.*, 540; Cass. 4 mai 1831, S. 31, 303.

88. La récusation en masse d'un trib. de comm. est valablement motivée sur la préexistence d'un procès criminel entre le trib. récusé et la partie; elle peut durer tant que le trib. n'est pas renouvelé en entier. Angers, 12 janv. 1815, S. 17, 129.

89. Les membres du trib. récusé peuvent se rendre opposants à l'arrêt qui a admis la récusation. *Même arrêt.*

90. Jugé qu'un trib. civ. ne peut pas être récusé en masse par cela seul qu'il a connu de l'affaire comme trib. correctionnel. — Si les juges qui ont jugé correctionnellement sont récusés individuellement, c'est le trib. et non la C. qui doit prononcer. Douai, 29 juin 1812, D. *ib.*

91. Lorsqu'un trib. ayant été recusé, plusieurs affaires ont été renvoyées devant un autre, la C. peut rendre la connaissance de ces procès au trib. récusé, si les causes de récusation n'existent plus. Colmar, 23 av. 1813, P. 11, 317.

§ 10. — *Enregistrement.*

92. L'acte de récusation est soumis au droit fixe d'enregistrement de 3 fr. lorsqu'il est fait au greffe d'un trib. de 1re inst. LL. 22 frim. an 7, art. 68; 28 av. 1816, art. 44; — et de 5 fr. quand il a lieu au greffe d'une C. roy. L. 28 av. 1816, art. 45, n° 6.

— V. d'ailleurs *Signification, Jugement.*

§ 11. — *Formules.*

FORMULE I.

Acte de récusation.

(C. pr. 384. — Tarif, 92. — Coût, vac. 6 fr.)

L'an , etc.

Est comparu au greffe le sieur , assisté de Me

Lequel a dit qu'il a été assigné par exploit de , à comparaître en ce tribunal, pour (*indiquer les conclusions*).

Mais, qu'il existe entre M. l'un des juges de ce tribunal et le comparant une inimitié capitale, ainsi qu'en cas de déni, il offre d'en faire la preuve par témoins.

Pourquoi il a déclaré qu'il récusait la personne dudit M. , pour juge de la cause pendante à ladite chambre entre lui et le sieur

De tout quoi ledit sieur , assisté comme dessus, a requis acte à lui octroyé, et a signé avec son avoué et nous, greffier, les jours, mois et an susdits.

(*Signature de la partie, de l'avoué et du greffier.*)

— V. d'ailleurs *sup.* n° 53.

Pour la déclaration du juge dont la récusation est provoquée (— V. *sup.* n° 56 et *Juge de paix*, Formule IV.)

FORMULE II.

Acte pour demander qu'il soit commis un autre juge en remplacement du juge-commissaire dont on poursuit la récusation. (— V. *sup.* n° 72.)

(C. pr. 387, 391, —Tarif, 70 par anal. Coût, 1 fr. orig. ; 25 cent. copie.)

A la requête du sieur , demeurant à

Soit sommé Me , avoué du sieur : de comparaître, etc. pour, attendu que, par jugement interlocutoire de la chambre dudit tribunal, M. a été nommé juge-commissaire pour procéder à l'enquête ordonnée par ledit jugement ; attendu qu'entre le requérant et mondit sieur , il existe depuis long-temps une inimitié capitale, ainsi qu'il en sera justifié en cas de déni, par la preuve testimoniale, et que pour ce motif, ledit sieur a, par acte, au greffe du tribunal de (— V. *sup.* § 5) le , déclaré qu'il récusait mondit sieur ; attendu cependant qu'il est urgent de procéder à l'enquête dont s'agit, avant le départ du sieur , l'un des témoins que l'exposant propose de faire entendre;

Voir commettre tel autre juge qu'il plaira au tribunal, lequel, en remplacement de M. , procédera à l'enquête ordonnée par le jugement susdaté; et, en cas de contestation, se voir condamner aux dépens; à ce que du tout pour sa partie ledit Me n'ignore. Dont acte. (*Signature de l'avoué.*)

FORMULE III.

Acte d'appel d'un jugement qui rejette une récusation.

(C. pr. 392. — Tarif, 92. — Coût 6 fr. par vacation.)

Le , au greffe du tribunal de première instance de , est comparu le sieur , demeurant à , assisté de Me , son avoué;

Lequel a dit que, par jugement de la chambre du tribunal de , en date du , sa demande en récusation, formée en ce greffe par acte du de M. , juge en la dite chambre, a été déclarée inadmissible, et que lui comparant a été condamné à l'amende de cent francs et aux dépens;

Que cependant il est constant qu'entre lui et M. il existe depuis long-temps une inimitié capitale, que le comparant peut prouver, non seulement par la preuve testimoniale qu'il a offerte et que le tribunal a rejetée, mais encore par plusieurs lettres à lui envoyées par M. ; pourquoi le comparant a déclaré qu'il interjetait formellement appel du jugement sus-énoncé, par les motifs ci-dessus.

Et à l'appui du présent acte, il a produit pièces cotées par première et dernière, qui sont :

La première, l'expédition de l'acte de récusation.

La seconde, le jugement sus-daté, et les autres lettres dûment timbrées, écrites et envoyées par mondit sieur , audit sieur

Desquels comparution, dire et déclaration il a requis acte, etc.

(*Signatures de la partie, de l'avoué et du greffier.*)

FORMULE IV.

Certificat constatant que l'appel n'est pas jugé.

Je soussigné , greffier en chef près la cour royale de , certifie à tous qu'il appartiendra, que l'appel interjeté par le sieur , du jugement de la chambre du tribunal de , en date du , qui a rejeté la récusation par lui proposée contre M. , juge en ce tribunal, n'est pas encore jugé, et que le rapport qui en sera fait à la cour est indiqué pour le

En foi de quoi j'ai délivré, etc.

NOTA. *Ce certificat est signifié par acte d'avoué à avoué.* Tar. 70.

RÉDACTION DES ACTES.

Les règles sur la rédaction des actes sont ou particulières à certains actes, ou communes à tous.—V. *Ajournement, Exploit, Jugement, Procès-verbal,* etc..... et les différentes Formules.

Le style des actes doit réunir la clarté et la concision. — V. d'ailleurs *Abréviation*, *Blanc*, *Formalités*, *Illisible*, *Interligne*, *Langue française*, *Poids et mesures*, *Rature*, *Renvoi*, *Signature*, *Surcharge*.

REDDITION DE COMPTE (1). Le compte est l'état détaillé des recettes et des dépenses faites par un administrateur. — La *reddition de compte* se dit de la présentation de cet état par le comptable (ou *rendant*) à celui auquel le compte est dû (*l'oyant*) qui l'accepte ou le conteste, s'il y a lieu.—On nomme *reliquat*, l'excédant de la recette sur la dépense, il appartient à l'oyant ; et *avance*, l'excédant de la dépense sur la recette; le comptable doit en être remboursé par l'oyant. — La *reddition de compte* exprime aussi l'apurement du compte :

DIVISION.

§ 1. — *Qui doit rendre compte.*

1. Tout administrateur doit rendre compte de son administration. C. civ. 125, 389, 469, 497, 549, 803, 813, 828, 1031, 1372, 1442, 1872, 1937, 1956, 1962, 1993, 2060-2°, 2079, 2081, 2085, 2174; C. pr. 126, 526 ; — fût-il copropriétaire du bien administré. L. 1 *C. de ratiocin.*

2. On distingue plusieurs espèces de comptables, savoir : 1° ceux commis par justice ; — 2° les tuteurs ; — 3° les comptables par suite d'une convention ou d'un quasi-contrat, tels que le mandataire, le *negotiorum gestor*, etc. ;—4° enfin, les comptables des deniers publics dont les obligations sont réglées par des lois spéciales. L. 16 sept. 1807.

Cette division est importante sous le rapport de la compétence.—V. *inf.* n° 19 et suiv.

---

(1) Cet article, rédigé dans la 1re édition par feu M. Couturier, avocat à la Cour royale de Paris, a été revu par M. Pelletier, avocat à la Cour royale de Paris.

3. Les comptables qui n'ont pas rendu ou apuré leurs comptes ne peuvent être ni réhabilités après *faillite* (— V. ce mot, n° 669), ni admis à la *cession de biens*. — V. ce mot, n° 5.

4. Toutefois ne sont pas tenus de rendre compte : — 1° la femme à laquelle son mari a donné procuration pour administrer les biens de la communauté. Rolland de Villargues, v° *Compte*, n°s 3 et 4. — *Contrà*, Armand Dalloz, *ib*. n° 5. — Il en serait autrement si elle était *non commune ou séparée de biens;*

2° Le fils qui a géré d'après mandat verbal la fortune d'un père, dont tous les enfans vivaient en commun dans la maison paternelle. — Il ne doit au plus qu'un compte par bref état, sauf à faire toutes observations lors du partage, ou de la liquidation des biens du père commun. Paris, 17 fév. 1821, P. 16, 384.

§ 2. — *Qui a le droit de demander un compte, et dans quelle forme.*

5. La demande en reddition de compte peut être formée tant par celui à qui le compte est dû que par le comptable qui veut se libérer.

6. Cette demande est mobilière de sa nature; en conséquence elle peut être formée : 1° par le tuteur sans autorisation du conseil de famille. C. civ. 457; — 2° par le mineur émancipé avec l'assistance de son curateur. *Ib*. 480; — 3° par le mari, à quelque régime que soient soumis les époux (*ib*. 1428, 1531, 1549), à moins que la femme ne soit séparée de biens, ou que le compte ne fasse partie de ses biens paraphernaux, auxquels cas elle est habile à le demander avec l'assistance de son mari. *Ib*. 1576, 215; Pigeau, 2, 421.

7. *Forme*. Les parties, lorsqu'elles sont toutes majeures et maîtresses de leurs droits, sont libres d'adopter, pour la reddition de compte, la forme authentique ou sous seing-privé; — et de procéder devant des arbitres de leur choix. — M. Pigeau, 2, 421, le décide ainsi même dans le cas où le comptable a été commis par justice.

8. Lorsque le compte a lieu à l'amiable, par acte sous seing-privé, on est dans l'usage d'en faire deux doubles, l'un pour l'oyant, l'autre pour le rendant, l'arrêté mis au bas du compte est aussi fait double, et contient décharge des pièces à l'appui du compte, et des titres dont le mandataire a pu être chargé.

9. Toutefois, cette forme n'est pas indispensable : il suffit pour le comptable d'obtenir un arrêté de compte, contenant décharge du reliquat et des pièces : alors on ne dresse point de *double*. Aix, 12 juill. 1813, S. 14, 234. — Il en était autrement sous l'ordonnance de 1667, tit. 29, art. 1.

En cas de désaccord entre les parties, ou lorsqu'il se trouve parmi elles des incapables, elles doivent observer les règles tracées par le tit. 4, liv. 5, C. pr. — V. *inf.* § 3. — V. d'ailleurs *Reddition de compte de tutelle.*

10. Les juges eux-mêmes ne peuvent s'en écarter, à peine de nullité. Ainsi, le jugement ne saurait être rendu sur plaidoiries, après une simple communication des pièces, sans nomination préalable d'un juge-commissaire, affirmation du compte, etc. Carré, § 3, art. 530.

11. Les dispositions du C. de pr., sur les redditions de comptes, quoique placées dans le livre qui traite *de l'exécution des jugemens*, n'en sont pas moins applicables aux redditions de comptes poursuivies par *action principale,* qu'à celles ordonnées par jugement, incidemment à une autre instance. Carré, art. 527.

12. Toutefois, ces règles ne s'appliquent pas : 1° aux comptables de deniers publics (L. 16 sept. 1807).

13. 2° Aux matières commerciales :

Ainsi le délai fixé pour rendre le compte peut courir du jour de la prononciation du jugement, — et non du jour de la signification ; le ministère des avoués n'étant point imposé devant les trib. de commerce. Rennes, 9 mars 1810, P. 8, 181 ; Favard, v° *Compte,* § 1, note.

La forme prescrite en matière civile (Art. 527 et suiv. C. pr.) n'est point exigée. Rennes, 23 août 1817, P. 14, 445.

Mais c'est devant un juge-commissaire, et non devant des arbitres, qu'il doit être procédé au compte des opérations d'une société de commerce qui a été annulée comme n'ayant point été créée suivant les formes prescrites par l'art. 42 C. comm. Metz, 24 nov. 1819, P. 15, 574.

14. 3° Aux transactions qui peuvent intervenir sur les difficultés d'un compte judiciaire ;

15. 4° Au cas où il s'agit de fixer la quotité d'une réclamation composée de plusieurs chefs, mais qui ne se rattache pas à une administration antérieure : le compte se fait alors à l'audience ;

16. 5° Au cas où le trib. renvoie les parties devant l'avoué le plus ancien, pour vérifier si les offres faites par l'une d'elles à l'autre sont ou ne sont pas suffisantes : les parties ne sont pas astreintes à suivre les formes d'un compte judiciaire. — Ainsi jugé, relativement à la vérification ordonnée de la suffisance des offres faites par un adjudicataire poursuivi par voie de folle-enchère. Cass. 19 mai 1830, D. 31, 116 ;

17. 6° Au compte qu'un trib. ordonne à un avoué de rendre à ses confrères, des sommes qu'il a reçues en qualité de secrétaire de leur chambre. Cass. 11 nov. 1828, S. 30, 80;

18. 7° Enfin aux comptes que des copartageans peuvent se devoir. C. civ. 828, 1872; C. pr. 976.—V. *Partage.*

§ 3. — *Du compte ordinaire rendu en justice.*

Art. 1. — *Tribunal compétent.*

19. La compétence varie suivant la qualité du comptable.

20. Doivent être assignés : 1° le comptable commis par justice, devant les juges qui l'ont commis (C. pr. 527), — fussent-ils juges d'appel, et nonobstant la règle des deux degrés de juridiction. Carré, art. 527, n° 1846 ;

21. 2° Le tuteur, devant le trib. du lieu où la tutelle a été déférée (C. pr. *ib.*), c'est-à-dire où s'est tenu le conseil de famille qui l'a nommé, en cas de tutelle dative ; s'il s'agit de tutelle légitime, au lieu où demeurait le mineur le jour où le tuteur a été investi de la tutelle ; et enfin, s'il s'agit de tutelle testamentaire, au lieu où demeurait, à l'époque de son décès, le dernier des père et mère, quand même l'acte eût été fait dans le ressort d'un autre trib. Pigeau, 2, 422. — Jugé que, si une mère, après avoir cessé d'être tutrice légale de ses enfans par suite de son convol, a plus tard été appelée de nouveau à la tutelle par le conseil de famille, c'est devant le trib. où la tutelle légale s'est ouverte qu'elle doit rendre compte de sa gestion. Bordeaux, 3 août 1827, S. 27, 197 ;

22. 3° Les autres comptables, devant les juges de leur domicile. C. pr. 527.—En conséquence, la demande en reddition de compte, formée contre le mandataire gérant d'un établissement de commerce, doit être portée devant le trib. de son domicile, et non devant celui du siége de l'établissement. Agen, 6 mai 1824, S. 24, 383.

23. Toutefois, l'héritier bénéficiaire peut être poursuivi par les créanciers devant le trib. de l'ouverture de la succession *jusqu'au partage*. Arg. C. pr. 59 ; C. civ. 793. Carré, n° 995 ; Thomine, n° 576.

24. *Quid*, en matière de société, autre que celle de commerce ?

La demande en reddition de compte doit être portée devant le juge du lieu où elle a été établie *tant qu'elle existe*. Arg. C. pr. 59.

Si, au contraire, le gérant est mort, il doit être poursuivi devant le trib. de l'ouverture de sa succession. Rolland de Villargues, n° 23.

Mais si la société se trouve dissoute par la mort d'un associé, le gérant peut-il néanmoins être assigné devant le trib. du lieu où elle avait été établie ? — Pour l'affirmative, on argumente des art. 822, 828, 1872 C. civ. et de l'art. 59, C. pr. combinés ; la société dit-on, continue d'exister entre les associés ou leurs héritiers, tant qu'elle n'est pas partagée. Rolland de Villargues, n° 22.

Jugé, que, si la demande est formée contre le mandataire gérant d'un établissement de commerce, elle doit être portée devant le trib. du domicile de ce dernier, Arg. C. pr. 527. — Qu'elle ne pourrait être portée devant le trib. du lieu où siége l'établissement, en s'appuyant sur la disposition de l'art. 420 C. pr. § 3, qui donne le droit d'assigner (à son choix) le débiteur devant le trib. du lieu où le paiement doit être effectué. Agen, 6 mai 1824, D. 3, p. 884.

25. Ces règles de compétence sont si rigoureuses, que le comptable commis par justice, ou le tuteur, assignés à un autre trib. que celui indiqué par l'art. 527 C. pr., fût-il celui de leur domicile, seraient fondés à opposer le déclinatoire; l'art. 527 C. pr. ne disant pas, comme l'ordon. de 1667 (tit. 29, art. 2), qu'ils *pourront être poursuivis*, mais bien qu'ils *seront* poursuivis, l'un devant les juges qui l'ont commis, l'autre devant les juges du lieu où la tutelle a été déférée. Favard v° *Compte*, § 1, n° 1; Carré, n° 1845; Thomine art. 527; Pigeau, 2, 737. — *Contrà*, Delaporte, 2, 108.

Art. 2. — *Demande et instruction.*

26. La demande est soumise au préliminaire de conciliation. Pigeau, 2, 422; Carré, n° 1848; Demiau, 365.

27. Elle s'introduit par *ajournement* en la manière ordinaire (— V. ce mot), qu'elle soit formée par l'oyant ou par le rendant; à moins qu'elle ne soit intentée incidemment. —V. *Incident*.

Le demandeur n'est jamais tenu de signifier préalablement une mise en demeure. Amiens, 14 mai 1823, P. 17, 1109. — Jugé toutefois que le mineur devenu majeur qui n'a pas préalablement constitué son père en demeure de rendre son compte, ne peut saisir-arrêter les sommes qui lui sont dues. Rennes, 2 août 1820, P. 16, 86.

28. Quand c'est le comptable qui poursuit, il assigne pour *voir ordonner qu'il sera reçu à la reddition de son compte, et qu'il sera procédé à l'apurement d'icelui.*

Lorsqu'au contraire c'est, comme il arrive le plus souvent, l'oyant qui est demandeur, il conclut à ce que le comptable soit condamné *à rendre ses comptes suivant la loi, et à payer le reliquat avec les intérêts du jour de la clôture,* si le comptable est un tuteur, séquestre, ou autre administrateur nommé par justice. C. pr. 126.

29. *Instruction.* Les oyans qui ont le même intérêt, c'est-à-dire pour lesquels la recette et la dépense sont les mêmes (Pigeau, 2, 423; Carré n° 1852), ou ne diffèrent que sur des articles peu importans (Favard, v° *Compte*, § 1, n° 2), doivent nommer un seul avoué; ou, s'ils en ont constitué plusieurs,

convenir de celui qui devra occuper pour tous pendant les opérations du compte, et auquel seul les significations devront être faites. Faute de s'accorder sur le choix, le plus ancien occupe ; les frais occasionés par les constitutions particulières, et faits tant *activement* que *passivement*, sont supportés par chaque oyant. C. pr. 529.

L'art. 529 C. pr. s'applique au cas où la demande en reddition de compte est formée soit par le rendant contre les oyans, soit par ces derniers contre le rendant. Demiau, 366.

30. La préférence ne peut pas comme en matière de *partage* (— V. ce mot, n° 31) être accordée à celui qui a le premier fait viser l'original de la demande : la loi s'est déterminée ici par une autre cause, savoir d'après le rang d'ancienneté de l'avoué des divers demandeurs (—V. *sup.* n° 29). — *Contrà*, Pigeau, 2, 423.

31. La procédure est ordinaire ou sommaire, suivant les circonstances. *Sommaire*, si la demande est pure, personnelle, et fondée en titre non contesté. C. pr. 404. —*Ordinaire*, en tout autre cas. Berriat, 499, note 2 ; Pigeau, 2, 423 ; Carré, n° 1849.

Art. 3. — *Jugement qui ordonne la reddition du compte.*

32. Si le trib. ne trouve pas la demande bien fondée, il en déboute purement et simplement le demandeur.

33. Si au contraire il la juge admissible et juste, il ordonne que le compte sera rendu en la forme prescrite par la loi.

Dans ce cas, le jugement doit fixer le délai dans lequel ce compte sera rendu, et commettre un juge. C. pr. 530. — Néanmoins, l'omission de ces formalités n'entraîne pas la nullité du jugement, et peut être réparée par un jugement postérieur. Rennes, 20 janv. 1813, P. 11, 86 ; Cass. 11 nov. 1828, S. 30, 80 ; 25 mars 1835 (Art. 359 J. Pr.) ; Carré, art. 530, note 1. — V. d'ailleurs, *Enquête*, n°s 58, 87 ; *Jugement*, n° 320, 321.

Le trib. après avoir ordonné la reddition d'un compte, ne peut ultérieurement, sans violer l'autorité de la chose jugée, dire qu'il n'y a lieu à reddition de compte parce qu'il existe un réglement antérieur qui en pouvait tenir lieu. Cass. 26 avr. 1827 (Art. 957 J. Pr.).

34. Au reste, si le comptable consent à rendre son compte avant toute demande judiciaire, il assigne l'oyant pour voir fixer un délai et nommer un juge-commissaire. On procède, au surplus, de la même manière que lorsque le compte est contesté. Carré, n° 1854.

35. *Délai*. Il est réglé d'après les circonstances ; il peut être prorogé, s'il y a lieu, mais seulement pour des causes graves, telles que la maladie ou l'absence forcée du rendant pour cause de service public. Carré, n° 1866 ; Delaporte, 2, 119.

36. L'époque à compter de laquelle court le délai fixé par le trib. varie d'après les distinctions suivantes :

Jugement par défaut. Le délai court à dater seulement de sa signification. Arg. C. pr. 123.

Jugement contradictoire. Suivant M. Thomine, n° 579, le délai court de la date du jugement, si l'on a offert et consenti de rendre compte ; — et, en cas de refus de la part de celui auquel le compte est demandé, du jour de la signification. — Cette distinction est combattue par M. Carré, n° 1853. Cet auteur soutient que l'art. 123 C. pr., spécial pour les délais de grâce que les juges sont *autorisés* à accorder au débiteur *avant* l'exécution de leurs jugemens, est étranger aux délais *dans* lesquels l'exécution même doit avoir lieu, et que le juge ne peut pas se dispenser de fixer, comme dans l'espèce de l'art. 530 C. pr.

L'opinion de M. Thomine nous paraît préférable : pour prévenir toutes difficultés, il est bon (et tel est l'usage) d'indiquer dans le jugement le point de départ du délai accordé, soit à compter de la date du jugement, soit de sa signification.

37. *Juge-commissaire*. Ce magistrat peut être choisi même parmi les juges, autres que ceux qui ont participé au jugement. Metz, 24 nov. 1819, P. 15, 574. — Mais on ne doit jamais, en matière civile, commettre un simple particulier : la nomination d'un juge est rigoureusement prescrite (C. pr. 529), qu'il s'agisse ou non d'un comptable commis par justice.

Il a même été jugé que le trib. ne pouvait renvoyer les parties devant un expert en comptabilité, pour les entendre et faire son rapport, après qu'un premier jugement avait nommé un juge-commissaire, lequel avait fait son rapport à l'audience. Cass. 6 juin 1820, P. 15, 1027.

38. Toutefois, il a été décidé : — 1° que les parties peuvent être renvoyées devant un notaire pour le redressement ou l'éclaircissement d'un compte. Colmar, 18 mai 1816, P. 13, 442.

2° Qu'un notaire peut être choisi pour procéder au règlement d'un compte entre le vendeur et l'acquéreur. Orléans, 30 mai 1822, P. 17, 391.

39. Au cas d'absence de l'un des intéressés à critiquer le compte rendu, le trib. peut, sur la demande qui lui en est faite, commettre, indépendamment du juge, un notaire pour représenter les absens ou non présens. Arg. C. civ. 113, 131.

40. Une provision peut-elle être accordée à l'oyant? — Plusieurs systèmes ont été présentés :

1er *système*. Cette provision ne peut être accordée contre le comptable qui n'est point en retard de présenter son compte, ou qui prétend ne rien devoir. Thomine, n° 585.

2° *système.* Elle peut être prononcée à l'avance et pour le cas où le comptable ne rendra pas son compte dans le délai fixé. Arg. C. pr. 534. — On épargne ainsi les frais d'un second jugement. Pigeau, 2, 369, 373; Thomine, n° 583. — On cite à l'appui un arrêt de Bruxelles, 24 juin 1812, P. 10, 506, qui se borne à *déclarer que cette condamnation éventuelle tombera d'elle-même*, si le rendant présente son compte dans le délai prescrit.

Selon nous, d'après les termes de l'art. 534 C. pr., il ne peut, en général, être accordé une provision à l'oyant qu'après l'expiration du délai fixé par le trib. pour rendre le compte, et sur une demande nouvelle formée par l'oyant. Demiau, 369; Hautefeuille, 309.

41. Nous admettons toutefois qu'une provision peut être accordée : — 1° en faveur d'un pupille qui serait dans l'impossibilité de faire l'avance des frais de procédure ; — 2° dans le cas où il est évident pour le trib. que le comptable a diminué les recettes, ou exagéré la dépense du compte qu'il a offert. Thomine, n° 585.

42. En tout cas, cette condamnation éventuelle tombe d'elle-même dès que le compte est signifié. Rennes, 20 janv. 1813, P. 11, 56.

43. *Dépens.* Le jugement qui ordonne le compte fait ordinairement réserve des dépens jusqu'au jugement définitif. Amiens, 14 mai 1823, D. 3, 671.

44. Il serait injuste de condamner aux dépens celui auquel est demandé le compte avant de savoir s'il est ou non débiteur, surtout lorsqu'il résulte des aveux des parties que le rendant a offert et présenté son compte duquel résulte un reliquat *négatif* en faveur de l'oyant, et le constituant au contraire débiteur du rendant.

45. Lorsqu'un préposé à une opération commerciale, assigné en reddition de compte, prétend qu'il n'a aucun compte à rendre d'une partie des opérations, parce qu'il soutient qu'elles ont été faites par le commettant, la production du livre-journal de ce dernier peut être demandée ; — sur le refus du commettant, dans l'espèce, le compte du préposé a été alloué tel qu'il était présenté, pour lui tenir lieu de dommages et intérêts. Paris, 29 janv. 1818, P. 14, 607.

46. Au reste, un négociant n'est recevable à demander compte à un courtier qu'autant qu'il précise les pièces desquelles il fait résulter l'obligation du compte, ainsi que les diverses opérations qui peuvent en être la suite, pour mettre le défendeur en état de faire valoir ses moyens. Bruxelles, 31 mai 1808, P. 6, 723.

47. Le jugement qui ordonne une reddition de compte, produit-il hypothèque judiciaire ?

Pour l'affirmative on dit : — Le jugement qui condamne à rendre compte présuppose le rendant débiteur d'une somme quelconque, quoiqu'incertaine, et contient virtuellement condamnation du reliquat ; il peut dès lors être pris inscription, en vertu de ce jugement, de même que pour toute créance indéterminée. Grenier, 1, 425 ; Persil, 1, 180 ; Dalloz, *Hypothèque*, 171, n° 2, Thomine, n° 579.—Ainsi jugé 1° à l'égard du liquidateur d'une société. Lyon, 11 août 1809, S. 12, 400. — 2° à l'égard d'un régisseur, constitué mandataire par un acte authentique. Cass. Rejet, 21 août 1810, P. 8, 545 (concl. contr., M. Giraud, avoc. gén.) ; — 3° à l'égard d'une inscription (prise contre un notaire séquestre d'une faillite) dont la nullité fut demandée pour défaut d'évaluation. Cass. 4 août 1825, D. 25, 388.

Dans l'opinion contraire, on répond : — Le débiteur d'un compte n'est point débiteur de sommes ; il peut souvent résulter du compte qu'il soit créancier au lieu d'être débiteur. Le jugement de reddition de compte est fondé sur un doute ; il fait espérer, mais il ne prononce pas, dès à présent, la condamnation du reliquat, s'il y en a un, en faveur de l'oyant. D'ailleurs, la condamnation de ce reliquat ne saurait être toujours prononcée, s'il y a prescription, compensation, etc. Le jugement qui fixe ce reliquat produit seul hypothèque, parce qu'alors commence l'obligation judiciaire de payer. Pigeau, 2, 431 ; Troplong, *Hypothèque*, 2, n° 439.

Ainsi jugé à l'égard d'un jugement ordonnant le redressement d'un compte. Bourges, 31 mars 1830, D. 30, 163.

48. *Appel. Cas où il y a lieu à appel.*—Le jugement rendu sur la demande à fin de compte peut être attaqué par la voie d'appel toutes les fois que cette demande est indéterminée dans sa valeur, ou que, dans l'exploit, le demandeur a évalué le reliquat à une somme supérieure au taux du dernier *ressort*. Carré, *Compétence*, 2, 95, *Quest.* 331.—V. ce mot.

49. *Délai de l'appel.* — Il varie d'après les distinctions suivantes :

Le *jugement définitif*, qui admet ou rejette la demande à fin de reddition de compte, doit être attaqué dans les trois mois de sa signification. Arg. C. pr. 443 ; Cass. 21 juill. 1817, P. 14, 370.

Le *jugement interlocutoire*, qui ordonne seulement la production d'un compte, accessoirement à une autre instance, sans qu'il y ait une demande en reddition de compte formulée, peut être attaqué par *appel*, soit avant, soit après le jugement définitif, et conjointement avec l'appel de ce jugement, conformément à la règle posée art. 450 C. pr. — V. *Appel*, n° 142 et suiv.

Enfin, le *jugement préparatoire* ne peut être attaqué par appel que conjointement avec le jugement définitif. Ainsi jugé relativement à l'appel d'un jugement ayant commis un notaire pour l'éclaircissement d'un compte. Colmar, 18 mars 1816, P. 13, 442.

50. Celui qui, poursuivi en vertu d'un titre de rente viagère, a introduit une instance afin d'obtenir la réduction du capital comme n'ayant pas été fourni en totalité, peut, en appel, demander pour la première fois la nullité de ce titre; — en matière de compte, les parties doivent être considérées réciproquement comme demanderesse et défenderesse l'une à l'égard de l'autre, et la demande en nullité n'est, dans l'espèce, qu'une défense (C. pr. 464) aux poursuites dirigées en vertu du titre. Cass. 31 déc. 1833, D. 34, 140.

51. *Suites de l'appel.* — Au cas d'arrêt *confirmatif du jugement qui a ordonné la reddition de compte*, la Cour renvoie au trib. qui a rendu le jugement attaqué. Arg. C. pr. 528.

Au cas d'infirmation, le procès est terminé.

Au cas d'arrêt *confirmatif du jugement qui a rejeté la demande à fin de reddition de compte*, l'instance est également terminée.

Au cas d'arrêt infirmatif, la C. doit renvoyer à son choix, soit au trib. déjà saisi de l'affaire, soit au trib. qu'il lui plaît d'indiquer. C. pr. 528. Pigeau, 2, 424.

52. *Évocation.*—La Cour ne peut user du droit d'évocation; il ne lui est pas permis, lorsqu'elle ordonne de rendre compte, contrairement à la sentence des premiers juges, de le faire rendre devant elle, de statuer de suite sur les débats, ce serait violer les principes des degrés de juridiction.— D'ailleurs l'affaire n'est point en état. Pigeau, 2, 436; Thomine, n° 577.

Si le droit d'évocation a été modifié, en matière de compte, par la seconde disposition de l'art. 528 C. pr. relativement au cas d'appel du jugement définitif qui a statué sur le compte (V. *inf.* n° 133), il n'en n'est point de même relativement à l'appel du jugement qui statue d'abord sur la demande à fin de reddition de compte. La première partie de l'art. 528, qui fixe des règles pour l'appel de ce premier jugement, ne permet pas d'étendre à ce cas l'évocation autorisée dans la seconde hypothèse. Thomine, *ib.*

Art. 4. — *Intervention des créanciers.*

53. Peuvent intervenir : — 1° *Les créanciers*, soit de l'oyant, soit du rendant, ils ont intérêt à assister aux opérations du compte, pour être à portée de défendre leurs droits. Arg. C. pr.

536 ; — en se conformant à la règle posée par cet art., qui les oblige à choisir un seul avoué.

54. Le trib. peut admettre ou non l'intervention des créanciers d'après les circonstances.

Le rejet de la demande d'intervention n'empêche point les créanciers du rendant d'attaquer le compte, de critiquer le reliquat dont celui-ci se serait reconnu débiteur, dans le cas de concert frauduleux. Arg. C. civ. 1167.

De même les créanciers de l'oyant, qui auraient négligé d'intervenir, ou dont l'intervention aurait été rejetée, pourraient attaquer un compte frauduleux, ou s'ils l'approuvaient, former saisie-arrêt sur le reliquat.

55. D'ailleurs, les créanciers de l'oyant, comme exerçant ses droits, ont qualité pour poursuivre eux-mêmes la reddition du compte. Arg. C. civ. 1166. Armand Dalloz, v° *Compte*, n° 17 ; Rolland de Villargues, n° 12. *Ib.*

56. 2° Le vendeur d'une créance, consistant dans le montant du reliquat d'un compte à rendre : il a intérêt à cause de la garantie par lui promise à prendre le fait et cause de son cessionnaire, et à contredire le compte sur lequel il y a instance avec ce dernier. Rennes, 27 avril 1818, P. 14, 776.

57. Mais l'oyant ne serait pas recevable à mettre en cause des tiers qui auraient accepté du rendant des paiemens qu'il prétendrait illégitimes, lors même que ces paiemens auraient été faits à-compte de sommes plus fortes dont le rendant, en sa qualité, se serait reconnu leur débiteur ; ces engagemens particuliers entre le rendant et les tiers, ne pouvant obliger l'oyant qu'autant que le jugement intervenu sur le compte allouerait les sommes versées comme articles de dépenses. Merlin, *Rép.*, v° *Compte*, § 2.

58. L'intervention de ces différentes personnes a lieu dans la forme ordinaire. — V. *Intervention*, § 2.

59. Quand des créanciers de l'oyant et du rendant se présentent à la fois, ils forment alors deux masses ayant des intérêts contradictoires ; — mais cette opposition d'intérêts n'empêche pas que les membres de chacune d'elles n'aient tous un intérêt commun ; d'où il suit que les créanciers, soit de l'oyant, soit du rendant, doivent constituer un seul avoué. Arg. C. pr. 536. Pigeau, 2, 423. — Au reste, cet avoué ne doit pas être nécessairement celui qui occupe déjà pour l'oyant ou pour le rendant : car les créanciers peuvent avoir des intérêts opposés à ceux de leur débiteur, et ils agissent ici non pas seulement comme exerçant ses droits, en vertu de l'art. 1166 C. civ., mais bien aussi en vertu de l'art. 1167 s'il y a eu des actes faits en fraude de leurs droits. Pigeau, *ib.*

60. En tout cas, ils n'ont droit qu'à la seule communication du compte. Demiau, art. 537.

Art. 5. — *Rédaction du compte ; sa forme.*

61. Après la signification du jugement, ou de l'arrêt s'il y a eu appel, le rendant dresse son compte.

62. Le compte doit se composer : 1° d'un préambule ; — 2° de l'énumération des recettes et dépenses effectives, suivie de la récapitulation et de la balance de ces recettes et dépenses ; — 3° enfin d'un chapitre particulier pour les recouvremens, s'il en a été fait. C. pr. 531, 533.

Au reste, le rendant est seul arbitre du plan et de la rédaction qu'il convient d'adopter ; de telle sorte que l'oyant ne saurait se refuser à discuter le compte dans la forme où il lui est présenté, ni en produire un autre pour servir à ses débats. Rennes, 7 avr. 1835 (Art. 255 J. Pr.) ; Carré, n° 1683.

Il convient (bien que cela ne soit pas exigé) de faire suivre le compte d'un inventaire des pièces produites à l'appui, pour faciliter la rédaction du compte et la communication qui peut être demandée par l'adversaire. Carré, n° 1862.

63. *Préambule.* C'est l'exposé des motifs et des faits qui donnent lieu à la reddition du compte. On y comprend aussi la *mention* (et non pas l'*extrait* comme autrefois. Ord. 1667, tit. 29, art. 6), du jugement qui a ordonné le compte, et celle de l'acte ou du jugement qui a commis le rendant. — Le préambule ne doit pas excéder six rôles à peine de rejet de la taxe pour l'excédant. C. pr. 531, tar. 75.

64. *Recettes effectives.* On énonce les causes et le montant des sommes reçues. — On peut, *par observation*, indiquer les sommes dont le recouvrement a été impossible, — ou faire un chapitre particulier, avec les mêmes observations pour les sommes restant à recouvrer. C. pr. 533.

Suivant M. Thomine, n° 582, on entend par *recettes effectives* tout ce que le rendant a pu ou dû recevoir, encore qu'il n'ait pas tout reçu ; il est comptable non-seulement de ce qu'il a reçu, mais encore de ce qu'il a dû recevoir, sauf à faire après la récapitulation et la balance un chapitre particulier des recouvremens dont on peut lui allouer les articles en diminution du reliquat, ou par augmentation de sa créance, s'il justifie qu'il n'y a pas eu de négligence de sa part, soit qu'il ait fait les diligences nécessaires pour obtenir paiement, soit qu'à raison d'insolvabilités ou empêchemens il n'ait pu faire payer.

Cette opinion nous paraît inadmissible : aucun mandataire légal, ou volontaire, ne consentirait à se charger d'un mandat s'il devait compter en écus de toutes les sommes qu'il a été chargé de recevoir. — Sans doute, il faut qu'il représente les titres des créances à lui confiés, ou des écus, mais il n'est pas, en général, responsable de l'insolvabilité des débiteurs : le mandataire doit compte seulement de toutes les sommes qu'il a *reçues*, dues ou non dues. C. civ. 1993.

La question de *responsabilité* de la perte d'une créance, par suite de faute ou de négligence, dépend de la qualité du mandataire, ou des circonstances laissées à l'arbitrage du juge. — V. *Responsabilité*.

65. Les recettes sont classées dans un ou plusieurs chapitres, suivant leur importance; — il en est de même pour les dépenses.

66. *Dépenses*. — On doit allouer au comptable toutes celles qu'il a dû raisonnablement faire dans l'intérêt du mandant, lors même que par l'événement elles ont été inutiles, si on ne peut lui imputer ni faute lourde, ni imprudence; ainsi l'héritier bénéficiaire peut porter à son crédit ses frais de procès, aussi bien que ceux des scellés et d'inventaire (C. civ. 810); à moins qu'il n'ait plaidé inconsidérément. C. pr. 132. — L'exécuteur testamentaire peut répéter avec les frais d'apposition de scellés, d'inventaire et de compte (C. civ. 1034), ceux qu'il a faits pour intervenir dans un procès, et défendre l'exécution contestée du testament. *Ib*. 1031. — V. *Dépens*, n°s 89, 90 et 97.

67. *Dépenses communes*. Le législateur les désigne ainsi : — Le rendant n'emploiera pour *dépenses communes* que les frais de voyage, s'il y a lieu, les vacations de l'avoué qui aura mis en ordre les pièces du compte, les grosses et copies, les frais de présentation et affirmation. C. pr. 532.

Ces expressions *dépenses communes* sont assez obscures. — Suivant les uns, ce sont les dépenses nécessitées *communément* ou *ordinairement* pour parvenir à rendre le compte en justice. Thomine, n° 581. — Suivant d'autres, ces dépenses sont appelées *communes*, parce qu'elles sont faites par les deux parties pour arriver à l'apurement du compte. Rodier, art. 28, tit. 29, ord. 1667; Carré, art. 532; Pigeau, 2, 425.

— Au reste cela ne veut pas dire qu'elles sont supportées en commun.

68. De ce que le Code a spécifié la nature de ces dépenses, il suit que tous les frais du procès ne doivent pas être mis à la charge de l'oyant et être déduits du reliquat; ainsi les frais de la procédure ou des sentences ou arrêts, ne doivent pas communément être supportés par l'oyant. — Le plus souvent c'est parce que le rendant a négligé ou refusé de rendre ses comptes qu'on a été obligé de le faire condamner. — Aussi l'ordonn. d 1667, tit. 29, art. 18, distinguait-elle : si le rendant avait offer de rendre compte, les frais de procédure ou jugemens n'étaien

point à sa charge ; dans le cas contraire, il était condamné à les acquitter.

69. La même règle devrait être appliquée aujourd'hui.

Les frais peuvent être mis à la charge de l'oyant, lorsque le rendant a offert de rendre son compte. Thomine, 581. — Surtout lorsqu'il a introduit lui-même la demande.

70. Suivant Pigeau, 2, 427, peuvent être comprises dans les dépenses communes, les vacations de l'avoué du rendant, soit au greffe pour l'affirmation des frais de voyage, soit à l'audition et au jugement du compte, pourvu que le rendant n'ait pas succombé dans les contestations qu'il aurait élevées sur le compte.

71. Au reste, il est certain que les frais (ou dépenses) désignés par l'art. 532 sont toujours à la charge de l'oyant. — Il peut en être ainsi même dans le cas où le compte a été nécessité par le fait de l'autre partie : par exemple, parce qu'elle a demandé à tort la nullité d'un testament et que, pendant l'instance, elle a touché les revenus qu'elle doit restituer aux légataires. Cass. 1er août 1831, S. 32, 797.

72. A l'égard des frais de rédaction du compte : quelques C. roy. demandaient, dans leurs observations sur le projet du Code conforme à l'art. 532 C. pr., que la *façon* du compte fût employée en dépenses communes, attendu que nombre de personnes peuvent fournir les élémens d'un compte, et être forcées d'employer un tiers pour la rédaction. Mais aucun changement n'ayant été fait à l'art. proposé, on ne saurait réclamer un autre droit que celui fixé par le tarif pour la grosse. Carré, n° 1859 ; *Prat. fr.*, 4, 39. — *Contrà*, Berriat, 500, note 8.

73. Par *frais de voyage* il faut entendre seulement ceux du voyage fait pour venir rendre le compte, et non ceux des voyages faits par le comptable dans le cours et pour le besoin de sa gestion, comme le prétend M. Favard (v° *Compte*, § 2, n° 2). Ces derniers, et les indemnités qui à ce sujet peuvent être dues au comptable, rentrent naturellement dans les dépenses d'administration, dont la *quotité* est arbitrée par le tribunal, eu égard à la fortune de l'oyant, et aux nécessités de la gestion, tandis qu'il s'agit ici d'un droit fixé par le tarif, et qui ne peut être ni augmenté ni diminué. Demiau, 368.

74. Ce droit n'est alloué au comptable que sur l'affirmation faite par lui au greffe, en présence de son avoué, que le voyage a eu pour objet unique la reddition du compte (Tar. 146). Cette affirmation est indépendante de celle prescrite par l'art. 534 C. pr. pour le compte lui-même. — V. *inf.* n° 77.

ART. 6. — *Présentation du compte, signification, communication de pièces.*

75. Quand le rendant a dressé son compte, il présente requête

au juge-commissaire pour faire fixer le jour de sa présentation.

76. Cette requête, qui ne doit pas être grossoyée (Tar. 76), et l'ordonnance mise au bas par le juge, sont signifiées aux oyans, par acte d'avoué à avoué, s'ils en ont constitué ; sinon, à personne ou domicile, avec sommation de se trouver aux jour et heure indiqués.

77. A ce jour, et dans le délai fixé par le jugement, le rendant *présente* et affirme son compte en personne ou par procureur spécial, les oyans présens ou appelés, comme il vient d'être dit. C. pr. 534. — Le juge en dresse procès-verbal.

78. L'affirmation du compte doit-elle être faite sous serment? — Non : la loi n'exige qu'une simple *affirmation*; d'ailleurs, le serment doit être prêté par la partie en personne et à l'audience (C. pr. 121) ; tandis que l'affirmation du compte émane valablement, comme on vient de le dire, d'un fondé de pouvoir, et est nécessairement faite devant le juge-commissaire. Carré, n° 1867 ; Thomine, art. 534. — Toutefois, la fausseté de l'affirmation peut autoriser le trib. à être plus sévère contre le rendant, et à lui appliquer plus facilement la contrainte par corps pour le paiement du reliquat, dans le cas où elle est autorisée par l'art. 126 C. pr. Thomine, *ib*.

79. *Expiration des délais, Condamnation provisoire.* Il y a controverse sur le point de savoir si le rendant peut à l'avance être condamné éventuellement et provisoirement au paiement d'une somme arbitrée par le trib., pour le cas où il ne rendrait pas son compte dans le délai fixé (—V. *sup.* n° 40). — Lorsque le délai fixé est expiré, la question est tranchée par l'art. 534 en ces termes : « Faute de rendre le compte dans le délai fixé, le rendant peut y être contraint par saisie et vente de ses biens, jusqu'à concurrence d'une somme que le trib. arbitre, et *même par corps*, si les juges l'estiment convenable. »

Le paiement de cette somme, qui n'est qu'une provision imputable sur le reliquat (Carré, n° 1868) ne libère pas le comptable de l'obligation de rendre son compte; comme aussi, après cette condamnation, qui est seulement conditionnelle, le rendant est encore recevable à fournir son compte.—V. *sup.* n° 42.

80. Il a même été jugé que le comptable n'est pas forclos de présenter son compte après la vente judiciaire de ses meubles et le paiement du reliquat provisoire fixé par le trib., attendu que cette exécution ne peut être considérée comme un acquiescement tacite à ce jugement. Toulouse, 2 juill. 1838 (Art. 1239 J. Pr.).

81. Au reste, il faut, mais il suffit, que l'on donne avenir à l'audience pour faire prononcer la contrainte autorisée par l'art. 534 C. pr. ; il n'est pas nécessaire que l'oyant présente lui-même une requête au juge-commissaire pour fixer le jour et constater le défaut ; le retard est suffisamment constaté par l'expiration du délai prescrit par le jugement. Pothier, *Procédure*, 2e part., ch. 2, § 1 ; Thomine, n° 583. — *Contrà*, Carré, n° 1865 ; Demiau, p. 369.

82. Comment faut-il interpréter ces mots (C. pr. 534) que le rendant sera contraint *même par corps, si le trib. l'estime convenable*?

Suivant les uns, il faut que le rendant soit susceptible de contrainte par corps. Arg. C. pr. 126 ; Demiau, 369 ; Hautefeuille, 311 : peu importe qu'un témoin ou un dépositaire soit tenu par corps d'obéir à justice dans l'intérêt d'un tiers, ou dans l'intérêt public : tout se borne, en matière de compte, à l'intérêt pécuniaire des oyans. Thomine, 584.

Suivant d'autres, cette voie de contrainte est abandonnée sans distinction à l'arbitrage du juge. — L'ordonn. de 1667, art. 8, portait que, le délai passé, le rendant serait contraint, même par emprisonnement, *si la matière y était disposée*. A ces derniers mots on a substitué ceux-ci, *si le juge l'estime convenable*. — D'où il résulte que ce moyen de rigueur est aujourd'hui autorisé contre tous comptables pour les forcer à rendre compte. Arg. C. pr. 534 ; Carré, n° 1869. — Quand le jugement définitif a été rendu, l'oyant ayant entre les mains un titre exécutoire pour l'intégralité de sa créance, choisit les moyens qui lui paraissent les plus convenables pour se faire payer, par la saisie des biens du débiteur, etc. ; mais des poursuites ordinaires seraient souvent insuffisantes pour le contraindre à rendre compte : c'est par ce motif que l'emprisonnement est autorisé. Coin-Delisle, art. 2060, 26, n° 49.

La première opinion nous paraît préférable.

Au reste, le trib. ne doit accorder cette voie rigoureuse que pour des causes graves : si, par exemple, le retard du rendant peut devenir très préjudiciable à l'oyant, si sa désobéissance et sa mauvaise volonté sont manifestes, ou enfin s'il y a lieu de craindre que le rendant ne prenne la fuite. Favard, v° *Compte*, § 2, n° 3.

Le trib. peut aussi fixer un sursis à l'exécution de son jugement, et condamner *si le compte n'est pas remis dans tel délai*, — et même proroger le délai sur la demande du comptable.

83. *Exécution pour reliquat reconnu.* Le compte présenté et affirmé, si la recette excède la dépense, l'oyant peut requérir du juge-commissaire exécutoire de cet excédant, sans approbation du compte. C. pr. 535 ; — soit lors des présentation et affirmation, soit même après. Tar. 92 ; Besançon, 2 mai 1811, P. 9, 299 ; Pigeau, 2, 430 ; Carré, n° 1871.

Le juge constate sur son procès-verbal la demande et la délivrance de l'exécutoire.

84. Cet exécutoire ne confère pas hypothèque à l'oyant.

Si le juge-commissaire représente sous certains rapports le trib., son ordonnance n'est point un véritable jugement. Or, l'art. 2123 C. civ., qui traite plus spécialement de l'hypothèque judiciaire se sert partout du mot *jugement*. Il exige une condamnation. Par les mots *actes judiciaires*, l'art. 2117 n'a voulu faire allusion qu'aux reconnaissances, ou ordonnances judiciaires d'exécution des sentences arbitrales qui emportent elles-mêmes hypothèque judiciaire. Troplong, *Hyp.*, n° 438. —*Contrà*, Pigeau, 2, 431; Carré, n°1872; Favard, v° *Compte*, § 2, n° 4.

Ainsi ne confère pas hypothèque: — 1° *l'exécutoire délivré par les juges de paix* (—V. ce mot, n° 5.) aux notaires, ou autres officiers publics; Dissertation, S. 24, 2, 88;

2° *L'exécutoire de dépens*. — V. ce mot, n° 8;

3° Un bordereau de collocation, Grenoble, 28 mai 1831, D. 32, 63; Troplong, *ib*, n° 442.

85. L'exécutoire, s'il a été rendu par défaut, ce qui a lieu le plus souvent, est susceptible d'opposition, — dans les cas rares où il y aurait erreur de calcul, soit du juge, soit du comptable, ou bien des compensations à opposer et des délais à obtenir. Thomine, n° 585.

86. Le trib. peut être saisi par une requête, énonçant les causes d'opposition. Thomine, *ib*. — Il maintient la décision du juge-commissaire, condamne à titre de provision au paiement du reliquat, s'il lui est démontré que le rendant n'a aucun moyen raisonnable pour se refuser à s'acquitter de sa dette. — Il réforme la décision, s'il y a lieu, lorsqu'une compensation alléguée lui paraît susceptible d'admission. — Au reste, ce jugement ne préjuge aucunement le fond, si la cause n'est pas en état.

87. L'appel est-il recevable, si l'ordonnance du juge, portant *exécutoire*, a été rendue *contradictoirement*, malgré la prétention du réclamant de retenir le reliquat du compte, par voie de compensation, ou pour autre cause? — Cette ordonnance a été déclarée exécutoire, nonobstant appel. Turin, 1er juin 1812, P. 10, 436, par le motif qu'aucune disposition légale n'autorise ce recours dans ce cas. — Toutefois il est difficile, en l'absence d'un texte formel, d'attribuer au juge-commissaire le droit de prononcer définitivement lorsqu'un débat s'élève devant lui. Il se trouve dans l'obligation, comme dans toute autre circonstance, de renvoyer les parties à l'audience, pour être statué ce qu'il appartiendra.

Il ne faut pas étendre au-delà de ses limites le pouvoir extraordinaire accordé au juge-commissaire par l'art. 535 C. pr. Cet article présuppose que le reliquat du compte *étant avoué*, on ne nie pas l'obligation de le solder. Dès lors le rendant n'éprouve aucun préjudice de l'ordonnance qui autorise à le contraindre de suite au paiement de ce reliquat, sans nuire au droit de l'oyant, qui peut prétendre et obtenir postérieurement que le chiffre de ce reliquat soit augmenté, et qu'une condamnation plus forte soit prononcée, en déduction de laquelle pourra venir le paiement de la somme fixée par l'exécutoire. Arg. Besançon, 2 mai 1811, P. 9, 299; Carré, n° 1874

88. Jugé qu'en matière commerciale il n'y a pas lieu d'accorder exécutoire à une partie, pour la somme dont elle est créancière à l'égard de l'autre, par suite du règlement d'un compte ouvert entre elles; l'art. 525 C. pr. n'étant applicable qu'aux comptes de gestion et non à une comptabilité respective, à liquider à raison d'opérations qui ont eu lieu entre deux ou plusieurs personnes. Bruxelles, 21 fév. 1810, P. 8, 129.

89. *Signification du compte.* Après la présentation et affirmation, le compte doit être signifié à l'avoué de l'oyant (C. pr. 536), et s'il n'a pas d'avoué, à l'oyant lui-même à personne ou domicile. Arg. C. pr. 534; Carré, n° 1875; Favard, v° *Compte*, § 2, n° 5.

Les pièces justificatives sont mises en ordre, cotées et paraphées par l'avoué du rendant (C. pr. 532, 536; Tar. 92), et communiquées, soit sur récépissé à l'avoué de l'oyant, soit au greffe et *sans déplacement*, ou bien à l'oyant lui-même, s'il n'a pas d'avoué.

Quand les pièces justificatives sont déposées au greffe, on doit, en signifiant le compte, dénoncer l'acte de dépôt, avec sommation d'en prendre communication dans le délai de la loi. Demiau, 371.

90. Si les oyans ont constitué avoués différens, la copie et la communication ci-dessus sont données, à l'avoué plus ancien seulement s'ils ont le même intérêt, et à chaque avoué s'ils ont des intérêts différens. C. pr. 536.

Les créanciers intervenans ayant toujours un intérêt commun, n'ont tous ensemble qu'une seule communication tant du compte que des pièces justificatives, par les mains du plus ancien des avoués qu'ils ont constitués (*ib.*), sauf à chacun de ceux-ci à demander séparément une copie du compte, en s'obligeant à faire supporter à sa partie l'augmentation des frais qui devra en résulter; la même faculté appartient aux avoués des oyans, quand il ne leur a été fait qu'une seule signification. Carré, n° 1876; Thomine, art. 536; Demiau, 371; Favard, *ib*, § 2, n° 5.

91. La loi ne prescrit à l'égard des créanciers intervenans qu'une simple *communication* du compte; elle semble ainsi limiter aux oyans la nécessité de la *signification*; —M. Pigeau, 2, 432, veut néanmoins qu'on le *signifie* aux uns et aux autres.

92. Les pièces justificatives, communiquées sur récépissé, doivent être rétablies dans le délai fixé par le juge-commissaire, sous les peines portées par l'art. 107 C. pr. *ib.* 536.

Toutefois, ce n'est pas à ce magistrat, mais au trib. seul qu'il appartient de les appliquer (Pigeau, 2, 432; Carré, nº 1877); à cet effet, le rendant poursuit l'audience, soit en se conformant aux dispositions de l'art. 107 précité (Carré *ib.*), soit en requérant l'application de ces peines sur le procès-verbal du juge-commissaire, pour être statué à l'audience sur son rapport, au jour qu'il aura indiqué, les parties étant tenues de s'y trouver sans sommation. Pigeau, *ib.*

93. On peut produire comme pièces justificatives toutes pièces tendant à prouver des dépenses faites dans l'intérêt de l'oyant, et dans les limites de l'administration du comptable, telles que quittances de fournisseurs, ouvriers, maîtres de pension, etc.

Ordinairement on tient compte des faux frais à ceux qui les ont faits sur leur simple affirmation, sans qu'il soit besoin d'une preuve écrite.

Art. 7. — *Débats du compte.*

94. Le compte, une fois signifié, doit être discuté devant le juge-commissaire.

95. A cet effet, aux jour et heure par lui indiqués pour cette discussion, soit lors de l'affirmation, soit par une ordonnance rendue sur requête et signifiée par le poursuivant à l'autre partie (Pigeau, 2, 430, note 3), les parties sont tenues de se présenter devant lui pour fournir débats, soutènemens et réponses sur son procès-verbal.

96. Si l'une et l'autre, ou seulement l'une d'elles fait défaut, c'est-à-dire ne se présente ni en personne, ni par son avoué (Carré, nº 1880), l'affaire est portée à l'audience sur un simple acte (C. pr. 538), sans que le juge-commissaire soit obligé de consigner dans son procès-verbal les dires de celle qui se présente, fût-ce même l'oyant (Carré, *ib.*; Lepage, *Qu.*, p. 367).

Le trib. adjuge au poursuivant ses conclusions, si elles sont justes après les avoir vérifiées.

97. Si les parties se présentent, l'oyant fournit *débats* sur le compte; le rendant présente ses *soutènemens* s'il n'adhère pas aux débats; enfin l'oyant donne ses *réponses*, auxqu'elles le rendant n'a pas le droit de répliquer. Tar. 92; Carré, nº 1883.

98. Le juge-commissaire dresse lui-même du tout procès-verbal. — Il doit éviter d'y insérer les dires écrits qui lui seraient remis par les avoués des parties, (— *Contrà*, Demiau, 370) surtout si par la longueur de leur rédaction ils devaient augmenter les frais, sans utilité pour l'éclaircissement du compte. Carré, 1881.

Au reste le juge-commissaire peut se faire remettre à l'avance les contredits afin de n'insérer que la substance des diverses prétentions de chacune des parties. Thomine, n° 591.

99. Les parties peuvent-elles signifier leurs contredits? — La loi s'y oppose en exprimant par l'art. 539 C. pr. que si les parties ne s'accordent pas, le juge-commissaire renverra les parties à l'audience, en indiquant le jour de son rapport, et qu'elles doivent s'y trouver, *sans aucune sommation*.

Conséquemment aucune écriture ne passe en taxe.

Mais on ne peut empêcher les parties de signifier *à leurs frais*, leurs divers contredits, si elles le jugent nécessaire.

M. Thomine, n° 593 alloue même les émolumens d'une requête vraiment utile, et qui aurait pour but d'éviter des droits de greffe et vacations.

100. Si les parties s'accordent, le procès-verbal constate leur transaction et le chiffre auquel le reliquat a été fixé entre elles; mais le juge-commissaire ne peut délivrer exécutoire pour ce reliquat, comme il peut le faire après la présentation du compte, pour l'excédant de la recette sur la dépense (— V. *sup.* n° 83; Pigeau, 2, 434; Carré, n° 1884); les parties doivent donc prendre à l'audience un jugement d'expédient, ou d'homologation, si elles veulent donner à leur convention la force d'un titre paré et lui faire produire une hypothèque. Carré, *ib.*; Demiau, 372; Favard, v° *Compte*, § 3, n° 1.

101. Si les parties ne s'accordent pas, il faut distinguer: — ou la difficulté s'élève sur les bases mêmes de la comptabilité, et alors c'est une question préjudicielle que le juge commissaire doit faire juger par le trib. avant de passer outre aux opérations du compte; — ou elle ne touche pas au principal; et dans ce cas le juge commissaire statue provisoirement, ou bien joint l'incident au fond pour être ultérieurement statué sur le tout, sans qu'il puisse en résulter aucune entrave dans la suite de l'opération qui lui est confiée; — ou enfin la contestation porte sur le compte lui-même, et quand après la discussion, l'impossibilité d'un accord entre les parties est démontrée au juge-commissaire, il les renvoie à l'audience pour être statué sur son rapport au jour par lui indiqué. C. pr. 539.

Art. 8. — *Renvoi à l'audience; jugement définitif; ses effets.*

102. Au jour indiqué par le commissaire, les parties sont tenues de se trouver à l'audience sans sommation préalable. C. pr. 539.

En conséquence, le poursuivant ne doit pas signifier le procès-verbal à l'autre partie, eût-elle même fait défaut. Carré, n° 1885; Favard, v° *Compte*, § 3, n° 1; Delaporte, 2, 125.

103. Il ne doit pas non plus, en général, en être levé expédition, à moins que l'une des parties ne veuille le faire à ses frais, ou qu'il soit nécessaire de le produire en appel : rien ne s'oppose à ce que la minute soit remise sous les yeux du trib. comme celle d'un procès-verbal d'ordre. Si la loi défend le déplacement des minutes du greffe.

Cela doit s'entendre, en ce sens, qu'elles ne peuvent être colportées par le greffier, ou confiées aux avocats ou aux plaideurs ; mais la remise de cette minute au juge-commissaire pour faire son rapport, ou pour la délibération, en chambre du conseil, ne peut être refusée par le greffier. Thomine, n° 592. — *Contrà*, Carré, n° 1885.

104. Le commissaire fait son rapport au jour indiqué, les parties présentes ou non.

Si l'oyant est défaillant, les articles du compte sont alloués sans discussion, pourvu qu'ils soient justifiés. C. pr. 542, 150; — s'il se présente, la discussion peut s'établir, soit sur ces mêmes articles, soit sur le rapport, et les parties sont recevables à produire tous titres de libération et autres, même ceux dont elles auraient négligé de se prévaloir devant le juge-commissaire. Paris, 20 juil. 1810, P. 8, 474.

105. Les parties ont le droit de plaider après le rapport du juge-commissaire. Cass. 21 avr. 1830, S. 30, 171 ; Thomine, n° 539 ; — à moins qu'une instruction par écrit n'ait été formellement ordonnée. C. pr. 111.

106. *Jugement.* Si le trib. n'est pas assez éclairé, il peut remettre à statuer jusqu'à ce qu'il ait obtenu de plus amples renseignemens, même ordonner un nouveau compte, si celui présenté est irrégulier ; mais le jugement qui renverrait les parties devant un expert, et non devant un des juges du trib., pour être statué sur son rapport (— V. *sup* n° 37), serait susceptible d'appel avant le jugement définitif sur l'apurement du compte.

107. Le jugement qui intervient sur le compte contient le calcul de la recette et des dépenses, et fixe le reliquat précis, si aucun il y a (C. pr. 540); ainsi le trib. ne peut, en aucun cas, déterminer ce reliquat par une évaluation arbitraire. — Cette règle s'applique même au cas d'une contestation entre un débiteur et son créancier, sur le produit de la gestion d'un immeuble donné à ce dernier en antichrèse. Cass. 6 août 1822, S. 23, 182. — A moins que pour le cas de refus de rendre le compte, on ait conclu au paiement d'une somme déterminée pour tenir lieu de reliquat. Arg. Thomine, n° 584.

108. M. Carré, n° 1886, pense que le jugement doit être envisagé comme ne faisant qu'un seul acte avec le procès-verbal de débat, et il cite un arrêt de la C. de Rennes du 27 déc. 1809, qui a jugé que, si l'on trouvait dans le procès-verbal les qualités et conclusions des parties, les points de fait et de droit sur lesquels le trib. avait déclaré statuer, le vœu de la loi serait exactement rempli. — Nous ne comprenons guère cette solution, à moins qu'on ne suppose que le procès-verbal et le jugement aient été rédigés *dans un seul et même contexte;* autrement, et si ce sont deux actes distincts, chacun doit remplir séparément les conditions de son existence, de telle sorte que le procès-verbal ne puisse suppléer les vices ou omissions que le jugement présenterait dans sa rédaction; il est d'autant plus nécessaire que ce jugement se suffise à lui-même, qu'il doit être signifié, tandis que le procès-verbal ne doit pas l'être.

109. En général, si le jugement contient une omission, on peut la faire rectifier par un second jugement; et, dans ce cas, les mêmes avoués qui ont occupé dans la première instance occupent sur la seconde, si elle est commencée dans l'année : la partie se pourvoit alors par un simple acte. Arg. Rennes, 26 juill. 1816, P. 13, 562.

Cette procédure accessoire, conséquence de l'instance du compte, n'est pas celle de l'action en redressement dont nous parlerons *inf.* § 4, qui constitue une action principale ordinaire; on ne doit donc pas confondre ces deux modes de recours.

Mais on ne peut demander à un trib. qu'il ajoute ou retranche des articles d'un compte sur lequel il a statué, sous prétexte qu'on a découvert des pièces nouvelles, et que l'art. 541 C. pr. permet de rectifier les erreurs qui peuvent avoir été commises. Bourges, 21 août 1831.

110. *Effets du jugement définitif.* Ils sont relatifs : 1° au paiement des frais; 2° au paiement du reliquat; 3° au mode d'exécution.

111. *Frais et dépens.* Ils sont à la charge de celui qui succombe, C. pr. 130. — V. *Dépens*, n° 43; *Compte de Tutelle*, n° 11. — Suivant Pigeau, 2, 425, les dépens, sont à la charge de l'oyant, lequel profite de la gestion, et le rendant supporte seulement ceux des contestations sur lesquelles il a succombé, ou des procédures faites par lui mal à propos.

112. Il faut appliquer aux redditions de compte la prohibition de condamner les divers demandeurs ou défendeurs, solidairement aux *dépens.* — V. ce mot n° 66.

Ainsi un rendant compte, doit personnellement les frais des procédures qu'il a faites mal à propos, et ses consorts doivent contribuer pour leur quote part aux dépens des procédures communes et régulières lorsqu'ils sont tous débiteurs du reliquat. — Mais il ne peut y avoir solidarité pour les dépens; Rennes, 20 janv. 1813, P. 11, 56.

113. *Reliquat.* S'il est en faveur du comptable, ses avances produisent intérêt à son profit : du jour qu'elles sont constatées, s'il s'agit d'un mandat volontaire (C. civ. 2001); et si le comptable est un tuteur ou autre administrateur judiciaire, du jour de la sommation qui a suivi la clôture du compte. *Ib.* 474.

114. Dans le cas, au contraire, où le reliquat est en faveur de l'oyant, on distingue encore : si l'oyant est un pupille, ce reliquat porte intérêts, sans demande, du jour de la clôture du compte (*Ib.*); à moins que l'oyant n'ait fait défaut à l'audience indiquée pour le rapport du juge-commissaire, auquel cas le rendant, constitué reliquataire, garde les fonds sans intérêts (C. pr. 542), même lorsqu'il s'agit d'un compte de tutelle. Delvincourt, 1, 309, note 6; Favard, v° *Compte*, § 3, n° 3; Carré, Thomine, art. 542. — Si l'oyant est un mandant ordinaire, l'intérêt court à son profit seulement du jour de la mise en demeure. C. civ. 1996.

115. Au reste le rendant doit l'intérêt de toutes sommes qu'il a employées à son usage, à dater de cet emploi. *Ib.*

116. Lorsque l'oyant n'a pas constitué avoué, ou qu'il fait défaut par son avoué, le rendant est condamné au paiement du reliquat dont il s'est reconnu débiteur, mais sans intérêts, jusqu'au paiement, à la charge de donner caution; s'il n'aime mieux consigner. C. pr. 542. — Cette dernière précaution n'est point exigée du tuteur comptable, parce que la loi suppose que le reliquat est garanti le plus souvent par une hypothèque légale. — Elle serait en défaut cependant pour le cas où le tuteur (ce qui arrive assez fréquemment) ne posséderait aucuns biens.

Le défaut de cautionnement ou de consignation ferait courir les intérêts sans demande au profit de l'oyant. Thomine, art. 542.

117. *Exécution.* Elle est soumise aux règles ordinaires.

Toutefois, 1° l'exécution provisoire peut être ordonnée avec ou sans caution. C. pr. 135, n° 6.

118. La contrainte par corps peut-elle être toujours prononcée? — L'affirmative est certaine lorsqu'il s'agit de comptes de tutelle, curatelle, d'administration de corps et communauté, établissemens publics, ou de toute autre administration confiée par justice, et de restitutions à faire par suite desdits comptes. C. pr. 126.

Le trib. peut, par le jugement qui statue sur la contestation et en énonçant les motifs du délai, ordonner qu'il sera sursis à l'exécution de la contrainte par corps pendant le temps qu'il fixera, après lequel elle sera exercée sans nouveau jugement. *Ib.* 127.

119. Mais la contrainte par corps ne peut être prononcée, — même contre un comptable d'une administration de corps et communauté pour le paiement d'un reliquat, au-dessous de 300 fr. Bastia. 13 juin 1827, D. 28, 8. — Ni contre une fille, pour dommages intérêts. Cass. 26 déc. 1827, D. 28, 73; Paris, 26 fév. 1829, S. 29, 136.

L'art. 126 C. pr. n'a point dérogé aux art. 2063 et 2065. — V. *Emprisonnement*, nos 61 et 71.

120. S'il s'agit d'un comptable ordinaire, quand bien même le reliquat dépasserait 300 fr., la contrainte par corps ne pourrait être prononcée en vertu de la première partie de l'art. 126 C. pr. Coin de Lisle, art. 2060, p. 26, no 46. — V. d'ailleurs *Emprisonnement*, nos 45 à 50.

121. L'héritier bénéficiaire, n'étant pas nommé par justice, n'est point, par cela même, contraignable par corps pour le paiement de son reliquat (Pigeau, 1, p. 608; Coin de Lisle, art. 2060, p. 26, n° 46); mais il peut être contraint sur ses biens personnels jusqu'à concurrence des sommes dont il est reliquataire. C. civ. 803.

122. Le jugement contradictoirement rendu sur l'instance du compte, est susceptible d'appel.

123. L'appel, quant à la forme et au délai dans lequel il peut être interjeté, est soumis aux règles ordinaires. — V. *Appel.*

124. Mais le jugement est-il réputé contradictoire, lorsqu'il a été rendu en l'absence de l'avoué de l'une des parties, si toutes deux se sont présentées devant le juge-commissaire, et ont fourni leurs moyens? — Le doute vient de ce qu'il ne s'agit pas d'une instruction par écrit, de ce que les parties ont toujours le droit de plaider après le juge-commissaire : celui qui comparaît par son avoué peut prendre défaut contre l'avoué du défaillant, mais ne saurait obtenir jugement contradictoire, s'il n'a pas été posé de conclusions au fond à l'audience. — Mais on répond pour l'affirmative : Il y a toujours des conclusions posées par les dires, les débats consignés sur le procès-verbal du juge-commissaire. Toulouse, 24 mai 1821; Orléans, 20 juin 1820, D. v° *Jugement*, 696. — V. d'ailleurs ce qui a lieu en matière d'*ordre*, n° 291.

125. L'appelant peut-il faire valoir comme griefs, les erreurs, omissions, faux ou doubles emplois qui se seraient glissés dans le compte? — Oui : l'emploi d'une voie ordinaire de réformation, telle que l'appel, remet en question toute la chose jugée. Ce ne sont pas seulement les erreurs *de droit* qui donnent lieu à la réformation des jugemens, mais ce sont encore, et le plus souvent, les erreurs *de fait*; or, les erreurs de calcul, omissions, faux ou doubles emplois, ne sont pas autre chose. — Peu importe que la partie lésée ait une action en redressement; ce n'est pas le seul exemple dans le droit de deux ou plusieurs actions laissées au choix d'une partie. Déjà, sous la loi romaine, et l'ordonn. de 1667, il n'était pas nécessaire d'appeler de la sentence qui contenait une erreur de calcul (L. 1, § 1, ff. *Quæ sent. sine appell. rescind.*), parce que, comme aujourd'hui, le juge pouvait redresser le compte qu'il avait lui-même arrêté ; cependant l'appel était permis aux parties. Ordonn. 1667, tit. 29, art. 21. — *Contrà*, Arg. Besançon, 5 juill. 1823. — V. *Appel*, n° 275.

126. Ainsi jugé que l'on ne peut considérer comme demande nouvelle, — 1° celle qui a pour but de faire rectifier des erreurs dans un compte débattu devant des arbitres. Rennes, 29 août 1810, P. 8, 577;

2° Celle en redressement d'erreurs ou omissions existant dans un précompte renvoyé devant notaire par une C. royale : cette circonstance de renvoi n'a pas dessaisi la C. de la connaissance du compte et des difficultés y relatives, lesquelles constituent une partie intégrante de l'ensemble de la comptabilité dont elle est saisie. Rennes, 25 fév. 1817, P. 14, 96 ; Carré, *ib.*

127. Mais l'appel a été rejeté, comme étant sans griefs en cas d'erreurs légères, parce qu'elles pouvaient être réparées par les premiers juges, et en cas d'omission relativement à l'allocation de certaines sommes non réclamées en première instance. Rennes, 29 mars 1817, P. 14, 162.

128. Suivant M. Thomine, art. 541, on peut, *incidemment* à l'appel en réformation de quelques articles mal à propos alloués ou rejetés dans le jugement du compte, demander la correction de quelque erreur ou omission ; ce qui donnerait à penser qu'on n'en peut faire un grief d'appel *principal*. — Cet auteur laisse à la C. la faculté de statuer elle-même, ou de renvoyer cette contestation incidente au trib. de 1re instance.

129. La présentation d'un compte qui n'a pas été fourni en 1re inst. n'est pas recevable pour la première fois sur l'appel. Rennes, 27 avr. 1818, P. 14, 776.

130. Toutefois, une C. roy. peut, après avoir renvoyé les parties devant un notaire, comme moyen d'instruction pour s'éclairer, et statuer sur un appel dont elle est saisie, ordonner par un second arrêt que le compte sera rendu devant elle ; si, par exemple, le notaire commis pour le recevoir, déclare ne pouvoir parvenir aux apuremens ordonnés. Rennes, 26 juill. 1820, P. 16, 66.

131. L'instruction sur l'appel étant terminée, arrêt intervient qui confirme ou infirme le jugement de 1re inst.

132. L'art. 528 C. pr. ne s'étant point occupé du cas de confirmation, il faut appliquer les principes généraux.

133. Au cas d'infirmation après que le compte a été rendu et jugé en 1re inst., l'exécution appartient à la Cour qui l'aura rendu, ou à un autre trib. qu'elle aura indiqué par le même arrêt. C. pr. 528, 2e partie.

134. Le législateur a posé des règles spéciales pour le cas d'*évocation.*

Nous avons vu *sup.* n° 52, que la Cour n'a pas le droit d'*évoquer* lorsqu'il s'agit du jugement qui a refusé d'ordonner la reddition du compte.

Dans ce second cas, au contraire, l'évocation est autorisée, le premier juge ayant épuisé sa juridiction, rien ne s'oppose à ce que la Cour, en cas d'infirmation, puisse ordonner un nouveau compte, même sur d'autres bases, et par suite elle a droit de conserver l'exécution de son arrêt, en conséquence elle peut nommer un commissaire pris dans son sein, etc.

Elle a droit également, si elle le préfère, de renvoyer devant un autre trib. de son choix.

L'art. 528 contient deux dispositions distinctes, chacune ayant des règles différentes, les unes s'appliquant au jugement rendu sur la demande à fin de reddition de compte, les autres à celui rendu sur le compte présenté et débattu. Thomine, n° 577; Pigeau, 2, 436; Carré, art. 528.

§ 4. — *De l'action en redressement de compte.*

135. Il ne faut pas confondre l'action en révision et celle en redressement.

136. Les demandes *en révision* « *plus inextricables souvent que les comptes mêmes* » (Favard, *Exposé des motifs*), sont interdites. C. pr. 541.

137. Cette règle est applicable aux comptes judiciaires ou extrajudiciaires.

Ainsi décidé à l'égard, — 1° d'un compte rendu devant des arbitres. Cass. 17 avril 1810, P. 8, 259; — 2° d'un compte extrajudiciaire, sous seing privé, approuvé par l'oyant. Cass. 10 sept. 1812, P. 10, 719; Rennes, 14 avril 1813, P. 11, 293; Rennes, 19 mai 1815, P. 12, 739; — 3° d'un compte rendu entre deux commerçans. Nanci, 28 août 1826, S. 26, 246; — 4° de celui rendu au failli par des syndics. Cass. 15 mars 1826, D. 26, 208.

Jugé enfin qu'un arrêt ne peut être attaqué par requête civile pour erreurs de calculs. Cass. 8 juin 1814, P. 12, 244.

138. La partie lésée n'a qu'une action *en redressement* des erreurs, omissions, faux ou doubles emplois qui ont pu se glisser dans le compte, et qui n'ont pas été relevés alors, ou sur lesquels il n'a pas été déjà statué par le jugement sur le compte. Autrement il y aurait chose jugée (Pigeau, 2, 436; Favard, v° *Compte*, § 3, n° 5; Carré, art. 541, n° 1887.

139. Mais cette action lui appartient pour les différentes causes énoncées en l'art. 541 C. pr., encore bien que l'arrêt intervenu sur le compte ne lui ait réservé expressément que la rectification des erreurs de calcul. Cass. 23 nov. 1824, S. 25, 170.

140. Les *erreurs* énoncées dans l'art. 541 C. pr. sont seules admissibles. Toute autre erreur, même celle de droit serait insuffisante. Merlin, *Quest.* v° *Compte*, § 1 ;— en effet, à l'aide de ce moyen, un plaideur pourrait, par une simple demande en redressement, reproduire des articles de recettes et de dépenses qui auraient été rejetés après discussion spéciale.

141. Du reste, il n'est pas nécessaire que l'erreur soit littéralement exprimée dans le jugement ou l'arrêté de compte, si elle existe dans les actes auxquels se réfère l'un ou l'autre, par exemple dans le chapitre des recettes ou des dépenses ; peu importe aussi qu'elle provienne du fait des parties, ou du fait du juge, le Code (art. 541) ne fait aucune distinction. Merlin, *ib.*

Il y a plus : l'erreur serait proposable lors même que la partie qui s'en plaindrait, et dont elle serait le fait, aurait, depuis le jugement, demandé un délai pour satisfaire aux condamnations prononcées contre elle en dernier ressort. Metz, 26 août 1819, P. 15, 519.

142. *L'omission* n'est, à proprement parler, qu'une erreur de calcul ; il y a omission, quand il manque quelques articles dans le chapitre de la recette ou de la dépense, ou dans le relevé général de l'arrêté de compte. — Le fait par le trib. d'avoir négligé de statuer sur une demande qui ne rentrait ni dans la recette ni dans la dépense, ne constitue pour la partie qui l'avait formée, qu'une ouverture de requête civile. Merlin, *Quest.* v° *Compte*, § 1.

143. Il y a *faux emploi*, lorsqu'on a employé comme vraie une pièce de comptabilité fausse, ou qui, bien que vraie en elle-même, était étrangère au compte. Merlin, *ib.*

144. Il y a *double emploi*, si par exemple, le comptable après avoir porté en recette des arrérages de rente sous la déduction des contributions, porte cependant ces contributions dans la dépense.

145. L'action dure 30 ans comme toutes les actions ordinaires.

146. Elle peut s'exercer sans qu'au préalable le demandeur ait dû attaquer le jugement qui lui fait grief, par opposition, appel ou requête civile, et lors même qu'il aurait été précédemment débouté d'une demande en révision. Cass. 12 janv. 1818, P. 14, 568.

147. Elle se porte devant les mêmes juges. C. pr. 541. —

Il s'agit moins d'une action *principale et introductive d'instance*, que *d'une suite de l'instance de compte elle-même. Observ. du tribunat.* Pigeau, 2, 436.

148. Devant les mêmes juges (C. pr. 541), c'est-à-dire devant le même trib., il n'est pas nécessaire qu'elle soit jugée par les mêmes magistrats qui ont procédé à l'apurement du compte. Cass. 23 nov. 1824, S. 25, 170, — ce qui serait souvent impossible.

Si le compte a été apuré par une C. d'appel, c'est devant elle que l'action est régulièrement portée, sans avoir besoin d'avoir recours à la voie de la requête civile. Rennes, 8 déc. 1817, P. 14, 125.

Jugé également que lorsqu'il a été statué par des arbitres, comme amiables compositeurs, sur un compte entre associés, l'action doit être portée devant les arbitres eux-mêmes, et non devant le trib. de commerce qui les avait nommés. Cass. 28 mars 1815, P. 12, 652.

149. Quand le compte a été rendu à l'amiable, l'action est intentée devant le trib. qui aurait connu du compte, s'il avait eu lieu en justice.

150. Toutefois le trib. de commerce saisi d'une action en redressement d'un compte peut, comme en matière ordinaire, renvoyer les parties devant arbitres, pour l'examen des livres et pièces, et la vérification des articles de redressement. C. pr. 429.

151. Pour être recevable, le demandeur doit indiquer les erreurs, omissions, faux ou doubles emplois dont il sollicite le redressement, parce que la contestation doit rouler exclusivement sur les articles proposés (Demiau, 373), et encore parce que tout ce qui n'est pas erreur, omission, faux ou double emploi dans le sens de la loi ne peut donner lieu qu'à l'appel, mais non à une demande en redressement. Rennes, 8 juin 181 , P. 9, 381.

Si donc par un arrêté de compte qui ne contiendrait aucuns détails sur lesquels on pût asseoir la discussion, le rendant s'était reconnu purement et simplement débiteur sans autre explication, il n'y aurait pas moyen pour lui de faire réformer le compte pour cause d'erreur, ce serait d'ailleurs une transaction qui aurait la force de la chose jugée. Besançon, 18 juill. 1816, P. 13, 551.

152. Les parties peuvent faire valoir toutes les pièces et moyens propres à manifester les erreurs, même ceux produits lors du premier jugement. Rennes, 19 janv. 1816, P. 13, 236.

153. Les frais de l'instance en redressement doivent être compensés entre les parties qui ont à se reprocher l'une et l'autre de n'avoir pas apporté tout le soin convenable à la rédaction et à l'examen du compte. Loret, C. pr. expliq. art. 541.

§ 5. — *Timbre et Enregistrement.*

154. *Timbre.* Tous les comptes, soit volontaires, soit judiciaires, sont assujettis au timbre. L. 13 brum. an 7, art. 1, 12. — V. *inf.* n° 163; — à l'exception des doubles (autres que celui du comptable) des comptes des gestions particulières. *Ib.* art. 12.

155. Le droit est dû et l'amende exigible, encore bien que l'on n'ait pas fait usage du compte en justice. Cass. 16 mai 1815, P. 12, 729.

156. Toutefois, les quittances de reliquat de compte et l'acte de dépôt de ces quittances, quand il y a lieu à dépôt, peuvent être transcrits à la suite du compte, nonobstant la prohibition des lois sur le timbre, de faire ni expédier deux actes à la suite l'un de l'autre. Arg. art. 23, L. 13 brum. an 7; Déc. min. fin. 28 juin 1825; Boixo, 6, 136.

157. *Enregistrement.* Le compte qui n'a encore été ni débattu ni arrêté, ou projet de compte, est soumis au droit fixe de 1 fr., sauf à percevoir le droit de quittance ou d'obligation dû sur le reliquat lors de l'enregistrement de l'acte. — V. *inf.* n° 159.

158. Les actes de procédure faits et les jugemens rendus en matière de compte sont soumis aux mêmes droits que ceux analogues intervenus dans les matières ordinaires. — V. *Ajournement*, *Jugement*, *Signification*, etc.

159. Les arrêtés de compte qui contiennent obligation de sommes déterminées sont passibles du droit de 1 p. 100. L. 22 frim. an 7, art. 69, § 3.

Mais si le rendant balance la recette par des actes en forme authentique, par des quittances sous seing privé, enregistrées ou non susceptibles de l'être (—V. *inf.* n° 163), et qui lui ont été délivrées par ceux auxquels il a fait des paiemens au nom du mineur ou autres personnes à qui le compte est rendu, il n'est dû que le droit fixe d'enregistrement de 2 fr., comme décharge pure et simple. Circ. 11 niv. an 9; Solut. 29 sept. 1808.

160. Il en est de même dans le cas où le mandataire remet au mandant la somme qu'il a reçue pour lui; — au contraire, le droit proportionnel doit être perçu s'il a gardé entre ses mains, à intérêts, les sommes touchées pour le compte de son mandant. Sol. rég. 18 nov. 1818; Déc. min. fin. 10 déc. 1827.

161. Lorsque l'arrêté de compte présente le comptable en avance, et que le remboursement de cette avance résulte de l'acte même, il est dû 50 c. par 100 fr. pour quittance; — si l'avance du comptable ne lui est pas remboursée en même temps que le compte arrêté, il en résulte une obligation sujette au droit de 1 p. 100. — V. *sup.* n° 160.

Si le rendant est créancier personnel de l'oyant, et emploie sa créance en dépense dans son compte, il y a lieu de percevoir le droit de 50 c. p. 100 fr. pour libération.

162. Les articles du compte qui énoncent les recettes ne donnent lieu à aucun droit particulier; — il en est de même des dépenses ou paiemens portés dans le compte sans énonciation d'aucune quittance. Cass. 8 mai 1826, D. 26, 276.

Pour exiger le droit des actes sous seing privé, il ne suffit pas qu'il soit évident qu'ils ont été produits à l'appui du compte, il faut que le jugement d'arrêté de compte en fasse mention. *Ib.*

163. En général, on ne peut énoncer des quittances sous signature privée ou autres dans un compte sans les faire enregistrer préalablement.

Néanmoins, il en est autrement des actes énoncés au chapitre des dépenses : 1° lorsque ces actes sont des quittances de fournisseurs, ouvriers, maîtres de pension, et autres de même nature, telles que celles de frais funéraires (Dict. enreg., *hoc verbo*, n° 50), elles sont dispensées de la formalité. C. pr. 537; — même quand elles sont produites dans un compte rendu devant notaire ou à l'amiable. Inst. de la Rég. 4 oct. 1807; Déc. min. just. et fin. 22 sept. 1807, S. 7, 2, 295; — mais elles ne sont pas dispensées du timbre. Carré, art. 537; Favard, v° *Compte*, § 3, n° 6; Delaporte, 2, 123. — *Contrà*, Thomine, art. 537;

2° Quand l'acte énoncé fait partie de l'actif que le rendant remet à l'oyant. Arg. Cass. 24 août 1818, P. 14, 1006.

§ 6. — *Formules.*

FORMULE I.

Assignation en reddition de compte,

(C. pr. 527, — Tarif, 29 par anal. — Coût, 2 fr. orig.; 50 c. copie.)

L'an , le , à la requête du sieur , etc. (— V. *Ajournement.*)
J'ai , donné assignation à , etc.
A comparaître , etc.

Pour, attendu que, par délibération du conseil de famille, reçue par M. le juge de paix de , le , dûment enregistrée, la tutelle du requérant a été conférée audit sieur , et acceptée par lui, ainsi qu'il résulte de la même délibération; attendu qu'en sa qualité de tuteur du requérant, ledit sieur a géré et administré ses biens depuis ans; attendu que ledit sieur est aujourd'hui majeur, ainsi qu'il résulte de son acte de naissance en date du attendu que tout tuteur doit compte de la tutelle qu'il a acceptée et gérée,

Voir dire et ordonner que par-devant celui de MM. qu'il plaira au tribunal commettre à cet effet, ledit sieur sera tenu de présenter et de rendre, dans la huitaine de la signification du jugement à intervenir, audit requérant, le compte détaillé en bonne forme de la tutelle du requérant que ledit sieur a eue depuis le jusqu'au , lequel compte contenant la recette et la dépense effectives faites d'après nécessité pour le requérant, et la récapitulation de la balance desdites recette et dépense sera, par ledit sieur affirmée sincère et véritable par-devant le juge-commis par le jugement à intervenir, et dans le cas où ledit sieur ne rendrait pas ledit compte dans le délai fixé, se voir, par le même jugement à intervenir et sans qu'il en soit besoin d'autre, condamner par toutes les voies de droit, même par corps, et jusqu'à concurrence de la somme de , à rendre ledit compte; et pour, en outre, répondre et procéder comme de raison, à fin de dépens; et j'ai, etc.

FORMULE II.

Assignation à l'effet de recevoir un compte.

(C. pr. 527. — Tarif, 29 par anal. — Coût, 2 fr. orig.; 50 c. copie.)

L'an , le , etc. (— V. Formule précédente.)

Pour, attendu que le pouvoir passé devant Me et son collègue, notaires à , le , et donné par le sieur au requérant, à l'effet de gérer et administrer en son absence ses biens situés à , est expiré depuis plus de attendu que depuis cette époque ledit sieur a toujours refusé de recevoir le compte de l'administration desdits biens, dont le sieur s'était chargé gratuitement, voir donner audit sieur acte de ce qu'il entend rendre compte au sieur de la gestion des biens qu'il a eue pour lui depuis le , date de son mandat jusqu'au , date de l'expiration d'icelui.

Ce faisant, autoriser ledit sieur à rendre son compte, et à l'affirmer sincère et véritable par-devant celui de MM. qu'il plaira au tribunal commettre, à l'effet de recevoir ledit compte, et se voir, ledit sieur, , condamner par le jugement à intervenir, et sans qu'il en soit besoin d'autre, à payer au sieur les sommes dont, par l'évènement dudit compte, il sera en avance envers ledit sieur , avec les intérêts desdites sommes, tels que de droit, et pour, en outre répondre et procéder, comme de raison, à fin de dépens; à ce qu'il n'en ignore, et j'ai , etc.

FORMULE III.

Requête pour faire commettre un juge à l'effet d'entendre un compte ordonné par un arrêt infirmatif.

(C. pr. 528, 530. — Tarif, 70. — Coût, 2 fr.)

A MM. le président et juges du tribunal de

Le sieur , demeurant à , ayant pour avoué Me

A l'honneur de vous exposer que, par arrêt de la Cour royale de , en date du , rendu contradictoirement entre le sieur et l'exposant, infirmatif d'un jugement du tribunal de , le compte demandé par l'exposant a été ordonné : à l'effet de quoi la reddition et le jugement dudit compte ont été renvoyés à votre tribunal,

Pourquoi il vous plaira commettre l'un de MM. les juges de votre tribunal, devant lequel la reddition du compte dont s'agit sera poursuivie conformément à l'arrêt susdaté, et aux dispositions du C. pr. civ., et vous ferez justice.

(*Signature de l'avoué.*)

NOTA. *Quand c'est devant un autre trib. que celui qui a rendu le jugement infirmé, que la reddition de compte est renvoyée*, on saisit ce trib. par une assignation donnée dans la forme ordinaire.

FORMULE IV.

Compte.

(C. pr. 531, 533. — Tarif, 75. — Coût, 2 fr. par rôle; 50 c. copie; il ne peut y en avoir plus de six dans le préambule.)

Compte que rend, par-devant M. , juge de la chambre du tribunal de première instance de , commissaire en cette partie, le sieur, demeurant à , ayant pour avoué Me

Au sieur , demeurant à , ayant pour avoué Me

Des gestion et administration que le sieur a eues des biens du sieur depuis le , jour où il a été nommé son tuteur, par délibération du conseil de famille, reçue par M. le juge de paix de , jusqu'au jour de la majorité dudit sieur

En conséquence d'un jugement rendu en la chambre du tribunal de première instance de , le , dûment enregistré, le dispositif duquel est ainsi conçu : *(on copie ici le dispositif.)*

Pour l'intelligence du compte, on fera les observations suivantes : *(les énoncer)*

RECETTE.

CHAPITRE I.

Montant de l'inventaire fait après les décès des sieur et dame
1° ; 2° ; 3°

CHAPITRE II.

Intérêts des loyers de la maison sise , etc.

Et il est observé que le sieur , l'un des locataires de ladite maison sise à , n'a pas soldé l'année de loyer par lui due et échue le malgré les poursuites faites contre lui.

DÉPENSE.

CHAPITRE I.

Impositions.

CHAPITRE II.

Entretien et éducation du sieur

CHAPITRE III.

Réparations de la maison sise à

CHAPITRE IV.

Frais du présent compte à la charge de l'oyant.

Ils se composent, 1° des frais de la grosse dudit compte, vacations au classement des pièces, le tout d'après la taxe qui en sera faite, ci. . . *Mémoire.*

RÉCAPITULATION ET BALANCE.

La recette est de
La dépense est de

Partant la recette excède la dépense et le reliquat est de

Sauf à comprendre et à ajouter les articles tirés pour mémoire dans le cours du présent compte.

RÉSUMÉ DES OBJETS A RECOUVRER.

CHAPITRE UNIQUE.

1° La somme de , etc., etc.
2° Celle de , etc., etc. ;
Fait à , le *(Signature de l'avoué et de la partie.)*
Enregistré à , le

FORMULE V.

Requête au juge-commissaire, à l'effet d'obtenir son ordonnance indicative des jour, lieu et heure auxquels l'oyant peut être assigné pour assister à la présentation du compte.

(C. pr. 534. — Tarif, 76. Coût, 2 fr.)

A. M. , juge en la chambre du tribunal de , commis à l'effet de recevoir le compte de tutelle, dont sera ci-après parlé.

Le sieur , demeurant à

Expose qu'en exécution du jugement rendu en la chambre du tribunal de première instance de , à lui signifié par exploit de en date du , il a fait et dressé le compte détaillé et en bonne forme, des gestion et administration qu'il a eues du sieur , comme étant son tuteur, jusqu'à l'époque de sa majorité, et qu'il s'agit aujourd'hui de présenter et d'affirmer ce compte par devant vous.

Pourquoi il vous plaira, monsieur, indiquer à l'exposant les jour, lieu et heure auxquels il pourra faire sommer de comparaître par-devant vous, ledit sieur , à l'effet d'être présent, si bon lui semble, à la présentation dudit compte, et à l'affirmation d'icelui, qu'entend faire l'exposant; et vous ferez justice.

(*Signature de l'avoué.*)

Ordonnance.

Vu la requête ci-dessus, autorisons l'exposant à faire citer le sieur à comparaître en la chambre du conseil du tribunal le (*jour, quantième*), heure de , pour être présent, si bon lui semble, aux présentation et affirmation qu'entend faire ledit sieur , du compte de tutelle par lui dû audit sieur (*Signature du juge.*)

FORMULE VI.

Sommation par exploit, à l'effet d'être présent à la présentation et à l'affirmation du compte.

(C. pr. 534. — Tarif, 29. — Coût, 2 fr. orig.; 50 c. copie.)

L'an , le , à la requête du sieur , demeurant à , pour lequel domicile est élu en la demeure de Me , avoué près le tribunal de sise rue , lequel continuera d'occuper, j'ai (*immatricule de l'huissier.*) soussigné, signifié, et avec celle des présentes donné copie, au sieur demeurant à , en son domicile, en parlant à

D'une ordonnance de M. , juge-commis à l'effet de recevoir un compte, dont sera ci-après parlé, en date du , dûment enregistré, étant au bas de la requête à lui présentée le même jour, et dont il est aussi, avec celle des présentes, donné copie, à ce qu'il n'en ignore, et à pareille requête, demeure et élection de domicile que ci-dessus, j'ai, huissier susdit et soussigné, fait sommation audit sieur , en parlant comme dit est, de comparaître le , heure , en la chambre du conseil de la chambre du tribunal de , par-devant M , juge audit tribunal, commissaire en cette partie, pour être présent, si bon lui semble, à la présentation et à l'affirmation du compte des gestion et administration qu'a eues le requérant des biens du sieur jusqu'à sa majorité, et qu'il rend en exécution du jugement du tribunal, en date du enregistré et signifié, déclarant au sus-nommé qu'il sera procédé, tant en absence qu'en présence, auxdites présentation et affirmation, et je lui ai, domicile et parlant comme ci-dessus, laissé copie certifiée sincère et véritable, et signée de Me , desdites requête et ordonnance, et du présent exploit, dont le coût est de

FORMULE VII.

Sommation par acte d'avoué à avoué, à l'effet d'assister à la présentation et affirmation d'un compte.

(C. pr. 534. — Tarif, 70. — Coût, 1 fr. orig.; 25 c. copie.)

A la requête du sieur , ayant Me pour avoué;

Soit signifié, et avec celle des présentes donné copie à Me , avoué du sieur , de l'ordonnance, etc. (—V. *Formule précédente.*) A ce que du contenu auxdites requête et ordonnance ledit Me n'ignore, et soit sommé de faire comparaître sa partie le

FORMULE VIII.

Signification du compte.

Cette signification a lieu dans la forme ordinaire. — V. *Signification.*

FORMULE IX.

Procès-verbal de compte.

Présentation. — L'an , le , par-devant nous, juge au tribunal de première instance de ; commis pour recevoir le compte dont va être parlé ci-après, en la chambre du conseil de la chambre dudit tribunal séant au Palais-de-Justice à heure du matin, assisté du greffier soussigné ;

Est comparu le sieur , lequel, assisté de Me , avoué, nous a dit qu'un jugement rendu en ladite chambre du tribunal le , contradictoirement entre le sieur d'une part, et le sieur , d'autre part, avait ordonné que le sieur rendrait devant nous le compte de l'administration qu'il a eue des affaires du sieur

Que le sieur a dressé ledit compte à la date du , enregistré, qu'il en résulte que M est en avance envers le sieur de la somme de

Que suivant une ordonnance par nous rendue le , ensuite de la requête à nous présentée par le sieur , enregistrée, nous avons indiqué ces jour, lieu et heure pour la présentation et l'affirmation du compte ci-dessus :

Que par acte de , sommation a été faite à Me , avoué du sieur de comparaître par-devant nous, à ces jour, lieu et heure, à l'effet d'assister à la présentation et à l'affirmation du compte dont s'agit.

En conséquence, ledit sieur nous a représenté la grosse dudit compte rédigé par ledit avoué, et signé tant de ce dernier que dudit sieur, enregistrée, déclarant être prêt à affirmer ledit compte sincère et véritable sous toutes réserves, néanmoins en cas d'erreurs, d'omissions ou doubles emplois : offrant d'en signifier copie et de communiquer les pièces justificatives, le tout dans les formes et délais prescrits par la loi ; requérant défaut contre Me en cas de non comparution, et a signé avec ledit Me *(Signatures.)*

Et à l'instant est comparu Me , avoué de , lequel nous a dit qu'il comparaissait au désir de la sommation du présent mois, et qu'il ne s'opposait pas à la présentation et à l'affirmation du compte dont il s'agit ; requérant que ledit compte lui soit signifié, que les pièces justificatives lui soient communiquées, et qu'il soit accordé délai suffisant pour les examiner et préparer les débats sous toutes réserves, et a signé. *(Signature.)*

Sur quoi nous, juge-commissaire susdit et soussigné, avons donné acte audit sieur , et à Me de leurs comparutions et réquisitions ; et après que ledit sieur a eu affirmé la sincérité dudit compte par lui présenté, nous avons pareillement donné acte desdites présentations et affirmations, faisant droit à la réquisition de Me , disons que dans la huitaine le compte lui sera signifié par acte d'avoué, et que les pièces justificatives lui seront communiquées sur récépissé, à la charge par lui de les rétablir aux mains de Me dans le mois, à compter du jour de la communication, sous les peines portées par la loi.

Disons également que les parties ou leurs avoués comparaîtront devant nous en la chambre du conseil, à l'effet de fournir, savoir : le sieur , tous les débats, et le sieur , tous soutènemens et réponses ; et de tout ce que dessus nous avons dressé le présent procès-verbal, et avons signé avec le greffier, les jour, mois et an indiqués ci-dessus. *(Signatures du juge et du greffier.)*

Débats.

Et ledit jour sont comparus, etc., ledit sieur , assisté de Me , son avoué, lequel a dit, qu'en vertu de notre ordonnance du , et par acte d'avoué à avoué du , sommation a été faite à Me , avoué du sieur ; de comparaître et se trouver lesdits jours, lieu et heure par-devant nous à l'effet de fournir ses débats au compte dont il s'agit, requérant ledit Me défaut contre Me en cas de non comparution, et dans le cas contraire se réservant de fournir leurs soutènemens audit compte, et ont signé sous toutes réserves. *(Signatures.)*

Et à l'instant est comparu Me avoué de , lequel a dit qu'il comparait au désir de la sommation à lui faite le

Lequel a dit *(énoncer les débats.)*

Et a signé. *(Signature.)*

Sur quoi, nous, juge commissaire après avoir cherché inutilement à rapprocher les parties n'ayant pu y parvenir, chacune d'elles n'ayant pas voulu se départir de ses prétentions, renvoyons les parties à l'audience de la chambre dudit tribunal et le jour auquel nous ferons notre rapport sur le compte dont il s'agit.

Et avons signé avec le greffier du tribunal.

(Signatures du juge et du greffier.)

FORMULE X.

Acte de sommation de se trouver à l'audience pour être présent au rapport, contenant les conclusions. — V. Toutefois *sup.* n° 92.

(C. pr. 538. — Tarif, 71 par anal. — Coût, 5 fr. orig.; le quart pour chaque copie. *Tarif* des avoués de la Seine, n° 334. — *Contrà*, Chauveau, *Tarif*, 2, 52 n° 48.)

A la requête du sieur , ayant Me pour avoué;
Soit sommé Me , avoué du sieur
De comparaître, etc.
Pour, attendu que le compte dudit sieur a été présenté et affirmé devant M. , juge-commissaire, le

Voir dire et ordonner que la recette du compte dont s'agit sera fixée à la somme de , la dépense à celle de , et enfin l'excédant de la dépense sur la recette, à la somme de ; en conséquence, que ledit sieur sera condamné à payer au sieur ladite somme de , avec les intérêts tels que de droit, et qu'il sera en outre condamné aux dépens.

Dans le cas où le rendant est reliquataire on conclut ainsi :

En conséquence, donner acte audit sieur de ce qu'il se reconnaît débiteur envers le sieur de ladite somme de , formant le reliquat du compte, et de ce qu'il offre de payer ladite somme au sieur , à la charge par lui d'en donner bonne et valable quittance et décharge, et se voir, ledit sieur condamner aux dépens qui seront employés en frais de compte, et que le sieur sera autorisé à retenir par ses mains sur les deniers dont il est reliquataire; à ce que du tout ledit Me n'ignore, dont acte. (*Signature de l'avoué.*)

REDDITION DE COMPTE DE FRUITS. — V. ce mot, nos 26 et 27.

REDDITION DE COMPTE DE SUCCESSION. — V. ce mot.

REDDITION DE COMPTE DE COMMUNAUTÉ ENTRE ÉPOUX.

1. La demande afin de reddition de compte de communauté est ordinairement comprise, et formée en même temps que la demande afin de liquidation, *partage* ou *licitation*. — V. ces mots.

2. *Pour la compétence* soit du juge de paix devant lequel on doit citer en conciliation, soit du trib. devant lequel on doit former la demande en compte et *partage*. — V. ce mot, n° 25.

3. Le compte est dressé, non devant un membre du trib., mais devant un notaire convenu entre les parties, si elles sont majeures et d'accord sur le choix, ou nommé d'office par le trib. C. pr. 976. — Ce notaire est ordinairement commis par le premier jugement qui statue sur la demande en liquidation, compte et *partage*. — V. ce mot.

4. Un juge-commissaire est aussi désigné par le même jugement; au cas de contestation, il lui en est référé et il en est fait rapport au tribunal.

5. On ne lève pas l'expédition du compte; il ne doit pas être signifié, mais seulement communiqué aux parties avec les pièces justificatives. — V. *Partage*, n° 60.

6. Les frais du compte, comme ceux du partage, sont prélevés sur la masse à partager. — A l'exception de ceux occa-

sionnés par de mauvaises contestations qui doivent rester à la charge de celui qui a succombé.

— V. *Reddition de compte de tutelle*, n° 11.

Toutefois, les vacations des avoués aux opérations de partage comme à celles du compte, n'entrent point en taxe dans les frais de partage, mais elles restent à la charge de la partie qui a requis l'assistance de son avoué. — Tarif, 92, *in fine.*

7. Quand il y a tout à la fois compte de communauté et compte de tutelle à rendre, l'un et l'autre peuvent être demandés en même temps; mais le compte de communauté doit toujours être rendu le premier : le reliquat est en effet porté, soit en recette, soit en dépense, dans le compte de tutelle, suivant qu'il est en faveur du mineur ou du comptable. Pigeau, 2, 437.—V. *inf. Compte de tutelle*, n° 27.

8. Au reste, en ce qui concerne, soit le chapitre des recettes et dépenses, soit le reliquat, on applique les règles des *Redditions de compte*.—V. ce mot, art. 5.

REDDITION DE COMPTE DE TUTELLE.

1. Tout tuteur est comptable de sa gestion lorsqu'elle finit. C. civ. 389, 469, 511.

2. Le tuteur, autre que le père et la mère, peut être forcé à fournir chaque année des états de situation avant la fin de la tutelle. C. civ. 470.

3. Le compte est rendu 1° au pupille seul ou assisté d'un curateur, suivant que la tutelle a fini par sa majorité ou son émancipation. C. civ. 488, 480 ; — 2° à ses héritiers ou représentans, si la tutelle a fini par sa mort naturelle ou civile.

S'il y a plusieurs pupilles soumis à la même tutelle, chacun peut exiger un compte particulier lors de sa majorité ou de son émancipation.

4. Il est rendu soit à l'*amiable*, soit *en justice.*

5. Lorsque le mineur est devenu majeur, il peut être rendu à l'amiable dans la forme qu'il plaît aux parties de choisir, soit par acte sous seing privé, soit devant notaire. Toullier, 2, n° 1248.

6. En cas de destitution du tuteur, ou autre cause qui fait cesser la tutelle avant la majorité, le compte est rendu au nouveau tuteur. Bourges, 15 mars 1826, D. 26, 219. — On doit suivre les formes judiciaires : autrement le dernier tuteur serait responsable, ou comptable de la précédente gestion. Bordeaux, 1 fév. 1828, S. 28, 128.—Il devrait rendre un compte général de la tutelle des divers tuteurs. Bourges, 15 mars 1826.

7. Au cas d'émancipation, le compte doit-il être rendu en justice?—Pour l'affirmative, on dit : En général, la reddition du compte à l'amiable n'est autorisée qu'à l'égard du majeur. Arg. C. civ. 472. Toute transaction est interdite au mineur ou

à son tuteur, sans l'accomplissement des formalités prescrites. C. civ. 467. (Agen, 19 fév. 1824, S. 25, 93). Ainsi il a été jugé que l'on pouvait critiquer, pour cause de lésion, le compte qui n'avait pas été rendu en justice au mineur émancipé. Limoges, 3 avr. 1838. (Art. 1235, J. Pr.) — Mais l'usage contraire est fondé sur ce que, 1° aucune disposition légale n'impose l'obligation de rendre le compte judiciairement ; — 2° l'assistance du curateur suffit pour recevoir le compte, de même que pour le paiement d'un capital. Arg. C. civ. 482. Rennes, 24 août 1819, P. 15, 548 ; Cass. 23 août 1837 (Art. 1276, J. Pr.). Merlin, R., v° *Compte;* Toullier, 2, n° 1250 ; Delvincourt, 1, 465 ; Proudhon, 2, 241 ; Duranton, 3, n° 610.

8. La demande est soumise au préliminaire de conciliation. —V. *Reddition de compte,* n° 26.

9. L'action est portée au trib. du lieu où la tutelle a été déférée. —V. *ib.*, n° 21.

10. Les trib. sont seuls compétens pour juger les contestations qui s'élèvent entre le tuteur et le subrogé-tuteur, relativement aux comptes de tutelle ; une délibération du conseil de famille qui statue sur ce point est nulle et ne peut être homologuée. Turin, 5 mai 1810, S. 11, 37.

11. Les frais du compte sont avancés par le tuteur. C. civ. 471. — Ils restent définitivement à sa charge, s'il succombe dans les contestations qu'il a occasionnées. Bourges, 28 avr. 1838 ; 14 juin 1839 (Art. 1619, J. Pr.) — ou si la tutelle a fini par un fait provenant de son dol ou de sa faute. Delvincourt, 1, 308. — Au contraire si la tutelle cesse par la mort, la majorité ou l'émancipation du pupille, ils sont supportés par celui-ci ou par sa succession. C. civ. 471, 724.

12. Si le compte est dû par le survivant des père et mère, sans qu'il y ait eu partage de la communauté, ce partage forme la base du compte tutélaire, et peut être fait à l'amiable si l'oyant est majeur. —V. *Partage.*

13. Le chapitre des recettes comprend l'actif porté en l'inventaire (C. civ. 452, 453), les capitaux remboursés, les fruits et revenus des biens, les intérêts des sommes placées, et ceux qui ont dû courir contre le tuteur à défaut d'emploi ou de poursuite, et les intérêts de ces intérêts. Arg. C. civ. 456. Lyon, 16 fév. 1835, D. 35, 110. — Les bénéfices résultant de l'industrie du mineur, à moins que le tuteur ne soit usufruitier légal. Proudhon, *Usufruit,* n° 203.

14. Le chapitre des dépenses comprend, indépendamment des frais du compte (C. civ. 471), celles pour réparations, impôts, conservation, intérêts de capitaux, arrérages, remboursement, éducation du mineur, les dépenses imprévues, telles que celles résultant de délits ou quasi-délits, celles qui étaient

utiles ; ce qui s'apprécie au moment de la dépense et non d'après l'évènement. Toullier, 2, n° 126 ; Duranton, n° 628.

15. Il comprend encore les honoraires accordés à des gérans salariés, même au tuteur, si le conseil a cru devoir en fixer à cause de l'importance de la tutelle, pour l'indemniser des frais de voyage, déplacement et autres. Dalloz, 12, 732.

16. Mais ne sauraient être alloués — les dépenses d'amélioration des immeubles, non autorisées par le conseil de famille, — ni les intérêts de sommes avancées volontairement au mineur. Lyon, 16 fév. 1835, D. 35, 110, — ni les charges usufructuaires, lorsque le père ou la mère survivans ont l'usufruit légal, ni celles pour éducation, intérêts des capitaux, frais funéraires, C. civ. 385, — quand bien même ces charges dépasseraient les revenus du mineur.

17. D'ailleurs, le compte de tutelle à rendre par ces derniers ne remonte qu'à l'époque où les enfans ont atteint leur 18e année. C. civ. 384.

18. A l'égard des tuteurs (n'ayant pas l'usufruit légal), le mineur ne peut jamais être quitte vis-à-vis d'eux en leur faisant abandon des revenus qu'ils ont touchés, si les dépenses utiles faites pour le mineur ont excédé ce revenu. — Elles doivent être allouées en entier au tuteur. Paris, 19 avr. 1823, P. 17, 1041, — contrairement à l'ancien droit coutumier.

19. Les juges ont un pouvoir discrétionnaire pour l'appréciation de l'utilité des dépenses. Arg. C. civ. 471 ; Toullier, 2, n° 1215 ; Arg. Cass. 8 avr. 1834, D. 34, 235.

Les mêmes dépenses peuvent être allouées sans être appuyées de pièces justificatives, sur l'assertion du comptable ; c'est dans ce but qu'est prescrite l'affirmation exigée par l'art. 535 C. pr., *Nouveau Denisart, hoc verbo* ; Toullier, 2, n° 1260; Magnin, n° 727.

20. Pour les intérêts dus à partir de la clôture du compte. — V. *Reddition de compte*, n°s 113 et suiv.

21. Jugé que, lorsqu'il y a demande judiciaire à l'effet de faire courir les intérêts du reliquat du compte de tutelle, les intérêts courent du jour de la demande et non pas seulement du jour de la clôture du compte. Pau, 3 mars 1818, P. 14, 680.

22. Si le tuteur n'a pas tenu un compte régulier, on peut lui déférer le serment, ou prouver par témoins que les perceptions de fruits ont été plus considérables que celles portes dans le compte. Duranton, *Obligations*, n° 1415.

23. Le tuteur ne peut, avant d'avoir rendu compte, répéter les sommes par lui payées à la décharge des biens dont l'administration lui a été confiée. — Mais cette règle ne s'applique pas aux sommes qui lui sont dues par les mineurs pour des causes étrangères à l'administration de la tutelle. Grenoble, 9 août 1823, D. 12, 752.

24. L'action en reddition de compte, ou celle en nullité d'un traité ou d'un compte irrégulier, est-elle prescrite dix ans après la majorité ?

L'affirmative est généralement adoptée quant à l'action en reddition de compte. Arg. C. civ. 475; Arg. Cass. 26 juill. 1819, P. 15, 432; 14 nov. 1820, P. 16, 187; Malleville, art. 475; Merlin, v° *Tutelle*, sect. 5, § 2, n° 3; Marchand, *Minorité*, 364; Toullier, 2, 1275. — L'ancienne jurisprudence et le droit romain accordaient 30 ans. Ferrière, *Traité des tutelles*. — Toutefois, jugé que le délai était tellement incertain, avant le Code civil, que la décision qui admettait 10 ou 30 ans échappait à la cassation. Cass. 16 avr. 1822, P. 17, 262.

Quant au *compte irrégulier*, la question présente des difficultés plus sérieuses.

Pour repousser l'action en nullité, dix ans après la majorité, on dit : Si, aux termes de l'art. 472, « tout traité intervenu entre le tuteur et le mineur devenu majeur est *nul*, lorsqu'il n'a été précédé de la reddition d'un compte détaillé et de la remise des pièces justificatives, le tout constaté par un récépissé de l'oyant compte, dix jours au moins avant le traité, » il faut raisonner, en cas de nullité du traité ou du compte irrégulier, comme s'il n'y avait point de compte, et puisqu'on admet que l'action en reddition de compte est prescrite par dix ans, il doit en être ainsi d'une action qui a pour but de demander un nouveau compte, sans avoir égard au premier, et, par suite, le délai doit courir à partir de la majorité et non de la date du compte irrégulier. Cass. 26 juill. 1819, P. 15, 432; 14 nov. 1820; 10 janv. 1821, P. 16, 187; 299; Arg. Cass. 30 mars 1830, D. 30, 122; Malleville, art. 475.

Peu importe que le pupille fût émancipé ou déjà majeur à l'époque du compte. *Mêmes arrêts*. — Dans cette opinion, on excepte toutefois le cas de dol; — alors les dix ans ne sauraient courir que de l'époque de la découverte du dol. Arg. *Mêmes arrêts*, et Montpellier, 23 juin 1819, P. 15, 353.

Dans l'opinion contraire, on répond : Ce n'est point l'art. 475, mais l'art. 1304 qui doit être appliqué; dès lors, le délai doit courir non du jour de la majorité, mais du jour du compte ou traité irrégulier. La demande en nullité d'un pareil traité n'est point une action relative aux faits de la tutelle, mais à un fait postérieur. Il serait absurde de faire courir un délai de dix ans pour attaquer un pareil traité, avant l'existence de ce traité. Dans certains cas, aucun délai ne serait accordé, ou il pourrait être réduit à un seul jour, si le traité était passé dix ans après la majorité. Toullier, n° 1278, Vazeille, n°s 538, 539.

25. Au reste, le délai pour attaquer le compte irrégulier ne peut être réduit à un temps moindre de dix ans. Rennes, 24 août 1819, P. 15, 518.

26. Si le pupille est décédé, les héritiers ont dix ans depuis son décès pour réclamer le compte. Bourges, 1er fév. 1827, D. 27, 162.

27. Lorsque le reliquat a été fixé par un jugement, on peut sans aucun doute en réclamer et poursuivre le paiement pendant 30 ans. Toullier, 2, n° 1276; Magnin, n° 736; Vazeille, n° 534.

28. L'action en redressement du compte pupillaire dure 30 ans, à dater de la clôture du compte; elle ne prend pas sa source, comme la première, dans l'administration du tuteur, mais bien dans les vices du compte qui est postérieur à cette administration. Metz, 10 juill. 1821, P. 16, 743; Besançon, 5 juill. 1823; Toullier, 2, n° 1277; Magnin, 1, 584; Duranton, 3, n° 642. — *Contrà*, Vazeille, n° 535.

29. Jugé qu'un trib. de 1re inst. ne peut condamner un mineur devenu majeur, à établir, dans le mois de la notification du jugement, les exceptions ou *recharges* qu'il se propose de former contre le compte de tutelle qui n'a pas été légalement arrêté. Rennes, 24 août 1819, D. 12, 750.

30. *Timbre.* Un notaire ne peut rédiger à la suite l'un de l'autre l'acte de récépissé de compte de tutelle, ou de présentation de compte de tutelle, et l'arrêté ou règlement de ce compte. — V. *Timbre.*

31. *Enregistrement.* Si l'acte de présentation a lieu sous seing privé, il doit être enregistré dix jours avant l'arrêté de compte pour avoir date certaine. Arg. C. civ. 1322. — Cette formalité n'est point exigée si l'acte est notarié.

32. Le projet d'un compte de tutelle n'est sujet qu'à un droit fixe, quelqu'en soit le résultat. Décis. min. fin., 18 déc. 1827.

33. L'arrêté définitif d'un compte de tutelle est soumis au droit d'obligation, s'il présente un reliquat qui ne soit pas immédiatement soldé. — V. d'ailleurs *Reddition de compte*, n° 157 et suiv.

RÉDHIBITOIRE. Se dit, 1° de certains vices cachés de la chose vendue existant au moment de la vente, et qui en motivent la résolution; — 2° de l'action par laquelle l'acheteur demande cette résolution.

1. L'acheteur a le choix de rendre la chose, et de se faire restituer le prix, en capital et intérêts, ainsi que les frais. (C. civ. 1641, 1646)) avec *dommages-intérêts*, si le vendeur a connu ou dû connaître les vices. — V. ce mot, n° 25, — ou d'exercer l'action *quanti minoris*, afin de garder la chose, et de se faire rendre une partie du prix arbitrée par experts. C. civ. 16 —V. d'ailleurs *ib.* 1647, et toutefois *inf.* n° 4.

2. L'action rédhibitoire cesse : 1° si l'acheteur a succombé sur son action *quanti minoris* et *vice versâ*. L. 25. D. *De except. rei judic.* Toullier, t. 10, n° 165 ; — 2° si les vices étaient apparens, et que l'acheteur eût pu s'en convaincre lui-même. *Ib.* 1642 ; — 3° dans les ventes par autorité de justice. *Ib.* 1649 ; — 4° En cas de vente sans garantie. *Ib.* 1643 ; — 5° par l'expiration du délai. *Ib.* 1648.

3. *Vices rédhibitoires dans les ventes d'animaux domestiques.* Cette matière est régie par la loi des 20 et 26 mai 1838 (Art. 1197 J. Pr.).

4. Cette loi substitue aux usages locaux une règle uniforme (art. 1) — qu'elle étend aux échanges (*ib.*). — Elle supprime l'action en diminution de prix (Art. 2).

5. Le délai pour intenter l'action rédhibitoire est de trente jours, — pour le cas de fluxion périodique des yeux, et d'épilepsie ou mal caduc ; — de *neuf jours* pour tous les autres cas. Même loi, art. 3.

6. Le point de départ est le jour fixé pour la livraison, — à moins que la livraison n'ait été retardée par la faute du vendeur, régulièrement mis en demeure d'exécuter son obligation : auquel cas le délai ne court que du jour de la livraison. Arg. C. civ. 1138. Rapport de M. Lherbette à la chambre des députés.

7. Le délai est augmenté d'un jour par cinq myriamètres de distance, entre le domicile du vendeur et le lieu où se trouve l'animal, si la livraison ou la conduite de cet animal a été effectuée hors du lieu du domicile du vendeur. Même loi, art. 4.

8. L'action résolutoire doit être portée devant le trib. de comm., s'il y a eu acte de commerce ; — dans le cas contraire, devant le juge de paix ou devant le trib. de 1re inst., selon que le prix de la vente est inférieur ou supérieur à 200 fr.

9. Les parties capables peuvent d'ailleurs soumettre leurs différends à l'*arbitrage* d'un ou de plusieurs vétérinaires, — ou du juge de paix. — V. ce mot, n° 191.

10. Le trib. de commerce doit se déclarer incompétent pour connaître de l'action en garantie, lorsque le défendeur n'est pas commerçant : la nature de la demande principale n'enlève pas le garant à la juridiction ordinaire. Paris, 7 mars et 5 mai 1837 (Art. 710 et 758 J. Pr.).

11. Quant à la compétence territoriale, on suit le droit commun. — V. *Compétence, Juge de paix, Tribunaux.*

12. La demande est dispensée du préliminaire de conciliation. L. 1838, art. 6.

13. Elle est instruite et jugée comme matière sommaire. *Ib.*

14. L'acheteur, à peine d'être déclaré non recevable, est tenu de *provoquer* dans les délais de l'art. 3 la nomination d'experts chargés de dresser procès-verbal. Même loi, art. 5.

15. Le juge de paix du lieu où se trouve l'animal, nomme immédiatement un ou plusieurs experts, suivant l'exigence des cas, sur la requête à lui présentée à cet effet. *Ib.*

16. L'expert prête serment. Arg. C. pr. 42, 303, 429. — Jugé que cette formalité n'est pas pas exigée à peine de nullité. Trib. de Moissac, 29 juill. 1839 (Art. 1546 J. Pr.). Huzard, édit. 1838, p. 318. — V. toutefois *Expertise,* n° 55.

17. Les experts doivent procéder immédiatement à la visite de l'animal, constater s'il est ou non atteint d'un vice rédhibitoire, le spécifier, indiquer les caractères et les indices de la maladie, d'après les règles de l'art.

18. Cette constatation doit-elle être faite contradictoirement avec le vendeur, ou lui dûment appelé? — Non. Le vendeur peut être domicilié à une distance trop éloignée. — Toutefois, M. Huzard, édit. 1838, p. 313, exige que dans ce dernier cas on nomme un autre expert pour le représenter.

19. La minute du procès-verbal n'est point déposée au greffe, elle est remise à la partie qui a provoqué l'expertise. — Le coût en est taxé par le juge de paix.

20. Copie du procès-verbal dûment enregistré est notifiée au défendeur, avec assignation dans les délais de la loi, ou à bref délai, en vertu de permission du juge.

21. Mais à quelle époque et dans quel délai cette assignation doit-elle être remise au défendeur? — L'action est-elle réputée intentée dans le délai légal, par cela seul que la nomination des experts a été provoquée avant l'expiration du temps fixé par l'art. 3, ou faut-il de plus que l'assignation ait été notifiée aussi dans le même délai?

1er *système.* L'assignation doit être donnée dans le délai de l'art. 3. — D'après les principes généraux, une demande n'est censée formée que par la signification de l'ajournement; aucun délai n'est prescrit pour notifier l'ordonnance qui nomme les experts et leur procès-verbal; il dépendrait de l'acquéreur d'éterniser la contestation. Arg. Cass. 18 mars 1833, D. 33, 175; 10 juill. 1839, P. 1839, 2, 403. — Il s'agissait de ventes faites avant la loi nouvelle. — M. Huzard, édit. 1839, 119 et 120, invoque encore cette jurisprudence.

2e *système.* Il faut prendre pour point de départ la date des requête et ordonnance, par lesquelles on provoque et on obtient la nomination d'un expert. — Le délai fixé par la loi étant réduit, en certain cas, à neuf jours, il serait souvent trop rigoureux de forcer l'acheteur, non-seulement à présenter requête au juge de paix pour obtenir la nomination des experts, mais encore à signifier au vendeur la demande en résolution dans le court délai de neuf jours. Tout ce qu'a voulu la loi, c'est la manifestation de l'intention du vendeur par un acte judiciaire; la présentation de la requête atteint ce but. Le ministre du commerce, à la Ch. des Députés, a dit : Il importe que l'existence du vice allégué soit *constatée aussitôt que possible*; le même article impose à l'acheteur, sous peine d'être déclaré non-recevable dans son action, l'obligation de provoquer la nomination des experts dans les délais de l'art. 2, et pour accélérer cette procédure, il est permis de s'adresser au juge de paix du lieu où se trouve l'animal (Art. 1197 J. Pr., p. 391). D'ailleurs, les trib. pourront, en certains cas, considérer les retards postérieurs dans la procédure, comme une renonciation à l'exercice de l'action rédhibitoire. — V. dans ce sens, avant la loi nouvelle, Parlem. Paris, 7 sept. 1770; Merlin, v° *Cheval*, 2, 5; Delvincourt, 3, 153; Dalloz, v° *Vente*, 890.

Il faut au moins valider la demande introduite par assignation, après les neuf jours, lorsque les accidens de la maladie ne se manifestent que le dernier jour du délai de la garantie. Trib. Seine 1834; Trib. Versailles, 12 avr. 1834; 5 déc. 1838; C. Paris, 22 fév. 1839, *le droit*, 23 fév. 1839. — Dans cette dernière espèce, la réquisition à fin de nomination d'experts avait été faite dans les neuf jours.

22. L'action rédhibitoire peut être portée à l'audience après le délai fixé par l'art. 3, si l'assignation a été donnée en temps utile. Trib. Moissac (Art. 1546 J. Pr.).

23. Dès que la demande en résolution a été formée dans le temps prescrit, et que les experts ont constaté l'existence du vice allégué, le vendeur est non-recevable à prouver que le vice n'existait pas au moment de la vente, de même que l'acheteur ne peut plus prétendre que l'animal était malade à l'époque de la livraison, s'il a laissé écouler sans aucune réclamation les délais fixés pour intenter l'action rédhibitoire. —Aucune preuve contraire n'est admissible contre la présomption établie par la loi.

24. Souvent les trib. de commerce nomment un ou plusieurs *arbitres rapporteurs* pour examiner les prétentions respectives des parties, les entendre, les concilier si faire se peut, dans le cas contraire, donner leur avis sur le mérite de ces prétentions; la nomination des arbitres est faite alors par jugement et non par ordonnance. Huzard, édition 1839, p. 130.

25. *Ventes d'animaux destinés à la consommation.* Jugé que la loi de 1838 ne leur est applicable ni pour le fond, ni pour la forme. Conséquemment, il n'est point nécessaire de suivre les formes indiquées par cette loi pour constater le décès de l'animal; le procès-verbal d'autopsie peut être autorisé par ordonnance du président du trib. de commerce, qui a qualité pour désigner des experts à cet effet. — Il suffit de constater que l'animal était atteint, avant la vente, d'une maladie qui lui a causé la mort : il est interdit par les lois de police de vendre la chair des animaux morts naturellement. — La vente des animaux de *boucherie* rentre sous l'empire de l'art. 1641 ; il y a vice rédhibitoire dès que l'animal n'est plus propre au commerce, à l'usage auquel il était destiné.

Cette vente doit être régie par les règlemens relatifs à la boucherie. Trib. comm. Seine, 23 janv., 6 fév. 1839. — Cette décision est conforme à l'équité et à l'intérêt de la salubrité publique. Huzard, *ib.*, p. 165.

Formules.

FORMULE I.

Sommation au vendeur de restituer le prix d'achat d'un animal atteint d'un vice rédhibitoire.

(C. civ. 1641. — Tarif, 29. — Coût, 2 fr. orig. ; 50 c. copie.)

L'an , le , à la requête de , j'ai , etc., soussigné, fait sommation au sieur , demeurant à . en son domicile, où étant et parlant à

Attendu qu'il a vendu au requérant le , un cheval atteint de vice rédhibitoire,

De, dans les vingt-quatre heures de la présente sommation, déclarer au requérant s'il consent à reprendre ledit cheval en restituant audit sieur la somme de , moyennant laquelle la vente a eu lieu, lui déclarant que, sinon et faute par lui de ce faire dans ledit délai et icelui passé, le sieur se pourvoiera ainsi qu'il avisera ; et je lui ai, en son domicile et parlant comme dit est, laissé copie du présent, dont le coût est de (*Signature de l'huissier.*)

NOTA. Cette sommation n'est point imposée par loi, elle n'est faite qu'autant que l'acheteur a assez de temps pour commencer par cette mise en demeure, avant de faire constater le vice rédhibitoire par un expert.—V. *inf.* Formule II.

FORMULE II.

Requête au juge de paix pour obtenir la nomination d'un expert.

(L. 20 mai 1838, art. 5. — Coût, néant. — Le ministère d'un avoué est inutile.)

A M. le juge de paix de

Le sieur , voiturier demeurant à , a l'honneur de vous exposer, Monsieur le juge-de-paix, que le 15 avr. 1840, il a acheté de M. , marchand de chevaux à Paris, rue , une jument sous poil gris, hors d'âge, à tout crin, taille ordinaire, moyennant la somme de .

Que cette jument est atteinte d'un vice rédhibitoire (notamment de la pousse).

Pourquoi il requiert qu'il vous plaise, Monsieur le juge de paix,

Nommer tel expert vétérinaire qu'il vous plaira commettre, à l'effet de procéder à la visite de ladite jument, constater les vices dont elle est atteinte (le tout en présence du vendeur, ou lui dûment appelé.), dont il dressera procès-verbal.

Et ce sera justice. — Ce 22 avril 1840. (*Signature.*)

Ordonnance. — Nous juge-de-paix de , arrondissement de

Vu la requête qui précède, et l'art. 5 de la loi du 20 mai 1838 ;

Commettons le sieur Huzard, vétérinaire demeurant à Paris, rue de l'Éperon, n 5, à l'effet de procéder à la visite de la jument désignée en ladite requête, constater son état, les vices et maladies dont elle peut être atteinte, et du tout dresser procès-verbal en présence du vendeur, ou lui dûment appelé, pour être ensuite requis et statué ce qu'il appartiendra.

Paris, ce 22 avril 1840. (*Signature du juge de paix.*)

Enregistré, etc.

FORMULE III.

Prestation de serment.

L'an . Pardevant nous juge-de-paix de

Est comparu le sieur

Lequel nous a dit qu'ayant été nommé par notre ordonnance du comme expert, à l'effet de visiter un cheval que le sieur prétend atteint d'un vice rédhibitoire, il comparaissait pour prêter serment.

Et en effet ledit comparant a à l'instant prêté en nos mains, le serment de bien et fidèlement remplir la mission à lui confiée

Duquel serment il a été donné acte au comparant, lequel a signé avec nous et le greffier du tribunal. (*Signature de l'expert, du juge et du greffier.*)

FORMULE IV.

Signification de l'ordonnance du juge avec sommation d'être présent à la visite.

(Tarif, 29. — Coût, 2 fr. orig. ; 50 cent. copie.)

L'an , le , à la requête de , j'ai , etc., signifié, avec celle des présentes donné copie au sieur , demeurant à , en son domicile en parlant à , d'une requête présentée par le requérant à M. le juge de , le , et de l'ordonnance par lui endue le , dûment enregistrée, laquelle ordonnance nomme le sieur , artiste vétérinaire, à l'effet de , etc.; à ce que du contenu auxdites requête et ordonnance il n'ignore; et à pareilles requête, demeure et élection de domicile que ci-dessus, j'ai, huissier susdit et soussigné, fait sommation audit sieur , en son domicile et parlant comme dit est, de comparaître et se trouver, le , heures , en la demeure du sieur , artiste vétérinaire, sise à , à l'effet d'être présent, si bon lui semble, à la visite du cheval dont s'agit, et au procès-verbal qui sera dressé par ledit sieur , déclarant audit sieur que, faute par lui de comparaître, il sera, contre lui, donné défaut, et procédé aux susdites opérations par ledit expert; à ce qu'il n'en ignore, et sous toutes réserves et protestations de droit, même de répéter toutes pertes, dépens, dommages et intérêts; je lui ai, audit domicile et parlant comme dit est, laissé copie tant des requêtes et ordonnances sus-énoncées, que du présent, dont le coût est de

Nota. Cette sommation n'est pas formellement exigée par la loi nouvelle. — Le vendeur peut demeurer dans un lieu trop éloigné pour avoir le temps de le citer le jour même de l'ordonnance.

FORMULE V.

Procès-verbal d'expert.

Je soussigné vétérinaire, demeurant à

Nommé par ordonnance de M. le juge-de-paix de , à l'effet de procéder à la visite d'une jument, achetée du sieur , par le sieur , et que ce dernier prétend être atteinte de la maladie de la *pousse*.

Me suis transporté dans l'écurie du sieur , où j'ai fait la visite de ladite jument, laquelle est sous poil gris, hors d'âge, à tout crin, de la taille d'un mètre cinquante-neuf centimètres, ayant des traces de saignées à l'encolure.

(*On fait mention des dires des parties, — si le vendeur a été sommé de comparaître à la visite, on l'indique. — L'expert fait mention de sa comparution, ou donne défaut contre lui.*)

J'ai trouvé ladite jument en bon état de santé et d'embonpoint, elle mangeait l'avoine avec appétit, mais dans le repos, en mangeant tranquillement l'avoine, elle avait le mouvement du flanc irrégulier et entre coupé par ce contre temps, ou l'espèce de soubresaut, qui constitue la pousse, pourquoi j'estime que la bête est poussive, vice rédhibitoire prévu par l'art. 1er L. 20 mai 1838.

En foi de quoi j'ai dressé le présent procès-verbal, pour servir et valoir ce que de droit.

Fait à Paris, ce (*Signature.*)

FORMULE VI.

Assignation afin de résolution de la vente ou échange.

(Tarif, 29. — Coût, 2 fr. orig.; 50 cent. copie.)

L'an , à la requête de , etc.

Soussigné, signifié et avec celle des présentes laissé copie au sieur etc.

1° De l'ordonnance en date du , dûment enregistrée, de M. le juge-de-paix de , étant au bas de la requête à lui présentée le même jour, la dite ordonnance portant nomination de M. vétérinaire.

2° Du procès-verbal en date du , dûment enregistré, dressé par mondit sieur vétérinaire, expert nommé par l'ordonnance susdatée, constatant que le cheval, dont sera ci-après parlé, est atteint d'un vice rédhibitoire.

Et à mêmes requête, demeure et élection de domicile que ci-dessus, j'ai huissier soussigné, donné assignation audit sieur, etc. (V. *Ajournement.*)

Pour, attendu que le cheval vendu au requérant par le sieur est attaqué de la maladie, ou défaut de la *pousse*, l'un des vices rédhibitoire donnant lieu à la résolution de la vente, d'après l'art. 1641 C. civ. et l'art. 1er L. 20 mai 1838.

Attendu, que le demandeur s'est pourvu dans les délais de la loi, pour faire constater ce vice ou défaut caché, et qu'il était antérieur à la vente, ainsi qu'il résulte du procès-verbal susdaté, dressé par ledit expert. En conséquence ouïr dire et ordonner que la vente faite par le sieur au sieur , d'un cheval, etc., moyennant la somme de , payée comptant sera et demeurera résiliée. En conséquence s'entendre, ledit sieur , condamner, même par corps, à rendre au demandeur la somme de , pour le prix de ladite vente, comme aussi à payer et rembourser audit demandeur les frais de nourriture, logement et garde du cheval, ensemble les intérêts de toutes lesdites sommes, à compter du , jour de la vente (du paiement ou de la livraison), et en outre s'entendre condamner à payer au requérant la somme de , à titre de dommages-intérêts, et aux dépens, dans lesquels entreront ceux de l'expertise; et j'ai au sus-nommé, etc.

On conclut quelquefois de la manière suivante : Enfin, que le sus-nommé sera tenu de reprendre ledit cheval en satisfaisant aux condamnations qui seront prononcées contre lui; sinon, et faute de ce faire, voir dire et ordonner par le jugement à intervenir et sans qu'il en soit besoin d'autre, que le demandeur sera et demeurera autorisé à faire procéder, aux risques, périls et fortune du sieur à la vente dudit cheval au marché aux chevaux, un jour de marché, après une seule annonce dans un des journaux du département, pour le prix à provenir de ladite vente, venir en déduction des sommes dues au demandeur, etc. — V. toutefois *Vente de meubles.*

RÉDUCTION DU NOMBRE DES OFFICIERS MINISTÉRIELS. — V. *Office*, n°s 19 à 30.

RÉELLE (ACTION). — V. *Action*, § 1, art. 2.

RÉELLE (SAISIE). — V. *Saisie-immobilière*.

RÉFÉRÉ (1). Procédure dont le but est de faire statuer provisoirement et avec rapidité sur les difficultés relatives aux affaires les plus urgentes et à l'exécution des actes exécutoires.

Le référé est une procédure plus simple et plus expéditive que celle dont il est question au titre des *matières sommaires*; si le législateur n'en parle qu'à la suite des règles sur l'exécution des jugemens, c'est qu'en premier lieu cette voie est *principalement* usitée pour trancher les difficultés qui surgissent lors

(1) Cet article est de M. Gustave Loiseau, avocat à la Cour royale.

de l'exécution des jugemens et actes exécutoires, C. pr. 606, 607, 786, 829.— Et qu'en outre elle diffère dans ses formes et dans ses conséquences des instructions soit ordinaires, soit sommaires, qui ont un caractère définitif, tandis que le juge du référé se borne à rendre une décision provisoire. Boitard, 3, 389 et suiv. — V. Art. 300 J. pr., p. 561.

DIVISION.

§ 1. — *Des cas où il y a lieu à référé.*

1. Souvent les lenteurs de l'instruction ordinaire causeraient aux parties un préjudice irréparable; de là le pouvoir confié au juge de statuer en référé, mais provisoirement, sur les difficultés qui ne souffrent aucun retard. C. pr. 806. — Tel paraît avoir été, dans les usages de l'ancienne Normandie, le but de l'assignation verbale connue sous le nom de *clameur de haro*. — A Paris, le nom de référé était connu, et l'édit de 1685, en attribuant au lieutenant civil des fonctions analogues à celles de nos juges de référé, énumérait les divers cas où cette procédure était permise. Boitard, 3, 392 et 393. — Le législateur moderne a donc moins introduit un usage nouveau, comme le disait l'orateur du gouvernement, que régularisé une institution fort ancienne.

2. On distingue trois espèces de référés; savoir : les référés tenus par le président aux jours indiqués à l'avance. — V. *inf.* n° 81; — les référés en l'hôtel du juge ou en son cabinet au Palais-de-Justice, à l'heure fixée par lui par une ordonnance particulière (— V. *inf.* n° 88); — enfin, les référés sur l'heure sans indication préalable. — V. *inf.* n° 91.

M. Bilhard, p. 177, range dans la classe des référés les permissions accordées par le président du trib. de comm., pour constater l'état de marchandises avariées (C. comm. 106), ou pour saisir conservatoirement les effets mobiliers des tireurs, accepteurs ou endosseurs d'une lettre de change. *Ib*. 172. — Mais ces permissions, s'accordant par ordonnance rendue sur simple requête du demandeur, sans que le défendeur soit présent pour contester, ne sauraient être assimilées à des ordonnances de référé lors desquelles le défendeur est toujours appelé.

3. La voie du référé est ouverte aux parties : 1° en cas d'urgence; — 2° lorsqu'il s'agit de statuer provisoirement sur les difficultés relatives à l'exécution d'un jugement ou acte exécutoire. C. pr. 806.

Mais il ne faut pas conclure de l'alternative apparente offerte par l'art. 806, 1° que l'urgence nécessaire dans le premier cas ne l'est pas dans le second : l'urgence est toujours nécessaire pour autoriser l'emploi du référé; — 2° que le référé n'est une décision *provisoire* que dans les questions d'exécution; l'ordonnance est toujours provisoire et laisse le fond intact. Boitard, 3, 393.

4. Cette procédure suppose en outre qu'il n'y a pas d'instance engagée sur les contestations que l'on veut faire résoudre par la voie du référé; autrement, rien de plus facile que de s'adresser au juge déjà saisi de la contestation principale, et de lui demander une décision sur les incidens qu'il importe de vider avant le jugement du procès. Paris, 1re ch., 8 nov. 1839, (Art. 1650 J. Pr.).

Conséquemment, les difficultés relatives à l'exécution d'un avant faire droit, Pigeau, *Comm.*, 2, 492; — ou à la continuation d'une saisie qui est déjà l'objet d'une instance en nullité (Liége, 7 août 1824, D. 11, 548, n° 15), doivent être portées à l'audience par demande incidente formée entre avoués, et jugées avec célérité. Il en est ainsi, et à plus forte raison, à l'égard de l'exécution d'un jugement même définitif *si les parties sont en instance sur cette exécution*. — Même décision pour les contestations relatives à l'exécution d'un jugement frappé d'appel. Paris, 5 oct. 1815, P. 13, 75.

Art. 1. — *Urgence*.

5. Quels sont les cas où l'urgence peut motiver un référé? — La loi nouvelle ne les a pas définis, toutefois doit-on suivre encore en ce point l'édit de 1685, qui énumérait les circonstances où l'on pouvait se présenter devant le lieutenant civil pour obtenir une décision provisoire sans frais ni vacations (Merlin, *Rép.*, v° *Référé*)?

La négative est évidente; en effet, l'édit de 1685 a été abrogé comme règlement de procédure. C. pr. 1041. — Et d'ailleurs la plupart des cas qui s'y trouvent prévus sont maintenant déférés aux juges de paix. L. 16-24 août 1790, tit. 3, art. 9 et 10, Bilhard, 17 et 22.

Mais, d'un autre côté, il n'est pas possible de restreindre le référé aux cas prévus par les art. 606, 607, 661, 786, 829, 843, 845, 852, 921, 944, 948 C. pr., dans lesquels la loi accorde ce recours d'une manière formelle. Bilhard, 25.

La doctrine reconnaît généralement que ces dispositions ne sont pas limitatives, et ce qui le prouve, c'est la généralité de l'art. 806, Pigeau, art. 806. — Il faut donc reconnaître avec l'usage le plus constant que les faits constitutifs de l'urgence sont abandonnés à l'appréciation du juge (Rouen, 25 avril 1826, S. 27, 50), — comme l'indiquent aussi les paroles de l'orateur du gouvernement : « Quelques personnes, disait-il, ont paru craindre qu'il ne fût facile d'abuser des cas d'*urgence* dont parle la première partie de l'article, et de faire porter sous cette dénomination, à l'hôtel du président ou à l'audience des référés dont parle l'art. 807, des contestations qui devraient être portées à l'audience du trib. Nous croyons que cette inquiétude n'est pas fondée, et que sans rappeler la longue nomenclature des cas prévus par l'édit de 1685, la loi s'explique assez clairement en n'attribuant à l'audience des référés que les cas d'*urgence*. Le discernement et la probité du président ou du juge délégué feront le reste; renvoyant à l'audience les contestations qui ne seraient portées en l'hôtel que par une indiscrète et avide précipitation, il n'hésitera point à prononcer sur celles auxquelles le moindre retard, ne fût-il que de quelques heures, peut porter un préjudice irréparable. »

6. Toutefois, l'*urgence* ne doit pas être confondue avec la *célérité*. — Une affaire requiert célérité dès qu'elle exige une solution plus prompte que celle qu'on pourrait obtenir en suivant les délais ordinaires de la procédure, mais qui permet cependant d'attendre une audience prochaine du trib.; c'est alors le cas d'assigner à *bref délai*. — L'affaire n'est urgente qu'autant qu'il y a péril imminent dans la demeure, c'est-à-dire lorsque le demandeur ne peut attendre, sans compromettre gravement ses intérêts, l'expiration du délai d'une assignation même à bref délai, dans le cas où, selon les expressions du tribun Favard, on serait sans justice, si la décision n'était pas rendue à l'instant même où la difficulté se présente. Rome, 6 juill. 1811, D. 11, 543, n° 7; Carré, 5, n° 2759; Berriat, 374; Dissertation, S. 9, 2, 192; Thomine, art. 806.

En un mot, cessation d'entraves, levée d'obstacles, aplanissement de difficultés sur les saisies et autres exécutions, conservation d'un fait ou d'une chose sans lesquels l'action n'a plus d'intérêt, telles sont en général les circonstances qui peuvent motiver un référé dans les matières qui ne sont pas réservées à la connaissance du juge de paix. Carré, Thomine, *ib*.

7. Dans l'esprit de la loi, autant que dans une bonne admi-

nistration de justice, tous les pouvoirs du trib. se résument *pour les mesures urgentes et provisoires* en la personne du président; la force des choses veut que le président représente le trib. lorsqu'on n'a pas le temps d'obtenir justice de ce dernier. Sans cela, il y aurait manque ou déni de justice. *Ordonnances du président*, 1re, n° 1.

8. Ainsi peuvent être considérées comme affaires urgentes et de la compétence du juge des référés :

1° Le refus du notaire d'obtempérer à l'ordonnance qui lui enjoint de délivrer copie, soit d'un acte non encore enregistré ou imparfait (—V. *Copie*, nos 28 et 29). *Ordonnances du président*, 4e part. 189.—Dans ce cas, le notaire n'agit pas comme *officier public;* son refus le constitue *partie* au procès; aussi le référé ne s'introduit-il pas sur le procès-verbal dressé par le notaire, *ib.*;—soit d'une seconde grosse (—V. *Copie*, n° 41 et suiv.), lorsque la première est perdue ou détruite, ou qu'elle n'a pas été remise volontairement et à titre de libération au débiteur qui la retient induement, ou même lorsque la créance a été partagée ou transportée en partie. *Ordonnances du président*, 185 et 186.

Il importe peu que le débiteur s'oppose à la délivrance de la seconde grosse, soit en alléguant que la grosse lui a été remise comme décharge, soit en attaquant l'acte par action principale en la forme ou au fond; cette prétention ne peut suspendre la remise du titre, sauf à opposer, *en cas d'exécution*, tous moyens et exceptions de droit. *Ib.*

Les solutions seraient les mêmes, si un greffier refusait la seconde grosse d'un jugement. Arg. C. pr. 854.

— V. d'ailleurs *Copie*, n° 21.

9. 2° Les difficultés qui peuvent s'élever sur la collation des actes, c'est-à-dire sur la conformité de l'expédition ou de la copie à la minute. Le juge peut ordonner l'apport de la minute et en constater l'état. *Ordonnances*, 189.

10. 3° Celles auxquelles peut donner lieu un *compulsoire* ordonné par jugement; si ce jugement a commis un membre du trib. pour y procéder, c'est ce dernier qui termine en référé toutes les contestations, et c'est au président qu'elles doivent être soumises si les parties ont été simplement renvoyées devant notaire. C. pr. 852; *Ordonnances*, 190.—V. d'ailleurs *Compulsoire*, n° 7, 11, 21.

Mais une demande *à fin de remise de titres* excède la compétence du juge des référés; elle est en effet principale et définitive; à défaut de remise, il y aurait lieu seulement à des dommages-intérêts qui ne peuvent être prononcés que par le trib.; l'ordonnance n'aurait donc pas de sanction. *Ordonnances*, 156.

11. 4° *Scellés*. Les obstacles qui peuvent arrêter l'apposition

des scellés dans les cas où elle doit avoir lieu, ou les difficultés qui peuvent surgir avant ou pendant cette apposition : l'art. 921 C. pr. établit la compétence du juge de référé dans les termes les plus absolus. *Ordonnances*, 192, n° 1.

Avant : si une des parties intéressées conteste le droit de celui qui requiert l'apposition des scellés, *ib*. 194 et suiv., — ou si elle soutient qu'il n'y a pas lieu à les apposer, par exemple, à la suite d'un inventaire non contesté; il ne doit y avoir apposition qu'autant qu'elle est ordonnée par le président. C. pr. 923, *ib*. 199; — si la veuve séparée de biens s'y oppose en se prétendant propriétaire du mobilier, et en justifiant d'un bail à son profit, *ib*. 199; — si le défunt s'étant remarié sans liquidation de la première communauté, ses héritiers ou sa seconde femme, même sa donataire universelle, s'y opposent alors que les héritiers de la première femme la requièrent, *ib*.; — si l'opposition vient d'une personne chez laquelle le défunt logeait momentanément, et que ce fait soit justifié, *ib*.; — si les portes sont fermées, ou s'il y a refus de les ouvrir. *Ib*. 201.

Pendant : Si l'apposition est requise hors du domicile du défunt; par exemple, dans des ateliers, magasins ou à la campagne, ou chez un dépositaire; si une perquisition doit être faite chez une personne qui a détourné; si un tiers réclame la remise ou la conservation d'un meuble qu'il prétend être sa propriété, *ib*. 204; — si une des parties allègue que certains objets ne doivent pas y être compris, par exemple, comme faisant partie d'un inventaire commencé, — ou comme nécessaires à l'usage des personnes qui habitent la maison du défunt, ou comme ne pouvant être placés sous les scellés à cause de leur nature ou de leur volume, cas auquel le juge en ordonne la remise à un tiers, après simple description sur le procès-verbal des scellés. *Ib*. 206.

12. Il est à remarquer que le juge de paix peut provisoirement statuer sur les difficultés relatives aux scellés, s'il y a péril en la demeure, mais sauf à en référer ensuite. C. pr. 921.

Mais on ne peut ordonner en référé l'apposition de scellés chez un associé sur la demande de l'un de ses coassociés. — V. *inf*. n° 114.

13. 5° Les contestations *lors de la levée* des scellés. C. pr. 944; — par exemple, si l'on demande la levée *provisoire* des scellés avant les trois jours de l'inhumation ou de l'apposition, pour rechercher un testament, extraire des billets à échéance, des sommes d'argent, des pièces à produire en justice, des titres que le défunt avait comme syndic liquidateur, pour procéder à une réparation urgente, ou même leur levée *définitive*, pourvu que, *dans les circonstances précédentes*, le requérant justifie qu'il est unique héritier du défunt. C. pr. 928; *Ordonnances*, 247

et suiv., et 220, n° 1.—V. *inf.* n° 93 ; — si le propriétaire ou le principal locataire font la même demande, soit *avant* le délai de trois jours, mais à l'expiration du congé ou du bail, *ib.* 225 ; — soit *après* ce délai, à défaut de garantie pour le paiement des loyers, *ib.* 226 ; — soit après faillite du locataire, en cas de négligence des agens ou syndics, *ib.* 241 ; — si l'on conteste le droit ou la qualité de celui qui requiert la levée des scellés après les trois jours, *ib.* 222 ; — si des créanciers demandent à être présens à cette opération, *ib.* 223 ; — si l'on prétend que la levée doit être faite sans description. *Ib.* 226 et suiv.

14. 6° Les incidens qui peuvent se présenter *au moment d'un inventaire*, et notamment lorsque les qualités de ceux qui requièrent l'inventaire ou veulent y assister sont contestées ; le juge examine s'ils ont une présomption suffisante en leur faveur, jusqu'à ce que leurs droits soient définitivement reconnus. *Ordonnances*, 230, n° 1, 231 et suiv. ;—lorsqu'il y a lieu de nommer un notaire pour représenter un des intéressés. — V. *Inventaire*, n°s 85 à 92, 124 ; — si l'on découvre un testament qui révoque celui de la partie poursuivante au profit d'un individu non présent à l'inventaire. Arg. C. pr. 916. Bilhard, 159 ; *Ordonnances*, 239 ; — si l'on ne s'accorde pas sur le choix de la partie qui doit avoir la garde des effets et papiers de la succession ; — si certains objets sont réclamés par des tiers qui justifient d'un droit de propriété. *Ib.* 240.

15. 7° Les mesures et autorisations urgentes et provisoires pour l'*administration* des communauté, succession et autres, soit au moment de l'apposition des scellés, soit pendant les scellés ou l'inventaire, alors que les parties sont encore dans les délais pour prendre qualité, ou ne peuvent s'entendre, telles que la permission,—de donner congé des lieux occupés par le défunt pour faire cesser les loyers, céder ou résilier un bail, souslouer, vendre les objets mobiliers, les vendre au-dessous de l'estimation ou du tarif, soit dans un autre lieu, soit réunis à d'autres objets pour la facilité de la vente, faire des expositions et annonces, gérer ou vendre un fonds de commerce, administrer la succession, Rennes, 25 août 1814, D. 11, 543, n° 1 ; — arrêter les comptes des officiers publics, payer les frais et dettes privilégiées, faire toutes recettes, paiemens, locations, réparations, procéder à des coupes de bois,-nommer des gardes, remettre des titres et papiers, diriger des poursuites, vendre des actions, soit de la banque de France, soit de compagnies particulières, ou des manuscrits. C. pr. 944 ; *Ordonnances*, 207 et suiv.

16. 8° Les mesures à prendre après le décès d'un officier public, notaire, avoué, agent de change, etc., etc., *Ordon-*

nances, 242 et suiv. ; — d'un agent d'affaires, *ib*. 265 ; — d'un commerçant, *ib*. 278 ; — d'un étranger, *ib*. 280.

17. 9° Les contestations qui s'élèvent pendant ou après la vente d'un mobilier après décès.

Pendant. Par exemple, si le tuteur a désigné pour faire partie de la vente un meuble que le conseil de famille a destiné à l'usage du mineur ; le subrogé-tuteur introduit alors le référé. — Si un tiers revendique la propriété d'un effet mobilier. — Si les cohéritiers ne sont pas d'accord sur la nécessité de la vente, parce que les uns veulent leur part en nature, et les autres la vente pour payer les créanciers. — Si la femme d'un comptable de l'état s'oppose à cette vente, en alléguant qu'elle est propriétaire du mobilier. — En général, si un intéressé prétend que la vente préjudicie au droit qu'il a dans la chose *jus in re*; car le *jus ad rem* ne constitue jamais qu'une simple créance insuffisante pour autoriser une demande en revendication. — Ainsi, l'opposition du légataire d'un objet déterminé ne saurait empêcher la vente de cet objet poursuivie par des créanciers du testateur ; un legs ne peut être fait que sur les biens ; or, *nulla intelliguntur bona nisi deducto ære alieno*. — Mais le donataire particulier d'objets dont le donateur s'est réservé l'usufruit s'y opposerait avec succès, parce que du moment de la donation, la propriété de la chose passe de plein droit au donataire.

Il est à remarquer toutefois que la demande en revendication devant être formée devant le trib. compétent, la loi n'impose pas au juge des référés l'obligation de prononcer dans tous les cas, mais dit seulement, *il pourra être statué provisoirement*. C. pr. 948.

Après ou au moment de la clôture du procès-verbal de vente mobilière ; par exemple, s'il s'agit de la nomination d'un administrateur provisoire, les parties n'étant pas d'accord sur cette nomination. Rennes, 25 août 1814, D. 11, 543, n° 3.

Jugé qu'il y a lieu de porter en référé : 1° La demande en provision formée par une veuve dont les reprises ne sont pas liquidées. Paris, 11 fruct. an 13, D, 11, 543. — 2° Celle en distribution de deniers entre les créanciers du défunt ayant qu'il ait été procédé à l'inventaire. — 3° Celle en prorogation de délai pour la confection de l'inventaire. *Ib*. — Mais ces différentes espèces ne nous semblent pas urgentes ; elles requièrent seulement célérité. — V. *sup*. n° 6, Carré, n° 2762.

18. 10° Les demandes en établissement de séquestres, commissaires ou gardiens, pour assurer la conservation de l'objet litigieux ; ces demandes sont en effet conservatoires, urgentes et provisoires. *Ordonnances*, 3e part., p. 156. — Jugé néanmoins que, pour obtenir cette mesure, il faut un procès, une contestation sur le fond du droit ; par exemple, une folle-enchère de la part de l'acquéreur d'un immeuble. Paris, 16 fév. 1816, D. 11, 864, n° 2.

Mais le juge des référés ne pourrait statuer sur la prétention d'une femme, demanderesse en séparation de corps, qui voudrait faire apposer pendant l'instance le séquestre sur les fruits pendans par racines des immeubles de la communauté. Bruxelles, 13 janv. 1809, D. 10, 35 ; — ou même de ses immeubles paraphernaux. Liége, 26 juill. 1811, D. 11, 546, n° 3. — En effet, jusqu'au jugement, on ne peut soulever une question de propriété, et toutes choses doivent rester en état.

Toutefois, le juge pourrait connaître de l'exécution d'un jugement qui ordonnerait ce séquestre. Rennes, 25 déc. 1818, D. v° *Dépôt*, p. 77.

Ce qui vient d'être dit ne se rapporte évidemment pas aux établissemens de gardiens des scellés, puisque le juge de paix a mission et pouvoir de les désigner lui-même. C. pr. 914-10°.

19. 11° En matière de *séparation de corps*, les incidens relatifs à la résidence de la femme pendant l'instance, lorsque cette résidence n'a pas été fixée par l'ordonnance qui l'a autorisée à former sa demande, à la remise des hardes et meubles à son usage personnel, à la garde des enfans, à la pension qui lui a été accordée, à l'apposition des scellés sur les effets communs, aux autorisations nécessaires à la femme pour l'exercice de ses droits, en cas de péril dans le retard. *Ordonnances*, 3e part., p. 160 et suiv.

A l'égard des provisions alimentaires, le juge peut bien rendre une décision provisoire s'il statuait sur une demande ayant un caractère permanent ou d'une durée illimitée, il entrerait dans le fond du droit. Toulouse, 21 août 1838 (Art. 1201 J. Pr.). Mais il ne peut statuer sur une demande formée soit par le mari, soit par la femme, afin de réintégration du domicile conjugal; l'ordonnance du magistrat n'aurait ni sanction, ni contrainte. *Ordonnances, ib.* 167. — Ni autoriser la femme à vendre une partie de son mobilier et à transporter le surplus dans une résidence qu'elle s'est choisie. Arg. C. civ. 214, 1449 ; Paris, 19 oct. 1836 (Art. 887 J. Pr.).

20. 12° Dans les *séparations de biens*, le mérite des poursuites dirigées contre la femme, par les créanciers du mari, lorsque la séparation prononcée, elle s'oppose à leur continuation sous prétexte que les meubles saisis constituent son apport ou lui ont été attribués par la liquidation de ses reprises ; — le refus du mari de procéder à cette liquidation jusqu'a ce que sa femme ait reintégré le domicile conjugal, etc. *Ordonnances*, 167.

21. 13° Après une demande en *cession de biens*, la prétention du débiteur de faire cesser toutes poursuites, même avant qu'elle ait été admise, et, lorsque le jugement a accueilli la demande, les difficultés relatives à son élargissement, les autorisations sollicitées en cas d'urgence par l'administrateur à la cession de biens. *Ibid.* 169.

22. 14° En matière de *baux et locations*, les difficultés relatives à l'état des lieux, lorsque l'une des parties refuse de le dresser conformément aux conventions arrêtées : Il y a urgence, lorsque l'incident surgit au moment de la prise de possession; le temps manquerait pour saisir le tribunal; c'est d'ailleurs une mesure conservatoire, *ib.* 3e p. 114, n° 1; — aux travaux nécessaires pour l'entrée en jouissance, *ib.* 115; — à la pose d'une enseigne, lorsque le bail en a déterminé les conditions; il s'agit alors de l'exécution d'un titre; ou même lorsqu'il n'y a pas de bail, si l'usage est constant et l'urgence établie, *ib.* 117; — au mode de jouissance d'une cour commune, *ib.* 118; — aux réparations d'entretien à la charge du propriétaire, s'il y a péril en la demeure, *ib.* 120; — aux travaux qui troublent la jouissance du locataire, *ib.* 123; — aux travaux de ce dernier qui nuisent au propriétaire, en supposant toujours le péril démontré, *ib.* 127; — au paiement des loyers, lorsque le locataire résiste aux poursuites dirigées contre lui, sous prétexte de réparations urgentes qui ne peuvent d'ailleurs se compenser avec les loyers échus, ou d'oppositions formées par les créanciers du propriétaire, *Ib.* 132 et suiv.

Dans tous ces cas, souvent le juge du référé se borne à ordonner une constatation de lieux, une mesure d'instruction, — une expertise, sauf aux parties à exercer ensuite leurs droits au principal. A Paris, cet usage est déjà ancien, généralement suivi et motivé sur l'urgence. *Ordonnances*, 107; — néanmoins une expertise ordonnée en référé a été déclarée nulle, comme préjugeant le fond. Bourges, 7 avr. 1832, D. 32, 163. — V. d'ailleurs *Action*, n° 102; *Enquête*, 92.

Quant aux réparations locatives, elles sont de la compétence du *juge de paix*. — V. ce mot, n° 67 à 71.

23. 15° Les demandes en *expulsion* de *lieux* (— V. ce mot, n° 6) et les contestations si nombreuses entre le bailleur et le preneur relativement à la pose des écriteaux après congé; — la visite des lieux soit à la ville, soit à la campagne; — la demande de déménager, malgré cette contestation, en déposant les loyers.

Dans cette matière, la compétence du juge de référé se justifie le plus souvent par l'urgence et souvent aussi parce qu'il s'agit de l'exécution de titres ou actes authentiques.

24. 16° Les difficultés, soit entre propriétaires voisins,

Ordonnances, 140; — soit entre propriétaires, architectes, entrepreneurs et ouvriers; relativement à des travaux dont on demande la suspension à cause du péril, ou l'exécution en raison de l'urgence, ou la vérification. *Ib.*

25. Le juge des référés peut-il donner main-levée d'une *saisie-arrêt?* — V. ce mot.

Art. 2. — *Exécution des jugemens et actes.*

26. Les référés élevés sur l'exécution des jugemens et actes ont pour but de faire statuer provisoirement sur les difficultés qui surgissent à l'origine ou au milieu de cette exécution, et de faire ordonner par provision la continuation ou la discontinuation des poursuites commencées.

C'est principalement dans le but de lever ces difficultés qu'a été institué le juge des référés; il est donc compétent pour apprécier provisoirement la validité des obstacles opposés à l'exécution et réservant aux parties tous leurs droits au fond; peu importe que ces difficultés se présentent sous la forme d'une question principale: par exemple, d'une validité d'offres, d'une recevabilité d'opposition à un jugement par défaut, puisqu'elles se rapportent à l'exécution d'un titre paré. *Ordonnances*, 2e part., 9. — V. d'ailleurs *inf.* nos 45 et suiv.

Les incidens de la saisie-exécution sont donc essentiellement de sa compétence, puisque cette saisie est la mise en action des titres exécutoires; si ces incidens donnaient lieu à un nouveau procès, les contestations seraient sans fin et les exécutions impossibles.

Le principe est que la provision est due, sauf l'action principale; il suffit à la garantie d'une bonne justice. *Ibid.* 12.

Mais cette provision n'étant due qu'aux titres parés, l'on ne peut statuer en référé sur l'exécution de *conventions verbales contestées*, à moins qu'il ne s'agisse de mesures provisoires et conservatoires en cas d'urgence. *Ibid.* 10, n° 4. — V. *sup.* n° 22 et suiv.

27. Ces principes s'appliquent, au surplus, aux actes exécutoires de toute nature, même à ceux émanés de l'autorité administrative. Cass. 7 sept. 1812, S. 13, 210; 30 mars 1813, D. 11, 546, n° 4; Thomine, art. 806; — *Contrà*, Paris, 2e ch. 28 fév. 1831; 3e ch. 9 oct. 1834 et 24 oct. 1835; *Ordonnances, ibid*, 11; — et aux actes sous seing-privés reconnus en justice; le jugement de reconnaissance imprime à l'acte le caractère de titre exécutoire. Toulouse, 27 juill. 1824, S. 25, 406. — *Contrà*, Paris, 3e ch., 18 avr. 1824; *Ordonnances*, 2, 21.

28. Toutefois ne peuvent être la matière d'un référé:

1° Les oppositions aux contraintes de la régie des contributions indirectes; ces sortes de contestations doivent être portées à l'audience pour y être jugées sur le rapport d'un juge; on ne saurait employer d'autres formes. LL. 25 frim. an 7, art. 65; 5 vent. an 12, art. 88; 28 avr. 1816, art. 239; Cass. ins. de la loi, 6 août 1817, D. 11, 545, n° 10. — L'exécution provisoire est due à ces contraintes. Paris, 2e ch., 20 janv. 1823, *Ordonnances*, 32.

2° Les contestations sur la régularité d'une contrainte décernée par un préfet contre un théâtre, en paiement des droits sur la recette, au profit des indigents. Arrêtés 16 therm. an 8; 8 fruct. an 13; Paris, 28 janv. 1832, D. 32, 122.

3° Le mérite d'un pourvoi au conseil d'État contre l'arrêté d'un préfet, qui donne lieu à des poursuites. Paris, 3e ch., 19 avr. 1820; 2e ch., 29 nov. 1831; *Ordonnances*, 32.

4° L'opposition formée par le ministre des finances, *dans l'intérêt de qui de droit*, au transfert d'inscriptions de rentes sur l'État, dont la propriété est incertaine: Dans ce cas, le juge est incompétent pour ordonner le transfert des inscriptions dont il s'agit, même à la caisse des consignations, à la conservation des droits de qui il appartiendra. Paris, 22 mars 1836, D. 36, 69.

29. Les principales difficultés qui peuvent s'opposer à l'exécution sont: 1° la réclamation du débiteur saisi pour s'opposer à la vente de ses meubles et effets. C. pr. 948; — le juge est compétent, car la vente est l'acte qui consomme l'exécution; *Ordonnances*, 48, n° 1.

30. 2° La demande du débiteur à fin de faire vendre sur les lieux ou dans un établissement plus favorable, lorsqu'il doit en résulter un avantage pour la vente. — A Paris, cette permission s'accorde même souvent sur simple requête; *Ordonnances*, 49. — Les marchandises qui garnissent un fond de commerce et les meubles de prix se vendent ordinairement mal sur la place publique, *ib.*

31. Le juge des référés peut-il, avant l'ouverture d'une contribution entre créanciers, et nonobstant des oppositions, ordonner le paiement par privilége des loyers dus aux propriétaires? —L'affirmative a été décidée. Paris, 12 sept. 1839, (Art. 1526, J. Pr.). — Toutefois la négative nous paraît résulter de ce que le juge des référés ne peut jamais statuer définitivement. Arg. Bourges, 2 juill. 1825, S. 26, 157. — V. d'ailleurs *Distribution par contribution*, n° 73.

L'autorisation de relouer les lieux, s'ils ne sont plus garnis de meubles suffisans, peut être accordée en référé au propriétaire. *Ordonnances*, 56, n° 1.

32. 3° L'autorisation de vendre un fonds de commerce en l'étude d'un notaire, avec l'achalandage, les marchandises, ustensiles, effets mobiliers en même temps que le droit au bail des lieux où s'exerce le commerce. — Souvent il est dans l'intérêt de toutes les parties que le commerce soit continué jusqu'à la vente ; on se pourvoit alors en référé pour obtenir la nomination d'un gérant provisoire, auquel le juge confère tous pouvoirs pour administrer l'établissement jusqu'à l'adjudication. *Ordonnances*, 50, 51. —V. d'ailleurs *Faillite*, nos 184, 185. — En cas de difficulté sur les clauses et conditions de la vente, il y a lieu à référé. — Le référé s'introduit par un dire de contestation sur le procès-verbal du notaire. *Ib.* 53, n° 2.

33. Lorsque le débiteur tombe en faillite, après la saisie-exécution de ses meubles, peut-on ordonner en référé la continuation des poursuites ? —L'affirmative a été enseignée, par ce motif qu'il s'agit d'un obstacle à l'exécution d'un titre, et que la suspension des poursuites exposerait les créanciers à un préjudice certain à cause des formes, des lenteurs, des frais et souvent des abus des faillites : — Mais cette opinion est proscrite par les termes positifs de l'art. 443 C. comm. qui exige qu'à partir de la faillite déclarée, toute voie d'exécution sur les meubles et les immeubles soit suivie contre les syndics ; or, la gestion des syndics est sous la surveillance exclusive du juge-commissaire. Arg. Paris, 25 mars 1830, D. 30, 168.

34. 4° L'opposition à la vente de la part du tiers qui se prétend propriétaire des meubles saisis, — ou qui soutient n'en être pas payé, ce qui l'autorise à former une demande en revendication ; — le référé s'introduit sur le procès-verbal de saisie-exécution.

Il serait aussi fâcheux de saisir les biens d'un tiers que de laisser échapper le gage d'un créancier ; d'ailleurs il y a urgence. *Ordonnances*, 42, n° 1. — Néanmoins, si cette réclamation présentait une difficulté sérieuse, le président pourrait ordonner la continuation des poursuites jusqu'à la vente, à la charge par le réclamant de former une demande au principal dans un délai déterminé. Tous les droits se trouveraient ainsi garantis. *Ordonnances*, 43, n° 4. — V. toutefois *inf.* n° 50.

35. 5° L'opposition à la saisie-revendication, ou le refus d'ouvrir les portes pour y procéder. C. pr. 829.

36. 6° L'établissement d'un gérant à l'exploitation en cas de saisie d'animaux et d'ustensiles servant à l'exploitation des terres. Le président peut statuer sur ce chef concurremment avec le juge de paix. C. pr. 594, 806 combinés.

37. 7° La demande à fin de décharge introduite par le gardien de meubles saisis et les réclamations que peut faire naître l'établissement d'un nouveau gardien ou le récolement des objets saisis. C. pr. 606, 607.

En prononçant la décharge du gardien, le juge liquide d'ordinaire le montant des frais de garde, et ajoute que les parties seront tenues de les rembourser, ainsi que les frais de référé et autres ; ici, l'ordonnance a donc, par exception, quelque chose de définitif. *Ordonnance*, 47, n° 4.

38. 8° La réclamation du débiteur contre lequel on veut exercer la contrainte par corps, et qui se prétend illégalement arrêté.—V. *Emprisonnement, in fine*, n°s 194 à 200.—Copie de l'ordonnance est signifiée au débiteur avec celle du procès-verbal. —Ou qui demande son élargissement, soit à défaut de consignation d'alimens ; — *Ib.*, n°s 303 à 312 ; — soit à raison de son âge : il ne s'agit plus que de constater par la *représentation de l'acte de naissance* un fait plus facile à justifier que le manque d'alimens. *Ordonnances* 25 et 27, n° 5.—V. *Emprisonnement*, n° 315 ; — ou à raison de l'expiration de la durée de la détention. *Ordonnances* 304 et 305. — V. d'ailleurs *Emprisonnement*, n° 317.

39. Le président peut-il également statuer sur la mise en liberté provisoire (— V. *Emprisonnement*, n°s 322 à 329)? — Oui. *Ordonnances*, 301 à 307.

Toutefois, la négative semble résulter du passage suivant de M. Coin-Delisle, p. 68, n° 110 : — « Sauf le défaut d'alimens, cas auquel il appartient au président d'ordonner la mise en liberté, le débiteur à qui son élargissement est refusé doit porter sa demande *devant le tribunal* dans le ressort duquel il est détenu. Elle est formée, à bref délai, au domicile élu par l'écrou, en vertu de permission de juge *communiquée au ministère public*, et jugée à la première audience, sans instruction et préférablement à toutes autres causes sans remise ni tour de rôle. Cette procédure est presqu'aussi rapide que la voie du référé. »

Nous n'admettrions la compétence du président que dans le cas d'une urgence extrême.

40. Le président n'a pas le droit d'autoriser la vente d'objets mobiliers donnés en nantissement. L'art. 2078 C. civ. porte que cette vente doit être ordonnée en justice ; ses termes sont exclusifs de la compétence du juge des référés. Paris, 3 oct. 1839 (Art. 1528 J. Pr.).

41. Les difficultés, qui précèdent, portent soit sur la forme, soit sur le fond.

Sur la forme. Ainsi, le juge doit suspendre, si l'on justifie d'une opposition régulière à un jugement par défaut, si ce jugement est périmé faute d'exécution dans les six mois ; il doit au contraire ordonner la continuation des poursuites, si l'opposition n'est plus recevable, soit pour n'avoir pas été réitérée dans le délai légal, soit à cause d'un acquiescement.—V. toutefois *inf.* n° 42,—ou d'un désistement de l'opposition formée ; — si la péremption invoquée a été suspendue par un acte d'exécution, comme un procès-verbal de carence ; — enfin, si le jugement est rendu par défaut sur réassignation après un défaut profit joint, et n'est plus susceptible ni d'opposition ni de péremption. *Ordonnances*, 15.

42. Si l'appel *interjeté* n'est pas suspensif de l'exécution, ou si le jugement est qualifié en dernier ressort, cas auquel provision lui est due, les poursuites doivent être continuées. *Ib.*

Jugé néanmoins que l'on ne peut statuer en référé sur le mérite d'un acquiescement, et, par suite, sur la recevabilité de l'appel interjeté. Cass. 7 janv. 1818, D. 7, 770.

43. De même que le juge du référé peut statuer sur la forme du titre et la régularité du commandement, il est en droit d'examiner la nature de la créance qui doit être liquide et exigible.

Pour éviter la tentative toujours fâcheuse de saisie, le débiteur, qui a la possibilité de faire tomber les poursuites, peut se pourvoir en référé immédiatement après le commandement. *Ordonnances*, 12, n° 2.

44. Jugé que le débiteur peut introduire un référé sur la validité d'un commandement tendant à saisie immobilière; — former opposition au commandement, la porter devant le trib., et assigner en même temps en référé pour obtenir sursis aux poursuites; que, dans ce cas, le président a le droit de surseoir sans préjuger au fond le mérite de l'opposition. Turin, 30 juill. 1810, D. 11, 543, n° 4.

Mais nous pensons avec M. Carré, 3, 2761, que cette doctrine est inadmissible : en matière de saisie réelle, la loi a tracé les règles d'une compétence spéciale; les incidens qui peuvent surgir sont portés à l'audience et jugés avec une rapidité suffisante pour rendre inutile la juridiction des référés. Bordeaux, 30 avr. 1829, D. 29, 228. — V. *Saisie immobilière*.

45. *Sur le fond.* Lorsque le débiteur prétend qu'il est survenu des circonstances qui doivent entraîner la suspension ou la modification de l'exécution commencée, et conséquemment qu'il y a lieu à ordonner provisoirement la discontinuation des poursuites.

46. Mais ces circonstances doivent offrir un caractère de certitude incontestable; ainsi, il y a lieu de surseoir : 1° s'il est survenu une loi ou un événement qui ait opéré l'extinction ou la réduction du titre : par exemple, s'il était question de faire réduire l'obligation, comme ayant été contractée sous l'empire du papier-monnaie : alors on peut dire avec raison que la créance n'est pas liquide. Cass. 5 déc. 1810, D. 11, 545, n° 8; Favard, v° *Référé*; Carré, n° 2755; Berriat, 506. — V. *Exécution*, n° 75.

2° Si le débiteur représente une quittance ou décharge authentique de son obligation; — sauf le droit du créancier d'attaquer l'acte de libération par la voie de *faux*. — V. ce mot; *Ordonnances*, 35, n° 1.

3° Si l'acte de libération sous seing privé est reconnu par le créancier présent à l'audience des référés, ou a été reconnu en justice. — Cet acte de libération peut résulter d'une contre-lettre. Paris, 9 sept. 1812, D. 11, 545, n° 9. — Mais si le créancier auquel l'acte de libération sous seing privé est attribué ne comparaît pas en référé ou dénie son écriture, le juge des référés doit ordonner l'exécution provisoire, sauf le droit du débiteur de se pourvoir en *vérification d'écritures*. — V. ce mot.

De même, le débiteur menacé d'un emprisonnement peut, avant l'exécution de la contrainte par corps, recourir à la voie de référé et obtenir sursis, si, depuis le jugement qui autorise les poursuites, ses créanciers lui ont accordé des délais. Bruxelles, 20 déc. 1820, D. 11, 543, n° 6. — V. *sup.* n° 38. — *Contrà*, Bilhard, 23.

4° Si l'on demande la discontinuation des poursuites en établissant qu'il y a lieu, soit à *compensation*, soit à *novation*. *Ordonnances*, 36, 38.

5° Si des *offres réelles* sont faites pour arrêter les poursuites; — on abuse souvent de ce moyen en s'opposant à l'*exécution du titre* par des offres illusoires; le juge peut donc en apprécier provisoirement le mérite, les conditions, les réserves qui y sont faites. *Ib.* 39.

6° Si l'on prétend qu'il y a *compte à faire*. C'est encore un moyen trop souvent en usage. Aussi le juge peut-il, après avoir entendu les parties, faire ce compte lui-même, si les élémens sont d'une appréciation facile; sinon, renvoyer les parties, soit devant un notaire, soit devant la chambre des avoués.

Le renvoi devant l'avoué plus ancien produit rarement un bon résultat. Conseil de l'une des parties, cet avoué n'a pas l'influence nécessaire pour opérer un arrangement. *Ib.* 37 et 38.

7° Si le titre est attaqué au principal par des motifs graves, par exemple, comme souscrit par une femme sans la procuration spéciale de son mari, alors surtout que le créancier, indépendamment de la saisie mobilière, a un gage hypothécaire. Paris, 29 fév. 1836 (Art. 398 J. Pr.). — Le juge peut en effet apprécier les motifs du fond, qui seraient de nature à paralyser entièrement l'exécution du titre. Contre le système adopté dans l'arrêt qui précède on invoquait la règle qui veut que l'exécution des actes ne puisse être suspendue qu'en présence d'une plainte en faux ou, en certains cas, d'une inscription de faux incident civil. — V. *inf.* n° 48 *in fine*.

Mais on répondait : Le juge de référé peut apprécier, dans certaines limites, la valeur du titre; sans doute, s'il n'y a que des allégations vagues, les poursuites ne sauraient être arrêtées;

mais si une attaque immédiate, sérieuse, est dirigée contre l'acte dans son essence même, il y a lieu à sursis.

La distinction suivante est proposée par M. Dalloz, 36, 47. Les moyens sont-ils fondés sur le vice de quelques formes et de quelques dispositions, qui ne soit pas de nature à altérer l'essence de l'acte? Le juge ne doit pas suspendre; mais il peut surseoir lorsque le débiteur prétend que le titre est radicalement nul et propose des moyens qui, touchant à l'essence même du contrat, rendraient, s'ils étaient admis, l'exécution impossible à toujours.

Néanmoins, si l'exécution du titre était entravée par des obstacles tout-à-fait irréguliers, il devrait, sans s'y arrêter, ordonner la continuation des poursuites :

Jugé ainsi, à l'égard d'une rente viagère insaisissable établie par arrêt, dont le paiement était retardé par une opposition pratiquée sans titre, sans autorisation du juge et frappée de nullité comme non suivie d'une demande en validité. Paris, 4 juin 1831, D. 33, 210.

47. Ces cas exceptés, ou lorsqu'il ne peut s'élever aucune contestation sérieuse sur la légitimité de la créance, le juge de référé ne doit voir que le titre dont on demande l'exécution, et ne peut en conséquence en arrêter les effets.

48. Aussi a-t-il été jugé que, malgré une contestation engagée sur le fond, le président pouvait ordonner en référé la continuation provisoire des poursuites dirigées en vertu d'actes notariés. Liége, 16 fév. 1813, D. 11, 547, n° 11. — Provision étant due au titre, son exécution ne peut être arrêtée ni par une demande judiciaire formée contre sa validité, sauf les exceptions précédentes, ni par une plainte correctionnelle.

Néanmoins, en cas d'inscription de faux, l'exécution est suspendue de plein droit par la mise en accusation, et, suivant les circonstances, en cas de faux incident. C. civ. 1319.

49. *Exécution contre des héritiers.* Les motifs principaux pour suspendre les poursuites dans ce cas, sont : 1° que le titre ne leur a pas été signifié ; — 2° qu'ils sont encore dans les délais pour faire inventaire et délibérer ; — 3° qu'il existe des oppositions entre les mains de l'héritier bénéficiaire. Paris, 3e ch., 29 nov. 1833 ; — 4° que cet héritier ne peut être poursuivi sur ses biens personnels en vertu de titres contre la succession ou de jugemens rendus contre lui comme héritier bénéficiaire. Paris, 3e ch., 8 mars 1828, 23 août 1834 ; — 5° qu'il n'est tenu, comme héritier pur et simple, que pour sa part et portion; qu'ainsi les offres par lui faites sont suffisantes.

Et pour les continuer : 1° que le jugement rendu contre le défunt est exécutoire contre l'héritier bénéficiaire. Paris, 2e ch., 18 mars 1819. — 2° que cet héritier ne peut s'opposer à l'exécution d'un jugement qui le condamne à payer une provision sous prétexte d'un compte sous bénéfice d'inventaire, lorsqu'il résulte du jugement qu'il y avait urgence à l'accorder et présomption de l'existence de fonds suffisans pour payer. Paris, 2e ch., 7 mai 1829. *Ordonnances*, 17.

50. Du principe que provision est due au titre, il résulte que le juge des référés, saisi d'une contestation relative à l'exécution d'un titre exécutoire, excéderait les limites de sa compétence si, après avoir reconnu en principe que cette exécution ne peut être paralysée, il ordonnait la continuation des poursuites, mais jusqu'à la vente exclusivement, réservant alors au débiteur la faculté de l'arrêter par la consignation de la somme. Paris, 21 oct. 1812, D. 11, 547, n° 10; Carré, n° 2757. — V. toutefois *sup*. n° 34.

S'il accordait terme et délai pour payer à un débiteur qui ne l'aurait pas demandé et obtenu lors du jugement (—V. *Délai*, n° 55). Paris, 11 avr. 1810, D. 11, 543, n° 5; Carré, n° 2760; Thomine, 2, 394;—ou un délai quelconque pendant lequel on ne pourrait exécuter. Colmar, 12 août 1827, D. 11, 546, n° 2; Toulouse, 1er août 1829, D. 30, 220; Agen, 18 juin 1833, D. 34, 176; Carré, no 2755; Berriat, 506, n° 3; Favard, 4, 777. — Ce ne sont là ni des matières urgentes, ni des incidens d'exécution. Bordeaux, 23 mai 1835, D. 35, 150.—Telle est en effet la rigueur des principes devant laquelle ont néanmoins réculé certains trib. dans un sentiment d'humanité qu'il est difficile de blâmer. « Comment refuser un court délai à un débiteur qui a payé un à-compte sur un billet, sur des loyers, sur le prix d'un fonds de commerce, etc., qui offre un nouvel à-compte au moment de la saisie, et promet de payer promptement le reliquat, sans que le créancier soit exposé à aucun préjudice? *Ordonnances*, 14, nos 1 et 2, où l'on invoque dans le même sens. Paris, 2e ch., 9 août 1831, 1re ch., 16 août 1830; 2e ch., 2 avr. 1832; 28 janv. 1833; 29 fév. 1836; Agen, 16 janv. 1810, D. 11, 545, n° 8; Cass. 5 déc. 1810, S. 15, 199. — Mais, dans ce dernier cas, la somme n'était pas liquide.

51. *Exécution provisoire*. Le juge des référés ne peut ni ordonner de son chef l'exécution provisoire d'un jugement, Liége, 26 juill. 1811, D. 11, 546, n° 3, — même lorsqu'il y aurait péril en la demeure; — *Contrà*, Paris, 3e ch., 18 déc. 1823 et 25 oct. 1832, *Ordonnances*, 16, — ni suspendre cette exécution, lorsqu'elle a été ordonnée, à moins qu'on ne justifie de défenses d'exécution.

Ainsi jugé spécialement à l'égard d'un jugement commercial, Paris, 19 germ. an 11, D. 11, 546, n° 1.—Mais la décision serait la même, bien qu'il s'agît d'un jugement civil. Dans ce cas, si l'on prétend que l'exécution provisoire a été mal à propos ordonnée, on ne peut que se pourvoir devant la C. roy. pour faire surseoir aux poursuites; mais le juge des référés n'est pas compétent. Paris, 11 avr. 1810, D. 11, 543, n° 5.—Néanmoins, si la caution ordonnée par le trib. pour l'exécution provisoire n'avait pas été fournie, la discontinuation des poursuites pourrait être ordonnée en référé. *Ordonnances, ib.*, p. 16.—Il en serait de même si la caution fournie n'était ni régulière, ni suffisante. *ib.*, 18.

52. Il résulte des solutions précédentes que le juge ne pourrait accorder en référé un sursis à l'exécution d'une ordonnance portant permis de saisir conservatoirement, et rendue par le président du trib. de commerce. C. pr. 419. — En vain se fonderait-il sur ce que les objets se trouvant sous les scellés et inventoriés, et des séquestres étant nommés, le but essentiel de l'ordonnance est rempli. Toulouse, 29 nov. 1832, D. 33, 47; Bilhard, 74 et suiv.

53. Si le président jugeant en référé ne peut arrêter l'exécution du titre ou du jugement hors des cas spécifiés ci-dessus, il ne peut, d'autre part, appliquer que les dispositions de ce titre.

Ainsi, par exemple, il ne saurait, sans excéder ses pouvoirs, 1° autoriser un créancier porteur d'un titre exécutoire à prendre des mesures conservatoires relativement aux fruits de l'immeuble qui lui est hypothéqué, au moment où la récolte est prête à se faire : ce serait ordonner au delà de l'exécution du titre. Rome, 6 juill. 1811, D. 11, 543, 7; Liége, 13 fév. 1809, S. 9, 295; Carré, n° 2759; Berriat, 374;

2° Statuer sur les *difficultés* relatives à l'exécution d'un contrat, s'il s'agissait en même temps de *modifications* à faire à l'une des clauses de ce contrat; — spécialement il ne pourrait connaître de la demande d'un légataire universel chargé de payer une rente perpétuelle, et qui, ayant vendu un immeuble dépendant du legs avec stipulation que l'acquéreur garderait dans ses mains, pour servir la rente, le capital sur lequel elle a été établie, réclamerait ensuite le paiement de cette portion du prix, sur le fondement que les droits du créancier de la rente étant éteints, le capital avait dû accroître à son legs universel. Paris, 16 avr. 1833, D. 34, 88.

Enfin, il serait incompétent pour connaître de l'exécution d'un jugement, s'il fallait interpréter la loi : au tribunal seul appartient ce pouvoir. Colmar, 12 août 1807, D. 11, 546, n° 2; Carré, 2756; Thomine, 2, 394; Favard, 4, 777.

54. Le juge des référés ne peut donc statuer sur les questions principales qui tiennent à l'*interprétation* du titre; néanmoins lorsque la disposition est claire, que son effet est réglé par la loi, il ne doit pas suspendre l'exécution. Il faut que le juge se pro-

nonce avec une grande circonspection, mais la loi ne veut pas qu'une contestation absurde rende toute exécution à jamais impossible. *Ordonnances*, 20, n° 5.

55. Il peut ordonner soit la continuation, soit la discontinuation des poursuites, soit telles autres mesures qu'exigent les circonstances :

1° S'il résulte d'une contre-lettre sous seing privé, enregistrée, que l'obligation est simulée sans cause, ou si les parties ont arrêté de nouvelles conventions sur lesquelles il ne peut être statué en référé. Paris, 2e ch., 1er déc. 1825.

2° Si les contestations doivent être jugées par arbitres, et ne peuvent être l'objet d'un référé, comme étant relatives aux conditions essentielles du compromis, *à moins qu'il ne s'agisse d'une mesure urgente et provisoire.* Paris, 2e ch., 24 juill. 1823.

3° Si des réserves ont été insérées à un jugement; ces réserves peuvent donner lieu à une action, mais non suspendre l'exécution du jugement. Paris, 3e ch., 25 janv. 1827 :

56. *Dépens.* Il ordonne la discontinuation des poursuites 1° lorsque des défendeurs poursuivis *solidairement* sans que le jugement prononce la solidarité, offrent leur part virile. — V. *Dépens*, n° 66 et suiv.

2° Lorsque le jugement est frappé d'appel ou n'a pas prononcé la distraction des dépens, ou n'a pas autorisé à les prélever sur une somme déposée. Paris, 3e ch., 12 août 1824.

3° Lorsque des héritiers ayant agi en leur qualité de bénéficiaires, le jugement leur a conservé cette qualité, et n'a prononcé contre eux aucune condamnation personnelle. Paris, 2e ch. juin 1823, 4 août 1825, 4 mars 1833. — V. *sup.* n° 49.

4° Lorsque des syndics, agissant comme syndics, ne sont pas condamnés personnellement aux dépens. Paris, 5 fév. 1824 ;

Mais la provision est due à l'exécutoire de dépens. Paris, 3e ch. 10 oct. 1822. *Ordonnances*, 2, 19.

57. *Vente, louage.* Le juge de référé est-il compétent pour apprécier l'effet d'une clause *résolutoire*, insérée dans un contrat de vente ou de louage?

Oui, puisqu'il s'agit de l'exécution d'un titre; le référé est une garantie suffisante, sauf l'appel, pourvu toutefois que la clause ne soit pas contestée, et que la demande principale ne doive avoir pour objet que d'obtenir un délai pour payer. La provision est due alors à la clause résolutoire; autrement, les parties seraient exposées aux délais, frais et difficultés que cette clause voulait prévenir. *Ordonnances*, 2, 23, n° 1.

Néanmoins, les distinctions suivantes ont prévalu en jurisprudence : — Le vendeur est-il exposé à perdre *la chose et le prix*; le propriétaire, ses loyers? On ordonne en référé l'exécution de la clause et l'expulsion. L'acheteur a-t-il payé une partie de son prix, offre-t-il un nouvel à-compte, avec promesse de solder le reste dans un bref délai? on accorde un sursis aux poursuites, si l'acheteur continue son commerce, si les lieux sont garnis, s'il n'y a pas *péril en demeure* pour le vendeur ou le propriétaire, qui ne poursuivent que par spéculation et pour s'emparer de l'établissement du débiteur.

Mais lorsqu'il s'agit d'interpréter les conventions, on doit renvoyer à se pourvoir au principal. Paris, 2e ch., 24 janv. 1821; 3e ch. 5 oct. 1826, 16 oct. 1828 et 2 mars 1832; 2e ch., 14 juill. 1832.

58. *Cessions et transports*. Peut-on ordonner l'exécution d'un transport nonobstant une opposition postérieure à sa signification régulière et non contestée? — Oui. Paris, 1re ch. 7 juill. 1832; 2e ch., 20 janv. 1834; 3e ch., 22 oct. 1834; — Non. Paris, 3e ch., 14 nov. 1832, 3e ch., 19 févr. 1834, 20 déc. 1832; 3e ch. 24 sept. 1828. — M. Debelleyme rendchaque année beaucoup d'ordonnances, en ce sens, sans qu'elles soient frappées d'appel. Mais s'il est justifié d'une demande principale en nullité du transport, le juge doit s'arrêter. Paris, 3e ch., 27 déc. 1828, 12 août 1831; 2e ch., 18 fév. 1833. *Ordonnances* 26, nos 3, 4.

59. *Société*. S'agit-il d'un constat matériel, d'une mesure urgente, et non d'une contestation entre associés sur les clauses constitutives de la société, le juge de référé est compétent. Il serait impossible de saisir les arbitres ou le trib. en temps utile de la mesure provisoire. D'ailleurs, la mesure urgente ne préjuge rien. Paris, 3e ch., 19 sept. 1832, 24 sept. 1823; 1re ch., 27 janv. 1820, 4 fév. 1831.

Si donc le gérant ou le caissier est révoqué, démissionnaire, décédé ou en fuite, si la société est dissoute et qu'il soit urgent de vendre les marchandises pour éviter leur dépérissement ou la baisse du cours, le juge des référés peut statuer. Paris, 2e ch., 11 fév. 1834, *Ordonnances*, 28, n° 1. — V. *sup.* n° 12 et *inf.* 114.

60. *Sentences arbitrales*. Doit-il ordonner la discontinuation des poursuites, si une opposition est formée à l'ordonnance d'*exequatur?* — Il le doit, s'il s'agit d'arbitrage *volontaire*. Paris, 2e ch., 1er juin 1831. — V. d'ailleurs *Arbitrage*, n° 508, 509 et 524.

61. *Enquêtes*. En matière d'enquête, le juge commissaire ne peut surseoir à ses opérations, les interrompre pour renvoyer les parties en référé sur les incidens qui s'élèvent, sauf le cas unique de l'art. 280 C. pr. (— V. *Enquête*, n° 290). — Spécialement, il ne peut interrompre l'audition des témoins, et renvoyer les parties au trib. en état de référé, si l'une d'elles s'oppose à la contre-enquête sous prétexte de forclusion ou de déchéance : une décision aussi grave ne doit pas être prise légèrement, et d'ailleurs les enquêtes seraient impossibles, si tous les incidens étaient suivis de référés. Cass. 9 mars 1836, D. 3, 136.

62. *Tierce-opposition.* — Le juge de référé doit-il suspendre les poursuites en présence d'une *tierce-opposition?* Cela dépend des circonstances. Souvent il les suspend, lorsque la partie ne connaît le jugement qu'au moment de l'exécution ; il lui donne le temps de former sa tierce-opposition, et arrête l'exécution, surtout si cette exécution doit avoir des suites irréparables : si cette tierce-opposition est formée, il renvoie la question de continuation des poursuites au trib. qui en est saisi. Paris, 3e ch., 5 mars 1823 et 8 août 1829. — Dans ce cas, il ordonne, le plus souvent, que *toutes choses demeureront en état. Ordonnances*, 31.—V. *inf.* n° 63.

63. *Toutes choses en état.* C'est là une suspension provisoire des poursuites ; on ne peut refuser au magistrat le droit de maintenir l'état de choses existant jusqu'à la décision du juge compétent, si les circonstances justifient cette détermination. *Ordonnances*, 31. —V. *inf.* n° 74 *in fine*.

64. *Actes et jugemens étrangers.* Si l'acte n'est pas revêtu de la formule exécutoire en France, ou n'a pas été rendu exécutoire par un trib. francais, le président suspend l'exécution. Paris, 2e ch., 7 janv. 1819 ; — à moins qu'il ne s'agisse d'un jugement rendu par un trib. Suisse ; ces jugemens n'exigent pas de révision en France ; mais une simple légalisation dans la forme prescrite par les traités. Traités, 27 sept. 1803, art. 15 ; 24 et 18 juill. 1828, art. 1er. *Ordonnances*, 19.

§ 2. — *Qui peut assigner en référé.*

65. Le référé peut être introduit par toutes les parties qui ont intérêt à faire ordonner une mesure provisoire, suspendre ou continuer une opération.

Et comme les ordonnances de référé ne portent pas de préjudice au principal, l'autorisation préalable n'est pas nécessaire, soit en demandant, soit en défendant, pour, 1° le tuteur ; — 2° le mineur émancipé ;— 3° la femme mariée ; — 4° les communes, les établissemens publics. Bilhard, 198.

66. Sont également recevables à provoquer un référé soit d'office, soit sur la réquisition des parties : — 1° les juges de paix pour les contestations qui s'élèvent lors des opérations d'apposition ou de levée de *scellés*. C. pr. 921, 923. — V. *sup.* n° 11 et suiv. — Mais ils ne peuvent ni conclure, ni figurer comme parties en cette qualité, dans les ordonnances de référé. Bruxelles, 28 mars 1810, P. 8, 214.

Décidé toutefois qu'un juge de paix a qualité pour appeler en son nom personnel d'une ordonnance de référé portant qu'il y a lieu à levée de scellés sans description. Bruxelles, 16 mars 1821, D. 11, 875, n° 1. — Cet arrêt est fondé sur ce qu'il s'agit *d'une question de vacations et d'une attribution de la place du juge de paix*; mais cette considération, d'un ordre secondaire, ne doit pas prévaloir sur le principe qui refuse au juge tout rôle actif et tout droit de conclure dans le référé.

67. 2° Les notaires, en cas de compulsoire ordonné incidemment à une instance engagée devant une C. ou un trib. et de différence signalée entre la minute et la grosse d'un acte. C. pr. 852; tarif 168. — V. *sup.* n° 8, et *Compulsoire*, n°s 20 à 24. — De contestations lors de *l'inventaire*. — V. ce mot, n°s 186 à 190.

68. 3° Les greffiers, mais seulement dans le cas où il existe des difficultés sur la collation d'un acte ou d'un jugement : ils dressent alors procès-verbal et en réfèrent au président. — Dans tous les autres cas où les greffiers peuvent être en cause, c'est au demandeur seul qu'il appartient d'introduire le référé contre ceux qui contestent, pour obtenir raison de leur résistance. Arg. C. pr. 845, 852.

§ 3. — *Juge compétent.*

69. En général, la connaissance des référés appartient exclusivement au président du trib. de 1re inst. ou au juge qui le remplace. C. pr. 807. — V. toutefois *inf.* n°s 70 et 71.

Le président doit être suppléé par le juge le plus ancien, à moins que celui-ci ne soit lui-même empêché. Décr. 30 mars 1808, art. 47.

L'ordonnance doit, *à peine de nullité*, faire mention de ces divers empêchemens. Colmar, 11 nov. 1831, S. 32, 353; Toulouse, 31 août 1839 (Art. 1529 J. Pr.).

Cette nullité est d'ordre public. Bourges, 7 avr. 1832, D. 32, 163.

70. Les mêmes pouvoirs sont accordés, au juge de paix 1° pour l'établissement d'un gérant provisoire dans le cas de l'art. 594 C. pr., — V. *sup.*, n° 36; — 2° pour résoudre, en cas de péril en la demeure, les difficultés qui s'élèvent, soit avant, soit après les scellés, sauf à en référer ensuite au président du trib.; — 3° pour nommer des experts, à défaut de trib. de comm., en cas de contestation sur réception de marchandises. C. comm. 106.

— V. d'ailleurs *Distribution par contribution*, n° 69.

71. Les présidens des trib. de comm. sont en général incompétens pour statuer en référé, ces trib. ne connaissant pas de l'exécution de leurs jugemens.

Toutefois, en matière de faillite, le président du trib. de

comm. a la même faculté que le président du trib. civ., en matière civile, pour statuer sur les difficultés relatives à l'apposition, à la levée des scellés ou à l'inventaire. Il y a analogie parfaite, et il doit avoir pour les affaires commerciales les mêmes attributions que le président du trib. civ. pour les matières ordinaires. Bilhard, 184. — Il en serait de même s'il s'agissait d'incidens sur la vente du mobilier après la faillite. *Ib.* 187. — De la délivrance de l'expédition non exécutoire d'un acte ou d'un jugement qui se trouverait entre les mains du greffier. *Ib.* 189. — De la délivrance d'une seconde grosse exécutoire. *Ib.* 190. — De la copie d'un acte non enregistré ou resté imparfait. *Ib.* — De difficultés relatives à la réception de marchandises expédiées à un négociant. C. comm. 106.

72. Par le mot *jugement,* l'art. 806 a entendu toutes les décisions judiciaires, quelque soit le juge qui les ait prononcées; il faut, pour atteindre le but de célérité que se propose la loi, reconnaître dans tous les cas l'attribution exceptionnelle du président du tribunal.

Néanmoins, si le référé est introduit à l'occasion de l'exécution d'un arrêt, doit-il être soumis au président du trib. de 1re inst.? — Le doute vient de ce qu'un trib. inférieur ne peut connaître de la décision émanée de la juridiction supérieure. Paris, 3 prair. an 11, 20 août 1810; Colmar, 10 nov. 1812, D. 11, 545 et 546. — Mais l'art. 472 C. pr. contient une exception à la règle d'après laquelle l'exécution appartient au trib. qui a rendu le jugement, pour le cas où *la loi attribue juridiction,* et cette exception s'applique aux référés. Le président du lieu où se poursuit l'exécution est investi du pouvoir de juger toutes les difficultés urgentes relatives, soit à un arrêt, soit à un jugement, parce qu'autrement il serait souvent impossible de s'adresser, à cause de l'éloignement des lieux, à l'autorité de laquelle émane l'arrêt. Carré, n° 2764; Favard, v° *Référé,* 777; Thomine, 2, 393. — V. *Appel,* n° 39, 393.

Selon nous, il n'y a pas à distinguer si la Cour a ou non confirmé la décision des premiers juges, si elle s'est ou non réservé la connaissance de l'exécution (C. pr. 472). — *Contrà,* Pigeau, *comm.* 2, 491; Coffinières, 5, 71; *Ordonnances,* 9 et 10; Arg. Paris, 27 mars 1819, 14 nov. 1821, 4 août 1827, 11 nov. 1831.

73. *Interprétation d'arrêts.* En aucun cas, le juge du référé ne peut connaître de l'interprétation d'un arrêt, soit parce que cette interprétation ne peut être convenablement faite que par le juge dont émane la décision. Décr. 30 mars 1808, art. 60 et 66; — soit parce que la juridiction inférieure ne peut interpréter les décisions de la juridiction supérieure. Paris, 3e ch., 6 déc. 1827, et 9 fév. 1832; *Ordonnances,* 10, n° 3.

74. Le juge du référé peut-il renvoyer devant le trib. les contestations qu'il croit devoir ne pas résoudre seul? —Pour la négative, on a dit: aucune disposition légale n'autorise le président à refuser de juger à lui seul en cette matière, et ne donne au trib. le pouvoir de prononcer en état de référé. Poitiers, 18 janv. 1825, D. 26, 50. — Mais l'affirmative, constamment suivie par le trib. et la C. de Paris, enseignée par les auteurs, a prévalu: les art. 60 et 66 décr. 30 mars 1808, permettent au président de renvoyer les parties en référé devant la chambre où il siége, à moins d'une contestation pendante devant une autre chambre, cas auquel cette dernière doit être préférée. Caen, 11 janv. 1832, S. 32, 202; Douai, 12 janv. 1832, D. 32, 55; Cass. 6 mars 1834, D. 34, 137; Pigeau, 1, 112 et 115; Berriat, 377, 378; Boitard, 3, 399; rapport de M. le conseiller Moreau, ancien président du trib. de la Seine. (Art. 793, J.Pr.).

Ainsi jugé même à l'égard des référés sur scellés et arrestations. *Mêmes arrêts*. Décidé en conséquence que bien que le juge des référés soit incompétent pour connaître de la validité du titre à l'exécution duquel on s'oppose, il peut renvoyer les parties à l'audience, *toutes choses demeurant en état*. Bordeaux, 25 nov. 1836 (Art. 793 J. Pr.) —V. *sup*. n° 63.

Dans ce cas, l'affaire est jugée sommairement sur simples conclusions, sans remise et sans tour de rôle. Quand le président renvoie à l'audience en état de référé, il n'y a rien de jugé; le trib. se substitue au président, et la décision ultérieure est purement provisoire, comme le serait l'ordonnance de référé. Cass. 31 juill. 1815, P. 13, 18. — V. *inf*. n° 133.

75. Mais le juge ne peut joindre le provisoire au fond pour être statué sur le tout par un même jugement: une pareille décision serait un déni de justice; — ce retard peut occasionner aux parties un tort irréparable.

76. On serait non-recevable à porter de prime-abord au principal une demande qui, d'après la loi, fait la matière d'un référé. Orléans, 19 mai 1808, S. 15, 206. — *Contrà*, Bilhard, 764.

Réciproquement, si on assignait en référé, pour un cas où le trib. entier doit connaître de la contestation, il y aurait lieu à prononcer d'office la nullité de l'assignation; c'est là une nullité d'ordre public. Cass. 29 avr. 1818, S. 20, 376.

77. Pour savoir au président de quel trib. on doit soumettre le référé, il faut se reporter aux règles de *compétence* tracées par l'art. 59 C. pr. — V. ce mot et *Trib. de première instance*.

78. Néanmoins, en cas de contestation sur l'exécution de jugemens ou actes qui requièrent célérité, le président du trib. *du lieu* statue provisoirement, sauf à renvoyer la connaissance du fond au trib. d'exécution. Arg. C. pr. 554. Boitard, 3, 394.

79. L'incompétence *ratione materiœ* du juge du référé peut

être proposée en appel, malgré le silence ou la procédure volontaire de la partie devant ce juge. Rennes, 23 déc. 1818, D. 11, 548, n° 16.

§ 4. — *Procédure.*

80. *Demande.* La procédure, toujours simple et expéditive, varie suivant que l'affaire est d'une urgence ordinaire, ou pressante ou qu'elle ne peut souffrir aucun retard.

Elle varie également suivant la nature de la difficulté. — V. *inf.*, n° 93 et suiv.

81. *Urgence ordinaire.* La demande est portée à une audience tenue à cet effet par le président, aux jour et heure indiqués par le trib. C. pr. 807.

Devant les trib. de comm. comme il n'y a pas d'audience de référé, les présidens indiquent eux-mêmes les jour, lieu et heure de la comparution, pour les cas qui leur sont déférés.

82. Les parties peuvent, d'un consentement mutuel, se présenter sans assignation devant le juge des référés, pour faire statuer sur leur différend. Arg. C. pr., 7.

83. Mais le plus ordinairement la demande est introduite judiciairement par l'une des parties contre l'autre. C. pr. 807, 808.

Dans ce cas, elle doit être formée par exploit d'huissier signifié à personne ou domicile, — et non par requête signifiée d'avoué à avoué. Paris, 7 juin 1809, D. 11, 548, n° 1 ; Favard, *hoc verbo*, 777 ; Carré, n° 2766 ; — ni par assignation donnée à un domicile élu. Rennes, 25 janv. 1818, D. 11, 549, n° 1.

84. Elle n'a pas besoin d'être autorisée préalablement par le juge ; cette formalité n'est exigée que pour les référés en l'hôtel du président. Arg. C. pr. 808 ; Montpellier, 6 août 1810, D. 11, 548, n° 2 ; Amiens, 16 août 1825 ; Pau, 21 mai 1832, D. 33, 65 ; Favard, *ib.* 777 ; Demiau, art. 807 ; Pigeau, 2, 493 ; Carré, n° 2765 ; Berriat, 317, note 7. — *Contrà*, Paris, 7 juin 1809, D. 11, 548 ; Biret, *Nullité*, 2, 270 ; *Prat. fr.*, 5, 57.

85. L'assignation doit contenir les énonciations exigées pour la validité des *exploits* ordinaires. — V. ce mot. Mais la constitution d'avoué n'est pas nécessaire à peine de nullité : d'une part, en effet, le titre 16 du Code de pr. *des référés* ne fait pas mention de la constitution d'avoué ; d'autre part, tout démontre l'inapplicabilité de l'art. 61 C. pr. ; *son texte*, il est question d'ajournement devant *les trib. inférieurs ; son esprit*, si d'ordinaire l'avoué de 1re inst. n'acquiert mandat que par la constitution, il n'en est pas de même en référé ; ici, l'avoué du défendeur n'a jamais besoin de se constituer. Pourquoi en serait-il autrement à l'égard du demandeur ? Toulouse, 4 juin 1824, D. 25, 113 ; Demiau, *ib.* ; Carré, n° 2768 ;

Favard, 778; Berriat, 772, n° 39; Thomine, art. 807; Chauveau *tarif*, 2, 285, n° 4; Boitard, 3, 397; Ordonn. 2° part. 5, n° 2. — *Contrà*, Delaporte, 2, 576; Lepage, Quest. 536. — Néanmoins dans l'usage, cette constitution a toujours lieu.

86. L'assignation en référé n'est point par elle-même suspensive de l'exécution à laquelle elle a pour objet de s'opposer, sauf par le demandeur à supporter tous dommages-intérêts, si en définitive le référé est reconnu fondé. Caen, 10 avr. 1827, S. 28, 205.

87. Le délai d'ajournement n'a pas été fixé, dans ce cas, par la loi. — On a prétendu que l'art. 808 C. pr., autorisant un bref délai, si le cas requiert célérité, on doit en conclure qu'à moins d'urgence, le délai de huitaine doit être observé. Demiau, art. 807. — Jugé en conséquence qu'au délai de huitaine doivent être ajoutés, s'il y a lieu, les délais de distance. Bourges, 13 juill. 1830, D. 31, 701; — mais le but du référé, l'urgence qu'il suppose, repoussent les délais ordinaires; autrement le référé ne serait plus un moyen facile de décider sur-le-champ une contestation. Du silence de la loi il faut induire que l'appréciation de ce délai doit être abandonnée à la sagesse du juge; que c'est à lui d'examiner si l'intervalle entre l'assignation et l'audience a été suffisant. Montpellier, 6 août 1810; Carré, n° 2767; Favard, 777; Thomine, art. 807; Coffinières, Chauveau, 18, 731, 13; Boitard, 3, 397.

Dans l'usage il y a au moins un jour d'intervalle. Si le défendeur faisait défaut, le président *pourrait* ordonner une réassignation. Arg. C. pr. 5. On a pu assigner le 16 pour le 19. Pau, 21 mai 1832, D. 33, 65. — On a même validé, à cause de l'urgence, une assignation donnée pour la première audience, alors qu'il n'y avait même pas un intervalle de vingt-quatre heures. Paris, 25 oct. 1838 (Art. 1317 J. Pr.).

88. *Affaire pressante.* Si l'affaire requiert une célérité telle, que l'on ne puisse attendre sans inconvénient le jour fixé pour l'audience des référés, le président, ou le juge qui le représente, peut permettre d'assigner, soit à l'audience, soit à son hôtel, à heure indiquée, même les jours de fêtes. C. pr. 808.

89. Cette permission s'obtient par ordonnance mise au bas d'une requête. Delaporte, 2, 377; Carré, n° 2770. — il suffit que cette requête soit signifiée par la partie; la signature d'un avoué n'est pas nécessaire. Bilhard, 554; Thomine, art. 808. Demiau, art. 808; *Ordonnances*, 1re part., 11.

90. Mais l'assignation ne peut être donnée qu'en vertu de l'ordonnance du juge par un huissier commis par lui à cet effet. C. pr. 808. — *Sous peine de nullité.* Bourges, 7 avr. 1832, D. 32, 163; Bourges, 29 août 1838 (Art. 1477 J. Pr.).

Cependant, si les parties comparaissaient sur une assignation donnée par un huissier ordinaire, il n'y aurait pas nullité. Bilhard, 346,—V. *sup.*, n° 43, et *Ajournement*, n° 57.

91. *Affaire très urgente.* Dans cette circonstance, les contestations peuvent être portées en état de référé à l'hôtel du juge sans assignation et sans permission préalables. Tels sont les référés en cas d'arrestation, de difficultés sur les scellés et l'inventaire, en un mot, dans tous les cas où l'on ne peut renvoyer au lendemain la suite des opérations. Orléans, 4 juin 1823, D. 11, 549, n° 3; Pigeau, 1, 495; Bilhard, 173; Boitard, 3, 398 et 403.

92. La question de savoir si l'urgence rentre sous l'application de l'art. 807 ou de l'art. 808 est une question de fait et de convenances; la loi ne pouvait tracer à l'avance par des caractères généraux dans quels cas l'urgence serait assez pressante pour nécessiter l'emploi de l'une ou de l'autre de ces dispositions. Boitard, 3, 398.

93. S'il s'agit de difficultés sur une apposition de scellé, le référé doit s'introduire et l'ordonnance s'inscrire sur le procès-verbal. C. pr. 922.

Le juge de paix n'est pas partie; il comparaît dans l'exercice de ses fonctions et ne doit pas être assigné. Bruxelles, 28 mars 1810, S. 10, 199 et suppl. 111. *Ordonn.* 4e part. 192, n° 1. — V. *sup.* n° 11.

94. Ce n'est pas non plus par assignation directe que se demande l'autorisation de continuer l'apposition des scellés dans d'autres cantons, soit à la ville, soit à la campagne; il faut autant de permissions, *par ordonnances sur requêtes*, qu'il y a de cantons dans lesquels les biens sont situés. *Disc. du tribun Gillet;* Pigeau, 555; *Ordonn.*, 4e part., p. 193, n° 1; — s'il s'agit d'apposer les scellés hors du domicile du défunt, mais dans le même arrondissement ou canton, le référé s'introduit sur le procès-verbal d'apposition. *Ib.*, 203, n° 2.

95. Le notaire peut aussi, en cas de difficultés sur la collation d'actes, indiquer sur son procès-verbal le jour où il en référera et apportera la minute au président; dans ce cas une assignation est inutile. Boitard, *ib.* — V. *sup.* n° 8.

96. *Instruction.* Aux jour et heure indiqués, les parties doivent comparaître devant le juge des référés, qui les entend dans leurs conclusions et explications orales. Boitard, 3, 397.

Il est souvent utile qu'elles comparaissent elles-mêmes. Elles le font journellement, surtout en cas d'expulsion, de travaux, etc., etc. *Ordonn.* 2e part. 6, n° 2.

97. Les conservateurs des hypothèques peuvent se défendre par simple mémoire, lorsqu'ils refusent la radiation d'une inscription; néanmoins ils doivent comparaître en personne

en référé, lorsqu'ils y sont appelés. Décis. min. 2 déc. 1807 D. 11, 549.

98. L'assistance des avoués n'est pas indispensable comme dans les instances ordinaires. La rapidité et la simplicité de la procédure de référé permet de se dispenser de leur ministère. — V. *sup.* n° 85.

99. Les parties peuvent se présenter, soit en personne, soit par un avoué ou par un mandataire dont le pouvoir reste annexé à l'ordonnance. *Ordonn.*, 2° part. 5, n° 1. — Dans l'usage, les clercs d'avoués plaident les causes de référé.

100. Le greffier doit assister le juge et signer l'ordonnance lorsqu'elle est rendue à *l'audience des référés*, parce que c'est une minute du greffe ; mais il ne doit ni assister le juge ni signer les ordonnances lorsqu'elles sont rendues sur *procès-verbal*, ou *à l'hôtel*, ou *sur l'heure*, ces ordonnances n'étant pas destinés à être des minutes du greffe. Arg. C. pr. 1040. *Ordonn.*, 7, n° 2.

101. Le ministère public n'est pas entendu : aucune loi n'exige sa présence. Orléans, 4 juin 1825. D. 14, 549, n° 5 ; Carré, n° 2769. — *Contrà*, Demiau, *ib.*

§ 6. — *Ordonnance ; ce qu'elle peut prescrire.*

102. Le juge des référés ne peut jamais statuer que par provision, et sans préjudicier au principal, soit quant au fond, soit quant aux exceptions même pour incompétence ; le principal doit toujours être décidé par les trib. ordinaires ; peu importe qu'il y ait ou non appel de l'ordonnance de référé. C. pr. 809 ; Bourges, 2 juill. 1825. D. 26, 19 ; Demiau, 489.

En cas d'urgence, il a le droit d'ordonner provisoirement le rétablissement d'un cours d'eau, sans préjudice de l'action possessoire qui peut être intentée plus tard devant le juge de paix. Rouen, 25 avr. 1826. S. 27, 50.

103. En aucun cas, il n'a qualité pour statuer sur le fond même du droit : son rôle se borne toujours à ordonner ou empêcher une mesure, à arrêter ou hâter une exécution ; avant de statuer, il peut bien ordonner *des mesures préparatoires pour éclairer sa religion*, telles qu'une comparution de parties, un compulsoire, une communication de pièces, un transport sur les lieux, ou bien encore une mesure interlocutoire ; par exemple, un rapport d'expert à l'effet d'estimer le dommage causé, une preuve testimoniale à l'effet de déterminer si la femme qui réclame une pension alimentaire de son mari a été expulsée du domicile conjugal ou l'a quitté de son plein gré ; mais il ne peut jamais juger le fond de la contestation. — V. *sup.* n°s 19 et 22.

Décidé spécialement que, bien qu'une ordonnance de référé,

statuant sur l'exécution d'un titre, ait fixé à une certaine somme le montant d'une créance réclamée, et qu'elle n'ait pas été attaquée par appel en temps utile, le débiteur n'en est pas moins recevable à débattre devant les juges du fond l'importance de son obligation. Bourges, 2 juill. 1825.

104. Ainsi, il n'aurait pas le droit 1° d'arrêter les poursuites d'un créancier auquel l'acquéreur serait chargé de payer le prix d'une adjudication, même en alléguant l'existence de créances hypothécaires qui primeraient le créancier agissant en vertu de l'adjudication; ce serait préjuger la décision du fond du procès. Turin, 2 août 1809, D. 11, 547, n° 6; Carré, n° 2758.

2° De décider si une partie est ou non obligée, d'après des conventions intervenues, de recevoir à un autre domicile qu'au domicile réel le paiement d'une rente viagère, tant pour les termes échus que pour ceux à écheoir : ce serait préjuger la question de validité du paiement. Rennes, 12 janv. 1810, D. 11, 547, n° 8.

3° D'ordonner qu'il sera passé outre, en donnant caution, à un partage malgré l'opposition d'un créancier de l'un des copartageans. Le créancier a le droit d'être présent au partage ou de l'attaquer lorsqu'il est fait malgré son opposition; et ce ne serait pas seulement ordonner une mesure provisoire, mais repousser au fond la prétention du créancier. Bourges, 28 janv. 1815, D. 11, 548, n° 12.

4° De prescrire qu'il sera sursis à l'apposition des scellés requise en vertu d'un jugement qui déclare un négociant en faillite. Bruxelles, 14 avr. 1820, D. *ib.* 548, n° 13;—ou qu'il sera passé outre à la vente, malgré la revendication formée par un tiers : il est incompétent pour statuer sur cette revendication. Liége, 13 juill. 1824, D. *ib.* 548, n° 14; Aix, 1er fév. 1831, D. 34, 147.—C'est là, en effet, une question de propriété.

5° D'ordonner l'exécution d'un jugement contre un tiers qui n'y a pas été partie. Paris, 3e ch., 11 avr. 1834, D. 34, 156. — *Contrà, Ordonn.* 16; Arg. Paris, 3e ch., 14 avr. 1829.

6° De recevoir une caution; le jugement, qui ordonne de la fournir, fixe le délai dans lequel elle sera présentée. C. pr. 517, et sa validité est jugée sommairement à l'audience, sans requête ni écriture. *Ib.* 521.—C'est donc le juge qui ordonne la caution qui doit vérifier sa solvabilité. — En cas de surenchère sur aliénation volontaire et quelques autres, il n'existe pas, à la vérité, de jugement qui ordonne la caution; mais nous ne croyons pas pour cela le juge des référés compétent pour l'admettre : le trib. a seul ce droit. Bourges, 10 déc. 1808, D. 11, 776, n° 2; Carré, 3, 2832; Pigeau, 2, 529; Berriat, 652.

7° De statuer seul sur le sens à donner au dispositif d'un jugement : sa compétence se borne à prononcer sur l'exécution d'un jugement dont les dispositions sont reconnues. Bourges, 16 mars 1822; Carré, n° 2756. — V. d'ailleurs *sup.* § 1.

8° D'ordonner l'exécution d'un jugement *en matière d'ordre*, alors que ce jugement étant attaqué par opposition et en vertu de *décrets spéciaux*, une demande en main-levée de cette opposition est pendante au trib. civil, à la requête du demandeur en référé; dans ce cas, l'ordonnance serait nulle, encore bien qu'elle prescrivît un sursis de quelques jours. Colmar, 12 août 1807, D. 11, 546, n° 2.

9° De continuer des poursuites de saisie-exécution, en présence d'une instance en nullité. Liége, 7 août 1824, D. 11, 548, n° 15.

105. Après avoir entendu les parties contradictoirement ou l'une d'elles seulement, si les autres font défaut, le président prononce son ordonnance : s'il juge que la mesure demandée n'est pas urgente, il se borne à le déclarer et à renvoyer les parties à se pourvoir au principal, attendu qu'il n'y a pas lieu à référé. Pigeau, *Comm.*, 2, 497.

Lorsqu'il s'agit d'exécution de jugemens ou actes, et que la difficulté élevée sur l'exécution est fondée, il renvoie pareillement les parties à se pourvoir au principal, et par provision ordonne la discontinuation des poursuites.

Si la contestation n'est pas fondée, il ordonne par provision que les poursuites commencées seront continuées, tout en réservant le droit des parties au fond.

Lorsque l'une des parties se présente et l'autre fait défaut, il n'y a pas lieu de joindre le défaut et d'ordonner la réassignation du défaillant : l'art. 153 C. pr. n'est point applicable à cette matière. Bordeaux, 24 juin 1833, D. 34, 186.

D'ailleurs, l'ordonnance de référé n'est pas susceptible d'opposition. — V. *inf.* n° 111.

106. Les dépens doivent être réservés. Rome, 3 oct. 1809, D. 11, 547, n° 7; Bourges, 24 juill. 1832, D. 34, 58; Bourges, 30 août 1831, D. 33, 21. — Ainsi que les dommages-intérêts. Metz, 1er juin 1833, D. 34, 185.

107. Les ordonnances doivent être motivées; — à peine de nullité : les ordonnances, dont il reste minute, peuvent être assimilées aux jugemens. Paris, 10 frim. an 11, D. 11, 549, n° 3 (rendu avant le C. pr.). Favard, 4, 778; Chauveau, 18, 741. — *Contrà*, Pigeau, 1, 113; Carré, n° 2771.

Il en est de même, à plus forte raison, du *jugement* statuant en état de référé. Arg. C. pr. 141; Thomine, art. 809.

108. La minute est ordinairement déposée au greffe. C. pr. 810; — mais dans le cas de difficultés de scellés (ou toute autre pour laquelle le juge de paix se pourvoit), d'inventaire, d'arrestation, etc., l'ordonnance est mise au bas du procès-verbal des juges de paix, notaires ou huissiers. Berriat, 378 ; Pigeau, *Comm.* 2, 497. — V. *sup.* n° 93 et suiv.

109. Le ministère d'avoué n'étant exigé ni pour le demandeur, ni pour le défendeur, il n'y a jamais lieu à rédaction et signification de qualités. L'expédition se fait sur la rédaction que donne le greffier, d'après les conclusions des parties. Pigeau, *Comm.*, 2, 497 ; Carré, n° 2778 ; Demiau, 489, *Prat. fr.*; Chauveau, *Tar.* 2, 288, n° 17. — L'urgence exige qu'il en soit ainsi. Cependant, dans l'usage, l'avoué qui a obtenu gain de cause dresse sommairement le point de fait de la contestation ; c'est ce qu'on appelle le *protocole* de l'ordonnance.

110. L'avoué du demandeur ne peut consigner dans le protocole d'autres dires que l'assignation, sinon l'avoué défendeur réclamerait le même privilége : on n'admet pas de tels dires dans les jugemens ; or, ici, tout étant l'œuvre de la justice, doit être dégagé d'entraves étrangères. *Ordonn.*, 2e part. 6.

111. Les qualités de l'ordonnance ne se signifient pas à l'avoué adverse ; et l'ordonnance elle-même se notifie seulement à la partie. Pigeau, 2, 496.

§ 6. — *Recours contre les ordonnances de référé.*

112. *Opposition.* Les ordonnances de référé rendues par défaut ne sont pas, en général, susceptibles d'opposition. C. pr. 809.—Autrement, le défendeur pourrait paralyser l'exécution d'une affaire dans laquelle il importe avant tout de prévenir les lenteurs. Boitard, 3, 400. — D'ailleurs, l'ordonnance du président épuise le premier degré de juridiction, parce qu'il résume en cette partie tous les pouvoirs du trib.

Il ne reste que la voie de l'appel.

113. Mais l'opposition serait-elle admissible contre un jugement rendu par défaut après renvoi par le juge de référé à l'audience ? Il faut distinguer avec Carré et Pigeau : — si le juge du référé a renvoyé au trib. pour être statué au principal, l'opposition sera recevable, car il s'agit d'un jugement ordinaire. — Si le juge a renvoyé pour être statué en état de référé, le jugement conserve sa nature de sentence sur référé, ce qui le laisse dans la catégorie exceptionnelle des jugemens non sujets à opposition. Carré, n° 2775 ; Pigeau, 1, 115.

114. Mais la règle précédente reçoit exception, 1° à l'égard de l'ordonnance du juge-commissaire qui statue sur le privilége du propriétaire dans une *distribution par contribution.* — V. ce mot, n° 73. — 2° Relativement à celles rendues par le président du trib. parties non appelées, et portant envoi de légataires en possession des biens d'une succession. Cette ordonnance peut être rapportée par le président lui-même sur l'opposition des tiers dont les droits ont été lésés par l'ordonnance. Toulouse, 10 juill. 1827, D. 28, 27; Thomine, 1, 399.

Jugé aussi que les membres d'une société ont le droit de former opposition à une ordonnance de référé qui autorise l'apposition des scellés sur les papiers d'un associé, requise par un autre associé. Paris, 19 fév. 1812, D. 11, 550.

115. En matière d'arrestation, il n'y a jamais lieu à défaut; le créancier est représenté par le garde du commerce, le débiteur comparaît en personne; néanmoins, ils peuvent se faire assister d'un conseil. *Ordonnances*, 2e partie, 8, n° 1.

116. Au reste, si les ordonnances de référé ne sont pas susceptibles d'opposition, c'est là une exception qu'il faut renfermer dans ses termes rigoureux. Boitard, 3, 402. — Aussi l'opposition est-elle recevable, contre l'arrêt qui statue par défaut sur l'appel d'une ordonnance de référé; l'art. 809 C. pr. ne parle en effet que des ordonnances. Bruxelles, 17 août 1807, S. 8, 267; Paris, 7 août 1807, D. 11, 551, n° 1; Carré, n° 2772; Berriat, 378, note 1; Merlin, *R.*, v° *Opposition*, art. 8; Thomine, *ib.*

117. *Appel.* L'appel est permis contre toutes les ordonnances de référé dans les mêmes circonstances que contre les jugemens. — V. *Appel*, n° 40, *Ressort*.

Il est porté à la C. roy., — non plus devant le président seul, mais devant une chambre de la cour.

118. La recevabilité de l'appel est-elle subordonnée à un *jugement* de 1re inst. survenu sur le mérite de l'ordonnance attaquée? — Le doute vient de ce que l'art. 809 emploie le mot *jugement* et semble l'opposer à *ordonnance*; — mais c'est par inadvertance que ce mot s'est glissé dans la loi. — L'art. 149 du tarif règle les frais sur les appels des *ordonnances* de référé. Turin, 19 août 1807; Poitiers, 16 fév. 1807; Turin, 15 juill. 1809; Cass. 12 avr. 1820, D. 1, 444; Carré, n° 2776.

119. L'appel n'est-il recevable que si l'objet du litige excède le taux du dernier ressort? — La C. Paris a décidé (24 août 1831, 2e ch., D. 32, 126) qu'une ordonnance de référé ne *statuant jamais sur le fond*, était *toujours* susceptible d'appel. — Néanmoins, la doctrine contraire a prévalu; elle est fondée sur les termes positifs de l'art. 809 C. pr., qui ne permet l'appel que *dans le cas où la loi l'autorise*. Paris, 19 août 1807, D. 1, 444; Pigeau, 1, 109; Poncet, 1, 54, n° 40; Boitard, 3, 400. — V. d'ailleurs *Appel*, n° 40 et l'art. 498 J. Pr.

Pigeau pense qu'à défaut d'appel, la voie de l'opposition est ouverte à la partie lésée devant le trib. de 1re inst.; mais cette opinion est repoussée par la disposition générale de l'art. 809 C. pr., qui interdit l'opposition; il ne reste donc d'autre ressource que de se pourvoir au principal. Berriat, 378, n° 11, Demiau, 489; Dalloz, 1, 444.

120. En cette matière, la C. roy. a-t-elle le droit d'*évocation*, et peut-elle juger le fond sans renvoyer les parties devant le trib. de 1re inst. ? — Dans une affaire où, sur l'appel d'une ordonnance de référé, un commandement avait été annulé, la C. cass. a jugé l'affirmative, mais par le motif que l'adversaire *avait plaidé au fond*. 24 août 1819, S. 20, 106. — V. *Appel*, n° 331. — Le motif n'est pas décisif en ce que, dans l'espèce, la cause était en état d'être jugée, et que, d'ailleurs, la C. avait prononcé, comme le juge du référé, la nullité du commandement. — Suivant nous, les véritables raisons de décider sont que le juge du référé ne pouvant prononcer qu'une allocation provisoire, ce serait dénaturer la demande que de la convertir à la C. en une instance définitive, et que, si l'on décide en appel que le juge du référé n'a pas été compétemment saisi, il n'y a pas eu légalement de premier degré de juridiction. — Néanmoins, ces motifs n'ont pas déterminé la C. Toulouse, qui a trouvé dans les art. 809 et 473 C. pr. le droit général d'*évocation*. 21 août 1838 (Art. 1201 J. Pr.).—Lorsque le juge du référé a été saisi incompétemment, porte cet arrêt, c'est devant le trib. entier que l'action est censée avoir été portée. Depuis 1790, l'administration de la justice étant collective, le trib. de 1re inst. est représenté par un de ses membres dans le référé, et l'annulation de la décision n'a lieu pour cause de compétence que parce que la formation du trib. n'était pas, dans ce cas, régulière. — La première solution nous semble toutefois plus conforme aux principes. — V. *Appel*, n° 331.

121. Jugé que la C. roy. qui serait compétente pour statuer sur l'appel d'une ordonnance de référé, le serait également pour prononcer sur les dommages-intérêts occasionnés par l'exécution donnée à cette ordonnance. Cass. 12 avr. 1820, S. 20, 378.

122. L'ordonnance de référé, qui accorde un sursis à des poursuites commencées, par exemple, à une saisie conservatoire, est une décision définitive et pouvant porter grief. Par suite, elle est susceptible d'appel, quoique le juge de référé, en accordant le sursis, ait renvoyé les parties à une autre audience en état de référé. Toulouse, 29 nov. 1832, D. 33, 47.

123. Est également susceptible d'appel l'ordonnance qui, l'une des parties demandant la levée pure et simple de scellés apposés, et l'autre la nomination d'un séquestre et d'un notaire pour procéder à l'inventaire, se borne à décider que les scellés seront levés dans les formes voulues par la loi, avec description et inventaire, et renvoie pour le surplus les parties à l'audience. Bruxelles, 6 sept. 1822, D. 11, 550, n° 1.

124. Il en est de même d'une ordonnance de référé et d'un jugement qui, autorisent un prétendant droit à une succession à assister à la levée des scellés ; ce ne sont point des décisions préparatoires dont il n'est pas permis d'appeler avant le jugement définitif. Cass. 25 nov. 1818, D. 4, 749.

125. Lorsqu'une C. annulle l'assignation en référé, elle peut se dispenser d'examiner toutes les autres questions ; la nullité de la citation emporte la nullité de l'ordonnance du premier juge. Rennes, 23 janv. 1818, D. 11, 549.

126. Les jugemens rendus en état de référé par le trib. entier sont, quant à l'appel, assujettis aux règles prescrites pour les ordonnances. Paris, 3 mars 1810, P. 8, 148; Carré, n° 2775. — Dès lors, l'appel doit être interjeté dans la quinzaine. *Même arrêt*. Paris, 14 mai 1835, D. 37, 45.

127. Dans le cas où l'appel est permis, il peut être interjeté avant le délai de huitaine, à dater du jugement. C. pr. 809, — ou de l'ordonnance. Carré, n° 2774. — V. *Appel*, n°s 103 à 108.

128. Il n'est plus recevable, s'il a été interjeté après la quinzaine à dater de cette signification. C. pr. 809. — Ce délai est de rigueur. Rouen, 18 fév. 1819; Rennes, 22 janv. 1819, D. 11, 550, n° 3.

129. La règle *Dies termini non computatur in termino* n'est pas applicable ; si donc une ordonnance a été signifiée le 28 août, l'appel a dû être formé le 12 sept., à peine de déchéance. Peu importe que le 12 fût un dimanche. Limoges, 3 juill. 1824, S. 26, 173 ; Amiens, 16 août 1825, S. 27, 18.

130. Le débiteur étranger a trois mois pour appeler de l'ordonnance en vertu de laquelle il a été emprisonné. — V. *Emprisonnement*, n° 105.

131. L'appel doit, *à peine de nullité*, être interjeté par exploit à personne ou au domicile. Paris, 7 juill. 1810, D. 11, 550 ; — *réel :* la signification à un domicile élu est une exception qui a besoin d'être autorisée par la loi. Bordeaux, 23 juill. 1835 (Art. 338 J. Pr.).

32. Il est jugé sommairement et sans procédure. C. pr. 809. — Il ne peut être joint à une autre contestation, attendu l'urgence. — Il n'est pas suspensif.

133. Le recours en cassation n'est pas admis contre les décisions sur référé ; elles sont provisoires et toujours réparables en définitive. On ne peut se plaindre devant la Cour suprême de la violation de lois que l'on est recevable à invoquer encore devant les juges du fond. Cass. 31 juill. 1815. — V. *sup*. n° 74.

§ 7. — *Exécution des ordonnances de référé.*

134. Les ordonnances de référé (et les jugemens rendus en cet état. Paris, 19 fév. 1812, P. 10, 129), sont toujours exécutoires par provision. C. pr. 809, — encore bien que cette exécution n'ait pas été prescrite expressément par le juge. Pigeau, *Comm.* 2, 496.

Elle a lieu sans caution, si le juge n'a pas ordonné qu'il en serait fourni une. C. pr. 809. — La caution ordonnée est présentée en la forme ordinaire. Pigeau, *ib.* — V. *Réception de caution.*

Le juge peut déterminer la somme à fournir ou la caution à donner, mais non pas fixer un délai pour la présentation et la contestation ou l'acceptation ; la partie la fournira quand elle voudra exécuter l'ordonnance. *Ordonnances*, 2e part., 6, 3.

135. Dans le cas d'absolue nécessité, le juge a le droit d'ordonner l'exécution de son ordonnance sur la minute. C. pr. 811. — La rédaction se fait à l'instant même sur timbre par l'avoué qui a obtenu l'ordonnance en sa faveur, et elle est signée immédiatement par le président.

136. Mais elle doit être enregistrée. — L'huissier exécute autant qu'il est en lui cette disposition, quand il fait enregistrer l'ordonnance en même temps que l'exploit d'assignation. Décis. min. fin. 13 juin 1809.

137. Néanmoins, il arrive quelquefois que le président dispense même de la formalité préalable de l'enregistrement.

Dans ces différens cas, il nomme toujours un huissier à l'effet de procéder à l'exécution et de rapporter la minute au greffe. Sans cette commission d'huissier, la responsabilité du greffier, gardien des minutes, serait compromise. Dans l'usage, il ne la confie aux officiers ministériels que sur récépissé. — On lui alloue un droit de 3 fr. *Ordonnances*, 2e part., 7, no 1.

138. On peut exécuter une ordonnance de référé sans qu'elle soit expédiée dans la forme prescrite pour les jugemens ordinaires. C. pr. 146; Rouen, 18 fév. 1819, D. 11, 550, no 3. — V. *sup.* nos 108 et suiv.

139. Il n'est pas indispensable que l'ordonnance soit signifiée à avoués avant l'exécution ; leur ministère n'est pas nécessaire. Bilhard, 703.

M. Pigeau (*Comm.* 2, 496) dit que, dans l'usage, cette signification est bien faite à avoué, mais seulement au domicile de celui-ci. — Cet usage n'est plus le même aujourd'hui.

140. Les dispositions précédentes s'appliquent aux arrêts rendus par les C. royales dans les cas d'urgence extrême. Cass. 10 janv. 1814, D. 11, 752, no 7.

141. Le créancier peut, en vertu d'une ordonnance défini-

tive de référé, se livrer à toute espèce d'exécution contre son débiteur : son droit résulte en effet d'un titre exécutoire. C. pr. 551. — Néanmoins, la contrainte par corps ne peut être exercée, car elle ne saurait résulter que de la loi et d'un jugement, excepté dans le cas d'arrestation provisoire d'un débiteur étranger. — V. *Emprisonnement*, n° 95.

142. Le tiers saisi qui paie en vertu d'une ordonnance de référé exécutoire par provision, est valablement libéré, encore que sur l'appel cette ordonnance ait été annulée. Turin, 15 juill. 1809, P. 7, 687; Rouen, 6 mai 1829, D. 31, 1, 216; Roger, *Saisie-arrêt*, n° 622.

§ 8. — *Enregistrement.*

143. L'ordonnance de référé est passible d'un droit fixe de 3 fr., exigible sur la minute. L. 22 frim. an 7, art. 68, § 2, n° 6.

Celle qui autorise l'héritier à faire procéder à l'inventaire et à la vente du mobilier, à donner congé de l'appartement qu'occupait le défunt, etc., n'est pas sujette à autant de droits qu'elle prescrit de mesures distinctes : il ne suffit pas qu'un acte quelconque contienne plusieurs dispositions pour qu'il y ait lieu à la perception de plusieurs droits, il faut encore que ces dispositions ne soient pas dépendantes et ne dérivent pas nécessairement l'une de l'autre. Solut. Rég. 17 mai 1830.

§ 9. — *Formules.*

FORMULE I.

Assignation en référé.

(C. pr. 807. — Tarif, 29. — Coût, 2 fr. orig.; 50 c. copie.)

L'an , le , à la requête du sieur , demeurant à , pour lequel domicile est élu en la demeure de Me , avoué près le tribunal de première instance de , sise à , lequel occupera sur la présente assignation, j'ai (*immatricule de l'huissier*), soussigné, donné assignation au sieur , demeurant à , en son domicile, où étant et parlant à

A comparaître le (*un jour d'intervalle*), heure , par-devant M. le président du tribunal de première instance du département de , tenant l'audience des référés en son cabinet, à , au Palais-de-Justice;

Pour, au principal, voir renvoyer les parties à se pourvoir, et cependant dès à présent par provision, attendu que le sieur n'a aucun titre exécutoire contre le sieur qu'il ne peut avoir contre lui qu'une action qu'il n'a pas même encore intentée, voir dire et ordonner que les poursuites et contraintes commencées contre ledit sieur , à la requête du sieur , par un commandement de , huissier, en date du , seront discontinuées; en conséquence, que tous gardiens provisoires ou autres qui seraient établis, seront tenus de se retirer à la première sommation qui leur en sera faite, sinon, et faute de ce faire dans le jour de la signification de l'ordonnance à intervenir, entendre autoriser le requérant à les expulser en la manière accoutumée : ce qui sera exécuté par provision nonobstant l'appel et sans y préjudicier; à ce qu'il n'en ignore; et j'ai au sus-nommé, en son domicile et en parlant comme ci-dessus, laissé copie du présent, dont le coût est de

FORMULE II.

Requête à fin de permission d'assigner extraordinairement en référé.

(C. pr. 808. — Tarif, 76. — Coût, 2 fr.)

A M. le président du tribunal de première instance de

Le sieur , demeurant à , a l'honneur de vous exposer que, par exploit de , huissier, en date du , enregistré, il a fait donner congé, pour le 1er avril, au sieur , d'un appartement sis à ;

Que c'est aujourd'hui le 15 avril, à midi, que le sieur doit sortir; mais qu'il paraît s'y refuser; que cependant l'exposant a loué les lieux qu'il occupe, et que son nouveau locataire doit entrer aujourd'hui même ; pourquoi l'exposant requiert qu'il vous plaise, M. le président, attendu l'urgence, permettre au sieur de faire donner assignation audit sieur , à comparaître aujourd'hui, avec une heure d'intervalle, par-devant vous, en votre hôtel, pour, au principal, voir renvoyer les parties à se pourvoir, et cependant et par provision, attendu que le congé des lieux par lui occupés a été donné en temps utile, que ledit congé est régulier en la forme et juste au fond, voir dire et ordonner qu'il sera tenu de sortir de suite desdits lieux, faire place nette, remettre les clefs, justifier du paiement de ses impositions de toute nature, payer ses loyers, faire toutes les réparations locatives, et généralement satisfaire aux obligations des locataires sortans, sinon, et faute de ce faire, qu'il sera expulsé, et ses meubles et effets mis sur le carreau ou sequestrés pour sûreté des loyers, des réparations et de la justification de l'acquit des contributions, pour lesdits meubles saisis être vendus en la forme ordinaire et accoutumée et sur les lieux, pour en éviter le dépérissement; à cet effet, entendre autoriser le requérant par l'ordonnance à intervenir, à se faire assister du commissaire de police du quartier, et même requérir la force publique, si besoin est;

Comme aussi, attendu qu'il deviendra nécessaire, si les réparations locatives ne peuvent pas être faites de suite de les constater; dire et ordonner que, par l'huissier porteur de ladite ordonnance à intervenir, il sera fait un état sommaire, en présence de deux voisins, desdites réparations pour servir et valoir ce que de raison au principal: ce qui sera exécuté par provision nonobstant l'appel; et vous ferez justice. (*Signature de l'avoué* ou *de la partie.*)

Ordonnance.

Vu par nous la requête ci-dessus, permettons au sieur de faire assigner le sieur à comparaître par-devant nous en notre hôtel sis à , aujourd'hui même à , heure, pour procéder aux fins de ladite requête et sera l'assignation donnée par , huissier de ce tribunal, que nous commettons.

Fait à , au Palais-de-Justice, le (*Signature du président.*)

RÉFORMATION. Annulation de tout ou partie, soit d'un acte, soit d'un jugement. — V. *Faux*, n° 171; *Jugement*, Sect. VII.

RÉFONDRE, REFUSION. — V. *Dépens*, n° 84.

REFUS DE FONCTIONS. — V. *Déni de justice, Prise à partie.*

REGISTRE. On distingue les registres publics et les registres privés.

Publics. Tels sont ceux des actes de l'état civil. —V. ce mot, n° 1 et suiv.; — des conservateurs des hypothèques. — V. *Inscription hypothécaire*, n° 34 et suiv.; — de *l'enregistrement.* — V. ce mot; — des immatricules. — V. *Exploit*, n° 82; — des causes.—V. *Audience*, n° 9 : *Rôle;* — des matrices du rôle. — V. *Saisie immobilière.*

Privés. Tels sont ceux des chambres des officiers ministériels. — V. *Discipline*, nos 106, 107; *Huissier*, n° 159; — des *avoués.* — V. ce mot, n° 92; — des commerçans. — V. *Livres de commerce;* — d'inscription des clercs. — V. *Stage;* — de protêts. — V. *Effet de commerce*, n° 113.

REGLEMENS (LOIS ET). — V. *Compétence*, nos 1 à 5.

RÉGLEMENT (ARRÊT DE). Dispositions réglementaires qu'arrêtaient les parlemens et les conseils supérieurs sur toutes sortes de matières, pour être lues et publiées comme les lois dans leur ressort, et en avoir provisoirement toute l'autorité, sous le bon plaisir du roi.

RÉGLEMENT DE COMPTE. — V. *Reddition de compte.*

RÉGLEMENT DÉFINITIF, PROVISOIRE.—V. *Distribution par contribution, Ordre.*

RÉGLEMENT DE JUGES (1). Décision d'une autorité supérieure qui vide un conflit de juridiction élevé entre plusieurs trib. indépendans les uns des autres.

DIVISION.

§ 1. — *Cas dans lesquels il y a lieu à réglement de juges.*

1. Le réglement de juges proprement dit a pour but de vider le conflit de juridiction entre les trib. judiciaires, et ne s'applique pas au conflit d'attribution élevé entre l'autorité judiciaire et l'autorité administrative. — V. *Conflit*, n° 2 et suiv.

2. Il y a lieu à réglement de juges dans les cas, — 1° de conflit positif. — V. *inf.* art. 1 ; — 2° de rejet de déclinatoire pour incompétence. — V. *inf.* art. 2 ;— 3° de conflit négatif. — V. *inf.* art. 3.

Art. 1. — *Conflit positif.*

3. Le conflit de juridiction est positif quand deux ou plusieurs trib. sont saisis simultanément d'un différend identique. Ordonn. 1737, tit. 2, art. 1, C. pr. 363 ; — ou connexe. — V. *inf.* n° 18.

4. *Tribunaux,* soit civils soit de commerce : il y a même motif pour les uns que pour les autres et peu importe que l'art. 363 C. pr. ne parle que des trib. de paix et de 1re inst. Cass. 23 déc. 1807, S. 9, 63; 9 janv. 1821, P. 16, 293 ; 26 mars 1838 (Art. 1163 J. Pr.); —V. *Péremption,* n° 18; Favard, *hoc verbo,* § 1 ; Carré, n° 1321.

(1 Cet article est de M. Legé, avoca a conseils du roi et à la Cour de cassation.

5. Lors même que les deux trib. ressortissent à la même autorité supérieure, la loi ne fait aucune distinction. Carré, n° 1326 ; — suivant M. Delaporte, 1, 334, on doit alors se borner à opposer le déclinatoire.

6. Mais il faut que les trib. soient français;

Lorsqu'une personne a le droit de traduire son débiteur devant un trib. français ou devant un trib. étranger, la circonstance qu'il y a poursuite en pays étranger n'empêche pas que le trib. français, ultérieurement saisi de l'affaire, ne statue valablement. Paris, 23 therm. an 12, S. 7, 2, 855.—V. *Etranger*, n°s 13 et 18.

7. *Saisis*. Le seul fait de l'introduction de l'instance suffit; il n'est pas nécessaire que chacun des trib. saisis ait déjà prononcé sur sa compétence. Carré, L. *Compét.*, 2, 116.

8. Ainsi, est recevable à demander un réglement de juges le demandeur assigné, par le même adversaire, sur quatre demandes reposant sur le même titre et fondées sur le même moyen, devant quatre trib. différens. Cass. 20 fév. 1834, D. 34, 218.

9. Mais le demandeur originaire qui a assigné des débiteurs devant des trib. différens, a par là reconnu leur compétence, et ne peut demander que la connaissance de toutes ces instances soit attribuée à un autre trib. : il n'a que la faculté de se désister de ses demandes originaires et de donner de nouvelles assignations. Cass. 4 pluv. an 12, v° *Compét.*, 255.

10. Toutefois, il y a lieu à réglement de juges, quand même toutes les parties reconnaissent la compétence territoriale du trib. revendiqué, s'il existe dans la procédure des décisions rendues par un trib. ressortissant d'une C. différente, et qui s'est déclaré compétent pour prononcer sur divers chefs de la contestation. Cass. 7 mai 1822, P. 17, 329.

11. Si au contraire aucun trib. n'est encore saisi d'un différend, il n'y a pas lieu à réglement de juges, car ce serait une indication de juges qui n'est autorisée que dans les cas prescrits par la loi. Turin, 2 fév. 1812, S. 14, 350.

12. Le réglement de juges peut être introduit, soit par la partie dont l'exploit d'assignation est antérieur en date, soit par celle dont l'exploit est postérieur. Cass. 1er mars 1826, S. 26, 460.

13. *D'un différent identique*. Peu importe qu'il soit soutenu par la même personne contre deux parties différentes, pourvu qu'il y ait identité d'objets. Berriat, 338, note 2.

Ainsi, il y a lieu à réglement de juges lorsque la vente judiciaire d'un immeuble saisi se trouve poursuivie contre le débiteur par deux créanciers devant deux trib. à la fois. Cass. 29 mai 1838 (Art. 1277 J. Pr.).

14. L'identité absolue n'est pas indispensable : il suffit que l'une et l'autre demande aboutissent au même résultat.

Ainsi doivent être réputées identiques, 1° la demande d'un créancier tendant à faire déclarer qu'un individu n'est que le prête-nom de son débiteur, et l'action de ce prête-nom en radiation de l'inscription prise par le créancier sur ses biens, action fondée sur ce qu'il est véritable propriétaire. Cass. 5 mai 1829, D. 29, 390.

2° La poursuite de vente sur saisie immobilière et celle sur conversion. Cass. 29 mai 1838 (Art. 1277 J. Pr.).

3° La poursuite à fin de paiement par action hypothécaire et celle par action personnelle lorsque les deux demandes reposent sur le même titre, et que la défense est aussi la même dans les deux instances. En conséquence, si la décision relative à l'action réelle vient à être cassée par la C. suprême, et que par suite l'affaire soit renvoyée devant une autre C., il y a lieu à réglement de juges. Ce réglement est porté devant la C. cass., qui renvoie l'instance relative à l'action personnelle devant la C. déjà saisie de la connaissance de l'action réelle. Cass. 20 août 1817, S. 17, 341.

15. Mais s'il n'y a nulle identité, nulle possibilité de faire marcher à la fois les deux instances devant les deux trib., il n'y a pas lieu à réglement de juges, par exemple : la demande en folle-enchère formée devant le trib. qui avait prononcé l'adjudication et la demande en licitation des biens adjugés, portée devant le trib. de la situation de ces biens, par les héritiers de l'adjudicataire, constituent deux litiges différens qui ne peuvent donner lieu à un réglement de juges, lorsque d'ailleurs le droit de poursuivre la folle-enchère n'est pas contesté devant ce dernier trib. Cass. 9 janv. 1834, D. 34, 371.

16. La demande en réglement de juges pour identité (ou pour connexité. Dalloz, v° *Compét.*, 244) n'est pas recevable lorsque l'une des demandes est en degré d'appel devant un trib., et l'autre en 1re inst. devant un juge d'un autre ressort. Cass. 14 juin 1815, D. *ib.*, p. 259. — La partie assignée en premier degré de juridiction peut, en prouvant l'identité de la demande avec celle en litispendance devant le juge du second degré, opposer une fin de non-recevoir fondée sur ce que cette demande a été déjà jugée en 1re inst., Carré, *Compét.*, 2, 124, note.

Mais elle est recevable lorsqu'une décision a accordé provisoirement la demande qui était déjà faite devant un autre trib. ; par exemple, quand par une décision non attaquée, le juge a prononcé l'adjudication préparatoire d'un immeuble dont la saisie est poursuivie devant un autre trib. Cass. 7 mai 1822, P. 17, 329.

17. Elle est même recevable lorsqu'un trib. s'est déclaré

compétent pour prononcer sur un incident d'une saisie-immobilière poursuivie devant un autre trib.; que ce jugement a été l'objet d'un appel et que l'appelant s'est désisté, mais que le désistement n'a pas été accepté par l'intimé, car alors la C. roy. est restée saisie de la contestation. *Même arrêt.*

18. *Un différend connexe.* L'art 363 C. pr. ne parle pas, il est vrai, comme l'art. 171 relatif au renvoi, du cas où il y a connexité entre deux instances; mais il y a même raison de décider. Cass. 20 août 1817, S. 17, 311 — V. *Exception*, n° 48. Berriat, 306, note 2, Carré; n° 1320.

« Les mesures géminées outre qu'elles obligeraient les créanciers à disperser leurs titres pour les produire en même temps devant les tribunaux qui sont en concours pour statuer sur les contestations élevées devant eux, multiplieraient les frais et occasionneraient des longueurs. Cass. 3. fruct. an 13, D. 10, 856, n° 1. —Ainsi décidé à l'égard de la distribution des deniers provenant de plusieurs saisies. Cass. 23 août 1809., D. *ib.* et à l'égard de plusieurs ordres. Cass. 1er oct. 1825, D. 26, 48.

19. Les trib. apprécient souverainement la question de savoir s'il y a ou non connexité. Cass. 28 déc. 1807, D. v° *Compét.* 259.

20. Il y a en général connexité entre deux demandes reposant en sens contraire sur le même fondement, et dont le succès est subordonné à la décision d'une même question. Paris, 5 mai 1829, S. 29, 248. — V. d'ailleurs *Exception*, nos 41 à 62.

21. La partie qui a le droit de former une demande en réglement de juges pour conflit positif peut, si elle le préfère, prendre la voie du déclinatoire pour incompétence. — V. *Exception*, sect. II, § 1er. Carré n° 1322.

Au reste, la demande en réglement est plus prompte et plus sûre que celle en renvoi, en ce que la partie qui la propose peut obtenir que toutes choses restent en état, jusqu'à ce qu'on ait décidé lequel des deux trib. doit connaître des deux instances. Carré, *ib.* — V. *inf.* n° 49.

22. Une fois le réglement prononcé, on ne peut plus proposer le déclinatoire : ce qui a été décidé par l'autorité compétente ne saurait être remis en question. Carré, *ib.*, note 1.

23. Si l'on a commencé par opposer le déclinatoire, et qu'il ait été accueilli, la demande en réglement est également non-recevable, il n'y a plus deux trib. saisis : on ne peut donc se pourvoir que par appel. Ord. 1737, tit. 2, art. 19; Cass. 25 therm. an 12, S. 7, 2, 879.

Art. 2. — *Rejet d'un déclinatoire.*

24. Le seul fait du rejet d'un déclinatoire proposé constitue une espèce de conflit positif, et motive une demande en réglement de juges, aux termes de l'art. 19, Ord. 1737, qui n'a été abrogé ni par la loi du 27 vent. an 8, ni par l'art. 363 C. pr.; Cass. 30 juin 1807, S. 8. 229; 15 juil. 1812, 4 mars 1818, S. 19, 290; 19 juil. 1828, S. 28, 288; 26 fév. 1839 (Art. 1372 J. Pr.); — Merlin, *Rép. hoc verbo*, § 1, n° 8; Carré, n° 1323.

Mais cette ordonnance de 1737 n'est restée en vigueur que pour la procédure devant la C. de cass.; elle est abrogée en tout ce qui concerne la procédure suivie devant les autres trib. et prévu par le C. de proc. Cass. 26 mars 1838(Art. 1163. J. Pr.).

25. Ce mode de procéder tient lieu de l'appel du jugement qui a rejeté le déclinatoire. Cass. 30 juin 1807, S. 8, 229; — ou du pourvoi en *cassation* (—V. ce mot, n° 68) soit contre l'arrêt confirmatif, si la voie de l'appel a été épuisée. Ord. 1737, art. 28; Cass. 24. vend. an 10 (S. 2, 73), soit contre le jugement s'il est en dernier ressort. Cass. 14 mars 1826, D. 26, 180. — et procure une expédition plus prompte des affaires.

26. Mais pour qu'il soit admis, il faut 1° que les deux trib. saisis, ou le trib. saisi et celui que l'on prétend compétent ne ressortissent pas tous à la même C. roy., autrement on doit se pourvoir par la voie de l'appel. C. pr. 363; Cass. 15 avr. 1817, S. 17, 231; 20 janv. 1818, Limoges; 10 fév. 1821 D. 3, 385.

27. 2° Qu'il reste quelque chose à juger; conséquemment il n'y a plus lieu à réglement, si les juges de *dernier ressort*, en rejetant le déclinatoire, ont statué *contradictoirement au fond*. Cass. 21 niv. an 13, S. 5, 110; 7 août 1807, S. 19, 1, 68; 27 mai 1812, S. 12, 304; 22 mai 1821, D. 3, 253.

28. Les *juges de dernier ressort*. Si la partie qui a succombé dans son déclinatoire en 1re inst. a demandé immédiatement le réglement de juges avant d'avoir interjeté appel, il y a lieu à admettre sa demande, bien que le jugement ait statué au fond. Le jugement n'ayant été prononcé qu'en premier ressort, la contestation reste encore à juger. Cass. 30 juin 1807, S. 8, 229.

29. Mais, pour profiter de cet avantage, il est nécessaire que, même devant le trib. de 1re inst., la partie qui proposait le déclinatoire n'ait pas défendu au fond. Cass. 14 mars 1826, S. 26, 409; Carré, nos 1324, 1325. — V. *Exception*, n° 30.

Ainsi, il n'y a pas lieu à réglement de juges, lorsqu'un individu, après avoir appelé d'un jugement qui rejette le déclinatoire qu'il avait proposé, a appelé aussi d'un jugement qui a statué contradictoirement sur le fond, et qu'un même arrêt a prononcé sur l'appel de ces deux jugemens. Cass. 27 mars 1812, S. 12, 304. — Peu importe que devant la Cour l'appelant n'ait plaidé que sur la compétence et non sur le mal jugé : son appel suffit pour saisir la Cour. Cass. 12 juill. 1814, S. 14, 172.

Toutefois, la simple constitution d'avoué sur la demande des adversaires ne forme pas une défense au fond qui rende la demande en réglement de juges non-recevable. Cass. 1er mars 1826, S. 26, 460.

30. *Contradictoirement.* Si le jugement a été rendu par défaut, il y a lieu d'admettre le réglement de juges, quand même ce jugement a statué sur le fond. Cass. 20 juill. 1815, S. 15, 379 ; 8 juin 1826, D. 26, 304.

Si ce sont deux jugemens par défaut qui ont statué au fond, et qui ont été rendus par deux trib. incompétens, la C. cass. nomme un troisième trib. pour connaître de la contestation. Cass. 25 mai 1815, S. 15, 396; Favard, *ib.*, sect. 1re, § 1, n° 3.

31. La demande en réglement n'est plus recevable 1° si l'on a laissé acquérir au jugement ou à l'arrêt que l'on voudrait attaquer par cette voie la force de la chose jugée, en ne se pourvoyant pas dans les délais de l'appel ou du recours en cassation. Cass. 16 pluv. an 13, S. 6, 41 ; Merlin, *ib.*, § 1, n° 5 ; — soit qu'il ait statué seulement sur la compétence. Cass. 30 janv. 1817, S. 17, 111 ; — soit qu'il ait statué au fond. Cass. 14 fév. 1828, S. 28, 373.

Toutefois, dans une espèce où un trib. s'était déclaré compétent par un jugement passé en force de chose jugée, et où postérieurement un arrêt de la C. roy. d'un ressort différent avait confirmé un jugement rendu antérieurement, qui rejetait le déclinatoire proposé dans une demande résultant du même titre, la C. suprême, statuant *par voie de réglement de juges*, a ordonné que les parties procéderaient devant le premier trib. Cass. 9 janv. 1821, D. v° *Compét.*, 258. — V. toutefois Favard, *Rép. hoc verbo*, sect. 1re, § 1, n° 3.

32. 2° Quand il s'agit d'un jugement par lequel un trib., sur la question de savoir s'il devait procéder comme juridiction civile ou juridiction criminelle, a déclaré ne pouvoir procéder qu'en la première de ces deux qualités : c'est par voie de cassation que l'arrêt peut être attaqué. Cass. 16 brum. an 13, S. 7, 2, 165 ; 17 juill. 1823, S. 23, 404; Merlin, *Rép.*, *ib.*, § 1, n° 6.

33. 3° Lorsque la demande tend à renvoi, soit devant l'autorité administrative, soit devant un trib. étranger : la C. cass. ne peut régler la compétence qu'entre les trib. français. Cass. 30 mai 1827, S. 27, 425.

Par la même raison, la demande en réglement de juges ne saurait être formée par des étrangers qu'autant qu'ils déclinent des juges français pour d'autres juges français. S'ils réclament leur renvoi devant des juges étrangers, ils n'ont que la voie ordinaire de l'appel contre le jugement du trib. français qui s'est déclaré compétent. Cass. 25 janv. 1825, S. 25, 196.

34. 4° Lorsque l'exception d'incompétence reposait sur l'interprétation d'un contrat intervenu entre les parties : en pareil cas, l'appel est le seul recours admissible contre le jugement qui rejette le déclinatoire. Ordonn. 1737, tit. 2, art. 19; Cass. 2 avr. 1834, D. 1838, 372.

Spécialement, lorsqu'une clause d'un contrat d'assurance contre l'incendie porte que toutes contestations entre l'assuré et les assureurs seront jugées par arbitres, si l'assuré, à la suite d'un sinistre, venant à actionner les assureurs devant le trib. de la situation de l'immeuble incendié, les défendeurs opposent l'incompétence de ce trib., en se fondant sur la clause du contrat d'assurance, et que ce déclinatoire soit rejeté par interprétation de cette clause, il ne peut y avoir lieu à réglement de juges devant la C. suprême. *Même arrêt.*

35. Si, au lieu de rejeter le déclinatoire, les premiers juges l'ont admis, le demandeur originaire (défendeur au déclinatoire) ne peut se pourvoir en réglement de juges ; il n'y a pas en effet même l'apparence d'un conflit ; la voie d'appel est donc seule ouverte. Ordonn. 1737, tit. 2, art. 21 ; Cass. 25 therm. an 12, S. 7, 2, 879.

Art. 3. — *Conflit négatif.*

36. Il y a lieu à réglement de juges toutes les fois qu'il existe un conflit négatif. Cass. 26 mars 1813, S. 13, 391 ; — C'est-à-dire, lorsque plusieurs Cours ou trib. refusent également de juger une affaire, — pourvu que, lorsque les décisions ont été rendues par des trib., elles ne puissent pas être attaquées par la voie de l'appel. Cass. 3 mai 1837 (Art. 943 J. Pr.) — Par exemple, qu'elles aient acquis l'autorité de la chose jugée. Cass. 26 mars 1838 (Art. 1163 J. Pr.).

Ainsi, lorsqu'après cassation d'un arrêt sur un chef, la Cour qui l'a rendu décide qu'elle ne peut statuer sur les dépens auxquels il a donné lieu, et que la C. de renvoi juge qu'elle ne peut, quant à présent, prononcer sur les dépens relatifs à ce chef, la C. de cass., statuant en réglement de juges investit la C. de renvoi du droit de connaître de tous les dépens faits sur l'exécution de l'arrêt cassé en ce qui touche le chef annulé. Cass. 22 mai 1821, D. v° *Compét.*, 255.

Il en est de même lorsqu'une partie s'étant pourvue au criminel est renvoyée au civil, et que le juge civil surseoit à statuer sur l'intérêt civil jusqu'à décision du juge criminel : autrement cette partie serait repoussée à la fois par les trib. criminels et par les trib. civ. Cass. 29 therm. an 10, S. 2, 391.

37. Il a même été jugé que la voie du réglement de juges

pouvait être employée pour obtenir l'indication d'un trib. de comm., lorsque tous les membres de ce trib. ayant été récusés, avaient déclaré par un jugement passé en force de chose jugée qu'il leur était impossible de connaître de l'affaire et n'avaient pas toutefois prononcé de renvoi à un autre trib. Le renvoi dans ce cas a lieu au trib. de comm. le plus voisin. Colmar, 13 avr. 1837 (Art. 922 J. Pr.); Arg. LL. 15 oct. 1795, art. 8; 15 sept. 1807, art. 2.

38. Mais lorsque sur une question de propriété élevée devant lui, le juge des référés s'est déclaré incompétent, et que devant le trib. civ. la question de propriété ayant été abandonnée, ce trib. s'est aussi déclaré incompétent et a renvoyé les parties devant le juge des référés, ce dernier peut dans cet état connaître de la question de référé; ce n'est pas le cas de se pourvoir en réglement de juges. Cass. 27 avr. 1825, D. 25, 330.

§ 2. — *A quelle autorité se porte le réglement de juges.*

39. Le réglement de juges est porté, selon les circonstances, au trib. de 1re inst., à la C. roy. ou à la C. de cass. (chambre des requêtes). C. pr. 363; L. 2 brum. an 4, 27 vent. an 7, art. 60.

40. *Au trib. de 1re inst.*, si le différend s'élève devant deux ou plusieurs trib. de paix ressortissant à ce même trib. C. pr. 363.

41. *A la Cour royale*, si les trib. de paix relèvent de trib. différens qui dépendent d'une même C. roy., — ou si la cause est pendante devant deux ou plusieurs trib. de 1re inst. ressortissant à la même C. roy. C. pr. 363. Cass. 28 déc. 1807, D. 3, 257; 12 avr. 1808, *ib.* 260; 28 déc. 1829, D. 30, 41. — L'arrêt qu'a prononcé la C. ne peut plus donner lieu à réglement de juges, il ne peut plus être attaqué que par la voie de cassation. — V. d'ailleurs *inf.*, n° 42-1°.

Cette Cour peut statuer, que le conflit soit positif ou qu'il soit négatif. Cass. 26 mars 1838 (Art. 1163 J. Pr.).

C'est encore à cette Cour à statuer lorsque le jugement d'un trib. compétent a été mal à propos annulé *par un décret;* dans ce cas la C. roy. à laquelle ressortit le trib. dont le jugement a été annulé doit en désigner un autre. Cass. 8 sept. 1807, D. 3, 261.

42. *A la Cour de cassation*, 1° si les trib. de paix ou de 1re inst., entre lesquels le conflit existe, ne ressortissent pas à la même C. roy. (C. pr. 363), ou si le conflit existe entre deux trib. dont la C. roy. ne soit pas juge d'appel, par exemple: un trib. de paix et un trib. de 1re inst. ou deux chambres du même trib. statuant comme juges d'appel (Art. 180 J. Pr., p. 402). — Rouen, 3 fév. 1818, S. 18, 129; — 2° si le conflit existe entre une ou plusieurs Cours (C. pr. 363); — 3° s'il s'agit d'un ré-

glement provoqué après le rejet d'un déclinatoire : ce cas n'est pas en effet réglé par l'art. 363 C. pr., mais bien uniquement par l'ordonnance de 1737, qui attribue juridiction à la C. suprême (— V. *sup.*, n° 2); — 4° lorsque le trib., devant lequel le renvoi après cassation avait été fait, a été suprimé, et que d'ailleurs il n'existe aucun trib. revêtu des mêmes attributions. Cass. 25 juin 1812, S. 21, 226; 1er avr. 1825 et 18 janv. 1825, D. 25, 78.

§ 3. — *Procédure;* — *Jugement.*

43. La procédure varie suivant que la demande en réglement de juges est portée à la C. de cass., ou à une C. roy., ou à un trib. de 1re inst.

44. *Réglement devant les C. roy. et les trib.* La demande est formée par requête (avec constitution d'avoué), à laquelle sont jointes les pièces justificatives des demandes pendantes dans différens tribunaux.

45. Il n'y a pas lieu au préliminaire de conciliation. C. pr. 49-7°.

46. La requête est communiquée au ministère public (C. pr. 83), — et déposée au greffe. — Dans certains trib., elle est lue à l'audience par l'avoué. Carré, nos 1327, 1328.

47. Sur le vu de la requête et des demandes formées dans différens trib. (et en audience publique. Carré, n° 1327), *il est rendu jugement* portant permission d'assigner en réglement. C. pr. 364.

Il ne faut pas conclure de ces mots, *il est rendu,* que les juges soient obligés de permettre d'assigner sur la seule représentation des deux exploits; autrement, il suffirait d'assigner directement et de justifier des deux exploits. Mais la loi, en exigeant la permission d'assigner, a voulu faire examiner au préalable si les deux demandes sont bien de nature à nécessiter un réglement de juges. — Le trib. peut donc accorder ou refuser la permission d'assigner selon qu'il le juge convenable. Carré, n° 1330. — *Contrà,* Demiau, art. 364.

Il a même été jugé que la Cour saisie de la demande en réglement peut en certains cas autoriser à procéder devant l'un des trib. sans qu'il soit nécessaire d'assigner en réglement : spécialement lorsqu'il existe deux instances d'ordre, l'une devant le trib. de la situation des biens dont le prix est à distribuer, l'autre devant celui où l'adjudication a eu lieu, la C. roy. saisie de la requête en réglement de juges, présentée par les créanciers qui poursuivent l'ordre devant ce dernier trib. peut statuer sur le réglement sans qu'il soit besoin de permettre préalablement d'assigner ceux qui ont demandé l'ordre au trib. de la situation des biens, si elle décide que c'est devant ce dernier trib. que l'ordre doit être poursuivi. Paris, 31 mai 1826, D. 27, 101.

48. Le *jugement* qui accorde la permission d'assigner n'est pas nul pour ne pas contenir l'énoncé des points de fait et de droit, ainsi que les motifs (Carré, *ib.*) — Mais il en est autrement du jugement qui refuse la permission; car il est alors définitif. C. pr. 41.

49. Les juges *peuvent* ordonner qu'il soit sursis à toutes procédures dans les trib. saisis des demandes connexes (C. pr. 364); ce qu'ils expriment ordinairement par ces mots: *Toutes choses demeurant en état.*

50. Ils sont libres de refuser la surséance, s'il y a lieu de présumer que la demande en réglement est susceptible d'être contestée par la partie adverse. Carré, n° 1331.

51. Dans le cas où le sursis est ordonné, il ne peut être passé outre à aucun jugement et arrêt sur le fond. Cass. 6 mai 1812, S. 13, 31, — pas même à la décision d'une demande formée par une partie intervenante, si elle est identique avec celle antérieurement formée par l'une des parties principales. C. pr. 364; Ord. 1737, tit. 2, art. 14, 15; Cass. 7 avr. 1825, S. 26, 54.

52. En conséquence, tous jugemens et arrêts rendus sur le fond après le jugement qui permet d'assigner, sont nuls, soit qu'ils aient eu lieu avant la signification de ce jugement. Arg. Ord. 1737, tit. 2, art. 15; — soit depuis (Cass. 6 mai 1812, S. 13, 31.)

Il en est de même de toutes poursuites ou procédures; le défendeur peut, en tout état de cause, se pourvoir en nullité d'icelles, et il y est statué sur sa requête. Ord. 1737, tit. 2, art. 15.

53. Ne sont pas compris sous le nom de *poursuites et procédures* les actes purement conservatoires, tels que les reprises d'instance, les saisies en vertu de titres exécutoires, oppositions aux saisies, scellés, etc., qui sont valablement faits nonobstant la signification de l'arrêt, même pendant l'instruction de l'instance en la Cour. Ord. 1737, tit. 2, art. 16.

54. Le demandeur signifie le jugement et assigne les parties au domicile de leurs avoués. C. pr. 365. — Ces signification et assignation ont lieu par un seul et même acte, Tar. 29.

55. Lorsqu'il n'y a pas d'avoués constitués, la signification et l'assignation sont données au domicile des parties, et alors les délais se calculent d'après la distance de la C. ou du trib. saisi de la demande en réglement de juges. Carré, n° 1333.

56. Le délai pour signifier le jugement et pour assigner est de quinzaine, à compter du jour du jugement. C. pr. 365. — Ce délai doit être augmenté à proportion des distances.

57. Si le demandeur n'a pas assigné dans les délais fixés par

la loi, il demeure déchu du réglement de juges, sans qu'il soit besoin de le faire ordonner. C. pr. 366.

Il ne peut plus présenter de nouvelle requête en réglement de juges. C. pr. 366; Cass. 11 mai 1807, S. 7, 2, 87.

Les poursuites commencées peuvent être continuées dans le trib. saisi par le défendeur en réglement. C. pr. 366.

58. Le délai pour comparaître est celui des ajournemens, en comptant les distances d'après le domicile respectif des avoués. C. pr. 365. — V. *Ajournement*.

S'il y a plusieurs parties, on ne doit prendre défaut qu'après l'échéance du délai donné à la partie la plus éloignée. Arg. C. pr. 151; Carré, 1333.

59. Les défendeurs peuvent défendre par écrit à l'assignation en réglement de juges. Cette matière n'est pas sommaire. Tarif 75; Pigeau, 1, 143; Carré, n° 1334; Locré, 2, 32.

60. Le demandeur qui succombe peut être condamné à des dommages-intérêts envers les autres parties. C. pr. 367.

Ces dommages-intérêts ont pour but d'indemniser les parties du tort que leur a causé l'instance en réglement, par le retard du jugement de l'instance principale. Si le trib. n'est pas à même de les apprécier quant à présent, il peut en confier le soin aux juges qui statueront sur cette instance, ou se réserver de faire cette liquidation à cette époque, comme exécution de son jugement. Pigeau, *Comm.* 1, 639.

61. La partie qui succombe doit en outre être condamnée aux frais. Arg. C. pr. 130; Carré, n° 1335.

Si la demande est accueillie, les dépens doivent être réservés et joints au principal. Carré, n° 1335.

62. *Règlement devant la Cour de cassation.* La demande est formée par requête contenant élection de domicile en la personne de l'un des avocats aux conseils, qui se constitue, et signée par lui, le tout à peine de nullité. Ordonn. 1737, tit. 2, art. 6.

Elle n'a pas besoin d'être accompagnée d'une consignation d'amende. Ordonn. 1737, tit. 2, art. 28.—V. *Cassation*, n° 206.

63. La requête est déposée au greffe, renvoyée à un rapporteur, et lue à l'audience par le rapporteur comme dans les affaires ordinaires. L'avocat soumet ses observations, et le ministère public est entendu dans ses conclusions. — V. *Cassation*, § 10.

64. Si la Cour rejette la demande, tout est terminé.

65. Si, au contraire, elle permet d'assigner, la signification de l'arrêt doit avoir lieu dans les délais ci-après; savoir: — De deux mois à l'égard des parties domiciliées dans le ressort des anciens parlemens de Languedoc, Pau, Guyenne, Aix, Grenoble, Besançon, Metz et Bretagne, ou conseils supérieurs de Roussillon et d'Alsace. Ordonn. 1737, tit. 2 art. 9. — Ce délai

est seulement d'un mois pour les parties domiciliées dans les ressorts des ex-parlemens et autres Cours de Paris, Rouen, Dijon, Douai et conseil provincial d'Artois. *Ib.* — A la réserve toutefois des parties domiciliées dans l'étendue de la ville de Paris, ou dans les dix lieues à la ronde, à l'égard desquelles le délai de l'assignation n'est que de quinzaine. *Ib.* art. 9.

66. Les délais ne se comptent que d'après le domicile réel de la partie, quel que soit le lieu où la notification est faite parlant à sa personne. Ainsi, l'ordonn. de 1737 prescrivant deux mois pour Bordeaux et un mois pour le ressort du parlement de Paris, on doit considérer comme valable une signification faite à personne à Auxerre à un individu domicilié à Bordeaux, quoique cette signification n'ait été faite que plus d'un mois après l'obtention de l'arrêt de soit communiqué ; c'est le délai pour Bordeaux et non celui pour Auxerre qui est applicable. Cass. 14 janv. 1819, P. 15, 16.

67. Les art. 9, 10 et 13, tit. 2 de l'ordonn. du mois d'août 1737 supposent un domicile invariable, certain et connu ; — si la partie à laquelle l'arrêt de soit communiqué doit être signifié a changé plusieurs fois de domicile pendant la contestation, celui qui a obtenu cet arrêt peut valablement le faire signifier au domicile indiqué dans les qualités non contestées d'un jugement rendu entre les mêmes parties à une époque rapprochée de la demande en règlement de juges. *Même arrêt.*

68. Tous ces délais courent du jour de l'arrêt. Art. 10, titre 2, Ordonn. 1737.

69. Les défendeurs peuvent se présenter sans attendre l'échéance des délais, et procéder avec l'avocat au conseil nommé dans l'arrêt, lequel est tenu d'occuper. Ordonn. 1737, tit. 2, art. 17.

S'ils ne défendent pas, il peut être pris défaut contre eux en la forme ordinaire.

70. Le demandeur en règlement qui succombe n'est passible d'aucune amende. C. pr. 367 ; Ordonn. 1737, tit. 2, art. 28. — V. *Cassation*, 206. — La disposition de l'art. 29, qui permettait de le condamner, s'il y avait lieu, à la même amende que les évoquans, n'est même pas reproduite dans le C. pr. où l'on parle seulement des dommages-intérêts. — V. *sup.* n° 60.

§ 4. — *Enregistrement.*

71. Les actes de procédure nécessaires pour obtenir le règlement des juges sont soumis aux mêmes droits d'enregistrement que les actes analogues faits devant les mêmes tribunaux.

— V. *Jugement*, *Requête*, *Signification*.

FORMULE I.

Requête afin d'être autorisé à assigner en réglement de juges.

(C. pr. 364. — Tarif, 78. — Coût, 7 fr. 50 c.)

A MM. les premier président, présidens et conseillers de la Cour royale séant à

Le sieur , demeurant à , héritier pour moitié du défunt a l'honneur de vous exposer qu'après le décès dudit sieur , arrivé en sa demeure à , l'exposant a formé au tribunal de , demande en partage et liquidation de ladite succession, par exploit de , huissier en date du dûment enregistré, contre le sieur , demeurant à , héritier pour l'autre moitié, dudit défunt;

Que, par exploit, en date du , ledit sieur , présumant que le véritable domicile dudit défunt , était à , a formé, devant le tribunal de première instance, séant à , contre le requérant, la même demande en liquidation et partage de ladite succession, en sorte que le tribunal de , et celui de , se trouvent aujourd'hui saisis d'une même action;

Pour quoi il vous plaira, messieurs, vu les exploits respectifs des demandes qui sont ci-joints, permettre au requérant d'assigner ledit sieur à comparaître par-devant vous, dans les délais de la loi, pour, attendu qu'une même demande ne peut à la fois être portée à deux tribunaux différens, attendu que le véritable domicile dudit défunt était à

Voir dire que, sans s'arrêter à la demande formée contre le requérant par le sieur , par exploit de , huissier, en date du , laquelle en tant que de besoin, sera déclarée nulle et incompétemment formée, il sera ordonné que les parties procéderont au tribunal de , sur la demande formée par l'exposant, contre ledit sieur , par l'exploit de , huissier, en date du , et, en cas de contestation, que ledit sieur sera condamné aux dépens; et attendu qu'il importe pour le bien de la succession d'arrêter toutes poursuites et procédures qui pourraient être faites sur les deux demandes, ordonner, dès à présent, qu'il sera sursis à toutes poursuites et procédures dans les tribunaux de et de ; et vous ferez justice. (*Signature de l'avoué.*)

FORMULE II.

Assignation en réglement de juges.

(C. pr. 365. — Tarif, 29. — Coût, 2 fr. orig.; 50 c. copie.)

L'an , le , à la requête du sieur , etc., demeurant à pour lequel domicile est élu à , en l'étude de Me , avoué en la Cour royale de lequel occupera sur l'assignation ci-après, j'ai (*immatricule de l'huissier*) soussigné, signifié, et, avec celles des présentes, donné copie au sieur demeurant à , au domicile de Me , son avoué à , y demeurant audit domicile, en parlant à

D'un arrêt de la chambre de la Cour royale de en date du dûment enregistré, scellé et collationné, rendu sur la requête présentée par le requérant; à ce que du contenu audit arrêt le sus-nommé n'en ignore, et ait en conséquence à faire cesser toutes procédures commencées par son exploit d'assignation en date du ; et à pareilles requête, demeure, élection de domicile et constitution d'avoué que dessus, j'ai, huissier susdit et soussigné, donné assignation audit sieur , audit domicile, et parlant comme dit est, à comparaître, d'aujourd'hui à huitaine franche, délai de la loi, outre un jour par trois myriamètres de distance entre son domicile et , à l'audience de la première chambre du tribunal de la Cour de , séant à , heure du matin.

Pour attendu (*on copie les conclusions de la requête.* —V. *Formule* 1.)

Et pour, en outre, répondre et procéder, comme de raison, à fin de dépens; et j'ai, au sus-nommé, audit domicile et parlant comme ci-dessus, laissé copie, certifiée sincère et véritable, et signée de M , tant de l'arrêt sus-énoncé que du présent exploit, dont le coût est de (*Signature de l'huissier.*)

FORMULE III.

Requête en réglement devant la cour de cassation.

Cour de cassation, chambre des requêtes.

Requête pour (*noms, prénoms, qualités, etc., du demandeur*), pour lequel domicile est élu dans le cabinet de Me , son avocat à la Cour de cassation, demeurant à , rue , qu'il constitue sur la présente demande.

Contre (*noms, etc., du défendeur.*)

L'exposant vient demander à la Cour le renvoi d'une contestation existant entre lui et le sieur , devant les juges qui doivent en connaître.

Faits.

Discussion.

Par ces motifs, l'exposant conclut à ce qu'il plaise à la Cour, procédant par voie de réglement de juges, renvoyer la cause et les parties devant le tribunal de (*Signature de l'avocat.*)

RÉGLEMENT DES QUALITÉS D'UN *jugement.* — V. ce mot, nos 260 et suiv.

RÉGNICOLE. — V. *Français.*

— V. *Ajournement*, nos 43 à 47 et suiv.; *Étranger*, *Exploit*, no 235.

REGRÈS. — V. *Office*, no 8.

RÉHABILITATION DU FAILLI. — V. *Faillite*, sect. XIV.

RÉINTÉGRANDE. — V. *Action possessoire*, nos 36 et suiv.

REJET. — V. *Cassation*, nos 271, 276.

RELIQUAT. — V. *Reddition de compte.*

REMISE D'ADJUDICATION. — V. *Licitation*, *Saisie-immobilière*, *Vente judiciaire.*

REMISE DES AMENDES ET DES DROITS. — V. *Amende*, nos 5, 6; *Enregistrement*, nos 91 et suiv.

REMISE *de cause*, *d'opération.*

1. Une cause peut éprouver successivement plusieurs remises d'une *audience* à une autre, avant de venir en ordre utile. — V. ce mot, nos 20 à 22. — Souvent une opération commencée est continuée à un autre jour. — V. *Jugement*, no 97.

2. Dans ces différens cas, les avoués ou les parties doivent se présenter, sans sommation, aux jours indiqués par les jugemens de remise. Tar. 70; C. pr. 28, 199, 267, 297, 332, 354, 539, 918, 977, 1034; C. comm. 498.

3. A Paris, les avoués sont avertis des remises de cause par des bulletins que le greffier leur délivre.

4. La *Péremption* est-elle interrompue par un appel et une remise de cause? — V. ce mot, no 31.

REMISE DES PIÈCES. Quels en sont les effets. — V. *Avoué*, nos 99, 142 et suiv.; *Huissier*, no 126; *Décharge*, *Récépissé.*

REMISE DES TITRES. — V. *Partage*, no 75.

RENDANT. — V. *Reddition de compte.*

RENONCIATION. — V. *Acquiescement*, *Désistement*, *Prorogation de juridiction.*

1. *Enregistrement.* Les actes de renonciations autres que celles à communauté, succession ou legs (— V. les mots suiv.) sont

assujettis, comme actes non dénommés, au droit fixe de 1 fr. L. 22 frim. an 7, art. 68, § 1, n° 51.

2. Cependant, si la renonciation a le caractère d'un *désistement*, le droit de 2 fr. est dû (— V. ce mot).

3. Si elle produit un contrat, une transmission de propriété, une obligation ou une libération, elle est passible d'un droit proportionnel qui varie suivant la nature du contrat.

RENONCIATION A LA COMMUNAUTÉ. C. civ. 1453, 1454, 1455.

1. Les délais pour renoncer varient selon que la communauté est dissoute par le décès (— V. *Inventaire*, n° 12) de l'un des époux, ou par la *séparation de corps ou de biens*.—V. ces mots.

La femme séparée de corps qui n'a point, dans les trois mois et quarante jours après la séparation définitivement prononcée, accepté la communauté, est censée y avoir renoncé, à moins qu'étant encore dans ce délai elle n'en ait obtenu la prorogation en justice contradictoirement avec le mari ou lui dûment appelé. C. civ. 1463.

2. Dans les autres cas, la renonciation doit être *expresse*; elle se fait au greffe du trib. de 1re inst. dans l'arrondissement duquel la dissolution de la communauté s'est opérée. C. pr. 997; — cet acte est inscrit sur le registre établi pour recevoir les renonciations à succession. *Ib.* C. civ. 1457. — Autrefois, les renonciations étaient valablement faites par acte notarié; mais le Code a voulu qu'elles eussent lieu au greffe, afin de leur donner plus de publicité et de faciliter les recherches des créanciers, qui ont le droit de se faire représenter les registres du greffier.

3. La déclaration de renoncer est faite soit par la femme elle-même ou ses représentans, soit par leur fondé de procuration spéciale; — est-il indispensable qu'elle soit authentique? — V. *Bénéfice d'inventaire*, nos 10 et 11.

4. Le renonçant n'est pas tenu d'affirmer sous serment qu'il n'a rien détourné, fait ni vu détourner des objets dépendant de la communauté, et qu'il ne s'est point immiscé : l'art. 1457 C. civ. n'exige pas ce serment, et l'art. 997 C. pr., après avoir dit que la renonciation sera faite suivant cet art., ajoute, sans qu'il soit besoin d'autre formalité.

5. Il doit être assisté d'un avoué : la renonciation ayant lieu au greffe constitue en effet un acte judiciaire. Arg. Tarif 91.

6. Les frais de la renonciation sont à la charge du renonçant.

7. La femme renonçante a droit à une indemnité de nourriture et de logement pendant les délais pour faire inventaire et délibérer. C. civ. 1465; — ainsi qu'aux frais de son deuil. *Ib.* 1481. — V. d'ailleurs C. civ. 1492, 1494.

8. La femme ou ses héritiers peuvent se faire restituer

contre leur renonciation, lorsqu'elle a été la suite d'un dol pratiqué par le mari ou ses ayant-cause. C. civ. 1455.

9. Les créanciers de la femme sont également recevables à attaquer la renonciation de la femme faite en fraude de leurs droits, et à accepter la communauté de leur chef. C. civ. 1464; — dans ce cas, la renonciation n'est annulée qu'en leur faveur et jusqu'à concurrence de leurs créances. Arg. civ. 788.

10. *Enregistrement.* L'acte de renonciation à la communauté est passible du droit fixe de 3 fr. L. 22 frim. an 7, art. 68, § 2, n° 6; 28 avr. 1816, art. 44, n° 10.

Il est dû aussi 1 fr. 25 cent. pour droit de rédaction. — V. *Greffe*, n° 57.

Formule.

Renonciation.

L'an , au greffe du trib. civil de

Est comparu De , veuve de M. , ou épouse séparée de biens judiciairement par jugement du trib. de , etc. Ladite dame demeurant à

Laquelle, assistée de Me , avoué en ce tribunal, a déclaré renoncer purement et simplement à la communauté de biens qui a existé entre elle et ledit sieur , son défunt mari, décédé à le , pour s'en tenir à ses droits et reprises matrimoniales.

Déclarant et affirmant n'avoir rien pris ni détourné, vu ni su qu'il ait été rien pris ni détourné des biens dépendant de ladite communauté.

Dont acte, requis et octroyé, et a la comparante et ledit Me signé avec le greffier du trib.

(*Signatures.*)

RENONCIATION A UN LEGS OU A UNE DONATION DE BIENS A VENIR A TITRE UNIVERSEL. Elle se fait dans la même forme que *la renonciation à la communauté*. — V. ce mot, n° 2.

RENONCIATION A SUCCESSION. C. civ. 775 à 792.

1. Cette renonciation a lieu par acte reçu au greffe du trib. de 1re inst. dans l'arrondissement duquel la succession s'est ouverte, sur un registre tenu à cet effet. C. civ. 784; C. pr. 997 — et dansla même forme que *la renonciation à la communauté*. — V. ce mot, n° 2.

— V. d'ailleurs *Inventaire*, n° 15.

2. *Enregistrement.* L'acte de renonciation à une succession est passible du droit fixe d'enregistrement de 3 fr. — Il est dû un droit pour chaque renonçant et pour chaque succession à laquelle on renonce. LL. 22 frim. an 7, art. 68, § 2, n° 6; 28 avr. 1816, art. 44, n° 10.

Et un droit de *rédaction*. — V. *Renonciation à communauté*, n° 9.

FORMULE.

Renonciation à succession.

L'an , au greffe du tribunal civil de
Est comparu le sieur (1), habile à se dire et porter héritier pour moitié du sieur , son frère décédé à , le .
Lequel (2), assisté de Me , avoué, etc., a déclaré renoncer purement et simplement à la succession du sieur , décédé à le
Déclarant et affirmant (3) n'avoir rien pris ni détourné des biens et valeurs dépendant de ladite succession. Dont acte, etc. (*Signatures.*)

RENOUVELLEMENT d'inscription. — V. *Hypothèque*, n° 45 et suiv.

RENTE. — V. *Saisie des rentes.*

RENTES sur l'état. *Effets publics.* Titres des obligations consenties par l'Etat et mises dans le commerce.

1. Les inscriptions de rentes sur le grand livre sont au porteur ou nominatives.

2. Celles qui sont nominatives ne peuvent être transférées que par le ministère d'un *agent de change*. C. comm. 76. — V. ce mot et *Responsabilité*.

3. Elles sont insaisissables. — V. *Saisie-arrêt.*

RENTE quérable, par opposition à *rente portable*.

1. Le dernier terme indique que le rentier n'est pas obligé de se déplacer pour recevoir la rente.

2. Le premier exprime, au contraire, que le débiteur peut exiger que le créancier de la rente vienne *quérir* son paiement chez lui. C'est ce qui a lieu à moins de stipulation contraire.

3. Si le créancier d'une rente portable n'a ni domicile réel, ni domicile élu au lieu convenu, le débiteur qui veut se libérer doit le sommer de s'y rendre en un lieu désigné pour recevoir le paiement. Toullier, 7, n° 86.

RENVOI. Marque indicative d'une addition ou modification placée à la marge, soit au bas de la page d'un acte; — se dit aussi de l'addition ou de la modification elle-même; — pris dans ce dernier sens, le mot renvoi est quelquefois synonyme d'*apostille*. — V. ce mot. L. 25 vent. an 11, art. 15.

1. Chaque renvoi doit être signé ou paraphé par l'officier rédacteur de l'acte et les parties qui sont tenues de le signer.

2. S'il y a plusieurs renvois, on les place de manière à laisser l'espace nécessaire pour que la formalité des paraphes puisse être remplie.

---

(1) *Si c'est un mandataire on met* : — Le sieur , au nom et comme mandataire du sieur , demeurant à , habile à se dire, etc ; aux termes de la procuration dudit sieur , passée devant Me , dont expédition à nous présentée, a été à l'instant rendue audit comparant.—V. toutefois *Minute*, no 15.

(2) Audit nom, *si c'est un mandataire.*

(3) Comme ledit sieur l'a affirmé lui-même devant ledit notaire, qu'il n'a rien été pris ni détourné, etc.

3. Les renvois que l'on veut faire à la fin de l'acte peuvent être placés immédiatement après les signatures de cet acte. Vainement dirait-on qu'un renvoi ainsi placé peut être considéré comme fait après coup, car la fraude ne se présume pas, et l'on peut d'ailleurs en dire autant des renvois placés en marge de l'acte.

4. Les renvois qui ne sont pas signés ou paraphés régulièrement sont réputés nuls.

5. Jugé à l'égard d'un acte d'avoué à avoué qu'il n'est pas nécessaire d'approuver un renvoi dès qu'il est inséré à la suite de l'acte et avant aucune signature. Grenoble, 28 mai 1823, P. 17, 1138.

6. Les préposés de la régie sont tenus de parapher les renvois en même temps qu'ils enregistrent les actes. Arrêt Cons. 21 juin 1723, art. 30. *Ordres généraux de la Régie, imprimés en* 1792.

RENVOI APRÈS CASSATION. — V. ce mot, n° 280.

RENVOI APRÈS VACATIONS. — V. *Vacances*.

RENVOI (DEMANDE EN). Demande dont l'objet est de dessaisir un trib. de la connaissance d'une affaire pour la porter devant un autre trib.; — toutefois, il ne faut pas confondre les demandes en renvoi proprement dites avec les exceptions déclinatoires fondées sur l'incompétence, la connexité, ou la litispendance. — V. *Exception*, n° 20 et suiv.

1. Le renvoi d'un trib. compétemment saisi à un autre peut être demandé : 1° pour cause de parenté ou alliance de l'une des parties avec quelques-uns des membres de ce trib.; — 2° pour insuffisance du nombre de juges ou d'avoués; — 3° pour cause de suspicion légitime du trib. — 4° pour cause de sûreté publique.

DIVISION.

§ 1. — *Du renvoi pour cause de parenté ou d'alliance.*
§ 2. — *Du renvoi pour insuffisance du nombre de juges ou d'avoués.*
§ 3. — *Du renvoi pour cause de suspicion légitime.*
§ 4. — *Du renvoi pour cause de sûreté publique.*
§ 5. — *Enregistrement.*
§ 6. — *Formules.*

§ 1. — *Du renvoi pour cause de parenté ou alliance.*

2. *Dans quels cas le renvoi peut être demandé.* Une partie peut demander le renvoi lorsque son adversaire a deux parens ou alliés jusqu'au degré de cousin issu de germain inclusivement parmi les juges du trib. de 1re inst. saisis de la contestation, ou

lorsque cet adversaire a un parent à ce degré parmi les juges du trib., dont il est lui-même membre. C. pr. 368.

3. Il y a même raison de décider en matière de commerce. Carré, n° 1338; Lepage, 240; Thomine, n° 421.

4. Si l'affaire est pendante devant une C. roy., la demande en renvoi n'est recevable que lorsque l'une des parties a trois parens ou alliés au degré ci-dessus indiqué parmi les juges de la C., et qu'elle-même en est membre. C. pr. 368.

5. Par *parens ou alliés*, il faut entendre des parens ou alliés légitimes; l'enfant naturel (à l'exception de son père qui l'a légalement reconnu. Carré, n° 1339; Pigeau, *Com.* 1, 640) n'a pas de parens aux yeux de la loi (C. civ. 756).

6. Dans le cas d'alliance, il faut se reporter à l'art. 378 relatif aux récusations, et suivant lequel, si la femme du juge est décédée et qu'il n'y ait pas d'enfans, le beau-père, le gendre ou les beaux-frères de la partie doivent seuls être écartés : il y a en effet mêmes motifs de décider. Carré, n° 1341; Demiau, 273; *Prat. fr.* 2, 361; Dalloz, 586.

7. Le mot *juge* embrasse tous les membres du même trib., encore qu'ils appartiennent à des chambres différentes : la loi ne fait aucune distinction, et l'influence de ces juges sur leurs collègues est également à craindre. Carré, n° 1343; Lepage, 242; Berriat, 341, note 5. — *Contrà*, *Prat. fr.*, 2, 366.

Jugé qu'il ne s'étend pas aux juges suppléans, parce qu'ils ne sont pas spécialement dénommés. Cass. 22 août 1822, S. 23, 66; Demiau, art. 368; *Prat. fr.* 2, 365; — Cependant, souvent la loi donne le titre de juges aux suppléans, et les motifs du renvoi sont les mêmes. Carré, n° 1341; — au moins dans le cas où le suppléant est partie au procès. Demiau, *ib.*

8. S'applique-t-il au ministère public? — Le doute peut naître de ce que l'art. 381 permet la *récusation* du ministère public comme celle des juges (— V. ce mot, n° 13); mais il n'y a pas analogie entre le cas de récusation prévu par l'art. 381 et celui dont il s'agit; autrefois la parenté du membre du ministère public n'était pas une cause de renvoi; et le tribunat, dans ses observations, refusa formellement de comprendre ces magistrats dans l'art. 368. Faure, *Exposé des motifs*, C. pr. édit. Didot, 11, 117; Carré, n° 1342; Berriat, 334; Riom, 27 août 1818, S. 18, 267. — *Contrà*, Pigeau, 1, 438; *Prat. fr.* 2, 365, Thomine, n° 421.

9. La partie qui a un parent juge peut-elle, par ce motif, demander le renvoi? — Non. L'art. 368 ne parle que de l'*autre partie*. Vainement on argumente de ce qui a lieu en matière de *récusation* (— V. ce mot, n° 15). — Les haines de famille qui ont fait admettre la récusation d'un juge parent sont personnelles, et ne sauraient être inspirées aux autres membres du

trib., qu'elles garantiraient même contre d'indiscrètes sollicitations de leurs collègues. Lepage, 241; Carré, n° 1344.

10. Celui qui aurait des intérêts communs avec la partie qui a des parens, ne peut pas non plus demander le renvoi. Bordeaux, 8 juin 1809, S. 9, 297; Carré, n° 1344.

11. Mais la demande en renvoi devrait être admise si les parties avaient, soit des parens ou alliés communs, soit des parens ou alliés appartenant à chacune d'elles seulement : l'art. 368 ne distingue pas le cas où une seule partie aurait des parens de celui où toutes les deux en auraient; il semble même que lorsque les deux parties ont des parens différens, cet art. doit, à plus forte raison, recevoir son application. Carré, n° 1347; Demiau, art. 368; Lepage, 245

12. *Par quelles personnes le renvoi peut être demandé.* Les parties seules ont le droit de demander le renvoi. Il ne saurait être provoqué par des tiers ne figurant pas dans l'instance, quand bien même ils auraient intérêt à la contestation. Cass. 15 oct. 1807, S. 7, 2, 1181.

13. Les garans et intervenans ne peuvent, en général, être considérés comme *parties*. — Vainement on soutiendrait que cette qualité appartient à tous ceux qui sont appelés dans l'instance. — L'ordonn. d'août 1737, art. 30, 31, 32, ne leur accordait le droit de demander le renvoi que dans certains cas et à certaines conditions. Berriat, 334, note 4; Carré, n° 1345.

En conséquence, si deux juges ne sont au procès qu'accessoirement, par suite de la demande en garantie formée contre eux par le défendeur à l'action principale, celui-ci peut n'être pas admis à demander le renvoi à raison de leur parenté ou alliance avec ses adversaires, lorsque les juges ont le même intérêt dans la contestation. Bordeaux, 8 juin 1809, S. 9, 297.

14. Toutefois, il ne faudrait pas induire de cette décision qu'il n'y a lieu à renvoi que lorsque les juges sont récusables pour parenté ou alliance. Le législateur autorise la demande en renvoi dans tous les cas où il y a lieu de suspecter l'impartialité du trib. : la présomption de partialité existe de plein droit par la parenté ou l'alliance.

Dans les autres circonstances, les juges sont appréciateurs souverains des faits dont on veut la faire dépendre, et la C. de cass. s'est conformée à cette règle, en ne voyant pas dans l'intérêt que les deux juges avaient au procès un motif suffisant de prononcer le renvoi. Cass. 15 oct. 1807, P. 6, 319; Pigeau, *Com.*, 1, 641.

15. A quel trib. le renvoi doit-il être demandé? — La loi du 27 vent. an 8 chargeait la première section de la C. cass. de statuer définitivement sur les demandes soit en règlement de juges, soit en renvoi devant un autre tribunal. — Mais le C. pr.

a changé cette attribution, et a virtuellement abrogé au moins en cette partie la loi du 27 vent. an 8.

Le trib. saisi de la contestation peut prononcer lui-même sur la demande en renvoi, l'admettre ou l'écarter, selon la gravité ou l'insuffisance des causes alléguées. Arg. C. pr. 369 et 373; Cass. 24 mars 1807, P. 5, 756; Merlin, v° *Cour de cassation*.

Toutefois, cette règle reçoit exception : — 1° lorsque le trib. ne peut pas se composer d'un nombre de juges suffisant : il faut alors se pourvoir à la C. roy. — V. *inf.* n° 31 et 40. — 2° quand le renvoi est demandé pour cause de suspicion légitime ou de sûreté publique, en matière criminelle ou même en matière civile, on s'adresse à la C. de cass. (— V. *Cassation*, n° 28-4°). Cass. 21 mars 1821, P. 16, 465; Pigeau, *Comm.*, 1, 640; Carré, *Compét.*, 2, 204. — *Contrà*, cass. 29 juill. 1807, P. 6, 227; Thomine, n° 420 *in fine*.

16. *A quelle époque le renvoi peut être demandé.* C'est avant le commencement de la plaidoire, — et si l'affaire est en rapport, avant que l'instruction soit achevée ou que les délais soient expirés. C. pr. 369.

La demande en renvoi étant une exception déclinatoire, il semblerait qu'elle dût être proposée avant toutes autres défenses. Arg. C. pr. 169. — Cependant le Code en dispose autrement, parce qu'il est possible que celui-ci, qui a intérêt à demander le renvoi, ait ignoré d'abord la parenté de la partie adverse avec les juges du trib. — D'ailleurs, l'instruction faite avant cette demande est valable. C. pr. 375.

Si les délais ne sont pas expirés, l'autre partie peut faire une production nouvelle. Pigeau, 1, 648.

Cependant, si les causes qui motivent le renvoi étaient survenues postérieurement, la demande ne pourrait être admise. L'art. 369 ne semble admettre aucune exception; mais on ne peut opposer à une partie une déchéance qu'il lui était impossible de prévenir. Arg. C. pr. 382; Carré, n° 1346; Pigeau, 1, 439.

Toutefois, en général, on ne permettra pas la preuve de *l'ignorance* des causes de renvoi, à raison de l'embarras qu'occasionerait l'admission et le jugement de cette preuve; mais si cette ignorance paraissait bien démontrée aux juges, on devrait assimiler ce cas à celui où la cause du renvoi n'existait pas encore.

17. *Dans quelle forme.* Le renvoi est proposé par acte au greffe, contenant les moyens, et signé de la partie ou de son fondé de procuration spéciale et authentique. C. pr. 370. — L'attestation du greffier et celle de l'avoué, que la partie ne sait ou ne peut pas signer, ne supplée pas à sa signature; il faut dans ce cas un pouvoir notarié. Carré, n° 1350. — L'original ou l'expédition de ce pouvoir reste annexé à l'acte fait au greffe. Carré, n° 1351.

18. Le renvoi demandé dans toute autre forme, par exemple par requête signifiée à avoué, est irrégulier; le trib. peut n'y avoir aucun égard. Cass. 17 déc. 1828, S. 30, 111.

19. *Instruction.* — Avant de prononcer, il intervient un jugement préalable, sans communication aux parties intéressées.

20. Le greffier remet une expédition de l'acte de récusation au président du trib., qui réunit les juges en nombre suffisant. — V. *sup.* n° 15.

21. Cet acte suffit. Il n'est pas besoin d'une requête. Arg. C. pr. 371.

On y joint habituellement les pièces à l'appui, qui sont ordinairement des actes de l'état civil, pour constater la parenté, ou l'alliance, comme un acte de célébration de mariage ou autre. Thomine, n° 423. — Mais cette production n'est point absolument nécessaire, d'après les termes de l'art. 373 qui prononce qu'il suffit que les causes de récusation soient avouées ou justifiées.

22. Par ce jugement préalable, le trib. ordonne, 1° la communication aux juges à raison desquels le renvoi est demandé pour faire, dans un délai fixé, la déclaration au bas de l'expédition du jugement;—2° la communication au ministère public;—3° le rapport à jour indiqué par l'un des juges nommé par ledit jugement. C. pr. 371.

Bien que la communication au ministère public soit impossible en matière de commerce, ce n'est point un obstacle au renvoi. — V. *sup.* n° 3.

23. Ce jugement qui a de l'analogie avec une ordonnance, est rendu en la chambre du conseil; il en reste minute au greffe.

24. Il est communiqué par le greffier aux juges à raison desquels le renvoi est demandé. — Une signification préalable serait superflue et inconvenante.

Les juges donnent leur réponse au pied de l'expédition du jugement. — Elle consiste à reconnaître ou méconnaître qu'ils sont ou non parens. Carré, n° 1355; Thomine, n° 423.

25. Mais il doit être signifié aux autres parties avec l'acte de renvoi et les pièces annexées, telles que la réponse des juges, C. pr. 372, — par acte d'avoué à avoué, si elles en ont constitué. Carré, n° 2314; Delaporte, 340.

Suivant M. Carré, n° 1356, cette signification doit précéder la communication aux juges; nous pensons au contraire qu'elle doit être postérieure, afin de faire connaître leur réponse.

Les adversaires peuvent ensuite signifier par requête les moyens de défense contre la demande en renvoi. Arg. Tarif 75.

Carré, nº 1356; Pigeau, *Comm.* 1, 645; Demiau, 372; Delaporte, 340; Lepage, 247; Berriat, 335, note 8.

26. Si l'un des défendeurs ne comparaît pas, et que les autres constituent avoués, et que pendant le cours de l'instruction le renvoi soit proposé, faut-il appeler le défaillant sur cette demande ? — Non. Il suffit de lui faire la signification ci-dessus indiquée; s'il ne comparaît pas, le jugement rendu contre lui n'est pas susceptible d'opposition, parce qu'il adjuge le profit du premier défaut prononcé. Lepage, 245.

27. L'instruction étant achevée, le juge-commissaire fait son rapport à l'audience ainsi que le prescrit l'art. 111 C. pr.

28. Cette demande est accueillie quand les causes en sont avouées ou justifiées.—Si c'est devant un trib. de 1re inst., le renvoi est fait à l'un des autres trib. ressortissant à la même Cour.—Si c'est devant une C. roy., le renvoi est fait à l'une des trois Cours les plus voisines. C. pr. 373.

29. Lorsque les juges ont déclaré méconnaître ou ne pas connaître leur parenté, de quelle manière doit-on prouver leur degré de parenté ou d'alliance ? — Suivant les uns, c'est par la représentation des actes de l'état civil : la preuve testimoniale n'est pas admissible; peu importe qu'elle le soit en matière de récusation : dans ce dernier cas, il s'agit souvent de faits qui peuvent être prouvés par témoins. D'ailleurs, rarement les juges donneront lieu à de tels incidens par des déclarations fausses ou insuffisantes. Thomine, nº 424. — D'autres autorisent la preuve testimoniale comme en matière de *récusation*. Arg. C. pr. 389. Pigeau, 1, 441; Carré, nº 1357.

30. Au reste, les juges sont investis d'un pouvoir discrétionnaire; le trib. peut ou non rejeter la demande sur la simple déclaration du juge. Arg. C. pr. 389.

31. Comment le trib. doit-il être composé pour statuer soit préalablement sur l'acte de renvoi, soit sur la demande elle-même, afin de renvoi?—Suivant les uns, et cette opinion paraît la plus raisonnable, le trib. doit être composé seulement de juges non désignés comme parens, et dès-lors pour se constituer régulièrement, il faut ou appeler des juges d'une autre section du trib., s'il y en a plusieurs, ou s'il n'y en n'a qu'une seule, le trib. doit s'adjoindre, soit des suppléans, soit des avocats ou avoués, mais en faisant en sorte que jamais le nombre de ces derniers n'excède celui des juges (—V. *Jugement*, nº 66). Thomine, nº 423; Dalloz, vº *Renvoi*, 588.—Dans ce système, en cas d'impossibilité de réunir un nombre de *juges suffisans*, la C. roy. doit être saisie (—V. *inf.* nº 15). Florence, 31 déc. 1810, P. 8; Douai, 14 oct. 1816, P. 13, 647; Carré, nº 1358; Demiau, 278; Berriat, 335.—Dans le système contraire on dit: Les juges présens à l'appel de la cause ont le droit de prononcer le renvoi ; la loi n'a point exclu de la délibération les juges que l'on a allégués être parens avec l'une des parties, le législateur attribue sans distinction le droit de prononcer le renvoi au trib. saisi de la contestation, le trib. supérieur serait incompétent. Arg. C. pr. 373, 375. Colmar, 29 déc. 1810, P. 8, 733; 30 janv. 1813, P. 11, 87.

32. Celui qui succombe dans sa demande en renvoi doit toujours être condamné à une amende de 50 fr. au moins, et peut l'être aux dommages-intérêts, s'il y a lieu et s'ils ont été demandés. C. pr. 374; Carré, n° 1359; Pigeau, *Comm.* 1, art. 374; Hautefeuille, 198; Delaporte, 1, 341; Commaille, 1, 406. — Peu importe que la demande soit déclarée nulle, non-recevable ou mal fondée. Thomine, art. 374, note 1.

33. *Voies contre le jugement.* Elles sont les mêmes que celles autorisées contre le jugement qui statue sur une demande en *récusation*.—V. ce mot, n° 64.

L'appel est dans tous les cas suspensif. C. pr. 376.—Il doit être interjeté et jugé dans les mêmes délais. L'instruction est la même. C. pr. 377.—V. *Ib.* n° 70 et suiv.

34. Le jugement sur renvoi est-il sujet à appel dans les matières où le trib. prononce en dernier ressort? Le doute vient de ce que à l'époque de la discussion de l'art. 377, on a refusé d'admettre indistinctement l'appel, comme en matière de récusation.

Mais peu importe ce retranchement, il y a mêmes motifs pour admettre l'appel. D'ailleurs le renvoi étant rangé parmi les exceptions d'incompétence, c'est le cas d'appliquer l'art. 454, qui permet l'appel contre tous les jugemens statuant sur des déclinatoires. Thomine, art. 376.

35. L'appel ne peut être interjeté que par les parties, et non par les juges, quand le renvoi est demandé à cause de leur parenté, cette décision ne porte aucune atteinte à leur honneur. Il en est autrement du cas de *récusation*, (V. ce mot, n° 69). Thomine, art. 376.

36. De ce que l'appel est suspensif, il faut conclure que tout ce qui sera fait postérieurement à cet appel sera nul. Peu importe que le jugement soit confirmé ou infirmé.

Ainsi la Cour, en confirmant la décision qui a rejeté la demande en renvoi peut annuler ce qui aurait été fait depuis. Elle le doit, à plus forte raison, au cas d'infirmation. Elle pourrait même, en confirmant renvoyer à un autre trib. par le motif que le premier peut être accusé de prévention, lorsqu'il a continué d'instruire l'affaire malgré l'appel. Thomine, art. 376.

Le délai de l'appel fixé à *cinq jours*, par l'art. 392, est de rigueur à peine de déchéance. Thomine, art. 377. — V. *Récusation*, n° 71.

37. *Effet du renvoi.* Si le renvoi est prononcé, qu'il n'y ait pas d'appel, ou que l'appelant ait succombé, la contestation est portée devant le trib. qui doit en connaître (—V. *sup.*, n° 31), sur une simple assignation, et la procédure y est continuée suivant les derniers erremens. C. pr. 375.

38. Cette assignation doit être faite, non pas à avoué, mais à personne ou domicile. Carré, n° 1360; Lepage, 247. — Vainement on objecte que ce n'est pas une instance nouvelle qui s'engage, que c'est une continuation sur les anciens erremens; et conséquemment que les avoués des parties peuvent recevoir des assignations. Les trib. étant dessaisis, les avoués constitués cessent d'être investis du pouvoir des parties; l'assignation doit contenir constitution d'avoué exerçant devant un autre trib., et tous les autres avoués sont étrangers à cette nouvelle procédure. D'ailleurs, il est de règle qu'une assignation soit donnée à personne ou domicile. L'art. 375 ne fait pas d'exception.

39. Le jugement qui serait rendu par défaut sur cette assignation ne serait pas susceptible d'opposition, si déjà avant la demande en renvoi un premier jugement avait statué au fond par défaut, et si la partie y avait formé opposition; il y aurait lieu, dans ce cas, d'appliquer la règle ordinaire qui prohibe l'opposition à un second jugement par défaut. En effet, l'art. 375 porte que la procédure sera suivie sur ses derniers erremens. Pigeau, Com., 1. 647; Thomine, art. 375.

§ 2. — *Du renvoi au cas d'insuffisance de juges ou d'avoués.*

40. Il y a lieu au renvoi toutes les fois que le trib. devant lequel une affaire est portée se trouve, soit par suite de décès, ou autre empêchement légitime, tel que maladie ou récusation, privé du nombre de juges nécessaires pour statuer. Berriat, 336.

41. *Justices de paix.* Au cas d'empêchement légitime d'un juge de paix et de ses suppléans, les justiciables devraient se pourvoir au trib. d'arrondissement, pour faire renvoyer la cause devant le juge de paix du canton le plus voisin. L. 16 vent. an 12, art. 1.

42. La partie la plus diligente se pourvoit par requête au trib. supérieur qui prononce le renvoi comme il est dit ci-dessus, parties présentes, ou dûment appelées, et sur les conclusions du ministère public. *Même loi,* art. 2.

43. Cette délégation n'est valable que pour la contestation indiquée au trib. supérieur, elle ne peut servir pour toutes autres contestations. Cass. 1 oct. 1830, S. 31, 16. — Même au cas de démission du juge de paix et de ses suppléans. Cass. 25 mai 1831, S. 31, 206.

44. *Trib. de 1re inst.* Aucune loi n'a prévu ni indiqué la marche qui devrait être suivie. Selon M. Berriat, p. 336, si on se trouve dans les mêmes circonstances qu'un trib. de paix, on doit, par analogie procéder de la même manière.

La minorité restante du trib. empêché constate l'insuffisance par un procès-verbal. On présente ensuite requête au trib. supérieur, en y joignant le procès-verbal ci-dessus. Berriat, *ib.* note 15. Dans ce système il faudrait suivre les formes du réglement de juges, on ne pourrait assigner la partie adverse, pour voir prononcer le renvoi, qu'après en avoir obtenu la permission sur requête.

Il a été jugé au contraire que ces formalités étaient inutiles, et que l'on pouvait assigner directement l'adversaire, devant le trib. supérieur, sans requête ni permission préalable. Limoges, 28 janv. 1824, S. 26, 190.

45. *Cours royales.* La demande en renvoi devrait être adressée à la C. de Cass. Arg. C. pr. 363.

46. Les règles ci-dessus s'appliquent au cas, — 1° où le trib. n'est plus complet, par suite du renvoi demandé à cause de la parenté de quelques-uns des juges avec l'une des parties.

2° Où un trib., près duquel ne postulent qu'un petit nombre d'avoués, se trouve saisi d'une contestation dans laquelle figurent plus de parties ayant des intérêts distincts qu'il n'y a d'avoués. Rennes, 20 déc. 1824, S. 25, 340; à fortiori s'il n'existe plus qu'un seul avoué près le trib., Angers 8 déc. 1830, S. 31, 86. — V. toutefois *Ordre entre créanciers*, n° 129.

§ 3. — *Du renvoi pour cause de suspicion légitime.*

47. Les art. 542 et 548 C. inst. crim. autorisent expressément la demande en renvoi pour cause de suspicion légitime ou de sûreté publique, en matière criminelle.

48. Mais le C. de pr. ayant gardé le silence en matière civile, cette voie extraordinaire peut-elle être admise?

Pour la négative on dit : La loi a pris soin de déterminer les causes de parenté ou d'alliance comme motifs de récusation d'un trib. entier, en matière civile ; il est difficile de laisser à l'arbitrage du juge la faculté d'admettre d'autres causes. Si, en matière criminelle, le renvoi a été admis pour suspicion légitime, c'est parce que, lorsqu'il s'agit de la punition d'un crime ou d'un délit, la justice doit toujours favoriser l'accusé. La partie civile qui ne veut point aller plaider devant le nouveau trib. désigné peut toujours poursuivre la réparation du dommage devant les trib. civils compétens.

Mais on répond avec raison : d'autres circonstances que la parenté peuvent alarmer avec fondement la confiance du plaideur, et d'ailleurs les trib. sauront faire justice de la frivolité des motifs allégués pour obtenir le renvoi. Thomine, n° 420. — D'ailleurs, les lois des 27 nov. et 1er déc. 1790, art. 2, l'art. 254 const. de l'an 3, les art. 60 et 79 L. 27 vent. an 8, qui autorisent le renvoi pour cause de suspicion légitime, ne font aucune distinction *entre les matières civiles et criminelles*. — Ces dispositions n'ont pas été abrogées par le C. de pr. Cass. 21 mars 1821, P. 16, 465; Carré, *Compét.* 2, n° 201; Berriat, p. 337; Dalloz, 11, 588.

49. Le renvoi pour cause de suspicion légitime peut être demandé, notamment, 1° lorsque tous les membres d'un trib. sont récusables. Merlin, *Rép.*, v° *Récusation*, art. 11, § 4; Berriat, *ib.* — V. *Récusation*;

2° Lorsque, d'après diverses circonstances, on peut craindre que le tribunal ne juge pas avec impartialité. Berriat, *ib.*

50. L'appréciation des circonstances est abandonnée à la conscience des magistrats. Cass. 24 therm. an 9; Merlin, *Rép.*, v° *Renvoi*, nos 2, 4; Berriat, 337.

51. Ainsi, le renvoi peut être prononcé lorsque, dans un trib. de 1re inst., deux juges sont récusables pour autre cause que la parenté ou l'alliance. Par exemple, si un juge est donataire d'une partie, et qu'un autre ait sollicité pour elle. — En vain dirait-on qu'on ne peut étendre par analogie une disposition qui tend à créer l'incapacité. — Les magistrats sont arbitres souverains dans l'appréciation des faits qui caractérisent la suspicion légitime; la question se réduit à savoir si, dans l'espèce, il y a lieu de soupçonner l'impartialité du tribunal.

52. Lorsque, par suite de dilapidations commises par des avoués et tolérées par certains membres d'un trib. composé de quatre juges, une partie a provoqué la destitution du procureur du Roi et du greffier, la démission du président, la réprimande et l'admonition de deux d'entre les juges; si cette partie, ayant intenté une action en dommages-intérets, tant contre les avoués et leurs cliens, ses adversaires primitifs, que contre les magistrats, publie un mémoire dans lequel elle outrage le procureur-général près la C. roy., les conseillers de cette Cour, les officiers du ministère public, le trib., *tel qu'il est actuellement organisé*, et divers fonctionnaires publics de la ville où il siége, sur la plainte dressée par le ministère public, ce mémoire doit être renvoyé pour suspicion légitime, tant du trib. que de la C. qu'on prétend diffamés, devant un trib. d'un autre ressort, alors d'ailleurs que ce trib. est situé dans le ressort de la C. roy. à laquelle l'action en dommages-intérêts a été déjà renvoyée pour suspicion légitime. Cass. 4 janv. 1828, D. 28, 183.

53. On peut, pour cause de suspicion légitime, renvoyer devant un autre trib., non-seulement la demande pendante,

mais encore les demandes connexes qui seraient ultérieurement formées. Cass. 24 sept. 1824, S. 24, 358.

54. Les demandes en renvoi sont souvent écartées.

Ainsi a été repoussée celle formée contre une C. roy. et les trib. de son ressort, que l'on voulait dessaisir du droit de prononcer sur les opérations d'une faillite, à cause de l'influence que pouvaient exercer sur les magistrats un grand nombre de créanciers. Cass. 7 fév. 1832, D. 32, 204.

55. Dans une autre instance de faillite où les mêmes inquiétudesétaient manifestées, la C. de cass. ordonna, avant faire droit, que cette demande serait communiquée aux syndics de la faillite. Cass. 23 avr. 1829, D. 32, 204, note 1.

56. La demande est valablement intentée par toutes les parties intéressées, même par celle qui a saisi le trib. soupçonné. Cass. 24 sept. 1824, S. 24, 358.

57. Une demande en renvoi pour cause de suspicion légitime doit être rejetée comme prématurée, si aucun trib. n'a été préalablement saisi de l'action au fond. — Ainsi, lorsqu'après un arrêt de la chambre des requêtes qui a renvoyé une partie à se pourvoir en prise à partie contre des juges, celle-ci, avant de saisir aucune juridiction de l'action en prise à partie, s'adresse à la chambre des requêtes pour lui demander le renvoi devant une autre juridiction que celle indiquée par la loi, à l'effet de statuer sur l'action en prise à partie qu'elle se propose de former contre ses juges, il y a lieu, de la part de la chambre des requêtes, à rejeter la demande en renvoi. Cass. 25 avr. 1827, S. 27, 415. — V. *Prise à partie*, n° 35.

Jugé que la demande est tardive, si elle n'est formée qu'après les plaidoiries, bien qu'il soit allégué que les causes de suspicion sont postérieures aux plaidoiries. Toulouse, 8 août 1827, S. 28, 109.

Dans tous les cas, pour qu'une Cour s'abstienne de passer outre au jugement d'une cause dont le renvoi pour suspicion légitime est demandé, il faut que la demande en renvoi ait été régulièrement portée devant les juges compétens; une simple déclaration de la partie qu'elle va se pourvoir en règlement de juges ne serait pas suffisante. *Même arrêt.*

58. Elle est toujours portée à la C. de cassation. — V. *sup.* n° 15.

59. La cause peut être jugée en vacations par la section criminelle, s'il y a urgence, à la charge de prononcer préalablement sur l'urgence. Cass. 24 sept. 1824, S. 24, 358.

60. Est nul le jugement rendu par les premiers juges sur la contestation qui leur était soumise, même dans l'ignorance où ils étaient d'un arrêt renvoyant les parties devant un autre trib. Cass. 18 déc. 1812, S. 17, 346.

§ 4. — *Du renvoi pour cause de sûreté publique.*

61. Il y a lieu à ce renvoi en matière criminelle, quand il est à craindre que la tranquillité publique ne soit troublée à l'occasion du procès soumis à un tribunal. C. inst. crim. 542. — Les mêmes raisons s'appliquent, en certains cas, aux affaires civiles. — V. *sup.* n° 48.

62. Les circonstances sont abandonnées à l'appréciation des magistrats.

Il semblerait résulter d'un arrêt de cass., du 19 fruct. an 12, que la connaissance de ces faits est exclusivement dévolue au gouvernement ; de telle sorte que quand ses agens demandent un renvoi pour cause de sûreté, la C., sans entrer dans l'examen des faits allégués, *doit* prononcer de plein droit le renvoi. — Mais nous croyons que, prise dans un sens absolu, cette doctrine serait erronée : en effet, de là même qu'aux magistrats appartient le droit de prononcer le renvoi, il faut conclure qu'ils ont le droit de juger la nature des faits allégués à l'appui de la demande.

63. Le renvoi est prononcé par la C. cass. (— V. *sup.*, n° 15.) sur la réquisition du procureur général, à la différence de ce qui a lieu en cas de suspicion légitime, cas dans lequel les parties intéressées ont le droit de provoquer elles-mêmes le renvoi. L. 27 vent. an 8, art. 79.

§ 5. — *Enregistrement.*

64. L'acte de demande en renvoi fait au greffe est soumis au droit fixe d'enregistrement de 3 fr., s'il a lieu, devant un trib. de 1re inst. (L. 22 frim. an 7, art. 68, § 2, n° 6); — et à celui de 5 fr., s'il intervient devant une C. roy. L. 28 avr. 1816, art. 45, n° 6.

Pour les autres actes. — V. *Requête, Signification*, etc.

§ 6. — *Formules.*

FORMULE I.

Acte au greffe afin de renvoi.

(C. pr. 370. — Tarif, 92. — Coût, vac. 6 fr.)

L'an le , au greffe du trib. de

Est comparu le sieur assisté de Me

Lequel a dit que par exploit de huissier en date du , il a été assigné par le sieur demeurant à , pour se voir condamner à , mais qu'ayant appris que MM. faisant partie de MM. les juges composant ledit tribunal de , étaient les cousins issus de germain dudit sieur , il requérait que la cause fût renvoyée à un autre tribunal ressortissant à la Cour royale de

La pièce justificative de la présente demande est une expédition demeurée ci-annexée de l'intitulé d'un inventaire fait après le décès du sieur , par , et son confrère, notaires à , en date au commencement du duquel il appert que MM. , sont les cousins issus de germain dudit sieur

Desquels comparution, dire et réquisition ledit sieur , assisté comme ci-dessus, a requis acte à lui octroyé, et a signé avec Me , son avoué, et nous greffier, soussigné, les jour, mois et an susdits.

(*Signature de la partie, de l'avoué et du greffier.*)

FORMULE II.

Signification du jugement qui ordonne la communication de la demande en renvoi.

(C. pr. 372. — Tarif, 70. — Coût, 1 fr. orig.; 25 c. copie.)

A la requête du sieur , soit signifié avec celle des présentes donné copie à Me , avoué au tribunal de , et du sieur

1° De l'expédition de la réquisition faite par ledit sieur , au greffe du tribunal de , le , dûment enregistrée, à fin de renvoi à un autre tribunal, pour cause de parenté, de la cause pendante entre ledit sieur et le sieur audit tribunal de première instance du département de

2° De l'intitulé d'un inventaire fait par Me , et son collègue, notaires à en date au commencement du , après le décès du sieur ; et duquel intitulé il appert que MM , juges audit tribunal de , sont les cousins issus de germain du sieur

3° Et d'un jugement de la première chambre du tribunal de , en date du , dûment enregistré, scellé, signé et collationné; lequel ordonne les communication et rapport prescrits par l'art. 371 C. de pr.

A ce que du contenu auxdits actes de réquisition, intitulé d'inventaire et jugement, ledit Me , pour sa partie n'ignore, dont acte.

(*Signature de l'avoué.*)

FORMULE III.

Requête en défense à la demande en renvoi.

(C. pr. 373. — Tarif, 75. — Coût, 2 fr. par rôle orig.; 50 c. copie.)

A MM. les président et juges du tribunal de

Le sieur , demeurant à , demandeur au principal, défendeur à la demande en renvoi à un autre tribunal, de la cause pendante entre lui et le sieur , ci-après nommé, faite par ce dernier au greffe du tribunal de le , et encore demandeur aux fins des présentes, ayant pour avoué Me

Contre le sieur , demeurant à , défendeur au principal, demandeur en renvoi à un autre tribunal, de la cause sus-énoncée, et encore défendeur aux fins de la présente requête, ayant pour avoué Me , expose (*rappeler les faits et les moyens.*)

Par tous ces motifs et autres, à suppléer de droit et d'équité, il plaira au tribunal déclarer le sieur purement et simplement non recevable dans sa demande en renvoi, même l'en débouter, et ordonner que les procédures seront continuées; condamner ledit sieur aux dépens faits sur ladite demande en renvoi, et, attendu que la demande principale en a été retardée, et que le sieur a souffert de ce retard, condamner ledit sieur à payer audit sieur , la somme de , à titre de dommages et intérêts, sans préjudice de l'amende prononcée par la loi, etc., le tribunal fera justice. (*Signature de l'avoué.*)

FORMULE IV.

Assignation devant le trib. devant lequel la cause a été renvoyée.

(C. pr. 375. — Tarif, 29. — Coût 2 fr. orig.; 50 c. copie.)

L'an , à la requête, etc.

J'ai, soussigné et avec celle des présentes donné copie au sieur , etc., et à pareilles requête, demeure et élection de domicile que dessus, j'ai, huissier susdit et soussigné, donné assignation audit sieur , en son domicile et parlant comme dit est, à comparaître d'aujourd'hui à la huitaine de la loi, outre un jour par trois myriamètres de distance, à l'audience du tribunal de

Pour, attendu que, par l'arrêt sus-énoncé, les parties ont été renvoyées devant le trib. de , pour être statué sur la demande formée par le requérant contre ledit sieur , par exploit de , en date du dûment enregistré, voir dire et ordonner que la procédure de ladite demande sera continuée suivant les derniers erremens; ce faisant, que les conclusions prises par ledit sieur , en son exploit dudit jour , lui seront adjugées; en conséquence (*reprendre les conclusions de cet exploit*); à ce que du tout le susnommé n'ignore, et je lui ai, en son domicile et parlant comme ci-dessus, laissé copie tant de l'arrêt sus-énoncé que du présent, dont le coût est de

(*Signature de l'huissier.*)

FORMULE V.

Requête tendant à obtenir le renvoi devant un autre tribunal pour cause d'insuffisance du nombre de juges.

(Tarif, arg. 78. — Coût, 10 fr.)

A MM. les premier président, présidents et conseillers de la Cour royale de

Le sieur , demeurant à , ayant pour avoué Me
A l'honneur de vous exposer que, par exploit du ministère de ; huissier à , en date du, et à la requête du sieur ; demeurant à il a été assigné à comparaître devant le tribunal de pour s'entendre condamner à

Mais que, par suite de la maladie de M. , juge audit tribunal, et des récusations proposées par l'exposant et admises par jugement du tribunal de en date du , contre MM. , également juges audit siége, les membres du tribunal de se trouvent en nombre insuffisant pour prononcer sur la contestation qui divise les parties.

Pourquoi ledit sieur requiert qu'il vous plaise ordonner le renvoi des parties devant un autre tribunal que celui de pour être statué sur ce qu'il appartiendra, et vous ferez justice. (*Signature de l'avoué.*)

FORMULE VI.

Assignation devant le tribunal compétent pour prononcer le renvoi.

L'an , le , à la requête du sieur , demeurant à , pour lequel domicile est élu à en l'étude de Me , avoué près la Cour royale de , lequel occupera sur l'assignation ci-après, j'ai (*immatricule de l'huissier*), soussigné, signifié avec celle des présentes laissé copie à M. demeurant à , en son domicile, où étant et parlant à d'une requête présentée par le requérant à MM. les président et conseillers de la Cour royale de , le , enregistrée, à ce qu'il n'en ignore.

Et à pareilles requête, demeure, élection de domicile et constitution d'avoué que ci-dessus, j'ai, huissier susdit et soussigné, donné assignation à mondit sieur à comparaître et se trouver le , par-devant MM. les premier président, présidens et conseillers composant la première chambre de la Cour royale de , séant à , heure de , pour procéder sur et aux fins de la requête sus-énoncée, et dans le cas de contestation s'entendre condamner aux dépens; à ce qu'il n'en ignore, je lui ai, audit domicile et parlant comme dit est, laissé sous toutes réserves copie de ladite requête et du présent, dont le coût est de (*Signature de l'huissier.*)

RÉPARATIONS. — V. *Juge de paix*, n° 67 et suiv.; *Jugement*, n° 178; — *Référé*.

RÉPARATIONS CIVILES. — V. *Dommages-intérêts*, *Partie civile*, *Responsabilité*.

REPAS. — V. *Enquête*, n° 196; — *Récusation*, n° 33 et suiv.

RÉPERTOIRE (1). Livre-journal sur lequel certains fonc-

(1) Cet article est de M. Allenet, avocat.

tionnaires ou officiers publics doivent inscrire leurs actes, soit pour en faciliter la recherche, soit pour servir à constater leur existence, dans l'intérêt du fisc et des parties.

DIVISION.

§ 1. — *Dispositions générales.*

1. Les notaires, greffiers, huissiers, gardes du commerce, commissaires-priseurs et courtiers, sont tenus d'avoir des répertoires, et d'y inscrire les actes de leur ministère, à peine d'une amende de 5 fr. par chaque acte omis. LL. 22 frim. an 7, art. 49; 16 juin 1824, art. 10.

La même obligation est imposée sous la même peine aux secrétaires des préfectures, sous-préfectures et mairies, pour tous les actes administratifs qui doivent être enregistrés sur minute. *Ib.*

Art. 1. — *Comment les répertoires doivent être tenus.*

2. Tous les répertoires doivent être tenus : à colonnes, — jour par jour, — sans blancs, — sans interlignes, et par ordre de numéros; — chaque omission de l'une de ces conditions est punie d'une amende de 5 fr. *Ib.*

3. *Jour par jour.* C'est-à-dire le jour même de la date des actes, et au fur et à mesure de leur confection : cette interprétation, conforme à l'usage, n'est point incompatible avec l'obligation de mentionner à chaque article la date de l'enregistrement; il y a pour l'enregistrement une colonne particulière qui peut être laissée en blanc sans contravention; la loi ne défend que les blancs qui serviraient à favoriser la fraude en permettant d'inscrire après coup, entre les articles, des actes omis à dessein. Cass. 5 fév. 1811; 4 déc. 1816; 28 mars 1827, S. 27, 419; — on oppose qu'il est impossible, dans certains cas, de répertorier les actes le jour même de leur date; par exemple, lorsque le répertoire est entre les mains du receveur pour le *visa;* mais ce cas exceptionnel ne détruit pas la règle; le retard forcé de *vingt-quatre heures* qui est alors imposé à

l'officier ministériel (— V. *inf.*, n° 15), ne saurait lui être imputé.

4. Si les actes portent plusieurs dates, à laquelle doivent-ils être inscrits? — On avait pensé que c'était à la première, comme étant celle qui fait courir le délai pour l'enregistrement (Favart, v° *Répertoire*, § 2, n° 90); — mais il a été décidé que ces actes ne doivent être répertoriés que du moment où ils sont devenus parfaits par la signature de tous les contractans, et par celle de l'officier public. Délib. cons. rég. 29 mars 1831.

5. Toutefois, les procès-verbaux ou inventaires contenant plusieurs séances doivent être inscrits sur le répertoire à la date de la première séance ou vacation : chaque séance étant signée par les parties intéressées forme par elle-même un tout parfait. Décis. min. fin. 18 août 1812 ; — les inventaires que les notaires, exerçant dans le ressort d'une C. roy., font hors de l'arrondissement du bureau d'enregistrement de leur résidence doivent être répertoriés avec mention des jours qu'ils ont duré, des divers enregistremens dans chaque bureau, de leur date et de la désignation de ces bureaux. Inst. rég. 3 fruct. an 12.

6. Chaque article du répertoire contient, 1° le numéro d'ordre (LL. 22 frim. an 7, art. 50, et 25 vent. an 11, art. 30); ce numéro peut être en chiffres. Décis. min. fin. 10 mai 1808 ; — 2° la date de l'acte (LL. *id. ib.*); cette date est encore valablement écrite en chiffres (*même décis.*) ;—3° la nature de l'acte. L. *id. ib.*; — 4° les noms et prénoms des parties et leur domicile. L. *id. ib.*; — 5° l'indication des biens, leur situation et le prix, lorsqu'il s'agit d'actes qui ont pour objet la propriété, l'usufruit ou la jouissance de biens-fonds. L. *id. ib.*; — 6° la relation de l'enregistrement, et le montant du droit. L. *id. ib.*; il peut aussi être exprimé en chiffres. Déc. préc.

La mention sur le répertoire qu'un acte a été enregistré n'est pas une preuve de l'enregistrement de cet acte ; en conséquence, si l'original de l'acte lui-même n'est pas apporté à l'appui, la régie est recevable à réclamer le droit, et même le double droit, s'il y a lieu. Cass. 2 oct. 1810, P. 8, 602. — Cet arrêt, rendu contre un huissier, s'applique à tous les répertoires.

7. Les répertoires doivent être divisés en *six colonnes*; mais ce nombre n'est pas prescrit sous peine d'amende. *J. Not.*, n° 288.

8. Il en est de même des erreurs de numéros, des ratures et des surcharges, pourvu que la série des numéros ne soit pas

interrompue. Délib. cons. rég. 6 mars 1824, approuv. min. fin. 8 avr. 1824.

9. Les doubles emplois sur les répertoires ne peuvent pas être réputés contravention : ils ne donnent lieu à aucune amende. *Dict. Not., hoc verbo*, nº 69 ; mais, lorsque des articles ont été rayés pour inscrire des actes d'une date antérieure, il y a preuve de l'omission de ces derniers actes, et l'amende est due. Décis. min. fin. 16 déc. 1824 ; inst. rég. 23 mars 1825 ; Cass. 19 déc. 1808, 28 mars 1827, S. 27, 419.

10. Le même répertoire peut servir pour plusieurs années : ce mode, assez généralement introduit, remplit le but de la loi, qui est de faciliter les recherches. *J. Not.*, art. 378, 2º.

Un nouveau titulaire peut même répertorier ses actes sur le même registre que son prédécesseur, en ayant soin de désigner le commencement de son exercice par un frontispice, et par une nouvelle série de numéros. Favart, *ib.*, § 5, nº 7.

11. Tous les répertoires doivent être cotés et paraphés. — V. *Enregistrement*, nº 78.

12. Ils sont présentés au visa du receveur de l'enregistrement dans les dix premiers jours de chaque trimestre, à peine d'une amende de 10 fr. — V. *ib.* nº 76.

L'amende est encourue dès que le dernier des dix jours est expiré. Solut. 22 vent. an 8 ; — à moins que ce jour ne soit férié ; dans ce cas, la présentation au *visa* est recevable sans amende le jour *non férié* qui suit immédiatement. Sol. rég. 2 sept. 1814. — *Contrà*, Trouillet, vº *Répertoire*, § 5, nº 4. — V. *Délai*, nºs 20 et 21.

13. Un huissier ne peut être excusé sous prétexte d'imbécillité, surtout lorsque cette prétendue infirmité ne l'a point empêché de faire et de soumettre à l'enregistrement plusieurs actes de son ministère. Cass. 31 janv. 1814, P. 12, 64.

14. Le receveur de l'enregistrement constate la présentation, en la mentionnant, à sa date, sur le registre d'enregistrement, dans une case particulière : cette mention indique le nombre des actes passés, reçus ou faits depuis le dernier *visa*, les omissions, doubles emplois, renvois, intercalations et ratures, ainsi que la date des procès-verbaux, s'il en a été rapporté. Il inscrit dans les mêmes termes son certificat de *visa*, sur le répertoire même, au bas du dernier article de ce répertoire, avec indication du folio et de la case du registre où il a été enregistré. Déc. min. fin. 9 sept. 1806.

15. Les receveurs ne peuvent retenir les répertoires plus de 24 heures ; ils doivent apposer le *visa* le jour même de la présentation, et ce visa ne peut pas influer sur les actes qui auraient été reçus ce jour-là. Lett. rég. 8 avr. 1812.

Art. 2. — *Communication et dépôt des répertoires.*

16. *Communication.* Les receveurs de l'enregistrement ont le droit d'obtenir communication des répertoires toutes les fois qu'ils la requièrent. — V. *Enregistrement*, nos 77, 79. — Même des registres spéciaux sur lesquels sont transcrits les actes de protêt. Cass. 8 juill. 1839 et (Art. 948 J. Pr.).

17. *Communication aux parties et délivrances d'extraits.* Les parties ont aussi le droit d'exiger la communication des articles du répertoire qui les concernent (Arg. C. pr. 839 et 840); cette communication peut être fort utile, surtout pour les actes dont il n'existe pas de minutes, ou dont les minutes ont été perdues. — V. *Compulsoire*, n° 1. — La représentation des répertoires, lorsqu'elle est ordonnée, est obligatoire même par corps : l'art. 2060-6° C. civ. est applicable. — V. aussi C. pr. 221.

18. Les extraits certifiés des répertoires des notaires peuvent servir de commencement de preuve de l'existence des actes dont on ne peut représenter les minutes. C. civ. 1336.

Ceux des répertoires des huissiers ont en général le même effet; ils ne peuvent faire preuve de l'existence légale d'un exploit dont on ne représente ni l'original ni la copie. — V. *Exploit*, n° 266 et suiv.

19. Mais en est-il de même de la copie littérale d'un acte de protêt, extraite des registres tenus conformément à l'art. 176 C. comm. ? — Non. La différence vient de ce que dans ces registres spéciaux les protêts sont transcrits en entier, tandis que les répertoires ordinaires ne contiennent que des extraits. Si un extrait ne donne qu'une idée incomplète de la régularité d'un acte, la copie littérale suffit pour en faire apprécier le mérite tant en la forme qu'au fond. On oppose que ce n'est là qu'une copie (C. civ. 1335). Mais l'art. 1335 est sous la rubrique de la *preuve des obligations;* et la juste sévérité des principes en cette matière ne nous paraît pas applicable aux actes de simple mise en demeure, tels que les protêts.

20. *Dépôt.* Certains officiers ministériels sont aussi tenus de déposer, chaque année, au greffe du trib. civil, un double de leurs répertoires : ce sont les notaires, les commissaires-priseurs et les courtiers. LL. 29 sept. 1791, tit. 3, art. 16; 16 flor. an 4, art. 1er; déc. 10 sept. 1808; L. 16 juin 1824, art. 11.

21. Le dépôt doit avoir lieu, dans les deux premiers mois de chaque année, au greffe du trib. civil de la résidence des fonctionnaires, à peine de 10 fr. d'amende, quelque soit la durée du retard. *Ib.*, et L. 16 juin 1824, art. 10.

L'amende est encourue dès qu'on est entré dans le troisième mois. Cass. 30 juil. 1816; 15 mai 1822, P. 13, 570; 17, 350.

22. Bien que le dernier jour du second mois fût férié, le dépôt ne serait pas recevable sans amende le premier jour non férié du mois suivant : les délais de ce mois se comptent sans avoir égard aux jours (— V. *Délai*, n° 23, 28.) D. v° *Enregist.*, ch. 1er, sect. 12, art. 4, n° 15. — *Contrà*. Favard, v° *Rép.*, § 4, n° 1; Arg. L. 22 frim. an 7, art. 25-2°. —V. *sup.* n° 12.

23. L'excuse tirée de ce que le notaire aurait mis à la poste, à l'adresse du greffier, le paquet contenant son répertoire, et ce à une époque antérieure à l'expiration du délai, n'est point admissible. Cass. 6 juin 1809, P. 7, 600.

24. Lorsqu'un officier public ou ministériel n'a passé aucun acte dans le cours d'une année, il est dispensé de tout dépôt au greffe. Décis. min. just. et fin. 2 et 4 juil. 1812.

25. Celui qui n'a pas un an d'exercice doit-il déposer le double du répertoire non-seulement de ses propres actes, mais encore des actes reçus dans l'année par son prédécesseur? — Une décision du min. fin. 12 sept. 1817 lui impose cette obligation sous peine de l'amende; — mais la solution contraire résulte des termes mêmes de la loi, qui astreint seulement les fonctionnaires à déposer le double du répertoire *des actes par eux reçus*. Cass. 7 déc. 1820, S. 21, 343.

26. Les greffiers qui reçoivent le dépôt en doivent dresser acte pour chaque fonctionnaire individuellement : plusieurs ne peuvent se réunir et exiger un seul acte de dépôt pour tous. Décis. 24 mai et 27 juin 1808; inst. rég. 14 juil. 1812; — ces actes de dépôt font foi de la date de la remise du double du répertoire; toutefois, un fonctionnaire ne serait pas condamné à l'amende s'il prouvait, par un récépissé du greffier, que cette remise avait eu lieu avant l'expiration du délai fixé par la loi. Cass. 11 janv. 1816, P. 13, 214.

27. Les greffiers ne peuvent forcer à lever des expéditions des actes de dépôt; mais si elles sont demandées, le coût leur en est dû. Déc. min. fin. 20 mars 1810; *même arrêt*.

28. Ils ne doivent pas donner communication à tout requérant des répertoires qui leur sont déposés. Ces répertoires ne sont point en effet des registres publics; il y a même raison pour que les greffiers apportent dans leur communication, ou dans la délivrance de copies ou extraits, la discrétion qui est prescrite aux notaires eux-mêmes. Favard, *ib.*

Sans doute on ne pourrait, à cette occasion, les rendre passibles des amendes prononcées contre les notaires, parce que les peines ne peuvent pas s'appliquer par induction; mais ils seraient passibles, d'après les principes généraux du droit, de dommages-intérêts envers les parties, et punis disciplinairement, même destitués selon les circonstances. *Ib.*

Art. 3. — *Droit de disposer des répertoires.*

29. Le répertoire et les minutes d'un notaire remplacé peuvent être remis, par lui ou par ses héritiers, à l'un des notaires résidant dans la même commune, ou, à défaut, à l'un des notaires du canton. L. 25 vent. an 11, art. 54. — Faute par eux d'user de cette faculté dans le mois de la prestation de serment du successeur, la remise en est faite à celui-ci. *Ib.* art. 55.

Si la place du notaire est supprimée, le titulaire ou ses héritiers sont tenus de faire la remise ci-dessus dans le délai de deux mois de la date de la suppression ; sinon, et faute d'option dans ledit délai, le procureur du roi indique celui qui devra être dépositaire du répertoire et des minutes. *Ib.* art. 56, 57.

Le notaire ou ses héritiers qui sont en retard de satisfaire aux dispositions ci-dessus, encourent une amende de 10 fr. *Ib.* art. 57 ; L. 16 juin 1824, art. 10.

30. Les règles précédentes s'appliquent aux huissiers, commissaires-priseurs et courtiers.

Mais il en est autrement des greffiers : quoiqu'ils aient le droit en général de transmettre leurs titres (— V. *Greffier*, nos 6 et 7), ils ne peuvent pas disposer de leur répertoire ni des minutes du greffe ; l'intérêt général s'oppose à ce qu'ils soient déplacés.

§ 2. — *Des répertoires des notaires.*

31. Les notaires sont tenus d'inscrire sur leurs répertoires tous les actes et contrats qu'ils reçoivent, même ceux passés en brevet, à peine de 5 fr. d'amende par chaque omission. LL. 22 frim. an 7, art. 49 ; 16 juin 1824, art. 10 ; 25 vent. an 11, art. 29.

Ainsi doivent être répertoriés, 1° les procès-verbaux de ventes de biens de mineurs faits par délégation de la justice. Circ. rég. 8 prair. an 12. — Et les actes préliminaires pour arriver à ces ventes. *Dict. not. hoc verbo*, n° 59.

2° Les procès-verbaux de visite de lieux, dressés par les notaires en vertu d'ordonnance. Décis. min. fin. 24 oct. 1817.

3° *Les protêts.* L'obligation d'inscrire les actes en entier sur un registre spécial (— V. *Effet de commerce*, n° 113) est indépendante de la disposition générale, qui veut que *tous* les actes indistinctement soient inscrits chronologiquement sur le *répertoire*. Instr. rég. 19 mars 1809.

32. Le notaire substituant un de ses confrères dans la passation d'un acte n'en doit pas moins inscrire cet acte sur son répertoire, en indiquant que la minute est demeurée au notaire qu'il a suppléé. Celui-ci doit aussi répertorier cet acte. — S'il s'agit d'une quittance ou décharge donnée à la suite d'un acte reçu par le notaire *substitué*, elle doit être répertoriée seulement par le notaire *substituant*, bien que la minute reste à l'autre. Instr. rég. 11 nov. 1819; Favard, *ib.*, § 1, n° 2. — V. d'ailleurs *sup.* n°s 11 à 15.

§ 3. — *Répertoires des greffiers.*

33. Les greffiers des C. et trib. (ce qui comprend les greffiers des trib. de commerce, Av. du Cons. d'Ét., appr. le 14 sept. 1814), ceux de la C. de cass. (Décis. min. fin. 28 déc. 1813), sont obligés de tenir des répertoires sur lesquels ils doivent inscrire, 1° tous les jugemens et actes de leurs greffes (L. 28 avr. 1816, art. 38). — V. *Greffier*, n°s 54 et 55; — même lorsqu'ils n'ont pas reçu des parties le montant des droits; D. v° *Enregistrement*, chap. 1er, sect. 12, art. 4, n° 5.

2° Les certificats délivrés en brevet. Cass. 14 nov. 1837 (Art. 1067 J. Pr.). V. *Greffier*, n° 55.

3° Les *récépissés* des extraits de jugemens qu'ils fournissent aux receveurs de l'enregistrement. Même loi, art. 38-3°.

4° Les affirmations de voyage. Délib. 4 nov. 1815.

Ils sont dispensés de répertorier les actes qui émanent directement des juges. Sol. rég. 9 août 1807.

Ils peuvent tenir deux répertoires, l'un pour les actes et jugemens en matière civile, l'autre pour les actes et jugemens en matière criminelle, correctionnelle ou de police. Instr. rég. n° 920. — Ces répertoires sont cotés et paraphés par les présidens des Cours et tribunaux respectifs.

— V. d'ailleurs *sup.* § 1.

34. *Les greffiers des juges de paix* sont soumis aux mêmes obligations. — Ils doivent porter sur leurs répertoires même les actes que les juges de paix ont faits ou reçus comme délégués des C. et trib. Décis. min. fin. et just. 24 déc. 1811 et 7 janv. 1812. — Lorsque des actes ont été rédigés par les suppléans des juges de paix, et n'ont été déposés par eux au greffe que postérieurement à leurs dates, ils sont visés par les juges de paix le jour de leur remise, et répertoriés à cette date par les greffiers, avec la mention du *visa*. Décis. min. fin. 31 juill. 1808.

35. Les procès-verbaux de reconnaissance et de levée de scellés ont une mention distincte sur le répertoire. Solut. 15 mai 1816.

36. Les répertoires sont cotés et paraphés par les juges de paix. L. 22 frim. an 7, art. 53. — Un arrêté du 28 brum. an 6 enjoignait aux procureurs du Roi de veiller à ce que les répertoires fussent cotés et paraphés par ces magistrats, et clos par eux dans les dix premiers jours de janv. : les greffiers devaient, en conséquence, y apposer leur *visa* après la clôture faite par les juges de paix. Mais ces dispositions sont implicitement abrogées par la L. 22 frim. an 7. La formalité du visa trimestriel, qui s'applique à tous les répertoires, établit une surveillance suffisante pour obliger les greffiers des juges de paix à tenir leur répertoire régulièrement et dans les formes voulues. D. *ib.*, chap. 1er, sect. 12, art. 4, n° 11.—*Contrà*, Favard, *ib.*

37. *Les secrétaires des conseils de prud'hommes* doivent répertorier, sous les mêmes peines que les greffiers, tous les actes et jugemens de ces conseils, même ceux relatifs aux contestations dont l'objet est d'une valeur déterminée inférieure à 25 fr. Peu importe, en effet, que ces actes et jugemens soient enregistrés *gratis*; il suffit qu'ils soient soumis à l'enregistrement, pour que les receveurs soient autorisés à en prendre connaissance. — Leurs répertoires sont cotés et paraphés par les présidens des conseils de prud'hommes. Arg. Instr. rég. 437, et L. 22 frim. an 7, art. 53.

§ 4. — *Répertoires des huissiers, gardes du commerce, etc.*

38. *Huissiers.* Les huissiers sont tenus d'inscrire sur leurs répertoires tous les actes et exploits de leur ministère. Cette obligation embrasse, 1° les protêts. — V. *sup.* n° 31;

2° Les actes relatifs aux indemnités de Saint-Domingue, bien qu'ils soient exempts de la formalité de l'enregistrement;

3° Les significations d'avoué à avoué que font les huissiers audienciers (Décis. just. et fin. 16 pluv. an 13, 19 frim. an 14, 19 janv. et 15 juill. 1806); ce qui s'applique aux significations des avocats aux conseils du Roi et à la C. de cassation;

4° Les exploits soumis à l'enregistrement en matière criminelle, et ceux d'appels des jugemens de police correctionnelle, soit qu'ils acquittent ou non les droits, soit que l'enregistrement ait lieu *gratis*. Instr. 388.

39. En outre des indications prescrites pour l'inscription de chaque acte (— V. *sup.* n° 6), les huissiers doivent mentionner dans une colonne particulière le coût de l'acte ou exploit, défalcation faite des déboursés. Décr. 14 juin 1813, art. 47. — Aucune peine n'est attachée à l'inobservation de cette formalité, mais elle peut être réprimée par voie de discipline. Favard, v° *Répertoire*, sect. 2, n° 6. — Cette mention est nécessaire pour déterminer la somme que chaque huissier doit verser dans la bourse commune. — V. *Huissier*, n°s 236 à 238.

40. Les huissiers *audienciers* peuvent tenir deux répertoires: 1° celui des actes qu'ils font en cette qualité; — 2° celui des actes qu'ils dressent et signifient comme huissiers ordinaires. — V. *Huissier*, n° 159. — Le premier doit être soumis au visa du receveur établi près du trib. ou de la C. à laquelle ils sont attachés, et l'autre au visa du receveur de leur résidence. Décis. min. fin. 29 déc. 1820.

41. Les répertoires des huissiers audienciers sont cotés et paraphés par les présidens des C. et trib. respectifs où ils font le service : ceux des huissiers non audienciers sont cotés et paraphés, savoir, ceux des huissiers résidant dans la ville où siége le trib. de 1re inst., par le président de ce trib., et ceux des autres huissiers par le juge de paix de leur canton. Décr. 14 juin 1813, art. 46.

42. Les dispositions précédentes sont applicables, non-seulement aux huissiers établis près les trib. de 1re inst. et les C. roy., — mais encore, 1° aux huissiers près le Conseil d'État et la C. de cassation; — 2° aux huissiers des justices de paix. L. 22 frim. an 7, art. 49 et suiv.; — 3° à ceux qui exploitent près des conseils de prud'hommes; leurs répertoires sont cotés et paraphés par les présidens de ces conseils; — 4° aux gardes du commerce; ils sont assimilés aux huissiers. Décis. min. fin. 20 juin 1809; — 5° aux porteurs de contraintes; ils sont aussi assimilés aux huissiers. Instr. 363. — Leurs répertoires doivent être cotés et paraphés par les maires de leur domicile (Favard, *ib.* n° 4), et visés pour timbre.

43. *Commissaires-priseurs et Courtiers.* Ils sont obligés d'avoir des répertoires sur lesquels ils doivent porter tous les procès-verbaux de ventes de meubles et marchandises, et tous les actes de leur ministère faits en conséquence de ces ventes. L. 16 juin 1824, art. 11. — V. d'ailleurs *sup.* § 1. — Ils sont passibles des mêmes peines que les huissiers et les notaires, en cas de contravention. Favard, *ib.* n° 5.

Leurs répertoires doivent être cotés et paraphés par le président du trib. de 1re inst. de leur résidence. Ordonn. 26 juin 1816, art. 13.

44. *Secrétaires des préfectures, sous-préfectures et mairies.* Leurs répertoires sont cotés et paraphés par les préfets, sous-préfets et maires.

§ 5. — *Timbre et Enregistrement.*

45. *Timbre.* Les répertoires sont écrits sur papier timbré *fourni par la régie,* et non sur du papier timbré à l'extraordinaire. L. 12 déc. 1790, 13 brum. an 7, art. 12-2°, 18; Circ. min. just. 28 mars 1808. — A peine d'amende (Cass. 19 déc. 1808, P. 7, 267) de 20 fr. par chaque acte qui y serait inscrit. L. 13 brum. an 7, art. 26-5°, et 16 juin 1824, art. 10. Merlin, *ib.* § 5, n° 2.

46. On se sert du papier de grande dimension au timbre de 1 fr. 50 c. Circ. précitée.

Les doubles des répertoires déposés aux greffes doivent être écrits sur papier timbré comme les répertoires eux-mêmes. Décis. 14 vend. an 7; Circ. rég. 6 brum. suiv.

47. L'empreinte du timbre ne peut pas être couverte d'écriture ni altérée (L. 13 brum. an 7, art. 21), à peine d'une amende de 5 fr. *Ib.* art. 26-2°; L. 16 juin 1824, art. 10. — Cette défense est relative au timbre sec comme au timbre noir. Cass. 4 juill. 1815. — Mais elle ne s'applique qu'au *recto*; on peut sans contravention couvrir d'écriture, au *verso*, l'empreinte de ces timbres. Décis. min. fin. 16 juin 1807.

Quand les répertoires sont sur du papier divisé par colonnes imprimées, les lignes qui traversent l'empreinte du timbre ne constituent pas une altération passible de l'amende. Décis. min. fin. 26 mai 1820.

Mais il ne suit pas de là qu'on puisse écrire sur l'empreinte ou la portion d'empreinte engagée dans les colonnes : la tolérance existe seulement pour les lignes *imprimées* qui ne peuvent altérer que fort légèrement le timbre; rien ne permet de l'étendre à l'écriture qui aurait pour effet de rendre le timbre méconnaissable. L'intérêt du fisc, et même celui des particuliers, exigent que l'empreinte reste toujours intacte, afin de pouvoir être vérifiée au besoin. Décis. min. fin. 1er mai 1832.

48. Si le timbre a changé depuis la formation du répertoire, on peut continuer à écrire sur les feuilles restantes qui portent l'empreinte de l'ancien timbre. Délib. rég. 19 juill. 1816.

49. Les dispositions précédentes s'appliquent à tous les répertoires, si ce n'est à ceux *des porteurs de contraintes*, qui sont visés pour timbre *gratis*. Décis. min. fin. 26 août 1820.

50. *Enregistrement.* Les répertoires ne sont point soumis à l'enregistrement.

Le certificat du visa trimestriel (—V. *sup.* n° 12), est délivré et enregistré sans frais.

Les actes de dépôt des répertoires sont également exempts de la formalité de l'enregistrement; mais il est dû pour droit de greffe 1 fr. 25 c. Déc. 12 juill. 1808; Décis. min. just. et fin. 24 et 30 janv. 1812.

§ 6. — *Poursuites en remboursement des amendes.*

51. Le recouvrement des amendes encourues relativement au timbre, à la tenue, au visa, à la représentation et à la communication des répertoires, est poursuivi à la requête de la direction de l'*enregistrement*, dans les formes tracées pour ces sortes d'affaires. L. 28 avril 1816, art. 76. — V. ce mot, n° 116 et suiv.

52. Les receveurs sont personnellement responsables du paiement des amendes qu'ils n'ont pas constatées. Inst. rég. 9 oct. 1806.—Ils sont toujours recevables, sauf le cas de prescription, à relever les contraventions qu'ils découvrent, même depuis leur *visa*.

53. La prescription de deux ans est applicable à ces amendes ; elles court du jour où les préposés ont été mis à portée de connaître et de constater les contraventions par la présentation des répertoires à leur *visa* ou autrement. L. 16 juin 1824, art. 14, Av. Cons.-d'Ét. 18 juill. 1810.

Ou autrement. En effet, si la contravention est de telle nature que la présentation du répertoire *au visa* ne mette pas le receveur à portée de la découvrir (par exemple, une omission), il semble juste que la prescription ne courre contre la régie que du jour où elle a eu connaissance de cette contravention. Favard, *ib.* § 6, n° 2.

54. La prescription biennale n'est pas applicable aux droits qui peuvent être dus pour les actes mentionnés sur les répertoires ; peu importe qu'ils y soient inscrits à leur date *depuis plus de deux ans*, s'ils n'ont pas été enregistrés, le droit est toujours exigible. — V. *Enregistrement*, n° 101.

55. Mais elle est applicable au double droit dû pour ces mêmes actes. L. 16 juin 1824, art. 14.

56. L'action pour amendes est éteinte par le décès de celui qui les a encourues : comme toutes les peines, elles sont personnelles ; les héritiers n'en sont pas tenus. Favard, § 6, n° 2.

Il en est autrement des amendes de contraventions relatives aux droits de timbre ; elles jouissent, soit dans les successions, soit dans les faillites ou tous autres cas, du privilége des contributions directes. L. 28 avril 1816, art. 76.

57. La contravention résultant du défaut de dépôt du double du répertoire est poursuivie par le procureur du roi, soit de sa propre initiative, soit sur la dénonciation des préposés de la régie. Dans ce cas, ceux-ci ne peuvent agir que lorsqu'il y a eu jugement de condamnation. Décis. min. just. et fin. 15 mars et 25 avril 1808.

Le recouvrement des amendes encourues pour défaut de remise des répertoires, par le titulaire ou ses héritiers, ne peut être poursuivi que sur jugement de condamnation obtenu à la requête du procureur du roi. L. 25 vent. an 11, art. 57.

RÉPLIQUE, DUPLIQUE. La *réplique* est la réponse du défendeur à ce qui a été soutenu par le demandeur, et la *duplique* la réponse du *demandeur* à la réplique du défendeur. — V. *Défense*, *Ordre*, n° 239 ; *Péremption*, n° 64.

REPRÉSENTANT. — V. *Appel*, n° 54 à 83 ; *Avoué*, *Créancier*, *Désaveu*, *Office*, n° 37 ; *Tierce-opposition*.

REPRÉSENTATION D'EXPLOIT. — V. ce mot, n° 266 à 269.

REPRÉSENTATION DES LIVRES DE COMMERCE.

1. Elle peut être ordonnée, dans le cours d'un procès, par le juge, même d'office, à l'effet d'en extraire ce qui concerne le différend. C. comm. 15.

2. Elle diffère de la *communication* : cette dernière, qui est la remise des livres pour être feuilletés et lus indistinctement dans tout ce qu'ils renferment, ne doit être ordonnée en justice que dans les affaires de succession, communauté, partage de société, et en cas de faillite. C. comm. 14. — Les héritiers, les associés d'un commerçant, ont intérêt à connaître l'ensemble des opérations dans lesquelles ils ont une véritable copropriété; il n'est pas à craindre qu'ils abusent du secret ; cette inspection peut seule éclairer sur la conduite du failli, et d'ailleurs la publicité n'est plus à craindre à cette époque. Pardessus, n° 259. — V. *Exception*, n°s 148 à 154.

3. Si les livres dont la représentation est offerte, requise, ou ordonnée, sont dans des lieux éloignés du trib. saisi de l'affaire, les juges adressent une commission rogatoire au trib. de commerce du lieu, ou délèguent un juge de paix pour en prendre connaissance, dresser un procès-verbal du contenu, et l'envoyer au trib. saisi de l'affaire. C. comm. 16.

4. Jugé que cette vérification n'est pas soumise aux règles du compulsoire ; — spécialement qu'elle n'est pas nulle, encore que l'une des parties n'y ait été ni présente ni dûment appelée, et que le jugement qui l'a ordonnée porte qu'elle sera faite parties présentes ou dûment appelées. Paris, 28 août 1813, S. 14, 261.

5. Si la partie aux livres de laquelle on offre d'ajouter foi refuse de les représenter, le juge peut déférer le serment à l'autre partie. C. comm. 17.

6. Cette offre est valablement faite pour la première fois en cause d'appel. Cass. 25 niv. an 10, S. 1, 2, 207.

RÉPRIMANDE. — V. *Discipline*, n°s 6, 21, 115.

REPRISE D'INSTANCE ET CONSTITUTION DE NOUVEL AVOUÉ (1).

La *reprise d'instance* est l'acte par lequel l'ayant-cause d'une partie reprend volontairement ou est forcé de reprendre l'instance dans laquelle cette partie est engagée ; — la *constitution de nouvel avoué* est l'acte volontaire ou forcé par lequel un avoué est substitué à celui qui avait été précédemment constitué, en cas de décès, démission, interdiction ou destitution de ce dernier.

1. Il ne faut pas confondre (comme paraît le faire M. Berriat, p. 381, 6e édit.) la suspension et l'interruption de l'instance.

2. La *suspension* d'instance est volontaire ou forcée.

Volontaire. Lorsqu'une partie suspend ses poursuites, abtraction faite de tout événement.

---

(1) Cet article est de M. Billequin, avocat à la Cour royale de Paris.

Forcée. Lorsque la suspension provient de certains événemens qui doivent arrêter le cours de l'instance, même malgré la partie. — V. *Désaveu, Faux*, nos 7, 13, 14, 88 et 89 ; *Réglement de juges, Renvoi (demande en), Question préjudicielle.*

3. L'instance qui est seulement suspendue peut être *continuée :* en cas de suspension volontaire, par quelque acte que ce soit émané de l'une ou de l'autre des parties. — V. d'ailleurs *Péremption ;* — en cas de suspension forcée, par la notification de l'acte qui fait cesser la suspension de l'instance (par exemple du jugement qui a statué sur le faux principal, le désaveu, le renvoi ou le réglement de juges, etc.), avec déclaration qu'on la continue ; — la notification de l'acte peut même tenir lieu de cette déclaration : en effet, cet acte suffit pour annoncer que la cause de suspension d'instance a cessé.

4. L'*interruption* d'instance s'opère dans plusieurs cas (— V. *inf.*, nos 14, 23, 56) ; et c'est alors seulement qu'il y a lieu à la *reprise d'instance*, proprement dite, ou à la *constitution de nouvel avoué.*

Une partie ne peut être jugée sans avoir fait ou pu faire entendre ses moyens de défense.

Conséquemment, si une partie décède, si son avoué meurt, se démet de ses fonctions, est interdit ou destitué, ses intérêts cessant d'être protégés par sa présence au procès ou par celle de son mandataire, il eût été injuste de permettre à la partie adverse de choisir ce moment pour donner suite à une instance où elle n'aurait plus de contradicteur ; de là les dispositions qui déclarent l'instance interrompue jusqu'à ce que l'héritier vienne remplacer le défunt ou qu'un nouvel avoué soit constitué.

— V. d'ailleurs *Péremption*, nos 39, 40 et suiv.

DIVISION.

§ 1. — *Cas où il y a lieu à reprise d'instance.*

5. Il importe de distinguer si l'affaire est ou non en état.

L'affaire est en état lorsque la plaidoirie est commencée : la plaidoirie est réputée commencée quand les conclusions ont été contradictoirement prises à l'audience. C. pr. 343 ; — dans les affaires qui s'instruisent par écrit, la cause est en état quand l'instruction est complète, ou quand les délais pour les productions et réponses sont expirés. *Ib.*

A Genève, la cause n'est en état que lorsque la plaidoirie est terminée, ou que l'instruction par écrit qui en tient lieu est complète (C. pr. art. 274).

6. Ce qui constitue la mise en état d'une affaire pendante devant la C. de cassation, c'est la production et le dépôt au greffe de la part des différentes parties des mémoires que la loi autorise à produire; la plaidoirie n'est que facultative, et il n'y a pas de défaut, faute de plaider. Cass. 19 vent. an 9, D. *hoc verbo*, 593, note 1.

7. Il peut arriver qu'une affaire cesse d'être en état, par exemple, dans toute espèce de causes, s'il y a partage d'avis, et, dans les affaires instruites par écrit, si le rapporteur décède. Dalloz, *ib.*, p. 593, n° 3.

8. *Cas où l'affaire est en état.* Le jugement de l'affaire qui est en état n'est différé, ni par le changement d'état des parties, ni par la cessation des fonctions dans lesquelles elles procédaient, ni par leur mort. C. pr. 342; — il ne s'agit plus alors ni de continuer l'instruction, puisqu'elle est achevée, ni d'entendre les conclusions, puisqu'elles ont été prises; mais seulement de vérifier et de juger la demande (Art. 180 J. Pr.).

9. Le *changement d'état* a lieu, par exemple, lorsque la partie, de capable qu'elle était d'ester en jugement, est devenue incapable, ou réciproquement; et la *cessation de fonctions*, lorsque la tutelle cesse, ou lorsque le mandat est révoqué. — V. *Femme mariée*, *Interdiction*, *Mineur*; — Le mineur devenu majeur doit prendre connaissance de ses affaires, et continuer l'instance commencée; — il en est de même du tuteur nommé à l'interdit, ou du nouveau préposé aux droits d'un incapable.

10. Ainsi, lorsque l'affaire est en état, il n'y a pas lieu à reprise d'instance : 1° en cas de décès d'une partie; — même lorsque la question principale du procès est devenue sans objet depuis le décès, si d'ailleurs la solution de la question a encore de l'intérêt sous le rapport des dépens. Cass. 1er juin 1808 (D. *ib.*, p. 593. note 1, n° 2); Carré, t. 2, n° 1777; Favard, *Rép.*, t. 4, p. 882; Berriat, p. 382, note 6.

2° Si, dans le cours de l'instance, un héritier bénéficiaire se porte héritier pur et simple. Aix, 2 juin 1808, D. *hoc verbo*, 593, note 2, n° 1.

11. L'art. 342 C. pr. s'applique-t-il au cas de *Saisie-immobilière?* — V. ce mot et l'art. 1008 J. Pr.

La procédure d'ordre n'est pas en état lorsque les délais pour contredire les collocations du réglement provisoire ne sont pas expirés. Paris, 25 mars 1835, 2e ch. (Art. 228 J. Pr.).

12. Lorsque certains trib. sont remplacés par d'autres, il n'est pas nécessaire que les parties fassent des actes de reprise d'instance. Cass. 23 niv. an 8, S. 1, 2, 221.

13. Quoiqu'il n'y ait pas lieu à reprise d'instance, par cela qu'une ou plusieurs parties sont décédées après que la cause est en état, cependant il faut exécuter, dans ce cas, l'arrêt qui a ordonné de reprendre l'instance; si cet arrêt a été rendu sans réclamation des intéressés, il y a chose jugée; — toutefois un délai peut être accordé pour mettre les héritiers en cause. Bruxelles, 8 août 1809, D. p. 593, note 2, n° 2.

14. *Cas où l'affaire n'est pas en état.* Il y a lieu à reprise d'instance dans ce cas, si l'une des parties décède. C. pr. 344; Dig. L. 2, *Quæ sent. sine.*

Pourvu que le décès ait été notifié (*Ib.*); cette condition est indispensable; autrement les procédures faites par l'adversaire, même depuis le décès, mais antérieurement à la notification de ce décès, seraient valables. Rauter, p. 259.

Conséquemment les trib. peuvent valider une adjudication faite sur la tête du débiteur décédé, si le décès n'avait pas été signifié au créancier poursuivant à l'époque de l'adjudication. Cass. 23 vent. an 11, S. 3, 223.

Si le décès du curateur qui assistait un mineur émancipé dans une licitation n'a pas été notifié, la procédure a pu être continuée et l'adjudication prononcée, sans nomination préalable d'un autre curateur au mineur. Cass 22 nov. 1837 (Art. 1011 J. Pr.).

15. Mais la loi annulle les procédures qui sont *postérieures* à la notification de la mort de l'une des parties. C. pr. 344.— V. Toutefois C. civ. 360; *Adoption*, n°s 13, 25, 26.

16. Cette nullité ne peut être opposée que par les héritiers, créanciers ou ayant-cause de la personne au nom de laquelle on aurait agi dans un temps où elle n'était plus : l'intérêt est la mesure des actions. Carré, n° 1280; Demiau, 252; Chauveau, 19, 961; Arg. Paris, 23 avr. 1807, S. 7, 45.

17. Quelle voie doit-on prendre pour faire prononcer la nullité? — Il faut distinguer;

S'il s'agit d'une simple procédure, on doit en demander la nullité devant le trib. où elle a été faite;

Si au contraire un jugement a été rendu, il faut se pourvoir par appel, requête civile, ou cassation, selon que ce jugement a été rendu en premier ou en dernier ressort; la voie du désaveu serait en outre ouverte, en cas de prévarication de la part de l'avoué de la partie décédée. Demiau, 254. Arg. Chauveau, 10, 405.

Toutefois, M. Carré, n° 1282, croit qu'on doit employer l'ancienne demande en *rapport de jugement* (Rodier, *Qu.* 4, art. 2, tit. 26.) Les auteurs du *Prat. fr.*, 2, 326, disent que, lorsque la partie qui a obtenu le jugement voudra en poursuivre l'exécution, il suffira d'opposer la nullité ; — Pigeau, *Com.*, 1, 608, est d'avis que la demande en nullité doit être formée par action principale devant le trib. qui a jugé. — Ces diverses opinions sont fort contestables.

18. Si l'affaire n'est pas en état contre certaines parties, lorsque l'une d'elles vient à mourir, le jugement doit être différé à l'égard de toutes les parties, jusqu'après la demande en reprise d'instance. Arg. C. pr. 153.

19. Le décès du tiers-saisi suspend-il la demande en validité de la saisie-arrêt pendant les délais accordés à la veuve et aux héritiers pour faire inventaire et délibérer ? — Non. En effet, le tiers-saisi n'est pas partie au procès ; et sa déclaration peut être postérieure au jugement de validité (C. pr. 568) ; — cependant M. Carré, n° 1279, est d'avis qu'il serait mieux de renouveler la dénonciation et l'assignation aux héritiers en qualité d'habiles à succéder ; mais cette procédure nous semble inutile.

20. Les procédures sont valablement continuées malgré le changement d'état des parties ; et malgré la cessation des fonctions dans lesquelles elles procédaient. C. pr. 345 ; — alors même que l'affaire ne serait pas en état. L'art. 345, qui suit immédiatement l'art. 344, ne fait aucune distinction. Pigeau, 1, 404 ; Carré, 1283. — *Contrà*, Demiau, 256.

Ainsi, l'instance introduite contre le tuteur est valablement poursuivie contre lui, nonobstant la majorité survenue du mineur. Cass. 12 août 1823, S. 24, 221.

— V. d'ailleurs *Femme mariée*, n°s 61 à 73.

Lorsqu'un maire agissant pour sa commune est remplacé par son adjoint, ou quand un adjoint est substitué à son collègue, il n'y a pas lieu à reprise d'instance : la personne morale est restée la même. Cass. 3 juin 1818, D. *hoc verbo*, p. 594, note n° 3 ; 11 janv. 1830, S. 30, 57 ; Lepage, 229, 230 ; Hautefeuille, 188 ; Carré, 2, 86, note 2-1°. — V. cependant Rauter, p. 261.

21. Toutefois, lorsque le changement d'état ou la cessation des fonctions a été notifiée à l'adversaire, les actes susceptibles d'être signifiés à personne ou à domicile, doivent l'être dorénavant à celui à qui appartient l'exercice actif et passif des actions. — Ainsi les exploits doivent être signifiés au mineur devenu majeur, et non plus à son tuteur.

22. Le changement de qualité n'interrompt point les poursuites. Ainsi, l'instance relative à la propriété d'un immeuble est valablement continuée, malgré la vente de cet immeuble, contre le vendeur ; il n'y a pas lieu d'assigner l'acquéreur en reprise d'instance. Lepage, 127 ; Delaporte, 2, 324 ; — toutefois, lorsque l'acquéreur intervient, le demandeur peut demander, en restant présent, qu'il ne lui soit plus rien signifié, s'il offre de payer les dépens faits avant l'intervention de l'acquéreur, pour le cas où ce dernier viendrait à succomber. Delaporte, *ib.*; Chauveau, 19, 962 ; — mais il ne devrait pas obtenir sa mise hors de cause. — *Contrà*, Lepage, *ib.*

23. S'il arrive tout à la fois que le demandeur décède ou change d'état, et que cet événement ait lieu avant que le défendeur ait constitué avoué, l'héritier ou l'administrateur qui remplace le demandeur doit assigner de nouveau le défendeur à un délai de huitaine pour voir adjuger les conclusions, et sans qu'il soit besoin de conciliation préalable. C. pr. 345.

Il n'y a pas lieu, dans ce cas, de reprendre, contre le défendeur, une instance où il n'est pas encore partie. Pigeau, *ib. Prat. fr.* 2, 329. — M. Berriat, 385, note 17, n'approuve pas cette disposition.

24. Par le même motif, le défendeur ne serait pas recevable à reprendre l'instance ; il doit attendre que l'héritier du demandeur, ou que le demandeur dont l'état est changé agisse contre lui. Lepage, 229 ; Carré, n° 1284.

25. L'art. 345-2° (— V. *sup.*, n° 23) ne parle que des deux cas de changement d'état et de décès du demandeur, et se tait sur celui de cessation des fonctions dans lesquelles il procédait, mais il y a mêmes motifs pour appliquer à ce dernier cas la disposition. Lepage, 29 ; Hautefeuille, 188.

26. L'instance ne peut plus être reprise si, dans l'intervalle, la péremption en a été demandée, ou si la prescripiton de l'action s'est accomplie. — V. *Péremption*, n° 76.

§ 2. — *Par qui et contre qui l'instance doit être reprise.*

27. *Par qui.* L'instance peut être reprise par le successeur dont les intérêts sont engagés dans le procès et peuvent être compromis par la décision à intervenir. Pigeau, 1, 486 et suiv.

28. Tels sont, 1° l'héritier ; — il ne peut reprendre l'instance en sa seule qualité d'habile à succéder et sans faire acte d'héritier, à moins qu'il ne s'agisse d'instances relatives à des actes purement conservatoires de surveillance et d'administration provisoire (C. civ. 778, 779) ; par exemple de réparations à faire à un immeuble. — Le fils serait recevable, même après avoir renoncé à la succession, à reprendre l'instance concernant la légitimité de son père.

Des héritiers qui n'ont pas repris en leur nom personnel l'instance existante entre une partie et leur auteur décédé sont non recevables à en demander la péremption ; tant que la reprise n'a pas eu lieu, ils ne sont pas partie dans l'instance. Caen, 27 janv. 1828, D. 30, 36.

29. 2° Le légataire universel, s'il a la saisine ou s'il a obtenu la délivrance. C. civ. 1006, 1004. — V. d'ailleurs *Possession* (*envoi en*) n° 24 et suiv.

30. 3° Le légataire à titre universel ou particulier (Commailles, 1, 586. — *Contrà*, Pothier, *Proc.*, part. 1, ch. 4, sect. 3, § 1); s'il a obtenu la délivrance. C. civ. 1011. Pigeau, 1, 488. — Jusque-là il peut seulement intervenir dans l'instance qui est valablement reprise par le successeur universel.

La reprise faite par le légataire à titre particulier ne peut empêcher l'adversaire, dit Pigeau, *ib.*, d'exiger que le successeur universel reprenne l'instance, pour obtenir contre lui les fruits échus et les frais faits du vivant du défunt; s'il est déclaré mal fondé dans sa prétention, c'est la succession entière qui les doit et non la personne du légataire.

Selon MM. Demiau, 262; Chauveau, 19, 960, le légataire particulier, même après la délivrance, n'a que le droit d'intervenir, et doit, si les héritiers n'ont pas encore repris l'instance, signifier par acte d'avoué à avoué une requête avec copie de son titre à l'adversaire, et des conclusions tendantes à ce qu'il plaise au trib. l'admettre à exercer les actions du défunt, le recevoir en tant que de besoin partie intervenante, et tenir l'instance pour reprise, sauf au trib., avant de statuer sur la demande du légataire, à ordonner la mise en cause des héritiers à la requête de la partie la plus diligente.

31. 4° Le donataire universel ou à titre universel; ils n'ont pas de délivrance à demander.

32. 5° Le donataire particulier, l'acquéreur, le cessionnaire.

33. En cas de mort civile, il faut appliquer ce qui a été dit aux n°s 28, 31, 32.

Toutefois, les instances relatives aux droits que conserve le condamné; par exemple, l'instance en alimens est reprise par le ministère d'un curateur spécial. — V. *Curateur*, n° 22.

34. Toutes ces personnes peuvent et doivent reprendre l'instance, ou du moins notifier le décès de leur auteur; — autrement les procédures faites et les jugemens rendus contre le défunt seraient obligatoires à leur égard.

35. *Contre qui*. Peuvent être assignés en reprise d'instance ceux qui ont le droit de reprendre l'instance et qui ne le font pas. — V. *sup.* n° 27.

36. Ainsi, lorsque le légataire universel n'est pas connu, on poursuit l'héritier, et si la succession est vacante, le curateur; ce qui est jugé contre eux l'est à l'égard du légataire universel qui se présente ensuite. Arg. C. civ. 1240.

Si le légataire est dans l'obligation de demander délivrance et ne l'a pas obtenue, c'est l'héritier qu'il faut assigner en reprise (Arg. C. civ. 724); — il serait plus prudent, afin d'éviter toute difficulté ultérieure, d'assigner le légataire, conjointement avec l'héritier, en reprise d'instance pour la voir prononcer, en cas de délivrance en sa faveur.

Lorsque le légataire a obtenu la délivrance, il convient de reprendre l'instance et contre lui et en même temps contre l'héritier : ce dernier reste seul saisi de la portion indisponible, vis-à-vis des créanciers de la succession ; il est seul tenu de toutes les charges (C. civ. 724), sauf recours contre le légataire. Pigeau, 1, 492.

§ 3. — *Formes de la reprise d'instance.*

37. La reprise d'instance est *volontaire* ou *forcée*.

38. *Volontaire.* Si l'interruption a lieu par la mort de la partie, son représentant peut, sans attendre qu'il soit assigné en reprise, déclarer à l'adversaire, par un acte d'avoué, qu'il reprend l'instance. Arg. C. pr. 347 ; Carré, n° 1287.

39. *Forcée.* Lorsque la partie qui pouvait reprendre volontairement l'instance ne l'a point fait, son adversaire a le droit de recourir à la reprise forcée.

40. La demande en reprise d'instance se forme par une assignation renfermant l'indication des noms des avoués qui occupaient et du rapporteur s'il y en a. C. pr. 346.

Cette indication suffit pour mettre la partie assignée à même de prendre, par le vu des pièces, les renseignemens dont elle a besoin sur l'état de la procédure (Carré, n° 1286); — sans qu'il soit nécessaire de donner copie du dernier acte de la procédure. Rodier, art. 2, tit. 26, Ordonn. 1667. — *Contrà*, Jousse, *ib.* — Ni, à plus forte raison, de donner copie des autres pièces. — *Contrà*, Parl. Grenoble, 17 juill. 1671 ; Demiau, p. 360 ; Berriat, p. 389, note 38. L'art. 346 ne l'exige point. *Discus. du tribunat* ; Pigeau, *Com.*, 1, 613 ; Favard, 4, 882 ; Chauveau, 19, 954. — Toutefois, il convient de relater le dernier acte signifié dans la cause. Hautefeuille, p. 189.

41. L'assignation est donnée aux délais fixés au titre des *Ajournemens.* — V. ce mot, n° 42 et suiv.; C. pr. 346.

42. Elle est valablement notifiée au domicile indiqué dans les derniers actes de la procédure, quand la partie n'a pas été légalement instruite du changement de domicile qui s'est opéré dans l'intervalle. Paris, 12 août 1807, D. *hoc verbo*, p. 594, note 1, n° 2). — V. *Exploit*, n° 172 à 175.

43. L'incident est jugé par le tribunal saisi de la demande primitive.

44. Si la partie assignée consent à reprendre l'instance, il

suffit qu'elle le déclare par un simple acte d'avoué à avoué (C. pr. 347); — sans autre procédure sur l'incident.

45. L'instance peut même être réputée reprise, quoiqu'il n'y ait pas eu d'acte spécial de reprise signifié d'avoué à avoué, si les deux parties ont procédé volontairement depuis l'assignation en reprise d'instance. Bordeaux, 23 janv. 1834; Jousse, art. 7, tit. 26, Ordonn. 1667; Demiau, 261; Berriat, p. 390; Carré, n° 1288.

46. Si la partie assignée en reprise conteste, l'incident est jugé *sommairement*.

Faut-il en conclure que la cause doive être portée à l'audience sur un simple avenir et sans qu'il soit besoin de signifier aucuns moyens par écrit? — V. *Sommaire*.

47. L'opposition au jugement sur la demande en reprise d'instance forme un incident particulier que le trib. ne peut joindre au principal, mais sur lequel il doit statuer par un jugement séparé. Carré, n° 1294; Demiau, 264.

48. Les héritiers sont recevables à opposer l'exception du délai pour faire inventaire et délibérer. Bornier, Jousse, art. 2, tit. 26, Ordonn. 1667; Berriat, p. 390; Carré, n° 1291. — *Contrà*, Demiau, 262; Arg. C. pr. 349; C. civ. 779.—A moins qu'il ne s'agisse d'une demande purement conservatoire ou d'administration. — V. *sup*. n° 28.

49. Si les héritiers opposent à la demande en reprise d'instance leur renonciation à la succession, le demandeur doit faire nommer un curateur à la succession vacante, l'assigner en reprise d'instance, et suivre contre lui. Carré, n° 1290.

50. Si à l'expiration du délai pour comparaître (— V. *sup*. n° 41) la partie assignée en reprise d'instance ne comparaît pas, il est rendu jugement qui tient la cause pour reprise et ordonne qu'il soit procédé suivant les derniers erremens et *sans qu'il puisse y avoir d'autres délais* que ceux qui restaient à courir. C. pr. 349. — Ainsi, lorsqu'un jugement préparatoire a ordonné que dans trois mois le défendeur justifierait de telle pièce, et qu'il décède au bout de deux mois et dix jours, il ne reste à l'assigné en reprise ou en constitution d'avoué que vingt jours à compter de la signification du jugement pour produire la pièce en question. Pigeau, 1, 408; Carré, n° 1293.

51. Le jugement rendu par défaut contre une partie sur la demande en reprise d'instance est signifié par un huissier que commet (C. pr. 350) le jugement même ou une ordonnance du président. — Si l'affaire est en rapport, la signification doit énoncer le nom du rapporteur. C. pr. 350.

52. Ce jugement est susceptible de péremption; — mais comme il ne contient aucune condamnation, pas même une condamnation aux dépens, il est suffisamment exécuté par cela

seul qu'il est signifié et que l'on donne suite à l'instance principale. Nîmes, 30 août 1829; Chauveau, 19, 968; Carré, 3e édit., p. 106 et 107. — *Contrà*, Sirey, t. 25, p. 247, 2e part. Dissertation. — V. *Jugement par défaut*, n° 236 et suiv.

53. Si de plusieurs parties assignées en reprise d'instance, l'une fait défaut et l'autre comparaît, on doit joindre le profit du défaut et ordonner une réassignation. Arg. C. pr. 153. — Cet art. pose le principe général ; il nous paraît d'autant moins avoir été modifié par les art. 349, 350, 351, que les rédacteurs du C. pr. ont retranché du projet de l'art. 350 une disposition, parce qu'elle se trouvait dans l'art. 155 ; d'où il résulte qu'il faut rattacher les art. 350 et 352 aux art. 149 et suiv. Favard, 4, 883. — *Contrà*, Carré, n° 1292 ; Demiau, 263 ; Chauveau, 19, 967.

54. L'opposition au jugement par défaut est portée à l'audience, même dans les affaires en rapport. C. pr. 351. — Elle doit être jugée isolément, et abstraction faite du fond de la contestation. Carré, n° 1294 ; Demiau, 2, 420.

Mais si la partie défaillante laisse passer les délais de l'opposition, on procède au jugement définitif.

§ 4. — *Cas où il y a lieu à constitution de nouvel avoué.*

55. Il importe de distinguer si l'affaire est ou non en état. — V. *sup.* n° 5.

Le jugement de l'affaire qui *est en état* n'est pas différé par les décès, démissions, interdictions ou destitutions des avoués des parties ; il n'y a pas lieu à constitution de nouvel avoué. C. pr. 342.

A plus forte raison, le refus d'un avoué de plaider une cause dans laquelle il aurait pris des conclusions, ne devrait-il pas empêcher le trib. de juger. Décr. 1er juin 1808, art. 28 ; Carré, n° 1278.

La simple révocation de l'avoué n'interrompt pas la procédure. C. pr. 75. — V. *Avoué*, n° 108.

56. Dans les affaires qui *ne sont pas en état*, les poursuites faites et les jugemens obtenus depuis les décès, démissions, interdictions ou destitutions des avoués des parties, sont nuls s'il n'y a constitution de nouvel avoué, sans qu'il soit besoin de signifier ces événemens à la partie adverse. C. pr. 344.

57. Au reste, on doit appliquer à la constitution de nouvel avoué les règles précédemment posées pour le cas de reprise d'instance en ce qui concerne l'assignation, le jugement, etc. — V. *sup.* § 3.

§ 5. — *De la reprise d'instance devant les trib. de comm., les justices de paix, les conseils de prud'hommes et les arbitres.*

58. L'instance interrompue ne peut jamais être reprise que par exploit signifié à personne ou domicile. — V. *Trib. de commerce.*

§ 6. — *Formules.*

FORMULE I.

Notification du décès de la partie.

(C. pr. 344. — Tarif, 70. — Coût, 1 fr. orig. ; 25 c. copie.)

M. avoué près le tribunal de

Déclare à M. , avoué près le même tribunal, et du sieur

Que le sieur , pour qui ledit M. occupait dans l'instance existante entre lui et le sieur , au tribunal de , est décédé le ; à ce que ledit M. n'en ignore, le sommant en conséquence de suspendre toutes poursuites et procédures, et protestant de nullité de tout ce qui serait fait au préjudice de la présente notification, à ce que pareillement il n'en ignore, dont acte. (*Signature de l'avoué.*)

FORMULE II.

Réassignation par l'héritier du demandeur au défendeur qui n'avait pas constitué d'avoué sur la première demande.

(C. pr. 345. — Tarif, 29 par anal. – Coût, 2 fr. orig. ; 50 c. copie.)

L'an , le , à la requête du sieur , seul et unique héritier de feu sieur , son père, ledit , demeurant à , et faisant élection de domicile en la demeure de , avoué près le tribunal de , sise à , lequel occupera sur l'assignation ci-après, j'ai (*immatricule de l'huissier*), donné assignation au sieur , etc.

A comparaître, etc.

Pour, attendu que le sieur entend suivre sur la demande formée par son auteur contre ledit sieur , par exploit de , huissier, en date du , et sur laquelle demande le sieur , n'a pas encore constitué avoué, voir adjuger au requérant les conclusions contenues audit exploit : en conséquence (*reprendre les conclusions de l'exploit demandé*) : et j'ai, etc.

(*Signature de l'huissier.*)

FORMULE III.

Assignation en constitution d'un nouvel avoué (1).

(C. pr. 346. — Tarif, 29 par anal. — Coût, 2 fr. orig. ; 50 c. copie.)

L'an , le , etc., j'ai , etc , donné assignation au sieur , etc., à comparaître, etc.,

Pour, attendu que par exploit de , en date du , dûment enregistré, le sieur , a formé une demande contre ledit sieur , tendant à (*reprendre les conclusions de l'exploit*), et j'ai , etc.

(*Signature de l'huissier.*)

FORMULE IV.

Constitution d'un nouvel avoué.

(C. pr, 347. — Tarif, 70. — Coût, 1 fr. orig. ; 25 c. copie.

Me , avoué au tribunal de , déclare à M. , avoué au même tribunal, et du sieur ,

(1) Le plus souvent cette assignation est inutile, le successeur de l'avoué décédé, ou démissionnaire, s'empresse de se constituer, après s'être pourvu de nouveaux pouvoirs.

Qu'il a charge et pouvoir d'occuper et qu'il occupera pour le sieur , aux lieu et place de Me , avoué, décédé, sur la demande formée à la requête dudit sieur contre le sieur , par exploit de , huissier, en date du , dûment enregistré ; à ce qu'il n'en ignore, dont acte.

(*Signature de l'avoué.*)

FORMULE V.

Assignation en reprise d'instance après le décès du défendeur.

(C. pr. 346.— Tarif, 29 par anal.— Coût, 2 fr. orig. ; 50 c. copie.)

L'an ; à la requête du sieur , j'ai , donné assignation au sieur , seul et unique héritier de , son père, demeurant à , etc.

Pour, attendu que le requérant a formé contre le défunt , par exploit de , huisier, en date du , une demande à fin de (*rapporter l'objet de la demande*) ; sur laquelle demande ledit défunt avait constitué pour avoué Me ; attendu que la cause dont s'agit a été mise en délibéré au rapport de M. , juge en la chambre du tribunal de , où ladite demande a été distribuée ; voir, dire et ordonner que le susnommé sera tenu de reprendre par acte d'avoué à avoué l'instance introduite par le sieur contre le sieur , par l'exploit susdaté, pour procéder sur icelle, suivant les derniers erremens de la procédure ;

Sinon, et faute de ce faire, voir dire et ordonner, par le jugement à intervenir, que la cause sera tenue pour reprise, et qu'il sera procédé et passé outre au jugement, suivant les derniers erremens ; ce faisant, que les conclusions de l'exploit introductif d'instance seront adjugées au demandeur ; en conséquence, attendu (*reprendre les conclusions de la première demande*) ; déclarant que Me continuera d'occuper pour le sieur , et j'ai etc.

(*Signature de l'huissier.*)

FORMULE VI.

Assignation en reprise d'instance donnée par le défendeur après le décès du demandeur.

(C. pr. 346.—Tarif, 29 par anal.—Coût, 2 fr., orig. ; 50 c. copie.)

L'an , à la requête du sieur , pour lequel domicile est élu à en l'étude de Me , avoué près le tribunal de , lequel continuera d'occuper sur l'assignation ci-après,

J'ai, soussigné, donné assignation au sieur , seul et unique héritier du sieur , demeurant à

A comparaître, etc.

Pour, attendu que par exploit de , huissier, en date du , le sieur a formé contre le requérant une demande tendante à (*rapporter l'objet de la demande*) ;

Attendu que, depuis plus d'un an que le sieur est décédé, le sieur n'a pas encore repris ladite instance ;

Voir dire et ordonner que M sera tenu de reprendre, par acte d'avoué à avoué, l'instance dont s'agit, introduite par son auteur contre le requérant, suivant exploit de ; sinon, et faute de ce faire, voir dire et ordonner par le jugement à intervenir, et sans qu'il en soit besoin d'autre que l'instance dont s'agit, sera tenue pour reprise entre les parties ; en conséquence, et statuant sur le fond, attendu (*rapporter les conclusions*), se voir, ledit sieur , déclarer purement et simplement non-recevable, ou, en tous cas, mal fondé dans ladite demande, et se voir, en outre, condamner aux dépens ; à ce qu'il n'en ignore, etc.

(*Signature de l'huissier.*)

FORMULE VII.

Acte de simples conclusions de reprise d'instance.

(C. pr. 437. — Tarif, 71. — Coût, 5 fr.; le quart pour la copie.)

A MM. les président et juges, etc.

Le sieur , demeurant à , au nom et comme héritier du sieur , ayant Me pour avoué, lequel déclare se constituer et occupera pour le susnommé, sur l'instance dont il s'agit;

Contre le sieur , ayant Me pour avoué.
Il plaise au tribunal, donner acte à l'exposant de ce qu'il déclare par ces présentes, reprendre l'instance pendante en la chambre du tribunal de entre feu son père, et ledit sieur , sur la demande formée à la requête de ce dernier, par exploit de en date du , pour procéder sur ladite demande suivant les derniers erremens; *sans néanmoins aucune approbation* préjudiciable de ladite demande, et *au contraire sous toutes réserves* de moyens de nullité, fins de non-recevoir et autres de fait et de droit; et ce sera justice. (*Signature de l'avoué.*)
Signifié, laissé copie à Me , etc. (*Signature de l'huissier.*)

FORMULE VIII.

Requête pour contester la demande en reprise d'instance.

(C. pr. 348.—Tarif, 75.—Coût, 2 fr. par rôle; 50 c. copie; il ne peut y avoir plus de six rôles.)

A MM. les président et juges du tribunal de

Le sieur , au nom et comme héritier de feu son père, demeurant à , défendeur aux fins de l'assignation en reprise d'instance du défendeur aux fins des présentes , ayant Me pour avoué;
Contre le sieur , demeurant à , demandeur aux fins de l'exploit susdaté, et défendeur à celles des présentes, ayant pour avoué Me
(*Exposer ici les faits et moyens.*)
Pour quoi il plaira au tribunal dire et ordonner qu'en venant par les parties plaider la cause d'entre elles, elles viendront également plaider sur et aux fins de la présente requête, dont le sieur emploie le contenu pour réponse, moyens de nullité et fins de non-recevoir, contre ladite demande en reprise d'instance formée par le sieur , par exploit de , huissier, en date du ce faisant, déclarer ledit sieur purement et simplement non-recevable en ladite demande, et le condamner aux dépens. (*Signature de l'avoué.*)

REPRISES (CONCLUSIONS). — V. *Jugement*, n° 78; — *Partage de voix*.

REPRISES. — V. *Séparation de biens*.

REPROCHES. Raisons qu'on produit pour récuser des témoins. — V. *Enquête*, nos 186 et suiv.

REQUÊTE. Ce mot a plusieurs significations.

1. Il se dit : 1° de l'acte par lequel une partie supplie le président d'un trib. ou un juge commissaire, soit de lui accorder une permission quelconque, soit d'indiquer un jour pour procéder à certaines opérations. — V *Ajournement, Saisie-arrêt, Enquête, Distribution par contribution, Ordre*, etc.; — 2° des écritures signifiées respectivement par les parties dans les instances ordinaires pour développer leurs moyens et conclusions. — V. *Défense, Instruction par écrit;* — 3° enfin de l'acte par lequel certaines demandes doivent être introduites. — V. *Intervention*.

Dans ces deux derniers cas, la requête est adressée au trib. entier, ou du moins à la chambre devant laquelle l'instance est pendante.

2. Toutes les requêtes sont en général du ministère des *avoués* (— V. ce mot, n° 30), qui seuls ont qualité pour les signer. Merlin, v° *Avocat*, § 12; Berriat, 93, note 5. — V. toutefois *Cédule, Trib. de comm., Cassation*.

3. Elles sont soumises à des formalités différentes d'après le but qu'elles sont destinées à atteindre.

Celles qui ne tendent qu'à obtenir une permission sur un fait étranger à une contestation proprement dite ne sont assujetties qu'aux formes propres à toute espèce de supplique. Berriat, 211.

Celles qui sont destinées à l'instruction des procès doivent contenir toutes les formalités des actes signifiés d'avoué à avoué.

Enfin, celles qui tiennent lieu d'assignation sont soumises à toutes les formes de l'assignation qui sont susceptibles de s'y adapter. Ainsi, il est nécessaire qu'elles indiquent les noms, prénoms, profession et domicile des parties, la constitution d'un avoué, l'objet de la demande, l'exposé des moyens. Berriat, 210.

4. Les requêtes adressées aux présidens ou aux juges-commissaires ne peuvent être grossoyées. Il est alloué à l'avoué pour leur rédaction un droit fixe qui varie d'après les circonstances. — V. *Tarif*, art. 76 et suiv.

5. Au contraire, celles présentées au trib. et destinées soit à remplacer l'assignation; soit à instruire l'affaire, doivent être grossoyées à raison de 25 lignes à la page et de 12 syllabes à la ligne. Il est alloué à l'avoué pour leur rédaction, un émolument proportionnel au nombre de rôles. — V. *ib.*, art. 72 et suiv. *Tarif.*

6. Les requêtes de cette dernière espèce ne peuvent être signifiées que dans les causes ordinaires; celles faites dans des causes *sommaires* (—V. ce mot) ne passeraient pas en taxe.

7. La signification en est faite, comme celle de tous les actes, d'avoués à avoués, par le ministère des *huissiers* audienciers. — V. ce mot, nos 60, 61.

8. *Enregistrement.* Les significations des requêtes faites par acte d'avoué à avoué sont soumises au droit fixe de 50 c. ou de 1 fr., selon qu'elles sont adressées aux trib. de 1re inst. ou aux C. roy. L. 28 avr. 1816, art. 41, 42.

9. Les requêtes présentées aux présidens des trib. ou aux juges-commissaires sont dispensées de l'enregistrement; l'*ordonnance* seule du juge qui les répond est soumise à la formalité. — V. ce mot.

10. Les requêtes de production sont soumises au droit fixe de 1 fr. — V. *Ordre*, n° 151.

REQUÊTE CIVILE (1). Voie extraordinaire ouverte aux parties, ou à leurs héritiers (ou ayant cause), en certains cas, pour attaquer en totalité ou en partie, un jugement en dernier

(1) Cet article a été rédigé dans la 1re édition par M. Coppeaux, juge suppléant au tribunal de la Seine.

ressort, contre lequel l'opposition n'est plus recevable, et pour le faire rétracter par le tribunal même qui l'a rendu.

DIVISION.

§ 1. — *Caractères de la requête civile; par qui et contre qui elle peut être formée.*

1. *Historique.* L'ordonn. du 25 mars 1302, qui déclara le *parlement sédentaire,* refusa par l'art. 12 d'appeler de ses décisions et permit, en certains cas, de se pourvoir auprès du roi ou du parlement, pour obtenir la permission de provoquer l'interprétation, ou même l'annulation des arrêts entachés d'erreurs. — Cette permission portait le nom de *lettres de grâce, de dire contre les arrêts*, elle fut appelée plus tard *propositions d'erreurs.*

Vers la fin du XVe siècle, on distingua les erreurs du fait du juge, de celles provenant du dol, ou du fait des officiers ministériels; alors, on qualifia la permission d'attaquer les arrêts *Lettres en forme de requête civile.* La forme à suivre fut successivement réglée par plusieurs ordonnances. Louis XI, 1474; François Ier, 1539, art. 135, 136; édit de mars 1545; Ordonn. d'Orléans, art. 28; de Moulins, art. 61; et de Blois, art. 92 et 208.

L'ordonn. de 1667, art. 42, tit. 35, s'occupa des cas d'erreurs, pouvant donner lieu à rétractation des arrêts, qui devaient toujours être soumis à la chancellerie.

Après la suppression des chancelleries établies près les cours supérieures (Décr. des 6 et 7 sept. 1790), le décret du 18 fév. 1791 disposa, art. 1, que les *requêtes civiles* seraient, de la même manière et dans les mêmes formes que les appels, portés à l'un des sept trib. d'arrondissement.

Enfin le C. pr. a consacré un titre sur les formes de la requête civile, dans le livre qui traite des *voies contre les jugemens.*

2. La requête civile peut être comparée aux voies de restitution contre les contrats : elle est une espèce de restitution contre la chose jugée. Thomine, n° 532. — V. d'ailleurs L. 17 D. *de minor.*, Code tit. 1: *Si adversus rem judicatam restitutio postuletur.*

3. Elle diffère de la restitution des contrats, en ce qu'elle n'a pas pour résultat d'anéantir nécessairement le jugement dans sa totalité : les clauses d'un contrat se lient les unes aux autres ; dès lors, si l'une est anéantie, il faut les anéantir toutes. — Mais l'erreur du juge sur un point de la décision n'invalide pas le jugement sur les autres chefs bien jugés. Thomine *ib.*

4. La requête civile est *principale* ou *incidente* suivant que l'on attaque un jugement directement, ou à l'occasion d'une instance, dans le cours de laquelle une partie le fait valoir. — V. *inf.* § 6.

5. La requête civile peut être formée par et contre toutes personnes qui ont été *parties* ou *dûment appelées* au jugement qu'il s'agit de faire réformer. C. pr. 480 ;—par et contre leurs héritiers, successeurs à titre universel ou particulier, ou ayant-cause. Arg. C. pr. 474 ; *Exposé des motifs*, 146 ; Lepage, *Qu.*, p. 327 ; Merlin, *Qu.*, v° *Requête civile*, § 7 ; Carré n° 1740 ; Pigeau, 1, 709. — *Contrà, Observ. du Tribunat*, Locré, 2, 501.

En matière de majorats — V. Décr. 22 déc. 1812.

6. Il ne suffirait pas d'avoir un intérêt quelconque à repousser l'autorité d'un jugement auquel on aurait été complètement étranger ; ce serait le cas de la *tierce opposition*. C. pr. 474 (—V. ce mot). Il en était autrement sous l'ordonn. de 1667, tit. 35, art. 25.

§ 2. — *Contre quels jugemens la requête civile est admise.*

7. Peuvent être attaqués par la voie de la requête civile :

1° Les jugemens *contradictoires rendus en dernier ressort*, par les trib. de 1re inst. et d'appel, et les jugemens *par défaut* rendus aussi en dernier ressort, et qui ne sont plus susceptibles d'opposition. C. pr. 480.

Il en est de même des jugemens rendus par des arbitres. C. pr. 1026. — V. toutefois *Arbitrage*, n° 522, 523, et d'ailleurs *inf.*, n° 9.

8. 2° Les décisions administratives contentieuses du Conseil-d'Etat, mais seulement pour les causes exprimées aux n°s 9 et 10 de l'art. 480 C. pr., Régl. 22 juill. 1806, art. 34 ; Décr. 11 janv. 1818. — V. *Trib. administratif*.

9. En est-il de même des jugemens rendus par les trib. de comm. ?

Pour la négative on dit : ces trib. n'ont ni avoué ni ministère public; ce qui rend inapplicables à leur égard les art. 492, 496, 498 C. pr. Poitiers 19 janv. 1818, P. 14, 583 ; Delvincourt, *Instr. au dr. comm.*, 2, 184 ; Pigeau, 1, 706; Merlin, *Requis.* du 6 avr. 1813, P. 1815, 2, 369 ; Berriat, 451, note 12.

Mais on répond avec raison : La loi désigne d'une manière générale les trib. de 1re inst., ce qui comprend les trib. de comm. Cela se pratiquait ainsi avant le Code (Rodier, art. 4, tit. 35, ordonn. 1667 ; Duparc-Poullain, t. 9, p 957) ; si toutes les formes ordinaires ne peuvent être observées dans les trib. de comm., il faut se borner à celles qui sont applicables, et qui ont été jugées suffisantes pour toutes les contestations dont ces trib. sont saisis : les mêmes motifs d'équité militent dans tous les cas en faveur de la requête civile. Boucher, *Proc. dev. les trib. de comm.* 139 ; Carré, n° 1736 ; *Prat. franç.*, 3, 292 ; Pardessus, n° 1385 ; Bruxelles, 23 janv. 1812, P. 1812, 2, 537 ; Cass. 24 août 1819, P. 15, 515 ; Paris, 28 juill. 1826, S. 27, 140.

10. Pour les jugemens rendus par les *juges de paix*. (—V. ce mot, nos 255 et 277), tous les cas de l'art. 480 C. pr. ne sont pas des ouvertures de requête civile.

Mais les auteurs admettent généralement le cas de dol et ceux prévus par les nos 3, 4, 5 et 6 de l'art. 480. Henrion de Pansey, *Compétence*, ch. 48, § 3 ; Carré, n° 441 ; Thomine, n° 534 ; Dalloz, 11, 595, n° 2 ; Victor Augier, *hoc verbo*, n° 3 ; Benech, *Justices de paix*, p. 405.

11. Ne sont pas susceptibles d'être attaqués par voie de requête civile, les arrêts de la C. *de cassation* —V. ce mot, n° 83). Cass. 2 frim. an 10, P. 2, 366 ; Merlin, *quest*, 1, v° *Requête civile*, § 3. — *Contrà*, Dalloz, 11, 595, n° 2.

12. *Jugemens rendus en dernier ressort.* — Il ne suffirait pas que l'appel ne fût plus recevable, parce que les délais de l'appel seraient expirés. Cass. 21 juin 1827, S. 27, 1, 504.

C'est la nature de la décision, et non sa qualification que l'on doit considérer : ainsi, tout jugement non qualifié ou qualifié faussement en premier ressort, lorsque la matière comportait une décision souveraine, est sujet à la requête civile comme à l'appel ; réciproquement, la requête civile ne serait point admise contre un jugement faussement qualifié en dernier ressort. Arg. C. pr. 453 ; Demiau, 340 ; Carré, n° 1739 ; — V. *inf.* n° 14.

13. La loi ne distingue pas entre les jugemens provisoires, préparatoires, interlocutoires, et les jugemens définitifs ; ils peuvent donc tous être attaqués par requête civile. Cass. 10 pluv. an 12, P. 3, 599, —avec cette différence néanmoins qu'un jugement préparatoire ne peut l'être que conjointement avec le jugement définitif. Arg. C. pr. 451; Pigeau, 1, 706; Carré, n° 1737.

14. Ne peuvent être attaqués par requête civile : 1° le jugement déjà attaqué par cette voie ; — 2° celui qui l'a rejetée, même pour nullité de formes, ou par fins de non-recevoir ; — 3° celui rendu sur le *rescisoire* (— V. *inf.*, n° 111) ; — 4° celui auquel on a acquiescé : à moins que l'acquiescement n'ait rapport qu'à certains chefs seulement ; auquel cas la requête est recevable contre les autres. Merlin, *Rép. hoc verbo*, § 1 ; Pigeau, 1, 707 ; Demiau, 340 ; Carré, n° 1738. — V. *Acquiescement*, n° 48.

§ 3. — *Causes de requête civile.*

15. La loi distingue onze causes de requête civile. C. pr. 480, 481.

16. 1° *Dol personnel.* C'est-à-dire émané de la partie elle-même ou de ceux qui ont agi pour elle. C. pr. 480-1° ; — le dol d'un tiers dont la partie n'a pas été complice ne donne lieu qu'à une action en dommages-intérêts contre ce tiers. C. civ. 1116.

Est considéré comme dol personnel, celui commis par l'avocat, à l'audience, de concert avec son client. Bruxelles, 23 juill. 1810, P. 8, 479 ; — ou par l'avoué, mandataire légal de son client, tant qu'il n'y a pas désaveu. — V. *inf.* n° 18.

17. Il faut que le dol soit tel qu'il ait influé sur la décision. Arg. C. civ. 1116.

Cette appréciation, — ainsi que l'admission des moyens de preuve est abandonnée à la sagesse des trib. Colmar, 18 mai 1820, P. 15, 999 ; Cass. 5 juin 1839 (Art. 1653 J. Pr.)

18. Jugé qu'en général, de simples allégations ou dénégations de faits ne suffiraient pas ; il faut qu'il y ait eu emploi de manœuvres de nature à empêcher la partie et le juge d'établir et de connaître la vérité. Besançon, 10 sept. 1810, P. 8, 691. — Cet arrêt est critiqué avec raison par M. Dalloz, 11, 600 : poser, en principe, que la simple allégation d'un fait que l'on sait faux, ne peut constituer un dol, c'est encourager le mensonge ; il faut examiner la moralité de l'action, et ne pas abandonner la décision à l'habileté du juge.

19. Au reste, il peut y avoir ouverture à requête civile : 1° dans les cas où une partie n'a obtenu gain de cause qu'à l'aide de la dénégation mensongère par elle faite de faits essentiels dont son adversaire attestait la vérité. Colmar, 18 mai 1820, P. 15, 999 ; — 2° lorsqu'un avocat, de concert avec son client, a sciemment allégué à l'audience un fait matériellement faux, dont il prétendait avoir la justification entre les mains, et que ce fait, réputé constant par les magistrats, a servi de base à leur décision. Bruxelles, 23 juill. 1810, P. 8, 478; — 3° dans les cas où l'une des parties a dissimulé une pièce décisive; par exemple, lorsqu'après le rejet par la section des requêtes d'un pourvoi en cassation par elle formé contre un jugement, elle attaque ensuite ce même jugement par voie d'opposition ou de tierce-opposition, sans parler de l'arrêt de rejet, inconnu de son adversaire et du trib. Cass. 12 fév. 1823, S. 23, 189; — 4° lorsque l'on empêche de parvenir à une partie la signification d'un jugement par défaut, ou que l'on intercepte la lettre adressée à son avoué, afin qu'il ne forme pas opposition. Thomine, n° 536.

20. Le serment de l'une des parties, reconnu faux depuis le jugement auquel il a servi de base, donne-t-il ouverture à la requête civile? — Oui, s'il a été déféré d'office par le juge (C. civ. 1366); dans ce cas, l'adversaire n'a pas consenti à en faire dépendre le sort de sa réclamation. — Non, s'il a été déféré ou référé par la partie elle-même : la loi ne lui permet pas d'en prouver la fausseté; il est intervenu un contrat judiciaire qui doit être respecté (C. civ. 1363). Pigeau, 1, 711; Carré, n° 1742; Toullier, 10, n° 426.

21. 2° *Violation, soit avant, soit lors du jugement, des formes prescrites à peine de nullité*. C. pr. 480-2°; — *avant le jugement* : telles sont les nullités dans l'assignation ou dans la procédure qui l'a suivie; — *lors du jugement* : par exemple, l'omission du nom des juges, ou des conclusions. — V. *Jugement*, n° 185, et d'ailleurs *ib*. n°s 106 et 109.

22. La violation des formes offre, dans certains cas, un moyen de cassation, à l'exclusion de la requête civile. — V. *Cassation*, n°s 115 et suiv.

Ainsi, la violation de la règle des deux degrés de juridiction, s'appliquant moins à la forme qu'aux droits essentiels des parties, n'est pas une ouverture de requête civile, mais un moyen de cassation. Cass. 20 brum. an 14, P. 5, 32; Carré, 2, 446.

23. La requête civile n'est admissible qu'autant que la nullité de forme n'a pas été couverte par les parties. C. pr. 480-2°, et 173. — Spécialement par la plaidoirie devant une C. roy., pour demander la confirmation ou l'infirmation du jugement entaché de nullité. Cass. 9 avr. 1835 (Art. 189 J. Pr.). — Ceci doit s'entendre des nullités relatives et non des nullités absolues. — V. *Exception*, n°s 88, 96; *Cassation*, n°s 135, 138.

— V. d'ailleurs C. pr. 1009, 1027-1°, *Arbitrage*, n° 485.

24. 3° *Prononciation sur choses non demandées*. C. pr. 480-3°. — Par exemple, le prix a été adjugé au lieu de la chose réclamée; — des intérêts ont été accordés à celui qui n'avait conclu qu'au paiement du capital; —un tuteur, actionné au nom de son pupille, a été condamné personnellement, sans que cette condamnation personnelle eût été requise; — ou bien encore un arrêt, en déclarant que des actes formaient un contrat de vente, en a fixé le prix, sans que personne l'eût requis. Paris, 3 mars 1810, P. 8, 148; Bornier, Rodier, Jousse, Serpillon, art. 34, tit. 35 Ordonn. 1667. — V. toutefois C. pr. 1027-2°, 1028-8°, *Arbitrage*, n° 485 à 487.

25. Les conclusions posées à l'audience forment la véritable demande des parties, celle sur laquelle doit porter la décision; on ne peut donc attaquer, par requête civile, l'arrêt qui a prononcé conformément à ces conclusions, bien qu'elles ne fussent pas comprises dans celles signifiées entre avoués, et transcrites dans les qualités et l'expédition du jugement. Bruxelles, 28 mars 1815, P. 12, 653.

26. Le juge a le droit de prononcer sur ce qui se trouve *implicitement* dans les conclusions. Berriat, p. 241. — V. *Conclusions*, n° 19.

Lorsque le créancier a conclu à être autorisé à exécuter des travaux sur le refus et aux frais du débiteur, les juges peuvent convertir ces travaux en une somme d'argent à laquelle ils condamnent le débiteur pour indemnité de l'inexécution de son obligation. Cass. 20 déc. 1820, P. 16, 252.

27. Un chef de condamnation qui, en prononçant sur choses non demandées, renferme en même temps un excès de pouvoir, offre un double moyen de requête civile et de cassation. Cass. 12 juin 1810, P. 8, 38.

28. Mais l'arrêt qui alloue à une partie une indemnité qu'elle n'a pas demandée, peut être attaqué par *requête civile* et non par cassation. Cass. 28 mars 1837 (Art. 916 J. Pr.).

29. Ne saurait, au contraire, être attaqué par requête civile le jugement qui statue sur des reproches proposés dans une enquête, bien qu'ils n'aient pas été renouvelés par des conclusions formelles. *Même arrêt.*

30. 4° *Adjudication de plus qu'il n'a été demandé.* C. pr. 480-4°; c'est ce qu'on nomme *ultrà petita*. — Ce cas se confond souvent avec le précédent : c'est excéder la demande que de condamner à payer l'intégralité d'une dette dont le créancier ne réclame que le reliquat; d'attribuer la pleine propriété à une partie qui revendiquait seulement l'usufruit; d'accorder tous les dépens, lorsqu'il n'y a pas appel du chef de jugement qui n'en adjugeait qu'une partie; des alimens pour plus de temps qu'on n'en demandait; la contrainte par corps, lorsque la partie intéressée n'y a pas conclu.

31. Ne donnent pas lieu à requête civile, 1° la décision qui, malgré l'absence de conclusions formelles, déclare un arrêt commun avec une partie procédant conjointement avec une

autre, soutenant le même système et prenant les mêmes conclusions. Paris, 3 mars 1810, P. 8, 148. — 2° Le jugement d'avant faire droit rendu d'office, soit pour éclairer les juges, soit pour la conservation de l'objet litigieux, et qui ordonne un dépôt, un sequestre, une enquête, etc., lors même que le demandeur n'aurait conclu qu'au principal, ou bien n'aurait réclamé qu'une comparution de parties.

Il en serait autrement d'une mesure provisoire qui, sans servir à la découverte de la vérité, procurerait à l'une des parties un avantage qu'elle n'aurait pas demandé; par exemple, une provision, des alimens. Pigeau, 1, 713. — En vain prétendrait-on qu'au contraire la demande qui était définitive a été restreinte au provisoire (Serpillon, art. 34, tit. 35, Ordonn. 1667) : ce provisoire est un avantage ajouté à celui qui pourra résulter du jugement définitif.

32. Il n'y a pas *ultrà petita*, si on a statué sur des conclusions reconventionnelles prises en 1re inst. — V. *Cassation*, n° 120.

33. 5° *Omission de prononcer sur l'un des chefs de demande.* C. pr. 480-5°.

En principe, le dispositif d'un jugement doit statuer sur toutes les questions du procès. — V. *Jugement*, n° 222.

34. Ainsi, peut être attaqué par requête civile le jugement qui a omis de statuer sur les dépens (— V. ce mot, n° 44). Cass. Req. 4 mai 1825, S. 26, 214. — ou celui qui, en prononçant la nullité d'un emprisonnement, a omis de statuer sur les dommages-intérêts réclamés. Florence, 25 mai 1809, P. 7, 580. — Cette irrégularité ne pourrait servir de fondement à un pourvoi en cassation. Cass. 3 août 1824, P. 1825, 2, 12; — spécialement contre un jugement sujet à appel. Cass. 4 mai 1825; 6 fév. 1833, P. 1833, 3, 219; 16 janv. 1834, P. 1834, 2, 35; 21 fév. 1834, J. P. 1834, 1, 329.

35. Mais ne seraient pas une omission de prononcer sur un chef de demande : 1° le silence gardé sur des conclusions qui tendent à l'admission d'une preuve; ce ne sont que des moyens à l'appui de la demande principale, qui ne constituent pas un chef de demande particulier (Carré, n° 1749); — ou sur une demande incidente ou subsidiaire, qui se trouve décidée implicitement et rendue sans objet par suite de la décision sur le fond. Turin, 1er juill. 1812, P. 10, 529. — V. *Jugement*, n°s 137 et suiv.

Les juges peuvent aussi, dans le cas où ils ne se trouvent pas assez éclairés sur certains chefs, rendre sur ces chefs un interlocutoire, en statuant définitivement sur les autres. Pigeau, 1, 713; Carré, n° 1750.

36. 2° La réduction d'une demande; par exemple, si le tribunal ordonne une restitution partielle, lorsqu'une partie réclame la restitution entière d'une somme qu'elle prétend avoir payée indûment, et que l'autre veut retenir en entier comme lui étant légitimement due. Cass. 5 oct. 1808, P. 7, 153.

37. Peut-on se pourvoir par requête civile contre un jugement qui, statuant sur un ou plusieurs chefs, déclare *qu'il n'y a lieu de statuer sur les autres chefs*, ou bien *met les parties hors de cause sur leurs autres conclusions*? — Serpillon considérait cette formule comme un moyen d'éluder l'ordonn. 1667; Demiau, 342, pense aussi qu'il y aurait lieu à requête civile, si le point de droit ne présentait pas des motifs se rapportant à chaque chef en particulier. — Carré, n° 1748, au contraire, fait observer que le prononcé du juge est indépendant de l'exposé de ses motifs, et que ce serait faire injure aux magistrats de supposer qu'ils ont employé une formule générale pour se dispenser d'examiner tous les chefs des conclusions respectives. Rodier, art. précité, ordonn. de 1667; Duparc Poullain, *Principes de droit*, 10, 959; Pigeau, 1, 713; Cass. 20 déc. 1820, P. 16, 252. — Il juge néanmoins plus prudent d'énoncer dans le dispositif les différens chefs de demande.

Quant à nous, il nous semble qu'indépendamment de la nullité qui résulterait de l'absence de motifs sur un des chefs de demande, et qui donnerait ouverture à cassation (—V. *Jugement*, n° 111), il y aurait encore lieu à requête civile, si l'ensemble des dispositions de l'arrêt ne fournissait pas la preuve que tous les chefs de conclusions ont été examinés; car, comme e silence absolu sur un chef fait présumer, d'après le vœu de la loi, qu'il a échappé aux juges, le rejet de plusieurs chefs par une disposition générale et sans aucun motif permet de supposer une omission, involontaire sans doute, et ne peut équivaloir à une décision sur chacun de ces chefs en particulier.

38. Lorsqu'un jugement a commis une omission au préjudice d'une partie, et que cette dernière a conclu sans réserves devant la C. à la confirmation pure et simple de ce jugement, elle ne peut, par une nouvelle instance, faire prononcer sur le chef omis. Grenoble, 3 avr. 1812, P. 10, 292.—V. *Acquiescement*, n° 54.

39. Mais on peut, sans recourir à la requête civile, saisir de nouveau le même trib. de l'interprétation d'une décision par lui rendue, lorsqu'on ne reproche à cette décision aucune omission, et seulement un défaut de clarté. Metz, 7 juin 1820, P. 15, 1033. — V. *Jugement*, n° 189, 320.

40. 6° *Contrariété de décisions rendues en dernier ressort entre les mêmes parties et sur es mêmes moyens, par les mêmes Cours ou tribunaux.* C. pr. 480-6°. — La réunion detoutes cesconditions est indispensable. Rodier, ordonn. 1667, tit. 35; Carré, nº 1751.

41. *De décisions*. Peu importe la contrariété existante entre deux décisions dont la première n'est que préparatoire; elle n'est qu'un moyen d'instruction qui ne lie pas les juges quant à la décision du fond même du procès. Paris, 3 mars 1810, P. 8, 148. — V. *Jugement*, nº 13.

— V. d'ailleurs *Cassation*, nos 124 et 125.

42. *En dernier ressort*. Il semble néanmoins qu'il doit suffire que la seconde décision soit de dernier ressort; car c'est la seule qu'on attaque, et l'on ne peut reprocher au demandeur en requête civile d'avoir laissé acquérir l'autorité de la chose jugée à la première décision qui avait accueilli ses prétentions. — *Contrà*, Demiau, 346.

43. *Entre les mêmes parties*. Il faut que les parties agissent dans les mêmes qualités. Arg. C. civ. 1351. — Ainsi, un tuteur, débouté d'une demande formée au nom de son pupille, peut la renouveler en son nom personnel, et obtenir gain de cause en se fondant sur les mêmes titres, sans qu'il y ait contrariété entre les deux jugemens. Carré, nº 1752.

D'un autre côté, il peut arriver que les parties soient les mêmes, quoique le second procès n'ait plus lieu entre les mêmes personnes que le premier; par exemple, si l'une des parties étant décédée se trouve représentée par ses héritiers; — ou si des jugemens différens sont rendus successivement au profit de la même partie contre différens héritiers d'une même personne.

44. *Sur les mêmes moyens*. On ne peut pas dire que deux jugemens ou arrêts contraires ont été obtenus par les *mêmes moyens*, lorsque depuis le premier il est survenu quelque circonstance qui a pu donner lieu à une décision contraire. Rodier, Pigeau; *Prat. fr.*, 3, 297; Merlin, *Quest.* vº *Contrariété*, 1, 588; Carré, nº 1753. — Ainsi, lorsqu'un jugement de débouté d'opposition rendu par défaut, faute de plaider, a condamné une partie comme associée, et que postérieurement un jugement contradictoire a refusé de la condamner comme n'étant pas associée, il n'y a pas lieu à requête civile, si la question de société n'a pas été agitée lors du premier jugement. Paris, 28 juil. 1826, S. 27, 140.

45. *Par les mêmes Cours ou tribunaux*. Deux chambres d'un même trib. ne doivent pas être considérées comme deux trib. différens. Rodier, ord. 1667; Duparc-Poullain, 10, 959; Carré, nº 1754; Merlin, *R.* vº *Requête civile*, § 3, nº 9; Berriat, 456. — *Contrà*, *Prat. fr.*, 3, 300; Denizart, vº *Contrariété d'arrêts*, § 2, nº 2. — Sous l'ancienne législation, le

différentes sections d'un même parlement avaient des attributions différentes, ce qui pouvait les faire considérer comme des tribunaux différens.

46. Mais il y a lieu à cassation, et non à requête civile, 1° si les deux décisions contraires émanent de deux trib. différens. C. pr. 504.—2° Si, dans le cas de contrariété entre deux décisions émanées d'un même trib., la seconde décision a repoussé la fin de non-recevoir résultant de l'autorité de la chose jugée par la première; il y a alors plus qu'une simple contrariété de jugemens, il y a contravention expresse à la loi; la requête civile ne peut être employée que lorsque la contrariété de décision est ou paraît être l'effet d'une erreur involontaire. Cass. 8. avr. 1812, P. 10, 281. Cass. 18 déc. 1815, S. P. 13, 181; — V. *Cassation*, n° 121 et suiv.

3° S'il y a contrariété entre un jugement passé en forme de chose jugée, rendu par un trib. de 1re inst., et un arrêt confirmatif d'un jugement émané d'un même trib. Paris, 3 mars 1835. (Art. 125 J. Pr.).

— V. d'ailleurs *Jugement*, n° 324.

47. 7° *Contrariété dans les dispositions d'un jugement*. C. pr. 480-7°. — Peu importe la contrariété dans les motifs; il faut qu'elle existe dans le dispositif; — Paris, 6 août 1825, D. 25, 253. — il s'agit du cas où plusieurs dispositions se détruisent réciproquement de telle sorte qu'elles ne puissent être toutes exécutées. Cass. 4 germ. an 13; P. 4, 456. Merlin, *R.* v° *Contradiction*; Rennes, 2 janv. 1834, D. 34, 172.

Jugé sous le code de 1808 que la demande d'un secours provisoire et mensuel formée par un failli est différente de la demande d'un secours définitif. Conséquemment bien qu'une décision ait admis la demande d'un secours provisoire attendu la bonne foi du failli, on peut néanmoins lui refuser postérieurement un secours définitif, attendu la preuve de sa mauvaise foi. Rennes, 2 janv. 1834, D. 34, 171.

48. 8° *Omission de communication au ministère public, dans les cas où la loi l'exige, et lorsque le jugement a été rendu contre celui pour qui elle était ordonnée*. C. pr. 480-8°.—V. *Ministère public*, n° 128.

49. Mais lorsque celui à l'égard duquel la communication était prescrite obtient gain de cause, l'adversaire ne peut se pourvoir par requête civile. C'est une nullité relative et non absolue. Cass. 25 avr. 1833, D. 32, 28. — V. *Ministère public*, n° 128 et 130.

Si deux mineurs plaidaient l'un contre l'autre, le défaut de communication donnerait toujours lieu à requête civile. — V. *inf.* n° 77.

50. La requête civile introduite en faveur des incapables est exclusive du pourvoi en cassation. Cass. 26 avr. 1808. P. 6, 652; 25 avr. 1833, D. 33, 280; 9 fév. et 29 mars 1836 (Art. 381 et 555 J. Pr.); Merlin, *Quest.* v° *Cassation*, § 27; Berriat, 478, note 23; Thomine 1, 739; Carré, n° 1758. — *Contrà.* Cass. 18 vend. an 3, S. 20, 469; Lyon, 18 fév. 1824, S. 25, 124. — V. d'ailleurs *Cassation*, n°s 4, 114.

51. Il ne suffit pas que le ministère public ait été présent à l'audience, s'il n'a pas donné ses conclusions. Cass. 12 janv. 1831 (J. P. 1831, 1, 338). — V. *Jugement*, n° 215; *Ministère public*, n° 122.

52. 9° *Jugement rendu sur pièces qui depuis ont été reconnues ou déclarées fausses*. C. pr. 480-9°.

Les pièces peuvent être reconnues fausses volontairement par la partie, ou déclarées telles par un jugement.

53. Faut-il une reconnaissance formelle du faux, émanée de l'adversaire, ou bien est-il nécessaire que la fausseté de la pièce qui a servi de base à la première décision soit constatée par un jugement spécial et distinct de celui qui admet la requête civile?

Pour la négative on dit : — La reconnaissance dont parle l'art. 480 §. 9 est la découverte du faux par le demandeur en requête civile; la loi n'a pu prévoir le cas, extrêmement rare, où l'adversaire avouerait sa propre turpitude, en reconnaissant le faux qu'il aurait commis. Le mot *reconnu* se trouve répété art. 488. Ce serait ajouter à la loi que d'exiger une reconnaissance ou une déclaration du faux préalable à l'instance en rétractation du jugement. La preuve du faux peut être faite devant les juges saisis de la requête civile, de même que sous l'ordonn. de 1667. (Pothier pr., sect. 3, art. 1, § 1; Cass. 22 pluv. an 9, P. 2, 102.) — Il serait trop rigoureux d'obliger à poursuivre le faux au criminel, poursuite souvent impossible ou sans résultat à cause de la mort du coupable, ou de l'expiration du délai de la prescription. — L'inscription de faux incident serait aussi le plus souvent impraticable après le jugement attaqué. C'est donc aux juges saisis à apprécier la fausseté des pièces. Pigeau, *Comm.*, 2, 76.

Pour l'affirmative, on répond : — La requête civile est un moyen *extraordinaire;* — si la loi a laissé aux juges l'appréciation du dol, elle n'a point autorisé cette appréciation, pour les pièces dont on allègue la fausseté. — La preuve par écrit, du jour de la découverte du dol ou des pièces retenues, n'est point imposée pour le faux. — La date de cette découverte est certaine, puisqu'il faut une reconnaissance ou un jugement. — Le système contraire tendrait à admettre la requête civile, fondées sur pièces fausses, pendant 30 ans, à défaut de point de départ. — Enfin, on ne saurait invoquer le silence gardé sur cette question, par l'ordonn. de 1667, lorsque le C. de pr. 480-3° indique virtuellement, comme point de départ, la date du jugement qui constate le faux. Motifs, Cass. 2 mai 1837 (Art. 786 J. Pr.); — dès lors il a été jugé qu'on ne peut être admis à faire la preuve du faux devant les juges saisis de la requête civile. *Même arrêt.* M. Nicod, avocat général, concl. conformes; Aix, 8 fév. 1839 (Art. 1413, J. Pr.).

M. Pigeau, *ib.*, accorde aux juges la faculté d'apprécier le faux et d'admettre la requête civile par un seul et même jugement, s'il s'agit d'un acte privé; il leur refuse ce droit s'il s'agit d'un acte authentique.

54. Au reste, il n'y a pas lieu à requête civile quand la fausseté des pièces était déjà constatée *avant* (et non depuis) le jugement attaqué. Cass. 9 déc. 1835 (Art. 189 J. Pr.).

55. Sous l'empire de l'ord. de 1667 (tit. 35, art. 34), un désaveu jugé valable pouvait servir de base à la requête civile; il n'en serait plus de même aujourd'hui, la loi ayant gardé le silence sur ce point.

56. Pigeau, 1, 716, est d'avis que la fausseté d'une pièce jugée telle au criminel peut être invoquée par toute personne, même par les tiers qui n'ont pas figuré au procès. —V. D'ailleurs art. 1622 J. Pr. et pourtant C. civ. 1351.

57. La preuve qu'il a été fait usage de pièces fausses dans l'instance ne suffit pas, si l'on n'établit que ces pièces ont réellement servi de base au jugement. Il pourrait arriver que d'autres pièces justifiassent la décision, ce qui rendrait la requête civile inadmissible. Carré, n° 1759.

58. C'est aux juges qui prononcent sur la requête civile qu'il appartient de décider quelle influence a pu exercer la pièce fausse sur le jugement attaqué, sans que l'examen de ce fait puisse jamais être soumis à la C. de cass. Rej. 22 pluv. an 9, P. 3, 102. — Cet arrêt a été rendu sous l'empire de l'ordonnance de 1667. —V. *sup*. n° 17.

59. De même, il est indispensable que le faux, constaté par un jugement postérieur, détruise les bases du premier jugement; peu importe qu'une pièce produite lors du premier jugement ait été reconnue depuis falsifiée dans sa date et non dans son contexte, si cette date n'a aucunement influé sur la première décision. Paris, 23 juin 1810, P. 8, 402.

60. Si l'on attaquait comme faux le jugement lui-même, il y aurait lieu à une inscription de faux et non pas à requête civile. Arg. C. pr. 480; Pigeau, *Comm.* 2, 76.

61. 10° *Production de pièces décisives retenues, lors du jugement, par le fait de l'adversaire.* C. pr. 480-10°. — V. D'ailleurs *exception,* n° 121.

Si le défendeur à la requête civile fondée sur pièces nouvellement recouvrées prétend qu'elles sont fausses, les juges doivent, avant de prononcer sur l'admission de la requête civile, commencer par instruire et juger le faux. Carré, n° 1764.

62. *Pièces décisives.* Telle serait une pièce qui, représentée aux juges, les eût déterminés à juger autrement qu'ils n'ont fait. Carré, n° 1762; — par exemple, une contre-lettre qui établirait qu'on n'est pas réellement débiteur d'une obligation souscrite par complaisance. C. civ. 1321.

63. Il en est autrement, 1° d'un arrêt interlocutoire antérieur rendu dans une cause analogue. Paris, 3 mai 1810, P. 8, 281.

2° D'un acte de cession d'une créance litigieuse, dont la connaissance eût fourni au débiteur le moyen d'éteindre le procès en remboursant au cessionnaire le prix de la cession. C. civ. 1699; Paris, 1er fév. 1810, P. 8, 75.

64. *Retenues par l'adversaire.* Il ne suffirait pas que la pièce eût été retenue par un tiers, à moins que ce tiers n'eût agi de connivence avec la partie.

Peu importerait même que la pièce se fût trouvée entre les mains de l'adversaire, si la partie qui pouvait s'en prévaloir, ayant le moyen de se la faire représenter, a négligé de l'employer. Paris, 28 nov. 1810, P. 8, 665; Carré, n° 1763; Cass. 20 nov, 1832, P. 1833, 2, 105; — surtout si la minute de cette pièce était inscrite sur un registre public. Paris, 28 flor. an 12, P. 3, 750.

65. Mais, à défaut de la réunion de toutes les circonstances exigées par la loi pour justifier ce dixième moyen de requête civile, l'une d'elles peut constituer un dol rentrant dans le premier moyen. Cass. 19 fév. 1823, S. 23, 1819. — V. *sup.* n° 16.

66. 11° Enfin, *défaut de défense, ou non valable défense, dans les causes de l'état, des communes, des établissemens publics ou des mineurs.* (C. pr. 481.).

— Même émancipés. Turin, 21 mars 1812, P. 10, 241; — ou des interdits. Arg. C. civ. 509. Carré, n° 1772; Berriat, 458. — Le contraire a été jugé dans l'ordonn. de 1667. Besançon, 9 therm. an 11, P. 3, 388.

67. Mais la loi ne parlant pas de la femme mariée, on ne peut lui reconnaître le même privilége. Carré, n° 1772; *Prat. fr.*, 3, 308.

68. Il n'y a pas eu de défense lorsqu'il est intervenu un jugement par forclusion ou par défaut, soit contre partie, faute de comparaître, soit contre avoué, faute de plaider. — L'intervention du ministère public ne supplée pas la défense : il ne conclut que d'après les documens fournis par les parties.

Il n'y a point de défense valable, si l'on a omis des moyens décisifs; en fait, si l'on a négligé de produire des pièces; en droit, si l'on n'a point fait valoir une fin de non-recevoir, une exception, une prescription, s'il n'y a pas eu de plaidoirie. Rodier, Jousse, art. 35, tit. 35, Ordon. 1667; Bigot de Préameneu, *Exposé des motifs*, 147; Carré, n° 1767; Pigeau, 1, 717.

69. Il faut que le moyen ait été de nature à influer sur la décision. — Spécialement lorsqu'une commune étant poursuivie en réparation du pillage d'une propriété particulière, on a omis de faire valoir qu'une partie de la propriété sur laquelle avait eu lieu le dommage, était située sur une autre commune. Cass. 23 mars 1830, S. 30, 199. Merlin, *ib.* § 6.

70. L'omission d'un moyen de forme donne-t-elle ouverture à la requête civile? — Il faut distinguer : Ce n'est pas une ouverture de requête civile, lorsque l'omission n'entraîne pas la perte du procès. — D'ailleurs la renonciation à opposer un vice de forme peut avoir pour but d'éviter les frais d'une nouvelle procédure. Cass. 10 janv. 1810, S. 10, 122. — Suivant M. le procureur-général Merlin, la nullité avait été couverte dans l'espèce.

71. Mais il en est autrement, si l'omission de moyen de forme peut entraîner la perte du procès, par exemple, la négligence d'un tuteur à opposer la nullité d'une assignation tendant à interrompre une prescription, qui courrait en faveur du mineur. Pigeau, 1, 630; Carré, n° 1771; Dalloz, 11, 610, n° 25.

72. Est-il nécessaire que tous les moyens de défense aient été proposés par des conclusions expresses? — Jugé qu'il suffit qu'ils aient figuré soit dans les mémoires, soit dans les plaidoiries, pour être appréciés par les juges. Cass. 11 vent. an 11, P. 3, 177. — Cette décision nous paraît contestable : — ce n'est pas défendre valablement, que d'omettre de formuler positivement les moyens décisifs, dans les conclusions remises sur le bureau du tribunal.

73. Si un mineur émancipé a figuré seul au procès sans l'assistance de son curateur, il doit se pourvoir par requête civile et non par tierce opposition : il ne peut prétendre qu'il n'a pas été partie dans une instance parce qu'il était dépourvu de l'assistance de son curateur.

74. Mais *quid* du mineur non émancipé qui a procédé seul? Faut-il admettre qu'en l'absence du tuteur, son représentant légal (C. civ. 450), il n'a pas été valablement partie au procès? — Pigeau, dans son premier ouvrage sur la procédure, avait admis pour ce cas la requête civile; depuis il a changé d'avis et soutenu que c'était le cas de la tierce-opposition (1, 719); — Carré, n° 1768, donne l'option entre les deux recours, ce qui est contradictoire; car la requête civile suppose que le mineur a été partie au procès, et la tierce-opposition suppose au contraire qu'il n'y a point été partie; — selon nous, un mineur qui a procédé, quoique irrégulièrement dans une instance, ne peut venir prétendre que le jugement lui est étranger; il n'a donc que la voie de la requête civile. Rodier, Jousse, art. 35, tit. 35, ordonn. 1667; Duparc-Poullain, 10, 965; *Prat. fr.*, t. 3, p. 310; Demiau, p. 344; Berriat, 458, note 36; Merlin, *Rép. ib.* § 1, n° 15.

Toutefois, l'opinion de M. Pigeau devrait prévaloir si la personne qui a procédé au nom du mineur était sans pouvoir pour le représenter; car alors le mineur, n'ayant pas été mis directement en cause, est étranger au procès; — il en serait de même si l'état, une commune, un établissement public, avaient été défendus par un individu sans caractère; l'administrateur légal pourrait sans doute former tierce-opposition au jugement.

75. *Quid* si le mineur, qui procède sans tuteur ou sans curateur, a atteint sa majorité avant le jugement? — Faut-il dire qu'ayant pu connaître et rectifier sa défense, il est censé l'avoir approuvée; ou bien faut-il ne supposer cette approbation que dans le cas où la procédure a été achevée par le mineur devenu majeur? (Catellan, liv. 9, ch. 3; Duparc-Poullain, 10, 966; Carré, n° 1769). — Cette dernière opinion nous semble plus équitable.

Il a même été jugé que des héritiers mineurs assignés en reprise d'une instance dirigée contre leur père, et qui n'avaient fait usage d'aucun moyen nouveau, pouvaient attaquer, pour cause de non valable défense, le jugement rendu contre eux. Turin, 21 mars 1812, P. 10, 241.

76. Si un mineur (ou l'une des personnes morales désignées par l'art. 482 C. pr.) a fait cause commune avec des consorts majeurs et que ceux-ci aient fait valoir tous les moyens qu'il était possible de proposer, il n'y a pas lieu à requête civile, même de la part du mineur. Parl. Paris, 21 juill. 1695, avr. 1696.

77. Si les deux parties entre lesquelles a lieu le procès se trouvent protégées par l'art. 481 C. pr., cette égalité de position n'empêche pas celle qui a succombé de se plaindre de n'avoir point été valablement défendue. Turin, 21 mars 1812. — V. *sup.* n° 48.

§ 4. — *Délai pour se pourvoir en requête civile.*

78. En général, le délai de la requête civile est de trois mois. C. pr. 483, 1026.

Néanmoins, si une partie, en considération des chefs d'un jugement qui lui sont favorables, a laissé passer le délai sans se pourvoir par requête civile contre ceux sur lesquels elle a succombé, et que plus tard elle voie son adversaire, qui par quelque circonstance personnelle avait un délai plus long, attaquer ce même jugement par requête civile, il est juste que, malgré l'expiration du délai, elle puisse à son tour faire valoir ses droits. Elle peut se pourvoir par requête civile incidente. Arg. C. pr. 443; Pigeau, 1, 720; Thomine, n° 542.

79. Le délai est augmenté d'après les règles des *ajournemens* (— V. ce mot, n° 51) pour ceux qui demeurent hors de la France continentale. C. pr. 486.

Il est augmenté d'un an pour ceux qui sont absens du territoire européen du royaume pour un service de terre ou de mer, ou employés dans des négociations extérieures pour le service de l'état. C. pr. 485;

80. En général, le délai court du jour de la signification du jugement attaqué à personne ou domicile. C. pr. 483.

Toutefois il court : 1° pour les jugemens par défaut, du jour où l'opposition n'est plus recevable. Arg. C. pr. 443.

2° Si le jugement a été rendu sur pièces fausses, du jour où le faux a été reconnu. C. pr. 488; — lorsque la preuve du faux résulte d'un jugement, il faut que ce jugement soit définitif et en dernier ressort. Tant qu'il est susceptible d'être réformé, il ne peut servir de base à la requête civile;

3° Si le jugement a été rendu par dol, du jour où le dol a été découvert. C. pr. 488; — et non pas seulement du jour des soupçons. Si le demandeur n'a point eu et n'a pu avoir en sa possession les pièces dont il induit la preuve du dol, par exemple, si ces pièces sont des lettres missives adressées par le défendeur à un tiers, l'indication qu'il fait de la date de leur enregistrement et de la constatation de leur substance dans un acte public, dressé à la requête d'un tiers, constitue à son égard, et jusqu'à preuve contraire, le point de départ du délai. Il ne suffit pas, pour détruire cette présomption, qu'un arrêt dise : qu'il paraîtrait, qu'il serait possible que le demandeur eût reconnu le dol avant cet enregistrement. Cass. 26 août 1835 (Art. 311 J. Pr.);

4° Si des pièces avaient été retenues, du jour où ces pièces ont été découvertes. *Ib.* — Dans tous les cas, il faut qu'il y ait preuve par écrit du jour de la reconnaissance du faux ou du dol, ou de la découverte des pièces. *Ib.* — Toutefois, si le jugement n'était signifié que postérieurement à la découverte du faux, du dol, ou de la rétention des pièces décisives, le délai ne commencerait à courir que du jour de cette signification. Cass. 30 avr. 1834, D. 34, 212;

5° S'il y a contrariété de jugemens, du jour de la signification du dernier jugement (C. pr. 489) : c'est en effet ce dernier jugement qui donne lieu à la requête civile;

6° A l'égard des jugemens préparatoires, à compter de la signification des jugemens définitifs : on ne peut les attaquer que conjointement. Arg. C. pr. 451 ;

7° A l'égard des jugemens interlocutoires ou provisoires, à compter de leur signification : on peut les attaquer avant le jugement définitif. *Ib.*

81. Le délai de trois mois court contre toutes parties, même contre l'état, les communes, les établissemens publics. Arg. C. pr. 444 ; C. civ. 2227 ; Merlin, *Quest.* v° *Req. civ.*, § 1.

82. Il y a néanmoins une exception pour les mineurs, à l'égard desquels le délai ne court que du jour de la signification, faite depuis leur majorité, à personne ou domicile. C. pr. 484.

83. Le délai de trois mois pour la requête civile, fondée sur le dol, ne court contre le mineur que du jour où depuis sa majorité il a eu connaissance du dol. Cass. 5 juin 1839.

84. A défaut de signification depuis la majorité, le délai serait de 30 ans, et non au-delà : toutes les actions se prescrivent par 30 ans. Arg. C. civ. 2262 ; Cass. 1er germ. an 11, P. 3, 205.

Au cas d'un objet indivisible, le délai dont jouit le mineur profiterait au majeur.

85. Le délai accordé au mineur doit, suivant M. Pigeau, s'appliquer à l'interdit qui lui est assimilé ; — sans doute, si l'interdiction vient à être levée, une nouvelle signification pourra être faite à l'interdit ; mais si l'interdiction dure pendant toute la vie de celui qui en a été frappé, faudrait-il faire une signification nouvelle à ses héritiers ? — Peut-être cet inconvénient, qui serait fréquent, a-t-il déterminé le législateur, pour éviter une trop longue incertitude, à ne pas étendre à l'interdit le bénéfice accordé au mineur.

86. Le délai est suspendu par le décès de la partie condamnée, jusqu'à ce que le jugement ait été signifié aux héritiers : cette signification peut être faite à tous les héritiers collectivement, au domicile du défunt, sans désignation des noms et qualités. C. pr. 487.

Le délai ne recommence à courir qu'après l'expiration de ceux fixés par la loi pour faire inventaire et délibérer. Arg. C. pr. 447.

87. Il est suspendu pour les dotations et majorats, tant que le droit du substitué n'est pas ouvert. Décr. 22 déc. 1812, art. 2.

§ 5. — *Tribunal compétent.*

88. La requête civile est portée au trib. qui a rendu le jugement attaqué. C. pr. 490 ; elle peut être jugée par les magistrats qui ont participé à la première décision. Il s'agit en effet

de rectifier des erreurs qui ne proviennent pas du fait des magistrats, ou qu'il est facile de leur faire reconnaître.

Si une partie veut attaquer par la requête civile un jugement produit dans une cause pendante en un trib. autre que celui dont est émané ce jugement; elle doit se pourvoir devant le trib. qui l'a rendu. C. pr. 491. — V. *inf.*, § 6, art. 2.

89. Si le trib. qui a rendu le jugement attaqué ne subsistait plus, il faudrait obtenir de la C. cass. la désignation du trib. où la requête civile devrait être portée. Merlin, v° *Requête civile*, § 1, n° 8. — V. *Réglement de juges*.

90. Les arbitres n'exerçant que des fonctions temporaires, qui cessent par l'accomplissement de leur mandat, la requête civile contre les jugemens arbitraux est portée devant le trib. qui eût été compétent pour connaître de l'appel. C. pr. 1026. — V. *Arbitrage*, n° 522.

Mais la requête civile formée contre une décision émanée des trib. ordinaires peut être jugée par des arbitres en vertu d'un compromis. C. pr. 1010. — C'est une dérogation à la règle qui défend de compromettre sur les contestations sujettes à communication au ministère public. — V. *ib.* n° 24.

91. Les instances de requête civile doivent être jugées en audience ordinaire et non en audience solennelle. Décr. 30 mars 1808, art. 22; Rennes, 27 avr. 1836 (Art. 667 J. Pr.).

§ 6. — *Procédure.*

Art. 1. — *Requête civile principale.*

92. Avant de former la demande en requête civile, il faut, 1° obtenir une consultation signée par trois avocats exerçant depuis dix ans au moins près un des trib. du ressort de la C. roy., dans lequel le jugement a été rendu. C. pr. 495; — les avocats près la C. roy. ne sont pas exclus par cette disposition de l'art. 495, qui doit être considérée plutôt comme extensive que comme restrictive. Cass. 17 nov. 1817, P. 14, 497.

Cette consultation est exigée, même en matière d'enregistrement. Cass. 30 août 1809, P. 7, 812; Pigeau, *Comm.*, 2, 81; Carré, n° 1785; Hautefeuille, 292; Favard, 4, 898; Berriat, 460, note 42. — Toutefois, les directeurs doivent, en outre, n'user de cette voie que d'après un ordre spécial de l'administration. — V. Inst. rég. 25 oct. 1812, art. 606, § 2, n° 10.

93. Elle doit indiquer que les trois avocats sont d'avis de la requête civile, et en énoncer les ouvertures.

Il ne peut être discuté, ni à l'audience, ni par écrit, aucun moyen autre que ceux énoncés en la consultation (laquelle doit être signifiée en tête de la demande. C. pr. 495). *Ib.* 499; — il résulte de la combinaison de ces deux articles que, même avec une nouvelle contestation, et à moins d'une assignation nouvelle, il ne peut jamais être employé d'autres moyens que ceux énoncés d'abord. *Exposé des motifs*; Carré, n° 1790; Berriat, 461, note 43. — *Contrà*, Pigeau, 1, 630; — L'ordonn. 1667 (tit. 35, art. 29, 31) prévoyant le cas de la découverte de nouveaux moyens de requête civile autres que ceux énoncés dans les lettres patentes, permettait de les présenter par une requête supplétive, sans obtention de nouvelles lettres, à la condition que tous les moyens seraient signifiés et communiqués au parquet avant le jour de la plaidoirie.

Jugé que si la consultation de trois avocats, ainsi que la requête signifiée à la partie, spécifie le dol personnel, comme une des ouvertures de la requête civile, les juges peuvent néanmoins, sans contrevenir à l'art. 499 C. pr., se fonder, pour admettre la requête sur le dol pratiqué par le défendeur lui-même, tandis que la consultation et la requête ne parlaient que du dol pratiqué par son auteur. Cass. 5 juin 1839 (Art. 1653 J. Pr.).

94. 2° Consigner 300 fr. pour amende, et 150 fr. pour les dommages et intérêts de la partie, sans préjudice de plus amples dommages et intérêts, s'il y a lieu. La consignation est de moitié, si le jugement est par défaut ou par forclusion, et du quart, s'il s'agit de jugemens rendus par les trib. de 1re inst. C. pr. 494, — en matière sommaire ou ordinaire. Pigeau, 725. — V. *Indigent*, n° 22.

Ceux qui stipulent les intérêts de l'état, tels que les préfets, sont seuls exempts de la consignation. *Ib.*

95. Jugé sous l'ordonn. de 1667, que la somme consignée pour amende doit être restituée, lorsque la partie abandonne le projet de se pourvoir, avant d'avoir présenté sa requête. Cass. 12 oct. 1808. — La même solution devrait avoir lieu sous le C. pr., la consignation dont s'agit étant un dépôt volontaire. Thomine, n° 548.

La restitution peut avoir lieu également, lorsqu'avant qu'il ait été statué par le trib., le demandeur justifie d'une transaction intervenue sur la demande en requête civile. Arg. Arrêté 27 niv. an 10 en matière d'appel.

96. Est-il nécessaire de présenter une requête soit au président, soit au trib. pour obtenir permission d'assigner? — Ceux qui soutiennent l'affirmative argumentent : 1° de l'ancienne législation sous laquelle il fallait obtenir du roi des lettres délivrées en chancellerie qui autorisassent la restitution en entier contre les jugemens susceptibles d'être réformés par voie de requête civile (Rodier, art. 1, tit. 35, ordonn. de 1667); 2° de l'art. 483 C. pr., qui distingue la requête civile de l'assignation; 3° de l'art. 494, qui parle d'une requête *présentée*;

4° enfin, de l'art. 78 du tarif, qui met au nombre des requêtes non susceptibles d'être grossoyées la requête civile *principale*, pour laquelle 7 fr. 50 c. sont alloués à l'avoué et non à l'huissier. Pigeau, 1, 726; Thomine, 1, n° 544; Demiau, 348; Hautefeuille, p. 293; Carré, n° 1781; Rej. req. 9 juin 1814, P. 12, 246. — V. *inf.* n° 79.

Dans l'opinion contraire, on répond avec raison : par les mots *requête civile*, employés dans le C. pr., on doit entendre l'action qui est formée, et non l'acte par lequel cette action est introduite; il est facile de s'en convaincre, si l'on fait attention que dans les art. 490, 491, 493, 498, 500, 501 C. pr., il est dit, tantôt que la requête civile sera *formée*, tantôt qu'elle sera *portée*, *communiquée* ou *admise*. Aussi les mots de l'art. 480, les jugemens pourront être rétractés *sur la requête* de ceux qui y auront été parties, signifient sur la demande ou sur la réquisition de ces personnes. — A l'égard de l'art. 483, il n'est pas rare de trouver, dans le C. pr., l'action considérée comme une chose distincte et séparée de l'acte qui sert à l'introduire; — ainsi l'appel est distingué de l'exploit par lequel il est formé. Arg. C. pr. 456. — L'obscurité des termes de l'art. 494 se trouve éclaircie par ceux de l'art. 492, portant que la *requête civile* sera formée par assignation au domicile de l'avoué ou de la partie. Carré, n° 1775. — On invoque aussi, 1° la loi du 7 sept. 1790, qui, en supprimant l'usage des *lettres-royaux* dans toutes les affaires où cette forme avait été antérieurement prescrite, a statué que dans toutes les mêmes affaires les parties se pourvoiraient directement à l'avenir devant les trib. compétens; 2° la loi du 18 fév. 1791, qui a prescrit pour l'introduction des requêtes civiles les mêmes formes que pour celle de l'appel. Delaporte, 2, 60; Paris, 3 mars 1810, P. 8, 148, 1, 503; Rej. sect. civ. 3 juill. 1816, P. 13, 526.

97. L'assignation est donnée au domicile de l'avoué de la partie qui a obtenu le jugement attaqué, si elle est formée dans les six mois de la date de ce jugement (C. pr. 492). Jusqu'à l'expiration de ce délai, l'avoué est censé avoir conservé les pièces; il est constitué de droit, sans nouveau pouvoir. C. pr. 496.

98. Ce délai passé, l'assignation est donnée au domicile de la partie. C. pr. 492; — il en doit être de même si l'avoué s'est démis ou est décédé.

L'avoué est constitué de droit pendant *l'année* qui suit le jugement, lorsqu'il s'agit d'exécution. C. pr. 1038. (— V. *Avoué*, n° 137). Mais ce délai se trouve réduit à 6 mois pour la requête civile par l'art. 496.

99. L'assignation serait-elle valablement remise au domicile élu lors de la signification du jugement attaqué? — Non : l'élection de domicile s'applique uniquement aux actes relatifs à l'exécution du jugement, et non à ceux qui tendent à sa réformation. Arg. C. pr. 456, 50; C. civ. 111. — V. *Appel*, n° 178.

100. En tête de l'assignation doit être signifié copie de la quittance du receveur entre les mains duquel a été faite la consignation d'amende, ainsi que de la consultation (C. pr. 495), de la requête présentée au président, et de son ordonnance avec les conclusions du ministère public. Cette signification n'est pas prescrite à peine de nullité; mais si elle avait lieu postérieurement, elle pourrait être rejetée de la taxe. Arg. C. pr. 65.

101. Lorsque l'ancien avoué de la cause se trouve constitué de droit sur l'instance en requête civile (C. pr. 496), le premier acte qui suit l'assignation est un avenir.

La procédure à l'audience est celle suivie dans les affaires ordinaires (Arg. C. pr. 493 et 75 du Tarif; C. pr. 77 et suiv.), quand même le fond de la contestation aurait été jugé sommairement. Pigeau, 1, 750. — Les plaidoiries sont admises, bien que la requête soit dirigée contre une décision rendue en matière d'enregistrement, nonobstant l'art. 17 L. 27 vent. an 9, qui s'applique uniquement à l'instruction du procès sur le fond de la contestation relative à la perception des droits. Cass. 30 août 1809, P. 7, 812.

102. La demande en requête civile n'ayant pas pour objet une action nouvelle, est dispensée du *préliminaire de conciliation*. — V. ce mot.

103. La cause doit être communiquée au ministère public (C. pr. 498).

Cette communication a lieu avant le jugement, après les plaidoiries, suivant l'usage.

Dans le système de ceux qui prétendent que l'assignation doit être précédée d'une requête suivie d'autorisation d'assigner, cette communication devrait avoir lieu avant l'ordonnance ou le jugement portant permis d'assigner. Pigeau, 1, 619; Carré, n° 1789.

Le défaut de communication au ministère public ouvrirait aux parties un recours (soit en appel, soit en cassation, suivant que la requête civile aurait été jugée en premier ou en dernier ressort. *Prat. fr.*, 3, 329); — M. Chauveau, 18, 1051, soutient que le ministère public peut seul se pourvoir en cassation, et non les parties, lorsque la communication n'est pas exigée à cause de leur incapacité. — Nous pensons au contraire que quand cette communication est prescrite dans des vues d'ordre public, c'est une garantie que chaque partie a droit de réclamer. Au surplus, toutes les fois que le ministère public n'a dû figurer dans un procès que comme partie jointe, il ne peut se pourvoir en cassation que dans l'intérêt de la loi, après l'expiration du délai fixé pour les parties, et sans préjudice du droit résultant pour elles de l'autorité de la chose jugée. L. 20 avril 1810, art. 46; L. 27 vent. an 8, art. 88.

Art. 2. — *Requête civile incidente.*

104. Elle est assujettie aux mêmes formes que la requête civile principale.

En conséquence, si la décision émane d'un trib. autre que celui qui est saisi du procès, la requête civile doit être portée devant le premier trib. par une assignation. C. pr. 493, 492, 496. — Si au contraire la décision émane du trib., même saisi du procès, la requête civile est signifiée, par une requête grossoyée, à l'avoué qui occupe dans ce procès. C. pr. 493; Tar. 75.

Mais, dans l'un et l'autre cas, le recours dont il s'agit n'étant qu'un moyen de défense, n'est pas assujetti à la formalité d'une requête préalable présentée au président. Tar. 78.

Elle peut aussi être formée incidemment par le défendeur à la requête civile principale.—V. *sup.* n° 78.

§ 7. — *Effets de la requête civile et du jugement qui en prononce le rejet ou l'admission.*

105. *Requête civile incidente.* Le trib. saisi de la cause dans laquelle la décision attaquée a été produite peut, suivant les circonstances, passer outre ou surseoir. C. pr. 491.—Bien que la loi, en accordant aux juges la faculté de surseoir, ne parle que du cas où le trib. saisi du procès n'est pas celui qui doit connaître de la requête civile; cette disposition doit être étendue par identité de motifs à tous les cas de requête civile incidente. Pigeau, 1, 736.

Il y aurait lieu de passer outre, par exemple, si les juges pensaient que la décision dont cherche à se prévaloir l'une des parties ne doit exercer aucune influence sur la cause dont ils sont saisis. — La convenance du sursis est au surplus abandonnée à leur appréciation.

106. *Requête civile principale.* Cette requête n'empêche jamais l'exécution de la décision attaquée; les juges ne peuvent accorder aucun sursis à cette exécution. C. pr. 497. — Cette disposition a pour but d'éviter que la requête civile ne devienne un instrument de chicane.

Elle s'applique alors même 1° que la décision attaquée serait interlocutoire et aurait ordonné une instruction que l'admission de la requête civile rendrait totalement inutile; cette instruction pourrait être commencée et conduite à fin par le défendeur à la requête civile. Duparc-Poullain, 10, 976; Carré, n° 1787. — *Contrà*, Rodier, Ord. 1667, tit. 35, art. 18.

2° Que la décision attaquée aurait annulé un mariage ; la requête civile qui tendrait à faire reconnaître la validité de ce mariage n'aurait pas pour effet de mettre provisoirement obstacle à ce qu'un autre fût contracté. Chauveau, v° *Opposition à mariage*, n° 2. — *Contrà*, Pigeau, 1, 678. — Mais la partie intéressée atteindrait souvent son but par une opposition au second mariage, qui lui laisserait le temps de faire statuer par urgence sur la requête civile.

107. Bien plus, celui qui a été condamné à délaisser un *immeuble* n'est reçu à plaider sur la requête civile qu'en rapportant la preuve de l'exécution de la décision au principal. C. pr. 497 ; Rodier, Ord. 1667, tit. 35, art. 19.—Sans cette précaution, une exécution de ce genre ne pourrait quelquefois être obtenue que par la force.

108. Cette disposition ne pourrait être étendue au cas où la partie condamnée a en sa possession un objet mobilier dont la restitution a été ordonnée ; conséquemment, le défaut d'exécution ne ferait point obstacle à l'admission de la requête civile. Carré, n° 1788.—*Contrà*, Pigeau, 1, 728.

Si la décision attaquée ne contient qu'une condamnation purement personnelle et mobilière, c'est à la partie dont les conclusions ont été accueillies à poursuivre l'exécution par les voies légales. Berriat, 463, note 52.

109. Il est néanmoins des cas où le sursis résulterait de la nature même des choses ; par exemple, si deux décisions contradictoires ne pouvaient s'exécuter simultanément.

110. *Jugement.* La requête civile peut être rejetée, soit parce que le délai est expiré, soit parce que les conditions préalables n'ont pas été remplies, soit pour quelque vice de forme dans la procédure, soit parce que les causes du recours ne sont pas justifiées.

Dans ces différens cas, le demandeur est condamné à l'amende et aux dommages-intérêts fixés par l'art. 494, sans préjudice de plus amples dommages-intérêts, s'il y a lieu. C. pr. 500.

111. En cas d'admission de la requête civile, il faut toujours deux jugemens distincts, l'un sur la requête civile, qu'on appelle *rescindant*, l'autre, sur le fond de la contestation, qu'on appelle *rescisoire*. Arg. C. pr. 499, 501, 502.—Ce serait exposer les juges à une perte de temps, et les parties à des frais inutiles, que d'autoriser la discussion des moyens du fond avant qu'il soit certain que la requête civile est admissible. — Il en était de même sous l'ordonn. de 1667.

Mais cette règle est-elle susceptible d'exception ? — Non, suivant Pigeau, 1, 659. — Suivant d'autres, il faut restreindre cette règle au cas où ces moyens de requête civile ne sont pas liés au fond : par exemple, s'il s'agit de violation de formes.

Mais si le moyen de requête civile est fondé sur une défense non valable ou sur une rétention de pièces, pourquoi augmenter inutilement les frais et la durée de la procédure ? Jousse, tit. 37, art. 35, ordonn. 1667; Favard, 4, 889; Lepage, 338; Dalloz, 11, 615, n° 11. — Dans ce cas, le fond sert de moyen à la requête civile, et il dépend alors de la prudence des juges de ne pas séparer la forme du fond. Thomine, 549.

Ainsi n'est point considéré, comme ayant cumulé le rescindant et le rescisoire, le jugement qui a autorisé le demandeur à reprendre la propriété et jouissance des biens possédés par le défendeur, en vertu du jugement rétracté : cette disposition peut être considérée comme une mesure provisoire non interdite aux juges. Cass. 5 juin 1839, S. 1, 477.

Au reste, il n'est pas même besoin d'une nouvelle décision sur le fond lorsque la requête civile est entérinée pour raison de contrariété de jugemens; en prononçant l'admission de la requête civile, les juges ordonnent que le premier jugement sera exécuté selon sa forme et teneur. C. pr. 501. — En effet, le second jugement avait été rendu au mépris de l'autorité de la chose jugée, d'où résultaient des droits irrévocables.

Si c'est la C. de cass. qui est saisie pour cette cause (—V. *Cassation*, n° 110), c'est elle qui ordonne l'exécution du premier jugement; elle n'a pas besoin, dans ce cas, de renvoyer la cause à un autre trib. Arg. régl. 1738, tit. 6, art. 6; Carré, n° 1796; Merlin, *Quest.* v° *Contrariété de jugemens*, § 2.

Enfin, s'il résulte implicitement de l'art. 502 du C. pr. que le fond (ou rescindant) ne peut être porté à l'audience qu'après signification du jugement sur le rescisoire, néanmoins cette prétendue nullité ne peut être opposée après avoir posé des conclusions au fond. Cass. 5 juin 1839, S. 1, 477. — V. *Formule* 1, note.

112. Il y a lieu d'admettre la requête civile, si tous les moyens invoqués à l'appui du pourvoi, ou seulement l'un d'eux est jugé bien fondé, et si d'ailleurs toutes les formalités sont remplies; — dans ce cas, le jugement est rétracté : en conséquence, les parties sont remises au même état où elles étaient avant ce jugement; les sommes consignées sont rendues, et les objets des condamnations qui ont été perçus en vertu du jugement rétracté, comme les fruits, les frais, etc., sont restitués. C. pr. 501.

113. Lorsque le jugement rétracté n'est que préparatoire ou interlocutoire, il y a lieu seulement d'ordonner la restitution des dépens faits depuis ce jugement inclusivement; pour les dépens antérieurs réservés lors du jugement interlocutoire, il faut attendre le jugement définitif. En effet, il n'a pas encore été décidé par qui ils seraient payés. Rodier, ord. 1667, tit. 35, art. 33, *qu.* 3; Berriat, 464, note 55; Carré, n° 1793.

114. Si un même jugement contient plusieurs chefs indépendans les uns des autres, ceux-là seuls sont rétractés contre lesquels il y avait ouverture à requête civile. C. pr. 482. — V. d'ailleurs *Arbitrage*, n° 511.

115. Si l'objet de la condamnation résultant du jugement rétracté est indivis entre des cohéritiers majeurs et mineurs, la rétractation prononcée en faveur des mineurs profite aux majeurs, quand même ils auraient laissé passer le délai du pourvoi. Rodier, ord. 1667, tit. 35, art. 57, 2e *qu.*; Berriat, 459, note 39; Carré, n° 1777.—*Contrà*, Duparc-Poullain, 10, 982. — Pourvu que tous les cohéritiers aient été attaqués par la même personne, en vertu d'un même titre, et qu'ils aient tous employé les mêmes moyens de défense. Turin, 21 mars 1812, P. 10, 241.

116. Le trib. qui a prononcé sur la requête civile devient par cela seul compétent pour connaître du fond de la contestation sur laquelle le jugement rétracté avait été rendu (C. pr. 502); lors même qu'il ne le serait pas d'après les règles ordinaires, soit en raison du changement de domicile du défendeur, soit par toute autre circonstance survenue postérieurement au procès primitif.

Ainsi, lorsqu'un arrêt qui rejette une requête civile a été cassé, la cause est renvoyée devant une autre Cour; si elle admet *la requête*, c'est à cette Cour seule qu'appartient le droit de prononcer sur le fond du procès. Cass. 3 août 1809, P. 7, 734; Thomine, n° 549.

117. Lorsque par l'effet de l'entérinement d'une requête civile la cause au fond est reproduite devant les mêmes juges qui ont rendu la décision annulée, les mêmes avoués qui ont déjà occupé doivent, sans une nouvelle constitution, occuper dans la nouvelle instance sur le fond, et la cause doit être reprise par un simple acte d'avoué à avoué; une assignation donnée à personne ou domicile serait frustratoire. Arg. C. pr. 492, 493; Carré, n° 1833; Berriat, 463; Hautefeuille, 295; Toulouse, 29 nov. 1808, P. 7, 228.

118. L'opposition serait-elle recevable contre une décision qui aurait statué par défaut sur une instance de requête civile? Dans le silence de la loi, il semble qu'il y a lieu de s'en référer sur ce point au droit commun, et d'admettre l'opposition en cette matière comme en toute autre où elle n'est pas formellement interdite. Poncet, 4, 253.

119. Mais *aucune partie* ne peut se pourvoir en requête civile, soit contre le jugement déjà attaqué par cette voie, soit contre le jugement qui l'a rejetée, soit contre le nouveau jugement sur le fond, à peine de nullité et de dommages-intérêts, même contre l'avoué qui, ayant occupé sur la première demande, occuperait sur la seconde. C. pr. 503.

Cette disposition doit s'appliquer au mineur qui aurait succombé sur une première requête civile présentée par son tuteur, et qui, depuis sa majorité, découvrirait de nouveaux moyens. En effet, le tuteur représente son pupille, et il a pu avoir de justes motifs de renoncer au bénéfice du délai accordé par l'art. 484; si au contraire il a été imprudent, il pourra être responsable. Duparc-Poullain, 10, 981; Pigeau, 1, 739; Carré, n° 1797. — Lors de la discussion du C. de pr., le Cons.-d'Et. rejeta l'art. 497 du projet qui avait précisément pour but d'introduire en faveur des mineurs l'exception dont il s'agit.

120. Il en serait de même du cas où l'on découvrirait un dol, un faux, ou la rétention d'une pièce décisive, postérieurement au rejet de la requête civile, nonobstant les argumens tirés par M. Pigeau des art. 338 et 382 C. pr. Carré, n° 1798.

121. Faut-il conclure des termes de l'art. 503, et notamment de ce qu'il ne prévoit que le cas où la requête civile serait rejetée, qu'il a seulement pour but d'empêcher que la même partie ne présente successivement deux requêtes civiles, ou qu'un même jugement ne soit deux fois attaqué par cette voie; mais qu'il n'interdit pas au défendeur à la requête civile, dans le cas où elle serait admise, le droit de se pourvoir par une nouvelle requête civile, soit contre le rescindant, soit contre le rescisoire? — Nous ne le pensons pas. La disposition du Code est plus absolue que celle de l'article correspondant de l'ordonn. de 1667 (tit. 35, art. 41), qui déjà avait donné lieu à cette question; et ce changement de rédaction ne doit pas être sans résultat. D'ailleurs, dès qu'une décision quelconque donne ouverture à la requête civile, quelle raison de distinguer, pour autoriser ce recours, entre le demandeur et le défendeur? Il faut un terme aux procès; ce motif, exprimé par M. Bigot de Préameneu (*Exposé des motifs*), révèle toute la portée de l'art. 504; Thomine, n° 550. — Nous croyons qu'il n'y a lieu, dans tous les cas, qu'au pourvoi en cassation. Berriat, p. 452, note 18, n° 2. — *Contrà*, Pigeau, p. 741; Carré, n° 1799; Dalloz, 11, 615, n° 14.

122. Il y a ouverture à cassation contre la décision qui a déclaré une partie non-recevable dans un moyen de requête civile, *à défaut d'intérêt*: cette décision est de droit plus que de fait. — Ainsi jugé sous l'ordonn. de 1667, Cass. 16 août 1808, P. 7, 91.

123. Sous la même ordonn., on a vu un acquiescement tacite et une renonciation à se pourvoir en cassation, dans le retrait de la consignation d'une amende dont la restitution avait été ordonnée par un arrêt qui avait rejeté la requête civile. C

13 therm. an 12, P. 4, 122.—Mais une semblable décision ne serait pas susceptible d'être rendue sous le C. de pr., qui oblige les magistrats à condamner à l'amende celui qui succombe dans sa requête civile. C. pr. 500.

§ 8. — *Enregistrement.*

124. Les différens actes de procédure faits dans l'instance en requête civile sont soumis aux mêmes droits d'enregistrement que ceux analogues faits dans les autres instances. —V. *Ajournement*, *Exploit*, *Requête*, *Jugement*, *Signification*.

125. Jugé que, nonobstant l'art. 68, § 1, nº 51, L. 22 frim. an 7, la consultation des avocats n'a pas besoin d'être enregistrée. Paris, 3 mars 1810, P. 8, 148. — Dans l'espèce, ce n'était pas la Régie, mais le défendeur à la requête civile qui avait opposé le défaut d'enregistrement de la consultation, comme un moyen de nullité. — Nous croyons qu'il y aurait contravention susceptible d'amende, si l'on signifiait une consultation non enregistrée. — V. *Enregistrement*, 65 et 66; *Huissier*, nº 280.

126. La consultation doit être écrite sur papier timbré. — V. *Avocat*, nº 164 à 169, et *Timbre*.

§ 9. — *Formules.*

FORMULE I.

Modèle de consultation de trois avocats.

(Coût — à la charge du requérant.)

Les soussignés

1º Me avocat à la Cour royale de Paris demeurant en la dite ville, rue , inscrit au tableau, depuis le 1er février 1830.

2º Me , etc., inscrit au tableau depuis le 4 février 1830.

3º Me , etc., inscrit au tableau, depuis le 20 mars 1830.

Vu l'exposé qui leur a été fait par le sieur qu'il a été condamné à payer au sieur la somme de par jugement rendu le par le trib. de, duquel jugement il nous a représenté la copie signifiée à son tuteur le

Que ledit jugement ne fait pas mention que la cause ait été communiquée au ministère public ni qu'il ait été entendu en ses conclusions.

Qu'il est, en conséquence, dans l'intention d'attaquer ledit jugement par requête civile.

Après y avoir mûrement réfléchi, et en avoir délibéré.

Attendu, qu'il est constant que le sieur était mineur à l'époque dudit jugement, ainsi qu'il résulte de son acte de naissance, inscrit sur les registres du 2e arrondissement de la ville de Paris, à la date du

Attendu que ce jugement est susceptible d'être attaqué par requête civile, aux termes de l'art. 480, § 8, C. pr., pour omission de communication au ministère public.

Que ledit sieur est encore dans les délais de la loi, puisque ledit jugement signifié à son tuteur pendant sa minorité ne lui a point été de nouveau signifié depuis sa majorité, selon le prescrit de l'art. 484 C. pr.

Sont unanimement d'avis, que le sieur , est fondé à attaquer par la voie de la *requête civile*, le jugement sus-daté, pour la cause sus-énoncée, d'omission de communication au ministère public, exigée pour les mineurs, et qui peuvent s'en prévaloir, lorsqu'ils ont succombé dans la première contestation.

Fait et délibéré dans le cabinet de Me à Paris ce 1840.

(*Signatures.*)

Nota. Cette consultation doit être sur timbre et soumise à la formalité de l'enregistrement, avant d'être signifiée en tête de l'assignation.

FORMULE II.

Assignation en requête civile.

(C. pr. 492, 495. — Tarif, 29 par anal. — Coût, 2 fr. orig.; 50 c. copie.)

L'an , le , à la requête du sieur , demeurant à pour lequel domicile est élu à , en l'étude de Me , avoué près le tribunal de , lequel occupera sur l'assignation ci-après, j'ai (*immatricule*), soussigné, signifié avec celle des présentes donné copie à M. , demeurant à , en son domicile, ou étant et parlant à (*ou bien s'il ne s'est pas écoulé plus de six mois depuis le jugement attaqué*, au domicile de Me son avoué, sis à — V. *sup.* n° 75.)

1° De la consultation en date du dûment timbrée et enregistrée, à Paris le délibérée par messieurs avocats exerçant depuis plus de 10 ans, près la Cour , ou le tribunal de

2° De la quittance de M. receveur de l'enregistrement à en date du , dûment timbrée, constatant le dépôt aux termes de la loi par le requérant de la somme de , pour l'amende et dommages et intérêts, exigés par l'art. 494 C. pr.

A ce qu'il n'en ignore, et à pareilles requête demeure et élection de domicile que ci-dessus, j'ai huissier susdit et soussigné, donné assignation au susnommé, en parlant comme dit est, à comparaître d'aujourd'hui à huitaine franche suivant la loi, heure de à l'audience et par-devant MM. les président et juges, composant le trib. de , au palais de-justice, séant à

Pour, attendu que lors du jugement rendu audit tribunal, en date du par lequel le requérant a été condamné à payer au sieur , une somme de , ledit requérant était mineur et conséquemment que le ministère public devait être entendu en ses conclusions, ce qui n'a pas eu lieu, et que l'omission de cette formalité constitue, aux termes de l'art. 480, n° 8, du C. pr. une ouverture de requête civile.

Attendu que le sieur , justifie de la consignation d'amende et de la consultation d'avocats prescrite par la loi.

Donner acte au requérant de ce qu'il déclare se pourvoir par requête civile contre le jugement rendu en la chambre du tribunal , contradictoirement entre l'exposant et le sieur , le ; admettre et entériner ladite requête civile. En conséquence, ouïr, ordonner que ledit jugement sera rétracté, et que les parties seront remises au même et semblable état où elles étaient avant ledit jugement; voir pareillement dire et ordonner que la somme de , consignée aux termes de la loi pour être admis en requête civile, sera rendue au sieur , par le receveur de l'enregistrement, sur la présentation qui lui sera faite de l'expédition du jugement à intervenir; à quoi faire, en vertu d'icelui, il sera contraint; quoi faisant, bien et valablement déchargé.

Et attendu qu'en exécution du jugement susdit, le sieur , a payé, comme forcé et contraint, audit sieur une somme de ; voir encore dire et ordonner que ledit sieur sera condamné à rendre et à restituer, sans délai, ladite somme au sieur , avec les intérêts, depuis le jour du paiement, et le condamner en outre aux dépens.

Et j'ai, au sus-nommé, audit domicile et parlant comme ci-dessus, laissé copie, certifiée sincère et véritable, et signée dudit Me , tant de la quittance, de la consultation, des requêtes et ordonnance sus-énoncées que du présent, dont le coût est de (*Signature de l'huissier.*)

Nota. Généralement il faut deux jugemens : — le premier admet la requête civile, c'est le but des conclusions de l'exploit d'assignation. — Après le premier jugement dûment signifié, on donne avenir à l'audience, pour, attendu que la requête civile a été admise, voir déclarer celui qui a obtenu gain de cause, non recevable dans ses prétentions. Thomine, n° 549. — On peut signifier en même temps des conclusions, pour développer les moyens qu'on prétend invoquer.

FORMULE III.

Requête civile incidente.

(C. pr. 493. — Tarif, 75 — Coût, 2 fr. par rôle orig.; 50 c. copie.)

— V. *Requête*, formule.

Nota. On y prend les conclusions analogues à celles de la formule précédente. —La *Requête*, en *réponse*, a lieu de la même manière.

RÉQUISITION. Synonyme de demande, se dit principalement des demandes consignées dans les procès-verbaux avec les dires et observations des parties; — ce mot désigne aussi les conclusions du *ministère public*. — V. ce mot, nos 38, 133 et suiv.

RÉQUISITOIRE. — V. *Ministère public*, *Plaidoiries*.

RESCINDANT, RESCISOIRE —V. *Requête civile*, n° 111.

RESCISOIRE (ACTION). Action accordée à ceux qui se plaignent de dol, violence, erreur ou lésion dans les actes où ils ont été parties, pour se faire remettre au même état où ils étaient avant ces actes.

— V. C. civ. 1009 à 1118, 1304; *Révocatoire*, n° 10.

RÉSERVES. Protestations faites par une partie contre les inductions que l'on pourrait tirer d'un acte émané d'elle.

1. Souvent on emploie indifféremment le mot *protestations* et celui *réserves*. Cependant, ils n'ont pas absolument la même signification.

Les protestations indiquent que l'on n'admet ni comme constans ni comme réguliers les dires et déclarations d'une partie adverse; les réserves expliquent qu'on entend se défendre, s'il y a lieu, contre ces mêmes dires et déclarations; qu'on n'est pas dans l'intention d'abandonner un droit.

2. L'effet des réserves est de détruire la présomption d'acquiescement ou de renonciation, soit à une fin de non-recevoir, soit à un droit qui résulterait d'un acte fait par une partie. — V. *Acquiescement*, nos 86 à 97 et suiv.

Toutefois, les réserves ne peuvent avoir de force que dans le cas où l'acte auquel elles se rapportent est de nature à laisser du doute sur l'intention de celui de qui il émane. — Ainsi, celles contraires à l'acte dans lequel elles sont insérées ne sont d'aucun effet.

Conséquemment, il suffit que, sur l'appel d'un jugement d'incompétence, les parties aient conclu au fond pour que la la Cour ait le droit d'en connaître, malgré toutes réserves contraires. Cass. 4 fév. 1834, D. 34, 150. — V. *Exception*, n° 32.

3. Il est en général utile de terminer les différens actes de procédure par des réserves générales de tous les droits et actions de la partie; — si même on a en vue la conservation d'un droit spécial, il est convenable de l'indiquer d'une manière particulière et positive.

RÉSIDENCE. Action de résider. L'obligation de résider existe pour les magistrats, les huissiers, les notaires, etc. — V. *Discipline*, n° 63; *Greffier*, n° 60; *Huissier*, n° 141; *Juge*, n° 47; *Juge de paix*, nos 13 à 15, *Notaire*, nos 47 et 48.

RÉSIDENCE. Lieu où l'on réside. — V. *Domicile*, *Absence*, nos 8, 26, 28; *Exploit*, n° 167 et suiv.

RÉSILIATION. — V. *Congé*, *Juge de paix*, nos 59, 95; *Sommaire*.

RÉSOLUTOIRE. (ACTION). Droit d'obtenir l'annulation d'un contrat pour inexécution de la part d'une des parties. C. civ. 1184.

1. L'action en résolution est plus avantageuse que l'action *quanti minoris*, en ce qu'elle n'expose pas aux chances d'une expertise.

2. Elle est seule admise en matière de vente d'animaux domestiques. — V. *Redhibitoire*, n° 4.

—V. D'ailleurs *Cassation*, *Folle-enchère*, *Révocatoire* (*action*.).

RESPECTUEUX (ACTE). —V. *Acte respectueux*.

RESPONSABILITÉ. Obligation où l'on est de répondre d'un fait.

DIVISION.

§ 1. — *Principes généraux sur la responsabilité*.

1. *Cas dans lesquels il y a lieu à responsabilité*. Chacun est tenu de réparer le *dommage* qu'il a causé à autrui par sa *faute* ou celle des personnes dont il doit répondre. C. civ. 1382, 1383, 1384.

Tel est le principe de la responsabilité des membres des trib., des officiers ministériels, des avocats, des notaires, courtiers, des agréés près les trib. de commerce. —V. *inf*. § 2 et suiv.

2. La responsabilité suppose en général : 1° un dommage causé.—V. *inf*. nos 18, 33, 34, 52; — 2° une faute grave. — V. *inf*. nos 32, 53. — Une faute légère, une simple omission, ré-

sultat d'une précipitation souvent inévitable, ne doit pas compromettre la fortune d'un fonctionnaire public ou d'un officier ministériel.

3. *En quoi consiste la responsabilité.* Les fonctionnaires publics ou les officiers ministériels qui ont commis une faute de nature à engager leur responsabilité, peuvent être condamnés, suivant les circonstances, aux *dépens* de l'instance (—V. ce mot, n° 100), aux *dommages-intérêts* envers la partie lésée (— V. ce mot, n° 27 et suiv.), et en outre à une peine disciplinaire. —V. *Discipline.*

La plupart des officiers publics sont astreints à fournir un *cautionnement* (—V. ce mot) pour la garantie des condamnations prononcées contre eux, pour réparation des fautes commises dans l'exercice de leur fonctions.

4. Les officiers ministériels ne sont pas responsables du fait de leurs clercs. Paris, 3e ch. 24 juin 1837 (Art. 913 J. Pr.).

A moins qu'il ne s'agisse : — 1° d'affaires de l'étude. Arg. C. civ. 1384, § 3; *même arrêt* et Aix, 17 juin 1828, S. 28, 225.

2° Ou bien de gestion d'affaires pour lesquelles les clercs étaient dans l'usage de suppléer leur patron. — Ainsi jugé à l'égard d'un clerc de notaire qui avait reçu un paiement. Cass. 4 août 1835. (Art. 369 J. Pr.)

5. La responsabilité des maîtres à raison des contraventions commises par leurs domestiques, s'étend à la condamnation aux frais du procès. Cass., ch. crim., 19 mai 1836 (Art. 543 J. Pr.).

6. L'application des peines disciplinaires est en général laissée à l'appréciation des trib. et des chambres de discipline, qui choisissent celle qui leur paraît le plus en rapport avec la gravité des circonstances.—V. *Discipline,* nos 100 et 115.

Néanmoins la loi, pour certains cas, a déterminé la peine qui doit être infligée ; — les juges peuvent même alors en prononcer une plus faible, s'il y a des circonstances atténuantes. —V. *ib.* n° 143.—Ou diviser la responsabilité.—V. *Inscription hypothécaire,* n° 62.

Ainsi le mandataire qui a fait au nom de son mandant une surenchère nulle pour défaut de qualité du mandant, et l'huissier qui l'a notifiée, sont responsables des suites de la nullité de cet acte, et peuvent être condamnés séparément à des dommages-intérêts proportionnés à leur faute. Paris, 18 avr. 1832, (Art 735 J. Pr.)

7. *Contre qui l'action en responsabilité peut-être dirigée.* L'action en responsabilité est valablement dirigée non seulement contre l'officier public ou ministériel qui l'a encourue, mais encore contre ses héritiers ou représentans : en effet, l'art. 2 C. Instr. crim. autorise l'action civile contre le prévenu et ses représentans. —V. *prise à partie,*, n° 13.

8. *Quand l'action est ouverte.* Cette action n'est ouverte que du jour où il est certain que le fait a causé un préjudice quelconque : *pas d'intérêt, pas d'action* ; — ainsi, il a été jugé que le recours en garantie contre un notaire ne peut être exercé que du jour où la nullité de l'acte a été prononcée. Paris, 1er flor. an 12; Poitiers, 2 fév. 1825, S. 26 67. —V. D'ailleurs *inf.* n° 33.

9. *Délai dans lequel l'action peut être exercée.* L'action dure trente ans, à moins qu'une disposition spéciale ne l'ait limitée à un plus court délai dans un cas particulier. C. civ. 2262.

Les juges sont déchargés des pièces cinq ans après le jugement des procès. C. civ. 2275. —V. D'ailleurs, *Agent de change*, n°s 20 et 25; *Avocat à la Cour de cassation*, n° 25; *Avoué*, n° 94; *Garde du commerce*, n° 28; *Huissier*, n° 195; *Inscription hypothécaire*, n° 67.

§ 2. — *Membres des tribunaux.*

Art. 1. — *Conseillers, juges, juges de paix et suppléans; officiers du ministère public.*

10. Les magistrats, par exception au principe de l'art. 1382 C. civ. (—V. *sup.* n° 1) ne sont responsables du préjudice résultant de leur faute pour les parties, que dans les cas où la loi le déclare expressément — V. *Prise à partie*, n° 28.

Spécialement s'ils se sont rendus adjudicataires de biens vendus devant leur tribunal. — V. *Juge*, n° 39; — s'ils ont reçu par eux-mêmes ou par personnes interposées des dons ou présens de l'une des parties. — V. *ib.* n° 46, et d'ailleurs *Prise à partie*, n°s 15 et suiv.

Dans ces divers cas on doit se pourvoir contre les juges par la voie de la *prise à partie* (— V. ce mot, n° 5), et non par celle d'une simple action en dommages-intérêts; — à moins toutefois qu'ils ne soient poursuivis criminellement, la partie lésée est alors recevable à se porter partie civile.

11. Les peines disciplinaires qui peuvent être prononcées contre eux sont : 1° la censure simple; — 2° la censure avec réprimande, qui emporte de droit privation du traitement pendant un mois; — 3° la suspension provisoire, qui emporte privation du traitement pendant sa durée; — 4° la déchéance. — Ces différentes peines sont applicables à tout magistrat qui s'est rendu coupable d'un fait de nature à compromettre la dignité de son caractère : les tribunaux infligent les plus faibles ou les plus fortes, suivant la gravité des circonstances. —V. *Discipline*, n° 6 et suiv.

12. L'étendue de la responsabilité des officiers du ministère public est restreinte dans les mêmes limites que celle des juges; — ils ne peuvent en conséquence être actionnés en dommages-

intérêts que dans les mêmes cas et dans les mêmes formes. — V. *Ministère public*, n° 561.

Relativement aux peines disciplinaires, ils sont uniquement soumis à la juridiction du ministre de la justice, qui peut les réprimander, les déplacer ou les révoquer, comme il le juge convenable. — V. *Discipline*, n° 66 et suiv.

Art. 2. — *Greffiers et commis-greffiers.*

13. Les greffiers et leurs commis assermentés sont responsables envers les parties de toutes les fautes graves qui peuvent leur causer un préjudice.

14. Il leur est spécialement interdit, à peine de dommages-intérêts et même de peines plus graves, 1° de délivrer des expéditions des jugemens rendus avant que la minute en ait été signée conformément à la loi. — V. *Greffier*, n° 50 ; — 2° de devenir cessionnaires des procès, droits et actions litigieux de la compétence du trib. près duquel ils exerçent leurs fonctions. — V. *ib.* n° 42 ; — 3° de se rendre adjudicataires des biens dont la vente se poursuit devant le trib. auquel ils sont attachés. — V. *ib.*

15. Ils peuvent, selon la gravité des circonstances, être avertis, réprimandés, ou même révoqués de leurs fonctions. — V. *ib.* n°s 61 à 63 et (Art. 1645 J. Pr.).

§ 3. — *Officiers ministériels.*

16. S'ils se font payer des droits plus élevés que ceux qui sont alloués par le tarif, peuvent-ils être réputés concussionnaires et condamnés aux peines de l'art. 174 C. pén. ?

La loi a voulu atteindre par une peine grave celui-là seul qui, abusant du pouvoir à lui confié, compromet le respect dû à la loi par une perception irrégulière faite en son nom : — par exemple, les commissaires-priseurs et huissiers qui, procédant aux ventes de meubles après saisie, reçoivent des adjudicataires des sommes au-dessus de l'enchère. C. pr. 625 ; — L'huissier qui, dans l'exercice de ses fonctions, profite de l'autorité dont il est revêtu pour exiger des parties qui dépendent en quelque sorte de son ministère, des sommes arbitraires et exorbitantes, sous le prétexte d'arranger un fait porté dans une plainte supposée. Cass. 15 juill. 1808. — Arg. Cass. 15 mars 1821 (Art. 443 J. Pr.).

Mais on ne doit pas considérer comme concussionnaire, l'avoué qui n'étant revêtu d'aucun caractère public, l'huissier qui n'exerçant aucune influence prise de l'exercice de ses fonctions, reçoit pour ses frais des sommes plus élevées que celles fixées par les réglemens, soit que ces sommes lui aient été offertes ou remises volontairement (Carnot, art. 174, n° 11), soit qu'il les ait réclamées. La seule sanction de la contravention commise dans le dernier cas, se trouve prononcée par le décret du 16 juill. 1807, art. 151, § 4. Restitution, dommages et intérêts, interdiction, s'il y a lieu. *Théorie du Code pénal*, 4, 110. — Peu importe que ce décret soit antérieur à la mise en activité du C. pén. (—V. toutefois Carnot, art. 174, n° 10). — Aussi a-t-il été jugé que les contraventions aux dispositions du tarif n'entraînent qu'une peine de discipline, et ne sont point de la compétence des trib. correctionnels; — Spécialement qu'un trib. de police correctionnelle n'avait pu connaître de la délivrance des expéditions qui n'avaient pas le nombre de lignes et de syllabes voulu par la loi, ni d'une perception de 10 c. pour timbre de répertoire, et de 15 c. pour appel de cause, reprochées à un greffier de justice de paix. Metz, 6 juin 1821; P. 16, 655.

Art. 1. — *Avoués.*

17. Les avoués sont tenus envers leurs cliens de toutes les obligations d'un mandataire. — V. *Avoué*, n° 94.

Ils ne peuvent refuser leur ministère sans motif légitime. Arg. Cass. 6 janv. 1840 (Art. 1599 J. Pr.). — V. *Avo* , n°s 93, 111, 128, 129; *Discipline*, n° 122.

18. Ils engagent leur responsabilité, 1° lorsqu'ils commettent des fautes graves de nature à nuire à leurs cliens. — V. *sup.* n° 2; *inf.* n°s 32, 33. — 2° Lorsqu'ils contreviennent aux lois et réglemens relatifs à leur profession. — V. *Avoué*, n° 98; *inf.* n° 20 et suiv.

19. Dans ces différens cas, et suivant la gravité des circonstances, ils peuvent être condamnés, 1° à des dommages-intérêts envers les parties. — V. *inf.* n° 20 et suiv.; — 2° A des peines disciplinaires. — V. *inf.* n° 35 et suiv.

20. *Dommages-intérêts.* Il y a lieu à dommages-intérêts contre l'avoué, toutes les fois qu'il excède les bornes de son ministère et que le *désaveu* est admis contre lui (—V. ce mot, n° 3 et suiv.), ou qu'il se rend coupable, soit d'un dol, soit d'une négligence grave et *préjudiciable* à son client. — V. les n°s suiv. et *inf.* n° 33.

21. Par exemple, 1° s'il laisse accomplir une *péremption* (—V. ce mot, n° 117), ou une forclusion (—V. *Distribution par contribution*, *Ordre*), contre son client faute de signifier un acte en temps utile; — ou si, étant chargé de poursuivre une saisie-immobilière, il occupe comme avoué dans l'instance en séparation de biens intentée par la femme du débiteur, laisse liquider les reprises et exécuter cette liquidation, le tout sans en prévenir son mandant dans le délai pendant lequel l'opposition à l'exécution du jugement de séparation aurait été recevable. Arg. Cass. 18 avr. 1827, D. 27, 203. — Si, ayant obtenu un jugement de séparation de biens, il n'exécute pas ce jugement dans le délai légal, alors qu'il avait un mandat spécial de sa cliente. Nîmes, 11 juill. 1839 (Art. 1542 J. Pr.); — S'il a omis d'opposer une fin de non-recevoir dans une contestation portée à l'audience contre une collocation en matière d'ordre. *Même arrêt.*

Toutefois, si l'avoué en recevant les pièces a subordonné l'acceptation du mandat à une condition, telle qu'une consultation d'avocats, il n'est pas obligé d'agir avant que cette condition ait été remplie. En conséquence, il n'est pas responsable d'une péremption dont il ne soupçonnait pas l'imminence et dont la demande n'a été formée que le jour où il a reçu la consultation. Cass. 30 avr. 1823, D. 17, 1074.

22. 2° S'il fait des procédures ou actes nuls et frustratoires, ou qui aient donné lieu à une condamnation d'amende. C. pr. 1030, 1031. — V. toutefois *inf.* n° 33. — Peu importe qu'il n'ait pas été mis en cause dans l'instance où un acte a été annulé. Aix, 17 juin 1828, D. 28, 190.

23. Toutefois, l'avoué n'est en général responsable que des actes qu'il signe; en conséquence, la nullité de ceux qui sont de la compétence de l'huissier ne donne aucune action contre lui, bien qu'ils aient été rédigés dans son étude, et que la nullité provienne d'une omisson dans la rédaction: la responsabilité d'un acte doit reposer sur celui qui a le droit exclusif de faire cet acte dans la hiérarchie de ses fonctions. Cass. 21 fév. 1821, S. 22, 34. — V. *inf.* n° 51.

Cependant, lorsqu'un exploit d'appel a été remis par un avoué à un huissier avec ordre de le signifier *de suite*, s'il arrive que l'exploit régulier en la forme soit annulé pour avoir été signifié dans la huitaine du jugement, contrairement à l'art. 449 C. pr., l'avoué peut être condamné à des dommages-intérêts. Aix, 17 juin 1828.

24. 3° S'il laisse annuler par sa faute une *enquête*. — V. ce mot, n°s 330 à 332.

25. 4° S'il occupe sur une seconde demande en *requête civile*, après le rejet de la première. — V. ce mot, n° 119.

26. 5° S'il se rend adjudicataire pour des personnes *notoirement* insolvables ou pour les juges, juges-suppléans, procureurs du roi et leurs substituts et greffiers du tribunal devant lequel se poursuit la vente. — V. *Saisie-Immobilière.*

27. 6° S'il ne rétablit pas, dans le délai voulu par la loi, les pièces prises par lui en communication. — V. *Exception*, n° 138; *Instruction par écrit*, n°s 40 et 42; *Reddition de compte*, n° 92.

La contrainte par corps peut même être prononcée contre l'avoué en retard de restituer les pièces qui lui ont été confiées. — V. *Emprisonnement*, n°s 27 et 45.

28. 7° S'il retient les pièces de son client sans motifs légitimes; il devient garant de l'insolvabilité des débiteurs et des péremptions survenues pendant son injuste rétention, surtout s'il a agi plutôt comme mandataire que comme avoué. Rennes, 13 janv. 1820, P. 15, 694. — Peu importerait qu'il eût fait des offres de remettre les pièces, si ces offres ne les comprenaient pas toutes. *Même arrêt.*

29. 8° S'il occupe à la fois pour deux parties adverses. Rennes, 6 janv. 1815, P. 12, 523. — V. toutefois *Ordre*, n° 128.

30. 9° S'il se rend coupable du délit de postulation. — V. *Avoué*, n° 58.

31. 10° S'il se rend cessionnaire de procès, droits et actions litigieux de la compétence du trib. dans le ressort duquel il exerce ses fonctions. — V. *Avoué*, n° 97; *Litigieux*, n° 4.

32. Mais il faut qu'il y ait faute grave de la part de l'avoué; une faute légère ne suffirait pas pour motiver une action en dommages-intérêts. — V. *sup.* n° 2.

Ainsi, l'on ne saurait mettre à la charge d'un officier ministériel les frais d'une procédure annulée, si la nullité résulte de l'inobservation d'une formalité à l'égard de laquelle la jurisprudence est incertaine. Douai, 29 mai 1810; Toulouse, 10 juin 1825, D. 26, 217. — V. *inf.* n° 53.

Sa responsabilité n'est pas compromise par cela seul qu'il a conseillé le procès dans lequel son client a succombé, s'il n'est pas reconnu en fait et déclaré par jugement que le conseil de plaider a été donné insidieusement et de mauvaise foi. Cass. 13 juill. 1824, S. 25, 33.

33. La faute grave elle-même ne donne lieu à aucun dommage-intérêt, si elle n'a causé aucun préjudice réel au client; il est juste en effet qu'il ne soit pas victime de la négligence de son avoué, mais cette négligence ne peut être pour lui la source d'un bénéfice. Cass. 18 avr. 1827, S. 27, 389. — V. *sup.* n° 21.

34. Les trib. sont libres de fixer la quotité des dommages-intérêts de la manière qu'ils croient convenable; ils ne sont pas tenus d'accorder à la partie la totalité de la créance qu'elle a perdue par suite de la négligence de l'officier ministériel, s'ils pensent qu'elle n'aurait jamais pu recouvrer cette créance intégralement. Paris, 10 nov. 1834 (Art. 20 J. Pr.).

35. *Peines disciplinaires.* Indépendamment de la condamnation aux dommages-intérêts (— V. *sup.* n° 20 et suiv.), l'avoué qui est en contravention aux lois et règlemens est puni, suivant la gravité des circonstances, 1° par l'injonction d'être plus exact ou circonspect, et par la défense de récidiver; 2° par la condamnation aux dépens en son nom personnel, et à l'amende;

— 3° par la suspension à terme ou l'interdiction ; — 4° par la destitution. — V. d'ailleurs *sup.* n° 6.

36. Dans le cas d'injonction ou de suspension, l'impression et l'affiche du jugement peuvent en outre être ordonnées aux frais de l'avoué. — V. *Discipline*, n° 115.

37. *Amendes et dépens.* L'avoué doit supporter les frais, 1° de levée du jugement qui a constaté sa constitution à l'audience, s'il néglige de la réitérer dans le jour par acte. C. pr. 76. — 2° Des jugemens par défaut qu'il aurait pris séparément contre chacune des parties appelées. C. pr. 152. — 3° De la requête annulée par sa faute. C. pr. 293. — 4° Du jugement qui le condamne à la remise des pièces communiquées. C. pr. 191, 192, 107. — 5° Des requêtes et écritures au bas desquelles il n'a pas énoncé le nombre de rôles ; et même en matière de délibéré, faute de l'avoir énoncé dans l'acte de produit. C. pr. 104. — 6° Des procédures et des actes nuls et frustratoires, et de ceux qui donnent lieu à une condamnation d'amende. C. pr. 1031. — 7° De l'instance qui, introduite sous le nom d'un tiers, n'a été suivie que dans l'intérêt personnel de l'avoué et de sa compagnie. Cass. 22 mai 1832, S. 32, 630. Analogue, Cass. 25 fév. 1834, D. 34, 192. — V. d'ailleurs *Expertise*, n° 54 ; *Frais frustratoires*, n° 4 ; *Licitation*, n° 32, et *Reprise d'instance*, n° 15.

On a condamné aux frais (et même à une suspension de huit jours) l'avoué qui avait conseillé et dirigé une saisie, pour des dépens seulement, sur les immeubles d'une femme, au nom du mari, et pendant que la communauté existait encore. Paris, 1er août 1820, S. 21, 154. — Attendu que l'avoué ne pouvait ignorer que la condamnation aux dépens prononcée contre la femme au profit du mari n'est susceptible d'exécution qu'après la dissolution de la communauté.

38. Il doit en outre être condamné personnellement aux dépens, toutes les fois qu'il a excédé les bornes de son ministère, c'est-à-dire s'il a fait des actes à raison desquels il soit désavoué. — V. *Désaveu*, n° 91.

39. Dans tous les autres cas où il a fait, sans le consentement de la partie, un acte qui lui cause préjudice, il est laissé à la prudence du trib. de mettre ou de ne pas mettre les dépens à sa charge. — Il en est de même toutes les fois qu'il a contrevenu aux lois et règlemens. Décr. 30 mars 1808, art. 102, Carré, n° 562. — V. *Dépens*, n° 100 et suiv.

40. L'avoué est passible d'une *amende* de 100 fr. à 500 fr. pour toutes les omissions ou contraventions commises dans les actes de son ministère. C. pr. 1030.

D'une amende de 10 fr. pour rédaction d'un acte en vertu d'un autre acte non enregistré, sauf la responsabilité des droits, s'il s'agit d'un acte sous seing privé ou passé, soit dans les colonies, soit en pays étranger. —V. *Enregistrement*, n° 66.

D'une amende qui ne peut être au-dessous de 500 fr., ni au-dessus de 1,000 fr., pour complicité du délit de postulation. — V. *Avoué*, n° 58. — En cas de récidive, l'amende est de 1,500 fr. et *inf.*, n° 42.

— V. d'ailleurs *Patente*, n° 12; *Poids et Mesures*, n° 17; *Timbre*.

41. *Suspension*. La suspension à temps est prononcée contre l'avoué, 1° si le *désaveu* formé contre lui est admis. — V. ce mot, n° 91; — 2° s'il produit en justice des écrits diffamatoires. — V. *Discipline*, n° 125; — 3° s'il emploie des termes injurieux dans la requête à fin de *prise à partie*. — V. ce mot, n° 39; *Discipline*, n° 130; — 4° s'il donne hautement à l'audience des signes d'approbation ou d'improbation, ou s'il trouble l'ordre de quelque manière que ce soit. — V. *ib.* n° 126; — 5° s'il a fait une procédure frustratoire ou des actes qui aient donné lieu à une condamnation d'amende.— V. *ib.* n° 127; — 6° s'il exige des droits plus forts que ceux alloués par le tarif. — V. *ib.* n° 129; — 7° s'il laisse passer huit jours depuis la signification du jugement qui le condamne à restituer des pièces communiquées sans l'exécuter. — V. *Instruction par écrit*, n° 42.

42. *Destitution*. La destitution est encourue, 1° par l'avoué convaincu pour la seconde fois de complicité du délit de postulation. — V. *Avoué*, n° 58; *Discipline*, n° 136; *sup.* n° 40. — 2° Par celui qui n'a pas complété dans les six mois son cautionnement absorbé en partie par des condamnations prononcées contre lui pour faits de charge. — V. *Office*, n° 28. — 3° Par celui qui a commis une contravention jugée assez grave pour mériter cette peine. Dans ce cas, elle est prononcée par ordonnance royale, soit sur la provocation du trib. ou de la chambre de discipline, soit directement sur le rapport du Garde des sceaux. — V. *Discipline*, n°s 116, 164 à 171.

Art. 2. — *Huissiers*.

43. Les huissiers sont responsables envers leurs cliens, 1° lorsqu'ils font des actes nuls; — 2° lorsqu'ils se rendent coupables de négligence ou d'imprudence nuisible à leurs cliens; — 3° quand ils contreviennent aux règlemens relatifs à leur profession.

44. Dans ces différens cas ils peuvent, d'après la gravité des circonstances, être condamnés à des dommages-intérêts envers les parties *lésées*, et à des peines disciplinaires plus ou moins sévères, même à des peines afflictives et infamantes.

45. La condamnation des huissiers à l'amende, à la restitution et aux dommages-intérêts pour des faits relatifs à leurs fonctions, est poursuivie par les parties intéressées ou par le syndic de la communauté, au nom de la chambre de discipline, ou à la requête du ministère public. Décr. 14 juin 1813, art. 75. — V. toutefois *inf.* no 48.

46. La condamnation est prononcée par le trib. de 1re inst. du lieu de la résidence de l'huissier poursuivi. Décr. 14 juin 1813, art. 75.

Ainsi, on ne peut former une action en garantie contre un huissier signataire d'un exploit querellé de nullité devant le trib. du lieu où l'action en nullité est pendante, s'il n'est pas celui de la résidence de cet huissier. Le décret précité déroge à la règle générale posée par l'art. 181 C. pr. en matière de *garantie*. — V. ce mot, no 40.

On serait également non-recevable à porter *de plano* devant la C. roy. la demande en dommages-intérêts contre l'huissier signataire d'un acte d'appel. Bourges, 22 déc. 1828, S. 29, 127; Riom, 6 déc. 1830, S. 33, 540; Cass. 20 juill. 1830, S. 30, 245. — *Contrà*, Grenoble, 14 déc. 1832, S. 33, 443; Bastia, 31 mars 1835 (Art. 25 J. Pr.).

A plus forte raison, la demande en dommages-intérêts contre un huissier, à raison d'irrégularités par lui commises dans un protêt, ne saurait-elle être portée devant le trib. de commerce. — V. *Effet de commerce*, nos 82, 118, et surtout *Garantie*, n° 45.

47. Au reste, l'incompétence du trib. civil autre que celui de la résidence de l'huissier n'est frappée que d'une incompétence relative qui peut se couvrir par le seul silence de l'huissier. Cass. 20 juill. 1830, S. 30, 245. — V. *Huissier*, n° 177.

En est-il de même de celle du *trib. de commerce?* — V. ce mot.

48. Toutefois, dans le cas où la copie, soit d'un arrêt, soit d'un jugement en dernier ressort, est incorrecte ou illisible, ou contient un trop grand nombre de lignes à la page, l'huissier qui l'a signifiée doit être condamné à l'amende sur la provocation du ministère public, par la C. ou le trib. civil devant lequel cette copie a été produite. Décr. 14 juin 1813, art. 43. — V. d'ailleurs *Huissier*, n° 152 à 154.

49. *Dommages-intérêts*. Il y a lieu à dommages-intérêts contre l'huissier, 1° lorsqu'il commet des nullités dans ses actes. — V. *inf.* nos 50 et suiv. — 2° Quand il se rend coupable d'une négligence ou d'une imprudence préjudiciable à son client. — V. *inf.* nos 55 et suiv. — 3° Quand il contrevient aux règlemens. — V. *inf.* nos 58 et suiv.

50. *Dans le cas d'actes nuls*. Par exemple, s'il omet la date dans la copie d'un acte d'appel. Metz, 18 juin 1819, S. 20,

62, — ou la transcription de la lettre de change dans un protêt faute de paiement ; — ou la mention de son immatricule dans un exploit quelconque. Grenoble, 14 avr. 1818, S. 25, 110. — V. d'ailleurs *Effet de commerce*, nº 117; *Huissier*, nº 179 à 181.

51. Peu importe que l'acte lui ait été remis tout rédigé par un avoué ; il est responsable de la nullité du moment qu'il a signé l'acte. — Il n'a même pas de recours contre l'avoué. Cass. 21 fév. 1821, S. 22, 34 ; Grenoble, 14 déc. 1832, S. 33, 443. — V. *sup*. nº 23.

Même décision à l'égard d'un acte de surenchère qui avait été signé par le client lui-même. Paris, 18 avr. 1836 (Art. 735 J. Pr.).

— V. toutefois *Huissier*, nºˢ 175 et 176.

52. Mais il faut que la nullité ait été préjudiciable à la partie ; autrement, l'huissier ne doit être tenu que des frais de la procédure nulle faite par lui. Poitiers, 18 juin 1830, D. 30, 239. — V. *sup*. nº 33.

Ainsi, l'huissier signataire d'un acte d'appel nul peut être déchargé de toute responsabilité autre que celle des frais, si les prétentions de l'appelant étaient évidemment mal fondées. Nanci, 24 mai 1833, S. 34, 623 ; Rennes, 20 fév. 1828, S. 28, 161. — Ou bien si le débiteur de son client était insolvable. Nanci, 29 janv. 1831, D. 31, 107.

53. La responsabilité de l'huissier cesse encore d'exister quand la nullité résulte de l'inobservation d'une formalité à l'égard de laquelle la jurisprudence est incertaine (— V. *sup*. nº 32). Arg. Poitiers, 21 août 1834 (Art. 58 J. Pr.); — V. d'ailleurs *Exploit*, nº 177 ; — ou lorsqu'elle provient du fait du client lui-même; par exemple, si un emprisonnement est annulé parce que le créancier a remis à l'huissier une constitution d'avoué au lieu d'une élection de domicile à énoncer dans le procès-verbal. Lyon, 9 mai 1828, D. 28, 133, et *sup*. nº 32, et *inf*. nº 78.

54. Dans tous les cas où les trib. décident qu'il y a lieu à dommages-intérêts, ils ont un pouvoir discrétionnaire pour en fixer le montant. — V. *sup*. nº 34.

55. *Dans le cas de négligence ou d'imprudence*. Il y a négligence si l'huissier laisse accomplir une prescription ou une péremption faute de signifier en temps utile un acte qu'il a été chargé de faire; — s'il oublie de notifier un protêt ou de faire un acte de perquisition. Nanci, 29 janv. 1831, S. 31, 270; — si, étant chargé de l'exécution d'un jugement, il ne remplit pas toutes les formalités inhérentes à cette exécution. En conséquence, l'huissier qui a fait une saisie de boissons sur un débiteur ne peut faire enlever et conduire ces boissons au marché pour y être vendues, sans s'être muni d'un congé ou

passavant ; à défaut de cette formalité, la confiscation des boissons peut être prononcée contre lui. Cass. 3 fév. 1826, S. 26, 328.

56. L'huissier qui par un exploit de saisie-arrêt a élu domicile dans son étude pour la partie demeurant au même lieu *peut* être considéré comme ayant accepté le mandat de recevoir et de lui transmettre les actes à elle signifiés dans son étude : — le jugement qui condamne cet huissier à des dommages-intérêts envers la partie pour ne lui avoir pas transmis une sommation de produire à une contribution ouverte sur le saisi, ce qui a entraîné la forclusion est à l'abri de la cassation. Cass. 9 mars 1837 (Art. 715 J. Pr.). — V. d'ailleurs *ib.* les observations de M. le rapporteur.

57. Il y a imprudence, s'il choisit seul et commet à la garde d'objets saisis un homme notoirement insolvable. — V. *Saisie-exécution.*

58. *Contraventions aux réglemens.* L'huissier contrevient aux réglemens, par exemple, 1° lorqu'il refuse son ministère sans motif légitime. Décr. 14 juin 1813. art. 42. — V. *Huissier*, n°s 142 à 144 ; — 2° quand il reçoit plus qu'il ne lui est dû pour les actes de son ministère. Cass. 15 juill. 1808 (Art. 445 J. Pr.) ; — 3° lorsqu'il reçoit de l'argent pour s'abstenir d'exécuter une contrainte par corps dont il était chargé. Cass. 8 juill. 1815, S. 17, 321 ; — 4° quand il excède les bornes de ses pouvoirs, et que le *désaveu* est admis contre lui. — V. ce mot, n°s 5, 37 ; — 5° s'il ne peut pas justifier de l'existence d'une personne au nom de laquelle il a formé une *saisie-arrêt.* C. pr. 562. — V. ce mot ; — 6° s'il se rend cessionnaire de procès, droits et actions litigieux de la compétence du trib. dans le ressort duquel il exerce ses fonctions. — V. *Huissier*, n° 107 ; — 7° s'il se rend adjudicataire, directement ou indirectement, d'objets dont il est chargé d'opérer la vente. — V. *ib.* ; — 8° s'il comprend dans une saisie des choses insaisissables et en opère la vente. Paris, 22 avr. 1838 (Art. 1181 J. Pr.).

— V. d'ailleurs *Huissier*, n°s 139 à 199 ;

59. *Peines disciplinaires.* L'huissier qui se trouve en contravention aux réglemens peut en outre être puni, 1° par la condamnation aux dépens en son nom personnel et à l'amende ; — 2° par l'injonction d'être plus exact et circonspect à l'avenir, et par la défense de récidiver ; — 3° par la suspension à temps ou interdiction ; — 4° par la destitution. — V. *Discipline*, n°s 136 à 139. et d'ailleurs *sup.* n° 5.

60. Dans le cas d'injonction ou de suspension, l'impression et l'affiche du jugement peuvent être ordonnées aux frais de l'huissier.

61. *Amendes et dépens.* Les huissiers doivent supporter les frais de tous leurs actes nuls ou frustratoires (C. pr. 1031) ;— ainsi que ceux pour lesquels ils ont été désavoués.—V. *Désaveu*, no 91 et suiv.

62. Ils sont passibles d'une amende qui varie selon les circonstances, 1° à raison des omissions ou contraventions par eux commises dans des actes dont la loi ne prononce pas la nullité. C. pr. 1030. — 2° Pour leur refus de payer les droits à la bourse commune et ceux de leur répertoire.—V. *Huissier*, n° 248 et *Répertoire*.—3° Dans le cas où ils ont écrit illisiblement ou incorrectement les copies de pièces signées par eux, et où ils ont contrevenu au nombre de lignes que les lois et réglemens prescrivent par page. —V. *Huissier*, n°s 151 à 154. —4° Lorsqu'ils ne mentionnent pas au bas de chaque exploit le montant des droits qui leur sont dus. — V. *ib.* n°s 155 à 157. — 5° Lorsqu'ils chargent un confrère d'instrumenter pour eux afin de se procurer un droit de transport. — V. *ib.* n° 252. — 6° S'ils signifient une citation devant un juge de paix autre que celui de leur résidence. L. 13 mars 1791 (— *Juge de paix*, n° 169) ; — 7° S'ils ne se conforment pas aux lois relatives au timbre et à *l'enregistrement*.—V. ce mot, n°s 63 et 66 ; *Timbre*, *Effets de commerce*, n° 215; *Patente*, n° 12; *Poids et mesures*, n°s 17 ; *Timbre* et *Huissier*, n°s 278 à 281.

63. *Suspension.* La suspension à temps est encourue par l'huissier ; 1° s'il donne hautement à l'audience des signes d'approbation ou d'improbation, ou s'il trouble l'ordre. — V. *Discipline*, n° 126;—2° s'il fait des actes nuls ou frustratoires, ou qui donnent lieu à une condamnation d'amende. — V. *ib.* n° 127, et d'ailleurs *Mariage* (*opposition à*), n° 6.—3° s'il excède les bornes de son ministère. — V. *Discipline*, n° 128; — 4° s'il exige des droits plus forts que ceux qui lui sont dus. — V. *ib.* n° 129 ; — 5° s'il néglige d'indiquer le coût des actes de son ministère au bas de l'original et de la copie.—V. *ib.* n° 132; — 6° s'il est convaincu pour la seconde fois d'avoir signifié une copie incorrecte ou illisible, ou qui ne contient pas le nombre de lignes voulu par les réglemens. — V. *ib.* ; — 7° s'il ne remet pas lui-même à personne ou domicile les exploits et les copies de pièces qu'il est chargé de signifier (— V. *ib.* n° 133); — s'il énonce dans l'exploit avoir remis lui-même la copie, tandis qu'il l'a fait remettre par un tiers, il commet un faux caractérisé; seulement, dans le cas où il a agi sans fraude, les trib. peuvent se contenter d'appliquer la peine de la suspension. — V. *Huissier*, n°s 206 et 207 ; — 8° s'il se rend adjudicataire, directement ou indirectement, d'objets dont il est chargé d'effectuer la vente. — V. *Discipline*, n° 134 ; — 9° s'il accorde des délais au débiteur sans y être autorisé par le créancier. — V. *Huissier*, n° 162 ; — 10° s'il est dans l'impossibilité de justifier de l'existence d'une personne à la requête de laquelle il a formé une saisie-arrêt. C. pr. 562 ; — 11° s'il a refusé de faire le service des audiences de la justice de paix de son canton ou d'assister le *juge de paix*. — V. ce mot, nos 158 et 159. — 12° s'il a cité directement, et sans avertissement préalable, devant le juge de paix de sa résidence, malgré la défense qui lui en avait été faite par ce magistrat. — V. *ib.* n° 164.

64. *Destitution.* Est puni de la destitution 1° l'huissier qui tient auberge, cabaret, café, tabagie ou billard, même sous le nom de sa femme, à moins qu'il n'y soit spécialement autorisé. —V. *Discipline*, n° 137 ; *Huissier*, n° 107 ;—2° celui qui sans cause valable refuse d'instrumenter à la requête d'un particulier.— V. *Discipline*, n° 138 ; — 3° celui qui ne laisse pas copie exacte de ses protêts, ou ne les inscrit pas jour par jour et par ordre de date sur le registre à ce destiné.—V. *ib.* n° 139; — 4° celui qui est convaincu d'avoir chargé un huissier d'une autre résidence, d'instrumenter pour lui, afin de se procurer un droit de transport.—V. *ib.*

La destitution est encore encourue par l'huissier, faute par lui de garder la résidence qui lui est indiquée. — V. *Huissier*, n° 141 ;—ou faute d'avoir dans les six mois complété son cautionnement, absorbé en partie par des condamnations prononcées contre lui pour faits de charge.—V. *Office*, n° 28.

Enfin, dans tous les cas où il a commis une contravention jugée assez grave par les trib. pour mériter cette peine.

65. Elle est prononcée par ordonn. roy., soit sur la provocation du trib. ou de la chambre de discipline, soit directement sur le rapport du garde des sceaux.—V. *Discipline*, nos 116, 164.

Art. 3. — *Gardes du commerce.*

66. *Les gardes de commerce* (—V. ce mot) ne sont, à proprement parler, que des huissiers dont les attributions sont restreintes aux actes de mise à exécution des jugemens et actes emportant contrainte par corps ; ils doivent donc être soumis à la même responsabilité relativement à ces actes. — V. *sup.* n° 45 et suiv. ; — ils peuvent être condamnés à des dommages-intérêts envers la partie : vainement ils argumenteraient de ce que l'art. 19 Décr. 14 mars 1808 se borne à mettre à leur charge les frais des arrestations nulles. Cet article n'est en effet qu'énonciatif, et ne déroge pas aux art. 1383 C. civ., 71 et 1031 C. pr. Paris, 10 nov. 1834.—V. *Garde du commerce*, n° 22.

67. Le vérificateur du bureau des gardes du commerce est responsable des erreurs ou fausses énonciations commises dans les certificats émanés de lui. Décr. 14 mars 1808, art. 19.

68. Les gardes du commerce n'ont pas de chambre de discipline, mais il existe un bureau chargé de recevoir les plaintes dirigées contre eux, et qui peut, selon les circonstances, ordonner la réparation du dommage, ou dresser un procès-verbal qui est envoyé au procureur du roi. — V. *Discipline*, nos 111 et 112.

Art. 4. — *Commissaires-priseurs.*

69. Les commissaires-priseurs ne sont investis par la loi que d'un démembrement des fonctions des huissiers (—V. *Commissaire-priseur*, nos 4 et suiv.; *Huissier*, n° 40 et suiv.); ils sont en conséquence astreints à la même responsabilité que ceux-ci pour tout ce qui concerne les ventes de meubles et effets mobiliers.—V. *sup.* nos 45 et suiv.

Ils sont soumis à la surveillance d'une chambre de discipline chargée de leur infliger des peines plus ou moins graves, selon les circonstances.—V. *Discipline*, n° 113.

70. Sont-ils responsables des erreurs existant dans l'annonce ou dans la prisée des objets qu'ils ont été chargés de vendre ou d'estimer? — V. *Vente de meubles* et (Art. 319 J. Pr.).

§ 4. — *Avocats à la Cour de cassation.*

71. Les *avocats à la Cour de cassation* (—V. ce mot, nos 16 et suiv.) exercent près la C. suprême les fonctions attribuées aux avoués devant les C. roy. et les trib. de 1re inst.; — Ils sont en conséquence soumis en général à la même responsabilité. — V. *sup.* n° 16 et suiv.; *Désaveu*, n° 36.

Toutefois, ils sont avocats encore plus qu'officiers ministériels.—V. *Avocat à la Cour de cassation*, n° 33.

72. Ils sont soumis à la surveillance d'un conseil de discipline, qui peut, selon la gravité des circonstances, leur infliger la peine de l'avertissement, de la censure, de la réprimande, et même de la suspension.—V. *ib.* nos 36 à 40.

73. Leur destitution peut même être prononcée dans certains cas, mais seulement par le roi, et après un jugement préalable.—V. *ib.* n° 40; *Discipline*, nos 172 à 177.

§ 5. — *Avocats près les Cours et tribunaux.*

74. Les avocats ne sont pas les mandataires des parties : ils ne font qu'assister les avoués et développer les conclusions prises par ceux-ci.

Les aveux, offres ou consentement, émanés d'eux seuls ne sauraient lier leurs clients; leur responsabilité est donc fort restreinte.—V. *Avocat*, nos 49 à 52.

75. Toutefois, ils sont tenus de répondre, 1° de leur dol personnel. — V. *ib.* n° 53; — 2° de leur négligence coupable : ainsi, lorsque par la faute de l'avocat saisi des pièces, qui ne

s'est pas trouvé à l'appel, une affaire a été retirée du rôle et n'a pu être plaidée au jour indiqué, les trib. ont le droit de condamner l'avocat aux frais de la remise, et même à des dommages-intérêts pour le retard, s'il y a lieu. — V. *Avocat*, n° 40 à 42; — 3° des pièces qui leur ont été confiées; mais ils n'en donnent jamais de récépissé, et doivent être crus sur leur déclaration à l'égard de la remise qu'ils prétendent en avoir faite. — V. *ib.* n° 68.

Les avocats nommés d'office pour la défense d'un accusé ne peuvent refuser leur ministère sans faire approuver leurs motifs par la C. d'assises. Ord. 1822, art. 41. — V. *ib.* n°s 54 à 59.

76. Les avocats sont au surplus passibles de peines disciplinaires à raison de toute infraction aux lois et règlemens, et de tout fait qui serait de nature à compromettre la dignité de l'ordre. — V. *Avocat*, n°s 36 à 40 et 169; *Discipline*, n° 181, et *Timbre*.

§ 6. — *Notaires*.

77. La responsabilité des notaires est expressément établie par la loi du 25 vent. an 11; l'art. 68 prononce la nullité des actes lorsqu'ils ne sont pas revêtus des formalités prescrites, ou les fait dégénérer en écrits privés, s'ils sont signés de toutes les parties, *sauf*, dans les deux cas, *s'il y a lieu* (— V. *sup*. n° 2), les dommages-intérêts contre le notaire contrevenant.

78. Les trib. ont un pouvoir discrétionnaire pour décider quand et dans quelle mesure un notaire doit être déclaré responsable du préjudice résultant des nullités par lui commises dans les actes qu'il reçoit, — et ils peuvent, sans violer la loi, le condamner pour *tous* dommages-intérêts aux dépens de l'action dirigée contre lui. Cass. 27 nov. 1837 (Art. 1007 J. Pr.). Arg. Cass. 14 mai 1822, S. 23, 185; 25 août 1831, S. 23, 307; Angers, 7 mars 1825, S. 26, 181; Paris, 26 janv. 1833, S. 33, 157; Grenier, *Donations*, 1, 232; Toullier, 5, n° 389; — surtout lorsqu'il s'agit d'un point qui divise la jurisprudence, Douai, 2 janv. 1837 (Art. 807 J. Pr.). — V. *sup*. 32 et 53.

79. Un notaire chargé de dresser un inventaire qui avait omis de coter et parapher les inscriptions de rentes sur l'Etat (Arg. C. pr. 943) a été déclaré responsable du préjudice résultant de cette omission, et condamné à restituer la valeur des inscriptions dont le prix avait été détourné par l'un des ayant-droit. Paris, 2e ch., 7 nov. 1839 (Art. 1598 J. Pr.).

Le notaire qui représentait l'un des héritiers absent a été aussi condamné solidairement avec celui qui avait dressé l'inventaire à réparer le préjudice causé à l'absent. *Même arrêt.*

80. Les notaires sont soumis à des peines disciplinaires qui leur sont infligées d'après la gravité des circonstances, soit par leurs chambres de discipline, soit par les C. et trib. dans le ressort desquels ils exercent leurs fonctions. — V. *Discipline*, n°s 182 à 212.

81. Il y a *abus de confiance* (— V. ce mot, n° 3) dans le détournement par un notaire des fonds qui lui ont été remis pour l'enregistrement d'actes passés devant lui. C. cass., ch. cr. 6 janv. 1837 (Art. 689 J. Pr.).—V. d'ailleurs *Emprisonnement*, n° 46.

Peu importe que, depuis les poursuites, l'enregistrement des actes ait été effectué. *Même arrêt.*

82. Plusieurs obligations sont imposées aux *notaires*. — V. ce mot, n°s 44 à 61.

83. Ils ne sont pas responsables des erreurs qu'ils peuvent commettre dans une liquidation de communauté ou de succession contre le fond du droit. Riom, 28 juill. 1829, S. 29, 317.

§ 7. — *Conservateur des hypothèques.*

84. Si le conservateur des hypothèques délivre un certificat constatant faussement que les biens par lui hypothéqués ne sont pas grevés d'inscriptions, il y a là un fait de charge; la caution du conservateur en est responsable. Paris, 31 août 1837 (Art. 1015 J. Pr.).—*Contrà*, Paris, 22 janv. 1810; 13 nov. 1811, P. 9, 692.

—V. d'ailleurs *Inscription*, n°s 61 à 67 et l'art. 1626 J. Pr.

§ 8. — *Agens de change et courtiers.*

85. — V. *Agent de change*, n°s 27 à 39; *Discipline*, n°s 213 à 219; *Courtier*, n°s 2 et suiv.

§ 9. — *Agréés près les trib. de commerce.*

86. — V. *Agréé*, n° 17; *Désaveu*, n° 43.

RESSORT. Ce mot a trois acceptions différentes : 1° Il désigne le territoire dans les limites duquel est circonscrit l'exercice du pouvoir de chaque autorité; ainsi l'on dit que *tel lieu* est dans le ressort de *tel* trib. — V. *Compétence*, *Tribunaux*. — 2° Il indique l'étendue du pouvoir attribué à une autorité quelconque; exemple, *telle matière* est du ressort ou de la compétence de *tel* trib. —V. *ib.*— 3° Enfin il exprime le degré de juridiction; ainsi, *tel* trib. a le droit de juger en *dernier ressort*, c'est-à-dire sans appel, ou, au contraire, il ne peut juger qu'en premier ressort, c'est-à-dire à la charge de l'appel.—V. le mot suivant.

RESSORT (*jugemens en premier ou en dernier*).

1. Parmi les jugemens, les uns sont rendus en premier ressort seulement; les autres en dernier ressort seulement; les autres enfin, tout à la fois en premier et en dernier ressort. — V. *Appel; Degré de juridiction; Prorogation de juridiction.*

Cet article a pour but de déterminer la limite du premier et du dernier ressort.

DIVISION.

SECTION I. — *Jugemens des trib. de 1re instance.*

2. La juridiction des trib. de 1re inst. est en général de premier ressort seulement, ainsi que l'indique leur dénomination même. — V. *Trib. de 1re instance.*

3. Cependant elle est quelquefois de dernier ressort seulement, et dans certaines circonstances elle est tout à la fois de premier et de dernier ressort. — V. *Ib.*

4. Mais pour qu'y ait lieu à cette dernière espèce de juridiction, il faut nécessairement que la demande sur laquelle le trib. est appelé à prononcer soit d'une valeur déterminée. — V. *inf.* n°s 6 et suiv.

Si l'importance du litige est indéterminée, le jugement ne peut jamais être rendu qu'en premier ou en dernier ressort seulement — V. *inf.* n°s 139 et suiv.

§ 1. — *Demandes déterminées; Fixation du ressort.*

Art. 1. — *Demandes personnelles, réelles ou mixtes.*

5. Le mode de détermination du premier ou du dernier res-

sort varie suivant que l'action intentée est personnelle, réelle ou mixte.

6. Dans le premier cas, c'est la valeur principale de l'objet réclamé que l'on doit prendre pour base ; dans le second, c'est le revenu de cet objet déterminé par bail ou rente, et non autrement.

D'après la loi du 24 août 1790, les juges de district (aujourd'hui de 1re inst.), connaissaient en premier et dernier ressort de toutes affaires personnelles et mobilières *jusqu'à* la valeur de 1,000 livres de principal, et des affaires réelles dont l'objet principal était de 50 *livres* de revenu déterminé, soit en rente, soit par prix de bail.

Mais les limites de leur compétence ont été étendues par la loi du 11 avril 1838 (Art. 1141 et 1167, J. Pr.), dont l'art. 1er est ainsi conçu : — « Les trib. civils de 1re inst. connaîtront en dernier ressort des actions personnelles et mobilières jusqu'à la valeur de 1,500 fr. de principal, et des actions immobilières jusqu'à soixante francs de revenu déterminé soit en rente, soit par prix de bail. »

7. Quant aux actions *mixtes*, comme elles participent des actions personnelles et réelles, il convient de leur appliquer les règles précédentes ; c'est-à-dire que le jugement sera de dernier ou de premier ressort, selon que la valeur cumulée du droit réel et du droit personnel sera inférieure ou supérieure à 1,500 fr. Pigeau, 1, 512 ; Carré, *L. d'org*. art. 354, n° 463. — Ainsi, lorsque je demande la rescision de la vente d'un immeuble produisant 50 fr. de revenu, et en même temps 1400 fr. de dommages-intérêts, mon action a une importance de plus de 1,500 fr., et doit subir les deux degrés de juridiction.

8. La valeur de l'objet litigieux est fixée, quant à la compétence, par les conclusions du demandeur. — V. *inf.*, n° 17.

9. Toutefois le demandeur est-il, en matière mobilière, tellement maître de l'estimation, qu'il puisse en la réduisant, soustraire l'affaire à l'appel ? Suivant Carré, *Lois de la compét.*, art. 316, le défendeur peut contester la réduction faite par le demandeur. Mais cette opinion, qui a quelque chose d'équitable, entraînerait l'inconvénient d'obliger les parties à plaider sur la valeur de l'objet mobilier litigieux, d'enter ainsi un procès sur un procès, et d'établir une exception arbitraire à la règle, que le dernier ressort se détermine par les conclusions. — Henr. *Compét. des juges de paix*, ch. 16 ; Armand Dalloz, v° *Degré de juridiction*, n° 86.

10. En matière immobilière, si le revenu n'est pas déterminé en rente ou par bail, (— V. *sup.* n° 6) la demande est réputée indéterminée, — V. *inf.* n° 139.

11. — La tierce-opposition s'apprécie par la valeur à laquelle

conclut le tiers-opposant; s'il demande une somme supérieure à 1,500 fr., le jugement à intervenir sera sujet à appel, alors même que le jugement primitif, attaqué par la tierce-opposition, serait en dernier ressort, et *vice-versâ*. — Ici s'applique le principe, que la compétence se détermine par les conclusions. — Carré, art. 281. A. Dalloz, *ib.* n° 90.

12.— La même règle est applicable, quoique la tierce-opposition soit portée devant un tribunal d'un autre ordre que celui qui a rendu le premier jugement. Ainsi, lorsqu'il s'agit d'un objet de plus de 1,500 fr., et que les parties mettent la cause en arbitrage, elles peuvent donner aux arbitres pouvoir de prononcer en dernier ressort. Mais si la sentence n'a pas été rendue dans les délais de la loi, ou si elle a été annulée par quelque motif que ce soit, tout rentre dans le droit commun, et le trib. ne peut alors statuer qu'à la charge de l'appel. Dalloz, *ib.* n° 91.

13. L'objet de la demande doit être précisé dans l'exploit d'instance (— V. *Ajournement*, n° 69 et suiv.); c'est donc en général à cet acte qu'il faut se reporter pour savoir si la contestation est susceptible ou non de deux degrés de juridiction. Néanmoins, si le demandeur a usé de la faculté qui lui est accordée de réduire ou d'augmenter pendant le cours de l'instance ses conclusions originaires, ce sont ces nouvelles conclusions qui déterminent la compétence de premier ou de dernier ressort du tribunal. — V. *inf.* n°s 82 et suiv.

14. Sous l'empire de la loi de 1790, on s'était demandé si par ces mots, *jusqu'à la valeur de 1000 livres*, le législateur avait entendu attribuer aux trib. de 1re inst., la connaissance en dernier ressort des demandes qui n'excédaient pas 1000 livres, ou bien seulement de celles qui n'atteignaient pas cette somme.

La jurisprudence et les auteurs s'étaient prononcés pour la première interprétation et l'on décidait généralement que le jugement n'était susceptible d'appel que dans le cas où la demande était supérieure à 1000 livres. Rennes, 9 juill. 1817; Metz, 12 mars 1833, D. 34, 210; Paris, 7 janv. 1837 (art. 629 J. Pr.); Pigeau, 1, 581; Berriat, 54, Merlin, *Rép.* v° *trib. de première instance*, Boncenne 1, 367. — *Contrà*, Dalloz, v° *degré de juridiction*, no 626; Chauveau, 19, 242.

15. La loi nouvelle ayant reproduit les termes de celle de 1790 doit être entendue dans le même sens et l'on doit tenir aujourd'hui pour constant que les trib. de 1re inst. jugent en dernier ressort toutes les demandes personnelles et mobilières jusqu'à la valeur de 1,500 fr. *inclusivement* et les actions immobilières jusqu'à soixante francs de revenu, aussi inclusivement.

16. Lorsqu'il s'agit d'une obligation consentie en argent des colonies, on n'a égard qu'à la valeur intrinsèque de la somme,

argent de France, et non à sa valeur *argent des colonies*. Bordeaux, 12 août 1831, D. 31, 256.

Il en est de même quand la réclamation porte sur des valeurs étrangères.

17. C'est le montant de la demande, — V. *sup.* n° 8, et non celui de la condamnation qui sert à fixer le ressort. Cass. 21 fruct. an 9, S. 1, 2, 522; 3 germ. an 10, S. 2, 2, 544; 7 therm. an 11, S. 3, 2, 355; 20 janv. 1807, P. 5; 636, 27 oct. 1813, P. 11, 736; Rennes, 23 août 1819, P. 15, 515; 15 mars 1821, P. 16, 457; Cass. 11 avr. 1827; Bourges, 16 mars 1830; Merlin, *ib.* § 4; Pigeau, 1, 517, 2e alin., 6e règle. —V. toutefois, *Prud'homme*, n° 49.

En conséquence, si la demande a pour objet une somme indéterminée ou excédant 1,500 fr., le jugement n'est pas en dernier ressort, par cela seul que la condamnation est inférieure à cette dernière somme. Bruxelles. 12 déc. 1807, P. 6, 385.

18. Mais lorsque l'objet de la demande est inférieur à 1,500 f., le jugement qui intervient est en dernier ressort, quoique cet objet soit le reste d'une créance excédant cette somme. On ne peut prendre pour base du dernier ressort que le montant de la somme demandée : elle seule fait l'objet de la contestation ; on ne saurait remonter à l'origine de la créance. Bruxelles, 23 janv. 1810; P. 8, 56; Grenoble, 1er fév. 1812, P. 10, 85; Bourges, 12 fév. 1814, P. 12, 94; Amiens, 22 mars 1822, P. 17, 218; Metz, 27 janv. 1821, P. 16, 341; Cass. 29 déc. 1830, D. 31, 62. — *Contrà*, Besançon, 31 mars 1827, D. 28, 32; Bourges, 30 déc. 1836 (Art. 703 J. Pr.); Carré, nos 298, 303.

19. Peu importe, du reste, que pour statuer sur la demande inférieure à 1,500 fr. il soit nécessaire d'apprécier des titres constitutifs de droits plus importans. Cass. 16 août 1831, D. 31, 265. — Par exemple de se reporter à des factures ou quittances se référant à des fournitures supérieures à 1500 fr. Riom, 28 janv. 1820, P. 15, 741.

20. Jugé toutefois, mais à tort selon nous, que la demande d'une somme moindre de 100 fr. excède la compétence du juge de paix lorsqu'elle est le reliquat d'une créance supérieure au taux du dernier ressort et qu'il faut, pour décider si ce reliquat est dû, vérifier si la créance principale existait réellement. Cass. 17 août 1836 (Art. 624 J. Pr.); Caen, 10 fév. 1837 (Art. 702 J. Pr.)

21. Est en dernier ressort le jugement qui prononce sur une demande formée contre plusieurs défendeurs en paiement de leur part dans le prix d'une vente dont le montant s'élève à plus de 1,500 fr., si ces défendeurs ne sont pas les seuls en jugement et que leurs pertes soient inférieures à 1,500 fr. Cass., 6 mars 1838 (Art. 1261 J. Pr.).

22. Il n'y a également lieu qu'à un seul degré de juridiction, lorsque le créancier d'un même débiteur, pour diverses sommes excédant 1,500 fr. et provenant de causes différentes ou payables en plusieurs termes, divise son action en plusieurs demandes dont chacune est inférieure au taux du dernier ressort. Carré, n° 301.

23. Mais c'est toujours par une seule action que doivent être réclamés les arrérages d'une rente ; la dette de toutes les créances d'arrérages n'ayant qu'une seule et même cause. Grenoble, 1er fév. 1812, P. 10, 85.—V. *inf.*, n° 107.

24. Dans aucun cas, l'erreur commise dans l'addition des créances réclamées ne peut être prise en considération pour fixer la compétence; autrement on pourrait mettre sciemment un total inexact dans l'exploit pour se réserver la voie de l'appel.

25. Ce sont les demandes formées devant le premier juge qui fixent le dernier ressort, et non les actes postérieurs au jugement de 1re inst.

Ainsi, est recevable l'appel d'un jugement non susceptible du dernier ressort, lorsqu'il est interjeté par un individu qui se borne à demander une réduction de moins de 1,500 fr. sur la condamnation prononcée en première instance. Poitiers, 6 juill. 1824, D. 25, 120; Bordeaux, 14 août 1829; Bourges, 16 août 1831, S. 32, 39.

Art. 2. — *Demandes accessoires ; intérêts et frais ; dommages intérêts ; amendes ; dépens ; contrainte par corps.*

26. *Demandes accessoires* : elles doivent, en général, suivre le sort des demandes principales auxquelles elles se rattachent, et ne sont d'aucune importance pour la fixation du dernier ressort.

Ainsi, un trib. de 1re inst. saisi de l'appel d'une sentence du juge de paix statue valablement en dernier ressort sur des contestations d'une valeur indéterminée, lorsqu'elles ne lui sont soumises qu'accessoirement à la demande principale. Cass. 7 juin 1826 ; S. 27, 323. — V. toutefois *inf.* n° 29.

27. *Intérêts.* Il faut ajouter au capital les intérêts ou arrérages *échus* avant la demande : ces intérêts ou arrérages sont en effet regardés eux-mêmes comme un principal. Cass. 28 germ. an 13, S. 5, 2, 136 ; 11 vent. an 9, S. 1, 1, 413 ; 1er vent. an 13, S. 5, 2, 456; 22 juill. 1807 ; Grenoble, 21 mai 1806 ; Metz, 10 mars 1819, P. 15, 150; Bordeaux, 13 juin 1837 (Art. 1033 J. Pr.). Merlin, *ib.* § 11 ; Carré, art. 284, n° 320; Pigeau, 1, 513. —V. toutefois *inf.* n° 28.

Peu importe que les intérêts ne soient pas évalués dans l'assignation. Rennes, 9 juill. 1817, P. 14, 340.

28. Ne peuvent pas, au contraire, être joints au principal pour déterminer le taux du dernier ressort : 1° les intérêts échus pendant le cours de l'instance et jusqu'au jugement. Agen, 19 août 1820, P. 16, 150; Colmar, 16 fév. 1810, S. 14, 153. — Ou jusqu'au jour où le demandeur a réduit ses conclusions. Amiens, 30 déc. 1825, S. 28, 10.

2° Ceux courus depuis la citation en conciliation jusqu'à l'ajournement donné dans le mois du procès-verbal de non-conciliation : la citation doit, dans ce cas, être considérée comme constituant la demande. Arg. C. pr. 57; Caen, 7 nov. 1827, S. 28, 349.

3° Ceux que le protêt d'un effet de commerce a fait courir avant l'exploit de demande judiciaire : il ne sont qu'un accessoire de la demande principale. Turin, 1er août 1811, S. 12, 262; Cass. 5 mars 1807, S. 7, 1, 191; Agen, 20 fév. 1824, S. 24, 335; Bordeaux, 12 août 1831, S. 32, 121; Lyon, 16 janv. 1836 (Art. 462 J. Pr.); Rouen, 28 nov. 1826, S. 28, 160; Pau, 8 déc. 1827, S. 28, 160; Pardessus, 5, 39; Merlin, *R.* v° *Dernier ressort*, § 11, n° 2. — *Contrà*, Rouen, 6 nov. 1827, S. 28, 160. — Pourvu toutefois que l'assignation se rattache au protêt de manière à ce que celui-ci puisse être considéré comme l'introduction de l'instance commerciale. Grenoble, 10 fév. 1825, S. 25, 136.

Ainsi, il ne faut admettre la doctrine précédente qu'autant que les intérêts sont demandés directement par le porteur du billet; il n'en doit pas être de même si l'action est dirigée par un endosseur, qui a remboursé lui-même capital, intérêts et frais. Cass. 18 nov. 1807, S. 8, 59.

29. Par application de ces principes lorsqu'après le jugement d'une demande en réglement de compte, les parties réclament réciproquement, pour reliquats de compte, des sommes qui, réunies, sont inférieures à 1,500 fr., le jugement qui statue sur ces demandes est en dernier ressort, et les intérêts non réglés avant la demande, ni les frais, ne peuvent être joints au capital pour élever la valeur au delà du dernier ressort, non plus que les dépenses qui pourraient avoir été faites par l'une des parties pour sa gestion et la reddition de son compte, dépenses qui doivent être l'objet d'une action séparée. Amiens, 4 avril 1823, P. 17, 1014.

30. A plus forte raison, un trib. de 1re inst. peut statuer en dernier ressort sur la demande en nullité d'un commandement fait pour une créance moindre de 1,500 fr., sans préjudice des intérêts et frais; car, loin d'être contenus dans une demande ainsi conçue, les intérêts et frais en sont formellement exclus. Colmar, 4 août 1820, P. 16, 93.

31. *Frais.* Les frais de protêt et d'enregistrement de l'effet de commerce sont, comme les intérêts courus avant l'assignation, et dans les mêmes circonstances, réputés accessoires du principal et suivent le même sort — alors même que le créancier aurait conclu au paiement, tant de la créance principale que des sommes avancées pour l'enregistrement de l'acte sous seing-privé. — *Contrà*, Paris, 7 nov. 1825, S. 26, 228 ; Toulouse, 13 mars 1835 (Art. 82 J. Pr.).

Ne doivent pas non plus être joints à la demande principale, pour atteindre le taux du dernier ressort, 1° les frais d'offres réelles et de consignation. Rennes, 26 août 1820, P. 16, 141.

2° Les frais de pansement, médicamens, voyage, etc., faits dans une demande en rédhibition à l'occasion de la vente d'un cheval. Cass. 21 déc. 1825, S. 26, 379.

3° Les frais d'expédition d'un contrat, réclamés accessoirement à une demande en paiement d'une somme prêtée. Metz, 17 déc. 1819, P. 15, 633.

32. Mais si les frais du protêt et de rechange étaient réclamés par un endosseur qui aurait été contraint au paiement, ils devraient être comptés pour fixer le taux du dernier ressort, car, à son égard, ils ne forment avec la traite qu'un seul et même capital. — V. *sup.* n° 28.

33. *Dommages-intérêts.* En général, les dommages-intérêts réclamés par le demandeur principal, pour une cause antérieure à l'instance, doivent être joints à la demande principale pour déterminer le taux du dernier ressort. Nîmes, 8 mars 1813, S. 14, 385; 26 avr. 1813, S. 14, 385 ; Merlin, *Rép.*, v° *Dernier ressort*, § 11 ; Carré, art. 284, n° 330 ; Pigeau, 1, 517.—Ainsi, lorsqu'une partie demande la nullité ou la résolution d'un contrat, et de plus des dommages-intérêts, ces dommages-intérêts doivent être pris en considération pour fixer la compétence du trib. Cass. 9 sept. 1806, S. 7, 2, 899; 13 frim. an 14, S. 7, 2, 899; 7 mai 1829, S. 29, 179.

Peu importe que les dommages-intérêts n'aient été réclamés que par des conclusions additionnelles prises dans le cours de l'instance. Cass. 1er avr. 1823, S. 24, 33.

34. Mais il en est autrement si les dommages-intérêts ne sont demandés que pour une cause postérieure à l'introduction de l'instance ; dans ce cas, en effet, ils forment un accessoire de la demande principale. Cass. 7 avr. 1807, P. 6, 9 ; 21 déc. 1825, D. 26, 98 ; Cass. 26 mai 1836 (Art. 595 J. Pr.) ; Bordeaux, 23 mars 1836 (Art. 480 J. Pr.); Limoges, 9 août 1838 (Art. 299 J. Pr.) ; Merlin, Carré, Pigeau, *ib.*

35. Les dommages-intérêts réclamés par un débiteur en

même temps que la nullité d'un commandement ou d'une saisie, et motivés sur le tort que lui a causé la poursuite, peuvent-ils être pris en considération pour établir la limite du dernier ressort?

Pour l'affirmative on dit : Ni le commandement, ni même la saisie, ne sauraient être considérés comme des actes introductifs d'instance; les juges ne sont saisis que par la demande en nullité : c'est donc le débiteur qui est seul demandeur, le montant des créances pour lesquelles les poursuites ont été faites n'est par conséquent d'aucune importance pour la fixation du ressort, c'est uniquement aux conclusions du demandeur qu'il faut se reporter, et s'il réclame plus de 1500 fr., le jugement est susceptible d'appel. Bruxelles, 2 nov. 1813, P. 13, 90; Riom, 22 juin 1812, P. 10, 497; Orléans, 11 déc. 1817, P. 14, 531; Agen, 13 mars 1819, P. 15, 161; Bordeaux, 29 août 1829, D. 31, 175; Cass. 18 janv. 1830, D. 30, 80.

Toutefois, on peut répondre que l'objet principal de l'instance est la demande en nullité ou en discontinuation de poursuites; que cette demande n'est susceptible que d'un degré de juridiction, si les poursuites sont dirigées pour une somme inférieure à 1500 fr. (— V. *sup.* n° 27); que la demande en dommages-intérêts forme un simple accessoire de la demande principale, et que, par suite, elle doit suivre le même sort. Agen, 27 avr. 1820, P. 15, 946; Cass. 28 avr. 1821, P. 16, 412; Bourges, 11 mai 1822, P. 17, 343; Cass. 19 avr. 1830, D. 30, 214; Roger, de la *Saisie-arrêt*, n° 547.

Il nous paraît néanmoins difficile d'admettre cette dernière solution en présence de la discussion qui a eu lieu à la Chambre des Députés à l'occasion de l'art. 2, L. 11 avr. 1838. — V. *inf.* n° 71.

36. La demande reconventionnelle en dommages-intérêts doit-elle être prise en considération pour déterminer la compétence des premiers juges? — V. *inf.* n° 66 et suiv.

37. *Dépens.* Les dépens ne sont évidemment qu'un accessoire de la demande principale, et ne prennent naissance que pendant l'instance; ils ne doivent donc, dans aucun cas, être pris en considération pour fixer la compétence de premier ou dernier ressort du trib. — Ainsi, la disposition du jugement qui statue à leur égard ne saurait être attaquée par la voie de l'appel, quand bien même ils excéderaient 1500 fr., si le principal était inférieur à cette somme. Carré, n° 292.

Mais si le fond ne pouvait être jugé qu'en premier ressort, l'appel est recevable à l'égard des dépens, quoiqu'ils ne s'élèvent pas à 1500 fr., et que la contestation principale ne soit pas déférée au juge supérieur. Carré, n° 293; Amiens, 25 juin 1822, P. 17, 446; Bourges, 25 nov. 1822, P. 17, 681; 16 août 1831, D. 33, 76; Bordeaux, 14 août 1829, S. 30, 44;

Colmar, 27 mai 1833 (D. 34, 195). — *Contrà*, Besançon, 24 fév. 1811, P. 9, 130.

38. Les dépens adjugés dans une précédente instance, et dont on réclame le paiement en même temps que celui d'une créance principale, doivent, dans tous les cas, être joints à cette créance pour déterminer le ressort. Cass. 11 vent. an 9; Dalloz, v° *Degré de juridiction*, p. 636; 22 nov. 1832, D. 33, 61.

39. S'il s'agit, non plus de la condamnation aux dépens, mais de leur liquidation, on ne peut appeler de la taxe, quelle que soit la somme allouée ; il faut agir par voie d'opposition, sur laquelle il est statué en dernier ressort. Décr. 16 fév. 1807, art. 6; Cass. 28 nov. 1826, S. 27, 209.

40. *Amende*. Le montant de l'amende ne doit pas être ajouté à la somme des condamnations principales pour déterminer le ressort. Arg. Metz, 12 mars 1833, D. 34, 210.

41. Mais l'amende payée au fisc pour un billet à ordre sur papier libre, peut être cumulée avec le capital de ce billet pour déterminer la limite du dernier ressort, l'amende encourue par le souscripteur étant due *antérieurement* à toutes réclamations en justice, ne saurait avoir le caractère d'accessoire qui seul pourrait empêcher le cumul de cette somme avec le capital pour la fixation du ressort. Bordeaux, 7 janv. 1831, D. 31, 117. — V. *sup*. n° 26.

42. *Contrainte par corps*. La contrainte par corps n'est qu'une voie d'exécution accordée au créancier contre son débiteur; elle ne devrait donc être considérée, dans la rigueur du droit, que comme un accessoire de la demande principale. Mais le législateur a cru que son importance motivait une dérogation aux principes, et il a décidé que la disposition du jugement qui la prononce serait toujours susceptible d'appel. L. 17 avr. 1832, art. 2. — V. *Emprisonnement*, n° 6 et suiv.

Art. 3. — *Demandes incidentes ; — demandes reconventionnelles.*

43. On appelle demandes *incidentes* toutes celles formées postérieurement et successivement à la demande principale. — V. *Incident*, n°s 1 et suiv.

44. Les demandes incidentes se distinguent principalement en demandes *additionnelles* et *reconventionnelles*, selon qu'elles sont présentées par le demandeur ou par le défendeur au principal. — V. *inf*. n°s 64 et 73 et *Prorogation de juridiction*, n° 32.

Il y a en outre certaines demandes incidentes qui ont une nature spéciale, et que l'on désigne sous leur nom particulier. Telles sont les demandes en *désaveu*, en *inscription de faux*, en *péremption* d'instance, en nullité d'*enquête*. — V. ces mots.

45. Toutefois, il ne faut pas oublier que les trib. ne peuvent admettre comme demandes incidentes que celles qui sont nées

depuis l'action principale, ou qui lui servent de réponse, ou bien enfin celles qui ont avec cette action une connexité évidente. Autrement, les parties doivent se pourvoir par action principale. — V. *Incident*, n° 5.

46. Les demandes incidentes formées par le demandeur doivent, en général, être ajoutées à la demande principale pour déterminer le ressort. Cass. 2 germ. an 9, S. 1, 2, 303. — V. *inf*. n° 87.

A moins toutefois qu'elles ne contiennent que des réclamations purement accessoires. — V. *sup*. n° 26 et suiv.

47. Quant aux demandes incidentes présentées par le défendeur, il est nécessaire de faire une distinction. Ces demandes ont en effet quelquefois un caractère différent.

48. Ainsi, 1° le défendeur peut opposer la nullité du titre invoqué contre lui, ou prétendre que le demandeur n'a pas qualité pour soutenir l'action qu'il a introduite. Dans ce cas, ou autres analogues où la demande reconventionnelle n'a pour objet que de repousser la demande principale sans faire prononcer aucune condamnation contre le demandeur, certains auteurs lui conservent le nom de demande *incidente*.

49. 2° Le défendeur, tout en reconnaissant le mérite de la demande principale, peut soutenir que de son côté il est créancier du demandeur, et qu'il y a lieu de compenser jusqu'à due concurrence leurs créances respectives. La demande prend alors le nom de demande en compensation.

50. 3° Le défendeur peut, comme défense à la demande principale, intenter une action qui prend naissance dans la même convention, dans les mêmes faits, et tire son principe de la même cause. — Par exemple, je demande à mon fermier le paiement de ses fermages, il répond qu'il ne me doit rien, et réclame, en outre, une indemnité contre moi, sous prétexte que je ne l'ai pas mis en jouissance. — Un individu a administré mes biens, je soutiens que par suite de cette gestion il est mon débiteur d'une somme de 1500 fr., il répond qu'au contraire il est mon créancier, et demande contre moi une condamnation plus ou moins considérable.

Dans ces diverses hypothèses, il n'y a pas seulement un moyen de défense opposé à la demande principale, il n'y a pas non plus, comme dans le cas d'une demande en compensation, un second point distinct et séparé du premier, qui ne s'y trouve joint que par hasard, et que le défendeur aurait pu intenter plus tard par action séparée. C'est une demande que le défendeur est contraint de former actuellement, c'est le complément indivisible de sa défense, c'est le même procès qui s'agrandit. — C'est là ce qui constitue la demande *reconventionnelle* proprement dite.

51. 4° Enfin, le défendeur peut soutenir que la demande principale n'est pas fondée, et réclamer reconventionnellement des dommages-intérêts contre le demandeur.

Il est alors utile, pour la fixation du ressort, d'examiner si les dommages-intérêts réclamés sont fondés exclusivement sur la demande principale elle-même ou sur toute autre cause. — V. *inf.* n° 66 et suiv.

52. Les demandes *reconventionnelles*, de quelque nature qu'elles soient, ne doivent jamais être ajoutées à la demande principale pour déterminer le ressort.

53. La jurisprudence décidait anciennement que lorsque les deux demandes principale et reconventionnelle, proprement dites, (—V. *sup.* n°s 47 à 50) réunies dépassaient le taux du dernier ressort, il y avait lieu à appel.

54. Mais la loi du 11 avr. 1838 a modifié cet état de choses. Lorsqu'une demande reconventionnelle ou en compensation (porte l'art. 2) aura été formée dans les limites de la compétence des trib. civils de 1re inst. en dernier ressort, il sera statué sur le tout sans qu'il y ait lieu à appel.

Cette disposition a été motivée sur ce que deux actions étant formées par des demandeurs différens, constituent en quelque sorte deux causes, que le chiffre de chacune doit donc être considéré isolément au lieu de les réunir, afin de déclarer si le juge a prononcé en premier ou en dernier ressort; que l'intérêt de la vérité, l'économie du temps et des frais qui font admettre simultanément les demandes principale et reconventionnelle ne peuvent pas enlever au juge le droit qu'il avait de juger chacune d'elles en dernier ressort.

Cet argument est décisif lorsque la demande opposée à la demande principale est une demande en compensation, une demande indépendante de celle qui a été introduite la première; mais il n'a plus aucune force lorsqu'il s'agit d'une demande reconventionnelle proprement dite; cependant la loi n'a fait aucune distinction dans le désir de prévenir toute difficulté sur la question toujours délicate de savoir si une demande est véritablement reconventionnelle. — On a discuté beaucoup, a dit M. Parant, rapporteur de la loi à la chambre des députés, sur la nature des demandes incidentes, reconventionnelles et en compensation. Je crois que tout cela pourrait faire quelque confusion dans la loi, même si l'on consultait la discussion de la chambre. La définition des demandes reconventionnelle a toujours été l'objet de graves difficultés parmi les jurisconsultes, je dirai même de beaucoup de subtilités. Il faut qu'il soit bien entendu que par ces expressions de la loi : *demande reconventionnelle et en compensation*, nous avons voulu parler de toutes les demandes formées *incidemment* par le défendeur contre le demandeur principal. —V. Duvergier, sur la L. 11 avr. 1838. — La loi ainsi expliquée ne peut plus présenter aucune difficulté.

55. Si l'une des demandes principale ou reconventionnelle s'élève au-dessus des limites du dernier ressort, le tribunal ne prononce sur toutes les demandes qu'en premier ressort. L. 11 avr. 1838, art. 2.

56. Toutefois si la demande principale est inférieure à 1500 fr. et que la demande reconventionnelle consiste uniquement à opposer la nullité du titre invoqué ou le défaut de qualité du demandeur, le jugement doit être rendu en dernier ressort encore bien que cette demande puisse paraître indéterminée par elle-même, ou qu'elle se rattache à un titre d'une valeur supérieure à 1500 fr. : dans ce cas en effet le défendeur ne réclame aucune condamnation contre le demandeur, il se borne à repousser l'action dirigée contre lui et dès lors c'est l'importance de cette action qui seule doit être prise en considération.

57. C'est ainsi qu'avant la loi nouvelle on déclarait rendu en dernier ressort : — 1° le jugement qui, incidemment à une demande en paiement d'une somme inférieure à 1000 fr. prononçait la nullité du titre sur lequel le demandeur appuyait ses prétentions ; Florence, 2 mars 1812, P. 10, 171 ; Nîmes, 2 avr. 1813 ; P. 11, 268. Douai, 6 avr. 1815, P. 13, 96. Amiens, 8 avr. 1826, S. 28, 40 ; Cass. 7 juin 1826, D. 26, 301 ; Carré n° 299.

58. 2° Celui qui intervenait dans une contestation d'une valeur au dessous de 1,000 fr., sur la validité d'une séparation de biens opposée incidemment. Poitiers, 11 juin 1829, S. 29, 259; Toulouse, 3 déc. 1829, D. 31, 182.

59. 3° Celui qui dans un procès de même nature attribuait incidemment au défendeur la qualité d'héritier de *telle* personne. Cass. 15 juill. 1806, S. 7, 1, 528 ; 24 mars 1812, S. 12, 325 ; Paris, 21 août 1810, S. 14, 92; Bourges, 25 oct. 1825, S. 26, 257 ; Poitiers, 28 juill. 1826, S. 27, 40; Carré, n° 323 ; Chabot, 2, 624 ; Toullier, 10, n° 234, 235. — Ou de donataire universel. Agen, 11 mars 1823, P. 17, 952.

60. 4° Celui qui jugeait, toujours dans une instance d'une valeur inférieure à 1,000 fr., que le curateur nommé à un militaire absent avait qualité pour le représenter. Cass. 9 mars 1824, S. 24, 203.

61. Néanmoins, M. Arm. Dalloz, v° *Degré de juridiction*, n° 190, soutient que, si l'exception de nullité porte sur un titre d'une valeur supérieure à 1,500 fr., le jugement ne peut être rendu qu'en premier ressort ; et à l'appui de son opinion, il invoque divers arrêts qui ont décidé, sous l'empire de la loi de 1790, qu'il y avait lieu à appel.

1° Lorsque la défense à une demande en validité d'offres inférieures à 1000 fr., sur laquelle avait statué le trib., était fondée sur la nullité d'un acte d'un intérêt supérieur à 1,000 fr. Bourges, 17 nov. 1829, D. 30, 81.

62. 2° Lorsque, pour repousser la demande en délivrance d'un legs inférieur à 1,000 fr., on opposait la nullité d'un testament. Riom, 6 mai 1809, P. 7, 545.

63. 3° Lorsque la condamnation au-dessous de 1,000 fr., prononcée par les premiers juges, reposait sur un titre qui avait été contesté dans toutes ses parties, et qui présentait des valeurs au-dessus de 1,000 fr., ou des objets d'une valeur indéterminée. Grenoble, 28 juin 1828, D. 29, 133.

64. 4° Lorsque, pour apprécier une exception proposée par le défendeur, le trib. s'était prononcé sur le mérite d'un blanc seing relatif à des valeurs indéterminées. Grenoble, 8 mars 1837 (Art. 845 J. Pr.).

65. Si la demande reconventionnelle excède les limites du dernier ressort, peu importe que le trib. se déclare incompétent pour en connaître, sa décision même sur la demande principale inférieure à 1,500 fr. est sujette à appel. Arg. Cass. 11 nov. 1829, S. 30, 37.

66. Toutefois les règles qui viennent d'être exposées souffrent une exception lorsque la demande reconventionnelle n'a pour objet que l'obtention de dommages-intérêts motivée exclusivement sur la demande principale elle-même.

Le trib. doit, dans ce cas, statuer en dernier ressort sur la demande reconventionnelle comme sur la demande principale, si cette dernière est inférieure à 1,500 fr. L. 11 avril 1838, art. 2.

67. Cette disposition a pour but de détruire la spéculation de certains plaideurs de mauvaise foi qui, pour se ménager un appel, formaient une demande en dommages-intérêts supérieure au taux du dernier ressort.

68. Mais pour qu'elle soit applicable, il faut que la demande en dommages-intérêts soit fondée *exclusivement* sur la demande principale.

Si donc des dommages-intérêts sont réclamés pour une autre cause que le préjudice résultant de la demande principale, on rentre dans la règle générale, et le trib. ne peut statuer qu'en premier ressort, si le défendeur demande plus de 1,500 fr.

69. Déjà la jurisprudence avait établi cette distinction avant la nouvelle loi, et la C. de cass. décidait que les dommages-intérêts demandés reconventionnellement par le défendeur ne devaient pas être pris en considération pour déterminer le ressort, lorsqu'ils étaient uniquement motivés sur le tort causé par la demande principale. Cass. 22 oct. 1807; 11 mai 1813, 25 fév. 1818; 3 août 1820, P. 16, 88; 19 avril 1830, S. 30,

190; Paris, 5 janv. 1836 (Art. 325 J. Pr.); 5 avril 1836 (Art. 430 J. Pr.); 26 mai 1836 (Art. 595 J. Pr.); Aix, 15 déc. 1836 (Art. 705 J. Pr.).

Tandis qu'ils devaient être réunis à la demande principale s'ils avaient une cause antérieure à cette demande. Cass. 16 mars 1825, S. 26, 32; 17 juill. 1827, S. 27, 519; Bruxelles, 27 mai 1818; Toulouse, 24 nov. 1823, D. 4, 696; Bastia, 21 déc. 1830, D. 31, 203.

70. Dans certaines circonstances, il peut être difficile de décider si la demande en dommages-intérêts est exclusivement fondée sur la demande principale.

Dans le doute, il faut se prononcer pour la négative : c'est en effet une disposition exorbitante que d'interdire l'appel lorsque la demande est supérieure à 1,500 fr., et dès-lors cette disposition doit plutôt être restreinte qu'étendue.

71. Ainsi, M. Pascalis disait lors de la discussion à la Ch. des députés : supposez qu'à l'occasion d'une saisie faite au préjudice d'un négociant pour une somme inférieure à 1,500 fr., il soit allégué que cette saisie nuit à son crédit, et qu'en conséquence une demande en dommages-intérêts excédant 1,500 fr. soit formée : cette demande sera principale, et ne pourra être jugée qu'à la charge de l'appel, car il n'existe aucune instance introduite par le saisissant, et il est dès-lors évident que la demande en dommages-intérêts n'est pas *exclusivement* fondée sur la demande principale.

72. Il devrait encore en être de même quand le saisissant aurait formé une demande en validité de la saisie par lui pratiquée avant que le saisi eût réclamé des dommages-intérêts.

Alors en effet il y aurait bien demande pendante devant la justice, mais ce serait dans la saisie et non pas dans la demande en validité que se trouverait la cause des dommages-intérêts. Duvergier, sur l'art. 2, L. 11 avril 1838.

73. Quant aux demandes qui n'ont par elles-mêmes aucune importance appréciable, et qui ne sont relatives qu'à des incidens de procédure, elles suivent, dans tous les cas, le sort des demandes principales auxquelles elles se rattachent.

74. Ainsi, les trib. de 1re inst. prononcent sans appel : 1° sur les demandes en désaveu d'avoué formées incidemment à des contestations sur lesquelles ils peuvent prononcer en dernier ressort. Cass. 5 therm. an 13, D. 4, 659.

75. 2° Sur les demandes en nullité d'une enquête, lorsque l'objet de cette enquête est d'obtenir une condamnation de moins de 1,500 fr. Grenoble, 2 mars 1822, P. 17, 162.

76. 3° Sur une demande en péremption d'instance si l'objet du litige ne dépasse point 1,500 fr. Agen, 19 déc. 1822. Cass.

26 fév. 1823, P. 17, 925. — *Contrà*, Colmar, 18 mars 1837, P. 1837, 2, 59.

77. Par suite de la même règle, lorsque, sur une demande inférieure à 1,500 fr., il est formé une inscription de faux, le jugement qui prononce sur le principal et sur l'incident n'est point susceptible d'appel. Caen, 14 déc. 1821, P. 16, 1017; Toulouse, 13 avril 1825; Montpellier, 20 nov. 1828, D. 29, 262.

78. Mais il en est autrement si, à l'occasion de l'inscription de faux incident, l'une des parties réclame des dommages-intérêts excédant 1,500 fr. Paris, 11 juill. 1807, D. 4, 657.

79. Si le jugement rendu sur la demande principale n'est qu'en premier ressort, le jugement sur la demande en garantie est aussi, par voie de conséquence, en premier ressort. Montpellier, 7 fév. 1828, D. 28, 234.

80. Dans le cas d'une contestation existant entre deux parties, s'il a été formé deux demandes, dont l'une est moindre de 1,500 fr., et l'autre est indéterminée, le jugement qui prononce la jonction de ces deux instances est considéré comme en dernier ressort, relativement à la première demande; et en premier ressort, relativement à la demande indéterminée. Bordeaux, 23 mai 1829, D. 29, 202.

81. Au contraire, le jugement qui refuse de joindre deux instances, dont l'une est en premier, l'autre en dernier ressort, n'est pas susceptible d'appel : l'incident participe de la nature du fond, lequel, dans l'espèce, doit être évacué définitivement par le trib. pour l'une des deux instances. Toulouse, 21 mars 1829, D. 29, 192.

Art. 4. — *Demandes réduites ou reconnues en partie; demandes augmentées; demandes réunies ou jointes.*

82. *Demandes réduites.* Si la demande originaire a été réduite pendant l'instance, ce sont les dernières conclusions qui fixent la compétence, quant au ressort. Cass. 17 fruct. an 12, S. 4, 2, 191; 4 sept. 1811, S. 12, 11; 7 juin 1810, S. 11, 35, Cass. 12 nov. 1813; 1er avril 1823, S. 24, 33; Bastia, 20 nov. 1830, D. 31, 6; Cass. 11 avril 1831, D. 31, 140; Poitiers, 5 avril 1837 (Art. 877 J. Pr.); Orléans, 13 mars 1837 (Art. 996 J. Pr.); Carré, art. 281, n° 289. — V. *sup.* n° 25; — encore bien que des réserves soient faites pour le surplus. Douai, 17 juin 1834, D. 34, 233.

Il en est de même quand l'objet de la demande, indéterminé dans l'origine, a été précisé dans le cours de l'instance à une somme ou valeur qui n'excède pas le taux du dernier ressort. Cass. 1er juill. 1812, P. 10, 527.

83. Toutefois, la réduction des conclusions du demandeur ne rend l'appel non-recevable qu'autant que les conclusions rectificatives ont été prises en présence du défendeur : autrement ce serait lui enlever un moyen de recours contre lequel il a dû compter. Cass. 9 juill. 1814, S. 15, 41 ; — lorsque le défendeur fait défaut, les conclusions prises à l'audience lui étant inconnues, l'objet de la demande est irrévocablement fixé à son égard par l'exploit d'ajournement. *Même arrêt.*

84. La déclaration du demandeur de s'en rapporter à la justice du trib. ne peut, même dans le cas où la condamnation est inférieure à 1,500 fr., attribuer une juridiction de dernier ressort à la sentence rendue. Les juges avaient en effet le droit de lui accorder une somme supérieure. Bruxelles, 6 déc. 1840, P. 8, 685. — V. *Prorogation de juridiction.*

85. *Demandes reconnues en partie.* Si le défendeur acquiesce à une partie de la demande formée contre lui, cette adhésion équivaut à une réduction des conclusions du demandeur : l'objet du litige se trouve restreint à la portion des conclusions contestée, et cette seule partie doit être prise en considération pour déterminer la compétence. Cass. 7 juin 1810, P. 8, 359 ; Lyon, 26 janv. 1825, D. 25, 146 ; Toulouse, 12 juill. 1828, S. 29, 280 ; Besancon, 26 mars 1828, S. 28, 280 ; Dijon, 1er fév. 1830, S. 30, 97 ; Carré, art. 281, n° 291 ; Merlin, *Rép.* v° *Dernier ressort*, § 5. — *Contrà*, Amiens, 12 avril 1826, S. 28, 10 ; Bourges, 12 fév. 1830, S. 30, 148 ; Caen, 8 mai 1827, D. 28, 96, Colmar, 2 mars 1830, D. 31, 18 ; Bourges, 13 août 1824, D. 25, 71.

86. Par suite de ce principe, lorsque sur la demande formée contre deux codébiteurs solidaires d'une somme excédant 1,500 fr., l'un de ces codébiteurs a fait offre réelle d'une partie de la somme réclamée, de telle sorte que le litige n'a subsisté que sur une somme inférieure au taux du dernier ressort, le jugement doit être réputé rendu en dernier ressort, bien que l'offre réelle ait été refusée, que les deux codébiteurs aient été condamnés au paiement de la somme totale excédant ce même taux, et que l'appel émane de celui des débiteurs qui n'avait fait aucune offre. Lyon, 23 mars 1831, D. 31, 167.

87. *Demandes augmentées.* Si par suite de nouvelles conclusions la demande, qui était originairement inférieure à 1,500 fr., se trouve dépasser cette somme, le jugement rendu est susceptible d'appel. Cass. 2 germ. an 9, S. 1, 2, 303.

Au reste, les conclusions additionnelles du demandeur ne peuvent avoir pour objet que des demandes qui se trouvaient implicitement comprises dans ses conclusions primitives, ou qui en forment un accessoire. — V. *sup.* n° 45.

88. Quant à l'effet des demandes purement accessoires. — V. *sup.* n° 26.

89. A l'égard du défendeur, il est recevable en tout état de cause à former des demandes reconventionnelles qui peuvent, d'après les circonstances, changer la compétence du tribunal saisi de la contestation primitive. — V. *sup.* n° 47 et suiv.

90. *Demandes réunies ou jointes.* Lorsqu'une même demande formée par un seul exploit comprend plusieurs sommes qui, prises isolément, sont inférieures au taux du dernier ressort, mais lui sont supérieures par leur réunion, le trib. ne peut statuer en dernier ressort ; il n'existe alors qu'une seule action. Jousse, *Traité des prés.*, ch. 1, 81, *Qu.* 3 ; — *Contrà*, Rebuffe et Henrys.

Peu importe que l'exploit introductif d'instance divise les sommes. — *Contrà*, Rebuffe, Henrys ; — ou que les sommes réunies dans la même demande proviennent de causes différentes. Cass. 1er niv. an 8, S. 7, 2, 899 ; Merlin, *Rép.* v° *Dernier ressort*, § 6 ; Henrion, *Comp. jug. de paix*, ch. 13 ; Carré, art. 281, n° 300, art. 316, n° 384. L. 28 mai 1838, sur les justices de paix, art. 9.

Ainsi, lorsqu'un tiers forme par un seul exploit la demande en paiement de deux sommes, dont l'une lui est due personnellement et l'autre comme cessionnaire d'un tiers, on doit réunir ces deux sommes pour fixer le taux du dernier ressort. Bruxelles, 15 janv. 1813, P. 11, 43.

91. Il en est de même quand le demandeur agit comme cessionnaire de plusieurs créances appartenant à divers individus. Cass. 10 août 1813, P. 11, 621.

92. La jonction prononcée par le tribunal de deux demandes intentées séparément a le même effet que la réunion opérée par le demandeur dans son exploit introductif d'instance ; si ces deux demandes ont une corrélation intime, il ne saurait dépendre du demandeur d'enlever au défendeur le bénéfice du second degré de juridiction en divisant ses réclamations. Cass. 23 mai 1808, S. 8, 294. — V. du reste *inf.* n° 95.

93. Il en est autrement s'il s'agit de deux demandes respectivement formées par le demandeur et le défendeur, mais dont l'une ne doit être considérée que comme la défense à la demande principale. Bordeaux, 23 mai 1829, S. 29, 237. — V. *sup.* n° 52.

94. La demande formée par une partie intervenante doit toujours être prise en considération pour fixer le premier ou dernier ressort, encore que le défendeur au principal reconnaisse n'avoir aucun droit à l'objet du litige. Bruxelles, 5 avr. 1823, P. 17, 1015.

Art. 5. — *Demandes formées pour ou contre plusieurs personnes.*

95. *Plusieurs demandeurs.* Lorsque deux individus forment

par le même exploit contre plusieurs personnes deux demandes fondées sur les mêmes moyens, mais distinctes, et qui ne s'élèvent au-dessus de 1,500 fr. que par la réunion des deux demandes, le tribunal peut prononcer par un seul jugement rendu en dernier ressort : chaque condamnation étant bien distincte, on ne saurait prétendre qu'il n'y en a qu'une seule, quoiqu'elles soient prononcées par le même jugement; on ne peut faire perdre aux parties l'avantage du dernier ressort parce qu'elles se sont réunies pour éviter des frais. Cass. 11 fruct. an 11; Grenoble, 11 fév. 1824, D. v° *Degrés de jurid.*, 666; Merlin, *Rép.*, v° *Dernier ressort*, § 7; Henrion, *Comp.* ch. 14; Carré, n° 294.

96. Ainsi, n'est pas susceptible d'appel, — 1° le jugement rendu sur la demande formée par plusieurs cohéritiers, d'une somme excédant 1,500 fr., mais dans laquelle la part revenant à chacun d'eux est inférieure à 1,500 fr., alors même que la demande est intentée par les héritiers collectivement, et procède d'un titre ou d'une cause commune à tous. Rennes, 7 mars 1826, D. 28, 50.

2° Celui qui taxe les frais de l'avoué et les honoraires de l'avocat d'une partie, lorsque les sommes allouées à chacun d'eux, prises séparément, ne s'élèvent pas à 1,500 fr., quoique, réunies, elles excèdent cette somme. — Florence, 15 juin 1810, P. 8, 378.

3° Celui rendu sur la demande en privilége formée par divers créanciers d'un même débiteur, réunis à cet effet, mais agissant en vertu de titres distincts et personnels, si l'intérêt de chaque créancier est au-dessous de 1,500 fr., encore que le montant de toutes les créances excède cette somme. Agen, 13 août 1831. D. 31, 182.

4° Celui qui valide une saisie immobilière poursuivie collectivement par deux créanciers contre un débiteur commun, lorsqu'aucune des créances particulières n'excède 1,500 fr., encore bien que leur réunion présente un total supérieur au taux du dernier ressort. Bordeaux, 27 août 1833, D. 34, 114.

97. Il en serait de même, et à plus forte raison, si les demandes avaient été formées séparément et que le trib. en eût ordonné la jonction. Cass. 23 mai 1808, P. 6, 700. Carré, n° 295 ;— ainsi jugé dans une espèce où il s'agissait de demandes en validité de plusieurs saisies-arrêts. Limoges, 24 mai 1821, P. 16, 629.

98. Mais il en serait autrement dans le cas de solidarité entre les créanciers, chacun d'eux ayant le droit de réclamer la totalité de la créance. Peu importerait que la somme revenant à chacun des demandeurs fût inférieure à 1500 fr. Caen, 8 janv. 1827, D. 28, 31. —V. d'ailleurs *sup.* n° 92.

99. Il a également été jugé que l'appel était recevable lorsqu'une demande en paiement de reliquat d'un compte avec intérêt s'élevant à plus de 1500 fr., avait été formée par plusieurs personnes réunies; dont chacune n'avait droit qu'à une somme de 1,500 fr. mais que les demandes n'avaient pas été distinguées dans les conclusions originaires, et présentées comme indépendantes l'une de l'autre, et que les demandeurs n'avaient pas conclu à ce que la condamnation fût prononcée au profit de chacun d'eux, proportionnellement à leurs droits. Besançon, 26 mars 1827, D. 28, 154.

Ou lorsqu'il s'agissait de la demande collective de plusieurs sommes, au-dessus de 1,500 fr., mais sans distinction de l'intérêt particulier d'aucune des parties : il est inutile dans ce cas d'examiner si les droits partiels de chacun des demandeurs sont inférieurs à cette somme. Lyon, 2 mars 1833, D. 33, 194.

100. *Plusieurs défendeurs.* Lorsqu'une ou plusieurs personnes assignent, par le même exploit, deux ou plusieurs individus en paiement de différentes sommes qui ne dépassent le taux du dernier ressort que par leur réunion, le jugement rendu ne peut être attaqué par la voie de l'appel : la réunion des demandes est réputée faite uniquement dans le but d'éviter les frais. Cass. 17 niv. an 13, D. 4, 666.

Il en est de même dans le cas où les demandes intentées originairement par exploits séparés ont été jointes par le tribunal. Grenoble, 6 avr. 1810; Colmar, 5 mai 1810; Cass. 19 avr. 1830, S. 30, 190. — V. *sup.* n° 92.

101. Cependant il a été jugé que lorsque deux parties sont assignées par un même exploit, en vertu du même titre, et qu'elles font usage des mêmes moyens de défense, si l'appel est recevable quant à l'une d'elles, à raison de la somme, il doit l'être également quant à l'autre, encore que celle-ci soit débitrice d'une somme moindre de 1,500 fr. — Attendu que le véritable objet de la demande étant alors la validité du titre contesté, objet indéterminé par sa nature et qui est le même pour tous les défendeurs, quelle que soit la somme qu'on leur réclame. Turin, 26 fév. 1812, P. 10, 152; Bruxelles, 27 juin 1811, P. 9, 425.

Mais nous ne saurions adopter cette opinion; peu importe en effet que les diverses sommes demandées soient dues en vertu d'un même titre supérieur à 1,500 fr., si chacun des débiteurs n'est tenu que pour une portion inférieure à ce chiffre; peu importe également qu'il s'agisse de la validité d'un même titre, si chacun des défendeurs n'est intéressé à combattre ce titre que pour une somme moindre de 1,500 fr. Il n'est pas juste de dire que la demande en validité ou en nullité d'un titre est indéterminée : elle est au contraire déterminée toutes les fois que les obligations qui en résultent consistent dans une somme d'argent. — V. *sup.* n° 6.

Il peut sans doute résulter de ce système, qu'un même titre, déclaré, en première instance, valable à l'égard de chacun des défendeurs, soit, en appel, annulé en faveur de celui d'entre eux à qui la quotité de la dette ouvre la voie de l'appel, tandis qu'à l'égard de l'autre débiteur, la validité du titre sera irrévocablement jugée. Mais cette contrariété de jugemens aurait pu de même se manifester si, au lieu de poursuivre simultanément tous ses débiteurs, le créancier les avait actionnés séparément, comme il en avait incontestablement le droit.

102. Quoiqu'il en soit, les règles précédentes souffrent une exception dans le cas de solidarité des débiteurs (à moins qu'ils ne soient assignés *chacun pour leur part* de la dette, ce qui emporte renonciation à la solidarité. C. civ. 1211); ils sont en effet tenus de la totalité de la dette. Carré, n° 297.

Art. 6. — *Demandes relatives aux baux et aux rentes.*

103. *Baux.* Les contestations qui s'élèvent en matière de louage sont ordinairement relatives soit à des demandes en paiement de fermages, soit à des demandes en validité ou nullité de congé, soit enfin à des demandes en nullité de bail.

104. Dans le premier cas, il faut uniquement considérer la somme réclamée; peu importe que le demandeur ait conclu en outre au paiement futur des fermages à échoir. — En effet, on ne peut obtenir de condamnation à l'avance pour des fermages à échoir; on ne sait pas si le débiteur refusera *de payer* à l'amiable, et d'ailleurs celui qui a terme ne doit rien. Bourges, 2 avr. 1811, P. 9, 231.

105. Dans le second cas, c'est-à-dire, lorsqu'il s'agit de prononcer sur la validité d'un congé, tous les avantages et les inconvéniens du bail étant mis en question pour les parties, il est nécessaire de cumuler les loyers pour toute la durée du bail et les dommages-intérêts demandés : c'est là en effet la valeur réelle du litige. Bruxelles, 5 mai 1808; Amiens, 8 avr. 1823, D. v° *Degrés de jurid.*, p. 670, 671.

106. Il y a même raison de décider à l'égard des demandes en résiliation ou réduction de bail; vainement on prétendrait qu'une semblable demande est toujours indéterminée, — même lorsque le prix du bail pour toute sa durée ne s'élève pas à 1,500 fr. Cass. 15 fév. 1819, P. 15, 89; Arg. Orléans, 16 mai 1819, P. 15, 271. — *Contrà*, Limoges, 28 janv. 1824, D. 24, 113.

107. *Rentes.* A l'égard des contestations relatives à des rentes, il faut distinguer si la demande a pour objet le paiement d'arrérages, ou le fond même de la rente.

Dans la première hypothèse, il est encore nécessaire d'examiner si les arrérages consistent en argent ou en denrées ; s'ils consistent en argent, on considère uniquement le montant de la somme réclamée, sans faire attention au capital qui n'est pas contesté.

Si au contraire les arrérages consistent en denrées, la demande est toujours réputée indéterminée, et par conséquent le jugement qui intervient est sujet à l'appel. Orléans, 18 nov. 1836 (Art. 577 J. Pr.); Bruxelles, 2 juill. 1810, P. 8, 426 ; Cass. 14 prair. an 13, P. 4, 570; 6 mai 1807, P. 6, 76; 25 juill. 1808, P. 7, 41; — à moins que le demandeur n'ait évalué lui-même les prestations réclamées à une somme inférieure à 1,500 fr. Cass. 23 juin 1817, P. 14, 305.

Peu importerait qu'il s'agît de denrées d'une valeur modique et qui, d'après les mercuriales ordinaires, ne s'élèveraient pas à 60 fr. Leur valeur est en effet nécessairement variable, et dès lors la demande rentre dans la classe des actions indéterminées. Colmar, 24 août 1822, P. 17, 594.

108. Toutefois, il a été décidé que ces règles cessent d'être applicables, et qu'on doit avoir égard au capital de la rente, lorsque la demande en paiement d'arrérages ne peut être jugée qu'en prononçant sur la validité du titre non reconnu par les parties. Cass. 8 vent. an 8, S. 1, 2, 222 ; — à moins cependant que le titre n'ait été contesté par le défendeur seulement par voie d'exception, et mentionné dans l'exploit introductif d'instance, uniquement comme moyen d'établir la demande. Arg. Bruxelles, 2 juill. 1810, P. 8, 426. — V. d'ailleurs *sup.* n° 54.

109. Quand le fond même de la rente est contesté, la demande est toujours susceptible des deux degrés de juridiction, s'il s'agit d'une rente viagère : il est impossible d'en déterminer la valeur, la durée de l'existence du rentier étant incertaine. Cass. 22 vend., 19 prair. an 10, D. *ib.*, p. 671, 672.

110. Si au contraire il s'agit de rentes d'une autre nature, on doit s'arrêter au taux du revenu annuel ; s'il est inférieur à 60 fr., le trib. de 1re inst. est compétent pour statuer en dernier ressort. Paris, 20 janv. 1810, S. 14, 376. — Autrement il ne peut prononcer qu'à la charge de l'appel. Arg. Paris, 10 avr. 1813, S. 15, 31.

111. L'appel est également recevable lorsqu'à la demande principale se trouve jointe une demande en paiement d'arrérages échus, et que l'importance de ces deux demandes réunies excède 1,500 fr. Carré, art. 281, n° 309; Liége, 3 juill. 1812, D. *ib.*, p. 674. — V. *sup.* n° 90.

112. Les contestations sur le remboursement d'une rente, ou sur la question de savoir dans quel lieu une rente doit être payée, sont relatives au fond de la rente, et par conséquent soumises aux règles qui viennent d'être posées *sup.* n° 109; Cass. 5 vend. an 7, D. p. 674; 11 vend. an 7, D. p. 675; Paris, 10 avr. 1813, D. *ib.*; Cass. 28 avr. 1814, D. p. 579.

113. Mais il y a lieu au dernier ressort lorsqu'il n'y a de difficulté que sur la retenue du cinquième autorisée par la loi du 3 brum. an 7 pour le paiement des contributions, et que la somme à retenir chaque année est inférieure à 60 fr. Liége, 15 mars 1824; Cass. 19 août 1818, D. *ib.*, 676, 677.

Art. 7. — *Demandes en matières de saisies, de contribution et d'ordre.*

114. *Saisies.* Il faut considérer uniquement l'importance de l'objet demandé.

115. Ainsi, dans les *saisies-arrêts*, le but que se propose le créancier étant d'obtenir le paiement des sommes pour lesquelles il a formé opposition, c'est le montant de ces sommes qui doit être pris en considération, et s'il est inférieur à 1,500 fr., le jugement rendu sur la demande en validité est en dernier ressort, quel que soit le montant de la somme arrêtée. Bruxelles, 11 juill. 1810, P. 8, 452; Grenoble, 20 mars 1812, P. 10, 239; Agen, 21 avr. 1812, P. 10, 321; Orléans, 15 déc. 1821, P. 16, 676; Riom, 2 déc. 1828, D. 30, 243; Bourges, 2 mars 1832, D. 33, 120; Pau, 18 janv. 1838 (Art. 1082 J. Pr.). Cass. 15 mai 1839 (Art. 1444 J. Pr.).

116. Il a même été décidé que le jugement sur la validité d'une saisie-arrêt formée pour une somme principale au-dessous de 1,500 fr., *sans préjudice des intérêts*, est en dernier ressort, bien que la demande en validité de la saisie comprenne, outre le capital, des intérêts qui portent la somme demandée à plus de 1,500 fr. : attendu que c'est la somme que le saisissant est tenu d'énoncer dans l'exploit de saisie, qui fixe invariablement l'attribution du premier ou du dernier ressort. Colmar, 11 déc. 1815, P. 13, 167.

117. Mais le jugement qui prononce sur la validité d'une saisie-arrêt, faite pour alimens sur une pension de retraite, n'est qu'en premier ressort, bien que la pension soit inférieure à 1,500 fr. : l'importance d'une pension alimentaire est indéterminée. Paris, 27 juin 1835 (Art. 133 J. Pr.).—V. *sup.* n° 109.

118. Lorsque sur la demande en validité de plusieurs saisies-arrêts formées par divers créanciers au préjudice du même débiteur, le trib. a ordonné la jonction des différentes instances en validité. Le jugement qui intervient est en dernier ressort, bien que le montant des saisies réunies excède 1,500 fr., si la créance pour laquelle chacune de ces saisies a été faite ne s'élève pas isolément à cette somme.

En effet, il y a autant de jugemens partiels que de saisies; elles ne sont comprises dans un autre jugement que pour épargner les frais et les lenteurs. Limoges, 24 mai 1821, P. 16, 629. — V. *sup.* n° 97.

119. Jugé cependant que lorsque, sur deux demandes en validité de saisie-arrêt, dont l'une est inférieure et l'autre supérieure au taux du dernier ressort, formées contre le même débiteur et *pour la même créance*, le trib. a joint les causes, le jugement qu'il rend n'est qu'en premier ressort à l'égard de toutes les parties. Colmar, 11 avr. 1828, D. 28, 101. —V. *sup.* n° 92.

120. Les demandes formées, après celle en validité, par le saisissant, le saisi ou par des tiers, ne sont que des accessoires de la demande principale, dont elles ne changent pas la nature.

121. En conséquence, lorsqu'une saisie-arrêt a été faite pour une somme inférieure à 1,500 fr., le jugement qui l'a déclarée valable est en dernier ressort, alors même qu'elle aurait été attaquée par un tiers qui se prétendait propriétaire de la créance saisie, et qui réclamait plus de 1,500 fr. de dommages-intérêts. Grenoble, 1er mars 1823, P. 17, 931.

122. Quant aux contestations qui peuvent s'élever entre le saisissant et le tiers saisi, une distinction est nécessaire :

S'agit-il simplement de décider si le tiers saisi doit être déclaré débiteur des causes de la saisie pour n'avoir pas fait sa déclaration affirmative dans les délais qui lui avaient été impartis, ou pour n'avoir pas fait les justifications requises, le jugement sera en dernier ressort si l'opposition est formée pour une somme inférieure à 1,500 fr. — Lorsqu'au contraire la créance du saisissant excédera 1,500 fr., le jugement sera susceptible d'appel : ce jugement ne décide rien en effet sur le point indéterminé de savoir combien le tiers saisi doit au saisi, son importance est uniquement fixée par le montant des causes de la saisie. Paris, 13 mai 1832, D. 33, 995; Roger, *Saisie-arrêt*, n° 592. — *Contrà*, Douai, 5 mars 1835 (Art. 246 J. Pr.).

Mais si le tiers saisi a fait sa déclaration, et que le saisissant la conteste comme inexacte ou frauduleuse, ce n'est plus la créance du saisissant qu'il faut considérer, car elle ne forme pas l'objet du litige : c'est uniquement l'importance des sommes dont on prétend que le tiers saisi est débiteur. Si donc on soutient qu'il doit une somme supérieure à 1500 fr., ou indéterminée, le jugement ne sera qu'en premier ressort, encore bien que la créance du saisissant n'excède pas 1500 fr. Paris, 7 mai 1817, P. 14, 215; Cass. 30 nov. 1826, S. 27, 46; Aix, 19 juin 1828, S. 28, 175; Bourges, 19 juill. 1828, S. 30, 76; Colmar, 8 janv. 1830, D. 30, 293; Colmar, 2 juill. 1831, D. 32, 208; Douai, 5 mars 1835; Roger, *ib.* n° 610.

123. En matière de *saisie-exécution*, c'est également la somme due au créancier poursuivant qu'il faut considérer pour déterminer le premier ou le dernier ressort; on n'a aucun égard à la valeur du mobilier saisi. Toulouse, 26 janv. et 13 mars 1827, D. 28, 19; Nîmes, 2 déc. 1833, D. 34, 123. — *Contrà*, Bourges, 9 fév. 1830, D. 30, 134.

Les demandes incidentes élevées par le saisi sont sans aucune importance. Bruxelles, 11 juill. 1810, P. 8, 452.

124. Ainsi, le jugement sur la demande en main-levée d'une opposition à un commandement qui a pour objet le paiement d'une somme inférieure à 1,500 fr., est en dernier ressort, bien que le titre sur lequel le commandement est basé soit d'une valeur indéterminée, telle qu'une donation, dont le créancier demande l'exécution. Bourges, 11 août 1826, D. 26, 90. — V. *sup.* n° 56.

125. Lorsqu'après la saisie d'une rente supérieure au taux du dernier ressort, pratiquée pour le paiement d'une créance de 102 fr., il est formé, par le débiteur, une opposition portant, non sur la régularité ou l'irrégularité de la saisie, mais sur la quotité de la créance, qu'on prétend être inférieure, le litige est jugé en dernier ressort par le trib. de 1re inst. Cass. 21 avr. 1830, D. 30, 213.

126. Mais il en est autrement lorsqu'un tiers revendique des objets d'une valeur indéterminée, ou supérieure à 1500 fr., compris dans une saisie faite en vertu d'un jugement auquel il a été étranger; le jugement qui intervient n'est alors qu'en premier ressort, bien que la créance qui a motivé la saisie soit inférieure à 1,500 fr. Cass. 28 pluv. an 13; Bruxelles, 24 mars 1810; Poitiers, 2 juill. 1825; Grenoble, 20 mars 1824; Toulouse, 5 juin 1827, S. 28, 9; Bordeaux, 27 nov. 1828, S. 29, 148; Metz, 19 juin 1819, S. 20, 51; Paris, 31 août 1836 (Art. 506 J. Pr.). — *Contrà*, Nanci, 21 mars 1826, S. 26, 108.

127. De même, lorsqu'on a saisi, pour une dette au-dessous de 1500 fr., des objets d'une valeur indéterminée, le jugement qui condamne le gardien à en faire la représentation est sujet à l'appel. Nîmes, 11 juin 1819, P. 15, 322.

128. C'est encore par la valeur de la créance que doit se déterminer le pouvoir du juge en matière de *saisie foraine* ou de *saisie brandon*.

129. En conséquence, lorsqu'un individu fait pratiquer une saisie foraine pour une somme inférieure à 1500 fr., le tribunal peut statuer en dernier ressort sur cette action. — Encore bien que les objets saisis soient d'une valeur indéterminée. — V. *sup.* n° 116.

Peu importe même que le débiteur demande la nullité de la saisie, et des dommages-intérêts. Bruxelles, 14 janv. 1822, P. 17, 37. — V. *sup.* n° 123.

130. Si une saisie-brandon a été pratiquée pour une créance

inférieure à 1,500 fr., le jugement qui en prononce la validité est en dernier ressort.

131. Il en est de même dans le cas où une demande en nullité de cette saisie et en dommages-intérêts est intentée par le saisi. Bordeaux, 30 janv. 1827. — *Contrà*, Agen, 21 déc. 1820, P. 16, 256.

132. Mais il en est autrement dans le cas où un tiers revendique des fruits d'une valeur indéterminée qu'il prétend avoir été compris à tort dans la saisie-brandon. — V. *sup.* n° 126. — *Contrà*, Limoges, 25 janv. 1828, S. 28, 280.

133. En matière de *saisie-immobilière* les règles précédentes doivent-elles être appliquées ?

Pour l'affirmative on soutient que cette saisie, comme toutes les autres, n'étant qu'un moyen employé, afin de contraindre le débiteur au paiement d'une somme, toutes les fois que cette somme est inférieure à 1,500 fr., les jugemens qui interviennent dans le cours de la procédure et le jugement d'adjudication définitive qui la termine doivent être rendus en dernier ressort. Bordeaux, 20 janv. 1829, D. 29, 77; 8 juin 1830, D. 31, 20; 8 juin 1832, D. 33, 2; 30 août 1831, D. 33, 71; 27 août 1833, D. 34, 114; Toulouse, 21 mars 1829, D. 29, 192; Bourges, 11 mai 1822, S. 23, 70.

Mais on répond, avec raison, qu'une saisie-immobilière constitue une action réelle qui tend à dépouiller le saisi de biens immobiliers d'une valeur indéterminée : qu'on ne peut pas, comme en matière de saisie-mobilière, arrêter la vente dès que le prix des objets vendus est suffisant pour désintéresser le saisissant, et que dès-lors tous les incidens qui peuvent naître dans le cours de la procédure ne sont jugés qu'en premier ressort seulement par le trib., quelle que soit la quotité de la créance du poursuivant. Rennes, 27 juill. 1827, S. 27, 232; Grenoble, 12 août 1828, S. 29, 89; Nanci, 5 fév. 1828, D. 29, 251; 9 juill. 1829, D. 30, 22; Grenoble, 7 juill. 1830, S. 31, 320; Nanci, 7 juill. 1830, D. 32, 26; Toulouse, 20 mai 1828, S. 28, 257; Cass. 22 mai 1833, S. 33, 464.

134. Au reste, lorsqu'une poursuite en expropriation forcée a été suspendue par un arrangement à l'amiable, et que le saisi est ensuite actionné en paiement des frais qu'il s'est engagé à payer, le trib. qui avait été saisi de la poursuite en expropriation peut prononcer en dernier ressort sur ces frais, s'ils n'excèdent pas 1,500 fr., et lors même qu'il n'y aurait pas eu d'assignation pour cet objet. Besançon, 23 nov. 1810, P. 8, 668.

135. Le jugement qui prononce la main-levée d'une inscription hypothécaire est également en dernier ressort, si la créance pour sûreté de laquelle cette inscription était prise n'excède pas

1,500 fr. Orléans, 27 mai 1836 (Art. 975 J. Pr.). — Peu importe que l'immeuble hypothéqué ait été vendu plus de 1,500 fr. Amiens, 27 mai 1836 (Art. 472 J. Pr.).

136. Est-ce à la somme à distribuer ou à celle réclamée et contestée que l'on doit avoir égard pour fixer le ressort en matière de contribution? — V. *Distribution*, n° 101. — Ou en matière d'*ordre*. — V. ce mot, n° 293.

Art. 8. — *Demandes concernant le domaine, l'enregistrement, etc.*

137. Les affaires relatives aux domaines nationaux et aux revenus qui en dépendent, ainsi que toutes les actions du domaine autres que celles relatives à la perception d'un impôt indirect, sont soumises aux règles tracées pour les instances ordinaires. Cass. 13 mess. an 9, S. 1, 2, 514; 20 flor. an 11, S. 3, 2, 323; 22 niv. an 11, S. 3, 2, 269; 13 vent. an 10, S. 2, 2, 359; 16 juin 1807, S. 7, 2, 108; 23 mars 1808, S. 8, 480.

138. Mais toutes les difficultés qui se rattachent à la perception d'un impôt indirect sont jugées en dernier ressort par le trib. de 1re inst., quelle que soit l'importance de la demande. — V. *Degré de juridiction*, nos 13 et 14; *Enregistrement*, n° 161 à 164.

§ 2. — *Demandes indéterminées.*

139. Une demande est indéterminée, soit parce que, d'après sa nature, elle est évidemment supérieure à toute appréciation pécuniaire, soit parce que, bien que susceptible d'une évaluation précise, elle n'a pas été appréciée par les parties d'après les bases fixées par la loi. — V. *inf.* n° 144 et suiv.

Art. 1. — *Demandes indéterminées par leur nature.*

140. Sont indéterminées par leur nature, et conséquemment susceptibles des deux degrés de juridiction: 1° les contestations relatives à l'état politique ou civil des personnes; — par exemple, celles concernant la qualité de Français ou d'étranger; la filiation légitime ou naturelle, la validité des mariages ou leur nullité; l'interdiction ou la dation d'un conseil judiciaire; de semblables contestations sont d'un intérêt trop grand, touchent de trop près à l'ordre public, pour qu'on puisse supposer que le législateur ait voulu qu'elles fussent jugées souverainement par les trib. inférieurs. Pigeau, 1, 515; Carré, *L. pr.* n° 3012; Lepage, 583.

141. 2° Les contestations qui, sans modifier à proprement parler l'état des personnes, intéressent l'ordre public comme les demandes en séparation de corps ou de biens. Cass. 21

brum. an 9, D. v° *Degré de juridiction*, p. 708; — et celle à fin de contrainte par corps. — V. *Emprisonnement*.

142. 3° Les contestations concernant les qualités accidentelles dont chaque citoyen peut être revêtu dans la vie civile, comme celle d'héritier. Cass. 23 brum. an 12; — d'associé; — de tuteur. Cass. 26 vend. an 8, v° *Degrés de juridiction*, 708.

Toutefois, si la qualité de la personne n'est discutée qu'accessoirement à une réclamation pécuniaire qui forme l'objet principal de la contestation, l'appel n'est recevable qu'autant que la somme demandée excède les limites du dernier ressort.

143. Enfin d'autres contestations d'un intérêt purement pécuniaire : telles sont les tierces-oppositions, si elles sont principales, et qu'il s'agisse uniquement de savoir si la demande est ou non-recevable. Besançon, 16 juin 1809, D. *ib.* 710. — dans le cas en effet où il est question de les apprécier dans leurs rapports avec les jugemens attaqués, c'est le taux de la demande principale qui seul doit déterminer la compétence. — V. *sup.* n° 11.

Les demandes en nullité d'instance formées par une femme mariée pour défaut d'autorisation : peu importe que l'objet de l'instance primitive soit inférieur à 1,500. Toulouse, 20 août 1827, S. 28, 176.

Les jugemens qui décident les questions de compétence sont toujours susceptibles d'*appel*. — V. ce mot, n° 28 et d'ailleurs *Récusation*, n° 64; *Renvoi*; n° 26.

Enfin, les demandes en reddition de compte : on ne peut savoir quel sera le résultat du compte demandé, si par suite de contestations il est réduit au-dessous de 1,500 fr. : on peut appeler, puisqu'on n'a pas demandé une somme fixe. Cass. 17 brum. an 11, 9 germ. an 11, D. *ib.* p. 709; — mais il en est autrement si la demande formée pour ou contre le comptable est d'une somme déterminée. — V. *sup.* n° 13.

Les demandes en remise des titres d'une succession : il est impossible d'apprécier l'importance de la valeur de la succession; — cependant, comme personne ne peut être forcé à un fait, on conclut presque toujours au paiement d'une somme de..... à titre de dommages et intérêts, faute de remise des titres réclamés, et, dans ce cas, la compétence doit être fixée selon la somme demandée à titre de dommages et intérêts. Cass. 3 pluv. an 13, D. *ib.*

Mais une demande à fin de remise de papiers d'une succession, à laquelle est jointe une demande à fin de paiement de moins de 1,500 fr. à titre de provision, ne peut être jugée en dernier ressort : la demande à fin de provision n'est point alternative, et la première demeure indéterminée. Orléans, 30 août 1821, P. 16, 893.

Sont encore indéterminées par leur nature les actions en pétition d'hérédité, quoiqu'elles soient restreintes à une partie de l'universalité de la succession. Cass. 23 brum. an 12, D. *ib*. 663.

Celles en partage d'une communauté dont la valeur est indéterminée. Cass. 23 brum. an 12, D. *ib*. 427.

Celles en partage d'une succession, formées par le créancier d'un cohéritier, encore que la créance du demandeur ne s'élève pas à 1,500 fr. : si cette demande avait été formée par le cohéritier, le jugement qui y aurait fait droit n'aurait pu être rendu qu'à charge d'appel ; il ne doit pas en être autrement quand un créancier exerce les droits de l'un des cohéritiers, lors même que sa créance ne s'élève pas à 1,500 fr. ; il ne s'agit pas en effet de prononcer sur la créance elle-même, mais sur un mode d'exécution dont l'intérêt est plus important. Rennes, 14 janv. 1825, D. 25, 250 ; Carré, n° 324.

Celles relatives à la question de savoir quelles sont les réserves que le vendeur d'une coupe de bois a pu faire lors de la vente, encore que le prix de la vente soit inférieur à 1,500 fr. Bourges, 8 avril 1825, D. 25, 250.

Celles en cession de biens, intentée par un débiteur contre ses créanciers : le jugement sur cette action ne peut être rendu qu'en premier ressort, même à l'égard des créanciers de sommes inférieures à 1,500 fr., qui s'opposeraient à la demande en cession. Bordeaux, 13 mars 1828, D. 28, 150.

Celle en nullité d'une décision arbitrale, en ce que les arbitres auraient statué, soit sur choses hors du compromis, soit sur choses non sujettes à compromis, et cela, quoique l'objet de la contestation ne s'élève pas à 1,500 fr. Nîmes, 17 nov. 1828, D. 29, 188.

Celle en délivrance d'une seconde grosse d'un contrat, alors même que l'obligation *principale* portée en l'acte serait de moins de 1,500 fr. Bordeaux, 20 janv. 1831, D. 31, 91. — l'obligation réunie aux intérêts dépassait le taux du dernier ressort.

Art. 2. — *Demandes non déterminées par les parties.*

144. Une demande est indéterminée lorsque, susceptible d'une évaluation précise, elle ne l'a pas reçue des parties, ou n'a été appréciée que d'une manière différente de celle dont la loi a posé les bases.

Ces bases varient selon que la demande est personnelle ou mobilière, réelle ou immobilière. —V. *sup*. n° 6 et 10.

Si elle est mixte, on doit recourir tout à la fois aux deux modes d'appréciation.—V. *sup*. n° 7.

145. *Demandes personnelles ou mobilières*. Ces espèces d'actions ont pour objet une somme d'argent, un effet mobilier, ou l'exécution d'une obligation. Le degré de juridiction se détermine, dans le premier cas, d'après le montant de la somme réclamée; dans le second, d'après l'estimation faite par le demandeur dans l'exploit introductif d'instance ou dans ses conclusions rectificatives—V. *sup.* n° 8; — enfin, dans le troisième cas, la compétence se règle d'après les dommages-intérêts réclamés ou la valeur attribuée à l'objet de la convention.

146. Toutes les fois qu'il n'existe dans la cause aucune de ces bases d'évaluation, la demande est indéterminée, et par suite sujette à l'appel.

147. Les premiers juges ne sauraient, sans excéder leurs pouvoirs, estimer eux-mêmes d'office la valeur du litige ou ordonner aux parties d'en déterminer l'importance. Metz, 19 juin 1819, D. *ib.* 715; Carré, art. 281, n°s 279, 286; — ou même prendre pour base les mercuriales, si le demandeur lui-même ne les a pas produites ou n'a pas déclaré s'y référer dans le cours de l'instance. Carré, art. 316, n° 390.

148. Le défendeur ne peut pas davantage évaluer la demande indéterminée formée contre lui, afin de fixer la compétence du trib.—V. *sup.* n° 9.

149. Par le même motif, le défendeur est non-recevable à critiquer l'évaluation faite par le demandeur, sous prétexte qu'elle n'est pas assez élevée.

Ainsi, lorsque le demandeur qui revendique un objet mobilier offre d'abandonner son action moyennant une somme inférieure à 1,500 fr., le trib. statue en dernier ressort. Henrion, *ib.*; Carré, art. 281, 288.

150. D'après les règles précédentes sont susceptibles de deux degrés de juridiction, — 1° la demande tendant au rétablissement d'une porte brisée, à la restitution d'un effet mobilier, et à des dommages-intérêts. Cass. 21 flor. an 10, D. 713.

151. 2° Celle ayant pour objet le recouvrement d'animaux dont la valeur n'est pas déterminée. Cass. 27 oct. 1806, D. 714.

152. 3° Celle en paiement d'une redevance annuelle dont le prix n'est pas déterminé. Cass. 14 prair. an 13, D. 712; 25 juill. 1808, D. *ib.*—Surtout lorsque la rente en elle-même est contestée par le défendeur. Cass. 6 mai 1807, D. 713.

153. 4° Celle en validité d'une opposition à une saisie pratiquée pour obtenir le paiement de plusieurs années d'arrérages d'une rente dont le prix n'a pas été déterminé. Cass. 16 juin 1807, D. 712.

154. Est pareillement susceptible d'appel le jugement qui déclare nulle une apposition de scellés sur des effets d'une valeur indéterminée, et accorde des dommages-intérêts à donner par état. Cass. 4 nov. 1806, D. 715.

Et celui intervenu sur une demande en paiement d'une redevance annuelle d'une somme inférieure à 1,500 fr., lorsque le défendeur, tout en convenant qu'il doit la redevance, soutient qu'il la doit comme rente et non comme fermage : le véritable objet de la contestation est en effet, dans ce cas, de savoir si le défendeur est propriétaire ou fermier, circonstance qui rend la cause susceptible des deux degrés de juridiction, comme ayant pour objet un terrain d'une valeur indéterminée. Liége, 10 août 1808, D. 713.

155. Quand la demande contient des conclusions alternatives, il suffit que l'une des deux choses réclamées soit d'une valeur inférieure à 1,500 fr. pour que le trib. prononce en dernier ressort. Henrion, chap. 16; Carré, n° 311.

156. En conséquence, la demande en paiement d'une somme inférieure à 1,500 fr. pour dommages-intérêts, si mieux n'aime le défendeur faire les réparations convenables, est jugée en dernier ressort. Bourges, 11 fév. 1832, D. 32, 129.

157. De même encore si le demandeur, qui revendique un objet mobilier, offre d'abandonner son action, moyennant une somme inférieure au taux du dernier ressort, le jugement est sans appel. En effet, la loi ne fixe aucun mode d'évaluer une action mobilière, le demandeur peut donner une valeur à sa revendication. Carré, art. 281 et 288. — *Contrà*, Bordeaux, 6 mars 1833, D. 34, 84.

158. Peu importe, du reste, que la demande déterminée alternative n'ait été formée que dans le cours de l'instance : ce sont en effet les dernières conclusions des parties qui doivent être prises en considération pour la fixation du ressort. — V. *sup.* n° 13.

Ainsi n'est pas susceptible d'appel le jugement rendu sur une demande par laquelle, après avoir conclu au paiement d'une somme moindre de 1,500 fr., pour prix d'une récolte, on ajoute, si mieux n'aime le défendeur à dire d'experts. En effet, l'expertise ne peut avoir pour objet que de procurer au défendeur le moyen d'établir qu'il doit moins qu'on ne lui réclame. Henrion, *ib.*

159. *Demandes réelles ou immobilières.* L'importance de ces actions se calcule d'après la valeur du revenu de l'immeuble litigieux *déterminé par prix de bail ou en rente.* — V. *sup.* n° 10.

Aucun autre mode d'évaluation ne saurait servir de base au règlement de la compétence des trib. saisis de la contestation. Cass. 15 mars 1824, D. v° *Degrés de juridiction*, 719.

160. En conséquence, peu importerait que la valeur de l'immeuble, constatée dans un acte de vente authentique, n'excédât pas 1,500 fr. Paris, 15 nov. 1816. S. 17, 209. Cass. 11 oct. 1808, S. 8, 535. 2 nov. 1808, S. 10, 118.—La demande devrait toujours être réputée indéterminée, et par suite le jugement rendu sur la contestation serait sujet à l'appel. Merlin, *Quest. dr.*, v° *Dernier ressort*, § 8, et *Rép.*, *ib.*, § 1er.

161. Ainsi jugé dans le cas 1° d'une contestation relative à la propriété d'un immeuble. — Cass. 18 germ. an 13; 18 therm. an 13; 13 janv. 1806, 6 avr. 1807; 12 juin 1810; 15 nov. 1824. D. 718, 719.

162. — 2° D'une demande en maintenue d'un droit de passage et en démolition d'un mur faisant obstacle au passage. Cass. 27 avr. 1807. D. 722.

163. — 3° D'une demande en délaissement d'un immeuble. Cass. 23 nov. 1807; D. 722.

Quand même il serait établi que cet immeuble n'est imposé que pour 25 centimes. — Orléans, 31 mai 1820, D. 717. — *Contrà*, Bruxelles, 28 janv. 1830, D. 33, 39.

164. — 4° D'une demande en partage d'un immeuble. Cass. 26 oct. 1808, D. 720.

165. — 5° D'une demande intentée par un cohéritier, pour être subrogé à un cessionnaire de droits héréditaires dont le montant n'est pas non plus déterminé en rente ni par prix de bail, encore que le prix payé par le cessionnaire soit inférieur à 1,500 fr. Cass. 3 fruct. an 5, D. 725 et 728; 27 juill. 1808, D. *ib.*, 726.

166. Est également en premier ressort le jugement qui, pour statuer sur la propriété de quelques pieds d'arbres inférieurs à 1,500 fr., décide que le sol sur lequel ils sont plantés appartient à l'une des parties. Cass. 16 mars 1836. (Art. 510, J. Pr.)

167. Les demandes relatives aux droits d'usufruit, d'usage et d'habitation doivent être déterminées comme toutes les actions réelles. Carré, art. 354, n° 460.

168. Le demandeur ne peut pas, comme en matière d'action mobilière, rendre son action susceptible du dernier ressort en formant une demande alternative d'une somme d'argent inférieure à 1,500 fr. — V. *sup.* n° 155.

169. En conséquence est en premier ressort seulement le jugement rendu : — 1° sur une demande alternative en paiement d'une somme moindre de 1,500 fr., ou en délaissement d'un immeuble d'une valeur indéterminée. Cass. 10 avr. 1811, D. *ib.* 723; 8 mai 1811, S. 11, 202; Liége, 16 juin 1824, S. 25, 69; Grenoble, 25 juin 1827, S. 28, 162; Paris, 18 mars 1826, S. 28, 11; Toulouse, 20 mai 1828, D. 28, 203; Montpellier, 7 fév. 1828, S. 28, 246. — *Contrà*, Bruxelles, 7 déc. 1812, S. 13, 221.

170. 2° Dans une instance où le demandeur laisse au défendeur le choix d'exécuter la convention faite entre eux, de partager les biens dont celui-ci se rendrait adjudicataire, ou de payer 300 fr. *à titre de dommages-intérêts*. Colmar, 20 juill. 1832, D. 33, 127.

171. 3° Sur une demande en garantie dirigée par un individu poursuivi en paiement d'arrérages d'une rente dont le capital est moindre de 1,500 fr., contre des acquéreurs qui se sont chargés du service de la rente, et en délaissement des immeubles vendus. Cass. 16 mars 1824, D. *ib*.

172. Si le demandeur a laissé d'abord son action indéterminée, il ne peut à plus forte raison abandonner dans le cours de l'instance ses conclusions primitives pour les réduire à une somme inférieure à 1,500 fr.; l'évaluation par lui donnée n'est pas conforme au mode fixé par la loi. Merlin, *Rép.*, v° *Dernier ressort*, § 5; Carré, art. 281, n° 288.—V. *sup*. n° 17.

173. Lorsque, sur une action en démolition d'une construction, le demandeur déclare, pendant l'instance, se contenter de 1,000 fr., auxquels il fixe la valeur de sa demande, si le défendeur aime mieux les payer que de démolir; cette évaluation n'empêche pas l'action de rester légalement indéterminée et sujette à l'appel. Cass. 23 prair. an 12, D. *ib*. 719.

174. Mais il en est autrement lorsque le détenteur acquiesce à cette évaluation ou s'en rapporte, d'accord avec le demandeur, à l'évaluation du revenu qui sera faite par un expert; cette convention est obligatoire pour les parties. Arg. Cass. 18 germ. an 13, S. 7, 2, 900; Carré, art. 281, n° 287; Merlin, *Rép.*, *Dernier ressort*, § 1, n° 6.

175. Quand l'objet litigieux est susceptible d'être évalué par prix de bail ou rente, le défendeur a toujours le droit de faire cette évaluation, si le demandeur l'a négligée. Il ne saurait, en effet, dépendre de celui-ci de priver à son gré le défendeur du bénéfice du dernier ressort. Carré, art. 354.

Art. 3. — *Demandes indéterminées jointes à des demandes déterminées.*

176. La demande peut être indéterminée pour partie seulement, un objet déterminé étant réclamé conjointement avec un autre objet indéterminé. — Dans ce cas le jugement n'est jamais qu'en premier ressort, bien que l'objet déterminé soit inférieur à 1,500 fr.

177. C'est ce qui a lieu, par exemple, lorsqu'en concluant au paiement de la valeur d'arbres abattus et estimés moins de 1,500 fr., on demande aussi à être déclaré propriétaire du terrain où sont plantés d'autres arbres non abattus. Bruxelles, 13 mai 1807, D. *ib*. 463.

178. 2° Quand on réclame contre le défendeur des dommages-intérêts inférieurs à 1,500 fr., mais qu'on demande en même temps qu'il lui soit fait défense de récidiver à l'avenir. Douai, 26 fév. 1825, D. 30, 50.

179. 3° Lorsqu'à une demande ayant pour objet une somme inférieure à 1,500 fr. pour loyer annuel, on joint une action en *résiliation du bail*. Bourges, 9 déc. 1830, D. 33, 174.

180. Si c'est le défendeur qui, sur la poursuite d'un créancier, forme une demande indéterminée, on doit suivre les principes des demandes reconventionnelles.—V. *sup.* n° 52 et suiv.

SECTION II. — *Jugemens des Trib. de commerce.*

181. Les trib. de commerce jugent en dernier ressort, 1° toutes les demandes dont le principal n'excède pas la valeur de 1,500 fr. L. 3 mars 1840 (Art. 1625 J. Pr.); — 2° toutes celles où les parties justiciables de ces trib., et usant de leurs droits, ont déclaré vouloir être jugées définitivement et sans appel. C. comm. 639.

Les règles établies pour la compétence de dernier ressort des trib. de 1re inst. leur sont en général applicables. — Toutefois, il faut remarquer que ces trib. ne peuvent jamais connaître des actions immobilières ou réelles, ni de certains incidens, tels que les vérifications d'écritures, les inscriptions de faux, etc. — V. *Compétence*, *Tribunal de commerce*.

SECTION III. — *Jugemens des conseils de prud'hommes.*

182. La compétence des conseils de prud'hommes est soumise à des règles toutes spéciales.

Ainsi, c'est le montant de la *condamnation* et non celui de la demande qui fixe le ressort.

Tout jugement rendu par un conseil de prud'hommes est susceptible d'appel, s'il prononce une condamnation supérieure à 100 fr.

Mais il est en dernier ressort quand le montant de la condamnation n'excède pas cette somme, quelle que soit, du reste, l'importance des sommes réclamées.

Réciproquement, le demandeur peut, dans tous les cas, appeler du jugement qui rejette sa demande.

— V. *Prud'homme*.

SECTION IV. — *Jugemens des juges de paix.*

183. Les juges de paix connaissent en dernier ressort : — 1° des demandes personnelles et mobilières jusqu'à la valeur de 100 fr.; — 2° de certaines affaires spécialement déterminées par la loi, aussi jusqu'à 100 fr. — V. *Juge de paix*, n° 39 à 137.

A l'égard des premières, il faut se reporter aux règles tracées pour les causes de même nature de la compétence des trib. de 1re inst.; il n'y a de différence que dans la quotité. — V.

sup. sect. I. — Relativement aux secondes. — V. *Action possessoire*, *Douane*.

RESTITUTION *d'Amende*. — V. *Appel*, nos 246 à 250 ; *Cassation*, nos 271 et 275.

RESTITUTION *des droits d'enregistrement*. — V. *Enregistrement*, nos 86 à 90.

RESTITUTION DE FRUITS. — V. ce mot. C. pr. 129, 526.

RESTITUTION *de pièces*. — V. *Exception*, nos 136 à 142.

RESTRICTION *d'une demande*. — V. *Appel*, n° 289 ; *Préliminaire de conciliation* ; *Ressort*.

RESTRICTION DE L'HYPOTHÈQUE LÉGALE DES FEMMES ET DES MINEURS.

1. Le mari, du consentement de sa femme, et après avoir pris l'avis des quatre plus proches parens de cette dernière, réunis en assemblée de famille, peut demander que l'hypothèque légale de la femme soit restreinte aux immeubles suffisans pour la conservation entière de ses droits. C. civ. 2144. — V. d'ailleurs *ib*. 2140.

2. Le jugement n'est rendu qu'après avoir entendu le procureur du Roi et contradictoirement avec lui. C. civ. 2145.

3. Si l'hypothèque est restreinte à certains immeubles, les inscriptions prises sur tous les autres sont rayées. *Ib*.

4. Quant à la restriction de l'hypothèque légale du *mineur*, — V. ce mot, nos 27 à 29.

La demande doit être dirigée contre le subrogé-tuteur à peine de nullité. Paris, 11 juin 1834, D. 35, 6.

5. L'avis des parens consultés pour savoir s'il y a lieu de restreindre l'hypothèque, soit de la femme, soit du mineur, est rédigé dans la forme ordinaire des avis de parens, et soumis au même droit d'enregistrement. — V. *Conseil de famille*.

6. Ce n'est point par un simple jugement d'homologation, rendu sur requête, que le tribunal doit prononcer, mais par un jugement rendu contradictoirement avec le subrogé-tuteur et destiné à apprécier et vérifier l'avis du conseil de famille, à peine de nullité. Cass. 3 juin 1834, D. 34, 205.

RÉTENTION (*droit de*). — V. *Avoué*, n° 169 ; *Huissier*, n° 264.

RETENUE DES CAUSES. — V. *Audience*, n° 22.

RETENUE DE TRAITEMENS. — V. *Discipline*, n° 58.

RETENUE DU FOND. — V. *Appel*, sect. 9 ; *Exception*.

RETOUR (*Compte de*). V. *Effet de commerce*, n° 184.

RETOUR *sans frais*. — V. *Effet de commerce*, n° 78.

RETRACTATION. — V. *Faillite*, sect. 12 ; *Requête civile*.

RETRAIT DE DROITS LITIGIEUX.

Celui contre lequel on a cédé un droit *litigieux* (— V. ce mot, nos 3 et 19), peut s'en faire tenir quitte par le cessionnaire, en lui remboursant le prix réel de la cession avec les frais et loyaux coûts et avec les intérêts, à compter du jour où le cessionnaire a payé le prix de la cession à lui faite. C. civ. 1699.

RETRAITE. — V. *Effet de commerce*, nos 180 à 184.

RETRAITE. (1) Position de celui qui, retiré des fonctions publiques, reçoit une pension pour ses anciens services.

DIVISION.

§ 1. — *Notions générales.*

1. Les pensions des magistrats et de leurs veuves ont été successivement régies par les lois des 22 août 1790, 15 germ. an 11, le décr. du 13 sept. 1806; — le décret du 2 oct. 1807; — les ordonn. des 23 sept. 1814 et 17 août 1824.

2. La loi 15 mai 1818, art. 13 (à la différence de l'art. 27, L. 25 mars 1817) a permis le cumul des *pensions et traitemens* de toute nature qui, réunis, n'excèdent pas 700 fr., et seulement jusqu'à concurrence de cette somme.

3. Les anciens services déjà récompensés par une pension sur les fonds généraux doivent être comptés avec les services postérieurs pour régler une pension nouvelle en raison de la généralité des services. Il est fait déduction de la première pension et le surplus de la liquidation est assigné sur le fonds de retenue. Déc. min. fin. 17 nov. 1818. — V. Favard, v° *Pensions*, § 4, n° 7.

4. Celui qui ayant acquis des droits à une pension sur fonds de retenue jouit déjà d'une pension sur l'état, plus forte que celle résultant de ses nouveaux services réunis aux anciens, ne peut demander une seconde pension ou une addition à la première. Av. com. législ. et cont. cons. d'Et. 8 oct. 1823. Favard, *ib.* n° 8.

5. Dans l'ordre judiciaire, les magistrats sont les seuls qui obtiennent une pension de retraite.

Les greffiers n'y ont pas droit, attendu que, ne supportant sur leur traitement aucune retenue, ils ne contribuent pas à former la caisse des retraites. Déc. min. just. 25 sept. 1831. Victor Foucher, sur Carré, *organ.* 2, 159.

---

(1) Cet article est de M. Dorigny, avocat.

6. La *destitution* ou *révocation* emporte déchéance du droit à la pension. Ord. 23 sept. 1814, art. 15.

Le magistrat *démissionnaire* perd aussi ses droits à la pension. *Ibid.* — Ainsi il importe de ne ne pas donner sa démission purement et simplement quand on désire être admis à la retraite. Sinon, lorsqu'on a été remplacé comme démissionnaire, il faut que l'ordonnance soit rapportée en ce point pour obtenir une pension.

7. Du reste, le magistrat démissionnaire conserve ses droits à la pension, lorsqu'il n'a donné sa démission et qu'il n'a été remplacé dans ses fonctions que pour causes d'infirmités constatées à l'époque de son remplacement ou lorsqu'il avait le temps de service exigé pour cette pension. Ord. cons. d'Et. 8 août 1821.

8. La liquidation des pensions se fait au ministère de la justice ; elle est soumise ensuite à l'examen de l'un des comités du conseil d'Etat, et réglée définitivement par une ordonnance du Roi, rendu sur le rapport du Garde des sceaux. Ord. 23 sept. 1814, art. 20, 17 août 1824.

9. Les pensions sont payées par trimestre : — à Paris par la caisse des dépôts et consignations ; — dans les départemens, par les receveurs généraux ou leurs préposés.

Lors de chaque paiement, les pensionnaires doivent produire, 1° un certificat de vie ; — 2° leur certificat d'inscription sur le registre des pensionnaires du ministère de la justice. Instr. min. just. 24 août 1824, art. 9.

10. Une pension est présumée éteinte lorsque le pensionnaire a laissé écouler trois années sans se présenter. Ord. 23 sept. 1826, art. 19. — Mais cette présomption disparaît lorsque le pensionnaire justifie de son existence et réclame sa pension avant l'expiration du délai de cinq ans. Arg. art. 2277 C. civ. Isambert, *Lois et ord.* 1814, p. 417.

11. Les recettes de la caisse des retraites du ministère de la justice se composent : — 1° d'une retenue de cinq pour cent sur le traitement des présidens, conseillers auditeurs et juges des C. de cass., C. Roy., trib. de 1re inst. et justices de paix, ainsi que sur celui des procureurs, avocats généraux et substituts près ces C. et trib. ; — 2° de la retenue du premier mois de traitement ; — 3° de la retenue, pendant le premier mois, de toutes les augmentations de traitement obtenues, soit dans les mêmes fonctions, soit par suite de promotions à une place supérieure ; — 4° de la subvention accordée par la loi de finances. Ordonn. 24 févr. 1832, art. 1.

Ces dispositions sont applicables aux chefs de service et employés de l'administration centrale du ministère de la justice et des bureaux du Cons. d'Et. *Ib.* art. 2.

12. La retenue de cinq pour cent est applicable : — 1° aux droits d'assistance; — 2° aux supplémens de traitement; — 3° aux portions de traitement attribués aux suppléans qui remplissent par intérim les fonctions de juge. Régl. min. just. 28 déc. 1838, art. 158 et 160.

13. Le premier mois de traitement est dû par celui qui entre pour la première fois dans la magistrature, ou dont le traitement ne contribuait pas au fonds de la caisse des retraites du ministère. *Ib*. art. 159.

14. Les juges suppléans appelés à composer les chambres temporaires subissent, outre la retenue de 5 pour 100, celle du premier mois de traitement. *Ib*. art. 160.

§ 2. — *Conditions et quotité de la pension.*

15. *Magistrats.* Les magistrats des C., trib. et justices de paix, ainsi que les fonctionnaires et employés du ministère de la justice, *n'ont droit* à la pension de retraite qu'après 30 *ans* de services publics effectifs, dont au moins 10 ans dans l'ordre judiciaire ou au ministère de la justice. Ordonn. 23 sept. 1814, art. 4.

16. Toutefois, la pension *peut* être accordée avant ce terme aux magistrats et employés que des accidens ou infirmités rendraient incapables de continuer leurs fonctions, ou qui se trouveraient réformés par le fait de la suppression de leur emploi, pourvu qu'ils aient au moins 10 *années* de service dans les C., trib. et justices de paix, ou au ministère de la justice. *Ib*. art. 5.

17. Le magistrat qui ne justifie pas de 30 ans de services publics effectifs, n'a pas un *droit acquis* à la pension de retraite. Dans ce cas, les parties ne sont pas admises à réclamer contre la décision du ministre par la voie contentieuse. Ordonn. cons. d'ét. 17 juill. 1822; Favard, v° *Pension*, § 4, n° 9.

18. On compte comme service effectif tout le temps d'activité dans les fonctions législatives, judiciaires ou administratives ressortissant au gouvernement. *Ib*. art. 6. — Mais il faut que ces fonctions aient été rétribuées par l'état. Toutes celles auxquelles n'est pas attaché un traitement ne comptent pas pour la pension.

19. Un magistrat dont le temps de service n'est pas suffisant pour lui faire accorder une pension de retraite, ne peut, non plus, pour compléter ce temps, se prévaloir de services salariés par l'autorité communale, tels que ceux relatifs aux fonctions de commissaire central de police, ni d'infirmités contractées pendant l'exercice de ces fonctions. Ordonn. cons. d'ét. 29 juin 1832, D. 32, 3, 137.

20. La pension acquise après 30 ans de services est de moitié

du traitement. Elle s'accroît du vingtième de cette moitié, pour chaque année de service au-delà de trente ans. *Ib.* art. 7.

21. La pension accordée avant 30 ans d'exercice est, pour les 10 premières années, du tiers de celle qui aurait été acquise pour 30 années de service, avec accroissement du trentième pour chaque année de service au-dessus de 10 ans. Ordonn. 22 fév. 1821.

22. La fraction de service au-dessous de sept mois n'est pas comptée; celle de sept mois et au-dessus l'est pour une année. Ordonn. 23 sept. 1814, art. 9.

23. La quotité de la pension est réglée, dans tous les cas, sur le taux moyen du traitement dont les magistrats et employés ont joui pendant les trois dernières années de leur service. *Ib.* art. 10.

24. Elle ne peut être fixée à moins de 200 fr., ni excéder les deux tiers du traitement. Elle ne peut également s'élever à plus de 6000 fr., quel que soit le taux du traitement. *Ib.* art. 11.

25. *Veuves.* La veuve d'un magistrat a droit à une pension sur les fonds de retenue du ministère de la justice, aux termes de l'ord. 17 août 1824, art. 1er.

1° Lorsqu'au moment du décès de son mari, celui-ci avait 30 *ans* de services susceptibles d'être récompensés, soit que la pension du mari ait été liquidée, ou que la liquidation n'en ait pas encore été faite; — 2° lorsque son mari est décédé jouissant d'une pension de retraite concédée pour *moins de* 30 *ans* de services, et liquidée postérieurement à la publication de ladite ordonnance.

26. Dans l'un et l'autre cas, la pension de la veuve est du tiers de celle dont son mari jouissait, ou qu'il aurait eu le droit d'obtenir; elle ne peut néanmoins être au-dessous de 100 fr. *Ib.* art. 2.

27. Lorsqu'un magistrat est décédé en jouissance d'une pension de retraite sans réclamer en temps utile contre la fixation de cette pension, sa veuve n'est pas recevable à se pourvoir contre cette fixation. Ord. Cons.-d'Ét., 5 mai 1831, D. 32, 3, 14.

28. La veuve d'un magistrat décédé en activité et ayant moins de 30 ans, mais plus de dix ans de services dans l'ordre judiciaire, peut obtenir une pension sur les fonds de retenue, en justifiant que cette pension lui est nécessaire.

29. Il en est de même de la veuve d'un magistrat décédé en retraite, et qui jouissait d'une pension liquidée pour moins de 30 ans de services, avant la publication de l'ordonnance. Ord. 17 avril 1824, art. 3.

30. La pension est considérée comme nécessaire lorsque les revenus de la veuve, à l'époque du décès de son mari, sont inférieurs aux deux tiers de la pension que celui-ci aurait obtenue ou pu obtenir.

31. La veuve est tenue de justifier du montant de ses reveuus dans la forme et sous les conditions suivantes :

Elle doit se présenter devant le juge de paix du canton où est situé son domicile légal ; faire devant lui la déclaration de ses revenus à l'époque du décès de son mari, et joindre à l'appui de sa déclaration les extraits d'inventaire et autres documens authentiques qui peuvent servir à la vérifier.—Cette déclaration est par elle affirmée sous la foi du serment, sous peine, en cas de fausse déclaration, de voir rayer la pension et d'être poursuivie en restitution des arrérages indûment perçus; le tout sans préjudice des peines plus graves prononcées par les lois.— Le juge de paix dresse procès-verbal de la déclaration et du serment, et y annexe les pièces à l'appui. Ord. 16 oct. 1822, art. 1er.

32. Dans ce cas, lorsque les revenus de la veuve n'excèdent pas le tiers de la pension que son mari aurait obtenue ou pu obtenir, la pension de cette veuve est du tiers de celle du mari, sans pouvoir néanmoins être au-dessous de 100 fr.—Lorsque la veuve jouira d'un revenu supérieur au tiers de la pension qui aura été ou qui aurait pu être accordée au mari, la pension de ladite veuve est réglée de manière que, réunie à son revenu, elle n'excède pas les deux tiers de la pension du mari. Ord. 17 août 1824, art. 5.

33. Si la veuve jouit d'un revenu supérieur ou égal aux deux tiers de la pension accordée ou qui eût pu être accordée à son mari, il ne peut lui être donné de pension. *Ib.* art. 6.

34. Il n'est point accordé de pension sur les fonds de retenue du ministère de la justice aux veuves qui n'ont pas été mariées cinq ans avant la cessation des fonctions de leur mari, non plus qu'à celles qui seraient séparées de corps, lorsque la séparation a été prononcée sur la demande de leur mari. *Ib.* art. 7.

35. La pension des veuves qui contracteront un nouveau mariage, cesse de plein droit, dès le jour de la célébration. *Ib.* art. 9.

36. *Orphelins.* Des secours peuvent être accordés aux orphelins des magistrats et employés du ministère de la justice, jusqu'à ce qu'ils aient atteint l'âge de 18 ans révolus, et même après cet âge s'ils sont affligés d'infirmités graves et incurables. Ces secours doivent cesser lorsque les orphelins sont élevés dans un établissement à la charge de l'état. Ordonn. 23 sept. 1814, art. 13, 17 août 1824, art. 10.

37. Ils sont fixés pour chacun au vingtième de la pension que leur père aurait obtenue ou pu obtenir, sans néanmoins pouvoir être au-dessous de 50 fr. Ordonn. 17 août 1824, art. 10.

38. Pour obtenir ces secours, les tuteurs des orphelins, ou les orphelins eux-mêmes, s'ils sont majeurs, doivent justifier de l'insuffisance de leurs revenus de la même manière et sous les mêmes conditions que les veuves. Ordonn. 16 oct. 1822, art. 2; 17 août 1824, art. 12. — V. *sup*. n° 25 à 35.

§ 3. — *Pièces à produire*.

39. *Magistrats*. 1°. Demande.

40. 2°. Acte de naissance.

41. 3°. Un état de service indiquant, dans des colonnes séparées, la durée des services judiciaires, administratifs, législatifs et militaires.

42. 4°. Des certificats, légalisés par qui de droit, constatant, d'une manière *claire et précise*, le jour de l'entrée en exercice et celui de la cessation de chacun des services.

Ces certificats seront délivrés, pour les services législatifs, par le garde des archives du royaume ou par le garde des archives de la chambre des députés; — pour les services judiciaires, par le greffier en chef de la Cour ou du trib. où les registres sont déposés. Lorsqu'il s'agit de services judiciaires rendus avant la loi du 11 sept. 1790, portant suppression des anciens trib., le certificat doit énoncer d'une manière positive si la juridiction était royale ou seigneuriale; — pour les services administratifs, par le chef de l'administration à laquelle le magistrat ou l'employé aura appartenu, ou par le secrétaire général en fonctions. Le certificat doit indiquer si ces services étaient rétribués par un traitement à la charge de l'État; — enfin, pour les services rendus dans les armées de terre ou de mer, par les chefs du ministère de la guerre ou de la marine pour ce autorisés, ou par la production d'un congé ou d'une dispense de service.

Dans le cas où, par suite de la perte ou de la destruction des registres ou autres documens pouvant servir à constater les services, le réclamant ne pourrait faire les justifications indiquées ci-dessus, il a la faculté d'y suppléer par un acte de notoriété dressé par un officier public, en produisant à l'appui un certificat de l'autorité compétente attestant l'impossibilité de fournir la preuve directe de ses services. Inst. min. just. 24 août 1824.

43. 5°. Une déclaration du réclamant portant qu'il ne jouit d'aucune pension sur les fonds de retenue des divers ministères ou administrations publiques : dans le cas où il en aurait une, il doit en faire connaître le montant, ainsi que les services pour lesquels cette pension a été accordée.

44. 6°. Une déclaration d'élection de domicile.

45. 7°. Enfin, un certificat de deux officiers de santé constatant que les infirmités dont le réclamant était atteint au moment

où il a cessé son service ne lui permettaient plus de continuer l'exercice de ses fonctions. Le réclamant n'est tenu de fournir cette dernière pièce que dans le cas où il ne compterait pas trente années années de services admissibles, aux termes des réglemens, dans la liquidation d'une pension.

46. Dans le cas où les pièces produites présenteraient des différences, soit dans l'orthographe des noms, soit dans l'ordre ou le nombre des prénoms, soit dans l'indication des dates et lieux de naissance, ces différences devront être expliquées dans un acte d'individualité fait, sur l'attestation de trois témoins au moins, devant le juge de paix du canton de la résidence du réclamant. Instr. min. just. 24 août 1824, art. 8.

47. Ces pièces doivent être remises, pour *les membres des C. roy.*, au procureur général du ressort où les derniers services ont été rendus ; pour *les membres des trib. de 1re inst.* et *les juges de paix*, au procureur du Roi qui, après s'être assuré de leur régularité, les transmet au procureur général. — Ce magistrat envoie le tout au ministère de la justice avec ses observations et son avis motivé. *Ib.*, art. 1er.

48. *Veuves.* — 1°. Demande.

49. 2°. Acte de naissance de la réclamante.

50. 3°. Acte de célébration de mariage.

51. 4°. Acte du décès du mari.

52. 5°. Déclaration de la réclamante portant qu'il n'existe pas de séparation de corps prononcée sur la demande de son mari.

53. 6°. Déclaration portant qu'elle ne jouit d'aucune pension sur les fonds de retenue des divers ministères ou administrations publiques : ou si elle en a une, en indiquant le montant, ainsi que les services pour lesquels cette pension a été accordée.

54. 7°. Déclaration d'élection de domicile.

55. 8°. Certificat d'inscription, sur le registre des pensionnaires du ministère de la justice de la pension qui avait été accordée au mari.

Si, au moment du décès du mari, sa pension n'avait pas encore été liquidée, la veuve doit fournir un état des services de son mari, avec les certificats à l'appui ou un acte de notoriété pour y suppléer. —V. *sup.* n° 42.

56. 9°. Si le mari n'est pas décédé en jouissance d'une pension accordée pour trente années de services ou liquidée postérieurement à la publication de l'ord. du 17 août 1824, ou si, décédé en activité de service, le mari ne comptait pas trente ans d'exercice dans les fonctions susceptibles d'être récompensées par une pension, la veuve doit produire la déclaration faite par elle de-

vant le juge de paix relativement à la quotité de ses moyens d'existence.

57. Pour la *rectification* et la *transmission* des pièces. — V. *sup*. nos 46 et 47.

58. *Orphelins*. 1°. Demande.

59. 2°. Acte de naissance.

60. 3°. Acte de décès de leurs père et mère.

61. 4°. Déclaration faite devant le juge de paix relativement à la quotité des moyens d'existence des orphelins.

62. 5°. S'ils sont affligés d'infirmités graves et incurables, ils doivent en justifier par un certificat de deux médecins. Inst. min. just. 24 août 1824.

Les renseignemens transmis par les procureurs généraux et procureurs du roi, ou ceux qui existent au ministère de la justice, suppléent aux autres justifications.

§ 4. — *Retraite forcée.*

63. Anciennement les infirmités les plus graves n'étaient point un motif suffisant pour forcer un juge à se démettre de sa charge. Si l'interdiction des fonctions était prononcée pour cette cause, on ne la considérait que comme *momentanée*. Le juge, dans cette position, conservait ses titres et honneurs, et continuait à recevoir *l'intégralité de ses gages*. La Rocheflavin, *des Parlemens*, liv. 6, chap. 4 et suiv.; Dupin, *des Magistrats*, § 6; Carré, *Organ.*, quest. 106. — Mais, à cette époque, les corps judiciaires étaient plus nombreux qu'ils ne le sont aujourd'hui, et d'ailleurs les magistrats, propriétaires de leur office, s'empressaient de le transmettre à leurs enfans ou de le vendre, quand ils ne pouvaient plus continuer leurs fonctions.

64. Sous l'empire, un décret du 2 oct. 1807 donna au chef du gouvernement le droit de mettre *forcément* à la retraite les magistrats des C. de cass., d'appel, de justice criminelle ou des trib de 1re inst., que les présidens et les procureurs généraux feraient connaître comme étant hors d'état d'exercer leurs fonctions, par suite de *cécité*, de *surdité* ou d'autres *infirmités graves*.

65. Ultérieurement, et malgré le principe de *l'inamovibilité* des juges consacré par la charte, il a paru nécessaire de conserver au gouvernement cette faculté, avec les garanties désirables, dans les cas d'infirmités *graves* et *permanentes*. L. 16 juin 1824. L'inamovibilité en effet n'est attachée qu'à l'exercice des fonctions. Carré, *Organ*, art. 79, comment.

66. Par infirmités *permanentes*, il faut entendre celles qui sont *incurables*. Argum. art. 9, L. 1824. Ainsi, bien que l'empêchement qui en résulterait puisse n'être pas *continuel*, par

exemple dans le cas de la *goutte*, s'il se renouvelle trop fréquemment, et qu'il n'y ait pas d'espoir de guérison, la mise à la retraite peut être prononcée. Carré, quest. 107.

67. *La cécité* doit-elle être aujourd'hui une cause de mise à la retraite? — La loi romaine disait : *cœcus judicandi officio fungitur*. D. L. 6, tit. 1er, liv. 5. — Cette règle était admise dans l'ancien ordre judiciaire ; la surdité au contraire était considérée comme ne permettant pas d'exercer les fonctions de juge. La Rocheflavin, *loc. cit.*, chap. 4, n° 8, et chap. 20, n° 1er. Jousse, *de l'adm. de la just. civ.*, part. 1re, tit. 3. — M. Victor Foucher, nouv. édit. de Carré, *Organ.*, question 107, note *a*, pense que cette distinction doit encore être faite là où il est possible de ne faire siéger le juge aveugle que dans une chambre *civile*. — Cependant, même en matière civile, il ne suffit pas *d'entendre*, il faut encore pouvoir *lire*.

68. Lorsqu'il paraît y avoir lieu de provoquer la mise à la retraite, il est formé une commission composée du premier président, des présidens de chambre et du doyen de la C. à laquelle appartient le magistrat désigné, ou dans le ressort de laquelle est établi le trib. dont il fait partie, à l'effet de décider préalablement s'il y a lieu de procéder à la vérification de l'état de santé de ce magistrat. L. 16 juin 1824, art. 2.

69. Cette commission est convoquée d'office par le premier président, ou sur la réquisition du procureur général qui, dans tous les cas, assiste aux délibérations et est entendu. *Ib.*, art. 3 et 4. — Il est dressé procès-verbal des réquisitions du procureur général et des délibérations de la commission. *Ib.*, art. 5.

70. La commission doit nécessairement être composée des membres désignés par la loi, ou, en cas d'empêchement constaté, de ceux qui sont appelés à les remplacer d'après les règles ordinaires. — La délibération prise par une commission incomplète est susceptible d'être annulée pour excès de pouvoir. Cass. 27 juin 1838 (Art. 1194 J. Pr.).

71. Si la commission est d'avis qu'il existe des motifs suffisans de croire à la réalité de l'infirmité alléguée, elle déclare qu'il en sera *référé au Garde des sceaux*. — Dans le cas contraire elle déclare qu'il *n'y a pas lieu à procéder à de plus amples vérifications*. L. 1824, art. 6.

72. Lorsqu'il en est *référé*, les pièces sont transmises dans les trois jours au Garde des sceaux qui ordonne, s'il y a lieu, qu'il soit informé. *Ib.*, art. 7. — La décision est prise en forme 'arrêté, elle est adressée au procureur général.

73. Si le Garde des sceaux ordonne qu'il en soit informé, a C. est immédiatement convoquée en assemblée générale des hambres et nomme un ou plusieurs commissaires pour procéder à l'information. *Ib.*, art. 8.

74. Ces commissaires doivent recueillir tous les documens nécessaires et reçoivent, suivant l'exigence des cas, les déclarations des témoins et des gens de l'art. — Ils reçoivent également les explications écrites ou verbales que voudrait fournir le magistrat réputé atteint d'une infirmité *incurable*. — S'il refuse ou ne peut donner ces explications, il en est fait mention au procès-verbal. L'information est communiquée, après sa clôture, au procureur général. *Ib.*, art. 9 et 10.

75. Les commissaires font leur rapport dans les trois jours de la clôture définitive de l'information. — La C., après avoir entendu le procureur général, déclare si elle est d'avis qu'il y ait lieu à admettre le magistrat désigné. *Ib.*, art. 11. — Dans le cas de l'affirmative, cette mesure peut être proposée au Garde des sceaux. *Ib.*, art. 12.

76. Lorsque la proposition de faire admettre à la retraite a été rejetée, soit par la commission d'examen, soit par la C., elle ne peut être reproduite qu'après le délai de deux années. *Ib.*, art. 14.

77. Ces dispositions sont applicables aux membres de la *C. des comptes*; l'ordre d'informer est donné, et la proposition d'admettre à la retraite est faite par le ministre des finances. *Ib.*, art. 15.

78. Les magistrats admis à la retraite en vertu des dispositions précédentes, *ont droit* à une pension qui est liquidée conformément aux lois et réglemens. — Ils peuvent recevoir en outre le titre de président, de conseiller ou juge honoraire, et jouissent des priviléges honorifiques attachés à ce titre. *Ib.*, art. 13. — V. *Honoraire*.

V. *Discipline*, *Saisie-arrêt*.

§ 5. — *Modèles.*

MODÈLE 1er.

ÉTAT des services de M. (indiquer ici les nom, prénoms et qualités), *né à* , *département d* , *le* *et pour lesquels il réclame une pension sur les fonds spéciaux de retenue du Ministère de la justice.*

NUMÉROS des Pièces justificatives.	DÉSIGNATION des services civils et militaires.	DATE		MOTIFS de la cessation du service.	DURÉE DES SERVICES			OBSERVATIONS.
		de l'entrée en exercice.	de la cessation des fonctions.		judiciaires.	législatifs et administratifs	militaires.	
					Ans. Mois. J.	Ans. Mois. J.	Ans. Mois. J.	

Certifié sincère et véritable, et conforme aux pièces produites à l'appui de ma demande d'une pension.
A ce

Vu par nous Procureur général près la Cour royale séant à A ce

MODÈLE 2.

ÉTAT des services de M. (indiquer ici les nom, prénoms et qualités), *décédé le* , *et pour lesquels la dame* (indiquer ici les nom et prénoms), *sa veuve, née à* , *département d* , *le* , *mariée le* , *demande une pension sur les fonds spéciaux de retenue du Ministère de la justice.*
(Même cadre, même certifié et même visa que ci-dessus.)

MODÈLE 3.

ÉTAT des services de M. (indiquer ici les nom, prénoms et qualité), *décédé le* , *et pour lesquels M.* (indiquer ici les nom et prénoms), *son fils* (ou *sa fille*), *né à* *departement d* , *le* , *demande un secours sur les fonds spéciaux de retenue du Ministère de la justice.*
(Même cadre que celui du modèle n° 1er.)

Certifié sincère et véritable, et conforme aux pièces produites à l'appui de ma demande d'un secours.
A ce

Vu par nous Procureur général près la Cour royale séant à A ce

RÉTROACTIF (EFFET). Effet d'une loi qui, en revenant sur le passé, enlève un droit acquis. On dit aussi qu'un jugement, un acte ou l'événement d'une condition ont un *effet rétroactif*, pour dire qu'ils remontent à un temps antérieur.

1. La loi n'est exécutoire que par la promulgation (C. civ. art. 1); conséquemment elle ne dispose que pour l'avenir, et n'a point d'effet rétroactif (C. civ., art. 2); *Leges et constitutiones futuris certum est dare formam negotiis, non ad facta præterita revocari. L. 7, C. de legibus.*

2. Toutefois, le législateur conserve le droit de déroger à cette règle, dans certains cas, par des dispositions expresses, et sans pouvoir porter atteinte aux transactions et aux décisions antérieures : *Nisi*, NOMINATIM *et de præterito tempore, et* ADHUC PENDENTIBUS NEGOTIIS, *cautum sit. Discussion du Cod. civ. tribun* Thiessé.

3. Ainsi le juge, à moins d'une disposition expresse, ne doit jamais faire rétroagir la loi.

4. Mais quand la loi rétroagit-elle ? — Lorsqu'elle revient sur le passé, en le changeant au préjudice des personnes qui avaient des droits acquis avant la loi nouvelle. On entend par *droits acquis*, non pas une *expectative*, mais des droits qui sont entrés dans notre domaine. Merlin, *R.* v° *Effet rétroactif*, sect. 3, § 1; Dalloz, v° *Lois*, sect. 3; Blondeau, S. 9, 2, 277.

5. Ainsi, ce n'est point préjudicier à des droits acquis que de régler par la loi nouvelle la capacité des personnes : la femme qui, d'après la coutume, pouvait seule ester en jugement, ne le peut plus depuis le C. civil, sans l'autorisation de son mari. Cette capacité n'étant un droit acquis qu'autant qu'elle était maintenue par la loi ancienne, n'a pu excéder la durée de cette loi, qui, par son abrogation, a laissé à la loi nouvelle le règlement de la capacité des personnes. Merlin, *ib.* sect. 3, § 2, art. 5 et 6; Dalloz, *ib.*; Chabot, *Questions transitoires*, v[is] *Autorisation maritale* et *Statuts personnels ou réels*.

Il en est de même des lois qui règlent les conditions nouvelles de la majorité. *Mêmes auteurs.*

6. Mais le majeur qui avait été interdit pour cause de prodigalité, n'a point, de plein droit, purgé son interdiction par la promulgation du Code, qui ne soumet plus le prodigue qu'à la nomination d'un conseil judiciaire; et il n'a pu, même en se faisant assister de son curateur, ester en jugement, sans avoir au préalable obtenu de la justice d'être placé sous la surveillance d'un conseil judiciaire. En effet, l'interdiction n'a point lieu de plein droit, comme la majorité : un jugement la prononce; un jugement seul peut l'anéantir quand la cause en a cessé, ou la modifier quand une loi nouvelle le permet; les lois

respectent toujours la chose jugée (— V. *inf.* n° 7). Merlin, *loc. cit.* § 2, art. 10; Chabot, v° *Prodigue.*

7. Les lois *purement interprétatives*, n'étant destinées qu'à expliquer une loi obscure, s'appliquent indistinctement à tous les cas régis par la loi interprétée : *efficitur tanquam contemporanea ipsi legi.* (Bacon, *Aphor.* 51 ; Blondeau, *ib.*; Merlin, *ib.*, § 13; Dalloz, *ib.*) Néanmoins, les jugemens passés en force de chose jugée, et les transactions intervenues avant la loi interprétative, seront hors de ses atteintes : *Cavendum tamen est, ne convellantur res judicatæ. Mêmes auteurs*; Bacon, *ib.* 49.

8. *Compétence.* Les lois de compétence reçoivent immédiatement leur application; à moins de disposition contraire, les trib. doivent se conformer à la loi nouvelle, même pour les procès commencés. Dalloz, v° *Lois*, sect. 3, art. 2, § 6, n° 4; Carré, *des Juridict. civ., introduction,* n° 69 ; Merlin, *R.* v° *Compétence*, § 3.

Ainsi, la loi du 1er avril 1837 (—V. *Cassation*, n° 313) a été déclarée applicable, même aux affaires dont les faits étaient antérieurs à sa promulgation ; — spécialement, après deux cassations, la troisième Cour a dû juger en audience ordinaire, et appliquer la loi dans le sens déterminé par la C. cass. Cass. 6 oct. 1837 (Art. 923 J. Pr.).

9. La loi supprime-t-elle certains trib., le mandat de juger, dont ils étaient investis par la loi est révoqué même pour les procés dont l'instruction serait achevée. — V. toutefois *Compétence*, n° 29.

10. De même, lorsque, par une circonscription nouvelle, une portion du territoire passe de l'arrondissement d'un trib. dans un autre district, il y a lieu au renvoi devant le trib. de la nouvelle circonscription. La maxime *Ubi acceptum est semel judicium ibi et finem accipere debet.* L. 30, D. *De judiciis*, n'est point applicable ici, mais seulement lorsque l'une des parties pouvant décliner la compétence, a néanmoins consenti à la prorogation de juridiction.

11. Toutefois n'a pas été déclarée irrégulière l'enquête qui, dévolue par une commission rogatoire au trib. français, avait été achevée par ce même trib. devenu étranger dans l'intervalle. Arg. Paris, 2 janv. 1815, S. 16, 206.

12. Au reste, le cours de la justice ne devant pas être interrompu, il est dans le vœu des lois sur la compétence de proroger la juridiction existante, tant que la nouvelle qui lui est substituée n'a pas encore reçu d'*organisation.* Arg. Cass. 4 mess. an 12, P. 4, 59.

13. *Instruction des procès.* Les procédures étant d'une nature *successive*, contiennent un ensemble d'actes dont les uns appartiennent au passé et les autres à l'avenir. La loi nouvelle, en

régissant ceux qui lui sont postérieurs, doit conserver à ceux qui l'ont précédée les effets que la loi ancienne leur assurait. La procédure ne pourrait se continuer dans les formes nouvelles qu'en se conformant au maintien de ce qui aurait été fait; car ce serait revenir sur le passé que d'introduire des actes nouveaux qui neutraliseraient des actes antérieurs. *Hæc enim lex sonaret in posterum, sed operaretur in præteritum.* Bacon, *Aphor.* 50; Blondeau, *Dissertation*, S. 9, 2, 286.

14. Mais il faut distinguer deux sortes de formalités judiciaires : les unes, qui appartiennent seulement à l'instruction, et ne sont relatives qu'à la procédure, *ordinatoria litis*; et les autres, qui appartiennent au fond même de la cause, et dont l'omission ou l'absence neutralise ou anéantit l'action, *decisoria litis.* Ainsi, s'agit-il d'une preuve par témoins? La question d'admissibilité de la preuve, tenant au fond de la cause, appartiendra à la loi ancienne; mais la forme de l'enquête sera régie par la loi du temps où il y sera procédé. Ce principe est consacré par un arrêté du 5 fruct. an 9 : *Tout ce qui touche à l'instruction des affaires, tant qu'elles ne sont pas terminées, se règle d'après les formes nouvelles, sans blesser le principe de non rétroactivité, que l'on n'a jamais appliqué qu'au fond du droit.* Merlin, *ib.* sect. 3, § 7.

15. Ainsi, il a dû être procédé, conformément aux art. 1677, 1678, 1679 et 1680 C. civ., aux expertises à faire pour constater la lésion dont étaient arguées des ventes faites et attaquées pour ce chef avant la promulgation de ces articles. Turin, 13 frim. an 13 et 19 avril 1806, P. 5, 292; Nîmes, 22 flor. an 12; Poitiers, 3 pluv. an 13; Cass. 23 fév. 1807, P. 5, 690; Merlin, *ib.* sect. 3, § 7; Dalloz, *ib.*—*Contrà*, Cass. 22 juill. 1806, P. 5, 427. — Mais, dans l'espèce de cet arrêt, il s'agissait du fond et non de la forme de l'expertise.

16. Mais ces règles ne s'appliquent qu'autant que la loi nouvelle n'a point, par des dispositions transitoires, réglé le sort des procédures entamées.—V. *Faillite*, n° 1.

17. En matière d'expropriation pour cause d'utilité publique, l'art. 68, L. 7 juill. 1833, porte que « les instances en règlement d'indemnités, dont les trib. se trouveront saisis à l'époque où la loi sera obligatoire, seront jugées d'après les lois en vigueur au moment où l'instance aura été introduite : néanmoins, avant le jugement, les parties auront la faculté de demander que l'indemnité soit fixée conformément à la présente loi, à la charge par le demandeur d'acquitter les frais de l'instance faits antérieurement. »

18. L'art. 1041 C. pr., en disposant que ce Code sera exécuté à dater du 1er janv. 1807, et que *tous procès intentés depuis cette époque seront instruits conformément à ses dispositions,* a voulu

que les procès commencés auparavant fussent continués suivant la procédure ancienne.

19. Mais on ne doit comprendre, dans la classe des affaires antérieurement intentées, ni les appels interjetés depuis l'époque du 1er janv. 1807, ni les saisies faites depuis, ni les ordres et contributions, lorsque la réquisition d'ouverture du procès-verbal est postérieure; ni les expropriations forcées., lorsque la procédure, réglée par la loi du 11 brum. an 7, a été entamée par l'apposition des affiches avant 1807 : ces appels, saisies, contributions et affiches, sont dans le fait le principe d'une nouvelle procédure, qui s'introduit à la suite d'une précédente. Av. cons. d'ét. 16 fév. 1807.

20. Les règles tracées par le C. Pr., pour l'instruction des procès, ont donc toujours été inapplicables aux instances commencées avant 1807. Les lois antérieures ont donc continué, pour ces procès, à régir les formes relatives :

1°. Aux enquêtes. Cass. 20 oct. 1812, S. 13, 145; 26 fév. 1816, P. 13, 298.

2°. Aux expertises. Cass. 4 fév. 1812, S. 12, 196. — Dans l'espèce, on avait acquiescé à une nomination dans la forme prescrite par l'ordonn. de 1667.

3°. Aux demandes en désaveu. Paris, 9 mai 1812, P. 12, 384.

4°. Aux reprises d'instance. Cass. 11 juill. 1826, D. 26, 405. — V. d'ailleurs *inf.* n° 24.

21. Mais la poursuite d'une folle-enchère étant introductive d'une nouvelle instance, doit être faite suivant le C. pr., encore que l'adjudication qui y donne lieu ait été faite par expropriation forcée dans les formes prescrites par l'ancienne loi. Colmar, 30 nov. 1809, S. 10, 193.

22. La C. d'Angers (le 21 janv. 1809, P. 7, 328) a décidé qu'une procédure en inscription de faux, commencée depuis la mise en activité du C. pr., comme moyen d'un appel interjeté antérieurement, devait être exercée conformément au nouveau Code.

23. Mais il faut remarquer que si l'art. 1041 du Code a voulu que les instances commencées avant 1807, continuassent, jusqu'au jugement, à être formalisées suivant les lois anciennes, il n'a point fait obstacle à l'application, aux procès pendans au 1er janv. 1807, des dispositions *législatives* que le Code contient, et qui ne sont pas purement relatives à la forme de l'instruction, mais qui touchent au fond.

Il a été jugé en conséquence qu'à compter du 1er janv. 1807, l'on avait pu, quoique le C. civ. n'autorisât point la contrainte par corps pour dommages-intérêts, la prononcer, en vertu de l'art. 126 C. pr., dans des procès qui continuaient néanmoins à s'instruire suivant les anciennes formes. Cass. 12 août 1807,

S. 7, 433; Chabot, *ib.* v° *Code de procédure.* — V. toutefois *inf.* n° 33.

24. *Quid* en matière de péremption.

Pour décider si la péremption est acquise, on doit consulter, non la loi sous l'empire de laquelle elle a commencé à courir, mais celle sous laquelle elle est demandée. Cass. 12 juill. 1810, P. 8, 455; 25 nov. 1823, S. 24, 121. — *Contrà,* Trèves, 17 juin 1812, P. 10, 483.

Ainsi, il suffit qu'il y ait eu cessation de poursuites pendant trois années depuis la publication du C. pr. pour que la péremption puisse être demandée. Cass. 18 fév. 1828, D. 28, 136; 6 juill. 1835 (Art. 185 J. Pr.). — Arg. Colmar, 5 mars 1811, S. 14, 349. — Peu importe que la péremption ne fût pas admise sous l'empire de la législation locale antérieure. *Même arrêt.*

Mais le laps de temps écoulé sans poursuites avant le C. pr., ne peut être ajouté au temps écoulé sous ce Code pour compléter la péremption, qu'autant que le temps antérieur au Code a couru utilement pour la péremption d'après l'ancienne législation. Rejet, 2 avr. 1823, S. 23, 197.

La demande en péremption d'instance doit être *instruite* d'après les lois en vigueur au moment où elle est formée. Cass. 5 janv. 1808, S. 8, 119. — Bien que le procès sur le fond ait été intenté sous l'empire d'une législation antérieure. *Même arrêt.*

25. *Jugemens.* Un jugement passé en force de chose jugée est un fait accompli, irrévocable. C'est une transaction judiciaire qui participe de la nature des contrats, et met hors des atteintes d'une loi nouvelle des droits antérieurement consacrés. Cass. 13 brum. an 9, S. 1, 358; 19 juin 1811, S. 11, 266; 5 fév. 1812, S. 12, 228; Merlin, *Quest. dr.*, v° *Chose jugée,* § 8; *Rép.* v° *Effet rétroactif,* sect. 3, § 9, n° 7; Dalloz, v° *Lois,* sect. 3, art. 2. — Il s'agissait de condamnations prononcées au profit de juifs avant les décrets qui les obligent à prouver qu'ils ont fourni la valeur des lettres de change dont ils sont porteurs.

26. Le caractère et la nature du jugement se déterminent par la loi sous l'empire de laquelle il a été rendu. C'est donc d'après les règles qu'elle consacrait qu'un jugement continuera à être considéré comme contradictoire ou par défaut. Cass. 29 juill. 1809 et 15 mai 1821, P. 16, 605; Merlin, *loc. cit.* n° 4; — comme rendu en premier ou en dernier ressort. Cass. 26 janv. 1825, S. 25, 172; — ou comme susceptible ou non d'être attaqués par quelque voie.

27. Le recours en cassation n'a pu être exercé contre les jugemens souverains rendus dans les pays réunis à la France, avant que cette voie y eût été introduite par la publication de nos lois. Cass. 2 juin 1808, S. 9, 870.

28. Par la raison inverse, le jugement qui, d'après la loi sous laquelle il a été rendu, était passible de quelques exceptions, ne peut pas cesser de l'être par l'effet d'une loi postérieure. Ainsi, la réunion de deux pays, ou l'intervention de traités politiques, ne priveraient pas l'habitant d'un des pays, condamné antérieurement par des jugemens rendus dans l'autre, du droit de s'opposer à leur exécution, jusqu'à ce que ses juges naturels les eussent révisés. Cass. 18 therm. an 12, P. 4, 130; Merlin, *Rép. loc. cit.* n° 5, et v° *Réunion*.

29. Le même principe conduit à décider que la loi qui abolit un mode de se pourvoir contre les jugemens, ne peut pas empêcher que les jugemens antérieurs ne soient encore soumis à l'épreuve qu'ouvrait aux parties la loi sous laquelle ils ont été rendus. Merlin, *Rép. loc. cit.*

30. Mais en admettant que la loi ancienne doive seule décider de la recevabilité des moyens d'attaque, quelle loi réglera le délai dans lequel ils devront être exercés?

En faveur de la loi nouvelle, on dit : l'ordre public et le besoin de fixer les incertitudes ont fait établir des délais dont l'expiration emporte la présomption légale qu'on a renoncé à attaquer le jugement. Cette présomption semble donc devoir être réglée avec les distinctions suivantes. — Si la loi nouvelle a réduit le délai, la déchéance sera acquise dès qu'il se sera écoulé, depuis sa promulgation, un temps égal à ce délai, quoique, par la loi ancienne, le terme fatal ne fût pas encore échu; parce que cette ratification tacite se tire d'un silence qui est un fait que peut seule régir et interpréter la loi du temps où il a lieu, comme une ratification expresse se donnerait suivant les formes prescrites par la loi du moment. Carré, art. 1041. — Si au contraire la loi nouvelle prolonge le délai, les déchéances qui n'auraient pas été antérieurement accomplies se trouveront reculées, parce que la loi, jugeant que les anciens délais étaient insuffisans pour constituer la présomption, elle ne pourrait se compléter sous son empire qu'en prorogeant le délai. Blondeau, *ib.*

Toutefois, la jurisprudence paraît avoir admis que les délais sont régis par la loi en vigueur à l'époque où ils ont commencé à courir. — Ainsi jugé en matière *d'appel*. — V. ce mot, n°s 96 à 98.

Décidé 1° aussi que la péremption de six mois n'avait pu atteindre un jugement commercial prononcé avant que l'art. 643 C. comm. eût rendu l'art. 156 C. pr. applicable aux jugemens commerciaux, encore qu'il se fût écoulé, depuis la promulgation du C. comm., plus de six mois sans que le jugement par défaut eût été amené à exécution. Bordeaux, 26 janv. 1811; Turin, 19 mars 1811, P. 10, 56, 195.

2° Que le délai dans lequel l'adjudicataire doit faire sa déclaration de command, se règle par les lois qui ont présidé au jugement d'adjudication : la loi a d'ailleurs tacitement suppléé au cahier des charges, et fait partie des clauses qu'il contenait. Cass. 30 nov. 1812, P. 10, 845.

3° Que la péremption de l'instance d'appel introduite sous une jurisprudence telle que celle de Bordeaux (qui ne déclarait l'acte d'appel prescriptible que par 30 ans), restée sans poursuites sous le Code, pendant plus de trois années et demie depuis les derniers actes de procédure, ne s'applique pas à l'acte d'appel; que cet acte conserve son effet pendant 30 ans. Bordeaux, 23 juill. 1831, D. 31, 237.

31. *Exécution des jugement et actes.* La forme probante des jugemens et des actes publics suit la loi qui a présidé à leur rédaction; et leur forme exécutoire; la loi où les grosses ont été expédiées, sans qu'il soit nécessaire de rectifier leur formule pour être mises à exécution sous un gouvernement postérieur. Cons. d'État, 4e jour complém. an 13. —V. toutefois *Exécution*, n° 38.

32. Le mode d'exécution des jugemens et actes, quand il ne touche pas au fond, tient à l'avenir et doit être réglé par la loi nouvelle, surtout par la considération qu'il est ordinairement le principe d'une nouvelle instance. Il faut donc se conformer aux principes relatifs à l'instruction des procès (—V. *sup.* n° 13 et suiv.). Bruxelles, 13 août 1811; Paris, 9 vend. an 11; Merlin, *loc. cit.*, § 10; Poitiers, 27 déc. 1809, S. 10, 41; Cass. 27 avr. 1814, 16 juin 1818, 18 déc. 1822, S. 17, 269—19, 188—23, 220.

33. *Contrainte par corps.* Le débiteur profite du bénéfice de l'application de la loi nouvelle : 1° quant aux cas où elle prohibe la *contrainte par corps*, — V. ce mot, nos 9 à 11. — Spécialement, la condamnation par corps au paiement d'une lettre de change au-dessous de 200 fr. (—V. *Emprisonnement*, n° 72), demandée avant la loi de 1832, n'a pu être prononcée depuis cette loi. Toulouse, 13 fév. 1835 (Art. 263 J. Pr.).

Mais si la loi nouvelle étendait la contrainte à des cas nouveaux, on ne pourrait la revendiquer pour des jugemens antérieurs qui ne l'auraient pas prononcée : le respect dû à la chose jugée ne permettant pas d'y insérer après coup des clauses nouvelles.

34. 2° Quant à la durée de l'emprisonnement pour les condamnations relatives à des engagemens mêmes antérieurs. Motifs, Cass. 2 août 1838 (Art. 1192 J. Pr.).

Mais si la loi nouvelle prolongeait le temps de la détention, elle ne nuirait point aux condamnés antérieurement. Paris, 14 janv. 1809 et 1er oct. 1814, P. 12, 421.

Dans la durée de l'emprisonnement fixé par la nouvelle loi, peut-on comprendre le temps pendant lequel le débiteur a déjà subi, antérieurement et pour des dettes différentes, un emprisonnement plus ou moins long? — Non. Cass. 2 août 1838 (Art. 1192 J. Pr.). — *Contrà*, Coin-Delisle, *Contrainte par corps*, sur l'art. 46, n° 7.

35. 3° Quant aux cas où la contrainte par corps peut être exécutée. Si l'on abroge pour certains cas la contrainte par corps, le jugement qui l'aura admise sous l'empire de la loi ancienne ne pourra plus être exécuté par cette voie : il n'a point prononcé sur une question du fond, et il n'était que déclaratif de l'admissibilité d'un mode exceptionnel d'exécution, qui ne peut survivre à la loi qui l'abroge. — *Contrà*, Paris, 18 avril 1834 (Art. 275 J. Pr.); Coin-Delisle, *Contrainte par corps*, p. 119. — Cet auteur voit dans la disposition du jugement un droit acquis en faveur du créancier dont il ne pourrait être dépouillé que par une disposition contraire de la loi nouvelle.

36. 4° Quant aux formalités de l'*emprisonnement*. — V. ce mot, n° 38.

Ainsi, la condamnation par corps prononcée avant le C. pr., n'a pu être exécutée sous l'empire de ce Code qu'un jour après la signification avec commandement du jugement de condamnation. Paris, 7 avril 1807, S. 7, 650.

RÉUNIES (CHAMBRES). — V. *Audience solennelle; Cassation*, n°s 40 et 41.

REVENDICATION. Action par laquelle on réclame une chose dont on se prétend propriétaire.

— V. *Action*, n°s 51 et 92; *Faillite*, sect. XI; *Saisie-immobilière; Saisie revendication*.

RÉVISION D'ARRÊTS. — V. *Requête civile*, n° 1.

RÉVISION DE COMPTES. — V. *Reddition de compte*.

RÉVOCATION D'AVOUÉ. — V. ce mot, n°s 108 à 110.

RÉVOCATOIRE (ACTION). Action des créanciers tendant à faire révoquer, *en leur nom personnel*, les actes faits par leur débiteur *en fraude* de leurs droits. C. civ. 1167.

1. Elle diffère de l'action *résolutoire* et de de l'action en *rescision* en ce que ces deux dernières sont exercées par celui qui a été partie dans l'acte attaqué, ou par ses créanciers *au nom du débiteur*: C. civ. 1117, 1166. — V. *Subrogation judiciaire*.

2. La fraude suppose : 1° dessein de nuire de la part du débiteur; 2° préjudice réel causé aux créanciers. L. 15 D. *quæ in fraud. credit;* Toullier, 6, n° 548. — Mais il n'est pas nécessaire que le débiteur ait eu l'intention de frauder précisément tel ou tel de ses créanciers; il suffit que connaissant son insol-

vabilité, il ait diminué le gage commun par l'aliénation d'une partie de ses biens. Toullier, n° 369.

3. Il faut que le tiers ait été complice de la fraude du débiteur. LL. 6, § 8, p. 10, § 2, 4 *ib.*; Toullier, n° 358; Merlin, v° *Créancier*, § 3. — Excepté dans les actes à titre gratuit; le donataire n'a rien à perdre, il manque seulement de gagner. Or, il n'est pas juste qu'il s'enrichisse aux dépens des créanciers. Bordeaux, 13 fév., 1er mai 1826, S. 26, 253, 292; Paris, 6 juin 1816, S, 28, 279. — Toutefois, on ne peut répéter contre le donataire de bonne foi que ce dont il s'est enrichi. L. 6, § 11, *ib.*

Il n'y a pas de fraude de la part d'un créancier qui reçoit le paiement intégral de sa créance, encore qu'il sache très bien que la fortune de son débiteur ne doit pas suffire à payer les autres créanciers; — ces derniers ne peuvent que s'imputer d'avoir été moins vigilans et moins actifs. L. 6, *ib.* — Il en serait autrement si le paiement avait eu lieu au préjudice d'une saisie.

4. Jugé que l'action révocatoire a lieu non-seulement contre le tiers avec lequel le débiteur a contracté de connivence, mais encore contre le cessionnaire de ce tiers, et bien que la collusion entre le cédant et le cessionnaire ne soit pas prouvée. Pau, 9 fév. 1824. — Cette doctrine est contraire au principe que l'action révocatoire ne nuit pas aux tiers de bonne foi (L. 6 et 9 *ib.*; Domat, liv. 2, tit. 10, sect. 1, n° 1; Pothier, *Obligations*, nos 151, 152; Pardessus, t. 4, p. 397). Aussi la C. cass., en rejetant le pourvoi contre cet arrêt, s'est-elle fondée uniquement sur ce qu'en point de fait la C. de Pau avait reconnu qu'il y avait fraude de la part du cessionnaire, et n'avait décidé que subsidiairement la question de droit. Cass. 12 mars 1827, S. 27, 1, 331.

5. La fraude rend la créance exigible avant le terme stipulé; l'action révocatoire est donc valablement intentée avant l'échéance de ce terme. Arg. C. civ. 1188; Proudhon, *Usufruit*, n° 2415.

6. Les créanciers ne peuvent attaquer les actes faits par leur débiteur antérieurement à leurs créances; ils n'avaient pas encore de droits, le débiteur n'a pu leur préjudicier. L. 10, § 1, *ib.*; Paris, 30 janv. 1827, S. 28, 297. — *Contrà*, Pau, 9 fév. 1824. — La C. de cass. a rejeté le pourvoi formé contre cet arrêt, mais parce qu'en fait l'antériorité de la créance avait été reconnue. — *Sup.* n° 4.

7. Toutefois, il n'est point nécessaire que les droits du créancier aient été reconnus et liquidés à l'époque de l'acte s'ils remontent en réalité à une date antérieure, surtout si le réglement en était déjà demandé. Bordeaux, 13 fév. 1826, S. 26, 253.

8. On peut prouver par toute sorte de moyens même par

des présomptions (pourvu qu'elles soient graves, précises et concordantes), non seulement l'existence de la fraude. C. civ. 1353; Cass. 17 août 1829, S. 29, 368; — mais encore l'antériorité de la créance sur l'acte attaqué comme frauduleux. Cass. 14 déc. 1829, S. 30, 25.

9. Les tiers ont la faculté d'exiger la discussion préalable des autres biens du débiteur, à moins que son insolvabilité ne soit notoire, qu'elle ne résulte par exemple de son état de faillite. —V. *Discussion*, n° 9. — Ils seraient non recevables à soutenir pour la première fois en cassation que les autres biens du débiteur suffisaient à la sûreté des créanciers. Cass. 22 mars 1809, S. 9, 208.

Si depuis la demande en révocation, il survenait au débiteur de nouveaux biens qui le missent en état de remplir ses engagemens, la demande devrait être rejetée. Toullier, 6, n° 346.

10. L'action en révocation dure 30 ans, la prescription de dix ans établie par l'art. 1304, est restreinte à l'action exercée par les parties contractantes ou leurs ayant cause; elle ne s'applique pas aux créanciers agissant en leur nom personnel. Paris, 11 juill. 1829, S. 30, 16.

11. Le créancier n'est pas réputé y avoir renoncé 1° parce qu'il a formé une saisie-arrêt entre les mains de l'acquéreur de son débiteur. Bourges, 24 janv 1828, S. 29, 335; — ni parce qu'il a négligé de surenchérir : les art 1167 et 2185 lui laissent la faculté d'user à son choix de la surenchère ou de l'action révocatoire. Cass. 14 fév. 1826, S. 26, 142; Montpellier, 14 déc. 1827, S. 28, 99; Limoges, 21 déc. 1822, S. 23, 300. — *Contrà*, Paris, 21 niv. an 13, S. 7, 971.

ROI. 1. Le Roi, pour ses domaines, est justiciable des tribunaux : il n'a d'autre privilége que celui *de plaider par procureur*. — V. *Exploit*, n°s 34,52 et 216. *Liste civile*.

2. L'agent du prince peut employer le ministère d'un avoué et d'un avocat.

3. Le ministère public n'intervient plus que comme partie jointe.

4. Les jugemens sont prononcés pour ou contre l'adminis-tateur.

5. Les registres de l'état civil de la famille royale sont tenus par le président de la chambre des pairs et déposés aux archives de cette chambre.—V. *Inventaire*, n° 199; *Maisons royales*.

RÔLE. Se dit d'un feuillet ou de deux pages d'écriture.

1. Les émolumens des avoués et des huissiers pour les grosses de certains actes et les copies de pièces sont comptés par rôle. — V. *Tarif*, *Greffe*, n° 129, *Grosse*, n° 23, *Copies de pièces*, n° 8, *Enquête*.

2. Chaque rôle doit contenir un certain nombre fixe de lignes à la page et de syllabes à la ligne.

Toutefois, c'est d'après la totalité de la grosse ou de la copie que l'on doit juger s'il y a contravention à raison du nombre de lignes mis à la page, et du nombre de syllabes mis à la ligne.— V. *Tarif, Timbre.*

RÔLE DES COURS ET TRIBUNAUX. Registre sur lequel les greffiers inscrivent les causes dans l'ordre où elles sont présentées. —V. *Audience*, § 2 ; et toutefois *ib.*, nos 10 et 13 ; *Distribution des causes*, n° 5 ; *Greffe*, nos 21, 28 à 30.

1. L'appel des causes à l'audience se fait sur le *rôle* particulier de la chambre à laquelle l'affaire a été distribuée.—V. *Appel de cause*, *Audience*, § 2.

2. Dans les trib. de 1re inst., appelés à connaître des affaires commerciales, il est tenu un rôle particulier sur lequel sont inscrites les causes de cette nature. — V. *Tribunal de commerce.*

3. L'art. 67 décr. 30 mars 1808 prescrit au président de faire afficher un certain nombre de causes, selon l'*ordre* du rôle particulier de chaque chambre, dans la salle d'audience et au greffe, huit jours avant l'appel de ces causes.

4. L'art. 68 même décret exige qu'un certain nombre de causes soit appelé le premier jour de chaque semaine qui suit celle de l'exposition de l'affiche.

5. Le jour de cet appel, les avoués devraient être présens pour poser des qualités et prendre des conclusions : — on devrait indiquer le jour des plaidoiries à moins d'obstacles justifiés. Art. 69, *ib.* — Au cas d'absence de l'un d'eux, celui qui se présente devrait requérir jugement, *ib.*

6. En cas de non comparution des deux avoués à cet appel particulier, la cause devrait être retirée du rôle particulier de la chambre, et l'avoué du demandeur serait responsable envers sa partie de tous dommages et intérêts. Art. 69, *ib.*

7. A la Cour de Paris, l'avoué qui poursuit l'audience fait donner avenir à son adversaire à l'effet de comparaître et de poser qualité le jour où la cause doit être appelée dans l'ordre du rôle et en conséquence des affiches prescrites par le décret.

8. Au trib. de la Seine, on a essayé, à diverses époques, de faire exécuter les dispositions ci-dessus ; mais on a été forcé de revenir à l'usage déjà fort ancien d'appeler les causes sur les placets. — V. *Appel de cause* et *Audience*, n° 20.

ROULEMENT (1). Répartition annuelle, passage successif des magistrats dans les différentes chambres des Cours et tribunaux.

(1) Cet article est de M. Dorigny, avocat.

1. Dans les anciens parlemens, les appels des procès criminels où il s'agissait de peines afflictives étaient jugés par une chambre nommée *tournelle*, qui se composait d'un certain nombre de conseillers des autres chambres, appelés *tour-à-tour* à en faire partie. Carré, *Organ. jud. comm.*, 29.

2. La L. 2 brum. an 4, art. 2, voulait qu'à la *Cour de cassation* cinq juges sortissent de chaque section pour passer dans une autre, tous les six mois et à tour de rôle. — L'arrêté du 3 germ. an 5 avait fixé l'époque de ce roulement aux mois de prair. et de frim. — D'après l'art. 66 L. 27 vent. an 8, il doit, chaque année, sortir de chacune des sections quatre membres qui sont également répartis dans les deux autres.

3. Les décrets des 30 mars 1808, art. 5 et 50; 6 juill. 1810, art. 6 et 15, prescrivaient de faire, chaque année, dans les C. et dans les trib. de 1re inst., composés de plusieurs chambres, un *roulement* des juges d'une chambre à l'autre, de manière à ce qu'ils passassent successivement dans toutes. On avait d'abord exigé positivement pour les Cours qu'il sortît de chaque chambre la *majorité* de ses membres. Décr. 1808, art. 5. — Il fut ensuite décidé qu'il n'en sortirait que le *tiers*, et que ce seraient les plus anciens. Décr. 1810, art. 15.

Tempérer l'exercice des fonctions criminelles par celui des fonctions civiles; appeler des magistrats différens à se prononcer sur les mêmes questions, et par conséquent éclairer la jurisprudence des compagnies, la faire tendre à l'unité, enfin empêcher l'influence permanente de certaines habitudes, de certaines préventions : tels sont les avantages qui avaient paru devoir résulter de cette mesure.

4. Mais une ordonn. du 11 oct. 1820 a établi un autre mode de roulement pour les *Cours royales* et pour les *trib. de 1re inst. composés de plus de deux chambres*. On y a eu principalement en vue de mettre les compagnies à même de prévenir le concours des parens et alliés dans une même chambre, de ne point assujettir à un service trop actif les magistrats qui ne pourraient le supporter, et surtout d'attacher les magistrats au genre de service pour lequel ils ont le plus d'aptitude. Circ. min. just. 17 oct. 1820; — La nature de cet objet, qui rentre dans le domaine des règlemens d'administration publique, et l'art. 5 L. 20 avr. 1810, autorisaient le gouvernement à rendre cette ordonnance. Cass. 4 mars 1830, P. 1830, 3, 90; — elle est exclusive des dispositions antérieures relatives au roulement des C. et trib. qu'elle concerne (— V. *inf.*, n° 17). Paris, 17 et 24 déc. 1829; Cass. 12 janv. 1833, P. 1830, 1, 566; 1833, 2, 27. — *Contrà*, Consult. 29 nov. 1829, signée par 18 avocats à la C. de cassation (*Gaz. trib.*, 17 déc. 1829).

5. *Cours royales*. Dans la dernière quinzaine qui précède les

vacances, une commission, composée du premier président, des présidens et du plus ancien conseiller de chacune des chambres, d'après l'ordre du tableau, le procureur général entendu, doit fixer le roulement des conseillers dans les chambres dont la Cour est composée. Ordonn. 11 oct. 1820, art. 1.

6. A la même époque, les présidens se partagent entre eux le service civil et le service criminel de l'année suivante. *Ib.*, art. 2; — le premier président préside habituellement la première chambre civile; il préside aussi les autres chambres quand il le juge convenable, et au moins une fois dans l'année. Décr. 6 juill. 1810, art. 7.

7. Le tableau de la répartition des conseillers, arrêté par la commission (— V. *sup.*, n° 5) est soumis chaque année à l'approbation des chambres assemblées. Si la commission et l'assemblée des chambres *ne peuvent s'accorder*, le garde-des-sceaux prononce. Ordonn. 1820, art. 6. — Lorsqu'une modification est apportée au travail de la commission, si elle ne s'oppose pas formellement, il n'y a pas lieu à l'intervention du ministre. — La délibération relative au roulement, et le tableau de répartition, sont envoyés au garde-des-sceaux chaque année. Circ. min. inst. 17 août 1820.

En cas de dissentiment entre la commission et l'assemblée des chambres, il conviendrait que celles-ci arrêtassent le roulement à titre de mesure provisoire, sauf au garde des sceaux à prononcer entre la proposition de la commission et la décision de la Cour. Mais si l'on se borne à lui en référer, le ministre a le droit de déterminer à quelle chambre doivent être attachés les magistrats qui ont donné lieu à la difficulté, et quels sont ceux qui doivent les remplacer, si le projet de la commission se trouve modifié. Son droit, au reste, ne s'étend pas au-delà. Il ne pourrait à cette occasion remanier le roulement en entier, car, en principe, c'est aux magistrats eux-mêmes qu'il appartient de fixer la composition des chambres, et l'intervention du ministre à cèt égard n'est légitime que quant aux points sur lesquels il y a désaccord.

8. Le nombre de conseillers dont chaque chambre doit être composée n'est pas déterminé; il peut varier selon les besoins du service (*Ib.*). Toutefois, il faut nécessairement que chacune soit composée au moins du nombre de magistrats exigé pour qu'elle puisse juger. — V. *Appel*, n° 342, *Jugement*, n° 51; — la chambre correctionnelle ne peut l'être de moins de sept juges, y compris le président. Ordonn. 24 sept. 1828, art. 1er.

9. Il est nécessaire que les chambres criminelles soient toujours composées, au moins pour la moitié, de conseillers qui ont déjà fait le service dans la chambre. Ordonn. 1820, art 4; — n'importe à quelle époque. Circ. préc.

10. Aucun président ou conseiller ne peut être forcé de rester plus d'un an dans chacune des chambres criminelles, et plus de deux ans dans chacune des chambres civiles. Ordonn. 1820, art. 3; — mais les présidens ou conseillers peuvent être laissés dans la même chambre aussi long-temps qu'ils y consentent. Circ. préc.; Paris, 24 déc. 1829. — V. *sup.* n° 4.

11. L'art. 5 décr. 30 mars 1808, portait que le doyen des conseillers serait dispensé du roulement, et resterait attaché à la chambre présidée habituellement par le premier président; cette prérogative n'ayant pas été consacrée par l'ordonn. de 1820, n'existe plus légalement; cependant elle est conservée dans un assez grand nombre de cours.

12. Les conseillers qui auraient été délégués pour le service des assises sont compris dans le roulement, et lorsque ce service est terminé, ils entrent dans les chambres auxquelles ils ont été attachés. Décr. 6 juill. 1810, art. 17.

13. Ceux qui auraient été chargés de quelques rapports dans une chambre civile peuvent, après en être sortis par suite du roulement, y revenir pour faire le rapport des affaires dont ils étaient chargés. Décr. 30 mars 1808, art. 6; 6 juill. 1810, art. 16. — V. *Jugement*, n° 54.

14. Les conseillers-auditeurs (— V. *Cour royale*, n° 3) doivent être attachés en partie au service du parquet sur la désignation du procureur général (Ordonn. 19 nov. 1823, art. 3), et en partie à chacune des chambres par le premier président. Décr. 6 juill. 1810, art. 13.

15. *Trib. de 1re inst. composés de plus de deux chambres.* Le roulement doit y être également fixé dans la dernière quinzaine qui précède les vacances par une commission composée du président, des vice-présidens et du doyen, le procureur du roi entendu. Ordonn. 1820, art. 7.

A la même époque, les vice-présidens se partagent entre eux le service civil et correctionnel de l'année suivante, *ib.* art. 8; —le président préside la chambre à laquelle il veut s'attacher; c'est ordinairement la première chambre civile; il préside les autres quand il le juge convenable. Décr. 30 mars 1808, art. 46.

Le tableau de la répartition des juges est soumis à l'approbation des chambres assemblées, et le garde des sceaux prononce, si la commission et l'assemblée des chambres *ne peuvent s'accorder* (—V. *sup.* n° 7).

16. *Trib. de 1re inst. de la Seine.* Les règles ci-dessus lui sont applicables. Ord. 24 juill. 1825, art. 6; — mais il est nécessaire dans ce trib. 1° que les vice-présidens président pendant deux années consécutives la chambre à laquelle ils ont été attachés; 2° qu'il reste dans chaque chambre au moins deux juges en titre du nombre de ceux qui ont fait le service de l'année précédente, lorsque le vice-président change de chambre, et un de ces juges au moins, lorsque le vice-président ne change point, sans y comprendre les juges d'instruction qui sont répartis entre les différentes chambres, selon les besoins du service. *Ib.* art. 1, 2 et 4.

17. *Trib. de 1re inst. composés de deux chambres.* L'ordonn. 11 oct. 1820 ne les concernant pas, ils restent régis par l'art. 50 décr. 30 mars 1808, qui porte : « Il se fera chaque année un roulement, de manière que tous les juges fassent consécutivement le service de toutes les chambres; s'il y a plusieurs vice-présidens, ils passent aussi tous les ans d'une chambre à l'autre. »

Une délibération du trib. d'Evreux portant que le roulement d'une chambre à l'autre, entre les juges de ce trib., aurait lieu intégralement, c'est-à-dire que tous les membres de la 1re chambre passeraient dans la 2e, et réciproquement, a été cassée dans l'intérêt de la loi (sur le Réquis. de M. le proc.-gén. Dupin, le 8 janv. 1834, D. 34, 112), comme contenant une violation des art. 5 et 50 décr. 30 mars 1808.

L'art. 50 du décret ne disant pas, comme l'art. 5, que la majorité des membres de chaque chambre doit en sortir, n'en résulte-t-il pas que les trib. sont libres d'en faire sortir un moindre nombre s'ils le jugent utile au service, et n'est-ce pas à raison de cette différence que le décr. 18 août 1810, relatif aux trib., ne contient aucune disposition sur le roulement, tandis que celui du 6 juill. 1810 a réduit au tiers dans les Cours, le nombre des membres qui devaient sortir de chaque chambre ?

18. *Dans tous les trib. de 1re inst. composés de plusieurs chambres*, les juges doivent être répartis de telle manière qu'il n'y ait pas moins de trois ni plus de six juges dans chaque chambre. Décr. 18 août 1810, art. 6. — Les suppléans sont compris dans le roulement. *Ib.* art. 7.

Au trib. de 1re inst. de la Seine, chaque chambre doit être composée de six juges et de deux suppléans. *Ib.* art. 6.

19. Anciennement, les juges suppléans devaient être mis à même de prendre part à la délibération relative au roulement. Cass. 9 nov. 1831, D. 32, 11. — Aujourd'hui, ils n'ont ce droit que lorsqu'ils remplacent un juge, et l'assemblée doit se composer au moins de la majorité des juges en titre. L. 11 avr. 1838, art. 11 (Art. 1141 et 1167 J. Pr.). — Ainsi, dans les trib. composés de neuf juges, cinq au moins sont nécessaires, et il leur suffit de s'adjoindre un suppléant pour pouvoir délibérer valablement. Circ. min. just. 1er juin 1838. — Du reste, les suppléans ont toujours voix consultative. L. et art. préc.

20. *Dans les Cours et tribunaux.* Le roulement ne peut être renouvelé dans le courant de l'année judiciaire. Cass. 15 juin 1831, D. 31, 317; — cependant il est quelquefois modifié à l'occasion d'un fait postérieur à l'époque où il a été arrêté; par exemple, lorsqu'un magistrat nouvellement nommé se trouve dans la même chambre qu'un de ses parens ou alliés. — Il ne peut contenir deux répartitions de magistrats, l'une pour le premier semestre, l'autre pour le second. Cass. 9 nov. 1831.

21. Lorsqu'un roulement est irrégulier, les procureurs-généraux doivent en informer le garde des sceaux. Il appartient alors à ce ministre, soit d'inviter la compagnie qui a opéré ce roulement à le rectifier, sauf, si cela n'avait lieu, à déférer cet acte à la C. de cass., en vertu de l'art. 80 L. 27 vent. an 8, soit d'user immédiatement de cette voie, ainsi qu'il l'a fait plusieurs fois. — V. *sup.* nos 17 et 20.

22. Mais l'irrégularité du roulement offre-t-elle aux parties un moyen d'incompétence et de nullité? — La C. de Paris, après avoir décidé, le 17 déc. 1829, que les parties étaient sans droit ni qualité pour attaquer le roulement, paraît avoir admis l'opinion contraire le 24 du même mois, et la C. cass., le 4 mars 1830, a refusé de se prononcer sur ce point. — V. *sup.*, n° 4): la question reste donc entière, et, malgré l'interprétation donnée à l'ord. 11 oct. 1820, elle se présenterait avec un grand intérêt dans le cas de non-exécution de l'art. 5 de cette ordonn. dans les C. roy.; des art. 1 et 2 ord. 24 juill. 1825, au trib. de 1re inst. de la Seine, et même de l'art. 50 décr. 30 mars 1808, dans les trib. de 1re inst. composés de deux chambres, s'il n'y était fait aucun roulement des magistrats d'une chambre à l'autre. Pour *l'affirmative*, on dit: un grand nombre d'arrêts ont été annulés, soit parce que dans une chambre on avait appelé sans nécessité un magistrat d'une autre chambre, soit parce que pour vider un partage on n'avait pas suivi l'ordre du tableau, soit enfin parce qu'une affaire qui devait être jugée en audience ordinaire l'avait été en audience solennelle (Cass. 4 mars 1835, Art. 40 J. Pr.); donc les magistrats ne trouvent pas dans leur seule qualité de membres d'une C. ou d'un trib. le droit de participer à un jugement; il faut qu'ils soient régulièrement appelés dans la chambre où ils siégent; il faut, pour qu'un trib. rende un jugement légal, qu'il soit constitué dans les formes voulues par la loi (Cass. 24 nov. 1825, P. 1827, 1, 560). Or, une chambre est-elle légalement composée lorsqu'il s'y trouve des magistrats qui ne devraient pas en faire partie, si les dispositions relatives au roulement avaient été exécutées? Évidemment non; car ces dispositions ont pour but de donner aux justiciables des garanties d'une bonne administration de la justice, et les parties ne sauraient être privées des juges que la loi a voulu leur assurer. Par conséquent, le jugement qui a été rendu en pareil cas

est nul, et il est permis d'invoquer cette nullité (—V. *Consult. préc.*, *sup.* n° 4). — Que pourrait-on opposer pour la *négative?* Que le roulement est purement d'ordre et de discipline intérieure? il n'en est rien, puisqu'il a pour effet de donner tels ou tels juges aux parties. Que c'est un objet réglementaire? Mais il en est de même de la division des chambres, de leur affectation à certaines natures d'affaires, et cependant l'inobservation des règles établies à cet égard donne lieu à cassation; — qu'il y a une différence entre composer une chambre pour une affaire particulière, cas dans lequel des irrégularités ont entraîné l'annulation du jugement, ou composer une chambre pour toute une année, pour juger toutes les affaires dont elle sera saisie? Qu'importe, lorsque la composition est contraire à des dispositions obligatoires; et quoiqu'opérée pour toute une année, ne peut-elle pas l'être en vue de telle ou telle affaire?

Néanmoins, la C. cass. se déciderait difficilement sans doute à prononcer pour cette cause la nullité d'un jugement ou d'un arrêt, dans la crainte de donner ouverture à un trop grand nombre de cassations de même espèce.

La nullité qui résulte de la composition illégale d'un trib. peut être invoquée en tout état de cause, et même, pour la première fois, devant la C. cass., comme ne provenant pas du fait des parties, et comme produite par une incompétence absolue et d'ordre public (Merlin, *Qu. dr.* v° *Sections de tribunaux*, § 2; Cass. 18 germ. an 11, 4 juin 1822, 28 fév. 1828 et 10 nov. 1830, P. 1822, 2, 329; 1828, 1, 491; 1831, 1, 161).—Il en serait de même pour celle résultant de l'irrégularité du roulement, si elle était admise.

23. Chaque année il est dressé, dès que le roulement est arrêté, une liste de service indiquant la composition de chaque chambre. Décr. 30 mars 1808, art 7 et 52; — on peut en obtenir des copies certifiées des greffiers, mais il ne leur est pas permis de délivrer expédition de la délibération relative au roulement.

Les magistrats nouvellement nommés remplacent sur cette liste ceux dont la démission ou le décès a donné lieu à leur nomination. *Ib.*, art. 8, 52.

24. Quant à la distribution des officiers du *Ministère public* dans les différentes chambres des tribunaux, — V. ce mot, n°s 16 et 19.

FIN DU TOME QUATRIÈME.